LES LANGUES POUR TOUS
Collection dirigée par
Jean-Pierre Berman, Michel Marcheteau, Michel Savio

DICTIONNAIRE
DE
L'ANGLAIS
de
L'INFORMATIQUE

par

Jacques HILDEBERT

Préface de
Monsieur Pierre AIGRAIN
Ancien Ministre de la Recherche scientifique

Presses Pocket

Les termes ou expressions du présent ouvrage ont été compilés, triés et traités sur un ordinateur de type Z100 de chez Zénith Data Systems. Il existe une version informatisée de ce dictionnaire.

ISBN : 2 - 266 - 02238 - 5

SOMMAIRE

Préface par Monsieur Pierre AIGRAIN . . . .   p.   4

Note d'utilisation . . . .   p.   6

I. Glossaire anglais-français par mots-clés . . . .   p.   7

II. Glossaire des mots-clés français . . . .   p. 247

III. Définition des mots-clés anglais usuels . . . .   p. 499

IV. Sigles anglais usuels . . . .   p. 523

PRÉFACE

L'avènement de l'automobile avait été le phénomène marquant de la première moitié du XXe siècle. Celui de l'informatique est celui de la seconde moitié. En fait, là aussi, comparaison n'est pas raison. Les performances des systèmes informatiques ont progressé, en trente ans, de manière quasi explosive. Et la baisse de prix des matériels, à performances non seulement constantes mais prodigieusement améliorées, n'a eu de parallèle historique dans aucun autre phénomène industriel et social du passé.

L'utilisation de l'informatique, affaire exclusive de spécialistes au départ, s'est d'autre part démocratisée, voire banalisée, plus vite encore que la conduite automobile. C'est par dizaines de millions que l'on trouve, aujourd'hui, des ordinateurs, ou des terminaux, dans les foyers et dans les bureaux.

Cette banalisation a été rendue possible par la mise au point des langages « de haut niveau », compréhensibles en principe par un utilisateur qui n'a nul besoin de connaître les rouages internes de son équipement, pas plus qu'il n'est nécessaire à un conducteur automobile de comprendre le fonctionnement détaillé d'un injecteur électronique dans un moteur moderne.

Tout est-il donc pour le mieux dans le meilleur des mondes ? Pas totalement, au moins pour l'utilisateur francophone.

C'est que, comme toute discipline scientifique ou technique en évolution rapide, l'informatique s'est créé un jargon (défini non pas comme « langage corrompu » mais comme « langage particulier à un certain groupe de gens », ici les informaticiens). Inutile de le regretter. Un jargon est nécessaire pour que les communications entre chercheurs soient accélérées et rendues plus précises, condition nécessaire — parfois presque suffisante — au développement rapide d'une technique. Hélas, pour nous, francophones, le jargon informatique est dérivé de la langue anglaise. La part éminente qu'ont prise les États-Unis au développement de ce nouvel art, mais aussi — il faut le dire — la grande souplesse sémantique de l'anglais qui se prête aisément à la création de mots ou d'expressions nouveaux et compacts, expliqueent cet état de fait.

Il n'en reste pas moins qu'au moment où les barrières techniques, financières et intellectuelles à l'utilisation généralisée de l'informatique s'atténuent, voir disparaissent, la barrière linguistique, elle, risque pour bien des utilisateurs francophones, de devenir le goulot d'étranglement.

C'est dire que le dictionnaire de M. Hildebert arrive à point. Il y a quelques années, il n'eût sans doute touché qu'un public limité (les informaticiens « baragouinaient » tous l'anglais) et eût été rapidement périmé. Aujourd'hui, il devient un outil irremplaçable pour tous les

« nouveaux informaticiens » francophones. Même s'ils parlent anglais couramment, il leur sera la plupart du temps très utile de le consulter car la juxtaposition du terme anglais et de sa traduction française permet souvent de mieux comprendre le concept qui se cache derrière le mot — mieux parfois qu'une définition longue d'un paragraphe.

On peut être assuré, par ailleurs, que même si quelques termes nouveaux doivent encore apparaître dans le vocabulaire informatique, la discipline a maintenant atteint un stade où son jargon n'évolue plus qu'à une cadence raisonnable : le dictionnaire d'Hildebert ne se périmera qu'à peine plus vite que le Littré !

La question se pose de savoir pourquoi un tel ouvrage n'est pas déjà sur les rayons. Sans doute le volume de travail, que représente la compilation (au sens non informatique du terme !) de ces quelque 500 pages, avait-il dissuadé d'autres auteurs d'entreprendre cette aventure. M. Hildebert n'en a que plus de mérite à nous offrir cette œuvre claire, précise et surtout utile.

Pierre AIGRAIN

NOTE D'UTILISATION

Ce dictionnaire comprend quatre parties :
 I — Glossaire anglais-français par mots clés.
 II — Glossaire français-anglais par mots clés.
 III — Définitions des mots clés anglais usuels.
 IV — Sigles anglais usuels.

La partie I est constituée d'une liste alphabétique de plus de 4500 mots clés anglais les plus fréqemment utilisés dans la littérature informatique anglo-américaine. Les quelque 12500 expressions différentes apparaissant sous les mots clés sont composées elles-mêmes par les mots clés de base, ce qui permet d'obtenir plusieurs entrées possibles ; prenons pour exemple la traduction de l'expression : **token-passing sequence**.
Nous avons trois possibilités :
1) entrer par le mot clé **sequence**, comme dans un dictionnaire classique,
2) entrer par le mot clé **token**,
3) entrer par le mot clé **passing**.
Les trois entrées nous donnent la même traduction : **séquence de bus à jeton**.
De plus , les mots clés possédant un astérisque sont définis dans la partie III.

La partie II est constituée d'une liste alphabétique de plus de 4500 mots clés français correspondant aux mots clés anglais de la partie I.

La partie III contient les définitions des mots clés marqués d'un astérisque des parties I et II.

La partie IV est la liste alphabétique des sigles usuels anglo-américains utilisés en informatique.
Certains de ces sigles sont traduits dans les parties I et II.

L'auteur.

I Glossaire
français-anglais
par mots-clés

ABANDON : abandon, abort* ; abandon système, system abort ; procédure d'abandon, aborting procedure ; vidage après abandon, abort dump.

ABANDONNE : abandonné, abandoned, aborted ; travail abandonné, aborted job.

ABANDONNER : abandonner, abort (to), waive (to).

ABAQUE : abaque, abacus* ; bibliothèque d'abaques, template library.

ABELIEN : abélien, Abelian ; groupe abélien, Abelian group.

ABERRATION : aberration, aberration.

ABONNE : abonné, subscriber ; abonné automatique, machine subscriber ; abonné demandé, called party ; groupe d'abonnés, subscriber group ; ligne d'abonné, local loop, subscriber line.

ABREGE : abrégé, abbreviated ; adressage abrégé, abbreviated addressing.

ABREGEE : désignation abrégée des équipements, installation mnemonic ; numérotation abrégée, abbreviated dialling, abbreviated address calling ; table abrégée, short table.

ABREGER : abréger, abridge (to).

ABSCISSE : abscisse, abscissa*.

ABSENCE : absence de frappe, print suppress.

ABSOLU : absolu, absolute* ; adressage absolu, absolute addressing, specific addressing ; assembleur absolu, absolute assembler ; chargeur absolu, absolute loader, binary loader ; codage absolu, direct coding ; code absolu, actual code, one-level code, specific coding ; terme absolu, absolute term ; vecteur absolu, absolute vector ; zéro absolu, absolute zero.

ABSOLUE : adresse absolue, absolute address, machine address ; adresse de piste absolue, absolute track address ; clé absolue, actual key ; commande absolue, absolute instruction, absolute command ; coordonnée absolue, absolute co-ordinate ; données absolues, absolute data ; erreur absolue, absolute error ; instruction absolue, imperative instruc-tion, imperative statement ; ligne à priorité absolue, highest priority interrupt line ; position à adresse absolue, specific addressed loca-tion ; valeur absolue, absolute value, high value ; variable absolue, global variable.

ABSORPTION : absorption, absorp-tion ; perte par absorption, absorption loss.

ABSTRACTION : abstraction, ab-stracting, abstraction.

ABSTRAIT : abstrait, abstracted, ab-stract ; symbole abstrait, abstract symbol.

ACCEDE : accédé, accessed ; accédé par rayon, beam-accessed.

ACCEDER : accéder à, access (to).

ACCELERATION : accélération, ac-celeration ; carte d'accélération, speed card ; temps d'accélération, acceleration time.

ACCELERE : accéléré, accelerated ; re-port accéléré, high-speed carry, simultaneous carry ; test accéléré, accelerated test ; vieillis-sement accéléré, accelerated ageing.

ACCELERER : accélérer, speed up (to).

ACCENT : accent, accent ; caractère à accent, accented character.

ACCENTUE : accentué, accented ; ca-ractère accentué, accented character.

ACCENTUEE : lettre accentuée, ac-cented letter.

ACCEPTABLE : acceptable, accept-able ; durée de vie moyenne acceptable, ac-ceptable mean life.

ACCEPTATION : acceptation, ac-ceptance ; signal d'acceptation d'appel, call-accepted signal.

ACCES : accès, access* , port ; accès à distance, remote access ; accès aléatoire à la mémoire, memory random access ; accès conflictuel, concurrent access ; accès direct, direct access, immediate access, random ad-dress ; accès direct à la mémoire, direct mem-ory access (DMA) ; accès fichier, file access ; accès imbriqué, interleaved addressing ; ac-cès instantané, instantaneous access ; accès intégré, integrated access ; accès mémoire, memory access ; accès mémoire direct, data break, direct store transfer ; accès mono-utili-sateur, single-user access ; accès monovoie, single-channel access ; accès multiple, multiple access ; **accès multivoie**, multichannel access ; **accès par clé**, keyed access ; **accès par file d'attente**, queued access ; **accès parallèle**, parallel access ; **accès partagé**, shared access ; **accès quasi-instantané**, quasi-random access ; **accès refusé**, access denied ; **accès sélectif**, direct access ; **accès semialéatoire**, semi-random access ; **accès séquentiel**, serial access, sequential access, sequence access ; **accès séquentiel indexé**, indexed sequential access ; **accès séquentiel par clé**, key sequential access ; **accès série**, stream access ; **accès simultané**, simultaneous access ; **accès variable**, variable access ; **accessibilité contrôlée**, controlled accessibility ; **algorithme d'accès direct**, hashing algorithm ; **article d'accès**, access record ; **bibliothèque à accès direct**, direct access library ; **bit d'accès**, usage bit ; **bras d'accès**, seek arm ; **centre de traitement à accès libre**, open shop ; **champ d'accès**, access key field ; **chemin d'accès**, access path ; **clé d'accès**, access key ; **commande d'accès**, access instruction, seek command ; **conflit d'accès**, access conflict ; **contrôle d'accès au réseau**, network access control ; **contrôleur d'accès mémoire**, memory control unit ; **degré d'accessibilité**, exhaustivity ; **dispositif à accès direct**, random access device ; **entrée/sortie à accès direct**, random access input/output ; **état d'accès**, access state ; **faculté d'accès**, retrievability ; **fichier à accès direct**, hashed random file, random access file ; **fichier à accès direct indexé**, index random file, indexed non-sequential file ; **fichier à accès séquentiel**, direct access file, random file ; **ligne d'accès**, access line ; **mémoire à accès aléatoire**, direct access storage ; **mémoire à accès direct**, direct access storage, immediate access storage, random logic, random access memory (RAM), uniform accessible memory ; **mémoire à accès rapide**, fast access memory, quick access memory ; **mémoire à accès séquentiel**, sequential storage, serial access memory ; **mémoire à double accès**, dual port memory ; **méthode d'accès**, access method ; **méthode d'accès aux données**, data access method ; **méthode d'accès avec file d'attente**, queue. discipline ; **méthode d'accès de base**, basic access method ; **méthode d'accès de listes**, queue access method ; **méthode d'accès séquentiel**, sequential access

method ; **méthode d'accès virtuel**, virtual access method (VAM) ; **mode d'accès**, access mode ; **mode d'accès à la mémoire**, memory access mode ; **niveau d'accès à la chaîne de caractères**, string level access ; **organe à accès série**, serial access device ; **périphérique à accès séquentiel**, direct access device ; **pile à accès inversé**, pushdown stack ; **point d'accès**, access port, port ; **programmation à temps d'accès minimal**, minimum access programming ; **système multi-accès**, multiaccess system ; **technique d'accès à l'information**, data access control ; **temps d'accès de piste à piste**, track-to-track seek time ; **temps d'accès moyen**, average latency ; **temps d'accès variable**, variable access time ; **temps moyen d'accès**, average access time ; **tri à accès direct**, random access sort ; **type d'accès**, access type ; **valeur d'accès**, access value ; **voie d'accès**, pathway.

ACCESSIBILITE : accessibilité, accessibility ; **accessibilité contrôlée**, controlled accessibility ; **degré d'accessibilité**, exhaustivity.

ACCESSIBLE : accessible, accessible ; **accessible en ligne**, mounted on-line ; **accessible par programme**, programme-accessible ; **référence accessible directement**, on-line reference.

ACCESSOIRE : accessoire, accessory, adjunct ; **accessoire de bureau**, desk accessory.

ACCIDENTEL : accidentelle, accidental ; **vidage accidentel**, disaster dump.

ACCIDENTELLE : perte accidentelle, accidental loss.

ACCOLADE : accolade, brace ; **accolade droite** '}', closing brace, right brace ; **accolade gauche** '{', left brace, opening brace.

ACCORD : accord, tune ; **accord de procédure**, declarative section.

ACCORDEON : accordéon, accordion ; **papier à pliage accordéon**, zig-zag folded paper ; **papier plié en accordéon**, fanfolded paper ; **pliage en accordéon**, accordion folding.

ACCOUPLEMENT : accouplement réactif positif, positive feedback.

ACCROISSEMENT : accroissement, increment ; **accroissement rapide**, upswing ; **coordonnée par accroissement**, incremental co-ordinate.

ACCROITRE : accroître, enlarge (to).

ACCUMULATEUR : accumulateur, accumulator* ; **accumulateur à décalage**, shift accumulator ; **mémorisation du contenu d'un accumulateur**, unloading ; **registre accumulateur**, accumulator register.

ACCUMULER : accumuler, accumulate (to).

ACCUSE : accusé de réception, acknowledgement, acknowledge (ACK) ; **accusé de réception automatique**, auto-acknowledgement ; **accusé de réception négatif**, negative acknowledge (NAK) ; **caractère accusé de réception positif**, acknowledge character ; **identificateur 'accusé de réception'**, acknowledgement identifier ; **sans accusé de réception**, unacknowledged.

ACCUSER : accuser réception, acknowledge receipt (to).

ACHEMINEMENT : acheminement, route, routing* ; **acheminement adaptatif**, adaptive routing ; **acheminement automatique**, automatic route selection ; **acheminement de données**, data path ; **acheminement de remplacement**, alternate route ; **acheminement des messages**, message routing ; **acheminement secondaire**, alternate routing ; **caractère d'acheminement**, code directing character ; **caractère d'acheminement erroné**, improper routing character ; **information d'acheminement**, routing information ; **voie d'acheminement**, routing channel.

ACHEVE : achevé, achieved, completed ; **message achevé**, completed message.

ACOUSTIQUE : acoustique, acoustic, acoustical ; **coupleur acoustique**, acoustic coupler ; **ligne à retard acoustique**, acoustic delay line ; **mémoire acoustique**, acoustic store, acoustic memory, ultrasonic memory ; **modem à couplage acoustique**, acoustically coupled modem ; **modem acoustique**, acoustic modem ; **signal opto-acoustique**, visual/audible signal.

ACQUERIR : acquérir, acquire (to).

ACQUISITION : acquisition, acquisition ; **acquisition automatique de données**, automatic data acquisition (ADA) ; **acquisition de données**, data collection ; **acquisition du contexte mouvement**, transaction context acquisition ; **erreur d'acquisition**, logging error ; **moyen d'acquisition**, logging facility.

ACQUITTEMENT : acquittement,

accept ; **voie d'acquittement**, verification channel.

ACRONYME : acronyme, acronym.

ACTIF : actif, active, alive ; **décodage actif**, active decoding ; **disque actif**, current drive ; **élément actif**, active element ; **état actif**, on-state ; **fichier actif**, active file ; **fichier principal actif**, active master file ; **fichier très actif**, volatile file.

ACTION : action, action ; **action de gestion**, management action ; **action tout ou rien**, on-off action ; **commande d'action**, forward supervision ; **plan d'action**, action plan.

ACTIONNE : actionné, operated.

ACTIONNEUR : actionneur de saut, skip lifter.

ACTIVATION : dispositif d'activation vocal, voice-actuated device.

ACTIVE : cellule active, active cell ; **mémoire active**, writeable memory ; **partie active minimale**, minimum working set ; **tâche active**, active job.

ACTIVITE : activité, activity* ; **activité des entrées/sorties**, I/O activity ; **activité du système**, system activity ; **bit d'activité**, busy bit ; **ligne à grande activité**, hot line ; **ligne en activité**, active line ; **période de mise en activité**, warm-up period ; **taux d'activité**, activity ratio.

ACTUALISER : actualiser, update (to).

ACYCLIQUE : acyclique, acyclic.

ADA : Ada (langage), Ada* (language).

ADAPTABLE : adaptable, adapting.

ADAPTATEUR : adaptateur, adapter, adaptor ; **adaptateur à gain élevé**, high-speed adapter ; **adaptateur d'interface**, interface adapter ; **adaptateur de canal asynchrone**, asynchronous channel adapter ; **adaptateur de phase**, phase adapter ; **adaptateur intégré**, integrated adapter ; **adaptateur périphérique**, device adapter ; **circuit adaptateur**, adapter circuit.

ADAPTATIF : adaptatif, adaptive ; **acheminement adaptatif**, adaptive routing ; **ordinateur auto-adaptatif**, self-adapting computer ; **processus adaptatif**, adaptive process ; **routage semi-adaptatif**, semiadaptive routing ; **système adaptatif**, adaptive system.

ADAPTATION : adaptation, matching, tailoring ; **adaptation d'impédance**, impedance matching ; **adaptation du logiciel**, software adaptation ; **adaptation par impédance**, impedance matching ; **erreur d'adaptation**, matching error ; **unité d'adaptation de ligne**, line adapter unit.

ADAPTATIVE : commande auto-adaptative, adaptive control.

ADAPTE : adapté, dedicated, matched, oriented ; **langage adapté à l'utilisateur**, user-oriented language ; **langage adapté à la machine**, machine-oriented language ; **langage adapté aux procédures**, procedure-oriented language.

ADAPTEE : ligne adaptée, terminated line ; **programmation adaptée aux fichiers**, file-oriented programming ; **visualisation adaptée à la gestion**, business-oriented display.

ADDITION : addition, addition*, adding, add, summation ; **addition booléenne**, Boolean add ; **addition destructive**, destructive addition ; **addition en virgule flottante**, floating-point addition ; **addition immédiate**, zero access addition ; **addition itérative**, iterative addition ; **addition logique**, logic add, logic addition, logical addition ; **addition parallèle**, parallel addition ; **addition sans report**, addition without carry, false add ; **addition série**, serial addition ; **addition sérielle**, serial addition ; **addition vectorielle**, vector addition ; **circuit d'addition**, adding circuit ; **instruction d'addition**, add instruction ; **opération d'addition**, add operation ; **table d'addition**, addition table ; **temps d'addition**, add time ; **temps d'addition ou de soustraction**, add-subtract time ; **touche d'addition**, add key.

ADDITIONNEL : additionnel, additional ; **article additionnel**, addition item ; **caractère additionnel**, additional character ; **élément additionnel**, add-on unit ; **enregistrement additionnel**, addition record ; **opérateur additionnel**, adding operator ; **produit additionnel**, add-on.

ADDITIONNELLE : mémoire additionnelle, additional memory.

ADDITIONNER : additionner, add (to), sum (to) ; **machine à additionner**, adding machine.

ADDITIONNEUR : additionneur, adder* ; **additionneur à deux entrées**, half-adder, one-digit adder ; **additionneur à trois entrées**, three-input adder ; **additionneur analogique**, summer ; **additionneur avec report**, ripple-carry adder ; **additionneur binaire**, digital adder ; **additionneur complet**, full adder ; **additionneur parallèle**, parallel full adder, parallel adder ; **additionneur série**, serial full adder, serial adder ; **additionneur-soustracteur**, adder-subtracter ; **circuit additionneur binaire**, binary adder circuit ; **demi-additionneur**, half-adder, one-digit adder ; **demi-additionneur binaire**, binary half-adder ; **sortie d'additionneur**, adder output.

ADJACENT : adjacent, adjacent, contiguous ; **noeud adjacent**, adjacent vertex, adjacent node ; **sommet adjacent**, adjacent vertex.

ADJACENTE : équation adjacente, adjoint equation.

ADMINISTRATEUR : administrateur, administrator ; **administrateur de réseau**, network manager.

ADMISSIBILITE : admissibilité, admissibility.

ADRESSABLE : adressable, addressable ; **adressable par octet**, byte-oriented ; **curseur adressable**, addressable cursor ; **espace adressable**, free space ; **mémoire adressable**, addressable memory ; **mémoire adressable par contenu**, content-addressed storage ; **point adressable**, display point, encoded point ; **position adressable**, addressable point ; **registre adressable**, addressable register.

ADRESSAGE : adressage, addressing ; **adressage à deux niveaux**, two-level addressing ; **adressage à progression automatique**, one-ahead addressing ; **adressage abrégé**, abbreviated addressing ; **adressage absolu**, absolute addressing, specific addressing ; **adressage aiguilleur**, switching unit addressing ; **adressage associatif**, associative addressing, content addressing ; **adressage auto-indexé**, auto-indexed addressing ; **adressage automatique**, implied addressing ; **adressage autorelatif**, self-relative addressing ; **adressage de ligne**, line addressing ; **adressage de point image**, raster pixel addressing ; **adressage différé**, deferred addressing ; **adressage direct**, direct addressing, one-level addressing ; **adressage dispersé**, hash coding ; **adressage étendu**, extended addressing ; **adressage immédiat**, immediate addressing ; **adressage implicite**, implied addressing ; **adressage indirect**, multilevel addressing ; **adressage indirect**, indirect addressing, indirection ; **adressa-**

ge indirect multiniveau, multilevel indirect addressing ; **adressage linéaire**, linear addressing ; **adressage optimal**, optimal addressing ; **adressage par page**, zero page addressing ; **adressage programmé**, programmed addressing ; **adressage progressif**, stepped addressing ; **adressage répétitif**, repetitive addressing ; **adressage symbolique**, symbolic addressing ; **adressage variable**, indexed addressing ; **adressage virtuel**, virtual addressing ; **capacité d'adressage (en infographie)**, addressability ; **caractère d'adressage**, address character ; **caractéristique d'adressage**, address format ; **compteur d'adressage**, location counter ; **espace d'adressage**, address space ; **multi-adressage**, multiple addressing ; **niveau d'adressage**, addressing level ; **système d'adressage**, addressing system.

ADRESSE : adresse, address* ; **à deux adresses**, two-address ; **à trois adresses**, three-address ; **à une adresse**, one-address ; **adresse à opérande complexe**, second-level address ; **adresse absolue**, absolute address, machine address ; **adresse arithmétique**, arithmetic address ; **adresse autorelative**, self-relative address ; **adresse base**, base address, presumptive address ; **adresse calculée**, generated address, synthetic address ; **adresse codée**, coded address ; **adresse d'appel**, poll address ; **adresse d'écriture**, write address ; **adresse d'entrée**, entry, entrance, entry point, in-point ; **adresse d'implantation**, storage address ; **adresse d'indicatif**, key address ; **adresse d'origine**, from address ; **adresse de base**, base address, bottom address, presumptive address, address constant ; **adresse de bloc**, block address ; **adresse de branchement**, branch address ; **adresse de charge initiale**, initial load address ; **adresse de cylindre**, cylinder address ; **adresse de début**, starting address ; **adresse de début de chargement**, starting load address ; **adresse de lien**, linkage symbol, link address, linking address ; **adresse de liste**, list address ; **adresse de mot**, word address ; **adresse de périphérique**, device address ; **adresse de piste**, track address ; **adresse de piste absolue**, absolute track address ; **adresse de piste de rangement**, home address ; **adresse de piste de réserve**, alternate track address ; **adresse de processus**, process address space ; **adresse de renvoi**, jump address ; **adresse de retour**,

return address ; **adresse de terminal**, terminal address ; **adresse de transfert**, transfer address ; **adresse de translation**, relocation address ; **adresse de zone**, extent address ; **adresse différentielle**, differential address ; **adresse directe**, direct address, first-level address, one-level address, single-level address ; **adresse du bas de la pile**, bottom of the stack address ; **adresse effective**, effective address ; **adresse émettrice**, source address ; **adresse explicite**, explicit address ; **adresse externe**, external address ; **adresse fictive**, dummy address ; **adresse flottante**, floating address ; **adresse générée**, synthetic address ; **adresse immédiate**, immediate address, zero-level address ; **adresse implicite**, implicit address, implied address ; **adresse indéfinie**, undefined address ; **adresse indexée**, indexed address, variable address ; **adresse indirecte**, indirect address, multilevel address ; **adresse initiale**, initial address ; **adresse logique**, logical address ; **adresse machine**, absolute address, machine address ; **adresse origine**, float factor ; **adresse ouverte**, open address ; **adresse périmée**, invalid address ; **adresse physique**, physical address ; **adresse physique du disque**, physical drive address ; **adresse réelle**, actual address, real address ; **adresse relative**, relative address ; **adresse relative à zéro**, zero relative address ; **adresse spécifique**, specific address ; **adresse supérieure**, high address ; **adresse symbolique**, symbolic address ; adresse symbolique de l'unité, symbolic unit address ; **adresse translatable**, relocatable address ; **adresse unique**, single address ; **adresse virtuelle**, virtual address ; **adresses interactives**, interactive addresses ; **associer (une adresse)**, bind (to) (of an address) ; **bloc d'adresse de voie**, home address record ; **bus d'adresses**, address bus ; **calcul d'adresse**, address computation, address generation ; **calculateur à trois adresses**, three-address computer ; **champ d'adresse**, address field ; **champ d'adresse de lien**, link address field ; **code à simple adresse**, single-address code ; **comparateur d'adresses**, address comparator ; **compteur d'adresse**, address counter ; **conversion d'adresse**, address mapping ; **décodeur d'adresse**, address decoder ; **écriture de l'adresse piste**, write home address ; **étiquette d'adresse**, location field tag ; **fichier des adresses d'enregistrements**, record address file ; **fin d'adresse**, end-of-address ; **format d'adresse**, word address format ; **format de bloc d'adresses**, address block format ; **grandeur de l'adresse**, address size ; **impression d'adresses**, address printing ; **instruction à adresse directe**, direct instruction ; **instruction à adresse implicite**, implicit address instruction ; **instruction à adresse indirecte**, indirect instruction ; **instruction à adresse simple**, single-address instruction ; **instruction à deux adresses**, two-address instruction ; **instruction à deux plus une adresses**, two-plus-one address instruction ; **instruction à N adresses**, N-address instruction ; **instruction à N plus une adresses**, N-plus-one address instruction ; **instruction à plusieurs adresses**, multi-address instruction ; **instruction à quatre adresses**, four-address instruction ; **instruction à trois adresses**, three-address instruction ; **instruction à une adresse**, one-address instruction ; **instruction à une plus une adresses**, one-plus-one address instruction ; **instruction d'adresse**, address instruction ; **instruction sans adresse**, zero address instruction, addressless instruction, no-address instruction ; **littéral de constante d'adresse**, address constant literal ; **manipulation d'adresse**, address manipulation ; **message à plusieurs adresses**, multiple address message ; **modificateur d'adresse**, address modifier ; **modificateur d'adresse de caractère**, character modifier ; **modification automatique d'adresse**, automatic address modification ; **modification d'adresse**, address control, address modification ; **mot d'adresse de canal**, channel address word (CAW) ; **multi-adresse**, multi-address ; **opérande de l'adresse**, address operand ; **ordinateur à une adresse**, one-address computer ; **partie d'adresse**, address part ; **piste d'adresse**, address track ; **plage d'adresse**, address range ; **position à adresse absolue**, specific addressed location ; **registre d'adresse**, address register, base register, address accumulator, control register ; **registre d'adresse d'instruction**, instruction address register ; **registre d'adresse de base**, address range register, base address register ; **répertoire d'adresses**, address directory ; **sans adresse**, zero address ; **table des adresses d'interruption**, interrupt address table ; **tampon d'adresses**, address buffer ; **traducteur d'adresse**, address translator ; **traduction dynamique d'adresse**, dynamic address translation (DAT) ; **translation d'adresse**, address conversion, address translation ; **zone d'adresse**, location field ; **zone d'adresse piste**, home address field ; **zone de modification d'adresse**, address control field, decrement field.

ADRESSEE : mémoire adressée, addressed memory.

ADRESSER : adresser, address (to).

AERATION : aération, ventilation ; aération forcée, forced cooling.

AEROSOL : bombe aérosol antistatique, anti-static spray can.

AFFAIBLI : à bruit affaibli, quietised (US: quietized).

AFFAIBLIR : affaiblir, weaken (to).

AFFAIBLISSEMENT : affaiblissement, decay.

AFFECTATION : affectation, allocation, allotment, assignation ; **affectation d'unité**, hardware assignment ; **affectation de périphérique**, peripheral assignment ; **affectation de ressources**, resource allocation ; **affectation des ressources calcul**, computer resource allocation ; **affectation diffuse de la mémoire**, scatter load ; **affectation du type**, type association ; **affectation dynamique**, dynamic allocation, dynamic resource allocation ; **affectation linéaire**, linear mapping ; **affectation mémoire multiprocesseur**, multiprocessor interleaving ; **affectation par nom**, assignment by name ; **instruction d'affectation**, assignment statement ; **instruction d'affectation de variable**, variable allocation statement ; **mode d'affectation**, consignment mode ; **programme d'affectation**, assignment programme ; **unité d'affectation**, unit of allocation.

AFFECTE : affecté, allocated, allotted, assigned ; **non affecté**, unallocated, unallotted, unassigned.

AFFECTEE : piste non affectée, unassigned track ; **unité non affectée**, unassigned device.

AFFECTER : affecter, reserve (to).

AFFICHABLE : affichable, displayable, printable.

AFFICHAGE : affichage, display, visual indicator, visual readout ; **affichage à balayage de trame**, raster scan display ; **affichage à cristaux liquides**, liquid crystal display (LCD) ; **affichage analogique**, analogue display ; **affichage binaire**, binary display ; **affi-**

chage caractères, character display, readout (device) ; **affichage cavalier**, vector-based display ; **affichage de trame**, raster display ; **affichage des messages de commande**, control message display ; **affichage électroluminescent**, led display, led readout ; **affichage en couleur**, colour display ; **affichage entrelacé**, interlaced display ; **affichage formaté**, formatted display ; **affichage lumineux**, lighted display ; **affichage matriciel**, pixel-based display ; **affichage menu**, menu screen ; **affichage moniteur**, monitor display ; **affichage non formaté**, unformatted display ; **affichage non interlacé**, non-interlaced display ; **affichage numérique**, digital readout, digital display ; **affichage optoélectronique**, opto-electronic display (OED) ; **affichage par points**, dot matrix display ; **affichage sur écran**, screen display ; **affichage systématique**, forced display ; **code de fonction d'affichage**, display function code ; **commande d'affichage**, display instruction, display command ; **dispositif d'affichage**, readout device ; **espace d'affichage**, display space, operating space ; **format d'affichage**, display format ; **mémoire image de l'affichage vidéo**, video display image ; **poste d'affichage**, display terminal ; **précision d'affichage**, settability ; **recopieur d'affichage écran**, display screen copier ; **résolution de l'affichage graphique**, graphic display resolution ; **surface d'affichage**, display surface ; **terminal d'affichage à clavier**, keyboard display terminal ; **touche de commande d'affichage**, display control key ; **unité à affichage vidéo**, video display unit (VDU) ; **unité d'affichage**, display device, visual display device ; **unité d'affichage graphique**, graphic display unit.

AFFICHE : affiché, displayed ; **guide de saisie affiché à l'écran**, screen displayed promter.

AFFICHER : afficher, display (to), print (to).

AGRANDIR : agrandir à l'échelle, scale up (to).

AGREGAT : agrégat, aggregate ; **agrégat de taille ajustable**, adjustable size aggregate ; **agrégat de taille implicite**, assumed size aggregate.

AIDE : aide, aid, help, support, tool ; **aide à la conception**, design aid ; **aide à la décision conversationnelle**, interactive decision mak-

ing ; **aide à la programmation**, programming support, programming aid ; **aide de clavier**, keyboard template ; **aide-mémoire**, quick reference guide, slide chart ; **carte aide-mémoire**, quick reference card ; **écran d'aide**, help screen ; **logiciel d'aide à la programmation**, support programme ; **message d'aide**, help message ; **programme d'aide**, help programme ; **système d'aide à la programmation**, support system ; **technique d'aide au dessin**, etch-a-sketch technique.

AIDER : aider, help (to), support (to), aid (to).

AIGUILLAGE : désignateur d'aiguillage, switch designator.

AIGUILLE : aiguille, needle ; **aiguille d'impression**, print wire ; **aiguille de tri**, sort needle ; **imprimante à aiguilles**, needle printer, stylus printer, wire printer, wire matrix printer ; **pelote à aiguilles**, pincushion.

AIGUILLER : aiguiller, branch (to), jump (to).

AIGUILLEUR : adressage aiguilleur, switching unit addressing.

AIMANT : électro-aimant, electro-magnet, magnet ; **électro-aimant d'impression**, platen magnet, print magnet.

AIRE : aire d'examen, inspection area.

AJOUTER : ajouter, append (to).

AJUSTABLE : ajustable, adjustable, tunable ; **agrégat de taille ajustable**, adjustable size aggregate.

AJUSTAGE : ajustage, trimming.

AJUSTER : ajuster, adjust (to), tune (to) ; **ajuster horizontalement**, level out (to).

ALARME : alarme, alarm, annonciator, attention device.

ALEATOIRE : aléatoire, random ; **accès aléatoire à la mémoire**, memory random access ; **accès semi-aléatoire**, semi-random access ; **cheminement aléatoire**, random walk ; **générateur de nombres aléatoires**, random number generator ; **mémoire à accès aléatoire**, direct access storage ; **nombre aléatoire**, random number ; **nombres pseudo-aléatoires**, pseudo-random numbers ; **rendre aléatoire**, randomise (to) (US: randomize) ; **séquence aléatoire**, random sequence ; **suite de nombres aléatoires**, random number sequence ; **table de nombres aléatoires**, random number table ; **variable aléatoire**, random variable.

ALERTE : alerte, alarm, alert ; **circuit d'alerte**, alarm circuit ; **diagnostic d'alerte**, warning diagnostic ; **drapeau d'alerte**, warning flag ; **répétition des signaux d'alerte**, alarm repetition ; **signal d'alerte**, warning bell ; **voyant d'alerte**, warning lamp.

ALGEBRE : algèbre, algebra ; **algèbre booléen**, Boolean calculus, Boolean algebra ; **algèbre de Boole**, Boolean algebra, Boolean calculus.

ALGEBRIQUE : algébrique, algebraic ; **expression algébrique**, algebraic expression ; **fonction algébrique**, algebraic function ; **fraction algébrique**, algebraic fraction ; **langage algébrique**, algebraic language ; **langage spécialisé algébrique**, algebraic-oriented language ; **sémantique algébrique**, algebraic semantics ; **structure algébrique**, algebraic structure ; **zone algébrique**, signed field.

ALGOL : algol (langage), algol* (language).

ALGORITHME : algorithme, algorithm* ; **algorithme d'accès direct**, hashing algorithm ; **algorithme de déviation de fluence**, flow deviation algorithm (FDA) ; **algorithme de hachage**, hash algorithm ; **algorithme de lissage**, smoothing algorithm ; **algorithme de production de polygones**, polygon generation algorithm ; **algorithme de recherche binaire**, bisection algorithm ; **algorithme de remplissage de polygones**, polygon filling algorithm ; **algorithme de réseaux neuronaux**, neural network algorithm ; **algorithme de tri**, sorting algorithm.

ALGORITHMIQUE : langage algorithmique, algorithmic language ; **routine algorithmique**, algorithmic routine ; **traduction algorithmique**, algorithm translation.

ALIGNE : aligné, aligned ; **mal aligné**, skew failure ; **non aligné**, unaligned.

ALIGNEMENT : alignement, aligning, aliasing, alignment, line-up ; **alignement de cartes**, card registration, registration ; **alignement de formulaire**, form alignment ; **alignement par mot**, word alignment ; **alignement vidéo**, video clamp ; **bande perforée à alignement frontal**, advance feed rate ; **défaut d'alignement**, vertical misalignment ; **outil d'alignement**, alignment tool.

ALIGNER : aligner, align (to).

ALIMENTATION : alimentation, power supply, supply ; **alimentation feuille à feuille**, sheet feeding, single-sheet feed ; **alimentation frontale**, front feed ; **alimentation horizontale**, horizontal feed ; **alimentation multilecture**, multiread feeding ; **alimentation papier**, paper feed ; **alimentation rapide**, high-speed feed ; **alimentation recto**, face-down feed ; **alimentation verso**, face-up feed ; **câble d'alimentation**, feeder ; **circuit d'alimentation**, feed system ; **cordon d'alimentation**, line cord ; **dispositif d'alimentation**, feeding device ; **magasin d'alimentation**, input hopper, input magazine, card hopper, card magazine, feeder bin, hopper ; **mauvaise alimentation**, misfeed ; **mécanisme d'alimentation en cartes**, card feed ; **rouleau d'alimentation**, feed roll.

ALIMENTER : alimenter, feed (to).

ALINEA : alinéa, indent ; **faire un alinéa**, indent (to) ; **ligne en alinéa**, indented line.

ALLER : aller, go (to) ; **voie d'aller**, forward channel.

ALLOCATION : allocation, allocation ; **allocation de l'enchaînement**, interlaced storage assignment ; **allocation de mémoire centrale**, core allocation ; **allocation des tâches**, tasking ; **allocation des terminaux**, terminal allocation ; **allocation directe**, direct allocation ; **allocation dynamique de mémoire**, dynamic storage allocation ; **allocation dynamique du bus**, dynamic bus allocation ; **allocation élémentaire**, primary allocation ; **allocation implicite**, implied association ; **allocation partagée**, parallel allocation ; **allocation statique**, static allocation ; **priorité d'allocation**, allocation priority ; **règle d'allocation**, allocation convention ; **table d'allocation de caractères**, character assignment table.

ALLOUEE : ressource allouée au traitement, processing resource.

ALLOUER : allouer, allocate (to), assign (to).

ALLUMAGE : signal d'allumage écran, bright-up signal.

ALPHABET : alphabet, alphabet ; **alphabet international**, international alphabet ; **Katakana (alphabet)**, Kat (Katakana).

ALPHABETIQUE : alphabétique, alphabetic, alphabetical ; **chaîne alphabétique**, alphabetic string ; **classement alphabétique**, alphabetical sorting ; **code alphabétique**, alphabet code, alphabetic code ; **limitation de zone alphabétique**, alphabetic field limit ; **ordre**

alphabétique, alphabetic order ; **test de validité alphabétique**, test alphabetic ; **touche alphabétique**, alphabet key ; **traduction alphabétique**, alphabet translation ; **transmission alphabétique**, alphabetic transmit.

ALPHAMOSAIQUE : alphamosaïque, alphamosaic.

ALPHANUMERIQUE : alphanumérique, alphanumerical, alphanumeric*, alphabetic numeric ; **caractère codé en alphanumérique**, alphanumeric-coded character ; **caractères alphanumériques**, alphameric characters ; **clavier alphanumérique**, alphanumeric keyboard ; **code alphanumérique**, alphanumeric code, alphameric code ; **commande alphanumérique**, character instruction ; **données alphanumériques**, alphameric data, alphanumerical data ; **encodage alphanumérique**, Hollerith code ; **instruction alphanumérique**, alphanumeric instruction ; **jeu de caractères alphanumériques**, alphanumeric character set ; **message de test alphanumérique**, fox message ; **signe alphanumérique**, alphanumeric character ; **touche alphanumérique**, alphanumeric key ; **tri alphanumérique**, alphanumeric sort.

ALTERABLE : information altérable, volatile information.

ALTERATION : altération, spread ; altération, corruption*, garbling, irrelevance, prevarication.

ALTERE : fichier altéré, corrupt file ; **non altéré**, uncorrupted, valid.

ALTERER : altérer, alter (to), modify (to).

ALTERNANCE : redresseur double alternance, full-wave rectifier ; **redresseur simple alternance**, half-wave rectifier.

ALTERNANT : champ magnétique alternant, AC magnetic field.

ALTERNANTE : imprimante alternante, reverse typing terminal.

ALTERNAT : en alternat, simplex operation ; **bidirectionnel à l'alternat**, either-way communication ; **commande à l'alternat**, high/low control ; **communication bilatérale à l'alternat.**, two-way alternate communication ; **commutateur d'alternat**, push-to-talk switch ; **opération en alternat**, alternate operation.

ALTERNATIF : alternatif, alternating, alternate ; **canal alternatif**, alternate channel ; **courant alternatif (CA)**, alternating current

(AC) ; **secteur alternatif**, AC mains ; **tri alternatif**, oscillating sort.

ALTERNATION : constante d'alternation, alternation constant.

ALTERNE : index alterné, alternate index ; **transmission en signaux alternés**, bipolar transmission.

ALTERNEE : impression à frappe alternée, reverse typing.

AMATEUR : amateur, hobbyist ; **informatique amateur**, hobby computing ; **marché amateur**, hobby market ; **ordinateur amateur**, hobby computer.

AMBIANCE : bruit d'ambiance, ambient noise.

AMBIANTE : température ambiante, ambient temperature.

AMBIVALENTE : erreur ambivalente, ambiguity error.

AMELIORATION : amélioration, enhancement, improvement ; **amélioration matérielle**, hardware upgrade ; **taux d'amélioration**, improving factor.

AMELIOREE : version améliorée, beefup version, improved version.

AMELIORER : améliorer, enhance (to) ; **améliorer la qualité**, upgrade (to).

AMENAGEMENT : opération d'aménagement, housekeeping operation, overhead operation.

AMONCELLEMENT : amoncellement, heap.

AMONT : branchement amont, backward jump.

AMORCABLE : amorçable, bootable.

AMORCAGE : amorçage, bootstrapping, flash (tension), start, starting, start-up ; **cassette amovible**, removable cartridge ; **amorçage de sous-programme**, begin subroutine ; **binaire d'amorçage**, start bit ; **générateur de programme d'amorçage**, bootstrap generator ; **sous-programme d'amorçage**, key bootstrap ; **zone du mode d'amorçage**, starting mode field.

AMORCE : amorce, bootstrap* ; **amorce de bande**, tape leader ; **amorce de bande magnétique**, leader, magnetic tape leader ; **amorce de début**, leader, load point, magnetic tape leader ; **amorce de fin**, magnetic tape trailer, trailer ; **amorce de fin de bande magnétique**, magnetic tape trailer, trailer ; **bande-amorce**, bootstrap tape ; **chargeur-amorce**, bootstrap programme, bootstrap loader ; **programme-amorce**, bootstrap programme, bootstrap loader ; **routine d'amorce**, leader routine.

AMORCER : amorcer, ignite (to), prime (to), start (to), boot (to), bootstrap (to).

AMORTISSEMENT : amortissement, damping*.

AMOVIBLE : amovible, removable, detachable, exchangeable ; **clavier amovible**, detachable keyboard ; **disque magnétique amovible**, removable magnetic disc ; **mémoire à disques amovibles**, exchangeable disc storage (EDS) ; **organe amovible**, removable unit.

AMPLIFICATEUR : amplificateur, amplifier ; **amplificateur à gain élevé**, high-level amplifier ; **amplificateur d'attaque de ligne**, analogue line driver (ALD) ; **amplificateur d'écriture**, write amplifier ; **amplificateur de courant d'inhibition**, inhibit driver ; **amplificateur de frappe**, hammer module amplifier, print amplifier ; **amplificateur de lecture**, read amplifier ; **amplificateur de ligne**, line driver ; **amplificateur de tension**, voltage amplifier ; **amplificateur différentiel**, differential amplifier ; **amplificateur inverseur**, inverse amplifier ; **amplificateur isolé**, isolated amplifier ; **amplificateur multigamme**, multirange amplifier ; **amplificateur non isolé**, non-isolated amplifier ; **amplificateur opérationnel**, operational amplifier, op-amp ; **amplificateur tampon**, buffer amplifier ; **amplificateur vidéo**, video amplifier.

AMPLIFICATION : amplification, amplification ; **amplification en tension**, voltage amplification.

AMPLIFIER : amplifier, amplify* (to).

AMPLITUDE : amplitude, amplitude ; **amplitude d'impression**, print span ; **compensateur d'amplitude**, amplitude equaliser ; **erreur d'amplitude**, amplitude error ; **modulation d'amplitude en quadrature (MAQ)**, quadrature amplitude modulation (QAM) ; **modulation d'impulsions en amplitude**, pulse amplitude modulation (PAM).

AMPOULE : ampoule de verre, glass envelope.

AMUSEMENT : amusement, fun.

ANALOGIQUE : analogique, analogue* (US: analog) ; **additionneur analogique**, summer ; **affichage analogique**, analogue display.

ANALYSE : analyse, analysis ; **analyse des interruptions**, interrupt decoding ; **analyse des tâches**, job analysis ; **analyse descendante**, topdown analysis ; **analyse lexicale**, lexical analysis ; **analyse logique**, logic analysis, logical analysis ; **analyse numérique**, numerical analysis ; **analyse par balayage**, browsing, scanning ; **analyse sémantique**, semantic analysis ; **analyse statistique**, statistical analysis ; **analyse syntaxique**, parsing, syntactical analysis ; **analyse valorisée**, value analysis ; **analyse vectorielle**, vector analysis ; **grammaire d'analyse**, analysis grammar ; **langage d'analyse**, design language, system design language ; **méthode d'analyse ascendante**, expansion cascading ; **mode d'analyse**, analysis mode ; **module d'analyse**, analysis module ; **programme d'analyse**, parser, programme analyser, trace programme ; **programme d'analyse sélective**, selective trace programme, snapshot programme ; **transfert et analyse**, move and scan ; **zone d'analyse**, analysis area.

ANALYSER : analyser, analyse (to) (US: analyze), parse (to).

ANALYSEUR : analyseur, analyser* (US: analyzer), scanning device ; **analyseur d'états logiques**, logical analyser ; **analyseur d'index**, index analyser ; **analyseur de réseaux**, network analyser.

ANALYSTE : analyste, analyst ; **analyste en programmation**, programming analyst ; **analyste en systèmes**, systems analyst ; **analyste programmeur**, programmer analyst.

ANALYTIQUE : générateur de fonction analytique, analytic function generator ; **géométrie analytique**, analytic geometry ; **machine analytique**, analytical engine.

ANCÊTRE : ancêtre, ancestor.

ANGLE : angle, angle ; **angle de phase**, phase angle, slope angle ; **angle droit**, right angle.

ANGULAIRE : détection de position angulaire, rotational position sensing ; **modulation angulaire**, angle modulation.

ANIMATION : animation, animation ; **animation par ordinateur**, computer animation ; **animation tridimensionnelle**, three-dimensional animation.

ANIME : graphique animé bidimensionnel, two-dimensional animation graphics.

ANISOCHRONE : transmission anisochrone, anisochronous transmission.

ANNEAU : anneau, ring* ; **anneau d'in-**

terdiction à l'écriture, write inhibit ring ; **anneau hybride**, hybrid ring ; **anneau logique**, logical ring ; **compteur en anneau**, ring counter ; **fichier en anneau**, ring file ; **protocole d'anneau à jeton**, token-passing ring protocol ; **réseau en anneau**, ring network ; **classeur à anneaux**, ring binder.

ANNEXE : calculateur annexe, computer satellite ; **centre annexe**, satellite ; **circuit annexe**, support chip ; **équipement annexe**, accessory unit, accessory equipment ; **mémoire annexe**, bump.

ANNONCE : enregistrement annonce, record label.

ANNONCER : annoncer, usher (to).

ANNOTE : document annoté manuellement, hand marked document.

ANNOTER : annoter, post (to).

ANNUAIRE : annuaire, directory* ; **annuaire électronique**, electronic directory.

ANNULAIRE : concept du bus annulaire à jeton, token ring approach ; **réseau avec bus annulaire à jeton**, token-passing ring network.

ANNULATION : annulation, cancellation, cancel (CAN), deletion, clearing ; **caractère d'annulation**, cancel character, error character ; **caractère d'annulation de bloc**, block cancel character, block ignore character ; **enregistrement d'annulation**, deletion record ; **touche d'annulation**, cancel key, resetting button.

ANNULE : annulé, deleted, cancelled, cleared ; **caractère annulé**, deleted character ; **travaux annulés**, bypassed job.

ANNULER : annuler, cancel (to), clear* (to).

ANOMALIE : anomalie, exception ; **circuit de détection d'anomalie**, fault detection circuit ; **gestionnaire d'anomalies**, exception handler ; **liste des anomalies**, exception list ; **localisation d'anomalie**, fault finding ; **mémoire de détection d'anomalie**, fault control memory ; **programme d'anomalies**, malfunction routine ; **rapport d'anomalies**, exception report ; **routine des anomalies**, exception routine ; **saut arrière en cas d'anomalie**, exception return.

ANORMAL : arrêt anormal, abnormal termination.

ANORMALE : fin anormale, abnormal end (ABEND), abnormal terminating.

ANSI : gestionnaire ANSI, ANSI* driver.

ANTEMEMOIRE : antémémoire, cache buffer, cache, cache memory ; **concept d'antémémoire**, caching ; **disque antémémoire**, cache disc.

ANTIBOURRAGE : antibourrage, anti-jam ; **circuit d'antibourrage**, (anti-)jam circuit.

ANTICIPATION : anticipation, look-ahead.

ANTICIPATIVE : réaction anticipative, feed forward.

ANTICIPE : anticipé, anticipated ; **appel anticipé**, anticipated call ; **appel de page anticipé**, anticipatory paging.

ANTICIPEE : lecture anticipée de carte, early card read.

ANTIHORAIRE : sens antihoraire, anticlockwise.

ANTILOGARITHME : antilogarithme, antilogarithm.

ANTIREFLET : antireflet, glare-free ; **filtre antireflet**, anti-glare filter.

ANTISTATIQUE : bombe aérosol antistatique, anti-static spray can ; **enduit antistatique**, anti-static spray ; **tapis antistatique**, anti-static mat.

APL : apl (langage), apl* (language).

APOSTROPHE : apostrophe d'ouverture ''', single-opening quotation mark ; **apostrophe de fermeture** ''', single-closing quotation mark.

APPARAITRE : apparaître sur, impinge on (to).

APPAREIL : appareil, apparatus, appliance ; **appareil de préhension**, gripping device ; **commande d'appareil auxiliaire**, device control (DC) ; **coordonnée d'appareil**, device co-ordinate ; **lot d'appareils d'entrée/sortie**, input/output pool.

APPARENTE : apparente, apparent, virtual ; **impédance apparente**, image impedance ; **mémoire apparente**, apparent storage.

APPARIER : apparier, match* (to).

APPARTENANCE : appartenance, membership.

APPEL : appel, calling, call*, cue*, polling*, ringing ; **adresse d'appel**, poll address ; **appel à la bibliothèque**, library call ; **appel automatique**, autocall, automatic calling, automatic origination ; **appel d'entrée temporisé**, timed-entry call ; **appel d'une routine**, subroutine call ; **appel de chargement**, load call ; **appel de l'utilisateur**, user call ; **appel de mise en attente**, wair call ; **appel de moniteur**, monitor call ; **appel de page anticipé**, anticipatory paging ; **appel de programme**, programme fetch ; **appel de sous-programme**, subroutine reference ; **appel du superviseur**, supervisor call ; **appel entrant**, incoming call ; **appel intercalé**, imbedded call ; **appel interurbain**, toll call ; **appel macro**, macro-call ; **appel nom**, name call ; **appel par clavier**, keyboard request ; **appel pour intervention**, service call ; **appel programmé**, programmed call ; **appel refusé**, call not accepted ; **appel sélectif**, autopoll, selective calling, specific polling ; **appel téléphonique**, dialup, telephone call ; **appel urbain**, exchange call ; **code d'appel**, visibility mask, visibility key, visibility code ; **conflit d'appels**, call collision ; **contrôle d'appel**, call control ; **dispositif d'appel automatique**, automatic call unit ; **double appel**, split ; **écran d'appel à rotation multiple**, multiturn dial ; **indicatif d'appel**, callsign ; **instruction d'appel**, calling instruction, call instruction ; **interception d'un appel**, call pickup ; **intervalle entre appels**, polling interval ; **liste d'appels**, poll select list ; **macro-appel de recherche**, seek action macro-call ; **mise en attente d'un appel**, answer hold ; **mode d'appel**, poll mode ; **numéro d'appel**, call number ; **procédé d'appel sélectif**, polling technique ; **procédure d'appel**, invoked procedure ; **registre d'appel**, calling register ; **scrutation par appel**, roll-call polling ; **séquence d'appel**, calling sequence ; **service d'appel direct**, direct call facility ; **signal d'acceptation d'appel**, call-accepted signal ; **signal d'appel**, polling signal ; **signal de refus d'appel**, call-not-accepted signal ; **sous-programme d'appel**, calling routine ; **tonalité d'appel**, dial tone ; **touche d'appel**, keyboard request ; **transfert d'appel**, call forwarding ; **voyant d'appel**, request light.

APPELANT : appelant, caller, questioner.

APPELE : appelé, called, invoked ; **programme appelé**, called programme.

APPELEE : routine appelée, called sequence, called routine.

APPELER : appeler, enquiry (to), inquire (to), interrogate (to), poll (to).

APPENDICE : appendice d'introduction, input enclosure.

APPLICATION : application, application, map, mapping ; **application automatisée**, computer application ; **application bi-univoque**, one-to-one mapping ; **application en mode asservi**, slave application ; **application en temps réel**, real-time application ; **bibliothèque d'applications**, application library ; **champ d'application des ordinateurs**, computer field ; **couche d'application (ISO)**, application layer (ISO) ; **dialogue d'application**, application dialogue ; **icône d'application**, application icon ; **langage d'application**, problem-oriented language ; **langage d'application commerciale**, commercial language ; **langage orienté vers les applications**, application-oriented language ; **note d'application**, application note ; **progiciel d'application**, application package ; **programmation d'applications**, application programming ; **programme d'application**, application programme ; **questionnaire d'application**, application questionnaire ; **système de mise en application**, implementation system.

APPLIQUER : appliquer, apply (to), use (to).

APPRENTISSAGE : apprentissage, learning ; **apprentissage par machine**, machine learning.

APPROCHE : approche, approach, method ; **approche ascendante**, bottom-up approach, bottom-up method ; **approche des systèmes**, systems approach ; **approche descendante**, topdown approach ; **méthode d'approche**, method of approach.

APPROUVE : circuit approuvé, approved circuit.

APPUYER : appuyer, press (to).

ARBITRAIRE : horloge arbitraire, free-running clock.

ARBORESCENCE : arborescence, directed tree, tree structure ; **arborescence minimisée**, minimal tree.

ARBORESCENT : recouvrement arborescent, overlay tree ; **réseau arborescent**, tree network ; **tri arborescent**, tree sort.

ARBORESCENTE : recherche arborescente, tree searching.

ARBRE : arbre, free tree, spanning tree, tree ; **arbre à valeurs minimales**, Huffman tree ; **arbre binaire**, binary tree ; **arbre de commande**, drive shaft ; **arbre de dépannage**, trouble shooting flowchart ; **arbre de programme**, programme tree ; **arbre inverse**, inverted tree ; **arbre non ordonné**, unordered tree ; **arbre ordonné**, ordered tree ; **représentation en arbre binaire**, binary-tree representation ; **traversée d'un arbre**, tree walking, tree traversal.

ARC : arc, arc, directed link.

ARCHITECTURE : architecture, architecture* ; **architecture à processeurs parallèles**, parallel machine architecture ; **architecture de réseau informatisé**, computer network architecture ; **architecture en étoile**, starred architecture ; **architecture répartie**, divided architecture, distributed architecture ; **architecture unifiée**, unified architecture.

ARCHIVAGE : archivage, filing ; **archivage de fichier**, file storage ; **archivage des informations**, information archiving.

ARCHIVE : archivé, filed ; archives, archives ; **fichier archive**, archived file, audit file, history file.

ARETE : arête, edge*.

ARGUMENT : argument, argument*.

ARITE : arité, arity.

ARITHMETIQUE : arithmétique, arithmetic ; **adresse arithmétique**, arithmetic address ; **arithmétique à virgule flottante**, floating-point arithmetic ; **arithmétique en double précision**, double precision arithmetic ; **arithmétique en virgule fixe**, fixed-point arithmetic ; **arithmétique multiprécision**, multiprecision arithmetic ; **arithmétique scalaire**, scalar arithmetic ; **contrôle arithmétique**, arithmetic check, mathematical check ; **décalage arithmétique**, arithmetic shift, arithmetical shift ; **expression arithmétique**, arithmetic expression ; **instruction arithmétique**, arithmetical statement, arithmetic instruction, arithmetic statement ; **moyenne arithmétique**, arithmetic mean ; **opérateur arithmétique**, arithmetic operator ; **opération (arithmétique) binaire**, binary (arithmetic) operation ; **opération arithmétique**, arithmetic operation, arithmetical operation ; **processeur arithmétique**, number cruncher ; **registre arithmétique**, arithmetic register ; **unité arithmétique**, arithmetic unit ; **unité arithmétique et logique**, arithmetic and logic unit (ALU) ; **virgule (arithmétique)**, arithmetic point, point, variable point.

ARME : armé, armed ; **état armé**, armed state.

ARMEMENT : armement d'interruption, interrupt enabling, interrupt setting.

ARRANGEMENT : arrangement, organisation (US: organization) ; **arrangement de cartes**, deck set-up ; **arrangement de données graphiques**, graphic data structure ; **arrangement en damier**, checkerboarding.

ARRET : arrêt, halt, stop ; **arrêt anormal**, abnormal termination ; **arrêt après fin de passage en machine**, end-of-run halt ; **arrêt automatique**, automatic stop ; **arrêt brutal**, hard stop ; **arrêt brutal du système**, system crash ; **arrêt conditionnel**, conditional stop, conditional breakpoint ; **arrêt conflictuel**, deadly embrace ; **arrêt d'urgence**, emergency shutdown ; **arrêt de fin de papier**, form stop ; **arrêt de programme**, programme terminaison, programme stop ; **arrêt définitif**, drop-dead halt ; **arrêt du système**, system shutdown ; **arrêt dynamique**, breakpoint halt, dynamic stop ; **arrêt gracieux après avarie**, soft-fail ; **arrêt immédiat**, dead halt ; **arrêt inconditionnel**, unconditional stop ; **arrêt instantané**, high-speed stop ; **arrêt machine**, hardware interrupt ; **arrêt manuel**, kill ; **arrêt net**, deadlock ; **arrêt précis**, precise stop ; **arrêt prématuré**, abortion ; **arrêt programmé**, coded stop, coded halt, dynamic stop ; **arrêt sur boucle**, loop stop ; **arrêt système**, system abort ; **arrêt temporisé**, slow shutdown ; **binaire d'arrêt**, stop bit ; **caractère d'arrêt**, break signal ; **caractère d'arrêt/marche**, start/stop character ; **chiffre d'arrêt**, halt number ; **code d'arrêt**, halt code, stop code ; **commande d'arrêt facultatif**, optional pause instruction ; **condition d'arrêt**, hold condition ; **indicateur d'arrêt**, halt indicator ; **instruction d'arrêt**, stop instruction, checkpoint instruction, pause instruction ; **instruction d'arrêt facultatif**, optional halt instruction ; **instruction d'arrêt optionnel**, optional stop instruction ; **opération d'arrêt/marche**, start/stop opération ; **signal d'arrêt**, halt signal, stop signal, stop element ; **temps d'arrêt**, standstill, stop time ; **tension d'arrêt**, inverse voltage.

ARRETER : arrêter, halt (to), stop (to) ; **s'arrêter doucement**, quiesce (to).

ARRIERE : arrière, back ; **arrière-plan**, background ; **arrière plan d'image**, background image ; **bord arrière de carte**, card trailing edge ; **caractère espace arrière**, backspace character ; **espace arrière**, backspace (BS) ; **face arrière**, backplane ; **lecture arrière**, backward read ; **ordinateur d'arrière-plan**, back-end processor ; **ouverture arrière**, back-plane slot ; **phase arrière**, back-end ; **saut arrière en cas d'anomalie**, exception return ; **tabulation arrière**, backtab ; **touche d'espacement arrière**, backspace key ; **travail d'arrière-plan**, background job ; **zoom arrière**, zoom-out.

ARRIVEE : arrivée, arrival ; **point d'arrivée**, endpoint ; **trafic d'arrivée**, incoming traffic.

ARRONDI : arrondi, half-adjust, rounding ; **cadre plein à coins arrondis**, filled rounded box ; **constante d'arrondi**, rounding constant ; **erreur d'arrondi**, round off error, rounding error ; **non arrondi**, unrounded.

ARRONDIR : arrondir, half-adjust (to), round* (to) ; **arrondir au plus près**, round off (to) ; **arrondir par défaut**, round down (to) ; **arrondir par excès**, round up (to).

ART : art, art.

ARTICLE : article, data item*, record, recording, structure ; **article additionnel**, addition item ; **article classifié**, sorted item ; **article d'accès**, access record ; **article d'entrée**, input item ; **article de calcul**, arithmetic item ; **article de longueur variable**, variable length overflow ; **article de remplissage**, padding item ; **article du répertoire des travaux**, job queue item ; **article numérique**, numeric item ; **article vide**, empty record ; **calcul de la longueur d'article**, item size computation ; **caractère d'état d'article**, item status character ; **carte article**, item card ; **code d'article**, item code ; **compte d'articles**, item count ; **compteur d'articles**, item counter ; **création d'articles**, record creation ; **définition d'article**, item definition ; **demande d'articles**, item demand ; **dernière position d'article**, terminal item position ; **erreur de comptage d'articles**, item count discrepancy ; **étiquette d'article**, item mark ; **fichier historique d'articles**, item history file ; **fichier principal d'articles**, item master file ; **fonction de traitement des articles**, item handling function ; **grandeur d'article**, item size ; **identificateur d'articles**, item identifier ; **indicatif d'article**, record key ; **ligne d'en-tête d'article**, item header line ; **liste d'articles**, item list ; **longueur variable d'article**, variable record length ; **mise à jour d'articles**, record updating ; **mode de traitement des articles**, item handling mode ; **mot de longueur d'article**, length record word ; **numéro d'article**, item number ; **par article**, itemised (US: itemized) ; **paramètre de codage d'article**, item key parameter ; **paramètre de longueur d'article**, item length parameter ; **position d'article**, item position ; **position d'article réservée**, imbedded item position ; **séparateur d'article**, record separator (RS) ; **séparateur de sous-article**, unit separator (US) ; **séquence d'articles**, item sequence ; **tri d'articles**, item sort ; **zone d'articles indexés**, index data item ; **zone de codification des articles**, item key area ; **zone de traitement d'article**, item work area.

ARTICULATION : point d'articulation (graphe), articulation point (graph), cut vertex.

ARTIFICIEL : artificiel, artificial, fabricated ; **langage artificiel**, artificial language, fabricated language ; **report artificiel**, artificial carry.

ARTIFICIELLE : indice (en intelligence artificielle), evidence (in artificial intelligence) ; **intelligence artificielle (IA)**, artificial intelligence (AI) ; **reconnaissance artificielle**, artificial cognition.

ARYTHMIQUE : arythmique, asynchronous ; **système arythmique**, start/stop system ; **transmission arythmique**, start/stop tansmission, asynchronous transmission.

ASCENDANT : ascendant, ascending ; **noeud ascendant**, ascending node ; **ordre ascendant**, alphabetical order, ascending sequence ; **tri ascendant**, ascending sort, forward sort.

ASCENDANTE : à compatibilité ascendante, upward compatible ; **approche ascendante**, bottom-up approach, bottom-up method ; **compatibilité ascendante**, forward compatibility ; **méthode ascendante**, bottom-up method, bottom-up approach ; **méthode d'analyse ascendante**, expansion cascading ; **pile ascendante**, push up.

ASCII : code ASCII, ASCII* code ; **sous-ensemble du code ASCII**, limited ASCII.

ASPECT : (d'aspect) irrégulier, jaggy.

ASSEMBLAGE : assemblage, assembly ; **assemblage croisé**, cross-assembly ; **assemblage de paquets**, packet assembly ; **directive d'assemblage**, assembler directive ; **durée d'assemblage**, assembly time, assemble duration ; **instruction de contrôle d'assemblage**, assembly control statement ; **langage d'assemblage de base**, basic assembly language (BAL) ; **langage d'assemblage spécifique**, native assembler language ; **langage de macro-assemblage**, macro-assembly language (MAL) ; **liste d'assemblage**, assembly language listing ; **macro-assemblage**, macro-assembly ; **passe d'assemblage**, assembly pass ; **phase d'assemblage**, assembly phase, assembling phase ; **programme d'assemblage**, assembly programme, assembly language programme, assembler ; **routine d'assemblage**, assembly routine ; **schéma d'assemblage**, assembly drawing ; **section d'assemblage entrée/sortie**, input/output section ; **sortie du programme d'assemblage**, assembly programme output ; **système à assemblage symbolique**, symbolic assembly system ; **système d'assemblage**, assembly system ; **unité d'assemblage**, assembly unit.

ASSEMBLER : assembler, assemble (to) ; **ordinateur à assembler**, microcomputer kit.

ASSEMBLEUR : assembleur, assembler* , assembly programme ; **assembleur absolu**, absolute assembler ; **assembleur croisé**, cross-assembler ; **assembleur de base**, basic assembler ; **assembleur-désassembleur de paquets**, packet assembler/disassembler (PAD) ; **assembleur symbolique**, symbolic assembler ; **jeu de cartes d'assembleur**, assembler deck ; **langage assembleur**, assembly language, assembly code ; **programme de test d'assembleur**, test translator ; **programme macro-assembleur**, macro-assembly programme.

ASSERTION : assertion, assertion ; **contrôleur d'assertions**, assertion checker.

ASSERVI : application en mode asservi, slave application ; **asservissement**, servomechanism ; **calculateur asservi**, slave computer ; **disque asservi**, slave disc ; **mode asservi**, slave mode ; **mode d'asservissement automatique**, auto-servo mode ; **rythmeur asservi**, slave clock ; **système asservi**, servo system, servo-controlled system ; **tracé asservi à un point fixe**, rubber banding.

ASSERVIE : bascule asservie, slave flip-flop ; **sortie asservie**, slave output ; **station asservie**, slave station ; **unité asservie**, slave unit.

ASSERVIR : asservir, slave (to).

ASSERVISSEMENT : asservissement, servomechanism ; **mode d'asservissement automatique**, auto-servo mode.

ASSIGNATION : assignation, assignment by name ; **assignation de valeur**, value assignment.

ASSIGNE : assigné, assigned.

ASSIGNEE : fréquence assignée, assigned frequency.

ASSIGNER : assigner, assign* (to).

ASSIGNEMENT : assignement de fréquence, frequency assignment.

ASSISTANCE : assistance à la documentation, documentation aids.

ASSISTE : assisté, assisted, aided ; **assisté par ordinateur**, computer-assisted.

ASSISTEE : conception assistée par ordinateur (CAO), computer-aided design (CAD) ; **ingénierie assistée par ordinateur (IAO)**, computer-aided engineering (CAE) ; **instruction assistée**, aided instruction ; **instruction assistée par ordinateur (IAO)**, computer-aided instruction (CAI) ; **opération assistée**, hands-on operation ; **opération non assistée**, hands-off operation ; **programmation assistée**, automatic programming ; **publication assistée par ordinateur (PAO)**, desktop publishing.

ASSISTER : assister, support (to).

ASSOCIATIF : associatif, associative ; **adressage associatif**, associative addressing, content addressing ; **processeur associatif**, associative processor ; **registre associatif**, associative register.

ASSOCIATION : association, association ; **association d'utilisateurs**, user process group ; **association de paramètres**, parameter association.

ASSOCIATIVE : mémoire associative, content-addressable storage, associative store, associative memory ; **mémoire associative**, searching storage, search memory, content address storage, parallel search storage ; **registre à mémoire associative**, associative storage register.

ASSOCIE : programme associé, dependent programme.

ASSOCIER : associer (une adresse), bind (to) (of an address).

ASSORTI : assorti, matched.

ASSORTIMENT : assortiment, matching.

ASTABLE : multivibrateur astable, astable multivibrator.

ASTERISQUE : astérisque, star character.

ASTUCE : astuce, tip ; **astuce de programmation**, programming tip.

ASYMETRIQUE : asymétrique, unbalanced ; **entrée asymétrique**, unbalanced input ; **sortie asymétrique**, unbalanced output.

ASYNCHRONE : asynchrone, asynchronous* ; **adaptateur de canal asynchrone**, asynchronous channel adapter ; **calculateur asynchrone**, asynchronous computer ; **circuit asynchrone**, asynchronous circuit ; **entrée asynchrone**, asynchronous input ; **opération asynchrone**, asynchronous operation ; **périphérique asynchrone**, asynchronous device ; **procédure asynchrone**, asynchronous procedure ; **régime asynchrone**, asynchronous working ; **réseau asynchrone**, asynchronous network ; **sortie asynchrone**, asynchronous output ; **transfert asynchrone**, asynchronous transfer ; **transmission asynchrone**, asynchronous transmission, start/stop tamission ; **transmission asynchrone de données**, asynchronous data transmission.

ASYNDETIQUE : asyndétique, asyndetic.

ATELIER : atelier, shop, workshop ; **atelier (informatique)**, (data processing) workshop ; **atelier spécialisé**, closed shop.

ATOME : atome, atom.

ATOMICITE : atomicité, atomicity.

ATTACHE : attaché, bundled ; **connecteur à attache rapide**, quick-disconnect.

ATTACHER : attacher, attach (to).

ATTAQUE : amplificateur d'attaque de ligne, analogue line driver (ALD).

ATTENTE : attente, expectancy, standby, waiting, wait ; **accès par file d'attente**, queued access ; **appel de mise en attente**, wair call ; **attente aux entrées/sorties**, I/O wait ; **attente avant transfert**, wait before transmit ; **boucle d'attente**, do-nothing loop, wait loop ; **caractère d'attente**, idle character ; **condition d'attente**, stand-by condition ; **cycle d'attente**, wait cycle, waiting cycle, wait state ; **délai d'attente**, rotational delay time ; **élément de file d'attente**, waiting queue element ; **en attente**, awaiting, pending, quiescing, standby ; **état d'attente**, wait condition, waiting state ; **état d'attente permanent**, hard wait state ; **file d'attente**, list, queue, waiting list ; **file d'attente d'entrée**, entry queue, input queue ; **file d'attente d'ordonnancement**, scheduling queue ; **file d'attente de travaux en entrée**, input job queue ; **file d'attente des périphériques**, device queue ; **file d'attente des travaux**, job input queue, job queue ; **file d'attente en sortie**, output work queue ; **file d'attente externe**, external queue ; **file d'attente inversée**, pushdown queue ; **file d'attente pilote**, scheduler queue ; **fonction d'attente**, wait action ; **gestion des files d'attente**, queueing ; **intervalle d'attente en interrogation**, poll stall interval ; **liste d'attente**, list, queue, waiting list ; **liste d'attente variable**, variable queue list ; **liste de files d'attente**, queueing list ; **message en attente**, waiting message ; **méthode d'accès avec file d'attente**, queue discipline ; **mettre en file d'attente**, enqueue (to) ; **mise en attente d'un appel**, answer hold ; **mise en file d'attente**, enqueueing ; **mode d'attente**, listen mode ; **opération en file d'attente**, work-in-process queue ; **position d'attente**, sleep position ; **poste d'attente**, wait station ; **principe des files d'attente**, queueing principle ; **probabilité d'attente en file**, queueing probability ; **programme en attente**, waiting programme ; **queue d'attente des entrées/sorties**, input/output queue ; **tâche dans une file d'attente**, input job ; **tâche en attente**, waiting task ; **temps d'attente**, rotational delay, standby time, waiting time, idle time, latency ; **temps d'attente en file**, queue time ; **théorie des files d'attente**, queueing theory ; **ventilation des temps d'attente**, waiting time distribution ; **zone de file d'attente**, queueing field, waiting queue field.

ATTENUATION : atténuation, attenuation, loss ; **atténuation de trajet**, path attenuation.

ATTENUER : atténuer, attenuate (to), quench (to).

ATTERRISSAGE : atterrissage, landind, land ; **zone d'atterrissage**, landing zone.

ATTRIBUE : attribué, allocated ; **périphérique attribué**, allocated device.

ATTRIBUEE : touche non attribuée, undefined key, unallocated key.

ATTRIBUT : attribut, attribute* ; **attribut d'impression évolué**, advanced print features ; **attribut de fichier**, file attribute ; **attribut de l'entité**, entity attribute ; **attribut de longueur**, length attribute ; **attribut de nombre**, number attribute ; **attribut de nombre entier**, integer attribute ; **attribut de valeur**, value attribute ; **attribut de visualisation**, display enhancement ; **attribut fixe**, static attribute ; **attribut implicite**, implied attribute.

ATTRIBUTAIRE : attributaire, addressee, address ; **attributaire principal**, primary address ; **attributaire secondaire**, secondary address.

ATTRIBUTION : attribution, allocation ; **attribution automatique de mémoire**, automatic storage allocation ; **attribution de fichier**, file allocation ; **attribution de mémoire**, memory allocation, storage allocation ; **attribution de priorités**, priority sequencing ; **attribution de tampon**, buffer allocation ; **attribution dynamique**, dynamic resource allocation, dynamic allocation ; **gestionnaire d'attribution mémoire**, memory allocation manager.

AUDIBLE : sortie de fréquence audible, audio frequency output.

AUDIO : bande audio, audio tape.

AUDIOFREQUENCE : audiofréquence, audiofrequency ; **bande audiofréquence**, audio tape.

AUGMENT : augment, augment.

AUTHENTIFICATION : authentification, authentification* ; **authentification de message**, message authentification.

AUTO : auto-, auto-, self- ; **adressage auto-indexé**, auto-indexed addressing ; **auto-indexation**, auto-indexing ; **commande auto-adaptative**, adaptive control ; **manuel d'auto-instruction**, self-instructing textbook ; **ordinateur auto-adaptatif**, self-adapting computer.

AUTOBLOQUANTE : touche autobloquante, locking type button.

AUTOCOMMANDE : système autocommandé, adaptive control system.

AUTOCOMMUTATEUR : autocommutateur, autoswitch.

AUTOCOMPLEMENTEUR : autocomplémenteur, self-complementing ; **code autocomplémenteur**, self-complementing code.

AUTOCONVERGENT : tube autoconvergent, self-focused picture tube, self-converging tube.

AUTOCORRECTEUR : code autocorrecteur, self-correcting code.

AUTODECREMENTAL : registre autodécrémental, autodecrement register.

AUTODIDACTE : machine autodidacte, learning machine.

AUTODOCUMENTAIRE : autodocumentaire, self-documenting.

AUTOMATE : automate, acceptor*, automaton ; **automate borné**, bounded acceptor ; **automate linéaire borné**, linear bounded acceptor ; **automate programmable**, programmable automaton ; **automates**, automata ; **théorie des automates**, automata theory.

AUTOMATIQUE : automatique, automatic* ; **abonné automatique**, machine subscriber ; **accusé de réception automatique**, auto-acknowledgement ; **acheminement automatique**, automatic route selection ; **acquisition automatique de données**, automatic data acquisition (ADA) ; **adressage à progression automatique**, one-ahead addressing ; **adressage automatique**, implied addressing ; **analyse automatique**, automatic abstracting, auto-abstract ; **appel automatique**, autocall, automatic calling, automatic origination ; **arrêt automatique**, automatic stop ; **attribution automatique de mémoire**, automatic storage allocation ; **central automatique**, automatic exchange ; **centre de commutation automatique**, automatic switching centre ; **changement automatique de piste défectueuse**, automatic defective track recovery ; **chargement automatique**, autoload ; **chargeur automatique**, automatic loader, autoloader ; **codage automatique**, automatic code, automatic coding ; **code automatique**, automatic coding, automatic code ; **collationnement automatique**, information feedback checking ; **commande automatique**, automatic control ; **commutateur automatique**, switchover ; **commutation automatique de messages**, automatic message switching ; **composeur automatique**, autodialler ; **composition automatique**, automatic typesetting ; **connexion automatique programmée**, autopolling ; **conversion automatique de données**, automatic data conversion ; **correction automatique des erreurs**, automatic error correction ; **décrément automatique**, auto-decrement ; **dispositif d'appel automatique**, automatic call unit ; **échange automatique**, dial exchange ; **échange automatique de données**, automatic data exchange (ADE) ; **émission automatique**, automatic transmission ; **foliotage automatique**, automatic page numbering ; **génération de caractères automatique**, automatic character generation ; **incrément automatique,** auto-increment ; **indentation automatique,** automatic indent ; **index automatique,** auto-index ; **indicateur de contrôle automatique,** machine check indicator ; **interruption automatique,** automatic interrupt ; **interruption automatique de programme,** automatic programme interrupt ; **l'automatique,** automatic control engineering, automatics ; **langage automatique,** autocode ; **lecture automatique de cartes,** automatic card reading ; **matériel de test automatique,** automatic test equipment (ATE) ; **mode automatique,** automatic mode ; **mode d'asservissement automatique,** auto-servo mode ; **mode de commutation automatique,** automatic switch mode ; **mode de soulignement automatique,** automatic underline mode ; **modification automatique d'adresse,** automatic address modification ; **numéroteur automatique,** automatic dialling unit (ADU), auto-dialler ; **opération automatique,** unattended operation ; **perforateur automatique,** automatic punch ; **perforateur de bande automatique,** automatic tape punch ; **procédure de reprise automatique,** fallback procedure ; **programmateur automatique,** autocoder ; **programme à lancement automatique,** self-triggered programme ; **programme de commande automatique,** automatic programming tool (APT) ; **programme de récupération automatique,** automatic recovery programme ; **progression automatique,** autoincrement ; **rappel automatique,** automatic callback, auto-callback ; **reconnaissance automatique des formes,** automatic shape recognition ; **recouvrement automatique,** automatic overlaying ; **redémarrage automatique,** automatic restart, auto-restart ; **réinitialisation automatique,** automatic reset ; **réponse automatique,** automatic answering, auto-answer ; **reprise automatique,** autorestart, fallback ; **retour automatique de chariot,** automatic carriage return ; **sélection automatique,** automatic selection ; **système de programmation automatique,** automatic programming system ; **système de régulation automatique,** automatic control system ; **système de vérification automatique,** automatic check-out system ; **traceur automatique,** automatic plotting ; **traitement automatique de données,** automatic data processing (ADP) ; **traitement et transmission automatiques données,** automatic data handling ;

vérification automatique, automatic check.

AUTOMATISATION : automatisation, automation* ; **automatisation de bibliothèque,** library automation.

AUTOMATISE : automatisé, automated ; **dessin automatisé,** automated drafting, drafting ; **enseignement automatisé,** computer-augmented learning (CAL) ; **non automatisé,** unautomated.

AUTOMATISEE : **application automatisée,** computer application ; **base de données automatisée,** computerised database ; **conception automatisée,** automated design, design automation ; **gestion automatisée,** computer-assisted management.

AUTOMATISER : automatiser, automate (to).

AUTOMATISME : **automatisme industriel,** process automation.

AUTOMONITORAGE : automonitorage, automonitor.

AUTONOME : autonome, off-line, stand-alone ; **dispositif autonome,** autonomous device ; **fonctionnement autonome,** autonomous operation ; **indicateur autonome,** autonomous display ; **mémoire autonome,** off-line storage ; **mode autonome,** off-line mode ; **opération autonome,** off-line operation ; **poste de conception autonome,** stand-alone design station ; **processeur d'E/S autonome,** autonomous I/O processor ; **système autonome,** stand-alone system ; **traitement autonome,** independence processing, off-line processing.

AUTONOMIE : **autonomie des données,** data independence ; **possibilité d'autonomie,** stand-alone capability.

AUTOPROGRAMMATEUR : autoprogrammateur, auto-programmer.

AUTOPSIE : **programme d'autopsie,** postmortem routine, postmortem programme ; **vidage d'autopsie,** postmortem dump.

AUTOREGENERATRICE : **boucle autorégénératrice,** self-restoring loop.

AUTORELATIF : **adressage autorelatif,** self-relative addressing.

AUTORELATIVE : **adresse autorelative,** self-relative address.

AUTORELOGEABLE : autorelogeable, self-relocating.

AUTORESTAUREE : **boucle autorestaurée,** self-resetting loop.

AUTORISATION : autorisation

d'écriture, write permit, write enable ; **signal d'autorisation**, enabling signal.

AUTOTEST : autotest, self-test ; **autotest d'impression**, self-test print ; **programme autotest**, self-check routine.

AUTOVERIFIEUSE : autovérifieuse, autoverifier.

AUXILIAIRE : auxiliaire, auxiliaire, ancillary ; **code auxiliaire**, auxiliary code ; **commande d'appareil auxiliaire**, device control (DC) ; **console auxiliaire**, auxiliary console, secondary console ; **données auxiliaires**, auxiliary data ; **machine auxiliaire**, auxiliary machine ; **matériel auxiliaire**, ancillary hardware, auxiliary equipment ; **mémoire auxiliaire**, auxiliary storage, extension store, backing store, auxiliary memory, secondary store ; **opération auxiliaire**, auxiliary operation ; **processeur auxiliaire**, peripheral processor ; **programme auxiliaire**, auxiliary programme, secondary routine ; **registre auxiliaire**, utility register ; **unité auxiliaire**, ancillary unit.

AVAL : branchement aval, forward jump.

AVANCE : avance, slewing ; **avance après impression**, postslew ; **avance immédiate**, immediate skip ; **avance incrémentielle**, incremental feed ; **avance manuelle de papier**, manual paper feed ; **avance papier**, paper feed, paper slew, paper slewing ; **avance papier avant impression**, preslew ; **double avance de ruban encreur**, dual ribbon feed ; **mécanisme d'avance papier**, form feed mechanism ; **vitesse de l'avance ligne**, form feed speed.

AVANT : attente avant transfert, wait before transmit ; **avance papier avant impression**, preslew ; **avant-titre**, half-title ; **bord avant**, leading edge ; **bord avant de carte**, card leading edge ; **technologie d'avant-garde**, advanced technology ; **zoom avant**, zoom-in.

AVARIE : arrêt gracieux après avarie, soft-fail ; **avarie**, damage, fault ; **avarie erratique**, random failure ; **contrôle d'avarie**, fault control ; **détecteur d'avarie**, fault detector ; **registre des avaries**, fault register ; **reprise après avarie**, failure recovery.

AVERTISSEMENT : avertissement, warning.

AVEUGLE : test aveugle, blind test.

AVORTER : faire avorter, abort (to).

AXE : axe, axis ; **axe de rouleau**, platen shaft ; **coupure d'axe**, axis crossing ; **entre-axe des pistes**, track pitch.

AXIAL : axial, axial.

AXIALE : circuit intégré à broches axiales, flat pack ; **sortie axiale**, axial lead.

AZERTY : clavier azerty, azerty* keyboard

B

BAC : bac, bin ; **bac à cartes**, card compartment, compartment ; **bac à confettis**, chip tray, tray.

BADGE : badge, badge ; **lecteur de badge**, badge reader ; **perforateur de badge**, badge punch.

BAGUE : bague d'écriture, tape ring ; bague de réglage précis, vernier knob.

BAIE : baie, rack, frame.

BALAI : balai, brush ; **balai de lecture**, pick-off brush ; **manche à balai**, joystick.

BALAYAGE : balayage, scan, sweep ; **à balayage de trame**, raster display device ; **affichage à balayage de trame**, raster scan display ; **analyse par balayage**, browsing, scanning ; **balayage au vol**, flying spot scan ; **balayage cavalier**, directed beam scan, random scan, vector scan ; **balayage de contour**, contour following ; **balayage de fichier**, file scan ; **balayage de la mémoire**, storage scan ; **balayage de ligne**, line scanning ; **balayage de trame**, raster scan, vertical sweep ; **balayage électronique**, electronic scanning ; **balayage entrelacé**, interlaced scan ; **balayage horizontal**, horizontal sweep ; **balayage inversé**, reverse scan ; **balayage par contact**, contact scanning ; **balayage récurrent**, raster scanning ; **départ de balayage ligne**, line scan start ; **durée de balayage**, scan period ; **fréquence de balayage**, scan frequency ; **générateur de balayage trame**, field scan generator ; **générateur de signaux balayage ligne**, line scan generator ; **instruction de balayage**, extract instruction ; **ligne de balayage**, display line, scan line ; **ligne de balayage impaire**, odd-numbered scan line ; **ligne de balayage paire**, even-numbered scan line ; **rendement de balayage**, breakthrough sweep efficiency ; **retour de balayage**, fly-back ; **tube à balayage de trame**, raster scan CRT ; **visu à balayage cavalier**, calligraphic display ; **vitesse de balayage**, scan rate, slew rate ; **zone de balayage**, scan area.

BALAYER : balayer, scan* (to), sweep (to).

BANALISE : banalisé, general-purpose, generalised ; **macroprocesseur banalisé**, generalised macro-processor ; **registre banalisé**, general-purpose register.

BANALISEE : zone banalisée, free field.

BANANE : fiche banane, banana pin.

BANC : banc, bank ; **banc de matrices de tores**, core matrix block ; **banc de mémoire**, memory bank ; **banc de test**, test bed ; **commutation de bancs**, bank switching ; **mise au banc d'essai**, benchmarking, benchmark test.

BANCAIRE : chèque bancaire, bank check.

BANDE : bande, tape, band ; (mécanisme d') **entraînement de bande magnétique**, magnetic tape drive, tape drive ; **amorce de bande**, tape leader ; **amorce de bande magnétique**, leader, magnetic tape leader ; **amorce de fin de bande magnétique**, magnetic tape trailer, trailer ; **bande à bornes**, terminal strip ; **bande-amorce**, bootstrap tape ; **bande audio**, audio tape ; **bande audiofréquence**, audio tape ; **bande bibliothèque**, library copy tape ; **bande bibliothèque pilote**, master library tape ; **bande certifiée**, certified tape ; **bande d'entrée**, input stack tape ; **bande d'entrée des travaux**, job input tape ; **bande d'entrée perforée**, input tape ; **bande d'étalonnage**, calibration tape ; **bande d'impression**, printer tape ; **bande de base**, baseband* ; **bande de caisse**, tally ; **bande de conversion**, conversion tape ; **bande de fréquence image**, image band ; **bande de fréquences**, frequency band ; **bande de manoeuvre**, scratch tape ; **bande de mise à jour**, updating tape ; **bande de numérotation**, numbering strip ; **bande de papier**, paper tape ; **bande de perçage**, drill tape ; **bande de première génération**, grandfather tape ; **bande de programme**, programme tape ; **bande de programmes utilitaires**, utility tape ; **bande de protection**, guard band ; **bande de sauvegarde**, backing tape ; **bande de travail**, work tape ;

bande de vérification, control tape ; **bande des erreurs**, error tape ; **bande des instructions**, instruction tape ; **bande des modifications**, amendment tape ; **bande des mouvements**, change tape ; **bande étroite**, narrowband ; **bande journal**, ledger tape ; **bande large**, broadband, wideband ; **bande latérale**, sideband* ; **bande magnétique**, mag tape, magnetic tape ; **bande magnétique vierge**, virgin magnetic tape ; **bande maître d'introduction**, input master tape ; **bande multifichier**, multifile tape ; **bande multipiste**, band ; **bande papier**, centre-feed tape ; **bande perforée**, perforated tape, punched tape, punch tape, ticker tape, chadded tape, paper tape ; **bande perforée à alignement frontal**, advance feed rate ; **bande perforée de test**, paper tape loop ; **bande perforée des entrées**, input punched tape ; **bande perforée sans détachement de confettis**, chadless tape ; **bande pilote**, carriage control tape, format tape, master tape ; **bande programme**, programme input ; **bande proportionnelle**, proportional band ; **bande sans fin**, endless tape ; **bande suivante**, continuation tape ; **bande système**, master system tape ; **bande téléphonique**, voice band ; **bande vide**, blank tape, empty tape, virgin tape ; **bande vidéo**, video tape ; **bande (de fréquences) vierge**, clear band ; **bande vierge**, unpunched tape, virgin tape, blank tape, empty tape ; **bobine de bande magnétique**, magnetic tape reel ; **bruit en bande de base**, baseband noise ; **canal à bande limitée**, band-limited channel ; **canal à large bande**, broadband channel, wideband channel ; **caractère de fin de bande**, end-of-tape character ; **carte-à-bande**, card-to-tape ; **carte à bande perforée unilatérale**, unilateral tape card ; **cartouche à bande**, tape cartridge ; **cartouche de bande magnétique**, magnetic tape cartridge ; **cassette de bande magnétique**, cassette, magnetic tape cassette ; **chariot à bande pilote**, tape-controlled carriage ; **circuit à large bande**, wideband circuit ; **code de bande perforée**, paper tape code ; **commande par bande**, tape-operated ; **comparateur de bande**, tape comparator ; **contrôle du label de bande**, header check ; **contrôleur de bande magnétique**, magnetic tape controller ; **convertisseur cartes-bandes**, card-to-tape converter ; **début de bande**, tape leading end ; **densité d'enregistrement de la**

bande, tape recording density ; **dérouleur de bande**, magnetic tape unit, streamer, tape handler, tape transport, tape unit ; **dérouleur de bande magnétique**, magnetic tape transport, tape deck ; **dévidoir de bande**, tape spooler ; **dispositif d'entraînement de bande**, tape take-up system ; **effacement de bande**, tape erasure ; **enregistrer sur bande**, tape (to) ; **enrouleur de bande**, tape winder ; **ensemble de bandes**, volume set ; **entraînement de bande**, tape feed, tape transport mechanism ; **entraînement de bande magnétique**, driving magnetic tape ; **entrée par bande**, tape input ; **étiquette de bande**, tape label ; **étiquette queue de bande**, trailer flag ; **fichier bande entrée**, input tape file ; **fichier bande magnétique**, magnetic tape file ; **fichier sur bande**, tape file ; **filtre coupleur à bande large**, broadband-coupling filter ; **filtre éliminateur de bande**, band elimination filter, bandstop filter ; **filtre passe-bande**, bandpass filter ; **filtre stop-bande**, band-reject filter ; **fin de bande**, trailing end ; **galet d'entraînement de bande**, tape roller ; **guide bande**, tape guide ; **imprimante à bande**, rotating-belt printer, band printer, belt printer ; **label de fin de bande**, end-of-volume trailer label ; **label début de bande entrée**, input header label ; **largeur de bande**, band-width ; **largeur de bande nominale**, nominal bandwidth ; **largeur de bande occupée**, occupied bandwidth ; **largeur de bande vidéo**, video bandwidth ; **lecteur de bande**, tape reader ; **lecteur de bande magnétique**, magnetic tape reader ; **lecteur de bande perforée**, paper tape reader (PTR) ; **lecteur de bande rapide**, high-speed tape reader ; **ligne à bande large**, wide-band line ; **limité par la bande**, tape-limited ; **magasin de bande**, tape reservoir ; **marque de bande magnétique**, magnetic tape mark ; **marqueur de début de bande**, beginning-of-tape (BOT) ; **mémoire à bande**, tape memory, tape storage ; **mémoire à bande magnétique**, tape storage, tape memory ; **modem en bande de base**, baseband modem ; **modulation en bande de base**, baseband modulation ; **numéro de bande**, tape number ; **opération sur bande**, tape processing ; **perforateur de bande**, tape punch, paper tape punching, paper tape punch ; **perforateur de bande automatique**, automatic tape punch ; **piste de bande**, tape track ; **postlabel de fin de bande**, posttrailer ; **programme d'impression de bande**, tape-to-printer programme ; **rangée de bande**, frame, row, tape row ; **repère de bande**, tape mark ; **repère de début de bande**, beginning-of-tape marker, start-of-tape label ; **repère de fin de bande**, end-of-tape label, end-of-tape marker ; **reproductrice de bandes**, tape reproducer ; **saut de bande**, tape skip ; **stop-bande**, bandstop ; **synchronisateur d'unité à bande**, tape synchroniser ; **système d'exploitation à bande**, tape operating system (TOS) ; **système de gestion à bandes**, tape management system ; **transmission en bande de base**, baseband transmission, baseband signalling ; **transmission en bande latérale unique**, single-sideband transmission ; **transmission en double bande**, double sideband transmission ; **travers de bande**, tape skew ; **tri sur bande**, tape sort ; **unité à bande**, tape station ; **unité de bande magnétique**, magnetic tape unit, tape transport, tape unit ; **vérificateur de bande**, tape verifier ; **vidage de la bande**, tape dump ; **vitesse de bande**, tape speed.

BANDOTHEQUE : bandothèque, library tape.

BANQUE : banque, bank ; **banque de connaissances**, knowledge bank ; **banque de données**, databank, data bank ; **banque de programmes**, programme bank.

BARRE : barre, bar, rod ; **barre d'impression**, print bar, type bar ; **barre de butée**, jam sense bar ; **barre de défilement**, scroll bar ; **barre de fraction '/'**, left oblique, slash mark, slash ; **barre de fraction inverse**, reverse slash 'ç', backlash, reverse slant ; **barre de menu**, menu bar ; **barre de saut**, skip bar ; **barre oblique inverse**, reverse slant 'ç', backlash, reverse slash ; **barre universelle**, code à barres, bar code ; **crayon de code à barres**, bar code pen ; **document à code à barres**, bar-coded document ; **histogramme à barres empilées**, stacked bar chart ; **imprimante à barres**, bar printer, type bar printer ; **imprimante à barres de caractères**, rack printer ; **scaneur de code à barres**, bar code scanner.

BARRER : barrer, strikeout (to).

BARRETTE : barrette de prises, jack strip.

BAS : bas, basse, low, down ; **adresse du bas de la pile**, bottom of the stack address ; **bas d'écran**, bottom of screen ; **bas de page**, footing ; **basse résolution**, low resolution ; **blocage corbeille basse**, upper case lock ; **compa-**

tibilité vers le bas, downward compatibility ; **espace de bas de page**, foot margin ; **filtre passe-bas**, low-pass filter ; **flèche bas**, down arrow ; **lieu de numérotation de bas de page**, footing number location ; **note de bas de page**, footnote ; **position basse**, low-order position ; **terminal de bas niveau**, dumb terminal.

BASCULE : bascule, latch, toggle ; **bascule à verrouillage immédiat**, immediate latch ; **bascule asservie**, slave flip-flop ; **bascule bistable**, bistable circuit, flip-flop ; **bascule de dérouleur**, unit switching ; **bascule déclenchée par un front**, edge-triggered latch ; **bascule Ecclès Jordan**, Eccles-Jordan circuit ; **bascule monostable**, monostable circuit ; **cascade de bascules**, flip-flop string ; **commutateur à bascule**, toggle switch.

BASCULEMENT : basculement de ligne, line turnaround ; **temps de basculement**, setting time.

BASCULER : basculer, flip (to), switch (to), toggle (to).

BASE : base, number base*, notation, radix number, radix*, numeration, number representation ; **à base d'écran**, screen-based ; **à base de cartes**, card-based ; **à base de disque**, disc-based ; **à la base moins un**, diminished radix, radix-minus-one complement ; **adresse de base**, base address, presumptive address, bottom address, address constant ; **assembleur de base**, basic assembler ; **bande de base**, baseband ; **base de connaissances**, knowledge base ; **base de données**, database ; **base de données automatisée**, computerised database ; **base de données d'entreprise**, corporate database ; **base de données distribuée**, distributed data base ; **base de données image**, image database ; **base de données intégrée**, integrated data base ; **base de données relationnelles**, relational data base ; **base de puissances**, power base ; **base de séparation flottante**, floating-point base, floating-point radix ; **base de translation**, relocation base ; **base du complément**, complement base ; **base octale**, octal base ; **branche d'enchaînement de base**, base linkage path ; **bruit en bande de base**, baseband noise ; **calculateur de base**, source computer ; **codage de base**, basic coding ; **code de base**, basic code ; **complément à la base**, radix complement, true complement ; **compteur de base**, basic counter ; **courant de base**, base current ; **cycle de base**, basis

cycle ; **déplacement à la base**, base displacement ; **descripteur de base de données**, database descriptor ; **document de base**, source document ; **données de base**, prime data, source data ; **environnement de base de données**, database environment ; **fréquence de base**, base frequency ; **gestion de base de données (GBD)**, data base management (DBM) ; **gestion de liaison en mode de base**, basic mode link control ; **interrogation d'une base de données**, database query ; **jeu d'instructions de base**, basic instruction set ; **langage d'assemblage de base**, basic assembly language (BAL) ; **langage de base**, basic language ; **les bases de l'informatique**, computing fundamentals ; **liaison de base**, basic linkage ; **logarithme de base e**, hyperbolic logarithm ; **machine à langage de base**, basic language machine (BLM) ; **machine de base**, basic machine ; **matériel de base**, basic material ; **méthode d'accès de base**, basic access method ; **mode de base**, basic mode ; **modem en bande de base**, baseband modem ; **modulation en bande de base**, baseband modulation ; **montage à base commune**, common base circuit ; **nombre de base**, base number ; **notions de base**, fundamentals ; **numération à base**, radix numeration system, radix notation ; **numération à base douze**, duodecimal number system ; **numération à base fixe**, fixed-radix notation ; **numération à base multiple**, mixed-base numeration ; **opération de base**, prime operation ; **programme à base de nombres entiers**, integer-based programme ; **programme de base**, root programme ; **registre d'adresse de base**, address range register, base address register ; **registre de base**, indexing register ; **relatif à la base**, base relative ; **rythmeur de base**, basic period clock ; **saisie à la base**, primary acquisition ; **signal de base**, basic signal ; **système à base d'instructions**, instruction system ; **système à base de mémoire**, memory-based system ; **système d'exploitation de base (IBM)**, basic operating system (BOS) ; **transmission en bande de base**, baseband transmission, baseband signalling ; **type de base**, base type ; **unité de visualisation de base**, basic display unit (BDU) ; **valeur de base**, initial value.

BASIC : basic (langage), basic (language).

BASIC simplifié : tiny basic.

BATI : bâti, rack, frame ; bâti à cartes, card frame.

BATTEMENT : battement, tick.

BATTERIE : batterie, battery ; batterie rechargeable, storage battery.

BATTRE : battre, joggle (to) ; battre des cartes, joggle (to).

BAUD : baud, baud* ; mille bauds, kilobaud (KB).

BAUDOT : code Baudot, Baudot* code.

BEL : Bel, Bel (B).

BESOIN : besoin, requirement, need ; besoin en mémoire, storage requirement ; besoin en temps, time need.

BIAIS : biais, bias, gap scatter, misalignment, scatter, skew ; effet de biais, skew effect.

BIAISE : distorsion biaise, bias distortion.

BIBLIOTHECAIRE : bibliothécaire, tape librarian ; index bibliothécaire, library index ; programme bibliothécaire, librarian programme.

BIBLIOTHEQUE : bibliothèque, library* ; appel à la bibliothèque, library call ; automatisation de bibliothèque, library automation ; bande bibliothèque, library copy tape ; bande bibliothèque pilote, master library tape ; bibliothèque (de programmes), (programme) library ; bibliothèque à accès direct, direct access library ; bibliothèque d'abaques, template library ; bibliothèque d'applications, application library ; bibliothèque d'entrées/sorties, input/output library ; bibliothèque d'images, cut-out picture file ; bibliothèque de chargeurs, load library ; bibliothèque de disquettes, disc library ; bibliothèque de données, data library ; bibliothèque de liens, link library ; bibliothèque de macros, macrolibrary ; bibliothèque de modules de chargement, load module library ; bibliothèque de procédures, procedure library ; bibliothèque de programmes source, source programme library ; bibliothèque de réserve, alternate library ; bibliothèque de sauvegarde, back-up library ; bibliothèque de sous-programmes, subroutine library ; bibliothèque des programmes utilisateur, user library ; bibliothèque des systèmes, systems library ; bibliothèque des travaux, job library ; bibliothèque langage d'origine, source statement library ; bibliothèque objet, object library ; bibliothèque sour-ces, source library ; bibliothèque utilisateur, private library ; élément de bibliothèque, library unit ; fichier bibliothèque, library file ; gestionnaire de bibliothèque, library handler, librarian ; identificateur de bibliothèque, library identifier ; maintenance de bibliothèque, library maintenance ; mise à jour de la bibliothèque des travaux, job library update ; niveau de bibliothèque, library level ; nom de bibliothèque, library name, libname ; programme de bibliothèque, library programme ; recherche en bibliothèque, library search ; séquence de recherche en bibliothèque, library search sequence ; sous-programme de bibliothèque, library subroutine ; traitement de bibliothèque, library handling ; zone de bibliothèque, library area.

BICONNEXE : biconnexe, biconnected ; graphe biconnexe, biconnected graph.

BIDIMENSIONNEL : graphique animé bidimensionnel, two-dimensional animation graphics ; tableau bidimensionnel, two-dimensional array.

BIDIMENSIONNELLE : échelle bidimensionnelle, two-dimensional scale ; translation bidimensionnelle, two-dimensional translate.

BIDIRECTIONNEL : bidirectionnel, bidirectional ; bidirectionnel à l'alternat, either-way communication ; bus bidirectionnel, bidirectional data bus ; flot bidirectionnel, bidirectional flow ; mode bidirectionnel simultané, both-way communication.

BIDIRECTIONNELLE : impression bidirectionnelle, bidirectional typing ; voie bidirectionnelle, duplex channel.

BIFILAIRE : câble bifilaire, cable pair ; câble bifilaire torsadé, twisted-pair cable ; système à voies bifilaires, two-wire system ; voie bifilaire, two-wire channel.

BIFURCATION : bifurcation, branch point, branchpoint, post.

BILATERAL : bilatéral, two-way.

BILATERALE : communication bilatérale, two-way communication ; communication bilatérale à l'alternat., two-way alternate communication ; communication bilatérale simultanée, two-way simultaneous communication.

BINAIRE : binaire, binary*, bit*, binary unit ; additionneur binaire, digital adder ; affichage binaire, binary display ; algorithme de

recherche binaire, bisection algorithm ; **arbre binaire**, binary tree ; **binaire complémentaire**, zone bit ; **binaire d'amorçage**, start bit ; **binaire d'arrêt**, stop bit ; **binaire d'état**, status bit ; **binaire d'information**, information bit ; **binaire de contrôle**, check bit, control bit ; **binaire de décalage**, shift bit ; **binaire de gauche**, high-order bit ; **binaire de masquage**, mask bit ; **binaire de parité**, parity bit, redundancy check bit ; **binaire de poids faible**, least significant bit (LSB), right-end bit ; **binaire de poids fort**, most significant bit (MSB) ; **binaire de protection**, guard bit, protection digit ; **binaire de rang supérieur**, upper bit ; **binaire de signe**, sign digit, sign bit, sign magnitude ; **binaire de trame**, framing bit ; **binaire de zéro**, zero bit ; **binaire décalé**, shifted binary ; **binaire en colonnes**, Chinese binary, column binary ; **binaire en ligne**, row binary ; **binaire en virgule fixe**, fixed-point binary ; **binaire indicateur**, flag bit ; **binaire pondéré**, weighted binary ; **binaire pur**, ordinary binary, pure binary, straight binary ; **binaire réfléchi**, reflected binary ; **binaire unique**, one-bit ; **binaire zéro**, zero binary ; **caractère codé binaire**, binary-coded character ; **carte binaire**, binary card ; **cellule binaire**, binary cell ; **cellule binaire de mémoire**, binary cell ; **chaîne binaire**, binary chain, bit string ; **chaîne d'éléments binaires**, binary element string ; **chiffre binaire**, binary digit, binary number ; **chiffre binaire '0'**, binary zero ; **chiffre binaire '1'**, binary one ; **circuit à retard binaire**, digit delay element ; **circuit additionneur binaire**, binary adder circuit ; **circuit binaire**, binary circuit ; **code binaire**, binary code ; **code binaire de caractères**, character binary code ; **code binaire en colonnes**, column binary code ; **code binaire NRZ**, polar NRZ code ; **code binaire pur**, pure binary code ; **code binaire réfléchi**, Gray code, reflected binary code ; **code binaire saturé**, dense binary code ; **codé en binaire**, binary-coded ; **colonne des binaires**, binary column ; **compression binaire**, digit compression ; **compteur binaire**, binary counter ; **contenu d'informations en code binaire**, information bit content ; **conversion binaire**, binary conversion ; **conversion binaire-code Gray**, binary-to-Gray code conversion ; **conversion binaire-décimal**, binary-to-decimal conversion ; **conversion binaire-hexadécimal**, binary-to-hexadecimal conversion ; **conversion code Gray-binaire**, Gray code-to-binary conversion ; **conversion décimal-binaire**, decimal-to-binary conversion ; **débit binaire**, bit rate, bit transfer rate ; **décalage binaire**, binary shift ; **décimal codé binaire (DCB)**, binary-coded decimal (BCD) ; **demi-additionneur binaire**, binary half-adder ; **densité binaire**, bit density ; **donnée binaire**, binary item ; **élément binaire**, binary element, binary character ; **équivalent binaire**, binary equivalent ; **flot binaire**, bit stream ; **format binaire**, binary format ; **image binaire**, binary image ; **indication binaire**, binary display ; **logique binaire**, binary logic ; **mémoire à N tores par élément binaire**, N-core-per-bit storage, N-core-per bit store ; **mémoire organisée par binaires**, bit-organised memory ; **mode binaire**, binary mode ; **mot binaire**, binary word ; **nombre décimal codé en binaire**, binary-coded decimal number ; **notation binaire**, binary notation, binary-coded notation ; **numéral binaire**, binary numeral ; **numération binaire**, binary notation, pure binary notation ; **numération décimale codée en binaire**, binary-coded decimal code ; **octal codé en binaire**, binary-coded octal ; **opération (arithmétique) binaire**, binary (arithmetic) operation ; **opération binaire**, binary operation, dyadic operation ; **opération booléenne binaire**, binary Boolean operation ; **période binaire**, digit time, digit period ; **perte d'élément binaire**, digit slip ; **plan binaire**, bit plane ; **poids binaire**, binary weight ; **position binaire**, bit location, digit position, digit place ; **profil binaire**, bit pattern ; **programme binaire translatable**, relocatable programme ; **rangée binaire**, binary row ; **recherche binaire**, binary chop, binary search ; **représentation binaire**, bit map, binary representation ; **représentation en arbre binaire**, binary-tree representation ; **séquence binaire**, binary sequence ; **signal binaire**, binary signal ; **système binaire**, binary number system ; **système décimal codé en binaire**, binary-coded decimal system ; **taux d'erreurs binaires**, bit error rate (BER) ; **transfert binaire**, binary transfer ; **tri binaire**, binary sort ; **unité binaire**, binary unit, bit ; **unité binaire (quantité d'information)**, Shannon, binary unit of information content ; **valeur équivalente binaire**, binary equivalent value ; **variable binaire**, binary variable, two-valued variable ; **vidage binaire**, binary dump ; **virgule binaire**, binary point ; **virgule binaire implicite**, implied binary point ; **vitesse binaire**, bit rate ;

vitesse de transmission binaire, bit transfer rate ; voie binaire symétrique, symmetric binary channel.

BIONIQUE : la bionique, bionics.

BIPASSE : bipasse, bypass.

BIPHASE : biphase, diphase ; code biphase, Manchester code, diphase code.

BIPOINT : bipoint, point-to-point ; liaison bipoint, point-to-point connection, point-to-point line.

BIPOLAIRE : bipolaire, bipolar* ; code bipolaire à densité élevée, high-density bipolar (HDB) ; impulsion bipolaire, dipulse ; mémoire bipolaire, bipolar memory ; signalisation bipolaire, bipolar signalling ; transistor bipolaire, bipolar transistor ; transmission bipolaire, polar transmission.

BIPROCESSEUR : biprocesseur, biprocessor ; système biprocesseur, dual processor system.

BIQUINAIRE : biquinaire, biquinary ; code biquinaire, biquinary code ; nombre biquinaire, biquinary number ; notation biquinaire, quinary notation.

BISTABLE : bistable, bistable ; bascule bistable, bistable circuit, flip-flop ; bistable d'état, status flip-flop ; circuit bistable, bistable circuit, flip-flop ; variable bistable, two-state variable.

BIT : bit, bit, binary unit ; 1024 bits, kilobit (Kb) ; bit canal, channel bit ; bit d'accès, usage bit ; bit d'activité, busy bit ; bit d'espacement, spacing bit ; bit d'imparité, odd parity bit ; bit de blocage, interlock bit ; bit de densité, density bit ; bit de droite, low-order bit ; bit de liaison, link bit ; bit de parité, even parity bit ; bit de parité longitudinale, horizontal parity bit ; bit de poids fort, high-order storage position, left-end bit ; bit de prise de contrôle, override bit ; bit de rang inférieur, lower bit ; bit de service, overhead bit, service bit ; bit de synchronisation, alignment bit ; bit de vérification, verify bit ; bit le plus significatif, highest order bit ; bit multiplexé, bit interleaved ; bits par pixel, bits per pixel ; bits par pouce, bits per inch (BPI) ; bits par seconde (BPS), bits per second (BPS) ; identificateur de bit, bit identification ; milliard de bits, billibit ; multiplet de deux bits, doublet, two-bit byte ; multiplet de quatre bits, four-bit byte, nibble, quadbit, quartet ; multiplet de sept bits, septet, seven-bit byte ; multiplet de six bits,

sextet, six-bit byte ; multiplet de trois bits, three-bit byte, tribit, triplet ; position du bit, bit position ; séquentiel bit par bit, serial by bit ; signification du bit, bit significance ; un milliard de bits, gigabit ; un million de bits, megabit (Mb).

BITERNAIRE : modulation biternaire, biternary modulation.

BIVALENCE : bivalence magnétique, bimag.

BIVALENT : bivalent, two-condition.

BLANC : blanc, blank*, white ; blanc intercalé, embedded blank ; blanc souligné, underscore ; blancs de fin de mot, trailing blanks ; bruit blanc, broadband noise, white noise ; entrée par remplissage de blancs, fill in blank data entry ; espace blanc, white space ; laisser en blanc, leave blank (to) ; transmission en blanc, white transmission.

BLANCHE : ligne blanche, null line ; salle blanche, clean room.

BLEU : Rouge Vert Bleu (RVB), Red Green Blue (RGB).

BLINDAGE : blindage, screen, shield (US).

BLINDE : blindé, screened ; non blindé, unscreened.

BLOC : bloc, block ; (caractère de) début de bloc, start-of-block character (SOB) ; (caractère de) fin de bloc, end-of-block character (EOB) ; adresse de bloc, block address ; bloc à effleurement, touch-pad ; bloc d'adresse de voie, home address record ; bloc d'enregistrements, record block ; bloc d'entrée, input block, input record ; bloc d'entrée des données, input data block ; bloc d'identification, identification block ; bloc d'impression, printing block ; bloc d'index, index block ; bloc d'organigramme, flowchart block ; bloc de contrôle, control block ; bloc de contrôle de données, data control block ; bloc de contrôle de processus, process control block ; bloc de cumul des travaux, job summary record ; bloc de données, information block ; bloc de données primaires, primary data block ; bloc de frappe, hammer block ; bloc de garnissage en entrée, input padding record ; bloc de lecture, read block ; bloc de longueur variable, variable length block ; bloc de mémoire rapide, high-speed memory block ; bloc de message, message block ; bloc de modification, modifier block ; bloc de référence, reference block ;

bloc de réserve, backup block ; bloc de transmission, transmission block ; bloc erroné, erroneous block ; bloc fonctionnel, building block ; bloc identificateur, identifier record ; bloc interne, internal block ; bloc interruptible, interrupt block ; bloc-notes, scratchpad ; bloc-notes électronique, electronic worksheet ; bloc partiel, verifying unit ; bloc sans référence, unlabelled block ; bloc tronqué, incomplete block ; bloc vierge de départ, initial dummy block ; blocs d'informations discordants, unmatched records ; canal multiple par blocs, block multiplexer channel ; caractère d'annulation de bloc, block cancel character, block ignore character ; caractère de bloc, block character ; chargement de bloc, block loading ; compteur de blocs, block counter ; contrôle par bloc, block check ; copie de bloc, block copy ; début de bloc, start of heading ; en-tête de bloc, block header ; enregistrement de blocs, block record ; espace entre blocs, block gap, interblock gap ; étiquette début de bloc, header flag ; fichier à blocs regroupés, reblocked file ; fichier à blocs fixes, fixed-block file ; fin de bloc de transmission, end-of-transmission block (ETB) ; fonction de saut de bloc, block skip ; format à blocs fixes, fixed-block format ; format de bloc, block format ; format de bloc d'adresses, address block format ; format de bloc de variables, variable block format ; format de bloc tabulaire, tabulation block format ; groupage d'enregistrements en blocs, record blocking ; indentation de bloc, block indent ; langage à structure de bloc, block-structured language ; listage de bloc, block list ; longueur de bloc, block length, block size ; longueur de bloc d'entrée, input record length ; longueur de bloc fixe, fixed-block length ; longueur de bloc variable, variable block length ; longueur du bloc d'entrée, input block length ; manipulation de bloc, block manipulation ; marque de bloc, block mark ; mode bloc multiplex, block multiplex mode ; mouvement de bloc, block move ; numéro de bloc logique, logical block number (LBN) ; numéro de groupe de blocs, bucket number ; numéro de la piste de blocs, record designator ; piste de marquage de bloc, block marker track ; prochain bloc à transmettre, next output block ; saut de bloc facultatif, optional block skip ; séquencement de blocs, block sequencing ; structure de bloc, block structure ; subdivision de bloc, blockette ; taux d'erreurs sur les blocs, block error rate ; transfert de bloc, block transfer ; transmission par blocs, block transmission ; tri par bloc, block sort.

BLOCAGE : blocage, hang-up, interlock, locking, lockout, lock-out ; bit de blocage, interlock bit ; blocage corbeille basse, upper case lock ; blocage de maintien, holding interlock ; blocage de mémoire, memory lock ; blocage du marteau, hammer lock ; blocage programmé, programmed interlock ; circuit de blocage, interlock circuit ; cosse de blocage, locking clip ; doigt de blocage, lockpin ; facteur de blocage, block factor ; fonction de blocage, inhibit function ; ligne de blocage, inhibit line ; mode de blocage, lock mode ; simultanéité de blocage, inhibit simultaneity ; tension de blocage, blocking bias ; zone de blocage, blanking zone.

BLOQUE : bloqué, blocked ; enregistrement bloqué, blocked record ; état bloqué, cut-off state ; report bloqué à neuf, standing-on-nines carry.

BLOQUER : bloquer, interlock (to).

BLOQUEUR : circuit bloqueur, block gate circuit.

BOBINAGE : bobinage, reeling.

BOBINE : bobine, spool, reel, tape reel, coil ; bobine d'excitation, pick coil ; bobine de bande magnétique, magnetic tape reel ; bobine de déviation, deflection coil ; bobine de Pupin, loading coil ; bobine débitrice, supply reel.

BOGUE : bogue, bug* ; avec bogues, buggy ; programme sans bogue, star programme ; sans bogue, bugless, bug-free ; sujet à bogues, bug-prone.

BOITE : boîte, box* ; boîte de dérivation, junction box ; boîte de test, breakout box ; boîte noire, black box.

BOITIER : boîtier, box, housing ; boîtier à double rangée de connexions, dual-in-line package (DIL) ; boîtier simple connexion, single in-line package (SIP).

BOMBE : bombe aérosol antistatique, anti-static spray can.

BON : bon de commande, job order.

BOOLE : algèbre de Boole, Boolean algebra, Boolean calculus.

BOOLEEN : booléen, Boolean, logic, logical ; algèbre booléen, Boolean calculus,

Boolean algebra ; **connectif booléen**, Boolean connective ; **opérateur booléen**, Boolean operator ; **opérateur booléen diadique**, dyadic Boolean operator ; **opérateur booléen monadique**, monadic Boolean operator ; **test booléen**, logical test ; **type booléen**, Boolean type.

BOOLEENNE : addition booléenne, Boolean add ; **expression booléenne**, Boolean expression ; **fonction booléenne**, Boolean function ; **logique booléenne**, Boolean logic ; **matrice booléenne**, Boolean matrix ; **opération booléenne**, Boolean operation ; **opération booléenne binaire**, binary Boolean operation ; **opération booléenne N-adique**, N-adic, N-ary Boolean operation ; **table d'opération booléenne**, Boolean operation table ; **valeur booléenne**, Boolean value ; **variable booléenne**, Boolean variable.

BORD : bord, edge, verge ; **bord arrière de carte**, card trailing edge ; **bord avant**, leading edge ; **bord avant de carte**, card leading edge ; **bord de carte**, card edge ; **bord de référence**, guide edge, reference edge ; **bord de segment**, stroke edge ; **connecteur de bord**, edge connector ; **convergence de bord d'écran**, screen edge convergence ; **effet de bord**, side effect ; **journal de bord**, journal.

BORDEREAU : bordereau de perforation, punching form ; **bordereau de programmation**, code sheet ; **bordereau de saisie**, input form ; **bordereau formaté**, line drawn form.

BORNE : borné, bounded ; **automate borné**, bounded acceptor ; **automate linéaire borné**, linear bounded acceptor ; **bande à bornes**, terminal strip ; **borne de raccordement**, connection terminal ; **borne inférieure**, lower bound.

BOUCLAGE : bouclage, looping ; **variable de bouclage**, control variable.

BOUCLE : boucle, loop* ; **arrêt sur boucle**, loop stop ; **boucle autorégénératrice**, self-restoring loop ; **boucle autorestaurée**, self-resetting loop ; **boucle centrale de lecture directe**, central scanning loop ; **boucle d'attente**, do-nothing loop, wait loop ; **boucle d'imbrication**, nesting loop ; **boucle d'itération**, iterative loop, iteration loop ; **boucle de commande**, control loop ; **boucle de programme**, programme loop, programming loop ; **boucle de scrutation**, scanning loop ; **boucle dynamique**, dynamic loop ; **boucle fermée**,

closed loop ; **boucle imbriquée**, nested loop ; **boucle infinie**, hang-up loop ; **boucle interne**, inner loop ; **boucle ouverte**, open loop ; **boucle principale**, major loop ; **boucle secondaire**, minor loop ; **boucle simple**, basic loop ; **boucle temporelle**, timing loop ; **circuit bouclé**, loop circuit ; **circuit en boucle fermée**, closed loop circuit ; **commande en boucle ouverte**, open loop control ; **compteur de boucle**, cycle index counter ; **corps de boucle**, loop body ; **élément de boucle**, loop construct ; **essai de boucle**, loop testing ; **gain de boucle**, loop gain ; **opération de boucle**, loop operation ; **registre en boucle**, circulating register ; **réseau bouclé**, looped network ; **réseau en boucle**, loop network ; **séquence sans boucle**, linear programming, straight-line coding ; **terminaison de boucle**, loop termination.

BOUCLEE : chaîne bouclée, daisy chain ; **en chaîne bouclée**, daisy-chained ; **fonction bouclée**, close function ; **liaison bouclée**, loop link.

BOULE : boule, ball ; **boule porte-caractères**, golfball ; **boule roulante**, trackball* , tracker ball, control ball, rolling ball ; **imprimante à boule tournante**, spinwriter ; **machine à écrire à boule**, golfball type writer.

BOULIER : boulier, abacus*.

BOURRAGE : bourrage, jam, muddle, stuffing, wreck ; **bourrage d'impulsions**, pulse stuffing ; **bourrage de cartes**, card wreck, card stuffing, card jam ; **caractère de bourrage**, stuffing character ; **détecteur de bourrage de cartes**, card jam detector.

BOUT : bout, end ; **bout de ruban**, run-out ; **jeu en bout**, end shake ; **protocole de bout en bout**, end-to-end protocol ; **test de bout en bout**, end-to-end test.

BOUTIQUE : boutique informatique, computer shop.

BOUTON : bouton, knob ; **bouton de commande**, activate button, control knob ; **bouton de remise à zéro**, reset button ; **bouton de souris**, mouse button ; **bouton de verrouillage**, locking knob ; **bouton-poussoir**, push-button ; **numéroteur à boutons-poussoir**, tone dialling ; **souris à deux boutons**, two-button mouse ; **souris à trois boutons**, three-button mouse.

BPS : bits par seconde (BPS), bits per second (BPS).

BRANCHE : branche (de circuit), leg,

branch* ; **branche d'enchaînement de base**, base linkage path ; **branche de traitement**, flow path.

BRANCHEMENT : branchement, jump*, decision instruction, programme skip, transfer, branching, control transfer ; **adresse de branchement**, branch address ; **branchement à zéro**, branch on zero ; **branchement amont**, backward jump ; **branchement aval**, forward jump ; **branchement conditionnel**, branch on condition, conditional transfer ; **branchement de liaison**, interface connection ; **branchement de ligne**, call set-up ; **branchement de programme**, programme switch ; **branchement inconditionnel**, unconditional branch, unconditional jump, unconditional transfer ; **branchement indirect**, implied branch, indirect jump ; **branchement multiple**, decision tree ; **branchement sans condition**, branch unconditional (BRU) ; **branchement unique**, one-shot branch ; **élément de branchement**, branch construct ; **fonction de branchement**, jump function ; **instruction de branchement**, branch instruction, control transfer instruction, skip instruction ; **point de branchement**, branch point, branchpoint, post ; **symbole de branchement**, decision symbol, jump label ; **temps de branchement**, connect time.

BRANCHER : brancher, branch (to), connect (to), jump (to).

BRAS : bras, arm ; **bras d'accès**, seek arm ; **bras de tension**, tension arm.

BREF : signal sonore bref, beep sound.

BROCHAGE : brochage, pin diagram, pinout layout ; **brochage logique**, pin configuration.

BROCHE : broche, pinout, pin ; **broche de centrage**, locating pin ; **circuit intégré à broches axiales**, flat pack.

BROSSE : brosse supérieure, upper brush ; **lecture par brosse**, brush reading.

BROUILLAGE : brouillage, scrambling, scramble*.

BRUIT : bruit, noise ; **à bruit affaibli**, quietised (US: quietized) ; **bruit blanc**, broadband noise, white noise ; **bruit d'ambiance**, ambient noise ; **bruit d'impulsions**, black noise, circuit transient, impulse noise ; **bruit d'intermodulation**, intermodulation noise ; **bruit de fond**, background noise, basic noise, grass, noodle ; **bruit de ligne**, circuit noise, line noise ; **bruit de quantification**, quantisation

noise ; **bruit en bande de base**, baseband noise ; **bruit gaussien**, Gaussian noise ; **bruit non pondéré**, unweighted noise ; **bruit parasite**, chatter ; **bruit résiduel**, remnant amplitude, residual noise ; **facteur de bruit**, noise figure ; **immunité au bruit**, noise immunity ; **niveau de bruit**, noise level ; **niveau de bruit d'un circuit**, circuit noise level ; **niveau de bruit de porteuse**, carrier noise level ; **pondération du bruit**, noise weighting ; **rapport porteuse à bruit**, carrier to noise ratio ; **sans bruit**, noise-free.

BRUTAL : arrêt brutal, hard stop ; **arrêt brutal du système**, system crash.

BRUTE : brute, raw ; **cadence brute de transfert de données**, actual data transfer rate ; **données brutes**, raw data ; **transfert de données brutes**, raw data transfer ; **vidéo brute**, raw video.

BULLE : bulle, bubble ; **mémoire à bulles**, bubble storage, magnetic bubble memory ; **puce de mémoire à bulles**, bubble chip.

BUREAU : bureau, office, desk ; **accessoire de bureau**, desk accessory ; **calculateur de bureau**, business machine, keyboard computer ; **ordinateur de bureau**, desktop computer, office computer ; **ordinateur personnel de bureau**, personal office computer ; **outils de bureau**, desktop tools ; **terminal de bureau**, office display terminal.

BUREAUTIQUE : bureautique, office automation.

BUS : bus, busbar, bus system, bus*, omnibus, highway, lines ; **allocation dynamique du bus**, dynamic bus allocation ; **bus bidirectionnel**, bidirectional data bus ; **bus commun**, common trunk ; **bus d'adresses**, address bus ; **bus de contrôle**, check bus, control bus ; **bus de données**, D-bus, data bus ; **bus de mémoire**, memory bus ; **bus interne**, A-bus ; **bus numérique**, digital bus ; **bus rapide**, high-speed bus ; **bus S-100**, S-100 bus ; **bus tristable**, tristate bus ; **bus verrouillé**, latched bus ; **charge de bus**, bus terminator ; **concept de bus à jeton**, token bus approach ; **concept du bus annulaire à jeton**, token ring approach ; **coupleur de bus**, bus driver ; *cycle de bus, bus cycle ; **interface souris de bus**, bus mouse adapter ; **largeur de bus**, highway width ; **liaison par bus**, bus link ; **ligne bus**, way circuit ; **multiplexage de bus**, bus multiplexing ; **réseau avec bus à jeton**, token-passing bus network ; **réseau avec bus annulaire à jeton**, token-passing ring network ; **réseau en bus**, bus network ; **séquence de bus à jeton**, token-passing sequence ; **souris à connexion de bus**, bus mouse ; **topologie de bus**, bus-organised, bus topology ; **topolo**gie en bus distribué, distributed bus topology.

BUT : but, purpose, objective ; **but de la construction**, design objective.

BUTEE : butée, backstop ; **barre de butée**, jam sense bar ; **butée de touche**, key stroke.

C

CABLAGE : câblage, hardwire, wiring, wire-wrap ; **erreur de câblage**, wiring error ; **méthode de câblage**, wiring method ; **plan de câblage**, wiring diagram.

CABLE : câble, cable ; **câblé**, hardwired, wired-in, wired ; **câble à fibres optiques**, fibre optic cable ; **câble bifilaire**, cable pair ; **câble bifilaire torsadé**, twisted-pair cable ; **câble d'alimentation**, feeder ; **câble d'entrée/sortie**, input/output cable, input/output trunk ; **câble d'interconnexion**, interconnect cable ; **câble de chaînage**, daisy chain cable ; **câble de jonction**, interface trunk ; **câble mixte**, composite cable ; **câble multiconducteur**, bundled cable ; **câble plat**, flat cable, ribbon cable ; **câble plat imprimé**, printed wire ribbon ; **câble universel**, general-purpose trunk ; **Ccalcula**teur à programme câblé, wired programme computer ; **circuit câblé**, wired circuit ; **circuit ET câblé**, wired AND ; **circuit OU câblé**, wired OR ; **compteur d'instructions câblé**, hardware programme counter ; **contrôle câblé**, wired-in check ; **contrôleur câblé**, hardwired controller ; **faisceau de câbles**, cable harness ; **moniteur câblé**, hardware monitor, wired monitor ; **passerelle de câble**, cable bridge ; **programme câblé**, hardwired programme, wired programme ; **rallonge de câble**, extension cable ; **tableau de programme câblé**, programme board.

CABLEE : division câblée, hardware division, hardware divide ; **liaison câblée**, hardwired link, wired communication ; **logique câblée**, hardwired logic, wired logic ; **mémoire câblée**, wire storage ; **multiplication câblée**, hardware multiply ; **pile câblée**, hardware stack.

CABLER : câbler, hardwire (to), wire (to).

CACHE : cache, faceplate ; **vice caché**, latent defect.

CADENCE : cadence, rate ; cadence brute de transfert de données, actual data transfer rate ; **cadence utile de transfert de données**, effective data transfer rate.

CADRAGE : cadrage, decimal point alignment ; **cadrage des lignes sans coupure de mots**, hyphenless justification ; **cadrage textuel**, text aligning ; **contrôle du cadrage des perforations**, registration check ; **marge de cadrage**, aligning edge.

CADRAN : cadran, dial ; **cadran téléphonique**, telephone dial ; **sélection par cadran numérique**, dial switching.

CADRE : cadre, scope, frame* ; **cadré**, adjusted ; **cadré à droite**, right adjusted ; **cadré à gauche**, left adjusted ; **cadre de page**, page frame ; **cadre en surimpression**, form overlay ; **cadre plein**, filled box ; **cadre plein à coins arrondis**, filled rounded box ; **cadre vide**, hollow box ; **caractère cadre à gauche**, high-order character ; **impression de cadre**, form flash ; **non cadré**, unjustified, unscaled ; **perforation hors-cadre**, off-punch ; **zéro cadré à droite**, right hand zero ; **zéro cadré à gauche**, left hand zero.

CADRER : cadrer, register (to).

CAHIER : cahier des charges, problem specifications.

CAISSE : bande de caisse, tally.

CALCUL : calcul, calculation, computation, computing ; **affectation des ressources calcul**, computer resource allocation ; **article de calcul**, arithmetic item ; **calcul analogique**, analogue calculation ; **calcul d'adresse**, address computation, address generation ; **calcul de groupe**, group calculate ; **calcul de la longueur d'article**, item size computation ; **calcul en pleine précision**, full precision calculation ; **calcul en virgule fixe**, fixed-point calculation ; **calcul en virgule flottante**, floating-point calculation ; **calcul intégral**, integral calculus ; **calcul matriciel**, matrix calculus ; **calcul numérique**, numerical computation ; **capacité de**

calcul, computer capacity ; **centre de calcul**, computation centre, computing centre ; **charge de calcul**, computational load ; **cycle de calcul**, computer cycle ; **effectuer des calculs**, crunch numbers (to) ; **équipement de calcul**, computing device ; **erreur de calcul**, computational error ; **instruction de calcul en virgule flottante**, scientific instruction ; **matériel de calcul**, computing machinery ; **mémoire calcul**, processor storage ; **mode calcul**, compute mode ; **opération de calcul fondamentale**, basic calculating operation ; **organe de calcul**, computer unit ; **processus de calcul**, computing process ; **programme de calcul de cosinus**, cosine programme ; **puissance de calcul**, computational power ; **stabilité des calculs**, computational stability ; **temps de calcul**, calculating time ; **unité de calcul**, calculating unit, computation module ; **vitesse de calcul**, arithmetic speed, calculating speed, computing speed.

CALCULABLE : calculable, computational.

CALCULATEUR : calculateur, computer, processing system ; **calculateur à hautes performances**, high-performance computer ; **calculateur à logique programmée**, programmed logic computer ; **calculateur à programme câblé**, wired programme computer ; **calculateur à programme mémorisé**, stored-programme computer ; **calculateur à trois adresses**, three-address computer ; **calculateur analogique**, analogue computer (ANACOM) ; **calculateur annexe**, computer satellite ; **calculateur asservi**, slave computer ; **calculateur asynchrone**, asynchronous computer ; **calculateur central**, host computer ; **calculateur compilateur**, compiling computer ; **calculateur d'exécution**, target computer ; **calculateur de base**, source computer ; **calculateur de bureau**, business machine, keyboard computer ; **calculateur de commande**, control computer ; **calculateur de gestion**, business computer, commercial computer ; **calculateur de processus analogique**, analogue process computer ; **calculateur de processus numérique**, digital process computer ; **calculateur de seconde génération**, second-generation computer ; **calculateur de traitement**, job computer ; **calculateur de traitement par lots**, batch computer ; **calculateur de troisième génération**, third-generation computer ; **calculateur électronique**, electronic calculator ; **calculateur en temps réel**, real-time computer ; **calculateur esclave**, host-driven computer ; **calculateur frontal**, interface computer ; **calculateur géré par programme**, programme-controlled computer ; **calculateur hôte**, host processor ; **calculateur incrémentiel**, incremental computer ; **calculateur intégré (à l'équipement)**, embedded computer ; **calculateur numérique**, digital computer ; **calculateur objet**, object computer ; **calculateur parlant**, talking computer ; **calculateur rapide**, high-speed processor ; **calculateur sériel**, serial computer ; **calculateur spécialisé**, dedicated computer, special-purpose computer ; **calculateur synchrone**, synchronous computer ; **calculateur tampon**, buffer computer ; **calculateur universel**, all-purpose computer, general-purpose computer ; **calculateur vectoriel**, vector computer ; **calculateur virtuel**, virtual computer ; **classe de calculateur**, computer classification ; **configuration de calculateur**, computer configuration ; **directive de calculateur**, processor control statement ; **génération de calculateurs**, computer generation ; **hiérarchie de calculateurs**, hierarchy of computers ; **interface de calculateur**, computer interface ; **jeu d'instructions du calculateur**, computer instruction set ; **langage du calculateur**, computer-dependent language ; **langage indépendant du calculateur**, computer-independent language ; **langage propre au calculateur**, computer-sensitive language ; **limité par le calculateur**, computer-limited ; **logique de calculateur**, computer logic ; **programmation de calculateur**, computer programming ; **programme de calculateur**, computer programme ; **réseau de calculateurs**, computer network ; **schéma de calculateur**, computer diagram ; **système à double calculateur**, duplex computer system.

CALCULATRICE : calculatrice, calculator, computer machine ; **calculatrice de poche**, hand calculator, pocket calculator ; **perforatrice calculatrice**, calculating punch, multiplying punch.

CALCULEE : adresse calculée, generated address, synthetic address.

CALCULER : machine à calculer, calculating machine ; règle à calculer, slide rule.

CALCULETTE : calculette, calculator, computer machine ; **calculette musicale**, audible calculator.

CALCUTRON : calcutron, compu-tron*.

CALQUE : papier calque, tracing paper.

CAMEMBERT : camembert, pie ; diagramme camembert, pie graph, pie diagram.

CAN : convertisseur analogique-numérique (CAN), analogue-to-digital converter (ADC).

CANAL : canal (de données), channel ; adaptateur de canal asynchrone, asynchronous channel adapter ; bit canal, channel bit ; canal à bande limitée, band-limited channel ; canal à large bande, broadband channel, wideband channel ; canal alternatif, alternate channel ; canal d'interface périphérique, peripheral interface channel ; canal d'introduction, input channel ; canal de connexion, crosstell channel ; canal de données local, home data channel ; canal de surveillance, supervisory channel ; canal de transfert, transfer channel ; canal direct, down channel, down line ; canal lecture-écriture, read/write channel ; canal multiple, multiplexer channel ; canal multiple par blocs, block multiplexer channel ; canal multiple par octets, byte multiplexer channel ; canal N, N-channel ; canal opérateur, operand channel ; canal P, P-channel ; canal processeur, processor channel ; canal rapide, high-speed data channel, high-speed channel ; canal retour, reverse channel, up channel ; canal vocal, speech channel ; de canal à canal, channel-to-channel ; largeur de canal, channel width ; mot d'adresse de canal, channel address word (CAW) ; mot d'état de canal, channel status word ; mot de commande canal, channel command word ; sélecteur de canal, channel switch ; simple canal, single channel ; sous-canal, subchannel.

CANAUX : conception des canaux, channel design ; découpage en canaux, channelising (US: channelizing) ; table d'états des canaux, channel status table.

CANON : canon, gun.

CAO : conception assistée par ordinateur (CAO), computer-aided design (CAD*).

CAPACITANCE : capacitance, capacitance ; capacitance commandée par tension, voltage variable capacitance.

CAPACITE : capacité, capacity, storage capacity, memory capacity ; capacité d'adressage (en infographie), addressability ; capacité d'extension, growth capability ; capacité d'une voie, channel capacity ; capacité de calcul, computer capacity ; capacité de diffusion, hole storage effect ; capacité de la mémoire centrale, core size ; capacité de la mémoire interne, internal memory capacity ; capacité de mémoire, capacity, memory capacity, storage capacity ; capacité de traitement, throughput* ; capacité exprimée en mots, word capacity ; capacité inoccupée, idle capacity ; capacité mémoire, size memory ; capacité programme, programme capacity ; charge à capacité illimitée, infinite loading ; chargement à capacité limitée, finite loading ; dépassement (de capacité), (arithmetic) overflow ; dépassement de capacité de répertoire, directory overflow ; dépassement de capacité intermédiaire, intermediate result overflow ; dépassement de capacité simple précision, short precision overflow ; dépassement inférieur de capacité, characteristic underflow, (arithmetic) underflow ; dépassement supérieur de capacité, characteristic overflow ; mémoire de grande capacité, mass storage, bulk store, bulk storage, mass store ; zone de dépassement de capacité, overflow area.

CAPACITIVE : mémoire capacitive, capacity storage, capacity store.

CAPITALE : capitale d'imprimerie, block capital.

CAPTER : capter, intercept (to).

CAPTEUR : capteur, pickoff, puck*, sensor, pickup*.

CARACTERE : caractère, character*, type ; (caractère) nul, null (character) (NUL) ; (caractère de) commande de transmission, communication control character ; (caractère de) début d'en-tête, start-of-heading character (SOH) ; (caractère de) début de bloc, start-of-block character (SOB) ; (caractère de) début de message, start-of-message character (SOM) ; (caractère de) début de texte, start-of-text character (STX) ; (caractère de) fin d'exécution, end-of-run character (EOR) ; (caractère de) fin de bloc, end-of-block character (EOB) ; (caractère de) fin de document, end-of-document character (EOD) ; (caractère de) fin de fichier, end-of-file character (EOF) ; (caractère de) fin de ligne, end-of-line character (EOL) ; (caractère de) fin de médium, end-of-medium character (EM) ; **(caractère de) fin de message**, end-of-message character (EOM) ; **(caractère de) fin de texte**, end-of-text character (ETX) ; **(caractère de) fin de transmission**, end-of-transmission character (EOT) ; **(caractère de) fin de travail**, end-of-job character (EOJ) ; **(caractère de) présentation de feuille**, form feed character (FF) ; **caractère à accent**, accented character ; **caractère accusé de réception positif**, acknowledge character ; **caractère additionnel**, additional character ; **caractère cadre à gauche**, high-order character ; **caractère codé**, coded character ; **caractère codé binaire**, binary-coded character ; **caractère codé en alphanumérique**, alphanumeric-coded character ; **caractère d'acheminement**, code directing character ; **caractère d'acheminement erroné**, improper routing character ; **caractère d'adressage**, address character ; **caractère d'annulation**, cancel character, error character ; **caractère d'annulation de bloc**, block cancel character, block ignore character ; **caractère d'arrêt**, break signal ; **caractère d'arrêt/marche**, start/stop character ; **caractère d'attente**, idle character ; **caractère d'échappement**, escape character (ESC) ; **caractère d'effacement**, ignore character, rub-out character, clearing character, erase character ; **caractère d'effacement de groupe**, group erase ; **caractère d'effacement de ligne**, line deletion character ; **caractère d'espacement horizontal**, horizontal skip character ; **caractère d'état**, status character ; **caractère d'état d'article**, item status character ; **caractère d'identification**, basic letter, identification character (ID) ; **caractère d'information**, information character ; **caractère d'interrogation**, inquiry character (ENQ) ; **caractère d'interruption**, break character ; **caractère de bloc**, block character ; **caractère de bourrage**, stuffing character ; **caractère de changement de code**, code extension character ; **caractère de changement de code spécial**, shift-out character (SO) ; **caractère de changement de fonte**, fount change character ; **caractère de code par défaut**, default code character ; **caractère de commande**, functional character ; **caractère de commande chariot**, carriage control character ; **caractère de commande d'édition**, edit control character ; **caractère de commande d'impression**, print control character ; **caractère de commande de**

code normal, shift-in character (SI) ; **caractère de commande de commutation**, switching control character ; **caractère de continuation**, connecting character ; **caractère de contrôle**, check character, control character, function character, instruction character ; **caractère de contrôle d'exactitude**, accuracy control character ; **caractère de délimitation**, demarcation character ; **caractère de dérivation**, junction character ; **caractère de fin de bande**, end-of-tape character ; **caractère de garnissage**, gap character, throw-away character ; **caractère de maintien de changement**, locking shift character ; **caractère de mise en forme**, insertion character ; **caractère de parité**, redundancy check character ; **caractère de plus faible poids**, least significant character ; **caractère de poursuite**, continuation character ; **caractère de présentation**, layout character ; **caractère de remplacement**, joker, wildcard ; **caractère de remplissage**, filling character, padding character ; **caractère de routage**, code-indicating character ; **caractère de saut**, slew character ; **caractère de saut de ligne**, newline character ; **caractère de sélection**, call direction code ; **caractère de séparation**, delimiting character ; **caractère de signe**, sign character ; **caractère de sonnerie**, bell character ; **caractère de soulignement**, underscore character ; **caractère de substitution**, substitute character (SUB) ; **caractère de suppression**, delete character ; **caractère de synchronisation**, sync character ; **caractère de tabulation**, tab character, tabulation character ; **caractère de terminaison**, line control character ; **caractère délié**, thin stroke ; **caractère délimité**, enclosed character ; **caractère diacritique**, diacritical work ; **caractère espace**, blank character ; **caractère espace arrière**, backspace character ; **caractère fantôme**, ghosting character ; **caractère flottant**, floating character ; **caractère graphique**, graphic character ; **caractère gras**, bold print, bold faced type ; **caractère imbriqué**, embedded character ; **caractère interdit**, forbidden character, improper character ; **caractère invalide**, illegal character, invalid character ; **caractère ISO**, ISO character ; **caractère italique**, italic typeface ; **caractère le plus significatif**, most significant character ; **caractère magnétique**, magnetic character ; **caractère mal interprété**, skew character ; **caractère non imprimable**, non-printable character, unprintable character ; **caractère numérique,** numerical character ; **caractère optique,** optical character ; **caractère redondant,** redundant character ; **caractère séparateur,** separating character ; **caractère séparateur de fichier,** file separator character ; **caractère spécial,** special character ; **codage de caractère,** character coding ; **code binaire de caractères,** character binary code ; **code de caractères,** character code ; **code de caractères de contrôle,** control character code ; **contenu moyen d'informations par caractère,** average information per character ; **contour de caractère,** character outline ; **contrôle caractère par caractère,** character-at-a-time check ; **contrôle des caractères,** character checking ; **débit (en caractères),** character rate ; **demande de caractères,** character request ; **densité de caractères,** character density ; **élément de caractère,** stroke ; **ensemble de caractères,** type array ; **ensemble des caractères numériques,** numeric set, numeric character set ; **ensemble des caractères universels,** universal character set ; **entropie moyenne (par caractère),** information rate, mean entropy (per character) ; **espace entre caractères,** intercharacter interval ; **espacement de caractères longitudinal,** horizontal spacing ; **espacement des caractères,** horizontal pitch, row pitch ; **espacement entre caractères,** character spacing ; **espacement variable des caractères,** variable character pitch ; **format de caractère,** character format ; **générateur de caractères,** character generator ; **générateur vectoriel de caractères,** stroke character generator ; **génération de caractères automatique,** automatic character generation ; **génération des caractères espaces,** space code generation ; **grille caractère,** matrix character ; **imprimante à barres de caractères,** rack printer ; **imprimante caractère,** serial printer ; **imprimante caractère par caractère,** character printer, character-at-a-time printer ; **insertion de caractère,** character fill ; **insertion de caractère nul,** idle insertion ; **jambage de caractère,** character stroke ; **jambage inférieur de caractère,** descender ; **jambage supérieur de caractère,** ascender, riser ; **jeu de caractères,** character repertoire, character pitch, language character set ; **jeu de caractères alphanumériques,** alphanumeric character set ; **jeu de caractères codés,** coded character set ; **jeu de caractères secondaires,**

alternate character set ; **jeu de caractères semi-graphiques,** line drawing set ; **lecteur de caractère,** character reader ; **lecteur optique de caractères,** optical character reader ; **lecture séquentielle de caractères,** direct character reading ; **limite de lecture de caractère,** character boundary ; **matrice du caractère,** character cell ; **mode caractère,** character mode ; **mode caractère gras,** boldfacing mode ; **mode contrôle caractère,** control state ; **modificateur d'adresse de caractère,** character modifier ; **niveau d'accès à la chaîne de caractères,** string level access ; **nombre d'unités de caractère,** character interval ; **organisé par caractère,** character-oriented ; **police de caractères,** character set, character fount, fount (US: font) ; **police de caractères secondaire,** alternate type style ; **premier caractère de remplissage,** initial filler* ; **reconnaissance de caractères,** character recognition ; **roue à caractères,** character wheel ; **roue porte-caractères,** daisy, printwheel ; **séquentiel caractère par caractère,** serial by character ; **sous-ensemble de caractères,** character subset ; **sous-matrice du caractère,** character subcell ; **style de caractère,** face, typeface ; **table d'allocation de caractères,** character assignment table ; **tableau de caractères,** string array ; **taille de caractère,** character size ; **tambour porte-caractères,** type drum ; **taux d'erreurs sur les caractères,** character error rate ; **traitement des caractères,** character handling ; **type chaîne de caractères,** character string type ; **variable caractère,** character variable ; **vérification de parité par caractère,** character parity check ; **visuel à caractères,** character display, read-out (device).

CARACTERISTIQUE : **caractéristique,** characteristic* ; **distorsion de caractéristique,** characteristic distortion ; **impédance caractéristique,** iterative impedance.

CARBONE : **papier carbone,** carbon copy ; **papier carboné,** carbon paper.

CARREE : **onde carrée,** square ware.

CARTE : **carte,** card*, board* ; **à base de cartes,** card-based ; **alignement de cartes,** card registration, registration ; **arrangement de cartes,** deck set-up ; **bac à cartes,** card compartment, compartment ; **bâti à cartes,** card frame ; **battre des cartes,** joggle (to) ; **bourrage de cartes,** card wreck, card stuffing, card jam ; **carte à 80 colonnes,** eighty-column card ; **carte à 90 colonnes**, ninety column card ; **carte-à-bande**, card-to-tape ; **carte à bande perforée unilatérale**, unilateral tape card ; **carte-à-carte**, card-to-card ; **carte à circuit imprimé**, printed circuit board (PCB) ; **carte à code Hollerith**, Hollerith-coded card ; **carte à coin coupé**, corner cut card ; **carte à contacts imprimés**, edge card ; **carte à encoches**, edge-punched card, edge-notched card ; **carte à fenêtre**, aperture card ; **carte à mémoire**, smart card ; **carte à puce**, chip card ; **carte à talon**, stubcard ; **carte aide-mémoire**, quick reference card ; **carte article**, item card ; **carte binaire**, binary card ; **carte complémentaire**, continuation card ; **carte-compte**, account card ; **carte couleur**, colour adapter ; **carte de charge**, load card ; **carte de chargement**, loader card ; **carte de commande de support informatique**, volume parameter card ; **carte de contrôle**, control card, inspection detail card ; **carte de décalage de volume**, volume displacement card ; **carte de données**, data card ; **carte de mémoire**, memory card, memory board ; **carte de mise à jour**, update card ; **carte de pilotage des travaux**, job control card ; **carte de recherche**, search card ; **carte des mouvements**, posting card ; **carte mémoire étendue**, above-board ; **carte mère**, motherboard ; **carte microprocesseur**, microprocessor card ; **carte multifonction**, multifunction board ; **carte numérisée**, computerised map ; **carte objet**, machine card ; **carte-paramètre**, job card, parameter card ; **carte perforée**, Hollerith card, punched card, punch card ; **carte pilote**, pilot card ; **carte polyvalente**, composite card ; **carte primaire**, primary card ; **carte-programme**, programme card ; **carte récapitulatrice**, summary card ; **carte texte**, text card ; **cartes de données condensées**, squoze pack ; **cartes-programme source**, source deck ; **cartes source**, source pack ; **chargeur de cartes**, card loader ; **chemin de cartes**, card bed, card channel, card path ; **code carte**, control punch, control hole, designation hole ; **code de carte**, card code ; **code de carte magnétique**, magnetic card code (MCC) ; **colonne de carte**, card column ; **commande à cartes-programme**, programme card control ; **comptage de cartes**, card count ; **compteur de cartes**, card counter ; **convertisseur cartes-bandes**, card-to-tape converter ; **convertisseur cartes-disques**, card-to-disc

converter ; **détecteur de bourrage de cartes**, card jam detector ; **disque dur sur carte**, hardcard ; **dos de carte**, card back, cardback ? **éjection de carte**, card ejection ; **émetteur-récepteur à cartes**, card transceiver ; **entraînement de cartes**, card drive ; **fichier en cartes**, card file ; **format de carte**, card format ; **format des cartes-paramètres**, control card format ; **format image de carte**, card image format ; **guide-carte**, card feed device ; **image de carte**, card image ; **impression à la carte**, detail printing ; **jeu de cartes**, card deck, card pack, deck, pack ; **jeu de cartes d'assembleur**, assembler deck ; **jeu de cartes d'entrée**, input deck ; **jeu de cartes-programme**, programme deck ; **lecteur de carte**, card reader ; **lecteur de cartes d'identification**, ID card reader ; **lecteur de cartes rapide**, high-speed card reader ; **lecture anticipée de carte**, early card read ; **lecture automatique de cartes**, automatic card reading ; **ligne de carte**, card row ; **liste de cartes de commande**, control list ; **magasin à cartes**, magazine, card magazine ; **matériel à cartes**, Hollerith constant ; **mécanisme d'alimentation en cartes**, card feed ; **mémoire à cartes magnétiques**, magnetic card storage ; **ordinateur à cartes**, card computer ; **ordinateur commandé par cartes**, card controlled computer ; **panier à cartes**, card cage, card rack ; **paquet de cartes**, card deck, card pack, deck, pack ; **paquet de cartes d'instructions**, instruction deck, instruction pack ; **paquet de cartes objet**, object deck, object pack ; **perforation de carte**, card punching ; **piste de carte**, card track ; **présentateur de cartes**, card hopper, hopper ; **presse-cartes**, card weight, stacker slide ; **programmé par cartes**, card-programmed ; **prolongateur de carte**, card extender ; **récepteur à décalage de cartes**, offset stacker device ; **récepteur de cartes**, card stacker ; **recto de carte**, card face ; **remplacement de carte**, board swapping ; **reproducteur de carte**, card copier ; **reproductrice de cartes**, card reproducing punch, reproducer ; **retourneuse de cartes**, card reversing device ; **sur carte**, on-board ; **système à carte**, card system ; **tri de cartes**, card sorting ; **unité de cartes magnétiques**, magnetic card unit (MCU) ; **vérification de carte**, card verifying.

CARTESIEN : cartésien, Cartesian ; **traceur cartésien**, X-Y plotter.

CARTOUCHE : cartouche, cartridge (tape), title block ; **cartouche à bande,** tape cartridge ; **cartouche à ruban de carbone,** carbon ribbon cartridge ; **cartouche de bande magnétique,** magnetic tape cartridge ; **cartouche disque,** disc cartridge ; **cartouche magnétique,** data cartridge ; **cartouche programme,** solid state cartridge ; **chargement de la cartouche,** loading cartridge ; **chargement par cartouche,** cartridge loading ; **coffret à cartouches,** cartridge box ; **unité à cartouche,** cartridge drive ; **unité d'entraînement de cartouche,** tape cartridge drive.

CAS : cas, case ; **saut arrière en cas d'anomalie,** exception return.

CASCADE : cascade, cascading ; **cascade de bascules,** flip-flop string ; **circuit en cascade,** cascaded circuit ; **commande en cascade,** cascade control ; **compteur en cascade,** cascadable counter ; **liaison en cascade,** cascade connection ; **report en cascade,** cascaded carry ; **tri en cascade,** cascade sort.

CASE : case, procket ; **case de fusion,** stocker ; **case de rebut,** reject pocket ; **case de réception,** drop pocket ; **case de tri,** drop pocket ; **compteur de case,** procket counter ; **sélection de case,** procket selection.

CASSAGE : cassage de code, code cracking.

CASSETTE : cassette, cassette, magnetic tape cassette ; **cassette amovible,** removable cartridge ; **cassette de bande magnétique,** cassette, magnetic tape cassette ; **cassette numérique,** digital cassette ; **système à cassette,** tape cassette drive system ; **unité de cassette,** cassette drive.

CASSEUR : casseur de code, code cracker.

CATALOGUE : catalogue, catalogue* (US: catalog), directory, mapping table ; **catalogué,** catalogued ; **catalogue de volumes,** volume catalogue ; **catalogue des données,** data catalogue ; **catalogue principal,** master catalogue ; **fichier de catalogue,** catalogue file ; **gestion sur catalogue,** catalogue management ; **noeud de catalogue,** catalogue node ; **sous-catalogue,** subcatalogue (US: subcatalog).

CATALOGUEE : données cataloguées, partitioned data ; **procédure cataloguée,** catalogued procedure.

CATALOGUER : cataloguer, cata-

logue (to).

CATASTROPHIQUE : erreur catastrophique, catastrophic error.

CATEGORIE : catégorie, category ; **catégorie d'erreur,** error class ; **catégorie d'usagers,** user class of service ; **catégorie de rangement,** storage class.

CATHODIQUE : écran cathodique, cathode screen ; **mémoire cathodique,** cathode ray storage ; **tube cathodique,** cathode ray tube (CRT) ; **tube cathodique à pénétration,** penetration CRT.

CAVALIER : cavalier, cordless lead, jumper, jumper wire ; **affichage cavalier,** vector-based display ; **balayage cavalier,** directed beam scan, random scan, vector scan ; **graphique cavalier,** vector graphics ; **visu à balayage cavalier,** calligraphic display ; **visualisation en mode cavalier,** vector mode display.

CELLULE : cellule, cell ; **cellule active,** active cell ; **cellule binaire,** binary cell ; **cellule binaire de mémoire,** binary cell ; **cellule caractère,** character descriptor ; **cellule de mémoire,** memory cell, storage cell ; **cellule magnétique,** magnetic cell ; **cellule ultrasonore,** ultrasonic cell.

CENTRAGE : centrage, centring (US: centering) ; **broche de centrage,** locating pin ; **centrage de caractère,** image centring ; **ergot de centrage,** locating dowel ; **pion de centrage,** positioning stud.

CENTRAL : central, central ; **calculateur central,** host computer ; **central automatique,** automatic exchange ; **central privé,** private exchange ; **disque à renforcement central,** hard-centred disc ; **fichier central,** computer bank ; **ordinateur central,** host processor ; **poste central,** central station ; **processeur central,** central processor, master processor.

CENTRALE : allocation de mémoire centrale, core allocation ; **boucle centrale de lecture directe,** central scanning loop ; **capacité de la mémoire centrale,** core size ; **état de l'unité centrale,** processor state ; **gestion de mémoire centrale,** main memory management ; **mémoire centrale,** core memory ; **résidant en mémoire centrale,** core memory resident ; **système à mémoire centrale,** core only environment ; **tri en mémoire centrale,** core sort ; **unité centrale,** main unit, main frame, master unit ; **unité centrale (UC),** central processing unit (CPU) ; **unité centrale de traite-**

ment, central data processor, main frame computer.

CENTRALISATION : réseau de centralisation du traitement, distributed processing network.

CENTRALISE : centralisé, centralised (US: centralized) ; protocole de routage centralisé, centralised routing protocol ; traitement d'informations centralisé, centralised data processing.

CENTRE : centre, centre (US: center), station ; centré, centred (US: centered) ; centre annexe, satellite ; centre de calcul, computation centre, computing centre ; centre de commutation automatique, automatic switching centre ; centre de commutation de données, data switching exchange (DSE) ; centre de commutation de données, data switching centre ; centre de télétraitement, telecentre (US: telecenter) ; centre de traitement, operation centre ; centre de traitement à accès libre, open shop ; centre de transit, tandem switching centre ; centre image, image centre ; centre informatique, information processing centre, computer centre, data processing facility ; centre ordinatique, computing centre ; centre terminal, central terminal.

CENTREE : erreur centrée, balanced error ; erreur non centrée, bias error.

CENTRONICS : interface Centronics, Centronics* interface ; sortie parallèle de type Centronics, Centronics-type parallel port.

CERCLE : cercle, circle ; cercle plein, filled circle ; cercle vide, hollow circle.

CERTIFIE : certifié, certified.

CERTIFIEE : bande certifiée, certified tape.

CERVEAU : cerveau, brain ; cerveau électronique, electronic brain.

CES : contrôleur d'entrée/sortie (CES), synchroniser (US: synchronizer).

CESURE : césure, hyphenation ; programme de césure, hyphenation routine ; règle de césure, hyphenation rule.

CHAINAGE : chaînage, catenation, chaining* , concentration ; câble de chaînage, daisy chain cable ; chaînage de commandes, command chaining ; chaînage de données, data chaining ; chaînage différentiel, differential link ; instruction de chaînage, linkage instruction ; macro-instruction de chaînage, linkage macro-instruction ; paramètre de chaî-

nage, linkage parameter ; phase de chaînage, link phase.

CHAINE : chaîne, chain, string* ; chaîné, chained, concatenated ; chaîne alphabétique, alphabetic string ; chaîne binaire, binary chain, bit string ; chaîne bouclée, daisy chain ; chaîne d'éléments binaires, binary element string ; chaîne d'éléments de données, data element chain ; chaîne d'instructions, instruction chain ; chaîne de caractères, character string ; chaîne de caractères symboles, symbol character string ; chaîne de comptage, counting chain ; chaîne de comptage fermée, closed counting chain ; chaîne de données, data chain, data string ; chaîne de fichiers, file string ; chaîne de pointeurs, pointer chain ; chaîne de symboles, symbol string ; chaîne entre guillemets, quoted string ; chaîne unitaire, unit string ; chaîne vide, empty string, null string ; code chaîné, chain code ; éléments chaînés, catena ; en chaîne bouclée, daisy-chained ; enregistrement chaîné, chained record ; erreur en chaîne, propagated error ; fichier chaîné, concatenated file, threaded file ; fichier en chaîne, chained file ; fin de chaîne, string break ; impression en chaîne, chained printing ; imprimante à chaîne, chain printer, train printer ; langage chaîné, threaded language ; logiciel de traitement de chaîne, string process system ; longueur de chaîne, string length ; manipulation de chaînes, string handling ; niveau d'accès à la chaîne de caractères, string level access ; opération sur chaîne, string operation ; recherche en chaîne, chaining search ; sous-chaîne, substring ; traitement de chaîne, string manipulation ; tri de chaînes, string sorting ; type chaîne de caractères, character string type.

CHAINEE : données chaînées, concatenated data ; liste chaînée, chained list ; mémoire de commandes chaînées, command-chained memory.

CHAINER : chaîner, catenate (to), concatenate (to).

CHAINETTE : chaînette, catenary.

CHALEUR : chaleur, heat ; chaleur dissipée, heat dissipation ; transfert de chaleur, heat transfer.

CHAMBRE : chambre à dépression, vacuum chamber.

CHAMP : champ, field* ; champ caractère, outline ; champ clé, key field ; champ

clé primaire, primary key field ; **champ clé secondaire**, auxiliary key field, secondary key field ; **champ d'accès**, access key field ; **champ d'adresse**, address field ; **champ d'adresse de lien**, link address field ; **champ d'application des ordinateurs**, computer field ; **champ d'impression**, print field ; **champ d'indexation**, index field ; **champ d'instruction**, instruction field ; **champ de longueur variable**, variable length field ; **champ de saisie**, input field ; **champ de visée**, aiming symbol, aiming circle, aiming field ; **champ de visualisation**, display foreground, display field ; **champ des indicateurs d'état**, status panel ; **champ du signe**, sign field ; **champ électrostatique**, electrostatic field ; **champ élémentaire**, elementary field ; **champ fixe**, fixed field ; **champ magnétique**, magnetic field ; **champ magnétique alternant**, AC magnetic field ; **champ modificateur**, modifier field ; **champ non protégé**, unprotected field ; **champ non renseigné**, unfilled-in field ; **champ objet**, receiving field ; **champ opérande**, operand part, operand field ; **champ opérateur**, operator field, operator part ; **champ perturbateur**, noise field ; **champ réservé de visualisation**, display background ; **champ variable**, variable field ; **champ vide**, unfilled-in field ; **contrôle de champ d'essai**, inspection test ; **délimiteur de champ**, field separator ; **longueur de champ des données**, data field length ; **nom de champ**, field name ; **paramètre d'entrée du champ**, field input parameter.

CHANGEMENT : changement, alteration, change, modification, patch ; **caractère de changement de code**, code extension character ; **caractère de changement de code spécial**, shift-out character (SO) ; **caractère de changement de fonte**, fount change character ; **caractère de maintien de changement**, locking shift character ; **changement automatique de piste défectueuse**, automatic defective track recovery ; **changement d'échelle**, scaling ; **changement de code**, code change ; **changement de fréquence**, frequency changing ; **changement de jeu de caractères**, face fount change ; **changement de mode**, mode change ; **changement de nom**, renaming ; **changement de page**, page break ; **changement de programme**, programme change ; **changement de volume**, volume switching ; **dispositif de changement de piste**, record

overflow feature ; **vidage après changement**, change dump.

CHANGEUR : changeur de genre RS-232, RS-232 gender changer ; **changeur de signe**, inverter.

CHAPITRE : chapitre, chapter.

CHARABIA : charabia, gibberish, hash*.

CHARGE : charge, load, terminal symbol, terminator ; **adresse de charge initiale**, initial load address ; **cahier des charges**, problem specifications ; **carte de charge**, load card ; **charge à capacité illimitée**, infinite loading ; **charge d'exploitation**, system workload ; **charge de bus**, bus terminator ; **charge de calcul**, computational load ; **charge de ligne**, line termination, line load ; **charge de traitement**, processing load ; **charge du système**, workload ; **charge moyenne**, mean load ; **charge normale**, operating duty ; **courant de charge**, load current ; **cycle de prise en charge**, fetch cycle ; **émulateur de charge**, load emulator ; **erreur de charge**, loading error ; **étude de la charge de réseau**, network load analysis ; **facteur de charge**, load factor, unit load ; **non chargé**, unloaded ; **partage de charges**, load sharing ; **planification des charges**, workload planning ; **point de charge**, load point ; **pointe de charge**, load peak ; **prendre en charge**, accomodate (to) ; **priorité de prise en charge**, dispatching priority ; **prise en charge**, accomodation, handling ; **prise en charge de l'instruction**, instruction staticising (US: staticizing) ; **processus de charge**, charge process ; **sans charge**, no load ; **unité de charge**, unit load ; **variation de charge**, load change.

CHARGEABLE : chargeable, loadable ; **module chargeable**, load module.

CHARGEMENT : chargement, boot up, loading ; **adresse de début de chargement**, starting load address ; **appel de chargement**, load call ; **bibliothèque de modules de chargement**, load module library ; **carte de chargement**, loader card ; **chargement à capacité limitée**, finite loading ; **chargement à froid**, cold boot ; **chargement automatique**, autoload ; **chargement de bloc**, block loading ; **chargement de la cartouche**, loading cartridge ; **chargement du papier**, form loading ; **chargement du programme**, programme loading ; **chargement du système**, system loading ; **chargement en mémoire**, core load ;

chargement frontal, front loading ; **chargement initial**, initial loading ; **chargement par cartouche**, cartridge loading ; **chargement rapide**, quick load ; **code de chargement**, load code ; **fonction de chargement**, load function ; **instruction de chargement**, load instruction, load statement ; **mémoire de chargement**, bootstrap memory ; **mode de chargement**, load mode ; **module de chargement**, run unit ; **module de chargement à recouvrement**, overlay load module ; **opération de chargement**, loading operation ; **procédure de chargement**, loading procedure ; **programme de chargement**, load programme, loader, loading routine ; **programme de chargement initial**, initial programme loader ; **résistance de chargement**, load resistor ; **séquence de chargement**, loading sequence ; **temps de chargement**, pre-execution time.

CHARGER : charger, load (to) ; **charger (un compteur)**, set (to) (a counter) ; **charger et lancer**, load-and-go.

CHARGEUR : chargeur, loader* ; **bibliothèque de chargeurs**, load library ; **chargeur à lancer par touche**, key-in loader ; **chargeur absolu**, absolute loader, binary loader ; **chargeur-amorce**, bootstrap programme, bootstrap loader ; **chargeur automatique**, automatic loader, autoloader ; **chargeur de cartes**, card loader ; **chargeur de programme**, programme loader ; **chargeur-lieur**, linking loader ; **chargeur mobile**, portable pack ; **chargeur multidisque**, disc pack ; **échange de chargeur**, volume swap ; **fichier chargeur de programme**, programme load file ; **module-chargeur**, load module handler ; **numéro consécutif de chargeur**, volume sequence number ; **numéro de chargeur**, pack number ; **programme chargeur**, system loader ; **protection de chargeur**, volume security ; **remplacement de chargeur**, volume swapping, volume swap ; **répertoire de chargeurs**, volume directory ; **sous-programme chargeur**, key loader ; **tampon chargeur**, loader buffer.

CHARIOT : chariot, carriage ; **caractère de commande chariot**, carriage control character ; **chariot à bande pilote**, tape-controlled carriage ; **chariot classeur**, binder trolley ; **chariot glissant**, sliding carriage ; **retour automatique de chariot**, automatic carriage return ; **retour de chariot**, carriage return (CR).

CHAUD : démarrage à chaud, warm

start ; **redémarrage à chaud**, warm restart, warm boot.

CHEMIN : chemin d'accès, access path ; **chemin d'exécution**, execution path ; **chemin de cartes**, card bed, card channel, card path ; **chemin de lecture**, read path.

CHEMINEMENT : cheminement aléatoire, random walk.

CHÈQUE : chèque bancaire, bank check ; **protection des chèques**, check protect.

CHI : test des carrés de Chi, Chi square test.

CHIFFRAGE : chiffrage, enciphering.

CHIFFRE : chiffre, numeral, digit, numeric digit, numeric character, cipher ; **chiffre '1'**, one (unit) ; **chiffre '1' ou '0' logique**, logical one or zero ; **chiffre binaire**, binary digit, binary number ; **chiffre binaire '0'**, binary zero ; **chiffre binaire '1'**, binary one ; **chiffre d'arrêt**, halt number ; **chiffre de contrôle**, check digit, check symbol ; **chiffre de poids faible**, least significant digit (LSD) ; **chiffre de poids fort**, high-order digit ; **chiffre de poids le plus fort**, most significant digit (MSD) ; **chiffre de service**, gap digit ; **chiffre décimal**, decimal digit ; **chiffre hexadécimal**, hexadecimal digit ; **chiffre impair**, odd figure ; **chiffre interdit**, forbidden digit ; **chiffre octal**, octal digit ; **chiffre significatif**, significant digit, significant figure ; **chiffre valable**, valid digit ; **chiffres successifs**, successive digits ; **clé de chiffre**, cipher key ; **décalage de chiffre**, figure shift ; **insertion de chiffres**, digit insert ; **inversion lettres-chiffres**, letters shift ; **perforation des colonnes chiffres**, numeric punch ; **programmation en chiffres**, numeric coding ; **sélection de chiffres**, digit selection ; **touche des chiffres**, figures shift.

CHIFFREMENT : chiffrement, ciphering, cyphering, encipherment ; **chiffrement de jonction**, multiplex link encryption ; **équipement de chiffrement**, ciphering equipment.

CHIFFRER : chiffrer, encipher (to).

CHOCS : essai aux chocs, vibration test.

CHOISIR : choisir, select (to).

CHOIX : choix, choice ; **choix logique**, logical choice.

CHRONOGRAMME : chronogramme, timing chart.

CHRONOLOGIQUE : enregistreur chronologique, logger ; **recueil chronologique**

des données, data logging.

CHUTE : chute de tension, voltage drop.

CIBLE : machine cible, target machine.

CINCUIT : circuit linéaire, linear circuit network.

CINEMATIQUE : cinématique de l'information, data flow control.

CINQ : code deux parmi cinq, quinary code, two-out-of-five code.

CINQUANTE : excédent cinquante, excess-fifty.

CIRCUIT : circuit, circuit, data circuit ; branche de circuit, leg ; carte à circuit imprimé, printed circuit board (PCB) ; circuit à coïncidence, coincidence circuit ; circuit à large bande, wideband circuit ; circuit à maintien, holding circuit ; circuit à retard binaire, digit delay element ; circuit à rétroaction, bootstrap circuit ; circuit à seuil, threshold gate, threshold element ; circuit adaptateur, adapter circuit ; circuit additionneur binaire, binary adder circuit ; circuit analogique, analogue circuit ; circuit annexe, support chip ; circuit approuvé, approved circuit ; circuit asynchrone, asynchronous circuit ; circuit binaire, binary circuit ; circuit bistable, bistable circuit, flip-flop ; circuit bloqueur, block gate circuit ; circuit bouclé, loop circuit ; circuit câblé, wired circuit ; circuit combinatoire, combinatorial, combinational, combinatory circuit ; circuit commuté, switched circuit ; circuit complémentaire, complement element, complement gate ; circuit concentrateur, pooled terminations ; circuit d'addition, adding circuit ; circuit d'alerte, alarm circuit ; circuit d'alimentation, feed system ; circuit d'antibourrage, jam circuit ; circuit d'entrée, input circuit ; circuit d'équivalence, coincidence element, coincidence gate, IF-AND-ONLY-IF element ; circuit d'exclusion, NOT-IF-THEN gate, NOT-IF-THEN element ; circuit d'identité, identity element ; circuit d'inclusion, IF-THEN element ; circuit d'ordinateur, computer circuit ; circuit de blocage, interlock circuit ; circuit de commande, control circuit ; circuit de connexion, connecting path ; circuit de décodage, decoding circuit ; circuit de détection d'anomalie, fault detection circuit ; circuit de disjonction, exclusive-OR gate, exclusive-OR element ; circuit de données en tandem, tandem data circuit ; circuit de liaison, interfacing circuitry, interface circuit ; circuit de logi-

que interchange, interchange circuit ; circuit de maintien, hold circuit ; circuit de mémoire, memory chip ; circuit de mémorisation, storage circuit ; circuit de microprocesseur, circuit chip ; circuit de microprogrammation, microcoding device ; circuit de réception, incoming circuit ; circuit de séquence, sequencing circuit ; circuit de transmission de données, data circuit ; circuit de vérification, checking circuit ; circuit de verrouillage, latching circuit ; circuit deux fils, two-wire circuit ; circuit élargisseur, pulse stretcher ; circuit éliminateur, wave trap ; circuit en boucle fermée, closed loop circuit ; circuit en cascade, cascaded circuit ; circuit encodeur-décodeur, coder/decoder chip ; circuit ET, AND gate, conjunction, intersection, logical product ; circuit ET câblé, wired AND ; circuit ET-OU, AND-NOT gate, AND-NOT element ; circuit fantôme, phantom circuit ; circuit générateur de rythmes, timing pulse generator ; circuit imprimé, etched circuit, printed circuit (PC) ; circuit inhibiteur, inhibit circuit, inhibit line ; circuit intégré à broches axiales, flat pack ; circuit inverseur, inverse gate ; circuit logique, logic circuit, logical circuit ; circuit logique ET, AND circuit, AND element ; circuit longitudinal, longitudinal circuit ; circuit monostable, one-shot circuit, single-shot circuit ; circuit multipoint, multipoint line ; circuit multivoie, multichannel circuit ; circuit NI exclusif, biconditional element, equivalence gate, exclusive NOR element ; circuit NON, NOT gate, NOT element ; circuit NON-ET, NOT-AND element, NAND gate ; circuit NON-ET exclusif, EXNOR element, EXNOR gate ; circuit NON-OU, NOR gate, NOR, NOT-OR element, joint denial gate, zero match element ; circuit non spécialisé, non-dedicated circuit ; circuit numérique, digital circuit ; circuit OU, OR circuit, disjunction gate, logic sum gate, one-gate, one-circuit, union gate ; circuit OU (inclusif), (inclusive-)OR element ; circuit OU câblé, wired OR ; circuit OU exclusif, EXOR element, exjunction gate, except element, distance gate, anticoincident element ; circuit ouvert, hit-on-the-line, open circuit ; circuit point à point, point-to-point circuit ; circuit précâblé, prewired circuit ; circuit principal, highway circuit ; circuit régénérateur d'impulsions, pulse regenerating circuit ; circuit semi-intégré, hybrid integrated circuit ; circuit séquentiel, sequential circuit ;

circuit sériel d'entrée/sortie, serial I/O (SIO) ; **circuit simplex**, simplex circuit ; **circuit spécialisé**, dedicated circuit ; **circuit statique**, static circuit ; **circuit tampon tristable**, tristate buffer ; **circuit ultrarapide**, nanosecond circuit ; **circuit utilisateur**, line terminating circuit ; **circuit virtuel**, virtual connection, virtual circuit ; **circuit virtuel commuté**, switched virtual circuit ; **circuit virtuel permanent**, permanent virtual circuit ; **commutation de circuits**, circuit switching ; **court-circuit**, back-to-back wiring, short-circuit ; **diagnostic au niveau du circuit**, chip level diagnosis ; **extracteur de circuit intégré**, IC puller ; **fabricant de circuits intégrés**, IC maker ; **fiabilité de circuit**, circuit reliability ; **niveau de bruit d'un circuit**, circuit noise level ; **réseau à commutation de circuits**, circuit switching network ; **résistance en circuit ouvert**, open circuit resistance ; **support de circuit intégré**, IC socket, chip socket ; **sur circuit**, on-chip ; **système à circuit unique**, single-chip system ; **technique d'émulation sur circuit**, in-circuit emulation technique ; **transmission en circuit ouvert**, open circuit working ; **transparence du circuit de données**, data circuit transparency ; **tronc de circuit**, trunk circuit ; **validation de circuit**, chip enable.

CIRCUITER : **court-circuiter**, short out (to).

CIRCULAIRE : **circulaire**, circular ; **commutateur circulaire**, rotary switch ; **connecteur circulaire**, circular connector ; **mémoire circulaire**, cyclic storage, cyclic store ; **décalage circulaire**, circular shift, circulating shift, cyclic shift, end-around shift, ring shift ; **numéroteur circulaire**, rotary dial ; **permutation circulaire**, cyclic permutation ; **report circulaire**, end-around carry ; **report négatif circulaire**, end-around borrow.

CIRCULANTE : **mémoire circulante**, circular memory.

CIRCULATION : **circulation**, flux, flow ; **circulation de données**, data path ; **diagramme de circulation**, flow process chart ; **registre à circulation**, delay line register ; **sens de circulation**, flow direction ; **vitesse de circulation de l'information**, information flow rate.

CIRCULER : **circuler**, flow (to).

CLAIR : **écriture en clair**, plain writing ; **enregistrement en texte clair**, visual record ;

texte en clair, plain text.

CLAQUAGE : **claquage**, burned spot, burning.

CLASSE : **classe**, class* ; **classé**, filed ; **classe d'entité**, entity type ; **classe d'intervalles**, class interval ; **classe de calculateur**, computer classification ; **classe sous-vocale**, telegraph-grade ; **de classe vocale**, voice-grade ; test de classe, class test.

CLASSEMENT : **classement**, filing ; **classement alphabétique**, alphabetical sorting ; **erreur de classement**, misfile.

CLASSER : **classer**, file (to), sequence (to).

CLASSEUR : **classeur**, sorting machine, card sorter, filer, grader, binder ; **chariot classeur**, binder trolley ; **classeur à anneaux**, ring binder ; **classeur pour disques**, disc binder.

CLASSIFICATION : **classification**, classification ; **classification d'enregistrement**, record type ; **classification décimale**, decimal classification ; **classification décimale universelle**, universal decimal classification.

CLASSIFIE : **classifié**, sorted ; **article classifié**, sorted item ; **fichier à codes classifiés**, key-sequenced file.

CLASSIQUE : **logiciel classique**, canned software, common software ; **matériel classique**, unit record equipment ; **méthode classique**, approved method ; **périphérique classique**, standard peripheral.

CLAVETTE : **clavette**, wedge.

CLAVIER : **clavier**, keyboard ; **aide de clavier**, keyboard template ; **appel par clavier**, keyboard request ; **clavier alphanumérique**, alphanumeric keyboard ; **clavier amovible**, detachable keyboard ; **clavier azerty**, azerty keyboard ; **clavier combiné**, combined keyboard ; **clavier d'entrée**, input keyboard ; **clavier hexadécimal**, hex pad ; **clavier interactif**, live keyboard ; **clavier numérique**, numeric keypad, numeric keyboard ; **clavier personnalisé**, customised (US: customized) keypad ; **clavier programmable**, programmable keyboard ; **clavier programmé**, programmed keyboard ; **clavier qwerty**, qwerty keyboard ; **clavier récepteur**, receiver gating ; **clavier réduit**, condensed keyboard ; **clavier séparé**, detachable keyboard ; **clavier spécifique**, programmed function keyboard ; **clavier tactile**, tactile keyboard ; **codeur de clavier**, keyboard encoder ; **commande de clavier, keyboard control ; **commandé par clavier**, keyboard-operated, keyboard-controlled ; **disposition du clavier**, keyboard layout ; **écran-clavier**, keyboard display ; **émetteur à clavier**, keyboard transmitter ; **émetteur-récepteur à clavier**, keyboard send/receive ; **entrée au clavier**, key entry ; **entrée par clavier**, keyboard entry ; **entrer au clavier**, key-in (to) ; **housse de protection du clavier**, keyboard mask ; **imprimante à clavier**, keyboard printer ; **interrogation au clavier**, keyboard inquiry ; **introduction par clavier**, keyboard input, manual keyboard entry ; **mode clavier interactif**, live keyboard mode ; **modification de clavier**, keyboard substitution ; **perforatrice à clavier**, keypunch, keyboard punch ; **saisir au clavier**, keyboard (to), key in (to) ; **sélection au clavier**, key selection ; **sélection par clavier**, keyboard selection ; **tamponnement du clavier**, key rollover ; **terminal à clavier**, keyboard terminal ; **terminal d'affichage à clavier**, keyboard display terminal ; **vérificatrice à clavier**, key verifier ; **verrouillage du clavier**, keyboard lock, keyboard lockout, keyboard locking ; **verrouillage temporel de clavier**, keyboard time-out.

CLE : clé, key*, index ; **accès par clé**, keyed access ; **accès séquentiel par clé**, key sequential access ; **champ clé**, key field ; **champ clé primaire**, primary key field ; **champ clé secondaire**, auxiliary key field, secondary key field ; **clé absolue**, actual key ; **clé d'accès**, access key ; **clé d'interruption**, interrupt button ; **clé de chiffre**, cipher key ; **clé de protection mémoire**, protection key, storage key ; **clé de recherche**, search key ; **clé de répartition**, distribution key ; **clé de tri**, sequencing key, sorting key, sort key ; **clé en main**, turnkey ; **clé principale**, primary key ; **clé secondaire**, auxiliary key, minor key ; **commutateur à clé**, key-operated switch ; **contrôle de clé**, key verification ; **définition du macro de mot clé**, keyword macro definition ; **erreur séquentielle de clé**, key out of sequence ; **indexage par mot clé**, word indexing ; **lettre clé**, key letter ; **longueur du mot clé**, key length ; **macro de mot clé**, keyword macro, keyword macro instruction ; **mot clé**, key word, keyword ; **mot clé dans son contexte**, keyword-in-context index ; **paramètre de mot clé**, keyword parameter ; **protection par clé**, key protection ; **recherche par mot clé**, disjunctive search, key

retrieval ; **système clé en main**, turn key system ; **zone de valeur de clé**, key value field.

CLIGNOTEMENT :   clignotement, blinking.

CLIGNOTER : clignoter, blink (to).

CLIMATISEUR : climatiseur, conditioner.

CLIQUER : cliquer (souris), click (to) (mouse).

CLIQUET : cliquet, dog ; **cliquet de renvoi**, keeper ; **cliquet de verrouillage**, interlock lever.

CLONES : **frabricant de clones**, clone maker.

CLOS : **clos hermétiquement**, hermetically sealed.

CLOTURE : **clôture multiple**, multiple closure ; **fichier de clôture**, unload file ; **sous-programme de clôture**, termination routine ; **transformation fenêtre-clôture**, viewing transformation, window transformation*

COBOL : cobol (langage), cobol* (langage).

CODAGE : codage, coding*, codification, programming ; **codage absolu**, direct coding ; **codage automatique**, automatic code, automatic coding ; **codage de base**, basic coding ; **codage de caractère**, character coding ; **codage en langage machine**, machine coding ; **codage machine**, absolute coding, actual coding ; **codage manuel**, hand coding ; **codage simultané**, in-line coding ; **codage symbolique**, symbolic coding ; **ligne de codage**, coding line ; **paramètre de codage d'article**, item key parameter ; **zone de codage**, code field.

CODE : code, coding scheme, code* ; **codé**, coded, encoded ; **caractère codé**, coded character ; **caractère codé binaire**, binary-coded character ; **caractère codé en alphanumérique**, alphanumeric-coded character ; **caractère de changement de code**, code extension character ; **caractère de changement de code spécial**, shift-out character (SO) ; **caractère de code par défaut**, default code character ; **caractère de commande de code normal**, shift-in character (SI) ; **carte à code Hollerith**, Hollerith-coded card ; **cassage de code**, code cracking ; **casseur de code**, code cracker ; **changement de code**, code change ; **code à barres**, bar code ; **code à moments**, equal length code ; **code à N moments**, N-level code ; **code à rapport constant**, constant ratio code ; **code à sept positions**, seven-level code ; **code à simple adresse**, single-address code ; **code à temps d'exécution minimal**, minimum latency code ; **code absolu**, actual code, one-level code, specific coding ; **code alphabétique**, alphabet code, alphabetic code ; **code alphanumérique**, alphanumeric code, alphameric code ; **code ASCII**, ASCII code ; **code autocomplémenteur**, self-complementing code ; **code autocorrecteur**, self-correcting code ; **code automatique**, automatic coding, automatic code ; **code auxiliaire**, auxiliary code ; **code Baudot**, Baudot code ; **code binaire**, binary code ; **code binaire de caractères**, character binary code ; **code binaire en colonnes**, column binary code ; **code binaire NRZ**, polar NRZ code ; **code binaire pur**, pure binary code ; **code binaire réfléchi**, Gray code, reflected binary code ; **code binaire saturé**, dense binary code ; **code biphase**, Manchester code, diphase code ; **code bipolaire à densité élevée**, high-density bipolar (HDB) ; **code biquinaire**, biquinary code ; **code carte**, control punch, control hole, designation hole ; **code chaîné**, chain code ; **code correcteur d'erreurs**, error-correcting code (ECC) ; **code d'appel**, visibility mask, visibility key, visibility code ; **code d'arrêt**, halt code, stop code ; **code d'article**, item code ; **code d'enchaînement de programme**, programme linking code ; **code d'erreur**, error code ; **code d'état**, quality code, status code ; **code d'identification**, identifying code, identification code ; **code d'impression des couleurs**, printer colour code ; **code d'inhibition**, inhibit code ; **code d'instruction étendu**, augmented operation code ; **code d'instruction mnémonique**, input instruction code ; **code d'instructions machine**, machine instruction code ; **code d'introduction**, input code ; **code d'occupation**, occupation code ; **code d'opération**, function code, operation code, op-code ; **code d'opération machine**, absolute operation code ; **code d'opérations**, order code ; **code de référence**, key of reference ; **code de répertoire**, item key ; **code de reprise de l'imprimante**, print restore code ; **code de saut**, skip code ; **code de sélection**, select code ; **code de vérification de label disque**, disc label check code ; **code des instructions**, instruction code, machine code ; **code détecteur d'erreurs**, error-detect-

ing code, error detection code (EDC), self-checking code ; **code deux parmi cinq**, quinary code, two-out-of-five code ; **codé en binaire**, binary-coded ; **code excédent trois**, excess-three code (XS3) ; **code Gray**, Gray code ; **code hexadécimal**, hexadecimal code ; **code Hollerith**, Hollerith code ; **code illégal**, illegal code ; **code indicatif**, identifying code ; **code intermédiaire pseudocodé**, intermediate code ; **code international de télégraphie**, international telegraph code ; **code interne**, internal code ; **code interprétatif**, interpretive code ; **code interpréteur**, interpreter code ; **code ISO à 7 moments**, ISO-7-bit code ; **code Katakana**, Kat code ; **code linéaire**, linear code ; **code machine**, absolute code, actual code, one-level code, specific coding, computer code, direct code ; **code macro**, macro-code ; **code mnémonique**, mnemonic code ; **code Morse**, telegraph code ; **code numérique**, numeric code, numerical code ; **code objet**, object code, object coding, specific code ; **code octal**, octal code ; **code optimal**, optimum code ; **code optionnel**, option code ; **code paramétré**, skeletal code ; **code périmé**, invalid code ; **code polynomial**, polynomial code ; **code pondéré**, weighted code ; **code postal**, area code ; **code prohibé**, forbidden code ; **code quinaire**, quinary code, two-out-of-five code ; **code redondant**, redundant code ; **code réentrant**, pure code ; **code relatif**, relative coding ; **code retour**, return code ; **code signaux à espacement unitaire**, unit distance code ; **code source**, source code ; **code spécial**, feature code ; **code symbolique**, symbolic code, symbolic key, symbol code ; **code tétradique**, four-line binary code ; **code tout ou rien**, unipolar code ; **code utilisateur**, user code ; **combinaison de code**, code value ; **condition de code erronée**, invalid key condition ; **contenu d'informations en code binaire**, information bit content ; **conversion binaire-code Gray**, binary-to-Gray code conversion ; **conversion code Gray-binaire**, Gray code-to-binary conversion ; **conversion de code**, code conversion, key conversion ; **conversion de code de données**, data code conversion ; **convertisseur de code**, code converter, code translator, data translator, transcoder ; **convertisseur de code d'introduction**, input code converter ; **convertisseur des codes d'entrée/sortie**, input/output code converter ; **crayon de code à barres**, bar code pen ; **décimal codé binaire (DCB)**, binary-coded decimal (BCD) ; **disque codé**, coded disc ; **document à code à barres**, bar-coded document ; **emplacement du code**, key location ; **fichier à codes classifiés**, key-sequenced file ; **figure de code**, code pattern ; **identification de code**, key identification ; **instruction en code source**, source instruction ; **jeu de caractères codés**, coded character set ; **ligne de code**, code line ; **liste de code machine**, machine script ; **mode indépendant du code**, code-independent ; **moment de code**, code element ; **nombre décimal codé en binaire**, binary-coded decimal number ; **non codé**, un-coded ; **octal codé en binaire**, binary-coded octal ; **reconnaissance de code**, code recognition ; **registre à code retour**, retour-code register ; **scaneur de code à barres**, bar code scanner ; **segment de code**, code segment ; **signal codé**, coded signal ; **sous-ensemble du code ASCII**, limited ASCII ; **système décimal codé en binaire**, binary-coded decimal system ; **zone de code d'opération**, operating code field ; **zone de mémoire des codes**, key storage area.

CODEE : **adresse codée**, coded address ; **entrée non codée**, uncoded input ; **image codée**, coded image, encoded image ; **numération décimale codée en binaire**, binary-coded decimal code ; **représentation codée**, coded representation.

CODER : coder, code (to), encode* (to) (en conversion de code), key (to) ; **coder à la main**, hand code (to).

CODEUR : codeur, coder ; **codeur de clavier**, keyboard encoder ; **codeur de données**, data encoder ; **codeur de phase**, phase encoder ; **codeur de rotation**, angular position transducer ; **codeur-décodeur**, codec, coder-decoder ; **codeur optique**, optical encoder.

CODEUSE : **roue codeuse**, code wheel, thumbwheel.

CODIFICATEUR : codificateur, codifier.

CODIFICATION : codification, coding, encoding ; **codification de saisie**, transaction code ; **codification des insertions**, insert coding ; **zone de codification des articles**, item key area.

CODIFIE : codifié, coded, encoded ; **message codifié**, proforma message.

COEFFICIENT : coefficient, coeffi-cient, factor ; **coefficient indéterminé**, undetermined coefficient ; **coefficient négatif**, minus coefficient.

COERCIVITE : coercivité, retentivity.

COEXISTER : coexister, coexist (to).

COFFRET : **coffret à cartouches**, cartridge box ; **coffret à disquettes**, disc box.

COHERENCE : **cohérence des données**, data consistency ; **contrôle de cohérence**, consistency check ; **moniteur de cohérence (de données)**, integrity violation monitor.

COIN : **cadre plein à coins arrondis**, filled rounded box ; **carte à coin coupé**, corner cut card ; **coupure de coin**, corner cut.

COINCIDENCE : coïncidence, hit ; **circuit à coïncidence**, coincidence circuit.

COLLAGE : collage, patching, pasting.

COLLATIONNEMENT : collationnement, comparing ; **collationnement automatique**, information feedback checking.

COLLECTE : collecte, gathering ; **collecte de données**, data gathering.

COLLECTER : collecter, collect (to).

COLLECTEUR : collecteur, collector, sink ; **collecteur (de données)**, receiver ; **collecteur de données**, data logger, data sink ; **collecteur de messages**, mailphore, message sink.

COLLISION : collision, collision.

COLONNE : colonne, column* ; **binaire en colonnes**, Chinese binary, column binary ; **carte à 80 colonnes**, eighty-column card ; **carte à 90 colonnes**, ninety column card ; **code binaire en colonnes**, column binary code ; **colonne de carte**, card column ; **colonne de matrice**, matrix column ; **colonne de perforation**, punch column ; **colonne de points**, one-dot-line slice ; **colonne des binaires**, binary column ; **colonne en-tête**, column heading ; **colonne la plus à gauche**, high-order column ; **colonne vierge**, blank column ; **perforation des colonnes chiffres**, numeric punch ; **séparateur de colonnes**, column split.

COLORIAGE : coloriage, paint, painting, fill*.

COMAL : **comal (langage)**, comal (language).

COMBINAISON : **combinaison de code**, code value ; **combinaison de perforations**, hole pattern ; **combinaison interdite**, forbidden combination.

COMBINATOIRE : combinatoire,

combinational ; **circuit combinatoire**, combinatory circuit, combinatorial, combinational ; **logique combinatoire**, combinational logic.

COMBINE : combiné, combined ; **clavier combiné**, combined keyboard ; **combiné téléphonique**, handset.

COMMANDE : commande, actuation, command, control ; **commandé**, controlled ; **(caractère de) commande de transmission**, communication control character ; **(fonction de) commande de transmission**, transmission control (TC) ; **affichage des messages de commande**, control message display ; **arbre de commande**, drive shaft ; **bon de commande**, job order ; **boucle de commande**, control loop ; **bouton de commande**, activate button, control knob ; **calculateur de commande**, control computer ; **caractère de commande**, functional character ; **caractère de commande chariot**, carriage control character ; **caractère de commande d'édition**, edit control character ; **caractère de commande d'impression**, print control character ; **caractère de commande de code normal**, shift-in character (SI) ; **caractère de commande de commutation**, switching control character ; **carte de commande de support informatique**, volume parameter card ; **chaînage de commandes**, command chaining ; **circuit de commande**, control circuit ; **code de commande**, command code ; **commande à cartes-programme**, programme card control ; **commande à distance**, distant control, remote control ; **commande à ignorer**, ignore command ; **commande à l'alternat**, high/low control ; **commande absolue**, absolute instruction, absolute command ; **commande alphanumérique**, character instruction ; **commande auto-adaptative**, adaptive control ; **commande automatique**, automatic control ; **commande curseur**, cursor control ; **commande d'accès**, access instruction, seek command ; **commande d'action**, forward supervision ; **commande d'affichage**, display instruction, display command ; **commande d'appareil auxiliaire**, device control (DC) ; **commande d'arrêt facultatif**, optional pause instruction ; **commande d'écriture**, write command ; **commande d'édition**, format control ; **commande d'entrée/sortie**, input/output control ; **commande d'exploitation**, operator command ; **commande d'impression**, printing command, print control ; **commande d'impri-**

mante rapide, high-speed printer control ; **commande d'insertion**, insert command ; **commande de clavier**, keyboard control ; **commande de copie**, copy command ; **commande de débit externe**, external output control ; **commande de fichier**, file control ; **commande de flux**, flow control ; **commande de format électronique**, electronic format control ; **commande de la mise en page verticale**, vertical format control ; **commande de la profondeur de frappe**, impression control ; **commande de luminosité**, intensity control ; **commande de positionnement**, positioning control ; **commande de processus**, process control ; **commande de programme**, programme control ; **commande de recherche**, search command, searching command ; **commande de régénération**, regeneration control ; **commande de remplacement**, replacing command ; **commande de saut**, skip control ; **commande de saut de ligne**, line advance order ; **commande de transfert**, transfer command, transfer control ; **commande directe**, direct control, linear selection ; **commande du rouleau d'impression**, platen control ; **commande en boucle ouverte**, open loop control ; **commande en cascade**, cascade control ; **commande en temps réel**, real-time control ; **commande erronée**, invalid command ; **commande graphique**, graphic instruction ; **commande indirecte**, indirect control ; **commande longitudinale**, horizontal control ; **commande majuscules-minuscules**, letters shift (LTRS) ; **commande manuelle**, manual control ; **commande mémorisée**, stored instruction ; **commande monotouche**, single-stroke control key ; **commande numérique**, numerical control ; **commande par bande**, tape-operated ; **commandé par clavier**, keyboard-operated, keyboard-controlled ; **commande par interruption**, interrupt driven, interrupt-controlled ; **commandé par l'évènement**, event-controlled ; **commande par liste**, list-directed ; **commandé par programme**, programme-controlled ; **commandé par touche**, key-controlled ; **commande prioritaire**, priority control ; **commande relative**, relative command, relative instruction ; **commande répartie**, distributed control ; **compteur de commandes**, command counter ; **console de commande**, control console ; **console de commande d'ordinateur**, computer control console, computer console ; **contrôle de commande**, control check ; **données de commande opération-nelle**, operational control data ; **double commande**, twin control ; **équipement de commande de processus**, process control equipment ; **fichier de commande**, command file ; **flux de commande**, control flow ; **fonction de commande**, control operation, set function ; **gestionnaire de commande**, handler controller ; **imprimante de commande**, console printer ; **instruction de commande**, command statement ; **interface de commande**, process interface system ; **langage de commande**, command language, control language ; **liste de cartes de commande**, control list ; **liste de commandes**, command list ; **logiciel de commande**, driving software ; **mémoire de commande**, control memory ; **mémoire de commandes chaînées**, command-chained memory ; **mode de commande**, command mode ; **mot de commande**, control word ; **mot de commande canal**, channel command word ; **ordinateur commandé par cartes**, card controlled computer ; **organe de commande d'entrée**, input control device ; **panneau de commande**, control panel ; **piste de commande**, control track ; **procédure de commande**, control procedure ; **programme de commande**, control programme ; **programme de commande automatique**, automatic programming tool (APT) ; **programme de commande d'entrée**, input control programme ; **programme de commande de procédure**, procedure controller ; **programmé sur commande**, custom-programmed ; **pupitre de commande**, console desk, control desk ; **rochet de commande d'interligne**, line space ratchet ; **signal de commande**, actuating signal ; **station de commande**, control station ; **syntaxe de commande**, command syntax ; **système de commande**, command system ; **tableau de commande d'ordinateur**, computer control panel ; **touche de commande**, control key ; **touche de commande d'affichage**, display control key ; **unité de commande**, control section, control unit ; **unité principale de commande**, main control unit ; **variable de commande**, actuating variable, control variable ; **zone de commande**, control area ; **zone de commande de périphérique**, device control area.

COMMANDEE : capacitance com-mandée par tension, voltage variable capacitance.

COMMENCEMENT : commencement, beginning.

COMMENTAIRE : commentaire, annotation, comment, note (of programme), remark ; **symbole de commentaire**, annotation symbol.

COMMENTER : commenter, annotate (to).

COMMERCIAL : A commercial '', AT sign ''.

COMMERCIALE : langage d'application commerciale, commercial language.

COMMUN : commun, common ; **bus commun**, common trunk ; **langage commun**, common language ; **réseau commun**, bus system, bus line ; **segment commun**, global segment ; **système à fichiers communs**, shared file system ; **tension de mode commun**, common mode voltage.

COMMUNE : console commune, duplex console ; **données communes**, global data ; **logic commune**, common logic ; **mémoire commune**, common storage, global memory ; **montage à base commune**, common base circuit ; **ressources communes**, shared facilities ; **séquence commune**, global sequence ; **variable commune**, shared variable ; **zone commune**, common field, common area ; **zone de mémoire commune**, common storage area.

COMMUNICATION : communication, communication, connection, data call, datacall, forwarding, transmission ; **communication bilatérale**, two-way communication ; **communication bilatérale à l'alternat.**, two-way alternate communication ; **communication bilatérale simultanée**, two-way simultaneous communication ; **communication homme-machine**, man-machine communication ; **communication par satellite**, satellite communication ; **communication télégraphique**, telegraphy communication ; **communication télex**, teletype exchange (telex) ; **communication unilatérale**, one-way communication ; **communication urbaine**, intercommunication ; **communication virtuelle**, virtual communication ; **communications en simplex**, simplex communications ; **communications numérisées**, digital communications ; **communications optiques**, optical communications ; **contrôleur de communication**, communication control unit, data link controller, communication controller ; **interface de communica-**

tion, data adapter unit, transmission interface ; **ligne de communication**, communication link ; **logiciel de communications**, communication software ; **maintien en communication**, call hold ; **port de communication**, communication port ; **procédure de gestion de communication**, call control procedure ; **satellite de communications**, communications satellite ; **serveur de communication**, communication server ; **service de communication virtuelle**, virtual call facility ; **système de communications**, communication system ; **théorie des communications**, communications theory, information theory ; **transfert de communication**, call forward ; **voie de communication**, communication channel ; **zone de communications**, communications area.

COMMUNIQUER : communiquer, communicate (to).

COMMUTATEUR : commutateur, switch* ; **commutateur à bascule**, toggle switch ; **commutateur à clé**, key-operated switch ; **commutateur automatique**, switchover ; **commutateur circulaire**, rotary switch ; **commutateur d'alternat**, push-to-talk switch ; **commutateur d'interrogation**, inquiry key ; **commutateur d'option console**, console switch ; **commutateur de jonction**, trunk switch ; **commutateur de lignes**, line switch ; **commutateur de messages**, message switch ; **commutateur de mode**, mode switch ; **commutateur de processus**, process switch ; **commutateur de verrouillage**, interlock switch ; **commutateur électronique**, electronic switch ; **commutateur nodal**, node switch, nodal switch ; **commutateur pas à pas**, stepping switch ; **commutateur système**, processor switch.

COMMUTATION : commutation, switching ; **caractère de commande de commutation**, switching control character ; **centre de commutation automatique**, automatic switching centre ; **centre de commutation de données**, data switching exchange (DSE), data switching centre ; **commutation automatique de messages**, automatic message switching ; **commutation d'entrée/sortie**, input/output switching ; **commutation de bancs**, bank switching ; **commutation de circuits**, circuit switching ; **commutation de lignes**, line switching ; **commutation de messages**, message switching ; **commutation de paquets**, packet switching ; **commutation idéale**, ideal switching ; **commutation manuelle**, manual control box ; **commutation numérique**, digital switching ; **commutation spatiale**, space-division switching ; **commutation temporelle**, time-division multiplex, time-division switching ; **information de commutation**, switching command ; **mode de commutation automatique**, automatic switch mode ; **réseau à commutation de circuits**, circuit switching network ; **réseau à commutation de messages**, message switching network, switched message net ; **temps de commutation**, switching time ; **théorie de la commutation**, switching theory ; **unité de commutation**, switch unit.

COMMUTE : commuté, switched ; **circuit commuté**, switched circuit ; **circuit virtuel commuté**, switched virtual circuit ; **réseau commuté**, switching network, switched net.

COMMUTEE : liaison commutée, circuit switched connection ; **ligne commutée**, switched line ; **ligne non commutée**, non-switched line.

COMMUTER : commuter, switch (to).

COMPACITE : compacité, compactness.

COMPACTAGE : compactage, compression, compaction* , compacting ; **compactage de données**, data compaction, data compression ; **compactage mémoire**, block compaction ; **densité de compactage**, data density, packing factor.

COMPARAISON : comparaison, comparison ; **comparaison de données**, verification ; **comparaison logique**, logical comparison ; **structure de comparaison**, matched pattern ; **système de comparaison**, comparing system ; **tri par comparaison**, comparative sort.

COMPARATEUR : comparateur, comparing unit, comparator ; **comparateur analogique**, analogue comparator ; **comparateur d'adresses**, address comparator ; **comparateur de bande**, tape comparator.

COMPARER : comparer, compare* (to).

COMPATIBILITE : compatibilité, compatibility* ; **à compatibilité ascendante**, upward compatible ; **à compatibilité descendante**, downward compatible ; **compatibilité ascendante**, forward compatibility ; **compatibilité des systèmes**, systems compatibility ;

compatibilité descendante, backward compatibility ; **compatibilité logicielle**, compatible software, software compatibility ; **compatibilité matérielle**, compatible hardware ; **compatibilité syntaxique**, syntactic compatibility ; **compatibilité vers le bas**, downward compatibility ; **compatibilité vers le haut**, upward compatibility ; **test de compatibilité**, compatibility test.

COMPATIBLE : compatible, compatible, compatable ; **compatible TTL**, TTL compatible ; **mode compatible**, compatibility mode ; **parfaitement compatible**, plug-to-plug compatible.

COMPENSATEUR : compensateur, compensator, equaliser (US: equalizer) ; **compensateur d'amplitude**, amplitude equaliser ; **compensateur d'usure**, wear compensator ; **compensateur de phase**, phase equaliser ; **compensateur de retard**, delay equaliser.

COMPENSATION : compensation, equalisation (US: equalization) ; **compensation de perte de niveau**, drop-out compensation.

COMPILABLE : compilable, compilable.

COMPILATEUR : compilateur, compiling programme, compiler ; **calculateur compilateur**, compiling computer ; **compilateur C**, C-compiler ; **compilateur croisé**, cross-compiler ; **compilateur Fortran**, Fortran compiler ; **compilateur incrémentiel**, incremental compiler ; **compilateur interactif**, conversational compiler ; **compilateur interprétatif**, interpretive compiler ; **compilateur syntaxique**, syntax directed compiler ; **directive de compilateur**, compiler directive, compiler control statement ; **générateur de compilateurs**, compiler generator.

COMPILATION : compilation, compilation, compile ; **compilation croisée**, cross-compiling ; **compilation de programme**, programme compilation ; **compilation-exécution**, compile-and-go ; **compilation groupée**, batched compilation ; **compilation séparée**, separate compilation ; **date de compilation**, date compiled ; **diagnostic de compilation**, compiler diagnostic ; **durée de compilation**, compiling time, compile duration ; **état de compilation**, compilation stage ; **phase de compilation**, compile phase, compiling phase, compilation run, compilation phase ; **programme de compilation**, compiling routine ; **technique de compilation**, compiling technique ; **temps de compilation**, compilation time ; **unité de compilation**, compilation unit.

COMPILE : compilé, compiled ; **semi-compilé**, semicompiled ; **non compilé**, non-compiled.

COMPILER : compiler, abridge (to), compile* (to).

COMPILEUR : ordinateur compileur, source machine.

COMPLEMENT : complément, complement ; **base du complément**, complement base ; **complément à deux**, complement on two, twos complement ; **complément à dix**, complement on ten, tens complement ; **complément à la base**, radix complement, true complement ; **complément à neuf**, complement on nine, nines complement ; **complément à un**, complement on one, ones complement ; **complément à zéro**, zero complement ; **complément d'instruction**, instruction feature ; **complément restreint**, diminished radix, radix-minus-one complement ; **représentation du complément**, complement representation.

COMPLEMENTAIRE : complémentaire, complementary ; **binaire complémentaire**, zone bit ; **carte complémentaire**, continuation card ; **circuit complémentaire**, complement element, complement gate ; **couleur de ruban complémentaire**, alternate ribbon colour ; **forme complémentaire**, complement form ; **logique complémentaire**, complementary logic ; **matériel complémentaire**, hook-up machine.

MOS complémentaire : complementary MOS (CMOS) ; **porte complémentaire**, complement gate, complement element ; **service complémentaire**, user facility.

COMPLEMENTATION : complémentation, complementing, complementary operation ; **opérateur de complémentation**, complementary operator.

COMPLEMENTEUR : complémenteur, completer, complementer, negator.

COMPLET : complet, complete, full ; **additionneur complet**, full adder ; **effacement complet de l'écran**, full screen erase ; **graphe complet**, complete graph ; **report complet**, complete carry ; **signal de report complet**, carry complete signal.

COMPLETUDE : complétude, completeness ; **contrôle de complétude**, completeness check.

COMPLEXE : complexe, complex, imaginary ; **adresse à opérande complexe,** second-level address ; **nombre complexe,** complex number, imaginary number ; **nombre complexe conjugué,** complex conjugate number ; **structure complexe,** multiple item.

COMPOSANT : composant, component ; **carte démunie de composants,** unpopulated board ; **composant constitutif,** component part ; **composant d'ordinateur,** computer component ; **composant de haute qualité,** high-grade component ; **composant de micro-ordinateur,** microcomputer component ; **composant discret,** discrete component ; **composant électronique,** electronic component ; **composant matériel,** hardware component ; **composant non intégré,** discrete component ; **composant plat,** pancake.

COMPOSANTE : composante réactive, quadrature component.

COMPOSE : composé, composite, compound ; **type composé,** composite type.

COMPOSEE : image en couleur composée, composite colour image ; **instruction composée,** compound instruction, compound statement.

COMPOSER : composer, typeset (to), dial (to) ; **machine à composer,** typesetting machine.

COMPOSEUR : composeur automatique, autodialler.

COMPOSITE : moniteur composite, composite video display.

COMPOSITION : composition, composition, typesetting ; **composition automatique,** automatic typesetting ; **composition de fichier,** file composition ; **composition de transformations,** concatenated transformation ; **composition informatisée,** computerised typesetting.

COMPRESSE : mode compressé, compressed mode.

COMPRESSEUR : compresseur, compressor ; **compresseur-expanseur,** compandor*.

COMPRESSION : compression, compression, condensing, companding ; **compression binaire,** digit compression ; **compression instantanée,** instantaneous companding ; **programme de compression,** condensing routine.

COMPTABILISATION : comptabilisation, accounting ; **comptabilisation des travaux,** job accounting ; **date de comptabilisation,** posting date ; **fichier de comptabilisation des travaux,** job accounting file, job account file ; **fonction de comptabilisation des travaux,** job accounting interface ; **journal de comptabilisation des travaux,** job accounting report, job account log ; **liste de comptabilisation des travaux,** job account listing ; **opération de comptabilisation,** posting operation.

COMPTABILITE : comptabilité, accounting ; **système de comptabilité des travaux,** job accounting system.

COMPTABLE : machine comptable, accounting machine, bookkeeping machine ; **progiciel comptable,** accounting package.

COMPTAGE : comptage, counting ; **chaîne de comptage,** counting chain ; **chaîne de comptage fermée,** closed counting chain ; **comptage de cartes,** card count ; **comptage de cycles,** cycle count ; **direction de comptage,** count direction ; **erreur de comptage d'articles,** item count discrepancy ; **octet de comptage,** count byte ; **opération de comptage,** counting operation ; **registre de comptage d'instructions,** instruction counting register ; **zone de comptage,** count field.

COMPTE : compte, count ; **carte-compte,** account card ; **compte d'articles,** item count ; **compte non mouvementé,** inactive account ; **compte progressif,** countup ; **compte-rendu d'essai,** test report ; **compte-rendu de l'exécution des travaux,** job execution report ; **compte-rendu de transmission,** backward supervision, tellback ; **compte rendu des mouvements,** transaction report ; **compte rendu sommaire,** summary report ; **pris en compte,** processed.

COMPTEUR : compteur, counter* ; **charger (un compteur),** set (to) (a counter) ; **compteur à décade,** decade counter ; **compteur binaire,** binary counter ; **compteur d'adressage,** location counter ; **compteur d'adresse,** address counter ; **compteur d'articles,** item counter ; **compteur d'impositions,** key stroke counter ; **compteur d'impulsions,** impulse counter, pulse counter ; **compteur d'inhibition,** inhibit counter ; **compteur d'instructions câblé,** hardware programme counter ; **compteur de base,** basic counter ; **compteur de blocs,** block counter ; **compteur de**

boucle, cycle index counter ; **compteur de cartes**, card counter ; **compteur de case**, procket counter ; **compteur de commandes**, command counter ; **compteur de cycles**, cycle counter ; **compteur de longueur d'instruction**, instruction length counter ; **compteur de pages**, page counter ; **compteur de position**, location counter ; **compteur de temps utile**, usage meter ; **compteur-décompteur**, reversible counter ; **compteur dégressif**, countdown counter ; **compteur des unités**, unit counter ; **compteur diviseur par deux**, divide-by-two counter ; **compteur en anneau**, ring counter ; **compteur en cascade**, cascadable counter ; **compteur horaire**, hour meter, hour counter ; **compteur horaire de machine**, high-resolution clock ; **compteur modulo N**, modulo-N counter ; **compteur numérique**, digital counter ; **compteur progressif**, countup counter ; **compteur rapide**, high-speed computer ; **compteur séquentiel**, sequence counter, step counter ; **compteur soustractif**, balance counter ; **compteur totalisateur**, accumulating counter ; **entrée de compteur**, counter entry ; **prépositionnement d'un compteur**, counter preset ; **remettre à l'état initial (un compteur)**, reset (to) (a counter) ; **remise à l'état initial d'un compteur**, counter reset ; **sortie de compteur**, counter exit ; **table des opérations compteur**, counter chart ; **valeur du compteur**, count value.

COMPTEUSE : roue compteuse, counter wheel ; **trieuse-compteuse**, counting sorter.

CONCATENATION : concaténation, chaining, consolidation.

CONCENTRATEUR : concentrateur, concentrator* ; **concentrateur**, data concentrator, line concentrator, pooler ; **circuit concentrateur**, pooled terminations.

CONCENTRATION : concentration, pooling.

CONCENTRER : concentrer, pool (to).

CONCEPT : concept, concept ; **concept d'antémémoire**, caching ; **concept d'ordinateur**, computer concept ; **concept de bus à jeton**, token bus approach ; **concept des interfaces**, interface design ; **concept du bus annulaire à jeton**, token ring approach.

CONCEPTION : conception, design ; **aide à la conception**, design aid ; **conception**

assistée par ordinateur (CAO), computer-aided design (CAD) ; **conception automatisée**, automated design, design automation ; **conception d'interface de système**, system interface design ; **conception de programme**, programme design ; **conception de systèmes**, systems design ; **conception des canaux**, channel design ; **conception des imprimés**, form design ; **conception des tâches**, job design ; **conception fonctionnelle**, functional design ; **conception informatique évoluée**, advanced computer concept ; **conception logicielle**, software design ; **conception logique**, logic design, logical design ; **conception mixte**, hybrid design ; **conception modulaire**, modular concept ; **conception standard**, standard design ; **paramètre de conception**, design parameter ; **poste de conception autonome**, stand-alone design station.

CONCEPTUEL : conceptuel, conceptual ; **langage conceptuel**, conceptual language.

CONCERNER : concerner, apply (to).

CONCLUSION : conclusion, conclusion ; **issue conclusion**, upshot.

CONCURRENCE : concurrence, concurrency.

CONCURRENT : ordinateur concurrent, parallel computer.

CONDENSATEUR : mémoire à condensateur, capacitor store, capacitor storage.

CONDENSE : condensé, packed, compressed, condensed ; **décimal condensé**, packed decimal ; **décimal condensé signé**, signed packed decimal ; **décimal non condensé**, unpacked decimal ; **format condensé**, compressed form ; **non condensé**, uncompressed, unpacked.

CONDENSEE : cartes de données condensées, squoze pack ; **numérotation condensée**, compressed dialling.

CONDENSER : condenser, implode (to), pack* (to).

CONDITION : condition, condition ; **branchement sans condition**, branch unconditional (BRU) ; **condition d'arrêt**, hold condition ; **condition d'attente**, stand-by condition ; **condition d'entrée**, entry condition ; **condition d'erreur**, error condition ; **condition d'interruption**, interrupt condition ; **condition de code erronée**, invalid key condition ; **condition de reprise**, restart condition ; **condition de seuil**, threshold condition ; **condition de travail**, handling condition ; **condition zéro**, nought state ; **conditions de liaison**, interface requirements ; **conditions de sortie**, exit conditions ; **conditions techniques**, technical requirements ; **mode conditions initiales**, reset mode ; **symbole condition**, condition name.

CONDITIONNE : conditionné, conditioned ; **message conditionné**, formal message.

CONDITIONNEL : conditionnel, conditional ; **arrêt conditionnel**, conditional stop, conditional breakpoint ; **branchement conditionnel**, branch on condition, conditional transfer ; **développement conditionnel**, conditional expansion ; **saut conditionnel**, conditional branch, conditional jump.

CONDITIONNELLE : entrée conditionnelle, conditional entry ; **entropie conditionnelle**, conditional entropy ; **expression conditionnelle**, conditional expression, condition expression ; **implication conditionnelle**, material implication ; **instruction conditionnelle**, conditional statement, conditional instruction ; **requête conditionnelle**, conditional demand ; **variable conditionnelle**, conditional variable.

CONDUCTEUR : conducteur, lead ; **mémoire à semi-conducteur**, semiconductor memory ; **papier conducteur**, electrosensitive paper ; **semi-conducteur**, semiconductor ; **semi-conducteur à oxyde métallique**, metal oxide silicon (MOS).

CONDUCTRICE : conductrice, conductive ; **crayon à mine conductrice**, conductive pencil ; **encre conductrice**, conductive ink.

CONFERENCE : conférence, conference ; **message conférence**, block message.

CONFETTI : confetti, chad ; **bac à confettis**, chip tray, tray ; **bande perforée sans détachement de confettis**, chadless tape.

CONFIANCE : confiance, confidence ; **de confiance**, trusted.

CONFIDENTIALITE : confidentialité, privacy ; **confidentialité des données**, data privacy.

CONFIGURABLE : configurable, configurable ; **station configurable**, configurable station.

CONFIGURATEUR : configurateur RS-232, RS-232 patch box.

CONFIGURATION : configuration, configuration*, pattern ; **configuration de calculateur**, computer configuration ; **configuration de l'utilisateur**, user operating environment, user configuration ; **configuration initiale**, initial configuration ; **configuration logicielle**, software configuration ; **configuration matérielle**, hardware configuration ; **configuration mémoire**, memory map ; **configuration probable**, probable configuration ; **contrôle de configuration**, configuration management ; **état de configuration**, configuration state ; **logiciel de configuration**, middleware ; **retirer de la configuration**, deconfigure (to) ; **table de configuration**, configuration table.

CONFIGURE : non configuré, unconfigured.

CONFIGURER : configurer, configure (to).

CONFIRMATION : confirmation, confirmation ; **confirmation de libération**, clear confirmation.

CONFLICTUEL : accès conflictuel, concurrent access ; **arrêt conflictuel**, deadly embrace.

CONFLIT : conflit, conflict, contention ; **conflit d'accès**, access conflict ; **conflit d'appels**, call collision ; **conflit secondaire**, side conflict.

CONFORMITE : critères de conformité, acceptance criteria.

CONGRES : congrès, convention.

CONJOINTE : quantité d'information conjointe, joint information content.

CONJONCTION : conjonction logique, AND operation.

CONJUGUE : nombre complexe conjugué, complex conjugate number.

CONNAISSANCE : base de connaissances, knowledge base ; **banque de connaissances**, knowledge bank ; **degré de connaissance**, literacy.

CONNAITRE : connaître, know (to).

CONNECTE : connecté, connected, in-line, on-hook, on-line ; **connecté en série**, series connected ; **émulateur connecté**, in-circuit emulator ; **mode connecté**, on-line mode ; **non connecté**, off-line, stand-alone ; **poste non connecté**, unconnected terminal.

CONNECTER : connecter, connect (to), hook up (to).

CONNECTEUR : connecteur, connector*, terminal connector ; **connecteur à**

attache rapide, quick-disconnect ; connecteur à lames, knife connector ; connecteur avec détrompeur, polarised (US: polarized) plug ; connecteur circulaire, circular connector ; connecteur d'entrée, inconnector ; connecteur de bord, edge connector ; connecteur de sortie, outconnector ; connecteur électrique, electrical connector ; connecteur enfichable, pluggable connector ; connecteur externe, external connector ; connecteur femelle, female plug ; connecteur interchangeable, interchangeable connector ; connecteur mâle, male plug ; connecteur multibroche, multipoint connector.

CONNECTIF : connectif, connective* ; connectif booléen, Boolean connective.

CONNEXE : connexe, connected ; graphe connexe, connected graph ; graphe faiblement connexe, weakly connected graph ; graphe fortement connexe, strongly connected graph ; graphe non connexe, disconnected graph.

CONNEXION : connexion, attachment, connection, hook-up, joint, nexus* ; boîtier à double rangée de connexions, dual-in-line package (DIL) ; boîtier simple connexion, single in-line package (SIP) ; canal de connexion, crosstell channel ; circuit de connexion, connecting path ; connexion à quatre fils, four-port addressing ; connexion automatique programmée, autopolling ; connexion courte, strap ; connexion d'entrée, input terminal ; connexion de l'ordinateur principal, host link ; connexion enroulée, wire-wrap ; connexion locale, local connection ; connexion par rappel, call-back ; panneau de connexions, mother plane ; perte par connexion, connection loss ; point de connexion, terminal connecting point ; schéma de connexions, plugboard chart, plugging chart ; souris à connexion de bus, bus mouse ; souris à connexion parallèle, parallel mouse ; souris à connexion série, serial mouse ; tableau de connexions, jack panel, pinboard, plugboard, wiring board ; unité de connexion, interface switching unit.

CONSECUTIF : numéro consécutif de chargeur, volume sequence number.

CONSEIL : conseil, hint.

CONSERVATION : cycle de conservation, grandfather cycle ; durée de conservation, shelf life.

CONSERVER : conserver, safe (to), save (to).

CONSIGNATION : consignation, journal.

CONSISTENCE : consistence, consistency.

CONSOLE : console, console* ; commutateur d'option console, console switch ; console auxiliaire, auxiliary console, secondary console ; console commune, duplex console ; console d'essai, test console ; console d'exploitation, operating station ; console d'introduction, input control ; console d'introduction de données, input console ; console de commande, control console ; console de commande d'ordinateur, computer control console, computer console ; console de visualisation, visual display terminal (VDT), display unit, display console ; console graphique, graphic console ; console message, message display console ; console opérateur, operator console ; console principale, main console, master console, system console ; console utilisateur, user console ; débogage à la console, console debugging ; introduction par console, console input ; opérateur console, terminal user.

CONSOMMATEUR : consommateur, consumer, user ; consommateur final, ultimate consumer.

CONSOMMEE : puissance consommée, power drain, wattage rating.

CONSTANT : constant, constant ; code à rapport constant, constant ratio code ; mouvement constant, constant movement.

CONSTANTE : constante, constant ; constante d'alternation, alternation constant ; constante d'arrondi, rounding constant ; constante d'évaluation, valuation constant ; constante figurative, figurative constant ; constante intégrale, integral constant ; constante numérique, numeric constant ; constante réelle, real constant ; constante sous forme d'instruction, instructional constant ; littéral de constante d'adresse, address constant literal ; zone des constantes, constant area.

CONSTITUTIF : composant constitutif, component part ; organe constitutif, component part.

CONSTITUTION : constitution du masque de saisie, capture grid making.

CONSTRUCTEUR : logiciel du constructeur, vendor software ; **nom de constructeur**, implementor name.

CONSTRUCTION : construction, building ; **but de la construction**, design objective.

CONSULTATION : consultation, enquiry (ENQ), query, requesting ; **consultation (de données)**, accession, data query, look-up ; **consultation de table**, table lookup ; **de consultation**, retrievability ; **taux de consultation**, access frequency.

CONSULTER : consulter, query (to), request (to), enquire (to), inquire (to), interrogate (to), demand (to).

CONTACT : contact, contact ; **balayage par contact**, contact scanning ; **carte à contacts imprimés**, edge card ; **contact à fil**, wire contact ; **contact de relais**, relay contact ; **contact de travail**, make-contact ; **point de contact**, point of contact ; **protection de contact**, contact protection ; **rebondissement de contact**, contact bounce ; **temps de contact**, contact make time.

CONTENEUR : conteneur, canister.

CONTENTION : contention, contention*, conflict ; **mode de contention**, contention mode.

CONTENU : contenu, content ; **contenu d'informations en code binaire**, information bit content ; **contenu en harmonique**, harmonic content ; **contenu en informations**, information volume ; **contenu moyen d'informations par caractère**, average information per character ; **mémoire adressable par contenu**, content-addressed storage ; **mémorisation du contenu d'un accumulateur**, unloading.

CONTEXTE : acquisition du contexte mouvement, transaction context acquisition ; **mot clé dans son contexte**, keyword-in-context index.

CONTEXTUEL : contextuel, contextual.

CONTIGUITE : contiguïté, adjacency.

CONTINU : continu, continuous ; **contrôle en continu**, continuous path control ; **dérouleur en continu**, data streamer ; **écran à rafraîchissement continu**, continual refresh display ; **enveloppes en continu**, continuous envelopes ; **format continu**, linked format ; **imprimé en continu**, continuous form, listing form ; **lecture en défilement continu**, continuous reading ; **mode continu de transfert**, burst

mode ; **opération en continu**, burst operation ; **papier en continu**, continuous stationery ; **papier en continu plié**, fanfold paper ; **reliure pour imprimés en continu**, unburst printout binder ; **rouleau de papier continu**, continuous roll.

CONTINUATION : continuation, continuation ; **caractère de continuation**, connecting character.

CONTINUE : fonction continue, continuous function.

CONTINUITE : continuité, continuity ; **test de continuité**, circuit assurance.

CONTOUR : balayage de contour, contour following ; **contour de caractère**, character outline.

CONTRASTE : contraste d'image, image contrast ; **titre à contraste élevé**, high-contrast title.

CONTRE : contre-réaction, inverse feedback ; **contre-vérification**, cross-validation ; **intégrateur de contre-réaction**, inverse integrator ; **page ci-contre**, opposite page.

CONTROLE : contrôle, check, checking ; **contrôlé**, checked ; **avec point de contrôle**, checkpointed ; **binaire de contrôle**, check bit, control bit ; **bit de prise de contrôle**, override bit ; **bloc de contrôle**, control block ; **bloc de contrôle de données**, data control block ; **bloc de contrôle de processus**, process control block ; **bus de contrôle**, check bus, control bus ; **caractère de contrôle**, check character, control character, function character, instruction character ; **caractère de contrôle d'exactitude**, accuracy control character ; **carte de contrôle**, control card, inspection detail card ; **chiffre de contrôle**, check digit, check symbol ; **code de caractères de contrôle**, control character code ; **code de contrôle de l'imprimante**, printer control code ; **code de contrôle de liaison**, link control code ; **code de contrôle de tabulation**, tab control code ; **contrôle à l'écriture**, write disc check ; **contrôle arithmétique**, arithmetic check, mathematical check ; **contrôle câblé**, wired-in check ; **contrôle caractère par caractère**, character-at-a-time check ; **contrôle croisé**, cross-check ; **contrôle cyclique par redondance**, cyclic redundancy check (CRC) ; **contrôle d'accès au réseau**, network access control ; **contrôle d'appel**, call control ; **contrôle d'avarie**, fault control ; **contrôle d'écriture**, write verification ; **contrôle d'état des mouvements**, transaction status control ; **contrôle d'exactitude**, accuracy control ; **contrôle d'identification**, identification check ; **contrôle d'impression**, print check ; **contrôle d'introduction**, input edit level ; **contrôle de champ d'essai**, inspection test ; **contrôle de clé**, key verification ; **contrôle de cohérence**, consistency check ; **contrôle de commande**, control check ; **contrôle de complétude**, completeness check ; **contrôle de configuration**, configuration management ; **contrôle de désignation**, label checking ; **contrôle de disponibilité**, availability control ; **contrôle de données par échantillonnage**, sampled data control ; **contrôle de longévité**, ageing routine ; **contrôle de message**, information check ; **contrôle de parité**, even parity check, odd-even check, parity check, parity checking ; **contrôle de parité horizontale**, transverse redundancy check (TRC) ; **contrôle de parité impaire**, odd check, odd parity check ; **contrôle de parité longitudinale**, horizontal parity control ; **contrôle de parité verticale**, vertical parity check, vertical redundancy check (VCR) ; **contrôle de présence**, completeness check ; **contrôle de priorité**, precedence control ; **contrôle de programme**, programme checking, programme check ; **contrôle de séquence**, sequence check ; **contrôle de transfert**, transfer check ; **contrôle de travaux**, job control ; **contrôle de validation**, invalid character check ; **contrôle de validité**, validity test ; **contrôle de vidage**, dump check ; **contrôle de vraisemblance**, validity checking, limit check, reasonableness check ; **contrôle de zone d'identification**, identification field checking ; **contrôle des caractères**, character checking ; **contrôle des imprimés**, form control ; **contrôle des supports de données**, volume exclusive control ; **contrôle diagnostic**, diagnostic check ; **contrôle différentiel**, difference check ; **contrôle du cadrage des perforations**, registration check ; **contrôle du flot des travaux**, job flow control ; **contrôle du label de bande**, header check ; **contrôle du nom de volume**, volume name check ; **contrôle du nombre de perforations**, hole count check ; **contrôle du sous-programme utilitaire**, utility routine controller ; **contrôle du système**, system check ; **contrôle du traitement des tâches**, job processing control ; **controle dynamique**, dynamic control ; **contrôle en continu**, continuous path control ; **contrôle incorporé**, built-in check ; **contrôle indirect**, indirect control ; **contrôle intermédiaire**, intermediate checking ; **contrôle interne**, internal checking ; **contrôle marginal**, high/low bias test ; **contrôle modulo N**, modulo-N check, residue check ; **contrôle monotouche**, single-stroke command ; **contrôle par bloc**, block check ; **contrôle par duplication**, copy check, twin check ; **contrôle par fourchette**, range check ; **contrôlé par menu**, menu-driven ; **contrôlé par progiciel**, firmware-driven ; **contrôlé par programme**, programme-driven ; **contrôle par redondance**, redundancy check ; **contrôle par redondance longitudinale**, longitudinal redundancy check (LRC) ; **contrôle par relecture**, read back check ; **contrôle par répétition**, duplication check ; **contrôle par retour**, loop checking ; **contrôle par retour de l'information**, information feedback ; **contrôle par sommation**, sum check ; **contrôle par sondage**, spot check ; **contrôle point à point**, point-to-point path control ; **contrôle programmé**, coding check, programmed checking ; **contrôle rapide**, audit flash ; **contrôle séquentiel de volume**, volume sequence check ; **contrôle statistique**, statistical control ; **contrôle transversal**, transverse check ; **contrôle vertical du papier**, vertical form control (VFC) ; **contrôle visuel**, peek-a-boo check, visual check ; **contrôle visuel de l'introduction**, visual input control ; **copie de contrôle**, audit copy ; **dispositif de contrôle**, verifying device ; **données de contrôle**, control data ; **équipement de contrôle**, checkout system ; **erreur de contrôle du nombre de perforations**, hole count error ; **établir des points de contrôle**, checkpoint (to) ; **fichier à points de contrôle**, checkpointed file ; **fonction de contrôle des travaux**, job entry services (JES) ; **hublot de contrôle**, inspection hole ; **indicateur de contrôle**, check indicator ; **indicateur de contrôle automatique**, machine check indicator ; **instruction de contrôle**, control statement, supervisory instruction ; **instruction de contrôle d'assemblage**, assembly control statement ; **instruction de contrôle de travaux**, job control statement ; **lecture de contrôle**, check read, verify reading ; **liste de contrôle**, audit report, proof listing ; **logiciel pour contrôle des E/S**, I/O control firmware ; **mode contrôle caractère**, control state ; **mode** de contrôle, control mode ; **mot d'état de contrôle**, control status word (CSW) ; **mot de contrôle**, check word ; **mot de contrôle d'unité**, unit control word ; **nombre de contrôle**, check number ; **non contrôlé**, untested ; **passage de contrôle**, checkout run ; **perforation de contrôle**, function hole ; **piste de contrôle**, audit trail ; **point de contrôle**, checkpoint, monitor point ; **procédure de contrôle**, control procedure ; **programmation de contrôle**, audit programming ; **programme de contrôle**, checking routine, director, verifying programme, root segment, tracing routine ; **programme de contrôle de machine**, machine check ; **programme de contrôle résident**, kernel, nucleus, resident control programme ; **registre de contrôle**, check register, control register ; **relance sur point de contrôle**, checkpoint recovery ; **reprise à un point de contrôle**, checkpoint restart ; **reprise au point de contrôle**, rollback ; **reprise de contrôle par l'opérateur**, operator override control ; **segment de contrôle**, base segment ; **somme de contrôle**, checksum ; **station de contrôle de réseaux**, net control station ; **système à contrôle de parité**, parity system ; **système de contrôle**, control system ; **système de contrôle industriel**, process control system ; **téléimprimeur de contrôle**, journal teleprinter, verifying page printer ; **total de contrôle**, check total, control total, gibberish total ; **touche de contrôle**, command key ; **unité de contrôle de visualisation**, display control unit ; **unité de contrôle périphérique**, peripheral control unit (PCU) ; **voie de contrôle du réseau**, network control channel ; **zone de contrôle**, control field ; **zone du total de contrôle**, hash total field.

CONTROLEE : accessibilité contrôlée, controlled accessibility ; **dégradation contrôlée**, failsoft ; **système à dégradation contrôlée**, failsoft system ; **variable contrôlée**, controlled variable.

CONTROLEUR : contrôleur, controller, director* , interface control unit ; **contrôleur câblé**, hardwired controller ; **contrôleur d'accès mémoire**, memory control unit ; **contrôleur d'assertions**, assertion checker ; **contrôleur d'écran**, display controller ; **contrôleur de bande magnétique**, magnetic tape controller ; **contrôleur de communication**, communication controller, communication control unit, data link controller ; **contrôleur de disque**, disc

controller ; **contrôleur de disque souple**, floppy disc controller ; **contrôleur de grappe**, cluster controller ; **contrôleur de mémoire à disques**, mass storage control ; **contrôleur de périphérique**, peripheral controller ; **contrôleur de séquence**, watch dog ; **contrôleur de séquence d'instructions**, programme control unit, programme controller ; **contrôleur du système**, system controller ; **ordinateur contrôleur de processus**, process control computer.

CONVERGENTE : rétroaction convergente, negative feedback.

CONVERSATIONNEL : conversationnel, interactive, conversational* ; **solution en conversationnel**, on-line problem solving.

CONVERSATIONNELLE : informatique conversationnelle, interactive computing ; **vidéographie conversationnelle**, interactive computer graphics.

CONVERSION : conversion, conversion ; **conversion binaire-décimal**, binary-to-decimal conversion ; **conversion d'adresse**, address mapping ; **conversion de données**, data conversion ; **conversion de fichier**, file conversion ; **conversion de programme**, conversion programme ; **conversion de support**, medium transcription, medium conversion ; **conversion décimal-binaire**, decimal-to-binary conversion ; **conversion décimal-hexadécimal**, decimal-to-hexadecimal conversion ; **conversion décimal-octal**, decimal-to-octal conversion ; **conversion décimale**, decimal conversion ; **conversion en parallèle**, parallel conversion ; **conversion non vérifiée**, unckecked conversion ; **conversion numérique de courbe**, graphic data reduction ; **conversion simultanée**, concurrent conversion ; **programme de conversion**, conversion routine ; **table de conversion**, conversion table ; **vitesse de conversion**, conversion speed.

CONVERTIR : convertir, resolve (to).

CONVERTISSEUR : convertisseur, converter, conversion equipment ; **convertisseur analogique**, analogue converter ; **convertisseur analogique-numérique (CAN)**, analogue-to-digital converter (ADC) ; **convertisseur cartes-bandes**, card-to-tape converter ; **convertisseur cartes-disques**, card-to-disc converter ; **convertisseur de code**, data translator, transcoder, code converter, code translator ; **convertisseur de code d'introduction**, input code converter ; **convertisseur de don-**

nées, data converter, data translator ; **convertisseur de niveau**, level converter ; **convertisseur de protocole**, protocol converter ; **convertisseur de secteur**, power converter ; **convertisseur des codes d'entrée/sortie**, input/output code converter ; **convertisseur numérique**, digital converter ; **convertisseur numérique-analogique**, digital-to-analogue converter (DAC) ; **convertisseur parallèle**, parallel converter ; **convertisseur parallèle-série**, deserialiser (US: deserializer), dynamiciser (US: dynamicizer) ; **convertisseur série-parallèle**, staticiser (US: staticizer), serialiser (US: serializer) ; **convertisseur thermique**, thermal converter.

CONVEXE : convexe, convex ; **programmation convexe**, convex programming.

COORDINATEUR : coordinateur, co-ordinator ; **coordinateur informatique**, ADP co-ordinator.

COORDONNE : coordonné, co-ordinated ; **ensemble coordonné**, twin set.

COORDONNEE : coordonnée, co-ordinate ; **coordonnée absolue**, absolute co-ordinate ; **coordonnée d'appareil**, device co-ordinate ; **coordonnée de l'utilisateur**, user co-ordinate ; **coordonnée écran**, screen co-ordinate ; **coordonnée normée**, normalised (US: normalized) co-ordinate ; **coordonnée par accroissement**, incremental co-ordinate ; **coordonnée relative**, relative co-ordinate ; **coordonnées de pixel**, pixel location ; **coordonnées de point image**, data point ; **coordonnées universelles**, world co-ordinates.

COPIE : copie, copy, replication ; **commande de copie**, copy command ; **copie d'enregistrement**, duplicated record ; **copie de bloc**, block copy ; **copie de contrôle**, audit copy ; **copie de fichier**, file copy ; **copie de sauvegarde**, back-up copy ; **copie papier**, hard copy ; **porte-copie**, copy holder.

COPIER : copier, copy (to), replicate (to).

COPIEUR : copieur, duplicator, copier ; **copieur vidéo couleur**, video colour copier.

COPROCESSEUR : coprocesseur, co-processor.

CORAL : coral (langage), coral (language).

CORBEILLE : blocage corbeille basse, upper case lock.

CORDON : cordon, cord ; **cordon d'ali-**mentation, line cord ; **cordon de raccordement**, patch cord ; **cordon secteur**, line connector cord.

CORESIDANT : corésidant, co-resident.

CORESIDENT : (programme) corésident, co-resident (routine).

CORPS : corps, body ; **corps de boucle**, loop body.

CORRECT : correct, uncorrupted, valid, correct.

CORRECTEUR : code correcteur d'erreurs, error-correcting code (ECC).

CORRECTION : correction, correction, override ; **code de correction**, correcting code ; **code de détection-correction des erreurs**, error-checking code ; **correction automatique des erreurs**, automatic error correction ; **correction d'erreur sans voie retour**, forward error correction (FEC) ; **correction de luminosité**, brightness correction ; **correction des données**, data recovery ; **correction manuelle**, home correction ; **correction négative**, minus adjustment ; **correction plus**, plus adjustment ; **facteur de correction**, correcting factor ; **nouvelle correction**, repatching ; **programme de correction**, correction routine, patch routine, patcher ; **programme de correction d'erreurs**, error correction routine ; **système à correction d'erreurs**, error-correcting system ; **touche de correction**, error reset key.

CORRECTIVE : maintenance corrective, corrective maintenance, remedial maintenance.

CORRELATION : corrélation, correlation ; **taux de corrélation**, correlation coefficient.

CORRIGE : corrigé, corrected.

CORRIGEES : données corrigées, corrected data.

CORRIGER : corriger, patch (to).

CORROMPRE : corrompre, corrupt (to).

CORRUPTION : corruption, corruption, garbling.

COSINUS : cosinus, cosine ; **programme de calcul de cosinus**, cosine programme.

COSSE : cosse, terminal ; **cosse de blocage**, locking clip ; **cosse ouverte**, terminal spade.

COTE : côté, side ; **côté de la sortie**, outfeed ; **côté interne**, inner face ; **côté oxyde**, oxide side.

COTRAITEMENT : cotraitement, co-processing.

COUCHE : couche, layer ; couche d'application (ISO), application layer (ISO) ; couche d'oxyde, oxide layer, oxide coating ; couche de liaison de données (ISO), data link layer (ISO) ; couche de logiciel, software layer ; couche de présentation (ISO), presentation layer (ISO) ; couche de réseau (ISO), network layer (ISO) ; couche de session (ISO), session layer (ISO) ; couche de transport (ISO), transport layer (ISO) ; couche épaisse, thick film ; couche interne, inner plane, internal plane ; couche mince, thin film ; couche physique (ISO), physical layer (ISO) ; couche unique, unilayer ; interface de la couche physique (ISO), physical layer interface (ISO) ; logiciel de couche de transport, transport software (ISO layer) ; mémoire à couche mince magnétique, magnetic thin film storage ; mémoire à couches minces, thin film storage, thin film memory ; protocole de la couche physique, physical layer protocol ; résistance à couches minces, thin film resistor.

COULEUR : couleur, colour (US: color) ; affichage en couleur, colour display ; carte couleur, colour adapter ; carte des couleurs, colour map ; code d'impression des couleurs, printer colour code ; copieur vidéo couleur, video colour copier ; couleur de ruban complémentaire, alternate ribbon colour ; couleur de trait, drawing colour ; écran en couleur, colour display ; fausse couleur, false colour ; fausse couleur analogique, analogue false colour ; génération de couleurs, colour generation ; graphique en couleur, colour graphics ; image en couleur composée, composite colour image ; impression couleur, colour print ; palette de couleurs, colour palette, colour look-up table, look ; traceur couleur, colour plotter.

COULISSANTE : table coulissante, sliding chart.

COULISSER : coulisser, slide (to).

COUP : coup, stroke, hit ; coup unique, single-stroke.

COUPE : coupe, truncation, cut ; coupé, truncated, cut ; carte à coin coupé, corner cut card ; coupe et insertion, cut and paste.

COUPER : couper, slit (to), trim (to), truncate (to), cut (to).

COUPLAGE : couplage, coupling ; couplage dynamique, dynamic linking ; couplage lâche, undercoupling ; couplage par impédance, impedance coupling ; couplage transversal, crossfeed ; mémoire de couplage, link memory ; modem à couplage acoustique, acoustically coupled modem.

COUPLER : coupler, couple (to), intercouple (to).

COUPLEUR : coupleur, latch circuit, synchroniser (US: synchronizer) ; coupleur acoustique, acoustic coupler ; coupleur d'entrée, input latch ; coupleur de bus, bus driver ; coupleur de ligne, line receiver ; coupleur de périphérique, device driver ; coupleur de périphérique double, dual port controller ; coupleur optique, optical coupler, opto-coupler ; coupleur synchrone, synchronous coupler ; coupleur téléphonique, data phone ; filtre coupleur à bande large, broadband-coupling filter.

COUPURE : coupure, truncation, trimming, cutting ; cadrage des lignes sans coupure de mots, hyphenless justification ; coupure d'axe, axis crossing ; coupure de coin, corner cut ; coupure du zéro, zero-crossing ; opération de coupure de courant, power-off sequence ; point de coupure, cut-off.

COURANT : courant, current, (data) flow ; amplificateur de courant d'inhibition, inhibit driver ; courant alternatif (CA), alternating current (AC) ; courant d'écriture, write current, writing current ; courant de base, base current ; courant de charge, load current ; courant de fuite, sneak current ; courant de maintien, holding current ; courant déwatté, idle current ; courant direct, forward current, on-state current ; courant du neutre, neutral current ; courant inhibiteur, inhibit current ; courant inverse, reverse current ; courant réactif, idle current ; courant secteur, line current ; entretien courant, servicing ; octet (usage courant), byte ; opération de coupure de courant, power-off sequence ; opération en double courant, polar current operation ; régulateur de courant, current regulator ; signalisation simple courant, single-current signalling ; transmission en double courant, double current transmission ; transmission simple courant, single-current transmission.

COURBE : courbe, curve ; conversion numérique de courbe, graphic data reduction ;

courbe d'étalonnage, calibration curve ; **famille de courbes**, family of curves ; **générateur de courbes**, curve generator ; **lecteur de courbe**, stroke device ; **montée de courbe**, curve slope ; **représentation d'une courbe**, curve tracing ; **traceur de courbe analogique**, analogue display unit ; **traceur de courbes**, curve plotter, graph plotter.

COURBURE : perte par courbure (fibre optique), bending loss (opto-fibre).

COURRIER : courrier, mail, courier ; **courrier électronique**, computer mail, electronic courier, mailbox ; **imprimante de qualité courrier**, correspondence quality printer ; **proche de la qualité courrier**, near letter quality (NLQ) ; **qualité courrier**, letter quality ; **service courrier électronique**, electronic mail service.

COURROIE : courroie, belt ; **courroie d'entraînement**, drive belt ; **guide de courroie**, belt guide.

COURS : cours, course, learning sequence ; **cours de formation**, instruction course ; **cours de programmation**, programming course ; **en-cours**, work processing ; **état en cours**, current status ; **interrompre un travail en cours**, kill a job (to) ; **interruption en cours**, interrupt pending ; **ligne en cours**, current line.

COURSE : course de tête, head travel.

COURT : court-circuit, back-to-back wiring, short-circuit ; **court-circuiter**, short out (to).

COURTE : connexion courte, strap, jump.

COURTIER : courtier, broker ; **courtier en logiciel**, software broker.

COUSSIN : distorsion en coussin, pincushion distortion ; **effet de coussin**, pincushion effect.

COUT : coût, cost ; **coût-efficacité**, cost effectiveness ; **coûts de maintenance**, maintenance cost.

COUTEAU : couteau, knife, slitter ; **couteau d'entraînement**, picker knife.

COUVERCLE : couvercle, hood catch, top cover.

CPS : cycles par seconde (cps), cycles per second (cps).

CRACHER : se cracher, crash (to).

CRAMPON : crampon, cable clamp.

CRASH : crash, crash ; **crash de tête**, head crash.

CRAYON : crayon, pencil, stylus, pen ;

crayon à mine conductrice, conductive pencil ; **crayon de code à barres**, bar code pen ; **crayon de touche**, touch pen ; **crayon électronique**, electronic pen ; **crayon lecteur**, wand scanner ; **crayon lumineux**, light gun, stylus ; **crayon optique**, electronic stylus, light pen.

CREATEUR : numéro de créateur, author number.

CREATION : création, creation ; **création d'articles**, record creation ; **création de fichier**, file creation ; **création de label**, label generation ; **création de messages**, message implementation ; **création de texte**, text production.

CREATIVE : informatique créative, creative computing.

CREER : créer, create (to).

CRETE : crête, crest.

CREUX : creux, valley.

CRISTAL : cristal, crystal, X-tal ; **cristal de quartz**, quartz crystal ; **cristal liquide**, liquid crystal ; **diode à cristal**, X-tal diode.

CRISTAUX : affichage à cristaux liquides, liquid crystal display (LCD).

CRITERE : critère, criterion ; **critère d'itération**, cycle criterion ; **critères de conformité**, acceptance criteria.

CRITIQUE : critique, critical ; **section critique**, critical section ; **valeur critique**, critical value.

CROCHET : crochet, hook ; **crochet d'ouverture**, left square bracket '[' ; **crochet de fermeture**, right square bracket ']'.

CROCODILE : pince crocodile, alligator clip.

CROISE : croisé, cross- ; **assemblage croisé**, cross-assembly ; **assembleur croisé**, cross-assembler ; **compilateur croisé**, cross-compiler ; **contrôle croisé**, cross-check ; **index croisé**, cross-index, dual index.

CROISEE : compilation croisée, cross-compiling ; **hachure croisée**, crosshatching ; **liste de références croisées**, cross-reference listing.

CROISER : croiser, cross (to), intersect (to).

CROISSANCE : croissance, growth.

CROISSANT : en croissant, flop-in.

CROISSANTE : tendance croissante, uptrend.

CRYOGENIE : la cryogénie, cryogenics.

CRYOGENIQUE : mémoire cryogénique, cryogenic store.

CRYPTAGE : cryptage, encryption ; cryptage des données, data encryption.

CRYPTOGRAPHIE : cryptographie, cryptography.

CUMUL : cumul, rollup ; bloc de cumul des travaux, job summary record ; cumul des données, cumulating data ; zone de cumul, cumulative area.

CUMULANDE : cumulande, augend*.

CUMULATEUR : cumulateur, addend*, augmenter.

CUMULATIVE : erreur cumulative, accumulative error, cumulative error ; perte cumulative, walk down.

CUMULEE : erreur cumulée, accumulated error.

CURSEUR : curseur, cursor ; commande de curseur, cursor control ; curseur adressable, addressable cursor ; curseur d'écran, display cursor ; curseur effaceur, destructive cursor ; dispositif curseur, cursor device ; pavé curseur, cursor pad ; pavé curseur en losange, diamond-shaped cursor pad ; positionnement du curseur, cursor positioning ; saut de ligne curseur, cursor wrap ; touche du curseur, cursor key.

CYBERNETIQUE : la cybernétique, cybernetics.

CYCLE : cycle, cycle* ; comptage de cycles, cycle count ; compteur de cycles, cycle counter ; cycle d'attente, wait cycle, waiting cycle, wait state ; cycle d'écriture, write cycle ; cycle d'exécution, execute cycle, execution cycle ; cycle d'horloge, clock cycle ; cycle d'hystérésis, hysteresis loop ; cycle d'impression, list cycle, printing cycle ; cycle d'instruction, instruction cycle ; cycle d'interrogation, polling cycle ; cycle de base, basis cycle ; cycle de bus, bus cycle ; cycle de calcul, computer cycle ; cycle de conservation, grandfather cycle ; cycle de lecture, read cycle ; cycle de mémoire, memory cycle ; cycle de mémorisation, storage cycle ; cycle de mise hors-tension, power-down cycle ; cycle de prise en charge, fetch cycle ; cycle de rafraîchissement, display cycle, refresh cycle, retrace cycle ; cycle de rafraîchissement de mémoire, memory refresh cycle ; cycle de recherche, search cycle, seek ; cycle de recherche d'instruction, instruction fetch ; cycle de rétention, retention cycle ; cycle de traitement, computer processing cycle, processing period ; cycle de travail, working cycle ; cycle fixé, canned cycle ; cycle intermédiaire, intercycle ; cycle machine, machine cycle ; cycle mineur, minor cycle ; cycle opératoire, operation cycle ; cycle vide, idle running time, idle running stroke ; cycles par seconde (cps), cycles per second (cps) ; décalage de cycle, cycle delay ; mémoires à cycles imbriqués, interleaving memory ; mille cycles, kilocycle (Kc) ; remise à zéro de cycle, cycle reset ; temps de cycle, access time, cycle time ; temps de cycle variable, variable cycle duration ; temps du cycle d'écriture, write cycle time, writing cycle time ; temps du cycle de lecture, reading cycle time, read cycle time ; un million de cycles, megacycle (Mc) ; vol de cycle, cycle sharing, cycle stealing, hesitating.

CYCLIQUE : cyclique, cyclic, circulating ; code cyclique, cyclic code ; contrôle cyclique par redondance, cyclic redundancy check (CRC) ; décalage cyclique, cycle shift ; mémoire cyclique, circulating storage, circulating memory.

CYLINDRE : cylindre, cylinder ; adresse de cylindre, cylinder address ; cylindre d'impression, print roll ; cylindre de foulage, impression cylinder ; frontière de cylindre, cylinder boundary ; imprimante à cylindre, barrel printer

D

DAMIER : arrangement en damier, checkerboarding..

DATAGRAMME : datagramme, datagram ; service de datagrammes, datagram service..

DATE : date, date ; date d'installation, installation date ; date de compilation, date compiled ; date de comptabilisation, posting date ; date de mise à jour, purge date ; date de modification, modification date ; mise à la date, dating..

DCB : décimal codé binaire (DCB), binary-coded decimal (BCD)..

DEBIT : débit, flush, rate, throughput ; **commande de débit externe**, external output control ; **débit (en caractères)**, character rate ; **débit binaire**, bit rate, bit transfer rate ; **débit d'information**, information flow ; **débit de transfert des données**, data transfer rate ; **débit effectif**, average transinformation rate ; **débit interne des données**, internal flow ; **débit moyen d'entropie**, average data rate ; **débit nominal**, nominal throughput ; **débit utile**, useful throughput ; **ligne à débit élevé**, high-speed line..

DEBITRICE : bobine débitrice, supply reel..

DEBLOCAGE : impulsion de déblocage, unblanking pulse, unblanking signal..

DEBLOQUE : débloqué, unblocked..

DEBOBINE : débobiné, unwound..

DEBOBINER : débobiner, unwind* (to), unreel (to)..

DEBOGAGE : débogage, bug shooting, debugging*, debug* ; **débogage à la console**, console debugging ; **débogage de programme**, programme debugging ; **débogage interactif**, interactive debugging ; **débogage par vidage**, dump cracking ; **débogage sélectif dynamique**, snapshot debug ; **outils de débogage**, debugging aids ; **programme symbolique de débogage**, symbolic debugger..

DEBOGUE : non débogué, undebugged..

DEBOGUER : déboguer, debug (to)..

DEBOGUEUR : programme débogueur, debugger..

DEBORDEMENT : débordement, overflow* ; **débordement de l'écriture**, write overlap ; **débordement de traitement**, processing overlap ; **débordement des travaux**, user overlay ; **débordement intercalaire**, imbedded overflow..

DEBRANCHE : débranché, off-hook, disconnected..

DEBRANCHER : débrancher, interrupt (to), disconnect (to)..

DEBUT : début, start ; **(caractère de) début d'entête**, start-of-heading character (SOH) ; **(caractère de) début de bloc**, start-of-block character (SOB) ; **(caractère de) début de message**, start-of-message character (SOM) ; **(caractère de) début de texte**, start-of-text character (STX) ; **adresse de début**, starting address ; **adresse de début de chargement**, starting load address ; **amorce de début**, leader, load point, magnetic tape leader ; **début d'écran**, top of screen ; **début de bande**, tape leading end ; **début de bloc**, start of heading ; **début de fichier**, file beginning ; **début de ligne**, line start ; **début de session**, log-on, log-in ; **début de tabulation**, skip start ; **début de texte**, start of text ; **début de travail**, job start ; **écriture de début de piste**, write initial ; **étiquette de début**, interior label, start label ; **étiquette début de bloc**, header flag ; **instruction de début**, header order, initial order, initiate statement ; **instruction de début de travail**, sign-on ; **label début de bande entrée**, input header label ; **label début de bande**, volume header label ; **label début utilisateur**, user header label ; **ligne de début**, initial line ; **marque de début**, beginning-of-information marker ; **marqueur de début de bande**, beginning-of-tape (BOT) ; **moment du début**, start time ; **repère de début de bande**, beginning-of-tape marker, start-of-tape label ; **repère de début de fichier**, beginning-of-file label ; **reprendre au début**, rework (to), start over (to) ; **segment de début**, header segment ; **signal de début**, start signal..

DECADE : décade, decade ; **compteur à décade**, decade counter..

DECADRAGE : décadrage, off-centring..

DECALAGE : décalage, indention, offset, shifting, shift* ; **accumulateur à décalage**, shift accumulator ; **binaire de décalage**, shift bit ; **carte de décalage de volume**, volume displacement card ; **décalage (de temps)**, lag (of time), lag response ; **décalage à droite**, right shift ; **décalage à gauche**, left shift ; **décalage arithmétique**, arithmetic shift, arithmetical shift ; **décalage binaire**, binary shift ; **décalage circulaire**, circular shift, circulating shift, cyclic shift, end-around shift, ring shift ; **décalage cyclique**, cycle shift ; **décalage de chiffre**, figure shift ; **décalage de cycle**, cycle delay ; **décalage de phase**, phase shift ; **décalage du zéro**, zero offset ; **décalage linéaire**, linear displacement ; **décalage logique**, logical shift, non-arithmetic shift, ring shift ; **décalage numérique**, numeric shift ; **impulsion de décalage**, shift pulse ; **récepteur à décalage de cartes**, offset stacker device ; **registre à décalage**, shift register ; **registre à décalage**

double, double line shift register ; **registre à décalage dynamique**, dynamic shift register ; **registre à décalage statique**, static shift register ; **relais de décalage**, shifting relay..

DECALE : décalé, shifted ; **binaire décalé**, shifted binary ; **non décalé**, unshifted..

DECALER : décaler, circulate (to), shift (to), shift out (to)..

DECELERATION : temps de décélération, deceleration time..

DECENTRAGE : décentrage, offset..

DECENTRALISE : décentralisé, decentralised (US: decentralized), non-centralised (US: non-centralized) ; **traitement décentralisé**, decentralised data processing..

DECENTRALISEE : opération décentralisée, non-centralised operation..

DECHARGE : décharge, discharge..

DECHARGER : décharger, unload (to)..

DECHIFFREMENT : déchiffrement, decipherment, deciphering..

DECHIFFRER : déchiffrer, decipher (to)..

DECHIREMENT : déchirement horizontal, tearing..

DECIBEL : décibel, decibel (dB) ; **dix décibels**, Bel (B)..

DECIMAL : décimal, coded decimal, decimal, denary, zoned decimal ; **chiffre décimal**, decimal digit ; **conversion binaire-décimal**, binary-to-decimal conversion ; **conversion décimal-hexadécimal**, decimal-to-hexadecimal conversion ; **conversion décimal-octal**, decimal-to-octal conversion ; **décimal codé binaire (DCB)**, binary-coded decimal (BCD) ; **décimal condensé**, packed decimal ; **décimal condensé signé**, signed packed decimal ; **décimal non condensé**, unpacked decimal ; **décodeur numérique-décimal**, binary-to-decimal decoder (BDD) ; **échange au point décimal**, inverted print ; **nombre décimal codé en binaire**, binary-coded decimal number ; **système décimal**, decimal system ; **système décimal codé en binaire**, binary-coded decimal system..

DECIMALE : classification décimale, decimal classification ; **classification décimale universelle**, universal decimal classification ; **conversion décimale**, decimal conversion ; **conversion décimal-binaire**, decimal-to-binary conversion ; **échelle décimale**, decimal scale ;

fraction décimale de faible poids, terminating decimal ; **numération décimale**, decimal notation, decimal numeration ; **numération décimale codée en binaire**, binary-coded decimal code ; **position de la virgule décimale**, power-of-ten position ; **positionnement de la virgule décimale**, decimal point alignment ; **unité décimale (quantité d'information)**, Hartley, decimal unit of information content ; **virgule décimale**, decimal floating point ; **virgule décimale présumée**, implied decimal point ; **virgule décimale réelle**, actual decimal point..

DECIMALISATION : décimalisation, decimalisation (US: decimalization)..

DECIMALISEE : notation décimalisée, decimalised (US: decimalized) notation..

DECISION : décision, decision ; **aide à la décision conversationnelle**, interactive decision making ; **décision logique**, logic decision, logical decision ; **instruction de décision**, decision instruction, discrimination instruction ; **langage pour table de décision**, tabular language ; **noeud de décision**, decision box ; **quantité de décision**, decision content ; **table de décision**, decision table ; **table de décision ouverte**, open decision table..

DECLARATION : déclaration, declaration, declarative* ; **déclaration d'inclusion**, include declarative ; **déclaration d'utilisation**, use declarative ; **déclaration de variable**, variable declaration ; **déclaration des données**, data declaration ; **déclaration implicite**, implicit declaration ; **fin des déclarations de procédure**, end declarative ; **macro-déclaration**, macro-definition, macro-declaration..

DECLARATIVE : déclarative, declarative ; **instruction déclarative**, declarative statement, declarative instruction ; **macro-déclarative**, declarative macro ; **opération déclarative**, declarative operation ; **partie déclarative**, declarative part..

DECLASSEMENT : déclassement, derating..

DECLASSER : déclasser, derate (to)..

DECLENCHEE : bascule déclenchée par un front, edge-triggered latch..

DECLENCHEMENT : déclenchement, activation, gating, triggering ; **déclenchement d'impression**, print escapement ; **déclenchement de marteau**, hammer trip ; **déclenchement parasite**, false triggering ; **dispositif à déclenchement**, trigger, trigger circuit ; **impulsion de déclenchement**, trigger pulse ; **niveau de déclenchement**, trigger level..

DECLENCHEUR : déclencheur, trigger circuit, trigger..

DECODAGE : décodage, decoding ; circuit de décodage, decoding circuit ; **décodage actif**, active decoding ; **décodage de l'instruction**, instruction decoding ; **temps de décodage**, interpretation time..

DECODER : décoder, decode (to)..

DECODEUR : décodeur, decoder* ; circuit encodeur-décodeur, coder/decoder chip ; codeur-décodeur, codec, coder-decoder ; **décodeur d'adresse**, address decoder ; **décodeur d'instruction**, command decoder, instruction decoder ; **décodeur d'interruption**, interrupt decoder ; **décodeur de segment**, segment decoder ; **décodeur numérique-analogique**, digital-to-analogue decoder ; **décodeur numérique-décimal**, binary-to-decimal decoder (BDD)..

DECODEUSE : puce décodeuse, decoder chip..

DECOMPACTE : décompacté, unbundled, unpacked, ungrouped..

DECOMPACTER : décompacter, unpack* (to), unbundle (to)..

DECOMPILATEUR : décompilateur, decompiler..

DECOMPILER : décompiler, decompile (to)..

DECOMPOSITION : décomposition détaillée, detailed breakdown..

DECOMPRIMER : décomprimer, expand (to)..

DECOMPTAGE : décomptage, down counting..

DECOMPTE : décompte, countdown..

DECOMPTEUR : compteur-décompteur, reversible counter..

DECONCATENATION : déconcaténation, deconcatenation..

DECONCATENER : déconcaténer, deconcatenate (to), unstring (to)..

DECONDENSER : décondenser, unpack (to)..

DECONNECTE : déconnecté, off-hook, disconnected ; **équipement déconnecté**, off-line equipment..

DECONNECTER : déconnecter, disconnect (to), interrupt (to)..

DECONNEXION : déconnexion, disconnection..

DECOUPAGE : découpage, clipping, scissoring ; **découpage en canaux**, channelising (US: channelizing) ; **exploitation par découpage du temps**, time slicing environment ; **module de découpage**, splitting module..

DECOUPER : découper, scissor* (to)..

DECOUVERTE : erreur découverte rapidement, quiet error..

DECREMENT : décrément, decrement* ; **décrément automatique**, auto-decrement..

DECREMENTER : décrémenter, decrement (to)..

DECROCHEMENT : décrochement, indentation..

DECROISSANT : décroissant, descending ; **en décroissant**, flop-out ; **ordre décroissant**, descending order ; **tri par ordre décroissant**, descending sort..

DECROISSANTE : tendance décroissante, downtrend..

DECRYPTAGE : décryptage, decryption ; **procédure d'encryptage-décryptage**, encryption-decryption procedure..

DEFAILLANCE : défaillance, damage, fault, hardware failure ; **défaillance du réseau**, voltage breakdown ; **défaillance du secteur**, voltage breakdown ; **défaillance initiale**, debug failure ; **défaillance par usure**, wearout failure ; **défaillance prématurée**, initial failure ; **défaillance primaire**, primary failure ; **défaillance secteur**, power failure, power dip ; **durée de défaillance**, malfunction time ; **taux de défaillance**, failure rate ; **temps de défaillance**, fault time..

DEFAUT : défaut, defect, flaw, default* ; **arrondir par défaut**, round down (to) ; **caractère de code par défaut**, default code character ; **défaut d'alignement**, vertical misalignment ; **défaut d'encrage**, void ; **défaut détecté par les données**, data-sensitive fault ; **défaut détecté par programme**, programme-sensitive fault ; **défaut majeur**, major defect ; **défauts**, shortcomings ; **option par défaut**, default option ; **par défaut**, default ; **paramètre par défaut**, default parameter..

DEFECTUEUSE : changement automatique de piste défectueuse, automatic defective track recovery ; **piste défectueuse**, defective track..

DEFILEMENT : défilement, scrolling ; barre de défilement, scroll bar ; défilement d'image, display scrolling ; défilement vertical, vertical slip ; flèche de défilement, scroll arrow ; lecture en défilement continu, continuous reading ; verrouillage du défilement, Scroll Lock..

DEFILER : défiler, scroll* (to)..

DEFINI : défini, defined ; défini par l'utilisateur, user-defined ; enregistrement défini, defined record ; mot défini par l'utilisateur, user-defined word ; symbole non défini, undefined symbol..

DEFINIE : erreur non définie, undefined error ; macro définie par le programmeur, programmer-defined macro..

DEFINITIF : arrêt définitif, drop-dead halt..

DEFINITION : définition, definition ; définition d'article, item definition ; définition de fichier, file definition ; définition de la longueur de page, page length setting ; définition de la structure des données, data set definition ; définition de systèmes, systems definition ; définition de trame, raster count ; définition de travaux, job definition ; définition des données, data definition ; définition des procédures, procedure definition ; définition du macro de mot clé, keyword macro definition ; définition du problème, problem definition ; définition horizontale de trame, horizontal raster count ; macro-définition, macro-definition, macro-declaration..

DEFINITIVE : sortie définitive des données, end of data exit..

DEFLECTEUR : déflecteur, yoke*..

DEFLEXION : déflexion, deflection ; déflexion horizontale, horizontal deflection ; plaque de déflexion, deflector..

DEGENERESCENCE : dégénérescence, degeneracy..

DEGRADATION : dégradation, degradation ; dégradation contrôlée, failsort ; dégradation progressive, failsoftness, graceful degradation, softness ; système à dégradation contrôlée, failsoft system..

DEGRADE : dégradé, shading ; mode dégradé, crippled mode ; mode dégradé progressif, graceful degradation mode..

DEGRADEE : piste dégradée, defective track..

DEGRE : degré, degree ; degré d'acces-sibilité, exhaustivity ; degré de connaissance, literacy ; degré de distorsion, degree of distortion..

DEGRESSIF : compteur dégressif, countdown counter..

DEGROUPAGE : dégroupage, de-blocking*, unblocking, unbundling, unpacking ; instruction de dégroupage, unstring statement.

DEGROUPE : dégroupé, unblocked, unpacked, unbundled, deblocked ; fichier dégroupé, unblocked file..

DEGROUPEMENT : dégroupement, deblocking, unbundling, unblocking, unpacking..

DEGROUPER : dégrouper, unblock (to), unbundle (to)..

DELAI : délai, delay, timeout ; délai d'attente, rotational delay time ; délai de groupe, group delay ; délai de livraison, vendor lead time ; délai de réparation, awaiting repair time ; délai de transmission, absolute delay..

DELIASSAGE : déliassage, decollation..

DELIASSER : déliasser, decollate (to)..

DELIASSEUSE : déliasseuse, decollator, deleaver..

DELIE : caractère délié, thin stroke..

DELIMITATION : délimitation, de-marcation ; caractère de délimitation, demarcation character ; virgule de délimitation, demarcation comma..

DELIMITE : délimité, delimited, bracketed ; caractère délimité, enclosed character ; terme délimité, bracketed term..

DELIMITER : délimiter, bracket (to), demarcate (to), delimit (to)..

DELIMITEUR : délimiteur de champ, field separator ; délimiteur de données, data delimiter..

DELOGER : déloger, roll out (to), roll off (to), transfer (to)..

DELTA : modulation delta, delta modulation..

DEMAGNETISATION : démagnétisation, demagnetisation (US: demagnetization), degaussing..

DEMAGNETISER : démagnétiser, degauss (to)..

DEMANDE : demande, demand, enquiry (ENQ), requesting ; abonné demandé, called party ; demande (de données), query ;

demande d'articles, item demand ; demande d'écriture, write request ; **demande d'identification**, interrogating ; **demande d'interruption**, attention interrupt request, interrupt request ; **demande de caractères**, character request ; **demande de libération**, clear request ; **demande de recherche**, search query ; **demande de saisie**, capture request ; **demande de temps**, time request ; **demande utilisateur**, user query ; **évaluation de la demande**, demand assessment ; **pagination sur demande**, demand paging ; **signal de demande d'interruption**, break request signal (BRS) ; **signal de demande de sélection**, proceed to select ; **sur demande**, on-demand ; **traitement des demandes**, inquiry processing ; **traitement sur demande**, immediate processing..

DEMANDER : demander, demand (to), query (to), request (to)..

DEMANDEUR : demandeur, calling party, inquirer, questioner, requestor..

DEMARRAGE : démarrage, bootstrapping, start, starting, start-up ; **démarrage à chaud**, warm start..

DEMARRER : démarrer, prime (to), start (to)..

DEMASQUER : démasquer, unmask (to)..

DEMI : demi-additionneur, half-adder, one-digit adder ; **demi-additionneur binaire**, binary half-adder ; **demi-impulsion**, half-pulse ; **demi-intensité**, half-intensity ; **demi-mot**, half-word, short word ; **demi-soustracteur**, half-substractor, one-digit subtracter ; **demi-teinte**, half-tint, half-tone..

DEMODULATEUR : démodulateur, demodulator ; **démodulateur d'information numérique**, digital data demodulator (DDD) ; **modulateur-démodulateur**, modem..

DEMODULATION : démodulation, demodulation*..

DEMONSTRATEUR : démonstrateur, demonstrator..

DEMONSTRATION : démonstration, demonstration ; **programme de démonstration**, demo(nstration) programme..

DEMONTAGE : démontage, dismount..

DEMULTIPLEXAGE : démultiplexage, demultiplexing..

DEMUNIE : carte démunie de composants, unpopulated board..

DENOMBRE : dénombré, numbered..

DENSITE : densité, density* ; **bit de densité**, density bit ; **code bipolaire à densité élevée**, high-density bipolar (HDB) ; **densité binaire**, bit density ; **densité d'écriture**, writing density ; **densité d'encrage**, ink density ; **densité d'enregistrement**, recording density, packing density ; **densité d'enregistrement de la bande**, tape recording density ; **densité d'impression**, print density ; **densité de caractères**, character density ; **densité de compactage**, data density, packing factor ; **densité de flux magnétique**, magnetic flux density ; **densité de lignes**, line density ; **densité de mémorisation**, storage density ; **densité de pas verticaux**, vertical line spacing ; **densité de pistes**, track density ; **densité quadruple**, quad density ; **enregistrement en double densité**, double density recording ; **haute densité d'enregistrement**, high-storage density..

DENT : dent de scie, jag, sawtooth ; **dent de scie trame**, vertical deflection sawtooth..

DENTELER : denteler, serrate (to)..

DEPANNAGE : dépannage, trouble shoot ; **arbre de dépannage**, trouble shooting flowchart..

DEPART : départ, bootstrapping, start, starting, start-up ; **bloc vierge de départ**, initial dummy block ; **départ de balayage ligne**, line scan start ; **point de départ**, initial point, origin point ; **positionnement de départ**, initial positioning ; **signal de départ**, start element..

DEPASSEMENT : dépassement, overflow, overshoot ; **dépassement (de capacité)**, (arithmetic) overflow ; **dépassement de capacité de répertoire**, directory overflow ; **dépassement de capacité intermédiaire**, intermediate result overflow ; **dépassement de capacité simple précision**, short precision overflow ; **dépassement de liste**, list overflow ; **dépassement de page**, page overflow ; **dépassement inférieur de capacité**, characteristic underflow, (arithmetic) underflow ; **dépassement supérieur de capacité**, characteristic overflow ; **en position de dépassement**, overflow position ; **erreur de dépassement**, overrun check ; **facteur de dépassement**, overshoot factor ; **indicateur de dépassement**, overflow indicator ; **zone de dépassement de capacité**, overflow area..

DEPENDANCE : dépendance, dependency..

DEPENDANT : dépendant, dependent ; **dépendant de l'ordinateur**, computer-dependent ; **dépendant de l'utilisateur**, user-dependent ; **dépendant de la machine**, machine-sensitive ; **dépendant de la tension**, voltage-dependent ; **dépendant du périphérique**, device-dependent ; **langage dépendant de la machine**, machine-dependent language..

DEPENDANTE : tâche dépendante, dependent task ; **variable dépendante**, dependent variable..

DEPERDITION : déperdition, overhead..

DEPILAGE : instruction de dépilage, pop instruction..

DEPILER : dépiler, pop (to), pull* (to)..

DEPISTAGE : dépistage, locating, tracing ; **dépistage postmortem**, postmortem examination ; **routine de dépistage**, trace routine..

DEPISTER : dépister, track (to)..

DEPLACEMENT : déplacement, displacement*, shift, shifting ; **déplacement à la base**, base displacement ; **déplacement d'icône**, icon dragging ; **modulation par déplacement de fréquence**, frequency shift signalling, two-tone modulation, frequency shift keying (FSK) ; **modulation par déplacement de phase**, phase shift signalling ; **réglette de déplacement**, drag slider..

DEPORTE : déporté, remote ; **ordinateur déporté**, remote computer ; **périphérique déporté**, remote device ; **terminal déporté**, remote terminal ; **traitement déporté**, remote computing..

DEPORTEE : entrée dialoguée déportée, conversational remote entry ; **mise au point déportée**, remote debugging..

DEPOUILLEMENT : dépouillement, postprocessing..

DEPRESSION : chambre à dépression, vacuum chamber ; **ventilateur de dépression**, vacuum blower..

DERANGEMENT : dérangement, malfunction..

DERIVATION : dérivation, tapping, bypass ; **boîte de dérivation**, junction box ; **caractère de dérivation**, junction character ; **procédure de dérivation**, bypass procedure..

DERIVE : dérive, drift ; **dérive du point zéro**, null drift ; **type dérivé**, derived type..

DERIVEE : unité dérivée, derived unit ; **voie dérivée en fréquence**, frequency-derived channel ; **voie dérivée en temps**, time-derived channel..

DEROUTEMENT : voie de déroutement, channel trap..

DESACTIVER : désactiver, deactivate (to), disable (to)..

DESADAPTATION : désadaptation, mismatch..

DESAFFECTATION : désaffectation, deallocation, blast ; **désaffection des ressources**, resource deallocation..

DESAFFECTER : désaffecter, discard (to), relinquish (to)..

DESALIGNEMENT : désalignement, gap scatter, misalignment, scatter, skew..

DESARMEMENT : désarmement d'interruption, interrupt disabling..

DESARMER : désarmer, disarm* (to)..

DESASSEMBLAGE : désassemblage, disassembly ; **désassemblage de paquets**, packet disassembly..

DESASSEMBLER : désassembler, disassemble (to)..

DESASSEMBLEUR : désassembleur, disassembly programme, dissassembler ; **assembleur-désassembleur de paquets**, packet assembler/disassembler (PAD)..

DESCENDANT : tri descendant, backward sort..

DESCENDANTE : à compatibilité descendante, downward compatible ; **analyse descendante**, topdown analysis ; **approche descendante**, topdown approach ; **compatibilité descendante**, backward compatibility ; **méthodologie descendante**, topdown methodology ; **voie descendante**, downlink..

DESCENDRE : descendre (une pile), pop down (to) (a stack)..

DESCENTE : temps de descente, decay time..

DESCRIPTEUR : descripteur, descriptor ; **descripteur de base de données**, database descriptor ; **descripteur de programme**, programme descriptor ; **descripteur de segment**, segment descriptor..

DESCRIPTION : description, description* ; **description de données**, data description ; **description de fichier**, file description ; **langage de description de données**, data description language (DDL) ; **zone de descrip-**

tion de fichier, file descriptor area..

DESEMBROUILLAGE : désembrouillage, descrambling..

DESEMBROUILLEUR : désembrouilleur, descrambler..

DESEMPILER : désempiler, unstack (to)..

DESEQUILIBRE : déséquilibré, unbalanced ; déséquilibre de phase, unbalanced in phase..

DESERIALISEUR : désérialiseur, deserialiser (US: deserializer)..

DESIGNATEUR : désignateur, designator ; désignateur d'aiguillage, switch designator ; désignateur d'identificateur, pointer qualifier ; désignateur de fonction, function designator..

DESIGNATION : contrôle de désignation, label checking ; désignation abrégée des équipements, installation mnemonic ; désignation d'étiquette, label identification ; désignation de fichier, file assignment ; désignation de touche, key labelling ; dispositif de désignation, pick device..

DESIGNE : désigné, labelled ; fichier désigné, labelled file..

DESIGNER : désigner, indicate (to)..

DESSIN : dessin, drawing ; dessin à l'échelle, scale drawing ; dessin automatisé, automated drafting, drafting ; dessin sans ombres, unshaded drawing ; élément de dessin, drawing element ; espace dessin, drawing area, drawing canvas ; papier à dessin, drawing paper ; résolution du dessin, drawing resolution ; technique d'aide au dessin, etch-a-sketch technique..

DESSOUDER : dessouder, unsolder (to)..

DESSOUS : vue de dessous, underside view..

DESSUS : écrire par dessus, overwrite (to)..

DESTINATAIRE : destinataire, addressee ; équipement destinataire, destination equipment ; périphérique destinataire, end-use device..

DESTINATION : destination, destination ; fichier de destination, destination file ; noeud de destination, destination node..

DESTRUCTIF : destructif, destructive ; test destructif, destructive test..

DESTRUCTIVE : addition destruc-tive, destructive addition ; lecture destructive, destructive read, destructive read-out (DRO) ; lecture non destructive, non-destructive read, non-destructive readout ; mémoire à lecture destructive, destruction storage..

DESYNCHRONISE : désynchronisé, out-of-time..

DETACHEMENT : bande perforée sans détachement de confettis, chadless tape..

DETAIL : détail, detail ; fichier de détail, detail file, transaction file..

DETAILLE : détaillé, detailed ; diagramme détaillé, microflowchart ; index détaillé, fine index ; schéma synoptique détaillé, detailed block diagram..

DETAILLEE : décomposition détaillée, detailed breakdown..

DETECTABLE : détectable, detectable ; erreur détectable par les données, data-sensitive error ; segment détectable, detectable segment..

DETECTE : détecté, detected ; défaut détecté par les données, data-sensitive fault ; défaut détecté par programme, programme-sensitive fault..

DETECTEE : erreur détectée, detected error..

DETECTEUR : détecteur, detector, wand ; code détecteur d'erreurs, self-checking code, error-detecting code, error detection code (EDC) ; détecteur d'avarie, fault detector ; détecteur d'incident, alertor ; détecteur d'interruption, interrupt trap ; détecteur de bourrage de cartes, card jam detector ; détecteur de fin de papier, paper-out indicator..

DETECTION : détection, detection ; circuit de détection d'anomalie, fault detection circuit ; code de détection-correction des erreurs, error-checking code ; détection d'erreurs, error detection ; détection d'erreurs en émission, redundancy feedback ; détection de porteuse, carrier sense ; détection de position angulaire, rotational position sensing ; détection logique, logical sense, sense ; détection par photostyle, light-pen hit, light-pen detection ; mémoire de détection d'anomalie, fault control memory ; système à détection d'erreurs, error detecting system, error detection system..

DETERMINE : temps déterminé, given time..

DETOURAGE : détourage, clipping, scissoring ; **détourage hors-fenêtre,** window clipping..

DETROMPAGE : fente de détrompage, indexing slot..

DETROMPEUR : connecteur avec détrompeur, polarised (US: polarized) plug..

DETROMPEUSE : fente détrompeuse, polarising (US: polarizing) slot..

DEUX : à deux adresses, two-address ; à deux opérandes, dyadic ; **additionneur à deux entrées,** half-adder, one-digit adder ; **adressage à deux niveaux,** two-level addressing ; circuit deux fils, two-wire circuit ; **code deux parmi cinq,** quinary code, two-out-of-five code ; **complément à deux,** complement on two, twos complement ; **compteur diviseur par deux,** divide-by-two counter ; **instruction à deux adresses,** two-address instruction ; **instruction à deux plus une adresses,** two-plus-one address instruction ; **intervalle entre deux rafraîchissements,** refresh interval ; **mémoire à deux niveaux,** two-level storage ; **multiplet de deux bits,** doublet, two-bit byte ; **souris à deux boutons,** two-button mouse ; **sous-programme à deux niveaux,** two-level subroutine ; **soustracteur à deux entrées,** two-input subtractor..

DEVELOPPE : développé, developed ; **développé par l'utilisateur,** customer-developed..

DEVELOPPEMENT : développement, progress ; **développement conditionnel,** conditional expansion ; **développement d'un macro-instruction,** macro expansion ; **développement de logiciel,** software development ; **développement de programme,** programme development ; **kit de programmes de développement,** development tool kit ; **programme de développement,** cross-software..

DEVELOPPER : développer, expand (to)..

DEVERMINAGE : déverminage, burn-in..

DEVERMINER : déverminer, burn in (to)..

DEVERROUILLAGE : touche de déverrouillage, unlock key..

DEVERROUILLE : déverrouillé, unlatched..

DEVIATION : déviation, deviation ; algorithme de déviation de fluence, flow deviation algorithm (FDA) ; **bobine de déviation,** deflection coil ; **déviation de fréquence du signal,** frequency shift signal ; **déviation horizontale,** horizontal deflection ; **déviation standard,** standard deviation ; **déviation verticale,** vertical deflection..

DEVIDEUR : dévideur, streamer..

DEVIDOIR : dévidoir de bande, tape spooler..

DEWATTE : courant déwatté, idle current..

DIACRITIQUE : diacritique, diacritical ; **caractère diacritique,** diacritical work..

DIADIQUE : diadique, dyadic ; **opérateur booléen diadique,** dyadic Boolean operator ; **opérateur diadique,** binary operator, dyadic operator ; **opération diadique,** binary operation, dyadic operation ; **opération logique diadique,** dyadic logical operation ; **processeur diadique,** dyadic processor..

DIAGNOSTIC : diagnostic, diagnosis ; **contrôle diagnostic,** diagnostic check ; **diagnostic au niveau du circuit,** chip level diagnosis ; **diagnostic d'alerte,** warning diagnostic ; **diagnostic d'erreurs,** error diagnostic ; **diagnostic de compilation,** compiler diagnostic ; **diagnostic de panne,** fault diagnosis ; **marque de diagnostic,** diagnostic flag ; **programme de diagnostic,** diagnostic programme, maintenance programme ; **routine de diagnostic,** diagnostic routine, isolation test routine (ITR) ; **test diagnostic,** diagnostic test..

DIAGNOSTIQUER : diagnostiquer, diagnose (to)..

DIAGRAMME : diagramme, diagram ; **diagramme à secteurs,** pie graph, pie diagram ; **diagramme camembert,** pie graph, pie diagram ; **diagramme d'état,** status diagram ; **diagramme de circulation,** flow process chart ; **diagramme de fluence,** flow process diagram ; **diagramme de fonctionnement,** running diagram, working diagram ; **diagramme de programmation,** programming flowchart ; **diagramme de situation,** state diagram ; **diagramme de structure,** structure flowchart ; **diagramme de Venn,** Venn diagram ; **diagrammes des méthodes,** process chart ; **diagramme détaillé,** microflowchart ; **diagramme fonctionnel,** action chart ; **diagramme informatique,** information graph ; **diagramme logique,** function flowchart ; **diagramme structurel hiérarchique,** tree diagram ; **diagramme vecto-**

riel, vector diagram ; **générateur de diagramme**, autochart..

DIALECTE : dialecte, dialect..

DIALOGUE : dialogue, dialogue (US: dialog) ; **dialogue d'application**, application dialogue ; **dialogue homme-machine**, man-machine dialogue ; **langage de dialogue**, conversational language ; **mode dialogué**, conversational mode, interactive mode ; **organe de dialogue**, communication device ; **périphérique de dialogue**, conversational peripheral ; **terminal de dialogue**, conversational terminal, interactive terminal..

DIALOGUEE : **entrée dialoguée déportée**, conversational remote entry ; **infographie dialoguée**, interactive graphics ; **programmation dialoguée**, conversational programming ; **vidéographie dialoguée**, teletext, interactive videography, videotex, viewdata..

DIAPHONIE : diaphonie, false drop, monkey chatter, babble, crosstalk*, crossfeed, crossfire..

DICHOTOMIE : dichotomie, dichotomy..

DICHOTOMIQUE : **recherche dichotomique**, chop, dichotomising (US: dichotomizing) search..

DICHOTOMISER : dichotomiser, dichotomise (to) (US: dichotimize)..

DICTIONNAIRE : dictionnaire, dictionary ; **dictionnaire des données**, data dictionary ; **dictionnaire en mode fenêtre**, pop-up dictionary ; **fichier dictionnaire principal**, main dictionary file ; **fichier dictionnaire secondaire**, secondary dictionary file..

DIDACTIQUE : **logiciel didactique**, courseware, course software, teachware ; **manuel didactique**, textbook ; **outil didactique textuel**, text learning tool ; **progiciel didactique**, course package..

DIDACTITIEL : didactitiel, course software, courseware, teachware..

DIFFERE : différé, deferred ; **adressage différé**, deferred addressing ; **gestionnaire de traitement différé**, spooler ; **impression en différé**, print spooling ; **mode différé**, store-and-forward mode ; **traitement différé**, deferred processing ; **traitement différé local**, local batch processing..

DIFFEREE : **entrée différée**, deferred entry ; **impression différée**, static printout ; **remise différée**, delayed delivery ; **sortie diffé-**

rée, delayed output..

DIFFERENCE : différence, difference ; **différence logique**, logical difference..

DIFFERENT : différent de .., not equal to (NE)..

DIFFERENTIATEUR : différentiateur, differentiator..

DIFFERENTIATION : différentiation, differentiation..

DIFFERENTIEL : différentiel, differential ; **amplificateur différentiel**, differential amplifier ; **chaînage différentiel**, differential link ; **contrôle différentiel**, difference check ; **entraînement différentiel**, incremental drive ; **quotient différentiel**, differential quotient..

DIFFERENTIELLE : **adresse différentielle**, differential address ; **modulation différentielle**, differential modulation..

DIFFUSE : **affectation diffuse de la mémoire**, scatter load ; **lecture diffuse**, scatter read ; **réflectance diffuse**, background reflectance..

DIFFUSEE : **vidéographie diffusée**, broadcast videography..

DIFFUSER : diffuser, disperse (to)..

DIFFUSEUR : **diffuseur de données**, data concentrator..

DIFFUSION : diffusion, broadcast, diffusion, scattering ; **capacité de diffusion**, hole storage effect ; **perte par diffusion**, scattering loss..

DILATE : **mode dilaté**, expanded mode..

DILEMME : dilemme, exclusive OR, non-equivalence operation..

DIMENSION : dimension, measure, scope ; **tableau à une dimension**, one-dimensional array..

DIMENSIONNE : sous-dimensionné, under-sized..

DIMINUENDE : diminuende, minuend*..

DIMINUEUR : diminueur, subtrahend*..

DIODE : diode, diode ; **diode à cristal**, xtal diode ; **diode à jonction**, junction diode ; **diode à micro-ondes**, microwave diode ; **diode au silicium**, silicon diode ; **diode électroluminescente**, light-emitting diode (LED) ; **diode universelle**, universal diode ; **matrice de diodes**, diode matrix..

DIPLEXER : diplexer, biplexer..

DIRECT : direct, immediate, direct ; **ac-**

cès direct, direct access, immediate access, random address ; **accès direct à la mémoire**, direct memory access (DMA) ; **accès mémoire direct**, data break, direct store transfer ; **adressage direct**, direct addressing, one-level addressing ; **algorithme d'accès direct**, hashing algorithm ; **bibliothèque à accès direct**, direct access library ; **canal direct**, down channel, down line ; **courant direct**, forward current, on-state current ; **dispositif à accès direct**, random access device ; **entrée/sortie à accès direct**, random access input/output ; **fichier à accès direct**, hashed random file, random access file ; **fichier à accès direct indexé**, index random file, indexed non-sequential file ; **fichier direct**, direct file ; **fichier séquentiel direct**, direct serial file ; **mémoire à accès direct**, direct access storage, immediate access storage, random logic, random access memory (RAM) ; **service d'appel direct**, direct call facility ; **traitement en direct**, on-line processing ; **tri à accès direct**, random access sort..

DIRECTE : adresse directe, one-level address, single-level address ; **adresse directe**, direct address, first-level address ; **allocation directe**, direct allocation ; **boucle centrale de lecture directe**, central scanning loop ; **commande directe**, direct control, linear selection ; **données directes**, immediate data ; **entrée directe des données**, direct data entry (DDE) ; **instruction à adresse directe**, direct instruction ; **instruction à opérande directe**, immediate instruction ; **liste directe**, fifo list, pushup list ; **mémoire à écriture directe**, writeable control memory ; **mémoire à liste directe**, pushup storage ; **opérande directe**, immediate operand ; **polarisation directe**, forward bias ; **sortie directe**, direct output ; **tension directe**, on-state voltage..

DIRECTEMENT : référence accessible directement, on-line reference ; **sortie lisible directement**, readable output..

DIRECTEUR : programme directeur, executive routine..

DIRECTION : direction, direction, way ; **direction de comptage**, count direction ; **direction longitudinale**, longitudinal direction..

DIRECTIVE : directive, directive, programme command, declaration, declarative ; **directive d'assemblage**, assembler directive ; **directive de calculateur**, processor control statement ; **directive de compilateur**, compiler directive, compiler control statement ; **directive de programme**, programme director ; **directive programmée**, programmed instruction ; **directive utilitaire**, utility command..

DISCORDANCE : erreur de discordance, unbalanced error..

DISCRET : discret, discrete* ; **composant discret**, discrete component ; **type discret**, discrete type..

DISCRETE : données discrètes, discrete data ; **représentation discrète**, discrete representation ; **variation discrète**, step change..

DISCRIMINATEUR : discriminateur, discriminator..

DISJONCTION : disjonction, logical sum, non-equivalence operation, exjunction ; **circuit de disjonction**, exclusive OR gate, exclusive OR element ; **non-disjonction**, NOR operation, non-disjunction ; **porte de disjonction**, exclusive OR gate..

DISPERSE : adressage dispersé, hash coding..

DISPERSION : dispersion, dispersion, irrelevance, prevarication, spread..

DISPONIBILITE : disponibilité, availability* ; **contrôle de disponibilité**, availability control ; **disponibilité du système**, system availability ; **niveau de disponibilité**, availability level..

DISPONIBLE : disponible, unassigned, available, unallotted, unallocated, uncommitted ; **mémoire disponible**, workspace ; **non disponible**, unreleased ; **temps disponible**, available time ; **temps machine disponible**, available machine time..

DISPOSITIF : dispositif, device, unit, feature ; **dispositif à accès direct**, random access device ; **dispositif à déclenchement**, trigger, trigger circuit ; **dispositif analogique**, analogue device ; **dispositif autonome**, autonomous device ; **dispositif curseur**, cursor device ; **dispositif d'activation vocal**, voice-actuated device ; **dispositif d'affichage**, readout device ; **dispositif d'alimentation**, feeding device ; **dispositif d'appel automatique**, automatic call unit ; **dispositif d'éjection de disquette**, disc eject device ; **dispositif d'entraînement de bande**, tape take-up system ; **dispositif d'entrée**, input equipment ; **dispositif d'impression**, printing device ; **dispositif d'in-**

terrogation, interrogate feature ; **dispositif d'interruption**, interrupt feature, interrupt system ; **dispositif de changement de piste**, record overflow feature ; **dispositif de contrôle**, verifying device ; **dispositif de désignation**, pick device ; **dispositif de guidage**, guiding device ; **dispositif de pagination**, paging device ; **dispositif de protection à l'écriture**, write lockout feature ; **dispositif de réponse**, answerback unit ; **dispositif de sélection de ligne**, line selection feature ; **dispositif de tabulation**, tabulation facility ; **dispositif de tabulation rapide**, high-speed skip feature ; **dispositif de tri**, sort facility ; **dispositif intermédiaire**, intermediate equipment ; **dispositif physique**, real device ; **dispositif standard d'entrée/sortie**, unit record device ; **dispositif type**, typical configuration..

DISPOSITION : fichier, layout ; **disposition de fichier**, file layout ; **disposition du clavier**, keyboard layout..

DISQUE : disque, disc (US: disk), magnetic disc ; **à base de disque**, disc-based ; **adresse physique du disque**, physical drive address ; **cartouche disque**, disc cartridge ; **classeur pour disques**, disc binder ; **code de vérification de label disque**, disc label check code ; **contrôleur de disque**, disc controller ; **contrôleur de disque souple**, floppy disc controller ; **contrôleur de mémoire à disques**, mass storage control ; **convertisseur cartes-disques**, card-to-disc converter ; **disque à mémoire**, memory disc ; **disque à renforcement central**, hard-centred disc ; **disque à sectorisation matérielle**, hard-sectored disc ; **disque à tête fixe**, fixed-head disc ; **disque actif**, current drive ; **disque antémémoire**, cache disc ; **disque asservi**, slave disc ; **disque codé**, coded disc ; **disque d'entrée**, input disc storage, input disc ; **disque d'exploitation**, master disc ; **disque d'impression**, daisy wheel, print wheel, type wheel ; **disque de technologie Winchester**, Winchester technology disc ; **disque de travail**, work disc ; **disque dur**, fixed disc, hard disc, integral disc ; **disque dur sur carte**, hardcard ; **disque émetteur**, master disc ; **disque interchangeable**, exchangeable disc ; **disque magnétique**, disc (US: disk), magnetic disc ; **disque magnétique amovible**, removable magnetic disc ; **disque multiplateau**, multiplatter disc ; **disque non formaté**, unformatted disc ; **disque optique**, optical disc ; **disque optique numérique**, digital optical disc ; **disque principal**, disc master ; **disque rigide**, rigid disc ; **disque souple**, floppy disc, diskette, flexible disc, flippy, floppy ; **disque système**, system distribution disc, system disc ; **disque virtuel**, RAM disc, virtual drive, virtual disc ; **disque Winchester**, Winchester disc ; **distance entre tête et disque**, flying height ; **espace disque**, disc space ; **fichier disque**, disc file ; **fichier sur disque magnétique**, magnetic disc file ; **formateur de disque**, disc formatter ; **gestion de l'espace disque**, disc space management ; **gestionnaire de disque**, disc handler ; **limité par le disque**, disc-bound ; **logiciel de disque virtuel**, RAM disc software ; **mécanisme d'entraînement de disque**, disc storage drive ; **mémoire à disque**, disc store, disc memory, disc storage ; **mémoire à disque dur**, fixed-disc storage ; **mémoire à disque magnétique**, magnetic disc storage ; **mémoire à disque souple**, flexible disc memory ; **mémoire à disques amovibles**, exchangeable disc storage (EDS) ; **résidant sur disque**, disc-resident ; **secteur de disque**, disc sector ; **sectorisation de disque**, diskette sectoring ; **système à disque**, disc system ; **système à disque dur**, Winchester disc system ; **système d'exploitation à disque (SED)**, disc operating system (DOS) ; **unité (d'entraînement) de disque (magnétique)**, disc drive ; **unité de disque**, disc unit, magnetic disc unit ; **unité de disque magnétique**, disc unit, magnetic disc unit ; **unité de disque souple**, flexible, floppy disc drive ; **unité de disques**, disc array..

DISQUETTE : disquette, diskette*, drive*, flexible disc, floppy disc ; **bibliothèque de disquettes**, disc library ; **coffret à disquettes**, disc box ; **dispositif d'éjection de disquette**, disc eject device ; **disquette à sectorisation logicielle**, soft-sectored disc ; **disquette double face**, reversible flexible disc ; **disquette mi-hauteur**, half-size drive ; **disquette utilisable en double face**, double-sided diskette ; **disquette utilisable en simple face**, single-sided diskette ; **double disquette**, dual drive ; **système à double disquette**, dual drive system..

DISSECTEUR : dissecteur, dissector ; **dissecteur optique**, image dissector..

DISSIPATION : dissipation de puissance, power dissipation..

DISSIPEE : chaleur dissipée, heat dissipation..

DISSYMETRIQUE : entrée dissymétrique, unipolar input..

DISTANCE : distance, distance ; **accès à distance**, remote access ; **commande à distance**, distant control, remote control ; **distance de Hamming**, Hamming distance, signal distance ; **distance de saut**, skip distance ; **distance entre tête et disque**, flying height ; **distance entre tête et support de données**, head-to-medium separation ; **distance intercanal**, channel spacing ; **entrée des travaux à distance**, remote job entry (RJE) ; **introduction par lots à distance**, remote batch entry (RBE) ; **traitement par lots à distance**, remote batch..

DISTORSION : distorsion, distortion* ; **degré de distorsion**, degree of distortion ; **distorsion biaise**, bias distortion ; **distorsion d'intermodulation**, intermodulation distortion ; **distorsion de caractéristique**, characteristic distortion ; **distorsion de phase**, phase distortion ; **distorsion en coussin**, pincushion distortion ; **distorsion en forme de tonneau**, barrel-shaped distortion ; **distorsion fortuite**, fortuitous distortion ; **distorsion harmonique**, harmonic distortion ; **distorsion impulsionnelle**, impulse distortion ; **distorsion isochrone**, isochronous distortion ; **distorsion non linéaire**, non-linear distortion ; **distorsion terminale**, end distortion ; **distorsion transitoire**, glitching ; **distorsion trapézoïdale**, keystone effect..

DISTRACTION : distraction, entertainment, fun ; **logiciel de distraction vidéo**, video entertainment software..

DISTRIBUE : distribué, distributed, dispersed ; **multiprocesseur distribué**, distributed array processor ; **réseau distribué**, distributed network ; **système d'exploitation distribué**, distributed operating system ; **topologie en bus distribué**, distributed bus topology ; **traitement distribué**, dispersed processing, network processing..

DISTRIBUEE : base de données distribuée, distributed data base ; **fonction distribuée**, distributed function ; **informatique distribuée**, distributed data processing ; **intelligence distribuée**, distributed intelligence, dispersed intelligence ; **procédure distribuée**, distributed protocol..

DISTRIBUER : distribuer, despatch (to), dispatch* (to)..

DISTRIBUTEUR : distributeur, alloca-tor ; **distributeur de programmes**, programme distributor ; **distributeur intermédiaire**, intermediate distribution frame..

DISTRIBUTION : distribution, delivery, distribution ; **distribution de fréquences**, frequency distribution ; **distribution du potentiel**, potential distribution..

DIVERSITE : diversité, diversity* ; **diversité en polarisation**, polarisation (US: polarization) diversity..

DIVIDENDE : dividende, dividend*..

DIVISEUR : diviseur, divisor*, divider* ; **compteur diviseur par deux**, divide-by-two counter ; **diviseur analogique**, analogue divider ; **diviseur numérique**, digital divider ; **pont diviseur**, voltage divider..

DIVISION : division, division ; **division à virgule fixe**, fixed-point division ; **division câblée**, hardware division, hardware divide ; **division de fréquence**, frequency slicing, frequency division ; **division par nombre premier**, prime number division ; **division pondérée**, weighted average divide ; **division rapide**, high-speed division ; **duplexage par division de fréquence**, frequency-division duplexing (FDM) ; **programme de division**, division subroutine ; **sous-programme de division**, integer divide..

DIX : complément à dix, complement on ten, tens complement ; **dix décibels**, Bel (B)..

DOCUMENT : document, document, material ; **(caractère de) fin de document**, end-of-document character (EOD) ; **document à code à barres**, bar-coded document ; **document annoté manuellement**, hand marked document ; **document d'entrée**, input sheet ; **document de base**, source document ; **document source**, input document, original document ; **gestionnaire de document**, document handler ; **lecteur de document**, document reader ; **lecteur de documents rapide**, high-speed document reader ; **recherche de documents**, document retrieval, literature search ; **trieuse de documents**, document sorter..

DOCUMENTAIRE : recherche documentaire, documentary information retrieval ; **système de recherche documentaire**, information retrieval system ; **terme documentaire**, docuterm..

DOCUMENTATION : documentation, documentation, reference material ; **assistance à la documentation**, documentation aids ; **documentation**, documentation, reference manual ; **documentation de logiciel**, software document ; **documentation du programme**, programme documentation ; **documentation interactive**, self-instructing user documentation..

DOCUMENTE : documenté, documented ; **non documenté**, undocumented..

DOIGT : doigt de blocage, lockpin..

DOMAINE : domaine, domain ; **domaine d'intégration**, integral domain ; **logiciel de domaine public**, freeware, public software..

DOMESTIQUE : ordinateur domestique, home computer..

DOMOTIQUE : domotique, integrated home systems (IHS)..

DONNEE : donnée, datum ; **données**, data* ; **acheminement de données**, data path ; **acquisition automatique de données**, automatic data acquisition (ADA) ; **acquisition de données**, data collection ; **canal (de données)**, channel ; **caractéristique des données**, data attribute ; **carte de données**, data card ; **cartes de données condensées**, squoze pack ; **catalogue des données**, data catalogue ; **centre de commutation de données**, data switching centre, data switching exchange (DSE) ; **chaînage de données**, data chaining ; **chaîne d'éléments de données**, data element chain ; **chaîne de données**, data chain, data string ; **circuit de données en tandem**, tandem data circuit ; **circuit de transmission de données**, data circuit ; **circulation de données**, data path ; **code de données**, data code ; **codeur de données**, data encoder ; **cohérence des données**, data consistency ; **collecte de données**, data gathering ; **collecteur (de données)**, receiver, data logger, data sink ; **compactage de données**, data compaction, data compression ; **comparaison de données**, verification ; **confidentialité des données**, data privacy ; **console d'introduction de données**, input console ; **consultation (de données)**, accession, data query, look-up ; **contrôle de données par échantillonnage**, sampled data control ; **contrôle des supports de données**, volume exclusive control ; **conversion automatique de données**, automatic data conversion ; **conversion de code de données**, data code conversion ; **conversion de données**, data conversion ; **convertisseur de données**, data converter, data translator ; **correction des don-**

nées, data recovery ; **couche de liaison de données (ISO)**, data link layer (ISO) ; **cryptage des données**, data encryption ; **cumul des données**, cumulating data ; **débit de transfert des données**, data transfer rate ; **débit interne des données**, internal flow ; **déclaration des données**, data declaration ; **défaut détecté par les données**, data-sensitive fault ; **définition de la structure des données**, data set definition ; **définition des données**, data definition ; **délimiteur de données**, data delimiter ; **demande (de données)**, query ; **descripteur de base de données**, database descriptor ; **description de données**, data description ; **dictionnaire des données**, data dictionary ; **diffuseur de données**, data concentrator ; **distance entre tête et support de données**, head-to-medium separation ; **donnée binaire**, binary item ; **donnée de longueur variable**, variable length item ; **donnée essentielle**, vital datum ; **données à jour**, maintained data ; **données à traiter**, processing data ; **données absolues**, absolute data ; **données alphanumériques**, alphameric data, alphanumerical data ; **données analogiques**, analogue data ; **données auxiliaires**, auxiliary data ; **données brutes**, raw data ; **données cataloguées**, partitioned data ; **données chaînées**, concatenated data ; **données communes**, global data ; **données corrigées**, corrected data ; **données d'entrée**, input data ; **données d'entrée/sortie**, input/output data ; **données d'essai**, test data ; **données d'état nodal**, node status data ; **données d'identification**, identifying information ; **données d'impression**, printing data ; **données d'origine**, primary data ; **données de base**, prime data ; **données de commande opérationnelle**, operational control data ; **données de contrôle**, control data ; **données de masse**, mass data ; **données de mouvement**, transaction data ; **données de production**, production data ; **données de programme**, programme data ; **données de réservation**, booking data ; **données de sauvegarde**, back-up information ; **données de sortie**, output, output data ; **données directes**, immediate data ; **données directrices**, master data ; **données discrètes**, discrete data ; **données erronées**, error data, garbage, unfitted data ; **données exploitables par la machine**, machine-readable data ; **données fondamentales**, historical data ; **données inaccessibles**, irretrievable data ; **données in-**

dustrielles, process data ; **données initiales,** initial data ; **données non groupées,** unstructured information ; **données non structurées,** unstructured information ; **données numériques,** digital data, numerical data, numeric data ; **données relationnelles,** related data ; **données relatives,** relative data ; **données séquentielles,** sequential data ; **données structurées,** data aggregate ; **données supravocales,** data above voice (DAV) ; **données utiles,** informative data ; **données utilisateur,** user data ; **données variables,** variable data ; **données visualisables,** viewable data ; **échange automatique de données,** automatic data exchange (ADE) ; **échange de données avec protocole,** handshaking ; **édition de données,** data editing ; **élément de données,** data element, data cell ; **enregistrement de données,** data record, information record ; **ensemble de données,** data set ; **ensemble de données générées,** generation data set ; **entrée de données,** data entry ; **entrée directe des données,** direct data entry (DDE) ; **entrées des données industrielles,** process data input ; **environnement de base de données,** database environment ; **erreur détectable par les données,** data-sensitive error ; **extraction des données,** data extraction ; **fichier à données séquentielles,** sequential data file ; **fichier principal de données,** central information file ; **filtrage des données,** data purification ; **fin des données,** end-of-data ; **flot de données,** data stream ; **flux de données générées,** generated data flow ; **fonction de lecture des données,** data read function ; **format de données,** data format ; **format des données,** data layout ; **gestion de base de données (GBD),** data base management (DBM) ; **gestion de données,** data management, data control ; **gestion des supports de données,** data storage management ; **gestionnaire de données,** data administrator ; **grande quantité de données,** huge data ; **groupe logique de données,** logical data set ; **hiérarchie de données,** data level, data hierarchy ; **identificateur d'utilisation de données,** data use identifier ; **interprétation des données,** interpretation of data ; **interrogation d'une base de données,** database query ; **intitulé de la structure des données,** data set label ; **langage de description de données,** data description language (DDL) ; **langage de manipulation de données,** data manipulation

language (DML) ; **lecture des données,** data read ; **liaison de données,** data link ; **ligne de transmission de données,** data transmission line ; **limite de données,** data boundary ; **logiciel de gestion de données,** data management software ; **longueur de champ des données,** data field length ; **longueur du mot de données,** data word length ; **maintenance de données,** data maintenance ; **manipulation de données,** data manipulation ; **masse de données,** bulk information, bulk data, data amount ; **mémorisation de données,** data storage ; **message de données,** data message ; **méthode d'accès aux données,** data access method ; **mise en forme des données,** data preparation ; **module de données,** data unit ; **moniteur de cohérence (de données),** integrity violation monitor ; **mot de données,** data word ; **mouvement de données,** destage ; **multiplexeur de données,** data multiplexer, data channel multiplexor ; **nom de donnée qualifiée,** qualified data name ; **nom de données,** data name ; **nom de données indexé,** indexed data name ; **organigramme des données,** data flowchart ; **organisation des données,** data organisation ; **partage de données,** data sharing ; **phase de données,** data phase, data transfer phase ; **phase de transfert de données,** data phase, data transfer phase ; **poste d'entrée de données,** data input station ; **poste de données prêt,** data set ready (DSR) ; **présentation de données en table,** tabular data presentation ; **protection des données,** data protection, data security ; **puits de données,** data sink ; **recueil chronologique des données,** data logging ; **recueil de données,** data book ; **réduction des données,** data reduction ; **réduire (des données),** condense (to) ; **registre des données initiales,** home register ; **regroupement de données,** data concentration ; **représentation de données image,** pictorial data representation ; **représentation des données,** data representation ; **réseau de données,** data network, data net ; **saisie de données,** data capture, data acquisition, data handling ; **saisie des données d'origine,** primary data acquisition ; **sécurité des données,** data integrity ; **segment de données,** data segment ; **séparateur de données,** information separator (IS) ; **serveur de données,** on-line data service ; **service de transmission de données,** data communication service ; **signal de** données, data signal ; **sortie définitive des données**, end of data exit ; **sortie des données industrielles**, process data output ; **source de données**, data source ; **station de données**, data station ; **stockage/restitution des données**, information storage/retrieval (ISR) ; **structure des données**, data model, data structure ; **structure séquentielle de données**, contiguous data structure ; **support de données**, data medium, data carrier, information carrier ; **système de transmission de données**, data communication system ; **tableau de données**, data array ; **tampon de données**, data buffer ; **terminal de données**, data display unit, data terminal ; **terminal de données (ETTD)**, data terminal equipment (DTE) ; **traducteur des données en entrée**, input data translator ; **traitement automatique de données**, automatic data processing (ADP) ; **traitement de données**, data processing (DP), information processing ; **traitement de données simultané**, in-line data processing ; **traitement électronique de données**, electronic data processing (EDP) ; **traitement et transmission automatiques données**, automatic data handling ; **traitement intégré des données**, integrated information processing ; **traitement interne des données**, internal data processing ; **traitement par lots de données**, bulk information processing ; **tranche (de données)**, packet ; **transfert de données**, data origination, datacom ; **transfert de données brutes**, raw data transfer ; **transfert des données mémorisées**, store-and-forward operation ; **transmission asynchrone de données**, asynchronous data transmission ; **transmission de données**, data transmission ; **transmission de données synchrone**, synchronous data transmission ; **transparence du circuit de données**, data circuit transparency ; **type de données**, data type ; **valeur donnée**, given value ; **validation des données**, data validation, data vet ; **validité des données**, data validity ; **vitesse de transmission de données**, data rate ; **voie de données**, data channel, information channel ; **voie de transmission (de données)**, data transmission channel ; **volume de données**, amount of code, volume of data ; **zone de données**, information field (I-field) ; **zone de données non protégée**, unprotected data field ; **zone de données primaires**, primary data extent, primary data area ; **zone des données**, data

area..

DONNEUR : donneur, donor*..

DOPE : dopé, doped..

DOPEUR : dopeur, dopant*..

DOS : dos de carte, card back, cardback..

DOSSIER : dossier, folder ; **dossier d'exploitation**, run book ; **dossier de programmation**, programming documentation ; **icône de dossier**, folder icon..

DOTATION : dotation de machines, hardware requirements..

DOUBLAGE : doublage de tension, voltage doubling..

DOUBLE : en double, two-fold ; **coupleur de périphérique double**, dual port controller ; **disquette double face**, reversible flexible disc ; **disquette utilisable en double face**, double-sided diskette ; **double appel**, split ; **double avance de ruban encreur**, dual ribbon feed ; **double commande**, twin control ; **double disquette**, dual drive ; **double effet**, duplicated effect ; **double face**, double sided ; **double frappe**, double stroke, double strike ; **double interligne**, double space ; **double mot de passe**, two-level password ; **double saut**, dual feed ; **en double précision**, double precision ; **enregistrement double**, duplicate record ; **enregistrement en double densité**, double density recording ; **enregistrement en impulsion double**, double pulse recording ; **entrée à double mot de passe**, two-level password entry ; **interligne double**, dual carriage, dual feed carriage ; **mémoire à double accès**, dual port memory ; **mot double**, double word, double length word ; **nombre en double précision**, double length number ; **opération en double courant**, polar current operation ; **port double**, dual port ; **redresseur double alternance**, full-wave rectifier ; **registre à décalage double**, double line shift register ; **registre double**, double length register, double register ; **registre en double mot**, double word register ; **système à double calculateur**, duplex computer system ; **système à double disquette**, dual drive system ; **tamponnement double**, double buffering ; **télégraphie en double tonalité**, two-tone keying, two-tone telegraph ; **transmission en double bande**, double sideband transmission ; **transmission en double courant**, double current transmission ; **variable en double précision**, double precision variable ; **virgule flottante en double**

précision, double precision floating point..

DOUBLET : doublet, dibit, diad, two-bit byte, doublet*..

DOUCEMENT : s'arrêter doucement, quiesce (to)..

DOUZE : numération à base douze, duodecimal number system ; **perforation 12 (douze)**, Y punch, high punch..

DRAGON : dragon, dragon, fractal..

DRAPEAU : drapeau, flag*, sentinal, switch indicator, use bit ; **drapeau d'alerte**, warning flag ; **drapeau d'interruption**, interrupt flag ; **drapeau de signe**, sign flag, sign check indicator ; **impression en drapeau**, unjustified print ; **sans drapeau**, unbannered..

DRESSEUR : dresseur d'index, indexer..

DROIT : droit d'exploitation, copyright..

DROITE : droite, right ; **décalage à droite**, right shift ; **flèche droite**, right arrow ; **justification à droite**, right justification, right justify ; **justifié à droite**, justified right, right-justified ; **justifier à droite**, right justify (to) ; **marge droite**, right margin ; **parenthèse droite ')'**, right parenthesis ; **partie droite**, right part ; **zéro cadré à droite**, right hand zero..

DUET : duet, doublet, two-bit byte..

DUODECIMAL : duodécimal, duodecimal..

DUPLEX : duplex, duplex*, full-duplex ; **en mode duplex**, duplex operation ; **en mode semi-duplex**, half-duplex operation ; **opération en duplex**, full-duplex operation ; **opération semi-duplex**, single operation ; **semi-duplex**, either-way operation ; **système duplex**, duplex system ; **transmission en duplex**, duplex transmission ; **transmission semi-duplex**, half-duplex transmission ; **voie semi-duplex**, half-duplex channel..

DUPLEXAGE : duplexage, duplexing ; **duplexage par division de fréquence**, frequency-division duplexing (FDM)..

DUPLICATION : duplication, replication ; **contrôle par duplication**, copy check, twin check ; **duplication de point image**, pixel replication ; **technique de duplication**, father-son technique..

DUR : dur, hard ; **disque dur**, fixed disc, hard disc, integral disc ; **disque dur sur carte**, hardcard ; **mémoire à disque dur**, fixed-disc storage ; **système à disque dur**, Winchester disc system..

DUREE : durée, duration ; **durée d'assemblage**, assembly time, assemble duration ; **durée d'exécution**, running duration, run duration, running time ; **durée d'exploitation**, operating time, run-time ; **durée d'impulsion**, pulse duration ; **durée de balayage**, scan period ; **durée de compilation**, compiling time, compile duration ; **durée de conservation**, shelf life ; **durée de défaillance**, malfunction time ; **durée de la suppression ligne**, line blanking time, line blanking period ; **durée de réponse**, response duration ; **durée de vie**, life expectancy, usuful life ; **durée de vie de la tête**, head life ; **durée de vie moyenne acceptable**, acceptable mean life ; **durée de vol du marteau d'impression**, hammer flight time ; **durée hors-opération**, down time ; **durée moyenne de recherche**, average search length ; **durée programmée**, dwell*..

DYNAMIQUE : dynamique, dynamic ; **controle dynamique**, dynamic control ; **couplage dynamique**, dynamic linking ; **débogage sélectif dynamique**, snapshot debug ; **gestion dynamique de mémoire**, dynamic memory management ; **mémoire dynamique**, dynamic RAM, dynamic storage, dynamic memory ; **mémoire dynamique volatile**, volatile dynamic storage ; **paramètre dynamique**, dynamic parameter ; **pile dynamique de programme**, programme stack ; **programmation dynamique**, dynamic programming ; **rafraîchissement dynamique**, invisible refresh ; **registre à décalage dynamique**, dynamic shift register ; **tamponnement dynamique**, dynamic buffering ; **traduction dynamique d'adresse**, dynamic address translation (DAT) ; **translation dynamique**, dynamic relocation ; **vidage dynamique**, dynamic dump ; **vidage dynamique sélectif**, snapshot dump

E

EBAUCHE : ébauche, sketch.

EBLOUISSANT : écran anti-éblouissant, glare shield.

ECART : écart, spacing ; **écart d'ordre**, ordering bias ; **écart entre les perforations**, hole spacing ; **écart intercolonne**, column spacing ; **écart intervoie**, channel spacing ; **écart type**, standard duration.

ECHANGE : échange, exchange, permutation, swapping ; **échange au point décimal**, inverted print ; **échange automatique**, dial exchange ; **échange automatique de données**, automatic data exchange (ADE) ; **échange d'indicatif**, answerback exchange ; **échange d'informations**, information exchange ; **échange de chargeur**, volume swap ; **échange de données avec protocole**, handshaking ; **échange de pages mémoires**, page swapping ; **échange de tampons**, buffer swapping ; **échange en mémoire**, memory exchange ; **échange entrée/sortie**, input/output exchange ; **échange modem**, modem interchange ; **échange thermique**, temperature dissipation ; **point d'échange**, interchange point ; **tamponnement par échange**, exchange buffering ; **zone d'échange**, communication region.

ECHANGER : échanger, interchange (to), swap (to).

ECHANTILLON : échantillon, sample data, sample*.

ECHANTILLONNAGE : échantillonnage, sampling ; **contrôle de données par échantillonnage**, sampled data control.

ECHANTILLONNER : échantillonner, sample (to).

ECHAPPEMENT : échappement, escape (ESC) ; **caractère d'échappement**, escape character (ESC) ; **échappement à la transmission**, data link escape (DLE) ; **séquence d'échappement**, escape sequence ; **touche d'échappement**, escape key.

ECHELLE : échelle, scale factor, scale, scaling factor ; **changement d'échelle**, scaling ; **dessin à l'échelle**, scale drawing ; **échelle bidimensionnelle**, two-dimensional scale ; **échelle de gris**, grey scale ; **échelle décimale**, decimal scale ; **échelle des temps**, time scale factor ; **grandeur d'échelle**, scale factor ; **mémoire à grande échelle d'intégration**, LSI memory ; **réduire à l'échelle**, scale down (to) ; **variation d'échelle**, zooming.

ECHO : écho, echo* ; **suppresseur d'écho**, echo suppressor.

ECHOPLEX : échoplex, echoplex.

ECLATE : éclaté, exploded.

ECLATEE : sous forme éclatée, unpacked format.

ECLATEMENT : éclatement, explosion, scattering, splitting.

ECLATER : éclater, burst (to).

ECONOMIE : économie, economy.

ECOULE : temps écoulé, elapsed time.

ECOUTE : écoute de porteuse, carrier sense.

ECRAN : écran, screen ; **à base d'écran**, screen-based ; **affichage sur écran**, screen display ; **bas d'écran**, bottom of screen ; **carte d'écran**, display adapter ; **contrôleur d'écran**, display controller ; **contrôleur d'écran vidéo**, video chip ; **convergence de bord d'écran**, screen edge convergence ; **coordonnée écran**, screen co-ordinate ; **curseur d'écran**, display cursor ; **début d'écran**, top of screen ; **écran à laser**, laser screen ; **écran à plasma**, gas panel, plasma display, plasma panel ; **écran à rafraîchissement continu**, continual refresh display ; **écran anti-éblouissant**, glare shield ; **écran cathodique**, cathode screen ; **écran-clavier**, keyboard display ; **écran d'aide**, help screen ; **écran d'appel à rotation multiple**, multiturn dial ; **écran de visualisation**, display screen, display device, video device, viewing screen ; **écran en couleur**, colour display ; **écran fluorescent**, fluorescent screen ; **écran graphique**, graphic-oriented display ; **écran graphique tridimensionnel**, three-dimension graphic display ; **écran interactif au toucher**, touch-sensitive screen ; **écran plat**, flat-faced screen, flat screen display ; **écran précédent**, screen up ; **écran protecteur**, glow screen ; **écran suivant**, screen down ; **écran tactile**, touch panel ; **écran vidéo**, video screen ; **effacement complet de l'écran**, full screen erase ; **effacement écran**, screen erasure ; **effacement partiel de l'écran**, partial screen erase ;

format d'écran, display setting ; **gestionnaire d'écran**, display driver ; **guide de saisie affiché à l'écran**, screen displayed promter ; **haut d'écran**, top of screen ; **hors-écran**, off-screen ; **image d'écran**, screen image ; **image sur écran**, soft copy ; **lecture d'écran**, screen read ; **masque d'écran**, static image ; **mémoire d'écran**, display memory ; **menu d'écran**, display menu ; **particularité utilisant l'écran**, screen-oriented feature ; **partie d'écran**, subscreen ; **possibilité de recopie d'écran**, hardcopy facility ; **processeur d'écran**, display processor ; **rafraîchissement écran**, crt refresh ; **recopie d'écran**, hardcopy, screen copy ; **recopieur d'affichage écran**, display screen copier ; **résolution d'écran**, display resolution ; **routine d'écran**, display subroutine ; **sans écran**, unscreened ; **segmentation de l'écran**, split screen feature ; **signal d'allumage écran**, bright-up signal ; **surface utile d'écran**, screen area ; **terminal à écran tactile**, touch screen terminal ; **tube écran**, display tube ; **usage de l'écran**, screen-oriented.

ECRASER : écraser, overwrite (to).

ECRETAGE : écrétage, clipping*.

ECRIRE : écrire, write* (to), put (to) ; écrire en mémoire, poke (to) ; écrire par dessus, overwrite (to) ; machine à écrire, typewriter, writer ; machine à écrire à boule, golfball type writer.

ECRIT : écrit, written ; **message écrit**, written message ; **programme écrit manuellement**, hand-written programme ; **sous-programme écrit par l'utilisateur**, user written routine.

ECRITE : programme de trace écrite, hard package.

ECRITURE : écriture, poke, put, write, writing ; **écritures**, archives ; **adresse d'écriture**, write address ; **amplificateur d'écriture**, write amplifier ; **anneau d'interdiction à l'écriture**, write inhibit ring ; **autorisation d'écriture**, write permit, write enable ; **bague d'écriture**, tape ring ; **canal lecture-écriture**, read/write channel ; **commande d'écriture**, write command ; **contrôle à l'écriture**, write disc check ; **contrôle d'écriture**, write verification ; **courant d'écriture**, write current, writing current ; **cycle d'écriture**, write cycle ; **débordement de l'écriture**, write overlap ; **demande d'écriture**, write request ; **densité d'écriture**, writing density ; **dispositif de protection à l'écriture**, write

lockout feature ; **écriture avec regroupement**, gather write ; **écriture de début de piste**, write initial ; **écriture de l'adresse piste**, write home address ; **écriture de programme**, programme write up ; **écriture en clair**, plain writing ; **écriture en rafale**, write burst ; **écriture immédiate**, demand writing ; **effacement sans écriture**, direct reset ; **encoche de protection à l'écriture**, read/write protection notch, write-protect notch ; **enroulement d'écriture**, write winding ; **erreur à l'écriture**, write error ; **erreur d'écriture**, miswrite ; **fonction d'écriture**, write action ; **impulsion d'écriture**, write pulse ; **impulsion parasite après écriture**, post-write disturb pulse ; **instruction d'écriture**, write instruction, writing statement ; **instruction d'écriture non formatée**, unformatted write statement ; **instruction de vérification d'écriture**, verify command ; **interdiction d'écriture**, write lockout ; **lecture après écriture**, read-after-write ; **lecture-écriture**, reading/writing, read/write ; **lecture/écriture de point image**, pixel read/write ; **lecture/écriture par rafale**, read/write burst ; **lecture et écriture simultanées**, direct read after write (DRAW) ; **ligne d'écriture**, writing line ; **mémoire à écriture directe**, writeable control memory ; **mémoire protégée en écriture**, protected memory ; **mode de vérification à l'écriture**, write verify mode ; **mode écriture**, write mode ; **mode lecture-écriture**, read/write mode, reading/writing access mode ; **onglet de protection à l'écriture**, read/write protection tab ; **opération d'écriture**, write action, write operation ; **position d'écriture**, write position ; **positionnement de la tête de lecture-écriture**, head positioning ; **protection à l'écriture**, disc write protect, write-protect ; **protection en écriture**, write protection ; **surface d'écriture**, recording surface ; **temps d'écriture**, write time ; **temps du cycle d'écriture**, write cycle time, writing cycle time ; **tête d'écriture**, recording head, writing head, write head ; **tête de lecture-écriture**, reading and recording head, read write head, combined magnetic head ; **vitesse d'écriture**, write rate, writing speed.

EDITER : éditer, edit* (to), issue (to) ; éditer et lier, compose (to), consolidate (to).

EDITEUR : éditeur, edit programme, editor ; **éditeur de liens**, composer, linker, linkage loader, linkage editor ; **éditeur de sortie**, output writer ; **éditeur de texte**, text editor ;

éditeur-lieur, consolidator ; **éditeur pleine page**, full screen editor ; **éditeur symbolique**, symbolic editor ; **utilitaire d'éditeur d'états**, report writer.

EDITER : éditer, edit (to).

EDITION : édition, editing ; **caractère de commande d'édition**, edit control character ; **commande d'édition**, format control ; **convention d'édition de liens**, linkage convention ; **édition de données**, data editing ; **édition de liens**, link editing, linking ; **édition de texte**, text editing ; **édition en mode ligne**, edit line mode ; **édition graphique**, graphical editing ; **logiciel d'édition de liens**, linker software ; **masque d'édition**, edit mask ; **mode d'édition**, edit mode ; **moyen d'édition**, edit facility ; **opération d'édition**, edit operation ; **routine d'édition**, editing subroutine, edit routine ; **touche d'édition**, character editing key.

EDUCATIF : éducatif, tutorial ; **terminal éducatif**, tutorial display.

EDUCATION : éducation, education, learning ; **éducation informatisée**, computer-based learning (CBL) ; **éducation par simulation**, simulation education.

EFFACABLE : effaçable, erasable, volatile ; **mémoire effaçable**, erasable storage, erasable store.

EFFACE : non effacé, unerased.

EFFACEMENT : effacement, clear, erasure, erasing, purging ; **caractère d'effacement**, clearing character, erase character, ignore character, rub-out character ; **caractère d'effacement de groupe**, group erase ; **caractère d'effacement de ligne**, line deletion character ; **effacement après sortie**, blank after ; **effacement complet de l'écran**, full screen erase ; **effacement de bande**, tape erasure ; **effacement de fichiers**, file purging ; **effacement de volume**, volume cleanup ; **effacement écran**, screen erasure ; **effacement global**, bulk erasing, master clear ; **effacement horizontal**, horizontal clearing ; **effacement ligne**, horizontal blanking ; **effacement mémoire**, memory cleaning, memory erasure ; **effacement par ultraviolet (mémoire morte)**, ultraviolet erasing ; **effacement partiel de l'écran**, partial screen erase ; **effacement sans écriture**, direct reset ; **effacement sélectif**, selective erasure ; **effacement trame**, vertical blanking ; **extraction et effacement**, read-out and reset ; **impulsion d'effacement**, erase sig-

nal ; **instruction d'effacement**, clear statement ; **possibilité d'effacement**, erasability ; **préfixe d'effacement**, clearing prefix ; **signal d'effacement**, erase signal ; **tête d'effacement**, erasing head, erase head.

EFFACER : effacer, delete* (to), erase* (to), zap* (to), clear (to), letter out (to), make null (to), purge (to), rub out (to), vacate (to) ; **effacer une marque**, unmark (to).

EFFACEUR : effaceur, eraser ; **curseur effaceur**, destructive cursor.

EFFECTEUR : effecteur, effector.

EFFECTIF : effectif, effective, actual ; **débit effectif**, average transinformation rate ; **paramètre effectif**, actual parameter ; **temps effectif**, actual time.

EFFECTIVE : adresse effective, effective address ; **instruction effective**, actual instruction, effective instruction ; **valeur effective**, effective value.

EFFECTUER : effectuer des calculs, crunch numbers (to).

EFFET : effet, effect ; **double effet**, duplicated effect ; **effet d'empreinte**, print through ; **effet de biais**, skew effect ; **effet de bord**, side effect ; **effet de coussin**, pincushion effect ; **effet de dentelure**, aliasing ; **effet de l'entrefer**, gap effect ; **effet de marches d'escalier**, stair-stepping ; **effet de tonneau**, barrel effect ; **effet inverse**, adverse effect ; **effet oblique**, side effect, slant effect ; **effet secondaire**, side effect.

EFFICACITE : efficacité, effectiveness ; **coût-efficacité**, cost effectiveness ; **efficacité du groupage**, blocking efficiency.

EFFLEUREMENT : à effleurement, touch-sensitive ; **bloc à effleurement**, touchpad ; **touche à effleurement**, touch-control.

EGAL : égal à, equal to ; **plus grand que ou égal à '$\geqslant$'**, greater than or equal to (GE) ; **plus petit que ou égal à '$\leqslant$'**, less than or equal to (LE).

EGALISATEUR : égalisateur, equaliser* (US: equalizer).

EGALISATION : égalisation, equalisation (US:equalization), compensation.

EGALISER : égaliser, equalise (to) (US: equalize (to), even (to).

EGALITE : égalité, equality ; **test d'égalité**, equal test.

EJECTION : d'éjection, ejection ; **dispositif d'éjection de disquette**, disc eject device ; **éjection de carte**, card ejection ; **mécanisme d'éjection rapide**, high-speed eject mechanism ; **piste d'éjection**, ejection track.

ELARGISSEUR : élargisseur, stretcher ; **circuit élargisseur**, pulse stretcher.

ELECTRIQUE : électrique, electrical ; **connecteur électrique**, electrical connector ; **imprimante thermo-électrique**, electrothermal printer.

ELECTRO : électro-aimant, electromagnet, magnet ; **électro-aimant d'impression**, platen magnet, print magnet.

ELECTROLUMINESCENT : **affichage électroluminescent**, led display, led readout.

ELECTROLUMINESCENTE : diode électroluminescente, light-emitting diode (LED).

ELECTROMAGNETIQUE : interférence électromagnétique, electromagnetic interference (EMI).

ELECTROMECANIQUE : **souris électromécanique**, electromechanical mouse.

ELECTROMOTRICE : force électromotrice, electromotive force.

ELECTRONIQUE : **électronique**, electronic ; **annuaire électronique**, electronic directory ; **balayage électronique**, electronic scanning ; **bloc-notes électronique**, electronic worksheet ; **calculateur électronique**, electronic calculator ; **cerveau électronique**, electronic brain ; **commande de format électronique**, electronic format control ; **commutateur électronique**, electronic switch ; **composant électronique**, electronic component ; **courrier électronique**, computer mail, electronic courier, mailbox ; **crayon électronique**, electronic pen ; **faisceau électronique**, electron beam ; **la micro-électronique**, microelectronics ; **mémoire à faisceau électronique**, beam store ; **module électronique**, electronic module ; **multiplicateur électronique**, electronic multiplier ; **service courrier électronique**, electronic mail service ; **tableur électronique**, electronic spreadsheet ; **traitement électronique de données**, electronic data processing (EDP) ; **tube électronique**, electron tube.

ELECTROSTATIQUE : électrostatique, electrostatic ; **champ électrostatique**, electrostatic field ; **imprimante électrostatique**, electrostatic printer ; **mémoire électrostatique**, electrostatic memory, electrostatic storage ; **traceur électrostatique**, electrostatic plotter ; **tube à mémoire électrostatique**, electrostatic storage tube.

ELEMENT : élément, element, unit ; **élément à l'état solide**, solid state device ; **élément à sens unique**, unidirectional element ; **élément à tampon**, buffered device ; **élément actif**, active element ; **élément additionnel**, add-on unit ; **élément binaire**, binary element, binary character ; **élément de bibliothèque**, library unit ; **élément de boucle**, loop construct ; **élément de branchement**, branch construct ; **élément de caractère**, stroke ; **élément de dessin**, drawing element ; **élément de données**, data element, data cell ; **élément de file d'attente**, waiting queue element ; **élément de matrice**, array element ; **élément de mémoire**, store element ; **élément de menu**, light button, virtual push button ; **élément de négation**, negation element ; **élément de programme**, programme item ; **élément de remplissage**, filler ; **élément de signal**, signal element ; **élément de signe**, sign binary digit ; **élément de tableau**, array element ; **élément OU**, OR element ; **gestion d'éléments**, element management ; **limité par les éléments**, element-bound ; **macro-élément**, macro-element ; **mémoire à N tores par élément binaire**, N-core-per-bit storage, N-core-per bit store ; **perte d'élément binaire**, digit slip ; **sous-élément**, subitem.

ELEMENTAIRE : instruction élémentaire, primary instruction ; **niveau élémentaire**, elementary level ; **signal élémentaire**, unit interval ; **structure élémentaire**, elementary item.

ELEVE : ligne à débit élevé, high-speed line ; **niveau élevé**, higher level ; **ordre élevé**, high order ; **ordre peu élevé**, low order ; **signal à niveau élevé**, high-level signal ; **titre à contraste élevé**, high-contrast title.

ELEVEE : priorité élevée, high priority.

ELIMINATEUR : éliminateur, eliminator ; **circuit éliminateur**, wave trap ; **filtre éliminateur de bande**, band elimination filter, bandstop filter.

ELIMINATION : élimination, elimination ; **élimination des zéros**, zero elimination.

ELONGUE : élongué, spanned ; **enregistrement élongué**, spanned record.

EMBOUTEILLAGE : embouteillage, overrun.

EMBROUILLAGE : embrouillage, scrambling, scramble.

EMETTEUR : émetteur, emitter, originator, talker, transmitter ; **disque émetteur**, master disc ; **émetteur à clavier**, keyboard transmitter ; **émetteur-récepteur**, receiver/transmitter, transceiver ; **émetteur-récepteur à cartes**, card transceiver ; **émetteur-récepteur à clavier**, keyboard send/receive ; **émetteur-récepteur synchrone**, synchronous receiver-transmitter ; **système émetteur**, transmitting system ; **téléimprimeur émetteur-récepteur**, automatic send/receive (ASR).

EMETTRE : émettre, issue (to), send (to).

EMETTRICE : émettrice, originating ; **adresse émettrice**, source address.

EMISSION : émission, sending, transmission, emitting ; **détection d'erreurs en émission**, redundancy feedback ; **émission automatique**, automatic transmission ; **en mode émission**, transmittal mode ; **instruction d'émission**, transmit instruction ; **requête d'émission**, poll select ; **rythme d'émission**, transmitter bit timing.

EMPAQUETAGE : empaquetage, packing.

EMPECHER : empêcher, prevent (to).

EMPILABLE : empilable, stackable.

EMPILAGE : empilage, stacking ; **empilage des interruptions**, interrupt stacking ; **instruction d'empilage**, push instruction.

EMPILER : empiler, jar (to), stack (to), put* (to), push* (to).

EMPLACEMENT : emplacement (en mémoire), location*, storage location ; **emplacement de perforation**, hole site ; **emplacement du code**, key location ; **emplacement protégé**, protected location.

EMPLOI : emploi, use, usage ; **programme prêt à l'emploi**, canned routine ; **souplesse d'emploi**, versatility.

EMPLOYER : employer, use (to).

EMPREINTE : effet d'empreinte, print through.

EMULATEUR : émulateur, emulator ; **émulateur connecté**, in-circuit emulator ; **émulateur de charge**, load emulator.

EMULATION : émulation, emulation* ; **technique d'émulation sur circuit**, in-circuit emulation technique.

EMULEE : génération émulée, emulator generation.

EMULER : émuler, emulate* (to).

ENCAPSULE : encapsulé, encapsulated ; **non encapsulé**, unencapsulated ; **type encapsulé**, encapsulated type.

ENCASTRER : encastrer, imbed (to), embed (to).

ENCHAINAGE : glissement d'enchaînage, chaining slip.

ENCHAINE : enregistrement enchaîné, interlaced storage ; **zone de tri pour enregistrements enchaînés**, interrecord sequence field.

ENCHAINEE : séquence d'insertion enchaînée, insertion chain sequence.

ENCHAINEMENT : enchaînement, chaining, sequencing, concatenation ; **allocation de l'enchaînement**, interlaced storage assignment ; **branche d'enchaînement de base**, base linkage path ; **code d'enchaînement de programme**, programme linking code ; **enchaînement de fichiers**, file concatenation ; **enchaînement de procédures**, procedure chaining ; **enchaînement de programme**, programme linking, programme chaining ; **enchaînement des touches**, rollover* ; **enchaînement des travaux**, job sequencing ; **instruction d'enchaînement**, chain order ; **registre d'enchaînement d'instructions**, instruction location counter, instruction sequence register ; **séquence d'enchaînement**, linking sequence ; **voie d'enchaînement**, linkage path.

ENCHAINER : enchaîner, catenate (to), concatenate (to).

ENCHAINE : enchaîné, chained, concatenated ; **zone de tri pour enregistrements enchaînés**, interrecord sequence field.

ENCOCHE : encoche, gab, notch ; **carte à encoches**, edge-punched card, edge-notched card ; **encoche de protection à l'écriture**, read/write protection notch, write-protect notch ; **sans encoche**, unnotched.

ENCOCHEUSE : encocheuse, slotting puncher.

ENCODAGE : encodage, coding, encoding ; **encodage alphanumérique**, Hollerith code.

ENCODER : encoder, code (to), encode (to).

ENCODEUR : encodeur, encoder ; **circuit encodeur-décodeur**, coder/decoder chip.

ENCRAGE : encrage, inking ; **défaut**

d'encrage, void ; **densité d'encrage**, ink density.

ENCRE : encre, ink ; **encre conductrice**, conductive ink ; **encre magnétique**, magnetic ink ; **imprimante à jet d'encre**, ink jet printer ; **maculage d'encre**, ink smudge.

ENCREUR : **double avance de ruban encreur**, dual ribbon feed ; **mécanisme encreur**, ink mechanism ; **rouleau encreur**, ink roller ; **ruban encreur**, ink ribbon, inked ribbon ; **tampon encreur**, inking pad.

ENCRYPTAGE : encryptage, encryption ; **procédure d'encryptage-décryptage**, encryption-decryption procedure ; **technique d'encryptage**, encryption technique.

ENDUIT : enduit antistatique, anti-static spray.

ENFICHABLE : enfichable, pluggable ; **connecteur enfichable**, pluggable connector ; **de type enfichable**, plug-in type ; **élément enfichable**, plug-in unit.

ENFICHAGE : enfichage, plugging.

ENFONCER : enfoncer, press (to).

ENGAGEMENT : point d'engagement, clutch point.

ENGORGEMENT : engorgement, overrun.

ENGRENAGE : engrenage à grand rapport de réduction, vernier drive.

ENLEVER : enlever, remove (to) ; **enlever d'une file**, dequeue (to) ; **enlever les interlignes**, unlead (to).

ENREGISTRABLE : enregistrable, recordable, storable.

ENREGISTRE : enregistré, recorded.

ENREGISTREMENT : enregistrement, record*, recording ; **bloc d'enregistrements**, record block ; **classification d'enregistrement**, record type ; **copie d'enregistrement**, duplicated record ; **densité d'enregistrement**, recording density, information density, packing density ; **densité d'enregistrement de la bande**, tape recording density ; **enregistrement à longueur variable**, variable format record ; **enregistrement additionnel**, addition record ; **enregistrement annonce**, record label ; **enregistrement bloqué**, blocked record ; **enregistrement chaîné**, chained record ; **enregistrement d'annulation**, deletion record ; **enregistrement d'ouverture de fichier**, file leader record ; **enregistrement de blocs**, block record ; **enregistrement de données**, data record, information record ; **enregistrement de longueur fixe**, fixed-length record, fixed-size record ; **enregistrement de longueur variable**, variable length record ; **enregistrement de référence**, reference record ; **enregistrement de remplissage**, padding record ; **enregistrement de répertoire**, index record ; **enregistrement de reprise**, checkpoint record ; **enregistrement de tête**, header record, home record, leader record ; **enregistrement défini**, defined record ; **enregistrement des mouvements**, transaction record ; **enregistrement double**, duplicate record ; **enregistrement élongué**, spanned record ; **enregistrement en double densité**, double density recording ; **enregistrement en impulsion double**, double pulse recording ; **enregistrement en texte clair**, visual record ; **enregistrement enchaîné**, interlaced storage ; **enregistrement entité**, attribute record, entity record ; **enregistrement entrelacé**, interlaced recording ; **enregistrement identificateur**, label record ; **enregistrement logique**, logical record ; **enregistrement magnétique**, magnetic recording ; **enregistrement mouvement**, change record ; **enregistrement par faisceau laser**, laser beam recording (LBR) ; **enregistrement par modulation de phase**, phase encoding ; **enregistrement physique**, physical record ; **enregistrement primaire**, primary data record ; **enregistrement principal**, master record, primary record ; **enregistrement récapitulatif**, trailer record ; **enregistrement sans format**, unformatted record ; **enregistrement sans retour à zéro**, non-return-to-zero recording (NRZ) ; **enregistrement sans segment**, unspanned record ; **enregistrement semi-fixe**, semi-fixed length record ; **enregistrement unitaire**, unit record ; **espace entre enregistrements**, interrecord gap, record gap ; **fichier des adresses d'enregistrements**, record address file ; **fin d'enregistrement**, end-of-record ; **format d'enregistrement**, record format ; **gestion d'enregistrement**, record management ; **groupage d'enregistrements en blocs**, record blocking ; **groupe d'enregistrements**, grouping of records ; **haute densité d'enregistrement**, high-storage density ; **inter-enregistrement**, interrecord ; **longueur d'enregistrement**, record length ; **mode d'enregistrement**, recording mode ; **nombre d'enregistrements**, record count ; **numéro d'enregistrement, record number; **piste d'enregistrement**, processing track, recording track; **positionnement d'enregistrement**, record position; **saut d'enregistrement**, record skip; **structure d'enregistrement**, record layout, recording format; **support d'enregistrement**, recording medium; **tête d'enregistrement**, record head; **tri d'enregistrements**, record sort; **type d'enregistrement**, record class; **zone de tri pour enregistrements enchaînés**, interrecord sequence field.

ENREGISTRER : enregistrer, read in (to), record (to), enter (to), graph (to), log* (to), store (to), post (to); **enregistrer sur bande**, tape (to).

ENREGISTREUR : enregistreur, recorder; **enregistreur chronologique**, logger; **enregistreur numérique**, digital recorder; **enregistreur sur microfilm**, microfilm recorder.

ENROULEE : connexion enroulée, wire-wrap.

ENROULEMENT : enroulement, winding, wraparound*; **enroulement d'écriture**, write winding; **enroulement d'entrée**, input winding; **enroulement d'inhibition**, inhibit winding; **enroulement de maintien**, hold coil, holding winding; **enroulement primaire**, primary winding; **enroulement secondaire**, secondary winding; **nappe d'enroulements**, winding layer; **nombre d'enroulements**, winding number; **sens d'enroulement**, winding direction.

ENROULEUR : enrouleur de bande, tape winder.

ENSEIGNEMENT : enseignement, teaching; **enseignement automatisé**, computer-augmented learning (CAL); **enseignement informatique interactif**, computer-managed instruction (CMI); **enseignement informatisé**, computer-based instruction; **enseignement programmé**, programmed learning; **informatique d'enseignement**, instructional computing; **langage d'enseignement**, author language; **machine d'enseignement**, teaching machine; **moyens d'enseignement**, teaching aid; **ordinateur d'enseignement**, instructional computer.

ENSEMBLE : ensemble, bag, bulk, joint, set*; **élément (d'un ensemble)**, element, member (of a set); **ensemble coordonné**, twin set; **ensemble d'instructions**, machine instruction set; **ensemble de bandes,**

volume set; **ensemble de caractères**, type array; **ensemble de données**, data set; **ensemble de données générées**, generation data set; **ensemble de fichiers**, file set; **ensemble de têtes magnétiques**, head stack; **ensemble de touches**, keypad; **ensemble des caractères numériques**, numeric set, numeric character set; **ensemble des caractères universels**, universal character set; **ensemble universel**, universal set; **ensemble vide**, empty set, null set; **sous-ensemble**, subset; **sous-ensemble de caractères**, character subset; **sous-ensemble du code ASCII**, limited ASCII.

ENTIER : entier, integer*, untruncated; **attribut de nombre entier**, integer attribute; **entier naturel**, natural number, non-negative integer; **entier relatif**, integer number; **multiple entier**, integral multiple; **nombre entier**, integer constant, integer, integral number; **nombre entier non signé**, unsigned integer; **programme à base de nombres entiers**, integer-based programme; **type entier**, integer type.

ENTITE : entité, entity; **attribut de l'entité**, entity attribute; **classe d'entité**, entity type; **enregistrement entité**, attribute record, entity record; **entité lexicale**, lexical unit, lexical token; **entité maître**, owner; **entité spécifique**, entity occurrence; **identificateur d'entité**, entity identifier.

ENTRAINEMENT : entraînement, drive, training (of people); **(mécanisme d') entraînement de bande magnétique**, magnetic tape drive, tape drive; **(mécanisme d') entraînement de tambour**, drum drive; **courroie d'entraînement**, drive belt; **couteau d'entraînement**, picker knife; **dispositif d'entraînement de bande**, tape take-up system; **entraînement à vitesse variable**, variable speed drive; **entraînement d'image**, dragging; **entraînement de bande**, tape feed, tape transport mechanism; **entraînement de bande magnétique**, driving magnetic tape; **entraînement de cartes**, card drive; **entraînement différentiel**, incremental drive; **entraînement par ergots**, pinfeed; **entraînement par friction**, friction feed; **entraînement vertical**, vertical feed; **galet d'entraînement de bande**, tape roller; **mécanisme d'entraînement de disque**, disc storage drive; **pas d'entraînement**, feed pitch, feed track, sprocket track; **perforation d'entraînement**, feed hole, sprocket hole; **poin-**

teau d'entraînement, feed knife ; **rouleau d'entraînement**, tractor ; **tambour d'entraînement à picots**, pin feed drum ; **unité (d'entraînement) de disque (magnétique)**, disc drive ; **unité d'entraînement de cartouche**, tape cartridge drive ; **vitesse d'entraînement**, feed rate, feedrate.

ENTRANCE : entrance, entrancy, fan-in.

ENTRANT : entrant, incoming ; **appel entrant**, incoming call ; **groupe entrant**, incoming group.

ENTRE : premier entré, premier sorti, first in, first out (FIFO).

ENTREE : entrée, entry* , input process, input* ; à mauvaise entrée mauvaise sortie, garbage in garbage out (GIGO) ; **à trois entrées**, full adder ; **activité des entrées/sorties**, I/O activity ; **additionneur à deux entrées**, half-adder, one-digit adder ; **additionneur à trois entrées**, three-input adder ; **adresse d'entrée**, entry, entrance, entry point, in-point ; **appel d'entrée temporisé**, timed-entry call ; **article d'entrée**, input item ; **attente aux entrées/sorties**, I/O wait ; **bande d'entrée**, input stack tape ; **bande d'entrée des travaux**, job input tape ; **bande d'entrée perforée**, input tape ; **bande perforée des entrées**, input punched tape ; **bibliothèque d'entrées/sorties**, input/output library ; **bloc de garnissage en entrée**, input padding record ; **enroulement d'entrée**, input winding ; **entrée à double mot de passe**, two-level password entry ; **entrée analogique**, analogue input ; **entrée asymétrique**, unbalanced input ; **entrée asynchrone**, asynchronous input ; **entrée au clavier**, key entry ; **entrée conditionnelle**, conditional entry ; **entrée d'inhibition**, inhibiting input ; **entrée de compteur**, counter entry ; **entrée de liste**, list entry ; **entrée de programme**, entry block ; **entrée de table**, table entry ; **entrée des données**, data entry ; **entrée des travaux**, job input ; **entrée des travaux à distance**, remote job entry (RJE) ; **entrée dialoguée déportée**, conversational remote entry ; **entrée différée**, deferred entry ; **entrée directe des données**, direct data entry (DDE) ; **entrée dissymétrique**, unipolar input ; **entrée en mémoire**, storage entry ; **entrée en pont**, bridge input circuit ; **entrée en temps réel**, real-time input ; **entrée erronée**, misentry ; **entrée exclusive**, input only ; **entrée lisible**, legible input ; **entrée logique**, logical input ; **entrée manuelle**, manual input ; **entrée non codée**, uncoded input ; **entrée non sollicitée**, unsolicited input ; **entrée numérique**, digital input, numeric entry, numerical input ; **entrée par bande**, tape input ; **entrée par clavier**, keyboard entry ; **entrée par remplissage de blancs**, fill in blank data entry ; **entrée secondaire**, secondary input ; **entrée/sortie (E/S)**, input/output (I/O) ; **entrée/sortie à accès direct**, random access input/output ; **entrée/sortie parallèle**, parallel input/output ; **entrée/sortie séquentielle**, serial input/output ; **entrée/sortie tamponnée**, buffered input/output ; **entrée/sortie virtuelle**, virtual input/output (VIO) ; **entrée symétrique**, balanced input ; **entrée synchrone**, synchronous input ; **entrée tout ou rien**, on-off input ; **entrées des données industrielles**, process data input ; **état d'entrée/sortie**, I/O status ; **état de l'entrée**, input state ; **étiquette d'entrée**, entry label ; **extension d'entrée/sortie**, I/O expander ; **famille d'entrées**, entry family ; **fichier bande entrée**, input tape file ; **fichier d'entrée**, in file, input file ; **fichier d'entrée des travaux**, job file, job input file ; **fichier d'entrée système**, system input file ; **file d'attente d'entrée**, entry queue, input queue ; **file d'attente de travaux en entrée**, input job queue ; **file des travaux en entrée**, input work queue ; **flot d'entrée des travaux**, job input stream ; **fluence d'entrée**, flow-in ; **format d'entrée**, input format ; **impédance d'entrée**, input impedance ; **indicateur entrée/sortie**, input/output indicator ; **informations d'entrée**, input information ; **instruction d'entrée**, entry instruction, input instruction ; **instruction d'entrée/sortie**, input/output instruction, input/output order, input/output statement ; **interruption d'entrée/sortie**, input/output interrupt ; **jeu de cartes d'entrée**, input deck ; **label début de bande entrée**, input header label ; **limité par l'entrée**, input-limited ; **limité par les entrées/sorties**, I/O bound, input/output-limited ; **liste d'entrée**, input list ; **liste des entrées/sorties**, input/output list ; **logement d'entrée/sortie**, I/O slot ; **longueur du bloc d'entrée**, input block length, input record length ; **lot d'appareils d'entrée/sortie**, input/output pool ; **matériel d'entrée**, input equipment ; **mémoire d'entrée**, input storage ; **mémoire d'entrée/sortie**, input/output storage ; **mémoire tampon d'entrée**, input buffer storage, input buffer ; **messa-**

ge d'entrée, incoming message ; **microplaquette d'entrée/sortie**, input/output chip ; **modèle entrée/sortie**, input/output model ; **multiplexeur d'entrée**, input multiplexer ; **opération d'entrée**, sysin ; **opération d'entrée/sortie**, input/output process, input/output operation, radial transfer, transput process ; **organe d'entrée**, input device, input unit ; **organe d'entrée/sortie**, input/output device, input/output unit ; **organe de commande d'entrée**, input control device ; **paramètre d'entrée**, input parameter ; **paramètre d'entrée du champ**, field input parameter ; **partie du fichier d'entrée**, input member ; **périphérique d'entrée de travaux**, job input device ; **pile d'entrée**, input stack ; **point d'entrée**, entry, entrance, entry point, in-point ; **point d'entrée initial**, initial entry point ; **point d'entrée principal**, main entry point, primary entry point ; **point d'entrée secondaire**, secondary entry point ; **port d'entrée**, input port ; **port entrée/sortie**, I/O port ; **poste d'entrée de données**, data input station ; **procédure d'entrée**, input procedure, login ; **programme d'entrée**, input reader, input routine, input programme ; **programme de commande d'entrée**, input control programme ; **programme de gestion des entrées/sorties**, input/output programme ; **protection d'entrée**, input protection ; **queue d'attente des entrées/sorties**, input/output queue ; **queue d'entrée/sortie**, input/output error ; **référence d'entrée/sortie**, input/output referencing ; **registre d'entrée**, input register ; **registre d'entrée manuelle**, manual input register ; **registre d'entrée mot**, word input register ; **registre d'entrée/sortie**, input/output register ; **routine d'entrée/sortie**, input/output routine ; **section d'assemblage entrée/sortie**, input/output section ; **section d'entrée**, input section ; **signal d'entrée**, input signal ; **sous-programme d'entrée/sortie**, input/output handler, input/output support package ; **sous-programme de gestion des entrées/sorties**, input/output software routine ; **soustracteur à deux entrées**, two-input subtractor ; **soustracteur à trois entrées**, full subtracter ; **suite des travaux en entrée**, input job stream ; **support d'entrée**, input medium ; **symbole d'entrée/sortie**, input/output symbol ; **système de gestion des entrées/sorties**, input/output system ; **tampon d'entrée**, input synchroniser ; **tampon d'entrée/sortie**, in-

put/output buffer, input/output synchroniser ; **temps d'entrée**, entry time ; **traducteur des données en entrée**, input data translator ; **traitement exclusif des entrées**, input only processing ; **transfert en entrée**, copy-in ; **unité d'entrée**, input unit, input device ; **unité d'entrée/sortie**, input/output device, input/output unit ; **vitesse d'entrée**, input rate, input speed ; **voie d'entrée/sortie**, input/output channel ; **volume d'entrée**, input quantity ; **zone d'entrée**, input area ; **zone d'entrée de file**, queue slot ; **zone d'entrée/sortie**, input/output area.

ENTREFER : effet de l'entrefer, gap effect ; **entrefer de tête**, head gap ; **largeur d'entrefer**, gap width.

ENTRELACE : entrelacé, interlaced ; **affichage entrelacé**, interlaced display ; **balayage entrelacé**, interlaced scan ; **enregistrement entrelacé**, interlaced recording ; **mode entrelacé**, interlaced mode.

ENTRELACEMENT : entrelacement, interlacing, interleaving, nesting, multithreading.

ENTRELACER : entrelacer, interleave* (to), interlace (to), nest (to).

ENTREPRISE : base de données d'entreprise, corporate database ; **jeu d'entreprise**, business game ; **progiciel de jeux d'entreprise**, gaming package.

ENTRER : entrer, input (to) ; **entrer au clavier**, key-in (to).

ENTRETIEN : entretien, repair ; **entretien courant**, servicing ; **entretien d'image**, image refreshing ; **entretien systématique**, scheduled maintenance ; **manuel d'entretien**, servicing manual ; **opération d'entretien**, red tape operation.

ENTRETOISE : entretoise, gate block.

ENTROPIE : entropie, entropy, mean information content, negentropy ; **débit moyen d'entropie**, average data rate ; **entropie conditionnelle**, conditional entropy ; **entropie moyenne (par caractère)**, information rate, mean entropy (per character).

ENUMERATION : énumération, enumeration ; **littéral d'énumération**, enumeration literal ; **type d'énumération**, enumeration type.

ENVELOPPE : enveloppe, envelope*, jacket ; **enveloppes en continu**, continuous envelopes ; **onde enveloppe**, front wave.

ENVIRONNEMENT : environnement, environment* ; **environnement d'exploitation**, working environment ; **environnement de base de données**, database environment ; **environnement de l'équipement**, hardware environment ; **fichier d'environnement**, environmental file.

ENVOYER : envoyer, issue (to), send (to).

EPAISSE : couche épaisse, thick film.

EPAISSEUR : épaisseur d'oxyde, oxide thickness.

EPROUVE : éprouvé, burn.

EQUATION : équation, equation ; **équation adjacente**, adjoint equation ; **équation d'onde**, wave equation ; **équation évoluée**, high-order equation ; **équation homogène**, homogeneous equation ; **équation identique**, identical equation ; **équation intégrale**, integral equation ; **équation littérale**, literal equation ; **équation logique**, logical equation ; **équation matricielle**, matrix equation.

EQUILIBRAGE : transformateur d'équilibrage, balanced transformer.

EQUILIBRE : équilibre, balance ; **mélangeur équilibré**, balanced mixer ; **tambour équilibré**, balanced drum ; **tambour magnétique équilibré**, balanced magnetic drum.

EQUIPEE : carte équipée, populated board.

EQUIPEMENT : équipement, equipment, hardware, unit ; **calculateur intégré (à l'équipement)**, embedded computer ; **désignation abrégée des équipements**, installation mnemonic ; **environnement de l'équipement**, hardware environment ; **équipement à haute performance**, high-performance equipment ; **équipement annexe**, accessory unit, accessory equipment ; **équipement de calcul**, computing device ; **équipement de chiffrement**, ciphering equipment ; **équipement de commande de processus**, process control equipment ; **équipement de contrôle**, checkout system ; **équipement de sortie**, output equipment ; **équipement de terminaison**, terminal equipment ; **équipement de terminaison de ligne**, line termination equipment (LTE) ; **équipement de test**, test equipment ; **équipement déconnecté**, off-line equipment ; **équipement destinataire**, destination equipment ; **équipement E/S**, I/O equipment ; **équipement en ligne**, on-line equipment ; **équipement machi**ne requis, machine requirements ; **équipement tiers**, third party equipment ; **groupement d'équipements**, equipment pooling ; **panne d'équipement**, equipment failure.

EQUIVALENCE : équivalence, equivalence, coincidence ; **circuit d'équivalence**, coincidence element, coincidence gate ; **équivalence logique**, IF-AND-ONLY-IF operation, equivalence operation ; **porte d'équivalence**, coincidence gate, IF-AND-ONLY-IF gate ; **porte de non-équivalence**, anticoincidence element.

EQUIVALENT : équivalent, equivalent ; **équivalent binaire**, binary equivalent.

EQUIVALENTE : valeur équivalente binaire, binary equivalent value.

ERGONOMIE : l'ergonomie, ergonomics.

ERGONOMIQUE : ergonomique, ergonomic.

ERGOT : entraînement par ergots, pinfeed ; **ergot de centrage**, locating dowel ; **roue à ergots**, pinwheel ; **rouleau à ergots**, pinfeed platen.

ERLANG : Erlang, Erlang*.

ERRATIQUE : avarie erratique, random failure.

ERREUR : erreur, error*, graunch ; **bande des erreurs**, error tape ; **catégorie d'erreur**, error class ; **code correcteur d'erreurs**, error-correcting code (ECC) ; **code d'erreur**, error code ; **code de détection-correction des erreurs**, error-checking code ; **code détecteur d'erreurs**, error-detecting code, error detection code (EDC), self-checking code ; **condition d'erreur**, error condition ; **correction automatique des erreurs**, automatic error correction ; **correction d'erreur sans voie retour**, forward error correction (FEC) ; **détection d'erreurs**, error detection ; **détection d'erreurs en émission**, redundancy feedback ; **diagnostic d'erreurs**, error diagnostic ; **erreur à l'écriture**, write error ; **erreur absolue**, absolute error ; **erreur ambivalente**, ambiguity error ; **erreur catastrophique**, catastrophic error ; **erreur centrée**, balanced error ; **erreur cumulative**, accumulative error, cumulative error ; **erreur cumulée**, accumulated error ; **erreur d'acquisition**, logging error ; **erreur d'adaptation**, matching error ; **erreur d'amplitude**, amplitude error ; **erreur d'arrondi**, round off error, rounding error ; **erreur d'écriture**, miswrite ; **erreur d'impression**, misprint ; **erreur d'indice**, index error ; **erreur d'introduction**, input error ; **erreur de câblage**, wiring error ; **erreur de calcul**, computational error ; **erreur de charge**, loading error ; **erreur de classement**, misfile ; **erreur de comptage d'articles**, item count discrepancy ; **erreur de contrôle du nombre de perforations**, hole count error ; **erreur de dépassement**, overrun check ; **erreur de dérive**, drift error ; **erreur de discordance**, unbalanced error ; **erreur de frappe**, keying mistake, mistype ; **erreur de géométrie**, geometry error ; **erreur de grandeur**, arithmetic fault ; **erreur de lecture**, misread, read error, reading error ; **erreur de lecture permanente**, unrecoverable read error ; **erreur de longueur**, length error ; **erreur de matériel irréparable**, uncoverable device error ; **erreur de numérotation**, misdialling (US: misdialing) ; **erreur de parité**, parity error ; **erreur de perforation**, mispunching ; **erreur de positionnement**, positioning error ; **erreur de précision**, generated error ; **erreur de programmation**, coding mistake, coding error, programming error ; **erreur de programme**, programme error ; **erreur de séquence**, sequence error ; **erreur de sortie de périphérique**, device error exit ; **erreur de synchronisation**, clock error ; **erreur de transmission**, error transmission ; **erreur de tri**, missort ; **erreur de troncature**, truncation error ; **erreur de validité**, validity error ; **erreur de vraisemblance**, validity check error ; **erreur découverte rapidement**, quiet error ; **erreur détectable par les données**, data-sensitive error ; **erreur détectée**, detected error ; **erreur en chaîne**, propagated error ; **erreur fluctuante**, fluctuating error ; **erreur héritée**, inherited error ; **erreur inattendue**, unexpected error ; **erreur incorrigible**, uncorrectable error, unrecoverable error ; **erreur initiale**, initial error ; **erreur intermittente**, intermittent error ; **erreur logicielle**, soft error, software error ; **erreur machine**, hardware malfunction, machine error ; **erreur matérielle**, hard error, permanent error ; **erreur négligeable**, transit error ; **erreur non centrée**, bias error ; **erreur non définie**, undefined error ; **erreur probable**, probable deviation ; **erreur propagée**, inherited error ; **erreur récupérable**, recoverable error ; **erreur relative**, relative error ; **erreur résiduelle**, residual error ; **erreur sémantique**, semantic error ; **erreur séquentielle de clé**, key out of sequence ; **erreur statique**, static error ; **erreur syntaxique**, syn-

tactical error ; **erreur temporelle**, timing error ; **erreur transitoire**, transient error ; **erreur typographique**, clerical error ; **étendue d'une erreur**, error span ; **fausse erreur**, false error ; **gamme d'une erreur**, error range ; **gestion des erreurs**, error management ; **indicateur d'erreur**, fault indicator ; **interruption d'erreur**, error interrupt ; **journal des erreurs**, error logging ; **liste des erreurs**, error list, error report ; **liste des erreurs machine**, hardware error list ; **mappe des erreurs**, flaw mapping ; **message d'erreur**, error message ; **opération sans erreur**, error-free operation ; **plage d'erreur**, error range ; **programme de correction d'erreurs**, error correction routine ; **recherche d'erreur**, error trapping ; **routine d'erreur**, error routine ; **séquence d'erreur**, error burst ; **sortie sur erreur**, error typeout ; **système à correction d'erreurs**, error-correcting system ; **système à détection d'erreurs**, error detecting system, error detection system ; **taux d'erreurs**, rate error ; **taux d'erreurs binaires**, bit error rate (BER) ; **taux d'erreurs de frappe**, keying error rate ; **taux d'erreurs résiduelles**, residual error ratio, residual error rate ; **taux d'erreurs sur les blocs**, block error rate ; **taux d'erreurs sur les caractères**, character error rate ; **taux des erreurs**, error rate ; **temps d'exécution sans erreurs**, productive time ; **temps de recherche d'erreur**, fault tracing time ; **traitement des erreurs**, error management, error control ; **trappage d'erreur**, error trapping ; **type d'erreur**, error class ; **vecteur d'erreur**, error vector.

ERRONE : erroné, erroneous, incorrect, improper, invalid ; **bloc erroné**, erroneous block ; **caractère d'acheminement erroné**, improper routing character ; **programme erroné**, incorrect programme.

ERRONEE : **commande erronée**, invalid command ; **condition de code erronée**, invalid key condition ; **données erronées**, error data, garbage, unfitted data ; **entrée erronée**, misentry ; **longueur erronée**, incorrect length ; **opération erronée**, incorrect operation ; **présentation erronée**, misrepresentation ; **réception erronée**, invalid reception ; **syntaxe erronée**, improper syntax ; **voie erronée**, defective track.

ESCALIER : **effet de marches d'escalier**, stair-stepping ; **fonction en escalier**, step function ; **marche d'escalier**, stair step.

ESCLAVE : esclave, slave ; **calculateur esclave,** host-driven computer ; **processeur esclave,** slave processor ; **système maître/esclave,** master/slave system.

ESPACE : espace, interval, space (SP), spacing ; **caractère espace,** blank character ; **caractère espace arrière,** backspace character ; **espace adressable,** free space ; **espace arrière,** backspace (BS) ; **espace blanc,** white space ; **espace d'adressage,** address space ; **espace d'affichage,** display space, operating space ; **espace de bas de page,** foot margin ; **espace de haut de page,** head margin ; **espace de travail,** working space ; **espace dessin,** drawing area, drawing canvas ; **espace disque,** disc space ; **espace entre blocs,** block gap, interblock gap ; **espace entre caractères,** intercharacter interval ; **espace entre enregistrements,** interrecord gap, record gap ; **espace entre fichiers,** file gap ; **espace entre mots,** interword gap ; **espace initial,** initial gap ; **espace interbloc,** interblock space, record gap, block gap, interblock gap ; **espace intercalaire,** embedded blank ; **espace mémoire,** memory space ; **espace mémoire de 32 mots,** sliver ; **espace mémoire de l'utilisateur,** user address space ; **espace mémoire utilisateur,** user programme area ; **espace mot,** word space ; **espace vide,** vacancy ; **espaces suiveurs,** trailing spaces ; **génération des caractères espaces,** space code generation ; **gestion de l'espace disque,** disc space management ; **grandeur d'espace,** gap length ; **reculer d'un espace,** backspace (to) ; **suppresseur d'espace,** blank deleter ; **suppression d'espaces,** space suppression.

ESPACEMENT : espacement, spacing, space, blank ; **bit d'espacement,** spacing bit ; **caractère d'espacement horizontal,** horizontal skip character ; **code signaux à espacement unitaire,** unit distance code ; **espacement de caractères longitudinal,** horizontal spacing ; **espacement des caractères,** horizontal pitch, row pitch ; **espacement des lignes,** vertical pitch ; **espacement entre caractères,** character spacing ; **espacement variable des caractères,** variable character pitch ; **touche d'espacement arrière,** backspace key.

ESQUISSE : esquisse, profile.

ESSAI : essai, testing, trial ; **carte d'essai,** test board ; **compte-rendu d'essai,** test report ; **console d'essai,** test console ; **contrôle de champ d'essai,** inspection test ; **données d'essai,** test data ; **essai aux chocs,** vibration test ; **essai aux vibrations,** vibration test ; **essai de boucle,** loop testing ; **essai de longévité,** life test ; **essai de programme,** programme test, programme testing ; **essai de réception,** acceptance test ; **essai manuel,** hands-on testing ; **essai pilote,** Beta test ; **essais du système,** system testing ; **générateur de fichier d'essais,** test file generator ; **mise au banc d'essai,** benchmarking, benchmark test ; **passage d'essai,** dry run, test run ; **passe d'essai,** dry run, test run ; **phase d'essai,** evaluation period ; **routine d'essai,** test routine ; **signal d'essai standard,** standard test tone ; **temps d'essai,** proving time ; **temps d'essai de programme,** programme test time ; **temps d'essai du système,** system test time ; **zone d'essai,** test field.

ESSENTIEL : essentiel, vital.

ESSENTIELLE : donnée essentielle, vital datum ; **informations essentielles,** vital data.

ESTIMATION : estimation, valuation.

ESTIME : estimé, estimated, assessed.

ESTIMEE : fiabilité estimée, reliability.

ET : ET, AND ; **circuit ET,** AND circuit, conjunction circuit ; **élément ET,** AND élément, logical multiply element, meet ; **opérateur ET,** AND operator ; **opération ET,** AND operation, meet operation, logical product, coincidence operation ; **porte ET,** AND gate, coincidence gate, intersection gate.

ETABLIR : établir, establish (to), set up (to) ; **établir des points de contrôle,** checkpoint (to) ; **établir un organigramme,** flowchart (to) ; **établir une liaison,** connect (to).

ETABLISSEMENT : établissement, settling, establishment ; **établissement d'organigramme,** flowcharting ; **temps d'établissement,** settling time.

ETALONNAGE : étalonnage, calibration ; **bande d'étalonnage,** calibration tape ; **courbe d'étalonnage,** calibration curve ; **table d'étalonnage,** calibration chart.

ETAPE : étape, step* ; **étape de travail,** job step ; **exécution de l'étape de travail,** job step execution ; **fin d'étape de travail,** job step termination ; **lancement de l'étape de travail,** job step initiation ; **reprise de l'étape de travail,** job step restart ; **table des étapes de travail,** job step table.

ETAT : état, report, state ; **analyseur d'états logiques**, logical analyser ; **binaire d'état**, status bit ; **bistable d'état**, status flip-flop ; **caractère d'état**, status character ; **caractère d'état d'article**, item status character ; **champ des indicateurs d'état**, status panel ; **code d'état**, quality code, status code ; **contrôle d'état des mouvements**, transaction status control ; **diagramme d'état**, status diagram ; **données d'état nodal**, node status data ; **élément à l'état solide**, solid state device ; **état '1'**, one-state ; **état actif**, on-state ; **état armé**, armed state ; **état bloqué**, cut-off state ; **état d'accès**, access state ; **état d'attente**, wait condition, waiting state ; **état d'attente permanent**, hard wait state ; **état d'entrée/sortie**, I/O status ; **état d'exécution**, operating state ; **état d'inactivité**, idle state ; **état d'un processus**, process state ; **état de compilation**, compilation stage ; **état de configuration**, configuration state ; **état de l'entrée**, input state ; **état de l'unité centrale**, processor state ; **état de repos**, idle state ; **état en cours**, current status ; **état initial**, cleared condition, initial state ; **état instable**, metastable state, unstable state ; **état intermédiaire**, intermediate status ; **état machine**, computer status ; **état masqué**, masked state ; **état moniteur**, monitor state ; **état opérationnel**, operating status ; **état séquentiel**, batch report ; **état solide**, solid state (SS) ; **état stable**, stable state ; **état transitoire**, transient state ; **état zéro**, zero condition, zero state ; **fichier des états**, report file ; **format d'état**, report format ; **générateur de programme d'états**, report programme generator (RPG) ; **génération d'état**, report generation ; **graphe d'état**, state graph, s-graph ; **indicateur d'état périphérique**, device flag ; **indication de l'état de l'exploitation**, condition code indicator ; **message d'état**, audit message ; **mot d'état**, status word ; **mot d'état de canal**, channel status word ; **mot d'état de contrôle**, control status word (CSW) ; **mot d'état de périphérique**, device status word ; **mot d'état programme**, programme status word (PSW) ; **registre d'état**, status register ; **remettre à l'état initial (un compteur)**, reset (to) (a counter) ; **remettre en état**, recondition (to) ; **remise à l'état initial d'un compteur**, counter reset ; **remise en état**, reconditioning ; **sortie d'état**, reporting ; **table d'états des canaux**, channel status table ; **table des états périphériques**, peripheral allocation table ; **technologie état solide**, solid logic technology ; **utilitaire d'éditeur d'états**, report writer.

ETENDRE : étendre, unpack (to), expand (to).

ETENDU : étendu, extended ; **adressage étendu**, extended addressing ; **code d'instruction étendu**, augmented operation code ; **facteur temps étendu**, extended time-scale ; **fichier étendu**, spanned file.

ETENDUE : étendue, scope, span ; **carte mémoire étendue**, above-board ; **E/S étendues**, extended I/O ; **étendue d'une erreur**, error span ; **gestionnaire pour mémoire étendue**, expanded memory manager ; **spécification de mémoire étendue**, expanded memory specification (EMS) ; **système à vie plus étendue**, extented system life span.

ETIQUETAGE : étiquetage, labelling, tagging.

ETIQUETER : étiqueter, label (to), tag (to).

ETIQUETTE : étiquette, label*, reference, tab, tag ; **désignation d'étiquette**, label identification ; **étiquette d'adresse**, location field tag ; **étiquette d'article**, item mark ; **étiquette d'entrée**, entry label ; **étiquette d'identification**, identifying label ; **étiquette de bande**, tape label ; **étiquette de début**, interior label, start label ; **étiquette de fichier**, file label ; **étiquette de fin**, ending label ; **étiquette début de bloc**, header flag ; **étiquette externe**, external label ; **étiquette onomastique**, onomasticon ; **étiquette pour imprimante**, tab label ; **étiquette queue de bande**, trailer flag ; **étiquette utilisateur**, user label ; **format d'étiquette**, label format, tab format ; **identificateur d'étiquette**, label indicator ; **lecteur d'étiquettes**, tag reader ; **liste d'étiquettes**, label list ; **piste d'étiquette**, label track ; **sans étiquette**, unlabelled ; **zone d'étiquette**, label field.

ETOILE : étoile, star ; **étoilé**, starred ; **architecture en étoile**, starred architecture ; **montage en étoile**, wye connection ; **réseau en étoile**, umbrella ; **réseau étoilé**, star network, starred network.

ETROIT : ruban étroit, strip ribbon.

ETROITE : bande étroite, narrowband ; impulsion étroite, narrow pulse.

ETTD : terminal de données (ETTD), data terminal equipment (DTE).

ETUDE : étude, design ; **étude de faisa-**

bilité, feasibility study ; **étude de fichiers**, file analysis ; **étude de la charge de réseau**, network load analysis ; **étude de systèmes**, systems analysis ; **étude fonctionnelle**, functional design ; **étude logique**, logic design, logical design.

EVALUATION : évaluation, analysis, assessment, problem, trial, benchmark* ; **constante d'évaluation**, valuation constant ; **évaluation de l'information**, data evaluation ; **évaluation de la demande**, demand assessment ; **évaluation informatique**, computerised problem ; **programme d'évaluation**, benchmark programme, problem programme ; **programme de d'évaluation**, benchmark routine.

EVALUER : évaluer les performances, benchmark (to).

EVENEMENT : évènement, event* ; **commandé par l'évènement**, event-controlled ; **évènement inscrit**, posted event ; **indicateur d'évènement**, flag event ; **traitement d'évènement**, event handling.

EVOLUE : évolué, advanced, high-level ; **attribut d'impression évolué**, advanced print features ; **langage évolué**, high-level language, advanced language, high-order language ; **peu évolué**, low-level.

EVOLUEE : conception informatique évoluée, advanced computer concept ; **équation évoluée**, high-order equation.

EXACTITUDE : exactitude, accuracy* ; **caractère de contrôle d'exactitude**, accuracy control character ; **contrôle d'exactitude**, accuracy control ; **exactitude de positionnement**, positioning accuracy.

EXAMEN : aire d'examen, inspection area.

EXAMINER : examiner, scrutinise (to) (US: scrutinize).

EXCEDENT : code excédent trois, excess-three code (XS3) ; **excédent cinquante**, excess-fifty ; **numération excédent 64**, excess-sixty four notation.

EXCES : excès, excess ; **arrondir par excès**, round up (to).

EXCITATION : bobine d'excitation, pick coil ; **excitation instantanée**, immediate pickup ; **temps d'excitation**, pick time ; **variable d'excitation**, actuating variable.

EXCITER : exciter, energise (to).

EXCLAMATION : point d'exclamation '!', exclamation mark.

EXCLUSIF : exclusif, exclusive ; **circuit NI exclusif**, exclusive-NOR gate, biconditional element, equivalence gate ; **circuit NON-ET exclusif**, EXNOR element, EXNOR gate ; **circuit OU exclusif**, exjunction gate, except element, EXOR gate, distance gate, anticoincident element ; **opération OU exclusif**, anticoincidence operation, inequivalence, symmetric difference ; **traitement exclusif des entrées**, input only processing.

EXCLUSION : exclusion, exclusion* , except operation ; **circuit d'exclusion**, NOT-IF-THEN element ; **porte d'exclusion**, NOT-IF-THEN gate.

EXCLUSIVE : entrée exclusive, input only.

EXCURSION : excursion, deviation ; **excursion de fréquence**, frequency deviation.

EXECUTABLE : exécutable, executable ; **exécutable par la machine**, machine-readable ; **module exécutable**, run module ; **non exécutable**, non-executable ; **opérateur exécutable**, absolute operator.

EXECUTEE : opération exécutée par mots, word-oriented operation.

EXECUTER : exécuter, execute* (to), obey (to), process (to).

EXECUTION : exécution, passing, running, run* ; **(caractère de) fin d'exécution**, end-of-run character (EOR) ; **calculateur d'exécution**, target computer ; **chemin d'exécution**, execution path ; **code à temps d'exécution minimal**, minimum latency code ; **compilation-exécution**, compile-and-go ; **compte-rendu de l'exécution des travaux**, job execution report ; **cycle d'exécution**, execute cycle, execution cycle ; **durée d'exécution**, running duration, run duration, running time ; **état d'exécution**, operating state ; **exécution d'instruction**, instruction execution ; **exécution de l'étape de travail**, job step execution ; **exécution de programme**, programme execution ; **exécution de service**, housekeeping run ; **exécution des tâches**, job execution ; **exécution des travaux**, job execution ; **exécution imbriquée**, interleave execution ; **exécution pas à pas**, single-step operation, step-by-step operation ; **exécution réelle**, actual execution ; **exécution synchrone**, synchronous execution ; **génération-exécution**, generate-and-go ; **instruction d'exécution**, execute order, execute statement ; **machine d'exécution**, object machine ; **passe d'exécution**, job run ; **phase d'exécution**, executing phase, execute phase, object phase ; **programmation à temps d'exécution minimal**, minimum latency programming ; **réutilisable après exécution**, serially reusable ; **séquence d'exécution**, control sequence, execution sequence ; **table de temps d'exécution**, execution time table ; **temps d'exécution**, batch operation time, execution time, object time, processing time ; **temps d'exécution de l'instruction**, instruction execution time ; **temps d'exécution sans erreurs**, productive time.

EXEMPLAIRE : valeur exemplaire, ideal value.

EXERCICE : exercice, drill, exercise ; **exercice pratique**, hands-on exercise ; **exercice pratique interactif**, interactive hands-on exercise ; **programme d'exercice**, exerciser.

EXPANSEUR : compresseur-expanseur, compander.

EXPEDITEUR : expéditeur, addresser.

EXPERIMENTAL : modèle expérimental, conceptual modelling ; **montage expérimental**, breadboard circuit.

EXPERIMENTALE : carte expérimentale, breadboard.

EXPERT : système expert, expert system.

EXPLICITE : explicite, explicit ; **adresse explicite**, explicit address ; **fonction explicite**, explicit function ; **valeur explicite**, driven value.

EXPLOITABLE : exploitable, processible ; **données exploitables par la machine**, machine-readable data.

EXPLOITANT : sollicitation à l'exploitant, operator prompting.

EXPLOITATION : exploitation, job, operation, working ; **charge d'exploitation**, system workload ; **commande d'exploitation**, operator command ; **console d'exploitation**, operating station ; **disque d'exploitation**, master disc ; **dossier d'exploitation**, run book ; **droit d'exploitation**, copyright ; **durée d'exploitation**, operating time, run-time ; **en exploitation**, on-stream ; **environnement d'exploitation**, working environment ; **exploitation en mode local**, home loop operation ; **exploitation intermittente**, intermittent operation ; **exploitation manuelle**, manual operation ; **exploitation non surveillée**, unattended mode ; **exploi-**

tation par découpage du temps, time slicing environment ; **exploitation simultanée**, simultaneous throughput ; **exploitation sous surveillance**, attended operation ; **exploitation unidirectionnelle**, unidirectional working ; **indication de l'état de l'exploitation**, condition code indicator ; **logiciel d'exploitation**, system software ; **manuel d'exploitation**, run manual, system handbook ; **moniteur d'exploitation**, run-time monitor ; **noyau du système d'exploitation**, operating system nucleus ; **ordinogramme d'exploitation**, run chart ; **phase d'exploitation du programme utilitaire**, utility session ; **registre d'exploitation**, operation register ; **système d'exploitation**, system programme ; **système d'exploitation (SE)**, operating system (OS) ; **système d'exploitation à bande**, tape operating system (TOS) ; **système d'exploitation à disque (SED)**, disc operating system (DOS) ; **système d'exploitation de base (IBM)**, basic operating system (BOS) ; **système d'exploitation de réseau**, network operating system (NOS) ; **système d'exploitation distribué**, distributed operating system ; **système d'exploitation virtuel**, virtual operating system (VOS) ; **taux d'exploitation**, operating ratio ; **temps d'exploitation**, operable time, uptime ; **zone d'exploitation**, processing section.

EXPLOITE : exploité, operated.

EXPLORATEUR : explorateur, scanner.

EXPLORATION : exploration, scan, sweep ; **lecture par exploration**, sensing ; **méthode d'exploration**, scanning method.

EXPONENTIELLE : fonction exponentielle, power function ; **formule exponentielle**, power formula.

EXPOSANT : exposant, exponent* ; **exposant de racine**, index of root, index of a radical.

EXPRESSION : expression, expression, phrase ; **expression à intégrer**, integrand ; **expression algébrique**, algebraic expression ; **expression arithmétique**, arithmetic expression ; **expression booléenne**, Boolean expression ; **expression conditionnelle**, conditional expression, condition expression ; **expression logique**, logic expression, logical expression ; **expression mathématique**, mathematical term ; **expression relationnelle**, relational expression.

EXPRIMEE : capacité exprimée en

mots, word capacity.

EXPULSER : expulser, kick (to).

EXPULSION : expulsion, kick.

EXTENSIBLE : extensible, expandable, upgradable.

EXTENSION : extension, upgrade ; capacité d'extension, growth capability ; carte d'extension, expansion board ; extension d'entrée/sortie, I/O expander ; extension de langage, language extension ; extension de nom de fichier, file name extension ; extension mémoire, add-on memory ; ligne d'extension, line loop ; possibilité d'extension, add-on facility.

EXTERIEUR : langage extérieur, external language.

EXTERIEURE : interruption extérieure, external interrupt ; ligne extérieure, outside line ; référence extérieure, external reference.

EXTERNE : externe, external ; adresse externe, external address ; commande de débit externe, external output control ; connecteur externe, external connector ; étiquette externe, external label ; fichier externe, external data file ; file d'attente externe, external queue ; mémoire externe, external storage, auxiliary store, external memory ; paramètre externe, external programme parameter ; registre externe, external register ; signal externe, external signal ; symbole externe, external symbol.

EXTINCTION : extinction, blanking.

EXTRACTEUR : extracteur, puller ; extracteur de circuit intégré, IC puller.

EXTRACTION : extraction, fetch, pulling, selection ; extraction de mémoire, storage read-out ; extraction des données, data extraction ; extraction et effacement, read-out and reset ; extraction manuelle, hand pulling ; instruction d'extraction, delivery statement, fetch instruction ; programme d'extraction, output programme, output routine ; zone d'extraction, output area.

EXTRAIRE : extraire, fetch (to), peek (to), pick (to), pop (to), excerpt (to), extract* (to), read (to), retrieve (to), pull (to), read out (to) ; extraire par tri, outsort (to).

EXTRAIT : extrait, excerpt.

EXTREME : extrême gauche, left-most.

EXTREMITE : extrémité, endpoint ; nœud d'extrémité, endpoint node

F

FABRICANT : fabricant, maker ; fabricant de circuits intégrés, IC maker.

FAC : fac-similé, facsimile, fax, telefax ; réseau de fac-similé, facsimile network.

FACE : face, side ; disquette double face, reversible flexible disc ; disquette utilisable en double face, double-sided diskette ; disquette utilisable en simple face, single-sided diskette ; double face, double sided ; face arrière, backplane.

FACTEUR : facteur, factor, figure ; facteur d'imbrication, interleave factor ; facteur d'itération, iteration factor ; facteur d'utilisation, duty cycle ; facteur de blocage, block factor ; facteur de bruit, noise figure ; facteur de charge, load factor, unit load ; facteur de correction, correcting factor ; facteur de dépassement, overshoot factor ; facteur de groupage, blocking factor ; facteur de modulation, modulation factor ; facteur de pondération, weighting factor ; facteur de puissance, power factor ; facteur de qualité, quality fac-

power factor ; facteur de qualité, quality factor ; facteur de voie, way factor ; facteur itératif, iterative factor ; facteur temps étendu, extended time-scale ; facteur temps réduit, fast time scale ; valeur de facteur, factor value.

FACTICE : factice, blank, dummy ; instruction factice, blank instruction, dummy statement.

FACTORIELLE : factorielle, factorial.

FACULTATIF : facultatif, optional ; commande d'arrêt facultatif, optional pause instruction ; instruction d'arrêt facultatif, optional halt instruction ; mot facultatif, optional word ; saut de bloc facultatif, optional block skip.

FACULTE : faculté d'accès, retrievability ; faculté de récupération, recoverability ; faculté de traitement, processability.

FAGOT : fagot, hash mark, hash sign, number sign ' # '.

FAIBLE : binaire de poids faible, least

significant bit (LSB), right-end bit ; **caractère de plus faible poids**, least significant character ; **fraction décimale de faible poids**, terminating decimal ; **impression faible**, under-printing ; **matériel de faible performance**, low-performance equipment ; **poids faible**, least significant (LS) ; **points faibles**, shortcomings.

FAIBLEMENT : graphe faiblement connexe, weakly connected graph.

FAIRE : savoir-faire, know-how.

FAISCEAU : mémoire à faisceau électronique, beam store.

FANTOME : fichier fantôme, null file.

FATIGUE : fatigue visuelle, visual strain.

FAUSSE : fausse couleur, false colour ; **fausse couleur analogique**, analogue false colour ; **fausse erreur**, false error.

FAUX : faux, false, uncorrect ; **faux plancher**, access floor, false floor.

FAVORI : passe-temps favori, hobby.

FCT : fonction de contrôle des travaux (FCT), job entry services (JES).

FEMELLE : connecteur femelle, female plug.

FENETRAGE : fenêtrage, windowing*.

FENETRE : fenêtre, viewport*, window ; **carte à fenêtre**, aperture card ; **détourage hors-fenêtre**, window clipping ; **dictionnaire en mode fenêtre**, pop-up dictionary ; **fenêtre de lecture**, read screen ; **fenêtre de visée**, viewing window ; **fenêtres à recouvrement**, tiled windows ; **menu mode fenêtre**, pop-up menu ; **mode fenêtre**, pop-up window ; **répertoire mode fenêtre**, pop-up directory ; **transformation fenêtre-clôture**, viewing transformation, window transformation.

FENTE : fente, slot ; **fente de détrompage**, indexing slot ; **fente détrompeuse**, polarising (US: polarizing) slot.

FER : image fil de fer, wire frame ; **représentation fil de fer**, wire frame representation.

FERME : fermé, closed ; **groupe fermé d'usagers**, closed user group ; **programme fermé**, linked programme ; **sous-programme fermé**, closed subroutine ; **système fermé**, closed system.

FERMEE : boucle fermée, closed loop ; **chaîne de comptage fermée**, closed counting chain ; **circuit en boucle fermée**, closed loop circuit.

FERMETURE : fermeture, closedown ; **apostrophe de fermeture '''**, single-closing quotation mark ; **crochet de fermeture**, right square bracket ']' ; **fermeture d'une session**, log-out ; **fermeture de fichier**, close file ; **temps de fermeture**, make-time.

FERRITE : ferrite, ferrite ; **mémoire à ferrites**, core store, core storage, rod memory ; **tore de ferrite**, ferrite core.

FERROMAGNETIQUE : mémoire ferromagnétique, ferromagnetic storage.

FEUILLE : feuille, leaf*, sheet ; **(caractère de) présentation de feuille**, form feed character (FF) ; **alimentation feuille à feuille**, sheet feeding, single-sheet feed ; **feuille de programmation**, coding form, coding sheet, programme worksheet, programming form, programme sheet ; **feuille de travail**, worksheet ; **feuille intermédiaire**, interleaf ; **feuille programme**, instruction sheet.

FEUILLET : haut de feuillet, head-of-form (HOF) ; **mémoire à feuillets magnétiques**, magnetic sheet memory ; **système à feuillets magnétiques**, magnetic card system.

FIABILITE : fiabilité, reliability*, viabilité ; **fiabilité de circuit**, circuit reliability ; **fiabilité du matériel**, hardware reliability ; **fiabilité informatique**, computer efficiency.

FIBONACCI : recherche de Fibonacci, Fibonacci search.

FIBRE : fibre, fibre (US: fiber) ; **câble à fibres optiques**, fibre optic cable ; **caractéristiques des fibres optiques**, optical fibre characteristics ; **fibre optique**, fibre optics ; **perte par courbure (fibre optique)**, bending loss (optofibre).

FICELLE : ficelle de test, test lead.

FICHE : fiche, jack, plug ; **fiche banane**, banana pin ; **fiche d'inventaire de stock**, stock card ; **fiche de spécification**, specification sheet ; **fiche de vérification**, control card, inspection detail card ; **fiche signalétique**, record card ; **fiche sur film**, microfiche.

FICHIER : fichier, file*, volume ; **(caractère de) fin de fichier**, end-of-file character (EOF) ; **accès fichier**, file access ; **archivage de fichier**, file storage ; **attribut de fichier**, file attribute ; **attribution de fichier**, file allocation ; **balayage de fichier**, file scan ; **caractère séparateur de fichier**, file separator character ; **caractéristiques de fichier**, file specification ; **chaîne de fichiers**, file string ; **commande de**

fichier, file control ; **composition de fichier**, file composition ; **conversion de fichier**, file conversion ; **copie de fichier**, file copy ; **création de fichier**, file creation ; **début de fichier**, file beginning ; **définition de fichier**, file definition ; **description de fichier**, file description ; **désignation de fichier**, file assignment ; **disposition de fichier**, file layout ; **effacement de fichiers**, file purging ; **enchaînement de fichiers**, file concatenation ; **enregistrement d'ouverture de fichier**, file leader record ; **ensemble de fichiers**, file set ; **espace entre fichiers**, file gap ; **étiquette de fichier**, file label ; **étude de fichiers**, file analysis ; **extension de nom de fichier**, file name extension ; **fermeture de fichier**, close file ; **fichier à accès direct**, hashed random file, random access file ; **fichier à accès direct indexé**, index random file, indexed non-sequential file ; **fichier à accès séquentiel**, direct access file, random file ; **fichier à blocs regroupés**, reblocked file ; **fichier à blocs fixes**, fixed-block file ; **fichier à codes classifiés**, key-sequenced file ; **fichier à données séquentielles**, sequential data file ; **fichier à points de contrôle**, checkpointed file ; **fichier actif**, active file ; **fichier altéré**, corrupt file ; **fichier archive**, archived file, audit file, history file ; **fichier bande entrée**, input tape file ; **fichier bande magnétique**, magnetic tape file ; **fichier bibliothèque**, library file ; **fichier central**, computer bank ; **fichier chaîné**, concatenated file, threaded file ; **fichier chargeur de programme**, programme load file ; **fichier d'ajouts**, add file ; **fichier d'entrée**, in file, input file ; **fichier d'entrée des travaux**, job file, job input file ; **fichier d'entrée système**, system input file ; **fichier d'environnement**, environmental file ; **fichier de catalogue**, catalogue file ; **fichier de clôture**, unload file ; **fichier de commande**, command file ; **fichier de comptabilisation des travaux**, job accounting file, job account file ; **fichier de destination**, destination file ; **fichier de détail**, detail file, transaction file ; **fichier de fusionnement**, collation file ; **fichier de gestion des travaux**, job control file ; **fichier de microfilms**, microfilm file ; **fichier de mise à jour**, updated master file ; **fichier de modules objet**, object module file ; **fichier de première génération**, grandfather file ; **fichier de programmes**, programme file, run file ; **fichier de réserve**, back-up file ; **fichier de sortie**, output file ; **fichier de sortie des résultats**, job output file ; **fichier de spécifications**, specification file ; **fichier de travail**, scratch file, working file, work file ; **fichier de vidage**, dump file ; **fichier de vidage sélectif**, select output file ; **fichier dégroupé**, unblocked file ; **fichier des adresses d'enregistrements**, record address file ; **fichier des états**, report file ; **fichier des files de travaux**, job stream file ; **fichier des modifications**, amendment file ; **fichier des mouvements**, change file, maintenance file, update file ; **fichier des périphériques**, device file ; **fichier des transactions**, collector journal, transaction journal ; **fichier des variables**, variable file ; **fichier désigné**, labelled file ; **fichier dictionnaire principal**, main dictionary file ; **fichier dictionnaire secondaire**, secondary dictionary file ; **fichier direct**, direct file ; **fichier disque**, disc file ; **fichier du personnel utilisateur**, user attribute file ; **fichier en anneau**, ring file ; **fichier en cartes**, card file ; **fichier en chaîne**, chained file ; **fichier en instance**, suspense file ; **fichier en mémoire tampon**, buffered file ; **fichier en vrac**, unclassified file ; **fichier étendu**, spanned file ; **fichier externe**, external data file ; **fichier fantôme**, null file ; **fichier générateur**, father file ; **fichier historique d'articles**, item history file ; **fichier image**, image file ; **fichier important**, sensitive file ; **fichier inactif**, dead file ; **fichier indéfini**, undefined file ; **fichier index**, index file ; **fichier indexé**, indexed file ; **fichier inversé**, inverted file ; **fichier logique**, logical file ; **fichier mémoire**, memory file ; **fichier monopile**, single-volume file ; **fichier multidomaine**, multiextent file ; **fichier non protégé**, unprotected file ; **fichier non structuré**, unstructured file ; **fichier par page**, page file ; **fichier partagé**, shared file ; **fichier permanent**, permanent file ; **fichier primaire**, primary file ; **fichier principal**, main file, master file ; **fichier principal actif**, active master file ; **fichier principal d'articles**, item master file ; **fichier principal de données**, central information file ; **fichier protégé**, protected file ; **fichier public**, public file ; **fichier répertoire**, card index system ; **fichier résident**, root file ; **fichier sans label**, unlabelled file ; **fichier secondaire**, auxiliary file, slave file ; **fichier séquentiel direct**, direct serial file ; **fichier séquentiel indexé**, indexed sequential file ; **fichier source**, source file ; **fichier source de fournisseur**, vendor master file ; **fichier struc-**

turé, structured file ; **fichier sur bande**, tape file ; **fichier sur disque magnétique**, magnetic disc file ; **fichier système**, file store ; **fichier temporaire**, temporary file ; **fichier translatable**, relocatable file ; **fichier très actif**, volatile file ; **fichier utilisateur**, user file ; **fichier virtuel**, virtual file ; **format de fichier**, file format ; **générateur de fichier d'essais**, test file generator ; **génération de fichier de test**, test file generation ; **gestion de fichiers**, file management ; **gestionnaire de fichier**, file manager, file librarian ; **groupage de fichiers**, file batching ; **groupement de fichiers**, file packing ; **identification de fichier**, file identification, identification of file ; **impression de fichier**, file print ; **index de fichier**, file index ; **indice de nom de fichier**, file name index ; **lecture de fichier**, file scan ; **liaison de fichier**, file link ; **marque de fin de fichier**, filemark ; **marqueur de fin de fichier**, end-of-file indicator, end-of-file spot ; **nettoyage de fichier**, cleanup, cleaning ; **nom de fichier**, filename, file name ; **organisation de fichier**, file layout, file organisation ; **organisation en fichiers séquentiels**, sequential file organisation ; **ouverture de fichier**, open file ; **partage de fichier**, file sharing ; **partie du fichier d'entrée**, input member ; **préparation de fichiers**, file preparation ; **programmation adaptée aux fichiers**, file-oriented programming ; **protection de fichier**, file protect, file protection ; **reconstruction de fichier**, file reconstruction ; **récupération de fichier**, file recovery ; **réorganisation de fichier**, file tidying, file reorganisation ; **repère de début de fichier**, beginning-of-file label ; **repère de fin de fichier**, end-of-file label ; **répertoire de fichiers**, data file directory, file directory ; **restauration de fichier**, file restore ; **sécurité des fichiers**, file security ; **séparateur de fichier**, file separator (FS) ; **serveur de fichiers**, file server ; **sous-fichier**, subfile ; **structure de fichier**, file structure ; **structure de fichier indexée**, indexed organisation ; **suite de fichiers**, queued file ; **système à fichiers**, filing system ; **système à fichiers communs**, shared file system ; **taille de fichier**, file size ; **taux de mouvement de fichier**, file activity ratio ; **technique de sauvegarde de fichiers**, grandfather technique ; **tenue de fichier**, file maintenance ; **traitement de fichiers**, file processing ; **unicité des fichiers**, file uniqueness ; **version de fichier**, file version ; **zone de description de fichier**, file descriptor area.

FICTIF : fictif, dummy ; **paramètre fictif**, dummy argument, formal parameter ; **périphérique fictif**, null device.

FICTIVE : adresse fictive, dummy address ; **zone fictive**, dummy field.

FIGE : mode figé, freeze mode, hold mode.

FIGURATIVE : constante figurative, figurative constant.

FIGURE : figure, figure ; **figure de code**, code pattern.

FIL : fil, wire ; **circuit deux fils**, two-wire circuit ; **connexion à quatre fils**, four-port addressing ; **contact à fil**, wire contact ; **fil de maintien**, holding wire, hold wire ; **fils verticaux**, vertical wires ; **image fil de fer**, wire frame ; **mémoire à fil magnétique**, magnetic wire storage, plated wire storage ; **passage de fils**, wire channel ; **raccord à fil**, wire lead ; **représentation fil de fer**, wire frame representation.

FILE : file (d'attente), list, queue, waiting list ; **accès par file d'attente**, queued access ; **élément de file d'attente**, waiting queue element ; **enlever d'une file**, dequeue (to) ; **fichier des files de travaux**, job stream file ; **file d'attente d'entrée**, entry queue, input queue ; **file d'attente d'ordonnancement**, scheduling queue ; **file d'attente de travaux en entrée**, input job queue ; **file d'attente des périphériques**, device queue ; **file d'attente des travaux**, job input queue, job queue ; **file d'attente en sortie**, output work queue ; **file d'attente externe**, external queue ; **file d'attente inversée**, pushdown queue ; **file d'attente pilote**, scheduler queue ; **file d'invitations**, invitation list ; **file de travaux**, run queue, input stream, job stream, job stack, run stream ; **file des travaux en entrée**, input work queue ; **gestion de file**, queue management ; **gestion des files d'attente**, queueing ; **liste de files d'attente**, queueing list ; **méthode d'accès avec file d'attente**, queue discipline ; **mettre en file d'attente**, enqueue (to) ; **mise en file d'attente**, enqueuing ; **opération en file d'attente**, work-in-process queue ; **principe des files d'attente**, queueing principle ; **probabilité d'attente en file**, queueing probability ; **remettre en file**, requeue (to) ; **retirer de la file**, queue off (to) ; **tâche dans une file d'attente**, input job ; **temps d'attente en file**, queue time ; **théorie**

des files d'attente, queueing theory ; **zone d'entrée de file**, queue slot ; **zone de file d'attente**, queueing field, waiting queue field.

FILIERE : magasin de réception filière, card throat.

FILM : fiche sur film, microfiche ; **film magnétique**, magnetic film ; **lecteur de film**, film reader.

FILTRAGE : filtrage, filtering, purification ; **filtrage des données**, data purification.

FILTRE : filtre, extractor, filter element, filter*, mask ; **filtre antireflet**, anti-glare filter ; **filtre coupleur à bande large**, broadband-coupling filter ; **filtre éliminateur de bande**, band elimination filter, bandstop filter ; **filtre maillé**, mesh filter ; **filtre passe-bande**, band-pass filter ; **filtre passe-bas**, low-pass filter ; **filtre passe-haut**, high-pass filter ; **filtre secteur**, power filter ; **filtre stop-bande**, band-reject filter.

FIN : fin, ending, end, tail, endpoint* ; (caractère de) fin d'exécution, end-of-run character (EOR) ; **(caractère de) fin de bloc**, end-of-block character (EOB) ; **(caractère de) fin de document**, end-of-document character (EOD) ; **(caractère de) fin de fichier**, end-of-file character (EOF) ; **(caractère de) fin de ligne**, end-of-line character (EOL) ; **(caractère de) fin de médium**, end-of-medium character (EM) ; **(caractère de) fin de message**, end-of-message character (EOM) ; **(caractère de) fin de texte**, end-of-text character (ETX) ; **(caractère de) fin de transmission**, end-of-transmission character (EOT) ; **(caractère de) fin de travail**, end-of-job character (EOJ) ; **amorce de fin**, magnetic tape trailer, trailer ; **amorce de fin de bande magnétique**, magnetic tape trailer, trailer ; **arrêt après fin de passage en machine**, end-of-run halt ; **arrêt de fin de papier**, form stop ; **bande sans fin**, endless tape ; **blancs de fin de mot**, trailing blanks ; **caractère de fin de bande**, end-of-tape character ; **détecteur de fin de papier**, paper-out indicator ; **étiquette de fin**, ending label ; **fin anormale**, abnormal end (ABEND), abnormal terminating ; **fin d'adresse**, end-of-address ; **fin d'enregistrement**, end-of-record ; **fin d'étape de travail**, job step termination ; **fin d'instruction**, instruction termination ; **fin de bande**, trailing end ; **fin de bloc de transmission**, end-of-transmission block (ETB) ; **fin de chaîne**, string break ; **fin de papier**, paper out ;

fin de programme, programme end ; **fin de session**, logging out, log-off, log-out ; **fin de tabulation**, skip stop ; **fin des déclarations de procédure**, end declarative ; **fin des données**, end-of-data ; **fin des tâches**, job start ; **fin des travaux**, job end, job termination ; **fin instantanée**, unusual end ; **fin instantanée du traitement des travaux**, unusual end of job ; **fin logique**, logical end ; **indicateur de fin page**, page end indicator ; **instruction de fin de travail**, sign-off ; **label de fin de bande**, end-of-volume trailer label ; **label fin utilisateur**, user trailer label ; **ligne de fin**, trailing line ; **marque de fin**, end mark, terminating symbol ; **marque de fin de fichier**, filemark ; **marqueur de fin de fichier**, end-of-file indicator, end-of-file spot ; **postlabel de fin de bande**, posttrailer ; **repère de fin**, trailer label ; **repère de fin de bande**, end-of-tape label, end-of-tape marker ; **repère de fin de fichier**, end-of-file label ; **séquence de fin**, ending sequence ; **signal de fin de message**, end of message signal ; **trait fin**, light line ; **tri fin**, fine sort.

FINAL : consommateur final, ultimate consumer ; **langage de l'utilisateur final**, end user language ; **passage final**, completion run ; **utilisateur final**, end user.

FIXE : arithmétique en virgule fixe, fixed-point arithmetic ; **attribut fixe**, static attribute ; **binaire en virgule fixe**, fixed-point binary ; **calcul en virgule fixe**, fixed-point calculation ; **champ fixe**, fixed field ; **cycle fixé**, canned cycle ; **de longueur fixe**, fixed-length ; **disque à tête fixe**, fixed-head disc ; **division à virgule fixe**, fixed-point division ; **enregistrement de longueur fixe**, fixed-length record, fixed-size record ; **enregistrement semi-fixe**, semi-fixed length record ; **fichier à blocs fixes**, fixed-block file ; **format à blocs fixes**, fixed-block format ; **format de longueur fixe**, fixed-length format ; **format fixe**, fixed format, fixed form ; **identificateur fixe**, reserved identifier ; **limite fixe**, integral boundary ; **longueur de bloc fixe**, fixed-block length ; **longueur de mot en virgule fixe**, fixed-point word length ; **longueur de mot fixe**, fixed-word length ; **mémoire fixe**, fixed memory, read-only memory (ROM), dead storage, fixed store ; **mémoire fixe inductive**, transformer read-only storage ; **mot de longueur fixe**, fixed word ; **notation à virgule fixe**, fixed-floating point format ; **numération**

à base fixe, fixed-radix notation ; numération en virgule fixe, fixed-point representation ; polarisation fixe, fixed bias ; tête fixe, fixed head ; tête magnétique fixe, fixe magnetic head ; tracé asservi à un point fixe, rubber banding ; type à virgule fixe, fixed-point type ; virgule fixe, fixed point.

FIXER : fixer (une variable), bind (to), set (to) (of a variable).

FLECHE : flèche, arrow, pointer ; flèche bas, down arrow ; flèche de défilement, scroll arrow ; flèche droite, right arrow ; flèche gauche, back arrow, left arrow ; flèche haut, up arrow ; flèche verticale, vertical arrow ; touche flèche, arrow key.

FLECHISSEMENT : fléchissement, yield.

FLOT : flot, flow, flux, stream, suite, throughput ; contrôle du flot des travaux, job flow control ; flot bidirectionnel, bidirectional flow ; flot binaire, bit stream ; flot d'entrée des travaux, job input stream ; flot d'instructions, instruction stream ; flot de données, data stream ; flot de sortie des résultats, job output stream ; flot de travaux, input stream, job stream, run stream.

FLOTTANT : flottant, float, floating ; caractère flottant, floating character ; type flottant, float type ; zéro flottant, floating zero.

FLOTTANTE : addition en virgule flottante, floating-point addition ; adresse flottante, floating address ; arithmétique à virgule flottante, floating-point arithmetic ; base de séparation flottante, floating-point base, floating-point radix ; calcul en virgule flottante, floating-point calculation ; instruction de calcul en virgule flottante, scientific instruction ; nombre à virgule flottante, floating-point number ; opération en virgule flottante, flop ; processeur en virgule flottante, floating-point processor (FPP) ; progiciel à virgule flottante, floating-point package ; programme à virgule flottante, floating-point routine ; registre à virgule flottante, floating-point register ; représentation à virgule flottante, floating-point representation ; soustraction flottante, floating substract ; type à virgule flottante, floating-point type ; un milliard d'opérations en virgule flottante, gigaflop ; virgule flottante, floating decimal, floating point ; virgule flottante en double précision, double precision floating point ; virgule flottante en multiple préci-

sion, long-form floating point ; virgule flottante simple précision, single-precision floating point.

FLOTTEMENT : flottement, cinching, flutter ; vitesse de flottement, flutter speed.

FLOTTER : flotter, float* (to).

FLUCTUANTE : erreur fluctuante, fluctuating error.

FLUCTUATION : fluctuation, fade.

FLUENCE : fluence, flow, flux ; algorithme de déviation de fluence, flow deviation algorithm (FDA) ; analyse de fluence, flow analysis ; diagramme de fluence, flow process diagram ; fluence d'entrée, flow-in ; fluence de sortie, flow-out.

FLUORESCENT : écran fluorescent, fluorescent screen.

FLUORESCENTE : lampe fluorescente, fluorescent lamp.

FLUX : flux, flux, flow, stream, suite ; commande de flux, flow control ; densité de flux magnétique, magnetic flux density ; flux de commande, control flow ; flux de données générées, generated data flow ; flux de travaux, input stream, job stream, run stream ; flux de travaux individuels, single-job stream ; transition de flux, flux transition.

FOIS : une fois seulement, one-off.

FOLIOTAGE : foliotage automatique, automatic page numbering.

FONCTION : fonction, control operation, control function, function ; (fonction de) commande de transmission, transmission control (TC) ; code de fonction, control code ; code de fonction d'affichage, display function code ; désignateur de fonction, function designator ; en fonction, versus (vs) ; fonction algébrique, algebraic function ; fonction booléenne, Boolean function ; fonction bouclée, close function ; fonction continue, continuous function ; fonction d'attente, wait action ; fonction d'écriture, write action ; fonction d'usage général, utility function ; fonction de blocage, inhibit function ; fonction de branchement, jump function ; fonction de chargement, load function ; fonction de commande, control operation, set function ; fonction de comptabilisation des travaux, job accounting interface ; fonction de contrôle des travaux (FCT), job entry services (JES) ; fonction de gestion, housekeeping function ; fonction de l'utilisateur, user function ; fonction de lecture des données, data read function ; **fonction de mise en page**, format effector (FE) ; **fonction de Pierce**, NEITHER-NOR operation, NOT-OR operation ; **fonction de pondération**, weighting fonction ; **fonction de recherche**, locate function, search function ; **fonction de récupération**, recovery function ; **fonction de référence**, alignment function ; **fonction de saut de bloc**, block skip ; **fonction de saut unitaire**, unit step function ; **fonction de seuil**, threshold function ; **fonction de traitement des articles**, item handling function ; **fonction de transfert**, transfer function ; **fonction de vérification**, verify function ; **fonction distribuée**, distributed function ; **fonction en escalier**, step function ; **fonction explicite**, explicit function ; **fonction exponentielle**, power function ; **fonction génératrice**, generating function ; **fonction hyperbolique**, hyperbolic function ; **fonction impaire**, odd function ; **fonction implicite**, implicit function ; **fonction intrinsèque**, built-in function ; **fonction inversée**, inverse function ; **fonction logique**, logical function, switching function ; **fonction primaire**, primary function ; **fonction rapide**, high-speed service ; **fonction récurrente**, recursive function ; **fonction secondaire**, secondary function ; **fonction uniligne**, single-line function ; **fonction unitaire**, unit function ; **fonction univalente**, one-valued function ; **générateur de fonction**, function generator ; **générateur de fonction analytique**. analytic function generator ; **générateur de fonction variable**, variable function generator ; **table de fonctions**, function table ; **touche de fonction**, function key, soft key ; **variation d'une fonction**, variation of a function.

FONCTIONNEL : fonctionnel, functional ; **bloc fonctionnel**, building block ; **diagramme fonctionnel**, action chart ; **langage fonctionnel**, applicative language ; **schéma fonctionnel**, block diagram, functional diagram ; **symbole fonctionnel**, functional symbol ; **test fonctionnel**, functional test.

FONCTIONNELLE : conception fonctionnelle, functional design ; **étude fonctionnelle**, functional design ; **perforation fonctionnelle**, control punch, control hole, designation hole ; **unité fonctionnelle**, functional unit.

FONCTIONNEMENT : fonctionnement, job, performance, working ; **diagramme de fonctionnement**, running diagram, working diagram ; **fonctionnement à sécurité intégrée**, failsafe operation ; **fonctionnement autonome**, autonomous operation ; **fonctionnement en parallèle**, concurrent performance ; **fonctionnement itératif**, auto-sequential operation, iterative operation ; **fonctionnement séquentiel**, consecutive operation, sequential operation ; **fonctionnement synchrone**, synchronous working ; **notice de fonctionnement**, instruction booklet ; **temps de fonctionnement**, uptime ; **vitesse normale de fonctionnement**, free-running speed.

FOND : fond, bottom ; **bruit de fond**, background noise, basic noise, grass, noodle ; **fond d'image**, background image, static image ; **fond inversé**, inverted background ; **marge de fond de page**, bottom margin ; **plaque de fond**, bottom plate ; **tâche de fond**, background job.

FONDAMENTAL : fondamental, fondamental, basic ; **réseau fondamental**, basic network.

FONDAMENTALE : données fondamentales, historical data ; **opération de calcul fondamentale**, basic calculating operation ; **variable fondamentale**, basic variable.

FONDRE : fondre, coalesce (to).

FONTE : fonte, fount (US: font), type fount ; **caractère de changement de fonte**, fount change character ; **fonte matricielle**, bit-mapped style, bit-mapped fount.

FORCE : à insertion nulle, zero insertion force (ZIF) ; **force d'impression**, printing pressure ; **force de frappe**, key touch force ; **force du signal**, signal strength ; **force électromotrice**, electromotive force ; **lignes de force**, lines of force.

FORCEE : aération forcée, forced cooling.

FORMAT : format, format*, outlay ; **commande de format électronique**, electronic format control ; **enregistrement sans format**, unformatted record ; **format à blocs fixes**, fixed-block format ; **format à mot quadruple**, quad-word bound ; **format binaire**, binary format ; **format condensé**, compressed form ; **format continu**, linked format ; **format d'adresse**, word address format ; **format d'affichage**, display format ; **format d'écran**, display setting ; **format d'enregistrement**, record format ; **format d'entrée**, input format ; **format d'état**, report format ; **format d'étiquette**, label format, tab format ; **format d'impression**, print format, printing format ; **format d'instruction**, instruction format ; **format de bloc**, block format ; **format de bloc d'adresses**, address block format ; **format de bloc de variables**, variable block format ; **format de bloc tabulaire**, tabulation block format ; **format de caractère**, character format ; **format de carte**, card format ; **format de données**, data format ; **format de fichier**, file format ; **format de l'information**, information format ; **format de liste**, list format ; **format de longueur fixe**, fixed-length format ; **format de message**, message format ; **format des cartes-paramètres**, control card format ; **format des données**, data layout ; **format des nombres naturels**, unsigned integer format ; **format fixe**, fixed format, fixed form ; **format horizontal**, horizontal format ; **format image de carte**, card image format ; **format indéterminé**, undetermined format ; **format interne**, internal format ; **format variable**, variable format ; **format vertical**, vertical format ; **sans format**, formatless.

FORMATAGE : formatage, formatting.

FORMATE : formaté, formatted ; **affichage formaté**, formatted display ; **affichage non formaté**, unformatted display ; **bordereau formaté**, line drawn form ; **disque non formaté**, unformatted disc ; **non formaté**, unformatted.

FORMATEE : instruction d'écriture non formatée, unformatted write statement.

FORMATER : formater, format (to).

FORMATEUR : formateur, formatter ; **formateur de disque**, disc formatter ; **formateur de texte**, text formatter.

FORMATION : formation, training ; **cours de formation**, instruction course ; **modèle de formation**, learning model.

FORME : forme, shape ; **caractère de mise en forme**, insertion character ; **constante sous forme d'instruction**, instructional constant ; **distorsion en forme de tonneau**, barrel-shaped distortion ; **forme complémentaire**, complement form ; **forme d'onde**, waveform ; **forme de la tension**, voltage waveform ; **forme du trait**, brush shape ; **forme normalisée**, normalised form (floating point), standard form ; **forme prédéfinie**, predefined shape ; **instruction de mise en forme**, editing instruction ; **mettre en forme**, edit (to) ; **mis en forme**

de signaux, signal formation ; **mise en forme**, editing, shaping ; **mise en forme de résultats**, post-editing ; **mise en forme de signal**, signal transformation, signal shaping ; **mise en forme de volume**, volume preparation ; **mise en forme des données**, data preparation ; **reconnaissance automatique des formes**, automatic shape recognition ; **reconnaissance des formes**, pattern recognition ; **sous forme éclatée**, unpacked format ; **sous forme graphique**, graphic form.

FORMEL : formel, formal ; **langage formel**, formal language ; **liste de paramètres formels**, formal parameter list ; **paramètre formel**, dummy argument, formal parameter.

FORMELLE : grammaire formelle, formal grammar ; **logique formelle**, formal logic.

FORMULAIRE : formulaire, printed form ; **alignement de formulaire**, form alignment ; **plaque réceptrice de formulaires**, document platform.

FORMULE : formule, formula ; **formule exponentielle**, power formula ; **traduction d'une formule**, formula translation.

FORT : binaire de poids fort, most significant bit (MSB) ; **bit de poids fort**, high-order storage position, left-end bit ; **chiffre de poids fort**, high-order digit ; **chiffre de poids le plus fort**, most significant digit (MSD) ; **position de poids fort**, high-order position ; **quartet de poids fort**, zone quartet.

FORTEMENT : graphe fortement connexe, strongly connected graph.

FORTH : forth (langage), forth (language).

FORTRAN : fortran (langage), fortran* (language) ; **compilateur Fortran**, Fortran compiler.

FORTUITE : distorsion fortuite, fortuitous distortion.

FOULAGE : cylindre de foulage, impression cylinder.

FOURCHETTE : contrôle par fourchette, range check.

FOURNISSEUR : fichier source de fournisseur, vendor master file.

FOYER : foyer, focus.

FRABRICANT : frabricant de clones, clone maker.

FRACTALE : fractale, fractal.

FRACTION : fraction, fraction ; **barre de fraction '/'**, left oblique, slash mark, slash ;

barre de fraction inverse 'ç', backlash, reverse slant, reverse slash ; **fraction algébrique**, algebraic fraction ; **fraction décimale de faible poids**, terminating decimal ; **fraction irrationnelle**, irrational fraction ; **fraction mixte**, improper fraction ; **fraction vulgaire**, vulgar fraction, common fraction.

FRAGMENTATION : fragmentation, fragmentation* ; **fragmentation mémoire**, storage fragmentation.

FRAPPE : frappe, key depression, strike, stroke, typing, hit, keying, keystroke, keyin ; **absence de frappe**, print suppress ; **amplificateur de frappe**, hammer module amplifier, print amplifier ; **bloc de frappe**, hammer block ; **commande de la profondeur de frappe**, impression control ; **double frappe**, double stroke, double strike ; **erreur de frappe**, keying mistake, mistype ; **force de frappe**, key touch force ; **impression à frappe alternée**, reverse typing ; **mémorisation de N frappes de touche**, N-key rollover ; **signal sonore de frappe**, key chirp ; **taux d'erreurs de frappe**, keying error rate ; **vitesse de frappe**, keying speed, key rate.

FRAPPER : frapper, hit (to), impact (to), keystroke (to).

FREQUENCE : fréquence, frequency ; **assignement de fréquence**, frequency assignment ; **bande de fréquence image**, image band ; **bande de fréquences**, frequency band ; **bande (de fréquences) vierge**, clear band ; **changement de fréquence**, frequency changing ; **déviation de fréquence du signal**, frequency shift signal ; **distribution de fréquences**, frequency distribution ; **division de fréquence**, frequency slicing, frequency division ; **duplexage par division de fréquence**, frequency-division duplexing (FDM) ; **excursion de fréquence**, frequency deviation ; **fréquence assignée**, assigned frequency ; **fréquence d'horloge**, clock rate, clock frequency ; **fréquence de balayage**, scan frequency ; **fréquence de base**, base frequency ; **fréquence de l'onde porteuse**, carrier frequency ; **fréquence de récurrence**, pulse repetition frequency (PRF), recurrence rate, sequential rate ; **fréquence de ronflement**, hum frequency ; **fréquence de travail**, working frequency ; **fréquence image**, image frequency ; **fréquence limite**, limit frequency, limiting frequency ; **fréquence vocale**, voice frequency ; **modulation**

d'impulsions en fréquence, pulse frequency modulation (PFM) ; **modulation de fréquence**, frequency modulation (FM) ; **modulation de fréquence spectral**, frequency change signalling ; **modulation par déplacement de fréquence**, frequency shift keying (FSK), frequency shift signalling, two-tone modulation ; **saut de fréquence**, frequency shift ; **sortie de fréquence audible**, audio frequency output ; **sortie de fréquence vocale**, voice frequency output ; **spectre de fréquences**, frequency spectrum ; **télégraphie à fréquence vocale**, telegraphy voice frequency ; **tolérance de fréquence**, frequency tolerance ; **unité de fréquence**, Hertz (Hz) ; **voie dérivée en fréquence**, frequency-derived channel.

FREQUENTIEL : multiplexeur fréquentiel, frequency-division multiplexer.

FRICTION : entraînement par friction, friction feed.

FROID : chargement à froid, cold boot ; **lancement à froid**, cold start ; **relance à froid**, cold restart.

FRONT : bascule déclenchée par un front, edge-triggered latch ; **front de montée**, positive-going transition.

FRONTAL : bande perforée à alignement frontal, advance feed rate ; **calculateur frontal**, interface computer ; **chargement frontal**, front loading ; **ordinateur frontal**, front-end computer ; **processeur frontal**, front-end processor (FEP).

FRONTALE : alimentation frontale, front feed ; **machine frontale**, front-end computer.

FRONTIERE : frontière, border ; **frontière de cylindre**, cylinder boundary ; **frontière de mot**, word boundary.

FUITE : fuite, leak ; **courant de fuite**, sneak current ; **résistance de fuite**, leak resistor.

FUSIBLE : fusible, fuse ; **mémoire morte fusible**, fusable read-only memory.

FUSION : fusion, merge* ; **case de fusion**, stocker ; **fusion sélection**, match merge ; **ordre de fusion**, merge order ; **organigramme fusion**, optimal merge tree ; **passe de fusion**, merge pass ; **ranger par fusion**, order (to) by merging ; **tri de fusion**, interfusion, merge sorting, polyphase sort.

FUSIONNEMENT : fusionnement, collation ; **fichier de fusionnement**, collation file ; **séquence de fusionnement**, collation sequence ; **tri de fusionnement**, external sort.

FUSIONNER : fusionner, coalesce (to), merge (to).

FUSIONNEUSE : fusionneuse, collator

G

GABARIT : gabarit, model, template* ; **hors-gabarit**, out-of-frame.

GAIN : gain, gain, amplification ; **adaptateur à gain élevé**, high-speed adapter ; **amplificateur à gain élevé**, high-level amplifier ; **gain de boucle**, loop gain ; **gain de transmission**, transmission gain.

GAINE : gaine, jacket ; **gaine protectrice**, insulating nose.

GALET : galet, belt roller ; **galet d'entraînement de bande**, tape roller.

GALETTE : galette, wafer.

GAMME : gamme, range* ; **gamme d'une erreur**, error range.

GARANTI : testé et garanti, rated.

GARDE : garde, guard, barrier ; **garde de mémoire**, guard, memory guard ; **signal de garde**, guard signal ; **technologie d'avant-garde**, advanced technology.

GARDER : garder, keep (to).

GARNIR : garnir de zéros, zeroise (to) (US: zeroize), zero fill (to).

GARNISSAGE : garnissage, padding ; **bloc de garnissage en entrée**, input padding record ; **caractère de garnissage**, gap character, throw-away character.

GAUCHE : gauche, left ; **accolade gauche '{'**, left brace, opening brace ; **binaire de gauche**, high-order bit ; **cadré à gauche**, left adjusted ; **caractère cadre à gauche**, high-order character ; **colonne la plus à gauche**, high-order column ; **décalage à gauche**, left shift ; **extrême gauche**, left-most ; **flèche gauche**, back arrow, left arrow ; **impression des zéros de gauche**, left zero print, high-order zero printing ; **justification à gauche**, left justification, left justify ; **justifié à gauche**, justified left, left justified ; **justifier à gauche**, left justify (to) ; **marge de gauche**, left margin ; **parenthèse gauche '('**, left parenthesis, opening parenthesis ; **partie gauche**, left part ; **zéro cadré à gauche**, left hand zero ; **zéros de gauche**, high-order zeroes.

GAUSSIEN : gaussien, Gaussian ; **bruit gaussien**, Gaussian noise.

GBD : gestion de base de données (GBD), data base management (DBM).

GELE : mode gelé, freeze mode, hold mode.

GENERAL : dernier mouvement général, last major transaction ; **fonction d'usage général**, utility function ; **langage d'usage général**, general-purpose language ; **premier mouvement général**, first-major transaction ; **processeur à usage général**, general-purpose processor ; **programme général**, general programme ; **utilitaire général**, general utility.

GENERALISE : généralisé, generalised (US: generalized).

GENERATEUR : générateur, generator* ; **circuit générateur de rythmes**, timing pulse generator ; **fichier générateur**, father file ; **générateur d'harmonique**, harmonic generator ; **générateur d'impulsions**, pulse generator ; **générateur de balayage trame**, field scan generator ; **générateur de caractères**, character generator ; **générateur de compilateurs**, compiler generator ; **générateur de courbes**, curve generator ; **générateur de diagramme**, autochart ; **générateur de fichier d'essais**, test file generator ; **générateur de fonction**, function generator ; **générateur de fonction analytique**, analytic function generator ; **générateur de fonction variable**, variable function generator ; **générateur de longueur de mot**, word size emitter ; **générateur de nombre**, number generator ; **générateur de nombres aléatoires**, random number generator ; **générateur de programme**, programme generator ; **générateur de programme d'amorçage**, bootstrap generator ; **générateur de programme d'états**, report programme generator (RPG) ; **générateur de programme de sortie**, output routine generator ; **générateur de rapport intégré**, own report generator ; **générateur de rythme**, clock generation ; **générateur de signal d'horloge**, clock signal generator, timing generator ; **générateur de signaux balayage ligne**, line scan generator ; **générateur de vecteur**, vector generator ; générateur vectoriel de caractères, stroke character generator ; **générateur vidéo**, video generator ; **macro-générateur**, macro-generating programme, macro-generator ; **nombre générateur**, generation number ; **programme générateur**, generating routine, generating programme ; **programme générateur de rythme**, clock programme.

GENERATION : génération, generation* ; **bande de première génération**, grandfather tape ; **calculateur de seconde génération**, second-generation computer ; **calculateur de troisième génération**, third-generation computer ; **fichier de première génération**, grandfather file ; **génération d'état**, report generation ; **génération de calculateurs**, computer generation ; **génération de caractères automatique**, automatic character generation ; **génération de couleurs**, colour generation ; **génération de fichier de test**, test file generation ; **génération de programme**, programme generation ; **génération de système**, sysgen, system generation ; **génération des caractères espaces**, space code generation ; **génération des mises à jour**, update generation ; **génération émulée**, emulator generation ; **génération-exécution**, generate-and-go ; **génération source**, prime generation ; **génération tertiaire**, son generation ; **nom de génération**, generic name ; **paramètre de génération**, generation parameter ; **programme de génération**, generation programme ; **seconde génération**, second generation.

GENERATRICE : fonction génératrice, generating function.

GENERE : généré, generated ; **type généré dynamiquement**, dynamically generated type.

GENEREE : adresse générée, synthetic address ; **ensemble de données générées**, generation data set ; **flux de données générées**, generated data flow.

GENERER : générer, generate (to) ; **générer un système**, sysgen (to).

GENERIQUE : générique, generic.

GENIE : génie logiciel, software engineering.

GENRE : genre, gender ; **changeur de genre RS-232**, RS-232 gender changer.

GEOMETRIE : géométrie, geometry ; **erreur de géométrie**, geometry error ; **géométrie analytique**, analytic geometry.

GEOMETRIQUE : géométrique, geometric ; **modélisation géométrique tridimensionnelle**, three-dimension geometric modelling ; **somme géométrique**, vector sum.

GERE : calculateur géré par programme, programme-controlled computer.

GESTION : gestion, management ; **action de gestion**, management action ; **calculateur de gestion**, business computer, commercial computer ; **fichier de gestion des travaux**, job control file ; **fonction de gestion**, housekeeping function ; **gestion automatisée**, computer-assisted management ; **gestion de base de données (GBD)**, data base management (DBM) ; **gestion de données**, data management, data control ; **gestion de fichiers**, file management ; **gestion de file**, queue management ; **gestion de groupes de processus industriels**, process group management ; **gestion de l'espace disque**, disc space management ; **gestion de la mémoire virtuelle**, virtual storage management (VSM) ; **gestion de liaison en mode de base**, basic mode link control ; **gestion de mémoire**, memory management ; **gestion de mémoire centrale**, main memory management ; **gestion de messages**, message control, message queueing ; **gestion de programme**, programme management ; **gestion de recouvrements**, overlay management ; **informatique de gestion**, commercial computing, commercial data processing, business-oriented computing ; **langage de gestion**, business language ; **logiciel de gestion de données**, data management software ; **logiciel transactionnel de gestion**, transaction management software ; **procédure de gestion de communication**, call control procedure ; **progiciel de gestion**, business package ; **programmation de gestion**, business programming ; **programme de gestion des entrées/sorties**, input/output programme ; **sous-programme de gestion des entrées/sorties**, input/output software routine ; **système de gestion à bandes**, tape management system ; **système de gestion des entrées/sorties**, input/output system ; **système de gestion des travaux**, job control system ; **unité de gestion des travaux**, job control device ; **visualisation adaptée à la gestion**, business-oriented display.

GESTIONNAIRE : gestionnaire, manager, driver* ; **gestionnaire ANSI**, ANSI driver ; **gestionnaire d'anomalies**, exception handler ;

gestionnaire d'attribution mémoire, memory allocation manager ; **gestionnaire d'écran**, display driver ; **gestionnaire logique**, logical driver ; **gestionnaire physique**, physical driver ; **gestionnaire pour mémoire étendue**, expanded memory manager.

GICLEE : giclée de signaux d'identification, identification burst.

GIGA : giga, giga, kilomega.

GIGABIT : gigabit, gigabit.

GIGAHERTZ : gigahertz, gigahertz.

GIGUE : gigue, dither.

GLISSANT : chariot glissant, sliding carriage.

GLISSEMENT : glissement, slippage, slip ; **glissement d'enchaînage**, chaining slip.

GLOBAL : global, global* ; **effacement global**, bulk erasing, master clear ; **total global**, grand total.

GORGE : gorge, groove.

GRACIEUX : arrêt gracieux après avarie, soft-fail.

GRADATION : gradation, gradual process.

GRAMMAIRE : grammaire, grammar ; **grammaire d'analyse**, analysis grammar ; **grammaire formelle**, formal grammar ; **grammaire logique**, logical grammar ; **moteur de grammaires**, grammar engine ; **règle de grammaire**, grammar rule.

GRAND : grand, large ; **engrenage à grand rapport de réduction**, vernier drive ; **plus grand que ' > '**, greater than (GT) ; **plus grand que ou égal à ' ⩾ '**, greater than or equal to (GE).

GRANDE : grande quantité de données, huge data ; **ligne à grande activité**, hot line ; **mémoire à grande échelle d'intégration**, LSI memory ; **mémoire de grande capacité**, bulk store, bulk storage, mass store ; **ordinateur de grande puissance**, large scale system ; **transmission à grande vitesse**, high-data rate.

GRANDEUR : grandeur, magnitude ; **erreur de grandeur**, arithmetic fault ; **grandeur d'article**, item size ; **grandeur d'échelle**, scale factor ; **grandeur d'espace**, gap length ; **grandeur de l'adresse**, address size ; **grandeur de lot**, batch size ; **grandeur nature**, life size ; **grandeur réelle**, physical quantity ; **grandeur scalaire**, scalar quantity ; **grandeur vectorielle**, vector quantity ; **ordre de grandeur**, order of magnitude.

GRAPHE : graphe, graph ; **graphe à sommet unique**, trivial graph ; **graphe biconnexe**, biconnected graph ; **graphe complet**, complete graph ; **graphe connexe**, connected graph ; **graphe d'état**, state graph, s-graph ; **graphe d'informations**, information flowchart ; **graphe faiblement connexe**, weakly connected graph ; **graphe fortement connexe**, strongly connected graph ; **graphe incomplet**, partial graph ; **graphe message**, message graph, m-graph ; **graphe non connexe**, disconnected graph ; **graphe non orienté**, undirected graph ; **graphe orienté**, digraph, directed graph ; **graphe planaire**, planar graph ; **point d'articulation (graphe)**, articulation point (graph), cut vertex ; **théorie des graphes**, graph theory.

GRAPHIQUE : graphique, graphic, graphics ; **arrangement de données graphiques**, graphic data structure ; **caractère graphique**, graphic character ; **carte graphique**, graphic display adapter ; **commande graphique**, graphic instruction ; **console graphique**, graphic console ; **écran graphique**, graphic-oriented display ; **écran graphique tridimensionnel**, three-dimension graphic display ; **édition graphique**, graphical editing ; **élément graphique**, display element, graphic primitive ; **graphique animé bidimensionnel**, two-dimensional animation graphics ; **graphique cavalier**, vector graphics ; **graphique en couleur**, colour graphics ; **graphique monochrome**, monochrome graphics ; **graphique X-Y**, standard graph ; **interprétation graphique**, graphical interpretation ; **jeu de caractères semi-graphiques**, line drawing set ; **logiciel graphique**, graphic software ; **mode graphique**, graphic mode ; **moniteur graphique**, graphic monitor ; **primitive graphique**, display element, graphic primitive ; **processeur graphique**, graphic processor ; **progiciel graphique**, graphic package, graphic software package ; **programme de graphique**, graphic display programme ; **représentation graphique**, graphical representation ; **résolution de l'affichage graphique**, graphic display resolution ; **solution graphique**, graphic solution ; **sous forme graphique**, graphic form ; **symbole graphique**, graphic symbol ; **table graphique**, graphics plotter ; **tableau graphique**, graphic panel ; **terminal graphique**, graphics terminal (GT) ; **tortue graphique**, graphics turtle ; **traceur graphique**, graphic tablet ; **unité d'affichage graphique**, graphic display unit ; **visualisation graphique**, graphic display.

GRAPHIQUEMENT : représenter graphiquement, graph (to), portray (to).

GRAPHISME : graphisme, graphic, icon* ; graphisme informatique, computer art.

GRAPPE : grappe, cluster* ; contrôleur de grappe, cluster controller ; terminal de grappe, clustered terminal.

GRAS : gras, bold, thick ; caractère gras, bold print, bold faced type ; mode caractère gras, boldfacing mode.

GRAVURE : gravure de touche, key label.

GRAY : code Gray, Gray code ; conversion binaire-code Gray, binary-to-Gray code conversion ; conversion code Gray-binaire, Gray code-to-binary conversion.

GRILLE : grille, grid* , grate, lace ; grille caractère, matrix character ; grille de saisie, capture grid ; grille de ventilation, ventilation grille ; grille logique, logic grid.

GRIS : gris, grey ; échelle de gris, grey scale ; niveau de gris, grey shade.

GRISE : grisé, shaded ; trait en grisé, shaded line.

GROSSISSEMENT : grossissement, growing ; mode de grossissement, growing mode.

GROUPAGE : groupage, batching, blocking* ; efficacité du groupage, blocking efficiency ; facteur de groupage, blocking factor ; groupage d'enregistrements en blocs, record blocking ; groupage de fichiers, file batching.

GROUPE : groupe, cluster, crowd, group ; groupé, grouped, packed, clustered ; calcul de groupe, group calculate ; caractère d'effacement de groupe, group erase ; délai de groupe, group delay ; gestion de groupes de processus industriels, process group management ; groupe (de mots), burst ; groupe abélien, Abelian group ; groupe d'abonnés, subscriber group ; groupe d'enregistrements, grouping of records ; groupe d'informations, information pool ; groupe de binaires, gulp ; groupe de liaisons, link group ; groupe de lignes, trunk group ; groupe de moments, code group ; groupe de multiplets, gulp ; groupe de processus industriels, process group ; groupe de registres, register bank ; groupe de volumes, volume group ; groupe en-tête, head group ; groupe entrant, incoming group ; groupe fermé d'usagers, closed user group ; groupe logique de données, logical data set ; groupe maître, master group ; groupe primaire, primary group, twelve-channel group ; instruction groupe non référencée, unlabelled compound ; isolation par groupe, grouping isolation ; marque de groupe, group mark ; numéro de groupe de blocs, bucket number ; paquet groupé, cluster pack ; séparateur de groupe, group separator (GS) ; théorie des groupes, group theory ; total par groupe, batch total.

GROUPEE : compilation groupée, batched compilation ; données non groupées, unstructured information ; lignes groupées, group poll, line grouping.

GROUPEMENT : groupement, grouping, pooling ; groupement d'équipements, equipment pooling ; groupement de fichiers, file packing ; groupement primaire, primary cluster.

GUICHET : terminal de guichet, counter terminal.

GUIDAGE : guidage, prompting ; dispositif de guidage, guiding device.

GUIDE : guide, guide, prompter ; carte guide, guide card ; guide bande, tape guide ; guide-carte, card feed device ; guide de courroie, belt guide ; guide de ruban, ribbon guide ; guide de saisie affiché à l'écran, screen displayed promter ; guide-opérateur, prompt* ; guide papier, paper guide.

GUIDER : guider, prompt (to).

GUILLEMETS : guillemets '''', inverted commas, quotes, quotation marks ; chaîne entre guillemets, quoted string

H

HABILITATION : habilitation, clearance ; liste des habilitations, access list ; niveau d'habilitation, clearance level.

HABILLAGE : habillage, clothing ; habillage vectoriel, vector clothing.

HACHAGE : hachage, hashing, hash ; algorithme de hachage, hash algorithm.

HACHEUR : hacheur, chopper* .

HACHURE : hachure, hatching* ; hachure croisée, crosshatching.

HALTE : halte, halt, stop ; instruction de halte, checkpoint instruction.

HAMMING : code de Hamming, Hamming* code ; distance de Hamming, Hamming distance, signal distance.

HARMONIQUE : harmonique, harmonic ; contenu en harmonique, harmonic content ; distorsion harmonique, harmonic distortion ; générateur d'harmonique, harmonic generator ; suite harmonique, harmonic progression.

HARTLEY : Hartley, Hartley*, decimal unit of information content.

HASARD : hasard, random ; nombre au hasard, random number.

HAUT : haut, high ; compatibilité vers le haut, upward compatibility ; espace de haut de page, head margin ; filtre passe-haut, high-pass filter ; flèche haut, up arrow ; haut d'écran, top of screen ; haut de feuillet, head-of-form (HOF) ; haut de mémoire, high memory ; haut de page, top margin, top-of-form (TOF) ; langage de haut niveau, high-order language ; langage de très haut niveau, very high-level language (VHLL) ; lieu de numérotation de haut de page, heading number location.

HAUTE : à haute résistance, high resistivity ; calculateur à hautes performances, high-performance computer ; composant de haute qualité, high-grade component ; équipement à haute performance, high-performance equipment ; haute densité d'enregistrement, high-storage density ; ligne de haute qualité, voice grade circuit ; message à haute priorité, high-precedence message ; partie haute, upper curtate.

HAUTEMENT : microprocesseur hautement intégré, LSI microprocessor.

HAUTEUR : hauteur, height ; disquette mi-hauteur, half-size drive ; hauteur d'obliquité, slant height.

HERITE : hérité, inherited.

HERITEE : erreur héritée, inherited error.

HERMETIQUEMENT : clos hermétiquement, hermetically sealed.

HERTZ : Hertz (Hz), Hertz* (Hz) ; un milliard de Hertz, gigahertz.

HESITATION : hésitation, hesitation.

HETEROGENE : hétérogène, heterogeneous ; multiplex hétérogène, heterogeneous multiplex ; réseau hétérogène, heterogeneous network ; système hétérogène, heterogeneous system.

HEURE : remise à l'heure, time resetting.

HEURISTIQUE : heuristique, heuristic* ; méthode heuristique, heuristic method, heuristic approach ; programmation heuristique, heuristic programming ; programme heuristique, heuristic routine, heuristic programme.

HEURTER : heurter, jerk (to).

HEXADECIMAL : hexadécimal, hex, hexadécimal*, sexadecimal ; chiffre hexadécimal, hexadecimal digit ; clavier hexadécimal, hex pad ; code hexadécimal, hexadecimal code ; conversion binaire-hexadécimal, binary-to-hexadecimal conversion ; conversion décimal-hexadécimal, decimal-to-hexadecimal conversion ; nombre hexadécimal, hexadecimal number ; système de numération hexadécimal, hexadecimal number system.

HEXADECIMALE : notation hexadécimale, hexadecimal notation ; virgule hexadécimale, hexadecimal point.

HIERARCHIE : hiérarchie, hierarchy ; hiérarchie de calculateurs, hierarchy of computers ; hiérarchie de données, data level, data hierarchy ; hiérarchie de la mémoire, memory hierarchy.

HIERARCHIQUE : diagramme structurel hiérarchique, tree diagram ; recherche hiérarchique, tree search ; réseau non hiérarchique, democratic network.

HIERARCHISE : hiérarchisé, hierarchical ; réseau hiérarchisé, hierarchical network, single-node network.

HIERARCHISEE : interruption hiérarchisée, hierarchised (US: hierarchized) interrupt.

HISTOGRAMME : histogramme, histogram ; histogramme à barres empilées, stacked bar chart.

HISTORIQUE : historique, historical ; fichier historique d'articles, item history file ; historique de programme, programme history.

HOLISTIQUE : holistique, holistic ; masque holistique, holistic mask.

HOLLERITH : carte à code Hollerith, Hollerith-coded card ; carte Hollerith, Hollerith* card ; code Hollerith, Hollerith code.

HOLOGRAMME : hologramme, hologram.

HOLOGRAPHIE : holographie, holography.

HOLOGRAPHIQUE : holographique, holographic ; **mémoire holographique**, holographic storage, holographic memory, holographic medium ; **système holographique**, holographic based system.

HOMME : communication homme-machine, man-machine communication ; **dialogue homme-machine**, man-machine dialogue ; **interface homme-machine**, man-machine interface.

HOMOGENE : homogène, homogeneous ; **caractères homogènes**, homogeneous characters ; **convergence homogène**, uniform convergence ; **équation homogène**, homogeneous equation ; **multiplex homogène**, homogeneous multiplex ; **réseau homogène**, homogeneous network.

HORAIRE : compteur horaire, hour meter, hour counter, usage meter ; **compteur horaire de machine**, high-resolution clock ; **sens horaire**, clockwise.

HORIZONTAL : horizontal, horizontal ; **balayage horizontal**, horizontal sweep ; **caractère d'espacement horizontal**, horizontal skip character ; **déchirement horizontal**, tearing ; **effacement horizontal**, horizontal clearing ; **format horizontal**, horizontal format ; **saut horizontal**, horizontal skip.

HORIZONTALE : alimentation horizontale, horizontal feed ; **caratère de tabulation horizontale**, horizontal tabulate character ; **contrôle de parité horizontale**, transverse redundancy check (TRC) ; **définition horizontale de trame**, horizontal raster count ; **déflexion horizontale**, horizontal deflection ; **déviation horizontale**, horizontal deflection ; **tabulation horizontale**, horizontal tabulate, horizontal tabulation (HT) ; **horizontal tab** ; **vérification horizontale**, crossfoot.

HORIZONTALEMENT : ajuster horizontalement, level out (to).

HORLOGE : horloge, clock*, internal clock ; **cycle d'horloge**, clock cycle ; **fréquence d'horloge**, clock rate, clock frequency ; **générateur de signal d'horloge**, clock signal generator, timing generator ; **horloge arbitraire**, free-running clock ; **horloge de synchronisation**, disc clock ; **horloge de transmission**, transmit clock ; **horloge interne**, internal timer ; **horloge mère**, master clock ; **horloge numérique**, digital clock ; **horloge principale**, master clock ; **horloge synchrone**, synchronous clock ; **horloge temps réel**, real-time clock ; **impulsion d'horloge**, clock tick ; **interface d'horloge temps réel**, real-time clock interface ; **registre d'horloge**, clock register, timer, time register ; **signal d'horloge**, clock signal, clock pulse ; **stabilité d'horloge**, clock stability ; **système d'horloge**, clock system.

HORODATEUR : horodateur, dater ; **programme horodateur**, dating routine.

HORS : cycle de mise hors-tension, power-down cycle ; **détourage hors-fenêtre**, window clipping ; **durée hors-opération**, down time ; **hors-écran**, off-screen ; **hors-gabarit**, out-of-frame ; **hors-service**, down ; **hors-tension**, power off ; **mise hors-service**, disabling ; **mise hors-tension**, power-down ; **perforation hors-cadre**, off-punch ; **perforation hors-texte**, overpunch, zone punching, zone punch, zone digit.

HOSPITALIERE : informatique hospitalière, hospital computing.

HOTE : hôte, host ; **calculateur hôte**, host processor ; **machine hôte**, host machine ; **système hôte**, host system.

HOUSSE : housse de protection du clavier, keyboard mask.

HUBLOT : hublot de contrôle, inspection hole.

HUFFMAN : code de Huffman, Huffman* code.

HUIT : à huit moments, eight-level.

HUMIDITE : humidité, humidity ; **humidité relative**, relative humidity.

HYBRIDE : hybride, hybrid ; **anneau hybride**, hybrid ring ; **ordinateur hybride**, hybrid computer ; **système de traitement hybride**, hybrid computer system.

HYPERBOLIQUE : hyperbolique, hyperbolic ; **fonction hyperbolique**, hyperbolic function ; **logarithme hyperbolique**, hyperbolic logarithm.

HYPERCANAL : hypercanal, hyperchannel.

HYSTERESIS : cycle d'hystérésis, hysteresis loop

I

IAO : ingénierie assistée par ordinateur (IAO), computer-aided engineering (CAE) ; instruction assistée par ordinateur (IAO), computer-aided instruction (CAI).

ICONE : icône, icon, graphic ; déplacement d'icône, icon dragging ; icône d'application, application icon ; icône de dossier, folder icon.

ICONOMETRE : iconomètre, iconometer.

ICONOMETRIE : iconométrie, iconometry.

IDEALE : commutation idéale, ideal switching.

IDENTIFIANT : identifiant, identifier*.

IDENTIFICATEUR : identificateur, identifier, specifier ; bloc identificateur, identifier record ; désignateur d'identificateur, pointer qualifier ; enregistrement identificateur, label record ; identificateur 'accusé de réception', acknowledgement identifier ; identificateur d'articles, item identifier ; identificateur d'entité, entity identifier ; identificateur d'étiquette, label indicator ; identificateur d'utilisation de données, data use identifier ; identificateur de bibliothèque, library identifier ; identificateur de bit, bit identification ; identificateur de label, label identifier ; identificateur de périphérique, device identifier ; identificateur de procédure, procedure identifier ; identificateur de repère, locator qualification, locator qualifier ; identificateur de réponse, reply message ; identificateur des travaux, job identifier ; identificateur fixe, reserved identifier ; identificateur nodal, node identifier ; segment identificateur, identifier section.

IDENTIFICATION : identification, identifying ; bloc d'identification, identification block ; caractère d'identification, basic letter, identification character (ID) ; carte d'identification, identification card ; code d'identification, identifying code, identification code ; contrôle d'identification, identification check ; contrôle de zone d'identification, identification field checking ; demande d'identification, interrogating ; données d'identification, identifying information ; étiquette d'identification, identifying label ; giclée de signaux d'identifi-

cation, identification burst ; identification de code, key identification ; identification de fichier, file identification, identification of file ; identification de programme, programme identification ; identification de tâche, task identification ; identification de travail, job identification ; identification de volume, volume identification ; identification de zone, area identification ; identification des travaux, job identity ; identification utilisateur, user identification ; label d'identification utilisateur, user volume label ; lecteur de cartes d'identification, ID card reader ; numéro d'identification, identification number ; registre d'identification, identification register ; zone d'identification, identification field.

IDENTIFICATRICE : liste identificatrice, identifier list.

IDENTIFIE : point identifié, pinpoint ; répertoire des travaux identifiés, known job table ; travail identifié, known job.

IDENTIFIER : identifier, identify (to).

IDENTIQUE : identique, identical ; équation identique, identical equation.

IDENTITE : identité, identity ; circuit d'identité, identity element ; identité de l'utilisateur, user identity ; opération d'identité, identity operation ; porte d'identité, identity element ; test d'identité, logical companion.

IGNORER : ignorer, ignore (to) ; commande à ignorer, ignore command ; instruction à ignorer, ignore instruction.

ILLEGAL : illégal, illegal, invalid ; code illégal, illegal code.

ILLEGALE : opération illégale, illegal operation.

ILLIMITEE : charge à capacité illimitée, infinite loading.

ILLISIBLE : illisible, unreadable.

ILLUMINATION : illumination (de point image), painting, paint.

IMAGE : image, display image, picture ; adressage de point image, raster pixel addressing ; arrière-plan d'image, background image ; bande de fréquence image, image band ; base de données image, image database ; bibliothèque d'images, cut-out picture file ; centre image, image centre ; contraste d'image, image contrast ; **coordonnées de point image**, data point ; **défilement d'image**, display scrolling ; **duplication de point image**, pixel replication ; **élément d'image**, pel, picture element, pixel ; **entraînement d'image**, dragging ; **entretien d'image**, image refreshing ; **fichier image**, image file ; **fond d'image**, background image, static image ; **format image de carte**, card image format ; **fréquence image**, image frequency ; **illumination de point image**, painting, paint ; **image binaire**, binary image ; **image codée**, coded image, encoded image ; **image d'écran**, screen image ; **image de carte**, card image ; **image de la structure**, item picture ; **image en couleur composée**, composite colour image ; **image fil de fer**, wire frame ; **image imprimée**, printed image ; **image ligne par ligne**, raster display ; **image mémoire**, memory image, storage image, core image, image of memory ; **image-objet**, sprite* ; **image sur écran**, soft copy ; **image vidéo**, soft copy, video image ; **lecture/écriture de point image**, pixel read/write ; **mémoire image**, image space ; **mémoire image d'une trame**, raster graphic image ; **mémoire image de l'affichage vidéo**, video display image ; **numériseur d'image**, image digitiser ; **objet-image**, player, sprite ; **plan de mémoire image**, pixel memory plane ; **premier plan d'image**, dynamic image, foreground image ; **régénération d'image**, image regeneration ; **réponse image**, image response ; **représentation de données image**, pictorial data representation ; **synchro image**, vertical synchro ; **tampon numérique d'image**, digital frame buffer ; **traitement d'image**, image processing ; **traitement d'image interactif**, interactive image processing ; **transmission d'image**, video service ; **vitesse de rafraîchissement d'image**, display refresh rate ; **zone d'image**, coded image space, image storage space.

IMAGEUR : imageur, imaging device, imaging system.

IMAGINAIRE : imaginaire, imaginary, complex ; **nombre imaginaire**, complex number, imaginary number ; **partie imaginaire**, imaginary part ; **racine imaginaire**, imaginary root.

IMBRICATION : imbrication, interleaving, nesting ; **boucle d'imbrication**, nesting loop ; **facteur d'imbrication**, interleave factor ; **imbrication de mémoire**, memory interlace, memory interleaving ; **niveau d'imbrication**, nesting level.

IMBRIQUE : imbriqué, interleaved, nested, interleaved ; **accès imbriqué**, interleaved addressing ; **caractère imbriqué**, embedded character ; **mémoires à cycles imbriqués**, interleaving memory ; **réseaux informatiques imbriqués**, interlaced networks ; **sous-programme imbriqué**, nested subroutine.

IMBRIQUEE : boucle imbriquée, nested loop ; **exécution imbriquée**, interleave execution ; **routine imbriquée**, nested routine.

IMBRIQUER : imbriquer, interleave (to), interlace (to), nest (to).

IMMATRICULE : immatriculé, marked ; **non immatriculé**, unmarked.

IMMEDIAT : immédiat, immediate ; **adressage immédiat**, immediate addressing, direct addressing ; **arrêt immédiat**, dead halt ; **bascule à verrouillage immédiat**, immediate latch ; **opérande immédiat**, immediate address, zero-level address ; **traitement immédiat**, demand processing ; **transfert immédiat**, blind transfer, demand staging.

IMMEDIATE : addition immédiate, zero access addition ; **adresse immédiate**, immediate address, zero-level address ; **avance immédiate**, immediate skip ; **écriture immédiate**, demand writing ; **réponse immédiate**, immediate answer.

IMMERSION : immersion, dip.

IMMOBILISATION : temps d'immobilisation, inoperable time, down time.

IMMUABLE : immuable, unalterable.

IMMUNITE : immunité, immunity ; **immunité au bruit**, noise immunity.

IMPACT : impact, impact ; **impact de touche**, key stroke ; **impact du spot**, action spot ; **imprimante à impact**, back-strike printer, impact printer ; **imprimante matricielle à impact**, impact matrix printer ; **imprimante sans impact**, non impact printer ; **point d'impact**, point of impact.

IMPAIR : impair, odd ; **chiffre impair**, odd figure ; **nombre impair**, odd number.

IMPAIRE : contrôle de parité impaire, odd check, odd parity check ; **fonction impaire**, odd function ; **ligne de balayage impaire**, odd-numbered scan line ; **parité impaire**, odd parity.

IMPARFAITE : induction imparfaite, incomplet induction.

IMPARITE : bit d'imparité, odd parity bit.

IMPARTI : temps imparti, instruction timeout.

IMPEDANCE : impédance, impedance ; **adaptation d'impédance**, impedance matching ; **couplage par impédance**, impedance coupling ; **impédance apparente**, image impedance ; **impédance caractéristique**, iterative impedance ; **impédance d'entrée**, input impedance ; **impédance de ligne**, line impedance ; **impédance de sortie**, terminal impedance ; **impédance itérative**, iterative impedance ; **matrice d'impédance**, impedance matrix ; **transformateur d'impédance**, impedance buffer.

IMPERATIF : impératif, imperative.

IMPLANTATION : implantation, layout ; **adresse d'implantation**, storage address ; **implantation de la zone**, area layout ; **schéma d'implantation**, set-up diagram.

IMPLICATION : implication, IF-THEN operation, implication, inclusion ; **implication conditionnelle**, material implication.

IMPLICITE : implicite, assumed, default, implicit, implied ; **adressage implicite**, implied addressing ; **adresse implicite**, implicit address, implied address ; **agrégat de taille implicite**, assumed size aggregate ; **allocation implicite**, implied association ; **attribut implicite**, implied attribute ; **déclaration implicite**, implicit declaration ; **fonction implicite**, implicit function ; **instruction à adresse implicite**, implicit address instruction ; **virgule binaire implicite**, implied binary point.

IMPORTANT : fichier important, sensitive file.

IMPOSER : imposer, key (to).

IMPOSITION : compteur d'impositions, key stroke counter ; **imposition**, keyin.

IMPRESSION : impression, impression, imprint, print, printing ; **aiguille d'impression**, print wire ; **amplitude d'impression**, print span ; **attribut d'impression évolué**, advanced print features ; **autotest d'impression**, self-test print ; **avance après impression**, postslew ; **avance papier avant impression**, preslew ; **bande d'impression**, printer tape ; **barre d'impression**, print bar, type bar ; **bloc d'impression**, printing block ; **caractère de commande d'impression**, print control character ; **caractéristiques de l'impression**, print features ;

champ d'impression, print field ; **code d'impression des couleurs**, printer colour code ; **code de mode d'impression**, print mode code ; **commande d'impression**, printing command, print control ; **commande du rouleau d'impression**, platen control ; **contrôle d'impression**, print check ; **cycle d'impression**, list cycle, printing cycle ; **cylindre d'impression**, print roll ; **déclenchement d'impression**, print escapement ; **densité d'impression**, print density ; **dispositif d'impression**, printing device ; **disque d'impression**, daisy wheel, print wheel, type wheel ; **données d'impression**, printing data ; **durée de vol du marteau d'impression**, hammer flight time ; **électro-aimant d'impression**, platen magnet, print magnet ; **élément d'impression**, printing element ; **erreur d'impression**, misprint ; **force d'impression**, printing pressure ; **format d'impression**, print format, printing format ; **impression à frappe alternée**, reverse typing ; **impression à la carte**, detail printing ; **impression avec lettres majuscules**, upper case print ; **impression bidirectionnelle**, bidirectional typing ; **impression couleur**, colour print ; **impression d'adresses**, address printing ; **impression de cadre**, form flash ; **impression de fichier**, file print ; **impression de liste**, list print ; **impression de validation**, validation printing ; **impression de zéros de gauche**, left zero print, high-order zero printing ; **impression de numéros de série**, serial number printing ; **impression différée**, static printout ; **impression en chaîne**, chained printing ; **impression en différé**, print spooling ; **impression en drapeau**, unjustified print ; **impression en parallèle**, parallel printing ; **impression en quadrichromie**, four-colour print ; **impression faible**, under-printing ; **impression intégrale**, full stamp ; **impression numérique**, numeric editing ; **impression par ligne**, line printing ; **indicateur d'impression**, printer indicator ; **indicateur de position d'impression**, print position indicator ; **interdiction d'impression**, print inhibit ; **intervalle d'impression**, printer interval ; **ligne d'impression**, print line ; **marteau d'impression**, print hammer, print anvil ; **masque d'impression**, print mask ; **mécanisme d'impression**, print yoke ; **mémoire d'impression**, print storage ; **mode d'impression**, list mode ; **mode d'impression normal**, normal print mode ; **multi-impression**, multiple copy printing ; **point d'impression**, print pel, print point ; **position d'impression**, printing position ; **position de l'impression**, print position ; **position de la tête d'impression**, print head position ; **processus d'impression xérographique**, xerographic printing ; **programme d'impression de bande**, tape-to-printer programme ; **rouleau d'impression**, platen ; **serveur d'impression**, print server ; **tambour d'impression**, print drum, print barrel ; **tampon d'impression**, print buffer ; **tête d'impression**, print head ; **unité d'impression**, printing mechanism ; **vitesse d'impression**, printing rate, print speed ; **vitesse d'impression de lignes**, line speed ; **zone d'impression**, printing area.

IMPRIMABILITE : imprimabilité, printability.

IMPRIMABLE : imprimable, printable ; **caractère non imprimable**, non-printable character, unprintable character ; **caractères imprimables**, printable characters, printer graphics ; **non imprimable**, unprintable.

IMPRIMANTE : imprimante, printer (PRT) ; **code de contrôle de l'imprimante**, printer control code ; **code de reprise de l'imprimante**, print restore code ; **commande d'imprimante rapide**, high-speed printer control ; **étiquette pour imprimante**, tab label ; **imprimante à aiguilles**, wire printer, wire matrix printer, needle printer, stylus printer ; **imprimante à bande**, rotating-belt printer, band printer, belt printer ; **imprimante à barre**, bar printer, type bar printer ; **imprimante à barres de caractères**, rack printer ; **imprimante à boule tournante**, spinwriter ; **imprimante à chaîne**, chain printer, train printer ; **imprimante à clavier**, keyboard printer ; **imprimante à cylindre**, barrel printer ; **imprimante à impact**, back-strike printer, impact printer ; **imprimante à jet d'encre**, ink jet printer ; **imprimante à la volée**, hit-on-the-fly printer, on-the-fly printer ; **imprimante à laser**, laser printer ; **imprimante à marguerite**, daisy printer, daisy wheel printer ; **imprimante à microfilm**, microfilm printer ; **imprimante à roue**, wheel printer ; **imprimante à tambour**, drum printer ; **imprimante à tête mobile**, moving-head printer ; **imprimante à tulipe**, thimble printer ; **imprimante alternante**, reverse typing terminal ; **imprimante caractère**, serial printer ; **imprimante caractère par caractère**, character printer, character-at-a-time printer ; **imprimante de commande**, console printer ; **imprimante**

de qualité courrier, correspondence quality printer ; **imprimante électrostatique**, electrostatic printer ; **imprimante en ligne**, on-line typewriter ; **imprimante ligne par ligne**, line printer, line-at-a-time printer ; **imprimante matricielle**, dot matrix line printer ; **imprimante matricielle à impact**, impact matrix printer ; **imprimante matricielle thermique**, thermal matrix printer ; **imprimante multitâche**, multitasking printer ; **imprimante page par page**, page-at-a-time printer, page printer ; **imprimante par points**, dot printer, matrix printer ; **imprimante rapide**, high-speed printer ; **imprimante sans impact**, non impact printer ; **imprimante thermique**, thermal printer ; **imprimante thermo-électrique**, electrothermal printer ; **imprimante xérographique**, xerographic printer ; **interface d'imprimante série**, serial printer interface ; **spouleur d'imprimante**, print spooler ; **support d'imprimante**, printer stand ; **tampon d'imprimante**, line printer buffer.

IMPRIME : imprimé, form, printout, printed ; **câble plat imprimé**, printed wire ribbon ; **carte à circuit imprimé**, printed circuit board (PCB) ; **carte à contacts imprimés**, edge card ; **circuit imprimé**, etched circuit, printed circuit (PC) ; **conception des imprimés**, form design ; **contrôle des imprimés**, form control ; **imprimé de sortie**, typeout ; **imprimé en continu**, continuous form, listing form ; **non imprimé**, unprinted ; **réceptacle d'imprimés**, print-out basket ; **reliure pour imprimés**, printout binder ; **reliure pour imprimés détachés**, burst printout binder ; **reliure pour imprimés en continu**, unburst printout binder ; **tel imprimé**, wysiwyg ; **tel ou tel imprimé**, wysiwyg ; **vu-imprimé**, wysiwyg.

IMPRIMEE : image imprimée, printed image ; **ligne imprimée**, body line.

IMPRIMER : imprimer, imprint (to), print (to).

IMPRIMERIE : capitale d'imprimerie, block capital.

IMPROGRAMMABLE : improgrammable, unprogrammable.

IMPULSION : impulsion, impulse, pulse, stobe, tick ; **bourrage d'impulsions**, pulse stuffing ; **bruit d'impulsions**, black noise, circuit transient, impulse noise ; **circuit régénérateur d'impulsions**, pulse regenerating circuit ; **compteur d'impulsions**, impulse counter, pulse counter ; **demi-impulsion**, half-pulse ;

durée d'impulsion, pulse duration ; enregistrement en impulsion double, double pulse recording ; générateur d'impulsions, pulse generator ; impulsion bipolaire, dipulse* ; impulsion d'écriture, write pulse ; impulsion d'effacement, erase signal ; impulsion d'horloge, clock tick ; impulsion d'inhibition, inhibit pulse ; impulsion de déblocage, unblanking pulse, unblanking signal ; impulsion de décalage, shift pulse ; impulsion de déclenchement, trigger pulse ; impulsion de numérotation, dial pulse ; impulsion de positionnement, position pulse ; impulsion de rythme, sprocket bit ; impulsion de suppression, blanking pulse ; impulsion de synchronisation, gating pulse, synchronisation pulse ; impulsion de tension, voltage pulse ; impulsion de touche, key pulse ; impulsion de validation, enable pulse ; impulsion de validation de trame, image enable pulse ; impulsion étroite, narrow pulse ; impulsion parasite après écriture, post-write disturb pulse ; impulsion unidirectionnelle, unidirectional pulse ; impulsion unitaire, unit impulse ; modulation d'impulsions en amplitude, pulse amplitude modulation (PAM) ; modulation d'impulsions en fréquence, pulse frequency modulation (PFM) ; modulation d'impulsions en position, pulse position modulation (PPM) ; modulation en largeur d'impulsion, pulse width modulation ; modulation par impulsions, pulse modulation, pulse code modulation (PCM) ; montée d'impulsion, impulse growth ; régénération d'impulsions, pulse regeneration ; train d'impulsions, pulse string, pulse train.

IMPULSIONNELLE : distorsion impulsionnelle, impulse distortion.

IMPUTER : imputer, apply (to).

INACCCESSIBLE : inacccessible, irretrievable.

INACTIF : inactif, dead, idle, inactive, masked ; fichier inactif, dead file ; terminal inactif, dormant terminal.

INACTIVE : instruction inactive, instruction constant ; position inactive, idle setting ; zone inactive, dead zone.

INACTIVITE : inactivité, inactivity ; état d'inactivité, idle state ; période d'inactivité, idle mode.

INALTERABLE : inaltérable, unalterable ; mémoire inaltérable, unalterable memory ; valeur inaltérable, inalterable value.

INATTENDU : inattendu, unexpected.

INATTENDUE : erreur inattendue, unexpected error.

INCERTITUDE : mesure de l'incertitude, irrelevance, prevarication, spread.

INCHANGE : inchangé, unaltered.

INCIDENCE : matrice d'incidence, adjacency matrix.

INCIDENT : incident, breakdown, failure, fault, trouble ; détecteur d'incident, alertor ; incident intermittent, intermittent trouble ; incident machine, hardware breakdown ; incident technique, hardware failure ; noeud incident, incident vertex ; prévision d'incidents, failure prediction.

INCLINABLE : inclinable, tiltable.

INCLINAISON : inclinaison, gap scatter, misalignment, scatter, skew ; inclinaison de ligne, line skew.

INCLURE : inclure, include (to).

INCLUSIF : inclusif, inclusive ; circuit OU (inclusif), (inclusive-) OR element ; opération NON-OU inclusif, inclusive NOR operation ; opération OU inclusif, inclusive OR operation.

OU inclusif : , EITHER-OR operation, inclusive OR, logical sum ; porte OU (inclusif), (inclusive-) OR element ; segment inclusif, inclusive segment.

INCLUSION : inclusion, implication*, inclusion, IF-THEN operation ; circuit d'inclusion, IF-THEN element ; déclaration d'inclusion, include declarative ; instruction d'inclusion, include statement ; porte d'inclusion, IF-THEN element.

INCOMPLET : incomplet, incomplet, sparse ; graphe incomplet, partial graph ; tableau incomplet, sparse array ; type incomplet, incomplete type.

INCONDITIONNEL : inconditionnel, unconditional ; arrêt inconditionnel, unconditional stop ; branchement inconditionnel, unconditional branch, unconditional jump, unconditional transfer ; élement inconditionnel, conditional construct ; inconditionnel, fanatique (d'informatique), hacker ; instruction de saut inconditionnel, unconditional jump instruction ; saut inconditionnel, unconditional control transfer.

INCONDITIONNELLE : instruction de transfert inconditionnelle, unconditional transfer instruction ; instruction inconditionnelle, unconditional statement ; **interruption de programme inconditionnelle,** unconditional programme interrupt.

INCONNUE : inconnue, unknown term ; **partition inconnue,** unlabelled common ; **valeur inconnue,** unknown term, unknown quantity.

INCORPORE : incorporé, embedded, built-in, imbedded, predefined ; **contrôle incorporé,** built-in check ; **modem incorporé,** built-in modem ; **test incorporé,** built-in test.

INCORPORER : incorporer, embed (to), imbed (to), house (to).

INCORRECT : incorrect, incorrect ; **type d'organe incorrect,** invalid type device.

INCORRIGIBLE : incorrigible, uncorrectable ; **erreur incorrigible,** uncorrectable error, unrecoverable error.

INCREMENT : incrément, increment*, pitch, augmenter* ; **incrément automatique,** auto-increment.

INCREMENTALE : valeur incrémentale, increment value.

INCREMENTER : incrémenter, increment (to).

INCREMENTIEL : incrémentiel, incremental ; **calculateur incrémentiel,** incremental computer ; **compilateur incrémentiel,** incremental compiler ; **traceur incrémentiel,** incremental plotter.

INCREMENTIELLE : avance incrémentielle, incremental feed ; **représentation incrémentielle,** incremental representation.

INDECHIFFRABLE : indéchiffrable, undecipherable.

INDEFINI : indéfini, undefined ; **fichier indéfini,** undefined file ; **numéro de port indéfini,** undefined port number ; **type indéfini,** undefined type.

INDEFINIE : adresse indéfinie, undefined address ; **instruction indéfinie,** undefined statement ; **intégrale indéfinie,** improper integral ; **variable indéfinie,** undefined variable.

INDENTATION : indentation, indent ; **indentation automatique,** automatic indent ; **indentation de bloc,** block indent ; **indentation de paragraphe,** paragraph indent.

INDEPENDANCE : indépendance, independence ; **indépendance de la programmation,** programming independence.

INDEPENDANT : indépendant, independent ; **indépendant de la machine,** device-independent, machine-independent ; **langage indépendant du calculateur,** computer-independent language ; **mode indépendant du code,** code-independent ; **programme indépendant,** independent routine ; **segment indépendant,** independent segment.

INDEPENDANTE : variable indépendante, independent variable.

INDETERMINE : indéterminé, undetermined ; **coefficient indéterminé,** undetermined coefficient ; **format indéterminé,** undetermined format ; **résultat indéterminé,** void result.

INDETERMINEE : valeur indéterminée, undetermined value.

INDEX : index, index*, mapping table ; **analyseur d'index,** index analyser ; **bloc d'index,** index block ; **dresseur d'index,** indexer ; **fichier index,** index file ; **index alterné,** alternate index ; **index automatique,** auto-index ; **index bibliothécaire,** library index ; **index croisé,** dual index ; **index d'instruction,** instruction index ; **index d'itération,** iteration index ; **index de fichier,** file index ; **index de permutation,** permutation index ; **index de répétition,** iteration index ; **index détaillé,** fine index ; **index primaire,** primary index ; **index saturé,** dense index ; **index secondaire,** secondary index ; **indicateur de position d'index,** index position indicator ; **instruction de registre d'index,** indexing instruction ; **marqueur d'index,** index marker ; **mémoire d'index,** modifier storage ; **mot d'index,** index word, indexing word ; **nom d'index,** index name ; **notation d'index,** index entry ; **partie d'index,** index part ; **point d'index,** index point ; **pointeur d'index,** index marker ; **registre d'index,** index register, modifier register, B-box, B-store, B-register, B-line, box, index accumulator ; **structure d'index,** index structure ; **table d'index majeure,** primary index table ; **trou index,** index hole ; **type d'index,** index type ; **zone d'index,** index array.

INDEXAGE : indexage, indexing ; **indexage par mot clé,** word indexing.

INDEXATION : indexation, indexing* ; **auto-indexation,** auto-indexing ; **champ d'indexation,** index field.

INDEXE : indexé, indexed ; **accès séquentiel indexé,** indexed sequential access ; **adressage auto-indexé,** auto-indexed addressing ; **fichier à accès direct indexé,** index random file, indexed non-sequential file ; **fichier**

indexé, indexed file ; **fichier séquentiel indexé**, indexed sequential file ; **nom de données indexé**, indexed data name ; **non indexé**, unindexed ; **séquentiel indexé**, index sequential ; **zone d'articles indexés**, index data item.

INDEXEE : **adresse indexée**, indexed address, variable address ; **structure de fichier indexée**, indexed organisation.

INDEXER : indexer, index (to).

INDICAGE : indiçage, subscripting.

INDICATEUR : indicateur, indicator*, flag, on-bit, off-bit ; **binaire indicateur**, flag bit ; **champ des indicateurs d'état**, status panel ; **indicateur autonome**, autonomous display ; **indicateur d'arrêt**, halt indicator ; **indicateur d'erreur**, fault indicator ; **indicateur d'état périphérique**, device flag ; **indicateur d'évènement**, flag event ; **indicateur d'impression**, printer indicator ; **indicateur d'interruption**, interrupt indicator ; **indicateur de contrôle**, check indicator ; **indicateur de contrôle automatique**, machine check indicator ; **indicateur de dépassement**, overflow indicator ; **indicateur de fin page**, page end indicator ; **indicateur de ligne**, line indicator ; **indicateur de mouvements**, activity indicator ; **indicateur de niveau optique**, voice level indicator ; **indicateur de position d'impression**, print position indicator ; **indicateur de position d'index**, index position indicator ; **indicateur de priorité**, priority indicator ; **indicateur de report**, carry flag ; **indicateur de routage**, routing indicator ; **indicateur de zéro**, equal zero indicator, zero flag, zero indicator ; **indicateur entrée/sortie**, input/output indicator ; **indicateur marginal**, margin indicator ; **indicateur mnémonique**, mnemonic designator ; **instrument indicateur**, indicating instrument ; **mot indicateur**, indicator word ; **registre d'indicateurs**, indicator register ; **tableau indicateur d'indice**, index scale.

INDICATIF : indicatif, callsign, answerback code ; **adresse d'indicatif**, key address ; **code indicatif**, identifying code ; **échange d'indicatif**, answerback exchange ; **indicatif d'appel**, callsign ; **indicatif d'article**, record key ; **indicatif de rapprochement**, matching zone ; **indicatif de signe**, sign indication ; **indicatif de tri**, sort indicator ; **signal indicatif de prise de ligne**, clear forward signal.

INDICATION : indication, indication ; **élément d'indication**, indicating element ; **indi-**

cation 'prêt', ready typeout ; **indication binaire**, binary display ; **indication d'occupation**, busy indicator ; **indication d'usage**, usage clause ; **indication de l'état de l'exploitation**, condition code indicator ; **indication de valeur**, value clause ; **indication optique**, visual indicator, visual indication ; **indications pratiques**, service aids ; **position d'indication**, indicator location ; **profil d'indication**, indicator pattern.

INDICATRICE : **plaque indicatrice**, instruction sticker.

INDICE : indice, factor, index indicator ; **erreur d'indice**, index error ; **indice (de position)**, index (in programming) ; **indice (en intelligence artificielle)**, evidence (in artificial intelligence) ; **indice de nom de fichier**, file name index ; **indice de tableau**, array subscript ; **indice inférieur**, subscript ; **indice supérieur**, superscript ; **niveau d'indice**, index level ; **non indicé**, unsubscripted ; **position d'indice**, subscript position ; **sous-indice**, subindex ; **table d'indices de sélection**, evidence table selection ; **tableau indicateur d'indice**, index scale ; **zone d'indice**, index area.

INDICE : indicé, subscribed.

INDICEE : **variable indicée**, subscribed variable.

INDICIELLE : **valeur indicielle**, index value.

INDIQUER : indiquer, indicate (to), reference (to).

INDIRECT : indirect, indirect ; **adressage indirect**, multilevel addressing, indirect addressing, indirection ; **adressage indirect multiniveau**, multilevel indirect addressing ; **branchement indirect**, implied branch, indirect jump ; **contrôle indirect**, indirect control.

INDIRECTE : **adresse indirecte**, indirect address, multilevel address ; **commande indirecte**, indirect control ; **instruction à adresse indirecte**, indirect instruction.

INDISPONIBILITE : indisponibilité, unavailability ; **temps d'indisponibilité**, down time.

INDISPONIBLE : indisponible, restricted.

INDIVIDU : individu, individual.

INDIVIDUEL : individuel, individual ; **flux de travaux individuels**, single-job stream ; **logiciel individuel**, individual software ; **ordinateur individuel (OI)**, personal computer (PC) ; **programme individuel**, individual routine ; **sup-**

port individuel d'information, individual data support ; **traitement individuel**, unbatched mode.

INDIVIDUELLE : carte individuelle, individual job card ; **opération individuelle**, unbatched operation ; **sortie individuelle**, detail output.

INDUCTION : induction, induction ; **induction imparfaite**, incomplet induction ; **induction magnétique**, magnetic flux density.

INDUCTIF : inductif, inductive.

INDUCTIVE : mémoire fixe inductive, transformer read-only storage ; **mémoire inductive**, inductive memory.

INDUIRE : induire, induce (to).

INDUITE : panne induite, induced failure.

INDUSTRIEL : industriel, industrial ; **automatisme industriel**, process automation ; **gestion de groupes de processus industriels**, process group management ; **groupe de processus industriels**, process group ; **robot industriel**, computerised robot ; **système de contrôle industriel**, process control system ; **terminal à usage industriel**, industrial terminal.

INDUSTRIELLE : données industrielles, process data ; **entrées des données industrielles**, process data input ; **norme industrielle**, industrial standard ; **saisie des informations industrielles**, industrial data capture ; **sortie des données industrielles**, process data output.

INEFFAÇABLE : ineffaçable, non-erasable ; **mémoire ineffaçable**, non-erasable memory, non-erasable storage.

INEFFECTIVE : instruction ineffective, no-operation instruction (nop).

INERTIE : inertie, inertia.

INEXPLOITE : inexploité, unworked, unprocessed.

INFERENCE : inférence, inference ; **moteur d'inférence**, inference engine.

INFERIEUR : bit de rang inférieur, lower bit ; **dépassement inférieur de capacité**, characteristic underflow, (arithmetic) underflow ; **indice inférieur**, subscript ; **jambage inférieur de caractère**, descender ; **signe inférieur à '<'**, less than sign.

INFERIEURE : borne inférieure, lower bound ; **partie inférieure de la mémoire**, lower memory locations ; **structure inférieure**, minor structure.

INFINI : infini, infinite ; **produit infini**, infinite product.

INFINIE : boucle infinie, hang-up loop ; **ligne infinie**, infinite line ; **mémoire infinie**, infinite memory ; **séries infinies**, infinite set, infinite series.

INFIXE : infixe, infix ; **infixé**, infixed ; **opérateur infixé**, infix operator.

INFIXEE : notation infixée, infix notation.

INFOGRAPHIE : infographie, computer graphics ; **capacité d'adressage (en infographie)**, addressability ; **infographie dialoguée**, interactive graphics ; **infographie matricielle**, raster graphics.

INFOGRAPHIQUE : carte infographique, computer map.

INFORMATION : information, piece of information ; **informations**, data, information* ; **(quantité d') information mutuelle**, mutual information, transmitted information ; **graphe d'informations**, information flowchart ; **groupe d'informations**, information pool ; **informations typiques**, typical data ; **informations à traiter**, input information ; **informations d'entrée**, input information ; **informations essentielles**, vital data ; **manipulation de l'information**, information handling ; **mémorisation des informations**, information storage ; **message d'information**, information message ; **mesure de l'information**, measure of information ; **mot d'information**, information word ; **perte d'information**, drop-out, loss of information ; **phase de transfert des informations**, information transfer phase ; **quantité d'information**, information content ; **quantité d'information conjointe**, joint information content ; **recherche de l'information**, data retrieval, information retrieval ; **restitution de l'information**, information retrieval ; **retour d'information**, message feedback ; **saisie des informations industrielles**, industrial data capture ; **sélection de l'information**, information selection ; **signal d'information**, information signal ; **source d'information**, information source, message source ; **structure de l'information**, information representation ; **structure des informations**, information build-up ; **support d'informations**, data carrier, data medium, information medium ; **support individuel d'information**, individual data support ; **technique d'accès à l'information**, data access control ;

théorie de l'information, communication theory, information theory ; **traitement d'informations centralisé**, centralised data processing ; traitement de l'information, datamation, process information ; **traitement intégré de l'information**, integrated data processing (IPL) ; **trame d'information**, information frame ; **transmission de l'information**, information transmission ; **unité binaire (quantité d'information)**, Shannon, binary unit of information content ; **unité décimale (quantité d'information)**, Hartley, decimal unit of information content ; **unité naturelle (de quantité d'information)**, natural unit (of information content) ; **vitesse de circulation de l'information**, information flow rate ; **voie d'information**, information track.

INFORMATIQUE : l'informatique, information science, information technology, computer science, informatics ; **atelier (informatique)**, (data processing) workshop ; **boutique informatique**, computer shop ; **carte de commande de support informatique**, volume parameter card ; **centre informatique**, information processing centre, computer centre, data processing facility ; **conception informatique évoluée**, advanced computer concept ; **coordinateur informatique**, ADP co-ordinator ; **diagramme informatique**, information graph ; **enseignement informatique interactif**, computer-managed instruction (CMI) ; **évaluation informatique**, computerised problem ; **fiabilité informatique**, computer efficiency ; **graphisme informatique**, computer art ; **inconditionnel, fanatique (d'informatique)**, hacker ; **informatique amateur**, hobby computing ; **informatique conversationnelle**, interactive computing ; **informatique créative**, creative computing ; **informatique d'enseignement**, instructional computing ; **informatique de gestion**, commercial computing, commercial data processing, business-oriented computing ; **informatique distribuée**, distributed data processing ; **informatique hospitalière**, hospital computing ; **jargon informatique**, compuspeak ; **les bases de l'informatique**, computing fundamentals ; **magasin informatique**, computer store ; **micrographie informatique**, computer micrographics ; **mini-informatique**, minicomputing ; **mobilier informatique**, system furniture ; **personnel informatique**, computer personnel, liveware ; **piraterie informati-**

que, computer piracy, computer freak ; **possibilité informatique**, computing facility ; **rapport informatique**, computational report ; **réseaux informatiques imbriqués**, interlaced networks ; **ressources informatiques**, computing resources ; **sécurité informatique**, computer security ; **service informatique**, computer facility, information facility ; **système informatique**, computer system, data processing system ; **système informatique intégré**, integrated information system ; **technologie informatique**, data processing technology.

INFORMATISATION : informatisation, computerisation* (US: computerization).

INFORMATISE : informatisé, computerised (US: computerized) ; **architecture de réseau informatisé**, computer network architecture ; **enseignement informatisé**, computer-based instruction ; **jeu informatisé**, computerised game ; **positionnement informatisé**, positioning control system ; **système informatisé**, information system.

INFORMATISEE : composition informatisée, computerised typesetting ; **éducation informatisée**, computer-based learning (CBL).

INFORMATISER : informatiser, computerise* (to) (US: computerize).

INGENIERIE : ingénierie, engineering ; **ingénierie assistée par ordinateur (IAO)**, computer-aided engineering (CAE).

INGENIEUR : ingénieur, engineer ; **ingénieur du service après-vente**, customer engineer.

INHERENTE : mémoire inhérente, inherent storage.

INHIBER : inhiber, inhibit* (to), blind (to).

INHIBITEUR : inhibiteur, inhibit gate, inhibitor ; **circuit inhibiteur**, inhibit circuit, inhibit line ; **courant inhibiteur**, inhibit current ; **signal inhibiteur**, disabling signal.

INHIBITION : inhibition, inhibition, annulation ; **amplificateur de courant d'inhibition**, inhibit driver ; **code d'inhibition**, inhibit code ; **compteur d'inhibition**, inhibit counter ; **enroulement d'inhibition**, inhibit winding ; **entrée d'inhibition**, inhibiting input ; **impulsion d'inhibition**, inhibit pulse.

INITIAL : initial, initial ; **chargement initial**, initial loading ; **espace initial**, initial gap ; **état initial**, cleared condition, initial state ; **paramètre initial**, initial parameter ; **point d'entrée initial**, initial entry point ; **programme de**

chargement initial, initial programme loader ; remettre à l'état initial (un compteur), reset (to) (a counter) ; remise à l'état initial d'un compteur, counter reset.

INITIALE : adresse de charge initiale, initial load address ; adresse initiale, initial address ; configuration initiale, initial configuration ; défaillance initiale, debug failure ; données initiales, initial data ; erreur initiale, initial error ; initialisation initiale, initial initialisation ; instruction initiale, initial instruction ; mettre à la valeur initiale, initialise (to) (US: initialize), initiate (to) ; mode conditions initiales, reset mode ; perméabilité initiale, initial permeability ; position initiale, home location, home position ; registre des données initiales, home register ; retour en position initiale, homing ; valeur initiale, initial value.

INITIALISATION : initialisation, initialisation* (US: initialization), logging ; initialisation initiale, initial initialisation ; instruction d'initialisation, initialising (US: initializing) instruction ; mode d'initialisation, initialisation mode ; paramètre d'initialisation, starting parameter ; procédure d'initialisation, logging procedure ; procédure d'initialisation du système, initial setup procedure ; programme d'initialisation, initialiser (US: initializer), initialisation programme, listener ; programme d'initialisation de système, cold start programme ; séquence préalable d'initialisation, pre-run initialisation ; valeur d'initialisation, starting value.

INITIALISE : initialisé, initialised (US: initialized) ; non initialisé, uninitialised (US: uninitialized).

INITIALISER : initialiser, initialise* (to) (US: initialize), format (to), initiate (to).

INOCCUPE : inoccupé, idle.

INOCCUPEE : capacité inoccupée, idle capacity.

INOPERANTE : instruction inopérante, do-nothing instruction ; touche inopérante, invalid key.

INPLICITE : longueur inplicite, default size value.

INSCRIRE : inscrire, enter (to), log (to), post (to).

INSCRIT : évènement inscrit, posted event.

INSENSIBLE : insensible aux perturbations, interference proof.

INSERE : inséré, inserted.

INSEREE : routine insérée, inserted subroutine.

INSERER : insérer, insert (to), slot (to).

INSERTION : insertion, insert, insertion, sifting ; à force d'insertion nulle, zero insertion force (ZIF) ; codification des insertions, insert coding ; commande d'insertion, insert command ; coupe et insertion, cut and paste ; insertion de caractère, character fill ; insertion de caractère nul, idle insertion ; insertion de chiffres, digit insert ; insertion de zéros, zero insertion ; multiplet d'insertion, insert byte ; perte d'insertion, insertion loss ; piste d'insertion, insertion track ; routine d'insertion, insertion routine, insert subroutine ; séquence d'insertion, insertion sequence ; séquence d'insertion enchaînée, insertion chain sequence ; tri par insertion, insertion sort ; tri par méthode d'insertion, insertion method sorting.

INSTABILITE : instabilité, jumpiness ; instabilité de phase, phase jitter.

INSTABLE : instable, unstable ; état instable, metastable state, unstable state ; mémoire instable, unstable memory.

INSTALLATION : installation, installation ; date d'installation, installation date ; manuel d'installation, installation manual ; programme d'installation, setup programme.

INSTALLE : installé, installed.

INSTANCE : fichier en instance, suspense file.

INSTANT : instant, instant ; instant significatif, significant instant ; mesurage à l'instant du saut, hook catching.

INSTANTANE : instantané, instantaneous ; accès instantané, instantaneous access ; accès quasi-instantané, quasi-random access ; arrêt instantané, high-speed stop.

INSTANTANEE : compression instantanée, instantaneous companding ; excitation instantanée, immediate pickup ; fin instantanée, unusual end ; fin instantanée du traitement des travaux, unusual end of job.

INSTRUCTION : instruction, instruction*, statement, programme command, order ; bande des instructions, instruction tape ; carte d'instructions, instruction card ; chaîne d'instructions, instruction chain ; champ d'instruction, instruction field ; code d'instruction étendu, augmented operation code ;

code d'instruction mnémonique, input instruction code ; **code d'instructions machine**, machine instruction code ; **code des instructions**, instruction code, machine code ; **complément d'instruction**, instruction feature ; **compteur d'instructions câblé**, hardware programme counter ; **compteur de longueur d'instruction**, instruction length counter ; **constante sous forme d'instruction**, instructional constant ; **contrôleur d'instruction**, instruction processor ; **contrôleur de séquence d'instructions**, programme control unit, programme controller ; **cycle d'instruction**, instruction cycle ; **cycle de recherche d'instruction**, instruction fetch ; **décodage de l'instruction**, instruction decoding ; **décodeur d'instruction**, command decoder, instruction decoder ; **développement d'un macro-instruction**, macro expansion ; **élément d'instruction**, instruction element ; **ensemble d'instructions**, machine instruction set ; **exécution d'instruction**, instruction execution ; **fin d'instruction**, instruction termination ; **flot d'instructions**, instruction stream ; **format d'instruction**, instruction format ; **index d'instruction**, instruction index ; **instruction à adresse directe**, direct instruction ; **instruction à adresse implicite**, implicit address instruction ; **instruction à adresse indirecte**, indirect instruction ; **instruction à adresse simple**, single-address instruction ; **instruction à deux adresses**, two-address instruction ; **instruction à deux plus une adresses**, two-plus-one address instruction ; **instruction à ignorer**, ignore instruction ; **instruction à N adresses**, N-address instruction ; **instruction à N plus une adresses**, N-plus-one address instruction ; **instruction à opérande directe**, immediate instruction ; **instruction à plusieurs adresses**, multi-address instruction ; **instruction à quatre adresses**, four-address instruction ; **instruction à trois adresses**, three-address instruction ; **instruction à une adresse**, one-address instruction ; **instruction à une plus une adresses**, one-plus-one address instruction ; **instruction absolue**, imperative instruction, imperative statement ; **instruction alphanumérique**, alphanumeric instruction ; **instruction arithmétique**, arithmetical statement ; **instruction arithmétique**, arithmetic instruction, arithmetic statement ; **instruction assistée**, aided instruction ; **instruction assistée par ordinateur (IAO)**, computer-aided instruction (CAI) ; **instruction composée**, compound instruction, compound statement ; **instruction conditionnelle**, conditional statement, conditional instruction ; **instruction d'addition**, add instruction ; **instruction d'adresse**, address instruction ; **instruction d'affectation**, assignment statement ; **instruction d'affectation de variable**, variable allocation statement ; **instruction d'appel**, calling instruction, call instruction ; **instruction d'arrêt**, stop instruction, checkpoint instruction, pause instruction ; **instruction d'arrêt facultatif**, optional halt instruction ; **instruction d'arrêt optionnel**, optional stop instruction ; **instruction d'écriture**, write instruction, writing statement ; **instruction d'écriture non formatée**, unformatted write statement ; **instruction d'effacement**, clear statement ; **instruction d'émission**, transmit instruction ; **instruction d'empilage**, push instruction ; **instruction d'enchaînement**, chain order ; **instruction d'entrée**, entry instruction, input instruction ; **instruction d'entrée/sortie**, input/output instruction, input/output order, input/output statement ; **instruction d'exécution**, execute order, execute statement ; **instruction d'extraction**, delivery statement, fetch instruction ; **instruction d'inclusion**, include statement ; **instruction d'initialisation**, initialising (US: initializing) instruction ; **instruction d'introduction**, enter statement ; **instruction d'utilisation**, use statement ; **instruction de balayage**, extract instruction ; **instruction de branchement**, branch instruction, skip instruction, control transfer instruction ; **instruction de calcul en virgule flottante**, scientific instruction ; **instruction de chaînage**, linkage instruction ; **instruction de chargement**, load instruction, load statement ; **instruction de commande**, command statement ; **instruction de contrôle**, control statement, supervisory instruction ; **instruction de contrôle d'assemblage**, assembly control statement ; **instruction de contrôle de travaux**, job control statement ; **instruction de début**, header order, initial order, initiate statement ; **instruction de début de travail**, sign-on ; **instruction de décision**, decision instruction, discrimination instruction ; **instruction de dégroupage**, unstring statement ; **instruction de dépilage**, pop instruction ; **instruction de fin de travail**, sign-off ; **instruction de halte**, checkpoint instruction ; **instruction de** langage, language statement ; **instruction de maintien**, hold instruction ; **instruction de mise en forme**, editing instruction ; **instruction de mise en page**, layout instruction ; **instruction de modification**, modification instruction ; **instruction de non opération**, null instruction, waste instruction ; **instruction de pause**, halt instruction ; **instruction de pistage**, trace statement ; **instruction de procédure**, procedural statement, procedure statement ; **instruction de programme**, programme statement ; **instruction de rappel**, backspace instruction ; **instruction de recherche**, lookup instruction, table lookup instruction ; **instruction de registre d'index**, indexing instruction ; **instruction de répétition**, repetition instruction ; **instruction de reprise**, restart instruction ; **instruction de retour**, return instruction ; **instruction de saut**, jump instruction, transfer instruction ; **instruction de saut inconditionnel**, unconditional jump instruction ; **instruction de service**, housekeeping instruction ; **instruction de sortie**, exit ; **instruction de transfert**, jump instruction, transfer instruction ; **instruction de transfert inconditionnelle**, unconditional transfer instruction ; **instruction de travail**, job statement ; **instruction de vérification d'écriture**, verify command ; **instruction déclarative**, declarative statement, declarative instruction ; **instruction effective**, actual instruction, effective instruction ; **instruction élémentaire**, primary instruction ; **instruction en code source**, source instruction ; **instruction factice**, blank instruction, dummy statement ; **instruction groupe non référencée**, unlabelled compound ; **instruction inactive**, instruction constant ; **instruction inconditionnelle**, unconditional statement ; **instruction indéfinie**, undefined statement ; **instruction ineffective**, no-operation instruction (nop) ; **instruction initiale**, initial instruction ; **instruction inopérante**, do-nothing instruction ; **instruction itérative**, iterative command ; **instruction logique**, logic instruction, logical instruction ; **instruction machine**, computer instruction, machine instruction ; **instruction microprogrammable**, microprogrammable instruction ; **instruction pas à pas**, step-by-step instruction ; **instruction primitive**, presumptive instruction, unmodified instruction ; **instruction privilégiée**, privileged instruction, restricted instruction ; **instruction sans adresse**, zero address instruc-

tion, addressless instruction, no-address instruction ; **instruction source**, source statement ; **instruction symbolique**, symbolic instruction ; **instruction type**, model statement, type instruction ; **instruction utilisateur**, user instruction ; **instruction variable**, variable instruction ; **instructions relogeables**, relocatable sequence ; **invalid instruction**, illegal instruction ; **jeu d'instructions**, instruction set, instruction repertoire ; **jeu d'instructions de base**, basic instruction set ; **jeu d'instructions du calculateur**, computer instruction set ; **liste des instructions**, instruction complement ; **longueur d'instruction**, instruction length ; **macro-instruction**, macro-instruction, macro ; **macro-instruction de chaînage**, linkage macro-instruction ; **macro-instruction de positionnement**, positional macro ; **macro-instruction interne**, inner macro-instruction ; **manuel d'auto-instruction**, self-instructing textbook ; **manuel d'instruction**, instruction manual ; **micro-instruction**, microinstruction, primitive instruction ; **modèle d'instruction**, instruction format ; **modificateur d'instruction**, instruction modifier ; **modification d'instruction**, instruction modification ; **mot d'instruction**, instruction storage word, instruction word ; **nom de liste d'instructions**, instruction list name ; **numéro d'instruction**, statement number ; **organigramme des instructions**, instruction flowchart ; **paquet de cartes d'instructions**, instruction deck, instruction pack ; **partie d'instruction**, instruction part, value call syllable ; **prise en charge de l'instruction**, instruction staticising (US: staticizing) ; **programmation des instructions**, instruction coding ; **pseudo-instruction**, pseudo-instruction, quasi-instruction, declaration, declarative, directive ; **registre d'adresse d'instruction**, instruction address register ; **registre d'enchaînement d'instructions**, instruction sequence register, instruction location counter ; **registre d'instruction**, instruction register, programme counter, programme address counter ; **registre de comptage d'instructions**, instruction counting register ; **répétition d'instructions**, instruction retry ; **séquence d'instructions**, instruction sequence, programme sequence, statement sequence, instruction array ; **séries d'instructions**, instruction series ; **structure de la séquence d'instructions**, instruction sequence format ; **système à base d'instructions**, instruction system ; **table des instructions**, instruction complement ; **temps d'exécution de l'instruction**, instruction execution time ; **temps d'instruction**, instruction time ; **traduction d'instruction**, instruction translation ; **unité de traitement des instructions**, instruction processing unit, instruction computing unit ; **zone d'instruction**, instruction area, instruction storage.

INSTRUMENT : instrument, instrument ; **instrument indicateur**, indicating instrument.

INSU : test à l'insu, blind test.

INTEGRAL : intégral, integral ; **calcul intégral**, integral calculus.

INTEGRALE : constante intégrale, integral constant ; **équation intégrale**, integral equation ; **impression intégrale**, full stamp ; **intégrale indéfinie**, improper integral ; **signe d'intégrale**, integral sign ; **valeur intégrale**, integral value.

INTEGRANTE : partie intégrante, integral part.

INTEGRATEUR : intégrateur, integrator ; **intégrateur de contre-réaction**, inverse integrator ; **intégrateur sommateur**, summing integrator.

INTEGRATION : intégration, integration ; **domaine d'intégration**, integral domain ; **intégration analogique**, analogue integration ; **intégration moyenne**, medium scale integration ; **intégration numérique**, numerical integration ; **intégration verticale**, vertical integration ; **mémoire à grande échelle d'intégration**, LSI memory.

INTEGRE : intégré, integrated ; **accès intégré**, integrated access ; **adaptateur intégré**, integrated adapter ; **calculateur intégré (à l'équipement)**, embedded computer ; **circuit intégré à broches axiales**, flat pack ; **circuit semi-intégré**, hybrid integrated circuit ; **composant non intégré**, discrete component ; **contrôleur intégré**, integrated controller ; **extracteur de circuit intégré**, IC puller ; **fabricant de circuits intégrés**, IC maker ; **générateur de rapport intégré**, own report generator ; **microprocesseur hautement intégré**, LSI microprocessor ; **modem intégré**, integrated modem ; **organe intégré**, integrated device ; **support de circuit intégré**, IC socket, chip socket ; **système informatique intégré**, integrated information system ; **système intégré**,

integrated system ; **test intégré**, in-circuit testing ; **traitement intégré de l'information**, integrated data processing (IPL) ; **traitement intégré des données**, integrated information processing.

INTEGREE : base de données intégrée, integrated data base ; **fonctionnement à sécurité intégrée**, failsafe operation.

INTEGRER : intégrer, integrate (to) ; **expression à intégrer**, integrand.

INTEGRITE : intégrité, integrity ; **intégrité du système**, system integrity.

INTELLIGENCE : intelligence, intelligence ; **indice (en intelligence artificielle)**, evidence (in artificial intelligence) ; **intelligence artificielle (IA)**, artificial intelligence (AI) ; **intelligence distribuée**, distributed intelligence, dispersed intelligence.

INTELLIGENT : intelligent, intelligent*, smart ; **terminal intelligent**, intelligent terminal, smart terminal ; **traceur intelligent**, intelligent plotter.

INTENSITE : intensité, intensity ; **demi-intensité**, half-intensity ; **réglage de l'intensité sonore**, volume control.

INTERACTIF : interactif, interactive*, conversational ; **clavier interactif**, live keyboard ; **compilateur interactif**, conversational compiler ; **débogage interactif**, interactive debugging ; **écran interactif au toucher**, touch-sensitive screen ; **enseignement informatique interactif**, computer-managed instruction (CMI) ; **exercice pratique interactif**, interactive hands-on exercise ; **mode clavier interactif**, live keyboard mode ; **système interactif**, conversational system, interactive system ; **traitement d'image interactif**, interactive image processing ; **traitement interactif**, interactive processing, on-line transaction processing.

INTERACTION : interaction, interaction ; **interaction en ligne**, on-line interaction.

INTERACTIVE : adresses interactives, interactive addresses ; **documentation interactive**, self-instructing user documentation ; **optimisation interactive structurelle**, interactive structural optimisation ; **programmation interactive**, on-line programming ; **vidéographie interactive**, videotex, viewdata, teletext.

INTERCALAGE : zone d'intercalage, action queue slot.

INTERCLASSEMENT : interclassement, collating, insertion ; **tri par interclasse-**

ment, collating sort, sorting by insertion.

INTERCLASSEUSE : interclasseuse, collator*.

INTERDICTION : anneau d'interdiction à l'écriture, write inhibit ring ; interdiction d'écriture, write lockout ; interdiction d'impression, print inhibit ; interruption d'interdiction, disabled interrupt ; signal d'interdiction, inhibiting signal.

INTERDIT : interdit, forbidden ; caractère interdit, forbidden character, improper character ; chiffre interdit, forbidden digit.

INTERDITE : combinaison interdite, forbidden combination.

INTERFACAGE : interfaçage, interfacing ; programme d'interfaçage, interface routine.

INTERFACE : interface, interface*, gateway, interfacing, interface device, interface equipment ; adaptateur d'interface, interface adapter ; canal d'interface périphérique, peripheral interface channel ; carte d'interface réseau, network interface card ; concept des interfaces, interface design ; conception d'interface de système, system interface design ; interface aux normes américaines, EIA interface ; interface avec protocole de transfert, handshake interface ; interface Centronics, Centronics interface ; interface d'horloge temps réel, real-time clock interface ; interface d'imprimante série, serial printer interface ; interface de calculateur, computer interface ; interface de commande, process interface system ; interface de communication, data adapter unit, transmission interface ; interface de la couche physique (ISO), physical layer interface (ISO) ; interface de périphérique, device adapter interface, peripheral interface ; interface de processus, real-time interface ; interface de terminal, display control ; interface de transmission, interface ; interface homme-machine, man-machine interface ; interface modem, modem interface ; interface numérique série, serial digital interface ; interface RS-232, RS-232 interface ; interface série, serial interface ; interface souris de bus, bus mouse adapter ; interface souris parallèle, parallel mouse adapter ; interface standard, standard interface ; interface universelle, general-purpose interface ; interface V.24, V.24 interface ; interface vidéo, video interface ; interfaces et protocoles de la série V

(ex:V.24), V-series ; interfaces et protocoles de la série X (ex:X.25), X-series ; module d'interface, interface module ; registre d'interface, interface register ; unité d'interface périphérique, peripheral interface unit (PIU).

INTERFACER : interfacer, interface (to).

INTERFERENCE : interférence, interference, spurious ; interférence électromagnétique, electromagnetic interference (EMI).

INTERFICHIER : interfichier, interfile.

INTERLACE : interlacé, interlaced, interleaved ; affichage non interlacé, non-interlaced display ; mode non interlacé, non-interlaced mode.

INTERPHONE : interphone, intercom*.

INTERLIGNAGE : interlignage, leading, line spacing.

INTERLIGNE : interligne, interline, line space, line separation ; double interligne, double space ; enlever les interlignes, unlead (to) ; interligne double, dual carriage, dual feed carriage ; rochet de commande d'interligne, line space ratchet ; sans interligne, unleaded ; simple interligne, single space.

INTERLINEATION : interlinéation, interlining.

INTERMEDIAIRE : code intermédiaire pseudocodé, intermediate code ; contrôle intermédiaire, intermediate checking ; cycle intermédiaire, intercycle ; dépassement de capacité intermédiaire, intermediate result overflow ; dispositif intermédiaire, intermediate equipment ; distributeur intermédiaire, intermediate distribution frame ; état intermédiaire, intermediate status ; feuille intermédiaire, interleaf ; information intermédiaire, intermediate information ; langage intermédiaire, intermediate language ; mémoire intermédiaire, intermediate data storage ; noeud intermédiaire, intermediate node ; produit intermédiaire, intermediate product ; registre intermédiaire, intermediate register, temporary register ; résultat intermédiaire, intermediate result, intermediate data ; station intermédiaire, way station ; valeur intermédiaire, intermediate quantity ; zone intermédiaire, hold area, holding area.

INTERMITTENT : intermittent, intermittent ; incident intermittent, intermittent trouble.

INTERMITTENTE : erreur intermittente, intermittent error ; **exploitation intermittente**, intermittent operation ; **panne intermittente**, intermittent failure, intermittent fault, sporadic fault.

INTERMODULATION : intermodulation, intermodulation ; **bruit d'intermodulation**, intermodulation noise ; **distorsion d'intermodulation**, intermodulation distortion ; **produits d'intermodulation**, intermodulation products.

INTERMOT : intermot, interword.

INTERNATIONAL : alphabet international, international alphabet ; **code international de télégraphie**, international telegraph code.

INTERNE : interne, inner ; **bloc interne**, internal block ; **boucle interne**, inner loop ; **bus interne**, A-bus ; **capacité de la mémoire interne**, internal memory capacity ; **code interne**, internal code ; **contrôle interne**, internal checking ; **côté interne**, inner face ; **couche interne**, inner plane, internal plane ; **débit interne des données**, internal flow ; **format interne**, internal format ; **horloge interne**, internal timer ; **interruption interne**, hardware interrupt, internal interrupt ; **logique interne**, internal logic ; **macro-instruction interne**, inner macro-instruction ; **mémoire interne**, internal storage, internal memory, main store, processor storage ; **mode d'interruption interne**, internal interrupt mode ; **nom interne**, internal name ; **opération interne**, internal operation ; **procédure interne**, internal procedure ; **produit interne**, inner product ; **rapport interne**, internal ratio ; **représentation interne**, internal representation ; **résistance interne**, internal resistance ; **sous-programme de test interne**, internal test routine ; **traitement interne des données**, internal data processing ; **tri interne**, internal sort, key sort.

INTERPHONE : interphone, intercom.

INTERPRETATEUR : interprétateur, interpretive programme, interpreter*.

INTERPRETATIF : interprétatif, interpretive ; **code interprétatif**, interpretive code ; **compilateur interprétatif**, interpretive compiler ; **langage interprétatif**, interpretive language ; **programme interprétatif**, interpretive routine.

INTERPRETATION : interprétation, interpretation ; **interprétation des données**, interpretation of data ; **interprétation graphique**, graphical interpretation.

INTERPRETATIVE : programmation interprétative, interpretive programming.

INTERPRETE : interprète, interpretive programme, interpreter ; **caractère mal interprété**, skew character.

INTERPRETER : interpréter, interpret (to).

INTERPRETEUR : interpréteur, interpreter ; **code interpréteur**, interpreter code ; **mode interpréteur**, immediate mode.

INTERROGATION : interrogation, enquiry (ENQ), inquiry, interrogating, requesting, roll call ; **caractère d'interrogation**, inquiry character (ENQ) ; **commutateur d'interrogation**, inquiry key ; **cycle d'interrogation**, polling cycle ; **dispositif d'interrogation**, interrogate feature ; **interrogation au clavier**, keyboard inquiry ; **interrogation d'une base de données**, database query ; **interrogation ordinaire**, simple inquiry ; **intervalle d'attente en interrogation**, poll stall interval ; **message d'interrogation**, polling message ; **méthode d'interrogation**, polling method ; **mode d'interrogation**, inquiry mode ; **point d'interrogation '?'**, question mark ; **poste d'interrogation**, inquiry station, query station ; **registre d'interrogation**, interrogation register ; **système d'interrogation**, interrogation system ; **système d'interrogation/réponse**, inquiry system ; **terminal d'interrogation**, inquiry display terminal ; **terminal unité d'interrogation**, inquiry unit ; **traducteur de langage d'interrogation**, query language translator.

INTERROGATRICE : unité interrogatrice, requesting unit.

INTERROGEABLE : interrogeable, pollable.

INTERROGE : interrogée, interogated, inquired, polled.

INTERROGEE : unité interrogée, replying unit.

INTERROGER : interroger, enquire (to), inquire (to), interrogate (to), poll (to), query (to), request (to), demand (to).

INTERROMPRE : interrompre, break (to), halt (to), interrupt (to), stop (to), suspend (to), truncate (to) ; **interrompre un travail en cours**, kill a job (to).

INTERRUPTEUR : interrupteur de réseau, power lock ; **interrupteur machine**, hardware switch ; **interrupteur marche**, start bar.

INTERRUPTIBLE : interruptible, event-driven, event-interrupt, interruptable ; **bloc interruptible**, interrupt block.

INTERRUPTION : interruption, break*, interlock, interrupt event, interrupt*, interruption, trap condition ; **analyse des interruptions**, interrupt decoding ; **armement d'interruption**, interrupt enabling, interrupt setting ; **caractère d'interruption**, break character ; **clé d'interruption**, interrupt button ; **commande par interruption**, interrupt driven, interrupt-controlled ; **condition d'interruption**, interrupt condition ; **décodeur d'interruption**, interrupt decoder ; **demande d'interruption**, attention interrupt request, interrupt request ; **désarmement d'interruption**, interrupt disabling ; **détecteur d'interruption**, interrupt trap ; **dispositif d'interruption**, interrupt feature, interrupt system ; **drapeau d'interruption**, interrupt flag ; **empilage des interruptions**, interrupt stacking ; **indicateur d'interruption**, interrupt indicator ; **interruption à zéro**, zero count interrupt ; **interruption automatique**, automatic interrupt ; **interruption automatique de programme**, automatic programme interrupt ; **interruption d'entrée/sortie**, input/output interrupt ; **interruption d'erreur**, error interrupt ; **interruption d'interdiction**, disabled interrupt ; **interruption de la réception**, receive interruption ; **interruption de périphérique**, peripheral interrupt ; **interruption de processus**, process suspension ; **interruption de programme inconditionnelle**, unconditional programme interrupt ; **interruption de supervision**, supervisor interrupt ; **interruption en cours**, interrupt pending ; **interruption extérieure**, external interrupt ; **interruption hiérarchisée**, hierarchised (US: hierarchized) interrupt ; **interruption interne**, hardware interrupt, internal interrupt ; **interruption maîtresse**, master control interrupt ; **interruption normale**, standard interrupt ; **interruption principale**, master interrupt ; **interruption prioritaire**, priority interrupt ; **interruption système**, system interrupt ; **interruption vectorisée**, vectored interrupt ; **interruption vectorisée prioritaire**, vector priority interrupt ; **interruptions ordonnées par priorité**, priority ordered interrupts ; **journal des interruptions**, interrupt logging ; **masque d'interruption**, interrupt mask ; **mode d'interruption**, interrupt mode ; **mode**

d'interruption interne, internal interrupt mode ; **niveau d'interruption**, interrupt level ; **nom d'interruption**, halt name ; **positionnement de masques d'interruption**, interrupt masking ; **programme d'interruption**, interrupt routine ; **routine d'interruption**, interrupt handler ; **signal d'interruption**, breakdown signal, interrupt signal ; **signal d'interruption de processus**, process interrupt signal ; **signal de demande d'interruption**, break request signal (BRS) ; **symbole d'interruption**, breakpoint symbol ; **table des adresses d'interruption**, interrupt address table ; **table des priorités d'interruptions**, interrupt priority table ; **taux d'interruption**, interruption rate ; **temps d'interruption**, interlock time ; **touche d'interruption**, break key ; **traitement d'interruption**, interrupt processing, interrupt handling, interrupt process ; **zone de nom d'interruption**, halt name filed.

INTERSECTION : intersection, intersection, logical product, meet, AND operation, AND, conjunction ; **point d'intersection**, intercept point, point of intersection.

INTERTACHE : intertâche, intertask.

INTERTRAME : intertrame, interframe.

INTERURBAIN : interurbain, intercity ; **appel interurbain**, toll call ; **réseau interurbain**, toll circuit.

INTERVALLE : intervalle, interval, gap* ; **classe d'intervalles**, class interval ; **intervalle d'attente en interrogation**, poll stall interval ; **intervalle d'impression**, printer interval ; **intervalle entre appels**, polling interval ; **intervalle entre deux rafraîchissements**, refresh interval ; **intervalle significatif**, significant interval ; **limites d'intervalle**, interval limits ; **sélecteur d'intervalle**, interval selector.

INTERVENTION : intervention, intervention ; **appel pour intervention**, service call ; **message d'intervention**, action message ; **touche d'intervention**, attention key.

INTERVOIE : intervoie, interchannel ; écart intervoie, channel spacing.

INTITULE : intitulé de la structure des données, data set label.

INTRADUISIBLE : intraduisible, untranslatable.

INTRANODAL : intranodal, intranodal.

INTRANSFERABLE : intransférable, untransferable.

INTRINSEQUE : intrinsèque, built-in, predifined ; **fonction intrinsèque**, built-in function.

INTRODUCTION : introduction, input process, entry, introduction ; **appendice d'introduction**, input enclosure ; **bande maître d'introduction**, input master tape ; **canal d'introduction**, input channel ; **code d'introduction**, input code ; **console d'introduction**, input control ; **console d'introduction de données**, input console ; **contrôle d'introduction**, input edit level ; **contrôle visuel de l'introduction**, visual input control ; **convertisseur de code d'introduction**, input code converter ; **erreur d'introduction**, input error ; **instruction d'introduction**, enter statement ; **introduction des travaux**, job introduction ; **introduction par clavier**, keyboard input, manual keyboard entry ; **introduction par console**, console input ; **introduction par lots à distance**, remote batch entry (RBE) ; **limite d'introduction**, input limit ; **méthode d'introduction**, input method ; **opération d'introduction**, input operation ; **phase d'introduction**, input phase ; **poste d'introduction**, input terminal ; **procédure d'introduction**, input procedure ; **processus d'introduction**, input process ; **programme d'introduction**, input routine, input reader, input programme ; **stade d'introduction**, input stage ; **temps d'introduction**, input time ; **valeur d'introduction**, input value ; **variable d'introduction**, input variable ; **vitesse d'introduction**, input rate, input speed ; **zone d'introduction**, key entry area.

INTRODUIRE : introduire, input (to) ; introduire en mémoire, move into (to), usher (to) ; introduire manuellement, key (to).

INUTILISE : inutilisé, unused ; temps inutilisé, unused time.

INUTILISEE : ligne inutilisée, blank line ; mémoire inutilisée, slack storage ; voie inutilisée, unused track.

INVALIDE : invalide, invalid, illegal ; caractère invalide, illegal character, invalid character ; invalide instruction, illegal instruction ; trame invalide, invalid frame.

INVALIDER : invalider, invalidate (to).

INVARIANCE : invariance, reentrancy.

INVENTAIRE : fiche d'inventaire de stock, stock card.

INVERSE : inverse, inverted, reverse,

inverse ; **arbre inverse**, inverted tree ; **balayage inversé**, reverse scan ; **barre de fraction inverse**, backlash 'ç', reverse slant, reverse slash ; **barre oblique inverse**, backlash 'ç', reverse slash ; **courant inverse**, reverse current ; **effet inverse**, adverse effect ; **fichier inversé**, inverted file ; **fond inversé**, inverted background ; **lecture inverse**, reverse read, reverse reading ; **logarithme inverse**, inverse logarithm ; **notation polonaise inverse**, postfix notation, reverse Polish notation ; **pile à accès inversé**, pushdown stack ; **polarisation inverse**, reverse bias ; **recherche inverse**, backtracking ; **résistance inverse**, backward resistance ; **trace inverse**, trace-back ; **vidéo inverse**, inverse video, reverse video.

INVERSEE : file d'attente inversée, pushdown queue ; **fonction inversée**, inverse function ; **liste inversée**, lifo list, pushdown list ; **notation polonaise inversée**, parenthesis-free notation, suffix notation ; **pile inversée**, push down stack, pushdown storage.

INVERSER : inverser, inverse (to), negate* (to).

INVERSEUR : inverseur, alteration switch, inverter*, negation element ; **amplificateur inverseur**, inverse amplifier ; **circuit inverseur**, inverse gate ; **inverseur de signe**, sign changer.

INVERSION : inversion, inversion, negation ; **inversion lettres-chiffres**, letters shift ; **inversion logique**, NOT operation, Boolean complementation, negation ; **modulation par inversion de phase**, phase inversion modulation ; **touche d'inversion majuscules-minuscules**, case shift key.

INVISIBLE : invisible, invisible.

INVITATION : invitation, invitation ; **file d'invitations**, invitation list ; **invitation à transmettre**, invitation to send, polling ; **liste d'invitations à transmettre**, polling list ; **tonalité d'invitation à transmettre**, go-ahead tone.

INVITE : invite, prompt.

INVOQUER : invoquer, evoke (to).

ION : ion, ion ; **piège à ions**, ion trap.

IONIQUE : faisceau ionique, ion beam ; tâche ionique, ion spot.

IRRATIONNEL : irrationnel, irrational ; nombre irrationnel, irrational number.

IRRATIONNELLE : fraction irrationnelle, irrational fraction.

IRRECUPERABLE : irrécupérable,

non-recoverable.

IRREGULIER : irrégulier, unregular ; (d'aspect) irrégulier, jaggy.

IRREGULIERE : marge irrégulière, ragged margin.

IRREPARABLE : erreur de matériel irréparable, uncoverable device error.

ISO : caractère ISO, ISO character ; code ISO à 7 moments, ISO-7-bit code ; couche d'application (ISO), application layer (ISO) ; couche de liaison de données (ISO), data link layer (ISO) ; couche de présentation (ISO), presentation layer (ISO) ; couche de réseau (ISO), network layer (ISO) ; couche de session (ISO), session layer (ISO) ; couche de transport (ISO), transport layer (ISO) ; couche physique (ISO), physical layer (ISO) ; interface de la couche physique (ISO), physical layer interface (ISO).

ISOCHRONE : isochrone, isochronous ; distorsion isochrone, isochronous distortion ; transmission isochrone, isochronous transmission.

ISOLANT : isolant, dielectric, insulator.

ISOLATION : isolation, insulation ; isolation par groupe, grouping isolation ; résistance d'isolation, insulation resistance.

ISOLE : isolé, isolated ; amplificateur isolé, isolated amplifier ; amplificateur non isolé, non-isolated amplifier ; mode de traitement isolé, dedicated mode.

ISOLER : isoler, isolate (to), extract (to).

ISSUE : issue conclusion, upshot.

ITALIQUE : italique, italic ; caractère italique, italic typeface.

ITERATIF : itératif, iterative* , cyclic ; facteur itératif, iterative factor ; fonctionnement itératif, auto-sequential operation, iterative operation ; mode itératif, automatic sequential mode ; procédé itératif, iterative process ; programme itératif, repeat programme.

ITERATION : itération, iteration, cycling ; boucle d'itération, iterative loop, iteration loop ; critère d'itération, cycle criterion ; facteur d'itération, iteration factor ; index d'itération, iteration index ; itération de programme, programme repeat ; routine d'itération, iterative routine.

ITERATIVE : addition itérative, iterative addition ; impédance itérative, iterative impedance ; instruction itérative, iterative command.

ITERER : itérer, iterate (to).

IVERSON : notation Iverson, Iverson notation

J

JALON : jalon, flag, sentinal, switch indicator, use bit.

JAMBAGE : jambage de caractère, character stroke ; jambage inférieur de caractère, descender ; jambage supérieur de caractère, ascender, riser.

JARGON : jargon informatique, compuspeak.

JET : imprimante à jet d'encre, ink jet printer.

JETON : jeton, token* ; concept de bus à jeton, token bus approach ; concept du bus annulaire à jeton, token ring approach ; protocole d'anneau à jeton, token-passing ring protocol ; réseau avec bus à jeton, token-passing bus network ; réseau avec bus annulaire à jeton, token-passing ring network ; séquence de bus à jeton, token-passing sequence.

JEU : jeu, bag, bulk, gaming, game, play,

JEU : jeu, bag, bulk, gaming, game, play, set ; changement de jeu de caractères, face change, fount change ; jeu d'entreprise, business game ; jeu d'instructions, instruction set, instruction repertoire* ; jeu d'instructions de base, basic instruction set ; jeu d'instructions du calculateur, computer instruction set ; jeu de caractères, language character set, character repertoire, character pitch ; jeu de caractères alphanumériques, alphanumeric character set ; jeu de caractères codés, coded character set ; jeu de caractères secondaires, alternate character set ; jeu de caractères semi-graphiques, line drawing set ; jeu de cartes, card deck, card pack, deck* , pack ; jeu de cartes d'assembleur, assembler deck ; jeu de cartes d'entrée, input deck ; jeu de cartes-programme, programme deck ; jeu de la vie, life game ; jeu de représentations, code set ; jeu en bout, end shake ; jeu informatisé, computerised game ; **jeu vidéo de salle**, video arcade game ; **logiciel de jeu**, gameware ; **manette de jeu**, game paddle ; **progiciel de jeux d'entreprise**, gaming package ; **programme de jeu**, funware ; **spécialisé pour le jeu**, game-oriented ; **théorie des jeux**, game theory.

JONCTION : jonction, interface, junction, trunk* ; **câble de jonction**, interface trunk ; **chiffrement de jonction**, multiplex link encryption ; **commutateur de jonction**, trunk switch ; **diode à jonction**, junction diode ; **jonction PN**, PN boundary ; **mode de jonction**, append mode ; **point de jonction machine**, hardware interface ; **température de jonction**, junction temperature ; **transistor à jonctions**, junction transistor.

JORDAN : bascule Ecclès Jordan, Eccles-Jordan circuit.

JOUR : bande de mise à jour, updating tape ; **carte de mise à jour**, update card ; **date de mise à jour**, purge date ; **données à jour**, maintained data ; **fichier de mise à jour**, updated master file ; **génération des mises à jour**, update generation ; **mettre à jour**, update (to) ; **mise à jour**, revision, update, updating operation, updating ; **mise à jour d'articles**, record updating ; **mise à jour de la bibliothèque des travaux**, job library update ; **mise à jour par modification**, update-in-place mode, up-in-place mode ; **niveau de mise à jour**, release level ; **passe de mise à jour**, updating run ;

programme de mise à jour, update analysis programme, updating routine, modification programme, update programme ; **service de mise à jour**, updating service ; **sous-programme de mise à jour**, update routine.

JOURNAL : journal, log ; **bande journal**, ledger tape ; **journal de bord**, journal ; **journal de comptabilisation des travaux**, job accounting report, job account log ; **journal de vérification**, audit log ; **journal des erreurs**, error logging ; **journal des interruptions**, interrupt logging ; **journal des pannes**, failure logging.

JOVIAL : Jovial (langage), Jovial* (language).

JUMELEE : opération jumelée, dual operation, twin operation.

JUSTIFICATION : justification, justification* ; **justification à droite**, right justification, right justify ; **justification à gauche**, left justification, left justify.

JUSTIFIE : justifié, justified, aligned ; **justifié à droite**, justified right, right-justified ; **justifié à gauche**, justified left, left justified.

JUSTIFIEE : marge justifiée, justified margin.

JUSTIFIER : justifier, justify (to) ; **justifier à droite**, right justify (to) ; **justifier à gauche**, left justify (to).

JUXTAPOSITION : juxtaposition de points, dithering

K

KARNAUGH : table de Karnaugh, Karnaugh* map.

KATAKANA : Katakana (alphabet), Kat (Katakana*) ; **code Katakana**, Kat code.

KILO : kilo, kilo ; **kilo-octet (Ko)**, kilobyte (Kb), 1024 bytes ; **kilo-Ohm**, kohm (kilo-χ), 1000 Ohms.

KILOBAUD : kilobaud, job macro call, kilobaud (KB).

KILOBIT : kilobit, kilobit (Kb).

KILOCYCLE : kilocycle (Kc), kilocycle (Kc), 1000 cycles.

KIT : kit, kit ; **kit de programmes de développement**, development tool kit

L

LABEL : label, label ; code de vérification de label disque, disc label check code ; contrôle du label de bande, header check ; création de label, label generation ; fichier sans label, unlabelled file ; identificateur de label, label identifier ; label d'en-tête, header label ; label d'identification utilisateur, user volume label ; label de fin de bande, end-of-volume trailer label ; label de volume, volume label ; label début de bande entrée, input header label ; label début de volume, volume header label ; label début utilisateur, user header label ; label fin utilisateur, user trailer label ; traitement de labels, label processing.

LACET : lacet, wrap-around.

LÂCHE : couplage lâche, undercoupling.

LAISSER : laisser en blanc, leave blank (to).

LAME : lame, blade ; connecteur à lames, knife connector.

LAMINAIRE : laminaire, laminar.

LAMPE : lampe, light ; lampe fluorescente, fluorescent lamp ; lampe-témoin, display light.

LANCEMENT : lancement, bootstrapping, start, starting, start-up ; code de lancement de transmission, transmitter start code ; lancement à froid, cold start ; lancement de l'étape de travail, job step initiation ; lancement de programme, programme start ; lancement des travaux, job initiation ; paramètre de lancement, release parameter ; procédure de lancement, initiating procedure ; programme à lancement automatique, self-triggered programme ; routine de lancement, start routine ; séquence de lancement, starting séquence ; symbole de lancement, entry symbol ; zone du mode de lancement, start mode field.

LANCER : lancer, prime (to), start (to) ; charger et lancer, load-and-go ; chargeur à lancer par touche, key-in loader.

LANGAGE : langage, language* ; Ada (langage), Ada (language) ; algol (langage), algol (language) ; apl (langage), apl (language) ; basic (langage), basic (language) ; bibliothèque langage d'origine, source statement library ; cobol (langage), cobol (language) ; codage en langage machine, machine coding ; comal (langage), comal (language) ; coral (langage), coral (language) ; extension de langage, language extension ; forth (langage), forth (language) ; fortran (langage), fortran (language) ; instruction de langage, language statement ; Jovial (langage), Jovial (language) ; langage à structure de bloc, block-structured language ; langage adapté à l'utilisateur, user-oriented language ; langage adapté à la machine, machine-oriented language ; langage adapté aux procédures, procedure-oriented language ; langage algébrique, algebraic language ; langage algorithmique, algorithmic language ; langage artificiel, artificial language, fabricated language ; langage assembleur, assembly language, assembly code ; langage automatique, autocode ; langage C, C-language ; langage chaîné, threaded language ; langage commun, common language ; langage conceptuel, conceptual language ; langage d'analyse, design language, system design language ; langage d'application, problem-oriented language ; langage d'application commerciale, commercial language ; langage d'assemblage de base, basic assembly language (BAL) ; langage d'assemblage spécifique, native assembler language ; langage d'enseignement, author language ; langage d'usage général, general-purpose language ; langage de base, basic language ; langage de commande, command language, control language ; langage de description de données, data description language (DDL) ; langage de dialogue, conversational language ; langage de gestion, business language ; langage de haut niveau, high-order language, high-level language ; langage de l'utilisateur final, end user language ; langage de macro-assemblage, macro-assembly language (MAL) ; langage de manipulation de données, data manipulation language (DML) ; langage de procédures, procedural language ; langage de programmation, programming language ; langage de référence, reference language ; langage de spécification, specification language ; langage de supervision, job control language (JCL) ; **langage de traitement**, processing language ; **langage de traitement de liste**, list processing language ; **langage de très haut niveau**, very high-level language (VHLL) ; **langage dépendant de la machine**, machine-dependent language ; **langage du calculateur**, computer-dependent language ; **langage du programme**, programme language ; **langage évolué**, high-level language, advanced language, high-order language ; **langage extérieur**, external language ; **langage fonctionnel**, applicative language ; **langage formel**, formal language ; **langage indépendant du calculateur**, computer-independent language ; **langage intermédiaire**, intermediate language ; **langage interprétatif**, interpretive language ; **langage lié à l'ordinateur**, computer-oriented language, low-level language ; **langage machine**, machine language, computer language, absolute language ; **langage mnémonique**, mnemonic language ; **langage musical**, musical language ; **langage naturel**, natural language ; **langage non stratifié**, unstratified language ; **langage objet**, object language, target language ; **langage orienté vers les applications**, application-oriented language ; **langage pour table de décision**, tabular language ; **langage procédural**, procedure-oriented language ; **langage propre au calculateur**, computer-sensitive language ; **langage résultant**, object language, target language ; **langage scientifique**, scientific language ; **langage source**, original language, source language ; **langage spécialisé algébrique**, algebraic-oriented language ; **langage spécialisé travaux**, job-oriented language ; **langage stratifié**, stratified language ; **langage symbolique**, symbolic language ; **langage temps réel**, real-time language ; **lisp (langage)**, lisp* (language) ; **machine à langage de base**, basic language machine (BLM) ; **niveau de langage**, language level ; **Pascal (langage)**, Pascal (language) ; **processeur de langage**, language processor ; **programmation en langage-machine**, absolute programming ; **prolog (langage)**, prolog (language) ; **snobol (langage)**, snobol (language) ; **syntaxe d'un langage**, coding system ; **traducteur de langage d'interrogation**, query language translator ; **traducteur de langages**, language translator.

LANGUETTE : languette, tab.

LARGE : large, broad, wide ; **bande large**, broadband, wideband ; **canal à large ban-**de, broadband channel, wideband channel ; **circuit à large bande**, wideband circuit ; **filtre coupleur à bande large**, broadband-coupling filter ; **ligne à bande large**, wideband line.

LARGEUR : largeur, width ; **largeur d'entrefer**, gap width ; **largeur d'un segment**, stroke width ; **largeur de bande**, bandwidth ; **largeur de bande nominale**, nominal bandwidth ; **largeur de bande occupée**, occupied bandwidth ; **largeur de bande vidéo**, video bandwidth ; **largeur de bus**, highway width ; **largeur de canal**, channel width ; **largeur de piste**, track width ; **largeur de trait**, line width ; **largeur papier**, web width ; **modulation en largeur d'impulsion**, pulse width modulation.

LASER : laser, laser ; **écran à laser**, laser screen ; **enregistrement par faisceau laser**, laser beam recording (LBR) ; **imprimante à laser**, laser printer ; **mémoire à laser**, laser memory, laser storage ; **traceur à laser**, laser plotter.

LATENCE : latence, latency, rotational delay, waiting time.

LATENT : latent, latent.

LATENTE : tâche latente, latent job.

LATERALE : bande latérale, sideband ; **ligne latérale**, side line ; **transmission en bande latérale unique**, single-sideband transmission.

LECTEUR : lecteur, reader ; **crayon lecteur**, stylus, lightpen, wand* scanner ; **lecteur d'étiquettes**, tag reader ; **lecteur de badge**, badge reader ; **lecteur de bande**, tape reader ; **lecteur de bande magnétique**, magnetic tape reader ; **lecteur de bande perforée**, paper tape reader (PTR) ; **lecteur de bande rapide**, high-speed tape reader ; **lecteur de caractère**, character reader ; **lecteur de carte**, card reader ; **lecteur de cartes d'identification**, ID card reader ; **lecteur de cartes rapide**, high-speed card reader ; **lecteur de courbe**, stroke device ; **lecteur de document**, document reader ; **lecteur de documents rapide**, high-speed document reader ; **lecteur de film**, film reader ; **lecteur de marque optique**, optical mark reader ; **lecteur de marques**, mark reader ; **lecteur de microfiche**, fiche reader ; **lecteur de microfilm**, microfilm reader ; **lecteur de page**, page reader ; **lecteur optique**, optical reader, optical scanner, visual scanner ; **lecteur optique de caractères**, optical character reader ; **lecteur rapide**, high-speed reader.

LECTURE : lecture, get, reading, read, readout ; **amplificateur de lecture**, read amplifier ; **balai de lecture**, pick-off brush ; **bloc de lecture**, read block ; **boucle centrale de lecture directe**, central scanning loop ; **canal lecture-écriture**, read/write channel ; **chemin de lecture**, read path ; **cycle de lecture**, read cycle ; **erreur de lecture**, misread, read error, reading error ; **erreur de lecture permanente**, unrecoverable read error ; **fenêtre de lecture**, read screen ; **fonction de lecture des données**, data read function ; **lecture anticipée de carte**, early card read ; **lecture après écriture**, read-after-write ; **lecture arrière**, backward read ; **lecture au son**, aural reception ; **lecture automatique de cartes**, automatic card reading ; **lecture d'écran**, screen read ; **lecture de contrôle**, check read, verify reading ; **lecture de fichier**, file scan ; **lecture des données**, data read ; **lecture destructive**, destructive read, destructive read-out (DRO) ; **lecture diffuse**, scatter read ; **lecture-écriture**, reading/writing, read/write ; **lecture/écriture de point image**, pixel read/write ; **lecture/écriture par rafale**, read/write burst ; **lecture en défilement continu**, continuous reading ; **lecture en parallèle**, parallel reading ; **lecture et écriture simultanées**, direct read after write (DRAW) ; **lecture inverse**, reverse read, reverse reading ; **lecture multiple**, multiread ; **lecture non destructive**, non-destructive read, non-destructive readout ; **lecture optique de marques**, optical mark reading, mark sensing, mark scanning ; **lecture par brosse**, brush reading ; **lecture par exploration**, sensing ; **lecture par rafale**, read burst ; **lecture parasite**, drop-in ; **lecture séquentielle de caractères**, direct character reading ; **lecture seule**, read-only ; **limite de lecture de caractère**, character boundary ; **mémoire à lecture destructive**, destruction storage ; **mode lecture-écriture**, read/write mode, read/writing access mode ; **organe de lecture**, sensing device, sensing element ; **positionnement de la tête de lecture-écriture**, head positioning ; **poste de lecture**, channel sensor, read station, sensing station ; **processeur de lecture de texte**, text reader processor ; **signal de lecture**, information signal, readout signal, sense signal ; **temps de lecture**, read time ; **temps du cycle de lecture**, reading cycle time, read cycle time ; **tête de lecture**, playback head, reading head, read head ; **tête de lecture-écriture**, reading and recording head, read/write head, combined magnetic head ; **vérification de lecture**, brush compare check ; **vitesse de lecture**, reading rate, read speed.

LEGAL : légal, legal.

LEGENDE : légende, legend ; **légende d'organigramme**, flowchart text.

LENT : lent, slow ; **périphérique lent**, slow device, slow speed peripheral.

LENTE : **mémoire lente**, slow access storage ; **mémoire lente**, low-speed store, slow memory ; **mort lente**, slow death.

LETTRE : lettre, letter ; **impression avec lettres majuscules**, upper case print ; **inversion lettres-chiffres**, letters shift ; **lettre accentuée**, accented letter ; **lettre clé**, key letter ; **lettre majuscule**, upper case letter, upper case character ; **lettre minuscule**, lower case letter ; **lettres majuscules**, upper case (UC) ; **lettres minuscules**, lower case (LC) ; **suite de lettres**, letter string.

LEVIER : levier, lever, pawl ; **levier de positionnement**, positioning lever ; **levier de sécurité**, safety pawl ; **levier de tabulation**, skip lever ; **levier de touche**, key lever.

LEXICAL : lexical, lexical.

LEXICALE : **analyse lexicale**, lexical analysis ; **entité lexicale**, lexical unit, lexical token ; **unité lexicale**, lexical unit, lexical token.

LEXICOGRAPHIQUE : lexicographique, lexicographic ; **ordre lexicographique**, lexicographical order ; **puissance lexicographique**, lexicographical power.

LIAISON : liaison, linking, link*, link editing ; **bit de liaison**, link bit ; **branchement de liaison**, interface connection ; **circuit de liaison**, interfacing circuitry, interface circuit ; **code de contrôle de liaison**, link control code ; **conditions de liaison**, interface requirements ; **couche de liaison de données (ISO)**, data link layer (ISO) ; **établir une liaison**, connect (to) ; **gestion de liaison en mode de base**, basic mode link control ; **groupe de liaisons**, link group ; **liaison bipoint**, point-to-point connection, point-to-point line ; **liaison bouclée**, loop link ; **liaison câblée**, hardwired link, wired communication ; **liaison commutée**, circuit switched connection ; **liaison de base**, basic linkage ; **liaison de données**, data link ; **liaison de fichier**, file link ; **liaison en cascade**, cascade connection ; **liaison multipoint**, multidrop connection, multipoint link ; **liaison par bus**,

bus link ; **liaison point à point**, user-to-user connection, point-to-point line, point-to-point connection ; **liaison spécialisée**, special communication ; **liaison supravocale**, supravoice link ; **liaison télécoms**, telecommunication link ; **liaison téléphonique**, telephone connection, voice communication ; **liaison unidirectionnelle**, simplex, single way, unidirectional link ; **ligne de liaison**, flowline ; **normes de liaison**, interface specifications ; **perte de liaison**, junction loss ; **procédure de liaison**, link protocol ; **programme de liaison**, binder routine ; **sens de liaison**, flow direction ; **sens normal des liaisons**, normal direction flow ; **unité à liaisons multiples**, multiple interface unit ; **zone de liaison**, link area.

LIASSE : liasse, wad.

LIBELLE : libellé, label, literal, figurative constant ; **libellé numérique**, numeric literal.

LIBERATION : libération, release ; **confirmation de libération**, clear confirmation ; **demande de libération**, clear request ; **message de libération de ligne**, clear message ; **signal de libération**, clearing signal.

LIBERER : libérer, dump (to), purge (to), vacate (to), deallocate (to), detach (to).

LIBRE : libre, available, idle ; **centre de traitement à accès libre**, open shop ; **ligne libre**, idle line ; **liste libre**, available list, free list ; **mémoire libre**, inline.

LICENCE : licence, license ; **licence d'utilisation du logiciel**, software license.

LIE : lié, linked ; **langage lié à l'ordinateur**, computer-oriented language, low-level language ; **lié au processeur**, processor bound ; **module lié**, linked module.

LIEE : routine liée, linked subroutine.

LIEN : lien, linkage, link ; **adresse de lien**, linkage symbol, link address, linking address ; **bibliothèque de liens**, link library ; **champ d'adresse de lien**, link address field ; **convention d'édition de liens**, linkage convention ; **éditeur de liens**, composer, linker, linkage loader, linkage editor ; **édition de liens**, link editing, linking ; **logiciel d'édition de liens**, linker software ; **nom de lien**, link name.

LIER : lier, link (to) ; **éditer et lier**, compose (to), consolidate (to).

LIEU : lieu, location ; **lieu de la panne**, point of failure ; **lieu de numérotation de bas de page**, footing number location ; **lieu de numérotation de haut de page**, heading number location ; **lieu de pagination**, page number location ; **trieuse-lieuse**, sorter reader.

LIEUR : lieur, composer, linkage editor, linkage loader, linker ; **chargeur-lieur**, linking loader ; **éditeur-lieur**, consolidator.

LIEUSE : trieuse-lieuse, sorter reader.

LIGNE : ligne, card row, line*, transmission line, trunk ; **(caractère de) fin de ligne**, end-of-line character (EOL) ; **accessible en ligne**, mounted on-line ; **code de ligne**, link control code ; **commande de saut de ligne**, line advance order ; **commutateur de lignes**, line switch ; **commutation de lignes**, line switching ; **coupleur de ligne**, line receiver ; **début de ligne**, line start ; **densité de lignes**, line density ; **départ de balayage ligne**, line scan start ; **dispositif de sélection de ligne**, line selection feature ; **durée de la suppression ligne**, line blanking time, line blanking period ; **édition en mode ligne**, edit line mode ; **effacement ligne**, horizontal blanking ; **en ligne**, connected, in-line, on-hook, on-line ; **équipement de terminaison de ligne**, line termination equipment (LTE) ; **équipement en ligne**, on-line equipment ; **espacement des lignes**, vertical pitch ; **générateur de signaux balayage ligne**, line scan generator ; **groupe de lignes**, trunk group ; **image ligne par ligne**, raster display ; **impédance de ligne**, line impedance ; **impression par ligne**, line printing ; **imprimante en ligne**, on-line typewriter ; **imprimante ligne par ligne**, line printer, line-at-a-time printer ; **inclinaison de ligne**, line skew ; **indicateur de ligne**, line indicator ; **interaction en ligne**, on-line interaction ; **ligne à bande large**, wideband line ; **ligne à débit élevé**, high-speed line ; **ligne à grande activité**, hot line ; **ligne à priorité absolue**, highest priority interrupt line ; **ligne à retard**, delay line ; **ligne à retard acoustique**, acoustic delay line ; **ligne adaptée**, terminated line ; **ligne blanche**, null line ; **ligne bus**, way circuit ; **ligne commutée**, switched line ; **ligne d'abonné**, local loop, subscriber line ; **ligne d'accès**, access line ; **ligne d'écriture**, writing line ; **ligne d'en-tête**, header line ; **ligne d'entête d'article**, item header line ; **ligne d'extension**, line loop ; **ligne d'impression**, print line ; **ligne de balayage**, display line, scan line ; **ligne de balayage impaire**, odd-numbered scan line ; **ligne de balayage paire**, even-numbered scan line ; **ligne de blocage**, inhibit line ; **ligne de carte**, card row ; **ligne de codage**, coding line ;

ligne de code, code line ; ligne de communication, communication link ; ligne de début, initial line ; ligne de fin, trailing line ; ligne de haute qualité, voice grade circuit ; ligne de liaison, flowline* ; ligne de matrice, matrix row ; ligne de synchronisation, slip line ; ligne de transmission, line, transmission line ; ligne de transmission de données, data transmission line ; ligne en activité, active line ; ligne en alinéa, indented line ; ligne en cours, current line ; ligne extérieure, outside line ; ligne imprimée, body line ; ligne infinie, infinite line ; ligne inutilisée, blank line ; ligne latérale, side line ; ligne libre, idle line ; ligne louée, leased circuit, leased line, tie line ; ligne médiane, centre line ; ligne monoconducteur, single-wire line ; ligne non commutée, non-switched line ; ligne oblique, skew line ; ligne occupée, busy line ; ligne principale, main line ; ligne privée, private line ; ligne spécialisée, dedicated line ; ligne symétrique, balanced line ; ligne télégraphique, telegraph line ; ligne télématique, dataline ; ligne téléphonique, telephone line, voice grade channel, voice line ; ligne unilatérale, one-way trunk ; ligne verticale, vertical line ; lignes de force, lines of force ; lignes groupées, group poll, line grouping ; lignes par minute (LPM), lines per minute (LPM) ; lignes par pouce, lines per inch (LPI) ; longueur utile de ligne, usable line length ; mémoire à ligne à retard, delay line storage ; mémoire en ligne, on-line storage ; message de libération de ligne, clear message ; mise à ligne des mots, word-wrap ; numéro de ligne, line number, line sequence number ; numérotation de lignes, line numbering ; ouvert en ligne, inline ; papillotement de lignes, interline flicker ; perte en ligne, line loss ; point de retour ligne, horizontal retrace point ; positionnement de ligne, line posting ; processus de recherche de lignes, quota method ; réseau de lignes spécialisées, leased line network ; retour ligne, horizontal flyback ; saisie en ligne, on-line data capture ; saut de ligne, line advance, line skip, line feed, newline ; saut de ligne curseur, cursor wrap ; sélecteur de ligne, line selector ; signal indicatif de prise de ligne, clear forward signal ; synchro ligne, horizontal synchro ; système de test en ligne, on-line test system (OLTS) ; tampon de ligne, line buffer ; temps réel en ligne, on-line real-time (OLRT) ; traceur par ligne, raster plotter ; trai-

tement en ligne, in-line processing ; tronçon de ligne, line section ; type de ligne, line style ; unité d'adaptation de ligne, line adapter unit ; vitesse d'impression de lignes, line speed ; vitesse de l'avance ligne, form feed speed ; zone de lignes, line field.

LIMITATION : limitation, barricade, clamping ; limitation de page, page limit ; limitation de zone alphabétique, alphabetic field limit ; résistance de limitation, limiting resistor.

LIMITE : limite, bound, boundary, limit ; limité, limited, bound ; fréquence limite, limit frequency, limiting frequency ; limite d'introduction, input limit ; limite de données, data boundary ; limite de lecture de caractère, character boundary ; limite de secteur, sector boundary ; limite fixe, integral boundary ; limite logicielle, soft limit clip ; limite matérielle, hard clip limit ; limité par l'entrée, input-limited ; limité par la bande, tape-limited ; limité par la sortie, output limited ; limité par le calculateur, computer-limited ; limité par le disque, disc-bound ; limité par le périphérique, peripheral-limited, peripheral bound ; limité par le processeur, processor-limited ; limité par les éléments, element-bound ; limité par les entrées/sorties, I/O bound, input/output-limited ; limite supérieure, upper limit, upper bound ; limites, bounded pair ; limites d'intervalle, interval limits ; plage des limites, range of values ; sans limite, unzoned ; type privé limité, limited private type ; vérification de limites, bounds checking.

LIMITEE : priorité limitée, limit priority.

LIMITER : limiter, clamp (to).

LIMITEUR : limiteur, limiter* ; limiteur de survitesse, overspeed limiter ; limiteur en pont, bridge limiter.

LINEAIRE : linéaire, linear, one-dimensional ; code linéaire, linear code ; décalage linéaire, linear displacement ; distorsion non linéaire, non-linear distortion ; liste linéaire, dense list, one-dimensional array ; mouvement linéaire, linear movement ; non linéaire, non-linear ; optimisation linéaire, linear optimisation ; positionneur linéaire, voice coil ; programmation linéaire, linear programming, straight-line coding ; programmation non linéaire, non-linear programming.

LINEARISATION : linéarisation, antialiasing*, dejagging, smoothing, ravel.

LINEARITE : linéarité, linearity ; linéarité de modulation, modulation linearity.

LIQUIDE : cristal liquide, liquid crystal.

LIRE : lire, read* (to), read out (to).

LISIBILITE : lisibilité, readability.

LISIBLE : lisible, readable ; entrée lisible, legible input ; sortie lisible, legible output ; sortie lisible directement, readable output.

LISP : lisp (langage), lisp (language).

LISSAGE : lissage, antialiasing, dejagging, smoothing.

LISSER : lisser, smooth (to).

LISTAGE : listage, listing*, printout ; listage de bloc, block list ; listage de programmes, programme listing ; listage de références, reference listing ; listage du déroulement des travaux, job execution listing ; listage source, source listing ; papier pour listages, listing paper ; post-listage, postlist.

LISTE : liste, list, queue, waiting list ; commande par liste, list-directed ; dépassement de liste, list overflow ; en-tête de liste, head of a list ; entrée de liste, list entry ; format de liste, list format ; impression de liste, list print ; langage de traitement de liste, list processing language ; liste chaînée, chained list ; liste d'appels, poll select list ; liste d'articles, item list ; liste d'assemblage, assembly language listing ; liste d'attente, list, queue, waiting list ; liste d'attente variable, variable queue list ; liste d'entrée, input list ; liste d'étiquettes, label list ; liste d'invitations à transmettre, polling list ; liste d'opérations, agenda ; liste de cartes de commande, control list ; liste de code machine, machine script ; liste de commandes, command list ; liste de comptabilisation des travaux, job account listing ; liste de contrôle, audit report, proof listing ; liste de files d'attente, queueing list ; liste de paramètres formels, formal parameter list ; liste de programmes, programme directory ; liste de programmes objet, object listing ; liste de références, reference list ; liste de références croisées, cross-reference listing ; liste de sortie, output list ; liste de travaux, run queue ; liste de vérification, audit list ; liste des anomalies, exception list ; liste des entrées/sorties, input/output list ; liste des erreurs, error list, error report ; liste des erreurs machine, hardware error list ; liste des habilitations, access list ; liste des instructions, instruction complement ; liste des travaux, job

list ; liste des valeurs, value part ; liste des volumes, volume list ; liste directe, fifo list, pushup list ; liste identificatrice, identifier list ; liste inversée, lifo list, pushdown list ; liste libre, available list, free list ; liste linéaire, dense list, one-dimensional array ; liste machine, machine listing ; liste multipointeur, multilinked list ; liste objet, script ; liste pilote, scheduling queue ; liste refoulée, fifo list, pushdown list ; liste séquentielle, linear list ; mémoire à liste directe, pushup storage ; méthode d'accès de listes, queue access method ; nom de liste d'instructions, instruction list name ; sous-liste, sublist ; structure de liste, list structure ; traitement de liste, list processing, list handling.

LISTER : lister, list* (to).

LISTING : listing, listing.

LITTERAL : littéral, literal, figurative constant ; littéral d'énumération, enumeration literal ; littéral de constante d'adresse, address constant literal.

LITTERALE : équation littérale, literal equation ; zone littérale, literal pool, list pool.

LITTERATURE : littérature, literature.

LIVRAISON : délai de livraison, vendor lead time.

LIVRE : logiciel livré avec le matériel, bundled software.

LOCAL : local, local* ; exploitation en mode local, home loop operation ; mode local, local mode ; paramètre local, local parameter ; réseau local, local area network (LAN) ; terminal local, local station ; traitement différé local, local batch processing.

LOCALE : connexion locale, local connection ; mémoire locale, local storage ; opération locale, home loop ; variable locale, local variable.

LOCALISATION : localisation, finding ; localisation d'anomalie, fault finding ; localisation des pannes, trouble shooting.

LOCALISER : localiser, locate (to).

LOCATION : location, leasing ; matériel de location, leasing equipment.

LOGARITHME : logarithme, logarithm ; logarithme de base e, hyperbolic logarithm ; logarithme hyperbolique, hyperbolic logarithm ; logarithme inverse, inverse logarithm ; logarithme vulgaire, common log.

LOGEMENT : logement, slot ; logement d'entrée/sortie, I/O slot.

LOGER : loger, house (to).

LOGIC : logic commune, common logic.

LOGICIEL : logiciel, software*, soft, programme package ; **couche de logiciel**, software layer ; **courtier en logiciel**, software broker ; **développement de logiciel**, software development ; **documentation de logiciel**, software document ; **génie logiciel**, software engineering ; **licence d'utilisation du logiciel**, software license ; **logiciel classique**, canned software, common software ; **logiciel d'aide à la programmation**, support programme ; **logiciel d'édition de liens**, linker software ; **logiciel d'exploitation**, system software ; **logiciel de commande**, driving software ; **logiciel de communications**, communication software ; **logiciel de configuration**, middleware ; **logiciel de couche de transport**, transport software (ISO layer) ; **logiciel de disque virtuel**, RAM disc software ; **logiciel de distraction vidéo**, video entertainment software ; **logiciel de domaine public**, freeware, public software ; **logiciel de gestion de données**, data management software ; **logiciel de jeu**, gameware ; **logiciel de l'utilisateur**, user software ; **logiciel de problématique**, application software, problem-oriented software ; **logiciel de télétexte**, telesoftware (TSW) ; **logiciel de test**, benchmark package ; **logiciel de traitement de chaîne**, string process system ; **logiciel de transition**, bridgeware ; **logiciel didactique**, courseware, course software, teachware ; **logiciel du constructeur**, vendor software ; **logiciel en mémoire morte**, firmware* ; **logiciel graphique**, graphic software ; **logiciel individuel**, individual software ; **logiciel livré avec le matériel**, bundled software ; **logiciel maison**, in-house software ; **logiciel personnalisé**, custom software, middlesoftware ; **logiciel pour contrôle des E/S**, I/O control firmware ; **logiciel souris**, mouse software ; **logiciel transactionnel de gestion**, transaction management software ; **logiciel utilitaire**, utility package ; **maintenance du logiciel**, software support service ; **moniteur logiciel**, software monitor ; **outil logiciel**, software tool ; **secteur logiciel**, soft sector ; **sectorisé logiciel**, soft-sectored ; **société de logiciel**, software firm ; **souplesse du logiciel**, software flexibility.

LOGICIELLE : compatibilité logicielle, compatible software, software compatibility ; **conception logicielle**, software design ; **configuration logicielle**, software configuration ; **disquette à sectorisation logicielle**, soft-sectored disc ; **erreur logicielle**, soft error, software error ; **limite logicielle**, soft limit clip ; **pile logicielle**, software stack ; **ressources logicielles**, software resources ; **servitude logicielle**, software overhead.

LOGICIEN : logicien, logician.

LOGIGRAMME : logigramme, logic flowchart, logic chart, logical diagram.

LOGIQUE : logique, Boolean, logic*, logical ; **circuit de logique interchange**, interchange circuit ; **circuit logique**, logic circuit, logical circuit ; **circuit logique ET**, AND circuit, AND element ; **comparaison logique**, logical comparison ; **conception logique**, logic design, logical design ; **conjonction logique**, AND operation ; **décalage logique**, logical shift, non-arithmetic shift, ring shift ; **décision logique**, logic decision, logical decision ; **détection logique**, logical sense, sense ; **diagramme logique**, function flowchart ; **différence logique**, logical difference ; **élément logique**, logical element, switching element ; **enregistrement logique**, logical record ; **entrée logique**, logical input ; **équation logique**, logical equation ; **équivalence logique**, IF-AND-ONLY-IF operation, equivalence operation ; **étude logique**, logic design, logical design ; **expression logique**, logic expression, logical expression ; **fichier logique**, logical file ; **fin logique**, logical end ; **fonction logique**, logical function, switching function ; **gestionnaire logique**, logical driver ; **grammaire logique**, logical grammar ; **grille logique**, logic grid ; **groupe logique de données**, logical data set ; **instruction logique**, logic instruction, logical instruction ; **inversion logique**, NOT operation, Boolean complementation, negation ; **logique à réseau programmable**, programmable array logic (PAL) ; **logique binaire**, binary logic ; **logique booléenne**, Boolean logic ; **logique câblée**, hardwired logic, wired logic ; **logique combinatoire**, combinational logic ; **logique complémentaire**, complementary logic ; **logique de calculateur**, computer logic ; **logique de seuil**, threshold logic ; **logique formelle**, formal logic ; **logique interne**, internal logic ; **logique négative**, negative logic ; **logique positive**, positive logic ; **logique programmée**, programmed logic ; **logique séquentielle**, sequential logic ; **logique symbolique**, mathematical logic, symbolic logic ; **logi-**

que transistor-transistor, twin transistor logic ; **moniteur logique**, logical monitor ; **multiplication logique**, logical product, logic multiply, AND, conjunction, intersection, logical multiply ; **négation logique**, Boolean complementation ; **niveau logique**, logic level ; **numéro de bloc logique**, logical block number (LBN) ; **numéro de page logique**, logical page number (LPN) ; **numéro logique**, logical number ; **opérateur logique**, logical operator, logic connective, logic operator ; **opération logique**, logic operation, logical operation ; **opération logique diadique**, dyadic logical operation ; **opération logique ET**, either-or operation ; **organe logique**, logic device, logical device ; **piste logique**, logical track ; **produit logique**, logic product ; **proposition logique**, logic proposition ; **relation logique**, logical relation ; **réseau à logique programmée**, programmed logic array (PLA) ; **segment logique**, logical segment ; **somme logique**, logical sum ; **sonde logique**, logic probe ; **symbole logique**, logic symbol, logical symbol ; **système logique**, logical system ; **tableau logique**, logic array, logical array ; **test logique**, Boolean test ; **type logique**, Boolean type ; **unité arithmétique et logique**, arithmetic and logic unit (ALU) ; **unité logique**, logical unit ; **valeur logique**, logical value ; **variable logique**, logic variable, logical variable.

LOGISTIQUE : la logistique, logistics.

LOGON : logon, bit, binary unit.

LONGEVITE : longévité, life cycle ; **contrôle de longévité**, ageing routine ; **essai de longévité**, life test ; **longévité moyenne**, mean life.

LONGITUDINAL : longitudinal, longitudinal ; **circuit longitudinal**, longitudinal circuit ; **espacement de caractères longitudinal**, horizontal spacing ; **pas longitudinal**, array pitch, row pitch.

LONGITUDINALE : bit de parité longitudinale, horizontal parity bit ; **commande longitudinale**, horizontal control ; **contrôle de parité longitudinale**, horizontal parity control ; **contrôle par redondance longitudinale**, longitudinal redundancy check (LRC) ; **direction longitudinale**, longitudinal direction ; **parité longitudinale**, horizontal parity.

LONGUEUR : longueur, length ; **article de longueur variable**, variable length overflow ; **attribut de longueur**, length attribute ; **bloc de longueur variable**, variable length block ;

calcul de la longueur d'article, item size computation ; **champ de longueur variable**, variable length field ; **compteur de longueur d'instruction**, instruction length counter ; **de longueur fixe**, fixed-length ; **définition de la longueur de page**, page length setting ; **donnée de longueur variable**, variable length item ; **en triple longueur**, triple length working ; **enregistrement à longueur variable**, variable format record ; **enregistrement de longueur fixe**, fixed-length record, fixed-size record ; **enregistrement de longueur variable**, variable length record ; **erreur de longueur**, length error ; **format de longueur fixe**, fixed-length format ; **générateur de longueur de mot**, word size emitter ; **longueur d'enregistrement**, record length ; **longueur d'instruction**, instruction length ; **longueur de bloc**, block length, block size ; **longueur de bloc d'entrée**, input record length ; **longueur de bloc fixe**, fixed-block length ; **longueur de bloc variable**, variable block length ; **longueur de chaîne**, string length ; **longueur de champ des données**, data field length ; **longueur de mot**, data word size, word size, word length ; **longueur de mot en virgule fixe**, fixed-point word length ; **longueur de mot fixe**, fixed-word length ; **longueur de mot variable**, variable word length ; **longueur de programme**, programme length ; **longueur de registre**, register length ; **longueur de zone**, field length ; **longueur du bloc d'entrée**, input block length ; **longueur du mot clé**, key length ; **longueur du mot de données**, data word length ; **longueur erronée**, incorrect length ; **longueur implicite**, default size value ; **longueur maximale**, maximum length ; **longueur utile de ligne**, usable line length ; **longueur variable**, variable length ; **longueur variable d'article**, variable record length ; **mantisse de longueur variable**, variable length mantissa ; **mot de longueur d'article**, length record word ; **mot de longueur fixe**, fixed word ; **paramètre de longueur d'article**, item length parameter ; **segment de longueur variable**, variable length segment.

LOSANGE : pavé curseur en losange, diamond-shaped cursor pad.

LOT : lot, batch* ; **calculateur de traitement par lots**, batch computer ; **grandeur de lot**, batch size ; **introduction par lots à distance**, remote batch entry (RBE) ; **lot d'appareils d'entrée/sortie**, input/output pool ; **lot**

de travaux, job batch ; **mode de traitement par lots**, batch mode, batch processing mode ; **séparateur de lot**, batch separator ; **spécialisé au traitement par lots**, batch-oriented ; **télétraitement par lots**, remote batch processing ; **terminal de traitement par lots**, batch terminal ; **traitement par lots**, batch processing, bulk processing ; **traitement par lots à distance**, remote batch ; **traitement par lots de données**, bulk information processing.

LOUE : loué, leased.

LOUEE : ligne louée, leased circuit, leased line, tie line.

LOURD : périphérique lourd, batch peripheral ; **terminal lourd**, remote batch terminal (RBT).

LPM : lignes par minute (LPM), lines per minute (LPM).

LUDICIEL : ludiciel, gameware, game software, funware.

LUEUR : lueur, glow.

LUMIERE : lumière, light.

LUMINANCE : taux de luminance, brightness ratio.

LUMINEUSE : onde lumineuse, lightwave ; **persistance lumineuse**, afterglow ; **source lumineuse**, light source.

LUMINEUX : lumineux, lighted ; **affichage lumineux**, lighted display ; **crayon lumineux**, light gun, stylus ; **point lumineux**, light cell ; **poussoir lumineux**, light switch ; **voyant lumineux**, indicator lamp.

LUMINOSITE : luminosité, brightness ; **commande de luminosité**, intensity control ; **correction de luminosité**, brightness correction ; **seuil de luminosité**, light threshold

M

MACHINE : machine, machine, computer ; **adresse machine**, absolute address, machine address ; **apprentissage par machine**, machine learning ; **arrêt après fin de passage en machine**, end-of-run halt ; **arrêt machine**, hardware interrupt ; **codage en langage machine**, machine coding ; **codage machine**, absolute coding, actual coding ; **code d'instructions machine**, machine instruction code ; **code d'opération machine**, absolute operation code ; **code machine**, absolute code, actual code, computer code, direct code, one-level code, specific coding ; **communication homme-machine**, man-machine communication ; **compteur horaire de machine**, high-resolution clock ; **cycle machine**, machine cycle ; **dépendant de la machine**, machine-sensitive ; **dialogue homme-machine**, man-machine dialogue ; **données exploitables par la machine**, machine-readable data ; **dotation de machines**, hardware requirements ; **équipement machine requis**, machine requirements ; **erreur machine**, hardware malfunction, machine error ; **état machine**, computer status ; **exécutable par la machine**, machine-readable ; **incident machine**, hardware breakdown ; **indépendant de la machine**, device-independent, machine-independent ; **instruction machine**, computer instruction, machine instruction ; **interface homme-machine**, man-machine interface ; **interrupteur machine**, hardware switch ; **langage adapté à la machine**, machine-oriented language ; **langage dépendant de la machine**, machine-dependent language ; **langage machine**, absolute language, machine language, computer language ; **liste machine**, machine listing ; **liste de code machine**, machine script ; **liste des erreurs machine**, hardware error list ; **machine à additionner**, adding machine ; **machine à calculer**, calculating machine ; **machine à composer**, typesetting machine ; **machine à écrire**, typewriter, writer ; **machine à écrire à boule**, golfball type writer ; **machine à langage de base**, basic language machine (BLM) ; **machine à reproduire**, copier ; **machine analytique**, analytical engine ; **machine autodidacte**, learning machine ; **machine auxiliaire**, auxiliary machine ; **machine cible**, target machine ; **machine comptable**, accounting machine, bookkeeping machine ; **machine d'enseignement**, teaching machine ; **machine d'exécution**, object machine ; **machine de Pascal**, adding wheel ; **machine frontale**, front-end computer ; **machine hôte**, host machine ; **machine numérique**, numerical machine ; **machine octale**, byte machine ; **machine organisée en mots**, word machine ; **machine virtuelle**, virtual computing system, virtual machine ; **mot machine**, computer word, machine word ; **opérateur machine**, machine operator ; **opération machine**, machine operation ; **orienté machine**, machine-oriented ; **origine machine**, machine zero ; **passage en machine**, computer run, machine run, object run ; **point de jonction machine**, hardware interface ; **programmable par machine**, hardware programmable ; **programmation en langage-machine**, absolute programming ; **programme de contrôle de machine**, machine check ; **programme machine**, object programme ; **réalisé par programme machine**, hardware-programmed ; **sélection de machine**, computer selection ; **sous-programme machine**, machine routine ; **temps machine**, machine time ; **temps machine disponible**, available machine time ; **traduction machine**, mechanical translation.

MACHINERIE : machinerie, machinery.

MACRO : macro-, macro-* ; **appel macro**, macro-call ; **bibliothèque de macros**, macro-library ; **code macro**, macro-code ; **définition du macro de mot clé**, keyword macro definition ; **développement d'un macro-instruction**, macro expansion ; **langage de macro-assemblage**, macro-assembly language (MAL) ; **macro-appel de recherche**, seek action macro-call ; **macro-assemblage**, macro-assembly ; **macro de mot clé**, keyword macro, keyword macro instruction ; **macro de service**, housekeeping macro ; **macro-déclaration**, macro-definition, macro-declaration ; **macro déclarative**, declarative macro ; **macro définie par le programmeur**, programmer-defined macro ; **macro-définition**, macro-definition, macro-declaration ; **macro-élément**, macro-element ; **macro-générateur**, macro-generating programme, macro-generator ; **macro-instruction**, macro-instruction, macro ; **macro-instruction de chaînage**, linkage macro-instruction ; **macro-instruction de positionnement**, positional macro ; **macro-instruction interne**, inner macro-instruction ; **organigramme de macros**, macro-flowchart ; **programme macro-assembleur**, macro-assembly programme.

MACROPROCESSEUR : macroprocesseur banalisé, generalised macro-processor.

MACROPROGRAMMATION : macroprogrammation, macro-programming.

MACULAGE : maculage, smearing, smudge, sqeezout ; **maculage d'encre**, ink smudge.

MAGASIN : magasin, procket ; **magasin à cartes**, magazine ; **magasin d'alimentation**, input hopper, input magazine, card hopper, card magazine, feeder bin, hopper ; **magasin de bande**, tape reservoir ; **magasin de cartes**, card magazine ; **magasin de réception**, card stacker* ; **magasin de réception filière**, card throat ; **magasin informatique**, computer store.

MAGNETIQUE : magnétique, magnetic ; **(mécanisme d') entraînement de bande magnétique**, magnetic tape drive, tape drive ; **amorce de bande magnétique**, leader, magnetic tape leader ; **amorce de fin de bande magnétique**, magnetic tape trailer, trailer ; **bande magnétique**, mag tape, magnetic tape ; **bande magnétique vierge**, virgin magnetic tape ; **bivalence magnétique**, bimag ; **bobine de bande magnétique**, magnetic tape reel ; **caractère magnétique**, magnetic character ; **cartouche de bande magnétique**, magnetic tape cartridge ; **cartouche magnétique**, data cartridge ; **cassette de bande magnétique**, cassette, magnetic tape cassette ; **cellule magnétique**, magnetic cell ; **champ magnétique**, magnetic field ; **champ magnétique alternant**, AC magnetic field ; **code de carte magnétique**, magnetic card code (MCC) ; **contrôleur de bande magnétique**, magnetic tape controller ; **densité de flux magnétique**, magnetic flux density ; **dérouleur de bande magnétique**, magnetic tape transport, tape deck ; **disque magnétique**, disc (US: disk), magnetic disc ; **disque magnétique amovible**, removable magnetic disc ; **encre magnétique**, magnetic ink ; **enregistrement magnétique**, magnetic recording ; **ensemble de têtes magnétiques**, head stack ; **entraînement de bande magnétique**, driving magnetic tape ; **fichier bande magnétique**, magnetic tape file ; **fichier sur disque magnétique**, magnetic disc file ; **film magnétique**, magnetic film ; **induction magnétique**, magnetic flux density ; **lecteur de bande magnétique**, magnetic tape reader ; **marque de bande magnétique**, magnetic tape mark ; **mémoire à bande magnétique**, tape storage, tape memory ; **mémoire à cartes magnétiques**, magnetic card storage ; **mémoire à couche mince magnétique**, magnetic thin film storage ; **mémoire à disque magnétique**, magnetic disc storage ; **mémoire à feuillets magnétiques**, magnetic sheet memory ; **mémoire à fil magnétique**, magnetic wire storage, plated wire storage ; **mémoire à tambour magnétique**, magnetic drum store ; **mémoire à tores magnétiques**, bead memory ; **mémoire magnétique**, magnetic storage, magnetic store ; **piste magnétique**, magnetic track, track ; **plan de tores magnétiques**, magnetic core plane ; **repère magnétique**, magnetic spot ; **sélecteur de têtes magnétiques**, head selection switch ; **support magnétique**, magnetic support ; **système à feuillets magnétiques**, magnetic card system ; **tambour magnétique**, drum, magnetic drum ; **tambour magnétique équilibré**, balanced magnetic drum ; **tête magnétique**, head, magnetic head ; **tête magnétique fixe**, fixe magnetic head ; **tore magnétique**, bead, core, doughnut, magnetic core ; **tore magnétique à trou unique**, single-aperture core ; **unité (d'entraînement) de disque (magnétique)**, disc drive ; **unité à tambour magnétique**, drum unit, magnetic drum unit ; **unité de bande magnétique**, magnetic tape unit, tape transport, tape unit ; **unité de cartes magnétiques**, magnetic card unit (MCU) ; **unité de disque magnétique**, disc unit, magnetic disc unit.

MAGNETISATION : magnétisation, magnetisation (US: magnetization) ; **magnétisation uniforme**, uniform magnetisation.

MAGNETOLECTURE : magnétolecture, magnetic reading.

MAGNIFIER : magnifier, magnify (to).

MAILLE : maille, mesh ; **filtre maillé**, mesh filter ; **maille de programme**, programme mesh ; **réseau maillé**, lattice network, multinode network.

MAIN : main, hand ; **clé en main**, turn-key ; **coder à la main**, hand code (to) ; **système clé en main**, turn key system.

MAINTENABILITE : maintenabilité, maintainability.

MAINTENANCE : maintenance, maintenance ; **coûts de maintenance**, maintenance cost ; **maintenance corrective**, corrective maintenance, remedial maintenance ; **maintenance de bibliothèque**, library maintenance ; **maintenance de données**, data maintenance ; **maintenance de premier secours**, emergency maintenance ; **maintenance de programme**, programme maintenance ; **maintenance des mouvements**, transaction maintenance ; **maintenance des travaux**, job maintenance ; **maintenance du logiciel**, software support service ; **maintenance du matériel**, hardware maintenance ; **maintenance en service**, deferred maintenance ; **maintenance préventive**, preventive maintenance ; **notice de maintenance**, maintenance manual ; **plan de maintenance**, maintenance schedule ; **programme de maintenance**, maintenance routine ; **travaux de maintenance**, maintenance work.

MAINTENIR : maintenir, hold (to).

MAINTIEN : maintien, locking ; **blocage de maintien**, holding interlock ; **caractère de maintien de changement**, locking shift character ; **circuit de maintien**, holding circuit, hold circuit ; **courant de maintien**, holding current ; **enroulement de maintien**, hold coil, holding winding ; **fil de maintien**, holding wire, hold wire ; **instruction de maintien**, hold instruction ; **maintien en communication**, call hold ; **mode de maintien**, freeze mode, hold mode ; **possibilité de maintien**, hold facility ; **relais de maintien**, holding relay, locking relay ; **temps de maintien**, hold time.

MAISON : fait maison, home brew ; **logiciel maison**, in-house software.

MAITRE : maître, master ; **bande maître d'introduction**, input master tape ; **carte maîtresse**, master card, preface card ; **entité maître**, owner ; **groupe maître**, master group ; **interruption maîtresse**, master control interrupt ; **processeur maître**, control processor ; **système maître/esclave**, master/slave system ; **tache maître**, system task.

MAITRESSE : carte maîtresse, master card, preface card ; **interruption maîtresse**, master control interrupt.

MAJEUR : défaut majeur, major defect.

MAJEURE : table d'index majeure, primary index table.

MAJORITAIRE : porteur majoritaire, majority carrier.

MAJORITE : majorité, majority.

MAJUSCULE : majuscule, upper case character, upper shift character ; **commande majuscules-minuscules**, letters shift (LTRS) ; **impression avec lettres majuscules**, upper case print ; **lettre majuscule**, upper case letter, upper case character ; **lettres majuscules**, upper case (UC) ; **majuscules et minuscules**, upper and lower case ; **passage en majuscules**, upshift ; **passer en majuscules**, upshift (to) ; **touche d'inversion majuscules-minuscules**, case shift key.

MAL : caractère mal interprété, skew character ; **mal aligné**, skew failure.

MALE : connecteur mâle, male plug.

MANCHE : manche, control stick, stick ; **manche à balai**, joystick.

MANCHET : manchet, joystick.

MANCHON : manchon, hub.

MANDRIN : mandrin, spool, tape spool.

MANETTE : manette, paddle ; **manette de jeu**, game paddle.

MANIPULATEUR : manipulateur, key switch, telegraph key.

MANIPULATION : manipulation, manipulation ; **langage de manipulation de données**, data manipulation language (DML) ; **manipulation d'adresse**, address manipulation ; **manipulation de bloc**, block manipulation ; **manipulation de chaînes**, string handling ; **manipulation de données**, data manipulation ; **manipulation de l'information**, information handling ; **vitesse de manipulation**, key speed.

MANIPULE : manipulé, keyed.

MANIPULEE : onde manipulée, keying wave ; **variable manipulée**, manipulated variable.

MANIPULER : manipuler, manipulate (to).

MANOEUVRE : bande de manoeuvre, scratch tape ; **programme de manoeuvre**, intermediate programme ; **zone de manoeuvre**, work location.

MANQUE : manque de papier, paper low.

MANTISSE : mantisse, fixed-point part, fractional part, mantissa* ; **mantisse de longueur variable**, variable length mantissa.

MANUEL : manuel, manual ; **arrêt manuel**, kill ; **codage manuel**, hand coding ; **essai manuel**, hands-on testing ; **manuel d'auto-instruction**, self-instructing textbook ; **manuel d'entretien**, servicing manual ; **manuel d'exploitation**, run manual, system handbook ; **manuel d'installation**, installation manual ; **manuel d'instruction**, instruction manual ; **manuel d'utilisation**, operator manual ; **manuel de l'utilisateur**, user's guide ; **manuel de référence**, documentation, reference manual ; ma-

nuel didactique, textbook ; **manuel technique**, technical manual ; **mode manuel**, manual mode ; **perforateur manuel**, hand punch ; **redémarrage manuel**, differed restart.

MANUELLE : avance manuelle de papier, manual paper feed ; **commande manuelle**, manual control ; **commutation manuelle**, manual control box ; **correction manuelle**, home correction ; **élément d'entrée manuelle**, manual word generator ; **entrée manuelle**, manual input ; **exploitation manuelle**, manual operation ; **extraction manuelle**, hand pulling ; **numérotation manuelle**, manual calling ; **opération manuelle**, hand operation ; **perforatrice manuelle**, hand feed punch ; **registre d'entrée manuelle**, manual input register ; **réponse manuelle**, manual answering.

MANUELLEMENT : document annoté manuellement, hand marked document ; **introduire manuellement**, key (to) ; **perforer manuellement**, key-punch (to) ; **programme écrit manuellement**, hand-written programme ; **programmé manuellement**, hand-coded.

MAPPE : mappe, map*, mapping* ; **mappe des erreurs**, flaw mapping.

MAQ : modulation d'amplitude en quadrature (MAQ), quadrature amplitude modulation (QAM).

MAQUETTE : maquette, breadboard model.

MARCHE : caractère d'arrêt/marche, start/stop character ; **effet de marches d'escalier**, stair-stepping ; **interrupteur marche**, start bar ; **marche à vide**, idling cycle ; **marché amateur**, hobby market ; **marche d'escalier**, stair step ; **opération d'arrêt/marche**, start/stop opération.

MARGE : marge, edge, margin, slack, verge ; **marge de cadrage**, aligning edge ; **marge de fond de page**, bottom margin ; **marge de gauche**, left margin ; **marge de référence**, guide margin ; **marge droite**, right margin ; **marge irrégulière**, ragged margin ; **marge justifiée**, justified margin ; **positionnement de marge**, margin adjustment ; **test des marges**, bias testing, marginal check, marginal test.

MARGEUR : margeur, margin stop.

MARGINAL : contrôle marginal, high/low bias test ; **indicateur marginal**, margin indicator.

MARGUERITE : marguerite, daisy wheel, daisy, print wheel, printwheel, type wheel ; **imprimante à marguerite**, daisy printer, daisy wheel printer.

MARQUAGE : marquage de touche, key legend ; **piste de marquage**, mark channel ; **piste de marquage de bloc**, block marker track.

MARQUE : marque, mark, marker ; **effacer une marque**, unmark (to) ; **lecteur de marque optique**, optical mark reader ; **lecteur de marques**, mark reader ; **lecture optique de marques**, optical mark reading, mark sensing, mark scanning ; **marque de bande magnétique**, magnetic tape mark ; **marque de bloc**, block mark ; **marque de début**, beginning-of-information marker ; **marque de diagnostic**, diagnostic flag ; **marque de fin**, end mark, terminating symbol ; **marque de fin de fichier**, filemark ; **marque de groupe**, group mark ; **marque de mot**, word mark ; **marque de repérage**, registration mark ; **marque de segment**, segment mark ; **non marqué**, unmarked.

MARQUEUR : marqueur, mark, marker ; **marqueur d'index**, index marker ; **marqueur de début de bande**, beginning-of-tape (BOT) ; **marqueur de fin de fichier**, end-of-file indicator, end-of-file spot.

MARTEAU : marteau, hammer ; **blocage du marteau**, hammer lock ; **déclenchement de marteau**, hammer trip ; **durée de vol du marteau d'impression**, hammer flight time ; **marteau d'impression**, print hammer, print anvil.

MARTEAUX : rangée de marteaux, hammer bank.

MASQUAGE : masquage, masking, reverse clipping, shielding ; **binaire de masquage**, mask bit.

MASQUE : masque, extractor, filter element, filter, mask* ; **constitution du masque de saisie**, capture grid making ; **état masqué**, masked state ; **masque d'écran**, static image ; **masque d'édition**, edit mask ; **masque d'impression**, print mask ; **masque d'interruption**, interrupt mask ; **masque de programme**, programme mask ; **masque de saisie**, acquisition profile, capture mode ; **masque de scrutation parallèle**, parallel poll mask ; **masque holistique**, holistic mask ; **masque perforé**, peephole mask ; **mode masque**, form mode ; **positionnement de masques d'interruption**, interrupt

masking ; **programmable par masque**, mask programmable ; **registre-masque**, mask register ; **valeur sans masque**, unmasked value.

MASQUEE : valeur masquée, masked value.

MASQUER : masquer, mask (to).

MASSE : masse, mass, bulk ; **données de masse**, mass data ; **masse de données**, bulk information, bulk data, data amount ; **mémoire de masse**, bulk storage, mass store, mass storage, bulk store, bulk core storage ; **mettre à la masse**, sink to ground (to).

MATERIEL : matériel, hardware*, machinery, equipment ; **composant matériel**, hardware component ; **erreur de matériel irréparable**, uncoverable device error ; **fiabilité du matériel**, hardware reliability ; **logiciel livré avec le matériel**, bundled software ; **maintenance du matériel**, hardware maintenance ; **matériel à cartes**, Hollerith constant ; **matériel auxiliaire**, ancillary hardware, auxiliary equipment ; **matériel classique**, unit record equipment ; **matériel complémentaire**, hook-up machine ; **matériel d'entrée**, input equipment ; **matériel d'occasion**, used equipment ; **matériel de base**, basic material ; **matériel de calcul**, computing machinery ; **matériel de faible performance**, low-performance equipment ; **matériel de location**, leasing equipment ; **matériel de rechange**, hook-up machine ; **matériel de test automatique**, automatic test equipment (ATE) ; **matériel de transmission**, transmission equipment ; **matériel en réserve**, stand-by equipment ; **nom du matériel**, hardware name ; **secteur matériel**, hard sector ; **sectorisé matériel**, hard-sectored ; **souris (matériel)**, mouse hardware ; **vérification de matériel**, hardware check.

MATERIELLE : amélioration matérielle, hardware upgrade ; **compatibilité matérielle**, compatible hardware ; **configuration matérielle**, hardware configuration ; **disque à sectorisation matérielle**, hard-sectored disc ; **erreur matérielle**, hard error, permanent error ; **limite matérielle**, hard clip limit ; **opération matérielle**, hardware operation ; **ressources matérielles**, hardware resources.

MATHEMATIQUE : mathématique, mathematical ; **expression mathématique**, mathematical term ; **les mathématiques**, mathematics ; **programmation mathématique**, mathematical programming.

MATRICE : matrice, matrix* ; banc de matrices de tores, core matrix block ; colonne de matrice, matrix column ; élément de matrice, array element ; ligne de matrice, matrix row ; matrice à points, dot matrix ; matrice booléenne, Boolean matrix ; matrice d'impédance, impedance matrix ; matrice d'incidence, adjacency matrix ; matrice de diodes, diode matrix ; matrice de tores, core array, core matrix ; matrice de transcodage, transcoding matrix ; matrice du caractère, character cell ; matrice opérande, operand matrix ; matrice sémantique, semantic matrix ; rang de matrice, matrix order ; sous-matrice, subcell ; sous-matrice du caractère, character subcell.

MATRICIEL : affichage matriciel, pixel-based display ; calcul matriciel, matrix calculus ; processeur matriciel, array processor, two-dimensional array processor.

MATRICIELLE : équation matricielle, matrix equation ; fonte matricielle, bit-mapped style, bit-mapped fount ; imprimante matricielle, dot matrix line printer ; imprimante matricielle à impact, impact matrix printer ; imprimante matricielle thermique, thermal matrix printer ; infographie matricielle, raster graphics ; interconnexion matricielle, array interconnection ; mémoire matricielle, co-ordinate store, matrix storage ; notation matricielle, matrix notation ; table matricielle, matrix table.

MAUVAISE : à mauvaise entrée, mauvaise sortie, garbage in, garbage out (GIGO) ; mauvaise alimentation, misfeed.

MAXIMAL : maximal, maximum.

MAXIMALE : longueur maximale, maximum length ; vitesse maximale de transfert, maximum transfer rate.

MAXIMUM : tri par le maximum, maximum sort.

MECANISME : mécanisme, mechanism ; (mécanisme d') entraînement de bande magnétique, magnetic tape drive, tape drive ; (mécanisme d') entraînement de tambour, drum drive ; mécanisme d'alimentation en cartes, card feed ; mécanisme d'avance papier, form feed mechanism ; mécanisme d'éjection rapide, high-speed eject mechanism ; mécanisme d'entraînement de disque, disc storage drive ; mécanisme d'impression, print yoke ; mécanisme encreur, ink mechanism.

MEDIANE : ligne médiane, centre line.

MEDIUM : (caractère de) fin de médium, end-of-medium character (EM).

MEGA : méga (M), mega (M).

MEGABIT : mégabit (Mb), megabit (Mb).

MEGACYCLE : mégacycle, megacycle (Mc).

MEGAOCTET : mégaoctet (Mo), megabyte (Mb), 1024 kilobytes.

MELANGEUR : mélangeur, mixer ; mélangeur équilibré, balanced mixer.

MELE : total mélé, hash total.

MEMBRE : membre, offspring.

MEMOIRE : mémoire, memory*, storage* (device), store ; accès aléatoire à la mémoire, memory random access ; accès direct à la mémoire, direct memory access (DMA) ; accès mémoire, memory access ; accès mémoire direct, data break, direct store transfer ; affectation diffuse de la mémoire, scatter load ; affectation mémoire multiprocesseur, multiprocessor interleaving ; aide-mémoire, quick reference guide, slide chart ; allocation de mémoire centrale, core allocation ; allocation dynamique de mémoire, dynamic storage allocation ; analyse de mémoire, memory analysis ; attribution automatique de mémoire, automatic storage allocation ; attribution de mémoire, memory allocation, storage allocation ; balayage de la mémoire, storage scan ; banc de mémoire, memory bank ; besoin en mémoire, storage requirement ; bloc de mémoire rapide, high-speed memory block ; blocage de mémoire, memory lock ; bus de mémoire, memory bus ; capacité de la mémoire centrale, core size ; capacité de la mémoire interne, internal memory capacity ; capacité de mémoire, capacity, memory capacity, storage capacity ; capacité mémoire, size memory ; carte à mémoire, smart card ; carte aide-mémoire, quick reference card ; carte de mémoire, memory card, memory board ; carte mémoire, storage map, store map ; carte mémoire étendue, above-board ; cellule binaire de mémoire, binary cell ; cellule de mémoire, memory cell, storage cell ; chargement en mémoire, core load ; circuit de mémoire, memory chip ; clé de protection mémoire, protection key, storage key ; compactage mémoire, block compaction ; configuration mémoire, memory map ; contrôleur d'accès mémoire, memory control unit ; **contrôleur de mémoire à disques**, mass storage control ; **cycle de mémoire**, memory cycle ; **cycle de rafraîchissement de mémoire**, memory refresh cycle ; **disque à mémoire**, memory disc ; **échange de pages mémoires**, page swapping ; **échange en mémoire**, memory exchange ; **écrire en mémoire**, poke (to) ; **effacement mémoire**, memory cleaning, memory erasure ; **effacement par ultraviolet (mémoire morte)**, ultraviolet erasing ; **élément de mémoire**, store element ; **emplacement (en mémoire)**, location, storage location ; **entrée en mémoire**, storage entry ; **espace mémoire**, memory space ; **espace mémoire de 32 mots**, sliver ; **espace mémoire de l'utilisateur**, user address space ; **espace mémoire utilisateur**, user programme area ; **extension mémoire**, add-on memory ; **extraction de mémoire**, storage read-out ; **fichier en mémoire tampon**, buffered file ; **fichier mémoire**, memory file ; **fragmentation mémoire**, storage fragmentation ; **garde de mémoire**, guard, memory guard ; **gestion de la mémoire virtuelle**, virtual storage management (VSM) ; **gestion de mémoire**, memory management ; **gestion de mémoire centrale**, main memory management ; **gestion dynamique de mémoire**, dynamic memory management ; **gestionnaire d'attribution mémoire**, memory allocation manager ; **gestionnaire de mémoire**, memory management unit (MMU) ; **gestionnaire pour mémoire étendue**, expanded memory manager ; **haut de mémoire**, high memory ; **hiérarchie de la mémoire**, memory hierarchy ; **image mémoire**, memory image, storage image, core image, image of memory ; **imbrication de mémoire**, memory interlace, memory interleaving ; **introduire en mémoire**, move into (to), usher (to) ; **mémoire à accès aléatoire**, direct access storage ; **mémoire à accès direct**, random logic, random access memory (RAM), direct access storage, immediate access storage ; **mémoire à accès direct**, uniform accessible memory ; **mémoire à accès rapide**, fast access memory, quick access memory ; **mémoire à accès séquentiel**, sequential storage, serial access memory ; **mémoire à bande**, tape memory, tape storage ; **mémoire à bande magnétique**, tape storage, tape memory ; **mémoire à bulles**, bubble storage, magnetic bubble memory ; **mémoire à cartes magnétiques**, magnetic

card storage ; **mémoire à condensateur**, capacitor store, capacitor storage ; **mémoire à couche mince magnétique**, magnetic thin film storage ; **mémoire à couches minces**, thin film storage, thin film memory ; **mémoire à deux niveaux**, two-level storage ; **mémoire à disque**, disc store, disc memory, disc storage ; **mémoire à disque dur**, fixed-disc storage ; **mémoire à disque magnétique**, magnetic disc storage ; **mémoire à disque souple**, flexible disc memory ; **mémoire à disques amovibles**, exchangeable disc storage (EDS) ; **mémoire à double accès**, dual port memory ; **mémoire à écriture directe**, writeable control memory ; **mémoire à faisceau électronique**, beam store ; **mémoire à ferrites**, core store, core storage, rod memory ; **mémoire à feuillets magnétiques**, magnetic sheet memory ; **mémoire à fil magnétique**, magnetic wire storage, plated wire storage ; **mémoire à grande échelle d'intégration**, LSI storage ; **mémoire à laser**, laser memory, laser storage ; **mémoire à lecture destructive**, destruction storage ; **mémoire à ligne à retard**, delay line storage ; **mémoire à liste directe**, pushup storage ; **mémoire à mots**, word-organised storage, word-organised memory ; **mémoire à N tores par élément binaire**, N-core-per-bit storage, N-core-per bit store ; **mémoire à propagation**, delay line storage ; **mémoire à rafraîchissement**, regenerative memory ; **mémoire à semi-conducteur**, semiconductor memory ; **mémoire à structure de mots**, word-structured memory ; **mémoire à surveillance**, guard memory ; **mémoire à tambour**, drum storage, drum store ; **mémoire à tambour magnétique**, magnetic drum store ; **mémoire à tores**, core storage, core store, rod memory ; **mémoire à tores magnétiques**, bead memory ; **mémoire acoustique**, acoustic store, acoustic memory, ultrasonic memory ; **mémoire active**, writeable memory ; **mémoire additionnelle**, additional memory ; **mémoire adressable**, addressable memory ; **mémoire adressable par contenu**, content-addressed storage ; **mémoire adressée**, addressed memory ; **mémoire annexe**, bump ; **mémoire apparente**, apparent storage ; **mémoire associative**, searching storage, search memory, content-addressable storage, content address storage, parallel search storage, associative store, associative memory ; **mémoire autonome**, off-line storage ; **mémoire auxiliaire**, auxiliary storage, extension store, backing store, auxiliary memory, secondary store ; **mémoire bipolaire**, bipolar memory ; **mémoire câblée**, wire storage ; **mémoire calcul**, processor storage ; **mémoire capacitive**, capacity storage, capacity store ; **mémoire cathodique**, cathode ray storage ; **mémoire centrale**, core memory ; **mémoire circulaire**, cyclic storage, cyclic store ; **mémoire circulante**, circular memory ; **mémoire commune**, common storage, global memory ; **mémoire cryogénique**, cryogenic store ; **mémoire cyclique**, circulating storage, circulating memory ; **mémoire d'écran**, display memory ; **mémoire d'entrée**, input storage ; **mémoire d'entrée/sortie**, input/output storage ; **mémoire d'impression**, print storage ; **mémoire d'index**, modifier storage ; **mémoire d'ordinateur**, computer storage ; **mémoire de chargement**, bootstrap memory ; **mémoire de commande**, control memory ; **mémoire de commandes chaînées**, command-chained memory ; **mémoire de couplage**, link memory ; **mémoire de détection d'anomalie**, fault control memory ; **mémoire de grande capacité**, mass storage, bulk store, bulk storage, mass store ; **mémoire de masse**, bulk storage, mass store, mass storage, bulk store, bulk core storage ; **mémoire de premier niveau**, first-level memory ; **mémoire de sauvegarde**, backing store ; **mémoire de sortie**, output block ; **mémoire de surveillance**, guard storage ; **mémoire de trame**, frame storage ; **mémoire de transit**, temporary storage ; **mémoire de travail**, scratchpad memory, working storage, working memory section ; **mémoire de vidage**, bump memory ; **mémoire disponible**, workspace* ; **mémoire dynamique**, dynamic RAM, dynamic storage, dynamic memory ; **mémoire dynamique volatile**, volatile dynamic storage ; **mémoire effaçable**, erasable storage, erasable store ; **mémoire électrostatique**, electrostatic memory, electrostatic storage ; **mémoire en ligne**, on-line storage ; **mémoire externe**, external storage, auxiliary store, external memory ; **mémoire ferromagnétique**, ferromagnetic storage ; **mémoire fixe**, fixed memory, read-only memory (ROM), dead storage, fixed store ; **mémoire fixe inductive**, transformer read-only storage ; **mémoire holographique**, holographic memory, holographic medium, holographic storage ; **mémoire image**, image space ; **mémoire image d'une trame**, raster graphic image ; **mémoire image de l'affichage vidéo**, video display image ; **mémoire inaltérable**, unalterable memory ; **mémoire inductive**, inductive memory ; **mémoire ineffaçable**, non-erasable memory, non-erasable storage ; **mémoire infinie**, infinite memory ; **mémoire inhérente**, inherent storage ; **mémoire instable**, unstable memory ; **mémoire intermédiaire**, intermediate data storage ; **mémoire interne**, main store, processor storage, internal storage, internal memory ; **mémoire inutilisée**, slack storage ; **mémoire lente**, low-speed store, slow memory, slow access storage ; **mémoire libre**, inline ; **mémoire locale**, local storage ; **mémoire magnétique**, magnetic storage, magnetic store ; **mémoire matricielle**, co-ordinate store, matrix storage ; **mémoire monolithique**, monolithic storage ; **mémoire morte**, read-only memory (ROM), fixed store, fixed memory ; **mémoire morte fusible**, fusable read-only memory ; **mémoire morte interchangeable**, interchangeable rom ; **mémoire non rémanente**, volatile storage ; **mémoire optique**, optical storage ; **mémoire organisée**, mapped memory ; **mémoire organisée par binaires**, bit-organised memory ; **mémoire organisée par mots**, word-organised memory, word-organised storage ; **mémoire paginée**, page storage ; **mémoire partagée**, shared storage ; **mémoire permanente**, non-volatile memory, permanent storage ; **mémoire physique**, actual storage ; **mémoire pixel**, pixel memory ; **mémoire principale**, main memory, primary storage, internal storage, main store ; **mémoire programme**, programme storage ; **mémoire protégée en écriture**, protected memory ; **mémoire rapide**, high-speed memory, high-speed storage, fast core, fast access storage, rapid memory ; **mémoire réelle**, actual store, real storage, real memory ; **mémoire résidente**, resident storage ; **mémoire secondaire**, integrated filestore ; **mémoire séquentielle**, serial storage, sequential memory, serial memory ; **mémoire statique**, static storage, static RAM, static memory ; **mémoire supraconductive**, cryogenic store ; **mémoire tampon**, buffer* store ; **mémoire tampon d'entrée**, input buffer storage, input buffer ; **mémoire tampon E/S**, I/O buffer ; **mémoire utilisateur**, user memory ; **mémoire vidéo**, video buffer ; **mémoire virtuelle**, virtual storage, virtual memory ; **mémoire volatile**, volatile memory ; **mode d'accès à la** mémoire, memory access mode ; **module de mémoire**, memory module ; **mot mémoire**, memory word ; **nettoyage de mémoire**, garbage collection ; **page mémoire**, page slot ; **page restée en mémoire**, reserved page ; **partie inférieure de la mémoire**, lower memory locations ; **pile de mémoire**, storage stack, memory plane ; **plan de mémoire image**, pixel memory plane ; **port mémoire**, memory port ; **position (en mémoire)**, location, storage location ; **position mémoire**, bucket, memory location ; **programmateur de mémoire morte**, prom blower, programmer unit, prom programmer, prom burner, prom blaster ; **protection de mémoire**, memory protection ; **puce de mémoire à bulles**, bubble chip ; **rangement en mémoire**, memory store ; **rangement en mémoire tampon**, buffering ; **ranger en mémoire**, randomise (to) (US: randomize) ; **reconfiguration de mémoire**, storage reconfiguration ; **recouvrement de mémoire**, memory overlap ; **registre à mémoire associative**, associative storage register ; **registre de mémoire**, memory register, storage register ; **remise à zéro de la mémoire**, core flush ; **reprogrammation (mémoire morte)**, reblasting ; **reprogrammer une mémoire morte**, reblast (to) ; **résidant en mémoire centrale**, core memory resident ; **sélection de mémoire**, memory control ; **spécification de mémoire étendue**, expanded memory specification (EMS) ; **support de mémoire**, storage medium ; **système à base de mémoire**, memory-based system ; **système à mémoire centrale**, core only environment ; **système à mémoire virtuelle**, paging system, virtual memory system (VMS) ; **table de topographie mémoire**, page map table ; **téléphone à mémoire**, security phone ; **test mémoire**, memory test ; **topographie mémoire**, memory mapping ; **transfert de mémoire**, storage dumping ; **transfert de page mémoire**, page in, page out ; **tri en mémoire centrale**, core sort ; **tube à mémoire électrostatique**, electrostatic storage tube ; **unité de mémoire**, storage unit ; **vidage de mémoire**, core dump, data dump, memory dump, storage dump ; **visu à mémoire**, storage display ; **volatibilité de mémoire**, storage volatility ; **zone de mémoire**, storage area, storage block ; **zone de mémoire commune**, common storage area ; **zone de mémoire de travail**, working storage ; **zone de mémoire des codes**, key storage area ; **zone de mémoire protégée**, isolated locations.

MEMORISATION : mémorisation, storage ; **période de mémorisation**, storage period ; **rationalité de mémorisation**, storage economy ; **test de parité à la mémorisation**, storage parity.

MEMORISE : mémorisé, stored ; **programme mémorisé**, stored programme, stored routine ; **sortie de solde mémorisé**, balance forward.

MENU : menu, menu ; **programme présenté avec menu**, menu-driven application ; **titre de menu**, menu title.

MESSAGE : message, message* ; (caractère de) **début de message**, start-of-message character (SOM) ; (caractère de) **fin de message**, end-of-message character (EOM) ; **acheminement des messages**, message routing ; **affichage des messages de commande**, control message display ; **authentification de message**, message authentification ; **bloc de message**, message block ; **collecteur de messages**, mailphore, message sink ; **commutateur de messages**, message switch ; **commutation automatique de messages**, automatic message switching ; **commutation de messages**, message switching ; **console message**, message display console ; **contrôle de message**, information check ; **création de messages**, message implementation ; **en-tête de message**, message header, message preamble ; **format de message**, message format ; **gestion de messages**, message control, message queueing ; **graphe message**, message graph, m-graph ; **message à haute priorité**, high-precedence message ; **message à plusieurs adresses**, multiple address message ; **message codifié**, proforma message ; **message conditionné**, formal message ; **message conférence**, block message ; **message d'aide**, help message ; **message d'entrée**, incoming message ; **message d'erreur**, error message ; **message d'état**, audit message ; **message d'information**, information message ; **message d'interrogation**, polling message ; **message d'intervention**, action message ; **message de données**, data message ; **message de libération de ligne**, clear message ; **message de test alphanumérique**, fox message ; **message écrit**, written message ; **message en attente**, waiting message ; **message en réception**, incoming message ; **message non sollicité**, unsollicited message ; **message opérateur**, operator message ; **message prioritaire**, priority message ; **message protocolaire**, handshake message ; **message stationnaire**, stationary information, stationary message ; **message utilisateur**, user console typeout, user message ; **récupération de messages**, message retrieval ; **restitution de messages**, message retrieval ; **réseau à commutation de messages**, message switching network, switched message net ; **signal de fin de message**, end of message signal ; **source de messages**, information source, message source ; **texte de message**, message text ; **traitement de plusieurs messages**, multimessage processing.

MESSAGERIE : messagerie privée, courier service.

MESURAGE : mesurage à l'instant du saut, hook catching.

MESURE : mesure, measure ; **mesure de l'incertitude**, irrelevance, prevarication, spread ; **mesure de l'information**, measure of information ; **point de mesure**, measuring point ; **point de mesure de tension**, voltage test point ; **système de mesure analogique**, analogue measuring system ; **unité de mesure**, unit of measure.

METACOMPILATEUR : métacompilateur, metacompiler.

METACOMPILATION : métacompilation, metacompilation*.

METALANGAGE : métalangage, metalanguage*.

METALLIQUE : semi-conducteur à oxyde métallique, metal oxide silicon (MOS).

METASYMBOLE : métasymbole, metasymbol*.

METASYNTAXIQUE : variable métasyntaxique (toto), metasyntactic variable (foo).

METAVARIABLE : métavariable, metavariable.

METHODE : méthode, method, approach, process ; **diagramme des méthodes**, process chart ; **méthode ascendante**, bottom-up method, bottom-up approach ; **méthode classique**, approved method ; **méthode d'accès**, access method ; **méthode d'accès aux données**, data access method ; **méthode d'accès avec file d'attente**, queue discipline ; **méthode d'accès de base**, basic access method ; **méthode d'accès de listes**, queue access method ; **méthode d'accès séquentiel**, sequential access method ; **méthode d'accès virtuel**, virtual access method (VAM) ; **méthode d'analyse ascendante**, expansion cascading ; **méthode d'approche**, method of approach ; **méthode d'exploration**, scanning method ; **méthode d'interrogation**, polling method ; **méthode d'introduction**, input method ; **méthode de câblage**, wiring method ; **méthode de programmation**, programming method ; **méthode de résolution**, problem solving ; **méthode de transmission**, transmission method ; **méthode de tri**, sorting method ; **méthode des approximations**, approximation method ; **méthode heuristique**, heuristic method, heuristic approach ; **méthode sémantique**, semantic differential ; **tri par méthode d'insertion**, insertion method sorting.

METHODOLOGIE : méthodologie, methodology ; **méthodologie de programmation**, programming methodology ; **méthodologie descendante**, topdown methodology.

METTRE : mettre, apply (to) ; **mettre à jour**, update* (to) ; **mettre à la masse**, sink to ground (to) ; **mettre à la valeur initiale**, initialise (to) (US: initialize), initiate (to) ; **mettre en file d'attente**, enqueue (to) ; **mettre en forme**, edit (to) ; **mettre entre parenthèses**, parenthesise (to) (US: parenthesize) ; **mettre sous tension**, power up (to) ; **mettre sur microfiche**, fiche (to) ; **se mettre en travers**, skew (to).

MICRO : micro, micro ; **composant de micro-ordinateur**, microcomputer component ; **diode à micro-ondes**, microwave diode ; **la micro-électronique**, microelectronics ; **micro-instruction**, microinstruction, primitive instruction ; **micro-ordinateur**, microcomputer ; **microseconde**, microsecond ; **superviseur de micro-ordinateur**, microcontroller.

MICROCIRCUIT : microcircuit, microcircuit.

MICROCODE : microcode, microcode.

MICRODIAGNOSTIC : microdiagnostic, board level diagnostic.

MICRODISQUE : microdisque, microdisk.

MICRODISQUETTE : microdisquette, microdiskette, microfloppy, microfloppy disc.

MICROFARAD : microfarad, microfarad.

MICROFICHE : microfiche, fiche, film card ; **lecteur de microfiche,** fiche reader ; **mettre sur microfiche,** fiche (to).

MICROFILM : enregistreur sur microfilm, microfilm recorder ; **fichier de microfilms,** microfilm file ; **imprimante à microfilm,** microfilm printer ; **lecteur de microfilm,** microfilm reader.

MICROGRAPHIE : micrographie informatique, computer micrographics ; **la micrographie,** micrographics.

MICROLANGAGE : microlangage, microlanguage*.

MICROLOGICIEL : micrologiciel, firmware.

MICROPLAQUETTE : microplaquette d'entrée/sortie, input/output chip.

MICROPROCESSEUR : microprocesseur, microprocessor*, microprocessor unit (MPU) ; **carte microprocesseur,** microprocessor card ; **circuit de microprocesseur,** circuit chip ; **microprocesseur en tranches,** bit slice microprocessor, sliced microprocessor ; **microprocesseur hautement intégré,** LSI microprocessor ; **puce de microprocesseur,** microprocessor chip.

MICROPROGRAMMABLE : microprogrammable, microprogrammable ; **instruction microprogrammable,** microprogrammable instruction ; **ordinateur microprogrammable,** microprogrammable computer.

MICROPROGRAMMATION : microprogrammation, microprogramming, microcoding ; **circuit de microprogrammation,** microcoding device.

MICROPROGRAMME : microprogramme, microprogramme* (US: microprogram).

MICROPROGRAMMEE : opération microprogrammée, microprogrammed operation.

MICROSECONDE : microseconde, microsecond.

MICROSILLON : microsillon, audiodisc.

MILLE : mille, kilo ; **mille bauds,** kilobaud (KB) ; **mille cycles,** kilocycle (Kc) ; **mille ohms,** kohm (kilo-χ).

MILLIARD : milliard, billi ; **milliard de bits,** billibit ; **un milliard,** giga, kilomega ; **un milliard d'opérations en virgule flottante,** gigaflop ; **un milliard de bits,** gigabit ; **un milliard de Hertz,** gigahertz.

MILLIMETRIQUE : papier millimétrique, scale-paper.

MILLION : un million, mega (M) ; **un million de bits,** megabit (Mb) ; **un million de cycles,** megacycle (Mc).

MILLISECONDE : milliseconde (ms), millisecond (ms).

MINCE : couche mince, thin film ; **mémoire à couche mince magnétique,** magnetic thin film storage ; **mémoire à couches minces,** thin film storage, thin film memory ; **résistance à couches minces,** thin film resistor.

MINE : crayon à mine conductrice, conductive pencil.

MINEUR : cycle mineur, minor cycle.

MINI : mini-informatique, minicomputing ; **mini-ordinateur,** minicomputer.

MINIDISQUE : minidisque, diskette, flexible disc, floppy disc.

MINIDISQUETTE : minidisquette, minifloppy, minifloppy disc.

MINIMAL : minimal, minimum ; **code à temps d'exécution minimal,** minimum latency code ; **programmation à temps d'accès minimal,** minimum access programming ; **programmation à temps d'exécution minimal,** minimum latency programming.

MINIMALE : arbre à valeurs minimales, Huffman tree ; **partie active minimale,** minimum working set.

MINIMISEE : arborescence minimisée, minimal tree.

MINORITAIRE : porteur minoritaire, minority carrier.

MINUSCULE : commande majuscules-minuscules, letters shift (LTRS) ; **lettre minuscule,** lower case letter ; **lettres minuscules,** lower case (LC) ; **majuscules et minuscules,** upper and lower case ; **passage en minuscules,** downshift ; **passer en minuscules,** downshift (to) ; **touche d'inversion majuscules-minuscules,** case shift key.

MINUTE : lignes par minute (LPM), lines per minute (LPM) ; **opérations par minute,** operations per minute (OPM) ; **pouce par minute (PPM),** inch per minute (IPM).

MIS : mis en forme de signaux, signal formation ; **non mis à la terre,** ungrounded.

MISE : appel de mise en attente, wair

call ; **bande de mise à jour**, updating tape ; **caractère de mise en forme**, insertion character ; **carte de mise à jour**, update card ; **commande de la mise en page verticale**, vertical format control ; **cycle de mise hors-tension**, power-down cycle ; **date de mise à jour**, purge date ; **fichier de mise à jour**, updated master file ; **fonction de mise en page**, format effector (FE) ; **génération des mises à jour**, update generation ; **instruction de mise en forme**, editing instruction ; **instruction de mise en page**, layout instruction ; **mise à '1'**, setting ; **mise à jour**, revision, update, updating operation, updating ; **mise à jour d'articles**, record updating ; **mise à jour de la bibliothèque des travaux**, job library update ; **mise à jour par modification**, update-in-place mode, up-in-place mode ; **mise à la date**, dating ; **mise à la terre**, grounding ; **mise à l'échelle**, scaling* ; **mise à ligne des mots**, word-wrap ; **mise à zéro**, zero setting ; **mise au banc d'essai**, benchmarking, benchmark test ; **mise au point déportée**, remote debugging ; **mise au point du programme**, programme checkout ; **mise au repos**, awaiting, pending, quiescing ; **mise en attente d'un appel**, answer hold ; **mise en file d'attente**, enqueuing ; **mise en forme**, editing, shaping ; **mise en forme de résultats**, post-editing ; **mise en forme de signal**, signal transformation, signal shaping ; **mise en forme de volume**, volume preparation ; **mise en forme des données**, data preparation ; **mise en page**, windowing ; **mise en pile**, stacking ; **mise en place**, implementation course ; **mise en place de page**, page setting, page fixing ; **mise en route**, startup ; **mise en séquence**, sequencing ; **mise en série**, serialisation (US: serialization) ; **mise en service**, enabling ; **mise en station**, set-up ; **mise en tranche**, slicing ; **mise en travers**, tilt ; **mise en valeur**, highlighting ; **mise hors-service**, power-down, disabling ; **mise sous tension**, power-up ; **mise sur pile**, push ; **niveau de mise à jour**, release level ; **opération de mise sous tension**, power-on sequence ; **passage de mise au point**, checkout run, modification run ; **passe de mise à jour**, updating run ; **période de mise en activité**, warm-up period ; **phase de mise au point**, debugging phase ; **phase de mise en oeuvre**, implementation phase ; **programme de mise à jour**, modification programme, update analysis programme, updating routine, update programme ; **programme de mise au point**, interpretive trace programme ; **programme sans mise au point**, blue ribbon programme ; **service de mise à jour**, updating service ; **sous-programme de mise à jour**, update routine ; **système de mise en application**, implementation system ; **temps de mise en route**, installation time, set-up time.

MIXTE : **câble mixte**, composite cable ; **conception mixte**, hybrid design ; **fraction mixte**, improper fraction ; **nombre mixte**, mixed number ; **numération mixte**, mixed-radix numeration, mixed-base notation ; **station mixte**, balanced station, mixed station ; **système mixte**, hybrid system ; **trait mixte**, dot-and-dash line.

MNEMONIQUE : **mnémonique**, mnemonic ; **code d'instruction mnémonique**, input instruction code ; **code mnémonique**, mnemonic code ; **indicateur mnémonique**, mnemonic designator ; **symbole mnémonique**, mnemonic symbol.

MNEMONISER : **mnémoniser**, mnemonise (to) (US: mnemonize).

MNEMOTECHNIE : **la mnémotechnie**, mnemonics.

MNEMOTECHNIQUE : **mnémotechnique**, mnemonic ; **nom mnémotechnique**, mnemonic device name.

MNENONIQUE : **langage mnénonique**, mnemonic language.

MOBILE : **chargeur mobile**, portable pack ; **imprimante à tête mobile**, moving-head printer ; **poste de travail mobile**, mobile terminal desk.

MOBILIER : **mobilier informatique**, system furniture.

MODE : **mode**, mode ; **application en mode asservi**, slave application ; **changement de mode**, mode change ; **code de mode d'impression**, print mode code ; **commutateur de mode**, mode switch ; **dictionnaire en mode fenêtre**, pop-up dictionary ; **édition en mode ligne**, edit line mode ; **en mode duplex**, duplex operation ; **en mode émission**, transmittal mode ; **en mode semi-duplex**, half-duplex operation ; **exploitation en mode local**, home loop operation ; **gestion de liaison en mode de base**, basic mode link control ; **menu mode fenêtre**, pop-up menu ; **mode asservi**, slave mode ; **mode automatique**, automatic mode ; **mode autonome**, off-line mode ; **mode bidi-**

rectionnel simultané, both-way communication ; **mode binaire**, binary mode ; **mode bloc multiplex**, block multiplex mode ; **mode calcul**, compute mode ; **mode caractère**, character mode ; **mode caractère gras**, boldfacing mode ; **mode clavier interactif**, live keyboard mode ; **mode compatible**, compatibility mode ; **mode compressé**, compressed mode ; **mode conditions initiales**, reset mode ; **mode connecté**, on-line mode ; **mode continu de transfert**, burst mode ; **mode contrôle caractère**, control state ; **mode d'accès**, access mode ; **mode d'accès à la mémoire**, memory access mode ; **mode d'affectation**, consignment mode ; **mode d'analyse**, analysis mode ; **mode d'appel**, poll mode ; **mode d'asservissement automatique**, auto-servo mode ; **mode d'attente**, listen mode ; **mode d'édition**, edit mode ; **mode d'enregistrement**, recording mode ; **mode d'impression**, list mode ; **mode d'impression normal**, normal print mode ; **mode d'initialisation**, initialisation mode ; **mode d'interrogation**, inquiry mode ; **mode d'interruption**, interrupt mode ; **mode d'interruption interne**, internal interrupt mode ; **mode d'ombrage**, shading mode ; **mode de base**, basic mode ; **mode de blocage**, lock mode ; **mode de chargement**, load mode ; **mode de commande**, command mode ; **mode de commutation automatique**, automatic switch mode ; **mode de contention**, contention mode ; **mode de contrôle**, control mode ; **mode de grossissement**, growing mode ; **mode de jonction**, append mode ; **mode de maintien**, freeze mode, hold mode ; **mode de modification**, alter mode ; **mode de recherche**, locate mode ; **mode de réduction**, shrinking mode ; **mode de renvoi multiple**, programmed mode switch ; **mode de répartition**, dispatching procedure ; **mode de saisie**, enter mode, input mode ; **mode de soulignement automatique**, automatic underline mode ; **mode de substitution**, substitute mode ; **mode de supervision**, supervisor mode ; **mode de tampon**, buffer mode ; **mode de traitement**, processing mode ; **mode de traitement des articles**, item handling mode ; **mode de traitement isolé**, dedicated mode ; **mode de traitement par lots**, batch mode, batch processing mode ; **mode de transcription**, transcription mode ; **mode de transfert**, move mode ; **mode de transmission**, streaming mode, transmission mode ;

mode de vérification à l'écriture, write verify mode ; **mode de vérification statique**, static test mode ; **mode dégradé**, crippled mode ; **mode dégradé progressif**, graceful degradation mode ; **mode dialogué**, conversational mode, interactive mode ; **mode différé**, store-and-forward mode ; **mode dilaté**, expanded mode ; **mode écriture**, write mode ; **mode entrelacé**, interlaced mode ; **mode fenêtre**, pop-up window ; **mode figé**, freeze mode, hold mode ; **mode gelé**, freeze mode, hold mode ; **mode graphique**, graphic mode ; **mode indépendant du code**, code-independent ; **mode interpréteur**, immediate mode ; **mode itératif**, automatic sequential mode ; **mode lecture-écriture**, read/write mode, reading/writing access mode ; **mode local**, local mode ; **mode manuel**, manual mode ; **mode masque**, form mode ; **mode moniteur**, monitor mode ; **mode multitâche**, multitasking mode ; **mode naturel**, native mode ; **mode non interlacé**, non-interlaced mode ; **mode opérationnel**, operate mode ; **mode page**, block mode ; **mode paquet**, packet mode ; **mode passif**, passive mode ; **mode principal**, master mode ; **mode prioritaire**, privileged mode ; **mode protégé**, protected mode ; **mode réel**, real mode ; **mode réponse**, answer mode ; **mode saut de perforation**, perforation skip mode ; **mode simplex**, simplex mode ; **mode télétraitement**, remote mode ; **mode transparent**, code-transparent, transparent text mode ; **mode utilisateur**, user mode ; **mode virtuel**, virtual mode ; **réjection de mode normal**, normal mode rejection ; **répertoire mode fenêtre**, pop-up directory ; **tension de mode commun**, common mode voltage ; **tension de mode normal**, normal mode voltage ; **terminal en mode paquet**, packet mode terminal ; **traitement en mode pseudo-déconnecté**, pseudo off-line processing ; **visualisation en mode cavalier**, vector mode display ; **zone de mode d'amorçage**, starting mode field ; **zone du mode de lancement**, start mode field.

MODELE : modèle, model, template ; modèle analogique, analogue model ; **modèle d'instruction**, instruction format ; **modèle d'organigramme**, template flowchart ; **modèle de formation**, learning model ; **modèle entrée/sortie**, input/output model ; **modèle expérimental**, conceptual modelling.

MODELISATION : modélisation, modelling (US: modeling) ; **modélisation de procédures**, procedure modelling ; **modélisation géométrique tridimensionnelle**, three-dimension geometric modelling.

MODEM : modem, modem* ; **échange modem**, modem interchange ; **interface modem**, modem interface ; **modem à couplage acoustique**, acoustically coupled modem ; **modem acoustique**, acoustic modem ; **modem en bande de base**, baseband modem ; **modem incorporé**, built-in modem ; **modem intégré**, integrated modem.

MODIFICATEUR : modificateur, changer, modifier ; **champ modificateur**, modifier field ; **modificateur d'adresse**, address modifier ; **modificateur d'adresse de caractère**, character modifier ; **modificateur d'instruction**, instruction modifier.

MODIFICATIF : modificatif, amendment record.

MODIFICATION : modification, modification, patch*, alteration, alter operation, altering, change ; **bande des modifications**, amendment tape ; **bloc de modification**, modifier block ; **date de modification**, modification date ; **fichier des modifications**, amendment file ; **instruction de modification**, modification instruction ; **mise à jour par modification**, update-in-place mode, up-in-place mode ; **mode de modification**, alter mode ; **modification automatique d'adresse**, automatic address modification ; **modification d'adresse**, address control, address modification ; **modification d'instruction**, instruction modification ; **modification de clavier**, keyboard substitution ; **service des modifications**, change service, revision service ; **zone de modification d'adresse**, address control field, decrement field.

MODIFIER : modifier, alter (to), modify (to).

MODULAIRE : modulaire, modular (to) ; **conception modulaire**, modular concept ; **multiprocesseur modulaire**, modular multiprocessor ; **organisation modulaire**, modular organisation ; **programmation modulaire**, modular programming ; **programme modulaire**, modular programme ; **système modulaire**, modular system.

MODULARITE : modularité, modularity.

MODULATEUR : modulateur-démo-

dulateur, modem.

MODULATION : modulation, modulation ; **enregistrement par modulation de phase**, phase encoding ; **facteur de modulation**, modulation factor ; **linéarité de modulation**, modulation linearity ; **modulation à plusieurs niveaux**, multilevel modulation ; **modulation analogique**, analogue modulation ; **modulation angulaire**, angle modulation ; **modulation biternaire**, biternary modulation ; **modulation d'amplitude en quadrature (MAQ)**, quadrature amplitude modulation (QAM) ; **modulation d'impulsions en amplitude**, pulse amplitude modulation (PAM) ; **modulation d'impulsions en fréquence**, pulse frequency modulation (PFM) ; **modulation d'impulsions en position**, pulse position modulation (PPM) ; **modulation de fréquence**, frequency modulation (FM) ; **modulation de fréquence spectral**, frequency change signalling ; **modulation de phase (MP)**, phase modulation (PM) ; **modulation delta**, delta modulation ; **modulation différentielle**, differential modulation ; **modulation en bande de base**, baseband modulation ; **modulation en largeur d'impulsion**, pulse width modulation ; **modulation numérique**, digital modulation ; **modulation par déplacement de fréquence**, frequency shift keying (FSK), frequency shift signalling, two-tone modulation ; **modulation par déplacement de phase**, phase shift signalling ; **modulation par impulsions**, pulse modulation, pulse code modulation (PCM) ; **modulation par inversion de phase**, phase inversion modulation ; **modulation télégraphique**, telegraph modulation ; **multiplicateur de modulation**, mark/space multiplier unit ; **rapidité de modulation**, modulation rate ; **signal de modulation**, modulating signal ; **valence d'une modulation**, number of significant conditions ; **vitesse de modulation**, modulation speed.

MODULE : module, module* ; **bibliothèque de modules de chargement**, load module library ; **fichier de modules objet**, object module file ; **module chargeable**, load module ; **module-chargeur**, load module handler ; **module d'analyse**, analysis module ; **module d'interface**, interface module ; **module de chargement**, run unit ; **module de chargement à recouvrement**, overlay load module ; **module de découpage**, splitting module ; **module de données**, data unit ; **module de mé-**

moire, memory module ; **module de program-me**, programme pack, programming module ; **module de référence**, master source module ; **module de tri**, sort module ; **module électroni-que**, electronic module ; **module exécutable**, run module ; **module lié**, linked module ; **module objet**, object module ; **module objet reloge-able**, relocatable object module ; **module pilote**, master module ; **module réentrant**, reenterable load module ; **module relogeable**, relocatable module ; **module source**, source module ; **module technique**, hardware module ; **module translatable**, relocatable deck.

MODULER : moduler, modulate (to).

MODULO : modulo, modulo* ; comp-teur modulo N, modulo-N counter ; **contrôle modulo N**, modulo-N check, residue check ; **porte somme modulo 2**, modulo-2 sum gate.

MOINS : moins, minus ; **à la base moins un**, diminished radix, radix-minus-one comple-ment ; **signe moins '-'**, minus sign.

MOMENT : à huit moments, eight-level ; **à N moments**, N-level ; **code à mo-ments**, equal length code ; **code à N moments**, N-level code ; **code ISO à 7 moments**, ISO-7-bit code ; **groupe de moments**, code group ; **moment de code**, code element ; **moment du début**, start time.

MONADIQUE : monadique, monadic, unary ; **opérateur booléen monadique**, mon-adic Boolean operator ; **opérateur monadique**, monadic operator, unary operator ; **opération monadique**, monadic operation, unary oper-ation.

MONETAIRE : symbole monétaire, monetary symbol.

MONITEUR : moniteur, monitor* , monitoring programme, supervisor ; **affichage moniteur**, monitor display ; **appel de moniteur**, monitor call ; **état moniteur**, monitor state ; **mode moniteur**, monitor mode ; **moniteur câ-blé**, hardware monitor, wired monitor ; **moni-teur composite**, composite video display ; **mo-niteur d'exploitation**, run-time monitor ; **moni-teur de cohérence (de données)**, integrity violation monitor ; **moniteur de télétraitement**, teleprocessing monitor ; **moniteur de traite-ment de tâches**, job processing monitor ; **mo-niteur graphique**, graphic monitor ; **moniteur logiciel**, software monitor ; **moniteur logique**, logical monitor ; **moniteur multitâche**, multi-tasking monitor ; **moniteur RVB**, RGB monitor ;

moniteur télévision, television monitor ; **moni-teur temps réel**, real-time monitor ; **moniteur vidéo**, video monitor ; **sous-programme moni-teur**, monitor routine ; **système moniteur**, monitor system.

MONITORAGE : monitorage, moni-toring ; **monitorage permanent**, continuous monitoring ; **programme de monitorage**, monitoring programme.

MONNAIE : monnaie, currency.

MONO : accès mono-utilisateur, single-user access.

MONOBOBINE : déroulement mono-bobine, single-deck tape.

MONOCARTE : ordinateur monocar-te, on-board computer, single-board computer.

MONOCHROME : monochrome, monochrome, black and white ; **graphique mo-nochrome**, monochrome graphics.

MONOCLAVIER : saisie monocla-vier, one-keyboard data capture.

MONOCONDUCTEUR : ligne mo-noconducteur, single-wire line.

MONOLITHIQUE : monolithique, monolithic ; **mémoire monolithique**, monolith-ic storage.

MONOPILE : fichier monopile, single-volume file.

MONOPOSTE : système monoposte, single-station system.

MONOPROCESSEUR : monopro-cesseur, monoprocessor, one-processor unit, uniprocesseur.

MONOPROGRAMMATION : mo-noprogrammation, monoprogramming, uni-programming.

MONOSTABLE : monostable, mono-stable circuit ; **bascule monostable**, monosta-ble circuit ; **circuit monostable**, one-shot cir-cuit, single-shot circuit.

MONOTOUCHE : commande mono-touche, single-stroke control key ; **contrôle monotouche**, single-stroke command.

MONOTRAITEMENT : monotraite-ment, uniprocessing.

MONOVOIE : accès monovoie, single-channel access.

MONTAGE : montage, kit ; **montage à base commune**, common base circuit ; **monta-ge en étoile**, wye connection ; **montage expé-rimental**, breadboard circuit ; **schéma de mon-tage**, set-up diagram.

MONTANTE : voie montante (satellite), uplink.

MONTEE : montée, rise ; front de montée, positive-going transition ; montée d'impulsion, impulse growth ; montée de courbe, curve slope ; temps de montée, rise time.

MONTER : monter, house (to) ; prêt-à-monter, kit.

MORPHEME : morphème, morpheme*.

MORSE : code Morse, telegraph code, Morse code.

MORT : mort lente, slow death ; temps mort, dead time.

MORTE : effacement par ultraviolet (mémoire morte), ultraviolet erasing ; mémoire morte, read-only memory (ROM), fixed store, fixed memory ; mémoire morte fusible, fusable read-only memory ; mémoire morte interchangeable, interchangeable rom ; programmateur de mémoire morte, prom blower, programmer unit, prom programmer, prom burner, prom blaster ; reprogrammation (mémoire morte), reblasting ; reprogrammer une mémoire morte, reblast (to).

MOS : MOS complémentaire, complementary MOS (CMOS).

MOS positif : positive MOS (PMOS).

MOT : mot, word* ; adresse de mot, word address ; alignement par mot, word alignment ; blancs de fin de mot, trailing blanks ; cadrage des lignes sans coupure de mots, hyphenless justification ; capacité exprimée en mots, word capacity ; définition du macro de mot clé, keyword macro definition ; demi-mot, half-word, short word ; double mot de passe, two-level password ; entrée à double mot de passe, two-level password entry ; espace entre mots, interword gap ; espace mémoire de 32 mots, sliver ; espace mot, word space ; format à mot quadruple, quad-word bound ; frontière de mot, word boundary ; générateur de longueur de mot, word size emitter ; groupe (de mots), burst ; indexage par mot clé, word indexing ; longueur de mot, data word size, word size, word length ; longueur de mot en virgule fixe, fixed-point word length ; longueur de mot fixe, fixed-word length ; longueur de mot variable, variable word length ; longueur du mot clé, key length ; longueur du mot de données, data word length ; machine organisée en

mots, word machine ; macro de mot clé, keyword macro, keyword macro instruction ; marque de mot, word mark ; mémoire à mots, word-organised storage, word-organised memory ; mémoire à structure de mots, word-structured memory ; mémoire organisée par mots, word-organised memory, word-organised storage ; mise à ligne des mots, word-wrap ; mot binaire, binary word ; mot clé, key word, keyword ; mot clé dans son contexte, keyword-in-context index ; mot d'adresse de canal, channel address word (CAW) ; mot d'état, status word ; mot d'état de canal, channel status word ; mot d'état de contrôle, control status word (CSW) ; mot d'état de périphérique, device status word ; mot d'état programme, programme status word (PSW) ; mot d'index, index word, indexing word ; mot d'information, information word ; mot d'instruction, instruction storage word ; mot de commande, control word ; mot de commande canal, channel command word ; mot de contrôle, check word ; mot de contrôle d'unité, unit control word ; mot de données, data word ; mot de longueur d'article, length record word ; mot de longueur fixe, fixed word ; mot de passe, lock code, password ; mot de programme, programme word ; mot de recherche, search word ; mot de table de segments, segment table word ; mot de variable, variable word ; mot de verrouillage, lockword ; mot défini par l'utilisateur, user-defined word ; mot double, double word, double length word ; mot facultatif, optional word ; mot indicateur, indicator word ; mot instruction, instruction word ; mot machine, computer word, machine word ; mot mémoire, memory word ; mot numérique, numeric word, numerical word ; mot-paramètre, parameter word ; mot pour mot, verbatim ; mot réserve, key word ; mot vide, empty word ; opération exécutée par mots, word-oriented operation ; ordinateur organisé par mots, word-oriented computer ; orienté mot, word-oriented ; paramètre de mot clé, keyword parameter ; période de mot, word period ; protection par mot de passe, password protection ; recherche par mot clé, disjunctive search, key retrieval ; registre d'entrée mot, word input register ; registre de mot, word register ; registre en double mot, double word register ; **registre tampon de mot**, word buffer register ; **sélection de mot**, word selection ; **sentinelle de mot**, word delimiter ; **séparateur de mot**, word separator ; **structure de mot**, word format, word structure ; **temps de transfert d'un mot**, word time ; **transfert de mot**, word transfer ; **travail en simple mot**, single-length working ; **zone de mot de passe**, passeword field.

MOTEUR : moteur, engine ; **moteur d'inférence**, inference engine ; **moteur de grammaires**, grammar engine ; **moteur pas à pas**, stepping motor.

MOUTON : test saute-mouton, leap-frog test.

MOUVEMENT : mouvement, transaction, movement ; **acquisition du contexte mouvement**, transaction context acquisition ; **bande des mouvements**, change tape ; **carte des mouvements**, posting card ; **compte rendu des mouvements**, transaction report ; **contrôle d'état des mouvements**, transaction status control ; **dernier mouvement (DM)**, last translation (LT) ; **dernier mouvement général**, last major transaction ; **données de mouvement**, transaction data ; **enregistrement des mouvements**, transaction record, change record ; **fichier des mouvements**, change file, maintenance file, update file ; **indicateur de mouvements**, activity indicator ; **maintenance des mouvements**, transaction maintenance ; **mouvement constant**, constant movement ; **mouvement de bloc**, block move ; **mouvement de données**, destage ; **mouvement de récupération**, recovery transaction ; **mouvement de zone**, zone movement ; **mouvement linéaire**, linear movement ; **niveau de mouvement**, activity level ; **premier mouvement**, first-transaction ; **premier mouvement général**, first-major transaction ; **taux de mouvement de fichier**, file activity ratio.

MOUVEMENTE : compte non mouvementé, inactive account.

MOYEN : moyen, average ; **contenu moyen d'informations par caractère**, average information per character ; **débit moyen d'entropie**, average data rate ; **moyen d'acquisition**, logging facility ; **moyen d'édition**, edit facility ; **moyens d'enseignement**, teaching aid ; **moyens transitoires**, transition aid ; **répartition des moyens**, resource allocation ; **temps d'accès moyen**, average latency ;

temps moyen d'accès, average access time ; **temps moyen d'opération**, average operation time.

MOYENNE : moyenne, mean ; **charge moyenne**, mean load ; **durée de vie moyenne acceptable**, acceptable mean life ; **durée moyenne de recherche**, average search length ; **entropie moyenne (par caractère)**, information rate, mean entropy (per character) ; **intégration moyenne**, medium scale integration ; **longévité moyenne**, mean life ; **moyenne arithmétique**, arithmetic mean ; **ordinateur de moyenne puissance**, medium scale system ; **tolérance moyenne**, mean deviation ; **valeur moyenne**, mean value ; **vitesse moyenne**, medium speed.

MUET : muet, quiescent.

MULTIBASE : numération multibase, mixed-radix notation.

MULTIBROCHE : multibroche, multipoint ; **connecteur multibroche**, multipoint connector.

MULTICIRCUIT : multicircuit, multichip.

MULTICLAVIER : multiclavier, multikeyboard ; **saisie multiclavier**, multikeyboard data capture ; **système multiclavier**, multistation system.

MULTICONDUCTEUR : câble multiconducteur, bundled cable.

MULTICRITERE : multicritère, multicriteria ; **recherche multicritère**, multicriteria search ; **sélection multicritère**, multiple selection criteria.

MULTIDIMENSION : multidimension, multidimensional ; **tableau multidimension**, multidimensional array.

MULTIDISQUE : chargeur multidisque, disc pack.

MULTIDOMAINE : fichier multidomaine, multiextent file.

MULTIFICHIER : multifichier, multifile ; **bande multifichier**, multifile tape ; **traitement multifichier**, multifile processing ; **tri multifichier**, multifile sorting.

MULTIFONCTION : multifonction, multifunction ; **carte multifonction**, multifunction board.

MULTIFREQUENCE : multifréquence, multifrequency ; **signalisation multifréquence**, multifrequency signalling ; **moniteur multifréquence**, multifrequency monitor.

MULTIGAMME : amplificateur multigamme, multirange amplifier.

MULTILECTURE : multilecture, multiread ; alimentation multilecture, multiread feeding.

MULTILIGNE : multiligne, multiline ; structure multiligne, multiline format.

MULTILONGUEUR : multilongueur, multiple length.

MULTIMOT : opérande multimot, multiple length number.

MULTINIVEAU : multiniveau, multilevel ; adressage indirect multiniveau, multilevel indirect addressing.

MULTINOEUD : multinoeud, multinode.

MULTIPASSAGE : multipassage, multipass ; tri multipassage, multipass sort.

MULTIPERFORATION : multiperforation, multiple punching.

MULTIPLATEAU : multiplateau, multiplatter ; disque multiplateau, multiplatter disc.

MULTIPLE : à son multiple, multitone ; accès multiple, multiple access ; branchement multiple, decision tree ; canal multiple, multiplexer channel ; canal multiple par blocs, block multiplexer channel ; canal multiple par octets, byte multiplexer channel ; clôture multiple, multiple closure ; écran d'appel à rotation multiple, multiturn dial ; en précision multiple, multiple precision ; lecture multiple, multiread ; mode de renvoi multiple, programmed mode switch ; multiple entier, integral multiple ; multiple précision, extended precision ; numération à base multiple, mixed-base numeration ; symbole de renvoi multiple, variable connector ; unité à liaisons multiples, multiple interface unit ; virgule flottante en multiple précision, long-form floating point.

MULTIPLET : multiplet, byte* ; groupe de multiplets, gulp ; multiplet d'insertion, insert byte ; multiplet de deux bits, doublet, two-bit byte ; multiplet de quatre bits, four-bit byte, nibble, quadbit, quartet ; multiplet de remplissage, slack byte ; multiplet de sept bits, septet, seven-bit byte ; multiplet de six bits, sextet, six-bit byte ; multiplet de trois bits, three-bit byte, tribit, triplet.

MULTIPLEX : multiplex, multiplex* ; mode bloc multiplex, block multiplex mode ; multiplex hétérogène, heterogeneous multiplex ; multiplex homogène, homogeneous multiplex ; opération multiplex, multiplexed operation ; voie multiplex, multiplexor channel.

MULTIPLEXAGE : multiplexage, multiplex operation, multiplexing ; multiplexage de bus, bus multiplexing ; spectre de multiplexage, multiplex baseband.

MULTIPLEXE : bit multiplexé, bit interleaved.

MULTIPLEXEUR : multiplexeur, communication multiplexor, multiplexer ; multiplexeur analogique, analogue multiplexer ; multiplexeur d'entrée, input multiplexer ; multiplexeur de données, data multiplexer, data channel multiplexor ; multiplexeur fréquentiel, frequency-division multiplexer ; multiplexeur statistique, statistical multiplexing ; multiplexeur temporel, time-division multiplexer.

MULTIPLICANDE : multiplicande, multiplicand* (l-cand).

MULTIPLICATEUR : multiplicateur, multiplier factor, multiplier (l-er) ; multiplicateur analogique, analogue multiplier ; multiplicateur de modulation, mark/space multiplier unit ; multiplicateur électronique, electronic multiplier ; multiplicateur quadratique, square multiplier ; registre multiplicateur quotient, multiplier quotient register.

MULTIPLICATION : multiplication, multiplication ; multiplication câblée, hardware multiply ; multiplication logique, logical product, logic multiply ; multiplication logique, AND, conjunction, intersection, logical multiply ; multiplication pondérée, weighted average multiply ; multiplication rapide, high-speed multiplication ; signe de multiplication 'x', multiply sign ; sous-programme de multiplication, integer multiply ; temps de multiplication, multiplication time.

MULTIPLIER : multiplier, multiply (to).

MULTIPLIEUR : multiplieur, multiplier* ; multiplieur parabolique, quarter-squares multiplier.

MULTIPOINT : multipoint, multidrop, multipoint ; circuit multipoint, multipoint line ; liaison multipoint, multidrop connection, multipoint link ; réseau multipoint, multipoint network.

MULTIPOINTEUR : liste multipointeur, multilinked list.

MULTIPORT : multiport, multiport.

MULTIPOSTE : multiposte, multistation ; **système multiposte,** multistation system.

MULTIPRECISION : arithmétique multiprécision, multiprecision arithmetic.

MULTIPROCESSEUR : multiprocesseur, array computer, multiprocessor* ; **affectation mémoire multiprocesseur,** multiprocessor interleaving ; **multiprocesseur distribué,** distributed array processor ; **multiprocesseur modulaire,** modular multiprocessor.

MULTIPROGRAMMATION : multiprogrammation, multiprogramming*, multirunning, multitask operation, multithread.

MULTIROUTAGE : multiroutage, multiple routing.

MULTISON : multison, multitone.

MULTITACHE : multitâche, mulitask, multitasking* ; **imprimante multitâche,** multitasking printer ; **mode multitâche,** multitasking mode ; **moniteur multitâche,** multitasking monitor ; **opération multitâche,** multijob operation ; **traitement multitâche,** multiple job processing.

MULTITRAITEMENT : multitraitement, multiprocessing* ; **système de multitraitement,** multiprocessing system.

MULTITROU : tore multitrou, multiaperture core, multiple aperture core.

MULTIVIBRATEUR : multivibrateur, multivibrator* ; **multivibrateur astable,** astable multivibrator.

MULTIVOIE : multivoie, multichannel ; **accès multivoie,** multichannel access ; **circuit multivoie,** multichannel circuit ; **protocole multivoie,** multichannel protocol.

MULTIVOIX : multivoix, multitone.

MURALE : prise murale, wall socket, wall outlet.

MUSICAL : musical, musical ; **langage musical,** musical language.

MUSICALE : calculette musicale, audible calculator.

MUTATION : mutation, transition.

MUTILE : mutilé, mutilated.

MUTUELLE : (quantité d') information mutuelle, mutual information, transmitted information

N

NANOSECONDE : nanoseconde, nanosecond.

NAPPE : nappe d'enroulements, winding layer.

NATURE : grandeur nature, life size.

NATUREL : naturel, natural, native ; **entier naturel,** natural number, non-negative integer ; **format des nombres naturels,** unsigned integer format ; **langage naturel,** natural language ; **mode naturel,** native mode ; **nombre naturel,** non-negative number.

NATURELLE : unité naturelle (de quantité d'information), natural unit (of information content).

NECESSAIRE : nécessaire de nettoyage, cleaning kit ; **nécessaire de réparation,** repair kit.

NEGATIF : négatif, negative ; **accusé de réception négatif,** negative acknowledge (NAK) ; **coefficient négatif,** minus coefficient ; **rendre négatif,** negate (to) ; **report négatif,** borrow ; **report négatif circulaire,** end-around borrow.

NEGATION : négation, NOT operation, Boolean complementation, negation* ; **élément de négation,** negation element ; **négation logique,** Boolean complementation.

NEGATIVE : correction négative, minus adjustment ; **logique négative,** negative logic ; **pointe négative,** negative surge ; **retenue négative,** borrow digit.

NEGLIGEABLE : erreur négligeable, transit error.

NEGUENTROPIE : neguentropie, entropy, mean information content, negentropy.

NET : arrêt net, deadlock.

NETTOYAGE : nettoyage, cleaning ; **nécessaire de nettoyage,** cleaning kit ; **nettoyage de fichier,** cleanup, cleaning ; **nettoyage de mémoire,** garbage collection ; **programme de nettoyage,** garbage collector.

NETTOYER : nettoyer, clean up (to).

NEUF : complément à neuf, complement on nine, nines complement ; **preuve par neuf,** casting out nines ; **report bloqué à neuf,** standing-on-nines carry.

NEURONAL : neuronal, neural.

NEURONAUX : algorithme de réseaux neuronaux, neural network algorithm ; réseaux neuronaux, neural networks.

NEURONE : neurone, neuron.

NEUTRE : neutre, neutral ; **courant du neutre**, neutral current ; **station neutre**, passive station.

NIVEAU : niveau, level* ; **adressage à deux niveaux**, two-level addressing ; **compensation de perte de niveau**, drop-out compensation ; **convertisseur de niveau**, level converter ; **diagnostic au niveau du circuit**, chip level diagnosis ; **indicateur de niveau optique**, voice level indicator ; **langage de haut niveau**, high-order language, high-level language ; **langage de très haut niveau**, very high-level language (VHLL) ; **mémoire à deux niveaux**, two-level storage ; **mémoire de premier niveau**, first-level memory ; **modulation à plusieurs niveaux**, multilevel modulation ; **niveau d'accès à la chaîne de caractères**, string level access ; **niveau d'adressage**, addressing level ; **niveau d'habilitation**, clearance level ; **niveau d'imbrication**, nesting level ; **niveau d'indice**, index level ; **niveau d'interruption**, interrupt level ; **niveau de bibliothèque**, library level ; **niveau de bruit**, noise level ; **niveau de bruit d'un circuit**, circuit noise level ; **niveau de bruit de porteuse**, carrier noise level ; **niveau de déclenchement**, trigger level ; **niveau de disponibilité**, availability level ; **niveau de gris**, grey shade ; **niveau de langage**, language level ; **niveau de mise à jour**, release level ; **niveau de mouvement**, activity level ; **niveau de processus**, process level ; **niveau de puissance**, power level ; **niveau de qualification**, qualification level ; **niveau de quantification**, quantisation level ; **niveau de référence**, reference level ; **niveau de renvoi**, jump level ; **niveau de révision**, revision level ; **niveau de saisie**, entry level ; **niveau de transmission**, transmission level ; **niveau de transmission relatif**, relative transmission level ; **niveau de perturbations**, interference level ; **niveau élémentaire**, elementary level ; **niveau élevé**, higher level ; **niveau logique**, logic level ; **niveau prioritaire**, priority grading ; **numéro de niveau**, level number, rank ; **régulation de niveau**, level regulation ; **retombée sous le niveau normal**, undershoot ; **signal à niveau élevé**, high-level signal ; **sous-programme à deux niveaux**, two-level subroutine ; **sous-programme à un niveau**, one-level subroutine ;

terminal de bas niveau, dumb terminal.

NODAL : nodal, nodal ; **commutateur nodal**, node switch, nodal switch ; **données d'état nodal**, node status data ; **identificateur nodal**, node identifier ; **point nodal**, nodal location ; **processeur nodal**, node processor.

NOEUD : noeud, node* , vertex ; **noeud adjacent**, adjacent vertex, adjacent node ; **noeud ascendant**, ascending node ; **noeud d'extrémité**, endpoint node ; **noeud de catalogue**, catalogue node ; **noeud de décision**, decision box ; **noeud de destination**, destination node ; **noeud de terminaison**, terminal node ; **noeud de traitement**, computing node ; **noeud incident**, incident vertex ; **noeud intermédiaire**, intermediate node.

NOIRE : boîte noire, black box.

NOM : nom, name ; **affectation par nom**, assignment by name ; **appel nom**, name call ; **changement de nom**, renaming ; **contrôle du nom de volume**, volume name check ; **extension de nom de fichier**, file name extension ; **indice de nom de fichier**, file name index ; **nom d'index**, index name ; **nom d'interruption**, halt name ; **nom de bibliothèque**, library name, libname ; **nom de champ**, field name ; **nom de constructeur**, implementor name ; **nom de donnée qualifiée**, qualified data name ; **nom de données**, data name ; **nom de données indexé**, indexed data name ; **nom de fichier**, filename, file name ; **nom de génération**, generic name ; **nom de l'utilisateur**, user name ; **nom de lien**, link name ; **nom de liste d'instructions**, instruction list name ; **nom de périphérique**, device name ; **nom de procédure**, procedure name ; **nom de tâche**, task name ; **nom de variable**, variable name, variable identifier ; **nom du matériel**, hardware name ; **nom interne**, internal name ; **nom mnémotechnique**, mnemonic device name ; **nom qualifié**, qualified name ; **nom symbolique**, symbolic name ; **zone de nom d'interruption**, halt name filed ; **zone de nom de programme**, programme name field.

NOMBRE : nombre, number, figure, numeral ; **attribut de nombre**, number attribute ; **attribut de nombre entier**, integer attribute ; **contrôle du nombre de perforations**, hole count check ; **division par nombre premier**, prime number division ; **erreur de contrôle du nombre de perforations**, hole count error ; **format des nombres naturels**, unsigned integer format ; **générateur de nombre**, number generator ; **générateur de nombres aléatoires**, random number generator ; **nombre à virgule flottante**, floating-point number ; **nombre aléatoire**, random number ; **nombre au hasard**, random number ; **nombre biquinaire**, biquinary number ; **nombre complexe**, complex number, imaginary number ; **nombre complexe conjugué**, complex conjugate number ; **nombre d'enregistrements**, record count ; **nombre d'enroulements**, winding number ; **nombre d'unités de caractère**, character interval ; **nombre de base**, base number ; **nombre de contrôle**, check number ; **nombre décimal codé en binaire**, binary-coded decimal number ; **nombre en double précision**, double length number ; **nombre entier**, integer constant, integer, integral number ; **nombre entier non signé**, unsigned integer ; **nombre générateur**, generation number ; **nombre hexadécimal**, hexadecimal number ; **nombre imaginaire**, complex number, imaginary number ; **nombre impair**, odd number ; **nombre irrationnel**, irrational number ; **nombre mixte**, mixed number ; **nombre naturel**, non-negative number ; **nombre non signé**, unsigned number ; **nombre octal**, octal numeral ; **nombre ordinal**, serial number ; **nombre polyvalent**, polyvalent number ; **nombre premier**, prime number ; **nombre quinaire**, quinary number ; **nombre rationnel**, rational number ; **nombre réel**, real number ; **nombre septénaire**, septenary number ; **nombre signé**, signed number ; **nombre symbolique**, symbolic number ; **nombres pseudo-aléatoires**, pseudo-random numbers ; **programme à base de nombres entiers**, integer-based programme ; **suite de nombres aléatoires**, random number sequence ; **table de nombres aléatoires**, random number table ; **tableau de nombres**, number table.

NOMENCLATURE : nomenclature, bill of material.

NOMINAL : nominal, nominal ; **débit nominal**, nominal throughput.

NOMINALE : largeur de bande nominale, nominal bandwidth ; **sortie nominale**, rated output ; **valeur nominale**, face value.

NOMINATION : nomination, naming.

NORMAL : normal, normal ; **caractère de commande de code normal**, shift-in character (SI) ; **mode d'impression normal**, normal print mode ; **réjection de mode normal**, normal mode rejection ; **retombée sous le niveau normal**, undershoot ; **sens normal des liaisons**, normal direction flow ; **tension de mode normal**, normal mode voltage.

NORMALE : charge normale, operating duty ; **interruption normale**, standard interrupt ; **vitesse normale de fonctionnement**, free-running speed.

NORMALISATION : normalisation, standardisation (US: standardization) ; **normalisation de signal**, signal standardisation.

NORMALISEE : forme normalisée, normalised form (floating point), standard form.

NORMALISER : normaliser, standardise (to) (US: standardize), normalise (to) (US: normalize).

NORME : norme, standard ; **normé**, normalised* (US:normalized) ; **interface aux normes américaines**, EIA interface ; **norme industrielle**, industrial standard ; **normes de liaison**, interface specifications.

NORMEE : coordonnée normée, normalised co-ordinate.

NOTATION : notation, notation ; **notation à virgule fixe**, fixed-floating point format ; **notation binaire**, binary notation, binary-coded notation ; **notation biquinaire**, quinary notation ; **notation d'index**, index entry ; **notation décimalisée**, decimalised (US: decimalized) notation ; **notation hexadécimale**, hexadecimal notation ; **notation infixée**, infix notation ; **notation Iverson**, Iverson notation ; **notation matricielle**, matrix notation ; **notation polonaise**, Polish notation, prefix notation ; **notation polonaise inversée**, reverse Polish notation, parenthesis-free notation, suffix notation, postfix notation ; **notation polyvalente**, polyvalent notation ; **notation pondérée**, positional notation ; **notation préfixée**, Polish notation, prefix notation ; **notation scientifique**, scientific notation ; **notation suffixée**, postfix notation, reverse Polish notation ; **notation symbolique**, symbolic notation.

NOTE : note, tone ; **bloc-notes**, scratchpad ; **bloc-notes électronique**, electronic worksheet ; **note d'application**, application note ; **note de bas de page**, footnote.

NOTER : noter, enter (to), log (to).

NOTICE : notice, instruction, notice ; **notice de fonctionnement**, instruction booklet ; **notice de maintenance**, maintenance manual.

NOUVELLE : nouvelle, new ; **nouvelle correction**, repatching.

NOYAU : noyau, kernel, core*, nucleus, resident control programme ; **avec noyau**, kernalised (US: kernalized) ; **noyau du système d'exploitation**, operating system nucleus.

NPN : transistor NPN, NPN transistor.

NRZ : code binaire NRZ, polar NRZ code.

NUL : (caractère) nul, null (character) (NUL) ; **insertion de caractère nul**, idle insertion.

NULLE : à force d'insertion nulle, zero insertion force (ZIF) ; **valeur nulle**, null value.

NUMERAL : numéral, digital, numeral ; **numéral binaire**, binary numeral.

NUMERATEUR : numérateur, numerator.

NUMERATION : numération, numeration, number representation, notation ; **numération à base**, radix numeration system, radix notation ; **numération à base douze**, duodecimal number system ; **numération à base fixe**, fixed-radix notation ; **numération à base multiple**, mixed-base numeration ; **numération à séparation variable**, variable point représentation ; **numération binaire**, binary notation, pure binary notation ; **numération décimale**, decimal notation, decimal numeration ; **numération décimale codée en binaire**, binary-coded decimal code ; **numération en virgule fixe**, fixed-point representation ; **numération excédent 64**, excess-sixty four notation ; **numération mixte**, mixed-radix numeration, mixed-base notation ; **numération multibase**, mixed-radix notation ; **numération octale**, octal notation ; **système de numération**, number system, numeral system ; **système de numération hexadécimal**, hexadecimal number system.

NUMERIQUE : numérique, numeric, numerical, digital* ; **conversion numérique de courbe**, graphic data reduction ; **convertisseur analogique-numérique (CAN)**, analogue-to-digital converter (ADC) ; **convertisseur numérique**, digital converter ; **convertisseur numérique-analogique**, digital-to-analogue converter (DAC) ; **décalage numérique**, numeric shift ; **décodeur numérique-analogique**, digital-to-analogue decoder ; **décodeur numérique-décimal**, binary-to-decimal decoder (BDD) ; **démodulateur d'information numérique**, digital data demodulator (DDD) ; **disque optique numérique**, digital optical disc ; **diviseur numérique**, digital divider ; **données numériques**, digital data, numerical data, numeric data ; **enregistreur numérique**, digital recorder ; **ensemble des caractères numériques**, numeric set, numeric character set ; **entrée numérique**, digital input, numeric entry, numerical input ; **horloge numérique**, digital clock ; **impression numérique**, numeric editing ; **intégration numérique**, numerical integration ; **interface numérique série**, serial digital interface ; **libellé numérique**, numeric literal ; **machine numérique**, numerical machine ; **modulation numérique**, digital modulation ; **mot numérique**, numeric word, numerical word ; **numérique 1**, numeric, numerical ; **ordre numérique**, numerical order ; **partie numérique**, numerical section ; **pavé numérique**, numeric pad ; **perforation numérique**, numerical punch ; **quantité numérique**, numerical quantity, numeric quantity ; **représentation numérique**, digital representation, numerical representation ; **résolution numérique**, digital resolution ; **sélection par cadran numérique**, dial switching ; **signal numérique**, digital signal ; **signalisation numérique**, digital signalling ; **sortie numérique série**, serial digital output ; **système à porteuse numérique**, digital carrier system ; **tampon numérique d'image**, digital frame buffer ; **test de validité numérique**, numeric test ; **test numérique**, Q-test ; **touche numérique**, figure key ; **tri numérique**, numerical sorting ; **valeur numérique**, numerical quantity, numeric quantity.

NUMERISATION : numérisation, digitalisation (US: digitalization), digitising (US: digitizing), digitisation (US: digitization).

NUMERISE : numérisé, digitised (US: digitized).

NUMERISER : numériser, digitise (to) (US: digitize) ; **table à numériser**, digitising tablet.

NUMERISEUR : numériseur, digitiser (US: digitizer), digitising pad ; **numériseur d'image**, image digitiser ; **numériseur vidéo**, video digitiser.

NUMERO : numéro, number ; **impression des numéros de série**, serial number printing ; **numéro consécutif de chargeur**, volume sequence number ; **numéro d'appel**, call number ; **numéro d'article**, item number ; **numéro d'enregistrement**, record number ; **numéro d'identification**, identification number ; **numéro d'instruction**, statement number ; **numéro d'ordre**, reel sequence ; **numéro de bande**, tape number ; **numéro de bloc logique**, logical block number (LBN) ; **numéro de chargeur**, pack number ; **numéro de créateur**, author number ; **numéro de groupe de blocs**, bucket number ; **numéro de la piste de blocs**, record designator ; **numéro de ligne**, line number, line sequence number ; **numéro de niveau**, level number, rank ; **numéro de page logique**, logical page number (LPN) ; **numéro de périphérique**, device number ; **numéro de piste**, track number ; **numéro de port indéfini**, undefined port number ; **numéro de poste**, channel number ; **numéro de référence**, reference number ; **numéro de séquence**, sequence number ; **numéro de série**, serial number ; **numéro de tâche**, job number ; **numéro de travail**, job number ; **numéro logique**, logical number.

NUMEROTATION : numérotation, numbering ; numérotation (téléphonique), dialling* (US: dialing) ; **erreur de numérotation**, misdialling (US: misdialing) ; **impulsion de numérotation**, dial pulse ; **lieu de numérotation de bas de page**, footing number location ; **lieu de numérotation de haut de page**, heading number location ; **numérotation abrégée**, abbreviated dialling, abbreviated address calling ; **numérotation condensée**, compressed dialling ; **numérotation de lignes**, line numbering ; **numérotation de routage**, route dialling ; **numérotation manuelle**, manual calling.

NUMEROTE : numéroté, numbered ; non numéroté, unnumbered.

NUMEROTEUR : numéroteur, dialler (US: dialer) ; **numéroteur à boutons-poussoir**, tone dialling ; **numéroteur automatique**, automatic dialling unit (ADU), auto-dialler ; **numéroteur circulaire**, rotary dial

O

OBJET : objet, object* ; **fichier de modules objet**, object module file ; **langage objet**, object language, target language ; **liste de programmes objet**, object listing ; **liste objet**, script ; **module objet**, object module ; **module objet relogeable**, relocatable object module ; **objet-image**, player, sprite ; **paquet de cartes objet**, object deck, object pack ; **programme objet**, object-level programme, target programme.

OBLIQUE : oblique, oblique ; **effet oblique**, side effect, slant effect ; **ligne oblique**, skew line ; **surface oblique**, oblique plane.

OBLIQUITE : obliquité, gap scatter, misalignment, scatter, skew ; **hauteur d'obliquité**, slant height.

OBLITERATEUR : oblitérateur, deleter.

OBLITERATION : oblitération, deletion.

OBSERVATEUR : observateur, viewer.

OBSERVATION : point d'observation, viewpoint.

OCCASION : matériel d'occasion, used equipment.

OCCUPATION : indication d'occupation, busy indicator ; **signal d'occupation**, bu-

tion, busy indicator ; **signal d'occupation**, busy signal ; **temps d'occupation**, action time, holding time ; **tonalité d'occupation**, busy tone.

OCCUPE : occupé, busy (BSY), occupied.

OCCUPEE : largeur de bande occupée, occupied bandwidth ; **ligne occupée**, busy line ; **voie occupée**, engaged channel.

OCCURRENCE : occurrence, occurrence.

OCTAL : octal, octal* ; **conversion décimal-octal**, decimal-to-octal conversion ; **nombre octal**, octal numeral ; **octal codé en binaire**, binary-coded octal.

OCTALE : machine octale, byte machine ; **numération octale**, octal notation.

OCTET : octet, eight-bit byte, octet (o) ; **adressable par octet**, byte-oriented ; **canal multiple par octets**, byte multiplexer channel ; **kilo-octet (Ko)**, kilobyte (Kb), 1024 bytes ; **octet (usage courant)**, byte ; **octet de comptage**, count byte ; **transfert par octet**, byte mode.

OEUVRE : phase de mise en oeuvre, implementation phase.

OHM : ohm, ohm (Ω) ; **kilo-Ohm**, kohm (kilo-Ω) ; **mille ohms**, kohm (kilo-Ω).

OMBRAGE : ombrage, shading ; **mode d'ombrage,** shading mode ; **ombrage de surfaces,** surface shading.

OMBRE : ombre, shade ; **dessin sans ombres,** unshaded drawing ; **ombre portée,** shadow.

OMETTRE : omettre, ignore (to).

OMIS : omis, skipped.

ONDE : onde, wave ; **caractéristique du taux d'onde stationnaire,** vswr characteristic ; **diode à micro-ondes,** microwave diode ; **équation d'onde,** wave equation ; **forme d'onde,** waveform ; **fréquence de l'onde porteuse,** carrier* frequency ; **onde carrée,** square ware ; **onde enveloppe,** front wave ; **onde lumineuse,** light-wave ; **onde manipulée,** keying wave ; **onde porteuse,** carrier wave, carriage wave ; **onde porteuse supprimée,** suppressed carrier ; **onde sinusoïdale,** sine wave ; **système à onde porteuse,** carrier system.

ONDULATEUR : ondulateur, vibrator.

ONDULATION : ondulation résiduelle, ripple.

ONGLET : onglet, tab ; **onglet de protection à l'écriture,** read/write protection tab.

ONOMASTIQUE : étiquette onomastique, onomasticon.

ONZE : perforation 11 (onze), X punch, eleven punch.

OPERANDE : opérande, operand* ; **à deux opérandes,** dyadic ; **adresse à opérande complexe,** second-level address ; **champ opérande,** operand part, operand field ; **instruction à opérande directe,** immediate instruction ; **matrice opérande,** operand matrix ; **opérande de l'adresse,** address operand ; **opérande directe,** immediate operand ; **opérande immédiat,** immediate address, zero-level address ; **opérande multimot,** multiple length number ; **sans opérande,** niladic ; **tableau opérande,** operand array.

OPERATEUR : opérateur, operator* ; consol operator ; **canal opérateur,** operand channel ; **champ opérateur,** operator field, operator part ; **console opérateur,** operator console ; **guide-opérateur,** prompt ; **message opérateur,** operator message ; **opérateur additionnel,** adding operator ; **opérateur arithmétique,** arithmetic operator ; **opérateur booléen,** Boolean operator ; **opérateur booléen diadique,** dyadic Boolean operator ; **opérateur booléen monadique,** monadic Boolean operator ;

opérateur console, terminal user ; **opérateur de complémentation,** complementary operator ; **opérateur de procédures,** procedural operator ; **opérateur de transfert,** transfer operator ; **opérateur diadique,** binary operator, dyadic operator ; **opérateur exécutable,** absolute operator ; **opérateur infixé,** infix operator ; **opérateur logique,** logical operator, logic connective, logic operator ; **opérateur machine,** machine operator ; **opérateur monadique,** monadic operator, unary operator ; **opérateur relationnel,** comparaison operator, relational operator ; **opérateur séquentiel,** sequential operator ; **opérateur sériel,** serial operator ; **opérateur unaire,** monadic operator, unary operator ; **partie opérateur,** operation part, operator part ; **pupitre opérateur,** operator control panel ; **reprise de contrôle par l'opérateur,** operator override control ; **temps de réponse d'opérateur,** operator delay.

OPERATION : opération, operation* ; **code d'opération,** function code, operation code, op-code ; **code d'opération machine,** absolute operation code ; **code d'opérations,** order code ; **durée hors-opération,** down time ; **instruction de non opération,** null instruction, waste instruction ; **liste d'opérations,** agenda ; **opération (arithmétique) binaire,** binary (arithmetic) operation ; **opération à un seul pas,** one-step operation ; **opération arithmétique,** arithmetic operation, arithmetical operation ; **opération assistée,** hands-on operation ; **opération asynchrone,** asynchronous operation ; **opération automatique,** unattended operation ; **opération autonome,** off-line operation ; **opération auxiliaire,** auxiliary operation ; **opération binaire,** binary operation, dyadic operation ; **opération booléenne,** Boolean operation ; **opération booléenne binaire,** binary Boolean operation ; **opération booléenne N-adique,** N-adic, N-ary Boolean operation ; **opération d'addition,** add operation ; **opération d'aménagement,** housekeeping operation, overhead operation ; **opération d'arrêt/marche,** start/stop opération ; **opération d'écriture,** write action, write operation ; **opération d'édition,** edit operation ; **opération d'entrée,** sysin ; **opération d'entrée/sortie,** input/output process, input/output operation, radial transfer, transput process ; **opération d'entretien,** red tape operation ; **opération d'identité,** identity operation ; **opération d'in-**

troduction, input operation ; **opération de base**, prime operation ; **opération de boucle**, loop operation ; **opération de calcul fondamentale**, basic calculating operation ; **opération de chargement**, loading operation ; **opération de comptabilisation**, posting operation ; **opération de comptage**, counting operation ; **opération de coupure de courant**, power-off sequence ; **opération de mise sous tension**, power-on sequence ; **opération de recherche**, search process, search operation ; **opération de restitution**, retrieval operation ; **opération de serveur**, server operation ; **opération de service**, bookkeeping operation ; **opération de sortie**, sysout ; **opération de traitement**, working processing ; **opération de transfert**, transfer operation ; **opération décentralisée**, non-centralised operation ; **opération déclarative**, declarative operation ; **opération diadique**, binary operation, dyadic operation ; **opération en alternat**, alternate operation ; **opération en continu**, burst operation ; **opération en double courant**, polar current operation ; **opération en duplex**, full-duplex operation ; **opération en file d'attente**, work-in-process queue ; **opération en temps réel**, real-time operation ; **opération en virgule flottante**, flop ; **opération erronée**, incorrect operation ; **opération exécutée par mots**, word-oriented operation ; **opération illégale**, illegal operation ; **opération individuelle**, unbatched operation ; **opération interne**, internal operation ; **opération jumelée**, dual operation ; **opération locale**, home loop ; **opération logique**, logic operation, logical operation ; **opération logique diadique**, dyadic logical operation ; **opération logique ET**, either-or operation ; **opération machine**, machine operation ; **opération manuelle**, hand operation ; **opération matérielle**, hardware operation ; **opération microprogrammée**, microprogrammed operation ; **opération monadique**, monadic operation, unary operation ; **opération multiplex**, multiplexed operation ; **opération multitâche**, multijob operation ; **opération NI**, joint denial operation (NOR) ; **opération non assistée**, hands-off operation ; **opération NON-ET**, NOT-both operation ; **opération NON-OU**, joint denial operation, NOR operation, dagger operation ; **opération NON-OU inclusif**, inclusive-NOR operation ; **opération OU**, OR operation, alternation, disjunction, join operation, logical add ; **opération OU exclusif**, anticoincidence operation, inequivalence, symmetric difference ; **opération OU inclusif**, inclusive-OR operation ; **opération périphérique simultanée**, concurrent peripheral operation ; **opération rapide**, high-speed operation ; **opération récupération**, retrieval operation ; **opération récursive**, recursive operation, recursive progress ; **opération répétitive**, repetitive operation ; **opération sans erreur**, error-free operation ; **opération semi-duplex**, single operation ; **opération séquentielle**, serial operation ; **opération série-parallèle**, serial-parallel operation ; **opération simultanée**, concurrent operation ; **opération sur bande**, tape processing ; **opération sur chaîne**, string operation ; **opération synchrone**, synchronous operation ; **opération unaire**, monadic operation, unary operation ; **opération unique**, one-shot operation ; **opération utilitaire**, utility operation ; **opération visuelle**, peek-a-boo operation ; **opérations par minute**, operations per minute (OPM) ; **opérations par seconde**, operations per second (OPS) ; **partie type d'opération**, operation part ; **table d'opération booléenne**, Boolean operation table ; **table des opérations compteur**, counter chart ; **temps moyen d'opération**, average operation time ; **un milliard d'opérations en virgule flottante**, gigaflop ; **zone de code d'opération**, operating code field.

OPERATIONNEL : opérationnel, live, operable, operational ; **amplificateur opérationnel**, operational amplifier, op-amp ; **état opérationnel**, operating status ; **mode opérationnel**, operate mode ; **passage opérationnel**, production run ; **temps opérationnel**, up time.

OPERATIONNELLE : données de commande opérationnelle, operational control data ; **recherche opérationnelle**, operation analysis, operation research (OR).

OPERATOIRE : cycle opératoire, operation cycle.

OPERATRICE : opératrice, operator.

OPERER : opérer, operate (to) ; **opérer une rotation**, rotate (to).

OPTIMAL : optimal, optimum ; **adressage optimal**, optimal addressing ; **code optimal**, optimum code.

OPTIMALE : programmation optimale, optimum programming ; **vitesse de rotation optimale**, flying speed.

OPTIMISATION : optimisation, optimisation (US: optimization) ; **optimisation interactive structurelle**, interactive structural optimisation ; **optimisation linéaire**, linear optimisation.

OPTION : option, option ; **commutateur d'option console**, console switch ; **option de traitement**, processing option ; **option de verrouillage**, lock option ; **option par défaut**, default option.

OPTIONNEL : optionnel, optional ; **code optionnel**, option code ; **instruction d'arrêt optionnel**, optional stop instruction ; **paramètre optionnel**, optional parameter.

OPTIONNELLE : information optionnelle, selection information.

OPTIQUE : optique, optical ; **câble à fibres optiques**, fibre optic cable ; **caractère optique**, optical character ; **caractéristiques des fibres optiques**, optical fibre characteristics ; **codeur optique**, optical encoder ; **communications optiques**, optical communications ; **coupleur optique**, optical coupler, optocoupler ; **crayon optique**, electronic stylus, light pen ; **disque optique**, optical disc ; **disque optique numérique**, digital optical disc ; **dissecteur optique**, image dissector ; **fibre optique**, fibre optics ; **indicateur de niveau optique**, voice level indicator ; **indication optique**, visual indicator, visual indication ; **lecteur de marque optique**, optical mark reader ; **lecteur optique**, optical reader, optical scanner, visual scanner ; **lecteur optique de caractères**, optical character reader ; **lecture optique de marques**, optical mark reading, mark sensing, mark scanning ; **mémoire optique**, optical storage ; **perte par courbure (fibre optique)**, bending loss (opto-fibre) ; **signal optique**, visual signal.

OPTO : **signal opto-acoustique**, visual/audible signal.

OPTOELECTRONIQUE : **affichage optoélectronique**, opto-electronic display (OED) ; **l'optoélectronique**, optoelectronics.

OPTOMECANIQUE : **souris optomécanique**, opto-mechanical mouse.

ORDINAIRE : ordinaire, common ; **interrogation ordinaire**, simple inquiry ; **usager ordinaire**, common user.

ORDINAL : ordinal, serial number ; **nombre ordinal**, serial number.

ORDINATEUR : ordinateur, computer*, machine, data processing machine ; **animation par ordinateur**, computer anima-

tion ; **assisté par ordinateur**, computer-assisted ; **champ d'application des ordinateurs**, computer field ; **circuit d'ordinateur**, computer circuit ; **composant d'ordinateur**, computer component ; **composant de micro-ordinateur**, microcomputer component ; **concept d'ordinateur**, computer concept ; **conception assistée par ordinateur (CAO)**, computer-aided design (CAD) ; **connexion de l'ordinateur principal**, host link ; **console de commande d'ordinateur**, computer control console, computer console ; **dépendant de l'ordinateur**, computer-dependent ; **famille d'ordinateurs**, computer family ; **ingénierie assistée par ordinateur (IAO)**, computer-aided engineering (CAE) ; **instruction assistée par ordinateur (IAO)**, computer-aided instruction (CAI) ; **langage lié à l'ordinateur**, computer-oriented language, low-level language ; **mémoire d'ordinateur**, computer storage ; **micro-ordinateur**, microcomputer ; **mini-ordinateur**, minicomputer ; **ordinateur à assembler**, microcomputer kit ; **ordinateur à cartes**, card computer ; **ordinateur à réponse vocale**, voice response computer ; **ordinateur à tampon**, buffered computer ; **ordinateur à une adresse**, one-address computer ; **ordinateur amateur**, hobby computer ; **ordinateur auto-adaptatif**, self-adapting computer ; **ordinateur central**, host processor ; **ordinateur commandé par cartes**, card controlled computer ; **ordinateur compileur**, source machine ; **ordinateur concurrent**, parallel computer ; **ordinateur contrôleur de processus**, process control computer ; **ordinateur d'arrière-plan**, back-end processor ; **ordinateur d'enseignement**, instructional computer ; **ordinateur de bureau**, desktop computer, office computer ; **ordinateur de grande puissance**, large scale system ; **ordinateur de moyenne puissance**, medium scale system ; **ordinateur de petite puissance**, small scale system ; **ordinateur déporté**, remote computer ; **ordinateur domestique**, home computer ; **ordinateur frontal**, front-end computer ; **ordinateur hybride**, hybrid computer ; **ordinateur individuel (OI)**, personal computer (PC) ; **ordinateur microprogrammable**, microprogrammable computer ; **ordinateur monocarte**, on-board computer, single-board computer ; **ordinateur organisé par mots**, word-oriented computer ; **ordinateur personnel de bureau**, personal office computer ; **ordinateur portable**, laptop computer ; **ordinateur satellite**, satellite computer ; **ordinateur scientifique**, scientific computer ; **ordinateur séquentiel**, sequential computer ; **ordinateur simultané**, simultaneous computer ; **ordinateur vectoriel**, vectorial computer ; **publication assistée par ordinateur (PAO)**, desktop publishing ; **salle des ordinateurs**, computer room ; **superviseur de micro-ordinateur**, microcontroller ; **tableau de commande d'ordinateur**, computer control panel.

ORDINATIQUE : ordinatique, computer literacy ; **centre ordinatique**, computing centre ; **l'ordinatique**, computication.

ORDINOGRAMME : ordinogramme, chart process, flowgraph ; **ordinogramme d'exploitation**, run chart.

ORDONNANCEMENT : file d'attente d'ordonnancement, scheduling queue ; **ordonnancement de paquets**, packet sequencing.

ORDONNANCER : ordonnancer, schedule (to).

ORDONNE : ordonné, ordered, sorted ; **arbre non ordonné**, unordered tree ; **arbre ordonné**, ordered tree ; **non ordonné**, unsorted.

ORDONNER : ordonner, rank (to), sequence (to).

ORDRE : ordre, order ; **écart d'ordre**, ordering bias ; **en ordre**, resequencing ; **numéro d'ordre**, reel sequence ; **ordre alphabétique**, alphabetic order ; **ordre ascendant**, alphabetical order, ascending sequence ; **ordre d'interclassement**, collating sequence, sequence ; **ordre de fusion**, merge order ; **ordre de grandeur**, order of magnitude ; **ordre décroissant**, descending order ; **ordre élevé**, high order ; **ordre lexicographique**, lexicographical order ; **ordre numérique**, numerical order ; **ordre peu élevé**, low order ; **routine de premier ordre**, first-order subroutine ; **tri par ordre décroissant**, descending sort.

ORGANE : organe, unit, device, equipment ; **organe à accès série**, serial access device ; **organe amovible**, removable unit ; **organe constitutif**, component part ; **organe d'entrée**, input device, input unit ; **organe d'entrée/sortie**, input/output device, input/output unit ; **organe de calcul**, computer unit ; **organe de commande d'entrée**, input control device ; **organe de dialogue**, communication device ; **organe de lecture**, sensing device, sensing element ; **organe de sortie**, output unit, output device ; **organe de supervision**, supervisory device ; **organe de test**, interrogate feature ; **organe intégré**, integrated device ; **organe logique**, logic device, logical device ; **organe périphérique**, peripheral equipment, peripheral device, physical device ; **type d'organe incorrect**, invalid type device.

ORGANIGRAMME : organigramme, flow diagram, flowchart*, organogram ; **bloc d'organigramme**, flowchart block ; **établir un organigramme**, flowchart (to) ; **établissement d'organigramme**, flowcharting ; **légende d'organigramme**, flowchart text ; **modèle d'organigramme**, template flowchart ; **organigramme de macros**, macro-flowchart ; **organigramme de recherche**, optimum tree search ; **organigramme de système**, system chart, system flowchart ; **organigramme des données**, data flowchart ; **organigramme des instructions**, instruction flowchart ; **organigramme du programme**, programme flowchart ; **organigramme fusion**, optimal merge tree ; **organigramme séquentiel**, sequence chart ; **renvoi d'organigramme**, connector, flowchart connector ; **symbole d'organigramme**, flowchart symbol ; **traceur d'organigramme**, flowchart generator.

ORGANIGRAPHE : organigraphe, flowchart template.

ORGANISATION : organisation, organisation (US: organization) ; **organisation de fichier**, file layout, file organisation ; **organisation des données**, data organisation ; **organisation en fichiers séquentiels**, sequential file organisation ; **organisation modulaire**, modular organisation.

ORGANISE : organisé en, organised (US: organized) ; **ordinateur organisé par mots**, word-oriented computer ; **organisé par caractère**, character-oriented.

ORGANISEE : machine organisée en mots, word machine ; **mémoire organisée**, mapped memory ; **mémoire organisée par binaires**, bit-organised memory ; **mémoire organisée par mots**, word-organised memory, word-organised storage.

ORGANISER : organiser, schedule (to).

ORIENTE : orienté, dedicated, oriented ; **graphe non orienté**, undirected graph ; **graphe orienté**, digraph, directed graph ; **langage**

orienté vers les applications, application-oriented language ; **orienté machine**, machine-oriented ; **orienté mot**, word-oriented ; **orienté système**, site-oriented.

ORIFICE : orifice, peephole.

ORIGINALE : originale, presumptive.

ORIGINALISATION : originalisation, origination.

ORIGINE : origine, origin* ; (d') origine, source ; **adresse d'origine**, from address ; **adresse origine**, float factor ; **bibliothèque langage d'origine**, source statement library ; **d'origine**, originated ; **données d'origine**, primary data ; **origine de programme**, programme origin ; **origine machine**, machine zero ; **point d'origine**, initial point, origin point ; **saisie des données d'origine**, primary data acquisition ; **station origine**, originated station.

ORTHOGONAL : orthogonal, orthogonal.

ORTHOGRAPHE : orthographe, spelling.

OSCILLATION : oscillation, oscillation ; **oscillation pendulaire**, hunting oscillation ; **point d'oscillation**, point of oscillation.

OU : OU, OR ; **circuit OU**, OR circuit ; **élément OU**, OR element, Boolean sum element ; **opération OU**, OR operation, logical adding, alternation operation ; **opération OU exclusif**, exclusive-OR operation, inequivalence operation ; **porte OU**, OR gate, disjunction gate, union gate.

OU exclusif : exclusive-OR.

OU inclusif : inclusive-OR.

OU câblé : wired OR.

OUTIL : outil, aid, support, tool ; **outil d'alignement**, alignment tool ; **outil de programmation**, programming support, programming aid ; **outil didactique textuel**, text learning tool ; **outil logiciel**, software tool ; **outils de bureau**, desktop tools ; **outils de débogage**, debugging aids ; **outils de programmation**, programming tools.

OUTILLAGE : trousse d'outillage, tool kit.

OUTRE : passer outre, ignore (to).

OUVERT : ouvert, open, open ended ; **circuit ouvert**, hit-on-the-line, open circuit ; **ouvert en ligne**, inline ; **programme ouvert**, open ended programme ; **réseau ouvert**, open network ; **résistance en circuit ouvert**, open circuit resistance ; **sous-programme ouvert**, direct insert routine, open routine ; **système ouvert**, open system ; **transmission en circuit ouvert**, open circuit working.

OUVERTE : ouverte, open address ; **adresse ouverte**, open address ; **boucle ouverte**, open loop ; **commande en boucle ouverte**, open loop control ; **cosse ouverte**, terminal spade ; **table de décision ouverte**, open decision table.

OUVERTURE : ouverture, aperture, inlet, opening, vent ; **apostrophe d'ouverture** ''', single-opening quotation mark ; **crochet d'ouverture**, left square bracket '[' ; **enregistrement d'ouverture de fichier**, file leader record ; **ouverture arrière**, backplane slot ; **ouverture d'une session**, log-in ; **ouverture de fichier**, open file ; **ouverture de piste**, track initialisation ; **ouverture de révision**, inspection hole.

OXYDE : oxyde, oxide ; **côté oxyde**, oxide side ; **couche d'oxyde**, oxide layer, oxide coating ; **épaisseur d'oxyde**, oxide thickness ; **semi-conducteur à oxyde métallique**, metal oxide silicon (MOS)

P

PAGE : page, page* ; **adressage par page**, zero page addressing ; **appel de page anticipé**, anticipatory paging ; **bas de page**, footing ; **cadre de page**, page frame ; **changement de page**, page break ; **commande de la mise en page verticale**, vertical format control ; **compteur de pages**, page counter ; **définition de la longueur de page**, page length setting ; **dépassement de page**, page overflow ; **échange de pages mémoires**, page swapping ; **éditeur pleine page**, full screen editor ; **espace de bas de page**, foot margin ; **espace de haut de page**, head margin ; **fichier par page**, page file ; **fonction de mise en page**, format effector (FE) ; **haut de page**, top margin, top-of-form (TOF) ; **imprimante page par page**, page-at-a-time printer, page printer ; **indicateur de fin page**, page end indicator ; **instruction de mise en page**, layout instruction ; **lecteur de page**, page reader ; **lieu de numérotation**

de bas de page, footing number location ; **lieu de numérotation de haut de page**, heading number location ; **limitation de page**, page limit ; **marge de fond de page**, bottom margin ; **mise en page**, windowing ; **mise en place de page**, page setting ; **mise en place de page**, page fixing ; **mode page**, block mode ; **note de bas de page**, footnote ; **numéro de page logique**, logical page number (LPN) ; **page ci-contre**, opposite page ; **page mémoire**, page slot ; **page restée en mémoire**, reserved page ; **page suivante**, next page ; **pleine page**, full page ; **saut de page**, page skip ; **table de pages**, page table ; **transfert de page**, page migration ; **transfert de page mémoire**, page in, page out.

PAGINATION : pagination, paging ; **dispositif de pagination**, paging device ; **lieu de pagination**, page number location ; **pagination sur demande**, demand paging ; **technique de pagination**, paging technique.

PAGINE : paginé, paged ; **segment non paginé**, unpaged segment.

PAGINEE : mémoire paginée, page storage.

PAGINER : paginer, page (to).

PAIR : pair, even.

PAIRE : paire, pair ; **de parité paire**, even-numbered ; **ligne de balayage paire**, even-numbered scan line ; **paire structurelle**, twin ; **paire torsadée**, twisted pair ; **parité paire**, even parity ; **tri par paires**, ripple sort.

PALETTE : palette de couleurs, colour palette, colour look-up table, look.

PANIER : panier à cartes, card cage, card rack.

PANNE : panne, breakdown, failure*, fault, trouble ; **diagnostic de panne**, fault diagnosis ; **journal des pannes**, failure logging ; **lieu de la panne**, point of failure ; **localisation des pannes**, trouble shooting ; **panne d'équipement**, equipment failure ; **panne induite**, induced failure ; **panne intermittente**, sporadic fault, intermittent failure, intermittent fault ; **recherche des pannes**, trouble-tracing ; **système à tolérance de pannes**, fault-tolerant system ; **tomber en panne**, fail (to).

PANNEAU : panneau, panel ; **panneau de commande**, control panel ; **panneau de connexions**, mother plane.

PANORAMIQUE : panoramique, pan ; **translation panoramique**, panning.

PAO : publication assistée par ordinateur (PAO), desktop publishing.

PAPETERIE : papeterie, stationery.

PAPIER : papier, paper ; **alimentation papier**, paper feed ; **arrêt de fin de papier**, form stop ; **avance manuelle de papier**, manual paper feed ; **avance papier**, paper feed, paper slew, paper slewing ; **avance papier avant impression**, preslew ; **bande de papier**, paper tape ; **bande papier (télétype)**, centre-feed tape ; **chargement du papier**, form loading ; **contrôle vertical du papier**, vertical form control (VFC) ; **copie papier**, hard copy ; **détecteur de fin de papier**, paper-out indicator ; **fin de papier**, paper out ; **guide papier**, paper guide ; **largeur papier**, web width ; **manque de papier**, paper low ; **mécanisme d'avance papier**, form feed mechanism ; **papier à dessin**, drawing paper ; **papier à perforations**, pin-fed paper ; **papier à pliage accordéon**, zig-zag folded paper ; **papier calque**, tracing paper ; **papier carboné**, carbon paper, carbon copy ; **papier conducteur**, electrosensitive paper ; **papier en continu**, continuous stationery ; **papier en continu plié**, fanfold paper ; **papier en rouleau**, web ; **papier millimétrique**, scale-paper ; **papier paravent**, Z-fold paper, zig-zag folded paper ; **papier plié en accordéon**, fanfolded paper ; **papier pour listages**, listing paper ; **papier thermique**, thermal paper ; **papier thermosensible**, thermosensitive paper ; **rouleau de papier continu**, continuous roll ; **ruban de papier perforé**, punched paper tape ; **saut de papier**, paper skip, paper throw ; **tracteur de papier**, form tractor ; **transport de papier rapide**, high-speed paper feed.

PAPILLOTEMENT : papillotement, flicker, flickering ; **papillotement de lignes**, interline flicker ; **pratiquement sans papillotement**, virtually flicker-free.

PAQUET : paquet, bundle, packet* ; **assemblage de paquets**, packet assembly ; **assembleur-désassembleur de paquets**, packet assembler/disassembler (PAD) ; **commutation de paquets**, packet switching ; **désassemblage de paquets**, packet disassembly ; **mode paquet**, packet mode ; **ordonnancement de paquets**, packet sequencing ; **paquet de cartes**, card deck, card pack, deck, pack ; **paquet de cartes d'instructions**, instruction deck, instruction pack ; **paquet de cartes objet**, object deck, object pack ; **paquet groupé**, cluster pack ; **terminal en mode pa-**

quet, packet mode terminal ; **transmission de paquets,** packet transmission.

PARABOLIQUE : multiplieur parabolique, quarter-squares multiplier.

PARAGRAPHE : paragraphe, paragraph ; **indentation de paragraphe,** paragraph indent.

PARALLELE : parallèle, parallel ; **accès parallèle,** parallel access ; **addition parallèle,** parallel addition ; **additionneur parallèle,** parallel full adder, parallel adder ; **architecture à processeurs parallèles,** parallel machine architecture ; **conversion en parallèle,** parallel conversion ; **convertisseur parallèle,** parallel converter ; **convertisseur parallèle-série,** deserialiser (US: deserializer), dynamiciser (US: dynamicizer) ; **convertisseur série-parallèle,** serialiser (US: serializer), staticiser (US: staticizer) ; **entrée/sortie parallèle,** parallel input/output ; **fonctionnement en parallèle,** concurrent performance ; **impression en parallèle,** parallel printing ; **interface souris parallèle,** parallel mouse adapter ; **lecture en parallèle,** parallel reading ; **masque de scrutation parallèle,** parallel poll mask ; **opération série-parallèle,** serial-parallel operation ; **report parallèle,** carry lookahead ; **scrutation parallèle,** parallel polling, parallel poll ; **serie-parallèle,** serial-parallel ; **sortie parallèle de type Centronics,** Centronics-type parallel port ; **souris à connexion parallèle,** parallel mouse ; **traitement en parallèle,** parallel processing ; **transfert en parallèle,** bit parallel, parallel transfer ; **transmission en parallèle,** parallel transmission.

PARAMETRAGE : paramétrage, parameterisation (US: parameterization).

PARAMETRE : paramètre, parameter* ; **association de paramètres,** parameter association ; **carte-paramètre,** job card, parameter card ; **code paramétré,** skeletal code ; **format des cartes-paramètres,** control card format ; **liste de paramètres formels,** formal parameter list ; **mot-paramètre,** parameter word ; **paramètre d'entrée,** input parameter ; **paramètre d'entrée du champ,** field input parameter ; **paramètre d'initialisation,** starting parameter ; **paramètre de chaînage,** linkage parameter ; **paramètre de codage d'article,** item key parameter ; **paramètre de conception,** design parameter ; **paramètre de génération,** generation parameter ; **paramètre de lancement,** release parameter ; **paramètre de**

longueur d'article, item length parameter ; **paramètre de mot clé,** keyword parameter ; **paramètre de positionnement,** location parameter, positional parameter ; **paramètre de programme,** programme parameter ; **paramètre de progression,** incremental parameter ; **paramètre dynamique,** dynamic parameter ; **paramètre effectif,** actual parameter ; **paramètre externe,** external programme parameter ; **paramètre fictif,** dummy argument, formal parameter ; **paramètre formel,** dummy argument, formal parameter ; **paramètre initial,** initial parameter ; **paramètre local,** local parameter ; **paramètre optionnel,** optional parameter ; **paramètre par défaut,** default parameter ; **paramètre prédéfini,** preset parameter ; **paramètre réel,** actual parameter ; **paramètre repère,** label parameter ; **paramètre symbolique,** symbolic parameter ; **paramètre système,** site parameter ; **paramètre variable,** variable parameter ; **routine sans paramètre,** static routine ; **substitution de paramètres,** parameter substitution ; **variation d'un paramètre,** variation of parameter.

PARAMETREE : programmation paramétrée, skeletal coding.

PARAMETRIQUE : paramétrique, parametric ; **programmation paramétrique,** parametric programming.

PARASITE : parasite, spurious* ; **bruit parasite,** chatter ; **déclenchement parasite,** false triggering ; **impulsion parasite après écriture,** post-write disturb pulse ; **lecture parasite,** drop-in ; **récupération parasite,** false retrieval ; **signal parasite,** parasitic signal.

PARAVENT : papier paravent, Z-fold paper, zig-zag folded paper.

PARCOURIR : parcourir, browse (to).

PARCOURS : parcours, run-around.

PARENT : type parent, parent type.

PARENTHESE : parenthèse, bracket ; **entre parenthèses,** bracketed ; **mettre entre parenthèses,** parenthesise (to) (US: parenthesize) ; **parenthèse droite ')',** right parenthesis ; **parenthèse gauche '(',** left parenthesis, opening parenthesis ; **parenthèses '()',** brackets, parenthesis, round brackets.

PARFAITEMENT : parfaitement compatible, plug-to-plug compatible.

PARITE : parité, parity ; **binaire de parité,** parity bit, redundancy check bit ; **bit de parité,** even parity bit ; **bit de parité longitudi-**

nale, horizontal parity bit ; **caractère de parité**, redundancy check character ; **contrôle de parité**, parity check, parity checking, even parity check, odd-even check ; **contrôle de parité horizontale**, transverse redundancy check (TRC) ; **contrôle de parité impaire**, odd check, odd parity check ; **contrôle de parité longitudinale**, horizontal parity control ; **contrôle de parité verticale**, vertical parity check, vertical redundancy check (VCR) ; **de parité paire**, even-numbered ; **erreur de parité**, parity error ; **parité de trame**, frame parity ; **parité impaire**, odd parity ; **parité longitudinale**, horizontal parity ; **parité paire**, even parity ; **parité transversale**, lateral parity ; **parité verticale**, longitudinal parity, vertical parity ; **somme de parité**, parity sum ; **système à contrôle de parité**, parity system ; **test de parité à la mémorisation**, storage parity ; **vérification de parité par caractère**, character parity check.

PARLANT : parlant, talking ; **calculateur parlant**, talking computer.

PARMI : code deux parmi cinq, quinary code, two-out-of-five code.

PAROLE : parole, speech ; **synthèse de la parole**, speech synthesis ; **synthétiseur de parole**, speech synthesiser, speech processor.

PARTAGE : partage, sharing ; partagé, shared ; **accès partagé**, shared access ; **fichier partagé**, shared file ; **partage de charges**, load sharing ; **partage de données**, data sharing ; **partage de fichier**, file sharing ; **partage de temps**, time sharing, time slicing, time share, time division ; **système en temps partagé**, time-shared system, time-sharing system ; **tamponnement partagé**, buffer sharing ; **temps partagé**, time slicing, time sharing.

PARTAGEABLE : partageable, reusable, shareable ; **programme partageable**, reusable programme.

PARTAGEE : allocation partagée, parallel allocation ; **mémoire partagée**, shared storage ; **zone virtuelle partagée**, shared virtual area.

PARTAGER : partager, share (to).

PARTICULARISATION : particularisation, customisation (US: customization).

PARTICULARITE : particularité utilisant l'écran, screen-oriented feature.

PARTICULIER : particulier, particular.

PARTICULIERE : valeur particulière, particular value.

PARTIE : partie, part ; **partie active minimale**, minimum working set ; **partie d'adresse**, address part ; **partie d'écran**, subscreen ; **partie d'index**, index part ; **partie d'instruction**, instruction part, value call syllable ; **partie de programme**, programme section ; **partie déclarative**, declarative part ; **partie droite**, right part ; **partie du fichier d'entrée**, input member ; **partie gauche**, left part ; **partie haute**, upper curtate ; **partie imaginaire**, imaginary part ; **partie inférieure de la mémoire**, lower memory locations ; **partie intégrante**, integral part ; **partie numérique**, numerical section ; **partie opérateur**, operation part, operator part ; **partie type d'opération**, operation part ; **partie variable**, variant part.

PARTIEL : bloc partiel, verifying unit ; **effacement partiel de l'écran**, partial screen erase ; **report partiel**, partial carry.

PARTITION : partition, partition ; **partition inconnue**, unlabelled common ; **partition réservée**, unassigned extent ; **première partition**, initial location.

PARUTION : parution, issue.

PAS : pas, step*, increment size, pitch ; **commutateur pas à pas**, stepping switch ; **densité de pas verticaux**, vertical line spacing ; **exécution pas à pas**, single-step operation, step-by-step operation ; **instruction pas à pas**, step-by-step instruction ; **moteur pas à pas**, stepping motor ; **opération à un seul pas**, one-step operation ; **pas à pas**, single step ; **pas d'entraînement**, feed pitch, feed track, sprocket track ; **pas de programme**, programme step ; **pas de tableau**, array pitch ; **pas de traceur**, plotter step size ; **pas longitudinal**, array pitch, row pitch ; **pas réel**, effective pitch ; **pas transversal**, track pitch ; **pas vertical**, vertical spacing ; **programme pas à pas**, step-by-step programme.

PASCAL : Pascal (langage), Pascal* (language) ; **machine de Pascal**, adding wheel.

PASSAGE : passage, passing, running, run-around, run ; **arrêt après fin de passage en machine**, end-of-run halt ; **passage d'essai**, dry run, test run ; **passage de contrôle**, checkout run ; **passage de fils**, wire channel ; **passage de mise au point**, checkout run, modification run ; **passage de validation**, vetting run ; **passage en machine**, computer run, machine run, object run ; **passage en majuscules**, upshift ; **passage en minuscules**, downshift ;

passage final, completion run ; **passage opé-rationnel**, production run ; **scrutation par passage de témoin**, hub polling.

PASSE : passe, pass* ; **double mot de passe**, two-level password ; **entrée à double mot de passe**, two-level password entry ; **filtre passe-bande**, bandpass filter ; **filtre passe-bas**, low-pass filter ; **filtre passe-haut**, high-pass filter ; **mot de passe**, lock code, password ; **passe d'assemblage**, assembly pass ; **passe d'essai**, dry run, test run ; **passe d'exé-cution**, job run ; **passe de compilation**, compilation run ; **passe de fusion**, merge pass ; **passe de mise à jour**, updating run ; **passe de programme**, programme run ; **passe de tri**, sorting pass, sort pass ; **passe-temps favori**, hobby ; **programme en passe unique**, single-pass programme ; **protection par mot de passe**, password protection ; **zone de mot de passe**, password field.

PASSER : passer en majuscules, upshift (to) ; **passer en minuscules**, downshift (to) ; passer outre, ignore (to).

PASSERELLE : passerelle, gateway ; passerelle de câble, cable bridge.

PASSIF : passif, passive ; **élément passif**, passive element ; **mode passif**, passive mode.

PASSIVE : passivé, passivated.

PASTILLE : pastille de silicium, silicon chip.

PATIN : patin de pression, pressure pad.

PAUSE : instruction de pause, halt instruction.

PAUVRE : convergence pauvre, weak convergence.

PAVE : pavé, pad ; **pavé curseur**, cursor pad ; **pavé curseur en losange**, diamond-shaped cursor pad ; **pavé numérique**, numeric pad.

PEINTURE : peinture, paint ; **rouleau à peinture**, paint roller.

PELOTE : pelote à aiguilles, pincushion.

PELUCHEUX : non pelucheux, lint-free.

PENDULAIRE : oscillation pendulaire, hunting oscillation.

PENETRATION : pénétration, penetration ; **tube à pénétration**, beam-penetration CRT ; **tube cathodique à pénétration**, penetration CRT.

PENTE : pente, slope.

PERCAGE : bande de perçage, drill tape.

PERCEE : percée, breakthrough.

PERCHE : technique de la perche, hints and tips.

PERDU : temps perdu, external loss time, ineffective time.

PERE : père, father.

PERFORATEUR : perforateur, perforator ; **perforateur automatique**, automatic punch ; **perforateur de badge**, badge punch ; **perforateur de bande**, tape punch ; **perforateur de bande automatique**, automatic tape punch ; **perforateur manuel**, hand punch ; **perforateur rapide**, high-speed punch.

PERFORATION : perforation, code hole, keypunching, punching ; **à perforations marginales**, edge-punched card, edge-notched card ; **bordereau de perforation**, punching form ; **colonne de perforation**, punch column ; **combinaison de perforations**, hole pattern ; **contrôle du cadrage des perforations**, registration check ; **contrôle du nombre de perforations**, hole count check ; **écart entre les perforations**, hole spacing ; **emplacement de perforation**, hole site ; **erreur de contrôle du nombre de perforations**, hole count error ; **erreur de perforation**, mispunching ; **mode saut de perforation**, perforation skip mode ; **papier à perforations**, pin-fed paper ; **perforation 11 (onze)**, X punch, eleven punch ; **perforation 12 (douze)**, Y punch, high punch ; **perforation d'entraînement**, feed hole, sprocket hole ; **perforation de bande**, paper tape punching, paper tape punch ; **perforation de carte**, card punching ; **perforation de contrôle**, function hole ; perforation des colonnes chiffres, numeric punch ; **perforation fonctionnelle**, control punch, control hole, designation hole ; **perforation hors-cadre**, off-punch ; **perforation hors-texte**, overpunch, zone punching, zone punch, zone digit ; **perforation numérique**, numerical punch ; **perforation récapitulative**, summary punching ; **perforation X**, X punch, eleven punch ; **perforation 1 Y**, Y punch, high punch ; **perforations de 1 à 9**, underpunch ; **piste de perforation**, punching track ; **position de perforation**, code position, punching position, punch position ; **rangées de perforations**, curtate ; **sans perforation**, punchless ; **unité de perforation**, card punch unit ; **vitesse de perforation**, card punching rate ; **zone de perfora-**

tion, card field.

PERFORATRICE : perforatrice, puncher, keypunch* ; **perforatrice à clavier,** keypunch, keyboard punch ; **perforatrice calculatrice,** calculating punch, multiplying punch ; **perforatrice de sortie,** output punch ; **perforatrice manuelle,** hand feed punch ; **perforatrice récapitulative,** summary punch ; **perforatrice-reproductrice,** duplicating punch, gang punch.

PERFORE : perforé, perforated, punched ; **masque perforé,** peephole mask ; **non perforé,** unpunched, unperforated ; **ruban de papier perforé,** punched paper tape.

PERFOREE : bande d'entrée perforée, input tape ; **bande perforée,** perforated tape, punched tape, punch tape, ticker tape, chadded tape, paper tape ; **bande perforée à alignement frontal,** advance feed rate ; **bande perforée de test,** paper tape loop ; **bande perforée des entrées,** input punched tape ; **bande perforée sans détachement de confettis,** chadless tape ; **carte à bande perforée unilatérale,** unilateral tape card ; **carte perforée,** Hollerith card, punched card, punch card ; **code de bande perforée,** paper tape code ; **lecteur de bande perforée,** paper tape reader (PTR).

PERFORER : perforer, punch (to) ; **perforer manuellement,** key-punch (to).

PERFORMANCE : performance, performance ; **calculateur à hautes performances,** high-performance computer ; **équipement à haute performance,** high-performance equipment ; **évaluer les performances,** benchmark (to) ; **matériel de faible performance,** low-performance equipment ; **test de performances,** benchmarking, benchmark test, benchmark.

PERIME : code périmé, invalid code.

PERIMEE : adresse périmée, invalid address.

PERIODE : période, period ; **période binaire,** digit time, digit period ; **période d'inactivité,** idle mode ; **période de mémorisation,** storage period ; **période de mise en activité,** warm-up period ; **période de mot,** word period ; **période de rodage,** debugging period ; **période rétention,** retention period.

PERIPHERIQUE : périphérique, device, peripheral* ; **adaptateur périphérique,** device adapter ; **adresse de périphérique,** device address ; **affectation de périphérique,** peripheral assignment ; **canal d'interface périphérique,** peripheral interface channel ; **contrôleur d'unités périphériques,** unit record controller ; **contrôleur de périphérique,** peripheral controller ; **coupleur de périphérique,** device driver ; **coupleur de périphérique double,** dual port controller ; **dépendant du périphérique,** device-dependent ; **erreur de sortie de périphérique,** device error exit ; **fichier des périphériques,** device file ; **file d'attente des périphériques,** device queue ; **gestionnaire de périphérique,** peripheral interchange programme (PIP) ; **identificateur de périphérique,** device identifier ; **indicateur d'état périphérique,** device flag ; **interface de périphérique,** device adapter interface, peripheral interface ; **interruption de périphérique,** peripheral interrupt ; **limité par le périphérique,** peripheral-limited, peripheral bound ; **mot d'état de périphérique,** device status word ; **nom de périphérique,** device name ; **numéro de périphérique,** device number ; **opération périphérique simultanée,** concurrent peripheral operation ; **organe périphérique,** peripheral equipment, peripheral device, physical device ; **périphérique à accès séquentiel,** direct access device ; **périphérique asynchrone,** asynchronous device ; **périphérique classique,** standard peripheral ; **périphérique d'entrée de travaux,** job input device ; **périphérique de dialogue,** conversational peripheral ; **périphérique de saisie,** data entry device ; **périphérique de sortie,** job output device ; **périphérique déporté,** remote device ; **périphérique destinataire,** end-device ; **périphérique fictif,** null device ; **périphérique lent,** slow device, slow speed peripheral ; **périphérique lourd,** batch peripheral ; **périphérique virtuel,** virtual device ; **port de périphérique,** terminal port ; **réserve de périphérique,** device reserve ; **table des états périphériques,** peripheral allocation table ; **transfert périphérique,** peripheral transfer ; **type de périphérique,** peripheral type ; **unité d'interface périphérique,** peripheral interface unit (PIU) ; **unité de contrôle périphérique,** peripheral control unit (PCU) ; **unité périphérique,** peripheral unit ; **zone de commande de périphérique,** device control area.

PERLUETE : perluète '&', ampersand.

PERMANENT : permanent, permanent ; **circuit virtuel permanent,** permanent virtual circuit ; **état d'attente permanent,** hard wait state ; **fichier permanent**, permanent file ; **monitorage permanent**, continuous monitoring.

PERMANENTE : erreur de lecture permanente, unrecoverable read error ; **mémoire permanente**, non-volatile memory, permanent storage.

PERMEABILITE : perméabilité, permeability ; **perméabilité initiale**, initial permeability.

PERMUTATION : permutation, exchange, permutation, swapping ; **index de permutation**, permutation index ; **permutation circulaire**, cyclic permutation ; **saut avec permutation**, exchange jump ; **tri par permutation**, bubble sort, sifting sort.

PERMUTER : permuter, swap (to).

PERSISTANCE : persistance (lumineuse), afterglow.

PERSONNALISE : personnalisé, customised (US: customized), personalised (US:personalized) ; **clavier personnalisé**, customised keypad ; **logiciel personnalisé**, custom software, middlesoftware.

PERSONNALISEE : version personnalisée, special version.

PERSONNALISER : personnaliser, customise (to) (US: customize).

PERSONNEL : personnel, personal ; **fichier du personnel utilisateur**, user attribute file ; **ordinateur personnel de bureau**, personal office computer ; **personnel de programmation**, programming personnel ; **personnel informatique**, computer personnel, liveware.

PERTE : perte, loss ; **compensation de perte de niveau**, drop-out compensation ; **perte accidentelle**, accidental loss ; **perte cumulative**, walk down ; **perte d'élément binaire**, digit slip ; **perte d'information**, drop-out, loss of information ; **perte d'insertion**, insertion loss ; **perte de liaison**, junction loss ; **perte de portée**, lost of significance ; **perte en ligne**, line loss ; **perte par absorption**, absorption loss ; **perte par connexion**, connection loss ; **perte par courbure (fibre optique)**, bending loss (opto-fibre) ; **perte par diffusion**, scattering loss ; **perte par propagation**, propagation loss.

PERTURBATEUR : champ perturbateur, noise field.

PERTURBATION : insensible aux perturbations, interference proof ; **niveau des** perturbations, interference level ; **perturbation entre systèmes**, intersystem interference ; **signal de sortie zéro sans perturbation**, undisturbed zero ; **sujet aux perturbations**, interference prone.

PERTURBE : perturbé, mutilated ; **signal de sortie non perturbé**, undisturbed output signal.

PETIT : plus petit que '<', less than (LT) ; **plus petit que ou égal à '≤'**, less than or equal to (LE).

PETITE : ordinateur de petite puissance, small scale system.

PETRI : réseau de Pétri, Petri network.

PEU : ordre peu élevé, low order ; **peu évolué**, low.

PHASE : phase, phase, stage ; **adaptateur de phase**, phase adapter ; **angle de phase**, phase angle, slope angle ; **codeur de phase**, phase encoder ; **compensateur de phase**, phase equaliser ; **décalage de phase**, phase shift ; **déséquilibre de phase**, unbalanced in phase ; **distorsion de phase**, phase distortion ; **enregistrement par modulation de phase**, phase encoding ; **instabilité de phase**, phase jitter ; **modulation de phase (MP)**, phase modulation (PM) ; **modulation par déplacement de phase**, phase shift signalling ; **modulation par inversion de phase**, phase inversion modulation ; **phase arrière**, back-end ; **phase d'assemblage**, assembly phase, assembling phase ; **phase d'essai**, evaluation period ; **phase d'exécution**, executing phase, execute phase, object phase ; **phase d'exploitation du programme utilitaire**, utility session ; **phase d'introduction**, input phase ; **phase de chaînage**, link phase ; **phase de compilation**, compilation phase, compile phase, compiling phase ; **phase de données**, data phase, data transfer phase ; **phase de mise au point**, debugging phase ; **phase de mise en oeuvre**, implementation phase ; **phase de traduction**, translating phase, translate phase ; **phase de transfert de données**, data phase, data transfer phase ; **phase de transfert des informations**, information transfer phase ; **phase terminale**, completion phase ; **saut de phase**, phase shift ; **retard de phase**, phase delay.

PHONEME : phonème, phonem.

PHOSPHORE : phosphorescence, phosphorescence ; **point au phosphore**, phosphor dot.

PHOSPHORESCENCE : phosphorescence, phosphorescence.

PHOTOCOMPOSITION : photocomposition, phototypesetting.

PHOTORESISTANT : photorésistant, photoresistive.

PHOTOSTAT : photostat, photostat.

PHOTOSTYLE : photostyle, light pencil ; détection par photostyle, light-pen hit, light-pen detection.

PHOTOTELECOPIE : phototélécopie, phototelegraphy.

PHRASE : phrase de procédure, procedural sentence.

PHYSIQUE : physique, physical ; adresse physique, physical address ; adresse physique du disque, physical drive address ; couche physique (ISO), physical layer (ISO) ; dispositif physique, real device ; enregistrement physique, physical record ; gestionnaire physique, physical driver ; interface de la couche physique (ISO), physical layer interface (ISO) ; mémoire physique, actual storage ; protocole de la couche physique, physical layer protocol ; résolution physique, physical resolution ; segment physique, physical segment ; unité physique, real drive.

PICOT : picot, pin, pinout ; roue à picots, pin wheel ; tambour d'entraînement à picots, pin feed drum.

PICTOGRAMME : pictogramme, icon.

PIEGE : piège, catcher ; piège à ions, ion trap.

PIERCE : fonction de Pierce, NEITHER-NOR operation, NOT-OR operation.

PILE : pile, cellar, lifo list, pushdown list, stack* ; adresse du bas de la pile, bottom of the stack address ; descendre (une pile), pop down (to) (a stack) ; mise en pile, stacking ; mise sur pile, push ; pile à accès inversé, pushdown stack ; pile ascendante, push up ; pile câblée, hardware stack ; pile d'entrée, input stack ; pile de mémoire, storage stack ; pile de requêtes, request stack ; pile de travaux, job stacking, work stack ; pile dynamique de programme, programme stack ; pile inversée, push down stack, pushdown storage ; pile logicielle, software stack ; pile mémoire, memory stack ; pointeur de pile, stack indicator, stack pointer ; registre de pile, stack register ; remonter (une pile), pop up (to) (a

stack).

PILOTAGE : carte de pilotage des travaux, job control card ; pilotage des requêtes, inquiry control.

PILOTE : pilote, pilot, master ; bande bibliothèque pilote, master library tape ; bande pilote, carriage control tape, format tape, master tape ; carte pilote, pilot card ; chariot à bande pilote, tape-controlled carriage ; essai pilote, Beta test ; file d'attente pilote, scheduler queue ; liste pilote, scheduling queue ; module pilote, master module ; programme pilote, master scheduler, master programme ; station pilote, control station ; travail pilote, master job.

PINCE : pince crocodile, alligator clip.

PION : pion de centrage, positioning stud.

PIPELINE : pipeline, pipeline.

PIRATERIE : piraterie informatique, computer piracy, computer freak.

PISTAGE : instruction de pistage, trace statement.

PISTE : piste, track*, trail ; adresse de piste, track address ; adresse de piste absolue, absolute track address ; adresse de piste de rangement, home address ; adresse de piste de réserve, alternate track address ; changement automatique de piste défectueuse, automatic defective track recovery ; densité de pistes, track density ; dispositif de changement de piste, record overflow feature ; écriture de début de piste, write initial ; écriture de l'adresse piste, write home address ; entre-axe des pistes, track pitch ; largeur de piste, track width ; numéro de la piste de blocs, record designator ; numéro de piste, track number ; ouverture de piste, track initialisation ; piste d'adresse, address track ; piste d'éjection, ejection track ; piste d'enregistrement, processing track, recording track ; piste d'étiquette, label track ; piste d'insertion, insertion track ; piste de bande, tape track ; piste de carte, card track ; piste de commande, control track ; piste de contrôle, audit trail ; piste de marquage, mark channel ; piste de marquage de bloc, block marker track ; piste de perforation, punching track ; piste de référence, library track ; piste de synchronisation, clock track ; piste de tambour, drum track ; piste de travail, operating track, working track ; piste défectueuse, defective track ; **piste dégradée**, defective track ; **piste logique**, logical track ; **piste magnétique**, magnetic track, track ; **piste non affectée**, unassigned track ; **piste principale**, prime track, primary track ; **piste secondaire**, alternate track ; **pistes par pouce**, tracks per inch (TPI) ; **temps d'accès de piste à piste**, track-to-track seek time ; **temps de positionnement de piste à piste**, track-to-track positioning time ; **traitement des pistes de réserve**, substitute track processing ; **zone d'adresse piste**, home address field.

PIXEL : pixel, pel, pixel* , picture element ; **bits par pixel**, bits per pixel ; **coordonnées de pixel**, pixel location ; **mémoire pixel**, pixel memory ; **temps de rafraîchissement d'un pixel**, pixel update time ; **vidage pixel par pixel**, pixel-by-pixel dump.

PLACE : place, place ; **mise en place**, implementation course ; **mise en place de page**, page setting, page fixing ; **remettre en place**, replace (to).

PLACER : placer, slot (to).

PLAGE : plage, range, span* ; **plage d'adresse**, address range ; **plage d'erreur**, error range ; **plage de températures de service**, working temperature range ; **plage des limites**, range of values.

PLAN : plan, plane ; **arrière-plan**, background ; **arrière-plan d'image**, background image ; **de premier plan**, foregrounding ; **ordinateur d'arrière-plan**, back-end processor ; **plan binaire**, bit plane ; **plan d'action**, action plan ; **plan de câblage**, wiring diagram ; **plan de maintenance**, maintenance schedule ; **plan de mémoire image**, pixel memory plane ; **plan de tores magnétiques**, magnetic core plane ; **plan de trace**, cable rung ; **plan de travail**, work programme ; **plan triade**, three-bit plane ; **premier plan d'image**, dynamic image, foreground image ; **tâche de premier plan**, foreground task ; **traitement de premier plan**, foregrounding processing ; **travail d'arrière-plan**, background job ; **travail de premier plan**, foreground job.

PLANAIRE : planaire, planar ; **graphe planaire**, planar graph.

PLANCHER : plancher, floor ; **faux plancher**, access floor, false floor.

PLANIFICATION : planification, work scheduling ; **planification d'un système**, system planning ; **planification des charges**, workload planning ; **planification des programmes**, programme scheduling.

PLANIFIE : planifié, scheduled ; **non planifié**, unscheduled.

PLAQUE : plaque de déflexion, deflector ; **plaque de fond**, bottom plate ; **plaque indicatrice**, instruction sticker ; **plaque réceptrice de formulaires**, document platform.

PLASMA : plasma, plasma ; **écran à plasma**, gas panel, plasma display, plasma panel.

PLAT : plat, flat ; **câble plat**, flat cable, ribbon cable ; **câble plat imprimé**, printed wire ribbon ; **composant plat**, pancake ; **écran plat**, flat-faced screen, flat screen display.

PLATEAU : plateau, platter.

PLEIN : plein, thick, solid, full ; **cadre plein**, filled box ; **cadre plein à coins arrondis**, filled rounded box ; **cercle plein**, filled circle ; **trait plein**, solid line.

PLEINE : calcul en pleine précision, full precision calculation ; **éditeur pleine page**, full screen editor ; **pleine page**, full page ; **pleine précision**, full precision.

PLEURAGE : pleurage, cinching, flutter* , wow.

PLI : pli, wrinkle.

PLIAGE : pliage, folding ; **papier à pliage accordéon**, zig-zag folded paper ; **pliage en accordéon**, accordion folding.

PLIE : papier en continu plié, fanfold paper ; **papier plié en accordéon**, fanfolded paper.

PLUME : plume, pen ; **traceur à plumes**, pen plotter.

PLUS : plus, plus ; **arrondir au plus près**, round off (to) ; **bit le plus significatif**, highest order bit ; **caractère de plus faible poids**, least significant character ; **caractère le plus significatif**, most significant character ; **chiffre de poids le plus fort**, most significant digit (MSD) ; **colonne la plus à gauche**, high-order column ; **correction plus**, plus adjustment ; **instruction à deux plus une adresses**, two-plus-one address instruction ; **instruction à N plus une adresses**, N-plus-one address instruction ; **instruction à une plus une adresses**, one-plus-one address instruction ; **plus grand que '>'**, greater than (GT) ; **plus grand que ou égal à '⩾'**, greater than or equal to (GE) ; **plus petit que '<'**, less than (LT) ; **plus petit que ou égal à '⩽'**, less than or equal to (LE) ;

signe plus ' + ', plus sign ; **système à vie plus étendue**, extented system life span.

PLUSIEURS : instruction à plusieurs adresses, multi-address instruction ; **message à plusieurs adresses**, multiple address message ; **modulation à plusieurs niveaux**, multi-level modulation ; **tore à plusieurs trous**, multi-aperture core, multiple aperture core ; **traitement de plusieurs messages**, multimessage processing.

PNP : transistor PNP, PNP transistor.

POCHE : calculatrice de poche, hand calculator, pocket calculator.

POIDS : poids, weight, significance ; **binaire de poids faible**, least significant bit (LSB), right-end bit ; **binaire de poids fort**, most significant bit (MSB) ; **bit de poids fort**, high-order storage position, left-end bit ; **caractère de plus faible poids**, least significant character ; **chiffre de poids faible**, least significant digit (LSD) ; **chiffre de poids fort**, high-order digit ; **chiffre de poids le plus fort**, most significant digit (MSD) ; **fraction décimale de faible poids**, terminating decimal ; **poids binaire**, binary weight ; **poids faible**, least significant (LS) ; **position de poids fort**, high-order position ; **quartet de poids fort**, zone quartet.

POINCON : poinçon, punch, punching pin.

POINCONNEUSE : poinçonneuse, card punch, spot punch.

POINT : point, point, dot ; **adressage de point image**, raster pixel addressing ; **affichage par points**, dot matrix display ; **avec point de contrôle**, checkpointed ; **circuit point à point**, point-to-point circuit ; **colonne de points**, one-dot-line slice ; **contrôle point à point**, point-to-point path control ; **coordonnées de point image**, data point ; **dérive du point zéro**, null drift ; **duplication de point image**, pixel replication ; **échange au point décimal**, inverted print ; **illumination de point image**, painting, paint ; **lecture/écriture de point image**, pixel read/write ; **liaison point à point**, user-to-user connection ; **liaison point à point**, point-to-point line, point-to-point connection ; **mise au point déportée**, remote debugging ; **mise au point du programme**, programme checkout ; **passage de mise au point**, checkout run, modification run ; **phase de mise au point**, debugging phase ; **point à point**, point-to-point ; **point adressable**, display point, encod-

ed point ; **point au phosphore**, phosphor dot ; **point d'accès**, access port, port ; **point d'arrivée**, endpoint ; **point d'articulation (graphe)**, articulation point (graph), cut vertex ; **point d'échange**, interchange point ; **point d'engagement**, clutch point ; **point d'entrée**, entry, entrance, entry point, in-point ; **point d'entrée initial**, initial entry point ; **point d'entrée principal**, main entry point, primary entry point ; **point d'entrée secondaire**, secondary entry point ; **point d'exclamation '!'**, exclamation mark ; **point d'impact**, point of impact ; **point d'impression**, print pel, print point ; **point d'index**, index point ; **point d'interrogation '?'**, question mark ; **point d'intersection**, intercept point, point of intersection ; **point d'observation**, viewpoint ; **point d'origine**, initial point, origin point ; **point d'oscillation**, point of oscillation ; **point de branchement**, branch point, branchpoint, post ; **point de charge**, load point ; **point de connexion**, terminal connecting point ; **point de contact**, point of contact ; **point de contrôle**, checkpoint* , monitor point ; **point de coupure**, cut-off ; **point de départ**, initial point, origin point ; **point de jonction machine**, hardware interface ; **point de mesure**, measuring point ; **point de mesure de tension**, voltage test point ; **point de raccordement**, drop-off ; **point de repère**, spot mark ; **point de reprise**, rerun point, rescue point, restart point ; **point de retour**, reentry point ; **point de retour ligne**, horizontal retrace point ; **point de retour trame**, vertical retrace point ; **point de rupture**, breakpoint ; **point de sortie**, exit point ; **point identifié**, pinpoint ; **point lumineux**, light cell ; **point nodal**, nodal location ; **point test**, test access point ; **point-virgule ';'**, semicolon ; **programme au point**, complete routine ; **programme de mise au point**, interpretive trace programme ; **programme sans mise au point**, blue ribbon programme ; **récurrence de point**, dot cycle ; **relance sur point de contrôle**, checkpoint recovery ; **reprise à un point de contrôle**, checkpoint restart ; **reprise au point de contrôle**, rollback ; **tracé asservi à un point fixe**, rubber banding ; **trace point par point**, point plotting ; **traceur par point**, dot matrix plotter ; **transmission de point à point**, point-to-point transmission.

POINTE : pointe de charge, load peak ; **pointe négative**, negative surge.

POINTEAU : pointeau d'entraînement, feed knife.

POINTEUR : pointeur, index, pointer*, stylus ; **chaîne de pointeurs**, pointer chain ; **pointeur d'index**, index marker ; **pointeur de déroulement**, forward pointer ; **pointeur de pile**, stack indicator, stack pointer ; **pointeur statique**, static pointer ; **pointeur vide**, nil pointer ; **stylet pointeur**, light gun ; **tableau de pointeurs**, pointer array.

POINTILLE : trait en pointillé, dotted line ; **trait pointillé**, dashed line.

POLARISE : polarisé, polarised (US: polarized) ; **relais polarisé**, polar relay.

POLARISEE : signalisation polarisée, polar signalling.

POLARITE : polarité, polarity ; **symbole de polarité**, polarity indicator symbol.

POLYMORPHIQUE : polymorphique, polymorphic ; **système polymorphique**, polymorphic system.

POLYPHASE : polyphasé, polyphase ; **tri polyphasé**, polyphase merging.

POLYVALENT : tri polyvalent, generalised sort.

POLYVALENTE : routine polyvalente, generalised routine.

PONCTUATION : ponctuation, punctation ; **sans ponctuation**, unponctuated ; **signe de ponctuation**, punctuation mark.

PONDERATION : registre de pondération, weight register.

PONDERE : pondéré, weighted ; **code pondéré**, weighted code.

PONDEREE : division pondérée, weighted average divide ; **multiplication pondérée**, weighted average multiply ; **notation pondérée**, positional notation ; **représentation pondérée**, positional representation ; **somme pondérée**, weighted sum.

PONT : pont, bridge, solder strap, wire strap ; **entrée en pont**, bridge input circuit ; **limiteur en pont**, bridge limiter ; **pont diviseur**, voltage divider.

PORT : port, access port, port* ; **numéro de port indéfini**, undefined port number ; **port d'entrée**, input port ; **port de communication**, communication port ; **port de périphérique**, terminal port ; **port double**, dual port ; **port entrée/sortie**, I/O port ; **port mémoire**, memory port.

PORTABILITE : portabilité, portabili-

ty*, transportability ; **portabilité de programme**, programme compatibility.

PORTABLE : portable, portable*, transportable ; **non portable**, unportable, untransportable ; **ordinateur portable**, laptop computer ; **programme portable**, cross-programme, portable programme ; **terminal portable**, portable terminal.

PORTE : porte, gate*, port, access point ; **boule porte-caractères**, golfball ; **porte à seuil**, threshold gate, threshold element ; **porte au silicium**, silicon gate ; **porte complémentaire**, complement gate, complement element ; **porte-copie**, copy holder ; **porte d'équivalence**, equivalence element, coincidence gate, IF-AND-ONLY-IF gate, IF-AND-ONLY-IF element ; **porte d'exclusion**, NOT-IF-THEN element, NOT-IF-THEN gate ; **porte d'identité**, identity element ; **porte d'inclusion**, IF-THEN element ; **porte de disjonction**, exclusive-OR gate ; **porte de non-équivalence**, anticoincidence element ; **porte ET**, AND element, AND gate, logic product gate ; **porte ET-OU**, AND-NOT element, AND-NOT gate ; **porte NI**, NOR element ; **porte NI exclusif**, equivalence gate, biconditional element, exclusive-NOR gate ; **porte NON**, NOT gate, NOT element ; **porte NON-ET**, NAND gate, NOT-AND element, alternative denial gate ; **porte NON-ET exclusif**, EXNOR gate, EXNOR element ; **porte NON-OU**, NOT-OR element, joint denial gate, NOR gate, joint denial gate, zero match element ; **porte OU**, alteration gate, disjunction element, disjunction gate, logic sum gate, one-gate, union gate ; **porte OU (inclusif)**, (inclusive-)OR element ; **porte OU exclusif**, except gate, except element, exjunction gate, EXOR gate, distance gate, anticoincident element ; **porte somme modulo 2**, modulo-2 sum gate ; **porte synchrone**, synchronous gate ; **porte tampon**, buffer gate ; **roue porte-caractères**, daisy, printwheel ; **tambour porte-caractères**, type drum.

PORTEE : portée, scope, span ; **ombre portée**, shadow ; **perte de portée**, lost of significance.

PORTEUR : porteur, bearer ; **porteur majoritaire**, majority carrier ; **porteur minoritaire**, minority carrier ; **signal porteur**, carrier signal.

PORTEUSE : porteuse, carrier ; **détection de porteuse**, carrier sense ; **écoute de**

porteuse, carrier sense ; **fréquence de l'onde porteuse**, carrier frequency ; **niveau de bruit de porteuse**, carrier noise level ; **onde porteuse**, carrier wave, carriage wave ; **onde porteuse supprimée**, suppressed carrier ; **rapport porteuse à bruit**, carrier to noise ratio ; **système à onde porteuse**, carrier system ; **système à porteuse analogique**, analogue carrier system ; **système à porteuse numérique**, digital carrier system.

POSITIF : positif, positive ; **accouplement réactif positif**, positive feedback ; **caractère accusé de réception positif**, acknowledge character.

MOS positif : positive MOS (PMOS).

POSITION : position (en mémoire), position, location, storage location ; **code à sept positions**, seven-level code ; **compteur de position**, location counter ; **dernière position d'article**, terminal item position ; **détection de position angulaire**, rotational position sensing ; **en position de dépassement**, overflow position ; **indicateur de position d'impression**, print position indicator ; **indicateur de position d'index**, index position indicator ; **indice (de position)**, index (in programming) ; **modulation d'impulsions en position**, pulse position modulation (PPM) ; **position à adresse absolue**, specific addressed location ; **position adressable**, addressable point ; **position basse**, low-order position ; **position binaire**, bit location, digit position, digit place ; **position d'article**, item position ; **position d'article réservée**, imbedded item position ; **position d'attente**, sleep position ; **position d'écriture**, write position ; **position d'impression**, printing position ; **position d'indication**, indicator location ; **position d'indice**, subscript position ; **position de l'impression**, print position ; **position de la tête d'impression**, print head position ; **position de la virgule**, point position ; **position de la virgule décimale**, power-of-ten position ; **position de perforation**, code position, punching position, punch position ; **position de poids fort**, high-order position ; **position de repos**, homing position ; **position du bit**, bit position ; **position du signe**, sign position ; **position inactive**, idle setting ; **position initiale**, home location, home position ; **position mémoire**, bucket, memory location ; **position principale**, major position ; **position réelle**, actual position ; **retour en position initiale**, homing.

POSITIONNEMENT : positionnement, positioning ; **commande de positionnement**, positioning control ; **erreur de positionnement**, positioning error ; **exactitude de positionnement**, positioning accuracy ; **impulsion de positionnement**, position pulse ; **levier de positionnement**, positioning lever ; **macro-instruction de positionnement**, positional macro ; **paramètre de positionnement**, location parameter, positional parameter ; **positionnement d'enregistrement**, record position ; **positionnement de départ**, initial positioning ; **positionnement de la tête de lecture-écriture**, head positioning ; **positionnement de la virgule**, point setting ; **positionnement de la virgule décimale**, decimal point alignment ; **positionnement de ligne**, line posting ; **positionnement de marge**, margin adjustment ; **positionnement de masques d'interruption**, interrupt masking ; **positionnement du curseur**, cursor positioning ; **positionnement informatisé**, positioning control system ; **temps de positionnement**, positioning time ; **temps de positionnement de piste à piste**, track-to-track positioning time ; **temps de positionnement de tête**, head positioning time ; **transducteur de positionnement**, position sensor, position transducer.

POSITIONNEUR : positionneur, actuator ; **positionneur de tête**, head positioner ; **positionneur linéaire**, voice coil.

POSITIONNMENT : positionnment, positioning.

POSITIVE : positive, positive ; **logique positive**, positive logic.

POSSIBILITE : possibilité, facility ; **possibilité d'autonomie**, stand-alone capability ; **possibilité d'effacement**, erasability ; **possibilité d'extension**, add-on facility ; **possibilité de maintien**, hold facility ; **possibilité de recopie d'écran**, hardcopy facility ; **possibilité informatique**, computing facility ; **possibilités du système**, system capacity.

POST : post-listage, postlist ; **post-traitement**, postprocessing.

POSTAL : code postal, area code.

POSTAMBULE : postambule, postamble.

POSTE : poste, station ; **numéro de poste**, channel number ; **poste central**, central station ; **poste d'affichage**, display terminal ; **poste d'attente**, wait station ; **poste d'entrée**

de données, data input station ; **poste d'inter-rogation**, inquiry station, query station ; **poste d'introduction**, input terminal ; **poste de conception autonome**, stand-alone design station ; **poste de données prêt**, data set ready (DSR) ; **poste de lecture**, channel sensor, read station, sensing station ; **poste de réservation**, booking terminal ; **poste de saisie**, entry terminal, entry screen, work unit, data collection station ; **poste de télégestion**, data terminal installation ; **poste de traitement**, processing station ; **poste de travail**, workstation ; **poste de travail mobile**, mobile terminal desk ; **poste non connecté**, unconnected terminal ; **poste supplémentaire**, additional line ; **poste terminal**, remote station ; **poste vidéo**, video data terminal.

POSTIMPRESSION : postimpression, postprinting.

POSTLABEL : postlabel de fin de bande, posttrailer.

POSTMARQUAGE : postmarquage, postprinting.

POSTMORTEM : postmortem, postmortem ; **dépistage postmortem**, postmortem examination.

POSTPROCESSEUR : postprocesseur, postprocessor.

POTENTIEL : potentiel, potential ; **distribution du potentiel**, potential distribution.

POTENTIOMETRE : potentiomètre, variable resistor.

POUCE : pouce, inch ; **bits par pouce**, bits per inch (BPI) ; **caractères par pouce**, characters per inch (CPI) ; **lignes par pouce**, lines per inch (LPI) ; **pistes par pouce**, tracks per inch (TPI) ; **pouce par minute (PPM)**, inch per minute (IPM) ; **pouce par tour (PPT)**, inch per revolution (IPR).

POURSUITE : caractère de poursuite, continuation character.

POUSSER : pousser, jar (to), push (to).

POUSSOIR : bouton-poussoir, push-button ; **numéroteur à boutons-poussoir**, tone dialling ; **poussoir lumineux**, light switch.

PPM : pouce par minute (PPM), inch per minute (IPM).

PPT : pouce par tour (PPT), inch per revolution (IPR).

PRATIQUE : exercice pratique, hands-on exercise ; **exercice pratique interactif**, interactive hands-on exercise ; **indications pratiques**, service aids ; **travaux pratiques**, hands-on training.

PRATIQUEMENT : pratiquement sans papillotement, virtually flicker-free.

PREALABLE : séquence préalable d'initialisation, pre-run initialisation ; **test préalable**, pre-test ; **tri préalable**, presort.

PREAMBULE : préambule, preamble.

PREASSEMBLAGE : préassemblage, preassembly.

PRECABLE : précâblé, prewired ; **circuit précâblé**, prewired circuit.

PRECEDENCE : précédence, precedence ; **règle de précédence**, precedence rule.

PRECEDENT : précédent, previous ; **écran précédent**, screen up.

PRECHARGEMENT : préchargement, preload.

PRECHARGER : précharger, preload (to).

PRECIS : précis, precise ; **arrêt précis**, precise stop ; **bague de réglage précis**, vernier knob ; **réglage précis vertical**, vertical vernier.

PRECISION : précision, precision* ; **arithmétique en double précision**, double precision arithmetic ; **calcul en pleine précision**, full precision calculation ; **dépassement de capacité simple précision**, short precision overflow ; **en double précision**, double precision ; **en précision multiple**, multiple precision ; **erreur de précision**, generated error ; **multiple précision**, extended precision ; **nombre en double précision**, double length number ; **pleine précision**, full precision ; **précision d'affichage**, settability ; **précision simple**, short precision, single precision ; **quadruple précision**, quadruple precision ; **variable en double précision**, double precision variable ; **variable en simple précision**, single-precision variable ; **virgule flottante en double précision**, double precision floating point ; **virgule flottante en multiple précision**, long-form floating point ; **virgule flottante simple précision**, single-precision floating point.

PRECLASSEMENT : préclassement, presorting.

PRECLASSER : préclasser, precollate (to).

PRECOMPILATEUR : précompilateur, precompiler.

PRECOMPILATION : précompilation, precompiling.

PREDEFINI : prédéfini, predefined ; **paramètre prédéfini**, preset parameter.

PREDEFINIE : forme prédéfinie, predefined shape.

PREDETERMINER : prédéterminer, predetermine (to).

PREDICAT : prédicat, predicate.

PREDOMINANT : prédominant, prevalent.

PREEDITER : prééditer, pre-edit (to).

PREEDITION : préédition, pre-edit.

PREENREGISTRER : préenregistrer, prestore (to), prerecord (to).

PREEXPLORATION : préexploration, pre-sensing.

PREFIXE : préfixe, prefix ; **préfixe d'effacement**, clearing prefix ; **touche préfixe**, shift key.

PREFIXEE : notation préfixée, Polish notation, prefix notation.

PREFORMATAGE : préformatage, preformatting.

PREHENSION : appareil de préhension, gripping device.

PREIMPRESSION : préimpression, preprinting.

PREIMPRIME : préimprimé, preprinted (to).

PREIMPRIMER : préimprimer, preprint (to).

PRELECTURE : prélecture, prefetch, preread ; **tête de prélecture**, preread head.

PRELEVEMENT : prélèvement, fetch*, peek, pulling.

PRELEVER : prélever, fetch (to), peek (to), pick (to), pull (to).

PRELIMINAIRE : préliminaire, preliminary ; **préparation préliminaire**, advance preparation ; **séquence préliminaire**, interlude.

PREMAGNETISER : prémagnétiser, premagnetise (to) (US: premagnetize).

PREMATURE : arrêt prématuré, abortion.

PREMATUREE : défaillance prématurée, initial failure.

PREMIER : premier, first, prime ; **de premier plan**, foregrounding ; **division par nombre premier**, prime number division ; **maintenance de premier secours**, emergency maintenance ; **mémoire de premier niveau**, first-level memory ; **nombre premier**, prime number ; **premier caractère de remplissage**, initial filler ; **premier entré, premier sorti**, first in, first out (FIFO) ; **premier mouvement**, first-transaction ; **premier mouvement général**, first-major transaction ; **premier plan d'image**, dynamic image, foreground image ; **routine de premier ordre**, first-order subroutine ; **tâche de premier plan**, foreground task ; **traitement de premier plan**, foregrounding processing ; **travail de premier plan**, foreground job.

PREMIERE : bande de première génération, grandfather tape ; **fichier de première génération**, grandfather file ; **première partition**, initial location.

PRENDRE : prendre, take (to) ; **prendre en charge**, accomodate (to).

PREPARATION : préparation, preparation, takedown ; **préparation de fichiers**, file preparation ; **préparation du rapport**, report preparation ; **préparation préliminaire**, advance preparation ; **temps de préparation**, takedown time.

PREPERFORATION : préperforation, pre-keying.

PREPERFORE : préperforé, pre-punched.

PREPERFORER : préperforer, pre-punch (to).

PREPOSITIONNEMENT : prépositionnement, preset ; **prépositionnement d'un compteur**, counter preset.

PREPROCESSEUR : préprocesseur, preprocessor.

PREPROGRAMMATION : préprogrammation, pre-coding.

PREPROGRAMME : préprogrammé, preprogrammed, pre-coded.

PREPROGRAMMER : préprogrammer, precode (to).

PRESELECTION : présélection, pre-emption.

PRESENCE : contrôle de présence, completeness check.

PRESENT : présent, exist.

PRESENTATEUR : présentateur de cartes, card hopper, hopper.

PRESENTATION : présentation, presentation, layout, page in ; **(caractère de) présentation de feuille**, form feed character (FF) ; **caractère de présentation**, layout character ; **couche de présentation (ISO)**, presentation layer (ISO) ; **présentation de données en table**, tabular data presentation ; **présentation erronée, misrepresentation.

PRESENTE : programme présenté avec menu, menu-driven application.

PRESSE : presse-cartes, card weight, stacker slide.

PRESSER : presser, press (to).

PRESSION : pression, pressure ; patin de pression, pressure pad ; pression sur une touche, key depression.

PRESTOCKAGE : préstockage, pre-storage.

PRESTOCKER : préstocker, prestore (to).

PRESUME : présumé, implied.

PRESUMEE : virgule décimale présumée, implied decimal point.

PRET : prêt, ready, eligible, prepared ; indication 'prêt', ready typeout ; poste de données prêt, data set ready (DSR) ; prêt-à-monter, kit ; prêt à transmettre, clear to send (CTS) ; programme prêt à l'emploi, canned routine.

PRETIRAGE : prétirage, preprint.

PRETRAITEMENT : prétraitement, prepass ; prétraitement, preprocessing.

PRETRAITER : prétraiter, preprocess (to).

PRETRIER : prétrier, presort (to).

PREUVE : preuve, proof ; preuve de programme, programme proving ; preuve par neuf, casting out nines.

PREVENTIVE : maintenance préventive, preventive maintenance.

PREVERIFICATION : prévérification, prechecking.

PREVISION : prévision, forecasting ; prévision d'incidents, failure prediction.

PREVOIR : prévoir, schedule (to).

PRIMAIRE : primaire, primary ; bloc de données primaires, primary data block ; champ clé primaire, primary key field ; défaillance primaire, primary failure ; enregistrement primaire, primary data record ; enroulement primaire, primary winding ; fichier primaire, primary file ; fonction primaire, primary function ; groupe primaire, primary group, twelve-channel group ; groupement primaire, primary cluster ; index primaire, primary index ; station primaire, primary station ; zone de données primaires, primary data extent, primary data area.

PRIMITIVE : primitive, primitive ; ins-

truction primitive, presumptive instruction, unmodified instruction ; primitive graphique, display element, graphic primitive.

PRINCIPAL : principal, primary, main, master ; attributaire principal, primary address ; catalogue principal, master catalogue ; circuit principal, highway circuit ; connexion de l'ordinateur principal, host link ; disque principal, disc master ; enregistrement principal, master record, primary record ; fichier dictionnaire principal, main dictionary file ; fichier principal, main file, master file ; fichier principal actif, active master file ; fichier principal d'articles, item master file ; fichier principal de données, central information file ; mode principal, master mode ; point d'entrée principal, main entry point, primary entry point ; programme principal, main programme, master routine ; registre principal, general register ; segment principal, main segment.

PRINCIPALE : boucle principale, major loop ; clé principale, primary key ; console principale, main console, master console, system console ; horloge principale, master clock ; interruption principale, master interrupt ; ligne principale, main line ; mémoire principale, main memory, primary storage, internal storage, main store ; piste principale, prime track, primary track ; position principale, major position ; station principale, master station ; tâche principale, main task, major task ; unité principale, main unit ; unité principale de commande, main control unit ; zone principale, prime area.

PRINCIPE : principe, principle ; principe des files d'attente, queueing principle.

PRIORITAIRE : commande prioritaire, priority control ; interruption prioritaire, priority interrupt ; interruption vectorisée prioritaire, vector priority interrupt ; message prioritaire, priority message ; mode prioritaire, privileged mode ; niveau prioritaire, priority grading ; programme non prioritaire, background programme ; programme prioritaire, foreground programme ; traitement non prioritaire, background processing ; traitement prioritaire, foreground processing, priority processing ; travail prioritaire, preemtive job.

PRIORITE : priorité, priority ; attribution de priorités, priority sequencing ; contrôle de priorité, precedence control ; indicateur de priorité, priority indicator ; interruptions ordonnées par priorité, priority ordered interrupts ; **ligne à priorité absolue**, highest priority interrupt line ; **message à haute priorité**, high-precedence message ; **priorité d'allocation**, allocation priority ; **priorité de prise en charge**, dispatching priority ; **priorité des travaux**, job priority ; **priorité élevée**, high priority ; **priorité limitée**, limit priority ; **règle de priorité**, priority rule ; **révision des priorités**, priority degradation ; **sélection de priorité**, priority selection ; **table de priorité**, priority table ; **table des priorités d'interruptions**, interrupt priority table.

PRIS : pris en compte, processed.

PRISE : barrette de prises, jack strip ; **bit de prise de contrôle**, override bit ; **cycle de prise en charge**, fetch cycle ; **priorité de prise en charge**, dispatching priority ; **prise en charge**, accomodation, handling ; **prise en charge de l'instruction**, instruction staticising (US: staticizing) ; **prise murale**, wall socket, wall outlet ; **réglette de prises**, jack strip ; **signal indicatif de prise de ligne**, clear forward signal.

PRIVE : privé, private ; **central privé**, private exchange ; **type privé limité**, limited private type.

PRIVEE : ligne privée, private line ; **messagerie privée**, courier service.

PRIVILEGIEE : privilégiée, privileged, restricted ; **instruction privilégiée**, privileged instruction, restricted instruction.

PROBABILITE : probabilité, chance ; **probabilité d'attente en file**, queueing probability.

PROBABLE : probable, probable ; **configuration probable**, probable configuration ; **erreur probable**, probable deviation.

PROBLEMATIQUE : logiciel de problématique, application software, problem-oriented software.

PROBLEME : problème, problem ; **définition du problème**, problem definition ; **problème de vérification**, check problem.

PROCEDE : procédé, process ; **procédé d'appel sélectif**, polling technique ; **procédé itératif**, iterative process.

PROCEDURAL : langage procédural, procedure-oriented language.

PROCEDURE : procédure, procedure* ; **accord de procédure**, declarative section ; **bibliothèque de procédures**, procedure library ; **définition des procédures**, pro-

cedure definition ; **en-tête de procédure**, procedure heading ; **enchaînement de procédures**, procedure chaining ; **fin des déclarations de procédure**, end declarative ; **identificateur de procédure**, procedure identifier ; **instruction de procédure**, procedural statement, procedure statement ; **langage adapté aux procédures**, procedure-oriented language ; **langage de procédures**, procedural language ; **modélisation de procédures**, procedure modelling ; **nom de procédure**, procedure name ; **opérateur de procédures**, procedural operator ; **phrase de procédure**, procedural sentence ; **procédure asynchrone**, asynchronous procedure ; **procédure cataloguée**, catalogued procedure ; **procédure d'abandon**, aborting procedure ; **procédure d'appel**, invoked procedure ; **procédure d'encryptage-décryptage**, encryption-decryption procedure ; **procédure d'entrée**, input procedure, login ; **procédure d'initialisation**, logging procedure ; **procédure d'initialisation du système**, initial setup procedure ; **procédure d'introduction**, input procedure ; **procédure d'utilisation**, use procedure ; **procédure de chargement**, loading procedure ; **procédure de commande**, control procedure ; **procédure de contrôle**, control procedure ; **procédure de dérivation**, bypass procedure ; **procédure de gestion de communication**, call control procedure ; **procédure de lancement**, initiating procedure ; **procédure de liaison**, link protocol ; **procédure de récupération**, recovery procedure ; **procédure de relance**, restart procedure ; **procédure de reprise automatique**, fallback procedure ; **procédure distribuée**, distributed protocol ; **procédure interne**, internal procedure ; **procédure récursive**, recursive procedure ; **programme de commande de procédure**, procedure controller ; **section de procédure**, procedural section ; **segment de procédure**, procedure segment.

PROCESSEUR : processeur, processor* ; **architecture à processeurs parallèles**, parallel machine architecture ; **canal processeur**, processor channel ; **lié au processeur**, processor bound ; **limité par le processeur**, processor-limited ; **processeur à usage général**, general-purpose processor ; **processeur arithmétique**, number cruncher ; **processeur associatif**, associative processor ; **processeur auxiliaire**, peripheral processor ; **processeur central**, central processor, master processor ;

processeur d'E/S autonome, autonomous I/O processor ; **processeur d'écran**, display processor ; **processeur de langage**, language processor ; **processeur de lecture de texte**, text reader processor ; **processeur de service**, service processor ; **processeur de télétraitement**, network processor ; **processeur diadique**, dyadic processor ; **processeur en tranches**, bit slice processor ; **processeur en virgule flottante**, floating-point processor (FPP) ; **processeur esclave**, slave processor ; **processeur frontal**, front-end processor (FEP) ; **processeur graphique**, graphic processor ; **processeur maître**, control processor ; **processeur matriciel**, array processor, two-dimensional array processor ; **processeur nodal**, node processor ; **processeur relationnel**, relational processor ; **processeur vectoriel**, one-dimensional array processor.

PROCESSUS : processus, process* ; **adresse de processus**, process address space ; **bloc de contrôle de processus**, process control block ; **calculateur de processus analogique**, analogue process computer ; **calculateur de processus numérique**, digital process computer ; **commande de processus**, process control ; **commutateur de processus**, process switch ; **équipement de commande de processus**, process control equipment ; **état d'un processus**, process state ; **gestion de groupes de processus industriels**, process group management ; **groupe de processus industriels**, process group ; **interface de processus**, real-time interface ; **interruption de processus**, process suspension ; **niveau de processus**, process level ; **ordinateur contrôleur de processus**, process control computer ; **processus adaptatif**, adaptive process ; **processus d'impression xérographique**, xerographic printing ; **processus d'introduction**, input process ; **processus de calcul**, computing process ; **processus de charge**, charge process ; **processus de recherche de lignes**, quota method ; **processus récursif**, circular process ; **processus séquentiel**, sequential process ; **signal d'interruption de processus**, process interrupt signal ; **synchronisation de processus**, process synchronisation.

PROCHE : proche de la qualité courrier, near letter quality (NLQ).

PRODUCTION : production, production, yield ; **algorithme de production de poly-**gones, polygon generation algorithm ; **données de production**, production data ; **programme de production**, working routine ; **temps de production du système**, system production time.

PRODUIT : produit, product ; **produit additionnel**, add-on ; **produit infini**, infinite product ; **produit intermédiaire**, intermediate product ; **produit interne**, inner product ; **produit logique**, logic product ; **produit scalaire**, inner product, scalar product ; **produit vectoriel**, vector sum ; **produits d'intermodulation**, intermodulation products.

PROFIL : profil, profile, pattern ; **profil binaire**, bit pattern ; **profil d'indication**, indicator pattern.

PROFONDEUR : commande de la profondeur de frappe, impression control.

PROGICIEL : progiciel, package*, software package ; **contrôlé par progiciel**, firmware-driven ; **progiciel à virgule flottante**, floating-point package ; **progiciel comptable**, accounting package ; **progiciel d'application**, application package ; **progiciel de gestion**, business package ; **progiciel de jeux d'entreprise**, gaming package ; **progiciel didactique**, course package ; **progiciel graphique**, graphic package, graphic software package ; **progiciel télématique**, datacom package.

PROGRAMMABILITE : programmabilité, programmability.

PROGRAMMABLE : programmable, codable, programmable ; **automate programmable**, programmable automaton ; **clavier programmable**, programmable keyboard ; **logique à réseau programmable**, programmable array logic (PAL) ; **programmable par machine**, hardware programmable ; **programmable par masque**, mask programmable ; **terminal programmable**, programmable terminal ; **zone protégée programmable**, programmable protected field.

PROGRAMMATEUR : programmateur, blaster, burner ; **programmateur automatique**, autocoder ; **programmateur de mémoire morte**, prom blower, programmer unit, prom programmer, prom burner, prom blaster ; **programmateur des travaux**, job scheduler.

PROGRAMMATHEQUE : programmathèque, (programme) library.

PROGRAMMATION : programmation, programming*, coding, codification ; aide à la programmation, programming support, programming aid ; **analyste en programmation**, programming analyst ; **astuce de programmation**, programming tip ; **bordereau de programmation**, code sheet ; **cours de programmation**, programming course ; **diagramme de programmation**, programming flowchart ; **dossier de programmation**, programming documentation ; **erreur de programmation**, coding mistake, coding error, programming error ; **feuille de programmation**, programme worksheet, programming form, programme sheet, coding form, coding sheet ; **indépendance de la programmation**, programming independence ; **langage de programmation**, programming language ; **logiciel d'aide à la programmation**, support programme ; **méthode de programmation**, programming method ; **méthodologie de programmation**, programming methodology ; **outil de programmation**, programming support, programming aid ; **outils de programmation**, programming tools ; **personnel de programmation**, programming personnel ; **programmation à temps d'accès minimal**, minimum access programming ; **programmation à temps d'exécution minimal**, minimum latency programming ; **programmation adaptée aux fichiers**, file-oriented programming ; **programmation assistée**, automatic programming ; **programmation convexe**, convex programming ; **programmation d'applications**, application programming ; **programmation de calculateur**, computer programming ; **programmation de contrôle**, audit programming ; **programmation de gestion**, business programming ; **programmation de transactions**, transaction programming ; **programmation des instructions**, instruction coding ; **programmation des rechanges**, computer parts programming ; **programmation dialoguée**, conversational programming ; **programmation dynamique**, dynamic programming ; **programmation en chiffres**, numeric coding ; **programmation en langage-machine**, absolute programming ; **programmation heuristique**, heuristic programming ; **programmation interactive**, on-line programming ; **programmation interprétative**, interpretive programming ; **programmation linéaire**, linear programming, straight-line coding ; **programmation mathématique**, mathematical programming ; **programmation modulaire**, modu-

lar programming ; **programmation non linéaire**, non-linear programming ; **programmation optimale**, optimum programming ; **programmation paramétrée**, skeletal coding ; **programmation paramétrique**, parametric programming ; **programmation relative**, incremental programming ; **programmation séquentielle**, serial programming ; **programmation structurée**, structured programming ; **programmation symbolique**, symbolic programming ; **programmation variable**, variable programming ; **séquence de programmation**, coding sequence ; **système d'aide à la programmation**, support system ; **système de programmation**, programming system ; **système de programmation automatique**, automatic programming system ; **temps de programmation**, programming time ; **verbe de programmation**, verb name.

PROGRAMMATIQUE : la programmatique, programmatics, software analysis.

PROGRAMME : programme, programme* (US: program), routine ; **(programme) corésident**, co-resident (routine) ; **(programme) non-résident**, non-resident (programme) ; **(programme) résident**, resident (programme) ; **accessible par programme**, programme-accessible ; **adressage programmé**, programmed addressing ; **amorçage de sous-programme**, begin subroutine ; **appel de programme**, programme fetch ; **appel de sous-programme**, subroutine reference ; **appel programmé**, programmed call ; **arbre de programme**, programme tree ; **arrêt de programme**, programme terminaison, programme stop ; **arrêt programmé**, coded stop, coded halt, dynamic stop ; **bande de programme**, programme tape ; **bande de programmes utilitaires**, utility tape ; **bande programme**, programme input ; **banque de programmes**, programme bank ; **bibliothèque (de programmes)**, (programme) library ; **bibliothèque de programmes source**, source programme library ; **bibliothèque de sous-programmes**, subroutine library ; **bibliothèque des programmes utilisateur**, user library ; **blocage programmé**, programmed interlock ; **boucle de programme**, programme loop, programming loop ; **branchement de programme**, programme switch ; **calculateur à programme câblé**, wired programme computer ; **calculateur à programme mémorisé**, stored-programme computer ; **calculateur géré par programme**, programme-controlled computer ; **capacité programme**, programme capacity ; **carte en-tête de programme**, programme header card ; **carte-programme**, programme card ; **cartes-programme source**, source deck ; **cartouche programme**, solid state cartridge ; **changement de programme**, programme change ; **chargement du programme**, programme loading ; **chargeur de programme**, programme loader ; **clavier programmé**, programmed keyboard ; **code d'enchaînement de programme**, programme linking code ; **commande à cartes-programme**, programme card control ; **commande de programme**, programme control ; **commandé par programme**, programme-controlled ; **compilation de programme**, programme compilation ; **conception de programme**, programme design ; **contrôle de programme**, programme checking, programme check ; **contrôle du sous-programme utilitaire**, utility routine controller ; **contrôlé par programme**, programme-driven ; **contrôle programmé**, coding check, programmed checking ; **conversion de programme**, conversion programme ; **débogage de programme**, programme debugging ; **défaut détecté par programme**, programme-sensitive fault ; **déroulement du programme**, programme flow ; **descripteur de programme**, programme descriptor ; **développement de programme**, programme development ; **directive de programme**, programme director ; **documentation du programme**, programme documentation ; **données de programme**, programme data ; **écriture de programme**, programme write up ; **élément de programme**, programme item ; **en-tête de programme**, programme header ; **enchaînement de programme**, programme linking, programme chaining ; **enseignement programmé**, programmed learning ; **entrée de programme**, entry block ; **erreur de programme**, programme error ; **essai de programme**, programme test, programme testing ; **exécution de programme**, programme execution ; **faire des sous-programmes**, subroutinise (to) (US: subroutinize) ; **feuille programme**, instruction sheet ; **fichier chargeur de programme**, programme load file ; **fichier de programmes**, programme file, run file ; **fin de programme**, programme end ; **générateur de programme**, programme gener-

ator ; **générateur de programme d'amorçage**, bootstrap generator ; **générateur de programme d'états**, report programme generator (RPG) ; **générateur de programme de sortie**, output routine generator ; **génération de programme**, programme generation ; **gestion de programme**, programme management ; **gestionnaire de programme**, programme handler ; **historique de programme**, programme history ; **identification de programme**, programme identification ; **instruction de programme**, programme statement ; **interruption automatique de programme**, automatic programme interrupt ; **interruption de programme inconditionnelle**, unconditional programme interrupt ; **itération de programme**, programme repeat ; **jeu de cartes-programme**, programme deck ; **kit de programmes de développement**, development tool kit ; **lancement de programme**, programme start ; **langage du programme**, programme language ; **listage de programmes**, programme listing ; **liste de programmes**, programme directory ; **liste de programmes objet**, object listing ; **longueur de programme**, programme length ; **maille de programme**, programme mesh ; **maintenance de programme**, programme maintenance ; **masque de programme**, programme mask ; **mémoire programme**, programme storage ; **mise au point du programme**, programme checkout ; **module de programme**, programme pack, programming module ; **mot d'état programme**, programme status word (PSW) ; **mot de programme**, programme word ; **non programmé**, unprogrammed ; **organigramme du programme**, programme flowchart ; **origine de programme**, programme origin ; **paramètre de programme**, programme parameter ; **partie de programme**, programme section ; **pas de programme**, programme step ; **passe de programme**, programme run ; **phase d'exploitation du programme utilitaire**, utility session ; **pile dynamique de programme**, programme stack ; **planification des programmes**, programme scheduling ; **portabilité de programme**, programme compatibility ; **preuve de programme**, programme proving ; **programme à base de nombres entiers**, integer-based programme ; **programme à lancement automatique**, self-triggered programme ; **programme à virgule flottante**, floating-point routine ; **programme-amorce**, bootstrap programme, bootstrap loader ; **programme appelé**, called programme ; **programme associé**, dependent programme ; **programme au point**, complete routine ; **programme autotest**, self-check routine ; **programme auxiliaire**, auxiliary programme, secondary routine ; **programme bibliothécaire**, librarian programme ; **programme binaire translatable**, relocatable programme ; **programme câblé**, hardwired programme, wired programme ; **programme chargeur**, system loader ; **programme d'affectation**, assignment programme ; **programme d'aide**, help programme ; **programme d'analyse**, parser, programme analyser, trace programme ; **programme d'analyse sélective**, selective trace programme, snapshot programme ; **programme d'anomalies**, malfunction routine ; **programme d'application**, application programme ; **programme d'assemblage**, assembly language programme, assembler, assembly programme ; **programme d'autopsie**, postmortem routine, postmortem programme ; **programme d'entrée**, input reader, input routine, input programme ; **programme d'évaluation**, benchmark programme, problem programme ; **programme d'exercice**, exerciser ; **programme d'extraction**, output programme, output routine ; **programme d'impression de bande**, tape-to-printer programme ; **programme d'initialisation**, initialisation programme, initialiser (US: initializer), listener ; **programme d'initialisation de système**, cold start programme ; **programme d'installation**, setup programme ; **programme d'interfaçage**, interface routine ; **programme d'interruption**, interrupt routine ; **programme d'introduction**, input routine, input reader, input programme ; **programme de base**, root programme ; **programme de bibliothèque**, library programme ; **programme de calcul de cosinus**, cosine programme ; **programme de calculateur**, computer programme ; **programme de césure**, hyphenation routine ; **programme de chargement**, load programme, loader, loading routine ; **programme de chargement initial**, initial programme loader ; **programme de commande**, control programme ; **programme de commande automatique**, automatic programming tool (APT) ; **programme de commande d'entrée**, input control programme ; **programme de commande de procédure**, procedure controller ; **programme**

de compilation, compiling routine ; **programme de compression**, condensing routine ; **programme de contrôle**, checking routine, director, tracing routine, verifying programme ; **programme de contrôle de machine**, machine check ; **programme de contrôle résident**, kernel, nucleus, resident control programme ; **programme de conversion**, conversion routine ; **programme de correction**, correction routine, patch routine, patcher ; **programme de correction d'erreurs**, error correction routine ; **programme de d'évaluation**, benchmark routine ; **programme de démonstration**, demo programme ; **programme de développement**, cross-software ; **programme de diagnostic**, diagnostic programme, maintenance programme ; **programme de division**, division subroutine ; **programme de génération**, generation programme ; **programme de gestion des entrées/sorties**, input/output programme ; **programme de graphique**, graphic display programme ; **programme de jeu**, funware ; **programme de liaison**, binder routine ; **programme de maintenance**, maintenance routine ; **programme de manoeuvre**, intermediate programme ; **programme de mise à jour**, modification programme, update analysis programme, updating routine, update programme ; **programme de mise au point**, interpretive trace programme ; **programme de monitorage**, monitoring programme ; **programme de nettoyage**, garbage collector ; **programme de production**, working routine ; **programme de rappel**, back-up and restore programme ; **programme de récupération automatique**, automatic recovery programme ; **programme de référence**, routine master ; **programme de reprise**, rerun routine, roll-back routine ; **programme de sauvegarde**, safeguarding programme, salvager ; **programme de scrutation**, polling routine ; **programme de service**, documentor, service programme ; **programme de servitude**, utility programme, utility routine ; **programme de simulation**, simulation programme ; **programme de sortie**, output programme, output routine ; **programme de spécification**, specification programme ; **programme de supervision**, job control programme ; **programme de test d'assembleur**, test translator ; **programme de trace écrite**, hard package ; **programme de traitement**, processing programme ; **programme de tri**, sort programme, sorter ; **programme de tri et d'inter-classement**, sort/merge generator ; **programme de vérification**, audit programme ; **programme débogueur**, debugger ; **programme directeur**, executive routine ; **programme écrit manuellement**, hand-written programme ; **programme en attente**, waiting programme ; **programme en passe unique**, single-pass programme ; **programme en séquence**, in-line subroutine ; **programme erroné**, incorrect programme ; **programme fermé**, linked programme ; **programme général**, general programme ; **programme générateur**, generating routine, generating programme ; **programme générateur de rythme**, clock programme ; **programme heuristique**, heuristic routine, heuristic programme ; **programme horodateur**, dating routine ; **programme indépendant**, independent routine ; **programme individuel**, individual routine ; **programme interprétatif**, interpretive routine ; **programme itératif**, repeat programme ; **programme machine**, object programme ; **programme macro-assembleur**, macro-assembly programme ; **programmé manuellement**, hand-coded ; **programme mémorisé**, stored programme, stored routine ; **programme modulaire**, modular programme ; **programme non prioritaire**, background programme ; **programme non terminé**, unfinished programme ; **programme objet**, object-level programme, target programme ; **programme ouvert**, open ended programme ; **programmé par cartes**, card-programmed ; **programme partageable**, reusable programme ; **programme pas à pas**, step-by-step programme ; **programme pilote**, master scheduler, master programme ; **programme portable**, cross-programme, portable programme ; **programme présenté avec menu**, menu-driven application ; **programme prêt à l'emploi**, canned routine ; **programme principal**, main programme, master routine ; **programme prioritaire**, foreground programme ; **programme récursif**, recursive programme ; **programme réentrant**, reentrant programme ; **programme sans bogue**, star programme ; **programme sans mise au point**, blue ribbon programme ; **programme source**, source programme ; **programme spécialisé**, dedicated programme ; **programme spécifique**, brittle ; **programme statistique**, statistical programme ; **programme structuré**, structured programme ; **pro-**

gramme superviseur, supervisory programme ; **programmé sur commande**, custom-programmed ; **programme symbolique de débogage**, symbolic debugger ; **programme traducteur**, translating programme, translating routine ; **programme transitoire**, transient programme ; **programme tronqué**, incomplete programme ; **programme utilisateur**, user programme ; **progression de programme**, programme advance ; **protection de programme**, programme protection ; **réalisé par programme machine**, hardware-programmed ; **registre de programme**, programme register ; **répertoire des programmes**, contents directory ; **reprise de programme**, programme restart ; **retard programmé**, dwell ; **saut de programme**, programme jump ; **sauvegarde de programme**, programme backup ; **segment de programme**, programme part, programme segment ; **segmentation de programme**, programme segmenting, programme sectioning ; **sélection de programme**, programme selection ; **sortie de programme**, programme exit ; **sortie du programme d'assemblage**, assembly programme output ; **sous-programme**, subprogramme (US: subprogram), subroutine ; **sous-programme à deux niveaux**, two-level subroutine ; **sous-programme à un niveau**, one-level subroutine ; **sous-programme chargeur**, key loader ; **sous-programme d'amorçage**, key bootstrap ; **sous-programme d'appel**, calling routine ; **sous-programme d'entrée/sortie**, input/output handler, input/output support package ; **sous-programme d'utilisateur**, user provided routine ; **sous-programme de bibliothèque**, library subroutine ; **sous-programme de clôture**, termination routine ; **sous-programme de division**, integer divide ; **sous-programme de gestion des entrées/sorties**, input/output software routine ; **sous-programme de mise à jour**, update routine ; **sous-programme de multiplication**, integer multiply ; **sous-programme de service**, function subprogramme ; **sous-programme de test interne**, internal test routine ; **sous-programme de ventilation**, distribution routine ; **sous-programme écrit par l'utilisateur**, user written routine ; **sous-programme fermé**, closed subroutine ; **sous-programme imbriqué**, nested subroutine ; **sous-programme machine**, machine routine ; **sous-programme moniteur**, monitor routine ; **sous-programme ouvert**, direct insert routine, open routine ; **sous-programme réentrant**, reentrant subroutine ; **sous-programme statique**, static subroutine ; **spécification de programme**, programme specification ; **structure de programme**, programme structure, structure pattern ; **système de programmes utilitaires**, utility system ; **table de programmes**, programme table ; **tableau de programme câblé**, programme board ; **tambour programme**, programme drum ; **temps d'essai de programme**, programme test time ; **texte de programme**, programme text ; **traduction de programme**, programme translation ; **transcription de programme**, programme transcript ; **translation de programme**, programme relocation ; **unité de programme**, programme unit ; **vidage programmé**, programmed dump ; **zone de nom de programme**, programme name field ; **zone de programme**, programme area.

PROGRAMME : programmé, programmed.

PROGRAMMEE : calculateur à logique programmée, programmed logic computer ; **connexion automatique programmée**, autopolling ; **directive programmée**, programmed instruction ; **gestion programmée**, programmed management ; **logique programmée**, programmed logic ; **réseau à logique programmée**, programmed logic array (PLA) ; **virgule programmée**, assumed decimal point.

PROGRAMMER : programmer, programme (to), code (to).

PROGRAMMETRIE : programmétrie, programmetry, software methodology.

PROGRAMMEUR : programmeur, computer programmer, programmer ; **macro définie par le programmeur**, programmer-defined macro ; **utilitaire de tests pour programmeur**, programmer test utility.

PROGRESSER : progresser, increment (to).

PROGRESSIF : mode dégradé progressif, graceful degradation mode.

PROGRESSION : progression, progress, stepping ; **paramètre de progression**, incremental parameter ; **progression automatique**, autoincrement ; **progression de programme**, programme advance.

PROGRESSIVE : transition progressive, gradual transition.

PROJETER : projeter, image (to),

schedule (to).

PROLOG : prolog (langage), prolog (language).

PROLONGATEUR : prolongateur, expander, extender ; **prolongateur de carte**, card extender.

PROPAGATION : propagation, propagation ; **mémoire à propagation**, delay line storage ; **perte par propagation**, propagation loss ; **temps de propagation**, delay time, propagation time.

PROPAGE : propagé, propagated ; **report propagé**, propagated carry.

PROPAGEE : erreur propagée, inherited error.

PROPOSITION : proposition, proposition ; **proposition logique**, logic proposition.

PROPRE : langage propre au calculateur, computer-sensitive language.

PROTECTEUR : écran protecteur, glow screen.

PROTECTION : protection, protection, security ; **encoche de protection à l'écriture**, read/write protection notch, write-protect notch ; **housse de protection du clavier**, keyboard mask ; **onglet de protection à l'écriture**, read/write protection tab ; **protection à l'écriture**, disc write protect, write-protect ; **protection d'entrée**, input protection ; **protection de chargeur**, volume security ; **protection de contact**, contact protection ; **protection de fichier**, file protect ; **protection de mémoire**, memory protection ; **protection de programme**, programme protection ; **protection des chèques**, check protect ; **protection des données**, data security ; **protection des fichiers**, file protection ; **protection en écriture**, write protection ; **protection par clé**, key protection ; **protection par mot de passe**, password protection ; **protection secteur**, surge protector.

PROTECTRICE : gaine protectrice, insulating nose.

PROTEGE : protégé, protected ; **emplacement protégé**, protected location ; **fichier non protégé**, unprotected file ; **fichier protégé**, protected file ; **mode protégé**, protected mode ; **non protégé**, unprotected.

PROTEGEE : mémoire protégée en écriture, protected memory ; **zone de données non protégée**, unprotected data field ; **zone de mémoire protégée**, isolated locations ; **zone**

protégée, protected field ; **zone protégée pro-grammable**, programmable protected field.

PROTEGER : protéger, protect (to).

PROTOCOLAIRE : message proto-colaire, handshake message.

PROTOCOLE : protocole, protocol* ; échange de données avec protocole, hand-shaking ; interface avec protocole de trans-fert, handshake interface ; interfaces et proto-coles de la serie V (ex:V.24), V-series ; inter-faces et protocoles de la série X (ex:X.25), X-series ; protocole (de transmission) XMO-DEM, XMODEM protocol (datalink) ; protocole d'anneau à jeton, token-passing ring protocol ; protocole de bout en bout, end-to-end proto-col ; protocole de la couche physique, physi-cal layer protocol ; protocole de routage cen-tralisé, centralised routing protocol ; protocole de transfert, handshake ; protocole de trans-mission, link control protocol ; protocole multi-voie, multichannel protocol ; protocole uni-voie, single-channel protocol.

PROVISOIRE : solution provisoire, makeshift arrangement.

PROVOQUER : provoquer, invoke (to).

PSEUDOBOOLEEN : pseudoboo-léen, pseudo-Boolean.

PSEUDOCODE : pseudocode, pseu-do-code.

PSEUDODECONNECTE : traite-ment en mode pseudodéconnecté, pseudo off-line processing.

PSEUDOLANGAGE : pseudolanga-ge, pseudo-language, quasi-language.

PSEUDOLIGNEE : pseudolignée, seed.

PSEUDOPOINTEUR : pseudopoin-teur, dummy pointer.

PSEUDOREGISTRE : pseudoregis-tre, pseudo-register.

PUBLIC : public, public, common ; fi-chier public, public file ; logiciel de domaine public, freeware, public software ; réseau de télétraitement public, public data network.

PUBLICATION : publication, publish-ing ; publication assistée par ordinateur (PAO), desktop publishing.

PUBLIPOSTAGE : publipostage, mailing.

PUCE : puce, chip, silicon chip ; puce de mémoire à bulles, bubble chip ; puce de microprocesseur, microprocessor chip ; puce de reproduction vocale, speech chip ; puce décodeuse, decoder chip ; taux de puces bonnes, chip yield.

PUISSANCE : puissance, power ; fac-teur de puissance, power factor ; niveau de puissance, power level ; ordinateur de grande puissance, large scale system ; ordinateur de moyenne puissance, medium scale system ; ordinateur de petite puissance, small scale system ; puissance consommée, power drain, wattage rating ; puissance de calcul, computa-tional power ; puissance de traitement, pro-cessing power ; puissance lexicographique, lexicographical power ; puissance requise, power requirement ; répartition de puissance, power distribution.

PUITS : puits (de données), data sink.

PULSE : pulse, pulse, impulse ; simple pulse, one-shot.

PUPITRAGE : pupitrage, keyboarding.

PUPITRE : pupitre de commande, con-sole desk, control desk ; pupitre de signalisa-tion, indicator panel ; pupitre opérateur, oper-ator control panel.

PURGE : purge, flush, dump

Q

QUADRATIQUE : multiplicateur quadratique, square multiplier.

QUADRATURE : quadrature, quadra-ture ; modulation d'amplitude en quadrature (MAQ), quadrature amplitude modulation (QAM).

QUADRICHROMIE : en quadrichro-mie, four-coloured ; impression en quadri-chromie, four-colour print.

QUADRILLAGE : visu à quadrillage, raster display device.

QUADRUPLE : format à mot quadru-ple, quad-word bound ; quadruple précision, quadruple precision ; registre quadruple, quadruple register, quadruple length register.

QUALIFICATION : qualification, qualification ; niveau de qualification, qualifi-cation level.

QUALIFIE : qualifié, qualified ; **nom qualifié**, qualified name.

QUALIFIEE : nom de donnée qualifiée, qualified data name.

QUALIFIEUR : qualifieur, qualifier.

QUALITE : qualité, quality, grade ; **facteur de qualité**, quality factor ; **imprimante de qualité courrier**, correspondence quality printer ; **ligne de haute qualité**, voice grade circuit ; **proche de la qualité courrier**, near letter quality (NLQ) ; **qualité courrier**, letter quality.

QUANTIFICATEUR : quantificateur, quantiser (US: quantizer) ; **quantificateur universel**, universal quantifier.

QUANTIFICATION : quantification, quantisation* (US: quantization), quantification, quantising (US: quantizing) ; **niveau de quantification**, quantisation level.

QUANTIFIER : quantifier, quantise (to) (US: quantize), quantify (to).

QUANTITE : quantité, quantity* ; **(quantité d') information mutuelle**, mutual information, transmitted information ; **grande quantité de données**, huge data ; **quantité analogique**, analogue quantity ; **quantité d'information**, information content ; **quantité d'information conjointe**, joint information content ; **quantité de décision**, decision content ; **quantité numérique**, numerical quantity, numeric quantity ; **quantité variable**, variable quantity ; **unité binaire (quantité d'informa-**

tion), Shannon, binary unit of information content ; **unité décimale (quantité d'information)**, Hartley, decimal unit of information content ; **unité naturelle (de quantité d'information)**, natural unit (of information content).

QUARTE : quarte, quad*.

QUARTET : quartet, four-bit byte, nibble, quadbit, quartet ; **quartet de poids fort**, zone quartet.

QUARTZ : quartz, quartz, crystal, X-tal.

QUATRE : instruction à quatre adresses, four-address instruction ; **multiplet de quatre bits**, four-bit byte, nibble, quadbit, quartet.

QUESTIONNAIRE : questionnaire, questionnaire ; **questionnaire d'application**, application questionnaire.

QUEUE : queue, tail* ; **étiquette queue de bande**, trailer flag ; **queue d'attente des entrées/sorties**, input/output queue ; **queue d'entrée/sortie**, input/output error.

QUINAIRE : quinaire, quinary* ; **code quinaire**, quinary code, two-out-of-five code ; **nombre quinaire**, quinary number.

QUINTUPLET : quintuplet, five-bit byte, quintet.

QUOTIENT : quotient, ratio ; **quotient différentiel**, differential quotient ; **registre des quotients**, quotient register ; **registre multiplicateur quotient**, multiplier quotient register.

QWERTY : clavier qwerty, qwerty* keyboard

R

RACCORD : raccord à fil, wire lead.

RACCORDEMENT : raccordement, attachment, hook-up, nexus, patching, pasting ; **borne de raccordement**, connection terminal ; **cordon de raccordement**, patch cord ; **point de raccordement**, drop-off.

RACINE : racine, root ; **exposant de racine**, index of root, index of a radical ; **racine imaginaire**, imaginary root ; **valeur de la racine**, value of the root.

RACK : rack, rack.

RADIAL : radial, radial ; **transfert radial**, radial transfer, transput process.

RADIATEUR : radiateur, heat sink*.

RADICAL : radical, radical quantity.

RAFALE : rafale, burst* ; **écriture en**

rafale, write burst ; **lecture/écriture par rafale**, read/write burst ; **lecture par rafale**, read burst ; **taux de rafale**, burst rate ; **transmission par rafales**, burst transmission.

RAFRAICHIR : rafraîchir, refresh (to).

RAFRAICHISSEMENT : rafraîchissement, refresh*, refreshing, retrace ; **cycle de rafraîchissement**, display cycle, refresh cycle, retrace cycle ; **cycle de rafraîchissement de mémoire**, memory refresh cycle ; **écran à rafraîchissement continu**, continual refresh display ; **intervalle entre deux rafraîchissements**, refresh interval ; **mémoire à rafraîchissement**, regenerative memory ; **rafraîchissement dynamique**, invisible refresh ; **rafraîchissement écran**, crt refresh ;

retrieving, seek*, search*, searching ; **algorithme de recherche binaire**, bisection algorithm ; **carte de recherche**, search card ; **clé de recherche**, search key ; **code de recherche**, retrieval code ; **commande de recherche**, search command, searching command ; **cycle de recherche**, search cycle, seek ; **cycle de recherche d'instruction**, instruction fetch ; **demande de recherche**, search query ; **durée moyenne de recherche**, average search length ; **fonction de recherche**, locate function, search function ; **instruction de recherche**, lookup instruction, table lookup instruction ; **macro-appel de recherche**, seek action macro-call ; **mode de recherche**, locate mode ; **mot de recherche**, search word ; **opération de recherche**, search process, search operation ; **organigramme de recherche**, optimum tree search ; **processus de recherche de lignes**, quota method ; **recherche arborescente**, tree searching ; **recherche binaire**, binary chop, binary search ; **recherche d'erreur**, error trapping ; **recherche de documents**, document retrieval, literature search ; **recherche de Fibonacci**, Fibonacci search ; **recherche de l'information**, data retrieval, information retrieval ; **recherche de table**, table search ; **recherche des pannes**, trouble-tracing ; **recherche dichotomique**, chop, dichotomising (US: dichotomizing) search ; **recherche documentaire**, documentary information retrieval ; **recherche en bibliothèque**, library search ; **recherche en chaîne**, chaining search ; **recherche en recouvrement**, overlapping seek ; **recherche hiérarchique**, tree search ; **recherche inverse**, backtracking* ; **recherche multicritère**, multicriteria search ; **recherche opérationnelle**, operation analysis, operation research (OR) ; **recherche par mot clé**, disjunctive search, key retrieval ; **recherche séquentielle**, linear search, sequential search ; **séquence de recherche en bibliothèque**, library search sequence ; **système de recherche**, retrieval system ; **système de recherche documentaire**, information retrieval system ; **table de recherche**, look-up table ; **temps de recherche**, search time, seek time ; **temps de recherche d'erreur**, fault tracing time ; **zone de recherche**, search area, seek area.

RECHERCHER : rechercher, search (to), seek (to).

RECIPROQUE : réciproque, reciprocal.

RECLASSEMENT : reclassement, rearrangement, refiling, reordering, resorting.

RECLASSER : reclasser, refile (to), reorder (to), resquence (to).

RECODAGE : recodage, recoding, reprogramming.

RECODER : recoder, recode (to), réprogramme (to).

RECOMPILATION : recompilation, recompiling, recompilation.

RECOMPILER : recompiler, recompile (to).

RECONFIGURABILITE : reconfigurabilité, reconfigurability*.

RECONFIGURATION : reconfiguration, reconfiguration ; **reconfiguration de mémoire**, storage reconfiguration.

RECONFIGURER : reconfigurer, reconfigure (to).

RECONNAISSANCE : reconnaissance, cognition ; **reconnaissance artificielle**, artificial cognition ; **reconnaissance automatique des formes**, automatic shape recognition ; **reconnaissance de caractères**, character recognition ; **reconnaissance de code**, code recognition ; **reconnaissance des formes**, pattern recognition ; **reconnaissance vocale**, speech recognition, voice recognition ; **temps de reconnaissance**, recognition time.

RECONNAITRE : reconnaître, acknowledge (to).

RECONNECTER : reconnecter, reconnect (to).

RECONSTITUER : reconstituer, reconstitute (to), reestablish (to), restore (to), rebuild (to), reconstruct (to).

RECONSTITUTION : reconstitution, rebuilding, reconstruction.

RECONSTRUCTION : reconstruction, reconstruction, reconstruction, rebuilding ; **reconstruction de fichier**, file reconstruction.

RECONSTRUIRE : reconstruire, rebuild (to), reconstruct (to), reconstitute (to).

RECOPIE : recopie, recopy ; **possibilité de recopie d'écran**, hardcopy facility ; **recopie d'écran**, hardcopy, screen copy.

RECOPIEUR : recopieur, recopier ; **recopieur d'affichage écran**, display screen copier.

RECORRIGER : recorriger, repatch (to).

RECOUVREMENT : recouvrement, overlay*, overlaying* ; **fenêtres à recouvrement**, tiled windows ; **gestion de recouvrements**, overlay management ; **module de chargement à recouvrement**, overlay load module ; **recherche en recouvrement**, overlapping seek ; **recouvrement arborescent**, overlay tree ; **recouvrement automatique**, automatic overlaying ; **recouvrement de mémoire**, memory overlap ; **segment de recouvrement**, overlay segment ; **structure de recouvrement**, overlay structure ; **superviseur de recouvrement**, overlay supervisor ; **temps de recouvrement**, recovery time ; **zone de recouvrement**, overlay area.

RECOUVRIR : recouvrir, overlay (to).

RECREER : recréer, recreate (to).

RECTIFIEUSE : rectifieuse, grinder.

RECTO : alimentation recto, face-down feed ; recto de carte, card face.

RECUEIL : recueil chronologique des données, data logging ; recueil de données, data book.

RECULER : reculer d'un espace, backspace (to).

RECUPERABLE : récupérable, recoverable ; erreur récupérable, recoverable error.

RECUPERATION : récupération, reclamation, recovery, retrieval*, restitution ; faculté de récupération, recoverability ; fonction de récupération, recovery function ; mouvement de récupération, recovery transaction ; opération récupération, retrieval operation ; procédure de récupération, recovery procedure ; **programme de récupération automatique**, automatic recovery programme ; récupération de fichier, file recovery ; récupération des messages, message retrieval ; récupération par retraitement, backward recovery ; récupération parasite, false retrieval ; routine de récupération, recovery routine.

RECUPERER : récupérer, reclaim (to), recover (to).

RECURRENCE : récurrence, recursion ; fréquence de récurrence, pulse repetition frequency (PRF), recurrence rate, sequential rate ; raisonnement par récurrence, mathematical induction ; récurrence de point, dot cycle.

RECURRENT : récurrent, recursive ; balayage récurrent, raster scanning.

RECURRENTE : fonction récurrente, recursive function ; suite récurrente, recursively defined sequence.

RECURSIF : processus récursif, circular process ; programme récursif, recursive programme.

RECURSIVE : opération récursive, recursive operation, recursive progress ; **procédure récursive**, recursive procedure ; **routine récursive**, recursive routine.

RECURSIVITE : récursivité, recursion.

REDEMARRAGE : redémarrage, restart* ; **redémarrage à chaud**, warm restart, warm boot ; **redémarrage automatique**, automatic restart, auto-restart ; **redémarrage manuel**, differed restart.

REDONDANCE : redondance, redundancy ; **contrôle cyclique par redondance**, cyclic redundancy check (CRC) ; **contrôle par redondance**, redundancy check ; **contrôle par redondance longitudinale**, longitudinal redundancy check (LRC) ; **redondance relative**, relative redundancy.

REDONDANT : redondant, redundant ; caractère redondant, redundant character ; code redondant, redundant code.

REDRESSEMENT : redressement, upswing.

REDRESSEUR : redresseur, rectifier ; redresseur au silicium, silicon rectifier ; **redresseur double alternance**, full-wave rectifier ; **redresseur simple alternance**, half-wave rectifier.

REDUCTION : réduction, reduction, underflow ; engrenage à grand rapport de réduction, vernier drive ; mode de réduction, shrinking mode ; **réduction des données**, data reduction.

REDUIRE : reduire, scale (to) ; réduire (des données), condense (to) ; réduire à l'échelle, scale down (to).

REDUIT : réduit, reducted, condensed ; clavier réduit, condensed keyboard ; **facteur temps réduit**, fast time scale.

REDUITE : version réduite, downgraded version.

REECRIRE : réécrire, rewrite* (to).

REECRITURE : réécriture, rewrite, rewriting.

REEDITION : réédition, reprint.

REEL : réel, effective*, actual, real ; application en temps réel, real-time application ; calculateur en temps réel, real-time computer ; commande en temps réel, real-time control ; entrée en temps réel, real-time input ; horloge temps réel, real-time clock ; interface d'horloge temps réel, real-time clock interface ; langage temps réel, real-time language ; mode réel, real mode ; moniteur temps réel, real-time monitor ; nombre réel, real number ; opération en temps réel, real-time operation ; paramètre réel, actual parameter ; pas réel, effective pitch ; simulation en temps réel, real-time simulation ; sortie en temps réel, real-time output ; système temps réel, real-time system (RTS) ; temps réel, real-time (RT) ; temps réel en ligne, on-line real-time (OLRT) ; traitement en temps réel, continuous processing, real-time processing ; traitement réel, live running ; transfert réel, actual transfer ; transmission en temps réel, real-time transmission ; type réel, real type.

REELLE : adresse réelle, actual address, real address ; constante réelle, real constant ; exécution réelle, actual execution ; grandeur réelle, physical quantity ; mémoire réelle, actual store, real storage, real memory ; position réelle, actual position ; valeur réelle, actual value, true value ; virgule décimale réelle, actual decimal point.

REENCHAINER : réenchaîner, relink (to).

REENGISTRER : réengistrer, rerecord (to).

REENTRANCE : réentrance, reentrance.

REENTRANT : réentrant, reenterable, reentrant* ; code réentrant, pure code ; module réentrant, reenterable load module ; non réentrant, non-reusable ; programme réentrant, reentrant programme ; sous-programme réentrant, reentrant subroutine.

REENTREE : réentrée, reentry.

REENTRER : réentrer, reenter (to).

REEXTRACTION : réextraction, refetching.

REFERENCE : référence, reference, tag, label ; référencé, referenced, labelled ; bloc de référence, reference block ; bloc sans référence, unlabelled block ; bord de référence, guide edge, reference edge ; code de référence, key of reference ; enregistrement de référence, reference record ; fonction de référence, alignment function ; langage de référence, reference language ; listage de références, reference listing ; liste de références, reference list ; liste de références croisées, cross-reference listing ; manuel de référence, documentation, reference manual ; marge de référence, guide margin ; module de référence, master source module ; niveau de référence, reference level ; numéro de référence, reference number ; piste de référence, library track ; programme de référence, routine master ; référence accessible directement, on-line reference ; référence d'entrée/sortie, input/output referencing ; référence extérieure, external reference ; référence uniforme, uniform referencing ; tension de référence, reference voltage.

REFERENCEE : instruction groupe non référencée, unlabelled compound.

REFERENCER : référencer, label (to), tag (to).

REFLECHI : réfléchi, reflected ; binaire réfléchi, reflected binary ; code binaire réfléchi, Gray code, reflected binary code.

REFLECTANCE : réflectance, reflectance ; réflectance diffuse, background reflectance.

REFLEXION : réflexion, mirroring.

REFORMATAGE : reformatage, reformating.

REFORMATER : reformater, reformat (to).

REFOULEE : liste refoulée, lifo list, pushdown list.

REFRAPPE : refrappe, retyping.

REFRAPPER : refrapper, retype (to).

REFUS : refus, denial ; signal de refus d'appel, call-not-accepted signal.

REFUSE : refusé, denied, not accepted ; accès refusé, access denied ; appel refusé, call not accepted.

REGENERATEUR : circuit régénérateur d'impulsions, pulse regenerating circuit ; répétiteur régénérateur, regenerative repeater.

REGENERATION : régénération, regeneration ; commande de régénération, regeneration control ; régénération d'image, image regeneration ; régénération d'impulsions, pulse regeneration ; régénération de signal, signal regeneration.

REGENERER : régénérer, refresh (to).

REGIME : régime asynchrone, asynchronous working.

REGION : région, region.

REGISTRE : registre, register ; **groupe de registres**, register bank ; **instruction de registre d'index**, indexing instruction ; **longueur de registre**, register length ; **registre à circulation**, delay line register ; **registre à code retour**, retour-code register ; **registre à décalage**, shift register ; **registre à décalage double**, double line shift register ; **registre à décalage dynamique**, dynamic shift register ; **registre à décalage statique**, static shift register ; **registre à mémoire associative**, associative storage register ; **registre à transfert analogique**, analogue shift register ; **registre à virgule flottante**, floating-point register ; **registre accumulateur**, accumulator register ; **registre adressable**, addressable register ; **registre arithmétique**, arithmetic register ; **registre associatif**, associative register ; **registre autodécrémental**, autodecrement register ; **registre auxiliaire**, utility register ; **registre banalisé**, general-purpose register ; **registre d'adresse**, address register, base register, address accumulator, control register ; **registre d'adresse d'instruction**, instruction address register ; **registre d'adresse de base**, address range register, base address register ; **registre d'appel**, calling register ; **registre d'enchaînement d'instructions**, instruction sequence register, instruction location counter ; **registre d'entrée**, input register ; **registre d'entrée manuelle**, manual input register ; **registre d'entrée mot**, word input register ; **registre d'entrée/sortie**, input/output register ; **registre d'état**, status register ; **registre d'exploitation**, operation register ; **registre d'horloge**, clock register, timer, time register ; **registre d'identification**, identification register ; **registre d'index**, index register, modifier register, B-box, B-store, B-register, B-line, box, index accumulator ; **registre d'indicateurs**, indicator register ; **registre d'instruction**, instruction register, programme counter, programme address counter ; **registre d'interface**, interface register ; **registre d'interrogation**, interrogation register ; **registre de base**, indexing register ; **registre de comptage d'instructions**, instruction counting register ; **registre de contrôle**, check register, control register ; **registre de mémoire**, memory register, storage register ; **registre de mot**, word register ; **registre de pile**, stack register ; **registre de pondération**, weight register ; **registre de programme**, programme register ; **registre de report**, carry register ; **registre de transfert**, transfer register ; **registre de travail**, work register ; **registre de ventilation des travaux**, job distribution register ; **registre des avaries**, fault register ; **registre des données initiales**, home register ; **registre des quotients**, quotient register ; **registre double**, double length register, double register ; **registre en boucle**, circulating register ; **registre en double mot**, double word register ; **registre externe**, external register ; **registre intermédiaire**, intermediate register, temporary register ; **registre-masque**, mask register ; **registre multiplicateur quotient**, multiplier quotient register ; **registre principal**, general register ; **registre quadruple**, quadruple register, quadruple length register ; **registre rythmeur**, timer register ; **registre source**, source register ; **registre tampon de mot**, word buffer register ; **registre triple**, triple length register, triple register ; **unité de trois registres**, triple register.

REGLABLE : réglable, adjustable ; **rythmeur réglable**, variable clock.

REGLAGE : réglage, adjustment ; **bague de réglage précis**, vernier knob ; **réglage de l'intensité**, volume control ; **réglage précis vertical**, vertical vernier ; **valeur de réglage**, correcting value.

REGLE : règle, rule ; **règle à calculer**, slide rule ; **règle d'allocation**, allocation convention ; **règle de césure**, hyphenation rule ; **règle de grammaire**, grammar rule ; **règle de précédence**, precedence rule ; **règle de priorité**, priority rule ; **règles de traitement**, processing convention.

REGLER : régler, adjust (to) ; **système à régler**, controlled system.

REGLETTE : réglette, slider ; **réglette de déplacement**, drag slider ; **réglette de prises**, jack strip.

REGLEUR : régleur de l'intensité (sonore), volume control.

REGRESSION : régression, decrementation.

REGROUPE : regroupé, reblocked, repacked, imploded, concentrated, condensed ; **regroupé en**, organised (US: organized) ; **fichier à blocs regroupés**, reblocked file.

REGROUPEMENT : écriture avec re-

groupement, gather write ; **regroupement**, concentration, gathering, pooling, repacking ; **regroupement de données**, data concentration.

REGROUPER : regrouper, implode (to), pack (to).

REGULATEUR : régulateur, regulator ; **régulateur de courant**, current regulator ; **régulateur de tension**, voltage regulator.

REGULATION : régulation, regulation ; **régulation de niveau**, level regulation ; **régulation de tension**, voltage control ; **système de régulation automatique**, automatic control system.

REIMPRESSION : réimpression, reprint.

REIMPRIMER : réimprimer, reprint (to).

REINITIALISATION : réinitialisation, reinitialisation (US: reinitialization) ; **réinitialisation automatique**, automatic reset.

REINITIALISER : réinitialiser, reinitialise (to) (US: reinitialize).

REINTRODUIRE : réintroduire, reenter (to).

REJECTION : réjection de mode normal, normal mode rejection.

REJETER : rejeter, quesce (to).

RELAIS : relais, repeater ; **contact de relais**, relay contact ; **relais de décalage**, shifting relay ; **relais de maintien**, holding relay, locking relay ; **relais polarisé**, polar relay ; **relais télégraphique**, telegraph relay ; **relais temporisé**, slow acting relay.

RELANCE : relance, reinitiation ; **procédure de relance**, restart procedure ; **relance à froid**, cold restart ; **relance sur point de contrôle**, checkpoint recovery.

RELANCER : relancer, rebootstrap (to), reinitiate (to), restart (to).

RELATIF : relatif, relative ; **code relatif**, relative coding ; **entier relatif**, integer number ; **niveau de transmission relatif**, relative transmission level ; **relatif à la base**, base relative ; **vecteur relatif**, incremental vector, relative vector.

RELATION : relation, relation ; **relation logique**, logical relation ; **sans relation**, unrelated.

RELATIONNEL : relationnel, relational ; **opérateur relationnel**, comparaison operator, relational operator ; **processeur relation**-

nel, relational processor ; **symbole relationnel**, relation character ; **test relationnel**, relation test.

RELATIONNELLE : base de données relationnelles, relational data base ; **données relationnelles**, related data ; **expression relationnelle**, relational expression.

RELATIVE : adresse relative, relative address ; **adresse relative à zéro**, zero relative address ; **commande relative**, relative command, relative instruction ; **coordonnée relative**, relative co-ordinate ; **données relatives**, relative data ; **erreur relative**, relative error ; **humidité relative**, relative humidity ; **programmation relative**, incremental programming ; **redondance relative**, relative redundancy.

RELECTURE : relecture, reread ; **contrôle par relecture**, read back check.

RELIER : relier, connect (to) ; **relier par trait d'union**, hyphenate (to).

RELIRE : relire, reread (to), replay (to).

RELIURE : reliure, binder ; **reliure pour imprimés**, printout binder ; **reliure pour imprimés détachés**, burst printout binder ; **reliure pour imprimés en continu**, unburst printout binder.

RELOGEABLE : relogeable, relocatable ; **instructions relogeables**, relocatable sequence ; **module objet relogeable**, relocatable object module ; **module relogeable**, relocatable module.

RELOGER : reloger, relocate* (to), recall (to), roll on (to), roll in (to).

REMANENTE : rémanente, non-volatile ; **mémoire non rémanente**, volatile storage.

REMBOBINAGE : rembobinage, rewinding ; **rembobinage rapide**, high-speed rewind ; **temps de rembobinage**, rewind time ; **vitesse de rembobinage**, rewind speed.

REMBOBINER : rembobiner, respool (to), rewind (to), roll back (to).

REMETTRE : remettre à l'état initial (un compteur), reset (to) (a counter) ; **remettre en état**, recondition (to) ; **remettre en file**, requeue (to) ; **remettre en place**, replace (to).

REMISE : bouton de remise à zéro, reset button ; **remise à l'état initial d'un compteur**, counter reset ; **remise à l'heure**, time resetting ; **remise à zéro**, resetting, reset to zero, reset, restore ; **remise à zéro de cycle**, cycle reset ; **remise à zéro de la mémoire**, core flush ; **remise différée**, delayed delivery ; **remise en état**, reconditioning ; **remise en séquence**, resequencing ; **signal de remise à zéro**, reset signal ; **touche de remise à zéro**, start reset key.

REMONTER : remonter (une pile), pop up (to) (a stack).

REMPLACEMENT : remplacement, replacement, swapping ; **acheminement de remplacement**, alternate route ; **caractère de remplacement**, joker, wildcard ; **commande de remplacement**, replacing command ; **remplacement de carte**, board swapping ; **remplacement de chargeur**, volume swapping, volume swap.

REMPLIR : remplir, fill (to), pad (to).

REMPLISSAGE : remplissage, filling, padding, refilling ; **algorithme de remplissage de polygones**, polygon filling algorithm ; **article de remplissage**, padding item ; **caractère de remplissage**, filling character, padding character ; **élément de remplissage**, filler ; **enregistrement de remplissage**, padding record ; **entrée par remplissage de blancs**, fill in blank data entry ; **multiplet de remplissage**, slack byte ; **premier caractère de remplissage**, initial filler ; **remplissage de polygones**, polygon fill.

RENDEMENT : rendement, efficiency, yield* ; **rendement d'un réseau**, grade of service ; **rendement de balayage**, breakthrough sweep efficiency.

RENDRE : rendre aléatoire, randomise (to) (US: randomize) ; **rendre négatif**, negate (to).

RENDU : compte-rendu d'essai, test report ; **compte-rendu de l'exécution des travaux**, job execution report ; **compte-rendu de transmission**, backward supervision, tellback ; **compte rendu des mouvements**, transaction report ; **compte rendu sommaire**, summary report.

RENFORCEMENT : disque à renforcement central, hard-centred disc.

RENOMMER : renommer, rename (to).

RENOUVELE : renouvelé, renewed ; **non renouvelé**, unrenewed.

RENOUVELLEMENT : renouvellement, renewal.

RENSEIGNE : renseigné, filled-in ; **champ non renseigné**, unfilled-in field.

RENVOI : renvoi, reference, tag, label ; **adresse de renvoi**, jump address ; **cliquet de**

renvoi, keeper ; **mode de renvoi multiple**, programmed mode switch ; **niveau de renvoi**, jump level ; **renvoi d'organigramme**, connector, flowchart connector ; **symbole de renvoi**, breakpoint symbol ; **symbole de renvoi multiple**, variable connector ; **table des renvois**, crossreference table.

RENVOYER : renvoyer, reference (to), return (to).

REORDONNER : réordonner, reorder (to), resequence (to), rearrange (to), refile (to).

REORGANISATION : réorganisation, reorganisation (US: reorganization) ; **réorganisation de fichier**, file tidying, file reorganisation.

REORGANISER : réorganiser, reorganise (to) (US: reorganize).

REPARABLE : réparable, recoverable ; **non réparable**, unrecoverable.

REPARATION : réparation, repair ; **délai de réparation**, awaiting repair time ; **nécessaire de réparation**, repair kit ; **temps de réparation**, repair time.

REPARTI : réparti, dispersed ; **traitement réparti**, distributed processing.

REPARTIE : répartie, distributed, dispersed ; **architecture répartie**, divided architecture, distributed architecture ; **commande répartie**, distributed control.

REPARTIR : répartir, despatch (to), dispatch (to), distribute (to).

REPARTITEUR : répartiteur, despatcher, dispatcher ; **répartiteur de traitement**, process dispatcher.

REPARTITION : répartition, dispatching ; **clé de répartition**, distribution key ; **mode de répartition**, dispatching procedure ; **répartition de puissance**, power distribution ; **répartition des moyens**, resource allocation ; **répartition du traitement**, process dispatching.

REPERAGE : repérage, locating, tracing ; **marque de repérage**, registration mark.

REPERE : repère, label, marker, mark, locator ; **identificateur de repère**, locator qualification, locator qualifier ; **paramètre repère**, label parameter ; **point de repère**, spot mark ; **repère de bande**, tape mark ; **repère de début de bande**, beginning-of-tape marker, start-of-tape label ; **repère de début de fichier**, beginning-of-file label ; **repère de fin**, trailer label ; **repère de fin de bande**, end-of-tape label, end-of-tape marker ; **repère de fin de fichier**, end-of-file label ; **repère magnétique**, magnetic spot.

REPERFORATION : reperforation, repunching.

REPERFORER : reperforer, repunch (to).

REPERTOIRE : répertoire, catalogue (US: catalog), directory ; **article du répertoire des travaux**, job queue item ; **code de répertoire**, item key ; **dépassement de capacité de répertoire**, directory overflow ; **enregistrement de répertoire**, index record ; **fichier répertoire**, card index system ; **répertoire d'adresses**, address directory ; **répertoire de chargeurs**, volume directory ; **répertoire de fichiers**, data file directory, file directory ; **répertoire des programmes**, contents directory ; **répertoire des travaux**, job table ; **répertoire des travaux identifiés**, known job table ; **répertoire mode fenêtre**, pop-up directory ; **sous-répertoire**, subdirectory.

REPETER : répéter, iterate (to).

REPETITEUR : répétiteur, repeater ; **répétiteur régénérateur**, regenerative repeater.

REPETITIF : répétitif, repetitive ; **adressage répétitif**, repetitive addressing.

REPETITION : répétition, replication ; **contrôle par répétition**, duplication check ; **index de répétition**, iteration index ; **instruction de répétition**, repetition instruction ; **répétition d'instructions**, instruction retry ; **répétition de signe**, sign extension ; **répétition des signaux d'alerte**, alarm repetition ; **touche à répétition**, typamatic key ; **vitesse de répétition**, repetition rate.

REPETITIVE : opération répétitive, repetitive operation.

REPETITRICE : touche répétitrice, repeat-action key.

REPLIER : replier, refold (to).

REPONDEUR : répondeur, transponder.

REPONSE : réponse, answerback, answer, reply, response ; **dispositif de réponse**, answerback unit ; **durée de réponse**, response duration ; **identificateur de réponse**, reply message ; **mode réponse**, answer mode ; **ordinateur à réponse vocale**, voice response computer ; **réponse automatique**, automatic answering, auto-answer ; **réponse image**, image response ; **réponse immédiate**, immediate an-

swer ; **réponse manuelle**, manual answering ; **réponse transitoire**, transient response ; **système d'interrogation/réponse**, inquiry system ; **tambour de réponse**, answerback drum ; **temps de réponse**, response time ; **temps de réponse d'opérateur**, operator delay ; **tonalité de réponse**, answer tone ; **trame réponse**, response frame ; **unité à réponse vocale**, vocal unit.

REPORT : report (d'une retenue), carry ; **addition sans report**, addition without carry, false add ; **additionneur avec report**, ripple-carry adder ; **indicateur de report**, carry flag ; **registre de report**, carry register ; **report accéléré**, high-speed carry, simultaneous carry ; **report artificiel**, artificial carry ; **report bloqué à neuf**, standing-on-nines carry ; **report circulaire**, end-around carry ; **report complet**, complete carry ; **report en cascade**, cascaded carry ; **report négatif**, borrow ; **report négatif circulaire**, end-around borrow ; **report parallèle**, carry lookahead ; **report partiel**, partial carry ; **report propagé**, propagated carry ; **report simultané**, high-speed carry, simultaneous carry ; **signal de report complet**, carry complete signal ; **temps de report**, carry time.

REPORTEUSE : reporteuse, transfer interpreter.

REPOS : repos, pause ; **au repos**, standby ; **état de repos**, idle state ; **mise au repos**, awaiting, pending, quiescing ; **position de repos**, homing position ; **temps de repos**, quiescent period, unattended time.

REPRENDRE : reprendre, restart (to), resume (to), de-suspend (to), rebootstrap (to), reinitiate (to), rerun (to) ; **reprendre au début**, rework (to), start over (to).

REPRESENTATION : représentation, representation ; **jeu de représentations**, code set ; **représentation à virgule flottante**, floating-point representation ; **représentation analogique**, analogue representation ; **représentation binaire**, bit map, binary representation ; **représentation codée**, coded representation ; **représentation d'une courbe**, curve tracing ; **représentation de données image**, pictorial data representation ; **représentation des données**, data representation ; **représentation discrète**, discrete representation ; **représentation du complément**, complement representation ; **représentation en arbre binaire**, binary-tree representation ; **représentation fil de fer**, wire frame representation ; **représentation graphique**, graphical representation ; **représentation incrémentielle**, incremental representation ; **représentation interne**, internal representation ; **représentation numérique**, digital representation, numerical representation ; **représentation pondérée**, positional representation.

REPRESENTER : représenter, image (to) ; **représenter graphiquement**, graph (to), portray (to).

REPRISE : reprise, resumption, start-over, make-up, rerun*, renewal, restart ; **code de reprise de l'imprimante**, print restore code ; **condition de reprise**, restart condition ; **enregistrement de reprise**, checkpoint record ; **instruction de reprise**, restart instruction ; **point de reprise**, rerun point, rescue point, restart point ; **procédure de reprise automatique**, fallback procedure ; **programme de reprise**, rerun routine, roll-back routine ; **reprise à un point de contrôle**, checkpoint restart ; **reprise après avarie**, failure recovery ; **reprise au point de contrôle**, rollback* ; **reprise automatique**, autorestart, fallback ; **reprise de contrôle par l'opérateur**, operator override control ; **reprise de l'étape de travail**, job step restart ; **reprise de programme**, programme restart ; **reprise du travail**, job restart ; **routine de reprise**, restart procedure ; **système à reprise**, fallback system ; **temps de reprise**, make-up time, rerun time ; **vidage-reprise**, dump and restart.

REPRODUCTEUR : reproducteur, copier, reproducer ; **reproducteur de carte**, card copier ; **reproducteur de disque**, disc copier.

REPRODUCTION : reproduction, duplication ; **puce de reproduction vocale**, speech chip.

REPRODUCTRICE : perforatrice-reproductrice, duplicating punch, gang punch ; **reproductrice de bandes**, tape reproducer ; **reproductrice de cartes**, card reproducing punch, reproducer.

REPRODUIRE : reproduire, reproduce (to), duplicate (to), copy (to) ; **machine à reproduire**, copier.

REPROGRAMMABLE : reprogrammable, reprogrammable.

REPROGRAMMATION : reprogrammation, recoding, reprogramming ; **reprogrammation (mémoire morte)**, reblasting.

REPROGRAMMER : reprogrammer, recode (to), reprogramme (to) ; **reprogrammer une mémoire morte**, reblast (to).

REPROGRAPHE : reprographe, hardcopy device.

REPROGRAPHIE : la reprographie, reprographics.

REPROGRAPHIQUE : reprographique, reprographic.

REQUETE : requête, demand, request, enquiry, inquiry, query ; **pile de requêtes**, request stack ; **pilotage des requêtes**, inquiry control ; **requête conditionnelle**, conditional demand ; **requête d'émission**, poll select ; **requête de travail**, job request.

REQUIS : équipement machine requis, machine requirements.

REQUISE : puissance requise, power requirement.

RESEAU : réseau, network*, net, plex ; **administrateur de réseau**, network manager ; **algorithme de réseaux neuronaux**, neural network algorithm ; **analyseur de réseaux**, network analyser ; **architecture de réseau informatisé**, computer network architecture ; **carte d'interface réseau**, network interface card ; **contrôle d'accès au réseau**, network access control ; **couche de réseau (ISO)**, network layer (ISO) ; **défaillance du réseau**, voltage breakdown ; **étude de la charge de réseau**, network load analysis ; **gestion de réseau**, networking ; **interrupteur de réseau**, power lock ; **logique à réseau programmable**, programmable array logic (PAL) ; **rendement d'un réseau**, grade of service ; **réseau à commutation de circuits**, circuit switching network ; **réseau à commutation de messages**, message switching network, switched message net ; **réseau à logique programmée**, programmed logic array (PLA) ; **réseau à retard**, delay network ; **réseau analogique**, analogue network ; **réseau arborescent**, tree network ; **réseau asynchrone**, asynchronous network ; **réseau avec bus à jeton**, token-passing bus network ; **réseau avec bus annulaire à jeton**, token-passing ring network ; **réseau bouclé**, looped network ; **réseau commun**, bus system, bus line ; **réseau commuté**, switching network, switched net ; **réseau de calculateurs**, computer network ; **réseau de centralisation du traitement**, distributed processing network ;

réseau de données, data network, data net ; réseau de fac-similé, facsimile network ; réseau de lignes spécialisées, leased line network ; réseau de Pétri, Petri network ; réseau de télécommunications, telecommunication network ; réseau de télétraitement, teleprocessing network ; réseau de télétraitement public, public data network ; réseau distribué, distributed network ; réseau en anneau, ring network ; réseau en boucle, loop network ; réseau en bus, bus network ; réseau en étoile, umbrella ; réseau étoilé, star network, starred network ; réseau fondamental, basic network ; réseau hétérogène, heterogeneous network ; réseau homogène, homogeneous network ; réseau hiérarchisé, hierarchical network, single-node network ; réseau interurbain, toll circuit ; réseau local, local area network (LAN) ; réseau maillé, lattice network, multinode network ; réseau multipoint, multipoint network ; réseau non hiérarchique, democratic network ; réseau ouvert, open network ; réseau synchrone, synchronous data network ; réseau télématique, datacom network, information network ; réseau téléphonique, telephone exchange, telephone network ; réseau télex, telex network ; réseau type, model network ; réseaux homogènes, homogeneous networks ; réseaux informatiques imbriqués, interlaced networks ; réseaux neuronaux, neural networks ; simulateur de réseau, network simulator ; sous-réseau, subnet ; station de contrôle de réseaux, net control station ; structure en réseau, lattice structure ; système d'exploitation de réseau, network operating system (NOS) ; voie de contrôle du réseau, network control channel.

RESERVATION : réservation, booking ; données de réservation, booking data ; poste de réservation, booking terminal ; terminal de réservation, booking terminal.

RESERVE : réserve, reserve, réservé, reserved, imbedded ; (de) réserve, back-up ; adresse de piste de réserve, alternate track address ; bibliothèque de réserve, alternate library ; bloc de réserve, backup block ; champ réservé de visualisation, display background ; en réserve, standby ; fichier de réserve, back-up file ; matériel en réserve, stand-by equipment ; mot réserve, key word ; réserve de périphérique, device reserve ; traitement des pistes de réserve, substitute track processing ;

unité de réserve, backup device.

RESERVEE : partition réservée, unassigned extent ; position d'article réservée, imbedded item position ; zone réservée, reserved field.

RESERVER : réserver, imbed (to), reserve (to).

RESIDANT : résidant, resident* ; non résidant en (mémoire), non-resident (in memory) ; résidant en mémoire centrale, core memory resident ; résidant sur disque, disc-resident.

RESIDENT : résident, resident ; (programme) non-résident, non-resident (programme) ; (programme) résident, resident (programme) ; fichier résident, root file ; programme de contrôle résident, kernel, nucleus, resident control programme ; segment résident, resident segment.

RESIDENTE : mémoire résidente, resident storage.

RESIDU : résidu, residue.

RESIDUEL : résiduel, residual ; bruit résiduel, remnant amplitude, residual noise.

RESIDUELLE : erreur résiduelle, residual error ; ondulation résiduelle, ripple ; taux d'erreurs résiduelles, residual error ratio, residual error rate.

RESILIENCE : résilience, resilience.

RESISTANCE : résistance, resistor, resistance ; à haute résistance, high resistivity ; résistance à couches minces, thin film resistor ; résistance aux surtensions, surge withstand capability, surge resistance ; résistance d'isolation, insulation resistance ; résistance de chargement, load resistor ; résistance de fuite, leak resistor ; résistance de limitation, limiting resistor ; résistance en circuit ouvert, open circuit resistance ; résistance interne, internal resistance ; résistance inverse, backward resistance ; résistance variable, variable resistor.

RESISTANT : résistant à l'usure, wearproof.

RESISTIVITE : faible résistivité, low resistivity.

RESOLU : non résolu, unresolved.

RESOLUTION : résolution, resolution*, solving ; basse résolution, low resolution ; méthode de résolution, problem solving ; résolution d'écran, display resolution ; résolution de l'affichage graphique, graphic display resolution ; **résolution du dessin**, drawing resolution ; **résolution numérique**, digital resolution ; **résolution physique**, physical resolution.

RESSAISIR : ressaisir, recapture (to), reenter (to).

RESSOURCE : ressource, allowance, resource* ; **affectation de ressources**, resource allocation ; **affectation des ressources calcul**, computer resource allocation ; **désaffectation des ressources**, resource deallocation ; **gestion des ressources**, resource management ; **ressource allouée au traitement**, processing resource ; **ressources communes**, shared facilities ; **ressources informatiques**, computing resources ; **ressources logicielles**, software resources ; **ressources matérielles**, hardware resources ; **type de ressources**, resource class.

RESTAURATION : restauration, resetting, reset, restore, recovery* ; reset to zero ; **restauration de fichier**, file restore.

RESTAURER : restaurer, reestablish (to), restore (to).

RESTE : reste, remainder*.

RESTEE : page restée en mémoire, reserved page.

RESTITUTION : restitution, retrieval ; **mémorisation et restitution**, store and forward ; **opération de restitution**, retrieval operation ; **stockage/restitution des données**, information storage/retrieval (ISR) ; **restitution de l'information**, data retrieval ; **restitution de messages**, message retrieval.

RESTREINT : complément restreint, diminished radix, radix-minus-one complement.

RESTRICTION : restriction, reserve.

RESULTANT : résultant, resultant ; **langage résultant**, object language, target language.

RESULTAT : résultat, result* ; (résultat de) vidage, dump ; **fichier de sortie des résultats**, job output file ; **flot de sortie des résultats**, job output stream ; **mise en forme de résultats**, post-editing ; **résultat indéterminé**, void result ; **résultat intermédiaire**, intermediate result, intermediate data ; **résultat secondaire**, side result ; **résultat tabulé**, tabulated result ; **sortie du résultat**, total output ; **zone des résultats**, holding area, hold area.

RESUME : résumé, abstract*, summary.

RESUMER : résumer, abstract (to).

RETABLIR : rétablir, reestablish (to), restore (to).

RETABLISSEMENT : rétablissement, restoration.

RETARD : retard, delay ; **circuit à retard binaire**, digit delay element ; **compensateur de retard**, delay equaliser ; **ligne à retard**, delay line ; **ligne à retard acoustique**, acoustic delay line ; **mémoire à ligne à retard**, delay line storage ; **réseau à retard**, delay network ; **retard de phase**, phase delay ; **retard programmé**, dwell ; **retard variable**, variable delay.

RETARDER : retarder, hold up (to).

RETENIR : retenir, carry (to).

RETENTION : rétention, retention ; **cycle de rétention**, retention cycle ; **période rétention**, retention period.

RETENUE : retenue, carry bit, carry digit ; **report (d'une retenue)**, carry* ; **retenue négative**, borrow digit.

RETICULE : réticule, crosshairs*, graticule, pointer.

RETIRAGE : retirage, reprint.

RETIRER : retirer de la configuration, deconfigure (to) ; **retirer de la file**, queue off (to).

RETOMBEE : retombée sous le niveau normal, undershoot.

RETOUR : retour, return ; **adresse de retour**, return address ; **canal retour**, reverse channel, up channel ; **code retour**, return code ; **contrôle par retour**, loop checking ; **contrôle par retour de l'information**, information feedback ; **correction d'erreur sans voie retour**, forward error correction (FEC) ; **enregistrement sans retour à zéro**, non-return-to-zero recording (NRZ) ; **instruction de retour**, return instruction ; **point de retour**, reentry point ; **point de retour ligne**, horizontal retrace point ; **point de retour trame**, vertical retrace point ; **registre à code retour**, return-code register ; **retour à zéro**, return-to-zero, return-to-reference ; **retour automatique de chariot**, automatic carriage return ; **retour d'information**, message feedback ; **retour de balayage**, fly-back ; **retour de chariot**, carriage return (CR) ; **retour de spot**, fly-back ; **retour en position initiale**, homing ; **retour ligne**, horizontal flyback ; **vérification par retour**, echo check ; **voie de retour**, backward channel, return channel.

RETOURNEMENT : retournement, turnaround ; **temps de retournement**, clear-to-send delay, turnaround time.

RETOURNER : retourner, return (to), revert (to).

RETOURNEUSE : retourneuse de cartes, card reversing device.

RETRAIT : retrait, roll-out ; **sous-titre en retrait**, box-head.

RETRAITEMENT : retraitement, reprocess ; **récupération par retraitement**, backward recovery.

RETRAITER : retraiter, reprocess (to).

RETRIER : retrier, resort (to).

RETROACTION : rétroaction, feedback ; **circuit à rétroaction**, bootstrap circuit ; **rétroaction convergente**, negative feedback ; **rétroaction divergente**, positive feedback.

REUNION : réunion, OR operation, disjunction, logical add, union.

REUTILISABLE : réutilisable, reusable ; **réutilisable après exécution**, serially reusable.

REVALIDER : revalider, reenable (to).

REVENIR : revenir, revert (to).

REVERSIBLE : système réversible, turnaround system.

REVISION : révision, release ; **niveau de révision**, revision level ; **ouverture de révision**, inspection hole ; **révision des priorités**, priority degradation.

RIEN : action tout ou rien, on-off action ; **code tout ou rien**, unipolar code ; **entrée tout ou rien**, on-off input ; **test par tout ou rien**, go-no-go test.

RIGIDE : disque rigide, rigid disc.

ROBOT : robot, robot ; **robot industriel**, computerised robot.

ROBOTIQUE : la robotique, robotics ; **voix robotique**, dalek voice.

ROCHET : rochet, ratchet ; **rochet de commande d'interligne**, line space ratchet.

RODAGE : période de rodage, debugging period.

RONFLEMENT : ronflement, hum ; **fréquence de ronflement**, hum frequency ; **sans ronflement**, hum-free.

ROTATION : codeur de rotation, angular position transducer ; **écran d'appel à rotation multiple**, multiturn dial ; **opérer une rotation**, rotate (to) ; **vitesse de rotation optimale**, flying speed.

ROUE : roue, wheel ; **imprimante à roue**, wheel printer ; **roue à caractères**, character wheel ; **roue à ergots**, pinwheel, pin wheel ; **roue à picots**, pinwheel ; **roue codeuse**, code wheel, thumbwheel ; **roue compteuse**, counter wheel ; **roue porte-caractères**, daisy, printwheel.

ROUGE : Rouge Vert Bleu (RVB), Red Green Blue (RGB*).

ROULANTE : boule roulante, trackball, tracker ball, control ball, rolling ball.

ROULEAU : rouleau, roller, roll ; **axe de rouleau**, platen shaft ; **commande du rouleau d'impression**, platen control ; **papier en rouleau**, web ; **rouleau à ergots**, pinfeed platen ; **rouleau à peinture**, paint roller ; **rouleau d'alimentation**, feed roll ; **rouleau d'entraînement**, tractor ; **rouleau d'impression**, platen ; **rouleau de papier continu**, continuous roll ; **rouleau de transport**, feed roller ; **rouleau encreur**, ink roller ; **rouleau vierge**, blank coil.

ROUTAGE : routage, routing, route ; **caractère de routage**, code-indicating character ; **indicateur de routage**, routing indicator ; **numérotation de routage**, route dialling ; **protocole de routage centralisé**, centralised routing protocol ; **routage semi-adaptatif**, semiadaptive routing.

ROUTE : mise en route, startup ; **temps de mise en route**, installation time, set-up time.

ROUTINE : routine, programme, routine* ; **appel d'une routine**, subroutine call ; **routine algorithmique**, algorithmic routine ; **routine appelée**, called sequence, called routine ; **routine d'amorce**, leader routine ; **routine d'assemblage**, assembly routine ; **routine d'écran**, display subroutine ; **routine d'édition**, editing subroutine, edit routine ; **routine d'entrée/sortie**, input/output routine ; **routine d'erreur**, error routine ; **routine d'essai**, test routine ; **routine d'insertion**, insertion routine, insert subroutine ; **routine d'interruption**, interrupt handler ; **routine d'itération**, iterative routine ; **routine de dépistage**, trace routine ; **routine de diagnostic**, diagnostic routine, isolation test routine (ITR) ; **routine de lancement**, start routine ; **routine de premier ordre**, first-order subroutine ; **routine de récupération**, recovery routine ; **routine de reprise**, restart procedure ; **routine de service**, housekeeping routine ; **routine de vidage**, dump routine ;

routine des anomalies, exception routine ; routine imbriquée, nested routine ; **routine insérée**, inserted subroutine ; **routine liée**, linked subroutine ; **routine polyvalente**, generalised routine ; **routine récursive**, recursive routine ; **routine sans paramètre**, static routine ; **routine spécifique**, specific routine ; **routine transitoire**, transient routine ; **table de routines**, subroutine table.

RUBAN : ruban, ribbon, tape ; bout de ruban, run-out ; **cartouche à ruban de carbone**, carbon ribbon cartridge ; **couleur de ruban complémentaire**, alternate ribbon colour ; **double avance de ruban encreur**, dual ribbon feed ; **guide de ruban**, ribbon guide ; **ruban de papier perforé**, punched paper tape ; **ruban encreur**, ink ribbon, inked ribbon ; **ruban étroit**, strip ribbon.

RUBRIQUE : rubrique, data field.

RUPTURE : rupture, control break, control change ; **point de rupture**, breakpoint.

RVB : moniteur RVB, RGB monitor ; **Rouge Vert Bleu (RVB)**, Red Green Blue (RGB).

RYTHME : rythme, timing, clocking ; circuit générateur de rythmes, timing pulse generator ; **générateur de rythme**, clock generation ; **impulsion de rythme**, sprocket bit ; **programme générateur de rythme**, clock programme ; **rythme d'émission**, transmitter bit timing.

RYTHMEUR : rythmeur, timer, clock ; registre rythmeur, timer register ; **rythmeur asservi**, slave clock ; **rythmeur de base**, basic period clock ; **rythmeur réglable**, variable clock

S

SABLIER : sablier, hour-glass.

SAISIE : saisie, capture, key entry, seizing ; **bordereau de saisie**, input form ; **champ de saisie**, input field ; **codification de saisie**, transaction code ; **constitution du masque de saisie**, capture grid making ; **demande de saisie**, capture request ; **grille de saisie**, capture grid ; **guide de saisie affiché à l'écran**, screen displayed promter ; **masque de saisie**, acquisition profile, capture mode ; **mode de saisie**, enter mode, input mode ; **niveau de saisie**, entry level ; **périphérique de saisie**, data entry device ; **poste de saisie**, entry terminal, entry screen, work unit, data collection station ; **saisie à la base**, primary acquisition ; **saisie de données**, data capture, data acquisition, data handling ; **saisie des données d'origine**, primary data acquisition ; **saisie des informations industrielles**, industrial data capture ; **saisie en ligne**, on-line data capture ; **saisie monoclavier**, one-keyboard data capture ; **saisie multiclavier**, multikeyboard data capture ; **terminal de saisie**, input station, retrieval terminal ; **variable de saisie**, capture variable ; **zone de saisie**, capture area.

SAISIR : saisir, capture (to) ; **saisir au clavier**, keyboard (to), key in (to).

SALLE : blanche, room ; jeu vidéo de salle, video arcade game ; **salle blanche**, clean room ; **salle des ordinateurs**, computer room ; **salle technique**, equipment room.

SALVE : salve, burst.

SAPHIR : saphir, sapphire ; **technologie silicium sur saphir**, silicon on sapphire (SOS).

SATELLITE : satellite, satellite * ; communication par satellite, satellite communication ; **ordinateur satellite**, satellite computer ; **satellite de communications**, communications satellite ; **station satellite**, satellite station ; **voie montante (satellite)**, uplink.

SATURATION : saturation, saturation.

SATURE : saturé, dense ; code binaire saturé, dense binary code ; **index saturé**, dense index ; **tableau saturé**, closed array.

SAUT : saut, skip, slip, transfer, branch, jump*, slew, slippage ; **actionneur de saut**, skip lifter ; **instruction de saut**, jump instruction, transfer instruction ; **instruction de saut inconditionnel**, unconditional jump instruction ; **mesurage à l'instant du saut**, hook catching ; **mode saut de perforation**, perforation skip mode ; **saut arrière en cas d'anomalie**, exception return ; **saut avec permutation**, exchange jump ; **saut conditionnel**, conditional branch, conditional jump ; **saut d'enregistrement**, record skip ; **saut de bande**, tape skip ; **saut de bloc facultatif**, optional block skip ; **saut de fréquence**, frequency shift ; **saut de ligne**, line advance, line skip, line feed, newline* ; **saut de ligne curseur**, cursor wrap ; **saut de page**, page skip ; **saut de papier**, paper skip, paper throw ; **saut de phase**, phase shift ; **saut de programme**, programme jump ; **saut horizontal**, horizontal skip ; **saut inconditionnel**, unconditional control transfer ; **saut rapide**, high-speed skip ; **saut unitaire**, unit step ; **suppression de saut**, skip cancellation.

SAUTE : sauté, skipped ; **test saute-mouton**, leapfrog* test.

SAUTER : sauter, ignore (to), skip* (to).

SAUTILLEMENT : sautillement, jitter.

SAUVEGARDE : sauvegarde, rescue, save ; **(de) sauvegarde**, back-up ; **mémoire de sauvegarde**, backing store ; **programme de sauvegarde**, safeguarding programme, salvager ; **sauvegarde de programme**, programme backup ; **technique de sauvegarde de fichiers**, grandfather technique ; **temps de sauvegarde**, backup time ; **zone sauvegarde**, save field.

SAUVEGARDER : sauvegarder, keep (to), save (to), safe (to).

SAUVER : sauver, safe (to), save (to).

SAVOIR : savoir, know (to) ; **savoir-faire**, know-how.

SCALAIRE : scalaire, scalar* ; **produit scalaire**, inner product, scalar product ; **type scalaire**, scalar type.

SCANAGE : scanage, browsing, scanning*.

SCANER : scaner (scanner), scan (to).

SCANEUR : scaneur (scanneur), scanner ; **scaneur de code à barres**, bar code scanner ; **tête de scaneur (scanneur)**, scan head.

SCANNER : scaner (scanner), scan (to).

SCANNEUR : scaneur (scanneur), scanner ; **tête de scaneur (scanneur)**, scan head.

SCANOGRAPHE : scanographe, scanner.

SCELLER : sceller, imbed (to).

SCHEMA : schéma, schema, schematic ; **schéma d'assemblage**, assembly drawing ; **schéma d'implantation**, set-up diagram ; **schéma de calculateur**, computer diagram ; **schéma de connexions**, plugboard chart, plugging chart ; **schéma de montage**, set-up diagram ; **schéma fonctionnel**, block diagram, functional diagram ; **schéma synoptique détaillé**, detailed block diagram.

SCIENTIFIQUE : scientifique, scientific ; **langage scientifique**, scientific language ; **notation scientifique**, scientific notation ; **ordinateur scientifique**, scientific computer.

SCINTILLEMENT : scintillement, flickering, flicker ; **sans scintillement**, flicker-free.

SCRUTATEUR : scrutateur, scanner ; **scrutateur de voies**, scanner channel.

SCRUTATION : scrutation, scan, sweep ; **masque de scrutation parallèle**, parallel poll mask ; **programme de scrutation**, polling routine ; **scrutation par appel**, roll-call polling ; **scrutation par passage de témoin**, hub polling ; **scrutation parallèle**, parallel polling, parallel poll ; **scrutation systématique**, general polling.

SCRUTER : scruter, scrutinise (to) (US: scrutinize).

SECONDAIRE : secondaire, secondary, auxiliary, alternate ; **enroulement secondaire**, secondary winding ; **entrée secondaire**, secondary input ; **fichier dictionnaire secondaire**, secondary dictionary file ; **fichier secondaire**, auxiliary file, slave file ; **fonction secondaire**, secondary function ; **index secondaire**, secondary index ; **jeu de caractères secondaires**, alternate character set ; **mémoire secondaire**, integrated filestore ; **piste secondaire**, alternate track ; **point d'entrée secondaire**, secondary entry point ; **police de caractères secondaire**, alternate type style ; **résultat secondaire**, side result ; **station secondaire**, secondary station ; **suite secondaire**, secondary ; **terminal secondaire**, auxiliary station.

SECONDE : seconde, second ; **bits par seconde (BPS)**, bits per second (BPS) ; **calculateur de seconde génération**, second-generation computer ; **cycles par seconde (cps)**, cycles per second (cps) ; **opérations par seconde**, operations per second (OPS) ; **seconde génération**, second generation ; **seconde source**, second source.

SECOUER : secouer, jerk (to).

SECOURS : (de) secours, back-up ; **en secours**, emergency ; **maintenance de premier secours**, emergency maintenance ; **vidage de secours**, rescue dump.

SECTEUR : secteur, sector* (disc), mains (power) ; **convertisseur de secteur**, power converter ; **cordon secteur**, line connector cord ; **courant secteur**, line current ; **défail-**

lance du secteur, voltage breakdown, power failure, power dip ; **diagramme à secteurs**, pie graph, pie diagram ; **filtre secteur**, power filter ; **limite de secteur**, sector boundary ; **protection secteur**, surge protector ; **secteur alternatif**, AC mains ; **secteur de disque**, disc sector ; **secteur logiciel**, soft sector ; **secteur matériel**, hard sector ; **secteur spécialisé**, special line ; **tension secteur**, line voltage.

SECTION : section, section* , segment* ; **section critique**, critical section ; **section d'assemblage entrée/sortie**, input/output section ; **section d'entrée**, input section ; **section de procédure**, procedural section.

SECTORISATION : sectorisation, sectoring ; **disque à sectorisation matérielle**, hard-sectored disc ; **disquette à sectorisation logicielle**, soft-sectored disc ; **sectorisation de disque**, diskette sectoring.

SECTORISE : sectorisé, sectored ; **sectorisé logiciel**, soft-sectored ; **sectorisé matériel**, hard-sectored.

SECURITE : sécurité, security ; **fonctionnement à sécurité intégrée**, failsafe operation ; **levier de sécurité**, safety pawl ; **sécurité de transmission**, transmission security, transmission reliability ; **sécurité des données**, data integrity ; **sécurité des fichiers**, file security ; **sécurité informatique**, computer security.

SED : système d'exploitation à disque (SED), disc operating system (DOS).

SEGMENT : segment, segment, section ; **bord de segment**, stroke edge ; **décodeur de segment**, segment decoder ; **descripteur de segment**, segment descriptor ; **en-tête de segment**, segment header ; **enregistrement sans segment**, unspanned record ; **largeur d'un segment**, stroke width ; **marque de segment**, segment mark ; **mot de table de segments**, segment table word ; **segment commun**, global segment ; **segment de code**, code segment ; **segment de contrôle**, base segment ; **segment de début**, header segment ; **segment de données**, data segment ; **segment de longueur variable**, variable length segment ; **segment de procédure**, procedure segment ; **segment de programme**, programme part, programme segment ; **segment de recouvrement**, overlay segment ; **segment détectable**, detectable segment ; **segment identificateur**, identifier section ; **segment inclusif**, inclusive segment ; **segment indépen-**

dant, independent segment ; **segment logique**, logical segment ; **segment non paginé**, unpaged segment ; **segment physique**, physical segment ; **segment principal**, main segment ; **segment résident**, resident segment ; **sous-segment**, subsegment ; **table des segments**, segment table.

SEGMENTATION : segmentation, segmentation, sectioning, partitioning ; **segmentation de l'écran**, split screen feature ; **segmentation de programme**, programme segmenting, programme sectioning ; **tri par segmentation**, quick sort.

SEGMENTE : segmenté, segmented ; **non segmenté**, unsegmented.

SEGMENTER : segmenter, partition (to), segment (to), section (to).

SELECTEUR : sélecteur, choice device, selector ; **sélecteur d'intervalle**, interval selector ; **sélecteur de canal**, channel switch ; **sélecteur de ligne**, line selector ; **sélecteur de tension**, voltage selector, voltage adapter switch ; **sélecteur de têtes magnétiques**, head selection switch.

SELECTIF : sélectif, selective ; **accès sélectif**, direct access ; **appel sélectif**, autopoll, selective calling, specific polling ; **débogage sélectif dynamique**, snapshot debug ; **effacement sélectif**, selective erasure ; **fichier de vidage sélectif**, select output file ; **procédé d'appel sélectif**, polling technique ; **vidage dynamique sélectif**, snapshot dump ; **vidage sélectif**, selective dump.

SELECTION : sélection, selection, select ; **caractère de sélection**, call direction code ; **code de sélection**, select code ; **dispositif de sélection de ligne**, line selection feature ; **fusion sélection**, match merge ; **sélection au clavier**, key selection ; **sélection automatique**, automatic selection ; **sélection d'unité**, unit selection ; **sélection de case**, procket selection ; **sélection de chiffres**, digit selection ; **sélection de l'information**, information selection ; **sélection de machine**, computer selection ; **sélection de mémoire**, memory control ; **sélection de mot**, word selection ; **sélection de priorité**, priority selection ; **sélection de programme**, programme selection ; **sélection de tête**, head-select ; **sélection multicritère**, multiple selection criteria ; **sélection par cadran numérique**, dial switching ; **sélection par clavier**, keyboard selection ; **signal de**

demande de sélection, proceed to select ; table d'indices de sélection, evidence table selection ; tri de sélection, selection sort.

SELECTIVE : programme d'analyse sélective, selective trace programme, snapshot programme.

SEMANTEME : sémantème, semanteme.

SEMANTIQUE : sémantique, semantic* ; analyse sémantique, semantic analysis ; erreur sémantique, semantic error ; la sémantique, semantics ; matrice sémantique, semantic matrix ; méthode sémantique, semantic differential ; sémantique algébrique, algebraic semantics.

SEMAPHORE : sémaphore, semaphore.

SEMI : accès semi-aléatoire, semi-random access ; circuit semi-intégré, hybrid integrated circuit ; en mode semi-duplex, halfduplex operation ; enregistrement semi-fixe, semi-fixed length record ; jeu de caractères semi-graphiques, line drawing set ; mémoire à semi-conducteur, semiconductor memory ; opération semi-duplex, single operation ; routage semi-adaptatif, semiadaptive routing ; semi-compilé, semicompiled ; semi-conducteur, semiconductor ; semi-conducteur à oxyde métallique, metal oxide silicon (MOS) ; semi-duplex, either-way operation ; transmission semi-duplex, half-duplex transmission ; voie semi-duplex, half-duplex channel.

SENAIRE : senaire, senary.

SENS : sens, direction ; élément à sens unique, unidirectional element ; sens antihoraire, anticlockwise ; sens d'enroulement, winding direction ; sens de circulation, flow direction ; sens de liaison, flow direction ; sens horaire, clockwise ; sens normal des liaisons, normal direction flow.

SENSIBLE : sensible, sensitive.

SENTINELLE : sentinelle, flag, sentinal, switch indicator, use bit ; sentinelle de mot, word delimiter.

SEPARABLE : séparable, burstable.

SEPARATEUR : séparateur, separator, burster, délimiter* ; resolver ; caractère séparateur, separating character ; caractère séparateur de fichier, file separator character ; séparateur d'article, record separator (RS) ; séparateur de colonnes, column split ; séparateur de données, information separator (IS) ;

séparateur de fichier, file separator (FS) ; séparateur de groupe, group separator (GS) ; séparateur de lot, batch separator ; séparateur de mot, word separator ; séparateur de sous-article, unit separator (US).

SEPARATION : séparation, separation, delimit ; base de séparation flottante, floating-point base, floating-point radix ; caractère de séparation, delimiting character ; numération à séparation variable, variable point représentation ; symbole de séparation, separation symbol ; virgule de séparation, comma delimiter.

SEPARE : séparé, separated, separate, detached, non-contiguous ; clavier séparé, detatched keyboard.

SEPAREE : compilation séparée, separate compilation.

SEPT : code à sept positions, sevenlevel code ; multiplet de sept bits, septet, seven-bit byte.

SEPTENAIRE : septénaire, septenary ; nombre septénaire, septenary number.

SEPTET : septet, septet, seven-bit byte.

SEQUENCE : séquence, sequence* ; circuit de séquence, sequencing circuit ; contrôle de séquence, sequence check ; contrôleur de séquence, watch dog ; contrôleur de séquence d'instructions, programme control unit, programme controller ; erreur de séquence, sequence error ; mise en séquence, sequencing ; numéro de séquence, sequence number ; programme en séquence, in-line subroutine ; remise en séquence, resequencing ; séquence aléatoire, random sequence ; séquence binaire, binary sequence ; séquence commune, global sequence ; séquence d'appel, calling sequence ; séquence d'articles, item sequence ; séquence d'échappement, escape sequence ; séquence d'enchaînement, linking sequence ; séquence d'erreur, error burst ; séquence d'exécution, control sequence, execution sequence ; séquence d'insertion, insertion sequence ; séquence d'insertion enchaînée, insertion chain sequence ; séquence d'instructions, instruction sequence, instruction array, programme sequence, statement sequence ; séquence de bus à jeton, token-passing sequence ; séquence de chargement, loading sequence ; séquence de fin, ending sequence ; séquence de fusionnement, collation sequence ; séquence de lancement, starting sequence ; **séquence de programmation**, coding sequence ; **séquence de recherche en bibliothèque**, library search sequence ; **séquence de travail**, work cycle, work sequence ; **séquence de vérification**, check frame ; **séquence préalable d'initialisation**, pre-run initialisation ; **séquence préliminaire**, interlude ; **séquence sans boucle**, linear programming, straight-line coding ; **structure de la séquence d'instructions**, instruction sequence format ; **traitement en séquences**, sequential processing.

SEQUENCEMENT : séquencement de blocs, block sequencing.

SEQUENCEUR : séquenceur, sequencer*.

SEQUENTIEL : séquentiel, sequential* ; **accès séquentiel**, sequential access, sequence access, serial access ; **accès séquentiel indexé**, indexed sequential access ; **accès séquentiel par clé**, key sequential access ; **circuit séquentiel**, sequential circuit ; **compteur séquentiel**, sequence counter, step counter ; **contrôle séquentiel de volume**, volume sequence check ; **déroulement séquentiel des travaux**, serial work flow ; **état séquentiel**, batch report ; **fichier à accès séquentiel**, direct access file, random file ; **fichier séquentiel direct**, direct serial file ; **fichier séquentiel indexé**, indexed sequential file ; **fonctionnement séquentiel**, consecutive operation, sequential operation ; **mémoire à accès séquentiel**, sequential storage, serial access memory ; **méthode d'accès séquentiel**, sequential access method ; **opérateur séquentiel**, sequential operator ; **ordinateur séquentiel**, sequential computer ; **organigramme séquentiel**, sequence chart ; **organisation en fichiers séquentiels**, sequential file organisation ; **périphérique à accès séquentiel**, direct access device ; **processus séquentiel**, sequential process ; **séquentiel bit par bit**, serial by bit ; **séquentiel caractère par caractère**, serial by character ; **séquentiel indexé**, index sequential ; **traitement séquentiel**, serial processing ; **travail séquentiel**, batched job.

SEQUENTIELLE : données séquentielles, sequential data ; **entrée/sortie séquentielle**, serial input/output ; **erreur séquentielle de clé**, key out of sequence ; **fichier à données séquentielles**, sequential data file ; **lecture séquentielle de caractères**, direct character

reading ; **liste séquentielle**, linear list ; **logique séquentielle**, sequential logic ; **mémoire séquentielle**, serial storage, sequential memory, serial memory ; **opération séquentielle**, serial operation ; **programmation séquentielle**, serial programming ; **recherche séquentielle**, linear search, sequential search ; **structure séquentielle**, sequential data structure ; **structure séquentielle de données**, contiguous data structure.

SERIALISATION : sérialisation, serialisation (US: serialization).

SERIALISER : sérialiser, serialise (to) (US: serialize), dynamicise (to) (US: dynamicize).

SERIALISEUR : sérialiseur, serialiser (US: serializer), dynamiciser (US: dynamicizer).

SERIE : en série, serial* ; sequential ; **accès série**, stream access ; **addition série**, serial addition ; **additionneur série**, serial full adder, serial adder ; **connecté en série**, series connected ; **convertisseur parallèle-série**, deserialiser (US: deserializer), dynamiciser (US: dynamicizer) ; **convertisseur série-parallèle**, staticiser (US: staticizer), serialiser (US: serializer) ; **impression des numéros de série**, serial number printing ; **interface d'imprimante série**, serial printer interface ; **interface numérique série**, serial digital interface ; **interface série**, serial interface ; **interfaces et protocoles de la serie V (ex:V.24)**, V-series ; **interfaces et protocoles de la série X (ex:X.25)**, X-series ; **mise en série**, serialisation (US: serialization) ; **numéro de série**, serial number ; **opération série-parallèle**, serial-parallel operation ; **organe à accès série**, serial access device ; **serie-parallèle**, serial-parallel ; **séries d'instructions**, instruction series ; **séries infinies**, infinite set, infinite series ; **sortie numérique série**, serial digital output ; **souris à connexion série**, serial mouse ; **soustracteur série**, serial full subtracter, serial subtracter ; **transmission série**, serial transmission.

SERIEL : sériel, serial, sequential ; **calculateur sériel**, serial computer ; **circuit sériel d'entrée/sortie**, serial I/O (SIO) ; **opérateur sériel**, serial operator ; **transfert sériel**, bit transfer, serial transfer.

SERIELLE : addition sérielle, serial addition.

SERVEUR : serveur, server* ; **opération de serveur**, server operation ; **serveur**

d'impression, print server ; **serveur de communication**, communication server ; **serveur de données**, on-line data service ; **serveur de fichiers**, file server.

SERVICE : de service, service, housekeeping ; **en service**, on-stream ; **bit de service**, overhead bit, service bit ; **chiffre de service**, gap digit ; **exécution de service**, housekeeping run ; **hors-service**, down ; **ingénieur du service après-vente**, customer engineer ; **instruction de service**, housekeeping instruction ; **macro de service**, housekeeping macro ; **maintenance en service**, deferred maintenance ; **mise en service**, enabling ; **mise hors-service**, disabling ; **opération de service**, bookkeeping operation ; **plage de températures de service**, working temperature range ; **processeur de service**, service processor ; **programme de service**, documenter, service programme ; **routine de service**, housekeeping routine ; **service complémentaire**, user facility ; **service courrier électronique**, electronic mail service ; **service d'appel direct**, direct call facility ; **service de communication virtuelle**, virtual call facility ; **service de datagrammes**, datagram service ; **service de mise à jour**, updating service ; **service de modification**, revision service ; **service de télétraitement**, remote media service ; **service de transmission de données**, data communication service ; **service des modifications**, change service ; **service informatique**, computer facility, information facility ; **société de service**, software house ; **sous-programme de service**, function subprogramme ; **voie de service**, order wire.

SERVITUDE : programme de servitude, utility programme, utility routine ; **servitude logicielle**, software overhead.

SESSION : session, session * ; **couche de session (ISO)**, session layer (ISO) ; **début de session**, log-on, log-in ; **fermeture d'une session**, log-out ; **fin de session**, logging out, log-off, log-out ; **ouverture d'une session**, log-in.

SEUIL : seuil, threshold ; **circuit à seuil**, threshold gate, threshold element ; **condition de seuil**, threshold condition ; **élément-seuil**, decision element ; **fonction de seuil**, threshold function ; **logique de seuil**, threshold logic ; **porte à seuil**, threshold gate, threshold element ; **seuil de luminosité**, light threshold ;

valeur de seuil, threshold value.

SEULEMENT : transmission seulement, send-only ; **une fois seulement**, one-off.

SEXADECIMAL : sexadécimal, hex, hexadecimal, sexadecimal.

SEXTET : sextet, sextet, six-bit byte.

SHANNON : Shannon, Shannon* , binary unit of information content.

SIGLE : sigle, acronym.

SIGNAL : signal, signal* , tone ; **déviation de fréquence du signal**, frequency shift signal ; **élément de signal**, signal element ; **force du signal**, signal strength ; **générateur de signal d'horloge**, clock signal generator, timing generator ; **mise en forme de signal**, signal transformation, signal shaping ; **normalisation de signal**, signal standardisation ; **régénération de signal**, signal regeneration ; **signal à niveau élevé**, high-level signal ; **signal analogique**, analogue signal ; **signal binaire**, binary signal ; **signal codé**, coded signal ; **signal d'acceptation d'appel**, call-accepted signal ; **signal d'alerte**, warning bell ; **signal de base**, basic signal ; **signal de commande**, actuating signal ; **signal de début**, start signal ; **signal de demande d'interruption**, break request signal (BRS) ; **signal de demande de sélection**, proceed to select ; **signal de départ**, start element ; **signal de données**, data signal ; **signal de fin de message**, end of message signal ; **signal de garde**, guard signal ; **signal de lecture**, information signal, readout signal, sense signal ; **signal de libération**, clearing signal ; **signal de modulation**, modulating signal ; **signal de refus d'appel**, call-not-accepted signal ; **signal de remise à zéro**, reset signal ; **signal de report complet**, carry complete signal ; **signal de sortie**, response signal ; **signal de sortie non perturbé**, undisturbed output signal ; **signal de sortie zéro sans perturbation**, undisturbed zero ; **signal de suppression de spot**, blanking signal ; **signal de synchronisation**, timing signal ; **signal de validation**, enabling signal ; **signal de zéro**, nought output ; **signal utile**, useful signal ; **signal vidéo**, video signal ; **transmission à signal unipolaire**, neutral transmission.

SIGNALER : signaler, point out (to), signal (to), flag (to), indicate (to).

SIGNALETIQUE : fiche signalétique, record card.

SIGNALISATION : signalisation, reporting, signalling* (US: signaling) ; **pupitre de signalisation**, indicator panel ; **signalisation bipolaire**, bipolar signalling ; **signalisation multifréquence**, multifrequency signalling ; **signalisation numérique**, digital signalling ; **signalisation polarisée**, polar signalling ; **signalisation simple courant**, single-current signalling ; **signalisation unipolaire**, neutral signalling, unipolar signalling ; **tonalité de signalisation**, signalling tone ; **vitesse de signalisation**, signalling speed ; **voyant de signalisation**, indicator light ; **zone de signalisation**, indicator field.

SIGNAUX : code signaux à espacement unitaire, unit distance code ; **générateur de signaux balayage ligne**, line scan generator ; **giclée de signaux d'identification**, identification burst ; **mis en forme de signaux**, signal formation ; **répétition des signaux d'alerte**, alarm repetition ; **source de signaux**, signal source ; **transmission en signaux alternés**, bipolar transmission.

SIGNE : signe, sign* ; **signé**, signed ; **binaire de signe**, sign digit, sign bit, sign magnitude ; **caractère de signe**, sign character ; **champ du signe**, sign field ; **changeur de signe**, inverter ; **décimal condensé signé**, signed packed decimal ; **drapeau de signe**, sign flag, sign check indicator ; **élément de signe**, sign binary digit ; **indicatif de signe**, sign indication ; **inverseur de signe**, sign changer ; **nombre entier non signé**, unsigned integer ; **nombre non signé**, unsigned number ; **nombre signé**, signed number ; **non signé**, unsigned ; **position du signe**, sign position ; **répétition de signe**, sign extension ; **signe '@'**, AT sign ; **signe '$'**, dollar sign ; **signe '#'**, hash mark, hash sign, number sign ; **signe '%'**, percent sign ; **signe '&'**, ampersand sign ; **signe '£'**, pound sign ; **signe alphanumérique**, alphanumeric character ; **signe d'intégrale**, integral sign ; **signe de multiplication 'x'**, multiply sign ; **signe de ponctuation**, punctuation mark ; **signe inférieur à '<'**, less than sign ; **signe moins '-'**, minus sign ; **signe plus '+'**, plus sign ; **zone de signe**, minus zone.

SIGNIFICATIF : significatif, significant ; **bit le plus significatif**, highest order bit ; **caractère le plus significatif**, most significant character ; **chiffre significatif**, significant digit, significant figure ; **instant significatif**, signifi-

cant instant ; **intervalle significatif**, significant interval.

SIGNIFICATION : signification, significance ; **signification du bit**, bit significance.

SILICIUM : silicium, silicon* ; **diode au silicium**, silicon diode ; **pastille de silicium**, silicon chip ; **porte au silicium**, silicon gate ; **redresseur au silicium**, silicon rectifier ; **technologie silicium sur saphir**, silicon on sapphire (SOS) ; **vallée du silicium (Californie)**, silicon valley, silicon gulch.

SIMILE : fac-similé, facsimile, fax, telefax ; **réseau de fac-similé**, facsimile network.

SIMILITUDE : similitude, similitude ; **rapport de similitude**, ratio of similitude.

SIMPLE : simple, single ; **boîtier simple connexion**, single in-line package (SIP) ; **boucle simple**, basic loop ; **code à simple adresse**, single-address code ; **dépassement de capacité simple précision**, short precision overflow ; **disquette utilisable en simple face**, single-sided diskette ; **instruction à adresse simple**, single-address instruction ; **précision simple**, short precision, single precision ; **redresseur simple alternance**, half-wave rectifier ; **signalisation simple courant**, single-current signalling ; **simple canal**, single channel ; **simple interligne**, single space ; **simple pulse**, one-shot ; **tamponnement simple**, single buffering, simple buffering ; **transmission simple courant**, single-current transmission ; **travail en simple mot**, single-length working ; **variable en simple précision**, single-precision variable ; **virgule flottante simple précision**, single-precision floating point.

SIMPLEX : simplex, simplex* ; **circuit simplex**, simplex circuit ; **communications en simplex**, simplex communications ; **transmission simplex**, simplex transmission.

SIMPLIFIE : BASIC simplifié, tiny basic.

SIMULATEUR : simulateur, simulator* ; **simulateur de réseau**, network simulator ; **simulateur de vol**, flight simulator.

SIMULATION : simulation, simulation* ; **éducation par simulation**, simulation education ; **programme de simulation**, simulation programme ; **simulation en temps réel**, real-time simulation.

SIMULER : simuler, simulate (to).

SIMULTANE : simultané, concurrent, simultaneous ; **accès simultané**, simultaneous access ; **codage simultané**, in-line coding ;

mode bidirectionnel simultané, both-way communication ; **ordinateur simultané**, simultaneous computer ; **report simultané**, high-speed carry, simultaneous carry ; **traitement de données simultané**, in-line data processing ; **traitement simultané**, overlap processing.

SIMULTANEE : communication bilatérale simultanée, two-way simultaneous communication ; **conversion simultanée**, concurrent conversion ; **exploitation simultanée**, simultaneous throughput ; **lecture et écriture simultanées**, direct read after write (DRAW) ; **opération périphérique simultanée**, concurrent peripheral operation ; **opération simultanée**, concurrent operation ; **transmission simultanée**, simultaneous transmission.

SIMULTANEITE : simultanéité, simultaneity, overlap ; **simultanéité de blocage**, inhibit simultaneity.

SINUSOIDALE : onde sinusoïdale, sine wave.

SITE : sur site, on-site.

SITUATION : diagramme de situation, state diagram.

SIX : multiplet de six bits, sextet, six-bit byte.

SNOBOL : snobol (langage), snobol* (language).

SOCIETE : société de logiciel, software firm ; **société de service**, software house.

SOLDE : sortie de solde mémorisé, balance forward.

SOLIDE : solide, solid ; **élément à l'état solide**, solid state device ; **état solide**, solid state (SS) ; **technologie état solide**, solid logic technology.

SOLLICITATION : sollicitation à l'exploitant, operator prompting.

SOLLICITE : sollicité, sollicited ; **message non sollicité**, unsollicited message.

SOLLICITEE : entrée non sollicitée, unsolicited input ; **sortie non sollicitée**, unsolicited output.

SOLUTION : solution, solution ; **solution en conversationnel**, on-line problem solving ; **solution graphique**, graphic solution ; **solution provisoire**, makeshift arrangement.

SOMMAIRE : sommaire, summary ; compte rendu sommaire, summary report.

SOMMATEUR : sommateur, summer, adder ; **intégrateur sommateur**, summing integrator.

SOMMATION : sommation, summing, sum ; **contrôle par sommation**, sum check ; **vérifier par sommation**, checksum (to).

SOMME : somme, sum ; **porte somme modulo 2**, modulo-2 sum gate ; **somme de contrôle**, checksum* ; **somme de parité**, parity sum ; **somme géométrique**, vector sum ; **somme logique**, logical sum ; **somme pondérée**, weighted sum ; **somme vidéo**, video sum.

SOMMET : sommet, node, vertex ; **graphe à sommet unique**, trivial graph ; **sommet adjacent**, adjacent vertex.

SON : son, sound, tone ; **à son multiple**, multitone ; **lecture au son**, aural reception.

SONDAGE : contrôle par sondage, spot check.

SONDE : sonde, probe ; **sonde logique**, logic probe ; **sonde vidéo**, video probe.

SONNERIE : sonnerie, bell (BEL), ring indicator ; **caractère de sonnerie**, bell character.

SONORE : sonore, aural ; **signal sonore**, aural signal, chirp ; **signal sonore bref**, beep sound ; **signal sonore de frappe**, key chirp ; **vibreur sonore**, buzzer.

SORTANCE : sortance, fan-out.

SORTI : premier entré, premier sorti, first in, first out (FIFO).

SORTIE : sortie (de traitement), output process, output*, exit*, exit* ; **à mauvaise entrée mauvaise sortie**, garbage in garbage out (GIGO) ; **activité des entrées/sorties**, I/O activity ; **attente aux entrées/sorties**, I/O wait ; **bibliothèque d'entrées/sorties**, input/output library ; **câble d'entrée/sortie**, input/output cable, input/output trunk ; **carte de sortie**, issue card ; **circuit sériel d'entrée/sortie**, serial I/O (SIO) ; **commande d'entrée/sortie**, input/output control ; **commutation d'entrée/sortie**, input/output switching ; **conditions de sortie**, exit conditions ; **connecteur de sortie**, outconnector ; **contrôleur d'entrée/sortie (CES)**, synchroniser (US: synchronizer) ; **convertisseur des codes d'entrée/sortie**, input/output code converter ; **côté de la sortie**, outfeed ; **dispositif standard d'entrée/sortie**, unit record device ; **données d'entrée/sortie**, input/output data ; **données de sortie**, output, output data ; **échange entrée/sortie**, input/output exchange ; **éditeur de sortie**, output writer ; **effa-**

cement après sortie, blank after ; entrée/sortie (E/S), input/output (I/O) ; entrée/sortie à accès direct, random access input/output ; entrée/sortie parallèle, parallel input/output ; entrée/sortie séquentielle, serial input/output ; entrée/sortie tamponnée, buffered input/output ; entrée/sortie virtuelle, virtual input/output (VIO) ; équipement de sortie, output equipment ; erreur de sortie de périphérique, device error exit ; état d'entrée/sortie, I/O status ; extension d'entrée/sortie, I/O expander ; fichier de sortie, output file ; fichier de sortie des résultats, job output file ; file d'attente en sortie, output work queue ; flot de sortie des résultats, job output stream ; fluence de sortie, flow-out ; générateur de programme de sortie, output routine generator ; impédance de sortie, terminal impedance ; imprimé de sortie, typeout ; indicateur entrée/sortie, input/output indicator ; instruction d'entrée/sortie, input/output instruction, input/output order, input/output statement ; instruction de sortie, exit ; interruption d'entrée/sortie, input/output interrupt ; limité par la sortie, output limited ; limité par les entrées/sorties, I/O bound, input/output-limited ; liste de sortie, output list ; liste des entrées/sorties, input/output list ; logement d'entrée/sortie, I/O slot ; lot d'appareils d'entrée/sortie, input/output pool ; mémoire d'entrée/sortie, input/output storage ; mémoire de sortie, output block ; microplaquette d'entrée/sortie, input/output chip ; modèle entrée/sortie, input/output model ; opération d'entrée/sortie, input/output process, input/output operation, radial transfer, transput process ; opération de sortie, sysout ; organe d'entrée/sortie, input/output device, input/output unit ; organe de sortie, output unit, output device ; perforatrice de sortie, output punch ; périphérique de sortie, job output device ; point de sortie, exit point ; port entrée/sortie, I/O port ; programme de gestion des entrées/sorties, input/output programme ; programme de sortie, output programme, output routine ; queue d'attente des entrées/sorties, input/output queue ; queue d'entrée/sortie, input/output error ; référence d'entrée/sortie, input/output referencing ; registre d'entrée/sortie, input/output register ; routine d'entrée/sortie, input/output routine ; section d'assemblage entrée/sortie, input/output section ; signal de sortie, response

signal ; signal de sortie non perturbé, undisturbed output signal ; signal de sortie zéro sans perturbation, undisturbed zero ; sortie asservie, slave output ; sortie asymétrique, unbalanced output ; sortie asynchrone, asynchronous output ; sortie axiale, axial lead ; sortie d'additionneur, adder output ; sortie d'état, reporting ; sortie de compteur, counter exit ; sortie de fréquence audible, audio frequency output ; sortie de fréquence vocale, voice frequency output ; sortie de programme, programme exit ; sortie de solde mémorisé, balance forward ; sortie définitive des données, end of data exit ; sortie déroutée, differed exit ; sortie des données industrielles, process data output ; sortie des travaux, job output ; sortie différée, delayed output ; sortie directe, direct output ; sortie du programme d'assemblage, assembly programme output ; sortie du résultat, total output ; sortie en temps réel, real-time output ; sortie individuelle, detail output ; sortie lisible, legible output ; sortie lisible directement, readable output ; sortie nominale, rated output ; sortie non sollicitée, unsolicited output ; sortie numérique série, serial digital output ; sortie parallèle de type Centronics, Centronics-type parallel port ; sortie sur erreur, error typeout ; sortie symétrique, balanced output ; sortie validée, status output ready ; sortie vocale, voice output, voice response ; sortie zéro, zero output ; sous-programme d'entrée/sortie, input/output handler, input/output support package ; sous-programme de gestion des entrées/sorties, input/output software routine ; symbole d'entrée/sortie, input/output symbol ; système de gestion des entrées/sorties, input/output system ; tampon d'entrée/sortie, input/output buffer ; tampon de sortie, output buffer ; tampon de sortie vocale, voice output buffer ; tampon entrée/sortie, input/output synchroniser ; transfert en sortie, copy-out ; tri de sortie, outsort ; unité d'entrée/sortie, input/output device, input/output unit ; unité de sortie, output unit, output device ; unité de sortie du système, system output unit ; unité de sortie vocale, voice output unit, voice response unit ; vers la sortie, outbound ; vitesse de sortie variable, variable output speed ; voie d'entrée/sortie, input/output channel ; voie de sortie, output channel ; zone d'entrée/sortie, input/output area.

SORTIR : sortir, output (to), issue (to).

SOULIGNE : souligné, underlining, underscoring ; **blanc souligné**, underscore ; **titre souligné**, underlined header.

SOULIGNEMENT : soulignement, underlining, underscoring ; **caractère de soulignement**, underscore character ; **mode de soulignement automatique**, automatic underline mode.

SOULIGNER : souligner, underscore (to), underline (to).

SOUMISSION : soumission, remote batch entry (RBE) ; **soumission des travaux**, job entry ; **système de soumission des travaux**, job entry system.

SOUPASSEMENT : soupassement, (arithmetic) underflow*.

SOUPLE : contrôleur de disque souple, floppy disc controller ; **disque souple**, floppy disc, diskette, flexible disc, flippy, floppy ; **mémoire à disque souple**, flexible disc memory ; **unité de disque souple**, flexible disc drive, floppy disc drive.

SOUPLESSE : souplesse, flexibility ; **souplesse d'emploi**, versatility ; **souplesse du logiciel**, software flexibility.

SOUPLISSO : souplisso, insulating sleeving.

SOURCE : source, source ; **bibliothèque de programmes source**, source programme library ; **bibliothèque sources**, source library ; **cartes-programme source**, source deck ; **cartes source**, source pack ; **code source**, source code ; **document source**, input document, original document ; **fichier source**, source file ; **fichier source de fournisseur**, vendor master file ; **génération source**, prime generation ; **instruction en code source**, source instruction ; **instruction source**, source statement ; **langage source**, original language, source language ; **listage source**, source listing ; **module source**, source module ; **programme source**, source programme ; **registre source**, source register ; **seconde source**, second source ; **source d'information**, information source, message source ; **source de données**, data source ; **source de messages**, information source, message source ; **source de signaux**, signal source ; **source de tension**, voltage source ; **source lumineuse**, light source.

SOURIS : souris, mouse (two mice) ;

bouton de souris, mouse button ; **cliquer (souris)**, click (to) (mouse) ; **gestionnaire de souris**, mouse driver ; **interface souris de bus**, bus mouse adapter ; **interface souris parallèle**, parallel mouse adapter ; **logiciel souris**, mouse software ; **souris (matériel)**, mouse hardware ; **souris à connexion de bus**, bus mouse ; **souris à connexion parallèle**, parallel mouse ; **souris à connexion série**, serial mouse ; **souris à deux boutons**, two-button mouse ; **souris à trois boutons**, three-button mouse ; **souris électromécanique**, electromechanical mouse ; **souris optomécanique**, opto-mechanical mouse ; **souris universelle**, universal mouse.

SOUSTRACTEUR : soustracteur, subtracter ; **additionneur-soustracteur**, adder-subtracter ; **demi-soustracteur**, half-substractor, one-digit subtracter ; **soustracteur à deux entrées**, two-input subtractor ; **soustracteur à trois entrées**, full subtracter ; **soustracteur série**, serial full subtracter, serial subtracter.

SOUSTRACTIF : compteur soustractif, balance counter.

SOUSTRACTION : soustraction, subtraction ; **soustraction flottante**, floating substract ; **temps d'addition ou de soustraction**, add-subtract time.

SOUSTRAIRE : soustraire, subtract (to).

SPATIALE : commutation spatiale, space-division switching.

SPECIAL : spécial, special ; **caractère de changement de code spécial**, shift-out character (SO) ; **caractère spécial**, special character ; **code spécial**, feature code.

SPECIALISE : spécialisé, dedicated, oriented ; **atelier spécialisé**, closed shop ; **calculateur spécialisé**, dedicated computer, special-purpose computer ; **circuit non spécialisé**, non-dedicated circuit ; **circuit spécialisé**, dedicated circuit ; **langage spécialisé algébrique**, algebraic-oriented language ; **langage spécialisé travaux**, job-oriented language ; **non spécialisé**, non-dedicated, undedicated ; **programme spécialisé**, dedicated programme ; **secteur spécialisé**, special line ; **spécialisé au traitement par lots**, batch-oriented ; **spécialisé pour le jeu**, game-oriented ; **terminal spécialisé travaux**, job-oriented terminal.

SPECIALISEE : liaison spécialisée, special communication ; **ligne spécialisée**, dedicated line ; **réseau de lignes spécialisées**, leased line network.

SPECIFICATION : spécification, specification ; **fiche de spécification**, specification sheet ; **fichier de spécifications**, specification file ; **langage de spécification**, specification language ; **programme de spécification**, specification programme ; **spécification de mémoire étendue**, expanded memory specification (EMS) ; **spécification de programme**, programme specification ; **spécification de traitement**, handling specification ; **spécification de zone**, field specification ; **spécifications de traitement**, processing specifications.

SPECIFIQUE : spécifique, specific ; **adresse spécifique**, specific address ; **clavier spécifique**, programmed function keyboard ; **entité spécifique**, entity occurrence ; **langage d'assemblage spécifique**, native assembler language ; **programme spécifique**, brittle ; **routine spécifique**, specific routine ; **spécifique à l'utilisateur**, user-specific.

SPECTRAL : modulation de fréquence spectral, frequency change signalling.

SPECTRE : spectre, spectrum ; **spectre de fréquences**, frequency spectrum ; **spectre de multiplexage**, multiplex baseband.

SPOT : spot, spot ; **impact du spot**, action spot ; **retour de spot**, fly-back ; **signal de suppression de spot**, blanking signal.

SPOULEUR : spouleur, spooler ; **spouleur d'imprimante**, print spooler.

SPOULING : spouling, spooling.

STABILISATEUR : stabilisateur de tension, voltage stabiliser (US: stabilizer).

STABILISER : se stabiliser, settle (to).

STABILITE : stabilité, stability ; **stabilité d'horloge**, clock stability ; **stabilité des calculs**, computational stability.

STABLE : stable, stable ; **état stable**, stable state.

STADE : stade d'introduction, input stage.

STANDARD : standard, standard ; **conception standard**, standard design ; **déviation standard**, standard deviation ; **dispositif standard d'entrée/sortie**, unit record device ; **interface standard**, standard interface ; **signal d'essai standard**, standard test tone ; **standard téléphonique**, switch board ; **type standard**, standard type.

STATION : station, station ; **mise en station**, set-up ; **sous-station**, substation ; **station asservie**, slave station ; **station configurable**, configurable station ; **station de commande**, control station ; **station de contrôle de réseaux**, net control station ; **station de données**, data station ; **station intermédiaire**, way station ; **station mixte**, balanced station, mixed station ; **station neutre**, passive station ; **station origine**, originated station ; **station pilote**, control station ; **station primaire**, primary station ; **station principale**, master station ; **station réceptrice**, accepting station ; **station satellite**, satellite station ; **station secondaire**, secondary station ; **station subordonnée**, tributary station ; **station tampon**, reservation station ; **station terrestre**, earth station ; **station tributaire**, tributary station.

STATIONNAIRE : stationnaire, stationary ; **taux d'onde stationnaire**, stationary wave ratio ; **information stationnaire**, stationary message, stationary information ; **message stationnaire**, stationary information, stationary message.

STATIQUE : statique, static ; **allocation statique**, static allocation ; **circuit statique**, static circuit ; **erreur statique**, static error ; **mémoire statique**, static storage, static RAM, static memory ; **mode de vérification statique**, static test mode ; **pointeur statique**, static pointer ; **registre à décalage statique**, static shift register ; **sous-programme statique**, static subroutine ; **tamponnement statique**, static buffering ; **variable statique**, static variable ; **vidage statique**, static dump.

STATISTIQUE : statistique, statistical ; **analyse statistique**, statistical analysis ; **contrôle statistique**, statistical control ; **multiplexeur statistique**, statistical multiplexing ; **programme statistique**, statistical programme.

STENOGRAPHIE : sténographie, short-hand.

STOCHASTIQUE : stochastique, stochastic.

STOCK : stock, stock ; **en stock**, off-the-shelf ; **fiche d'inventaire de stock**, stock card.

STOCKAGE : stockage, storage ; **stockage/restitution des données**, information storage/retrieval (ISR).

STOP : stop, stop, halt ; **filtre stop-bande**, band-reject filter ; **stop-bande**, bandstop.

STOPPER : stopper, halt (to), stop (to).

STRATIFIE : stratifié, stratified ; langage non stratifié, unstratified language ; langage stratifié, stratified language.

STRIER : strier, serrate (to).

STRUCTURE : structure, structure, data item, item ; structuré, structured ; définition de la structure des données, data set definition ; diagramme de structure, structure flowchart ; fichier non structuré, unstructured file ; fichier structuré, structured file ; image de la structure, item picture ; intitulé de la structure des données, data set label ; langage à structure de bloc, block-structured language ; mémoire à structure de mots, word-structured memory ; non structuré, unstructured ; programme structuré, structured programme ; structure algébrique, algebraic structure ; structure complexe, multiple item ; structure d'enregistrement, record layout, recording format ; structure d'index, index structure ; structure de bloc, block structure ; structure de comparaison, matched pattern ; structure de fichier, file structure ; structure de fichier indexée, indexed organisation ; structure de l'information, information representation ; structure de la séquence d'instructions, instruction sequence format ; structure de liste, list structure ; structure de mot, word format, word structure ; structure de programme, programme structure, structure pattern ; structure de recouvrement, overlay structure ; structure des données, data model, data structure ; structure des informations, information build-up ; structure élémentaire, elementary item ; structure en réseau, lattice structure ; structure en tableau, array structure ; structure inférieure, minor structure ; structure multiligne, multiline format ; structure séquentielle, sequential data structure ; structure séquentielle de données, contiguous data structure ; type structuré, structured type.

STRUCTUREE : données non structurées, unstructured information ; données structurées, data aggregate ; programmation structurée, structured programming ; variable structurée, structure variable.

STRUCTUREL : structurel, structural ; diagramme structurel hiérarchique, tree diagram.

STRUCTURELLE : optimisation interactive structurelle, interactive structural optimisation ; paire structurelle, twin.

STYLE : style, style ; style (de caractère), face, typeface.

STYLET : stylet, stylus ; stylet pointeur, light gun.

SUBDIVISION : subdivision de bloc, blockette ; subdivision de table, table block.

SUBORDONNEE : station subordonnée, tributary station.

SUBSTITUTION : substitution, substitute ; caractère de substitution, substitute character (SUB) ; mode de substitution, substitute mode ; substitution de paramètres, parameter substitution.

SUBSTRAT : substrat, substrate.

SUCCESSIF : successif, successive ; chiffres successifs, successive digits.

SUFFIXE : suffixe, postfix.

SUFFIXEE : notation suffixée, postfix notation, reverse Polish notation.

SUITE : suite, stream, suite* ; suite de fichiers, queued file ; suite de lettres, letter string ; suite de nombres aléatoires, random number sequence ; suite des travaux en entrée, input job stream ; suite harmonique, harmonic progression ; suite récurrente, recursively defined sequence ; suite secondaire, secondary.

SUIVANT : suivant, next ; écran suivant, screen down.

SUIVANTE : bande suivante, continuation tape ; page suivante, next page.

SUIVEUR : suiveur, follower ; espaces suiveurs, trailing spaces ; zéros suiveurs, trailing zeroes.

SUIVI : suivi, locating, tracing.

SUIVRE : suivre à la trace, trace (to).

SUJET : sujet à .., prone ; sujet à bogues, bug-prone ; sujet aux perturbations, interference prone.

SUPERCALCULATEUR : supercalculateur, supercomputer.

SUPERIEUR : binaire de rang supérieur, upper bit ; dépassement supérieur de capacité, characteristic overflow ; indice supérieur, superscript ; jambage supérieur de caractère, ascender, riser.

SUPERIEURE : adresse supérieure, high address ; brosse supérieure, upper brush ; limite supérieure, upper limit, upper bound.

SUPERMINI : supermini, supermini.

SUPERPOSABLE : superposable,

piggyback.

SUPERPOSITION : superposition, piggybacking.

SUPERPUCE : superpuce, superchip.

SUPERVISEUR : superviseur, control routine, executive programme, supervisor ; **appel du superviseur,** supervisor call ; **programme superviseur,** supervisory programme ; **superviseur de micro-ordinateur,** microcontroller ; **superviseur de recouvrement,** overlay supervisor ; **superviseur de systèmes,** systems supervisor ; **système superviseur,** supervisory system.

SUPERVISION : supervision, supervision ; **interruption de supervision,** supervisor interrupt ; **langage de supervision,** job control language (JCL) ; **mode de supervision,** supervisor mode ; **organe de supervision,** supervisory device ; **programme de supervision,** job control programme.

SUPPLEANT : suppléant, alternate.

SUPPLEMENTAIRE : supplémentaire, supplementary, additional ; **poste supplémentaire,** additional line ; **zone supplémentaire,** additional area.

SUPPORT : support, aid, support, tool ; **carte de commande de support informatique,** volume parameter card ; **contrôle des supports de données,** volume exclusive control ; **conversion de support,** medium transcription, medium conversion ; **distance entre tête et support de données,** head-to-medium separation ; **gestion des supports de données,** data storage management ; **support d'enregistrement,** recording medium ; **support d'entrée,** input medium ; **support d'imprimante,** printer stand ; **support d'informations,** data carrier, data medium, information medium ; **support de circuit intégré,** IC socket, chip socket ; **support de données,** data medium, data carrier, information carrier ; **support de mémoire,** storage medium ; **support de transmission,** transmission medium ; **support individuel d'information,** individual data support ; **support magnétique,** magnetic support ; **support vide,** blank medium, empty medium, virgin medium ; **support vierge,** blank medium, empty medium, virgin medium.

SUPPRESSEUR : suppresseur, suppressor ; **suppresseur d'écho,** echo suppressor ; **suppresseur d'espace,** blank deleter.

SUPPRESSION : suppression, clear-

ing, suppression ; **caractère de suppression,** delete character ; **durée de la suppression ligne,** line blanking time, line blanking period ; **impulsion de suppression,** blanking pulse ; **signal de suppression de spot,** blanking signal ; **suppression d'espaces,** space suppression ; **suppression de saut,** skip cancellation ; **suppression des zéros,** zero deletion, zero blanking, zero suppression.

SUPPRIME : supprimé, suppressed, deleted, erased, killed, obviated.

SUPPRIMEE : onde porteuse supprimée, suppressed carrier.

SUPPRIMER : supprimer, kill (to), obviate (to).

SUPRACONDUCTIVE : mémoire supraconductive, cryogenic store.

SUPRAVOCALE : données supravocales, data above voice (DAV) ; **liaison supravocale,** supravoice link.

SURCAPACITE : surcapacité, excess capacity.

SURCHARGE : surcharge, overload.

SURCHIFFREMENT : surchiffrement, super encryption.

SURFACE : surface, surface ; **ombrage de surfaces,** surface shading ; **surface d'affichage,** display surface ; **surface d'écriture,** recording surface ; **surface de visualisation,** display surface ; **surface oblique,** oblique plane ; **surface utile,** display space, operating space ; **surface utile d'écran,** screen area.

SURIMPRESSION : surimpression, overprinting, overwrite ; **cadre en surimpression,** form overlay.

SURTENSION : surtension, voltage surge ; **résistance aux surtensions,** surge withstand capability, surge resistance.

SURVEILLANCE : canal de surveillance, supervisory channel ; **exploitation sous surveillance,** attended operation ; **mémoire à surveillance,** guard memory, guard storage.

SURVEILLE : surveillé, attended.

SURVEILLEE : exploitation non surveillée, unattended mode.

SURVITESSE : survitesse, overspeed ; **limiteur de survitesse,** overspeed limiter.

SURVOL : survol, browsing.

SUSPENDRE : suspendre, suspend (to).

SUSPENDUE : tâche suspendue,

blocked job.

SUSPENSION : suspension, abeyance ; **points de suspension '...'**, points of suspension ; **suspension des travaux**, job suspension.

SYLLABE : syllabe, syllable.

SYMBOLE : symbole, symbol ; **caractère symbole**, symbol character ; **chaîne de caractères symboles**, symbol character string ; **chaîne de symboles**, symbol string ; **symbole abstrait**, abstract symbol ; **symbole condition**, condition name ; **symbole d'entrée/sortie**, input/output symbol ; **symbole d'interruption**, breakpoint symbol ; **symbole d'organigramme**, flowchart symbol ; **symbole de branchement**, decision symbol, jump label ; **symbole de commentaire**, annotation symbol ; **symbole de lancement**, entry symbol ; **symbole de polarité**, polarity indicator symbol ; **symbole de renvoi**, breakpoint symbol ; **symbole de renvoi multiple**, variable connector ; **symbole de séparation**, separation symbol ; **symbole de terminaison**, terminator, terminal symbol ; **symbole externe**, external symbol ; **symbole fonctionnel**, functional symbol ; **symbole graphique**, graphic symbol ; **symbole logique**, logic symbol, logical symbol ; **symbole mnémonique**, mnemonic symbol ; **symbole monétaire**, monetary symbol ; **symbole non défini**, undefined symbol ; **symbole relationnel**, relation character ; **table de symboles**, symbol table.

SYMBOLIQUE : symbolique, symbolic ; **adressage symbolique**, symbolic addressing ; **adresse symbolique**, symbolic address ; **adresse symbolique de l'unité**, symbolic unit address ; **assembleur symbolique**, symbolic assembler ; **codage symbolique**, symbolic coding ; **code symbolique**, symbolic code, symbolic key, symbol code ; **éditeur symbolique**, symbolic editor ; **instruction symbolique**, symbolic instruction ; **langage symbolique**, symbolic language ; **logique symbolique**, mathematical logic, symbolic logic ; **nom symbolique**, symbolic name ; **nombre symbolique**, symbolic number ; **notation symbolique**, symbolic notation ; **paramètre symbolique**, symbolic parameter ; **programmation symbolique**, symbolic programming ; **programme symbolique de débogage**, symbolic debugger ; **système à assemblage symbolique**, symbolic assembly system.

SYMETRIQUE : symétrique, symmetric, balanced ; **entrée symétrique**, balanced input ; **ligne symétrique**, balanced line ; **sortie symétrique**, balanced output ; **symétrique par rapport à la terre**, balanced to ground ; **voie binaire symétrique**, symmetric binary channel.

SYNCHRO : synchro, synchronisation (US: synchronization) ; **synchro image**, vertical synchro ; **synchro ligne**, horizontal synchro.

SYNCHRONE : synchrone, synchronous* ; **calculateur synchrone**, synchronous computer ; **contrôleur synchrone**, synchronous controller ; **coupleur synchrone**, synchronous coupler ; **émetteur-récepteur synchrone**, synchronous receiver-transmitter ; **entrée synchrone**, synchronous input ; **exécution synchrone**, synchronous execution ; **fonctionnement synchrone**, synchronous working ; **horloge synchrone**, synchronous clock ; **opération synchrone**, synchronous operation ; **porte synchrone**, synchronous gate ; **réseau synchrone**, synchronous data network ; **système synchrone**, synchronous system ; **transfert synchrone**, synchronous transfer ; **transmission de données synchrone**, synchronous data transmission ; **transmission synchrone**, synchronous communication.

SYNCHRONISATEUR : synchronisateur, synchroniser (US: synchronizer), internal timer, internal clock ; **synchronisateur d'unité à bande**, tape synchroniser.

SYNCHRONISATION : synchronisation, clocking, synchronisation (US: synchronization), clocking, timing, synchronous idle (SYN) ; **bit de synchronisation**, alignment bit ; **caractère de synchronisation**, sync character ; **erreur de synchronisation**, clock error ; **horloge de synchronisation**, disc clock ; **impulsion de synchronisation**, gating pulse, synchronisation pulse ; **ligne de synchronisation**, slip line ; **piste de synchronisation**, clock track ; **signal de synchronisation**, timing signal ; **synchronisation de processus**, process synchronisation ; **voie de synchronisation**, synchronous idle channel.

SYNCHRONISE : synchronisé, synchronised (US: synchronized).

SYNCHRONISME : en synchronisme, in step.

SYNONYME : synonyme, synonym.

SYNOPTIQUE : schéma synoptique détaillé, detailed block diagram.

SYNTAXE : syntaxe, syntax* ; syntaxe d'un langage, coding system ; **syntaxe de commande,** command syntax ; **syntaxe erronée,** improper syntax ; **traducteur de syntaxe,** syntax transducer.

SYNTAXIQUE : syntaxique, syntactic, syntactical ; **analyse syntaxique,** syntactic analysis, syntactical analysis, parsing ; **compatibilité syntaxique,** syntactic compatibility ; **compilateur syntaxique,** syntax directed compiler ; **conventions syntaxiques,** syntax guidelines ; **erreur syntaxique,** syntactical error.

SYNTHESE : synthèse, synthesis ; synthèse de la parole, speech synthesis.

SYNTHETISEUR : synthétiseur, synthesiser (US: synthesizer) ; **synthétiseur de parole,** speech synthesiser ; **synthétiseur de voix,** voice synthesiser ; **synthétiseur vocal,** voder.

SYSTEMATIQUE : affichage systématique, forced display ; entretien systématique, scheduled maintenance ; **scrutation systématique,** general polling.

SYSTEME : système, system* ; abandon système, system abort ; **activité du système,** system activity ; **programme d'initialisation de système,** cold start programme ; **ralentissement du système,** system slowdown ; **sous-système,** subsystem ; **sous-système de traitement,** processor subsystem ; **superviseur de systèmes,** systems supervisor ; **système à assemblage symbolique,** symbolic assembly system ; **système à base d'instructions,** instruction system ; **système à base de mémoire,** memory-based system ; **système à carte,** card system ; **système à cassette,** tape cassette drive system ; **système à circuit unique,** single-chip system ; **système à contrôle de parité,** parity system ; **système à correction d'erreurs,** error-correcting system ; **système à dégradation contrôlée,** failsoft system ; **système à détection d'erreurs,** error detecting system, error detection system ; **système à disque,** disc system ; **système à disque dur,** Winchester disc system ; **système à double calculateur,** duplex computer system ; **système à double disquette,** dual drive system ; **système à feuillets magnétiques,** magnetic card system ; **système à fichiers,** filing system ; **système à fichiers communs,** shared file system ; **système à mémoire centrale,** core only environment ; **système à mémoire**

virtuelle, paging system, virtual memory system (VMS) ; **système à onde porteuse,** carrier system ; **système à porteuse analogique,** analogue carrier system ; **système à porteuse numérique,** digital carrier system ; **système à régler,** controlled system ; **système à reprise,** fallback system ; **système à tolérance de pannes,** fault-tolerant system ; **système à vie plus étendue,** extented system life span ; **système à voies bifilaires,** two-wire system ; **système adaptatif,** adaptive system ; **système arythmique,** start/stop system ; **système asservi,** servo system, servo-controlled system ; **système autocommandé,** adaptive control system ; **système autonome,** stand-alone system ; **système binaire,** binary number system ; **système biprocesseur,** dual processor system ; **système clé en main,** turn key system ; **système d'adressage,** addressing system ; **système d'aide à la programmation,** support system ; **système d'assemblage,** assembly system ; **système d'exploitation,** system programme ; **système d'exploitation (SE),** operating system (OS) ; **système d'exploitation à bande,** tape operating system (TOS) ; **système d'exploitation à disque (SED),** disc operating system (DOS) ; **système d'exploitation de base (IBM),** basic operating system (BOS) ; **système d'exploitation de réseau,** network operating system (NOS) ; **système d'exploitation distribué,** distributed operating system ; **système d'exploitation virtuel,** virtual operating system (VOS) ; **système d'horloge,** clock system ; **système d'interrogation,** interrogation system ; **système d'interrogation/réponse,** inquiry system ; **système de commande,** command system ; **système de communications,** communication system ; **système de comparaison,** comparing system ; **système de comptabilité des travaux,** job accounting system ; **système de contrôle,** control system ; **système de contrôle industriel,** process control system ; **système de gestion à bandes,** tape management system ; **système de gestion des entrées/sorties,** input/output system ; **système de gestion des travaux,** job control system ; **système de mesure analogique,** analogue measuring system ; **système de mise en application,** implementation system ; **système de multitraitement,** multiprocessing system ; **système de numération,** number system, numeral system ; **système de numération hexa-**

décimal, hexadecimal number system ; **système de programmation**, programming system ; **système de programmation automatique**, automatic programming system ; **système de programmes utilitaires**, utility system ; **système de recherche**, retrieval system ; **système de recherche documentaire**, information retrieval system ; **système de régulation automatique**, automatic control system ; **système de soumission des travaux**, job entry system ; **système de télécommande**, remote control system ; **système de télécommunications**, telecommunication system ; **système de télétraitement**, remote computing system ; **système de test en ligne**, on-line test system (OLTS) ; **système de traitement**, computer system, data processing system ; **système de traitement de texte**, volume variance ; **système de traitement de travaux**, job processing system ; **système de traitement hybride**, hybrid computer system ; **système de transmission de données**, data communication system ; **système de vérification automatique**, automatic check-out system ; **système décimal**, decimal system ; **système décimal codé en binaire**, binary-coded decimal system ; **système duplex**, duplex system ; **système émetteur**, transmitting system ; **système en tandem**, dual system ; **système en temps partagé**, time-shared system, time-sharing system ; **système expert**, expert system ; **système fermé**, closed system ; **système hétérogène**, heterogeneous system ; **système holographique**, holographic based system ; **système hôte**, host system ; **système informatique**, computer system, data processing system ; **système informatique intégré**, integrated information system ; **système informatisé**, information system ; **système intégré**, integrated system ; **système interactif**, conversational system, interactive system ; **système logique**, logical system ; **système maître/esclave**, master/slave system ; **système mixte**, hybrid system ; **système modulaire**, modular system ; **système moniteur**, monitor system ; **système monoposte**, single-station system ; **système multi-accès**, multi-access system ; **système multiclavier**, multistation system ; **système multiposte**, multistation system ; **système ouvert**, open system ; **système polymorphique**, polymorphic system ; **système réversible**, turnaround system ; **système superviseur**, supervisory system ; **système synchrone**, synchronous system ; **système temps réel**, real-time system (RTS) ; **système transactionnel**, enquiry system ; **temps d'essai du système**, system test time ; **temps de production du système**, system production time ; **unité de sortie du système**, system output unit

T

TABLE : table, table* ; consultation de table, table lookup ; **entrée de table**, table entry ; **langage pour table de décision**, tabular language ; **mot de table de segments**, segment table word ; **présentation de données en table**, tabular data presentation ; **recherche de table**, table search ; **subdivision de table**, table block ; **table à numériser**, digitising tablet ; **table à tracer**, flatbed plotter, plotting board ; **table abrégée**, short table ; **table coulissante**, sliding chart ; **table d'addition**, addition table ; **table d'allocation de caractères**, character assignment table ; **table d'étalonnage**, calibration chart ; **table d'états des canaux**, channel status table ; **table d'index majeure**, primary index table ; **table d'indices de sélection**, evidence table selection ; **table d'opération booléenne**, Boolean operation table ; **table de configuration**, configuration table ; **table de conversion**, conversion table ; **table de décision**, decision table ; **table de décision ouverte**, open decision table ; **table de fonctions**, function table ; **table de Karnaugh**, Karnaugh map ; **table de nombres aléatoires**, random number table ; **table de pages**, page table ; **table de priorité**, priority table ; **table de programmes**, programme table ; **table de recherche**, look-up table ; **table de routines**, subroutine table ; **table de symboles**, symbol table ; **table de temps d'exécution**, execution time table ; **table de topographie mémoire**, page map table ; **table de traceur**, bed ; **table de transfert**, transfer table ; **table de vérité**, operation table, truth table ; **table des adresses d'interruption**, interrupt address table ; **table des étapes de travail,** job step table ; **table des états périphériques,** peripheral allocation table ; **table des instructions,** instruction complement ; **table des matières,** index table ; **table des opérations compteur,** counter chart ; **table des priorités d'interruptions,** interrupt priority table ; **table des renvois,** crossreference table ; **table des segments,** segment table ; **table des travaux,** job table ; **table graphique,** graphics plotter ; **table matricielle,** matrix table ; **table traçante,** flatbed plotter, plotting board, plotter *.

TABLEAU : tableau, array, chart ; **élément de tableau,** array element ; **indice de tableau,** array subscript ; **pas de tableau,** array pitch ; **structure en tableau,** array structure ; **tableau à une dimension,** one-dimensional array ; **tableau bidimensionnel,** two-dimensional array ; **tableau de caractères,** string array ; **tableau de commande d'ordinateur,** computer control panel ; **tableau de connexions,** jack panel, pinboard, plugboard, wiring board ; **tableau de données,** data array ; **tableau de nombres,** number table ; **tableau de pointeurs,** pointer array ; **tableau de programme câblé,** programme board ; **tableau graphique,** graphic panel ; **tableau incomplet,** sparse array ; **tableau indicateur d'indice,** index scale ; **tableau logique,** logic array, logical array ; **tableau multidimension,** multidimensional array ; **tableau opérande,** operand array ; **tableau saturé,** closed array ; **tableau tridimensionnel,** three-dimensional array ; **variable de tableau,** array variable, dimensioned variable.

TABLETTE : tablette, tablet.

TABLEUR : tableur, spreadsheet ; **tableur électronique,** electronic spreadsheet.

TABULAIRE : tabulaire, tabular ; **format de bloc tabulaire,** tabulation block format.

TABULATION : tabulation, tabulating, tabulation ; **caractère de tabulation,** tab character, tabulation character ; **caratère de tabulation horizontale,** horizontal tabulate character ; **code de contrôle de tabulation,** tab control code ; **début de tabulation,** skip start ; **dispositif de tabulation,** tabulation facility ; **dispositif de tabulation rapide,** high-speed skip feature ; **fin de tabulation,** skip stop ; **levier de tabulation,** skip lever ; **tabulation arrière,** backtab ; **tabulation horizontale,** horizontal tabulate, horizontal tabulation (HT), hori-

zontal tab ; **tabulation rapide,** high-speed skip ; **tabulation verticale,** vertical tabulation (VT) ; **touche de tabulation,** tabulator key (TAB).

TABULATRICE : tabulatrice, tabulating equipment, tabulator.

TABULE : tabulé, tabulated ; **résultat tabulé,** tabulated result.

TABULER : tabuler, array (to), tabulate (to), tab (to).

TÂCHE : tâche, task* ; **allocation des tâches,** tasking ; **analyse des tâches,** job analysis ; **conception des tâches,** job design ; **contrôle du traitement des tâches,** job processing control ; **exécution des tâches,** job execution ; **fin des tâches,** job start ; **identification de tâche,** task identification ; **moniteur de traitement de tâches,** job processing monitor ; **nom de tâche,** task name ; **numéro de tâche,** job number ; **sous-tâche,** subtask ; **tâche active,** active job ; **tâche dans une file d'attente,** input job ; **tâche de fond,** background job ; **tâche de premier plan,** foreground task ; **tâche dépendante,** dependent task ; **tâche en attente,** waiting task ; **tâche ionique,** ion spot ; **tâche latente,** latent job ; **tache maître,** system task ; **tâche principale,** main task, major task ; **tâche suspendue,** blocked job ; **tâche utilisateur,** problem task, user task.

TACTILE : tactile, tactile ; **clavier tactile,** tactile keyboard ; **écran tactile,** touch panel ; **terminal à écran tactile,** touch screen terminal.

TAILLE : taille, size ; **agrégat de taille ajustable,** adjustable size aggregate ; **agrégat de taille implicite,** assumed size aggregate ; **taille de caractère,** character size ; **taille de fichier,** file size ; **taille de la zone de travail,** working size.

TALON : carte à talon, stubcard.

TAMBOUR : tambour, drum* ; **(mécanisme d') entraînement de tambour,** drum drive ; **imprimante à tambour,** drum printer ; **mémoire à tambour,** drum storage, drum store ; **mémoire à tambour magnétique,** magnetic drum store ; **piste de tambour,** drum track ; **tambour d'entraînement à picots,** pin feed drum ; **tambour d'impression,** print drum, print barrel ; **tambour de réponse,** answerback drum ; **tambour équilibré,** balanced drum ; **tambour magnétique,** drum, magnetic drum ; **tambour magnétique équilibré,** balanced magnetic drum ; **tambour porte-caractères,**

type drum ; **tambour programme**, programme drum ; **traceur à tambour**, drum plotter ; **unité à tambour magnétique**, drum unit, magnetic drum unit ; **vidage du tambour**, drum dump ; **vitesse du tambour**, drum speed.

TAMPON : tampon, buffer ; **amplificateur tampon**, buffer amplifier ; **attribution de tampon**, buffer allocation ; **calculateur tampon**, buffer computer ; **circuit tampon tristable**, tristate buffer ; **échange de tampons**, buffer swapping ; **élément à tampon**, buffered device ; **fichier en mémoire tampon**, buffered file ; **mémoire tampon**, buffer store ; **mémoire tampon d'entrée**, input buffer storage, input buffer ; **mode de tampon**, buffer mode ; **ordinateur à tampon**, buffered computer ; **porte tampon**, buffer gate ; **rangement en mémoire tampon**, buffering ; **registre tampon de mot**, word buffer register ; **station tampon**, reservation station ; **tampon chargeur**, loader buffer ; **tampon d'adresses**, address buffer ; **tampon d'entrée**, input synchroniser ; **tampon d'entrée/sortie**, input/output buffer, I/O buffer ; **tampon d'impression**, print buffer ; **tampon d'imprimante**, line printer buffer ; **tampon de données**, data buffer ; **tampon de ligne**, line buffer ; **tampon de sortie**, output buffer ; **tampon de sortie vocale**, voice output buffer ; **tampon de trame**, frame buffer ; **tampon encreur**, inking pad ; **tampon entrée/sortie**, input/output synchroniser ; **tampon numérique d'image**, digital frame buffer ; **zone de tampon**, buffer area.

TAMPONNE : tamponné, buffered ; **non tamponné**, unbuffered.

TAMPONNEE : entrée/sortie tamponnée, buffered input/output.

TAMPONNEMENT : tamponnement, buffering ; **tamponnement double**, double buffering ; **tamponnement du clavier**, key rollover ; **tamponnement dynamique**, dynamic buffering ; **tamponnement par échange**, exchange buffering ; **tamponnement partagé**, buffer sharing ; **tamponnement simple**, single buffering, simple buffering ; **tamponnement statique**, static buffering ; **technique de tamponnement**, buffering technique.

TAMPONNER : tamponner, buffer (to).

TANDEM : circuit de données en tandem, tandem data circuit ; **système en tandem**, dual system.

TAPIS : tapis, mat ; **tapis antistatique**, anti-static mat.

TAQUAGE : taquage, jogging.

TAQUER : taquer, jerk (to), jog (to).

TAQUEUSE : taqueuse, jogger.

TASSEMENT : tassement, compacting upward, upward relocation.

TAUX : taux, ratio ; **caractéristique du taux d'onde stationnaire**, vswr characteristic ; **taux d'activité**, activity ratio ; **taux d'amélioration**, improving factor ; **taux d'erreurs**, rate error ; **taux d'erreurs binaires**, bit error rate (BER) ; **taux d'erreurs de frappe**, keying error rate ; **taux d'erreurs résiduelles**, residual error ratio, residual error rate ; **taux d'erreurs sur les blocs**, block error rate ; **taux d'erreurs sur les caractères**, character error rate ; **taux d'exploitation**, operating ratio ; **taux d'interruption**, interruption rate ; **taux de consultation**, access frequency ; **taux de corrélation**, correlation coefficient ; **taux de défaillance**, failure rate ; **taux de luminance**, brightness ratio ; **taux de mouvement de fichier**, file activity ratio ; **taux de puces bonnes**, chip yield ; **taux de rafale**, burst rate ; **taux de rebut**, reject rate ; **taux des erreurs**, error rate.

TECHNIQUE : technique, technical ; **conditions techniques**, technical requirements ; **incident technique**, hardware failure ; **manuel technique**, technical manual ; **module technique**, hardware module ; **salle technique**, equipment room ; **technique d'accès à l'information**, data access control ; **technique d'aide au dessin**, etch-a-sketch technique ; **technique d'émulation sur circuit**, in-circuit emulation technique ; **technique d'encryptage**, encryption technique ; **technique de compilation**, compiling technique ; **technique de duplication**, father-son technique ; **technique de la perche**, hints and tips ; **technique de pagination**, paging technique ; **technique de sauvegarde de fichiers**, grandfather technique ; **technique de tamponnement**, buffering technique.

TECHNOLOGIE : technologie, technology ; **disque de technologie Winchester**, Winchester technology disc ; **technologie d'avant-garde**, advanced technology ; **technologie état solide**, solid logic technology ; **technologie informatique**, data processing technology ; **technologie silicium sur saphir**, silicon on sapphire (SOS) ; **technologie transis-**

tor, bipolar device technology.

TEINTE : teinte, tint, tone ; **demi-teinte,** half-tint, half-tone.

TELECHARGEMENT : téléchargement, remote loading, teleload, down-line loading, downloading.

TELECHARGER : télécharger, teleload (to).

TELECOMMANDE : télécommande, distant control, remote control ; **système de télécommande,** remote control system.

TELECOMMUNICATION : télécommunication, telecommunication ; **réseau de télécommunications,** telecommunication network ; **système de télécommunications,** telecommunication system.

TELECOMS : télécoms, telecommunications ; **liaison télécoms,** telecommunications link.

TELECONFERENCE : téléconférence, teleconference.

TELECOPIE : télécopie, fax, facsimile, telefax.

TELECOPIER : télécopier, telecopy (to).

TELECOPIEUR : télécopieur, facsimile terminal, telecopier.

TELEECRITURE : téléécriture, data communication, telematics, telewriting.

TELEGESTION : télégestion, telemanagement ; **poste de télégestion,** data terminal installation.

TELEGRAPHE : télégraphe, telegraph.

TELEGRAPHIE : télégraphie, telegraphy ; **code international de télégraphie,** international telegraph code ; **télégraphie à fréquence vocale,** telegraphy voice frequency ; **télégraphie en double tonalité,** two-tone keying, two-tone telegraph.

TELEGRAPHIQUE : communication télégraphique, telegraphy communication ; **ligne télégraphique,** telegraph line ; **modulation télégraphique,** telegraph modulation ; **relais télégraphique,** telegraph relay.

TELEIMPRIMEUR : téléimprimeur, printing data transceiver, teleprinter ; **téléimprimeur de contrôle,** journal teleprinter, verifying page printer ; **téléimprimeur émetteur-récepteur,** automatic send/receive (ASR).

TELEINFORMATIQUE : la téléinformatique, teleinformatics*.

TELEMAINTENANCE : télémaintenance, remote maintenance.

TELEMATIQUE : la télématique, data communication, telematics*, telewriting ; **ligne télématique,** dataline ; **progiciel télématique,** datacom package ; **réseau télématique,** datacom network, information network.

TELEPHONE : téléphone, phone, telephone ; **téléphone à mémoire,** security phone.

TELEPHONIE : téléphonie, telephony.

TELEPHONIQUE : appel téléphonique, dialup, telephone call ; **bande téléphonique,** voice band ; **cadran téléphonique,** telephone dial ; **combiné téléphonique,** handset ; **coupleur téléphonique,** data phone ; **liaison téléphonique,** telephone connection, voice communication ; **ligne téléphonique,** telephone line, voice grade channel, voice line ; **numérotation téléphonique,** dialling (US: dialing) ; **réseau téléphonique,** telephone exchange, telephone network ; **standard téléphonique,** switch board ; **voie téléphonique,** voice channel.

TELESCRIPTEUR : téléscripteur, telewriter, teletypewriter, ticker, Teletype (TTY), keyboard send/receive.

TELETEST : télétest, remote test.

TELETEX : télétex, teletex.

TELETEXTE : télétexte, teletext*, broadcast vidéography ; **logiciel de télétexte,** telesoftware (TSW).

TELETRAITEMENT : télétraitement, remote processing, teleprocessing* (TP) ; **centre de télétraitement,** telecentre (US: telecenter) ; **mode télétraitement,** remote mode ; **moniteur de télétraitement,** teleprocessing monitor ; **processeur de télétraitement,** network processor ; **réseau de télétraitement,** teleprocessing network ; **réseau de télétraitement public,** public data network ; **service de télétraitement,** remote media service ; **système de télétraitement,** remote computing system ; **télétraitement par lots,** remote batch processing ; **terminal de télétraitement,** teleprocessing terminal.

TELETYPE : télétype, Teletype (TTY) ; **télétype terminal,** console typewriter.

TELEVIDAGE : télévidage, teledump.

TELEVISION : moniteur télévision, television monitor.

TELEX : télex, telex, twix ,twx ; **communication télex,** teletype exchange (telex) ; **réseau télex,** telex network.

TEMOIN : lampe-témoin, display light ; scrutation par passage de témoin, hub polling.

TEMPERATURE : température, temperature ; **plage de températures de service,** working temperature range ; **température ambiante,** ambient temperature ; **température de jonction,** junction temperature.

TEMPORAIRE : temporaire, temporary ; **fichier temporaire,** temporary file.

TEMPOREL : multiplexeur temporel, time-division multiplexer ; **verrouillage temporel de clavier,** keyboard time-out.

TEMPORELLE : boucle temporelle, timing loop ; **commutation temporelle,** time-division multiplex, time-division switching ; **erreur temporelle,** timing error ; **trame temporelle,** time frame.

TEMPORISATEUR : temporisateur, delay counter.

TEMPORISATION : temporisation, time-out.

TEMPORISE : appel d'entrée temporisé, timed-entry call ; **arrêt temporisé,** slow shutdown ; **relais temporisé,** slow acting relay.

TEMPS : temps, time ; **application en temps réel,** real-time application ; **besoin en temps,** time need ; **calculateur en temps réel,** real-time computer ; **code à temps d'exécution minimal,** minimum latency code ; **commande en temps réel,** real-time control ; **compteur de temps utile,** usage meter ; **décalage (de temps),** lag (of time), lag response ; **demande de temps,** time request ; **échelle des temps,** time scale factor ; **entrée en temps réel,** real-time input ; **exploitation par découpage du temps,** time slicing environment ; **facteur temps étendu,** extended time-scale ; **facteur temps réduit,** fast time scale ; **horloge temps réel,** real-time clock ; **interface d'horloge temps réel,** real-time clock interface ; **langage temps réel,** real-time language ; **moniteur temps réel,** real-time monitor ; **opération en temps réel,** real-time operation ; **partage de temps,** time sharing, time slicing, time share, time division ; **passe-temps favori,** hobby ; **programmation à temps d'accès minimal,** minimum access programming ; **programmation à temps d'exécution minimal,** minimum latency programming ; **simulation en temps réel,** real-time simulation ; **sortie en temps réel,** real-time output ; **système en temps**

partagé, time-shared system, time-sharing system ; **système temps réel,** real-time system (RTS) ; **table de temps d'exécution,** execution time table ; **temps d'accélération,** acceleration time ; **temps d'accès de piste à piste,** track-to-track seek time ; **temps d'accès moyen,** average latency ; **temps d'accès variable,** variable access time ; **temps d'addition,** add time ; **temps d'addition ou de soustraction,** add-subtract time ; **temps d'arrêt,** standstill, stop time ; **temps d'attente,** rotational delay, stand-by time, waiting time, idle time, latency ; **temps d'attente en file,** queue time ; **temps d'écriture,** write time ; **temps d'entrée,** entry time ; **temps d'essai,** proving time ; **temps d'essai de programme,** programme test time ; **temps d'essai du système,** system test time ; **temps d'établissement,** settling time ; **temps d'excitation,** pick time ; **temps d'exécution,** object time, processing time, batch operation time, execution time ; **temps d'exécution de l'instruction,** instruction execution time ; **temps d'exécution sans erreurs,** productive time ; **temps d'exploitation,** operable time, up-time ; **temps d'immobilisation,** inoperable time ; **temps d'indisponibilité,** down time ; **temps d'instruction,** instruction time ; **temps d'interruption,** interlock time ; **temps d'introduction,** input time ; **temps d'occupation,** action time, holding time ; **temps d'utilisation,** up-time ; **temps de basculement,** setting time ; **temps de branchement,** connect time ; **temps de calcul,** calculating time ; **temps de chargement,** pre-execution time ; **temps de commutation,** switching time ; **temps de compilation,** compilation time ; **temps de contact,** contact make time ; **temps de cycle,** access time, cycle time ; **temps de cycle variable,** variable cycle duration ; **temps de décélération,** deceleration time ; **temps de décodage,** interpretation time ; **temps de défaillance,** fault time ; **temps de descente,** decay time ; **temps de fermeture,** make-time ; **temps de fonctionnement,** uptime ; **temps de lecture,** read time ; **temps de maintien,** hold time ; **temps de mise en route,** installation time, set-up time ; **temps de montée,** rise time ; **temps de multiplication,** multiplication time ; **temps de positionnement,** positioning time ; **temps de positionnement de piste à piste,** track-to-track positioning time ; **temps de positionnement de tête,** head positioning time ; **temps de préparation,** takedown time ; **temps de production du système**, system production time ; **temps de programmation**, programming time ; **temps de propagation**, delay time, propagation time ; **temps de rafraîchissement d'un pixel**, pixel update time ; **temps de recherche**, search time, seek time ; **temps de recherche d'erreur**, fault tracing time ; **temps de reconnaissance**, recognition time ; **temps de recouvrement**, recovery time ; **temps de rembobinage**, rewind time ; **temps de réparation**, repair time ; **temps de réponse**, response time ; **temps de réponse d'opérateur**, operator delay ; **temps de report**, carry time ; **temps de repos**, quiescent period, unattended time ; **temps de reprise**, make-up time, rerun time ; **temps de retournement**, clear-to-send delay, turnaround time ; **temps de sauvegarde**, backup time ; **temps de traduction**, translating time, translate duration ; **temps de traitement**, process time ; **temps de transfert**, swap time, transfer time ; **temps de transfert d'un mot**, word time ; **temps déterminé**, given time ; **temps disponible**, available time ; **temps divers**, miscellaneous time ; **temps du cycle d'écriture**, write cycle time, writing cycle time ; **temps du cycle de lecture**, reading cycle time, read cycle time ; **temps écoulé**, elapsed time ; **temps effectif**, actual time ; **temps imparti**, instruction timeout ; **temps inutilisé**, unused time ; **temps machine**, machine time ; **temps machine disponible**, available machine time ; **temps mort**, dead time ; **temps moyen d'accès**, average access time ; **temps moyen d'opération**, average operation time ; **temps opérationnel**, up time ; **temps partagé**, time slicing, time sharing ; **temps perdu**, external loss time, ineffective time ; **temps réel**, real-time (RT) ; **temps réel en ligne**, on-line real-time (OLRT) ; **temps unitaire**, quantum clock ; **traitement en temps réel**, continuous processing, real-time processing ; **tranche de temps**, quantum, time slice, time slot ; **transmission en temps réel**, real-time transmission ; **unité de temps**, time quantum ; **ventilation des temps d'attente**, waiting time distribution ; **voie dérivée en temps**, time-derived channel.

TENDANCE : tendance, trend ; **tendance croissante**, uptrend ; **tendance décroissante**, downtrend.

TENIR : tenir, fit (to).

TENSION : tension, voltage ; **amplifica-**teur de tension, voltage amplifier ; **amplification en tension**, voltage amplification ; **tension d'arrêt**, inverse voltage ; **tension de blocage**, blocking bias ; **tension de mode commun**, common mode voltage ; **tension de mode normal**, normal mode voltage ; **tension de référence**, reference voltage ; **tension directe**, on-state voltage ; **tension secteur**, line voltage ; **transformateur de tension**, voltage transformer ; **variation de tension**, voltage variation, voltage change.

TENTATIVE : tentative, attempt, bid, retry.

TENUE : tenue de fichier, file maintenance.

TERME : terme, term ; **terme absolu**, absolute term ; **terme délimité**, bracketed term ; **terme documentaire**, docuterm.

TERMINAISON : terminaison, termination, terminating ; **terminaison de boucle**, loop termination.

TERMINAL : terminal, outstation, terminal* ; **télétype terminal**, console typewriter ; **terminal à clavier**, keyboard terminal ; **terminal à écran tactile**, touch screen terminal ; **terminal à usage industriel**, industrial terminal ; **terminal d'affichage à clavier**, keyboard display terminal ; **terminal d'interrogation**, inquiry display terminal ; **terminal de bas niveau**, dumb terminal ; **terminal de bureau**, office display terminal ; **terminal de dialogue**, conversational terminal, interactive terminal ; **terminal de données**, data display unit, data terminal ; **terminal de données (ETTD)**, data terminal equipment (DTE) ; **terminal de grappe**, clustered terminal ; **terminal de guichet**, counter terminal ; **terminal de réservation**, booking terminal ; **terminal de saisie**, input station, retrieval terminal ; **terminal de télétraitement**, teleprocessing terminal ; **terminal de traitement par lots**, batch terminal ; **terminal de transactions**, transaction terminal ; **terminal de visualisation**, visual display unit ; **terminal déporté**, remote terminal ; **terminal éducatif**, tutorial display ; **terminal en mode paquet**, packet mode terminal ; **terminal graphique**, graphics terminal (GT) ; **terminal inactif**, dormant terminal ; **terminal intelligent**, intelligent terminal, smart terminal ; **terminal local**, local station ; **terminal lourd**, remote batch terminal (RBT) ; **terminal non-texte**, non-ASCII terminal ; **terminal portable**, portable terminal ; **ter-**

minal programmable, programmable terminal ; **terminal secondaire**, auxiliary station ; **terminal spécialisé travaux**, job-oriented terminal ; **terminal texte**, ASCII terminal ; **terminal transactionnel**, enquiry station ; **terminal unité d'interrogation**, inquiry unit ; **terminal universel**, universal terminal ; **terminal utilisateur**, user terminal ; **terminal vidéo**, video terminal, video data terminal ; **terminal virtuel**, image terminal, virtual terminal ; **terminal vocal**, vocal terminal, voice input terminal.

TERMINAUX : allocation des terminaux, terminal allocation.

TERMINE : terminé, finished, ended ; **programme non terminé**, unfinished programme.

TERRE : terre, ground ; **mise à la terre**, grounding ; **non mis à la terre**, ungrounded ; **station terrestre**, earth station ; **symétrique par rapport à la terre**, balanced to ground.

TERRESTRE : station terrestre, earth station.

TERTIAIRE : tertiaire, ternary ; **génération tertiaire**, son generation.

TEST : test, test, trial ; **banc de test**, test bed ; **bande perforée de test**, paper tape loop ; **boîte de test**, breakout box ; **équipement de test**, test equipment ; **ficelle de test**, test lead ; **génération de fichier de test**, test file generation ; **logiciel de test**, benchmark package ; **matériel de test automatique**, automatic test equipment (ATE) ; **message de test alphanumérique**, fox message ; **organe de test**, interrogate feature ; **point test**, test access point ; **programme de test d'assembleur**, test translator ; **sous-programme de test interne**, internal test routine ; **système de test en ligne**, on-line test system (OLTS) ; **test à l'insu**, blind test ; **test accéléré**, accelerated test ; **test aveugle**, blind test ; **test booléen**, logical test ; **test d'égalité**, equal test ; **test d'identité**, logical companion ; **test de bout en bout**, end-to-end test ; **test de classe**, class test ; **test de compatibilité**, compatibility test ; **test de continuité**, circuit assurance ; **test de parité à la mémorisation**, storage parity ; **test de performances**, benchmark, benchmarking, benchmark test ; **test de validité**, validity check ; **test de validité alphabétique**, test alphabetic ; **test de validité numérique**, numeric test ; **test de vieillissement**, ageing test ; **test de vraisemblance**, credibility test ; **test**

des carrés de Chi, Chi square test ; **test des marges**, bias testing, marginal check, marginal test ; **test destructif**, destructive test ; **test diagnostic**, diagnostic test ; **test fonctionnel**, functional test ; **test incorporé**, built-in test ; **test intégré**, in-circuit testing ; **test logique**, Boolean test ; **test mémoire**, memory test ; **test numérique**, Q-test ; **test par tout ou rien**, go-no-go test ; **test préalable**, pre-test ; **test relationnel**, relation test ; **test saute-mouton**, leapfrog test ; **utilitaire de tests pour programmeur**, programmer test utility.

TESTE : testé, tested ; **non testé**, untested ; **testé et garanti**, rated.

TESTER : tester, examine (to).

TETE : tête, head* ; **(caractère de) début d'en-tête**, start-of-heading character (SOH) ; **carte d'en-tête**, initial card ; **carte de tête**, heading card ; **carte en-tête de programme**, programme header card ; **colonne en-tête**, column heading ; **course de tête**, head travel ; **crash de tête**, head crash ; **disque à tête fixe**, fixed-head disc ; **distance entre tête et disque**, flying height ; **distance entre tête et support de données**, head-to-medium separation ; **durée de vie de la tête**, head life ; **en-tête**, heading, header ; **en-tête de bloc**, block header ; **en-tête de liste**, head of a list ; **en-tête de message**, message header, message preamble ; **en-tête de procédure**, procedure heading ; **en-tête de programme**, programme header ; **en-tête de segment**, segment header ; **enregistrement de tête**, header record, home record, leader record ; **ensemble de têtes magnétiques**, head stack ; **entrefer de tête**, head gap ; **groupe en-tête**, head group ; **imprimante à tête mobile**, moving-head printer ; **label d'en-tête**, header label ; **ligne d'en-tête**, header line ; **ligne d'en-tête d'article**, item header line ; **position de la tête d'impression**, print head position ; **positionnement de la tête de lecture-écriture**, head positioning ; **positionneur de tête**, head positioner ; **sélecteur de têtes magnétiques**, head selection switch ; **sélection de tête**, head-select ; **temps de positionnement de tête**, head positioning time ; **tête d'écriture**, recording head, writing head, write head ; **tête d'effacement**, erasing head, erase head ; **tête d'enregistrement**, record head ; **tête d'impression**, print head ; **tête de lecture**, playback head, reading head, read head ; **tête de lecture-écriture**, reading and recording head, read/write head, combined magnetic head ; **tête de prélecture**, preread head ; **tête de scaneur (scanneur)**, scan head ; **tête fixe**, fixed head ; **tête magnétique**, head, magnetic head ; **tête magnétique fixe**, fixe magnetic head ; **tête traçante**, plotting head ; **tête volante**, flying head ; **zéros de tête**, leading zeroes.

TETRADIQUE : code tétradique, four-line binary code.

TEXTE : texte, text* ; **(caractère de) début de texte**, start-of-text character (STX) ; **(caractère de) fin de texte**, end-of-text character (ETX) ; **carte texte**, text card ; **création de texte**, text production ; **début de texte**, start of text ; **éditeur de texte**, text editor ; **édition de texte**, text editing ; **enregistrement en texte clair**, visual record ; **formateur de texte**, text formatter ; **perforation hors-texte**, overpunch, zone punching, zone punch, zone digit ; **processeur de lecture de texte**, text reader processor ; **processeur de texte**, word processor ; **système de traitement de texte**, volume variance ; **terminal non-texte**, non-ASCII terminal ; **terminal texte**, ASCII terminal ; **texte de message**, message text ; **texte de programme**, programme text ; **texte en clair**, plain text ; **traitement de texte**, electronic typing, word processing (WP).

TEXTUEL : cadrage textuel, text aligning ; **outil didactique textuel**, text learning tool.

THEORIE : théorie, theory ; **théorie de l'information**, communication theory, information theory ; **théorie de la commutation**, switching theory ; **théorie des automates**, automata theory ; **théorie des communications**, communications theory, information theory ; **théorie des files d'attente**, queueing theory ; **théorie des graphes**, graph theory ; **théorie des groupes**, group theory ; **théorie des jeux**, game theory.

THERMIQUE : thermique, thermal ; **convertisseur thermique**, thermal converter ; **échange thermique**, temperature dissipation ; **imprimante matricielle thermique**, thermal matrix printer ; **imprimante thermique**, thermal printer ; **papier thermique**, thermal paper.

THERMOSENSIBLE : papier thermosensible, thermosensitive paper.

TIERS : tiers, third party ; **équipement tiers**, third party equipment.

TIGE : tige de touche, key stem.

TIRAGE : tirage, hard copy.

TIRET : tiret, dash ; **en tirets**, dashed ; **touche de tiret '-'**, dash key.

TIROIR : tiroir, drawer, slide-in unit.

TITRE : titre, heading, title, title block ; **avant-titre**, half-title ; **sous-titre**, subtitle, sub-heading ; **sous-titre en retrait**, box-head ; **titre à contraste élevé**, high-contrast title ; **titre de menu**, menu title ; **titre souligné**, underlined header.

TOLERANCE : tolérance, tolerance ; **système à tolérance de pannes**, fault-tolerant system ; **tolérance de fréquence**, frequency tolerance ; **tolérance moyenne**, mean deviation.

TOMBER : tomber en panne, fail (to).

TONALITE : tonalité, tone ; **télégraphie en double tonalité**, two-tone keying, two-tone telegraph ; **tonalité d'appel**, dial tone ; **tonalité d'invitation à transmettre**, go-ahead tone ; **tonalité d'occupation**, busy tone ; **tonalité de réponse**, answer tone ; **tonalité de signalisation**, signalling tone.

TONNEAU : distorsion en forme de tonneau, barrel-shaped distortion ; **effet de tonneau**, barrel effect.

TOPOGRAPHIE : topographié, mapped ; **table de topographie mémoire**, page map table ; **topographie mémoire**, memory mapping.

TOPOLOGIE : topologie, topology ; **topologie de bus**, bus-organised, bus topology ; **topologie en bus distribué**, distributed bus topology.

TORE : tore, bead, core, doughnut, magnetic core ; **banc de matrices de tores**, core matrix block ; **tore à plusieurs trous**, multi-aperture core, multiple aperture core ; **tore de ferrite**, ferrite core ; **tore magnétique**, bead, core, doughnut, magnetic core, ; **tore magnétique à trou unique**, single-aperture core ; **tore multitrou**, multi-aperture core, multiple aperture core.

TORSADE : torsadé, twisted.

TORTILLONNEUR : tortillonneur, wire-wrap tool.

TOTAL : total, adding, add, summation, sum ; **total de contrôle**, check total, control total, gibberish total ; **total global**, grand total ; **total mêlé**, hash total ; **total par groupe**, batch total ; **total par tronçon**, hash total ; **zone du**

total de contrôle, hash total field.

TOTALISATEUR : totalisateur, total device.

TOTO : variable métasyntaxique (toto), metasyntactic variable (foo).

TOUCHE : touche, key, key button ; rangée de touches, key bank ; tige de touche, key stem ; touche à effleurement, touch-control ; touche à répétition, typamatic key ; touche alphabétique, alphabet key ; touche alphanumérique, alphanumeric key ; touche autobloquante, locking type button ; touche d'addition, add key ; touche d'annulation, cancel key, resetting button ; touche d'appel, keyboard request ; touche d'échappement, escape key ; touche d'édition, character editing key ; touche d'espacement arrière, backspace key ; touche d'interruption, break key ; touche d'intervention, attention key ; touche d'inversion majuscules-minuscules, case shift key ; touche de commande, control key ; touche de commande d'affichage, display control key ; touche de contrôle, command key ; touche de correction, error reset key ; touche de déverrouillage, unlock key ; touche de fonction, function key, soft key ; touche de remise à zéro, start reset key ; touche de tabulation, tabulator key (TAB) ; touche de tiret '-', dash key ; touche de verrouillage, lock key ; touche des chiffres, figures shift ; touche du curseur, cursor key ; touche flèche, arrow key ; touche inopérante, invalid key ; touche non attribuée, undefined key ; touche numérique, figure key ; touche préfixe, shift key ; touche répétitrice, repeat-action key ; touche virtuelle, light button, virtual push button ; verrouillage des touches, keylock ; zone de touches, key set.

TOUR : tour, revolution ; pouce par tour (PPT), inch per revolution (IPR).

TOURNANTE : imprimante à boule tournante, spinwriter.

TOURNER : tourner à vide, idle (to).

TOUT : action tout ou rien, on-off action ; code tout ou rien, unipolar code ; entrée tout ou rien, on-off input ; test par tout ou rien, go-no-go test.

TRACAGE : traçage, plotting.

TRACANTE : table traçante, flatbed plotter, plotting board ; tête traçante, plotting head.

TRACE : trace, locating, trace, tracing ;

tracé, plotting, plot ; plan de trace, cable rung ; programme de trace écrite, hard package ; suivre à la trace, trace (to) ; tracé asservi à un point fixe, rubber banding ; trace inverse, trace-back ; trace point par point, point plotting ; vitesse de tracé, drawing rate.

TRACER : tracer, plot (to) ; table à tracer, flatbed plotter, plotting board.

TRACEUR : traceur, co-ordinate plotter, data plotter, plotter ; pas de traceur, plotter step size ; table de traceur, bed ; traceur à laser, laser plotter ; traceur à plumes, pen plotter ; traceur à tambour, drum plotter ; traceur automatique, automatic plotting, auto-plotter ; traceur cartésien, X-Y plotter ; traceur couleur, colour plotter ; traceur d'organigramme, flowchart generator ; traceur de courbe analogique, analogue display unit ; traceur de courbes, curve plotter, graph plotter ; traceur électrostatique, electrostatic plotter ; traceur graphique, graphic tablet ; traceur incrémentiel, incremental plotter ; traceur intelligent, intelligent plotter ; traceur par ligne, raster plotter ; traceur par point, dot matrix plotter.

TRACTEUR : tracteur de papier, form tractor.

TRADUCTEUR : traducteur, translator ; programme traducteur, translating programme, translating routine ; traducteur d'adresse, address translator ; traducteur de langage d'interrogation, query language translator ; traducteur de langages, language translator ; traducteur de syntaxe, syntax transducer ; traducteur de travaux, job translator ; traducteur des données en entrée, input data translator.

TRADUCTION : traduction, translation, interpretation ; phase de traduction, translating phase, translate phase ; temps de traduction, translating time, translate duration ; traduction algorithmique, algorithm translation ; traduction alphabétique, alphabet translation ; traduction d'instruction, instruction translation ; traduction d'une formule, formula translation ; traduction de programme, programme translation ; traduction dynamique d'adresse, dynamic address translation (DAT) ; traduction machine, mechanical translation.

TRADUCTRICE : traductrice, card interpreter.

TRADUIRE : traduire, translate* (to),

relocate (to).

TRAFIC : trafic, traffic ; **trafic d'arrivée**, incoming traffic.

TRAIN : train d'impulsions, pulse string, pulse train.

TRAIT : trait, line ; **couleur de trait**, drawing colour ; **forme du trait**, brush shape ; **largeur de trait**, line width ; **relier par trait d'union**, hyphenate (to) ; **trait d'union**, hyphen ; **trait en grisé**, shaded line ; **trait en pointillé**, dotted line ; **trait fin**, light line ; **trait mixte**, dot-and-dash line ; **trait plein**, solid line ; **trait pointillé**, dashed line.

TRAITE : traité, processed, worked ; **non traité**, unprocessed, unprocessed.

TRAITEMENT : traitement, process, processing operation, processing ; **branche de traitement**, flow path ; **calculateur de traitement**, job computer ; **calculateur de traitement par lots**, batch computer ; **capacité de traitement**, throughput ; **centre de traitement**, operation centre ; **centre de traitement à accès libre**, open shop ; **charge de traitement**, processing load ; **contrôle du traitement des tâches**, job processing control ; **cycle de traitement**, computer processing cycle, processing period ; **débordement de traitement**, processing overlap ; **faculté de traitement**, processability ; **fin instantanée du traitement des travaux**, unusual end of job ; **fonction de traitement des articles**, item handling function ; **gestionnaire de traitement différé**, spooler ; **langage de traitement**, processing language ; **langage de traitement de liste**, list processing language ; **logiciel de traitement de chaîne**, string process system ; **mode de traitement**, processing mode ; **mode de traitement des articles**, item handling mode ; **mode de traitement isolé**, dedicated mode ; **mode de traitement par lots**, batch mode, batch processing mode ; **moniteur de traitement de tâches**, job processing monitor ; **noeud de traitement**, computing node ; **opération de traitement**, working processing ; **option de traitement**, processing option ; **post-traitement**, postprocessing ; **poste de traitement**, processing station ; **programme de traitement**, processing programme ; **puissance de traitement**, processing power ; **règles de traitement**, processing convention ; **répartiteur de traitement**, process dispatcher ; **répartition du traitement**, process dispatching ; **réseau de centralisation du traitement**, distributed processing network ; **ressource allouée au traitement**, processing resource ; **sortie (de traitement)**, output process, output ; **sous-système de traitement**, processor subsystem ; **spécialisé au traitement par lots**, batch-oriented ; **spécification de traitement**, handling specification, processing specifications ; **système de traitement**, computer system, data processing system ; **système de traitement de texte**, volume variance ; **système de traitement de travaux**, job processing system ; **système de traitement hybride**, hybrid computer system ; **temps de traitement**, process time ; **terminal de traitement par lots**, batch terminal ; **traitement automatique de données**, automatic data processing (ADP) ; **traitement autonome**, independence processing, off-line processing ; **traitement d'évènement**, event handling ; **traitement d'image**, image processing ; **traitement d'image interactif**, interactive image processing ; **traitement d'informations centralisé**, centralised data processing ; **traitement d'interruption**, interrupt processing, interrupt handling ; **traitement de bibliothèque**, library handling ; **traitement de chaîne**, string manipulation ; **traitement de données**, data processing (DP), information processing ; **traitement de données simultané**, in-line data processing ; **traitement de fichiers**, file processing ; **traitement de l'information**, datamation, process information ; **traitement de l'interruption**, interrupt process ; **traitement de labels**, label processing ; **traitement de liste**, list processing, list handling ; **traitement de plusieurs messages**, multimessage processing ; **traitement de premier plan**, foregrounding processing ; **traitement de texte**, electronic typing, word processing (WP) ; **traitement décentralisé**, decentralised data processing ; **traitement déporté**, remote computing ; **traitement des caractères**, character handling ; **traitement des demandes**, inquiry processing ; **traitement des erreurs**, error management, error control ; **traitement des pistes de réserve**, substitute track processing ; **traitement différé**, deferred processing ; **traitement différé local**, local batch processing ; **traitement distribué**, dispersed processing, network processing ; **traitement électronique de données**, electronic data processing (EDP) ; **traitement en direct**, on-line processing ; **traitement en**

ligne, in-line processing ; **traitement en mode pseudodéconnecté**, pseudo off-line processing ; **traitement en parallèle**, parallel processing ; **traitement en séquences**, sequential processing ; **traitement en temps réel**, continuous processing, real-time processing ; **traitement et transmission automatiques données**, automatic data handling ; **traitement exclusif des entrées**, input only processing ; **traitement immédiat**, demand processing ; **traitement individuel**, unbatched mode ; **traitement intégré de l'information**, integrated data processing (IPL) ; **traitement intégré des données**, integrated information processing ; **traitement interactif**, interactive processing, on-line transaction processing ; **traitement interne des données**, internal data processing ; **traitement multifichier**, multifile processing ; **traitement multitâche**, multiple job processing ; **traitement non prioritaire**, background processing ; **traitement par lots**, batch processing, bulk processing ; **traitement par lots à distance**, remote batch ; **traitement par lots de données**, bulk information processing ; **traitement prioritaire**, foreground processing, priority processing ; **traitement réel**, live running ; **traitement réparti**, distributed processing ; **traitement séquentiel**, serial processing ; **traitement simultané**, overlap processing ; **traitement sur demande**, immediate processing ; **traitement transactionnel**, transaction processing (TP) ; **unité centrale de traitement**, central data processor, main frame computer ; **unité de traitement**, job step, processing unit ; **unité de traitement des instructions**, instruction processing unit, instruction computing unit ; **vitesse de traitement**, processing speed ; **zone de traitement d'article**, item work area.

TRAITER : traiter, process (to) ; **données à traiter**, processing data ; **informations à traiter**, input information.

TRAJET : trajet, path ; **atténuation de trajet**, path attenuation.

TRAME : trame, frame, framing* , raster* ; **à balayage de trame**, raster display device ; **affichage à balayage de trame**, raster scan display ; **affichage de trame**, raster display ; **balayage de trame**, raster scan, vertical sweep ; **binaire de trame**, framing bit ; **définition de trame**, raster count ; **définition horizontale de trame**, horizontal raster count ; **dent de scie trame**, vertical deflection sawtooth ;

effacement trame, vertical blanking ; **générateur de balayage trame**, field scan generator ; **impulsion de validation de trame**, image enable pulse ; **mémoire de trame**, frame storage ; **mémoire image d'une trame**, raster graphic image ; **parité de trame**, frame parity ; **point de retour trame**, vertical retrace point ; **tampon de trame**, frame buffer ; **trame d'information**, information frame ; **trame de transmission**, transmission frame ; **trame invalide**, invalid frame ; **trame réponse**, response frame ; **trame temporelle**, time frame ; **tube à balayage de trame**, raster scan CRT ; **unité de trame**, raster unit ; **visualisation dite de trame**, raster type display ; **vitesse de trame**, frame rate.

TRANCHE : tranche, slice, wafer ; **mise en tranche**, slicing.

TRANSACTION : transaction, transaction* , transfer.

TRANSFERT : transfert, rollout* , rolloff, staging, transfer, xfer ; **adresse de transfert**, transfer address ; **attente avant transfert**, wait before transmit ; **cadence brute de transfert de données**, actual data transfer rate ; **cadence utile de transfert de données**, effective data transfer rate ; **canal de transfert**, transfer channel ; **carte de transfert**, transfer card ; **commande de transfert**, transfer command, transfer control ; **contrôle de transfert**, transfer check ; **débit de transfert des données**, data transfer rate ; **fonction de transfert**, transfer function ; **instruction de transfert**, jump instruction, transfer instruction ; **instruction de transfert inconditionnelle**, unconditional transfer instruction ; **interface avec protocole de transfert**, handshake interface ; **mode de continu de transfert**, burst mode ; **mode de transfert**, move mode ; **opérateur de transfert**, transfer operator ; **opération de transfert**, transfer operation ; **phase de transfert de données**, data phase, data transfer phase ; **phase de transfert des informations**, information transfer phase ; **protocole de transfert**, handshake ; **rappel-transfert**, roll-in/roll-out (RIRO) ; **registre à transfert analogique**, analogue shift register ; **registre de transfert**, transfer register ; **table de transfert**, transfer table ; **temps de transfert**, swap time, transfer time ; **temps de transfert d'un mot**, word time ; **transfert asynchrone**, asynchronous transfer ; **transfert binaire**, binary transfer ; **transfert d'appel**, call forwarding ; **transfert de bloc**, block transfer ; **transfert de chaleur**, heat transfer ; **transfert de communication**, call forward ; **transfert de données**, data origination, datacom ; **transfert de données brutes**, raw data transfer ; **transfert de mémoire**, storage dumping ; **transfert de mot**, word transfer ; **transfert de page**, page migration ; **transfert de page mémoire**, page in, page out ; **transfert de volumes**, volume mapping ; **transfert des données mémorisées**, store-and-forward operation ; **transfert en entrée**, copy-in ; **transfert en parallèle**, bit parallel, parallel transfer ; **transfert en sortie**, copy-out ; **transfert et analyse**, move and scan ; **transfert immédiat**, blind transfer, demand staging ; **transfert par octet**, byte mode ; **transfert périphérique**, peripheral transfer ; **transfert radial**, radial transfer, transput process ; **transfert réel**, actual transfer ; **transfert sériel**, bit transfer, serial transfer ; **transfert synchrone**, synchronous transfer ; **unité de transfert**, transfer unit ; **vecteur de transfert**, transfer vector ; **vitesse de transfert**, transfer rate ; **vitesse maximale de transfert**, maximum transfer rate.

TRANSFORMATEUR : transformateur, transformer, xformer ; **transformateur d'équilibrage**, balanced transformer ; **transformateur d'impédance**, impedance buffer ; **transformateur de tension**, voltage transformer.

TRANSFORMATION : transformation, transformation* ; **composition de transformations**, concatenated transformation ; **transformation fenêtre-clôture**, viewing transformation, window transformation ; **transformation tridimentionnelle**, three-dimension transformation.

TRANSINFORMATION : transinformation, transinformation.

TRANSISTOR : transistor, transistor ; **logique transistor-transistor**, twin transistor logic ; **technologie transistor**, bipolar device technology ; **transistor à jonctions**, junction transistor ; **transistor bipolaire**, bipolar transistor ; **transistor NPN**, NPN transistor ; **transistor PNP**, PNP transistor ; **transistor unipolaire**, unipolar transistor.

TRANSISTORISE : transistorisé, transistorised (US: transistorized).

TRANSIT : centre de transit, tandem switching centre ; **mémoire de transit**, tempor-

ary storage.

TRANSITION : transition, transition ; **logiciel de transition**, bridgeware ; **transition de flux**, flux transition ; **transition progressive**, gradual transition.

TRANSITOIRE : transitoire, transient, glitch ; **distorsion transitoire**, glitching ; **erreur transitoire**, transient error ; **état transitoire**, transient state ; **moyens transitoires**, transition aid ; **programme transitoire**, transient programme ; **réponse transitoire**, transient response ; **routine transitoire**, transient routine ; **zone transitoire**, transient area.

TRANSLATABILITE : translatabilité, relocability.

TRANSLATABLE : translatable, relocatable ; **adresse translatable**, relocatable address ; **fichier translatable**, relocatable file ; **module translatable**, relocatable deck ; **programme binaire translatable**, relocatable programme.

TRANSLATER : translater, relocate (to), translate (to).

TRANSLATEUR : translateur, translater.

TRANSLATION : translation, relocation, relocating ; **adresse de translation**, relocation address ; **base de translation**, relocation base ; **translation bidimensionnelle**, two-dimensional translate ; **translation d'adresse**, address conversion, address translation ; **translation de programme**, programme relocation ; **translation dynamique**, dynamic relocation ; **translation panoramique**, panning.

TRANSMETTEUR : transmetteur, Transmitter (TX).

TRANSMETTRE : transmettre, transmit (to) ; **invitation à transmettre**, invitation to send, polling ; **liste d'invitations à transmettre**, polling list ; **prêt à transmettre**, clear to send (CTS) ; **prochain bloc à transmettre**, next output block ; **tonalité d'invitation à transmettre**, go-ahead tone.

TRANSMISSION : transmission, transmission, communication, forwarding, datacall ; **(caractère de) commande de transmission**, communication control character ; **(caractère de) fin de transmission**, end-of-transmission character (EOT) ; **(fonction de) commande de transmission**, transmission control (TC) ; **bloc de transmission**, transmission block ; **circuit de transmission de données**, data circuit ; **code de lancement de transmission**, transmitter start code ; **compte-rendu de transmission**, backward supervision, tellback ; **délai de transmission**, absolute delay ; **échappement à la transmission**, data link escape (DLE) ; **erreur de transmission**, error transmission ; **fin de bloc de transmission**, end-of-transmission block (ETB) ; **gain de transmission**, transmission gain ; **horloge de transmission**, transmit clock ; **interface de transmission**, interface ; **ligne de transmission**, line, transmission line ; **ligne de transmission de données**, data transmission line ; **matériel de transmission**, transmission equipment ; **méthode de transmission**, transmission method ; **mode de transmission**, streaming mode, transmission mode ; **niveau de transmission**, transmission level ; **niveau de transmission relatif**, relative transmission level ; **protocole de transmission**, link control protocol ; **protocole (de transmission) XMODEM**, XMODEM protocol (datalink) ; **sécurité de transmission**, transmission security, transmission reliability ; **service de transmission de données**, data communication service ; **support de transmission**, transmission medium ; **système de transmission de données**, data communication system ; **traitement et transmission automatiques données**, automatic data handling ; **trame de transmission**, transmission frame ; **transmission à grande vitesse**, high-data rate ; **transmission à signal unipolaire**, neutral transmission ; **transmission alphabétique**, alphabetic transmit ; **transmission anisochrone**, anisochronous transmission ; **transmission arythmique**, asynchronous transmission, start/stop tansmission ; **transmission asynchrone**, asynchronous transmission, start/stop tansmission ; **transmission asynchrone de données**, asynchronous data transmission ; **transmission bipolaire**, polar transmission ; **transmission d'image**, video service ; **transmission de données**, data transmission ; **transmission de données synchrone**, synchronous data transmission ; **transmission de l'information**, information transmission ; **transmission de paquets**, packet transmission ; **transmission de point à point**, point-to-point transmission ; **transmission en bande de base**, baseband transmission, baseband signalling ; **transmission en bande latérale unique**, single-sideband transmission ; **transmission en blanc**, white transmission ; **transmission en circuit ouvert**, open circuit working ; **transmission en double bande**, double sideband transmission ; **transmission en double courant**, double current transmission ; **transmission en duplex**, duplex transmission ; **transmission en parallèle**, parallel transmission ; **transmission en signaux alternés**, bipolar transmission ; **transmission en temps réel**, real-time transmission ; **transmission isochrone**, isochronous transmission ; **transmission par blocs**, block transmission ; **transmission par rafales**, burst transmission ; **transmission semi-duplex**, half-duplex transmission ; **transmission série**, serial transmission ; **transmission seulement**, send-only ; **transmission simple courant**, single-current transmission ; **transmission simplex**, simplex transmission ; **transmission simultanée**, simultaneous transmission ; **transmission synchrone**, synchronous communication ; **vitesse de transmission**, baud rate, signalling rate, transmission speed ; **vitesse de transmission binaire**, bit transfer rate ; **vitesse de transmission de données**, data rate ; **voie de transmission**, channel ; **voie de transmission (de données)**, data transmission channel.

TRANSMODULATION : transmodulation, cross-modulation, monkey chatter.

TRANSPARENCE : transparence, transparency ; **transparence du circuit de données**, data circuit transparency.

TRANSPARENT : transparent, transparent* ; **mode transparent**, code-transparent, transparent text mode.

TRANSPORT : transport, transport ; **couche de transport (ISO)**, transport layer (ISO) ; **logiciel de couche de transport**, transport software (ISO layer) ; **rouleau de transport**, feed roller ; **transport de papier rapide**, high-speed paper feed.

TRANSPORTABILITE : transportabilité, portability, transportability.

TRANSPORTABLE : transportable, transportable.

TRANSPUTEUR : transputeur, transputer*.

TRANSTYPER : transtyper, cast (to).

TRANSVERSAL : transversal, transverse ; **contrôle transversal**, transverse check ; **couplage transversal**, crossfeed ; **pas transversal**, track pitch.

TRANSVERSALE : parité transversale, lateral parity.

TRAPEZOIDALE : distorsion trapézoïdale, keystone effect.

TRAPPAGE : trappage, trapping ; trappage d'erreur, error trapping.

TRAVAIL : travail, job* , working ; (caractère de) fin de travail, end-of-job character (EOJ) ; bande de travail, work tape ; condition de travail, handling condition ; contact de travail, make-contact ; cycle de travail, working cycle ; début de travail, job start ; déroulement du travail, work flow ; disque de travail, work disc ; élément de travail, work item ; espace de travail, working space ; étape de travail, job step ; exécution de l'étape de travail, job step execution ; feuille de travail, worksheet ; fichier de travail, scratch file, working file, work file ; fin d'étape de travail, job step termination ; fréquence de travail, working frequency ; identification de travail, job identification ; instruction de début de travail, sign-on ; instruction de fin de travail, sign-off ; instruction de travail, job statement ; interrompre un travail en cours, kill a job (to) ; lancement de l'étape de travail, job step initiation ; mémoire de travail, scratchpad memory, working storage, working memory section ; numéro de travail, job number ; piste de travail, operating track, working track ; plan de travail, work programme ; poste de travail, workstation ; poste de travail mobile, mobile terminal desk ; registre de travail, work register ; reprise de l'étape de travail, job step restart ; reprise du travail, job restart ; requête de travail, job request ; séquence de travail, work cycle, work sequence ; table des étapes de travail, job step table ; taille de la zone de travail, working size ; travail abandonné, aborted job ; travail d'arrière-plan, background job ; travail de premier plan, foreground job ; travail en simple mot, single-length working ; travail identifié, known job ; travail pilote, master job ; travail prioritaire, preemtive job ; travail séquentiel, batched job ; travail unique, one-shot job ; travail urgent, hot job ; zone de mémoire de travail, working storage, zone de travail, working zone, working area, work area.

TRAVAUX : travaux, jobs, workings ; article du répertoire des travaux, job queue item ; bande d'entrée des travaux, job input tape ; bibliothèque des travaux, job library ; bloc de cumul des travaux, job summary record ; carte de pilotage des travaux, job control card ; comptabilisation des travaux, job accounting ; compte-rendu de l'exécution des travaux, job execution report ; contrôle de travaux, job control ; contrôle du flot des travaux, job flow control ; débordement des travaux, user overlay ; définition de travaux, job definition ; déroulement des travaux, job flow ; déroulement séquentiel des travaux, serial work flow ; enchaînement des travaux, job sequencing ; entrée des travaux, job input ; entrée des travaux à distance, remote job entry (RJE) ; exécution des travaux, job execution ; fichier d'entrée des travaux, job file, job input file ; fichier de comptabilisation des travaux, job accounting file, job account file ; fichier de gestion des travaux, job control file ; fichier des files de travaux, job stream file ; file d'attente de travaux en entrée, input job queue ; file d'attente des travaux, job input queue, job queue ; file de travaux, run queue, input stream, job stream, job stack, run stream ; file des travaux en entrée, input work queue ; fin des travaux, job end, job termination ; fin instantanée du traitement des travaux, unusual end of job ; flot d'entrée des travaux, job input stream ; flot de travaux, input stream, job stream, run stream ; flux de travaux, input stream, job stream, run stream ; flux de travaux individuels, single-job stream ; fonction de comptabilisation des travaux, job accounting interface ; fonction de contrôle des travaux (FCT), job entry services (JES) ; gestion des travaux, job management ; identificateur des travaux, job identifier ; identification des travaux, job identity ; instruction de contrôle de travaux, job control statement ; introduction des travaux, job introduction ; journal de comptabilisation des travaux, job accounting report, job account log ; lancement des travaux, job initiation ; langage spécialisé travaux, job-oriented language ; listage du déroulement des travaux, job execution listing ; liste de comptabilisation des travaux, job account listing ; liste de travaux, run queue, job list ; lot de travaux, job batch ; maintenance des travaux, job maintenance ; mise à jour de la bibliothèque des travaux, job library update ; périphérique d'entrée des travaux, job input device ; pile de travaux, job stacking, work stack ; priorité des travaux, job priority ; **programmateur des travaux**, job scheduler ; **registre de ventilation des travaux**, job distribution register ; **répertoire des travaux**, job table ; **répertoire des travaux identifiés**, known job table ; **sortie des travaux**, job output ; **soumission des travaux**, job entry ; **suite des travaux en entrée**, input job stream ; **suspension des travaux**, job suspension ; **système de comptabilité des travaux**, job accounting system ; **système de gestion des travaux**, job control system ; **système de soumission des travaux**, job entry system ; **système de traitement de travaux**, job processing system ; **table des travaux**, job table ; **terminal spécialisé travaux**, job-oriented terminal ; **traducteur de travaux**, job translator ; **travaux annulés**, bypassed job ; **travaux de maintenance**, maintenance work ; **travaux pratiques**, hand-on training ; **unité de gestion des travaux**, job control device.

TRAVERS : travers, skew ; **mise en travers**, tilt ; **se mettre en travers**, skew (to) ; **travers**, crossfeed ; **travers de bande**, tape skew.

TRAVERSEE : traversée, walking, walk, traversal ; **traversée d'un arbre**, tree walking, tree traversal.

TRAVERSER : traverser, intersect (to), walk (to).

TREILLIS : treillis, lattice.

TRETRAFILAIRE : voie trétrafilaire, four-wire channel.

TRI : tri, sorting, sort ; **aiguille de tri**, sort needle ; **algorithme de tri**, sorting algorithm ; **bus tristable**, tristate bus ; **case de tri**, drop pocket ; **circuit tampon tristable**, tristate buffer ; **clé de tri**, sequencing key, sorting key, sort key ; **dispositif de tri**, sort facility ; **erreur de tri**, missort ; **extraire par tri**, outsort (to) ; **indicatif de tri**, sort generator ; **méthode de tri**, sorting method ; **module de tri**, sort module ; **passe de tri**, sorting pass, sort pass ; **programme de tri**, sort programme, sorter ; **programme de tri et d'interclassement**, sort/merge generator ; **tri à accès direct**, random access sort ; **tri alphanumérique**, alphanumeric sort ; **tri alternatif**, oscillating sort ; **tri arborescent**, tree sort ; **tri ascendant**, ascending sort, forward sort ; **tri binaire**, binary sort ; **tri d'articles**, item sort ; **tri d'enregistrements**, record sort ; **tri de cartes**, card sorting ; **tri de chaînes**, string sorting ; **tri de fusion**, interfusion, merge sorting, polyphase sort ; **tri de fusionnement**, external sort ; **tri de sélection**, selection sort ; **tri de sortie**, outsort ; **tri descendant**, backward sort ; **tri en cascade**, cascade sort ; **tri en mémoire centrale**, core sort ; **tri fin**, fine sort ; **tri interne**, internal sort, key sort ; **tri multifichier**, multifile sorting ; **tri multipassage**, multipass sort ; **tri numérique**, numerical sorting ; **tri par bloc**, block sort ; **tri par comparaison**, comparative sort ; **tri par insertion**, insertion sort ; **tri par interclassement**, collating sort, sorting by insertion ; **tri par le maximum**, maximum sort ; **tri par méthode d'insertion**, insertion method sorting ; **tri par ordre décroissant**, descending sort ; **tri par paires**, ripple sort ; **tri par permutation**, bubble sort, sifting sort ; **tri par segmentation**, quick sort ; **tri polyphasé**, polyphase merging ; **tri polyvalent**, generalised sort ; **tri préalable**, presort ; **tri sur bande**, tape sort ; **tri vertical**, heap sort ; **zone de tri pour enregistrements enchaînés**, interrecord sequence field.

TRIADE : triade, triad ; **plan triade**, three-bit plane.

TRIBUTAIRE : tributaire, tributary ; **station tributaire**, tributary station.

TRIDIMENSIONNEL : tridimensionnel, three-dimensional ; **écran graphique tridimensionnel**, three-dimension graphic display ; **tableau tridimensionnel**, three-dimensional array.

TRIDIMENSIONNELLE : animation tridimensionnelle, three-dimensional animation ; **modélisation géométrique tridimensionnelle**, three-dimension geometric modelling.

TRIE : trié, sorted ; **non trié**, unsorted.

TRIER : trier, sequence (to), sort (to).

TRIEUSE : trieuse, card sorter, sorter* , grader, sorting machine ; **trieuse-compteuse**, counting sorter ; **trieuse de documents**, document sorter ; **trieuse-lieuse**, sorter reader.

TRIPHASE : triphase, triple-phase.

TRIPLE : triple, triple ; **en triple longueur**, triple length working ; **registre triple**, triple length register, triple register.

TRIPLET : triplet, three-bit byte, triplet, tribit.

TRIPROCESSEUR : triprocesseur, triprocessor.

TRISTABLE : tristable, tristate ; **bus tristable**, tristate bus ; **circuit tampon tristable**, tristate buffer.

TROIS : à trois adresses, three-address ; à trois entrées, full adder ; additionneur à trois entrées, three-input adder ; calculateur à trois adresses, three-address computer ; code excédent trois, excess-three code (XS3) ; instruction à trois adresses, three-address instruction ; multiplet de trois bits, three-bit byte, tribit, triplet ; souris à trois boutons, three-button mouse ; soustracteur à trois entrées, full subtracter ; unité de trois registres, triple register.

TROISIEME : calculateur de troisième génération, third-generation computer.

TRONC : tronc, trunk ; tronc de circuit, trunk circuit.

TRONCATURE : troncature, truncation* ; erreur de troncature, truncation error.

TRONCON : tronçon, trunk, section, segment ; total par tronçon, hash total ; tronçon de ligne, line section.

TRONQUE : tronqué, truncated ; bloc tronqué, incomplete block ; non tronqué, untruncated ; programme tronqué, incomplete programme.

TRONQUER : tronquer, truncate (to).

TROU : trou, hole ; tore magnétique à trou unique, single-aperture core ; tore à plusieurs trous, multi-aperture core, multiple aperture core ; trou index, index hole.

TROUSSE : trousse d'outillage, tool kit.

TRUC : truc, knack, tip.

TTL : compatible TTL, TTL compatible.

TUBE : tube, tube ; tube à balayage de trame, raster scan CRT ; tube à mémoire électrostatique, electrostatic storage tube ; tube à pénétration, beam-penetration CRT ; tube à vide, valve, vacuum tube ; tube autoconvergent, self-focused picture tube, self-converging tube ; tube cathodique, cathode ray tube (CRT) ; tube cathodique à pénétration, penetration CRT ; tube écran, display tube ; tube électronique, electron tube.

TULIPE : imprimante à tulipe, thimble printer.

TYPE : type, type, class ; affectation du type, type association ; de type enfichable, plug-in type ; de type N, N-type ; de type P, P-type ; dispositif type, typical configuration ; écart type, standard duration ; instruction type, model statement, type instruction ; partie type d'opération, operation part ; réseau type, model network ; sortie parallèle de type Centronics, Centronics-type parallel port ; sous-type, subtype ; type à virgule fixe, fixed-point type ; type à virgule flottante, floating-point type ; type booléen, Boolean type ; type chaîne de caractères, character string type ; type composé, composite type ; type d'accès, access type ; type d'enregistrement, record class ; type d'énumération, enumeration type ; type d'erreur, error class ; type d'index, index type ; type d'organe incorrect, invalid type device ; type de base, base type ; type de données, data type ; type de ligne, line style ; type de périphérique, peripheral type ; type de ressources, resource class ; type de variable, variable type ; type de volume, volume type ; type dérivé, derived type ; type discret, discrete type ; type encapsulé, encapsulated type ; type entier, integer type ; type flottant, float type ; type généré dynamiquement, dynamically generated type ; type incomplet, incomplete type ; type indéfini, undefined type ; type logique, Boolean type ; type parent, parent type ; type privé limité, limited private type ; type réel, real type ; type scalaire, scalar type ; type standard, standard type ; type structuré, structured type.

TYPIQUE : typique, typical ; informations typiques, typical data ; transducteur typique, ideal transducer.

TYPOGRAPHIQUE : erreur typographique, clerical error

U

ULTRASONORE : ultrasonore, ultrasonic ; cellule ultrasonore, ultrasonic cell.

ULTRAVIOLET : ultraviolet, ultraviolet, UV ; effacement par ultraviolet (mémoire morte), ultraviolet erasing.

UNAIRE : unaire, unary ; opérateur unaire, monadic operator, unary operator ; opération unaire, monadic operation, unary operation.

UNIBUS : unibus, unibus.

UNICITE : unicité, uniqueness ; unicité des fichiers, file uniqueness.

UNIDIRECTIONNEL : unidirectionnel, unidirectional.

UNIDIRECTIONNELLE : unidirectionnel, unidirectional ; **exploitation unidirectionnelle**, unidirectional working ; **impulsion unidirectionnelle**, undirectional pulse ; **liaison unidirectionnelle**, simplex, single way, unidirectional link.

UNIFIE : unifié, unified.

UNIFIEE : architecture unifiée, unified architecture.

UNIFORME : uniforme, uniform ; **magnétisation uniforme**, uniform magnetisation (US: magnetization) ; **référence uniforme**, uniform referencing.

UNILATERAL : unilatéral, unilateral.

UNILATERALE : carte à bande perforée unilatérale, unilateral tape card ; **communication unilatérale**, one-way communication ; **ligne unilatérale**, one-way trunk.

UNILIGNE : fonction uniligne, single-line function.

UNION : union, OR operation, disjunction, join, logical add ; **relier par trait d'union**, hyphenate (to) ; **trait d'union**, hyphen.

UNIPOLAIRE : unipolaire, unipolar ; **signalisation unipolaire**, neutral signalling, unipolar signalling ; **transistor unipolaire**, unipolar transistor ; **transmission à signal unipolaire**, neutral transmission.

UNIQUE : unique, single ; **adresse unique**, single address ; **binaire unique**, one-bit ; **branchement unique**, one-shot branch ; **couche unique**, unilayer ; **coup unique**, single-stroke ; **élément à sens unique**, unidirectional element ; **élément unique**, unity element ; **graphe à sommet unique**, trivial graph ; **opération unique**, one-shot operation ; **programme en passe unique**, single-pass programme ; **système à circuit unique**, single-chip system ; **tore magnétique à trou unique**, single-aperture core ; **transmission en bande latérale unique**, single-sideband transmission ; **travail unique**, one-shot job ; **utilisateur unique**, individual user.

UNITAIRE : chaîne unitaire, unit string ; **code signaux à espacement unitaire**, unit distance code ; **élément unitaire**, unit element ; **enregistrement unitaire**, unit record ; **fonction de saut unitaire**, unit step function ; **fonction unitaire**, unit function ; **impulsion unitaire**, unit impulse ; **saut unitaire**, unit step ; **temps**

unitaire, quantum clock ; **valeur unitaire**, unit value ; **vecteur unitaire**, unit vector.

UNITE : unité, unit* ; **adresse symbolique de l'unité**, symbolic unit address ; **affectation d'unité**, hardware assignment ; **compteur des unités**, unit counter ; **contrôleur d'unités périphériques**, unit record controller ; **état de l'unité centrale**, processor state ; **mot de contrôle d'unité**, unit control word ; **nombre d'unités de caractère**, character interval ; **sélection d'unité**, unit selection ; **sous-unité**, subunit ; **synchronisateur d'unité à bande**, tape synchroniser ; **terminal unité d'interrogation**, inquiry unit ; **unité (d'entraînement) de disque (magnétique)**, disc drive ; **unité à affichage vidéo**, video display unit (VDU) ; **unité à bande**, tape station ; **unité à cartouche**, cartridge drive ; **unité à liaisons multiples**, multiple interface unit ; **unité à réponse vocale**, vocal unit ; **unité à tambour magnétique**, drum unit, magnetic drum unit ; **unité arithmétique**, arithmetic unit ; **unité arithmétique et logique**, arithmetic and logic unit (ALU) ; **unité asservie**, slave unit ; **unité auxiliaire**, ancillary unit ; **unité binaire**, binary unit, bit ; **unité binaire (quantité d'information)**, Shannon, binary unit of information content ; **unité centrale**, main unit, main frame, master unit ; **unité centrale (UC)**, central processing unit (CPU*) ; **unité centrale de traitement**, central data processor, main frame computer ; **unité d'adaptation de ligne**, line adapter unit ; **unité d'affectation**, unit of allocation ; **unité d'affichage**, display device, visual display device ; **unité d'affichage graphique**, graphic display unit ; **unité d'assemblage**, assembly unit ; **unité d'entraînement de cartouche**, tape cartridge drive ; **unité d'entrée**, input unit, input device ; **unité d'entrée/sortie**, input/output device, input/output unit ; **unité d'impression**, printing mechanism ; **unité d'interface périphérique**, peripheral interface unit (PIU) ; **unité de bande magnétique**, magnetic tape unit, tape transport, tape unit ; **unité de calcul**, calculating unit, computation module ; **unité de cartes magnétiques**, magnetic card unit (MCU) ; **unité de cassette**, cassette drive ; **unité de charge**, unit load ; **unité de commande**, control section, control unit ; **unité de commutation**, switch unit ; **unité de compilation**, compilation unit ; **unité de connexion**, interface switching unit ; **unité de contrôle de visualisation**, display control unit ; **unité de**

contrôle périphérique, peripheral control unit (PCU) ; **unité de disque**, disc unit, magnetic disc unit ; **unité de disque magnétique**, disc unit, magnetic disc unit ; **unité de disque souple**, flexible, floppy disc drive ; **unité de disques**, disc array ; **unité de fréquence**, Hertz (Hz) ; **unité de gestion des travaux**, job control device ; **unité de mémoire**, storage unit ; **unité de mesure**, unit of measure ; **unité de perforation**, card punch unit ; **unité de programme**, programme unit ; **unité de réserve**, backup device ; **unité de sortie**, output unit, output device ; **unité de sortie du système**, system output unit ; **unité de sortie vocale**, voice output unit, voice response unit ; **unité de temps**, time quantum ; **unité de traitement**, job step, processing unit ; **unité de traitement des instructions**, instruction computing unit, instruction processing unit ; **unité de trame**, raster unit ; **unité de transfert**, transfer unit ; **unité de trois registres**, triple register ; **unité de visualisation de base**, basic display unit (BDU) ; **unité décimale (quantité d'information)**, Hartley, decimal unit of information content ; **unité dérivée**, derived unit ; **unité fonctionnelle**, functional unit ; **unité interrogatrice**, requesting unit ; **unité interrogée**, replying unit ; **unité lexicale**, lexical unit, lexical token ; **unité logique**, logical unit ; **unité naturelle (de quantité d'information)**, natural unit (of information content) ; **unité non affectée**, unassigned device ; **unité périphérique**, peripheral unit ; **unité physique**, real drive ; **unité principale**, main unit ; **unité principale de commande**, main control unit ; **unité virtuelle**, virtual unit.

UNIVALENT : univalent, one-valued.

UNIVALENTE : fonction univalente, one-valued function.

UNIVERSEL : universel, universal, general-purpose ; **câble universel**, general-purpose trunk ; **calculateur universel**, all-purpose computer, general-purpose computer ; **contrôleur universel**, universal control unit ; **élément universel**, universal element ; **ensemble des caractères universels**, universal character set ; **ensemble universel**, universal set ; **quantificateur universel**, universal quantifier ; **terminal universel**, universal terminal.

UNIVERSELLE : barre universelle, universal bar ; **classification décimale universelle**, universal decimal classification ; **coor-**données universelles, world co-ordinates ; **diode universelle**, universal diode ; **interface universelle**, general-purpose interface ; **souris universelle**, universal mouse.

UNIVOIE : univoie, unichannel, monochannel, single-channel ; **protocole univoie**, single-channel protocol.

UNIVOQUE : univoque, univocal ; **application bi-univoque**, one-to-one mapping.

URBAIN : appel urbain, exchange call.

URBAINE : communication urbaine, intercommunication.

URGENCE : urgence, emergency ; **arrêt d'urgence**, emergency shutdown.

URGENT : urgent, urgent ; **travail urgent**, hot job.

USAGE : usage, use, usage ; **usagé**, used ; **fonction d'usage général**, utility function ; **indication d'usage**, usage clause ; **langage d'usage général**, general-purpose language ; **octet (usage courant)**, byte ; **processeur à usage général**, general-purpose processor ; **terminal à usage industriel**, industrial terminal ; **usage de l'écran**, screen-oriented.

USAGER : usager, user, subscriber ; **catégorie d'usagers**, user class of service ; **groupe fermé d'usagers**, closed user group ; **usager ordinaire**, common user.

USE : usé, used ; **usé par utilisation**, wear and tear.

USINE : usine, plant.

USURE : usure, attrition, wear ; **compensateur d'usure**, wear compensator ; **défaillance par usure**, wearout failure ; **résistant à l'usure**, wearproof.

UTILE : utile, useful, usable, informative, effective ; **cadence utile de transfert de données**, effective data transfer rate ; **compteur de temps utile**, usage meter ; **débit utile**, useful throughput ; **données utiles**, informative data ; **information utile**, useful information ; **longueur utile de ligne**, usable line length ; **signal utile**, useful signal ; **surface utile**, display space, operating space ; **surface utile d'écran**, screen area.

UTILISABLE : disquette utilisable en double face, double-sided diskette ; **disquette utilisable en simple face**, single-sided diskette.

UTILISANT : particularité utilisant l'écran, screen-oriented feature.

UTILISATEUR : utilisateur, user, customer ; **accès mono-utilisateur**, single-user access ; **appel de l'utilisateur**, user call ; **association d'utilisateurs**, user process group ; **bibliothèque des programmes utilisateur**, user library ; **bibliothèque utilisateur**, private library ; **circuit utilisateur**, line terminating circuit ; **code utilisateur**, user code ; **configuration de l'utilisateur**, user operating environment, user configuration ; **console utilisateur**, user console ; **coordonnée de l'utilisateur**, user co-ordinate ; **défini par l'utilisateur**, user-defined ; **demande utilisateur**, user query ; **dépendant de l'utilisateur**, user-dependent ; **développé par l'utilisateur**, customer-developed ; **données utilisateur**, user data ; **espace mémoire de l'utilisateur**, user address space, user programme area ; **étiquette utilisateur**, user label ; **fichier du personnel utilisateur**, user attribute file ; **fichier utilisateur**, user file ; **fonction de l'utilisateur**, user function ; **identification utilisateur**, user identification ; **identité de l'utilisateur**, user identity ; **instruction utilisateur**, user instruction ; **label d'identification utilisateur**, user volume label ; **label début utilisateur**, user header label ; **label fin utilisateur**, user trailer label ; **langage adapté à l'utilisateur**, user-oriented language ; **langage de l'utilisateur final**, end user language ; **logiciel de l'utilisateur**, user software ; **manuel de l'utilisateur**, user's guide ; **mémoire utilisateur**, user memory ; **message utilisateur**, user console typeout, user message ; **mode utilisateur**, user mode ; **mot défini par l'utilisateur**, user-defined word ; **nom de l'utilisateur**, user name ; **programme utilisateur**, user programme ; **sous-programme d'utilisateur**, user provided routine ; **sous-programme écrit par l'utilisateur**, user written routine ; **spécifique à l'utilisateur**, user-specific ; **tâche utilisateur**, problem task, user task ; **terminal utilisateur**, user terminal ; **utilisateur final**, end user ; **utilisateur unique**, individual user ; **zone de l'utilisateur**, user area, user field.

UTILISATION : utilisation, use, usage ; **déclaration d'utilisation**, use declarative ; **facteur d'utilisation**, duty cycle ; **identificateur d'utilisation de données**, data use identifier ; **instruction d'utilisation**, use statement ; **licence d'utilisation du logiciel**, software license ; **manuel d'utilisation**, operator manual ; **procédure d'utilisation**, use procedure ; **temps d'utilisation**, up-time ; **usé par utilisation**, wear and tear.

UTILISE : utilisé, used, employed.

UTILISER : utiliser, use (to), employ (to).

UTILITAIRE : utilitaire, service routine, utility, utility routine ; **bande de programmes utilitaires**, utility tape ; **contrôle du sous-programme utilitaire**, utility routine controller ; **directive utilitaire**, utility command ; **logiciel utilitaire**, utility package ; **opération utilitaire**, utility operation ; **phase d'exploitation du programme utilitaire**, utility session ; **système de programmes utilitaires**, utility system ; **utilitaire d'éditeur d'états**, report writer ; **utilitaire de tests pour programmeur**, programmer test utility ; **utilitaire général**, general utility

V

VALABLE : valable, valid ; **chiffre valable**, valid digit.

VALENCE : valence, valence ; **valence d'une modulation**, number of significant conditions.

VALEUR : valeur, value ; **assignation de valeur**, value assignment ; **attribut de valeur**, value attribute ; **indication de valeur**, value clause ; **mettre à la valeur initiale**, initialise (to) (US: initialize), initiate (to) ; **mise en valeur**, highlighting ; **valeur absolue**, absolute value, high value ; **valeur booléenne**, Boolean value ; **valeur critique**, critical value ; **valeur d'accès**, access value ; **valeur d'initialisation**, starting value ; **valeur d'introduction**, input value ; **valeur de base**, initial value ; **valeur de facteur**, factor value ; **valeur de la racine**, value of the root ; **valeur de réglage**, correcting value ; **valeur de seuil**, threshold value ; **valeur donnée**, given value ; **valeur du compteur**, count value ; **valeur effective**, effective value ; **valeur équivalente binaire**, binary equivalent value ; **valeur exemplaire**, ideal value ; **valeur explicite**, driven value ; **valeur inaltérable**, inalterable value.

VALIDATION : validation, validation, vetting ; **impression de validation**, validation printing ; **impulsion de validation**, enable pulse ; **impulsion de validation de trame**, image enable pulse ; **passage de validation**, vetting run ; **signal de validation**, enabling signal ; **validation de circuit**, chip enable ; **validation des données**, data validation, data vet.

VALIDE : valide, uncorrupted, valid.

VALIDEE : sortie validée, status output ready.

VALIDER : valider, enable (to), validate (to), vet (to).

VALIDITE : validité, validity ; **contrôle de validité**, validity test ; **erreur de validité**, validity error ; **test de validité**, validity check ; **test de validité alphabétique**, test alphabetic ; **test de validité numérique**, numeric test ; **validité des données**, data validity.

VALLEE : vallée du silicium (Californie), silicon valley, silicon gulch.

VALORISEE : analyse valorisée, value analysis.

VARIABLE : variable, variable* ; **accès variable**, variable access ; **adressage variable**, indexed addressing ; **article de longueur variable**, variable length overflow ; **bloc de longueur variable**, variable length block ; **champ de longueur variable**, variable length field ; **champ variable**, variable field ; **déclaration de variable**, variable declaration ; **donnée de longueur variable**, variable length item ; **données variables**, variable data ; **enregistrement de longueur variable**, variable length record, variable format record ; **entraînement à vitesse variable**, variable speed drive ; **espacement variable des caractères**, variable character pitch ; **fichier des variables**, variable file ; **fixer (une variable)**, bind (to), set (to) (of a variable) ; **format de bloc de variables**, variable block format ; **format variable**, variable format ; **générateur de fonction variable**, variable function generator ; **instruction d'affectation de variable**, variable allocation statement ; **instruction variable**, variable instruction ; **liste d'attente variable**, variable queue list ; **longueur de bloc variable**, variable block length ; **longueur de mot variable**, variable word length ; **longueur variable**, variable length ; **longueur variable d'article**, variable record length ; **mantisse de longueur variable**, variable length mantissa ; **mot de variable**, variable word ; **nom de variable**, variable name, variable identifier ; **numération à séparation va-**

riable, variable point représentation ; **paramètre variable**, variable parameter ; **partie variable**, variant part ; **programmation variable**, variable programming ; **quantité variable**, variable quantity ; **résistance variable**, variable resistor ; **retard variable**, variable delay ; **segment de longueur variable**, variable length segment ; **temps d'accès variable**, variable access time ; **temps de cycle variable**, variable cycle duration ; **type de variable**, variable type ; **variable absolue**, global variable ; **variable aléatoire**, random variable ; **variable binaire**, binary variable, two-valued variable ; **variable bistable**, two-state variable ; **variable booléenne**, Boolean variable ; **variable caractère**, character variable ; **variable commune**, shared variable ; **variable conditionnelle**, conditional variable ; **variable contrôlée**, controlled variable ; **variable d'excitation**, actuating variable ; **variable d'introduction**, input variable ; **variable de bouclage**, control variable ; **variable de commande**, actuating variable, control variable ; **variable de saisie**, capture variable ; **variable de tableau**, array variable, dimensioned variable ; **variable de zone**, area variable ; **variable dépendante**, dependent variable ; **variable en double précision**, double precision variable ; **variable en simple précision**, single-precision variable ; **variable fondamentale**, basic variable ; **variable indéfinie**, undefined variable ; **variable indépendante**, independent variable ; **variable indicée**, subscribed variable ; **variable locale**, local variable ; **variable logique**, logic variable, logical variable ; **variable manipulée**, manipulated variable ; **variable métasyntaxique (toto)**, metasyntactic variable (foo) ; **variable statique**, static variable ; **variable structurée**, structure variable ; **vitesse de sortie variable**, variable output speed.

VARIANCE : variance, variance ; **analyse de la variance**, analysis of variance.

VARIANT : variant, variant.

VARIANTE : variante, variance coefficient.

VARIATION : variation, variation ; **variation d'échelle**, zooming ; **variation d'un paramètre**, variation of parameter ; **variation d'une fonction**, variation of a function ; **variation de charge**, load change ; **variation de tension**, voltage variation, voltage change ; **variation discrète**, step change.

VECTEUR : vecteur, stroke, vector* ; générateur de vecteur, vector generator ; vecteur absolu, absolute vector ; vecteur d'erreur, error vector ; vecteur de transfert, transfer vector ; vecteur relatif, incremental vector ; relative vector ; vecteur unitaire, unit vector ; vecteur visible, unblanked vector.

VECTORIEL : vectoriel, vectorial ; calculateur vectoriel, vector computer ; diagramme vectoriel, vector diagram ; générateur vectoriel de caractères, stroke character generator ; habillage vectoriel, vector clothing ; ordinateur vectoriel, vectorial computer ; processeur vectoriel, one-dimensional array processor ; produit vectoriel, vector sum.

VECTORIELLE : addition vectorielle, vector addition ; analyse vectorielle, vector analysis ; grandeur vectorielle, vector quantity.

VECTORISE : vectorisé, vectored.

VECTORISEE : interruption vectorisée, vectored interrupt ; interruption vectorisée prioritaire, vector priority interrupt.

VENN : diagramme de Venn, Venn* diagram.

VENTE : vente, sales ; ingénieur du service après-vente, customer engineer.

VENTILATEUR : ventilateur, blower, fan ; ventilateur de dépression, vacuum blower.

VENTILATION : ventilation, ventilation, distribution ; grille de ventilation, ventilation grille ; registre de ventilation des travaux, job distribution register ; sous-programme de ventilation, distribution routine ; ventilation des temps d'attente, waiting time distribution ; ventilation des valeurs, value distribution.

VENTILER : ventiler, ventilate (to).

VERBE : verbe, verb ; verbe de programmation, verb name.

VERIFICATEUR : vérificateur, verifier ; vérificateur de bande, tape verifier.

VERIFICATION : vérification, verification, verifying, audit, checkout, check*, desk check, proving ; bande de vérification, control tape ; bit de vérification, verify bit ; circuit de vérification, checking circuit ; code de vérification de label disque, disc label check code ; contre-vérification, cross-validation ; fiche de vérification, control card, inspection detail card ; fonction de vérification, verify function ; instruction de vérification

d'écriture, verify command ; journal de vérification, audit log ; liste de vérification, audit list ; mode de vérification à l'écriture, write verify mode ; mode de vérification statique, static test mode ; problème de vérification, check problem ; programme de vérification, audit programme ; séquence de vérification, check frame ; système de vérification automatique, automatic check-out system ; vérification automatique, automatic check ; vérification de carte, card verifying ; vérification de lecture, brush compare check ; vérification de limites, bounds checking ; vérification de matériel, hardware check ; vérification de parité par caractère, character parity check ; vérification horizontale, crossfoot ; vérification par retour, echo check ; vérification visuelle, sight check.

VERIFICATRICE : vérificatrice, card verifier, verifier ; vérificatrice à clavier, key verifier.

VERIFIE : vérifié, tested, verified, ckecked.

VERIFIEE : conversion non vérifiée, unckecked conversion.

VERIFIER : vérifier, test out (to), verify* (to) ; vérifier par sommation, checksum (to).

VERITE : table de vérité, operation table, truth table.

VERNIER : vernier, vernier scale.

VERRE : ampoule de verre, glass envelope.

VERROUILLAGE : verrouillage, interlock, lock-out, lockout, locking ; bascule à verrouillage immédiat, immediate latch ; bouton de verrouillage, locking knob ; circuit de verrouillage, latching circuit ; cliquet de verrouillage, interlock lever ; commutateur de verrouillage, interlock switch ; mot de verrouillage, lockword ; option de verrouillage, lock option ; touche de verrouillage, lock key ; verrouillage des touches, keylock ; verrouillage du clavier, keyboard lock, keyboard lockout, keyboard locking ; verrouillage du défilement, Scroll Lock ; verrouillage temporel de clavier, keyboard time-out.

VERROUILLE : verrouillé, locked, latched, interlocked ; bus verrouillé, latched bus.

VERROUILLER : verrouiller, interlock (to), latch (to), lock (to).

VERSION : version, version, release ;

version améliorée, beef-up version, improved version ; **version de fichier**, file version ; **version personnalisée**, special version ; **version réduite**, downgraded version.

VERSO : alimentation verso, face-up feed.

VERT : Rouge Vert Bleu (RVB), Red Green Blue (RGB).

VERTICAL : vertical, vertical ; **contrôle vertical du papier**, vertical form control (VFC) ; **défilement vertical**, vertical slip ; **entraînement vertical**, vertical feed ; **format vertical**, vertical format ; **pas vertical**, vertical spacing ; **réglage précis vertical**, vertical vernier ; **tri vertical**, heap sort.

VERTICALE : commande de la mise en page verticale, vertical format control ; **contrôle de parité verticale**, vertical parity check, vertical redundancy check (VCR) ; **déviation verticale**, vertical deflection ; **flèche verticale**, vertical arrow ; **intégration verticale**, vertical integration ; **ligne verticale**, vertical line ; **parité verticale**, longitudinal parity, vertical parity ; **tabulation verticale**, vertical tabulation (VT).

VERTICAUX : densité de pas verticaux, vertical line spacing ; **fils verticaux**, vertical wires.

VIBRATION : vibration, vibration ; **essai aux vibrations**, vibration test.

VIBREUR : vibreur sonore, buzzer.

VICE : vice caché, latent defect.

VIDAGE : vidage, deposit, dumping, purge ; (résultat de) vidage, dump* ; **contrôle de vidage**, dump check ; **débogage par vidage**, dump cracking ; **fichier de vidage**, dump file ; **fichier de vidage sélectif**, select output file ; **gestionnaire de vidage**, dumper ; **mémoire de vidage**, bump memory ; **routine de vidage**, dump routine ; **vidage accidentel**, disaster dump ; **vidage après abandon**, abort dump ; **vidage après changement**, change dump ; **vidage binaire**, binary dump ; **vidage d'autopsie**, postmortem dump ; **vidage de la bande**, tape dump ; **vidage de mémoire**, core dump, data dump, memory dump, storage dump ; **vidage de secours**, rescue dump ; **vidage du tambour**, drum dump ; **vidage dynamique**, dynamic dump ; **vidage dynamique sélectif**, snapshot dump ; **vidage pixel par pixel**, pixel-by-pixel dump ; **vidage programmé**, programmed dump ; **vidage-reprise**,

dump and restart ; **vidage sélectif**, selective dump ; **vidage statique**, static dump.

VIDE : vide, empty, hollow, vacuum ; **article vide**, empty record ; **bande vide**, blank tape, empty tape, virgin tape ; **cadre vide**, hollow box ; **cercle vide**, hollow circle ; **chaîne vide**, empty string, null string ; **champ vide**, unfilled-in field ; **cycle vide**, idle running time, idle running stroke ; **ensemble vide**, empty set, null set ; **espace vide**, vacancy ; **marche à vide**, idling cycle ; **mot vide**, empty word ; **pointeur vide**, nil pointer ; **support vide**, blank medium, empty medium, virgin medium ; **tourner à vide**, idle (to) ; **tube à vide**, valve, vacuum tube ; **zone vide**, clear zone.

VIDEO : vidéo, video, videofrequence ; **alignement vidéo**, video clamp ; **amplificateur vidéo**, video amplifier ; **bande vidéo**, video tape ; **contrôleur d'écran vidéo**, video chip ; **copieur vidéo couleur**, video colour copier ; **écran vidéo**, video screen ; **générateur vidéo**, video generator ; **image vidéo**, soft copy, video image ; **interface vidéo**, video interface ; **jeu vidéo de salle**, video arcade game ; **largeur de bande vidéo**, video bandwidth ; **logiciel de distraction vidéo**, video entertainment software ; **mémoire image de l'affichage vidéo**, video display image ; **mémoire vidéo**, video buffer ; **moniteur vidéo**, video monitor ; **numériseur vidéo**, video digitiser ; **poste vidéo**, video data terminal ; **signal vidéo**, video signal ; **somme vidéo**, video sum ; **sonde vidéo**, video probe ; **terminal vidéo**, video terminal, video data terminal ; **unité à affichage vidéo**, video display unit (VDU) ; **vidéo brute**, raw video ; **vidéo inverse**, inverse video, reverse video.

VIDEOFREQUENCE : vidéofréquence, videofrequency, video.

VIDEOGRAPHIE : la vidéographie, videographics ; **vidéographie conversationnelle**, interactive computer graphics, videotex ; **vidéographie dialoguée**, teletext, interactive videography, videotex, viewdata ; **vidéographie diffusée**, broadcast videography ; **vidéographie interactive**, videotex*, viewdata*, teletext*.

VIDEOTEX : vidéotex, videotex, teletext, interactive videography, viewdata.

VIDEOTRACE : vidéotrace, hardcopy, screen copy.

VIDER : vider, dump (to), purge (to), vacate (to).

VIE : vie, head life ; **durée de vie,** life expectancy, usuful life ; **durée de vie de la tête,** head life ; **durée de vie moyenne acceptable,** acceptable mean life ; **jeu de la vie,** life game ; **système à vie plus étendue,** extented system life span.

VIEILLISSEMENT : vieillissement, ageing ; **test de vieillissement,** ageing test ; **vieillissement accéléré,** accelerated ageing.

VIERGE : vierge, blank, empty, virgin ; **bande (de fréquences) vierge,** clear band ; **bande magnétique vierge,** virgin magnetic tape ; **bande vierge,** unpunched tape, virgin tape, blank tape, empty tape ; **bloc vierge de départ,** initial dummy block ; **colonne vierge,** blank column ; **rouleau vierge,** blank coil ; **support vierge,** blank medium, empty medium, virgin medium.

VIRGULE : virgule ' , ', comma ; **addition en virgule flottante,** floating-point addition ; **arithmétique à virgule flottante,** floating-point arithmetic ; **arithmétique en virgule fixe,** fixed-point arithmetic ; **binaire en virgule fixe,** fixed-point binary ; **calcul en virgule fixe,** fixed-point calculation ; **calcul en virgule flottante,** floating-point calculation ; **division à virgule fixe,** fixed-point division ; **instruction de calcul en virgule flottante,** scientific instruction ; **longueur de mot en virgule fixe,** fixed-point word length ; **nombre à virgule flottante,** floating-point number ; **notation à virgule fixe,** fixed-floating point format ; **numération en virgule fixe,** fixed-point representation ; **opération en virgule flottante,** flop ; **point-virgule ' ; ',** semi-colon ; **position de la virgule,** point position ; **position de la virgule décimale,** power-of-ten position ; **positionnement de la virgule,** point setting ; **positionnement de la virgule décimale,** decimal point alignment ; **processeur en virgule flottante,** floating-point processor (FPP) ; **progiciel à virgule flottante,** floating-point package ; **programme à virgule flottante,** floating-point routine ; **rang de la virgule,** radix point ; **registre à virgule flottante,** floating-point register ; **représentation à virgule flottante,** floating-point representation ; **type à virgule fixe,** fixed-point type ; **type à virgule flottante,** floating-point type ; **un milliard d'opérations en virgule flottante,** gigaflop ; **virgule (arithmétique),** arithmetic point, point, variable point ; **virgule binaire,** binary point ; **virgule binaire implicite,** implied binary point ;

virgule de délimitation, demarcation comma ; **virgule de séparation,** comma delimiter ; **virgule décimale,** decimal floating point ; **virgule décimale présumée,** implied decimal point ; **virgule décimale réelle,** actual decimal point ; **virgule fixe,** fixed point ; **virgule flottante,** floating decimal, floating point ; **virgule flottante en double précision,** double precision floating point ; **virgule flottante en multiple précision,** long-form floating point ; **virgule flottante simple précision,** single-precision floating point ; **virgule hexadécimale,** hexadecimal point ; **virgule programmée,** assumed decimal point.

VIRTUEL : virtuel, virtual ; **adressage virtuel,** virtual addressing ; **calculateur virtuel,** virtual computer ; **circuit virtuel,** virtual connection, virtual circuit ; **circuit virtuel commuté,** switched virtual circuit ; **circuit virtuel permanent,** permanent virtual circuit ; **disque virtuel,** RAM disc, virtual drive, virtual disc ; **fichier virtuel,** virtual file ; **logiciel de disque virtuel,** RAM disc software ; **méthode d'accès virtuel,** virtual access method (VAM) ; **mode virtuel,** virtual mode ; **périphérique virtuel,** virtual device ; **système d'exploitation virtuel,** virtual operating system (VOS) ; **terminal virtuel,** image terminal, virtual terminal.

VIRTUELLE : **adresse virtuelle,** virtual address ; **communication virtuelle,** virtual communication ; **entrée/sortie virtuelle,** virtual input/output (VIO) ; **gestion de la mémoire virtuelle,** virtual storage management (VSM) ; **machine virtuelle,** virtual computing system, virtual machine ; **mémoire virtuelle,** virtual storage, virtual memory ; **service de communication virtuelle,** virtual call facility ; **système à mémoire virtuelle,** paging system, virtual memory system (VMS) ; **touche virtuelle,** light button, virtual push button ; **unité virtuelle,** virtual unit ; **zone virtuelle partagée,** shared virtual area.

VISEE : **champ de visée,** aiming symbol, aiming circle, aiming field ; **fenêtre de visée,** viewing window.

VISIBLE : **faisceau visible,** unblanked beam ; **vecteur visible,** unblanked vector.

VISIOPHONE : visiophone, visual telephone.

VISU : visu, display* (console) ; **visu à balayage cavalier,** calligraphic display ; **visu à mémoire,** storage display ; **visu à quadrillage,**

raster display device.

VISUALISABLE : visualisable, displayable ; **données visualisables,** viewable data.

VISUALISATION : visualisation, viewing, visual display ; **attribut de visualisation,** display enhancement ; **champ de visualisation,** display foreground, display field ; **champ réservé de visualisation,** display background ; **console de visualisation,** display unit, display console, visual display terminal (VDT) ; **écran de visualisation,** display screen, display device, video device, viewing screen, display surface ; **terminal de visualisation,** visual display unit ; **unité de contrôle de visualisation,** display control unit ; **unité de visualisation de base,** basic display unit (BDU) ; **visualisation adaptée à la gestion,** business-oriented display ; **visualisation dite de trame,** raster type display ; **visualisation en mode cavalier,** vector mode display ; **visualisation graphique,** graphic display ; **zone de visualisation,** display area.

VISUALISER : visualiser, view (to), visualise (to) (US: visualize).

VISUEL : visuel, display console ; **contrôle visuel,** peek-a-boo check, visual check ; **contrôle visuel de l'introduction,** visual input control ; **visuel à caractères,** character display, read-out (device).

VISUELLE : fatigue visuelle, visual strain ; **opération visuelle,** peek-a-boo operation ; **vérification visuelle,** sight check.

VITESSE : vitesse, speed, velocity, rate ; **entraînement à vitesse variable,** variable speed drive ; **transmission à grande vitesse,** high-data rate ; **vitesse binaire,** bit rate ; **vitesse d'écriture,** write rate, writing speed ; **vitesse d'entraînement,** feed rate, feedrate ; **vitesse d'entrée,** input rate, input speed ; **vitesse d'impression,** printing rate, print speed ; **vitesse d'impression de lignes,** line speed ; **vitesse d'introduction,** input rate, input speed ; **vitesse de balayage,** scan rate, slew rate ; **vitesse de bande,** tape speed ; **vitesse de calcul,** arithmetic speed, calculating speed, computing speed ; **vitesse de circulation de l'information,** information flow rate ; **vitesse de conversion,** conversion speed ; **vitesse de flottement,** flutter speed ; **vitesse de frappe,** keying speed, key rate ; **vitesse de l'avance ligne,** form feed speed ; **vitesse de lecture,** reading rate, read speed ; **vitesse de manipulation,** key speed ; **vitesse de modulation,** modulation speed ; **vitesse de perforation,** card punching rate ; **vitesse de rafraîchissement,** refresh rate, regeneration speed ; **vitesse de rafraîchissement d'image,** display refresh rate ; **vitesse de rembobinage,** rewind speed ; **vitesse de répétition,** repetition rate ; **vitesse de rotation optimale,** flying speed ; **vitesse de signalisation,** signalling speed ; **vitesse de sortie variable,** variable output speed ; **vitesse de tracé,** drawing rate ; **vitesse de traitement,** processing speed ; **vitesse de trame,** frame rate ; **vitesse de transfert,** transfer rate ; **vitesse maximale de transfert,** maximum transfer rate ; **vitesse de transmission,** baud rate, signalling rate, transmission speed ; **vitesse de transmission binaire,** bit transfer rate ; **vitesse de transmission de données,** data rate ; **vitesse du tambour,** drum speed ; **vitesse moyenne,** medium speed ; **vitesse normale de fonctionnement,** free-running speed.

VOCABULAIRE : vocabulaire, vocabulary.

VOCAL : vocal, vocal, aural ; **canal vocal,** speech channel ; **dispositif d'activation vocal,** voice-actuated device ; **synthétiseur vocal,** voder ; **terminal vocal,** vocal terminal, voice input terminal.

VOCALE : classe sous-vocale, telegraph-grade ; **de classe vocale,** voice-grade ; **fréquence vocale,** voice frequency ; **ordinateur à réponse vocale,** voice response computer ; **puce de reproduction vocale,** speech chip ; **reconnaissance vocale,** speech recognition, voice recognition ; **sortie de fréquence vocale,** voice frequency output ; **sortie vocale,** voice output, voice response ; **tampon de sortie vocale,** voice output buffer ; **télégraphie à fréquence vocale,** telegraphy voice frequency ; **unité à réponse vocale,** vocal unit ; **unité de sortie vocale,** voice output unit, voice response unit.

VOCODEUR : vocodeur, vocoder.

VOIE : voie, channel*, link, way, trunk ; **bloc d'adresse de voie,** home address record ; **capacité d'une voie,** channel capacity ; **correction d'erreur sans voie retour,** forward error correction (FEC) ; **facteur de voie,** way factor ; **scrutateur de voies,** scanner channel ; **système à voies bifilaires,** two-wire system ; **voie analogique,** analogue channel ; **voie bidi-**

rectionnelle, duplex channel ; **voie bifilaire**, two-wire channel ; **voie binaire symétrique**, symmetric binary channel ; **voie d'accès**, pathway ; **voie d'acheminement**, routing channel ; **voie d'acquittement**, verification channel ; **voie d'aller**, forward channel ; **voie d'enchaînement**, linkage path ; **voie d'entrée/sortie**, input/output channel ; **voie d'information**, information track ; **voie de communication**, communication channel ; **voie de contrôle du réseau**, network control channel ; **voie de déroutement**, channel trap ; **voie de données**, data channel, information channel ; **voie de retour**, backward channel, return channel ; **voie de service**, order wire ; **voie de sortie**, output channel ; **voie de synchronisation**, synchronous idle channel ; **voie de transmission**, channel ; **voie de transmission (de données)**, data transmission channel ; **voie dérivée en fréquence**, frequency-derived channel ; **voie dérivée en temps**, time-derived channel ; **voie descendante**, downlink ; **voie erronée**, defective track ; **voie inutilisée**, unused track ; **voie montante (satellite)**, uplink ; **voie multiplex**, multiplexor channel ; **voie occupée**, engaged channel ; **voie semi-duplex**, half-duplex channel ; **voie téléphonique**, voice channel ; **voie trétrafilaire**, four-wire channel.

VOIX : voix, voice ; **synthétiseur de voix**, voice synthesiser ; **voix robotique**, dalek voice.

VOL : vol, stealing, flight ; **balayage au vol**, flying spot scan ; **durée de vol du marteau d'impression**, hammer flight time ; **simulateur de vol**, flight simulator ; **vol de cycle**, cycle sharing, cycle stealing, hesitating.

VOLANTE : tête volante, flying head.

VOLATIBILITE : volatibilité, volatility* ; **volatibilité de mémoire**, storage volatility.

VOLATIL : volatil, volatile.

VOLATILE : mémoire dynamique volatile, volatile dynamic storage ; **mémoire volati-** le, volatile memory.

VOLEE : imprimante à la volée, hit-on-the-fly printer, on-the-fly printer.

VOLUME : volume, volume ; **carte de décalage de volume**, volume displacement card ; **catalogue de volumes**, volume catalogue ; **changement de volume**, volume switching ; **contrôle du nom de volume**, volume name check ; **contrôle séquentiel de volume**, volume sequence check ; **effacement de volume**, volume cleanup ; **groupe de volumes**, volume group ; **identification de volume**, volume identification ; **label de volume**, volume label ; **label début de volume**, volume header label ; **liste des volumes**, volume list ; **mise en forme de volume**, volume preparation ; **transfert de volumes**, volume mapping ; **type de volume**, volume type ; **volume d'entrée**, input quantity ; **volume de données**, amount of code, volume of data.

VOYANT : voyant, light indicator, display light, indicating element ; **voyant d'alerte**, warning lamp ; **voyant d'appel**, request light ; **voyant de signalisation**, indicator light ; **voyant lumineux**, indicator lamp.

VOYELLE : voyelle, vowel.

VRAC : fichier en vrac, unclassified file.

VRAI : vrai, true.

VRAIE : valeur vraie, truth value.

VRAISEMBLANCE : contrôle de vraisemblance, validity checking, limit check, reasonableness check ; **erreur de vraisemblance**, validity check error ; **test de vraisemblance**, credibility test.

VUE : vue, view ; **vue de dessous**, underside view.

VULGAIRE : vulgaire, vulgar, common ; **logarithme vulgaire**, common log ; **fraction vulgaire**, vulgar fraction, common fraction.

VULNERABILITE : vulnérabilité, vulnerability

WXYZ

WINCHESTER : disque de technologie Winchester, Winchester* technology disc ; **disque Winchester**, Winchester disc

X : interface X.400, X.400 interface ; **perforation X**, X-punch ; **protocole X.25**, X.25 protocol ; **rayon X**, X-ray ; **traceur X-Y**, X-Y plotter..

XEROGRAPHIE : xérographie, xerography..

XEROGRAPHIQUE : xérographique, xerographic ; **imprimante xérographique**, xerographic printer ; **processus d'impression**

xérographique, xerographic printing..

XMODEM : protocole (de transmission) XMODEM, XMODEM protocol (datalink)

Y : perforation Y, Y-punch ; **traceur X-Y,** X-Y plotter..

ZERO : zéro, zero*, nought, null, nil ; **adresse relative à zéro,** zero relative address ; **binaire de zéro,** zero bit ; **binaire zéro,** zero binary ; **bouton de remise à zéro,** reset button ; **branchement à zéro,** branch on zero ; **complément à zéro,** zero complement ; **condition zéro,** nought state ; **coupure du zéro,** zero-crossing ; **décalage du zéro,** zero offset ; **dérive du point zéro,** null drift ; **élimination des zéros,** zero elimination ; **enregistrement sans retour à zéro,** non-return-to-zero recording (NRZ) ; **état zéro,** zero condition, zero state ; **garnir de zéros,** zeroise (to) (US: zeroize), zero fill (to) ; **impression des zéros de gauche,** left zero print, high-order zero printing ; **indicateur de zéro,** equal zero indicator, zero flag, zero indicator ; **insertion de zéros,** zero insertion ; **interruption à zéro,** zero count interrupt ; **mise à zéro,** zero setting ; **remise à zéro,** resetting, reset to zero, reset, restore ; **remise à zéro de cycle,** cycle reset ; **remise à zéro de la mémoire,** core flush ; **retour à zéro,** return-to-zero, return-to-reference ; **signal de remise à zéro,** reset signal ; **signal de sortie zéro sans perturbation,** undisturbed zero ; **signal de zéro,** nought output ; **sortie zéro,** zero output ; **suppression des zéros,** zero deletion, zero blanking, zero suppression ; **touche de remise à zéro,** start reset key ; **zéro absolu,** absolute zero ; **zéro cadré à droite,** right hand zero ; **zéro cadré à gauche,** left hand zero ; **zéro flottant,** floating zero ; **zéros de gauche,** high-order zeroes ; **zéros de tête,** leading zeroes ; **zéros suiveurs,** trailing zeroes..

ZONE : zone, zone*, area, extent, realm, region ; **adresse de zone,** extent address ; **contrôle de zone d'identification,** identification field checking ; **identification de zone,** area identification ; **implantation de la zone,** area layout ; **limitation de zone alphabétique,** alphabetic field limit ; **longueur de zone,** field length ; **mouvement de zone,** zone movement ; **sous-zone,** subfield ; **spécification de zone,** field specification ; **taille de la zone de travail,** working size ; **variable de zone,** area variable ; **zone algébrique,** signed field ; **zone banalisée,** free field ; **zone commune,** common field, common area ; **zone d'adresse,** location field ; **zone d'adresse piste,** home address field ; **zone d'analyse,** analysis area ; **zone d'articles indexés,** index data item ; **zone d'atterrissage,** landing zone ; **zone d'échange,** communication region ; **zone d'entrée,** input area ; **zone d'entrée de file,** queue slot ; **zone d'entrée/sortie,** input/output area ; **zone d'essai,** test field ; **zone d'étiquette,** label field ; **zone d'exploitation,** processing section ; **zone d'extraction,** output area ; **zone d'identification,** identification field ; **zone d'image,** coded image space, image storage space ; **zone d'impression,** printing area ; **zone d'index,** index array ; **zone d'indice,** index area ; **zone d'instruction,** instruction area, instruction storage ; **zone d'intercalage,** action queue slot ; **zone d'introduction,** key entry area ; **zone de balayage,** scan area ; **zone de bibliothèque,** library area ; **zone de blocage,** blanking zone ; **zone de codage,** code field ; **zone de code d'opération,** operating code field ; **zone de codification des articles,** item key area ; **zone de commande,** control area ; **zone de commande de périphérique,** device control area ; **zone de communications,** communications area ; **zone de comptage,** count field ; **zone de contrôle,** control field ; **zone de cumul,** cumulative area ; **zone de dépassement de capacité,** overflow area ; **zone de description de fichier,** file descriptor area ; **zone de données,** information field (I-field) ; **zone de données non protégée,** unprotected data field ; **zone de données primaires,** primary data extent, primary data area ; **zone de file d'attente,** queueing field, waiting queue field ; **zone de l'utilisateur,** user area ; **zone de liaison,** link area ; **zone de lignes,** line field ; **zone de manoeuvre,** work location ; **zone de mémoire,** storage area, storage block ; **zone de mémoire commune,** common storage area ; **zone de mémoire de travail,** working storage ; **zone de mémoire des codes,** key storage area ; **zone de mémoire protégée,** isolated locations ; **zone de modification d'adresse,** address control field, decrement field ; **zone de mot de passe,** passeword field ; **zone de nom d'interruption,** halt name filed ; **zone de nom de programme,** programme name field ; **zone de perforation,** card field ; **zone de programme,** programme area ; **zone de recherche,** search area, seek area ; **zone de recouvre-**

ment, overlay area ; **zone de saisie**, capture area ; **zone de signalisation**, indicator field ; **zone de signe**, minus zone ; **zone de tampon**, buffer area ; **zone de touches**, key set ; **zone de traitement d'article**, item work area ; **zone de travail**, working zone, working area, work area ; **zone de tri pour enregistrements enchaînés**, interrecord sequence field ; **zone de valeur de clé**, key value field ; **zone de visualisation**, display area ; **zone des constantes**, constant area ; **zone des données**, data area ; **zone des résultats**, holding area, hold area ; **zone des valeurs**, value area ; **zone du mode d'amorçage**, starting mode field ; **zone du mode de lancement**, start mode field ; **zone**

du total de contrôle, hash total field ; **zone fictive**, dummy field ; **zone inactive**, dead zone ; **zone intermédiaire**, hold area, holding area ; **zone littérale**, literal pool, list pool ; **zone principale**, prime area ; **zone protégée**, protected field ; **zone protégée programmable**, programmable protected field ; **zone réceptrice**, destination field ; **zone réservée**, reserved field ; **zone sauvegarde**, save field ; **zone supplémentaire**, additional area ; **zone transitoire**, transient area ; **zone utilisateur**, user field ; **zone vide**, clear zone ; **zone vierge**, clear band ; **zone virtuelle partagée**, shared virtual area..

ZOOM : zoom, zoom* ; **zoom arrière**, zoom-out ; **zoom avant**, zoom-in

II Glossaire
anglais-français
par mots-clés

NOTICE FOR USE

This dictionary includes four parts
I — English-French glossary through keywords.
II — French-English glossary through keywords.
III — Usual English keyword definitions.
IV — Usual English acronyms.

Part I comprises an alphabetical list of more than 4500 English keywords the most frequently used in the English-American computing literature. The 12500 or so different expressions appearing under the keywords are themselves composed of the basic keywords allowing several possible entries; let us take for example the translation of the expression : **token-passing sequence.**
We have three possibilities :
1) to enter through the keyword **sequence**, as in classical dictionary,
2) to enter through the keyword **token**,
3) to enter through the keyword **passing**).
Each of the three entries gives us the same translation : **séquence de bus à jeton.**
Furthermore, the keywords followed by an asterisk are defined in part III.

Part II is constituted of an alphabetical list of more than 4500 French keywords corresponding to the English keywords of part I.

Part III is devoted to the definition of the keywords marked of an asterisk in parts I and II.

Part IV is the alphabetical list of usual English-American acronyms used in computing.
Some of these acronyms are translated in parts I and II.

The author.

A

A : A-bus, bus interne (de microprocesseur).

ABACUS * : abacus, abaque, boulier.

ABBREVIATED : abbreviated address calling, numérotation abrégée ; abbreviated addressing, adressage abrégé ; abbreviated dialling, numérotation abrégée.

ABELIAN : Abelian group, groupe abélien.

ABEND : abnormal end (ABEND), fin anormale.

ABERRATION : aberration, aberration.

ABEYANCE : abeyance, suspension.

ABNORMAL : abnormal end (ABEND), fin anormale ; abnormal terminating, fin anormale ; abnormal termination, arrêt anormal.

ABORT * : abort, abandon ; abort (to), abandonner, faire avorter ; abort dump, vidage après abandon ; system abort, abandon système, arrêt système.

ABORTED : aborted job, travail abandonné.

ABORTING : aborting procedure, procédure d'abandon.

ABORTION : abortion, arrêt prématuré.

ABOVE : above-board, carte mémoire étendue ; data above voice (DAV), données supravocales.

ABRIDGE : abridge (to), abréger, compiler.

ABSCISSA * : abscissa, abscisse.

ABSOLUTE * : absolute address, adresse absolue, adresse machine ; absolute addressing, adressage absolu ; absolute assembler, assembleur absolu ; absolute coordinate, coordonnée absolue ; absolute code, code machine ; absolute coding, codage machine ; absolute command, commande absolue ; absolute data, données absolues ; absolute delay, délai de transmission ; absolute error, erreur absolue ; absolute instruction, commande absolue ; absolute language, langage machine ; absolute loader, chargeur absolu ; absolute operation code, code d'opération machine ; absolute operator, opérateur

exécutable ; absolute programming, programmation en langage-machine ; absolute term, terme absolu ; absolute track address, adresse de piste absolue ; absolute value, valeur absolue ; absolute vector, vecteur absolu ; absolute zero, zéro absolu.

ABSORPTION : absorption loss, perte par absorption.

ABSTRACT * : abstract, résumé ; abstract (to), résumer ; abstract symbol, symbole abstrait ; auto-abstract, analyse automatique.

ABSTRACTING : abstracting, abstraction ; automatic abstracting, analyse automatique.

ABSTRACTION : abstraction, abstraction.

AC : AC mains, secteur alternatif.

ACCELERATED : accelerated ageing, vieillissement accéléré ; accelerated test, test accéléré.

ACCELERATION : acceleration time, temps d'accélération.

ACCENTED : accented character, caractère à accent ; accented letter, lettre accentuée.

ACCEPT : accept, acquittement.

ACCEPTABLE : acceptable mean life, durée de vie moyenne acceptable.

ACCEPTANCE : acceptance, acceptation ; acceptance criteria, critères de conformité ; acceptance test, essai de réception.

ACCEPTED : call-accepted signal, signal d'acceptation d'appel ; call not accepted, appel refusé ; call-not-accepted signal, signal de refus d'appel.

ACCEPTING : accepting, réception ; accepting station, station réceptrice.

ACCEPTOR * : acceptor, automate ; bounded acceptor, automate borné ; linear bounded acceptor, automate linéaire borné.

ACCESS * : access, accès ; access (to), accéder à ; access conflict, conflit d'accès ; access denied, accès refusé ; access floor, faux plancher ; access frequency, taux de consultation ; access instruction, commande d'accès ; access key, clé d'accès ; access key field, champ d'accès ; access line, ligne d'accès ; **access list**, liste des habilitations ; **access method**, méthode d'accès ; **access mode**, mode d'accès ; **access path**, chemin d'accès ; **access port**, point d'accès, port ; **access record**, article d'accès ; **access state**, état d'accès ; **access time**, temps de cycle ; **access type**, type d'accès ; **access value**, valeur d'accès ; **average access time**, temps moyen d'accès ; **basic access method**, méthode d'accès de base ; **concurrent access**, accès conflictuel ; **data access control**, technique d'accès à l'information ; **data access method**, méthode d'accès aux données ; **direct access**, accès sélectif, accès direct ; **direct access device**, périphérique à accès séquentiel ; **direct access file**, fichier à accès séquentiel ; **direct access library**, bibliothèque à accès direct ; **direct access storage**, mémoire à accès direct-,mémoire à accès aléatoire ; **direct memory access (DMA)**, accès direct à la mémoire ; **fast access memory**, mémoire à accès rapide ; **fast access storage**, mémoire rapide ; **file access**, accès fichier ; **immediate access**, accès direct ; **immediate access storage**, mémoire à accès direct ; **indexed sequential access**, accès séquentiel indexé ; **instantaneous access**, accès instantané ; **integrated access**, accès intégré ; **key sequential access**, accès séquentiel par clé ; **keyed access**, accès par clé ; **memory access**, accès mémoire ; **memory access mode**, mode d'accès à la mémoire ; **memory random access**, accès aléatoire à la mémoire ; **minimum access programming**, programmation à temps d'accès minimal ; **multi-access system**, système multi-accès ; **multichannel access**, accès multivoie ; **multiple access**, accès multiple ; **network access control**, contrôle d'accès au réseau ; **parallel access**, accès parallèle ; **quasi-random access**, accès quasi-instantané ; **queue access method**, méthode d'accès de listes ; **queued access**, accès par file d'attente ; **quick access memory**, mémoire à accès rapide ; **random access device**, dispositif à accès direct ; **random access file**, fichier à accès direct ; **random access input/output**, entrée/sortie à accès direct ; **random access memory (RAM)**, mémoire à accès direct ; **random access sort**, tri à accès direct ; **reading/writing access mode**, mode lecture-écriture ; **remote access**, accès à distance ; **semi-random access**, accès semi-aléatoire ; **sequence access**, accès séquen-

tiel ; **sequential access**, accès séquentiel ; **sequential access method**, méthode d'accès séquentiel ; **serial access**, accès séquentiel ; **serial access device**, organe à accès série ; **serial access memory**, mémoire à accès séquentiel ; **shared access**, accès partagé ; **simultaneous access**, accès simultané ; **single-channel access**, accès monovoie ; **single-user access**, accès mono-utilisateur ; **slow access storage**, mémoire lente ; **stream access**, accès série ; **string level access**, niveau d'accès à la chaîne de caractères ; **test access point**, point test ; **variable access**, accès variable ; **variable access time**, temps d'accès variable ; **virtual access method (VAM)**, méthode d'accès virtuel ; **zero access addition**, addition immédiate.

ACCESSED : beam-accessed, accédé par rayon.

ACCESSIBILITY : controlled accessibility, accessibilité contrôlée.

ACCESSIBLE : programme-accessible, accessible par programme ; uniform accessible memory, mémoire à accès direct.

ACCESSION : accession, consultation (de données).

ACCESSORY : accessory, accessoire ; accessory equipment, équipement annexe ; accessory unit, équipement annexe ; desk accessory, accessoire de bureau.

ACCIDENTAL : accidental loss, perte accidentelle.

ACCOMMODATE : accommodate (to), prendre en charge.

ACCOMMODATION : accommodation, prise en charge.

ACCORDION : accordion, accordéon ; accordion folding, pliage en accordéon.

ACCOUNT : account card, carte-compte ; inactive account, compte non mouvementé ; job account file, fichier de comptabilisation des travaux ; job account listing, liste de comptabilisation des travaux ; job account log, journal de comptabilisation des travaux.

ACCOUNTING : accounting, comptabilité ; accounting machine, machine comptable ; accounting package, progiciel comptable ; job accounting, comptabilisation des travaux ; job accounting file, fichier de comptabilisation des travaux ; job accounting interface, fonction de comptabilisation des travaux ; job accounting report, journal de comptabilisation des travaux ; **job accounting system**, système de comptabilité des travaux.

ACCUMULATE : accumulate (to), accumuler.

ACCUMULATED : accumulated error, erreur cumulée.

ACCUMULATING : accumulating counter, compteur totalisateur.

ACCUMULATIVE : accumulative error, erreur cumulative.

ACCUMULATOR * : accumulator, accumulateur ; **accumulator register**, registre accumulateur ; **address accumulator**, registre d'adresse ; **index accumulator**, registre d'index ; **shift accumulator**, accumulateur à décalage.

ACCURACY * : accuracy, exactitude ; **accuracy control**, contrôle d'exactitude ; **accuracy control character**, caractère de contrôle d'exactitude ; **positioning accuracy**, exactitude de positionnement.

ACK : acknowledge (ACK), accusé de réception.

ACKNOWLEDGE : acknowledge (ACK), accusé de réception ; **acknowledge** (to), reconnaître ; **acknowledge character**, caractère accusé de réception positif ; **acknowledge receipt (to)**, accuser réception ; **negative acknowledge (NAK)**, accusé de réception négatif.

ACKNOWLEDGEMENT : acknowledgement, accusé de réception ; **acknowledgement identifier**, identificateur 'accusé de réception' ; **auto-acknowledgement**, accusé de réception automatique.

ACOUSTIC : acoustic coupler, coupleur acoustique ; **acoustic delay line**, ligne à retard acoustique ; **acoustic memory**, mémoire acoustique ; **acoustic modem**, modem acoustique ; **acoustic store**, mémoire acoustique.

ACOUSTICALLY : acoustically coupled modem, modem à couplage acoustique.

ACQUIRE : acquire (to), acquérir.

ACQUISITION : acquisition, acquisition ; **acquisition profile**, masque de saisie ; **automatic data acquisition (ADA)**, acquisition automatique de données ; **data acquisition**, saisie de données ; **primary acquisition**, saisie à la base ; **primary data acquisition**, saisie des données d'origine ; **transaction context acquisition**, acquisition du contexte mouvement.

ACRONYM : acronym, acronyme, sigle.

ACTING : slow acting relay, relais temporisé.

ACTION : action chart, diagramme fonctionnel ; **action message**, message d'intervention ; **action plan**, plan d'action ; **action queue slot**, zone d'intercalage ; **action spot**, impact du spot ; **action time**, temps d'occupation ; **management action**, action de gestion ; **on-off action**, action tout ou rien ; **repeat-action key**, touche répétitrice ; **seek action macro-call**, macro-appel de recherche ; **wait action**, fonction d'attente ; **write action**, opération d'écriture, fonction d'écriture.

ACTIVATE : activate button, bouton de commande.

ACTIVATION : activation, déclenchement.

ACTIVE : active, actif ; **active cell**, cellule active ; **active decoding**, décodage actif ; **active element**, élément actif ; **active file**, fichier actif ; **active job**, tâche active ; **active line**, ligne en activité ; **active master file**, fichier principal actif.

ACTIVITY * : activity, activité ; **activity indicator**, indicateur de mouvements ; **activity level**, niveau de mouvement ; **activity ratio**, taux d'activité ; **file activity ratio**, taux de mouvement de fichier ; **I/O activity**, activité des entrées/sorties ; **system activity**, activité du système.

ACTUAL : actual address, adresse réelle ; **actual code**, code absolu, code machine ; **actual coding**, codage machine ; **actual data transfer rate**, cadence brute de transfert de données ; **actual decimal point**, virgule décimale réelle ; **actual execution**, exécution réelle ; **actual instruction**, instruction effective ; **actual key**, clé absolue ; **actual parameter**, paramètre réel, paramètre effectif ; **actual position**, position réelle ; **actual storage**, mémoire physique ; **actual store**, mémoire réelle ; **actual time**, temps effectif ; **actual transfer**, transfert réel ; **actual value**, valeur réelle.

ACTUATING : actuating signal, signal de commande ; **actuating variable**, variable d'excitation, variable de commande.

ACTUATION : actuation, commande.

ACTUATOR : actuator, positionneur.

ACYCLIC : acyclic, acyclique.

ADA * : Ada (language), Ada (langage) ; automatic data acquisition (ADA), acquisition automatique de données.

ADAPTATION : software adaptation, adaptation du logiciel.

ADAPTER : adapter, adaptateur ; adapter circuit, circuit adaptateur ; asynchronous channel adapter, adaptateur de canal asynchrone ; bus mouse adapter, interface souris de bus ; colour adapter, carte couleur ; data adapter unit, interface de communication ; device adapter, adaptateur périphérique ; device adapter interface, interface de périphérique ; display adapter, carte d'écran ; graphic display adapter, carte graphique ; high-speed adapter, adaptateur à gain élevé ; integrated adapter, adaptateur intégré ; interface adapter, adaptateur d'interface ; line adapter unit, unité d'adaptation de ligne ; parallel mouse adapter, interface souris parallèle ; phase adapter, adaptateur de phase ; voltage adapter switch, sélecteur de tension.

ADAPTING : adapting, adaptable ; self-adapting computer, ordinateur auto-adaptatif.

ADAPTIVE : adaptive control, commande auto-adaptative ; adaptive control system, système autocommandé ; adaptive process, processus adaptatif ; adaptive routing, acheminement adaptatif ; adaptive system, système adaptatif.

ADAPTOR : adaptor, adaptateur.

ADC : analogue-to-digital converter (ADC), convertisseur analogique-numérique (CAN).

ADD : add, addition, total ; add file, fichier d'ajouts ; add instruction, instruction d'addition ; add key, touche d'addition ; add-on, produit additionnel ; add-on facility, possibilité d'extension ; add-on memory, extension mémoire ; add-on unit, élément additionnel ; add operation, opération d'addition ; add-subtract time, temps d'addition ou de soustraction ; add time, temps d'addition ; Boolean add, addition booléenne ; false add, addition sans report ; logic add, addition logique, OU ; logical add, union, réunion, opération OU.

ADDEND * : addend, cumulateur.

ADDER * : adder, additionneur ; adder output, sortie d'additionneur ; adder-subtracter, additionneur-soustracteur ; binary adder circuit, circuit additionneur binaire ; binary half-adder, demi-additionneur binaire ; digital adder, additionneur binaire ; full adder, additionneur complet, à trois entrées ; half-adder, demi-additionneur, additionneur à deux entrées ; one-digit adder, demi-additionneur, additionneur à deux entrées ; parallel adder, additionneur parallèle ; parallel full adder, additionneur parallèle ; ripple-carry adder, additionneur avec report ; serial adder, additionneur série ; serial full adder, additionneur série ; three-input adder, additionneur à trois entrées.

ADDING : adding, addition, total ; adding circuit, circuit d'addition ; adding machine, machine à additionner ; adding operator, opérateur additionnel ; adding wheel, machine de Pascal.

ADDITION * : addition item, article additionnel ; addition record, enregistrement additionnel ; addition table, table d'addition ; addition without carry, addition sans report ; destructive addition, addition destructive ; floating-point addition, addition en virgule flottante ; iterative addition, addition itérative ; logic addition, addition logique ; logical addition, addition logique, OU ; parallel addition, addition parallèle ; serial addition, addition série, addition sérielle ; vector addition, addition vectorielle ; zero access addition, addition immédiate.

ADDITIONAL : additional area, zone supplémentaire ; additional character, caractère additionnel ; additional line, poste supplémentaire ; additional memory, mémoire additionnelle.

ADDRESS * : address, adresse ; address (to), adresser ; abbreviated address calling, numérotation abrégée ; absolute address, adresse absolue, adresse machine ; absolute track address, adresse de piste absolue ; actual address, adresse réelle ; address accumulator, registre d'adresse ; address block format, format de bloc d'adresses ; address buffer, tampon d'adresses ; address bus, bus d'adresses ; address character, caractère d'adressage ; address comparator, comparateur d'adresses ; address computation, calcul d'adresse ; address constant, adresse de base ; address constant literal, littéral de constante d'adresse ; address control, modification d'adresse ; address control field, zone de modification d'adresse ; address conversion, translation d'adresse ; address counter, compteur d'adresse ; **address decoder**, décodeur d'adresse ; **address directory**, répertoire d'adresses ; **address field**, champ d'adresse ; **address format**, caractéristique d'adressage ; **address generation**, calcul d'adresse ; **address instruction**, instruction d'adresse ; **address manipulation**, manipulation d'adresse ; **address mapping**, conversion d'adresse ; **address modification**, modification d'adresse ; **address modifier**, modificateur d'adresse ; **address operand**, opérande de l'adresse ; **address part**, partie d'adresse ; **address printing**, impression d'adresses ; **address range**, plage d'adresse ; **address range register**, registre d'adresse de base ; **address register**, registre d'adresse ; **address size**, grandeur de l'adresse ; **address space**, espace d'adressage ; **address track**, piste d'adresse ; **address translation**, translation d'adresse ; **address translator**, traducteur d'adresse ; **alternate track address**, adresse de piste de réserve ; **arithmetic address**, adresse arithmétique ; **automatic address modification**, modification automatique d'adresse ; **base address**, adresse de base, adresse base ; **base address register**, registre d'adresse de base ; **bind (to) (of an address)**, associer (une adresse) ; **block address**, adresse de bloc ; **bottom address**, adresse de base ; **bottom of the stack address**, adresse du bas de la pile ; **branch address**, adresse de branchement ; **channel address word (CAW)**, mot d'adresse de canal ; **coded address**, adresse codée ; **content address storage**, mémoire associative ; **cylinder address**, adresse de cylindre ; **device address**, adresse de périphérique ; **differential address**, adresse différentielle ; **direct address**, adresse directe ; **dummy address**, adresse fictive ; **dynamic address translation (DAT)**, traduction dynamique d'adresse ; **effective address**, adresse effective ; **end-of-address**, fin d'adresse ; **explicit address**, adresse explicite ; **extent address**, adresse de zone ; **external address**, adresse externe ; **first-level address**, adresse directe ; **floating address**, adresse flottante ; **four-address instruction**, instruction à quatre adresses ; **from address**, adresse d'origine ; **generated address**, adresse calculée ; **high address**, adresse supérieure ; **home address**, adresse de piste de rangement ; **home address field**, zone d'adresse piste ; **home address record**, bloc d'adresse de voie ; **immediate**

address, opérande immédiat, adresse immédiate ; **implicit address**, adresse implicite ; **implicit address instruction**, instruction à adresse implicite ; **implied address**, adresse implicite ; **indexed address**, adresse indexée ; **indirect address**, adresse indirecte ; **initial address**, adresse initiale ; **initial load address**, adresse de charge initiale ; **instruction address register**, registre d'adresse d'instruction ; **interrupt address table**, table des adresses d'interruption ; **invalid address**, adresse périmée ; **jump address**, adresse de renvoi ; **key address**, adresse d'indicatif ; **link address**, adresse de lien ; **link address field**, champ d'adresse de lien ; **linking address**, adresse de lien ; **list address**, adresse de liste ; **logical address**, adresse logique ; **multi-address**, multi-adresse ; **multi-address instruction**, instruction à plusieurs adresses ; **multilevel address**, adresse indirecte ; **multiple address message**, message à plusieurs adresses ; **N-address instruction**, instruction à N adresses ; **N-plus-one address instruction**, instruction à N plus une adresses ; **no-address instruction**, instruction sans adresse ; **one-address**, à une adresse ; **one-address computer**, ordinateur à une adresse ; **one-address instruction**, instruction à une adresse ; **one-level address**, adresse directe ; **one-plus-one address instruction**, instruction à une plus une adresses ; **open address**, adresse ouverte ; **physical address**, adresse physique ; **physical drive address**, adresse physique du disque ; **poll address**, adresse d'appel ; **presumptive address**, adresse de base, adresse base ; **primary address**, attributaire principal ; **process address space**, adresse de processus ; **programme address counter**, registre d'instruction ; **random address**, accès direct ; **real address**, adresse réelle ; **record address file**, fichier des adresses d'enregistrements ; **relative address**, adresse relative ; **relocatable address**, adresse translatable ; **relocation address**, adresse de translation ; **return address**, adresse de retour ; **second-level address**, adresse à opérande complexe ; **secondary address**, attributaire secondaire ; **self-relative address**, adresse autorelative ; **single address**, adresse unique ; **single-address code**, code à simple adresse ; **single-address instruction**, instruction à adresse simple ; **single-level address**, adresse directe ; **source address**, adresse émettrice ; **specific**

address, adresse spécifique ; **starting address**, adresse de début ; **starting load address**, adresse de début de chargement ; **storage address**, adresse d'implantation ; **symbolic address**, adresse symbolique ; **symbolic unit address**, adresse symbolique de l'unité ; **synthetic address**, adresse calculée, adresse générée ; **terminal address**, adresse de terminal ; **three-address**, à trois adresses ; **three-address computer**, calculateur à trois adresses ; **three-address instruction**, instruction à trois adresses ; **track address**, adresse de piste ; **transfer address**, adresse de transfert ; **two-address**, à deux adresses ; **two-address instruction**, instruction à deux adresses ; **two-plus-one address instruction**, instruction à deux plus une adresses ; **undefined address**, adresse indéfinie ; **user address space**, espace mémoire de l'utilisateur ; **variable address**, adresse indexée ; **virtual address**, adresse virtuelle ; **word address**, adresse de mot ; **word address format**, format d'adresse ; **write address**, adresse d'écriture ; **write home address**, écriture de l'adresse piste ; **zero address**, sans adresse ; **zero address instruction**, instruction sans adresse ; **zero-level address**, opérande immédiat, adresse immédiate ; **zero relative address**, adresse relative à zéro.

ADDRESSABILITY : addressability, capacité d'adressage (en infographie).

ADDRESSABLE : addressable, adressable ; **addressable cursor**, curseur adressable ; **addressable memory**, mémoire adressable ; **addressable point**, position adressable ; **addressable register**, registre adressable ; **content-addressable storage**, mémoire associative.

ADDRESSE : interactive addresses, adresses interactives ; **machine address**, adresse absolue, adresse machine.

ADDRESSED : addressed memory, mémoire adressée ; **content-addressed storage**, mémoire adressable par contenu ; **specific addressed location**, position à adresse absolue.

ADDRESSEE : addressee, destinataire.

ADDRESSER : addresser, expéditeur.

ADDRESSING : addressing, adressage ; **abbreviated addressing**, adressage abrégé ; **absolute addressing**, adressage absolu ; **addressing level**, niveau d'adressage ; **addressing system**, système d'adressage ; **associative addressing**, adressage associatif ; **auto-indexed addressing**, adressage auto-indexé ; **content addressing**, adressage associatif ; **deferred addressing**, adressage différé ; **direct addressing**, adressage direct ; **extended addressing**, adressage étendu ; **four-port addressing**, connexion à quatre fils ; **immediate addressing**, adressage immédiat ; **implied addressing**, adressage implicite, adressage automatique ; **indexed addressing**, adressage variable ; **indirect addressing**, adressage indirect ; **interleaved addressing**, accès imbriqué ; **line addressing**, adressage de ligne ; **linear addressing**, adressage linéaire ; **multilevel addressing**, adressage indirect ; **multilevel indirect addressing**, adressage indirect multiniveau ; **multiple addressing**, multi-adressage ; **one-ahead addressing**, adressage à progression automatique ; **one-level addressing**, adressage direct ; **optimal addressing**, adressage optimal ; **programmed addressing**, adressage programmé ; **raster pixel addressing**, adressage de point image ; **repetitive addressing**, adressage répétitif ; **self-relative addressing**, adressage autorelatif ; **specific addressing**, adressage absolu ; **stepped addressing**, adressage progressif ; **switching unit addressing**, adressage aiguilleur ; **symbolic addressing**, adressage symbolique ; **two-level addressing**, adressage à deux niveaux ; **virtual addressing**, adressage virtuel ; **zero page addressing**, adressage par page.

ADDRESSLESS : addressless instruction, instruction sans adresse.

ADE : automatic data exchange (ADE), échange automatique de données.

ADJACENCY : adjacency, contiguïté ; **adjacency matrix**, matrice d'incidence.

ADJACENT : adjacent, adjacent ; **adjacent node**, noeud adjacent ; **adjacent vertex**, sommet adjacent, noeud adjacent.

ADJOINT : adjoint equation, équation adjacente.

ADJUNCT : adjunct, accessoire.

ADJUST : adjust (to), régler ; **half-adjust**, arrondi ; **half-adjust (to)**, arrondir.

ADJUSTABLE : adjustable, réglable ; **adjustable size aggregate**, agrégat de taille ajustable.

ADJUSTED : adjusted, cadré ; **left adjusted**, cadré à gauche ; **right adjusted**, cadré à droite.

ADJUSTMENT : adjustment, réglage ; **margin adjustment**, positionnement de marge ; **minus adjustment**, correction négative ; **plus adjustment**, correction plus.

ADMINISTRATOR : administrator, administrateur ; **data administrator**, gestionnaire de données.

ADMISSIBILITY : admissibility, admissibilité.

ADP : ADP co-ordinator, coordinateur informatique ; **automatic data processing (ADP)**, traitement automatique de données.

ADU : automatic dialling unit (ADU), numéroteur automatique.

ADVANCE : advance feed rate, bande perforée à alignement frontal ; **advance preparation**, préparation préliminaire ; **line advance**, saut de ligne ; **line advance order**, commande de saut de ligne ; **programme advance**, progression de programme.

ADVANCED : advanced computer concept, conception informatique évoluée ; **advanced language**, langage évolué ; **advanced print features**, attribut d'impression évolué ; **advanced technology**, technologie d'avant-garde.

ADVERSE : adverse effect, effet inverse.

AFTERGLOW : afterglow, persistance lumineuse.

AGEING : ageing, vieillissement ; **accelerated ageing**, vieillissement accéléré ; **ageing routine**, contrôle de longévité ; **ageing test**, test de vieillissement.

AGENDA : agenda, liste d'opérations.

AGGREGATE : aggregate, agrégat ; **adjustable size aggregate**, agrégat de taille ajustable ; **assumed size aggregate**, agrégat de taille implicite ; **data aggregate**, données structurées.

AHEAD : go-ahead tone, tonalité d'invitation à transmettre ; **look-ahead**, anticipation ; **one-ahead addressing**, adressage à progression automatique.

AI : artificial intelligence (AI), intelligence artificielle (IA).

AID : aid, aide, support, outil ; **debugging aids**, outils de débogage ; **design aid**, aide à la conception ; **documentation aids**, assistance à la documentation ; **programming aid**, aide à la programmation, outil de programmation ;

service aids, indications pratiques ; **teaching aid**, moyens d'enseignement ; **transition aid**, moyens transitoires.

AIDED : aided instruction, instruction assistée ; **computer-aided design (CAD)**, conception assistée par ordinateur (CAO) ; **computer-aided engineering (CAE)**, ingénierie assistée par ordinateur (IAO) ; **computer-aided instruction (CAI)**, instruction assistée par ordinateur (IAO).

AIMING : aiming circle, champ de visée ; **aiming field**, champ de visée ; **aiming symbol**, champ de visée.

ALARM : alarm, alarme ; **alarm circuit**, circuit d'alerte ; **alarm repetition**, répétition des signaux d'alerte.

ALD : analogue line driver (ALD), amplificateur d'attaque de ligne.

ALERTOR : alertor, détecteur d'incident.

ALGEBRA : algebra, algèbre ; **Boolean algebra**, algèbre de Boole, algèbre booléen.

ALGEBRAIC : algebraic, algébrique ; **algebraic expression**, expression algébrique ; **algebraic fraction**, fraction algébrique ; **algebraic function**, fonction algébrique ; **algebraic language**, langage algébrique ; **algebraic-oriented language**, langage spécialisé algébrique ; **algebraic semantics**, sémantique algébrique ; **algebraic structure**, structure algébrique.

ALGOL * : algol (language), algol (langage).

ALGORITHM * : algorithm, algorithme ; **algorithm translation**, traduction algorithmique ; **bisection algorithm**, algorithme de recherche binaire ; **flow deviation algorithm (FDA)**, algorithme de déviation de fluence ; **hash algorithm**, algorithme de hachage ; **hashing algorithm**, algorithme d'accès direct ; **neural network algorithm**, algorithme de réseaux neuronaux ; **polygon filling algorithm**, algorithme de remplissage de polygones ; **polygon generation algorithm**, algorithme de production de polygones ; **smoothing algorithm**, algorithme de lissage ; **sorting algorithm**, algorithme de tri.

ALGORITHMIC * : algorithmic language, langage algorithmique ; **algorithmic routine**, routine algorithmique.

ALIASING * : aliasing, alignement.

ALIGN : align (to), aligner.

ALIGNING : aligning, alignement ;

aligning edge, marge de cadrage ; **text aligning**, cadrage textuel.

ALIGNMENT : alignment, alignement ; **alignment bit**, bit de synchronisation ; **alignment function**, fonction de référence ; **alignment tool**, outil d'alignement ; **decimal point alignment**, cadrage, positionnement de la virgule décimale ; **form alignment**, alignement de formulaire ; **word alignment**, alignement par mot.

ALIVE : alive, actif.

ALLIGATOR : alligator clip, pince crocodile.

ALLOCATE : allocate (to), allouer.

ALLOCATION : allocation convention, règle d'allocation ; **allocation priority**, priorité d'allocation ; **automatic storage allocation**, attribution automatique de mémoire ; **buffer allocation**, attribution de tampon ; **computer resource allocation**, affectation des ressources calcul ; **core allocation**, allocation de mémoire centrale ; **direct allocation**, allocation directe ; **dynamic allocation**, attribution dynamique, affectation dynamique ; **dynamic bus allocation**, allocation dynamique du bus ; **dynamic resource allocation**, attribution dynamique, affectation dynamique ; **dynamic storage allocation**, allocation dynamique de mémoire ; **file allocation**, attribution de fichier ; **memory allocation**, attribution de mémoire ; **memory allocation manager**, gestionnaire d'attribution mémoire ; **parallel allocation**, allocation partagée ; **peripheral allocation table**, table des états périphériques ; **primary allocation**, allocation élémentaire ; **resource allocation**, répartition des moyens,affectation de ressources ; **static allocation**, allocation statique ; **storage allocation**, attribution de mémoire ; **terminal allocation**, allocation des terminaux ; **unit of allocation**, unité d'affectation ; **variable allocation statement**, instruction d'affectation de variable.

ALLOCATOR : allocator, distributeur.

ALLOWANCE : allowance, ressource.

ALONE : stand-alone, autonome, non connecté ; **stand-alone capability**, possibilité d'autonomie ; **stand-alone design station**, poste de conception autonome ; **stand-alone system**, système autonome.

ALPHABET : alphabet, alphabet ; **alphabet code**, code alphabétique ; **alphabet key**, touche alphabétique ; **alphabet translation**, traduction alphabétique ; **international alphabet**, alphabet international.

ALPHABETIC : alphabetic, alphabétique ; **alphabetic code**, code alphabétique ; **alphabetic field limit**, limitation de zone alphabétique ; **alphabetic numeric**, alphanumérique ; **alphabetic order**, ordre alphabétique ; **alphabetic string**, chaîne alphabétique ; **alphabetic transmit**, transmission alphabétique ; **test alphabetic**, test de validité alphabétique.

ALPHABETICAL : alphabetical, alphabétique ; **alphabetical order**, ordre ascendant ; **alphabetical sorting**, classement alphabétique.

ALPHAMERIC : alphameric characters, caractères alphanumériques ; **alphameric code**, code alphanumérique ; **alphameric data**, données alphanumériques.

ALPHAMOSAIC : alphamosaic, alphamosaïque.

ALPHANUMERIC * : alphanumeric, alphanumérique ; **alphanumeric character**, signe alphanumérique ; **alphanumeric character set**, jeu de caractères alphanumériques ; **alphanumeric code**, code alphanumérique ; **alphanumeric-coded character**, caractère codé en alphanumérique ; **alphanumeric instruction**, instruction alphanumérique ; **alphanumeric key**, touche alphanumérique ; **alphanumeric keyboard**, clavier alphanuméque ; **alphanumeric sort**, tri alphanumérique.

ALPHANUMERICAL : alphanumerical, alphanumérique ; **alphanumerical data**, données alphanumériques.

ALTER : alter (to), modifier, altérer ; **alter mode**, mode de modification ; **alter operation**, modification.

ALTERATION : alteration, modification, changement ; **alteration gate**, porte OU ; **alteration switch**, inverseur.

ALTERING : altering, modification.

ALTERNATE : alternate, suppléant ; **alternate channel**, canal alternatif ; **alternate character set**, jeu de caractères secondaires ; **alternate index**, index alterné ; **alternate library**, bibliothèque de réserve ; **alternate operation**, opération en alternat ; **alternate ribbon colour**, couleur de ruban complémentaire ; **alternate route**, acheminement de remplacement ; **alternate routing**, acheminement secondaire ; **alternate track**, piste secondaire ; **alternate track address**, adresse de piste de réserve ; **alternate type style**, police de caractères secondaire ; **two-way alternate communication**, communication bilatérale à l'alternat..

ALTERNATING : alternating current (AC), courant alternatif (CA).

ALTERNATION : alternation, opération OU ; **alternation constant**, constante d'alternation.

ALTERNATIVE : alternative denial gate, porte NON-ET.

ALU : arithmetic and logic unit (ALU), unité arithmétique et logique.

AMBIENT : ambient noise, bruit d'ambiance ; **ambient temperature**, température ambiante.

AMBIGUITY : ambiguity error, erreur ambivalente.

AMENDMENT : amendment file, fichier des modifications ; **amendment record**, modificatif ; **amendment tape**, bande des modifications.

AMOUNT : amount of code, volume de données ; **data amount**, masse de données.

AMP : op-amp, amplificateur opérationnel.

AMPERSAND : ampersand, perluète '&'.

AMPLIFICATION : voltage amplification, amplification en tension.

AMPLIFIER : amplifier, amplificateur ; buffer amplifier, amplificateur tampon ; **differential amplifier**, amplificateur différentiel ; **hammer module amplifier**, amplificateur de frappe ; **high-level amplifier**, amplificateur à gain élevé ; **inverse amplifier**, amplificateur inverseur ; **isolated amplifier**, amplificateur isolé ; **multirange amplifier**, amplificateur multigamme ; **non-isolated amplifier**, amplificateur non isolé ; **operational amplifier**, amplificateur opérationnel ; **print amplifier**, amplificateur de frappe ; **read amplifier**, amplificateur de lecture ; **video amplifier**, amplificateur vidéo ; **voltage amplifier**, amplificateur de tension ; **write amplifier**, amplificateur d'écriture.

AMPLIFY * : amplify (to), amplifier.

AMPLITUDE : amplitude, amplitude ; **amplitude equaliser**, compensateur d'amplitude ; **amplitude error**, erreur d'amplitude ; **pulse amplitude modulation (PAM)**, modulation d'impulsions en amplitude ; **quadrature amplitude modulation (QAM)**, modulation d'amplitude en quadrature (MAQ) ; **remnant amplitude**, bruit résiduel.

ANACOM : analogue computer (ANACOM), calculateur analogique.

ANALOG, ANALOGUE * : analogue (US: analog), analogique ; **analogue calculation**, calcul analogique ; **analogue carrier system**, système à porteuse analogique ; **analogue channel**, voie analogique ; **analogue circuit**, circuit analogique ; **analogue comparator**, comparateur analogique ; **analogue computer (ANACOM)**, calculateur analogique ; **analogue converter**, convertisseur analogique ; **analogue data**, données analogiques ; **analogue device**, dispositif analogique ; **analogue-digital**, analogique-numérique ; **analogue display**, affichage analogique ; **analogue display unit**, traceur de courbe analogique ; **analogue divider**, diviseur analogique ; **analogue false colour**, fausse couleur analogique ; **analogue input**, entrée analogique ; **analogue integration**, intégration analogique ; **analogue line driver (ALD)**, amplificateur d'attaque de ligne ; **analogue measuring system**, système de mesure analogique ; **analogue model**, modèle analogique ; **analogue modulation**, modulation analogique ; **analogue multiplexer**, multiplexeur analogique ; **analogue multiplier**, multiplicateur analogique ; **analogue network**, réseau analogique ; **analogue process computer**, calculateur de processus analogique ; **analogue quantity**, quantité analogique ; **analogue representation**, représentation analogique ; **analogue shift register**, registre à transfert analogique ; **analogue signal**, signal analogique ; **analogue-to-digital converter (ADC)**, convertisseur analogique-numérique (CAN) ; **digital-to-analogue converter (DAC)**, convertisseur numérique-analogique (CNA) ; **digital-to-analogue decoder**, décodeur numérique-analogique.

ANALYSER, ANALYSER * : analyser (US: analyzer), analyseur ; **index analyser**, analyseur d'index ; **logical analyser**, analyseur d'états logiques ; **network analyser**, analyseur de réseaux ; **programme analyser**, programme d'analyse.

ANALYSIS : analysis, analyse, évaluation ; **analysis area**, zone d'analyse ; **analysis grammar**, grammaire d'analyse ; **analysis mode**, mode d'analyse ; **analysis module**, module d'analyse ; **analysis of variance**, analyse de la variance ; **file analysis**, étude de fichiers ; **flow analysis**, analyse de fluence ; **job analysis**, analyse des tâches ; **lexical analysis**, analyse lexicale ; **logic analysis**, analyse logique ; **logical analysis**, analyse logique ; **memory analysis**, analyse de mémoire ; **network load analysis**, étude de la charge de réseau ; **numerical analysis**, analyse numérique ; **operation analysis**, recherche opérationnelle ; **semantic analysis**, analyse sémantique ; **software analysis**, la programmatique ; **statistical analysis**, analyse statistique ; **syntactic analysis**, analyse syntaxique ; **syntactical analysis**, analyse syntaxique ; **systems analysis**, étude de systèmes ; **topdown analysis**, analyse descendante ; **update analysis programme**, programme de mise à jour ; **value analysis**, analyse valorisée ; **vector analysis**, analyse vectorielle.

ANALYST : analyst, analyste ; **programmer analyst**, analyste programmeur ; **programming analyst**, analyste en programmation ; **systems analyst**, analyste en systèmes.

ANALYTIC : analytic function generator, générateur de fonction analytique ; **analytic geometry**, géométrie analytique.

ANALYTICAL : analytical engine, machine analytique.

ANCESTOR : ancestor, ancêtre.

ANCILLARY : ancillary, auxiliaire ; **ancillary hardware**, matériel auxiliaire ; **ancillary unit**, unité auxiliaire.

AND : AND operation, opération ET, intersection, conjonction, multiplication logique.

AND-NOT opération : opération ET-OU, exclusion logique.

ANGLE : angle modulation, modulation angulaire ; **phase angle**, angle de phase ; **right angle**, angle droit ; **slope angle**, angle de phase.

ANGULAR : angular position transducer, codeur de rotation.

ANIMATION : animation, animation ; **computer animation**, animation par ordinateur ; **three-dimensional animation**, animation tridimensionnelle ; **two-dimensional animation graphics**, graphique animé bidimensionnel.

ANISOCHRONOUS : anisochronous transmission, transmission anisochrone.

ANNONCIATOR : annonciator, alarme.

ANNOTATE : annotate (to), commenter.

ANNOTATION : annotation, commentaire ; **annotation symbol**, symbole de commentaire.

ANSI * : ANSI driver, gestionnaire ANSI.

ANSWER : answer, réponse ; **answer hold**, mise en attente d'un appel ; **answer mode**, mode réponse ; **answer tone**, tonalité de réponse ; **auto-answer**, réponse automatique ; **immediate answer**, réponse immédiate.

ANSWERBACK : answerback, réponse ; **answerback code**, indicatif ; **answerback drum**, tambour de réponse.

ANTIALIASING * : antialiasing, linéarisation.

APL * : apl (language), apl (langage).

APPLICATION : application library, bibliothèque d'applications ; **application note**, note d'application ; **application-oriented language**, langage orienté vers les applications ; **application package**, progiciel d'application ; **application programme**, programme d'application ; **application programming**, programmation d'applications ; **application questionnaire**, questionnaire d'application ; **application software**, logiciel de problématique ; **computer application**, application automatisée ; **menu-driven application**, programme présenté avec menu ; **real-time application**, application en temps réel ; **slave application**, application en mode asservi.

APPLICATIVE : applicative language, langage fonctionnel.

APPLY : apply (to), appliquer, mettre, concerner, imputer.

APPROACH : approach, méthode, approche ; **bottom-up approach**, approche ascendante, méthode ascendante ; **heuristic approach**, méthode heuristique ; **method of approach**, méthode d'approche ; **systems approach**, approche des systèmes ; **token bus approach**, concept de bus à jeton ; **token ring approach**, concept du bus annulaire à jeton ; **topdown approach**, approche descendante.

APPROVED : approved circuit, circuit approuvé ; **approved method**, méthode classique.

APPROXIMATION : approximation method, méthode des approximations.

APT : automatic programming tool

(APT), programme de commande automatique.

ARC : arc, arc, couple de sommets adjacents d'un graphe.

ARCADE : video arcade game, jeu vidéo de salle.

ARCHITECTURE * : architecture, architecture ; **computer network architecture**, architecture de réseau informatisé ; **distributed architecture**, architecture répartie ; **divided architecture**, architecture répartie ; **parallel machine architecture**, architecture à processeurs parallèles ; **starred architecture**, architecture en étoile ; **unified architecture**, architecture unifiée.

ARCHIVED : archived file, fichier archive.

ARCHIVES : archives, archives, écritures.

ARCHIVING : information archiving, archivage des informations.

AREA : area, zone ; **additional area**, zone supplémentaire ; **analysis area**, zone d'analyse ; **area code**, code postal ; **area identification**, identification de zone ; **area layout**, implantation de la zone ; **area variable**, variable de zone ; **buffer area**, zone de tampon ; **capture area**, zone de saisie ; **common area**, zone commune ; **common storage area**, zone de mémoire commune ; **communications area**, zone de communications ; **constant area**, zone des constantes ; **control area**, zone de commande ; **cumulative area**, zone de cumul ; **data area**, zone des données ; **device control area**, zone de commande de périphérique ; **display area**, zone de visualisation ; **drawing area**, espace dessin ; **file descriptor area**, zone de description de fichier ; **hold area**, zone des résultats, zone intermédiaire ; **holding area**, zone des résultats, zone intermédiaire ; **index area**, zone d'indice ; **input area**, zone d'entrée ; **input/output area**, zone d'entrée/sortie ; **inspection area**, aire d'examen ; **instruction area**, zone d'instruction ; **item key area**, zone de codification des articles ; **item work area**, zone de traitement d'article ; **key entry area**, zone d'introduction ; **key storage area**, zone de mémoire des codes ; **library area**, zone de bibliothèque ; **link area**, zone de liaison ; **local area network (LAN)**, réseau local ; **output area**, zone d'extraction ; **overflow area**, zone de dépassement de capacité ; **overlay area**, zone de recouvrement ; **primary data area**, zone de données primaires ; **prime area**, zone principale ; **printing area**, zone d'impression ; **programme area**, zone de programme ; **scan area**, zone de balayage, zone de scanage ; **screen area**, surface utile d'écran ; **search area**, zone de recherche ; **seek area**, zone de recherche ; **shared virtual area**, zone virtuelle partagée ; **storage area**, zone de mémoire ; **transient area**, zone transitoire ; **user area**, zone de l'utilisateur ; **user programme area**, espace mémoire utilisateur ; **value area**, zone des valeurs ; **work area**, zone de travail ; **working area**, zone de travail.

ARGUMENT * : argument, argument ; **dummy argument**, paramètre formel, paramètre fictif.

ARITHMETIC : arithmetic, arithmétique ; **(arithmetic) overflow**, dépassement (de capacité) ; **(arithmetic) underflow**, soupassement, dépassement inférieur de capacité ; **arithmetic address**, adresse arithmétique ; **arithmetic and logic unit (ALU)**, unité arithmétique et logique ; **arithmetic check**, contrôle arithmétique ; **arithmetic expression**, expression arithmétique ; **arithmetic fault**, erreur de grandeur ; **arithmetic instruction**, instruction arithmétique ; **arithmetic item**, article de calcul ; **arithmetic mean**, moyenne arithmétique ; **arithmetic operation**, opération arithmétique ; **arithmetic operator**, opérateur arithmétique ; **arithmetic point**, virgule ; **arithmetic register**, registre arithmétique ; **arithmetic shift**, décalage arithmétique ; **arithmetic speed**, vitesse de calcul ; **arithmetic statement**, instruction arithmétique ; **arithmetic unit**, unité arithmétique ; **binary (arithmetic) operation**, opération (arithmétique) binaire ; **double precision arithmetic**, arithmétique en double précision ; **fixed-point arithmetic**, arithmétique en virgule fixe ; **floating-point arithmetic**, arithmétique à virgule flottante ; **multiprecision arithmetic**, arithmétique multiprécision ; **non-arithmetic shift**, décalage logique ; **scalar arithmetic**, arithmétique scalaire.

ARITHMETICAL : arithmetical operation, opération arithmétique ; **arithmetical shift**, décalage arithmétique ; **arithmetical statement**, instruction arithmétique.

ARITY : arity, arité.

ARM : arm, bras ; **seek arm**, bras d'accès ; **tension arm**, bras de tension.

ARMED : armed state, état armé.

AROUND : end-around borrow, report négatif circulaire ; end-around carry, report circulaire ; end-around shift, décalage circulaire ; run-around, parcours, passage ; wrap-around, lacet.

ARRANGEMENT : makeshift arrangement, solution provisoire.

ARRAY : array, tableau ; array (to), tabuler ; array computer, multiprocesseur ; array element, élément de tableau, élément de matrice ; array interconnection, interconnexion matricielle ; array pitch, pas de tableau, pas longitudinal ; array processor, processeur matriciel ; array structure, structure en tableau ; array subscript, indice de tableau ; array variable, variable de tableau ; closed array, tableau saturé ; core array, matrice de tores ; data array, tableau de données ; disc array, unité de disques ; distributed array processor, multiprocesseur distribué ; index array, zone d'index ; instruction array, séquence d'instructions ; logic array, tableau logique ; logical array, tableau logique ; multidimensional array, tableau multidimension ; one-dimensional array, tableau à une dimension, liste linéaire ; one-dimensional array processor, processeur vectoriel ; operand array, tableau opérande ; pointer array, tableau de pointeurs ; programmable array logic (PAL), logique à réseau programmable ; programmed logic array (PLA), réseau à logique programmée ; sparse array, tableau incomplet ; string array, tableau de caractères ; three-dimensional array, tableau tridimensionnel ; two-dimensional array, tableau bidimensionnel ; two-dimensional array processor, processeur matriciel ; type array, ensemble de caractères.

ARRIVAL : arrival, arrivée.

ARROW : arrow, flèche ; arrow key, touche flèche ; back arrow, flèche gauche ; down arrow, flèche bas ; left arrow, flèche gauche ; right arrow, flèche droite ; scroll arrow, flèche de défilement ; up arrow, flèche haut ; vertical arrow, flèche verticale.

ART : art, art ; computer art, graphisme informatique.

ARTICULATION : articulation point (graph), point d'articulation (graphe).

ARTIFICIAL : artificial carry, report artificiel ; artificial cognition, reconnaissance artificielle ; artificial intelligence (AI), intelligence artificielle (IA) ; artificial language, langage artificiel ; evidence (in artificial intelligence), indice (en intelligence artificielle).

ASCENDER : ascender, jambage supérieur de caractère.

ASCENDING : ascending node, noeud ascendant ; ascending sequence, ordre ascendant ; ascending sort, tri ascendant.

ASCII : ASCII code, code ASCII.

ASCII terminal : terminal texte ; limited ASCII, sous-ensemble du code ASCII ; non-ASCII terminal, terminal non-texte.

ASR : automatic send/receive (ASR), téléimprimeur émetteur-récepteur.

ASSEMBLE : assemble (to), assembler ; assemble duration, durée d'assemblage.

ASSEMBLER * : assembler, assembleur, programme d'assemblage ; absolute assembler, assembleur absolu ; assembler deck, jeu de cartes d'assembleur ; assembler directive, directive d'assemblage ; basic assembler, assembleur de base ; cross-assembler, assembleur croisé ; native assembler language, langage d'assemblage spécifique ; packet assembler/disassembler (PAD), assembleur-désassembleur de paquets ; symbolic assembler, assembleur symbolique.

ASSEMBLING : assembling phase, phase d'assemblage.

ASSEMBLY : assembly, assemblage ; assembly code, langage assembleur ; assembly control statement, instruction de contrôle d'assemblage ; assembly drawing, schéma d'assemblage ; assembly language, langage assembleur ; assembly language listing, liste d'assemblage ; assembly language programme, programme d'assemblage ; assembly pass, passe d'assemblage ; assembly phase, phase d'assemblage ; assembly programme, assembleur, programme d'assemblage ; assembly programme output, sortie du programme d'assemblage ; assembly routine, routine d'assemblage ; assembly system, système d'assemblage ; assembly time, durée d'assemblage ; assembly unit, unité d'assemblage ; basic assembly language (BAL), langage d'assemblage de base ; cross-assembly, assembleur croisé ; macro-assembly, macro-assemblage ; macro-assembly language (MAL), langage de macro-assemblage ; macro-assembly programme, programme macro-assembleur ; packet assembly, assemblage de paquets ; **symbolic assembly system**, système à assemblage symbolique.

ASSERTION : assertion, assertion ; **assertion checker**, contrôleur d'assertions.

ASSESSMENT : assessment, évaluation ; **demand assessment**, évaluation de la demande.

ASSIGN * : assign (to), allouer.

ASSIGNED : assigned frequency, fréquence assignée.

ASSIGNMENT : assignment by name, assignation, affectation par nom ; **assignment programme**, programme d'affectation ; **assignment statement**, instruction d'affectation ; **character assignment table**, table d'allocation de caractères ; **file assignment**, désignation de fichier ; **frequency assignment**, assignement de fréquence ; **hardware assignment**, affectation d'unité ; **interlaced storage assignment**, allocation de l'enchaînement ; **peripheral assignment**, affectation de périphérique ; **value assignment**, assignation de valeur.

ASSISTED : assisted, assisté ; **computer-assisted**, assisté par ordinateur ; **computer-assisted management**, gestion automatisée.

ASSOCIATION : implied association, allocation implicite ; **parameter association**, association de paramètres ; **type association**, affectation du type.

ASSOCIATIVE : associative, associatif ; **associative addressing**, adressage associatif ; **associative memory**, mémoire associative ; **associative processor**, processeur associatif ; **associative register**, registre associatif ; **associative storage register**, registre à mémoire associative ; **associative store**, mémoire associative.

ASSUMED : assumed, implicite ; **assumed decimal point**, virgule programmée ; **assumed size aggregate**, agrégat de taille implicite.

ASSURANCE : circuit assurance, test de continuité.

ASTABLE : astable multivibrator, multivibrateur astable.

ASYNCHRONOUS * : asynchronous, asynchrone ; **asynchronous channel adapter**, adaptateur de canal asynchrone ; **asynchronous circuit**, circuit asynchrone ; **asynchronous computer**, calculateur asynchrone ; **asynchronous data transmission**, transmission asynchrone de données ; **asynchronous device**, périphérique asynchrone ; **asynchronous input**, entrée asynchrone ; **asynchronous network**, réseau asynchrone ; **asynchronous operation**, opération asynchrone ; **asynchronous output**, sortie asynchrone ; **asynchronous procedure**, procédure asynchrone ; **asynchronous transfer**, transfert asynchrone ; **asynchronous transmission**, transmission asynchrone, transmission arythmique ; **asynchronous working**, régime asynchrone.

ATE : automatic test equipment (ATE), matériel de test automatique.

ATOM : atom, atome.

ATOMICITY : atomicity, atomicité.

ATTACH : attach (to), attacher.

ATTACHMENT : attachment, connexion, raccordement.

ATTEMPT : attempt, tentative.

ATTENDED : attended operation, exploitation sous surveillance.

ATTENTION : attention device, alarme ; **attention interrupt request**, demande d'interruption ; **attention key**, touche d'intervention.

ATTENUATE : attenuate (to), atténuer.

ATTENUATION : attenuation, atténuation ; **path attenuation**, atténuation de trajet.

ATTRIBUTE * : attribute, attribut ; **attribute record**, enregistrement entité ; **data attribute**, caractéristique des données ; **entity attribute**, attribut de l'entité ; **file attribute**, attribut de fichier ; **implied attribute**, attribut implicite ; **integer attribute**, attribut de nombre entier ; **length attribute**, attribut de longueur ; **number attribute**, attribut de nombre ; **static attribute**, attribut fixe ; **user attribute file**, fichier du personnel utilisateur ; **value attribute**, attribut de valeur.

ATTRITION : attrition, usure.

AUDIBLE : audible calculator, calculette musicale ; **visual/audible signal**, signal opto-acoustique.

AUDIO : audio disc, microsillon ; **audio frequency output**, sortie de fréquence audible ; **audio tape**, bande audio, bande audiofréquence.

AUDIOFREQUENCY : audiofrequency, audiofréquence.

AUDIT : audit, vérification ; **audit copy,** copie de contrôle ; **audit file,** fichier archive ; **audit flash,** contrôle rapide ; **audit list,** liste de vérification ; **audit log,** journal de vérification ; **audit message,** message d'état ; **audit programme,** programme de vérification ; **audit programming,** programmation de contrôle ; **audit report,** liste de contrôle ; **audit trail,** piste de contrôle.

AUGEND : augend, cumulande.

AUGMENT * : augment, augment.

AUGMENTED : augmented operation code, code d'instruction étendu ; **computer-augmented learning (CAL),** enseignement automatisé.

AUGMENTER * : augmenter, cumulateur.

AURAL : aural, sonore ; **aural reception,** lecture au son ; **aural signal,** signal sonore.

AUTHENTIFICATION * : message authentification, authentification de message.

AUTHOR : author language, langage d'enseignement ; **author number,** numéro de créateur.

AUTOCALL : autocall, appel automatique.

AUTOCHART : autochart, générateur de diagramme.

AUTOCODE : autocode, langage automatique.

AUTOCODER : autocoder, programmateur automatique.

AUTODECREMENT : autodecrement register, registre autodécrémental.

AUTODIALLER : autodialler, composeur automatique.

AUTOINCREMENT : autoincrement, progression automatique.

AUTOLOAD : autoload, chargement automatique.

AUTOLOADER : autoloader, chargeur automatique.

AUTOMATA : automata, automates ; **automata theory,** théorie des automates.

AUTOMATED : automated design, conception automatisée ; **automated drafting,** dessin automatisé.

AUTOMATIC * : automatic abstracting, analyse automatique ; **automatic address modification,** modification automatique d'adresse ; **automatic answering,** réponse automatique ; **automatic call unit,** dispositif d'appel automatique ; **automatic callback,** rappel automatique ; **automatic calling,** appel automatique ; **automatic card reading,** lecture automatique de cartes ; **automatic carriage return,** retour automatique de chariot ; **automatic character generation,** génération de caractères automatique ; **automatic check,** vérification automatique ; **automatic check-out system,** système de vérification automatique ; **automatic code,** code automatique, codage automatique ; **automatic coding,** code automatique, codage automatique ; **automatic control,** commande automatique ; **automatic control engineering,** l'automatique ; **automatic control system,** système de régulation automatique ; **automatic data acquisition (ADA),** acquisition automatique de données ; **automatic data conversion,** conversion automatique de données ; **automatic data exchange (ADE),** échange automatique de données ; **automatic data handling,** traitement et transmission automatiques données ; **automatic data processing (ADP),** traitement automatique de données ; **automatic defective track recovery,** changement automatique de piste défectueuse ; **automatic dialling unit (ADU),** numéroteur automatique ; **automatic error correction,** correction automatique des erreurs ; **automatic exchange,** central automatique ; **automatic indent,** indentation automatique ; **automatic interrupt,** interruption automatique ; **automatic loader,** chargeur automatique ; **automatic message switching,** commutation automatique de messages ; **automatic mode,** mode automatique ; **automatic origination,** appel automatique ; **automatic overlaying,** recouvrement automatique ; **automatic page numbering,** foliotage automatique ; **automatic plotting,** traceur automatique ; **automatic programme interrupt,** interruption automatique de programme ; **automatic programming,** programmation assistée ; **automatic programming system,** système de programmation automatique ; **automatic programming tool (APT),** programme de commande automatique ; **automatic punch,** perforateur automatique ; **automatic recovery programme,** programme de récupération automatique ; **automatic reset,** réinitialisation automatique ; **automatic restart,** redémarrage automatique ; **automatic route selection,** acheminement automatique ; **automatic se-**

lection, sélection automatique ; **automatic send/receive (ASR)**, téléimprimeur émetteur-récepteur ; **automatic sequential mode**, mode itératif ; **automatic shape recognition**, reconnaissance automatique des formes ; **automatic stop**, arrêt automatique, stop ; **automatic storage allocation**, attribution automatique de mémoire ; **automatic switch mode**, mode de commutation automatique ; **automatic switching centre**, centre de commutation automatique ; **automatic tape punch**, perforateur de bande automatique ; **automatic test equipment (ATE)**, matériel de test automatique ; **automatic transmission**, émission automatique ; **automatic typesetting**, composition automatique ; **automatic underline mode**, mode de soulignement automatique ; **automatics**, l'automatique.

AUTOMATION * : automation, automatisation ; **design automation**, conception automatisée ; **library automation**, automatisation de bibliothèque ; **office automation**, bureautique ; **process automation**, automatisme industriel.

AUTOMATON : automaton, automate ; **programmable automaton**, automate programmable.

AUTOMONITOR : automonitor, automonitorage.

AUTONOMOUS : autonomous device, dispositif autonome ; **autonomous display**, indicateur autonome ; **autonomous I/O processor**, processeur d'E/S autonome ; **autonomous operation**, fonctionnement autonome.

AUTOPLOTTER : autoplotter, traceur automatique.

AUTOPOLL : autopoll, appel sélectif.

AUTOPOLLING : autopolling, connexion automatique programmée.

AUTORESTART : autorestart, reprise automatique.

AUTOSWITCH : autoswitch, autocommutateur.

AUTOVERIFIER : autoverifier, autovérifieuse.

AUXILIARY : auxiliary code, code auxiliaire ; **auxiliary console**, console auxiliaire ; **auxiliary data**, données auxiliaires ; **auxiliary equipment**, matériel auxiliaire ; **auxiliary file**, fichier secondaire ; **auxiliary key**, clé secondaire ; **auxiliary key field**, champ clé secondaire ; **auxiliary machine**, machine auxiliaire ; **auxiliary memory**, mémoire auxiliaire ; **auxiliary operation**, opération auxiliaire ; **auxiliary programme**, programme auxiliaire ; **auxiliary station**, terminal secondaire ; **auxiliary storage**, mémoire auxiliaire ; **auxiliary store**, mémoire externe.

AVAILABILITY * : availability, disponibilité ; **availability control**, contrôle de disponibilité ; **availability level**, niveau de disponibilité ; **system availability**, disponibilité du système.

AVAILABLE : available, libre, disponible ; **available list**, liste libre ; **available machine time**, temps machine disponible ; **available time**, temps disponible.

AVERAGE : average, moyenne ; **average access time**, temps moyen d'accès ; **average data rate**, débit moyen d'entropie ; **average information per character**, contenu moyen d'informations par caractère ; **average latency**, temps d'accès moyen ; **average operation time**, temps moyen d'opération ; **average search length**, durée moyenne de recherche ; **average transinformation rate**, débit effectif ; **weighted average divide**, division pondérée ; **weighted average multiply**, multiplication pondérée.

AWAITING : awaiting, en attente, mise au repos ; **awaiting repair time**, délai de réparation.

AXIAL : axial lead, sortie axiale.

AXIS : axis, axe ; **axis crossing**, coupure d'axe.

AZERTY * : azerty keyboard, clavier azerty

B

B : B-box, registre d'index ; **B-line**, registre d'index ; **B-register**, registre d'index ; **B-store**, registre d'index.

BABBLE : babble, diaphonie.

BACK : back, arrière ; **back arrow**, flèche gauche ; **back-end**, phase arrière ; **back-end processor**, ordinateur d'arrière-plan ; **back-strike printer**, imprimante à impact ; **back-**

to-back wiring, court-circuit ; back-up, (de) secours, (de) réserve, (de) sauvegarde ; back-up and restore programme, programme de rappel ; back-up copy, copie de sauvegarde ; back-up file, fichier de réserve ; back-up information, données de sauvegarde ; back-up library, bibliothèque de sauvegarde ; backspace (BS), espace arrière ; backspace (to), reculer d'un espace ; backspace character, caractère espace arrière ; backspace instruction, instruction de rappel ; backspace key, touche d'espacement arrière ; call-back, connexion par rappel ; card back, dos de carte ; fly-back, retour de balayage, retour de spot ; read back check, contrôle par relecture ; roll back (to), rembobiner, rebobiner ; roll-back routine, programme de reprise ; trace-back, trace inverse.

BACKGROUND : background, arrière-plan ; background image, fond d'image, arrière-plan d'image ; background job, travail d'arrière-plan, tâche de fond ; background noise, bruit de fond ; background processing, traitement non prioritaire ; background programme, programme non prioritaire ; background reflectance, réflectance diffuse ; display background, champ réservé de visualisation ; inverted background, fond inversé.

BACKING : backing store, mémoire de sauvegarde, mémoire auxiliaire ; backing tape, bande de sauvegarde.

BACKLASH : backlash 'ç', barre oblique inverse, barre de fraction inverse.

BACKPLANE : backplane, face arrière ; backplane slot, ouverture arrière.

BACKSPACE : backspace (BS), espace arrière ; backspace (to), reculer d'un espace ; backspace character, caractère espace arrière ; backspace instruction, instruction de rappel ; backspace key, touche d'espacement arrière.

BACKSTOP : backstop, butée.

BACKTAB : backtab, tabulation arrière.

BACKTRACKING * : backtracking, recherche inverse.

BACKUP * : backup block, bloc de réserve ; backup device, unité de réserve ; backup time, temps de sauvegarde ; programme backup, sauvegarde de programme.

BACKWARD : backward channel, voie de retour ; backward compatibility, compatibilité descendante ; backward jump, branchement amont ; backward read, lecture arriè-

re ; backward recovery, récupération par retraitement ; backward resistance, résistance inverse ; backward sort, tri descendant ; backward supervision, compte-rendu de transmission.

BADGE : badge, badge ; badge punch, perforateur de badge ; badge reader, lecteur de badge.

BAG : bag, ensemble, jeu.

BAL : basic assembly language (BAL), langage d'assemblage de base.

BALANCE : balance, équilibre ; balance counter, compteur soustractif ; balance forward, sortie de solde mémorisé.

BALANCED : balanced drum, tambour équilibré ; balanced error, erreur centrée ; balanced input, entrée symétrique ; balanced line, ligne symétrique ; balanced magnetic drum, tambour magnétique équilibré ; balanced mixer, mélangeur équilibré ; balanced output, sortie symétrique ; balanced station, station mixte ; balanced to ground, symétrique par rapport à la terre ; balanced transformer, transformateur d'équilibrage.

BALL : control ball, boule roulante ; rolling ball, boule roulante ; tracker ball, boule roulante.

BANANA : banana pin, fiche banane.

BAND : band, bande multipiste ; band elimination filter, filtre éliminateur de bande ; band-limited channel, canal à bande limitée ; band printer, imprimante à bande ; band-reject filter, filtre stop-bande ; bandstop, stop-bande ; bandstop filter, filtre éliminateur de bande ; clear band, zone (de fréquences) vierge ; frequency band, bande de fréquences ; guard band, bande de protection ; image band, bande de fréquence image ; proportional band, bande proportionnelle ; voice band, bande téléphonique.

BANDING : rubber banding, tracé asservi à un point fixe.

BANDPASS : bandpass filter, filtre passe-bande.

BANDSTOP : bandstop, stop-bande ; bandstop filter, filtre éliminateur de bande.

BANDWIDTH * : bandwidth, largeur de bande ; nominal bandwidth, largeur de bande nominale ; occupied bandwidth, largeur de bande occupée ; video bandwidth, largeur de bande vidéo.

BANK : bank, banc ; bank check, chèque

bancaire ; **bank switching**, commutation de bancs ; **computer bank**, fichier central ; **hammer bank**, rangée de marteaux ; **key bank**, rangée de touches ; **knowledge bank**, banque de connaissances ; **memory bank**, banc de mémoire ; **programme bank**, banque de programmes ; **register bank**, groupe de registres.

BAR : bar, barre ; **bar code**, code à barres ; **bar code pen**, crayon de code à barres ; **bar code scanner**, scaneur de code à barres ; **bar-coded document**, document à code à barres ; **bar printer**, imprimante à barre ; **jam sense bar**, barre de butée ; **menu bar**, barre de menu ; **print bar**, barre d'impression ; **scroll bar**, barre de défilement ; **skip bar**, barre de saut ; **stacked bar chart**, histogramme à barres empilées ; **start bar**, interrupteur marche ; **type bar**, barre d'impression ; **type bar printer**, imprimante à barre ; **universal bar**, barre universelle.

BARREL : barrel effect, effet tonneau ; **barrel printer**, imprimante à cylindre ; **barrel-shaped distortion**, distorsion en forme de tonneau ; **print barrel**, tambour d'impression.

BARRICADE : barricade, limitation.

BASE * : base, base de puissances ; **base address**, adresse de base, adresse base ; **base address register**, registre d'adresse de base ; **base current**, courant de base ; **base displacement**, déplacement à la base ; **base frequency**, fréquence de base ; **base linkage path**, branche d'enchaînement de base ; **base number**, nombre de base ; **base register**, registre d'adresse ; **base relative**, relatif à la base ; **base segment**, segment de contrôle ; **base type**, type de base ; **common base circuit**, montage à base commune ; **complement base**, base du complément ; **data base management (DBM)**, gestion de base de données (GBD) ; **distributed data base**, base de données distribuée ; **floating-point base**, base de séparation flottante ; **integrated data base**, base de données intégrée ; **knowledge base**, base de connaissances ; **mixed-base notation**, numération mixte ; **mixed-base numeration**, numération à base multiple ; **number base**, base ; **octal base**, base octale ; **relational data base**, base de données relationnelles ; **relocation base**, base de translation.

BASEBAND * : baseband, bande de base ; **baseband modem**, modem en bande de base ; **baseband modulation**, modulation en bande de base ; **baseband noise**, bruit en bande de base ; **baseband signalling**, transmission en bande de base ; **baseband transmission**, transmission en bande de base ; **multiplex baseband**, spectre de multiplexage.

BASED : card-based, à base de cartes ; **computer-based instruction**, enseignement informatisé ; **computer-based learning (CBL)**, éducation informatisée ; **disc-based**, à base de disque ; **holographic based system**, système holographique ; **integer-based programme**, programme à base de nombres entiers ; **memory-based system**, système à base de mémoire ; **pixel-based display**, affichage matriciel ; **screen-based**, à base d'écran ; **vector-based display**, affichage cavalier.

BASIC : basic (language), basic (langage) ; **basic access method**, méthode d'accès de base ; **basic assembler**, assembleur de base ; **basic assembly language (BAL)**, langage d'assemblage de base ; **basic calculating operation**, opération de calcul fondamentale ; **basic code**, code de base ; **basic coding**, codage de base ; **basic counter**, compteur de base ; **basic display unit (BDU)**, unité de visualisation de base ; **basic instruction set**, jeu d'instructions de base ; **basic language**, langage de base ; **basic language machine (BLM)**, machine à langage de base ; **basic letter**, caractère d'identification ; **basic linkage**, liaison de base ; **basic loop**, boucle simple ; **basic machine**, machine de base ; **basic material**, matériel de base ; **basic mode**, mode de base ; **basic mode link control**, gestion de liaison en mode de base ; **basic network**, réseau fondamental ; **basic noise**, bruit de fond ; **basic operating system (BOS)**, système d'exploitation de base (IBM) ; **basic period clock**, rythmeur de base ; **basic signal**, signal de base ; **basic variable**, variable fondamentale ; **tiny basic**, BASIC simplifié.

BASIS : basis cycle, cycle de base.

BASKET : printout basket, réceptacle d'imprimés.

BATCH * : batch, lot ; **batch computer**, calculateur de traitement par lots ; **batch mode**, mode de traitement par lots ; **batch operation time**, temps d'exécution ; **batch-oriented**, spécialisé au traitement par lots ; **batch peripheral**, périphérique lourd ; **batch processing**, traitement par lots ; **batch processing mode**, mode de traitement par lots ; **batch report**, état séquentiel ; **batch separator**, séparateur de lot ; **batch size**, grandeur de lot ; **batch terminal**, terminal de traitement par lots ; **batch total**, total par groupe ; **job batch**, lot de travaux ; **local batch processing**, traitement différé local ; **remote batch**, traitement par lots à distance ; **remote batch entry (RBE)**, soumission, introduction par lots à distance ; **remote batch processing**, télétraitement par lots ; **remote batch terminal (RBT)**, terminal lourd.

BATCHED : batched compilation, compilation groupée ; **batched job**, travail séquentiel.

BATCHING : batching, groupage ; **file batching**, groupage de fichiers.

BATTERY : battery, batterie ; **storage battery**, batterie rechargeable.

BAUD * : baud, baud ; **baud rate**, vitesse de transmission.

BAUDOT * : Baudot code, code Baudot.

BCD : binary-coded decimal (BCD), décimal codé binaire (DCB).

BDD : binary-to-decimal decoder (BDD), décodeur numérique-décimal.

BDU : basic display unit (BDU), unité de visualisation de base.

BEAD * : bead, tore magnétique, tore ; **bead memory**, mémoire à tores magnétiques.

BEAM : beam-accessed, accédé par rayon ; **beam-penetration CRT**, tube à pénétration ; **beam store**, mémoire à faisceau électronique ; **directed beam scan**, balayage cavalier ; **electron beam**, faisceau électronique ; **ion beam**, faisceau ionique ; **laser beam recording (LBR)**, enregistrement par faisceau laser ; **unblanked beam**, faisceau visible.

BEARER : bearer, porteur ; **bearer circuit**, circuit multivoie.

BED : bed, table de traceur ; **card bed**, chemin de cartes ; **test bed**, banc de test.

BEEF : beef-up version, version améliorée.

BEEP : beep sound, signal sonore bref.

BEFORE : wait before transmit, attente avant transfert.

BEGIN : begin subroutine, amorçage de sous-programme.

BEGINNING : beginning, commencement ; **beginning-of-file label**, repère de début de fichier ; **beginning-of-information marker**, marque de début ; **beginning-of-tape (BOT)**, marqueur de début de bande ; **beginning-of-tape marker**, repère de début de bande ; **file beginning**, début de fichier.

BEL : Bel (B), Bel, dix décibels ; **bell (BEL)**, sonnerie.

BELL : bell (BEL), sonnerie ; **bell character**, caractère de sonnerie ; **warning bell**, signal d'alerte.

BELT : belt, courroie ; **belt guide**, guide de courroie ; **belt printer**, imprimante à bande ; **belt roller**, galet ; **drive belt**, courroie d'entraînement ; **rotating-belt printer**, imprimante à bande.

BENCHMARK * : benchmark, test de performances ; **benchmark (to)**, évaluer les performances ; **benchmark package**, logiciel de test ; **benchmark programme**, programme d'évaluation ; **benchmark routine**, programme de d'évaluation ; **benchmark test**, test de performances, mise au banc d'essai.

BENCHMARKING : benchmarking, test de performances, mise au banc d'essai.

BENDING : bending loss (opto-fibre), perte par courbure (fibre optique).

BER : bit error rate (BER), taux d'erreurs binaires.

BETA : Beta test, essai pilote.

BIAS * : bias, biais ; **bias distortion**, distorsion biaise ; **bias error**, erreur non centrée ; **bias testing**, test des marges ; **blocking bias**, tension de blocage ; **fixed bias**, polarisation fixe ; **forward bias**, polarisation directe ; **high/low bias test**, contrôle marginal ; **ordering bias**, écart d'ordre ; **reverse bias**, polarisation inverse.

BIASED : biased exponent, caractéristique.

BICONDITIONAL : biconditional element, circuit NI exclusif, porte NI exclusif ; **biconditional gate**, circuit NI exclusif, porte NI exclusif.

BICONNECTED : biconnected graph, graphe biconnexe.

BID : bid, tentative.

BIDIRECTIONAL : bidirectional, bidirectionnel ; **bidirectional data bus**, bus bidirectionnel ; **bidirectional flow**, flot bidirectionnel ; **bidirectional typing**, impression bidirectionnelle.

BILL : bill of material, nomenclature.

BILLI : billi, milliard.

BILLIBIT : billibit, milliard de bits.

BIMAG : bimag, bivalence magnétique.

BIN : bin, bac ; **feeder bin**, magasin d'alimentation.

BINARY * : binary, binaire ; **binary (arithmetic) operation**, opération (arithmétique) binaire ; **binary adder circuit**, circuit additionneur binaire ; **binary Boolean operation**, opération booléenne binaire ; **binary card**, carte binaire ; **binary cell**, cellule binaire de mémoire, cellule binaire ; **binary chain**, chaîne binaire ; **binary character**, élément binaire ; **binary chop**, recherche binaire ; **binary circuit**, circuit binaire ; **binary code**, code binaire ; **binary-coded**, codé en binaire ; **binary-coded character**, caractère codé en binaire ; **binary-coded decimal (BCD)**, décimal codé binaire (DCB) ; **binary-coded decimal code**, numération décimale codée en binaire ; **binary-coded decimal number**, nombre décimal codé en binaire ; **binary-coded decimal system**, système décimal codé en binaire ; **binary-coded notation**, notation binaire ; **binary-coded octal**, octal codé en binaire ; **binary column**, colonne des binaires ; **binary conversion**, conversion binaire ; **binary counter**, compteur binaire ; **binary digit**, chiffre binaire ; **binary display**, affichage binaire, indication binaire ; **binary dump**, vidage binaire ; **binary element**, élément binaire ; **binary element string**, chaîne d'éléments binaires ; **binary equivalent**, équivalent binaire ; **binary equivalent value**, valeur équivalente binaire ; **binary format**, format binaire ; **binary half-adder**, demi-additionneur binaire ; **binary image**, image binaire ; **binary item**, donnée binaire ; **binary loader**, chargeur absolu ; **binary logic**, logique binaire ; **binary mode**, mode binaire ; **binary notation**, notation binaire, numération binaire ; **binary number**, chiffre binaire ; **binary number system**, système binaire ; **binary numeral**, numéral binaire ; **binary one**, chiffre binaire '1' ; **binary operation**, opération diadique, opération binaire ; **binary operator**, opérateur diadique ; **binary point**, virgule binaire ; **binary representation**, représentation binaire ; **binary row**, rangée binaire ; **binary search**, recherche binaire ; **binary sequence**, séquence binaire ; **binary shift**, décalage binaire ; **binary signal**, signal binaire ; **binary sort**, tri binaire ; **binary-to-decimal conversion**, conversion binaire-décimal ; **binary-to-decimal decoder (BDD)**, décodeur numérique-décimal ; **binary-to-Gray code conversion**, conversion binaire-code Gray ; **binary-to-hexadecimal conversion**, conversion binaire-hexadécimal ; **binary transfer**, transfert binaire ; **binary tree**, arbre binaire ; **binary-tree representation**, représentation en arbre binaire ; **binary unit**, unité binaire, binaire, logon, bit ; **binary unit of information content**, Shannon, unité binaire (quantité d'information) ; **binary variable**, variable binaire ; **binary weight**, poids binaire ; **binary word**, mot binaire ; **binary zero**, chiffre binaire '0' ; **character binary code**, code binaire de caractères ; **Chinese binary**, binaire en colonnes ; **column binary**, binaire en colonnes ; **column binary code**, code binaire en colonnes ; **decimal-to-binary conversion**, conversion décimal-binaire ; **dense binary code**, code binaire saturé ; **fixed-point binary**, binaire en virgule fixe ; **four-line binary code**, code tétradique ; **Gray code-to-binary conversion**, conversion code Gray-binaire ; **implied binary point**, virgule binaire implicite ; **ordinary binary**, binaire pur ; **pure binary**, binaire pur ; **pure binary code**, code binaire pur ; **pure binary notation**, numération binaire ; **reflected binary**, binaire réfléchi ; **reflected binary code**, code binaire réfléchi ; **row binary**, binaire en ligne ; **shifted binary**, binaire décalé ; **sign binary digit**, élément de signe ; **straight binary**, binaire pur ; **symmetric binary channel**, voie binaire symétrique ; **weighted binary**, binaire pondéré ; **zero binary**, binaire zéro.

BIND : bind (to), fixer (une variable) ; **bind (to) (of an address)**, associer (une adresse).

BINDER : binder, classeur ; **binder routine**, programme de liaison ; **binder trolley**, chariot classeur ; **burst printout binder**, reliure pour imprimés détachés ; **disc binder**, classeur pour disques ; **printout binder**, reliure pour imprimés ; **ring binder**, classeur à anneaux ; **unburst printout binder**, reliure pour imprimés en continu.

BIONICS : bionics, la bionique.

BIPLEXER : biplexer, diplexer.

BIPOLAR * : bipolar device technology, technologie transistor ; **bipolar memory**, mémoire bipolaire ; **bipolar signalling**, signalisation bipolaire ; **bipolar transistor**, transistor bipolaire ; **bipolar transmission**, transmission en signaux alternés ; **high-density bipolar (HDB)**, code bipolaire à densité élevée.

BIPROCESSOR : biprocessor, biprocesseur.

BIQUINARY : biquinary, biquinaire ; **biquinary code**, code biquinaire ; **biquinary number**, nombre biquinaire.

BISECTION : bisection algorithm, algorithme de recherche binaire.

BISTABLE : bistable circuit, circuit bistable, bascule bistable.

BIT * : bit, unité binaire, binaire, logon, bit ; **alignment bit**, bit de synchronisation ; **bit density**, densité binaire ; **bit error rate (BER)**, taux d'erreurs binaires ; **bit identification**, identificateur de bit ; **bit interleaved**, bit multiplexé ; **bit location**, position binaire ; **bit map**, représentation binaire ; **bit-mapped fount**, fonte matricielle ; **bit-mapped style**, fonte matricielle ; **bit-organised memory**, mémoire organisée par binaires ; **bit parallel**, transfert en parallèle ; **bit pattern**, profil binaire ; **bit plane**, plan binaire ; **bit position**, position du bit ; **bit rate**, débit binaire, vitesse binaire ; **bit significance**, signification du bit ; **bit slice microprocessor**, microprocesseur en tranches ; **bit slice processor**, processeur en tranches ; **bit stream**, flot binaire ; **bit string**, chaîne binaire ; **bit transfer**, transfert sériel ; **bit transfer rate**, débit binaire, vitesse de transmission binaire ; **bits per inch (BPI)**, bits par pouce ; **bits per pixel**, bits par pixel ; **bits per second (BPS)**, bits par seconde (BPS) ; **busy bit**, bit d'activité ; **carry bit**, retenue ; **channel bit**, bit canal ; **check bit**, binaire de contrôle ; **control bit**, binaire de contrôle ; **density bit**, bit de densité ; **eight-bit byte**, octet ; **even parity bit**, bit de parité ; **five-bit byte**, quintuplet ; **flag bit**, binaire indicateur ; **four-bit byte**, quartet, multiplet de quatre bits ; **framing bit**, binaire de trame ; **guard bit**, binaire de protection ; **high-order bit**, binaire de gauche ; **highest order bit**, bit le plus significatif ; **horizontal parity bit**, bit de parité longitudinale ; **information bit**, binaire d'information ; **information bit content**, contenu d'informations en code binaire ; **interlock bit**, bit de blocage.

ISO-7-bit code : code ISO à 7 moments ; **least significant bit (LSB)**, binaire de poids faible ; **left-end bit**, bit de poids fort ; **link bit**, bit de liaison ; **low-order bit**, bit de droite ; **lower bit**, bit de rang inférieur ; **mask bit**, binaire de masquage ; **most significant bit (MSB)**, binaire de poids fort ; **N-core-per-bit**

storage, mémoire à N tores par élément binaire ; **odd parity bit**, bit d'imparité ; **off-bit**, indicateur ; **on-bit**, indicateur ; **one-bit**, binaire unique ; **overhead bit**, bit de service ; **override bit**, bit de prise de contrôle ; **parity bit**, binaire de parité ; **redundancy check bit**, binaire de parité ; **right-end bit**, binaire de poids faible ; **serial by bit**, séquentiel bit par bit ; **service bit**, bit de service ; **seven-bit byte**, septet, multiplet de sept bits ; **shift bit**, binaire de décalage ; **sign bit**, binaire de signe ; **six-bit byte**, sextet, multiplet de six bits ; **spacing bit**, bit d'espacement ; **sprocket bit**, impulsion de rythme ; **start bit**, binaire d'amorçage ; **status bit**, binaire d'état ; **stop bit**, binaire d'arrêt ; **three-bit byte**, triplet, multiplet de trois bits ; **three-bit plane**, plan triade ; **transmitter bit timing**, rythme d'émission ; **two-bit byte**, duet, multiplet de deux bits, doublet ; **upper bit**, binaire de rang supérieur ; **usage bit**, bit d'accès ; **use bit**, drapeau, fanion, sentinelle, jalon ; **verify bit**, bit de vérification ; **zero bit**, binaire de zéro ; **zone bit**, binaire complémentaire.

BITERNARY : biternary modulation, modulation biternaire.

BLACK : black box, boîte noire ; **black noise**, bruit d'impulsions.

BLANK * : blank, blanc ; **blank after**, effacement après sortie ; **blank character**, caractère espace ; **blank coil**, rouleau vierge ; **blank column**, colonne vierge ; **blank deleter**, suppresseur d'espace ; **blank instruction**, instruction factice ; **blank line**, ligne inutilisée ; **blank medium**, support vierge, support vide ; **blank tape**, bande vierge, bande vide ; **embedded blank**, espace intercalaire, blanc intercalé ; **fill in blank data entry**, entrée par remplissage de blancs ; **leave blank (to)**, laisser en blanc ; **trailing blanks**, blancs de fin de mot.

BLANKING : blanking, extinction ; blanking pulse, impulsion de suppression ; **blanking signal**, signal de suppression de spot ; **blanking zone**, zone de blocage ; **horizontal blanking**, effacement ligne ; **line blanking period**, durée de la suppression ligne ; **line blanking time**, durée de la suppression ligne ; **vertical blanking**, effacement trame ; **zero blanking**, suppression des zéros.

BLAST : blast, désaffectation.

BLASTER : blaster, programmateur ; **prom blaster**, programmateur de mémoire morte.

BLIND : blind (to), inhiber ; blind test, test aveugle, test à l'insu ; blind transfer, transfert immédiat.

BLINK : blink (to), clignoter.

BLINKING : blinking, clignotement.

BLIP * : blip, signal erratique.

BLM : basic language machine (BLM), machine à langage de base.

BLOCK * : block, bloc ; address block format, format de bloc d'adresses ; backup block, bloc de réserve ; block address, adresse de bloc ; block cancel character, caractère d'annulation de bloc ; block capital, capitale d'imprimerie ; block character, caractère de bloc ; block check, contrôle par bloc ; block compaction, compactage mémoire ; block copy, copie de bloc ; block counter, compteur de blocs ; block diagram, schéma fonctionnel ; block error rate, taux d'erreurs sur les blocs ; block factor, facteur de blocage ; block format, format de bloc ; block gap, espace entre blocs, espace interbloc ; block gate circuit, circuit bloqueur ; block header, en-tête de bloc ; block ignore character, caractère d'annulation de bloc ; block indent, indentation de bloc ; block length, longueur de bloc ; block list, listage de bloc ; block loading, chargement de bloc ; block manipulation, manipulation de bloc ; block mark, marque de bloc ; block marker track, piste de marquage de bloc ; block message, message conférence ; block mode, mode page ; block move, mouvement de bloc ; block multiplex mode, mode bloc multiplex ; block multiplexer channel, canal multiple par blocs ; block record, enregistrement de blocs ; block sequencing, séquencement de blocs ; block size, longueur de bloc ; block skip, fonction de saut de bloc ; block sort, tri par bloc ; block structure, structure de bloc ; block-structured language, langage à structure de bloc ; block transfer, transfert de bloc ; block transmission, transmission par blocs ; building block, bloc fonctionnel ; control block, bloc de contrôle ; core matrix block, banc de matrices de tores ; data control block, bloc de contrôle de données ; detailed block diagram, schéma synoptique détaillé ; end-of-block character (EOB), (caractère de) fin de bloc ; end-of-transmission block (ETB), fin de bloc de transmission ; entry block, entrée de programme ; erroneous block, bloc erroné ; fixed-block file, fichier à blocs fixes ; fixed-block format, format à blocs fixes ; fixed-block length, longueur de bloc fixe ; flowchart block, bloc d'organigramme ; gate block, entretoise ; hammer block, bloc de frappe ; high-speed memory block, bloc de mémoire rapide ; identification block, bloc d'identification ; incomplete block, bloc tronqué ; index block, bloc d'index ; information block, bloc de données ; initial dummy block, bloc vierge de départ ; input block, bloc d'entrée ; input block length, longueur du bloc d'entrée ; input data block, bloc d'entrée des données ; internal block, bloc interne ; interrupt block, bloc interruptible ; logical block number (LBN), numéro de bloc logique ; message block, bloc de message ; modifier block, bloc de modification ; next output block, prochain bloc à transmettre ; optional block skip, saut de bloc facultatif ; output block, mémoire de sortie ; primary data block, bloc de données primaires ; printing block, bloc d'impression ; process control block, bloc de contrôle de processus ; read block, bloc de lecture ; record block, bloc d'enregistrements ; reference block, bloc de référence ; start-of-block character (SOB), (caractère de) début de bloc ; storage block, zone de mémoire ; table block, subdivision de table ; tabulation block format, format de bloc tabulaire ; title block, cartouche, titre ; transmission block, bloc de transmission ; unlabelled block, bloc sans référence ; variable block format, format de bloc de variables ; variable block length, longueur de bloc variable ; variable length block, bloc de longueur variable.

BLOCKED : blocked job, tâche suspendue ; blocked record, enregistrement bloqué.

BLOCKETTE : blockette, subdivision de bloc.

BLOCKING * : blocking, groupage ; blocking bias, tension de blocage ; blocking efficiency, efficacité du groupage ; blocking factor, facteur de groupage ; record blocking, groupage d'enregistrements en blocs.

BLOWER : blower, ventilateur ; prom blower, programmateur de mémoire morte ; vacuum blower, ventilateur de dépression.

BLUE : blue ribbon programme, programme sans mise au point ; Red Green Blue (RGB), Rouge Vert Bleu (RVB).

BOARD * : board, carte ; above-board, carte mémoire étendue ; board level diagnostic, microdiagnostic ; **board swapping**, remplacement de carte ; **expansion board**, carte d'extension ; **memory board**, carte de mémoire ; **multifunction board**, carte multifonction ; **on-board**, sur carte ; **on-board computer**, ordinateur monocarte ; **plotting board**, table traçante, table à tracer ; **populated board**, carte équipée ; **printed circuit board (PCB)**, carte à circuit imprimé ; **programme board**, tableau de programme câblé ; **single-board computer**, ordinateur monocarte ; **switch board**, standard téléphonique ; **test board**, carte d'essai ; **unpopulated board**, carte démunie de composants ; **wiring board**, tableau de connexions.

BODY : body, corps ; **body line**, ligne imprimée ; **loop body**, corps de boucle.

BOLD : bold faced type, caractère gras ; **bold print**, caractère gras.

BOLDFACING : boldfacing mode, mode caractère gras.

BOO : peek-a-boo check, contrôle visuel ; **peek-a-boo operation**, opération visuelle.

BOOK : data book, recueil de données ; **run book**, dossier d'exploitation.

BOOKING : booking, réservation ; **booking data**, données de réservation ; **booking terminal**, poste de réservation, terminal de réservation.

BOOKKEEPING : bookkeeping machine, machine comptable ; **bookkeeping operation**, opération de service.

BOOKLET : instruction booklet, notice de fonctionnement.

BOOLEAN : Boolean, booléen, logique ; **binary Boolean operation**, opération booléenne binaire ; **Boolean add**, addition booléenne ; **Boolean algebra**, algèbre de Boole, algèbre booléen ; **Boolean calculus**, algèbre de Boole, algèbre booléen ; **Boolean complementation**, négation logique, négation, inversion logique, NON ; **Boolean connective**, connectif booléen ; **Boolean expression**, expression booléenne ; **Boolean function**, fonction booléenne ; **Boolean logic**, logique booléenne ; **Boolean matrix**, matrice booléenne ; **Boolean operation**, opération booléenne ; **Boolean operation table**, table d'opération booléenne ; **Boolean operator**, opérateur booléen ; **Boolean test**, test logique ; **Boolean type**, type booléen, type logique ; **Boolean value**, valeur booléenne ; **Boolean variable**, variable booléenne ; **dyadic Boolean operator**, opérateur

booléen diadique ; **monadic Boolean operator**, opérateur booléen monadique ; **N-ary Boolean operation**, opération booléenne N-adique ; **pseudo-Boolean**, pseudobooléen.

BOOT : boot (to), amorcer ; **boot up**, chargement ; **cold boot**, chargement à froid ; **warm boot**, redémarrage à chaud.

BOOTABLE : bootable, amorçable.

BOOTSTRAP : bootstrap, amorce ; **bootstrap (to)**, amorcer ; **bootstrap circuit**, circuit à rétroaction ; **bootstrap generator**, générateur de programme d'amorçage ; **bootstrap loader**, chargeur-amorce, programme-amorce ; **bootstrap memory**, mémoire de chargement ; **bootstrap programme**, chargeur-amorce, programme-amorce ; **bootstrap tape**, bande-amorce ; **key bootstrap**, sous-programme d'amorçage.

BOOTSTRAPPING : bootstrapping, départ, démarrage, amorçage, lancement.

BORDER : border, frontière.

BORROW : borrow, report négatif ; **borrow digit**, retenue négative ; **end-around borrow**, report négatif circulaire.

BOS : basic operating system (BOS), système d'exploitation de base (IBM).

BOT : beginning-of-tape (BOT), marqueur de début de bande.

BOTTOM : bottom, fond ; **bottom address**, adresse de base ; **bottom margin**, marge de fond de page ; **bottom of screen**, bas d'écran ; **bottom of the stack address**, adresse du bas de la pile ; **bottom plate**, plaque de fond ; **bottom-up approach**, approche ascendante, méthode ascendante ; **bottom-up method**, approche ascendante, méthode ascendante.

BOUNCE : contact bounce, rebondissement de contact.

BOUND : bound, limite ; **bounds checking**, vérification de limites ; **disc-bound**, limité par le disque ; **element-bound**, limité par les éléments ; **I/O bound**, limité par les entrées/sorties ; **lower bound**, borne inférieure ; **peripheral bound**, limité par le périphérique ; **processor bound**, lié au processeur ; **quad-word bound**, format à mot quadruple ; **upper bound**, limite supérieure.

BOUNDARY : boundary, limite ; **character boundary**, limite de lecture de caractère ; **cylinder boundary**, frontière de cylindre ; **data boundary**, limite de données ; **integral bound-**

ary, limite fixe.

PN boundary : , jonction PNsector boundary, limite de secteur ; **word boundary**, frontière de mot.

BOUNDED : bounded acceptor, automate borné ; **bounded pair**, limites ; **linear bounded acceptor**, automate linéaire borné.

BOX : box, cadre, boîte, registre d'index ; **B-box**, registre d'index ; **black box**, boîte noire ; **box-head**, sous-titre en retrait ; **breakout box**, boîte de test ; **cartridge box**, coffret à cartouches ; **decision box**, noeud de décision ; **disc box**, coffret à disquettes ; **filled box**, cadre plein ; **filled rounded box**, cadre plein à coins arrondis ; **hollow box**, cadre vide ; **junction box**, boîte de dérivation ; **manual control box**, commutation manuelle.

RS-232 patch box : configurateur RS-232.

BPI : bits per inch (BPI), bits par pouce.

BPS : bits per second (BPS), bits par seconde (BPS).

BRACE : brace, accolade '{' ou '}' ; **closing brace**, accolade droite '}' ; **left brace**, accolade gauche '{' ; **opening brace**, accolade gauche '{' ; **right brace**, accolade droite '}'.

BRACKET : bracket, parenthèse '(' ou ')' ; **bracket (to)**, délimiter ; **brackets**, parenthèses '()' ; **left square bracket '['**, crochet d'ouverture ; **right square bracket ']'**, crochet de fermeture ; **round brackets**, parenthèses '()'.

BRACKETED : bracketed, entre parenthèses ; **bracketed term**, terme délimité.

BRAIN : electronic brain, cerveau électronique.

BRANCH * : branch, saut, branchement, branche (de circuit) ; **branch (to)**, faire un saut, brancher, aiguiller ; **branch address**, adresse de branchement ; **branch construct**, élément de branchement ; **branch instruction**, instruction de branchement ; **branch on condition**, branchement conditionnel ; **branch on zero**, branchement à zéro ; **branch point**, point de branchement, bifurcation ; **branch unconditional (BRU)**, branchement sans condition ; **conditional branch**, saut conditionnel ; **implied branch**, branchement indirect ; **one-shot branch**, branchement unique ; **unconditional branch**, branchement inconditionnel.

BRANCHING : branching, branchement.

BRANCHPOINT : branchpoint, point de branchement, bifurcation.

BREADBOARD : breadboard, carte expérimentale ; **breadboard circuit**, montage expérimental ; **breadboard model**, maquette.

BREAK : break, interruption ; **break (to)**, interrompre ; **break character**, caractère d'interruption ; **break key**, touche d'interruption ; **break request signal (BRS)**, signal de demande d'interruption ; **break signal**, caractère d'arrêt ; **control break**, rupture ; **data break**, accès mémoire direct ; **page break**, changement de page ; **string break**, fin de chaîne.

BREAKDOWN : breakdown, incident, panne ; **breakdown signal**, signal d'interruption ; **detailed breakdown**, décomposition détaillée ; **hardware breakdown**, incident machine ; **voltage breakdown**, défaillance du réseau, défaillance du secteur.

BREAKOUT : breakout box, boîte de test.

BREAKPOINT : breakpoint, point de rupture ; **breakpoint halt**, arrêt dynamique ; **breakpoint symbol**, symbole d'interruption, symbole de renvoi ; **conditional breakpoint**, arrêt conditionnel.

BREAKTHROUGH : breakthrough, percée ; **breakthrough sweep efficiency**, rendement de balayage.

BREW : home brew, fait maison.

BRIDGE : bridge input circuit, entrée en pont ; **bridge limiter**, limiteur en pont ; **cable bridge**, passerelle de câble.

BRIDGEWARE : bridgeware, logiciel de transition.

BRIGHT : bright-up signal, signal d'allumage écran.

BRIGHTNESS : brightness, luminosité ; **brightness correction**, correction de luminosité ; **brightness ratio**, taux de luminance.

BRITTLE : brittle, programme spécifique.

BROADBAND : broadband, bande large ; **broadband channel**, canal à large bande ; **broadband-coupling filter**, filtre coupleur à bande large ; **broadband noise**, bruit blanc.

BROADCAST : broadcast, diffusion ; **broadcast videography**, vidéographie diffusée.

BROKER : broker, courtier ; **software broker**, courtier en logiciel.

BROWSE : browse (to), parcourir, survoler.

BROWSING : browsing, survol, scanage, analyse par balayage.

BRS : break request signal (BRS), signal de demande d'interruption.

BRU : branch unconditional (BRU), branchement sans condition.

BRUSH : brush, balai ; **brush compare check**, vérification de lecture ; **brush reading**, lecture par brosse ; **brush shape**, forme du trait ; **pick-off brush**, balai de lecture ; **upper brush**, brosse supérieure.

BS : back space (BS), espace arrière.

BSY : busy (BSY), occupé.

BUBBLE : bubble, bulle ; **bubble chip**, puce de mémoire à bulles ; **bubble sort**, tri par permutation ; **bubble storage**, mémoire à bulles ; **magnetic bubble memory**, mémoire à bulles.

BUCKET : bucket, position mémoire ; **bucket number**, numéro de groupe de blocs.

BUFFER * : buffer, tampon ; **buffer (to)**, tamponner ; **address buffer**, tampon d'adresses ; **buffer allocation**, attribution de tampon ; **buffer amplifier**, amplificateur tampon ; **buffer area**, zone de tampon ; **buffer computer**, calculateur tampon ; **buffer gate**, porte tampon ; **buffer mode**, mode de tampon ; **buffer sharing**, tamponnement partagé ; **buffer store**, mémoire tampon ; **buffer swapping**, échange de tampons ; **cache buffer**, antémémoire ; **data buffer**, tampon de données ; **digital frame buffer**, tampon numérique d'image ; **frame buffer**, tampon de trame ; **I/O buffer**, mémoire tampon E/S ; **impedance buffer**, transformateur d'impédance ; **input buffer**, mémoire tampon d'entrée ; **input buffer storage**, mémoire tampon d'entrée ; **input/output buffer**, tampon d'entrée/sortie ; **line buffer**, tampon de ligne ; **line printer buffer**, tampon d'imprimante ; **loader buffer**, tampon chargeur ; **output buffer**, tampon de sortie ; **print buffer**, tampon d'impression ; **tristate buffer**, circuit tampon tristable ; **video buffer**, mémoire vidéo ; **voice output buffer**, tampon de sortie vocale ; **word buffer register**, registre tampon de mot.

BUFFERED : buffered, tamponné ; **buffered computer**, ordinateur à tampon ; **buffered device**, élément à tampon ; **buffered file**, fichier en mémoire tampon ; **buffered input/output**, entrée/sortie tamponnée.

BUFFERING : buffering, tamponnement, rangement en mémoire tampon ; **buffering technique**, technique de tamponnement ; **double buffering**, tamponnement double ; **dynamic buffering**, tamponnement dynamique ; **exchange buffering**, tamponnement par échange ; **simple buffering**, tamponnement simple ; **single buffering**, tamponnement unique ; **static buffering**, tamponnement statique.

BUG * : bug, bogue ; **bug-free**, sans bogue ; **bug-prone**, sujet à bogues ; **bug shooting**, débogage.

BUGGY : buggy, avec bogues.

BUGLESS : bugless, sans bogue.

BUILD : information build-up, structure des informations.

BUILDING : building, construction ; **building block**, bloc fonctionnel.

BUILT : built-in, incorporé, intrinsèque ; **built-in check**, contrôle incorporé ; **built-in function**, fonction intrinsèque ; **built-in modem**, modem incorporé ; **built-in test**, test incorporé.

BULK : bulk, ensemble, jeu ; **bulk core storage**, mémoire de masse ; **bulk data**, masse de données ; **bulk erasing**, effacement global ; **bulk information**, masse de données ; **bulk information processing**, traitement par lots de données ; **bulk processing**, traitement par lots ; **bulk storage**, mémoire de grande capacité, mémoire de masse ; **bulk store**, mémoire de grand capacité, mémoire de masse.

BUMP : bump, mémoire annexe ; **bump memory**, mémoire de vidage.

BUNDLE : bundle, paquet.

BUNDLED : bundled, attaché ; **bundled cable**, câble multiconducteur ; **bundled software**, logiciel livré avec le matériel.

BURN : burn, éprouvé ; **burn-in**, déverminage ; **burn in (to)**, déverminer.

BURNED : burned spot, claquage.

BURNER : burner, programmateur ; **prom burner**, programmateur de mémoire morte.

BURNING : burning, claquage.

BURST * : burst, salve, rafale, groupe (de mots) ; **burst (to)**, éclater ; **burst mode**, mode continu de transfert ; **burst operation**, opération en continu ; **burst printout binder**, reliure pour imprimés détachés ; **burst rate**, taux de rafale ; **burst transmission**, transmission par rafales ; **error burst**, séquence d'erreur ; **identification burst**, giclée de signaux d'identification ; **read burst**, lecture par rafale ; **read/write burst**, lecture/écriture par rafale ; **write burst**, écriture en rafale.

BURSTABLE : burstable, séparable.

BURSTER : burster, séparateur.

BUS * : bus, bus, omnibus ; A-bus, bus interne ; **address bus**, bus d'adresses ; **bidirectional data bus**, bus bidirectionnel ; **bus cycle**, cycle de bus ; **bus driver**, coupleur de bus ; **bus line**, réseau commun, bus ; **bus link**, liaison par bus ; **bus mouse**, souris à connexion de bus ; **bus mouse adapter**, interface souris de bus ; **bus multiplexing**, multiplexage de bus ; **bus network**, réseau en bus ; **bus-organised**, topologie de bus ; **bus system**, réseau commun, bus ; **bus terminator**, charge de bus ; **bus topology**, topologie de bus ; **check bus**, bus de contrôle ; **control bus**, bus de contrôle ; **D-bus**, bus de données ; **data bus**, bus de données ; **digital bus**, bus numérique ; **distributed bus topology**, topologie en bus distribué ; **dynamic bus allocation**, allocation dynamique du bus ; **high-speed bus**, bus rapide ; **latched bus**, bus verrouillé ; **memory bus**, bus de mémoire ; **S-100 bus**, bus S-100 ; **token bus approach**, concept de bus à jeton ; **token-passing bus network**, réseau avec bus à jeton ; **tristate bus**, bus tristable.

BUSBAR : busbar, bus.

BUSINESS : business computer, calculateur de gestion ; **business game**, jeu d'entreprise ; **business language**, langage de gestion ; **business machine**, calculateur de bureau ; **business-oriented computing**, informatique de gestion ; **business-oriented display**, visualisation adaptée à la gestion ; **business package**, progiciel de gestion ; **business programming**, programmation de gestion.

BUSY : busy (BSY), occupé ; **busy bit**, bit d'activité ; **busy indicator**, indication d'occupation ; **busy line**, ligne occupée ; **busy signal**, signal d'occupation ; **busy tone**, tonalité d'occupation.

BUTTON : activate button, bouton de commande ; **interrupt button**, clé d'interruption ; **key button**, touche ; **light button**, élément de menu, touche virtuelle ; **locking type button**, touche autobloquante ; **mouse button**, bouton de souris ; **push-button**, bouton-poussoir ; **reset button**, bouton de remise à zéro ; **resetting button**, touche d'annulation ; **three-button mouse**, souris à trois boutons ; **two-button mouse**, souris à deux boutons ; **virtual push button**, élément de menu, touche virtuelle.

BUZZER : buzzer, vibreur sonore.

BYPASS : bypass, bipasse ; **bypass procedure**, procédure de dérivation.

BYPASSED : bypassed job, travaux annulés.

BYTE * : byte, multiplet, octet (usage courant) ; **byte machine**, machine octale ; **byte mode**, transfert par octet ; **byte multiplexer channel**, canal multiple par octets ; **byte-oriented**, adressable par octet ; **count byte**, octet de comptage ; **eight-bit byte**, octet, multiplet de huit bits ; **five-bit byte**, quintuplet, multiplet de cinq bits ; **four-bit byte**, quartet, multiplet de quatre bits ; **insert byte**, multiplet d'insertion ; **seven-bit byte**, septet, multiplet de sept bits ; **six-bit byte**, sextet, multiplet de six bits ; **slack byte**, multiplet de remplissage ; **three-bit byte**, triplet, multiplet de trois bits ; **two-bit byte**, duet, multiplet de deux bits, doublet

C

C : C-compiler, compilateur C ; C-language, langage C ; C-record, enregistrement complémentaire.

CABLE : cable, câble ; bundled cable, câble multiconducteur ; **cable bridge**, passerelle de câble ; **cable clamp**, crampon ; **cable harness**, faisceau de câbles ; **cable pair**, câble bifilaire ; **cable rung**, plan de trace ; **composite cable**, câble mixte ; **daisy chain cable**, câble de chaînage ; **extension cable**, rallonge de câble ; **fibre optic cable**, câble à fibres optiques ; **flat cable**, câble plat ; **input/output cable**, câble d'entrée/sortie ; **interconnect cable**, câble d'interconnexion ; **ribbon cable**, câble plat ; **twisted-pair cable**, câble bifilaire torsadé.

CACHE : cache, antémémoire ; **cache buffer**, antémémoire ; **cache disc**, disque antémémoire ; **cache memory**, antémémoire.

CACHING : caching, concept d'antémémoire.

CAD * : computer-aided design (CAD), conception assistée par ordinateur (CAO).

CAE * : computer-aided engineering (CAE), ingénierie assistée par ordinateur (IAO).

CAGE : card cage, panier à cartes.

CAI * : computer-aided instruction (CAI), instruction assistée par ordinateur (IAO).

CAL : computer-augmented learning (CAL), enseignement automatisé.

CALCULATE : group calculate, calcul de groupe.

CALCULATING : basic calculating operation, opération de calcul fondamentale ; calculating machine, machine à calculer ; calculating punch, perforatrice calculatrice ; calculating speed, vitesse de calcul ; calculating time, temps de calcul ; calculating unit, unité de calcul.

CALCULATION : calculation, calcul ; analogue calculation, calcul analogique ; fixed-point calculation, calcul en virgule fixe ; floating-point calculation, calcul en virgule flottante ; full precision calculation, calcul en pleine précision.

CALCULATOR * : calculator, calculatrice, calculette ; audible calculator, calculette musicale ; electronic calculator, calculateur électronique ; hand calculator, calculatrice de poche ; pocket calculator, calculatrice de poche.

CALCULUS : Boolean calculus, algèbre de Boole, algèbre booléen ; integral calculus, calcul intégral ; matrix calculus, calcul matriciel.

CALIBRATION : calibration chart, table d'étalonnage ; calibration curve, courbe d'étalonnage ; calibration tape, bande d'étalonnage.

CALL * : call, appel ; automatic call unit, dispositif d'appel automatique ; call-accepted signal, signal d'acceptation d'appel ; call-back, connexion par rappel ; call collision, conflit d'appels ; call control, contrôle d'appel ; call control procedure, procédure de gestion de communication ; call direction code, caractère de sélection ; call forward, transfert de communication ; call forwarding, transfert d'appel ; call hold, maintien en communication ; call instruction, instruction d'appel ; call not accepted, appel refusé ; call-not-accepted signal, signal de refus d'appel ; call number,

numéro d'appel ; call pickup, interception d'un appel ; call set-up, branchement de ligne ; callsign, indicatif d'appel ; data call, communication ; direct call facility, service d'appel direct ; exchange call, appel urbain ; imbedded call, appel intercalé ; incoming call, appel entrant ; job macro call, kilobaud ; library call, appel à la bibliothèque ; load call, appel de chargement ; macro-call, appel macro ; monitor call, appel de moniteur ; name call, appel nom ; programmed call, appel programmé ; roll call, interrogation ; roll-call polling, scrutation par appel ; seek action macro-call, macro-appel de recherche ; service call, appel pour intervention ; subroutine call, appel d'une routine ; supervisor call, appel du superviseur ; telephone call, appel téléphonique ; timed-entry call, appel d'entrée temporisé ; toll call, appel interurbain ; user call, appel de l'utilisateur ; value call syllable, partie d'instruction ; virtual call facility, service de communication virtuelle ; wair call, appel de mise en attente.

CALLBACK : auto-callback, rappel automatique ; automatic callback, rappel automatique.

CALLED : called party, abonné demandé ; called programme, programme appelé ; called routine, routine appelée ; called sequence, routine appelée.

CALLIGRAPHIC : calligraphic display, visu à balayage cavalier.

CALLING : calling, appel ; abbreviated address calling, numérotation abrégée ; automatic calling, appel automatique ; calling instruction, instruction d'appel ; calling party, demandeur ; calling register, registre d'appel ; calling routine, sous-programme d'appel ; calling sequence, séquence d'appel ; manual calling, numérotation manuelle ; selective calling, appel sélectif.

CALLSIGN : callsign, indicatif d'appel.

CAN : cancel (CAN), annulation ; antistatic spray can, aérosol antistatique.

CANCEL : cancel (CAN), annulation ; block cancel character, caractère d'annulation de bloc ; cancel character, caractère d'annulation ; cancel key, touche d'annulation.

CANCELLATION : cancellation, annulation ; skip cancellation, suppression de saut.

CANCELLED : cancelled, annulé.

CANISTER : canister, conteneur.

CANNED : canned cycle, cycle fixé ; canned routine, programme prêt à l'emploi ; canned software, logiciel classique.

CANVAS : drawing canvas, espace dessin.

CAPABILITY : growth capability, capacité d'extension ; stand-alone capability, possibilité d'autonomie ; surge withstand capability, résistance aux surtensions.

CAPACITANCE : voltage variable capacitance, capacitance commandée par tension.

CAPACITOR : capacitor storage, mémoire à condensateur ; capacitor store, mémoire à condensateur.

CAPACITY : capacity, capacité de mémoire, capacité ; capacity storage, mémoire capacitive ; capacity store, mémoire capacitive ; channel capacity, capacité d'une voie ; computer capacity, capacité de calcul ; excess capacity, surcapacité ; idle capacity, capacité inoccupée ; internal memory capacity, capacité de la mémoire interne ; memory capacity, capacité de mémoire, capacité ; programme capacity, capacité programme ; storage capacity, capacité de mémoire, capacité ; system capacity, possibilités du système ; word capacity, capacité exprimée en mots.

CAPITAL : block capital, capitale d'imprimerie.

CAPTURE : capture, saisie ; capture (to), saisir ; capture area, zone de saisie ; capture grid, grille de saisie ; capture grid making, constitution du masque de saisie ; capture mode, masque de saisie ; capture request, demande de saisie ; capture variable, variable de saisie ; data capture, saisie de données ; industrial data capture, saisie des informations industrielles ; multikeyboard data capture, saisie multiclavier ; on-line data capture, saisie en ligne ; one-keyboard data capture, saisie monoclavier.

CARBON : carbon copy, papier carbone ; carbon paper, papier carboné ; carbon ribbon cartridge, cartouche à ruban de carbone.

CARD * : card, carte ; account card, carte-compte ; aperture card, carte à fenêtre ; automatic card reading, lecture automatique de cartes ; binary card, carte binaire ; card back, dos de carte ; card-based, à base de cartes ; card bed, chemin de cartes ; card

cage, panier à cartes ; card channel, chemin de cartes ; card code, code de carte ; card column, colonne de carte, colonne ; card compartment, bac à cartes ; card computer, ordinateur à cartes ; card controlled computer, ordinateur commandé par cartes ; card copier, reproducteur de carte ; card count, comptage de cartes ; card counter, compteur de cartes ; card deck, paquet de cartes, jeu de cartes ; card drive, entraînement de cartes ; card edge, bord de carte ; card ejection, éjection de carte ; card extender, prolongateur de carte ; card face, recto de carte ; card feed, mécanisme d'alimentation en cartes ; card feed device, guide-carte ; card field, zone de perforation ; card file, fichier en cartes ; card format, format de carte ; card frame, bâti à cartes ; card hopper, présentateur de cartes, magasin d'alimentation ; card image, image de carte ; card image format, format image de carte ; card index system, fichier répertoire ; card interpreter, traductrice ; card jam, bourrage de cartes ; card jam detector, détecteur de bourrage de cartes ; card leading edge, bord avant de carte ; card loader, chargeur de cartes ; card magazine, magasin de cartes, magasin d'alimentation ; card pack, paquet de cartes, jeu de cartes ; card path, chemin de cartes ; card-programmed, programmé par cartes ; card punch, poinçonneuse ; card punch unit, unité de perforation ; card punching, perforation de carte ; card punching rate, vitesse de perforation ; card rack, panier à cartes ; card reader, lecteur de carte ; card registration, alignement de cartes ; card reproducing punch, reproductrice de cartes ; card reversing device, retourneuse de cartes ; card row, ligne de carte, ligne ; card sorter, classeur, trieuse ; card sorting, tri de cartes ; card stacker, récepteur de cartes, magasin de réception ; card stuffing, bourrage de cartes ; card system, système à carte ; card-to-card, carte-à-carte ; card-to-disc converter, convertisseur cartes-disques ; card-to-tape, carte-à-bande ; card-to-tape converter, convertisseur cartes-bandes ; card track, piste de carte ; card trailing edge, bord arrière de carte ; card transceiver, émetteur-récepteur à cartes ; card verifier, vérificatrice ; card verifying, vérification de carte ; card weight, presse-cartes ; card wreck, bourrage de cartes ; chip card, carte à puce ; **composite card**, carte polyvalente ; **continuation card**, carte complémentaire ; **control card**, carte de contrôle, fiche de vérification ; **control card format**, format des cartes-paramètres ; **corner cut card**, carte à coin coupé ; **data card**, carte de données ; **early card read**, lecture anticipée de carte ; **edge card**, carte à contacts imprimés ; **edge-notched card**, carte à encoches, à perforations marginales ; **edge-punched card**, carte à encoches, à perforations marginales ; **eighty-column card**, carte à 80 colonnes ; **film card**, microfiche ; **guide card**, carte guide ; **heading card**, carte de tête ; **high-speed card reader**, lecteur de cartes rapide ; **Hollerith card**, carte Hollerith, carte perforée ; **Hollerith-coded card**, carte à code Hollerith.

ID card reader : lecteur de cartes d'identification ; **identification card**, carte d'identification ; **individual job card**, carte individuelle ; **initial card**, carte d'en-tête ; **input card**, carte entrée ; **inspection detail card**, carte de contrôle, fiche de vérification ; **instruction card**, carte d'instructions ; **interface card**, interface ; **issue card**, carte de sortie ; **item card**, carte article ; **job card**, carte-paramètre ; **job control card**, carte de pilotage des travaux ; **load card**, carte de charge ; **loader card**, carte de chargement ; **logic card**, carte logique ; **machine card**, carte objet ; **mag card**, carte magnétique ; **magnetic card**, carte magnétique ; **magnetic card code (MCC)**, code de carte magnétique ; **magnetic card storage**, mémoire à cartes magnétiques ; **magnetic card system**, système à feuillets magnétiques ; **magnetic card unit (MCU)**, unité de cartes magnétiques ; **master card**, carte maîtresse ; **memory card**, carte de mémoire ; **microprocessor card**, carte microprocesseur ; **network interface card**, carte d'interface réseau ; **ninety column card**, carte à 90 colonnes ; **parameter card**, carte-paramètre ; **pilot card**, carte pilote ; **posting card**, carte des mouvements ; **preface card**, carte maîtresse ; **primary card**, carte primaire ; **programme card**, carte-programme ; **programme card control**, commande à cartes-programme ; **programme header card**, carte en-tête de programme ; **punch card**, carte perforée, carte ; **punched card**, carte perforée, carte ; **quick reference card**, carte aide-mémoire ; **record card**, fiche signalétique ; **search card**, carte de recherche ; **smart card**, carte à

mémoire ; **speed card**, carte d'accélération ; **stock card**, fiche d'inventaire de stock ; **summary card**, carte récapitulatrice ; **text card**, carte texte ; **transfer card**, carte de transfert ; **unilateral tape card**, carte à bande perforée unilatérale ; **update card**, carte de mise à jour ; **volume displacement card**, carte de décalage de volume ; **volume parameter card**, carte de commande de support informatique.

CARDBACK : cardback, dos de carte.

CARET : caret, caret.

CARRIAGE : carriage, chariot ; **automatic carriage return**, retour automatique de chariot ; **carriage control character**, caractère de commande chariot ; **carriage control tape**, bande pilote ; **carriage return (CR)**, retour de chariot ; **carriage wave**, onde porteuse ; **dual carriage**, interligne double ; **dual feed carriage**, interligne double ; **sliding carriage**, chariot glissant ; **tape-controlled carriage**, chariot à bande pilote.

CARRIER * : analogue carrier system, système à porteuse analogique ; **carrier frequency**, fréquence de l'onde porteuse ; **carrier noise level**, niveau de bruit de porteuse ; **carrier sense**, détection de porteuse, écoute de porteuse ; **carrier signal**, signal porteur ; **carrier system**, système à onde porteuse ; **carrier to noise ratio**, rapport porteuse à bruit ; **carrier wave**, onde porteuse ; **data carrier**, support de données, support d'informations ; **digital carrier system**, système à porteuse numérique ; **information carrier**, support de données ; **majority carrier**, porteur majoritaire ; **minority carrier**, porteur minoritaire ; **suppressed carrier**, onde porteuse supprimée.

CARRY * : carry, report (d'une retenue) ; **carry (to)**, retenir ; **addition without carry**, addition sans report ; **artificial carry**, report artificiel ; **carry bit**, retenue ; **carry complete signal**, signal de report complet ; **carry digit**, retenue ; **carry flag**, indicateur de report ; **carry lookahead**, report parallèle ; **carry register**, registre de report ; **carry time**, temps de report ; **cascaded carry**, report en cascade ; **complete carry**, report complet ; **end-around carry**, report circulaire ; **high-speed carry**, report accéléré, report simultané ; **partial carry**, report partiel ; **propagated carry**, report propagé ; **ripple-carry adder**, additionneur avec report ; **simultaneous carry**, report accéléré, report simultané ; **standing-on-nines carry**, report bloqué à neuf.

CARTRIDGE : cartridge (tape), cartouche ; **carbon ribbon cartridge**, cartouche à ruban de carbone ; **cartridge box**, coffret à cartouches ; **cartridge drive**, unité à cartouche ; **cartridge loading**, chargement par cartouche ; **data cartridge**, cartouche magnétique ; **disc cartridge**, cartouche disque ; **loading cartridge**, chargement de la cartouche ; **magnetic tape cartridge**, cartouche de bande magnétique ; **removable cartridge**, cassette amovible ; **solid state cartridge**, cartouche programme ; **tape cartridge**, cartouche à bande ; **tape cartridge drive**, unité d'entraînement de cartouche.

CASCADABLE : cascadable counter, compteur en cascade.

CASCADE : cascade connection, liaison en cascade ; **cascade control**, commande en cascade ; **cascade sort**, tri en cascade.

CASCADED : cascaded carry, report en cascade ; **cascaded circuit**, circuit en cascade.

CASCADING : cascading, cascade ; **expansion cascading**, méthode d'analyse ascendante.

CASE : case shift key, touche d'inversion majuscules-minuscules ; **lower case (LC)**, lettres minuscules ; **lower case letter**, lettre minuscule ; **upper and lower case**, majuscules et minuscules ; **upper case (UC)**, lettres majuscules ; **upper case character**, lettre majuscule, majuscule ; **upper case letter**, lettre majuscule ; **upper case lock**, blocage corbeille basse ; **upper case print**, impression avec lettres majuscules.

CASSETTE : cassette, cassette de bande magnétique, cassette ; **cassette drive**, unité de cassette ; **digital cassette**, cassette numérique ; **magnetic tape cassette**, cassette de bande magnétique, cassette ; **tape cassette drive system**, système à cassette.

CAST : cast (to), transtyper.

CASTING : casting, conversion ; casting out nines, preuve par neuf.

CATALOG, CATALOGUE * : catalogue (US: catalog), catalogue, répertoire ; **catalogue (to)**, cataloguer ; **catalogue file**, fichier de catalogue ; **catalogue management**, gestion sur catalogue ; **catalogue node**, noeud de catalogue ; **data catalogue**, catalogue des

données ; **master catalogue**, catalogue principal ; **volume catalogue**, catalogue de volumes.

CATALOGUED : catalogued procedure, procédure cataloguée.

CATASTROPHIC : catastrophic error, erreur catastrophique.

CATCHER : catcher, piège.

CATCHING : hook catching, mesurage à l'instant du saut.

CATEGORY : category, catégorie.

CATENA : catena, éléments chaînés.

CATENARY : catenary, chaînette.

CATENATE : catenate (to), enchaîner, chaîner.

CATENATION : catenation, chaînage.

CATHODE : cathode ray storage, mémoire cathodique ; **cathode ray tube (CRT)**, tube cathodique ; **cathode screen**, écran cathodique.

CAW : channel address word (CAW), mot d'adresse de canal.

CBL : computer-based learning (CBL), éducation informatisée.

CD-ROM : disque optique numérique (DON).

CELL : active cell, cellule active ; **binary cell**, cellule binaire de mémoire, cellule binaire ; **character cell**, matrice du caractère ; **data cell**, élément de données ; **light cell**, point lumineux ; **magnetic cell**, cellule magnétique ; **memory cell**, cellule de mémoire ; **storage cell**, cellule de mémoire ; **ultrasonic cell**, cellule ultrasonore.

CELLAR : cellar, pile.

CENTRAL : central data processor, unité centrale de traitement ; **central information file**, fichier principal de données ; **central processing unit (CPU)**, unité centrale (UC) ; **central processor**, processeur central ; **central scanning loop**, boucle centrale de lecture directe ; **central station**, poste central ; **central terminal**, centre terminal.

CENTRALISED, CENTRALIZED : centralised (US: centralized), centralisé ; **centralised data processing**, traitement d'informations centralisé ; **centralised routing protocol**, protocole de routage centralisé ; **non-centralised (US: non-centralized)**, décentralisé ; **non-centralised operation**, opération décentralisée.

CENTRE, CENTER : centre (US: center), centre ; **automatic switching centre,** centre de commutation automatique ; **centre-feed tape,** bande papier ; **centre line,** ligne médiane ; **computation centre,** centre de calcul ; **computer centre,** centre informatique ; **computing centre,** centre de calcul, centre ordinatique ; **data switching centre,** centre de commutation de données ; **image centre,** centre image ; **information processing centre,** centre informatique ; **operation centre,** centre de traitement ; **tandem switching centre,** centre de transit.

CENTRED, CENTERED : centred (US: centered), centré ; **hard-centred disc,** disque à renforcement central.

CENTRING, CENTERING : centring (US: centering), centrage ; **image centring,** centrage de caractère ; **off-centring,** décadrage.

CENTRONICS * : Centronics interface, interface Centronics ; **Centronics-type parallel port,** sortie parallèle de type Centronics.

CERTIFIED : certified tape, bande certifiée.

CHAD : chad, confetti.

CHADDED : chadded tape, bande perforée.

CHADLESS : chadless tape, bande perforée sans détachement de confettis.

CHAIN : chain, chaîne ; **binary chain,** chaîne binaire ; **chain code,** code chaîné ; **chain order,** instruction d'enchaînement ; **chain printer,** imprimante à chaîne ; **closed counting chain,** chaîne de comptage fermée ; **counting chain,** chaîne de comptage ; **daisy chain,** chaîne bouclée ; **daisy chain cable,** câble de chaînage ; **data chain,** chaîne de données ; **data element chain,** chaîne d'éléments de données ; **insertion chain sequence,** séquence d'insertion enchaînée ; **instruction chain,** chaîne d'instructions ; **pointer chain,** chaîne de pointeurs.

CHAINED : chained, chaîné ; **chained file,** fichier en chaîne ; **chained list,** liste chaînée ; **chained printing,** impression en chaîne ; **chained record,** enregistrement chaîné ; **command-chained memory,** mémoire de commandes chaînées ; **daisy-chained,** en chaîne bouclée.

CHAINING * : chaining, chaînage ; chaining search, recherche en chaîne ; **chaining slip,** glissement d'enchaînage ; **command chaining,** chaînage de commandes ; **data chaining,** chaînage de données ; **procedure chaining,** enchaînement de procédures ; **programme chaining,** enchaînement de programme.

CHAMBER : vacuum chamber, chambre à dépression.

CHANCE : chance, probabilité.

CHANGE : change, modification, changement ; **change dump,** vidage après changement ; **change file,** fichier des mouvements ; **change record,** enregistrement mouvement ; **change service,** service des modifications ; **change tape,** bande des mouvements ; **code change,** changement de code ; **control change,** rupture ; **face change,** changement de jeu de caractères ; **fount change,** changement de jeu de caractères ; **fount change character,** caractère de changement de fonte ; **frequency change signalling,** modulation de fréquence spectral ; **load change,** variation de charge ; **mode change,** changement de mode ; **programme change,** changement de programme ; **step change,** variation discrète ; **voltage change,** variation de tension.

CHANGER : changer, modificateur.

RS-232 gender changer : changeur de genre RS-232 ; **sign changer,** inverseur de signe.

CHANGING : frequency changing, changement de fréquence.

CHANNEL * : channel, voie de transmission, canal (de données) ; **alternate channel,** canal alternatif ; **analogue channel,** voie analogique ; **asynchronous channel adapter,** adaptateur de canal asynchrone ; **backward channel,** voie de retour ; **band-limited channel,** canal à bande limitée ; **block multiplexer channel,** canal multiple par blocs ; **broadband channel,** canal à large bande ; **byte multiplexer channel,** canal multiple par octets ; **card channel,** chemin de cartes ; **channel address word (CAW),** mot d'adresse de canal ; **channel bit,** bit canal ; **channel capacity,** capacité d'une voie ; **channel command word,** mot de commande canal ; **channel design,** conception des canaux ; **channel number,** numéro de poste ; **channel sensor,** poste de lecture ; **channel spacing,** écart intervoie, distance intercanal ; **channel status table,** table d'états des ca-

naux ; **channel status word**, mot d'état de canal ; **channel switch**, sélecteur de canal ; **channel-to-channel**, de canal à canal ; **channel trap**, voie de déroutement ; **channel width**, largeur de canal ; **communication channel**, voie de communication ; **crosstell channel**, canal de connexion ; **data channel**, voie de données ; **data channel multiplexor**, multiplexeur de données ; **data transmission channel**, voie de transmission (de données) ; **down channel**, canal direct ; **duplex channel**, voie bidirectionnelle ; **engaged channel**, voie occupée ; **forward channel**, voie d'aller ; **four-wire channel**, voie trétrafilaire ; **frequency-derived channel**, voie dérivée en fréquence ; **half-duplex channel**, voie semi-duplex ; **high-speed channel**, canal rapide ; **high-speed data channel**, canal rapide ; **home data channel**, canal de données local ; **information channel**, voie de données ; **input channel**, canal d'introduction ; **input/output channel**, voie d'entrée/sortie ; **mark channel**, piste de marquage ; **multiplexer channel**, canal multiple ; **multiplexor channel**, voie multiplex ; **N-channel**, canal N ; **network control channel**, voie de contrôle du réseau ; **operand channel**, canal opérateur ; **output channel**, voie de sortie ; **P-channel**, canal P ; **peripheral interface channel**, canal d'interface périphérique ; **processor channel**, canal processeur ; **read/write channel**, canal lecture-écriture ; **return channel**, voie de retour ; **reverse channel**, canal retour ; **routing channel**, voie d'acheminement ; **scanner channel**, scrutateur de voies ; **single channel**, simple canal ; **single-channel access**, accès monovoie ; **single-channel protocol**, protocole univoie ; **speech channel**, canal vocal ; **supervisory channel**, canal de surveillance ; **symmetric binary channel**, voie binaire symétrique ; **synchronous idle channel**, voie de synchronisation ; **time-derived channel**, voie dérivée en temps ; **transfer channel**, canal de transfert ; **twelve-channel group**, groupe primaire ; **two-wire channel**, voie bifilaire ; **up channel**, canal retour ; **verification channel**, voie d'acquittement ; **voice channel**, voie téléphonique ; **voice grade channel**, ligne téléphonique ; **wideband channel**, canal à large bande ; **wire channel**, passage de fils.
CHANNELISING, CHANNELIZING : channelising (US: channelizing), découpage en canaux.

CHAPTER : chapter, chapitre.
CHARACTER * : character, caractère ; **accented character**, caractère à accent ; **accuracy control character**, caractère de contrôle d'exactitude ; **acknowledge character**, caractère accusé de réception positif ; **additional character**, caractère additionnel ; **address character**, caractère d'adressage ; **alphameric characters**, caractères alphanumériques ; **alphanumeric character**, signe alphanumérique ; **alphanumeric character set**, jeu de caractères alphanumériques ; **alphanumeric-coded character**, caractère codé en alphanumérique ; **alternate character set**, jeu de caractères secondaires ; **automatic character generation**, génération de caractères automatique ; **average information per character**, contenu moyen d'informations par caractère ; **backspace character**, caractère espace arrière ; **bell character**, caractère de sonnerie ; **binary character**, élément binaire ; **binary-coded character**, caractère codé binaire ; **blank character**, caractère espace ; **block cancel character**, caractère d'annulation de bloc ; **block character**, caractère de bloc ; **block ignore character**, caractère d'annulation de bloc ; **break character**, caractère d'interruption ; **cancel character**, caractère d'annulation ; **carriage control character**, caractère de commande chariot ; **character assignment table**, table d'allocation de caractères ; **character-at-a-time check**, contrôle caractère par caractère ; **character-at-a-time printer**, imprimante caractère par caractère ; **character binary code**, code binaire de caractère ; **character boundary**, limite de lecture de caractère ; **character ceil**, matrice du caractère ; **character checking**, contrôle des caractères ; **character code**, code de caractères ; **character coding**, codage de caractère ; **character density**, densité de caractères ; **character descriptor**, cellule caractère ; **character display**, affichage caractères, visuel à caractères ; **character editing key**, touche d'édition ; **character error rate**, taux d'erreurs sur les caractères ; **character fill**, insertion de caractère ; **character format**, format de caractère ; **character fount**, police de caractères ; **character generator**, générateur de caractères ; **character handling**, traitement des caractères ; **character instruction**, commande alphanumérique ; **character interval**, nombre d'unités de caractère ; char-

acter mode, mode caractère ; **character modifier**, modificateur d'adresse de caractère ; **character-oriented**, organisé par caractère ; **character outline**, contour de caractère ; **character parity check**, vérification de parité par caractère ; **character pitch**, jeu de caractères ; **character printer**, imprimante caractère par caractère ; **character rate**, débit (en caractères) ; **character reader**, lecteur de caractère ; **character recognition**, reconnaissance de caractères ; **character repertoire**, jeu de caractères ; **character request**, demande de caractères ; **character set**, police de caractères ; **character size**, taille de caractère ; **character spacing**, espacement entre caractères ; **character string**, chaîne de caractères ; **character string type**, type chaîne de caractères ; **character stroke**, jambage de caractère ; **character subcell**, sous-matrice du caractère ; **character subset**, sous-ensemble de caractères ; **character variable**, variable caractère ; **character wheel**, roue à caractères ; **characters per inch (CPI)**, caractères par pouce ; **check character**, caractère de contrôle ; **clearing character**, caractère d'effacement ; **code directing character**, caractère d'acheminement ; **code extension character**, caractère de changement de code ; **code-indicating character**, caractère de routage ; **coded character**, caractère codé ; **coded character set**, jeu de caractères codés ; **communication control character**, (caractère de) commande de transmission ; **connecting character**, caractère de continuation ; **continuation character**, caractère de poursuite ; **control character**, caractère de contrôle ; **control character code**, code de caractères de contrôle ; **default code character**, caractère de code par défaut ; **delete character**, caractère de suppression ; **delimiting character**, caractère de séparation ; **demarcation character**, caractère de délimitation ; **direct character reading**, lecture séquentielle de caractères ; **edit control character**, caractère de commande d'édition ; **embedded character**, caractère imbriqué ; **enclosed character**, caractère délimité ; **end-of-block character (EOB)**, (caractère de) fin de bloc ; **end-of-document character (EOD)**, (caractère de) fin de document ; **end-of-file character (EOF)**, (caractère de) fin de fichier ; **end-of-job character (EOJ)**, (caractère de) fin de travail ; **end-of-line character (EOL)**, (caractère de) fin de ligne ; **end-of-medium character**

(EM), (caractère de) fin de médium ; **end-of-message character (EOM)**, (caractère de) fin de message ; **end-of-run character (EOR)**, (caractère de) fin d'exécution ; **end-of-tape character**, caractère de fin de bande ; **end-of-text character (ETX)**, (caractère de) fin de texte ; **end-of-transmission character (EOT)**, (caractère de) fin de transmission ; **erase character**, caractère d'effacement ; **error character**, caractère d'annulation ; **escape character (ESC)**, caractère d'échappement ; **file separator character**, caractère séparateur de fichier ; **filling character**, caractère de remplissage ; **floating character**, caractère flottant ; **forbidden character**, caractère interdit ; **form feed character (FF)**, (caractère de) présentation de feuille ; **fount change character**, caractère de changement de fonte ; **function character**, caractère de contrôle ; **functional character**, caractère de commande ; **gap character**, caractère de garnissage ; **ghosting character**, caractère fantôme ; **graphic character**, caractère graphique ; **high-order character**, caractère cadre à gauche ; **homogeneous characters**, caractères homogènes ; **horizontal skip character**, caractère d'espacement horizontal ; **horizontal tabulate character**, caratère de tabulation horizontale ; **identification character (ID)**, caractère d'identification ; **idle character**, caractère d'attente ; **ignore character**, caractère d'effacement ; **illegal character**, caractère invalide ; **improper character**, caractère interdit ; **improper routing character**, caractère d'acheminement erroné ; **information character**, caractère d'information ; **inquiry character (ENQ)**, caractère d'interrogation ; **insertion character**, caractère de mise en forme ; **instruction character**, caractère de contrôle ; **invalid character**, caractère invalide ; **invalid character check**, contrôle de validation.

ISO character : caractère ISO ; **item status character**, caractère d'état d'article ; **junction character**, caractère de dérivation ; **language character set**, jeu de caractères ; **layout character**, caractère de présentation ; **least significant character**, caractère de plus faible poids ; **line control character**, caractère de terminaison ; **line deletion character**, caractère d'effacement de ligne ; **locking shift character**, caractère de maintien de changement ; **magnetic character**, caractère magnétique ; **matrix character**, grille caractère ; **mean en-**

tropy (per character), entropie moyenne (par caractère) ; **most significant character**, caractère le plus significatif ; **newline character**, caractère de saut de ligne ; **non-printable character**, caractère non imprimable ; **null (character) (NUL)**, (caractère) nul ; **numeric character**, chiffre ; **numeric character set**, ensemble des caractères numériques ; **numerical character**, caractère numérique ; **optical character**, caractère optique ; **optical character reader**, lecteur optique de caractères ; **padding character**, caractère de remplissage ; **print control character**, caractère de commande d'impression ; **printable characters**, caractères imprimables ; **redundancy check character**, caractère de parité ; **redundant character**, caractère redondant ; **relation character**, symbole relationnel ; **rub-out character**, caractère d'effacement ; **separating character**, caractère séparateur ; **serial by character**, séquentiel caractère par caractère ; **shift-in character (SI)**, caractère de commande de code normal ; **shift-out character (SO)**, caractère de changement de code spécial ; **sign character**, caractère de signe ; **skew character**, caractère mal interprété ; **slew character**, caractère de saut ; **special character**, caractère spécial ; **star character**, astérisque ; **start-of-block character (SOB)**, (caractère de) début de bloc ; **start-of-heading character (SOH)**, (caractère de) début d'entête ; **start-of-message character (SOM)**, (caractère de) début de message ; **start-of-text character (STX)**, (caractère de) début de texte ; **start/stop character**, caractère d'arrêt/marche ; **status character**, caractère d'état ; **stroke character generator**, générateur vectoriel de caractères ; **stuffing character**, caractère de bourrage ; **substitute character (SUB)**, caractère de substitution ; **switching control character**, caractère de commande de commutation ; **symbol character**, caractère symbole ; **symbol character string**, chaîne de caractères symboles ; **sync character**, caractère de synchronisation ; **tab character**, caractère de tabulation ; **tabulation character**, caractère de tabulation ; **throw-away character**, caractère de garnissage ; **underscore character**, caractère de soulignement ; **universal character set**, ensemble des caractères universels ; **unprintable character**, caractère non imprimable ; **upper case character**, lettre majuscule, majuscule ; **upper shift character**, majuscule ; **variable character pitch**, espacement variable des caractères.

CHARACTERISTIC * : characteristic (of a logarithm), caractéristique (d'un logarithme) ; **characteristic distortion**, distorsion de caractéristique ; **characteristic overflow**, dépassement supérieur de capacité ; **characteristic underflow**, dépassement inférieur de capacité ; **optical fiber characteristics**, caractéristiques des fibres optiques ; **voltage-current characteristic**, caractéristique de la tension.

CHARGE : charge process, processus de charge.

CHART : chart, tableau ; **action chart**, diagramme fonctionnel ; **calibration chart**, table d'étalonnage ; **chart process**, ordinogramme ; **counter chart**, table des opérations compteur ; **flow process chart**, diagramme de circulation ; **logic chart**, logigramme ; **plugboard chart**, schéma de connexions ; **plugging chart**, schéma de connexions ; **process chart**, diagramme des méthodes ; **run chart**, ordinogramme d'exploitation ; **sequence chart**, organigramme séquentiel ; **slide chart**, aide-mémoire ; **sliding chart**, table coulissante ; **stacked bar chart**, histogramme à barres empilées ; **system chart**, organigramme de système ; **timing chart**, chronogramme.

CHATTER : chatter, bruit parasite ; monkey chatter, transmodulation, diaphonie.

CHECK * : check, contrôle, vérification ; **arithmetic check**, contrôle arithmétique ; **automatic check**, vérification automatique ; **automatic check-out system**, système de vérification automatique ; **bank check**, chèque bancaire ; **block check**, contrôle par bloc ; **brush compare check**, vérification de lecture ; **built-in check**, contrôle incorporé ; **completeness check**, contrôle de complétude, contrôle de présence ; **consistency check**, contrôle de cohérence ; **control check**, contrôle de commande ; **copy check**, contrôle par duplication ; **cross-check**, contrôle croisé ; **cyclic redundancy check (CRC)**, contrôle cyclique par redondance ; **desk check**, vérification ; **diagnostic check**, contrôle diagnostic ; **difference check**, contrôle différentiel ; **disc label check code**, code de vérification de label disque ; **dump check**, contrôle de vidage ; **duplication check**, contrôle par répétition ; **echo check**, vérification par retour ; **even parity check**, contrôle de parité ; **hardware check**, vérification de matériel ; **header check**, contrôle du label de bande ; **hole count check**, contrôle du nombre de perforations ; **identification check**, contrôle d'identification ; **information check**, contrôle de message ; **invalid character check**, contrôle de validation ; **limit check**, contrôle de vraisemblance ; **longitudinal redundancy check (LRC)**, contrôle par redondance longitudinale ; **machine check**, programme de contrôle de machine ; **machine check indicator**, indicateur de contrôle automatique ; **marginal check**, test des marges ; **mathematical check**, contrôle arithmétique ; **modulo-N check**, contrôle modulo N ; **odd check**, contrôle de parité impaire ; **odd-even check**, contrôle de parité ; **odd parity check**, contrôle de parité impaire ; **overrun check**, erreur de dépassement ; **parity check**, contrôle de parité ; **peek-a-boo check**, contrôle visuel ; **print check**, contrôle d'impression ; **programme check**, contrôle de programme ; **range check**, contrôle par fourchette ; **read back check**, contrôle par relecture ; **reasonableness check**, contrôle de vraisemblance ; **redundancy check**, contrôle par redondance ; **redundancy check bit**, binaire de parité ; **redundancy check character**, caractère de parité ; **registration check**, contrôle du cadrage des perforations ; **residue check**, contrôle modulo N ; **self-check routine**, programme autotest ; **sequence check**, contrôle de séquence ; **sight check**, vérification visuelle ; **sign check indicator**, drapeau de signe ; **spot check**, contrôle par sondage ; **sum check**, contrôle par sommation ; **system check**, contrôle du système ; **transfer check**, contrôle de transfert ; **transverse check**, contrôle transversal ; **transverse redundancy check (TRC)**, contrôle de parité horizontale ; **twin check**, contrôle par duplication ; **validity check**, test de validité ; **validity check error**, erreur de vraisemblance ; **vertical parity check**, contrôle de parité verticale ; **vertical redundancy check (VCR)**, contrôle de parité verticale ; **visual check**, contrôle visuel ; **volume name check**, contrôle du nom de volume ; **volume sequence check**, contrôle séquentiel de volume ; **wired-in check**, contrôle câblé ; **write disc check**, contrôle à l'écriture.

CHECKING : checking, contrôle, vérification ; **error-checking code**, code de détection-correction des erreurs ; **identification field checking**, contrôle de zone d'identification ; **information feedback checking**, collationnement automatique ; **intermediate checking**, contrôle intermédiaire ; **internal checking**, contrôle interne ; **label checking**, contrôle de désignation ; **loop checking**, contrôle par retour ; **parity checking**, contrôle de parité ; **programme checking**, contrôle de programme ; **programmed checking**, contrôle programmé ; **self-checking code**, code détecteur d'erreurs ; **validity checking**, contrôle de vraisemblance.

CHECKOUT : programme checkout, mise au point du programme.

CHECKPOINT * : checkpoint, point de vérification, point de contrôle.

CHECKSUM * : checksum, somme de contrôle.

CHINESE : Chinese binary, binaire en colonnes.

CHIP : chip, puce ; **bubble chip**, puce de mémoire à bulles ; **chip card**, carte à puce ; **chip enable**, validation de circuit ; **chip level diagnosis**, diagnostic au niveau du circuit ; **chip socket**, support de circuit intégré ; **chip tray**, bac à confettis ; **chip yield**, taux de puces bonnes ; **circuit chip**, circuit de microprocesseur ; **coder/decoder chip**, circuit encodeur-décodeur ; **decoder chip**, puce décodeuse ; **input/output chip**, microplaquette d'entrée/sortie ; **memory chip**, circuit de mémoire ; **microprocessor chip**, puce de microprocesseur ; **on-chip**, sur circuit ; **silicon chip**, pastille de silicium, puce ; **single-chip system**, système à circuit unique ; **speech chip**, puce de reproduction vocale ; **support chip**, circuit annexe ; **video chip**, contrôleur d'écran vidéo.

CHIRP : chirp, signal sonore ; **key chirp**, signal sonore de frappe.

CHOICE : choice, choix ; **choice device**, sélecteur ; **logical choice**, choix logique.

CHOP : chop, recherche dichotomique ; **binary chop**, recherche binaire.

CHOPPER * : chopper, hacheur.

CINCHING : cinching, flottement, pleurage.

CIPHER, CYPHER : cipher or cypher, chiffre ; **cipher key**, clé de chiffre.

CIPHERING, CYPHERING : ciphering or cyphering, chiffrement ; **ciphering equipment**, équipement de chiffrement.

CIRCLE : aiming circle, champ de visée ; **filled circle**, cercle plein ; **hollow circle**, cercle vide.

CIRCUIT : circuit, circuit, élément, porte ; **adapter circuit**, circuit adaptateur ; **adding circuit**, circuit d'addition ; **alarm circuit**, circuit d'alerte ; **analogue circuit**, circuit analogique.

AND circuit : circuit logique ET ; **approved circuit**, circuit approuvé ; **asynchronous circuit**, circuit asynchrone ; **bearer circuit**, circuit multivoie ; **binary adder circuit**, circuit additionneur binaire ; **binary circuit**, circuit binaire ; **bistable circuit**, circuit bistable, bascule bistable ; **block gate circuit**, circuit bloqueur ; **bootstrap circuit**, circuit à rétroaction ; **breadboard circuit**, montage expérimental ; **bridge input circuit**, entrée en pont ; **cascaded circuit**, circuit en cascade ; **checking circuit**, circuit de vérification ; **circuit assurance**, test de continuité ; **circuit chip**, circuit de microprocesseur ; **circuit noise**, bruit de ligne ; **circuit noise level**, niveau de bruit d'un circuit ; **circuit reliability**, fiabilité de circuit ; **circuit switched connection**, liaison commutée ; **circuit switching**, commutation de circuits ; **circuit switching network**, réseau à commutation de circuits ; **circuit transient**, bruit d'impulsions ; **closed loop circuit**, circuit en boucle fermée ; **coincidence circuit**, circuit à coïncidence ; **combinatory circuit**, circuit combinatoire ; **common base circuit**, montage à base commune ; **computer circuit**, circuit d'ordinateur ; **control circuit**, circuit de commande ; **data circuit**, circuit, circuit de transmission de données ; **data circuit transparency**, transparence du circuit de données ; **decoding circuit**, circuit de décodage ; **dedicated circuit**, circuit spécialisé ; **digital circuit**, circuit numérique ; **Eccles-Jordan circuit**, bascule Eccles Jordan ; **etched circuit**, circuit imprimé ; **fault detection circuit**, circuit de détection d'anomalie ; **highway circuit**, circuit principal ; **hold circuit**, circuit de maintien ; **holding circuit**, circuit à maintien ; **hybrid integrated circuit**, circuit semi-intégré ; **in-circuit emulation technique**, technique d'émulation sur circuit ; **in-circuit emulator**, émulateur connecté ; **in-circuit testing**, test intégré ; **incoming circuit**, circuit de réception ; **inhibit circuit**, circuit inhibiteur ; **input circuit**, circuit d'entrée ; **interchange circuit**, circuit de logique interchange ; **interface circuit**, circuit de liaison ; **interlock circuit**, circuit de blocage ; **jam circuit**, circuit d'antibourrage ; **latch circuit**, coupleur ; **latching circuit**, circuit de

verrouillage ; **leased circuit**, ligne louée ; **line terminating circuit**, circuit utilisateur ; **linear circuit network**, cincuit linéaire ; **logic circuit**, circuit logique ; **logical circuit**, circuit logique ; **longitudinal circuit**, circuit longitudinal ; **loop circuit**, circuit bouclé ; **monostable circuit**, bascule monostable, monostable ; **multitone circuit**, circuit multivoix, circuit multison ; **nanosecond circuit**, circuit ultrarapide ; **non-dedicated circuit**, circuit non spécialisé ; **one-circuit**, circuit OU ; **one-shot circuit**, circuit monostable ; **open circuit**, circuit ouvert ; **open circuit resistance**, résistance en circuit ouvert ; **open circuit working**, transmission en circuit ouvert.

OR circuit : circuit OU ; **permanent virtual circuit**, circuit virtuel permanent ; **phantom circuit**, circuit fantôme ; **point-to-point circuit**, circuit point à point ; **prewired circuit**, circuit précâblé ; **printed circuit (PC)**, circuit imprimé ; **printed circuit board (PCB)**, carte à circuit imprimé ; **pulse regenerating circuit**, circuit régénérateur d'impulsions ; **sequencing circuit**, circuit de séquence ; **sequential circuit**, circuit séquentiel ; **short-circuit**, court-circuit ; **simplex circuit**, circuit simplex ; **single-shot circuit**, circuit monostable ; **static circuit**, circuit statique ; **storage circuit**, circuit de mémorisation ; **switched circuit**, circuit commuté ; **switched virtual circuit**, circuit virtuel commuté ; **tandem data circuit**, circuit de données en tandem ; **toll circuit**, réseau interurbain ; **trigger circuit**, dispositif à déclenchement, déclencheur ; **trunk circuit**, tronc de circuit ; **two-wire circuit**, circuit deux fils ; **virtual circuit**, circuit virtuel ; **voice grade circuit**, ligne de haute qualité ; **way circuit**, ligne bus ; **wideband circuit**, circuit à large bande ; **wired circuit**, circuit câblé.

CIRCUITRY : interfacing circuitry, circuit de liaison.

CIRCULAR : circular connector, connecteur circulaire ; **circular memory**, mémoire circulante ; **circular process**, processus récursif ; **circular shift**, décalage circulaire.

CIRCULATE : circulate (to), décaler.

CIRCULATING : circulating memory, mémoire cyclique ; **circulating register**, registre en boucle ; **circulating shift**, décalage circulaire ; **circulating storage**, mémoire cyclique.

CLAMP : cable clamp, crampon ; **clamp (to)**, limiter ; **video clamp**, alignement vidéo.

CLAMPING : clamping, limitation.

CLASS * : class, classe ; **class interval**, classe d'intervalles ; **class test**, test de classe ; **error class**, type d'erreur, catégorie d'erreur ; **record class**, type d'enregistrement ; **resource class**, type de ressources ; **storage class**, catégorie de rangement ; **user class of service**, catégorie d'usagers.

CLASSIFICATION : computer classification, classe de calculateur ; **decimal classification**, classification décimale ; **universal decimal classification**, classification décimale universelle.

CLAUSE : usage clause, indication d'usage ; **value clause**, indication de valeur.

CLEAN : clean room, salle blanche ; **clean up (to)**, nettoyer.

CLEANING : cleaning, nettoyage de fichier ; **cleaning kit**, nécessaire de nettoyage ; **house cleaning**, nettoyage ; **memory cleaning**, effacement mémoire.

CLEANUP : cleanup, nettoyage de fichier ; **volume cleanup**, effacement de volume.

CLEAR * : clear, effacement, remise à zéro ; **clear (to)**, effacer ; **clear band**, zone (de fréquences) vierge ; **clear confirmation**, confirmation de libération ; **clear forward signal**, signal indicatif de prise de ligne ; **clear message**, message de libération de ligne ; **clear request**, demande de libération ; **clear statement**, instruction d'effacement ; **clear to send (CTS)**, prêt à transmettre ; **clear-to-send delay**, temps de retournement ; **clear zone**, zone vide ; **master clear**, effacement global.

CLEARANCE : clearance, habilitation ; **clearance level**, niveau d'habilitation.

CLEARED : cleared condition, état initial.

CLEARING : clearing, suppression ; **clearing character**, caractère d'effacement ; **clearing prefix**, préfixe d'effacement ; **clearing signal**, signal de libération ; **horizontal clearing**, effacement horizontal.

CLERICAL : clerical error, erreur typographique.

CLICK : click (to) (mouse), cliquer (souris).

CLIP : clip, agrafe ; **alligator clip**, pince crocodile ; **hard clip limit**, limite matérielle ; **locking clip**, cosse de blocage ; **soft limit clip**, limite logicielle.

CLIPPING * : clipping, détourage, découpage (de fenêtre) ; **reverse clipping**, masquage ; **window clipping**, détourage hors-fenêtre.

CLOCK * : clock, horloge ; **basic period clock**, rythmeur de base ; **clock cycle**, cycle d'horloge ; **clock error**, erreur de synchronisation ; **clock frequency**, fréquence d'horloge ; **clock generation**, générateur de rythme ; **clock programme**, programme générateur de rythme ; **clock pulse**, signal d'horloge ; **clock rate**, fréquence d'horloge ; **clock register**, registre d'horloge ; **clock signal**, signal d'horloge ; **clock signal generator**, générateur de signal d'horloge ; **clock stability**, stabilité d'horloge ; **clock system**, système d'horloge ; **clock tick**, impulsion d'horloge ; **clock track**, piste de synchronisation ; **digital clock**, horloge numérique ; **disc clock**, horloge de synchronisation ; **free-running clock**, horloge arbitraire ; **high-resolution clock**, compteur horaire de machine ; **internal clock**, synchronisateur, horloge ; **master clock**, horloge principale, horloge mère ; **quantum clock**, temps unitaire ; **real-time clock**, horloge temps réel ; **real-time clock interface**, interface d'horloge temps réel ; **slave clock**, rythmeur asservi ; **synchronous clock**, horloge synchrone ; **transmit clock**, horloge de transmission ; **variable clock**, rythmeur réglable.

CLOCKING : clocking, synchronisation.

CLOCKWISE : clockwise, sens horaire.

CLONE : clone maker, frabricant de clones.

CLOSE : close file, fermeture de fichier ; **close function**, fonction bouclée.

CLOSED : closed array, tableau saturé ; **closed counting chain**, chaîne de comptage fermée ; **closed loop**, boucle fermée ; **closed loop circuit**, circuit en boucle fermée ; **closed shop**, atelier spécialisé ; **closed subroutine**, sous-programme fermé ; **closed system**, système fermé ; **closed user group**, groupe fermé d'usagers.

CLOSEDOWN : closedown, fermeture.

CLOSING : closing brace, accolade droite '}' ; **single-closing quotation mark**, apostrophe de fermeture '''.

CLOSURE : multiple closure, clôture

multiple.

CLOTHING : vector clothing, habillage vectoriel.

CLUSTER * : cluster, groupe ; cluster controller, contrôleur de grappe ; cluster pack, paquet groupé ; primary cluster, groupement primaire.

CLUSTERED : clustered terminal, terminal de grappe.

CLUTCH : clutch point, point d'engagement.

CMI : computer-managed instruction (CMI), enseignement informatique interactif.

CMOS : complementary MOS (CMOS), MOS complémentaire.

COALESCE : coalesce (to), fondre, fusionner.

COATING : oxide coating, couche d'oxyde.

COBOL * : cobol (language), cobol (langage).

CODABLE : codable, programmable.

CODE * : code, code ; absolute code, code machine ; absolute operation code, code d'opération machine ; actual code, code absolu, code machine ; alphabet code, code alphabétique ; alphabetic code, code alphabétique ; alphameric code, code alphanumérique ; alphanumeric code, code alphanumérique ; amount of code, volume de données ; answerback code, indicatif ; area code, code postal. ASCII code : code ASCII ; assembly code, langage assembleur ; augmented operation code, code d'instruction étendu ; automatic code, code automatique, codage automatique ; auxiliary code, code auxiliaire ; bar code, code à barres ; bar code pen, crayon de code à barres ; bar code scanner, scaneur de code à barres ; basic code, code de base ; Baudot code, code Baudot ; binary code, code binaire ; binary-coded decimal code, numération décimale codée en binaire ; binary-to-Gray code conversion, conversion binaire-code Gray ; biquinary code, code biquinaire ; call direction code, caractère de sélection ; card code, code de carte ; chain code, code chaîné ; character binary code, code binaire de caractères ; character code, code de caractères ; code (to), coder, programmer ; code change, changement de code ; code conversion, conversion de code ; code converter, transcodeur, convertisseur de code ; code

cracking, cassage de code ; code directing character, caractère d'acheminement ; code element, moment de code ; code extension character, caractère de changement de code ; code field, zone de codage ; code group, groupe de moments ; code hole, perforation ; code-independent, mode indépendant du code ; code-indicating character, caractère de routage ; code line, ligne de code ; code pattern, figure de code ; code position, position de perforation ; code recognition, reconnaissance de code ; code segment, segment de code ; code set, jeu de représentations ; code sheet, bordereau de programmation ; code translator, transcodeur, convertisseur de code ; code-transparent, mode transparent ; code value, combinaison de code ; code wheel, roue codeuse ; column binary code, code binaire en colonnes ; command code, code de commande ; computer code, code machine ; condition code indicator, indication de l'état de l'exploitation ; constant ratio code, code à rapport constant ; control character code, code de caractères de contrôle ; control code, code de fonction ; correcting code, code de correction ; cyclic code, code cyclique ; data code, code de données ; data code conversion, conversion de code de données ; default code character, caractère de code par défaut ; dense binary code, code binaire saturé ; diphase code, code biphase ; direct code, code machine ; disc label check code, code de vérification de label disque ; display function code, code de fonction d'affichage ; encode (to) (en conversion de code), coder ; equal length code, code à moments ; error-checking code, code de détection-correction des erreurs ; error code, code d'erreur ; error-correcting code (ECC), code correcteur d'erreurs ; error-detecting code, code détecteur d'erreurs ; error detection code (EDC), code détecteur d'erreurs ; excess-three code (XS3), code excédent trois ; feature code, code spécial ; forbidden code, code prohibé ; four-line binary code, code tétradique ; function code, code d'opération ; Gray code, code Gray, code binaire réfléchi ; Gray code-to-binary conversion, conversion code Gray-binaire ; halt code, code d'arrêt ; Hamming code, code de Hamming ; hand code (to), coder à la main ; hexadecimal code, code hexadécimal ; Hollerith code, code Hollerith, encodage alphanumérique ; **Huffman code**, code de Huffman ; **identification code**, code d'identification ; **identifying code**, code indicatif, code d'identification ; **illegal code**, code illégal ; **inhibit code**, code d'inhibition ; **input code**, code d'introduction ; **input code converter**, convertisseur de code d'introduction ; **input instruction code**, code d'instruction mnémonique ; **input/output code converter**, convertisseur des codes d'entrée/sortie ; **instruction code**, code des instructions ; **intermediate code**, code intermédiaire pseudocodé ; **internal code**, code interne ; **international telegraph code**, code international de télégraphie ; **interpreter code**, code interpréteur ; **interpretive code**, code interprétatif ; **invalid code**, code périmé.

ISO-7-bit code : code ISO à 7 moments ; **item code**, code d'article ; **Kat code**, code Katakana ; **linear code**, code linéaire ; **link control code**, code de contrôle de liaison, code de ligne ; **load code**, code de chargement ; **lock code**, mot de passe ; **machine code**, code des instructions ; **machine instruction code**, code d'instructions machine ; **macro-code**, code macro ; **magnetic card code (MCC)**, code de carte magnétique ; **Manchester code**, code biphase ; **minimum latency code**, code à temps d'exécution minimal ; **mnemonic code**, code mnémonique ; **N-level code**, code à N moments ; **number code**, code de numérotation ; **numeric code**, code numérique ; **numerical code**, code numérique ; **object code**, code objet ; **occupation code**, code d'occupation ; **octal code**, code octal ; **one-level code**, code absolu, code machine ; **op-code**, code d'opération ; **operating code field**, zone de code d'opération ; **operation code**, code d'opération ; **optimum code**, code optimal ; **option code**, code optionnel ; **order code**, code d'opérations ; **paper tape code**, code de bande perforée ; **polar NRZ code**, code binaire NRZ ; **polynomial code**, code polynomial ; **print mode code**, code de mode d'impression ; **print restore code**, code de reprise de l'imprimante ; **printer colour code**, code d'impression des couleurs ; **printer control code**, code de contrôle de l'imprimante ; **programme linking code**, code d'enchaînement de programme ; **protect code**, code de protection ; **pseudo-code**, pseudocode ; **pulse code modulation (PCM)**, modulation par impulsions ; **pure binary code**, code binaire pur ; **pure code**, code réentrant ; **quality code**, code d'état ; **quinary code**, code deux parmi cinq, code quinaire ; **redundant code**, code redondant ; **reflected binary code**, code binaire réfléchi ; **retour-code register**, registre à code retour ; **retrieval code**, code de recherche ; **return code**, code retour ; **select code**, code de sélection ; **self-checking code**, code détecteur d'erreurs ; **self-complementing code**, code autocomplémenteur ; **self-correcting code**, code autocorrecteur ; **seven-level code**, code à sept positions ; **single-address code**, code à simple adresse ; **skeletal code**, code paramétré ; **skip code**, code de saut ; **source code**, code source ; **space code generation**, génération des caractères espaces ; **specific code**, code objet ; **status code**, code d'état ; **stop code**, code d'arrêt ; **symbol code**, code symbolique ; **symbolic code**, code symbolique ; **tab control code**, code de contrôle de tabulation ; **telegraph code**, code Morse ; **transaction code**, codification de saisie ; **transmitter start code**, code de lancement de transmission ; **two-out-of-five code**, code deux parmi cinq, code quinaire ; **unipolar code**, code tout ou rien ; **unit distance code**, code signaux à espacement unitaire ; **user code**, code utilisateur ; **visibility code**, code d'appel ; **weighted code**, code pondéré.

CODEC : codec, codeur-décodeur.

CODED : alphanumeric-coded character, caractère codé en alphanumérique ; **barcoded document**, document à code à barres ; **binary-coded**, code en binaire ; **binary-coded character**, caractère codé binaire ; **binary-coded decimal (BCD)**, décimal codé binaire (DCB) ; **binary-coded decimal code**, numération décimale codée en binaire ; **binary-coded decimal number**, nombre décimal codé en binaire ; **binary-coded decimal system**, système décimal codé en binaire ; **binary-coded notation**, notation binaire ; **binary-coded octal**, octal codé en binaire ; **coded address**, adresse codée ; **coded character**, caractère codé ; **coded character set**, jeu de caractères codés ; **coded decimal**, décimal codé ; **coded disc**, disque codé ; **coded halt**, arrêt programmé ; **coded image**, image codée ; **coded image space**, zone d'image ; **coded representation**, représentation codée ; **coded signal**, signal codé ; **coded stop**, arrêt programmé ; **hand-**

coded, programmé manuellement ; **Hollerith-coded card**, carte à code Hollerith ; **pre-coded**, préprogrammé.

CODER : coder, codeur ; **coder-decoder**, codeur-décodeur ; **coder/decoder chip**, circuit encodeur-décodeur.

CODIFICATION : codification, programmation, codage.

CODIFIER : codifier, codificateur.

CODING * : coding, programmation, codage ; **absolute coding**, codage machine ; **actual coding**, codage machine ; **automatic coding**, code automatique, codage automatique ; **basic coding**, codage de base ; **character coding**, codage de caractère ; **coding check**, contrôle programmé ; **coding error**, erreur de programmation ; **coding form**, feuille de programmation ; **coding line**, ligne de codage ; **coding mistake**, erreur de programmation ; **coding scheme**, code ; **coding sequence**, séquence de programmation ; **coding sheet**, feuille de programmation ; **coding system**, syntaxe d'un langage ; **direct coding**, codage absolu ; **hand coding**, codage manuel ; **hash coding**, adressage dispersé ; **in-line coding**, codage simultané ; **insert coding**, codification des insertions ; **instruction coding**, programmation des instructions ; **machine coding**, codage en langage machine ; **numeric coding**, programmation en chiffres ; **object coding**, code objet ; **pre-coding**, préprogrammation ; **relative coding**, code relatif ; **skeletal coding**, programmation paramétrée ; **specific coding**, code absolu, code machine ; **straight-line coding**, programmation linéaire, séquence sans boucle ; **symbolic coding**, codage symbolique.

COEFFICIENT : coefficient, coefficient ; **correlation coefficient**, taux de corrélation ; **minus coefficient**, coefficient négatif ; **undetermined coefficient**, coefficient indéterminé ; **variance coefficient**, variante.

COEXIST : coexist (to), coexister.

COGNITION : cognition, reconnaissance ; **artificial cognition**, reconnaissance artificielle.

COIL : blank coil, rouleau vierge ; **deflection coil**, bobine de déviation ; **hold coil**, enroulement de maintien ; **loading coil**, bobine de Pupin ; **pick coil**, bobine d'excitation ; **voice coil**, positionneur linéaire.

COINCIDENCE : coincidence circuit, circuit à coïncidence ; **coincidence element**, circuit d'équivalence, porte d'équivalence ; **coincidence gate**, circuit d'équivalence, porte d'équivalence.

COLD : cold boot, chargement à froid ; **cold restart**, relance à froid ; **cold start**, lancement à froid ; **cold start programme**, programme d'initialisation de système.

COLLATE : collate (to), interclasser.

COLLATING : collating sequence, ordre d'interclassement ; **collating sort**, tri par interclassement.

COLLATION : collation, fusionnement ; **collation file**, fichier de fusionnement ; **collation sequence**, séquence de fusionnement.

COLLATOR * : collator, fusionneuse, interclasseuse.

COLLECT : collect (to), collecter.

COLLECTION : data collection, acquisition de données ; **data collection station**, poste de saisie ; **garbage collection**, nettoyage de mémoire.

COLLECTOR : collector, collecteur ; **collector journal**, fichier des transactions ; **garbage collector**, programme de nettoyage.

COLLISION : collision, collision ; **call collision**, conflit d'appels.

COLON : colon, caractère ':'.

COLOUR, COLOR : colour (US: color), couleur ; **alternate ribbon colour**, couleur de ruban complémentaire ; **analogue false colour**, fausse couleur analogique ; **colour adapter**, carte couleur ; **colour display**, affichage en couleur, écran couleur ; **colour generation**, génération de couleurs ; **colour graphics**, graphique en couleur ; **colour look-up table**, palette de couleurs ; **colour map**, carte des couleurs ; **colour palette**, palette de couleurs ; **colour plotter**, traceur couleur ; **colour print**, impression couleur ; **composite colour image**, image en couleur composée ; **drawing colour**, couleur de trait ; **false colour**, fausse couleur ; **four-colour print**, impression en quadrichromie ; **printer colour code**, code d'impression des couleurs ; **video colour copier**, copieur vidéo couleur.

COLUMN * : binary column, colonne des binaires ; **blank column**, colonne vierge ; **card column**, colonne de carte, colonne ; **column binary**, binaire en colonnes ; **column binary code**, code binaire en colonnes ; **column heading**, colonne en-tête ; **column spac-**

ing, écart intercolonne ; **column split**, séparateur de colonnes ; **eighty-column card**, carte à 80 colonnes ; **high-order column**, colonne la plus à gauche ; **matrix column**, colonne de matrice ; **ninety column card**, carte à 90 colonnes ; **punch column**, colonne de perforation.

COMAL : comal (language), comal (langage).

COMBINATION : forbidden combination, combinaison interdite.

COMBINATIONAL : combinational, circuit combinatoire ; **combinational logic**, logique combinatoire.

COMBINATORIAL : combinatorial, circuit combinatoire.

COMBINATORY : combinatory circuit, circuit combinatoire.

COMBINED : combined keyboard, clavier combiné ; **combined magnetic head**, tête de lecture-écriture.

COMMA : comma, virgule ',' ; comma delimiter, virgule de séparation ; **demarcation comma**, virgule de délimitation ; **inverted commas**, guillemets ' '' '.

COMMAND : command, commande, instruction, ordre ; **absolute command**, commande absolue ; **channel command word**, mot de commande canal ; **command-chained memory**, mémoire de commandes chaînées ; **command chaining**, chaînage de commandes ; **command code**, code de commande ; **command counter**, compteur de commandes ; **command decoder**, décodeur d'instruction ; **command file**, fichier de commande ; **command key**, touche de contrôle ; **command language**, langage de commande ; **command list**, liste de commandes ; **command mode**, mode de commande ; **command statement**, instruction de commande ; **command syntax**, syntaxe de commande ; **command system**, système de commande ; **copy command**, commande de copie ; **display command**, commande d'affichage ; **ignore command**, commande à ignorer ; **insert command**, commande d'insertion ; **invalid command**, commande erronée ; **iterative command**, instruction itérative ; **operator command**, commande d'exploitation ; **printing command**, commande d'impression ; **programme command**, directive, instruction ; **relative command**, commande relative ; **replacing command**, commande de remplacement ; **search command**, commande

de recherche ; **searching command**, commande de recherche ; **seek command**, commande d'accès ; **single-stroke command**, contrôle monotouche ; **switching command**, information de commutation ; **transfer command**, commande de transfert ; **utility command**, directive utilitaire ; **verify command**, instruction de vérification d'écriture ; **write command**, commande d'écriture.

COMMENT : comment, commentaire.

COMMERCIAL : commercial computer, calculateur de gestion ; **commercial computing**, informatique de gestion ; **commercial data processing**, informatique de gestion ; **commercial language**, langage d'application commerciale.

COMMON : common area, zone commune ; **common base circuit**, montage à base commune ; **common field**, zone commune ; **common fraction**, fraction commune, fraction vulgaire ; **common language**, langage commun ; **common log**, logarithme vulgaire ; **common logic**, logic commune ; **common mode voltage**, tension de mode commun ; **common software**, logiciel classique ; **common storage**, mémoire commune ; **common storage area**, zone de mémoire commune ; **common trunk**, bus commun ; **common user**, usager ordinaire ; **unlabelled common**, partition inconnue.

COMMUNICATE : communicate (to), communiquer.

COMMUNICATION : communication, communication, transmission ; **both-way communication**, mode bidirectionnel simultané ; **communication channel**, voie de communication ; **communication control character**, (caractère de) commande de transmission ; **communication control unit**, contrôleur de communication ; **communication controller**, contrôleur de communication ; **communication device**, organe de dialogue ; **communication link**, ligne de communication ; **communication multiplexor**, multiplexeur ; **communication port**, port de communication ; **communication region**, zone d'échange ; **communication server**, serveur de communication ; **communication software**, logiciel de communications ; **communication system**, système de communications ; **communications area**, zone de communications ; **communications satellite**, satellite de communications ; **communications theory**, théorie de l'information, des communications ; **data communication**, téléécriture, la télématique ; **data communication service**, service de transmission de données ; **data communication system**, système de transmission de données ; **digital communications**, communications numérisées ; **either-way communication**, bidirectionnel à l'alternat ; **man-machine communication**, communication homme-machine ; **one-way communication**, communication unilatérale ; **optical communications**, communications optiques ; **satellite communication**, communication par satellite ; **simplex communications**, communications en simplex ; **special communication**, liaison spécialisée ; **synchronous communication**, transmission synchrone ; **telegraphy communication**, communication télégraphique ; **two-way alternate communication**, communication bilatérale à l'alternat. ; **two-way communication**, communication bilatérale ; **two-way simultaneous communication**, communication bilatérale simultanée ; **virtual communication**, communication virtuelle ; **voice communication**, liaison téléphonique ; **wired communication**, liaison câblée.

COMPACTING : compacting, compactage ; **compacting upward**, tassement.

COMPACTION * : compaction, compactage ; **block compaction**, compactage mémoire ; **data compaction**, compactage de données.

COMPACTNESS : compactness, compacité.

COMPANDING : instantaneous companding, compression instantanée.

COMPANDOR * : compandor, compresseur-expanseur.

COMPANION : logical companion, test d'identité.

COMPARAISON : comparaison operator, opérateur relationnel.

COMPARATIVE : comparative sort, tri par comparaison.

COMPARATOR : comparator, comparateur ; **address comparator**, comparateur d'adresses ; **analogue comparator**, comparateur analogique ; **tape comparator**, comparateur de bande.

COMPARE * : compare (to), comparer ; **brush compare check**, vérification de lecture.

COMPARING : comparing, collationnement ; **comparing system**, système de comparaison ; **comparing unit**, comparateur.

COMPARISON : comparison, comparaison ; **logical comparison**, comparaison logique.

COMPARTMENT : compartment, bac à cartes ; **card compartment**, bac à cartes.

COMPATIBILITY * : compatibility, compatibilité ; **backward compatibility**, compatibilité descendante ; **compatibility mode**, mode compatible ; **compatibility test**, test de compatibilité ; **downward compatibility**, compatibilité vers le bas ; **forward compatibility**, compatibilité ascendante ; **programme compatibility**, portabilité de programme ; **software compatibility**, compatibilité logicielle ; **syntactic compatibility**, compatibilité syntaxique ; **systems compatibility**, compatibilité des systèmes ; **upward compatibility**, compatibilité vers le haut.

COMPATIBLE : compatible, compatible ; **compatible hardware**, compatibilité matérielle ; **compatible software**, compatibilité logicielle ; **downward compatible**, à compatibilité descendante ; **plug-to-plug compatible**, parfaitement compatible.

TTL compatible : compatible TTL ; **upward compatible**, à compatibilité ascendante.

COMPENSATION : compensation, égalisation ; **drop-out compensation**, compensation de perte de niveau.

COMPENSATOR : wear compensator, compensateur d'usure.

COMPILABLE : compilable, compilable.

COMPILATION : compilation, compilation ; **batched compilation**, compilation groupée ; **compilation phase**, phase de compilation ; **compilation run**, passe de compilation ; **compilation stage**, état de compilation ; **compilation time**, temps de compilation ; **compilation unit**, unité de compilation ; **programme compilation**, compilation de programme ; **separate compilation**, compilation séparée.

COMPILE : compile, compilation ; **compile (to)**, compiler ; **compile-and-go**, compilation-exécution ; **compile duration**, durée de compilation ; **compile phase**, phase de compilation.

COMPILED : date compiled, date de compilation.

COMPILER : compiler, compilateur ; C-compiler, compilateur C ; compiler control statement, directive de compilateur ; compiler diagnostic, diagnostic de compilation ; compiler directive, directive de compilateur ; compiler generator, générateur de compilateurs ; conversational compiler, compilateur interactif ; cross-compiler, compilateur croisé ; Fortran compiler, compilateur Fortran ; incremental compiler, compilateur incrémentiel ; interpretive compiler, compilateur interprétatif ; syntax directed compiler, compilateur syntaxique.

COMPILING : compiling computer, calculateur compilateur ; compiling phase, phase de compilation ; compiling programme, compilateur ; compiling routine, programme de compilation ; compiling technique, technique de compilation ; compiling time, durée de compilation ; cross-compiling, compilation croisée.

COMPLEMENT : complement base, base du complément ; complement element, circuit complémentaire, porte complémentaire ; complement form, forme complémentaire ; complement gate, circuit complémentaire, porte complémentaire ; complement on nine, complément à neuf ; complement on one, complément à un ; complement on ten, complément à dix ; complement on two, complément à deux ; complement representation, représentation du complément ; instruction complement, liste des instructions, table des instructions ; nines complement, complément à neuf ; ones complement, complément à un ; radix complement, complément à la base ; radix-minus-one complement, complément restreint, à la base moins un ; tens complement, complément à dix ; true complement, complément à la base ; twos complement, complément à deux ; zero complement, complément à zéro.

COMPLEMENTARY : complementary logic, logique complémentaire ; complementary MOS (CMOS), MOS complémentaire ; complementary operation, complémentation ; complementary operator, opérateur de complémentation.

COMPLEMENTATION : Boolean complementation, négation logique, négation, inversion logique, NON.

COMPLEMENTER : complementer, complémenteur.

COMPLEMENTING : complementing, complémentation ; self-complementing, autocomplémenteur ; self-complementing code, code autocomplémenteur.

COMPLETE : carry complete signal, signal de report complet ; complete carry, report complet ; complete graph, graphe complet ; complete routine, programme au point.

COMPLETED : completed message, message achevé.

COMPLETENESS : completeness check, contrôle de complétude, contrôle de présence.

COMPLETER : completer, complémenteur.

COMPLETION : completion phase, phase terminale ; completion run, passage final.

COMPLEX : complex conjugate number, nombre complexe conjugué ; complex number, nombre complexe, nombre imaginaire.

COMPONENT : component, composant ; component part, composant constitutif, organe constitutif ; computer component, composant d'ordinateur ; discrete component, composant non intégré, composant discret ; electronic component, composant électronique ; hardware component, composant matériel ; high-grade component, composant de haute qualité ; microcomputer component, composant de micro-ordinateur ; quadrature component, composante réactive.

COMPOSE : compose (to), éditer et lier.

COMPOSER : composer, éditeur de liens, lieur.

COMPOSITE : composite cable, câble mixte ; composite card, carte polyvalente ; composite colour image, image en couleur composée ; composite type, type composé ; composite video display, moniteur composite.

COMPOSITION : composition, composition ; file composition, composition de fichier.

COMPOUND : compound instruction, instruction composée ; compound statement, instruction composée ; unlabelled compound, instruction groupe non référencée.

COMPRESSED : compressed dialling, numérotation condensée ; **compressed form**, format condensé ; **compressed mode**, mode compressé.

COMPRESSION : compression, compactage ; **data compression**, compactage de données ; **digit compression**, compression binaire.

COMPRESSOR : compressor, compresseur.

COMPUSPEAK : compuspeak, jargon informatique.

COMPUTATION : computation, calcul ; **address computation**, calcul d'adresse ; **computation centre**, centre de calcul ; **computation module**, unité de calcul ; **item size computation**, calcul de la longueur d'article ; **numerical computation**, calcul numérique.

COMPUTATIONAL : computational, calculable ; **computational error**, erreur de calcul ; **computational load**, charge de calcul ; **computational power**, puissance de calcul ; **computational report**, rapport informatique ; **computational stability**, stabilité des calculs.

COMPUTE : compute mode, mode calcul.

COMPUTER * : computer, calculateur, ordinateur ; **advanced computer concept**, conception informatique évoluée ; **all-purpose computer**, calculateur universel ; **analogue computer (ANACOM)**, calculateur analogique ; **analogue process computer**, calculateur de processus analogique ; **array computer**, multiprocesseur ; **asynchronous computer**, calculateur asynchrone ; **batch computer**, calculateur de traitement par lots ; **buffer computer**, calculateur tampon ; **buffered computer**, ordinateur à tampon ; **business computer**, calculateur de gestion ; **card computer**, ordinateur à cartes ; **card controlled computer**, ordinateur commandé par cartes ; **commercial computer**, calculateur de gestion ; **compiling computer**, calculateur compilateur ; **computer-aided design (CAD)**, conception assistée par ordinateur (CAO) ; **computer-aided engineering (CAE)**, ingénierie assistée par ordinateur (IAO) ; **computer-aided instruction (CAI)**, instruction assistée par ordinateur (IAO) ; **computer animation**, animation par ordinateur ; **computer application**, application automatisée ; **computer art**, graphisme informatique ; **computer-assisted**, assisté par ordinateur ; **computer-assisted management**, gestion automatisée ; **computer-augmented learning (CAL)**, enseignement automatisé ; **computer bank**, fichier central ; **computer-based instruction**, enseignement informatisé ; **computer-based learning (CBL)**, éducation informatisée ; **computer capacity**, capacité de calcul ; **computer centre**, centre informatique ; **computer circuit**, circuit d'ordinateur ; **computer classification**, classe de calculateur ; **computer code**, code machine ; **computer component**, composant d'ordinateur ; **computer concept**, concept d'ordinateur ; **computer configuration**, configuration de calculateur ; **computer console**, console de commande d'ordinateur ; **computer control console**, console de commande d'ordinateur ; **computer control panel**, tableau de commande d'ordinateur ; **computer cycle**, cycle de calcul ; **computer-dependent**, dépendant de l'ordinateur ; **computer-dependent language**, langage du calculateur ; **computer diagram**, schéma de calculateur ; **computer efficiency**, fiabilité informatique ; **computer facility**, service informatique ; **computer family**, famille d'ordinateurs ; **computer field**, champ d'application des ordinateurs ; **computer freak**, piraterie informatique ; **computer generation**, génération de calculateurs ; **computer graphics**, infographie ; **computer-independent language**, langage indépendant du calculateur ; **computer instruction**, instruction machine ; **computer instruction set**, jeu d'instructions du calculateur ; **computer interface**, interface de calculateur ; **computer language**, langage machine ; **computer-limited**, limité par le calculateur ; **computer literacy**, ordinatique ; **computer logic**, logique de calculateur ; **computer machine**, calculatrice, calculette ; **computer mail**, courrier électronique ; **computer-managed instruction (CMI)**, enseignement informatique interactif ; **computer map**, carte infographique ; **computer micrographics**, micrographie informatique ; **computer network**, réseau de calculateurs ; **computer network architecture**, architecture de réseau informatisé ; **computer-oriented language**, langage lié à l'ordinateur ; **computer parts programming**, programmation des rechanges ; **computer personnel**, personnel informatique ; **computer piracy**, piraterie informatique ; **computer processing cycle**, cycle de traitement ; **com-**

puter programme, programme de calculateur ; computer programmer, programmeur ; computer programming, programmation de calculateur ; computer resource allocation, affectation des ressources calcul ; computer room, salle des ordinateurs ; computer run, passage en machine ; computer satellite, calculateur annexe ; computer science, l'informatique ; computer security, sécurité informatique ; computer selection, sélection de machine ; computer-sensitive language, langage propre au calculateur ; computer shop, boutique informatique ; computer status, état machine ; computer storage, mémoire d'ordinateur ; computer store, magasin informatique ; computer system, système informatique, système de traitement ; computer unit, organe de calcul ; computer word, mot machine ; control computer, calculateur de commande ; dedicated computer, calculateur spécialisé ; desktop computer, ordinateur de bureau ; digital computer, calculateur numérique ; digital process computer, calculateur de processus numérique ; duplex computer system, système à double calculateur ; embedded computer, calculateur intégré (à l'équipement) ; front-end computer, calculateur frontal, machine frontale ; general-purpose computer, calculateur universel ; hierarchy of computers, hiérarchie de calculateurs ; high-performance computer, ordinateur, calculateur à hautes performances ; high-speed computer, compteur rapide ; hobby computer, ordinateur amateur ; home computer, ordinateur domestique ; host computer, calculateur central ; host-driven computer, calculateur esclave ; hybrid computer, ordinateur hybride ; hybrid computer system, système de traitement hybride ; incremental computer, calculateur incrémentiel ; instructional computer, ordinateur d'enseignement ; interactive computer graphics, vidéographie conversationnelle ; interface computer, calculateur frontal ; job computer, calculateur de traitement ; keyboard computer, calculateur de bureau ; laptop computer, ordinateur portable ; main frame computer, unité centrale de traitement ; microprogrammable computer, ordinateur microprogrammable ; object computer, calculateur objet ; office computer, ordinateur de bureau ; on-board computer, ordinateur monocarte ; one-address computer, ordinateur à

une adresse ; parallel computer, ordinateur concurrent ; personal computer (PC), ordinateur individuel (OI) ; personal office computer, ordinateur personnel de bureau ; process control computer, ordinateur contrôleur de processus ; programme-controlled computer, calculateur géré par programme ; programmed logic computer, calculateur à logique programmée ; real-time computer, calculateur en temps réel ; remote computer, ordinateur déporté ; satellite computer, ordinateur satellite ; scientific computer, ordinateur scientifique ; second-generation computer, calculateur de seconde génération ; self-adapting computer, ordinateur auto-adaptatif ; sequential computer, ordinateur séquentiel ; serial computer, calculateur sériel ; simultaneous computer, ordinateur simultané ; single-board computer, ordinateur monocarte ; slave computer, calculateur asservi ; source computer, calculateur de base ; special-purpose computer, calculateur spécialisé ; stored-programme computer, calculateur à programme mémorisé ; synchronous computer, calculateur synchrone ; talking computer, calculateur parlant ; target computer, calculateur d'exécution ; third-generation computer, calculateur de troisième génération ; three-address computer, calculateur à trois adresses ; vector computer, calculateur vectoriel ; vectorial computer, ordinateur vectoriel ; virtual computer, calculateur virtuel ; voice response computer, ordinateur à réponse vocale ; wired programme computer, calculateur à programme câblé ; word-oriented computer, ordinateur organisé par mots.

COMPUTERISATION, COMPUTERIZATION * : computerisation (US: computerization, informatisation.

COMPUTERISE, COMPUTERIZE * : computerise (to) (US: computerize, informatiser.

COMPUTERISED, COMPUTERIZED : computerised (US: computerized, informatisé ; computerised database, base de données automatisée ; computerised game, jeu informatisé ; computerised map, carte numérisée ; computerised problem, évaluation informatique ; computerised robot, robot industriel ; computerised typesetting, composition informatisée.

COMPUTERIST : computerist, informaticien.

COMPUTICATION : computication, l'ordinatique.

COMPUTING : computing, calcul ; business-oriented computing, informatique de gestion ; commercial computing, informatique de gestion ; computing centre, centre de calcul, centre ordinatique ; computing device, équipement de calcul ; computing facility, possibilité informatique ; computing fundamentals, les bases de l'informatique ; computing machinery, matériel de calcul ; computing node, noeud de traitement ; computing process, processus de calcul ; computing resources, ressources informatiques ; computing speed, vitesse de calcul ; creative computing, informatique créative ; hobby computing, informatique amateur ; hospital computing, informatique hospitalière ; instruction computing unit, unité de traitement des instructions ; instructional computing, informatique d'enseignement ; interactive computing, informatique conversationnelle ; remote computing, traitement déporté ; remote computing system, système de télétraitement ; virtual computing system, machine virtuelle.

COMPUTRON * : computron, calcutron.

CONCATENATE : concatenate (to), enchaîner, chaîner.

CONCATENATED : concatenated data, données chaînées ; concatenated file, fichier chaîné ; concatenated transformation, composition de transformations.

CONCATENATION : file concatenation, enchaînement de fichiers.

CONCENTRATION : concentration, chaînage, regroupement ; data concentration, regroupement de données.

CONCENTRATOR * : data concentrator, diffuseur de données, concentrateur ; line concentrator, concentrateur.

CONCEPT : concept, concept ; advanced computer concept, conception informatique évoluée ; computer concept, concept d'ordinateur ; modular concept, conception modulaire.

CONCEPTUAL : conceptual language, langage conceptuel ; conceptual modelling, modèle expérimental.

CONCURRENCY : concurrency, concurrence.

CONCURRENT : concurrent, simultané ; concurrent access, accès conflictuel ; concurrent conversion, conversion simultanée.

CONDITION : entry condition, condition d'entrée ; error condition, condition d'erreur ; exit conditions, conditions de sortie ; handling condition, condition de travail ; hold condition, condition d'arrêt ; interrupt condition, condition d'interruption ; invalid key condition, condition de code erronée ; number of significant conditions, valence d'une modulation ; restart condition, condition de reprise ; stand-by condition, condition d'attente ; threshold condition, condition de seuil ; trap condition, interruption ; two-condition, bivalent ; wait condition, état d'attente ; zero condition, état zéro.

CONDITIONER : conditioner, climatiseur.

CONDUCTIVE : conductive ink, encre conductrice ; conductive pencil, crayon à mine conductrice.

CONFIDENCE : confidence, confiance ; confidence interval, intervalle.

CONFIGURABLE : configurable station, station configurable.

CONFIGURATION * : configuration, configuration ; computer configuration, configuration de calculateur ; configuration management, contrôle de configuration ; configuration state, état de configuration ; configuration table, table de configuration ; hardware configuration, configuration matérielle ; initial configuration, configuration initiale ; pin configuration, brochage logique ; probable configuration, configuration probable ; software configuration, configuration logicielle ; typical configuration, dispositif type ; user configuration, configuration de l'utilisateur.

CONFIGURE : configure (to), configurer.

CONFIRMATION : confirmation, confirmation ; clear confirmation, confirmation de libération.

CONFLICT : conflict, contention, conflit ; access conflict, conflit d'accès ; side conflict, conflit secondaire.

CONJUGATE : complex conjugate number, nombre complexe conjugué.

CONJUNCTION : conjunction, intersection, multiplication logique, circuit ET.

CONNECT : connect (to), relier, connecter, brancher, établir une liaison ; **connect time,** temps de branchement.

CONNECTED : connected, en ligne, connecté ; **connected graph,** graphe connexe ; **series connected,** connecté en série ; **strongly connected graph,** graphe fortement connexe ; **weakly connected graph,** graphe faiblement connexe.

CONNECTING : connecting character, caractère de continuation ; **connecting path,** circuit de connexion ; **terminal connecting point,** point de connexion.

CONNECTION : connection, connexion, communication ; **cascade connection,** liaison en cascade ; **circuit switched connection,** liaison commutée ; **connection loss,** perte par connexion ; **connection terminal,** borne de raccordement ; **interface connection,** branchement de liaison ; **local connection,** connexion locale ; **multidrop connection,** liaison multipoint ; **point-to-point connection,** liaison point à point, liaison bipoint ; **telephone connection,** liaison téléphonique ; **user-to-user connection,** liaison point à point ; **virtual connection,** circuit virtuel ; **wye connection,** montage en étoile.

CONNECTIVE * : connective, connectif ; **Boolean connective,** connectif booléen ; **logic connective,** opérateur logique.

CONNECTOR * : connector, renvoi d'organigramme ; **circular connector,** connecteur circulaire ; **edge connector,** connecteur de bord ; **electrical connector,** connecteur électrique ; **external connector,** connecteur externe ; **flowchart connector,** renvoi d'organigramme ; **interchangeable connector,** connecteur interchangeable ; **knife connector,** connecteur à lames ; **line connector cord,** cordon secteur ; **multipoint connector,** connecteur multibroche ; **pluggable connector,** connecteur enfichable ; **terminal connector,** connecteur ; **variable connector,** symbole de renvoi multiple.

CONSECUTIVE : consecutive operation, fonctionnement séquentiel.

CONSIGNMENT : consignment mode, mode d'affectation.

CONSISTENCY : consistency, consistence ; **consistency check,** contrôle de cohérence ; **data consistency,** cohérence des données.

CONSOLE * : console, console ; **auxiliary console,** console auxiliaire ; **computer console,** console de commande d'ordinateur ; **computer control console,** console de commande d'ordinateur ; **console debugging,** débogage à la console ; **console desk,** pupitre de commande ; **console input,** introduction par console ; **console operator,** opérateur ; **console printer,** imprimante de commande ; **console switch,** commutateur d'option console ; **console typewriter,** télétype terminal ; **control console,** console de commande ; **display console,** visu, visuel, console de visualisation ; **duplex console,** console commune ; **graphic console,** console graphique ; **input console,** console d'introduction de données ; **main console,** console principale ; **master console,** console principale ; **message display console,** console message ; **operator console,** console opérateur ; **secondary console,** console auxiliaire ; **system console,** console principale ; **test console,** console d'essai ; **user console,** console utilisateur ; **user console typeout,** message utilisateur.

CONSOLIDATE : consolidate (to), éditer et lier.

CONSOLIDATION : consolidation, concaténation.

CONSOLIDATOR : consolidator, éditeur-lieur.

CONSTANT : constant, constante ; **address constant,** adresse de base ; **address constant literal,** littéral de constante d'adresse ; **alternation constant,** constante d'alternation ; **constant area,** zone des constantes ; **constant movement,** mouvement constant ; **constant ratio code,** code à rapport constant ; **figurative constant,** constante figurative, libellé, littéral ; **Hollerith constant,** matériel à cartes ; **instruction constant,** instruction inactive ; **instructional constant,** constante sous forme d'instruction ; **integer constant,** nombre entier ; **integral constant,** constante intégrale ; **numeric constant,** constante numérique ; **real constant,** constante réelle ; **rounding constant,** constante d'arrondi ; **valuation constant,** constante d'évaluation.

CONSTRUCT : branch construct, élément de branchement ; **conditional construct,** élément inconditionnel ; **loop construct,** élément de boucle.

CONSUMER : ultimate consumer,

consommateur final.

CONTACT : contact bounce, rebondissement de contact ; **contact make time**, temps de contact ; **contact protection**, protection de contact ; **contact scanning**, balayage par contact ; **make-contact**, contact de travail ; **point of contact**, point de contact ; **relay contact**, contact de relais ; **wire contact**, contact à fil.

CONTENT : content, contenu ; **binary unit of information content**, Shannon, unité binaire (quantité d'information) ; **content address storage**, mémoire associative ; **content-addressable storage**, mémoire associative ; **content-addressed storage**, mémoire adressable par contenu ; **content addressing**, adressage associatif ; **contents directory**, répertoire des programmes ; **decimal unit of information content**, Hartley, unité décimale (quantité d'information) ; **decision content**, quantité de décision ; **harmonic content**, contenu en harmonique ; **information bit content**, contenu d'informations en code binaire ; **information content**, quantité d'information ; **joint information content**, quantité d'information conjointe ; **mean information content**, entropie, neguentropie ; **natural unit (of information content)**, unité naturelle (de quantité d'information).

CONTENTION * : contention, contention, conflit ; **contention mode**, mode de contention.

CONTEXT : keyword-in-context index, mot clé dans son contexte ; **transaction context acquisition**, acquisition du contexte mouvement.

CONTEXTUAL : contextual, contextuel.

CONTIGUOUS : contiguous, adjacent ; **contiguous data structure**, structure séquentielle de données ; **non-contiguous**, séparé.

CONTINUAL : continual refresh display, écran à rafraîchissement continu.

CONTINUATION : continuation, continuation ; **continuation card**, carte complémentaire ; **continuation character**, caractère de poursuite ; **continuation tape**, bande suivante.

CONTINUOUS : continuous envelopes, enveloppes en continu ; **continuous form**, imprimé en continu ; **continuous function**, fonction continue ; **continuous monitor-**ing, monitorage permanent ; **continuous path control**, contrôle en continu ; **continuous processing**, traitement en temps réel ; **continuous reading**, lecture en défilement continu ; **continuous roll**, rouleau de papier continu ; **continuous stationery**, papier en continu.

CONTOUR : contour following, balayage de contour.

CONTRAST : high-contrast title, titre à contraste élevé ; **image contrast**, contraste d'image.

CONTROL : control, commande, contrôle, ordre ; **accuracy control**, contrôle d'exactitude ; **accuracy control character**, caractère de contrôle d'exactitude ; **adaptive control**, commande auto-adaptative ; **adaptive control system**, système autocommandé ; **address control**, modification d'adresse ; **address control field**, zone de modification d'adresse ; **assembly control statement**, instruction de contrôle d'assemblage ; **automatic control**, commande automatique ; **automatic control engineering**, l'automatique ; **automatic control system**, système de régulation automatique ; **availability control**, contrôle de disponibilité ; **basic mode link control**, gestion de liaison en mode de base ; **call control**, contrôle d'appel ; **call control procedure**, procédure de gestion de communication ; **carriage control character**, caractère de commande chariot ; **carriage control tape**, bande pilote ; **cascade control**, commande en cascade ; **communication control character**, (caractère de) commande de transmission ; **communication control unit**, contrôleur de communication ; **compiler control statement**, directive de compilateur ; **computer control console**, console de commande d'ordinateur ; **computer control panel**, tableau de commande d'ordinateur ; **continuous path control**, contrôle en continu ; **control area**, zone de commande ; **control ball**, boule roulante ; **control bit**, binaire de contrôle ; **control block**, bloc de contrôle ; **control break**, rupture ; **control bus**, bus de contrôle ; **control card**, carte de contrôle, fiche de vérification ; **control card format**, format des cartes-paramètres ; **control change**, rupture ; **control character**, caractère de contrôle ; **control character code**, code de caractères de contrôle ; **control check**, contrôle de commande ; **control circuit**, circuit de commande ; **control code**, code de fonction ; **control com-**

puter, calculateur de commande ; **control console**, console de commande ; **control data**, données de contrôle ; **control desk**, pupitre de commande ; **control field**, zone de contrôle ; **control flow**, flux de commande ; **control function**, fonction ; **control grid**, grille de commande ; **control hole**, code carte, perforation fonctionnelle ; **control key**, touche de commande ; **control knob**, bouton de commande ; **control language**, langage de commande ; **control list**, liste de cartes de commande ; **control loop**, boucle de commande ; **control memory**, mémoire de commande ; **control message display**, affichage des messages de commande ; **control mode**, mode de contrôle ; **control operation**, fonction, fonction de commande ; **control panel**, panneau de commande ; **control procedure**, procédure de commande, procédure de contrôle ; **control processor**, processeur maître ; **control programme**, programme de commande ; **control punch**, code carte, perforation fonctionnelle ; **control register**, registre de contrôle, registre d'adresse ; **control relationship**, interdépendance ; **control routine**, superviseur ; **control section**, unité de commande ; **control sequence**, séquence d'exécution ; **control state**, mode contrôle caractère ; **control statement**, instruction de contrôle ; **control station**, station de commande, station pilote ; **control status word (CSW)**, mot d'état de contrôle ; **control stick**, manche ; **control system**, système de contrôle ; **control tape**, bande de vérification ; **control total**, total de contrôle ; **control track**, piste de commande ; **control transfer**, branchement ; **control transfer instruction**, instruction de branchement ; **control unit**, unité de commande ; **control variable**, variable de commande, variable de bouclage ; **control word**, mot de commande ; **cursor control**, commande curseur ; **data access control**, technique d'accès à l'information ; **data control**, gestion de données ; **data control block**, bloc de contrôle de données ; **data flow control**, cinématique de l'information ; **device control (DC)**, commande d'appareil auxiliaire ; **device control area**, zone de commande de périphérique ; **direct control**, commande directe ; **display control**, interface de terminal ; **display control key**, touche de commande d'affichage ; **display control unit**, unité de contrôle de visualisation ; **distant control**, com-

mande à distance, télécommande ; **distributed control**, commande répartie ; **dynamic control**, controle dynamique ; **edit control character**, caractère de commande d'édition ; **electronic format control**, commande de format électronique ; **error control**, traitement des erreurs ; **external output control**, commande de débit externe ; **fault control**, contrôle d'avarie ; **fault control memory**, mémoire de détection d'anomalie ; **file control**, commande de fichier ; **flow control**, commande de flux ; **form control**, contrôle des imprimés ; **format control**, commande d'édition ; **high/low control**, commande à l'alternat ; **high-speed printer control**, commande d'imprimante rapide ; **horizontal control**, commande longitudinale ; **horizontal parity control**, contrôle de parité longitudinale ; **I/O control firmware**, logiciel pour contrôle des E/S ; **impression control**, commande de la profondeur de frappe ; **indirect control**, contrôle indirect, commande indirecte ; **input control**, console d'introduction ; **input control device**, organe de commande d'entrée ; **input control programme**, programme de commande d'entrée ; **input control unit**, contrôleur d'entrée ; **input/output control**, commande d'entrée/sortie ; **inquiry control**, pilotage des requêtes ; **intensity control**, commande de luminosité ; **interface control unit**, contrôleur ; **job control**, contrôle de travaux ; **job control card**, carte de pilotage des travaux ; **job control device**, unité de gestion des travaux ; **job control file**, fichier de gestion des travaux ; **job control language (JCL)**, langage de supervision ; **job control programme**, gramme de supervision ; **job control statement**, instruction de contrôle de travaux ; **job control system**, système de gestion des travaux ; **job flow control**, contrôle du flot des travaux ; **job processing control**, contrôle du traitement des tâches ; **keyboard control**, commande de clavier ; **line control character**, caractère de terminaison ; **link control code**, code de contrôle de liaison, code de ligne ; **link control protocol**, protocole de transmission ; **main control unit**, unité principale de commande ; **manual control**, commande manuelle ; **manual control box**, commutation manuelle ; **mass storage control**, contrôleur de mémoire à disques ; **master control interrupt**, interruption maîtresse ; **memory control**, sélection de mémoire ; **memory control unit**, contrôleur d'accès mémoire ; **message control**, gestion de messages ; **net control station**, station de contrôle de réseaux ; **network access control**, contrôle d'accès au réseau ; **network control channel**, voie de contrôle du réseau ; **numerical control**, commande numérique ; **open loop control**, commande en boucle ouverte ; **operational control data**, données de commande opérationnelle ; **operator control panel**, pupitre opérateur ; **operator override control**, reprise de contrôle par l'opérateur ; **peripheral control unit (PCU)**, unité de contrôle périphérique ; **platen control**, commande du rouleau d'impression ; **point-to-point path control**, contrôle point à point ; **positioning control**, commande de positionnement ; **positioning control system**, positionnement informatisé ; **precedence control**, contrôle de priorité ; **print control**, commande d'impression ; **print control character**, caractère de commande d'impression ; **printer control code**, code de contrôle de l'imprimante ; **priority control**, commande prioritaire ; **process control**, commande de processus ; **process control block**, bloc de contrôle de processus ; **process control computer**, ordinateur contrôleur de processus ; **process control equipment**, équipement de commande de processus ; **process control system**, système de contrôle industriel ; **processor control statement**, directive de calculateur ; **programme card control**, commande à cartes-programme ; **programme control**, commande de programme ; **programme control unit**, contrôleur de séquence d'instructions ; **real-time control**, commande en temps réel ; **regeneration control**, commande de régénération ; **remote control**, commande à distance, télécommande ; **remote control system**, système de télécommande ; **resident control programme**, noyau, programme de contrôle résident ; **sampled data control**, contrôle de données par échantillonnage ; **single-stroke control key**, commande monotouche ; **skip control**, commande de saut ; **statistical control**, contrôle statistique ; **switching control character**, caractère de commande de commutation ; **tab control code**, code de contrôle de tabulation ; **touch-control**, touche à effleurement ; **transaction status control**, contrôle d'état des mouvements ; **transfer control**, commande de transfert ; **transmission control (TC)**, (fonction de) commande de transmission ; **twin control**, double commande ; **unconditional control transfer**, saut inconditionnel ; **unit control word**, mot de contrôle d'unité ; **universal control unit**, contrôleur universel ; **vertical form control (VFC)**, contrôle vertical du papier ; **vertical format control**, commande de la mise en page verticale ; **visual input control**, contrôle visuel de l'introduction ; **voltage control**, régulation de tension ; **volume control**, réglage de l'intensité, régleur de l'intensité ; **volume exclusive control**, contrôle des supports de données ; **writeable control memory**, mémoire à écriture directe.

CONTROLLED : **card controlled computer**, ordinateur commandé par cartes ; **controlled accessibility**, accessibilité contrôlée ; **controlled system**, système à régler ; **controlled variable**, variable contrôlée ; **event-controlled**, commandé par l'évènement ; **interrupt-controlled**, commande par interruption ; **key-controlled**, commandé par touche ; **keyboard-controlled**, commandé par clavier ; **programme-controlled**, commandé par programme ; **programme-controlled computer**, calculateur géré par programme ; **servo-controlled system**, système asservi ; **tape-controlled carriage**, chariot à bande pilote.

CONTROLLER : **cluster controller**, contrôleur de grappe ; **communication controller**, contrôleur de communication ; **data link controller**, contrôleur de communication ; **disc controller**, contrôleur de disque ; **display controller**, contrôleur d'écran ; **dual port controller**, coupleur de périphérique double ; **floppy disc controller**, contrôleur de disque souple ; **handler controller**, gestionnaire de commande ; **hardwired controller**, contrôleur câblé ; **integrated controller**, contrôleur intégré ; **magnetic tape controller**, contrôleur de bande magnétique ; **peripheral controller**, contrôleur de périphérique ; **procedure controller**, programme de commande de procédure ; **programme controller**, contrôleur de séquence d'instructions ; **synchronous controller**, contrôleur synchrone ; **system controller**, contrôleur du système ; **unit record controller**, contrôleur d'unités périphériques ; **utility routine controller**, contrôle du sous-programme utilitaire.

CONVENTION : convention, congrès ; **allocation convention**, règle d'allocation ; **linkage convention**, convention d'édition de liens ; **processing convention**, règles de traitement.

CONVERGENCE : screen edge convergence, convergence de bord d'écran ; **uniform convergence**, convergence homogène ; **weak convergence**, convergence pauvre.

CONVERGING : self-converging tube, tube autoconvergent.

CONVERSATIONAL * : conversational, interactif, conversationnel, en dialogué ; **conversational compiler**, compilateur interactif ; **conversational language**, langage de dialogue ; **conversational mode**, mode dialogué ; **conversational peripheral**, périphérique de dialogue ; **conversational programming**, programmation dialoguée ; **conversational remote entry**, entrée dialoguée déportée ; **conversational system**, système interactif ; **conversational terminal**, terminal de dialogue.

CONVERSION : address conversion, translation d'adresse ; **automatic data conversion**, conversion automatique de données ; **binary conversion**, conversion binaire ; **binary-to-decimal conversion**, conversion binaire-décimal ; **binary-to-Gray code conversion**, conversion binaire-code Gray ; **binary-to-hexadecimal conversion**, conversion binaire-hexadécimal ; **code conversion**, conversion de code ; **decimal-to-binary conversion**, conversion décimal-binaire ; **Gray code-to-binary conversion**, conversion code Gray-binaire.

CONVERTER : input code converter, convertisseur de code d'introduction ; **input/output code converter**, convertisseur des codes d'entrée/sortie ; **level converter**, convertisseur de niveau ; **parallel converter**, convertisseur parallèle ; **power converter**, convertisseur de secteur ; **protocol converter**, convertisseur de protocole ; **thermal converter**, convertisseur thermique.

CONVEX : convex programming, programmation convexe.

COOLING : forced cooling, aération forcée.

CO-ORDINATE : absolute co-ordinate, coordonnée absolue ; **co-ordinate plotter**, traceur X-Y ; **co-ordinate store**, mémoire matricielle ; **device co-ordinate**, coordonnée d'appareil ; **incremental co-ordinate**, coordonnée par accroissement ; **normalised co-ordinates**, coordonnées normées ; **relative co-ordinate**, coordonnée relative ; **screen co-ordinate**, coordonnée d'écran ; **user co-ordinate**, coordonnée de l'utilisateur ; **world co-ordinates**, coordonnée universelles.

COPIER : copier, machine à reproduire ; **card copier**, reproducteur de carte ; **display screen copier**, recopieur d'affichage écran ; **video colour copier**, copieur vidéo couleur.

COPY : copy (to), copier ; **audit copy**, copie de contrôle ; **back-up copy**, copie de sauvegarde ; **block copy**, copie de bloc ; **carbon copy**, papier carbone ; **copy check**, contrôle par duplication ; **copy command**, commande de copie ; **copy holder**, porte-copie ; **copy-in**, transfert en entrée ; **copy-out**, transfert en sortie ; **file copy**, copie de fichier ; **hard copy**, copie papier, tirage ; **library copy tape**, bande bibliothèque ; **multiple copy printing**, multi-impression ; **screen copy**, recopie d'écran, vidéotrace ; **soft copy**, image sur écran, image vidéo.

CO-PROCESSOR : co-processor, coprocesseur.

CO-PROCESSING : co-processing, cotraitement.

COPYRIGHT : copyright, droit d'exploitation.

CORAL : coral (language), coral (langage).

CORD : line connector cord, cordon secteur ; **line cord**, cordon d'alimentation ; **patch cord**, cordon de raccordement.

CORDLESS : cordless lead, cavalier.

CORE * : core, tore magnétique, tore ; **bulk core storage**, mémoire de masse ; **core allocation**, allocation de mémoire centrale ; **core array**, matrice de tores ; **core dump**, vidage de mémoire ; **core flush**, remise à zéro de la mémoire ; **core image**, image mémoire ; **core load**, chargement en mémoire ; **core matrix**, matrice de tores ; **core matrix block**, banc de matrices de tores ; **core memory**, mémoire centrale ; **core memory resident**, résidant en mémoire centrale ; **core only environment**, système à mémoire centrale ; **core size**, capacité de la mémoire centrale ; **core sort**, tri en mémoire centrale ; **core storage**, mémoire à tores, mémoire à ferrites ; **core store**, mémoire à tores, mémoire à ferrites ; **fast core**, mémoire rapide ; **ferrite core**, tore de ferrite ; **magnetic core**, tore magnétique, tore ; **magnetic core plane**, plan de tores magnétiques ; **multi-aperture core**, tore multitrou, tore à plusieurs trous ; **multiple aperture core**, tore multitrou, tore à plusieurs trous ; **N-core-per-bit storage**, mémoire à N tores par élément binaire ; **single-aperture core**, tore magnétique à trou unique.

CO-RESIDENT : co-resident, corésidant, (programme) corésident.

CORNER : corner cut, coupure de coin ; **corner cut card**, carte à coin coupé.

CORPORATE : corporate database, base de données d'entreprise.

CORRECTED : corrected data, données corrigées.

CORRECTING : correcting code, code de correction ; **correcting factor**, facteur de correction ; **correcting value**, valeur de réglage ; **error-correcting code (ECC)**, code correcteur d'erreurs ; **error-correcting system**, système à correction d'erreurs ; **self-correcting code**, code autocorrecteur.

CORRECTION : correction, correction, modification ; **automatic error correction**, correction automatique des erreurs ; **brightness correction**, correction de luminosité ; **correction routine**, programme de correction ; **error correction routine**, programme de correction d'erreurs ; **forward error correction (FEC)**, correction d'erreur sans voie retour ; **home correction**, correction manuelle.

CORRECTIVE : corrective maintenance, maintenance corrective.

CORRELATION : correlation coefficient, taux de corrélation.

CORRESPONDENCE : correspondence quality printer, imprimante de qualité courrier.

CORRUPT : corrupt (to), corrompre ; **corrupt file**, fichier altéré.

CORRUPTION * : corruption, altération, corruption.

COSINE : cosine, cosinus ; **cosine programme**, programme de calcul de cosinus.

COST : cost effectiveness, coût-efficacité ; **maintenance cost**, coûts de maintenance.

COUNT : count, compte ; **card count**, comptage de cartes ; **count byte**, octet de comptage ; **count direction**, direction de comptage ; **count field**, zone de comptage ; **count value**, valeur du compteur ; **cycle count**, comptage de cycles ; **hole count check**, contrôle du nombre de perforations ; **hole count**

error, erreur de contrôle du nombre de perforations ; **horizontal raster count**, définition horizontale de trame ; **item count**, compte d'articles ; **item count discrepancy**, erreur de comptage d'articles ; **raster count**, définition de trame ; **record count**, nombre d'enregistrements ; **zero count interrupt**, interruption à zéro.

COUNTDOWN : countdown, décompte ; **countdown counter**, compteur dégressif.

COUNTER * : counter, compteur ; **accumulating counter**, compteur totalisateur ; **address counter**, compteur d'adresse ; **balance counter**, compteur soustractif ; **basic counter**, compteur de base ; **binary counter**, compteur binaire ; **block counter**, compteur de blocs ; **card counter**, compteur de cartes ; **cascadable counter**, compteur en cascade ; **command counter**, compteur de commandes ; **countdown counter**, compteur dégressif ; **counter chart**, table des opérations compteur ; **counter entry**, entrée de compteur ; **counter exit**, sortie de compteur ; **counter preset**, prépositionnement d'un compteur ; **counter reset**, remise à l'état initial d'un compteur ; **counter terminal**, terminal de guichet ; **counter wheel**, roue compteuse ; **countup counter**, compteur progressif ; **cycle counter**, compteur de cycles ; **cycle index counter**, compteur de boucle ; **decade counter**, compteur à décade ; **delay counter**, temporisateur ; **digital counter**, compteur numérique ; **divide-by-two counter**, compteur diviseur par deux ; **hardware programme counter**, compteur d'instructions câblé ; **hour counter**, compteur horaire ; **impulse counter**, compteur d'impulsions ; **inhibit counter**, compteur d'inhibition ; **instruction length counter**, compteur de longueur d'instruction ; **instruction location counter**, registre d'enchaînement d'instructions ; **item counter**, compteur d'articles ; **key stroke counter**, compteur d'impositions ; **location counter**, compteur d'adressage, compteur de position ; **modulo-N counter**, compteur modulo N ; **page counter**, compteur de pages ; **procket counter**, compteur de case ; **programme address counter**, registre d'instruction ; **programme counter**, registre d'instruction ; **pulse counter**, compteur d'impulsions ; **reset (to) (a counter)**, remettre à l'état initial (un compteur) ; **reversible counter**, compteur-décompteur ; **ring counter**, compteur en anneau ; **sequence counter**, compteur séquentiel ; **set (to) (a counter)**, charger (un compteur) ; **step counter**, compteur séquentiel ; **unit counter**, compteur des unités.

COUNTING : counting, comptage ; **closed counting chain**, chaîne de comptage fermée ; **counting chain**, chaîne de comptage ; **counting operation**, opération de comptage ; **counting sorter**, trieuse-compteuse ; **down counting**, décomptage ; **instruction counting register**, registre de comptage d'instructions.

COUNTUP : countup, compte progressif ; **countup counter**, compteur progressif.

COUPLED : acoustically coupled modem, modem à couplage acoustique.

COUPLER : acoustic coupler, coupleur acoustique ; **optical coupler**, coupleur optique ; **opto-coupler**, coupleur optique ; **synchronous coupler**, coupleur synchrone.

COUPLING : broadband-coupling filter, filtre coupleur à bande large ; **impedance coupling**, couplage par impédance.

COURIER : courier service, messagerie privée ; **electronic courier**, courrier électronique.

COURSE : course, cours ; **course package**, progiciel didactique ; **course software**, logiciel didactique, didacticiel ; **implementation course**, mise en place ; **instruction course**, cours de formation ; **programming course**, cours de programmation.

COURSEWARE : courseware, logiciel didactique, didacticiel.

COVER : top cover, couvercle.

CPI : characters per inch (CPI), caractères par pouce.

CPS : cycles per second (cps), cycles par seconde (cps).

CPU * : central processing unit (CPU), unité centrale (UC).

CRACKER : code cracker, casseur de code.

CRACKING : code cracking, cassage de code ; **dump cracking**, débogage par vidage.

CRASH : crash, crash ; **crash (to)**, se cracher ; **head crash**, crash de tête ; **system crash**, arrêt brutal du système.

CRC : cyclic redundancy check (CRC), contrôle cyclique par redondance.

CREATE : create (to), créer.

CREATION : file creation, création de fichier ; **record creation**, création d'articles.

CREATIVE : creative computing, informatique créative.

CREDIBILITY : credibility test, test de vraisemblance.

CREST : crest, crête.

CRIPPLED : crippled mode, mode dégradé.

CRITERIA : acceptance criteria, critères de conformité ; **multiple selection criteria**, sélection multicritère.

CRITERION : criterion, critère ; **cycle criterion**, critère d'itération.

CRITICAL : critical section, section critique ; **critical value**, valeur critique.

CROSS : cross-assembler, assembleur croisé ; **cross-assembly**, assemblage croisé ; **cross-check**, contrôle croisé ; **cross-compiler**, compilateur croisé ; **cross-compiling**, compilation croisée ; **cross-modulation**, transmodulation ; **cross-programme**, programme portable ; **cross-reference listing**, liste de références croisées ; **cross-software**, programme de développement ; **cross-validation**, contre-vérification.

CROSSFEED : crossfeed, travers, couplage transversal, diaphonie.

CROSSFIRE : crossfire, diaphonie.

CROSSFOOT : crossfoot, vérification horizontale.

CROSSHAIRS : crosshairs *, réticule.

CROSSHATCHING : crosshatching, hachure croisée.

CROSSING : axis crossing, coupure d'axe ; **zero-crossing**, coupure du zéro.

CROSSREFERENCE : crossreference table, table des renvois.

CROSSTALK * : crosstalk, diaphonie.

CROSSTELL : crosstell channel, canal de connexion.

CROWD : crowd, groupe.

CR : carriage return (CR), retour chariot (RC).

CRT : beam-penetration CRT, tube à pénétration ; **cathode ray tube (CRT)**, tube cathodique ; **crt refresh**, rafraîchissement écran ; **penetration CRT**, tube cathodique à pénétration ; **raster scan CRT**, tube à balayage de trame.

CRUNCH : crunch numbers (to), effectuer des calculs.

CRUNCHER : number cruncher, processeur arithmétique.

CRYOGENIC : cryogenic, cryogénique, supraconductif ; **cryogenic store**, mémoire cryogénique, mémoire supraconductive ; **cryogenics**, la cryogénie.

CRYPTOGRAPHY : cryptography, cryptographie.

CRYSTAL : crystal, cristal, quartz ; **liquid crystal**, cristal liquide ; **liquid crystal display (LCD)**, affichage à cristaux liquides ; **quartz crystal**, cristal de quartz.

CSW : control status word (CSW), mot d'état de contrôle.

CTS : clear to send (CTS), prêt à transmettre.

CUE * : cue, appel.

CUMULATING : cumulating data, cumul des données.

CUMULATIVE : cumulative area, zone de cumul ; **cumulative error**, erreur cumulative.

CURRENCY : currency, monnaie.

CURRENT : alternating current (AC), courant alternatif (CA) ; **base current**, courant de base ; **current drive**, disque actif ; **current line**, ligne en cours ; **current regulator**, régulateur de courant ; **current status**, état en cours ; **double current transmission**, transmission en double courant ; **forward current**, courant direct ; **holding current**, courant de maintien ; **idle current**, courant déwatté, courant réactif ; **inhibit current**, courant inhibiteur ; **line current**, courant secteur ; **load current**, courant de charge ; **neutral current**, courant du neutre ; **on-state current**, courant direct ; **polar current operation**, opération en double courant ; **reverse current**, courant inverse ; **single-current signalling**, signalisation simple courant ; **single-current transmission**, transmission simple courant ; **sneak current**, courant de fuite ; **voltage-current characteristic**, caractéristique de la tension ; **write current**, courant d'écriture ; **writing current**, courant d'écriture.

CURSOR : cursor, curseur ; **addressable cursor**, curseur adressable ; **cursor control**, commande curseur ; **cursor device**, dispositif curseur ; **cursor key**, touche du curseur ; **cursor pad**, pavé curseur ; **cursor positioning**, positionnement du curseur ; **cursor wrap**, saut de ligne curseur ; **destructive cursor**, curseur effaceur ; **diamond-shaped cursor pad**, pavé curseur en losange ; **display cursor**, curseur d'écran.

CURTATE : curtate, rangées de perforations ; **upper curtate**, partie haute.

CURVE : calibration curve, courbe d'étalonnage ; **curve generator**, générateur de courbes ; **curve plotter**, traceur de courbes ; **curve slope**, montée de courbe ; **curve tracing**, représentation d'une courbe ; **family of curves**, famille de courbes.

CUSTOM : custom-programmed, programmé sur commande ; **custom software**, logiciel personnalisé.

CUSTOMER : customer-developed, développé par l'utilisateur ; **customer engineer**, ingénieur du service après-vente.

CUSTOMISATION CUSTOMIZATION : customisation (US: customization), particularisation.

CUSTOMISE, CUSTOMIZE : customise (to) (US: customize), personnaliser.

CUSTOMISED, CUSTOMIZED : customised (US: customized) keypad, clavier personnalisé.

CUT : corner cut, coupure de coin ; **corner cut card**, carte à coin coupé ; **cut and paste**, coupe et insertion ; **cut-off**, point de coupure ; **cut-off state**, état bloqué ; **cut-out picture file**, bibliothèque d'images ; **cut vertex**, point d'articulation (graphe).

CYBERNETICS : cybernetics, la cybernétique.

CYCLE * : basis cycle, cycle de base ; **bus cycle**, cycle de bus ; **canned cycle**, cycle fixé ; **clock cycle**, cycle d'horloge ; **computer cycle**, cycle de calcul ; **computer processing cycle**, cycle de traitement ; **cycle count**, comptage de cycles ; **cycle counter**, compteur de cycles ; **cycle criterion**, critère d'itération ; **cycle delay**, décalage de cycle ; **cycle index counter**, compteur de boucle ; **cycle reset**, remise à zéro de cycle ; **cycle sharing**, vol de cycle ; **cycle shift**, décalage cyclique ; **cycle stealing**, vol de cycle ; **cycle time**, temps de cycle ; **cycles per second (cps)**, cycles par seconde (cps) ; **display cycle**, cycle de rafraîchissement ; **dot cycle**, récurrence de point ; **duty cycle**, facteur d'utilisation ; **execute cycle**, cycle d'exécution ; **execution cycle**, cycle d'exécution ; **fetch cycle**, cycle de prise en charge ; **grandfather cycle**, cycle de conservation ; **idling cycle**, marche à vide ; **instruction cycle**, cycle d'instruction ; **life cycle**, longévité ; **list cycle**, cycle d'impression ; **machine cycle**, cycle machine ; **memory cycle**, cycle de mémoire ; **memory refresh cycle**, cycle de rafraîchissement de mémoire ; **minor cycle**, cycle mineur ; **operation cycle**, cycle opératoire ; **polling cycle**, cycle d'interrogation ; **power-down cycle**, cycle de mise hors-tension ; **printing cycle**, cycle d'impression ; **read cycle**, cycle de lecture ; **read cycle time**, temps du cycle de lecture ; **reading cycle time**, temps du cycle de lecture ; **refresh cycle**, cycle de rafraîchissement ; **retention cycle**, cycle de rétention ; **retrace cycle**, cycle de rafraîchissement ; **search cycle**, cycle de recherche ; **storage cycle**, cycle de mémorisation ; **variable cycle duration**, temps de cycle variable ; **wait cycle**, cycle d'attente ; **waiting cycle**, cycle d'attente ; **work cycle**, séquence de travail ; **working cycle**, cycle de travail ; **write cycle**, cycle d'écriture ; **write cycle time**, temps d'écriture ; **writing cycle time**, temps du cycle d'écriture.

CYCLIC : **cyclic code**, code cyclique ; **cyclic permutation**, permutation circulaire ; **cyclic redundancy check (CRC)**, contrôle cyclique par redondance ; **cyclic shift**, décalage circulaire ; **cyclic storage**, mémoire circulaire ; **cyclic store**, mémoire circulaire.

CYCLING : **cycling**, itération.

CYLINDER : **cylinder address**, adresse de cylindre ; **cylinder boundary**, frontière de cylindre ; **impression cylinder**, cylindre de foulage

D

D : **D-bus**, bus de données.

DAC : **digital-to-analogue converter (DAC)**, convertisseur numérique-analogique.

DAGGER : **dagger operation**, opération NON-OU.

DAISY : **daisy**, roue porte-caractères, marguerite ; **daisy chain**, chaîne bouclée ; **daisy chain cable**, câble de chaînage ; **daisy-chained**, en chaîne bouclée ; **daisy printer**, imprimante à marguerite ; **daisy wheel**, disque d'impression, marguerite ; **daisy wheel printer**, imprimante à marguerite.

DALEK : **dalek voice**, voix robotique.

DAMAGE : **damage**, avarie, défaillance.

DAMPING * : **damping**, amortissement.

DASH : **dash**, tiret ; **dash key**, touche de tiret '-' ; **dot-and-dash line**, trait mixte.

DASHED : **dashed**, en tirets ; **dashed line**, trait pointillé.

DAT : **dynamic address translation (DAT)**, traduction dynamique d'adresse.

DATA * : **data**, données, informations ; **(data processing) workshop**, atelier (informatique) ; **absolute data**, données absolues ; **actual data transfer rate**, cadence brute de transfert de données ; **alphameric data**, données alphanumériques ; **alphanumerical data**, données alphanumériques ; **analogue data**, données analogiques ; **asynchronous data transmission**, transmission asynchrone de données ; **automatic data acquisition (ADA)**, acquisition automatique de données ; **automatic data conversion**, conversion automatique de données ; **automatic data exchange (ADE)**, échange automatique de données ; **automatic data handling**, traitement et transmission automatiques données ; **automatic data processing (ADP)**, traitement automatique de données ; **auxiliary data**, données auxiliaires ; **average data rate**, débit moyen d'entropie ; **bidirectional data bus**, bus bidirectionnel ; **booking data**, données de réservation ; **bulk data**, masse de données ; **central data processor**, unité centrale de traitement ; **centralised data processing**, traitement d'informations centralisé ; **commercial data processing**, informatique de gestion ; **concatenated data**, données chaînées ; **contiguous data structure**, structure séquentielle de données ; **control data**, données de contrôle ; **corrected data**, données corrigées ; **cumulating data**, cumul des données ; **data above voice (DAV)**, données supravocales ; **data access control**, technique d'accès à l'information ; **data access method**, méthode d'accès aux données ; **data acquisition**, saisie de données ; **data adapter unit**, interface de communication ; **data administrator**, gestionnaire de données ; **data aggregate**, données structurées ; **data**

amount, masse de données ; **data area**, zone des données ; **data array**, tableau de données ; **data attribute**, caractéristique des données ; **data base management (DBM)**, gestion de base de données (GBD) ; **data book**, recueil de données ; **data boundary**, limite de données ; **data break**, accès mémoire direct ; **data buffer**, tampon de données ; **data bus**, bus de données ; **data call**, communication ; **data capture**, saisie de données ; **data card**, carte de données ; **data carrier**, support de données, support d'informations ; **data cartridge**, cartouche magnétique ; **data catalogue**, catalogue des données ; **data cell**, élément de données ; **data chain**, chaîne de données ; **data chaining**, chaînage de données ; **data channel**, voie de données ; **data channel multiplexor**, multiplexeur de données ; **data circuit**, circuit, circuit de transmission de données ; **data circuit transparency**, transparence du circuit de données ; **data code**, code de données ; **data code conversion**, conversion de code de données ; **data collection**, acquisition de données ; **data collection station**, poste de saisie ; **data communication**, téléécriture, la télématique ; **data communication service**, service de transmission de données ; **data communication system**, système de transmission de données ; **data compaction**, compactage de données ; **data compression**, compactage de données ; **data concentration**, regroupement de données ; **data concentrator**, diffuseur de données, concentrateur ; **data consistency**, cohérence des données ; **data control**, gestion de données ; **data control block**, bloc de contrôle de données ; **data conversion**, conversion de données ; **data converter**, convertisseur de données ; **data declaration**, déclaration des données ; **data definition**, définition des données ; **data delimiter**, délimiteur de données ; **data density**, densité de compactage ; **data description**, description de données ; **data description language (DDL)**, langage de description de données ; **data dictionary**, dictionnaire des données ; **data display unit**, terminal de données ; **data dump**, vidage de mémoire ; **data editing**, édition de données ; **data element**, élément de données ; **data element chain**, chaîne d'éléments de données ; **data encoder**, codeur de données ; **data encryption**, cryptage des données ; **data entry**, entrée des données ; **data entry device**, périphérique

de saisie ; **data evaluation**, évaluation de l'information ; **data extraction**, extraction des données ; **data field**, rubrique ; **data field length**, longueur de champ des données ; **data file directory**, répertoire de fichiers ; **data flow control**, cinématique de l'information ; **data flowchart**, organigramme des données ; **data format**, format de données ; **data gathering**, collecte de données ; **data handling**, saisie de données ; **data hierarchy**, hiérarchie de données ; **data independence**, autonomie des données ; **data input station**, poste d'entrée de données ; **data integrity**, sécurité des données ; **data item**, article, structure ; **data layout**, format des données ; **data level**, hiérarchie de données ; **data library**, bibliothèque de données ; **data link**, liaison de données ; **data link controller**, contrôleur de communication ; **data link escape (DLE)**, échappement à la transmission ; **data link layer (ISO)**, couche de liaison de données (ISO) ; **data logger**, collecteur de données ; **data logging**, recueil chronologique des données ; **data maintenance**, maintenance de données ; **data management**, gestion de données ; **data management software**, logiciel de gestion de données ; **data manipulation**, manipulation de données ; **data manipulation language (DML)**, langage de manipulation de données ; **data medium**, support de données, support d'informations ; **data message**, message de données ; **data model**, structure des données ; **data multiplexer**, multiplexeur de données ; **data name**, nom de données ; **data net**, réseau de données ; **data network**, réseau de données ; **data organisation**, organisation des données ; **data origination**, transfert de données ; **data path**, circulation de données, acheminement de données ; **data phase**, phase de transfert de données, phase de données ; **data phone**, coupleur téléphonique ; **data plotter**, traceur ; **data point**, coordonnées de point image ; **data preparation**, mise en forme des données ; **data privacy**, confidentialité des données ; **data processing (DP)**, traitement de données, de l'information ; **data processing facility**, centre informatique ; **data processing machine**, ordinateur ; **data processing system**, système informatique, système de traitement ; **data processing technology**, technologie informatique ; **data protection**, protection des données ; **data purification**, filtrage des données ; **data**

query, consultation (de données) ; **data rate**, vitesse de transmission de données ; **data read**, lecture des données ; **data read function**, fonction de lecture des données ; **data record**, enregistrement de données ; **data recovery**, correction des données ; **data reduction**, réduction des données ; **data representation**, représentation des données ; **data retrieval**, recherche de l'information, restitution de l'information ; **data security**, protection des données ; **data segment**, segment de données ; **data-sensitive error**, erreur détectable par les données ; **data-sensitive fault**, défaut détecté par les données ; **data set**, ensemble de données ; **data set definition**, définition de la structure des données ; **data set label**, intitulé de la structure des données ; **data set ready (DSR)**, poste de données prêt ; **data sharing**, partage de données ; **data signal**, signal de données ; **data sink**, collecteur de données, puits de données, récepteur de données ; **data source**, source de données, émetteur de données ; **data station**, station de données ; **data storage**, mémorisation de données ; **data storage management**, gestion des supports de données ; **data stream**, flot de données ; **data streamer**, dérouleur en continu ; **data string**, chaîne de données ; **data structure**, structure des données ; **data switching centre**, centre de commutation de données ; **data switching exchange (DSE)**, centre de commutation de données ; **data terminal**, terminal de données ; **data terminal equipment (DTE)**, terminal de données (ETTD) ; **data terminal installation**, poste de télégestion ; **data transfer phase**, phase de transfert de données, phase de données ; **data transfer rate**, débit de transfert des données ; **data translator**, convertisseur de données, convertisseur de code ; **data transmission**, transmission de données, de l'information ; **data transmission channel**, voie de transmission (de données) ; **data transmission line**, ligne de transmission de données ; **data type**, type de données ; **data unit**, module de données ; **data use identifier**, identificateur d'utilisation de données ; **data validation**, validation des données ; **data validity**, validité des données ; **data vet**, validation des données ; **data word**, mot de données ; **data word length**, longueur du mot de données ; **data word size**, longueur de mot ; **decentralised data processing**, traitement décentralisé ;

digital data, données numériques ; **digital data demodulator (DDD)**, démodulateur d'information numérique ; **direct data entry (DDE)**, entrée directe des données ; **discrete data**, données discrètes ; **distributed data base**, base de données distribuée ; **distributed data processing**, informatique distribuée ; **effective data transfer rate**, cadence utile de transfert de données ; **electronic data processing (EDP)**, traitement électronique de données ; **end-of-data**, fin des données ; **end of data exit**, sortie définitive des données ; **error data**, données erronées ; **external data file**, fichier externe ; **fill in blank data entry**, entrée par remplissage de blancs ; **generated data flow**, flux de données générées ; **generation data set**, ensemble de données générées ; **global data**, données communes ; **graphic data reduction**, conversion numérique de courbe ; **graphic data structure**, arrangement de données graphiques ; **high-data rate**, transmission à grande vitesse ; **high-speed data channel**, canal rapide ; **historical data**, données fondamentales ; **home data channel**, canal de données local ; **huge data**, grande quantité de données ; **immediate data**, données directes ; **in-line data processing**, traitement de données simultané ; **index data item**, zone d'articles indexés ; **indexed data name**, nom de données indexé ; **individual data support**, support individuel d'information ; **industrial data capture**, saisie des informations industrielles ; **informative data**, données utiles ; **initial data**, données initiales ; **input data**, données d'entrée ; **input data block**, bloc d'entrée des données ; **input data translator**, traducteur des données en entrée ; **input/output data**, données d'entrée/sortie ; **integrated data base**, base de données intégrée ; **integrated data processing (IPL)**, traitement intégré de l'information ; **intermediate data**, résultats intermédiaires ; **intermediate data storage**, mémoire intermédiaire ; **internal data processing**, traitement interne des données ; **interpretation of data**, interprétation des données ; **irretrievable data**, données inaccessibles ; **logical data set**, groupe logique de données ; **machine-readable data**, données exploitables par la machine ; **maintained data**, données à jour ; **mass data**, données de masse ; **master data**, données directrices ; **multi-keyboard data capture**, saisie multiclavier ; **node status data**, données d'état nodal ; **nu-**

meric data, données numériques ; **numerical data**, données numériques ; **on-line data capture**, saisie en ligne ; **on-line data service**, serveur de données ; **one-keyboard data capture**, saisie monoclavier ; **operational control data**, données de commande opérationnelle ; **output data**, données de sortie ; **partitioned data**, données cataloguées ; **pictorial data representation**, représentation de données image ; **primary data**, données d'origine ; **primary data acquisition**, saisie des données d'origine ; **primary data area**, zone de données primaires ; **primary data block**, bloc de données primaires ; **primary data extent**, zone de données primaires ; **primary data record**, enregistrement primaire ; **prime data**, données de base ; **printing data**, données d'impression ; **printing data transceiver**, téléimprimeur ; **process data**, données industrielles ; **process data input**, entrées des données industrielles ; **process data output**, sortie des données industrielles ; **processing data**, données à traiter ; **production data**, données de production ; **programme data**, données de programme ; **public data network**, réseau de télétraitement public ; **qualified data name**, nom de donnée qualifiée ; **raw data**, données brutes ; **raw data transfer**, transfert de données brutes ; **related data**, données relationnelles ; **relational data base**, base de données relationnelles ; **relative data**, données relatives ; **sample data**, échantillon ; **sampled data control**, contrôle de données par échantillonnage ; **sequential data**, données séquentielles ; **sequential data file**, fichier à données séquentielles ; **sequential data structure**, structure séquentielle ; **source data**, données de base ; **synchronous data network**, réseau synchrone ; **synchronous data transmission**, transmission de données synchrone ; **tabular data presentation**, présentation de données en table ; **tandem data circuit**, circuit de données en tandem ; **test data**, données d'essai ; **typical data**, informations typiques ; **transaction data**, données de mouvement ; **unfitted data**, données erronées ; **unprotected data field**, zone de données non protégée ; **user data**, données utilisateur ; **variable data**, données variables ; **video data terminal**, poste vidéo, terminal vidéo ; **viewable data**, données visualisables ; **vital data**, informations essentielles ; **volume of data**, volume de données.

DATABANK : databank, banque de données.

DATABASE : database, base de données ; **computerised database**, base de données automatisée ; **corporate database**, base de données d'entreprise ; **database descriptor**, descripteur de base de données ; **database environment**, environnement de base de données ; **database query**, interrogation d'une base de données ; **image database**, base de données image.

DATACALL : datacall, transmission, communication.

DATACOM : datacom, transfert de données ; **datacom network**, réseau télématique ; **datacom package**, progiciel télématique.

DATAGRAM : datagram, datagramme ; **datagram service**, service de datagrammes.

DATALINE : dataline, ligne télématique.

DATALINK : XMODEM protocol (data-link), protocole (de transmission) XMODEM.

DATAMATION : datamation, traitement de l'information.

DATE : date compiled, date de compilation ; **installation date**, date d'installation ; **modification date**, date de modification ; **posting date**, date de comptabilisation ; **purge date**, date de mise à jour.

DATER : dater, horodateur.

DATING : dating, mise à la date ; **dating routine**, programme horodateur.

DATUM : datum, donnée ; **vital datum**, donnée essentielle.

DAV : data above voice (DAV), données supravocales.

DB : decibel (dB), décibel (dB).

DBM : data base management (DBM), gestion de base de données (GBD).

DDD : digital data demodulator (DDD), démodulateur d'information numérique.

DDE : direct data entry (DDE), entrée directe des données.

DDL : data description language (DDL), langage de description de données.

DEACTIVATE : deactivate (to), désactiver.

DEAD : dead, inactif, mort ; **dead file**, fichier inactif ; **dead halt**, arrêt immédiat ; **dead storage**, mémoire fixe ; **dead time**, temps mort ; **dead zone**, zone inactive ; **drop-dead halt**, arrêt définitif.

DEADLOCK : deadlock, arrêt net.

DEADLY : deadly embrace, arrêt conflictuel.

DEALLOCATE : deallocate (to), libérer.

DEALLOCATION : resource deallocation, désaffectation des ressources.

DEATH : slow death, mort lente.

DEBLOCKING * : deblocking, dégroupage, dégroupement.

DEBUG * : debug (to), déboguer ; debug failure, défaillance initiale ; snapshot debug, débogage sélectif dynamique.

DEBUGGER : debugger, programme débogueur ; symbolic debugger, programme symbolique de débogage.

DEBUGGING * : debugging, débogage ; console debugging, débogage à la console ; debugging aids, outils de débogage ; debugging period, période de rodage ; debugging phase, phase de mise au point ; interactive debugging, débogage interactif ; programme debugging, débogage de programme ; remote debugging, mise au point déportée.

DECADE : decade, décade ; decade counter, compteur à décade.

DECAY : decay, affaiblissement ; decay time, temps de descente.

DECELERATION : deceleration time, temps de décélération.

DECENTRALISED, DECENTRALIZED : decentralised (US: decentralized), décentralisé ; decentralised data processing, traitement décentralisé.

DECIBEL : decibel (dB), décibel.

DECIMAL : decimal, décimal ; actual decimal point, virgule décimale réelle ; assumed decimal point, virgule programmée ; binary-coded decimal (BCD), décimal codé binaire (DCB) ; binary-coded decimal code, numération décimale codée en binaire ; binary-coded decimal number, nombre décimal codé en binaire ; binary-coded decimal system, système décimal codé en binaire ; binary-to-decimal conversion, conversion binaire-décimal ; binary-to-decimal decoder (BDD), décodeur numérique-décimal ; coded decimal, décimal ; decimal classification, classification décimale ; decimal conversion, conversion décimale ; decimal digit, chiffre décimal ; decimal floating point, virgule décimale ; decimal

notation, numération décimale ; decimal numeration, numération décimale ; decimal point alignment, cadrage, positionnement de la virgule décimale ; decimal scale, échelle décimale ; decimal system, système décimal ; decimal-to-binary conversion, conversion décimal-binaire ; decimal-to-hexadecimal conversion, conversion décimal-hexadécimal ; decimal-to-octal conversion, conversion décimal-octal ; decimal unit of information content, Hartley, unité décimale (quantité d'information) ; floating decimal, virgule flottante ; implied decimal point, virgule décimale présumée ; packed decimal, décimal condensé ; signed packed decimal, décimal condensé signé ; terminating decimal, fraction décimale de faible poids ; universal decimal classification, classification décimale universelle ; unpacked decimal, décimal non condensé ; zoned decimal, décimal.

DECIMALISATION, DECIMALIZATION : decimalisation (US: decimalization), décimalisation.

DECIMALISED, DECIMALIZED : decimalised (US: decimalized) notation, notation décimalisée.

DECIPHER : decipher (to), déchiffrer.

DECIPHERING : deciphering, déchiffrement.

DECIPHERMENT : decipherment, déchiffrement.

DECISION : decision, décision ; decision box, noeud de décision ; decision content, quantité de décision ; decision element, élément-seuil ; decision instruction, instruction de décision, branchement ; decision symbol, symbole de branchement ; decision table, table de décision ; decision tree, branchement multiple ; interactive decision making, aide à la décision conversationnelle ; logic decision, décision logique ; logical decision, décision logique ; open decision table, table de décision ouverte.

DECK * : deck, paquet de cartes, jeu de cartes ; assembler deck, jeu de cartes d'assembleur ; card deck, paquet de cartes, jeu de cartes ; deck set-up, arrangement de cartes ; input deck, jeu de cartes d'entrée ; instruction deck, paquet de cartes d'instructions ; object deck, paquet de cartes objet ; programme deck, jeu de cartes-programme ; relocatable deck, module translatable ; single-deck tape, déroulement monobobine ; **source deck**, cartes-programme source ; **tape deck**, dérouleur de bande magnétique.

DECLARATION : declaration, déclaration, pseudo-instruction, directive ; **data declaration**, déclaration des données ; **implicit declaration**, déclaration implicite ; **macro-declaration**, macro-définition, macro-déclaration ; **variable declaration**, déclaration de variable.

DECLARATIVE * : declarative, déclaration, pseudo-instruction, directive ; **declarative instruction**, instruction déclarative ; **declarative macro**, macro déclarative ; **end declarative**, fin des déclarations de procédure ; **include declarative**, déclaration d'inclusion ; **use declarative**, déclaration d'utilisation.

DECODER * : instruction decoder, décodeur d'instruction ; **interrupt decoder**, décodeur d'interruption ; **segment decoder**, décodeur de segment.

DECODING : instruction decoding, décodage de l'instruction ; **interrupt decoding**, analyse des interruptions.

DECREMENT * : decrement (to), décrémenter ; **decrement field**, zone de modification d'adresse.

DECREMENTATION : decrementation, régression.

DECRYPTION : decryption, décryptage ; **encryption-decryption procedure**, procédure d'encryptage-décryptage.

DEDICATED : dedicated, adapté, spécialisé, orienté ; **dedicated circuit**, circuit spécialisé ; **dedicated computer**, calculateur spécialisé ; **dedicated line**, ligne spécialisée ; **dedicated mode**, mode de traitement isolé ; **dedicated programme**, programme spécialisé ; **non-dedicated**, non spécialisé ; **non-dedicated circuit**, circuit non spécialisé.

DEFAULT * : default, par défaut, implicite ; **default code character**, caractère de code par défaut ; **default option**, option par défaut ; **default parameter**, paramètre par défaut ; **default size value**, longueur inplicite.

DEFECT : defect, défaut ; **latent defect**, vice caché ; **major defect**, défaut majeur.

DEFECTIVE : automatic defective track recovery, changement automatique de piste défectueuse ; **defective track**, piste dégradée, voie erronée, piste défectueuse.

DEFERRED : deferred addressing, adressage différé ; **deferred entry**, entrée diffé-

rée ; **deferred maintenance**, maintenance en service ; **deferred processing**, traitement différé.

DEFINED : defined record, enregistrement défini ; **programmer-defined macro**, macro définie par le programmeur ; **recursively defined sequence**, suite récurrente ; **user-defined**, défini par l'utilisateur ; **user-defined word**, mot défini par l'utilisateur.

DEFINITION : definition, définition ; **data definition**, définition des données ; **data set definition**, définition de la structure des données ; **file definition**, définition de fichier ; **item definition**, définition d'article ; **job definition**, définition de travaux ; **keyword macro definition**, définition du macro de mot clé ; **macro-definition**, macro-définition, macro-déclaration ; **problem definition**, définition du problème ; **procedure definition**, définition des procédures ; **systems definition**, définition de systèmes.

DEFLECTION : deflection, déflexion ; **deflection coil**, bobine de déviation ; **horizontal deflection**, déviation horizontale, déflexion horizontale ; **vertical deflection**, déviation verticale ; **vertical deflection sawtooth**, dent de scie trame.

DEFLECTOR : deflector, plaque de déflexion.

DEGAUSS : degauss (to), démagnétiser.

DEGAUSSING : degaussing, démagnétisation.

DEGENERACY : degeneracy, dégénérescence.

DEGRADATION : degradation, dégradation ; **graceful degradation**, dégradation progressive ; **graceful degradation mode**, mode dégradé progressif ; **priority degradation**, révision des priorités.

DEGREE : degree of distortion, degré de distorsion.

DEJAGGING : dejagging, lissage.

DELAY : delay, retard, délai ; **absolute delay**, délai de transmission ; **acoustic delay line**, ligne à retard acoustique ; **clear-to-send delay**, temps de retournement ; **cycle delay**, décalage de cycle ; **delay counter**, temporisateur ; **delay equaliser**, compensateur de retard ; **delay line**, ligne à retard ; **delay line register**, registre à circulation ; **delay line storage**, mémoire à ligne à retard, mémoire à propagation ; **delay network**, réseau à retard ; **delay time**, temps de propagation ; **digit delay element**, circuit à retard binaire ; **group delay**, délai de groupe ; **operator delay**, temps de réponse d'opérateur ; **phase delay**, retard de phase ; **rotational delay**, latence, temps d'attente ; **rotational delay time**, délai d'attente ; **variable delay**, retard variable.

DELAYED : delayed delivery, remise différée ; **delayed ouput**, sortie différée.

DELEAVER : deleaver, déliasseuse.

DELETE : delete (to), effacer ; **delete character**, caractère de suppression.

DELETER : deleter, oblitérateur ; **blank deleter**, suppresseur d'espace.

DELETION : deletion, oblitération ; **deletion record**, enregistrement d'annulation ; **line deletion character**, caractère d'effacement de ligne ; **zero deletion**, suppression des zéros.

DELIMIT : delimit (to), délimiter.

DELIMITER * : délimiter, séparateur, délimiteur ; **comma delimiter**, virgule de séparation ; **data delimiter**, délimiteur de données ; **word delimiter**, sentinelle de mot.

DELIMITING : delimiting character, caractère de séparation.

DELIVERY : delivery, distribution ; **delayed delivery**, remise différée ; **delivery statement**, instruction d'extraction.

DELTA : delta modulation, modulation delta.

DEMAGNETISATION, DEMAGNETIZATION : demagnetisation (US: demagnetization), démagnétisation.

DEMAND : demand, demande, requête, appel ; **conditional demand**, requête conditionnelle ; **demand (to)**, interroger, consulter, demander ; **demand assessment**, évaluation de la demande ; **demand paging**, pagination sur demande ; **demand processing**, traitement immédiat ; **demand staging**, transfert immédiat ; **demand writing**, écriture immédiate ; **item demand**, demande d'articles ; **on-demand**, sur demande.

DEMARCATE : demarcate (to), délimiter.

DEMARCATION : demarcation, délimitation ; **demarcation character**, caractère de délimitation ; **demarcation comma**, virgule de délimitation.

DEMO : demo programme, programme de démonstration.

DEMOCRATIC : democratic network, réseau non hiérarchique.

DEMODULATION * : demodulation, démodulation.

DEMODULATOR : demodulator, démodulateur ; **digital data demodulator (DDD)**, démodulateur d'information numérique.

DEMONSTRATOR : demonstrator, démonstrateur.

DEMULTIPLEXING : demultiplexing, démultiplexage.

DENARY : denary, décimal.

DENIAL : denial, refus ; **alternative denial gate**, porte NON-ET ; **joint denial element**, circuit NON-OU, porte NON-OU ; **joint denial gate**, circuit NON-OU, porte NON-OU ; **joint denial operation (NOR)**, opération NON-OU, opération NI.

DENIED : access denied, accès refusé.

DENSE : dense binary code, code binaire saturé ; **dense index**, index saturé ; **dense list**, liste linéaire.

DENSITY * : density, densité ; **bit density**, densité binaire ; **character density**, densité de caractères ; **data density**, densité de compactage ; **density bit**, bit de densité ; **double density recording**, enregistrement en double densité ; **high-density bipolar (HDB)**, code bipolaire à densité élevée ; **high-storage density**, haute densité d'enregistrement ; **information density**, densité d'enregistrement ; **ink density**, densité d'encrage ; **line density**, densité de lignes ; **magnetic flux density**, densité de flux magnétique, induction magnétique ; **packing density**, densité d'enregistrement ; **print density**, densité d'impression ; **quad density**, densité quadruple ; **recording density**, densité d'enregistrement ; **storage density**, densité de mémorisation ; **tape recording density**, densité d'enregistrement de la bande ; **track density**, densité de pistes ; **writing density**, densité d'écriture.

DEPENDENCY : dependency, dépendance.

DEPENDENT : computer-dependent, dépendant de l'ordinateur ; **computer-dependent language**, langage du calculateur ; **pendent programme**, programme associé ; **dependent task**, tâche dépendante ; **dependent variable**, variable dépendante ; **device-dependent**, dépendant du périphérique ; machine-dependent language, langage dépendant de la machine ; **user-dependent**, dépendant de l'utilisateur ; **voltage-dependent**, dépendant de la tension.

DEPOSIT : deposit, vidage.

DEPRESSION : key depression, pression sur une touche, frappe.

DEQUEUE : dequeue (to), enlever d'une file.

DERATE : derate (to), déclasser.

DERATING : derating, déclassement.

DERIVED : derived type, type dérivé ; **derived unit**, unité dérivée ; **frequency-derived channel**, voie dérivée en fréquence ; **time-derived channel**, voie dérivée en temps.

DESCENDER : descender, jambage inférieur de caractère.

DESCENDING : descending order, ordre décroissant ; **descending sort**, tri par ordre décroissant.

DESCRAMBLER : descrambler, désembrouilleur.

DESCRAMBLING : descrambling, désembrouillage.

DESCRIPTION : data description, description de données ; **data description language (DDL)**, langage de description de données ; **file description**, description de fichier.

DESCRIPTOR * : descriptor, descripteur ; **character descriptor**, cellule caractère ; **database descriptor**, descripteur de base de données ; **file descriptor area**, zone de description de fichier ; **programme descriptor**, descripteur de programme ; **segment descriptor**, descripteur de segment.

DESERIALISER, DESERIALIZER : deserialiser (US: deserializer), convertisseur parallèle-série, désérialiseur.

DESIGN : design, étude, conception ; **automated design**, conception automatisée ; **channel design**, conception des canaux ; **computer-aided design (CAD)**, conception assistée par ordinateur (CAO) ; **design aid**, aide à la conception ; **design automation**, conception automatisée ; **design language**, langage d'analyse ; **design objective**, but de la construction ; **design parameter**, paramètre de conception ; **form design**, conception des imprimés ; **functional design**, étude fonctionnelle, conception fonctionnelle ; **hybrid design**, conception mixte ; **interface design**, concept des interfaces ; **job design**, conception des tâches ; **logic de-**

sign, étude logique, conception logique ; **logical design**, étude logique, conception logique ; **programme design**, conception de programme ; **software design**, conception logicielle ; **stand-alone design station**, poste de conception autonome ; **standard design**, conception standard ; **system design language**, langage d'analyse ; **system interface design**, conception d'interface de système ; **systems design**, conception de systèmes.

DESIGNATION : designation hole, code carte, perforation fonctionnelle.

DESIGNATOR : function designator, désignateur de fonction ; **mnemonic designator**, indicateur mnémonique ; **record designator**, numéro de la piste de blocs ; **switch designator**, désignateur d'aiguillage.

DESK : desk, bureau ; **console desk**, pupitre de commande ; **control desk**, pupitre de commande ; **desk accessory**, accessoire de bureau ; **desk check**, vérification ; **mobile terminal desk**, poste de travail mobile.

DESKTOP : desktop computer, ordinateur de bureau ; **desktop publishing**, publication assistée par ordinateur (PAO) ; **desktop tools**, outils de bureau.

DESPATCH, DISPATCH * : despatch (to) (or dispatch), répartir, distribuer.

DESPATCHER : despatcher, répartiteur.

DESTAGE : destage, mouvement de données.

DESTINATION : destination equipment, équipement destinataire ; **destination field**, zone réceptrice ; **destination file**, fichier de destination ; **destination node**, noeud de destination.

DESTRUCTION : destruction storage, mémoire à lecture destructive.

DESTRUCTIVE : destructive addition, addition destructive ; **destructive cursor**, curseur effaceur ; **destructive read**, lecture destructive ; **destructive read-out (DRO)**, lecture destructive ; **destructive test**, test destructif ; **non-destructive read**, lecture non destructive ; **non-destructive readout**, lecture non destructive.

DETACH : detach (to), libérer.

DETACHABLE : detachable keyboard, clavier amovible.

DETAIL : detail file, fichier de détail ; **detail output**, sortie individuelle ; **detail print-**

ing, impression à la carte ; **inspection detail card**, carte de contrôle, fiche de vérification.

DETAILED : detailed block diagram, schéma synoptique détaillé ; **detailed break-down**, décomposition détaillée.

DETATCHED : detatched keyboard, clavier séparé.

DETECTABLE : detectable segment, segment détectable.

DETECTED : detected error, erreur détectée.

DETECTING : error-detecting code, code détecteur d'erreurs ; **error detecting system**, système à détection d'erreurs.

DETECTION : error detection, détection d'erreurs ; **error detection code (EDC)**, code détecteur d'erreurs ; **error detection system**, système à détection d'erreurs ; **fault detection circuit**, circuit de détection d'anomalie ; **light-pen detection**, détection par photostyle.

DETECTOR : detector, détecteur ; **card jam detector**, détecteur de bourrage de cartes ; **fault detector**, détecteur d'avarie.

DEVELOPED : developed, développé ; **customer-developed**, développé par l'utilisateur.

DEVELOPMENT : development tool kit, kit de programmes de développement ; **programme development**, développement de programme ; **software development**, développement de logiciel.

DEVIATION : flow deviation algorithm (FDA), algorithme de déviation de fluence ; **frequency deviation**, excursion de fréquence ; **mean deviation**, tolérance moyenne ; **probable deviation**, erreur probable ; **standard deviation**, déviation standard.

DEVICE : device, dispositif, organe, périphérique ; **analogue device**, dispositif analogique ; **asynchronous device**, périphérique asynchrone ; **attention device**, alarme ; **autonomous device**, dispositif autonome ; **backup device**, unité de réserve ; **bipolar device technology**, technologie transistor ; **buffered device**, élément à tampon ; **card feed device**, guide-carte ; **card reversing device**, retourneuse de cartes ; **choice device**, sélecteur ; **communication device**, organe de dialogue ; **computing device**, équipement de calcul ; **cursor device**, dispositif curseur ; **data entry device**, périphérique de saisie ; **device**

adapter, adaptateur périphérique ; **device adapter interface**, interface de périphérique ; **device address**, adresse de périphérique ; **device co-ordinate**, coordonnée d'appareil ; **device control (DC)**, commande d'appareil auxiliaire ; **device control area**, zone de commande de périphérique ; **device-dependent**, dépendant du périphérique ; **device driver**, coupleur de périphérique ; **device error exit**, erreur de sortie de périphérique ; **device file**, fichier des périphériques ; **device flag**, indicateur d'état périphérique ; **device identifier**, identificateur de périphérique ; **device-independent**, indépendant de la machine ; **device name**, nom de périphérique ; **device number**, numéro de périphérique ; **device queue**, file d'attente des périphériques ; **device reserve**, réserve de périphérique ; **device status word**, mot d'état de périphérique ; **direct access device**, périphérique à accès séquentiel ; **disc eject device**, dispositif d'éjection de disquette ; **display device**, unité d'affichage, écran de visualisation ; **end-use device**, périphérique destinataire ; **feeding device**, dispositif d'alimentation ; **gripping device**, appareil de préhension ; **guiding device**, dispositif de guidage ; **hardcopy device**, reprographe ; **imaging device**, imageur ; **input control device**, organe de commande d'entrée ; **input device**, unité d'entrée, organe d'entrée ; **input/output device**, unité d'entrée/sortie, organe d'entrée/sortie ; **integrated device**, organe intégré ; **interface device**, interface ; **invalid type device**, type d'organe incorrect ; **job control device**, unité de gestion des travaux ; **job input device**, périphérique d'entrée de travaux ; **job output device**, périphérique de sortie ; **logic device**, organe logique ; **logical device**, organe logique ; **microcoding device**, circuit de microprogrammation ; **mnemonic device name**, nom mnémotechnique ; **null device**, périphérique fictif ; **offset stacker device**, récepteur à décalage de cartes ; **output device**, unité de sortie, organe de sortie ; **paging device**, dispositif de pagination ; **peripheral device**, organe périphérique ; **physical device**, organe périphérique ; **pick device**, dispositif de désignation ; **printing device**, dispositif d'impression ; **random access device**, dispositif à accès direct ; **raster display device**, visu à quadrillage, à balayage de trame ; **read-out (device)**, affichage caractères, visuel à caractères ; **read-**

out device, dispositif d'affichage ; **real device**, dispositif physique ; **remote device**, périphérique déporté ; **scanning device**, analyseur, scaneur, scanographe ; **sensing device**, organe de lecture ; **serial access device**, organe à accès série ; **slow device**, périphérique lent ; **solid state device**, élément à l'état solide ; **storage (device)**, mémoire ; **stroke device**, lecteur de courbe ; **supervisory device**, organe de supervision ; **total device**, totalisateur ; **unassigned device**, unité non affectée ; **uncoverable device error**, erreur de matériel irréparable ; **unit record device**, dispositif standard d'entrée/sortie ; **verifying device**, dispositif de contrôle ; **video device**, écran de visualisation ; **virtual device**, périphérique virtuel ; **visual display device**, unité d'affichage ; **voice-actuated device**, dispositif d'activation vocal.

DIACRITICAL : diacritical, diacritique ; **diacritical work**, caractère diacritique.

DIAD : diad, doublet, multiplet de deux bits.

DIAGNOSE : diagnose (to), diagnostiquer.

DIAGNOSIS : diagnosis, diagnostic ; **chip level diagnosis**, diagnostic au niveau du circuit ; **fault diagnosis**, diagnostic de panne.

DIAGNOSTIC : board level diagnostic, microdiagnostic ; **compiler diagnostic**, diagnostic de compilation ; **diagnostic check**, contrôle diagnostic ; **diagnostic flag**, marque de diagnostic ; **diagnostic programme**, programme de diagnostic ; **diagnostic routine**, routine de diagnostic ; **diagnostic test**, test diagnostic ; **error diagnostic**, diagnostic d'erreurs ; **warning diagnostic**, diagnostic d'alerte.

DIAGRAM : diagram, diagramme ; **block diagram**, schéma fonctionnel ; **computer diagram**, schéma de calculateur ; **detailed block diagram**, schéma synoptique détaillé ; **flow diagram**, organigramme ; **flow process diagram**, diagramme de fluence ; **functional diagram**, schéma fonctionnel ; **logical diagram**, logigramme ; **pie diagram**, diagramme à secteurs, diagramme camembert ; **pin diagram**, brochage ; **running diagram**, diagramme de fonctionnement ; **set-up diagram**, schéma d'implantation, schéma de montage ; **state diagram**, diagramme de situation ; **status diagram**, diagramme d'état ; **tree diagram**, diagramme structurel hiérarchique ; **vector diagram**, diagramme vectoriel ; **Venn diagram**,

diagramme de Venn ; **wiring diagram**, plan de câblage ; **working diagram**, diagramme de fonctionnement.

DIAL : dial, cadran ; **dial exchange**, échange automatique ; **dial pulse**, impulsion de numérotation ; **dial switching**, sélection par cadran numérique ; **dial tone**, tonalité d'appel ; **multiturn dial**, écran d'appel à rotation multiple ; **rotary dial**, numéroteur circulaire ; **telephone dial**, cadran téléphonique.

DIALECT : dialect, dialecte.

DIALLER, DIALER : dialler (US: dialer), numéroteur ; **auto-dialler**, numéroteur automatique.

DIALLING, DIALING * : dialling (US: dialing), numérotation téléphonique ; **abbreviated dialling**, numérotation abrégée ; **automatic dialling unit (ADU)**, numéroteur automatique ; **compressed dialling**, numérotation condensée ; **route dialling**, numérotation de routage ; **tone dialling**, numéroteur à boutons-poussoir.

DIALOGUE, DIALOG : dialogue (US: dialog), dialogue ; **application dialogue**, dialogue d'application ; **man-machine dialogue**, dialogue homme-machine.

DIALUP : dialup, appel téléphonique.

DIAMOND : diamond-shaped cursor pad, pavé curseur en losange.

DIBIT : dibit, doublet.

DICHOTOMISE, DICHOTOMIZE : dichotomise (to) (US: dichotimize), dichotomiser.

DICHOTOMISING, DICHOTOMIZING : dichotomising (US: dichotomizing) search, recherche dichotomique.

DICHOTOMY : dichotomy, dichotomie.

DICTIONARY : dictionary, dictionnaire ; **data dictionary**, dictionnaire des données ; **main dictionary file**, fichier dictionnaire principal ; **pop-up dictionary**, dictionnaire en mode fenêtre ; **secondary dictionary file**, fichier dictionnaire secondaire.

DIELECTRIC : dielectric, isolant.

DIFFERED : differed exit, sortie déroutée ; **differed restart**, redémarrage manuel.

DIFFERENCE : difference, différence ; **difference check**, contrôle différentiel ; **logical difference**, différence logique ; **symmetric difference**, opération OU exclusif.

DIFFERENTIAL : differential address,

adresse différentielle ; **differential amplifier**, amplificateur différentiel ; **differential link**, chaînage différentiel ; **differential modulation**, modulation différentielle ; **differential quotient**, quotient différentiel ; **semantic differential**, méthode sémantique.

DIFFERENTIATION : differentiation, différentiation.

DIFFERENTIATOR : differentiator, différentiateur.

DIFFUSION : diffusion, diffusion.

DIGIT * : digit, chiffre ; **binary digit**, chiffre binaire ; **borrow digit**, retenue négative ; **carry digit**, retenue ; **check digit**, chiffre de contrôle ; **decimal digit**, chiffre décimal ; **digit compression**, compression binaire ; **digit delay element**, circuit à retard binaire ; **digit insert**, insertion de chiffres ; **digit period**, période binaire ; **digit place**, position binaire ; **digit position**, position binaire ; **digit selection**, sélection de chiffres ; **digit slip**, perte d'élément binaire ; **digit time**, période binaire ; **forbidden digit**, chiffre interdit ; **gap digit**, chiffre de service ; **hexadecimal digit**, chiffre hexadécimal ; **high-order digit**, chiffre de poids fort ; **least significant digit (LSD)**, chiffre de poids faible ; **most significant digit (MSD)**, chiffre de poids le plus fort ; **numeric digit**, chiffre ; **octal digit**, chiffre octal ; **one-digit adder**, demi-additionneur, additionneur à deux entrées ; **one-digit subtracter**, demi-soustracteur ; **protection digit**, binaire de protection ; **sign binary digit**, élément de signe ; **sign digit**, binaire de signe ; **significant digit**, chiffre significatif ; **successive digits**, chiffres successifs ; **valid digit**, chiffre valable ; **zone digit**, perforation hors-texte.

DIGITAL * : digital, numéral, numérique ; **analogue-digital**, analogique-numérique ; **analogue-to-digital converter (ADC)**, convertisseur analogique-numérique (CAN) ; **digital adder**, additionneur binaire ; **digital bus**, bus numérique ; **digital carrier system**, système à porteuse numérique ; **digital cassette**, cassette numérique ; **digital circuit**, circuit numérique ; **digital clock**, horloge numérique ; **digital communications**, communications numérisées ; **digital computer**, calculateur numérique ; **digital converter**, convertisseur numérique ; **digital counter**, compteur numérique ; **digital data**, données numériques ; **digital data demodulator (DDD)**, démodulateur d'informa-

tion numérique ; **digital display**, affichage numérique ; **digital divider**, diviseur numérique ; **digital frame buffer**, tampon numérique d'image ; **digital input**, entrée numérique ; **digital modulation**, modulation numérique ; **digital optical disc**, disque optique numérique ; **digital process computer**, calculateur de processus numérique ; **digital readout**, affichage numérique ; **digital recorder**, enregistreur numérique ; **digital representation**, représentation numérique ; **digital resolution**, résolution numérique ; **digital signal**, signal numérique ; **digital signalling**, signalisation numérique ; **digital switching**, commutation numérique ; **digital-to-analogue converter (DAC)**, convertisseur numérique-analogique ; **digital-to-analogue decoder**, décodeur numérique-analogique ; **serial digital interface**, interface numérique série ; **serial digital output**, sortie numérique série.

DIGITALISATION, DIGITALIZATION : digitalisation (US: digitalization), numérisation.

DIGITISATION, DIGITIZATION : digitisation (US: digitization), numérisation.

DIGITISE, DIGITIZE : digitise (to) (US: digitize), numériser.

DIGITISED, DIGITIZED : digitised (US: digitized), numérisé.

DIGITISER, DIGITIZER : digitiser (US: digitizer), numériseur ; **image digitiser**, numériseur d'image ; **video digitiser**, numériseur vidéo.

DIGITISING, DIGITIZING : digitising (US: digitizing), numérisation ; **digitising pad**, numériseur ; **digitising tablet**, table à numériser.

DIGRAPH : digraph, graphe orienté.

DIL : dual-in-line package (DIL), boîtier à double rangée de connexions.

DIMENSION : three-dimension geometric modelling, modélisation géométrique tridimensionnelle ; **three-dimension graphic display**, écran graphique tridimensionnel ; **three-dimension transformation**, transformation tridimentionnelle.

DIMENSIONAL : one-dimensional, linéaire ; **one-dimensional array**, tableau à une dimension, liste linéaire ; **one-dimensional array processor**, processeur vectoriel ; **three-dimensional animation**, animation tridimensionnelle ; **three-dimensional array**, tableau tridimensionnel ; **two-dimensional animation graphics**, graphique animé bidimensionnel ; **two-dimensional array**, tableau bidimensionnel ; **two-dimensional array processor**, processeur matriciel ; **two-dimensional scale**, échelle bidimensionnelle ; **two-dimensional translate**, translation bidimensionnelle.

DIMENSIONED : dimensioned variable, variable de tableau.

DIMINISHED : diminished radix, complément restreint, à la base moins un.

DIODE : diode, diode ; **diode matrix**, matrice de diodes ; **junction diode**, diode à jonction ; **light-emitting diode (LED)**, diode électroluminescente ; **microwave diode**, diode à micro-ondes ; **silicon diode**, diode au silicium ; **universal diode**, diode universelle ; **xtal diode**, diode à cristal.

DIP : dip, immersion ; **power dip**, défaillance secteur.

DIPHASE : diphase code, code biphase.

DIPULSE * : dipulse, impulsion bipolaire.

DIRECT : direct access, accès sélectif, accès direct ; **direct access device**, périphérique à accès séquentiel ; **direct access file**, fichier à accès séquentiel ; **direct access library**, bibliothèque à accès direct ; **direct access storage**, mémoire à accès direct, mémoire à accès aléatoire ; **direct address**, adresse directe ; **direct addressing**, adressage direct ; **direct allocation**, allocation directe ; **direct call facility**, service d'appel direct ; **direct character reading**, lecture séquentielle de caractères ; **direct code**, code machine ; **direct coding**, codage absolu ; **direct control**, commande directe ; **direct data entry (DDE)**, entrée directe des données ; **direct file**, fichier direct ; **direct insert routine**, sous-programme ouvert ; **direct instruction**, instruction à adresse directe ; **direct memory access (DMA)**, accès direct à la mémoire ; **direct output**, sortie directe ; **direct read after write (DRAW)**, lecture et écriture simultanées ; **direct reset**, effacement sans écriture ; **direct serial file**, fichier séquentiel direct ; **direct store transfer**, accès mémoire direct.

DIRECTED : directed beam scan, balayage cavalier ; **directed graph**, graphe orienté ; **directed link**, arc ; **directed tree**, arborescence ; **list-directed**, commande par liste ;

syntax directed compiler, compilateur syntaxique.

DIRECTING : code directing character, caractère d'acheminement.

DIRECTION : direction, direction ; **call direction code**, caractère de sélection ; **count direction**, direction de comptage ; **flow direction**, sens de circulation, sens de liaison ; **longitudinal direction**, direction longitudinale ; **normal direction flow**, sens normal des liaisons ; **winding direction**, sens d'enroulement.

DIRECTIVE : assembler directive, directive d'assemblage ; **compiler directive**, directive de compilateur ; **directive**, pseudo-instruction, directive.

DIRECTOR * : director, programme de contrôle ; **programme director**, directive de programme.

DIRECTORY * : directory, catalogue, répertoire ; **address directory**, répertoire d'adresses ; **contents directory**, répertoire des programmes ; **data file directory**, répertoire de fichiers ; **directory overflow**, dépassement de capacité de répertoire ; **electronic directory**, annuaire électronique ; **file directory**, répertoire de fichiers ; **pop-up directory**, répertoire mode fenêtre ; **programme directory**, liste de programmes ; **volume directory**, répertoire de chargeurs.

DISABLE : disable (to), désactiver.

DISABLED : disabled interrupt, interruption d'interdiction.

DISABLING : disabling, mise hors-service ; **disabling signal**, signal inhibiteur ; **interrupt disabling**, désarmement d'interruption.

DISARM * : disarm (to), désarmer.

DISASSEMBLE : disassemble (to), désassembler.

DISASSEMBLER : packet assembler/disassembler (PAD), assembleur-désassembleur de paquets.

DISASSEMBLY : disassembly, désassemblage ; **disassembly programme**, désassembleur ; **packet disassembly**, désassemblage de paquets.

DISASTER : disaster dump, vidage accidentel.

DISC, DISK : disc (US: disk), disque magnétique, disque ; **audio disc**, microsillon ; **cache disc**, disque antémémoire ; **card-to-disc converter**, convertisseur cartes-disques ; **coded disc**, disque codé ; **digital optical disc**, disque optique numérique ; **disc array**, unité de disques ; **disc-based**, à base de disque ; **disc binder**, classeur pour disques ; **disc-bound**, limité par le disque ; **disc box**, coffret à disquettes ; **disc cartridge**, cartouche disque ; **disc clock**, horloge de synchronisation ; **disc controller**, contrôleur de disque ; **disc drive**, unité (d'entraînement) de disque (magnétique) ; **disc eject device**, dispositif d'éjection de disquette ; **disc file**, fichier disque ; **disc formatter**, formateur de disque ; **disc handler**, gestionnaire de disque ; **disc label check code**, code de vérification de label disque ; **disc library**, bibliothèque de disquettes ; **disc master**, disque principal ; **disc memory**, mémoire à disque ; **disc operating system (DOS)**, système d'exploitation à disque (SED) ; **disc pack**, chargeur multidisque ; **disc-resident**, résidant sur disque ; **disc sector**, secteur de disque ; **disc space**, espace disque ; **disc space management**, gestion de l'espace disque ; **disc storage**, mémoire à disque ; **disc storage drive**, mécanisme d'entraînement de disque ; **disc store**, mémoire à disque ; **disc system**, système à disque ; **disc unit**, unité de disque magnétique, unité de disque ; **disc write protect**, protection à l'écriture ; **exchangeable disc**, disque interchangeable ; **exchangeable disc storage (EDS)**, mémoire à disques amovibles ; **fixed disc**, disque dur ; **fixed-disc storage**, mémoire à disque dur ; **fixed-head disc**, disque à tête fixe ; **flexible disc**, disque souple, minidisque ; **flexible disc memory**, mémoire à disque souple ; **floppy disc**, disque souple, disquette, minidisque ; **floppy disc controller**, contrôleur de disque souple ; **floppy disc drive**, unité de disque souple ; **hard-centred disc**, disque à renforcement central ; **hard disc**, disque dur ; **hard-sectored disc**, disque à sectorisation matérielle ; **input disc**, disque d'entrée ; **input disc storage**, disque d'entrée ; **integral disc**, disque dur ; **magnetic disc**, disque magnétique, disque ; **magnetic disc file**, fichier sur disque magnétique ; **magnetic disc storage**, mémoire à disque magnétique ; **magnetic disc unit**, unité de disque magnétique, unité de disque ; **master disc**, disque d'exploitation, disque émetteur ; **memory disc**, disque à mémoire ; **microfloppy disc**, microdisquette ; **minifloppy disc**, minidisquette ; **multiplatter disc**, disque multiplateau ; **optical disc**, disque optique.

RAM disc : disque virtuel.

RAM disc software : logiciel de disque virtuel ; **removable magnetic disc**, disque magnétique amovible ; **reversible flexible disc**, disquette double face ; **rigid disc**, disque rigide ; **slave disc**, disque asservi ; **soft-sectored disc**, disquette à sectorisation logicielle ; **system disc**, disque système ; **system distribution disc**, disque système ; **unformatted disc**, disque non formaté ; **virtual disc**, disque virtuel ; **Winchester disc**, disque Winchester ; **Winchester disc system**, système à disque dur ; **Winchester technology disc**, disque de technologie Winchester ; **work disc**, disque de travail ; **write disc check**, contrôle à l'écriture.

DISCARD : discard (to), désaffecter.

DISCHARGE : discharge, décharge.

DISCIPLINE : queue discipline, méthode d'accès avec file d'attente.

DISCONNECT : disconnect (to), déconnecter ; **quick-disconnect**, connecteur à attache rapide.

DISCONNECTED : disconnected graph, graphe non connexe.

DISCONNECTION : disconnection, déconnexion.

DISCREPANCY : item count discrepancy, erreur de comptage d'articles.

DISCRETE * : discrete component, composant non intégré, composant discret ; **discrete data**, données discrètes ; **discrete representation**, représentation discrète ; **discrete type**, type discret.

DISCRIMINATION : discrimination instruction, instruction de décision.

DISCRIMINATOR : discriminator, discriminateur.

DISJUNCTION : disjunction, union, réunion, opération OU ; **disjunction element**, circuit OU, porte OU ; **disjunction gate**, circuit OU, porte OU ; **non-disjunction**, non-disjonction, NON-OU, NI.

DISJUNCTIVE : disjunctive search, recherche par mot clé.

DISKETTE * : diskette, disque souple, minidisque, disquette ; **diskette sectoring**, sectorisation de disque ; **single-sided diskette**, disquette utilisable en simple face ; **double-sided diskette**, disquette utilisable en double face.

DISMOUNT : dismount, démontage.

DISPATCHER : dispatcher, répartiteur ; **process dispatcher**, répartiteur de traitement.

DISPATCHING : dispatching, répartition ; **dispatching priority**, priorité de prise en charge ; **dispatching procedure**, mode de répartition ; **process dispatching**, répartition du traitement.

DISPERSE : disperse (to), diffuser.

DISPERSED : dispersed, distribué, réparti ; **dispersed intelligence**, intelligence distribuée ; **dispersed processing**, traitement distribué.

DISPERSION : dispersion, dispersion.

DISPLACEMENT * : displacement, déplacement ; **base displacement**, déplacement à la base ; **linear displacement**, décalage linéaire ; **volume displacement card**, carte de décalage de volume.

DISPLAY * : display, affichage ; display (to), afficher ; **analogue display**, affichage analogique ; **analogue display unit**, traceur de courbe analogique ; **autonomous display**, indicateur autonome ; **basic display unit (BDU)**, unité de visualisation de base ; **binary display**, affichage binaire, indication binaire ; **business-oriented display**, visualisation adaptée à la gestion ; **calligraphic display**, visu à balayage cavalier ; **character display**, affichage caractères, visuel à caractères ; **colour display**, affichage en couleur, écran en couleur ; **composite video display**, moniteur composite ; **continual refresh display**, écran à rafraîchissement continu ; **control message display**, affichage des messages de commande ; **data display unit**, terminal de données ; **digital display**, affichage numérique ; **display adapter**, carte d'écran ; **display area**, zone de visualisation ; **display background**, champ réservé de visualisation ; **display command**, commande d'affichage ; **display console**, visu, visuel, console de visualisation ; **display control**, interface de terminal ; **display control key**, touche de commande d'affichage ; **display control unit**, unité de contrôle de visualisation ; **display controller**, contrôleur d'écran ; **display cursor**, curseur d'écran ; **display cycle**, cycle de rafraîchissement ; **display device**, unité d'affichage, écran de visualisation ; **display driver**, gestionnaire d'écran ; **display element**, élément graphique, primitive graphique ; **display enhancement**, attribut de visualisation ; **display field**, champ de visualisation ; **display foreground**, champ de visualisation ; **display format**, format d'affichage ; **display function code**, code de fonction d'affichage ; **display image**, image ; **display instruction**, commande d'affichage ; **display light**, voyant, lampe-témoin ; **display line**, ligne de balayage ; **display memory**, mémoire d'écran ; **display menu**, menu d'écran ; **display point**, point adressable ; **display processor**, processeur d'écran ; **display refresh rate**, vitesse de rafraîchissement d'image ; **display resolution**, résolution d'écran ; **display screen**, écran de visualisation ; **display screen copier**, recopieur d'affichage écran ; **display scrolling**, défilement d'image ; **display setting**, format d'écran ; **display space**, espace d'affichage, surface utile ; **display subroutine**, routine d'écran ; **display surface**, surface d'affichage, surface de visualisation ; **display terminal**, poste d'affichage ; **display tube**, tube écran ; **display unit**, console de visualisation ; **dot matrix display**, affichage par points ; **flat screen display**, écran plat ; **forced display**, affichage systématique ; **formatted display**, affichage formaté ; **graphic display**, visualisation graphique ; **graphic display adapter**, carte graphique ; **graphic display programme**, programme de graphique ; **graphic display resolution**, résolution de l'affichage graphique ; **graphic display unit**, unité d'affichage graphique ; **graphic-oriented display**, écran graphique ; **inquiry display terminal**, terminal d'interrogation ; **interlaced display**, affichage entrelacé ; **keyboard display**, écran-clavier ; **keyboard display terminal**, terminal d'affichage à clavier ; **led display**, affichage électroluminescent ; **lighted display**, affichage lumineux ; **liquid crystal display (LCD)**, affichage à cristaux liquides ; **message display console**, console message ; **monitor display**, affichage moniteur ; **non-interlaced display**, affichage non interlacé ; **office display terminal**, terminal de bureau ; **opto-electronic display (OED)**, affichage optoélectronique ; **pixel-based display**, affichage matriciel ; **plasma display**, écran à plasma ; **raster display**, image ligne par ligne, affichage de trame ; **raster device**, visu à quadrillage, à balayage de trame ; **raster scan display**, affichage à balayage de trame ; **raster type display**, visualisation dite de trame ; **screen display**, affichage sur écran ; **storage display**, visu à mémoire ;

three-dimension graphic display, écran graphique tridimensionnel ; **tutorial display**, terminal éducatif ; **unformatted display**, affichage non formaté ; **vector-based display**, affichage cavalier ; **vector mode display**, visualisation en mode cavalier ; **video display image**, mémoire image de l'affichage vidéo ; **video display unit (VDU)**, unité à affichage vidéo ; **visual display**, visualisation ; **visual display device**, unité d'affichage ; **visual display terminal (VDT)**, console de visualisation ; **visual display unit**, terminal de visualisation.

DISPLAYABLE : displayable, visualisable.

DISPLAYED : screen displayed promter, guide de saisie affiché à l'écran.

DISSASSEMBLER : dissassembler, désassembleur.

DISSECTOR : dissector, dissecteur ; image dissector, dissecteur optique.

DISSIPATION : heat dissipation, chaleur dissipée ; **power dissipation**, dissipation de puissance ; **temperature dissipation**, échange thermique.

DISTANCE : distance, distance ; **distance element**, circuit OU exclusif, porte OU exclusif ; **distance gate**, circuit OU exclusif, porte OU exclusif ; **Hamming distance**, distance de Hamming ; **signal distance**, distance de Hamming ; **skip distance**, distance de saut ; **unit distance code**, code signaux à espacement unitaire.

DISTANT : distant control, commande à distance, télécommande.

DISTORTION * : distortion, distorsion ; **barrel-shaped distortion**, distorsion en forme de tonneau ; **bias distortion**, distorsion biaise ; **characteristic distortion**, distorsion de caractéristique ; **degree of distortion**, degré de distorsion ; **end distortion**, distorsion terminale ; **fortuitous distortion**, distorsion fortuite ; **harmonic distortion**, distorsion harmonique ; **impulse distortion**, distorsion impulsionnelle ; **intermodulation distortion**, distorsion d'intermodulation ; **isochronous distortion**, distorsion isochrone ; **non-linear distortion**, distorsion non linéaire ; **phase distortion**, distorsion de phase ; **pincushion distortion**, distorsion en coussin.

DISTRIBUTED : distributed architecture, architecture répartie ; **distributed array processor**, multiprocesseur distribué ; distributed bus topology, topologie en bus distribué ; **distributed control**, commande répartie ; **distributed data base**, base de données distribuée ; **distributed data processing**, informatique distribuée ; **distributed function**, fonction distribuée ; **distributed intelligence**, intelligence distribuée ; **distributed network**, réseau distribué ; **distributed operating system**, système d'exploitation distribué ; **distributed processing**, traitement réparti ; **distributed processing network**, réseau de centralisation du traitement ; **distributed protocol**, procédure distribuée.

DISTRIBUTION : distribution, distribution ; **distribution key**, clé de répartition ; **distribution routine**, sous-programme de ventilation ; **frequency distribution**, distribution de fréquences ; **intermediate distribution frame**, distributeur intermédiaire ; **job distribution register**, registre de ventilation des travaux ; **potential distribution**, distribution du potentiel ; **power distribution**, répartition de puissance ; **system distribution disc**, disque système ; **value distribution**, ventilation des valeurs ; **waiting time distribution**, ventilation des temps d'attente.

DISTRIBUTOR : programme distributor, distributeur de programmes.

DISTURB : post-write disturb pulse, impulsion parasite après écriture.

DITHER : dither, gigue.

DITHERING : dithering, juxtaposition de points.

DIVERSITY * : diversity, diversité ; polarisation diversity, diversité en polarisation.

DIVIDE : divide-by-two counter, compteur diviseur par deux ; **hardware divide**, division câblée ; **integer divide**, sous-programme de division ; **weighted average divide**, division pondérée.

DIVIDED : divided architecture, architecture répartie.

DIVIDEND * : dividend, dividende.

DIVIDER : divider, diviseur ; **analogue divider**, diviseur analogique ; **digital divider**, diviseur numérique ; **voltage divider**, pont diviseur.

DIVISION : division, division ; **division subroutine**, programme de division ; **fixed-point division**, division à virgule fixe ; **frequency division**, division de fréquence ; **frequency-division duplexing (FDM)**, duplexage par division de fréquence ; **frequency-division multiplexer**, multiplexeur fréquentiel ; **hardware division**, division câblée ; **high-speed division**, division rapide ; **prime number division**, division par nombre premier ; **space-division switching**, commutation spatiale ; **time division**, partage du temps ; **time-division multiplex**, commutation temporelle ; **time-division multiplexer**, multiplexeur temporel ; **time-division switching**, commutation temporelle.

DIVISOR * : divisor, diviseur.

DLE : data link escape (DLE), échappement à la transmission.

DMA : direct memory access (DMA), accès direct à la mémoire.

DML : data manipulation language (DML), langage de manipulation de données.

DOCUMENT : document, document ; **bar-coded document**, document à code à barres ; **document handler**, gestionnaire de document ; **document platform**, plaque réceptrice de formulaires ; **document reader**, lecteur de document ; **document retrieval**, recherche de documents ; **document sorter**, trieuse de documents ; **end-of-document character (EOD)**, (caractère de) fin de document ; **hand marked document**, document annoté manuellement ; **high-speed document reader**, lecteur de documents rapide ; **input document**, document source ; **original document**, document source ; **software document**, documentation de logiciel ; **source document**, document de base.

DOCUMENTARY : documentary information retrieval, recherche documentaire.

DOCUMENTATION : documentation, manuel de référence, documentation ; **documentation aids**, assistance à la documentation ; **programme documentation**, documentation du programme ; **programming documentation**, dossier de programmation ; **self-instructing user documentation**, documentation interactive.

DOCUMENTING : self-documenting, autodocumentaire.

DOCUMENTOR : documentor, programme de service.

DOCUTERM : docuterm, terme documentaire.

DOG : dog, cliquet ; **watch dog**, contrôleur de séquence.

DOMAIN : integral domain, domaine

d'intégration.

DONOR * : donor, donneur.

DOPANT * : dopant, dopeur.

DOPED : doped, dopé.

DORMANT : dormant terminal, terminal inactif.

DOS : disc operating system (DOS), système d'exploitation à disque (SED).

DOT : dot, point ; **dot-and-dash line**, trait mixte ; **dot cycle**, récurrence de point ; **dot matrix**, matrice à points ; **dot matrix display**, affichage par points ; **dot matrix line printer**, imprimante matricielle ; **dot matrix plotter**, traceur par point ; **dot printer**, imprimante par points ; **one-dot-line slice**, colonne de points ; **phosphor dot**, point au phosphore.

DOTTED : dotted line, trait en pointillé.

DOUBLE : double buffering, tamponnement double ; **double current transmission**, transmission en double courant ; **double density recording**, enregistrement en double densité ; **double length number**, nombre en double précision ; **double length register**, registre double ; **double length word**, mot double ; **double line shift register**, registre à décalage double ; **double precision**, en double précision ; **double precision arithmetic**, arithmétique en double précision ; **double precision floating point**, virgule flottante en double précision ; **double precision variable**, variable en double précision ; **double pulse recording**, enregistrement en impulsion double ; **double register**, registre double ; **double sideband transmission**, transmission en double bande ; **double-sided**, double face ; **double-sided diskette**, disquette utilisable en double face ; **double space**, double interligne ; **double strike**, double frappe ; **double stroke**, double frappe ; **double word**, mot double ; **double word register**, registre en double mot.

DOUBLET * : doublet, duet, multiplet de deux bits.

DOUBLING : voltage doubling, doublage de tension.

DOUGHNUT : doughnut, tore magnétique, tore.

DOWEL : locating dowel, ergot de centrage.

DOWNGRADED : downgraded version, version réduite.

DOWNLINK : downlink, voie descendante.

DOWNLOADING : downloading, téléchargement.

DOWNTREND : downtrend, tentance décroissante.

DOWNSHIFT : downshift, passage en minuscules ; **downshift (to)**, passer en minuscules.

DOWNWARD : downward compatibility, compatibilité vers le bas ; **downward compatible**, à compatibilité descendante.

DP : data processing (DP), traitement de l'information.

DP-man : informaticien.

DP-workshop : atelier informatique.

DRAFTING : automated drafting, dessin automatisé ; **drafting**, dessin automatisé.

DRAG : drag slider, réglette de déplacement.

DRAGGING : dragging, entraînement d'image ; **icon dragging**, déplacement d'icône.

DRAW : direct read after write (DRAW), lecture et écriture simultanées.

DRAWING : drawing, dessin ; assembly drawing, schéma d'assemblage ; **drawing area**, espace dessin ; **drawing canvas**, espace dessin ; **drawing colour**, couleur de trait ; **drawing element**, élément de dessin ; **drawing paper**, papier à dessin ; **drawing rate**, vitesse de tracé ; **drawing resolution**, résolution du dessin ; **line drawing set**, jeu de caractères semi-graphiques ; **scale drawing**, dessin à l'échelle ; **unshaded drawing**, dessin sans ombres.

DRAWN : line drawn form, bordereau formaté.

DRIFT : drift, dérive ; **drift error**, erreur de dérive ; **null drift**, dérive du point zéro.

DRILL : drill, exercice ; **drill tape**, bande de perçage.

DRIVE : drive, disquette ; **card drive**, entraînement de cartes ; **cartridge drive**, unité à cartouche ; **cassette drive**, unité de cassette ; **current drive**, disque actif ; **disc drive**, unité (d'entraînement) de disque (magnétique) ; **disc storage drive**, mécanisme d'entraînement de disque ; **drive belt**, courroie d'entraînement ; **drive shaft**, arbre de commande ; **drum drive**, (mécanisme d') entraînement de tambour ; **dual drive**, double disquette ; **dual drive system**, système à double disquette ; **floppy disc drive**, unité de disque souple ; **half-**size drive, disquette mi-hauteur ; **incremental drive**, entraînement différentiel ; **magnetic tape drive**, (mécanisme d') entraînement de bande magnétique ; **physical drive address**, adresse physique du disque ; **real drive**, unité physique ; **tape cartridge drive**, unité d'entraînement de cartouche ; **tape cassette drive system**, système à cassette ; **tape drive**, (mécanisme d') entraînement de bande magnétique ; **variable speed drive**, entraînement à vitesse variable ; **vernier drive**, engrenage à grand rapport de réduction ; **virtual drive**, disque virtuel.

DRIVEN : driven value, valeur explicite ; **event-driven**, interruptible ; **firmware-driven**, contrôlé par progiciel ; **host-driven computer**, calculateur esclave ; **interrupt driven**, commande par interruption ; **menu-driven**, contrôlé par menu ; **menu-driven application**, programme présenté avec menu ; **programme-driven**, contrôlé par programme.

DRIVER : driver, gestionnaire.

ANSI driver : gestionnaire ANSI ; **analogue line driver (ALD)**, amplificateur d'attaque de ligne ; **bus driver**, coupleur de bus ; **device driver**, coupleur de périphérique ; **display driver**, gestionnaire d'écran ; **inhibit driver**, amplificateur de courant d'inhibition ; **line driver**, amplificateur de ligne ; **logical driver**, gestionnaire logique ; **mouse driver**, gestionnaire de souris ; **physical driver**, gestionnaire physique.

DRIVING : driving magnetic tape, entraînement de bande magnétique ; **driving software**, logiciel de commande.

DRO : destructive read-out (DRO), lecture destructive.

DROP : drop-dead halt, arrêt définitif ; **drop-down menu**, menu déroulant ; **drop-in**, lecture parasite ; **drop-off**, point de raccordement ; **drop-out**, perte d'information ; **drop-out compensation**, compensation de perte de niveau ; **drop pocket**, case de réception, case de tri ; **false drop**, diaphonie ; **voltage drop**, chute de tension.

DRUM * : drum, tambour (magnétique) ; answerback drum, tambour de réponse ; **balanced drum**, tambour équilibré ; **balanced magnetic drum**, tambour magnétique équilibré ; **drum drive**, (mécanisme d') entraînement de tambour ; **drum dump**, vidage du tambour ; **drum plotter**, traceur à tambour ;

drum printer, imprimante à tambour ; **drum speed**, vitesse du tambour ; **drum storage**, mémoire à tambour ; **drum store**, mémoire à tambour ; **drum track**, piste de tambour ; **drum unit**, unité à tambour magnétique, à tambour ; **magnetic drum**, tambour magnétique ; **magnetic drum store**, mémoire à tambour magnétique ; **magnetic drum unit**, unité à tambour magnétique, à tambour ; **pin feed drum**, tambour d'entraînement à picots ; **print drum**, tambour d'impression ; **programme drum**, tambour programme ; **type drum**, tambour porte-caractères.

DRY : dry run, passage d'essai, passe d'essai.

DUMMY : dummy field, zone fictive ; **initial dummy block**, bloc vierge de départ.

DUMP * : dump, (résultat de) vidage ; **core dump**, vidage de mémoire ; **data dump**, vidage de mémoire ; **disaster dump**, vidage accidentel ; **drum dump**, vidage du tambour ; **dump (to)**, libérer, vider, effacer ; **dump and restart**, vidage-reprise ; **dump check**, contrôle de vidage ; **dump cracking**, débogage par vidage ; **dump file**, fichier de vidage ; **dump routine**, routine de vidage ; **dynamic dump**, vidage dynamique ; **memory dump**, vidage de mémoire ; **pixel-by-pixel dump**, vidage pixel par pixel ; **postmortem dump**, vidage d'autopsie ; **programmed dump**, vidage programmé ; **rescue dump**, vidage de secours ; **selective dump**, vidage sélectif ; **snapshot dump**, vidage dynamique sélectif ; **static dump**, vidage statique ; **storage dump**, vidage de mémoire ; **tape dump**, vidage de la bande.

DUMPER : dumper, gestionnaire de vidage.

DUMPING : dumping, vidage ; **storage dumping**, transfert de mémoire.

DUODECIMAL : duodecimal, duodécimal ; **duodecimal number system**, numération à base douze.

DUPLEX * : duplex, duplex ; **duplex channel**, voie bidirectionnelle ; **duplex computer system**, système à double calculateur ; **duplex console**, console commune ; **duplex operation**, en mode duplex ; **duplex system**, système duplex ; **duplex transmission**, transmission en duplex ; **full-duplex**, duplex ; **full-duplex operation**, opération en duplex ; **half-duplex channel**, voie semi-duplex ; **half-duplex operation**, en mode semi-duplex ; **half-**

duplex transmission, transmission semi-duplex.

DUPLEXING : duplexing, duplexage ; **frequency-division duplexing (FDM)**, duplexage par division de fréquence.

DUPLICATE : duplicate record, enregistrement double.

DUPLICATED : duplicated effect, double effet ; **duplicated record**, copie d'enregistrement.

DUPLICATING : duplicating punch, perforatrice-reproductrice.

DUPLICATION : duplication, reproduction ; **duplication check**, contrôle par répétition.

DUPLICATOR : duplicator, copieur.

DURATION : duration, durée ; **assemble duration**, durée d'assemblage ; **compile duration**, durée de compilation ; **pulse duration**, durée d'impulsion ; **response duration**, durée de réponse ; **run duration**, durée d'exécution ; **running duration**, durée d'exécution ; **standard duration**, écart type ; **translate duration**, temps de traduction ; **variable cycle duration**, temps de cycle variable.

DUTY : duty cycle, facteur d'utilisation ; **operating duty**, charge normale.

DWELL * : dwell, retard programmé.

DYADIC : dyadic, diadique, à deux opérandes ; **dyadic Boolean operator**, opérateur booléen diadique ; **dyadic logical operation**, opération logique diadique ; **dyadic operation**, opération diadique, opération binaire ; **dyadic operator**, opérateur diadique ; **dyadic processor**, processeur diadique.

DYNAMIC : dynamic, dynamique ; **dynamic address translation (DAT)**, traduction dynamique d'adresse ; **dynamic allocation**, attribution dynamique, affectation dynamique ; **dynamic buffering**, tamponnement dynamique ; **dynamic bus allocation**, allocation dynamique du bus ; **dynamic control**, controle dynamique ; **dynamic dump**, vidage dynamique ; **dynamic image**, premier plan d'image ; **dynamic linking**, couplage dynamique ; **dynamic loop**, boucle dynamique ; **dynamic memory**, mémoire dynamique ; **dynamic memory management**, gestion dynamique de mémoire ; **dynamic parameter**, paramètre dynamique ; **dynamic programming**, programmation dynamique ; **dynamic RAM**, mémoire dynamique ; **dynamic relocation**, translation dynamique ;

dynamic resource allocation, attribution dynamique, affectation dynamique ; **dynamic shift register**, registre à décalage dynamique ; **dynamic stop**, arrêt programmé, arrêt dynamique ; **dynamic storage**, mémoire dynamique ; **dynamic storage allocation**, allocation dynamique de mémoire ; **volatile dynamic storage**, mémoire dynamique volatile.

DYNAMICALLY : dynamically generated type, type généré dynamiquement.

DYNAMICISE, DYNAMISIZE : dynamicise (to) (US: dynamicize), sérialiser.

DYNAMICISER, DYNAMICIZER : dynamiciser (US: dynamicizer), sérialiseur, convertisseur parallèle-série

E

EARLY : early card read, lecture anticipée de carte.

EARTH : earth station, station terrestre.

ECC : error-correcting code (ECC), code correcteur d'erreurs.

ECCLES : Eccles-Jordan circuit, bascule Eccles Jordan.

ECHO * : echo, écho ; **echo check**, vérification par retour ; **echo suppressor**, suppresseur d'écho.

ECHOPLEX : echoplex, échoplex.

ECONOMY : economy, économie ; **storage economy**, rationalité de mémorisation.

EDC : error detection code (EDC), code détecteur d'erreurs.

EDGE * : edge, bord, marge ; **aligning edge**, marge de cadrage ; **card edge**, bord de carte ; **card leading edge**, bord avant de carte ; **card trailing edge**, bord arrière de carte ; **edge card**, carte à contacts imprimés ; **edge connector**, connecteur de bord ; **edge-notched card**, carte à encoches, à perforations marginales ; **edge-punched card**, carte à encoches, à perforations marginales ; **edge-triggered latch**, bascule déclenchée par un front ; **guide edge**, bord de référence ; **leading edge**, bord avant ; **reference edge**, bord de référence ; **screen edge convergence**, convergence de bord d'écran ; **stroke edge**, bord de segment.

EDIT * : edit (to), éditer, mettre en forme ; **edit control character**, caractère de commande d'édition ; **edit facility**, moyen d'édition ; **edit line mode**, édition en mode ligne ; **edit mask**, masque d'édition ; **edit mode**, mode d'édition ; **edit operation**, opération d'édition ; **edit programme**, éditeur ; **edit routine**, routine d'édition ; **input edit level**, contrôle d'introduction ; **pre-edit**, préédition ; **pre-edit (to)**, préditer.

EDITING : editing, édition, mise en for-

me ; **character editing key**, touche d'édition ; **data editing**, édition de données ; **editing instruction**, instruction de mise en forme ; **editing subroutine**, routine d'édition ; **graphical editing**, édition graphique ; **link editing**, liaison, édition de liens ; **numeric editing**, impression numérique ; **post-editing**, mise en forme de résultats ; **text editing**, édition de texte.

EDITOR : editor, éditeur ; **full screen editor**, éditeur pleine page ; **linkage editor**, éditeur de liens, lieur ; **symbolic editor**, éditeur symbolique ; **text editor**, éditeur de texte.

EDP * : electronic data processing (EDP), traitement électronique de données.

EDS : exchangeable disc storage (EDS), mémoire à disques amovibles.

EDUCATION : simulation education, éducation par simulation.

EFFECT : adverse effect, effet inverse ; **barrel effect**, effet tonneau ; **duplicated effect**, double effet ; **gap effect**, effet de l'entrefer ; **hole storage effect**, capacité de diffusion ; **keystone effect**, distorsion trapézoïdale ; **pincushion effect**, effet de coussin ; **side effect**, effet secondaire, effet oblique, effet de bord ; **skew effect**, effet de biais.

EFFECTIVE * : effective, réel ; **effective address**, adresse effective ; **effective data transfer rate**, cadence utile de transfert de données ; **effective instruction**, instruction effective ; **effective pitch**, pas réel ; **effective value**, valeur effective.

EFFECTIVENESS : cost effectiveness, coût-efficacité ; **effectiveness**, efficacité.

EFFECTOR : effector, effecteur ; **format effector (FE)**, fonction de mise en page.

EFFICIENCY : efficiency, rendement ; **blocking efficiency**, efficacité du groupage ;

breakthrough sweep efficiency, rendement de balayage ; **computer efficiency**, fiabilité informatique.

EIA : EIA interface, interface aux normes américaines.

EIGHT : eight-bit byte, octet ; **eight-level**, à huit moments.

EIGHTY : eighty-column card, carte à 80 colonnes.

EITHER : either-or operation, opération logique ET.

EITHER-OR operation : , OU inclusif, disjonction ; either-way communication, bidirectionnel à l'alternat ; **either-way operation**, semi-duplex.

EJECT : disc eject device, dispositif d'éjection de disquette ; **high-speed eject mechanism**, mécanisme d'éjection rapide.

EJECTION : card ejection, éjection de carte ; **ejection track**, piste d'éjection.

ELAPSED : elapsed time, temps écoulé.

ELECTRICAL : electrical connector, connecteur électrique.

ELECTROMAGNET : electro-magnet, électro-aimant.

ELECTROMAGNETIC : electro-magnetic interference (EMI), interférence électromagnétique.

ELECTROMECHANICAL : electro-mechanical mouse, souris électromécanique.

ELECTROMOTIVE : electromotive force, force électromotrice.

ELECTRON : electron beam, faisceau électronique ; **electron tube**, tube électronique.

ELECTRONIC : electronic brain, cerveau électronique ; **electronic calculator**, calculateur électronique ; **electronic component**, composant électronique ; **electronic courier**, courrier électronique ; **electronic data processing (EDP)**, traitement électronique de données ; **electronic directory**, annuaire électronique ; **electronic format control**, commande de format électronique ; **electronic mail service**, service courrier électronique ; **electronic module**, module électronique ; **electronic multiplier**, multiplicateur électronique ; **electronic pen**, crayon électronique ; **electronic scanning**, balayage électronique ; **electronic spreadsheet**, tableur électronique ; **electronic stylus**, crayon optique ; **electronic switch**, commutateur électronique ; **electronic typing**, traitement de

texte ; **electronic worksheet**, bloc-notes électronique ; **opto-electronic display (OED)**, affichage optoélectronique.

ELECTROSENSITIVE : electrosensitive paper, papier conducteur.

ELECTROSTATIC : electrostatic field, champ électrostatique ; **electrostatic memory**, mémoire électrostatique ; **electrostatic plotter**, traceur électrostatique ; **electrostatic printer**, imprimante électrostatique ; **electrostatic storage**, mémoire électrostatique ; **electrostatic storage tube**, tube à mémoire électrostatique.

ELECTROTHERMAL : electrothermal printer, imprimante thermo-électrique.

ELEMENT : element, élément (d'un ensemble) ; **(inclusive-) OR element**, circuit OU (inclusif), porte OU (inclusif) ; **active element**, élément actif.

AND element : circuit ET, porte ET.

AND-NOT element : circuit ET-OU, porte ET-OU ; **anticoincidence element**, porte de non-équivalence ; **anticoincident element**, circuit OU exclusif, porte OU exclusif ; **array element**, élément de tableau, élément de matrice ; **biconditional element**, circuit NI exclusif, porte NI exclusif ; **binary element**, élément binaire ; **binary element string**, chaîne d'éléments binaires ; **code element**, moment de code ; **coincidence element**, circuit d'équivalence, porte d'équivalence ; **complement element**, circuit complémentaire, porte complémentaire ; **data element**, élément de données ; **data element chain**, chaîne d'éléments de données ; **decision element**, élément-seuil ; **digit delay element**, circuit à retard binaire ; **disjunction element**, circuit OU, porte OU ; **display element**, élément graphique, primitive graphique ; **distance element**, circuit OU exclusif, porte OU exclusif ; **drawing element**, élément de dessin ; **element-bound**, limité par les éléments ; **element management**, gestion d'éléments ; **equivalence element**, circuit NI exclusif, porte NI exclusif ; **except element**, circuit OU exclusif, porte OU exclusif ; **exclusive NOR element**, circuit NI exclusif, porte NI exclusif ; **exclusive OR element**, circuit de disjonction, OU exclusif ; **exjunction element**, circuit OU exclusif, porte OU exclusif.

EXNOR element : circuit NON-ET exclusif, porte NON-ET exclusif.

EXOR element : circuit OU exclusif,

porte OU exclusif ; **filter element**, masque, filtre ; **identity element**, circuit d'identité, porte d'identité.

IF-AND-ONLY-IF element : circuit d'équivalence, porte d'équivalence.

IF-THEN element : circuit d'inclusion, porte d'inclusion ; **indicating element**, élément d'indication, voyant ; **instruction element**, élément d'instruction ; **joint denial element**, circuit NON-OU, porte NON-OU ; **logical element**, élément logique ; **macro-element**, macro-élément ; **negation element**, élément de négation, inverseur.

NOR element : porte NI.

NOT-AND element : circuit NON-ET, porte NON-ET.

NOT element : circuit NON, porte NON.

NOT-IF-THEN element : circuit d'exclusion, porte d'exclusion.

NOT-OR element : circuit NON-OU, porte NON-OU, NI.

OR element : élément OU ; **passive element**, élément passif ; **picture element**, pixel, élément d'image ; **printing element**, élément d'impression ; **sensing element**, organe de lecture ; **signal element**, élément de signal ; **start element**, signal de départ ; **stop element**, signal d'arrêt ; **store element**, élément de mémoire ; **switching element**, élément logique ; **threshold element**, circuit à seuil, porte à seuil ; **unidirectional element**, élément à sens unique ; **union element**, circuit OU, porte OU ; **unit element**, élément unitaire ; **unity element**, élément unique ; **universal element**, élément universel ; **waiting queue element**, élément de file d'attente ; **zero match element**, circuit NON-OU, porte NON-OU, NI.

ELEMENTARY : elementary field, champ élémentaire ; **elementary item**, structure élémentaire ; **elementary level**, niveau élémentaire.

ELEVEN : eleven punch, perforation X, perforation ligne 11 (onze).

ELIGIBLE : eligible, prêt.

ELIMINATION : band elimination filter, filtre éliminateur de bande ; **zero elimination**, élimination des zéros.

ELIMINATOR : eliminator, éliminateur.

EMBEDDED, IMBEDDED : embedded or imbedded, intercalé , imbriqué, encastré ; **embedded blank**, espace intercalaire, blanc intercalé ; **embedded character**, caractère imbriqué ; **embedded computer**, calculateur intégré (à l'équipement).

EMBRACE : deadly embrace, arrêt conflictuel.

EMERGENCY : emergency, en secours ; **emergency maintenance**, maintenance de premier secours ; **emergency shutdown**, arrêt d'urgence.

EMI : electromagnetic interference (EMI), interférence électromagnétique.

EMITTER : emitter, émetteur ; **word size emitter**, générateur de longueur de mot.

EMITTING : light-emitting diode (LED), diode électroluminescente.

EMPTION : pre-emption, présélection.

EMPTY : empty medium, support vierge, support vide ; **empty record**, article vide ; **empty set**, ensemble vide ; **empty string**, chaîne vide ; **empty tape**, bande vierge, bande vide ; **empty word**, mot vide.

EMS : expanded memory specification (EMS), spécification de mémoire étendue.

EMULATE : emulate (to), émuler.

EMULATION * : emulation, émulation ; **in-circuit emulation technique**, technique d'émulation sur circuit.

EMULATOR : emulator, émulateur ; emulator generation, génération émulée ; **in-circuit emulator**, émulateur connecté ; **load emulator**, émulateur de charge.

ENABLE : enable (to), valider ; **chip enable**, validation de circuit ; **enable pulse**, impulsion de validation ; **image enable pulse**, impulsion de validation de trame ; **write enable**, autorisation d'écriture.

ENABLING : enabling, mise en service ; enabling signal, signal de validation, signal d'autorisation ; **interrupt enabling**, armement d'interruption.

ENCAPSULATED : encapsulated type, type encapsulé.

ENCIPHER : encipher (to), chiffrer.

ENCIPHERING : enciphering, chiffrement, chiffrage.

ENCIPHERMENT : encipherment, chiffrement.

ENCLOSED : enclosed character, caractère délimité.

ENCLOSURE : input enclosure, appendice d'introduction.

ENCODE * : encode (to), encoder ; encode (to) (en conversion de code), coder.

ENCODED : encoded image, image codée ; encoded point, point adressable.

ENCODER : encoder, encodeur ; data encoder, codeur de données ; keyboard encoder, codeur de clavier ; optical encoder, codeur optique ; phase encoder, codeur de phase.

ENCODING : phase encoding, enregistrement par modulation de phase.

ENCRYPTION : encryption, cryptage, encryptage ; data encryption, cryptage des données ; encryption-decryption procedure, procédure d'encryptage-décryptage ; encryption technique, technique d'encryptage ; multiplex link encryption, chiffrement de jonction ; super encryption, surchiffrement.

END : end, fin ; abnormal end (ABEND), fin anormale ; back-end, phase arrière ; back-end processor, ordinateur d'arrière-plan ; end-around borrow, report négatif circulaire ; end-around carry, report circulaire ; end-around shift, décalage circulaire ; end declarative, fin des déclarations de procédure ; end distortion, distorsion terminale ; end mark, marque de fin ; end-of-address, fin d'adresse ; end-of-block character (EOB), (caractère de) fin de bloc ; end-of-data, fin des données ; end of data exit, sortie définitive des données ; end-of-document character (EOD), (caractère de) fin de document ; end-of-file character (EOF), (caractère de) fin de fichier ; end-of-file indicator, marqueur de fin de fichier ; end-of-file label, repère de fin de fichier ; end-of-file spot, marqueur de fin de fichier ; end-of-job character (EOJ), (caractère de) fin de travail ; end-of-line character (EOL), (caractère de) fin de ligne ; end-of-medium character (EM), (caractère de) fin de médium ; end-of-message character (EOM), (caractère de) fin de message ; end of message signal, signal de fin de message ; end-of-record, fin d'enregistrement ; end-of-run character (EOR), (caractère de) fin d'exécution ; end-of-run halt, arrêt après fin de passage en machine ; end-of-tape character, caractère de fin de bande ; end-of-tape label, repère de fin de bande ; end-of-tape marker, repère de fin de bande ; end-of-text character (ETX), (caractère de) fin de texte ; end-of-transmission block (ETB), fin de bloc de transmission ; end-of-transmission character (EOT), (caractère de) fin de transmission ; end-of-volume trailer label, label de fin de bande ; end shake, jeu en bout ; end-to-end protocol, protocole de bout en bout ; end-to-end test, test de bout en bout ; end-use device, périphérique destinataire ; end user, utilisateur final ; end user language, langage de l'utilisateur final ; front-end computer, ordinateur frontal, machine frontale ; front-end processor (FEP), processeur frontal ; job end, fin des travaux ; left-end bit, bit de poids fort ; logical end, fin logique ; page end indicator, indicateur de fin de page ; programme end, fin de programme ; right-end bit, binaire de poids faible ; tape leading end, début de bande ; trailing end, fin de bande ; unusual end, fin instantanée ; unusual end of job, fin instantanée du traitement des travaux.

ENDED : open ended, ouvert ; open ended programme, programme ouvert.

ENDING : ending, fin ; ending label, étiquette de fin ; ending sequence, séquence de fin.

ENDLESS : endless tape, bande sans fin.

ENDPOINT * : endpoint, point d'arrivée, extrémité, fin ; endpoint node, noeud d'extrémité.

ENERGISE, ENERGIZE : energise (to) (US: energize, exciter.

ENGAGED : engaged channel, voie occupée.

ENGINE : engine, moteur ; analytical engine, machine analytique ; grammar engine, moteur de grammaires ; inference engine, moteur d'inférence.

ENGINEER : engineer, ingénieur ; customer engineer, ingénieur du service après-vente.

ENGINEERING : engineering, ingénierie ; automatic control engineering, l'automatique ; computer-aided engineering (CAE), génierie assistée par ordinateur (IAO) ; software engineering, génie logiciel.

ENHANCE : enhance (to), améliorer.

ENHANCEMENT : enhancement, amélioration ; display enhancement, attribut de visualisation.

ENLARGE : enlarge (to), accroître.

ENQ. : enquiry (ENQ), demande, interrogation, consultation ; inquiry character (ENQ), caractère d'interrogation.

ENQUEUE : enqueue (to), mettre en file d'attente.

ENQUEUING : enqueuing, mise en file d'attente.

ENQUIRY, INQUERY : enquiry (ENQ), demande, interrogation, consultation ; enquiry (to) or inquiry, interroger, appeler, consulter ; enquiry station, terminal transactionnel ; enquiry system, système transactionnel.

ENTER : enter (to), enregistrer, inscrire, noter ; enter mode, mode de saisie ; enter statement, instruction d'introduction.

ENTERTAINMENT : entertainment, distraction ; video entertainment software, logiciel de distraction vidéo.

ENTITY : entity, entité ; entity attribute, attribut de l'entité ; entity identifier, identificateur d'entité ; entity occurrence, entité spécifique ; entity record, enregistrement entité ; entity type, classe d'entité.

ENTRANCE : entrance, point d'entrée, adresse d'entrée.

ENTRANCY : entrancy, entrance.

ENTROPY : entropy, entropie, neguentropie ; conditional entropy, entropie conditionnelle ; mean entropy (per character), entropie moyenne (par caractère).

ENTRY * : entry, entré, point d'entrée, adresse d'entrée ; conditional entry, entrée conditionnelle ; conversational remote entry, entrée dialoguée déportée ; counter entry, entrée de compteur ; data entry, entrée des données ; data entry device, périphérique de saisie ; deferred entry, entrée différée ; direct data entry (DDE), entrée directe des données ; entry block, entrée de programme ; entry condition, condition d'entrée ; entry family, famille d'entrées ; entry instruction, instruction d'entrée ; entry label, étiquette d'entrée ; entry level, niveau de saisie ; entry point, point d'entrée, adresse d'entrée ; entry queue, file d'attente d'entrée ; entry screen, poste de saisie ; entry symbol, symbole de lancement ; entry terminal, poste de saisie ; entry time, temps d'entrée ; fill in blank data entry, entrée par remplissage de blancs ; index entry, notation d'index ; initial entry point, point d'entrée initial ; job entry, soumission des travaux ; job entry services (JES), fonction de contrôle des travaux (FCT) ; job entry system, système de soumission des travaux ; key entry, saisie,

entrée au clavier ; key entry area, zone d'introduction ; keyboard entry, entrée par clavier ; list entry, entrée de liste ; main entry point, point d'entrée principal ; manual keyboard entry, introduction par clavier ; numeric entry, entrée numérique ; primary entry point, point d'entrée principal ; remote batch entry (RBE), soumission, introduction par lots à distance ; remote job entry (RJE), entrée des travaux à distance ; secondary entry point, point d'entrée secondaire ; storage entry, entrée en mémoire ; table entry, entrée de table ; timed-entry call, appel d'entrée temporisé ; two-level password entry, entrée à double mot de passe.

ENUMERATION : enumeration literal, littéral d'énumération ; enumeration type, type d'énumération.

ENVELOPE * : envelope, enveloppe ; continuous envelopes, enveloppes en continu ; glass envelope, ampoule de verre.

ENVIRONMENT * : core only environment, système à mémoire centrale ; database environment, environnement de base de données ; hardware environment, environnement de l'équipement ; time slicing environment, exploitation par découpage du temps ; user operating environment, configuration de l'utilisateur ; working environment, environnement d'exploitation.

ENVIRONMENTAL : environmental file, fichier d'environnement.

EOB : end-of-block character (EOB), (caractère de) fin de bloc.

EOD : end-of-document character (EOD), (caractère de) fin de document.

EOF : end-of-file character (EOF), (caractère de) fin de fichier.

EOJ : end-of-job character (EOJ), (caractère de) fin de travail.

EOL : end-of-line character (EOL), (caractère de) fin de ligne.

EOM : end-of-message character (EOM), (caractère de) fin de message.

EOR : end-of-run character (EOR), (caractère de) fin d'exécution.

EOT : end-of-transmission character (EOT), (caractère de) fin de transmission.

EQUAL : equal to, égal à ; equal length code, code à moments ; equal test, test d'égalité ; equal zero indicator, indicateur de zéro ; greater than or equal to (GE), plus grand que ou égal à '$\geqslant$' ; **less than or equal to (LE)**, plus petit que ou égal à '$\leqslant$' ; **not equal to (NE)**, différent de ...

EQUALISATION, EQUALIZA-TION : equalisation (US: equalization), compensation.

EQUALISER, EQUALIZER * : equaliser (US: equalizer), égalisateur ; **amplitude equaliser**, compensateur d'amplitude ; **delay equaliser**, compensateur de retard ; **phase equaliser**, compensateur de phase.

EQUALITY : equality, égalité.

EQUATION : equation, équation ; **adjoint equation**, équation adjacente ; **high-order equation**, équation évoluée ; **homogeneous equation**, équation homogène ; **identical equation**, équation identique ; **integral equation**, équation intégrale ; **literal equation**, équation littérale ; **logical equation**, équation logique ; **matrix equation**, équation matricielle ; **wave equation**, équation d'onde.

EQUIPMENT : accessory equipment, équipement annexe ; **automatic test equipment (ATE)**, matériel de test automatique ; **auxiliary equipment**, matériel auxiliaire ; **ciphering equipment**, équipement de chiffrement ; **conversion equipment**, convertisseur ; **data terminal equipment (DTE)**, terminal de données (ETTD) ; **destination equipment**, équipement destinataire ; **equipment failure**, panne d'équipement ; **equipment pooling**, groupement d'équipements ; **equipment reliability**, fiabilité ; **equipment room**, salle technique ; **high-performance equipment**, équipement à haute performance ; **I/O equipment**, équipement E/S ; **input equipment**, matériel d'entrée, dispositif d'entrée ; **interface equipment**, interface ; **intermediate equipment**, dispositif intermédiaire ; **leasing equipment**, matériel de location ; **line termination equipment (LTE)**, équipement de terminaison de ligne ; **low-performance equipment**, matériel de faible performance ; **off-line equipment**, équipement déconnecté ; **on-line equipment**, équipement en ligne ; **output equipment**, équipement de sortie ; **peripheral equipment**, organe périphérique ; **process control equipment**, équipement de commande de processus ; **stand-by equipment**, matériel en réserve ; **tabulating equipment**, tabulatrice ; **terminal equipment**, équipement de terminaison ; **test equipment**, équipement de test ; **third party**

equipment, équipement tiers ; **transmission equipment**, matériel de transmission ; **unit record equipment**, matériel classique ; **used equipment**, matériel d'occasion.

EQUIVALENCE : equivalence element, circuit NI exclusif, porte NI exclusif ; **equivalence gate**, circuit NI exclusif, porte NI exclusif ; **equivalence operation**, équivalence logique ; **non-equivalence operation**, disjonction, dilemme, OU exclusif.

EQUIVALENT : binary equivalent, équivalent binaire ; **binary equivalent value**, valeur équivalente binaire.

ERASABILITY : erasability, possibilité d'effacement.

ERASABLE : erasable storage, mémoire effaçable ; **erasable store**, mémoire effaçable ; **non-erasable memory**, mémoire ineffaçable ; **non-erasable storage**, mémoire ineffaçable.

ERASE * : erase (to), effacer ; **erase character**, caractère d'effacement ; **erase head**, tête d'effacement ; **erase signal**, signal d'effacement, impulsion d'effacement ; **full screen erase**, effacement complet de l'écran ; **group erase**, caractère d'effacement de groupe ; **partial screen erase**, effacement partiel de l'écran.

ERASER : eraser, effaceur.

ERASING : erasing, effacement ; **bulk erasing**, effacement global ; **erasing head**, tête d'effacement ; **ultraviolet erasing**, effacement par ultraviolet (mémoire morte).

ERASURE : erasure, effacement ; **memory erasure**, effacement mémoire ; **screen erasure**, effacement écran ; **selective erasure**, effacement sélectif ; **tape erasure**, effacement de bande.

ERGONOMIC : ergonomic, ergonomique ; **ergonomics**, l'ergonomie.

ERLANG * : Erlang, Erlang.

ERRONEOUS : erroneous block, bloc erroné.

ERROR * : error, erreur, faute ; **absolute error**, erreur absolue ; **accumulated error**, erreur cumulée ; **accumulative error**, erreur cumulative ; **ambiguity error**, erreur ambivalente ; **amplitude error**, erreur d'amplitude ; **automatic error correction**, correction automatique des erreurs ; **balanced error**, erreur centrée ; **bias error**, erreur non centrée ; **bit error rate (BER)**, taux d'erreurs binaires ; **block error**

rate, taux d'erreurs sur les blocs ; **catastrophic error**, erreur catastrophique ; **character error rate**, taux d'erreurs sur les caractères ; **clerical error**, erreur typographique ; **clock error**, erreur de synchronisation ; **coding error**, erreur de programmation ; **computational error**, erreur de calcul ; **cumulative error**, erreur cumulative ; **data-sensitive error**, erreur détectable par les données ; **detected error**, erreur détectée ; **device error exit**, erreur de sortie de périphérique ; **drift error**, erreur de dérive ; **error burst**, séquence d'erreur ; **error character**, caractère d'annulation ; **error-checking code**, code de détection-correction des erreurs ; **error class**, type d'erreur, catégorie d'erreur ; **error code**, code d'erreur ; **error condition**, condition d'erreur ; **error control**, traitement des erreurs ; **error-correcting code (ECC)**, code correcteur d'erreurs ; **error-correcting system**, système à correction d'erreurs ; **error correction routine**, programme de correction d'erreurs ; **error data**, données erronées ; **error-detecting code**, code détecteur d'erreurs ; **error detecting system**, système à détection d'erreurs ; **error detection**, détection d'erreurs ; **error detection code (EDC)**, code détecteur d'erreurs ; **error detection system**, système à détection d'erreurs ; **error diagnostic**, diagnostic d'erreurs ; **error-free operation**, opération sans erreur ; **error interrupt**, interruption d'erreur ; **error list**, liste des erreurs ; **error logging**, journal des erreurs ; **error management**, gestion des erreurs, traitement des erreurs ; **error message**, message d'erreur ; **error range**, gamme d'une erreur, plage d'erreur ; **error rate**, taux des erreurs ; **error report**, liste des erreurs ; **error reset key**, touche de correction ; **error routine**, routine d'erreur ; **error span**, étendue d'une erreur ; **error tape**, bande des erreurs ; **error transmission**, erreur de transmission ; **error trapping**, recherche d'erreur, trappage d'erreur ; **error typeout**, sortie sur erreur ; **error vector**, vecteur d'erreur ; **false error**, fausse erreur ; **fluctuating error**, erreur fluctuante ; **forward error correction (FEC)**, correction d'erreur sans voie retour ; **generated error**, erreur de précision ; **geometry error**, erreur de géométrie ; **hard error**, erreur matérielle ; **hardware error list**, liste des erreurs machine ; **hole count error**, erreur de contrôle du nombre de perforations ; **index error**, erreur d'indice ; **inherited error**, erreur héritée, erreur

propagée ; **initial error**, erreur initiale ; **input error**, erreur d'introduction ; **input/output error**, queue d'entrée/sortie ; **intermittent error**, erreur intermittente ; **keying error rate**, taux d'erreurs de frappe ; **length error**, erreur de longueur ; **loading error**, erreur de charge ; **logging error**, erreur d'acquisition ; **machine error**, erreur machine ; **matching error**, erreur d'adaptation ; **parity error**, erreur de parité ; **permanent error**, erreur matérielle ; **positioning error**, erreur de positionnement ; **programme error**, erreur de programme ; **programming error**, erreur de programmation ; **propagated error**, erreur en chaîne ; **quiet error**, erreur découverte rapidement ; **rate error**, taux d'erreurs ; **read error**, erreur de lecture ; **reading error**, erreur de lecture ; **recoverable error**, erreur récupérable ; **relative error**, erreur relative ; **residual error**, erreur résiduelle ; **residual error rate**, taux d'erreurs résiduelles ; **residual error ratio**, taux d'erreurs résiduelles ; **round off error**, erreur d'arrondi ; **rounding error**, erreur d'arrondi ; **semantic error**, erreur sémantique ; **sequence error**, erreur de séquence ; **soft error**, erreur logicielle ; **software error**, erreur logicielle ; **static error**, erreur statique ; **syntactical error**, erreur syntaxique ; **timing error**, erreur temporelle ; **transient error**, erreur transitoire ; **transit error**, erreur négligeable ; **truncation error**, erreur de troncature ; **unbalanced error**, erreur de discordance ; **uncorrectable error**, erreur incorrigible ; **uncoverable device error**, erreur de matériel irréparable ; **undefined error**, erreur non définie ; **unexpected error**, erreur inattendue ; **unrecoverable error**, erreur incorrigible ; **unrecoverable read error**, erreur de lecture permanente ; **validity check error**, erreur de vraisemblance ; **validity error**, erreur de validité ; **wiring error**, erreur de câblage ; **write error**, erreur à l'écriture.

ESC : escape (ESC), échappement ; escape character (ESC), caractère d'échappement.

ESCAPE : escape (ESC), échappement ; data link escape (DLE), échappement à la transmission ; escape character (ESC), caractère d'échappement ; escape key, touche d'échappement ; escape sequence, séquence d'échappement.

ESCAPEMENT : print escapement, déclenchement d'impression.

ESTABLISH : establish (to), établir.

ETB : end-of-transmission block (ETB), fin de bloc de transmission.

ETCH : etch-a-sketch technique, technique d'aide au dessin.

ETCHED : etched circuit, circuit imprimé.

ETX : end-of-text character (ETX), (caractère de) fin de texte.

EVALUATION : data evaluation, évaluation de l'information ; **evaluation period**, phase d'essai.

EVEN : even, pair ; **even (to)**, égaliser ; even-numbered, de parité paire ; **even-numbered scan line**, ligne de balayage paire ; **even parity**, parité paire ; **even parity bit**, bit de parité ; **even parity check**, contrôle de parité ; odd-even check, contrôle de parité.

EVENT * : event, évènement ; event-controlled, commandé par l'évènement ; event-driven, interruptible ; **event handling**, traitement d'évènement ; **event-interrupt**, interruptible ; **flag event**, indicateur d'évènement ; **interrupt event**, interruption ; **posted event**, évènement inscrit.

EVIDENCE : evidence (in artificial intelligence), indice (en intelligence artificielle) ; **evidence table selection**, table d'indices de sélection.

EVOKE : evoke (to), invoquer.

EXAMINATION : postmortem examination, dépistage postmortem.

EXAMINE : examine (to), tester.

EXCEPT : except element, circuit OU exclusif, porte OU exclusif ; **except gate**, circuit OU exclusif, porte OU exclusif ; **except operation**, exclusion.

EXCEPTION : exception, anomalie ; exception handler, gestionnaire d'anomalies ; exception list, liste des anomalies ; **exception report**, rapport d'anomalies ; **exception return**, saut arrière en cas d'anomalie ; **exception routine**, routine des anomalies.

EXCERPT : excerpt, extrait ; **excerpt (to)**, extraire.

EXCESS : excess, excès ; **excess capacity**, surcapacité ; **excess-fifty**, excédent cinquante ; **excess-sixty four notation**, numération excédent 64 ; **excess-three code (XS3)**, code excédent trois.

EXCHANGE : exchange, échange, permutation ; **answerback exchange**, échange d'indicatif ; **automatic data exchange (ADE)**, échange automatique de données ; **automatic exchange**, central automatique ; **data switching exchange (DSE)**, centre de commutation de données ; **dial exchange**, échange automatique ; **exchange buffering**, tamponnement par échange ; **exchange call**, appel urbain ; **exchange jump**, saut avec permutation ; **information exchange**, échange d'informations ; **input/output exchange**, échange entrée/sortie ; **memory exchange**, échange en mémoire ; **private exchange**, central privé ; **telephone exchange**, réseau téléphonique ; **teletype exchange (telex)**, communication télex.

EXCHANGEABLE : exchangeable disc, disque interchangeable ; **exchangeable disc storage (EDS)**, mémoire à disques amovibles.

EXCLAMATION : exclamation mark, point d'exclamation '!'.

EXCLUSION * : exclusion, exclusion.

EXCLUSIVE : exclusive NOR, NI exclusif ; **exclusive NOR element**, circuit NI exclusif, porte NI exclusif ; **exclusive NOR gate**, circuit NI exclusif, porte NI exclusif ; **exclusive OR**, OU exclusif, disjonction, dilemme ; **exclusive OR element**, circuit de disjonction, OU exclusif ; **exclusive OR gate**, circuit de disjonction, porte de disjonction ; **volume exclusive control**, contrôle des supports de données.

EXECUTABLE : non-executable, non exécutable.

EXECUTE * : execute (to), exécuter ; execute cycle, cycle d'exécution ; **execute order**, instruction d'exécution ; **execute phase**, phase d'exécution ; **execute statement**, instruction d'exécution.

EXECUTING : executing phase, phase d'exécution.

EXECUTION : actual execution, exécution réelle ; **execution cycle**, cycle d'exécution ; **execution path**, chemin d'exécution ; **execution sequence**, séquence d'exécution ; **execution time**, temps d'exécution ; **execution time table**, table de temps d'exécution ; **instruction execution**, exécution d'instruction ; **instruction execution time**, temps d'exécution de l'instruction ; **interleave execution**, exécution imbriquée ; **job execution**, exécution des tâches, exécution des travaux ; **job execution listing**, listage du déroulement des travaux ; **job execution report**, compte-rendu de l'exécution des travaux ; **job step execution**, exécution de l'étape de travail ; **pre-execution time**, temps de chargement ; **programme execution**, exécution de programme ; **synchronous execution**, exécution synchrone.

EXECUTIVE : executive programme, superviseur ; **executive routine**, programme directeur.

EXERCISE : exercise, exercice ; **hands-on exercise**, exercice pratique ; **interactive hands-on exercise**, exercice pratique interactif.

EXERCISER : exerciser, programme d'exercice.

EXHAUSTIVITY : exhaustivity, degré d'accessibilité.

EXIST : exist, présent.

EXIT * : exit, instruction de sortie, sortie ; counter exit, sortie de compteur ; **device error exit**, erreur de sortie de périphérique ; **differed exit**, sortie déroutée ; **end of data exit**, sortie définitive des données ; **exit conditions**, conditions de sortie ; **exit point**, point de sortie ; **programme exit**, sortie de programme.

EXJUNCTION : exjunction, disjonction ; **exjunction element**, circuit OU exclusif, porte OU exclusif ; **exjunction gate**, circuit OU exclusif, porte OU exclusif.

EXNOR : EXNOR element, circuit NON-ET exclusif, porte NON-ET exclusif.

EXNOR gate : circuit NON-ET exclusif, porte NON-ET exclusif.

EXOR : EXOR element, circuit OU exclusif, porte OU exclusif.

EXOR gate : circuit OU exclusif, porte OU exclusif.

EXPAND : expand (to), décomprimer, développer.

EXPANDED : expanded memory manager, gestionnaire pour mémoire étendue ; **expanded memory specification (EMS)**, spécification de mémoire étendue ; **expanded mode**, mode dilaté.

EXPANDER : expander, prolongateur ; **I/O expander**, extension d'entrée/sortie.

EXPANSION : conditional expansion, développement conditionnel ; **expansion board**, carte d'extension ; **expansion cascading**, méthode d'analyse ascendante ; **macro expansion**, développement d'un macro-instruction.

EXPECTANCY : expectancy, attente ; **life expectancy**, durée de vie.

EXPERT : expert system, système expert.

EXPLICIT : explicit address, adresse explicite ; **explicit function**, fonction explicite.

EXPLODED : exploded, éclaté.

EXPLOSION : explosion, éclatement.

EXPONENT * : exponent, exposant ; biased exponent, caractéristique.

EXPRESSION : expression, expression, phrase ; **algebraic expression**, expression algébrique ; **arithmetic expression**, expression arithmétique ; **Boolean expression**, expression booléenne ; **condition expression**, expression conditionnelle ; **conditional expression**, expression conditionnelle ; **logic expression**, expression logique ; **logical expression**, expression logique ; **relational expression**, expression relationnelle.

EXTENDED : extended, étendu ; **extended addressing**, adressage étendu ; **extended I/O**, E/S étendues ; **extended precision**, multiple précision ; **extended time-scale**, facteur temps étendu.

EXTENDER : extender, prolongateur ; **card extender**, prolongateur de carte.

EXTENSION : code extension character, caractère de changement du code ; **extension cable**, rallonge de câble ; **extension store**, mémoire auxiliaire ; **file name extension**, extension de nom de fichier ; **language extension**, extension de langage ; **sign extension**, répétition de signe.

EXTENT : extent, zone ; **extent address**, adresse de zone ; **primary data extent**, zone de données primaires ; **unassigned extent**, partition réservée.

EXTENTED : extented system life span, système à vie plus étendue.

EXTERNAL : external address, adresse externe ; **external connector**, connecteur externe ; **external data file**, fichier externe ; **external interrupt**, interruption extérieure ; **external label**, étiquette externe ; **external language**, langage extérieur ; **external loss time**, temps perdu ; **external memory**, mémoire externe ; **external output control**, commande de débit externe ; **external programme parameter**, paramètre externe ; **external queue**, file d'attente externe ; **external reference**, référence extérieure ; **external register**, registre externe ; **external signal**, signal externe ; **external sort**, tri de fusionnement ; **external storage**, mémoire externe ; **external symbol**, symbole externe.

EXTRACT * : extract (to), extraire,

EXTRACTION : data extraction, extraction des données.

EXTRACTOR : extractor, masque, filtre

isoler ; **extract instruction**, instruction de balayage.

F

FABRICATED : fabricated language, langage artificiel.

FACE : face, style de caractère ; **card face**, recto de carte ; **face change**, changement de jeu de caractères ; **face-down feed**, alimentation recto ; **face-up feed**, alimentation verso ; **face value**, valeur nominale ; **inner face**, côté interne.

FACED : bold faced type, caractère gras ; **flat-faced screen**, écran plat.

FACEPLATE : faceplate, cache.

FACILITIES : shared facilities, ressources communes.

FACILITY : facility, possibilité, ressource ; **add-on facility**, possibilité d'extension ; **computer facility**, service informatique ; **computing facility**, possibilité informatique ; **data processing facility**, centre informatique ; **direct call facility**, service d'appel direct ; **edit facility**, moyen d'édition ; **hardcopy facility**, possibilité de recopie d'écran ; **hold facility**, possibilité de maintien ; **information facility**, service informatique ; **logging facility**, moyen d'acquisition ; **sort facility**, dispositif de tri ; **tabulation facility**, dispositif de tabulation ; **user facility**, service complémentaire ; **virtual call facility**, service de communication virtuelle.

FACSIMILE : facsimile, télécopie, facsimilé ; **facsimile network**, réseau de fac-similé ; **facsimile terminal**, télécopieur.

FACTOR : factor, indice, coefficient, facteur ; **block factor**, facteur de blocage ; **blocking factor**, facteur de groupage ; **correcting factor**, facteur de correction ; **factor value**, valeur de facteur ; **float factor**, adresse origine ; **improving factor**, taux d'amélioration ; **interleave factor**, facteur d'imbrication ; **iteration factor**, facteur d'itération ; **iterative factor**, facteur itératif ; **load factor**, facteur de charge ; **modulation factor**, facteur de modulation ; **multiplier factor**, multiplicateur ; **over-**

shoot factor, facteur de dépassement ; **packing factor**, densité de compactage ; **power factor**, facteur de puissance ; **quality factor**, facteur de qualité ; **scale factor**, grandeur d'échelle, échelle ; **scaling factor**, échelle ; **time scale factor**, échelle des temps ; **way factor**, facteur de voie ; **weighting factor**, facteur de pondération.

FACTORIAL : factorial, factorielle.

FADE : fade, fluctuation.

FAIL : fail (to), tomber en panne ; **failsafe operation**, fonctionnement à sécurité intégrée ; **soft-fail**, arrêt gracieux après avarie.

FAILSAFE : failsafe operation, fonctionnement à sécurité intégrée.

FAILSOFT : failsoft system, système à dégradation contrôlée.

FAILSOFTNESS : failsoftness, dégradation progressive.

FAILSORT : failsort, dégradation contrôlée.

FAILURE * : failure, incident, panne ; **debug failure**, défaillance initiale ; **equipment failure**, panne d'équipement ; **failure logging**, journal des pannes ; **failure prediction**, prévision d'incidents ; **failure rate**, taux de défaillance ; **failure recovery**, reprise après avarie ; **hardware failure**, incident technique, défaillance ; **induced failure**, panne induite ; **initial failure**, défaillance prématurée ; **intermittent failure**, panne intermittente ; **point of failure**, lieu de la panne ; **power failure**, défaillance secteur ; **primary failure**, défaillance primaire ; **random failure**, avarie erratique ; **skew failure**, mal aligné ; **wearout failure**, défaillance par usure.

FALLBACK : fallback, reprise automatique ; **fallback procedure**, procédure de reprise automatique ; **fallback system**, système à reprise.

FALSE : analogue false colour, fausse couleur analogique ; **false add**, addition sans report ; **false colour**, fausse couleur ; **false drop**, diaphonie ; **false error**, fausse erreur ; **false floor**, faux plancher ; **false retrieval**, récupération parasite ; **false triggering**, déclenchement parasite.

FAMILY : family, famille ; **computer family**, famille d'ordinateurs ; **entry family**, famille d'entrées ; **family of curves**, famille de courbes.

FAN : fan, ventilateur ; **fan-in**, entrance ; **fan-out**, sortance.

FANFOLD : fanfold paper, papier en continu plié.

FANFOLDED : fanfolded paper, papier plié en accordéon.

FAST : fast access memory, mémoire à accès rapide ; **fast access storage**, mémoire rapide ; **fast core**, mémoire rapide ; **fast time scale**, facteur temps réduit.

FATHER : father, père ; **father file**, fichier générateur ; **father-son technique**, technique de duplication.

FAULT * : fault, incident, panne, avarie, défaillance ; **arithmetic fault**, erreur de grandeur ; **data-sensitive fault**, défaut détecté par les données ; **fault control**, contrôle d'avarie ; **fault control memory**, mémoire de détection d'anomalie ; **fault detection circuit**, circuit de détection d'anomalie ; **fault detector**, détecteur d'avarie ; **fault diagnosis**, diagnostic de panne ; **fault finding**, localisation d'anomalie ; **fault indicator**, indicateur d'erreur ; **fault register**, registre des avaries ; **fault time**, temps de défaillance ; **fault-tolerant system**, système à tolérance de pannes ; **fault tracing time**, temps de recherche d'erreur ; **intermittent fault**, panne intermittente ; **programme-sensitive fault**, défaut détecté par programme ; **sporadic fault**, panne intermittente.

FAX : fax, télécopie, fac-similé.

FDA : flow deviation algorithm (FDA), algorithme de déviation de fluence.

FDM : frequency-division duplexing (FDM), duplexage par division de fréquence.

FEASIBILITY : feasibility, faisabilité ; **feasibility study**, étude de faisabilité.

FEATURE : advanced print features, attribut d'impression évolué ; **feature code**, code spécial ; **high-speed skip feature**, dispositif de tabulation rapide ; **instruction feature**, complément d'instruction ; **interrogate feature**, dispositif d'interrogation, organe de test ;

interrupt feature, dispositif d'interruption ; **line selection feature**, dispositif de sélection de ligne ; **print features**, caractéristiques de l'impression ; **record overflow feature**, dispositif de changement de piste ; **screen-oriented feature**, particularité utilisant l'écran ; **split screen feature**, segmentation de l'écran ; **write lockout feature**, dispositif de protection à l'écriture.

FEC : forward error correction (FEC), correction d'erreur sans voie retour.

FED : pin-fed paper, papier à perforations.

FEED : feed (to), alimenter ; **advance feed rate**, bande perforée à alignement frontal ; **card feed**, mécanisme d'alimentation en cartes ; **card feed device**, guide-carte ; **centrefeed tape**, bande papier ; **dual feed**, double saut ; **dual feed carriage**, interligne double ; **dual ribbon feed**, double avance de ruban encreur ; **face-down feed**, alimentation recto ; **face-up feed**, alimentation verso ; **feed forward**, réaction anticipative ; **feed hole**, perforation d'entraînement ; **feed knife**, pointeau d'entraînement ; **feed pitch**, pas d'entraînement ; **feed rate**, vitesse d'entraînement ; **feed roll**, rouleau d'alimentation ; **feed roller**, rouleau de transport ; **feed system**, circuit d'alimentation ; **feed track**, pas d'entraînement ; **form feed character (FF)**, (caractère de) présentation de feuille ; **form feed mechanism**, mécanisme d'avance papier ; **form feed speed**, vitesse de l'avance ligne ; **friction feed**, entraînement par friction ; **front feed**, alimentation frontale ; **hand feed punch**, perforatrice manuelle ; **high-speed feed**, alimentation rapide ; **high-speed paper feed**, transport de papier rapide ; **horizontal feed**, alimentation horizontale ; **incremental feed**, avance incrémentielle ; **line feed**, saut de ligne ; **manual paper feed**, avance manuelle de papier ; **paper feed**, alimentation papier, avance papier ; **pin feed drum**, tambour d'entraînement à picots ; **single-sheet feed**, alimentation feuille à feuille ; **tape feed**, entraînement de bande ; **vertical feed**, entraînement vertical.

FEEDBACK : feedback, rétroaction, réaction ; **information feedback**, contrôle par retour de l'information ; **information feedback checking**, collationnement automatique ; **inverse feedback**, contre-réaction ; **message feedback**, retour d'information ; **negative feedback**, rétroaction convergente ; **positive feedback**, rétroaction divergente ; **redundancy**

feedback, détection d'erreurs en émission.

FEEDER : feeder, câble d'alimentation ; feeder bin, magasin d'alimentation.

FEEDING : feeding device, dispositif d'alimentation ; **multiread feeding,** alimentation multilecture ; **sheet feeding,** alimentation feuille à feuille.

FEEDRATE : feedrate, vitesse d'entraînement.

FEMALE : female plug, connecteur femelle.

FEP : front-end processor (FEP), processeur frontal.

FERRITE : ferrite, ferrite ; **ferrite core,** tore de ferrite.

FERROMAGNETIC : ferromagnetic storage, mémoire ferromagnétique.

FETCH * : fetch, extraction, prélèvement ; fetch (to), extraire, prélever ; **fetch cycle,** cycle de prise en charge ; **fetch instruction,** instruction d'extraction ; **instruction fetch,** cycle de recherche d'instruction ; **programme fetch,** appel de programme.

FIBONACCI : Fibonacci search, recherche de Fibonacci.

FIBRE, FIBER : fibre (US: fiber), fibre ; bending loss (opto-fibre), perte par courbure (fibre optique) ; **fibre optic cable,** câble à fibres optiques ; **fibre optics,** fibre optique ; **optical fibre characteristics,** caractéristiques des fibres optiques.

FICHE : fiche, microfiche ; fiche (to), mettre sur microfiche ; **fiche reader,** lecteur de microfiche.

FIELD * : AC magnetic field, champ magnétique alternant ; **access key field,** champ d'accès ; **address control field,** zone de modification d'adresse ; **address field,** champ d'adresse ; **aiming field,** champ de visée ; **alphabetic field limit,** limitation de zone alphabétique ; **auxiliary key field,** champ clé secondaire ; **card field,** zone de perforation ; **code field,** zone de codage ; **common field,** zone commune ; **computer field,** champ d'application des ordinateurs ; **control field,** zone de contrôle ; **count field,** zone de comptage ; **data field,** rubrique ; **data field length,** longueur de champ des données ; **decrement field,** zone de modification d'adresse ; **destination field,** zone réceptrice ; **display field,** champ de visualisation ; **dummy field,** zone fictive ; **electrostatic field,** champ électrostatique ; elemen-

tary field, champ élémentaire ; **field input parameter,** paramètre d'entrée du champ ; **field length,** longueur de zone ; **field name,** nom de champ ; **field scan generator,** générateur de balayage trame ; **field separator,** délimiteur de champ ; **field specification,** spécification de zone ; **fixed field,** champ fixe ; **free field,** zone banalisée ; **hash total field,** zone du total de contrôle ; **home address field,** zone d'adresse piste ; **identification field,** zone d'identification ; **identification field checking,** contrôle de zone d'identification ; **index field,** champ d'indexation ; **indicator field,** zone de signalisation ; **information field (I-field),** zone de données ; **input field,** champ de saisie ; **instruction field,** champ d'instruction ; **interrecord sequence field,** zone de tri pour enregistrements enchaînés ; **key field,** champ clé ; **key value field,** zone de valeur de clé ; **label field,** zone d'étiquette ; **line field,** zone de lignes ; **link address field,** champ d'adresse de lien ; **location field,** zone d'adresse ; **location field tag,** étiquette d'adresse ; **magnetic field,** champ magnétique ; **modifier field,** champ modificateur ; **noise field,** champ perturbateur ; **operand field,** champ opérande ; **operating code field,** zone de code d'opération ; **operator field,** zone opérateur ; **password field,** zone de mot de passe ; **primary key field,** champ clé primaire ; **print field,** champ d'impression ; **programmable protected field,** zone protégée programmable ; **programme name field,** zone de nom de programme ; **protected field,** zone protégée ; **queueing field,** zone de file d'attente ; **receiving field,** champ objet ; **reserved field,** zone réservée ; **save field,** zone sauvegarde ; **secondary key field,** champ clé secondaire ; **sign field,** champ du signe ; **signed field,** zone algébrique ; **start mode field,** zone du mode de lancement ; **starting mode field,** zone du mode d'amorçage ; **test field,** zone d'essai ; **unfilled-in field,** champ non renseigné, champ vide ; **unprotected data field,** zone de données non protégée ; **unprotected field,** champ non protégé ; **user field,** zone utilisateur ; **variable field,** champ variable ; **variable length field,** champ de longueur variable ; **waiting queue field,** zone de file d'attente.

FIFO : fifo list, liste directe ; first in first out (FIFO), premier entré premier sorti.

FIFTY : excess-fifty, excédent cinquante.

FIGURATIVE : figurative constant, constante figurative, libellé, littéral.

FIGURE : figure, nombre, facteur, figure ; **figure key**, touche numérique ; **figure shift**, décalage de chiffre ; **figures shift**, touche des chiffres ; **noise figure**, facteur de bruit ; **odd figure**, chiffre impair ; **significant figure**, chiffre significatif.

FILE * : file, fichier ; **file (to)**, classer ; **active file**, fichier actif ; **active master file**, fichier principal actif ; **add file**, fichier d'ajouts ; **amendment file**, fichier des modifications ; **archived file**, fichier archive ; **audit file**, fichier archive ; **auxiliary file**, fichier secondaire ; **back-up file**, fichier de réserve ; **beginning-of-file label**, repère de début de fichier ; **buffered file**, fichier en mémoire tampon ; **end-of-file spot**, marqueur de fin de fichier ; **environmental file**, fichier d'environnement ; **external data file**, fichier externe ; **father file**, fichier générateur ; **file access**, accès fichier ; **file activity ratio**, taux de mouvement de fichier ; **file allocation**, attribution de fichier ; **file analysis**, étude de fichiers ; **file assignment**, désignation de fichier ; **file attribute**, attribut de fichier ; **file batching**, groupage de fichiers ; **file beginning**, début de fichier ; **file composition**, composition de fichier ; **file concatenation**, enchaînement de fichiers ; **file control**, commande de fichier ; **file conversion**, conversion de fichier ; **file copy**, copie de fichier ; **file creation**, création de fichier ; **file definition**, définition de fichier ; **file description**, description de fichier ; **file descriptor area**, zone de description de fichier ; **file directory**, répertoire de fichiers ; **file format**, format de fichier ; **file gap**, espace entre fichiers ; **file identification**, identification de fichier ; **file index**, index de fichier ; **file label**, étiquette de fichier ; **file layout**, disposition de fichier, organisation de fichier ; **file leader record**, enregistrement d'ouverture de fichier ; **file librarian**, gestionnaire de fichier ; **file link**, liaison de fichier ; **file maintenance**, tenue de fichier ; **file management**, gestion de fichiers ; **file manager**, gestionnaire de fichier ; **file name**, nom de fichier ; **file name extension**, extension de nom de fichier ; **file name index**, indice de nom de fichier ; **file organisation**, organisation de fichier ; **file-oriented programming**, programmation adaptée aux fichiers ; **file packing**, groupement de fichiers ; **file prep-**

aration, préparation de fichiers ; **file print**, impression de fichier ; **file processing**, traitement de fichiers ; **file protect**, protection de fichier ; **file protection**, protection des fichiers ; **file purging**, effacement de fichiers ; **file reconstruction**, reconstruction de fichier ; **file recovery**, récupération de fichier ; **file reorganisation**, réorganisation de fichier ; **file restore**, restauration de fichier ; **file scan**, balayage de fichier, lecture de fichier ; **file security**, sécurité des fichiers ; **file separator (FS)**, séparateur de fichier ; **file separator character**, caractère séparateur de fichier ; **file server**, serveur de fichiers ; **file set**, ensemble de fichiers ; **file sharing**, partage de fichier ; **file size**, taille de fichier ; **file specification**, caractéristiques de fichier ; **file storage**, archivage de fichier ; **file store**, fichier système ; **file string**, chaîne de fichiers ; **file structure**, structure de fichier ; **file tidying**, réorganisation de fichier ; **file uniqueness**, unicité des fichiers ; **file version**, version de fichier ; **fixed-block file**, fichier à blocs fixes ; **grandfather file**, fichier de première génération ; **hashed random file**, fichier à accès direct ; **history file**, fichier archive ; **identification of file**, identification de fichier ; **image file**, fichier image ; **in file**, fichier d'entrée ; **index file**, fichier index ; **index random file**, fichier à accès direct indexé ; **indexed file**, fichier indexé ; **indexed non-sequential file**, fichier à accès direct indexé ; **indexed sequential file**, fichier séquentiel indexé ; **input file**, fichier d'entrée ; **input tape file**, fichier bande entrée ; **integrated filestore**, mémoire secondaire ; **inverted file**, fichier inversé ; **item history file**, fichier historique d'articles ; **item master file**, fichier principal d'articles ; **job account file**, fichier de comptabilisation des travaux ; **job accounting file**, fichier de comptabilisation des travaux ; **job control file**, fichier de gestion des travaux ; **job file**, fichier d'entrée des travaux ; **job input file**, fichier d'entrée des travaux ; **job output file**, fichier de sortie des résultats ; **job stream file**, fichier des files de travaux ; **key-sequenced file**, fichier à codes classifiés ; **labelled file**, fichier désigné ; **library file**, fichier bibliothèque ; **logical file**, fichier logique ; **magnetic disc file**, fichier sur disque magnétique ; **magnetic tape file**, fichier bande magnétique ; **main dictionary file**, fichier dictionnaire principal ; **main file**, fichier principal ; **maintenance file**, fichier des mouvements ;

master file, fichier principal ; memory file, fichier mémoire ; microfilm file, fichier de microfilms ; multiextent file, fichier multidomaine ; null file, fichier fantôme ; object module file, fichier de modules objet ; open file, ouverture de fichier ; output file, fichier de sortie ; page file, fichier par page ; permanent file, fichier permanent ; primary file, fichier primaire ; programme file, fichier de programmes ; programme load file, fichier chargeur de programme ; protected file, fichier protégé ; public file, fichier public ; queued file, suite de fichiers ; random access file, fichier à accès direct ; random file, fichier à accès séquentiel ; reblocked file, fichier à blocs regroupés ; record address file, fichier des adresses d'enregistrements ; relocatable file, fichier translatable ; report file, fichier des états ; ring file, fichier en anneau ; root file, fichier résident ; run file, fichier de programmes ; scratch file, fichier de travail ; secondary dictionary file, fichier dictionnaire secondaire ; select output file, fichier de vidage sélectif ; sensitive file, fichier important ; sequential data file, fichier à données séquentielles ; sequential file organisation, organisation en fichiers séquentiels ; shared file, fichier partagé ; shared file system, système à fichiers communs ; single-volume file, fichier monopile ; slave file, fichier secondaire ; source file, fichier source ; spanned file, fichier étendu ; specification file, fichier de spécifications ; structured file, fichier structuré ; suspense file, fichier en instance ; system input file, fichier d'entrée système ; tape file, fichier sur bande ; temporary file, fichier temporaire ; test file generation, génération de fichier de test ; test file generator, générateur de fichier d'essais ; threaded file, fichier chaîné ; transaction file, fichier de détail ; unblocked file, fichier dégroupé ; unclassified file, fichier en vrac ; undefined file, fichier indéfini ; unlabelled file, fichier sans label ; unload file, fichier de clôture ; unprotected file, fichier non protégé ; unstructured file, fichier non structuré ; update file, fichier des mouvements ; updated master file, fichier de mise à jour ; user attribute file, fichier du personnel utilisateur ; user file, fichier utilisateur ; variable file, fichier des variables ; vendor master file, fichier source de fournisseur ; virtual file, fichier virtuel ; volatile file, fichier très actif ; work file, fichier de travail ; working file, fichier de travail.

FILED : filed, archivé, classé ; **halt name filed**, zone de nom d'interruption.

FILEMARK : filemark, marque de fin de fichier.

FILENAME : filename, nom de fichier.

FILER : filer, classeur.

FILESTORE : integrated filestore, mémoire secondaire.

FILING : filing, archivage, classement ; filing system, système à fichiers.

FILL * : fill (to), remplir ; character fill, insertion de caractère ; fill in blank data entry, entrée par remplissage de blancs ; polygon fill, remplissage de polygones ; zero fill (to), garnir de zéros.

FILLED : filled box, cadre plein ; filled circle, cercle plein ; filled rounded box, cadre plein à coins arrondis.

FILLER * : filler, élément de remplissage ; initial filler, premier caractère de remplissage.

FILLING : filling, remplissage ; filling character, caractère de remplissage ; polygon filling algorithm, algorithme de remplissage de polygones.

FILM : film card, microfiche ; film reader, lecteur de film ; magnetic film, film magnétique ; magnetic thin film storage, mémoire à couche mince magnétique ; thick film, couche épaisse ; thin film, couche mince ; thin film memory, mémoire à couches minces ; thin film resistor, résistance à couches minces ; thin film storage, mémoire à couches minces.

FILTER * : filter, masque, filtre ; antiglare filter, filtre antireflet ; band elimination filter, filtre éliminateur de bande ; band-reject filter, filtre stop-bande ; bandpass filter, filtre passe-bande ; bandstop filter, filtre éliminateur de bande ; broadband-coupling filter, filtre coupleur à bande large ; filter element, masque, filtre ; high-pass filter, filtre passe-haut ; low-pass filter, filtre passe-bas ; mesh filter, filtre maillé ; power filter, filtre secteur.

FINDING : fault finding, localisation d'anomalie ; finding, localisation.

FINE : fine index, index détaillé ; fine sort, tri fin.

FINITE : finite loading, chargement à capacité limitée.

FIRM : software firm, société de logiciel.

FIRMWARE * : firmware, micrologiciel ; **firmware-driven**, contrôlé par progiciel ; **I/O control firmware**, logiciel pour contrôle des E/S.

FIRST : first in first out (FIFO), premier entré, premier sorti ; **first-level address**, adresse directe ; **first-level memory**, mémoire de premier niveau ; **first-major transaction**, premier mouvement général ; **first-order subroutine**, routine de premier ordre ; **first-transaction**, premier mouvement.

FIT : fit (to), tenir.

FIVE : five-bit byte, quintuplet ; **two-out-of-five code**, code deux parmi cinq, code quinaire.

FIXED : fixed bias, polarisation fixe ; **fixed-block file**, fichier à blocs fixes ; **fixed-block format**, format à blocs fixes ; **fixed-block length**, longueur de bloc fixe ; **fixed disc**, disque dur ; **fixed-disc storage**, mémoire à disque dur ; **fixed field**, champ fixe ; **fixed-floating point format**, notation à virgule fixe ; **fixed form**, format fixe ; **fixed format**, format fixe ; **fixed head**, tête fixe ; **fixed-head disc**, disque à tête fixe ; **fixed-length**, de longueur fixe ; **fixed-length format**, format de longueur fixe ; **fixed-length record**, enregistrement de longueur fixe ; **fixed-magnetic head**, tête magnétique fixe ; **fixed memory**, mémoire morte, mémoire fixe ; **fixed point**, virgule fixe ; **fixed-point arithmetic**, arithmétique en virgule fixe ; **fixed-point binary**, binaire en virgule fixe ; **fixed-point calculation**, calcul en virgule fixe ; **fixed-point division**, division à virgule fixe ; **fixed-point part**, mantisse ; **fixed-point representation**, numération en virgule fixe ; **fixed-point type**, type à virgule fixe ; **fixed-point word length**, longueur de mot en virgule fixe ; **fixed-radix notation**, numération à base fixe ; **fixed-size record**, enregistrement de longueur fixe ; **fixed store**, mémoire morte, mémoire fixe ; **fixed word**, mot de longueur fixe ; **fixed-word length**, longueur de mot fixe ; **semi-fixed length record**, enregistrement semi-fixe.

FIXING : page fixing, mise en place de page.

FLAG * : flag, drapeau, fanion, sentinelle, jalon ; **flag (to)**, signaler ; **carry flag**, indicateur de report ; **device flag**, indicateur d'état périphérique ; **diagnostic flag**, marque de diagnostic ; **flag bit**, binaire indicateur ; **flag event**, indicateur d'évènement ; **header flag**, étiquette début de bloc ; **interrupt flag**, drapeau d'interruption ; **sign flag**, drapeau de signe ; **skip flag**, fanion de saut ; **trailer flag**, étiquette queue de bande ; **warning flag**, drapeau d'alerte ; **zero flag**, indicateur de zéro.

FLASH : audit flash, contrôle rapide ; **flash (tension)**, amorçage ; **form flash**, impression de cadre.

FLAT : flat cable, câble plat ; **flat-faced screen**, écran plat ; **flat pack**, circuit intégré à broches axiales ; **flat screen display**, écran plat.

FLATBED : flatbed plotter, table traçante, table à tracer.

FLAW : flaw, défaut ; **flaw mapping**, mappe des erreurs.

FLEXIBILITY : flexibility, souplesse ; **software flexibility**, souplesse du logiciel.

FLEXIBLE : flexible, unité de disque souple ; **flexible disc**, disque souple, minidisque, disquette ; **flexible disc memory**, mémoire à disque souple ; **reversible flexible disc**, disquette double face.

FLICKER : flicker, papillotement, scintillement ; **flicker-free**, sans scintillement ; **interline flicker**, papillotement de lignes ; **virtually flicker-free**, pratiquement sans papillotement.

FLICKERING : flickering, papillotement, scintillement.

FLIGHT : flight simulator, simulateur de vol ; **hammer flight time**, durée de vol du marteau d'impression.

FLIP : flip (to), basculer ; **flip-flop**, circuit bistable, bascule bistable ; **flip-flop string**, cascade de bascules ; **slave flip-flop**, bascule asservie ; **status flip-flop**, bistable d'état.

FLIPPY : flippy, disque souple.

FLOAT * : float, flottant ; **float (to)**, flotter ; **float factor**, adresse origine ; **float type**, type flottant.

FLOATING : decimal floating point, virgule décimale ; **double precision floating point**, virgule flottante en double précision ; **fixed-floating point format**, notation à virgule fixe ; **floating address**, adresse flottante ; **floating character**, caractère flottant ; **floating decimal**, virgule flottante ; **floating point**, virgule flottante ; **floating-point addition**, addition en virgule flottante ; **floating-point arithmetic**, arithmétique à virgule flottante ; **floating-point base**, base de séparation flottante ; **floating-point calculation**, calcul en virgule flottante ; **floating-point number**, nombre à virgule flottante ; **floating-point package**, progiciel à virgule flottante ; **floating-point processor (FPP)**, processeur en virgule flottante ; **floating-point radix**, base de séparation flottante ; **floating-point register**, registre à virgule flottante ; **floating-point representation**, représentation à virgule flottante ; **floating-point routine**, programme à virgule flottante ; **floating-point type**, type à virgule flottante ; **floating substract**, soustraction flottante ; **floating zero**, zéro flottant ; **long-form floating point**, virgule flottante en multiple précision ; **normalised form (floating point)**, forme normalisée ; **single-precision floating point**, virgule flottante simple précision.

  FLOOR : **floor**, plancher ; **access floor**, faux plancher ; **false floor**, faux plancher.

  FLOP : **flop**, opération en virgule flottante ; **flip-flop**, circuit bistable, bascule bistable ; **flip-flop string**, cascade de bascules ; **flop-in**, en croissant ; **flop-out**, en décroissant ; **slave flip-flop**, bascule asservie ; **status flip-flop**, bistable d'état.

  FLOPPY : **floppy**, disque souple ; **floppy disc**, disque souple, disquette, minidisque ; **floppy disc controller**, contrôleur de disque souple ; **floppy disc drive**, unité de disque souple.

  FLOW : **flow**, courant, circulation, flot, flux ; **flow (to)**, circuler ; **bidirectional flow**, flot bidirectionnel ; **control flow**, flux de commande ; **data flow control**, cinématique de l'information ; **flow analysis**, analyse de fluence ; **flow control**, commande de flux ; **flow deviation algorithm (FDA)**, algorithme de déviation de fluence ; **flow diagram**, organigramme ; **flow direction**, sens de circulation, sens de liaison ; **flow-in**, fluence d'entrée ; **flow-out**, fluence de sortie ; **flow path**, branche de traitement ; **flow process chart**, diagramme de circulation ; **flow process diagram**, diagramme de fluence ; **generated data flow**, flux de données générées ; **information flow**, débit d'information ; **information flow rate**, vitesse de circulation de l'information ; **internal flow**, débit interne des données ; **job flow**, déroulement des travaux ; **job flow control**, contrôle du flot des travaux ; **normal direction flow**, sens normal des liaisons ; **programme flow**, déroulement du programme ; **serial work flow**, déroulement séquentiel des travaux ; **work flow**, déroulement du travail.

  FLOWCHART * : **flowchart**, organigramme ; **data flowchart**, organigramme des données ; **flowchart (to)**, établir un organigramme ; **flowchart block**, bloc d'organigramme ; **flowchart connector**, renvoi d'organigramme ; **flowchart generator**, traceur d'organigramme ; **flowchart symbol**, symbole d'organigramme ; **flowchart template**, organigraphe ; **flowchart text**, légende d'organigramme ; **function flowchart**, diagramme logique ; **information flowchart**, graphe d'informations ; **instruction flowchart**, organigramme des instructions ; **logic flowchart**, logigramme ; **macro-flowchart**, organigramme de macros ; **programme flowchart**, organigramme du programme ; **programming flowchart**, diagramme de programmation ; **structure flowchart**, diagramme de structure ; **system flowchart**, organigramme de système ; **template flowchart**, modèle d'organigramme ; **trouble shooting flowchart**, arbre de dépannage.

  FLOWCHARTING : **flowcharting**, établissement d'organigramme.

  FLOWGRAPH : **flowgraph**, ordinogramme.

  FLOWLINE * : **flowline**, ligne de liaison.

  FLUCTUATING : **fluctuating error**, erreur fluctuante.

  FLUORESCENT : **fluorescent lamp**, lampe fluorescente ; **fluorescent screen**, écran fluorescent.

  FLUSH : **flush**, débit, purge ; **core flush**, remise à zéro de la mémoire.

  FLUTTER * : **flutter**, flottement, pleurage ; **flutter speed**, vitesse de flottement.

  FLUX : **flux**, circulation, flot, flux ; **flux transition**, transition de flux ; **magnetic flux density**, densité de flux magnétique, induction magnétique.

  FLY : **fly-back**, retour de balayage, retour de spot ; **hit-on-the-fly printer**, imprimante à la volée ; **on-the-fly printer**, imprimante à la volée.

  FLYBACK : **horizontal flyback**, retour ligne.

  FLYING : **flying head**, tête volante ; **flying height**, distance entre tête et disque ; **flying speed**, vitesse de rotation optimale ; **flying spot scan**, balayage au vol.

  FOCUS : **focus**, foyer.

FOCUSED : self-focused picture tube, tube autoconvergent.

FOLD : two-fold, en double ; Z-fold paper, papier paravent.

FOLDED : zig-zag folded paper, papier à pliage accordéon, papier paravent.

FOLDER : folder, dossier ; folder icon, icône de dossier.

FOLDING : accordion folding, pliage en accordéon ; folding, pliage.

FOLLOWER : follower, suiveur.

FOLLOWING : contour following, balayage de contour.

FONCTION : weighting fonction, fonction de pondération.

FOO : metasyntactic variable (foo), variable métasyntaxique (toto).

FOOT : foot margin, espace de bas de page.

FOOTING : footing, bas de page ; footing number location, lieu de numérotation de bas de page.

FOOTNOTE : footnote, note de bas de page.

FORBIDDEN : forbidden character, caractère interdit ; forbidden code, code prohibé ; forbidden combination, combinaison interdite ; forbidden digit, chiffre interdit.

FORCE : electromotive force, force électromotrice ; key touch force, force de frappe ; lines of force, lignes de force ; zero insertion force (ZIF), à force d'insertion nulle.

FORCED : forced cooling, aération forcée ; forced display, affichage systématique.

FORECASTING : forecasting, prévision.

FOREGROUND : display foreground, champ de visualisation ; foreground image, premier plan d'image ; foreground job, travail de premier plan ; foreground processing, traitement prioritaire ; foreground programme, programme prioritaire ; foreground task, tâche de premier plan.

FOREGROUNDING : foregrounding, de premier plan ; foregrounding processing, traitement de premier plan.

FORM : form, imprimé ; coding form, feuille de programmation ; complement form, forme complémentaire ; compressed form, format condensé ; continuous form, imprimé en continu ; fixed form, format fixe ; form alignment, alignement de formulaire ; form control, contrôle des imprimés ; form design, conception des imprimés ; form feed character (FF), (caractère de) présentation de feuille ; form feed mechanism, mécanisme d'avance papier ; form feed speed, vitesse de l'avance ligne ; form flash, impression de cadre ; form loading, chargement du papier ; form mode, mode masque ; form overlay, cadre en surimpression ; form stop, arrêt de fin de papier ; form tractor, tracteur de papier ; graphic form, sous forme graphique ; head-of-form (HOF), haut de feuillet ; input form, bordereau de saisie ; line drawn form, bordereau formaté ; listing form, imprimé en continu ; long-form floating point, virgule flottante en multiple précision ; normalised form (floating point), forme normalisée ; printed form, formulaire ; programming form, feuille de programmation ; punching form, bordereau de perforation ; standard form, forme normalisée ; top-of-form (TOF), haut de page ; vertical form control (VFC), contrôle vertical du papier.

FORMAL : formal grammar, grammaire formelle ; formal language, langage formel ; formal logic, logique formelle ; formal message, message conditionné ; formal parameter, paramètre formel, paramètre fictif ; formal parameter list, liste de paramètres formels.

FORMAT * : format, format ; address block format, format de bloc d'adresses ; address format, caractéristique d'adressage ; binary format, format binaire ; block format, format de bloc ; card format, format de carte ; card image format, format image de carte ; character format, format de caractère ; control card format, format des cartes-paramètres ; data format, format de données ; display format, format d'affichage ; electronic format control, commande de format électronique ; file format, format de fichier ; fixed-block format, format à blocs fixes ; fixed-floating point format, notation à virgule fixe ; fixed format, format fixe ; fixed-length format, format de longueur fixe ; format (to), initialiser, formater ; format control, commande d'édition ; format effector (FE), fonction de mise en page ; format tape, bande pilote ; horizontal format, format horizontal ; information format, format de l'information ; input format, format d'entrée ; instruction format, modèle d'instruction, format d'instruction ; instruction sequence format, structure de la séquence d'instructions ; **internal format**, format interne ; **label format**, format d'étiquette ; **linked format**, format continu ; **list format**, format de liste ; **message format**, format de message ; **multiline format**, structure multiligne ; **print format**, format d'impression ; **printing format**, format d'impression ; **record format**, format d'enregistrement ; **recording format**, structure d'enregistrement ; **report format**, format d'état ; **tab format**, format d'étiquette ; **tabulation block format**, format de bloc tabulaire ; **undetermined format**, format indéterminé ; **unpacked format**, sous forme éclatée ; **unsigned integer format**, format des nombres naturels ; **variable block format**, format de bloc de variables ; **variable format**, format variable ; **variable format record**, enregistrement à longueur variable ; **vertical format**, format vertical ; **vertical format control**, commande de la mise en page verticale ; **word address format**, format d'adresse ; **word format**, structure de mot.

FORMATION : signal formation, mis en forme de signaux.

FORMATLESS : formatless, sans format.

FORMATTED : formatted, formaté ; formatted display, affichage formaté.

FORMATTER : disc formatter, formateur de disque ; **formatter**, formateur ; **text formatter**, formateur de texte.

FORMATTING : formatting, formatage.

FORMULA : formula translation, traduction d'une formule ; **power formula**, formule exponentielle.

FORTH : forth (language), forth (langage).

FORTRAN * : fortran (language), fortran (langage) ; **Fortran compiler**, compilateur Fortran.

FORTUITOUS : fortuitous distortion, distorsion fortuite.

FORWARD : balance forward, sortie de solde mémorisé ; **call forward**, transfert de communication ; **clear forward signal**, signal indicatif de prise de ligne ; **feed forward**, réaction anticipative ; **forward bias**, polarisation directe ; **forward channel**, voie d'aller ; **forward compatibility**, compatibilité ascendante ; **forward current**, courant direct ; **forward error**

correction (FEC), correction d'erreur sans voie retour ; **forward jump**, branchement aval ; **forward pointer**, pointeur de déroulement ; **forward sort**, tri ascendant ; **forward supervision**, commande d'action ; **store and forward**, mémorisation et restitution ; **store-and-forward mode**, mode différé ; **store-and-forward operation**, transfert des données mémorisées.

FORWARDING : forwarding, transmission, communication ; **call forwarding**, transfert d'appel.

FOUNT, FONT : fount (US: font), police de caractères ; **bit-mapped fount**, fonte matricielle ; **character fount**, police de caractères ; **fount change**, changement de jeu de caractères ; **fount change character**, caractère de changement de fonte ; **type fount**, fonte.

FOUR : excess-sixty four notation, numération excédent 64 ; **four-address instruction**, instruction à quatre adresses ; **four-bit byte**, quartet, multiplet de quatre bits ; **four-colour print**, impression en quadrichromie ; **four-line binary code**, code tétradique ; **four-port addressing**, connexion à quatre fils ; **four-wire channel**, voie tétrafilaire.

FOX : fox message, message de test alphanumérique.

FPP : floating-point processor (FPP), processeur en virgule flottante.

FRACTAL : fractal, fractale, dragon.

FRACTION : fraction, fraction ; **algebraic fraction**, fraction algébrique ; **common fraction**, fraction vulgaire, fraction commune ; **improper fraction**, fraction mixte ; **irrational fraction**, fraction irrationnelle ; **vulgar fraction**, fraction vulgaire, fraction commune.

FRACTIONAL : fractional part, mantisse.

FRAGMENTATION * : fragmentation, fragmentation ; **storage fragmentation**, fragmentation mémoire.

FRAME * : frame, trame, rangée de bande, rangée ; **card frame**, bâti à cartes ; **check frame**, séquence de vérification ; **digital frame buffer**, tampon numérique d'image ; **frame buffer**, tampon de trame ; **frame parity**, parité de trame ; **frame rate**, vitesse de trame ; **frame storage**, mémoire de trame ; **information frame**, trame d'information ; **intermediate distribution frame**, distributeur intermédiaire ; **invalid frame**, trame invalide ; **main frame**, unité centrale ; **main frame computer**, unité centrale de traitement ; **out-of-frame**, hors-gabarit ; **page frame**, cadre de page ; **response frame**, trame réponse ; **time frame**, trame temporelle ; **transmission frame**, trame de transmission ; **wire frame**, image fil de fer ; **wire frame representation**, représentation fil de fer.

FRAMING * : framing, trame ; **framing bit**, binaire de trame.

FREAK : computer freak, piraterie informatique ; **freak**, rayure.

FREE : bug-free, sans bogue ; **error-free operation**, opération sans erreur ; **flicker-free**, sans scintillement ; **free field**, zone banalisée ; **free list**, liste libre ; **free-running clock**, horloge arbitraire ; **free-running speed**, vitesse normale de fonctionnement ; **free space**, espace adressable ; **free tree**, arbre ; **glare-free**, antireflet ; **hum-free**, sans ronflement ; **lint-free**, non pelucheux ; **noise-free**, sans bruit ; **parenthesis-free notation**, notation polonaise inversée ; **virtually flicker-free**, pratiquement sans papillotement.

FREEWARE : freeware, logiciel de domaine public.

FREEZE : freeze mode, mode de maintien, mode figé, mode gelé.

FREQUENCY : frequency, fréquence ; **access frequency**, taux de consultation ; **assigned frequency**, fréquence assignée ; **audio frequency output**, sortie de fréquence audible ; **base frequency**, fréquence de base ; **carrier frequency**, fréquence de l'onde porteuse ; **clock frequency**, fréquence d'horloge ; **frequency assignment**, assignement de fréquence ; **frequency band**, bande de fréquences ; **frequency change signalling**, modulation de fréquence spectral ; **frequency changing**, changement de fréquence ; **frequency-derived channel**, voie dérivée en fréquence ; **frequency deviation**, excursion de fréquence ; **frequency distribution**, distribution de fréquences ; **frequency division**, division de fréquence ; **frequency-division duplexing (FDM)**, duplexage par division de fréquence ; **frequency-division multiplexer**, multiplexeur fréquentiel ; **frequency modulation (FM)**, modulation de fréquence ; **frequency shift**, saut de fréquence ; **frequency shift keying (FSK)**, modulation par déplacement de fréquence ; **frequency shift signal**, déviation de fréquence du signal ; **frequency shift signalling**, modulation par déplacement de fréquence ; **frequency slicing**, division de fréquence ; **frequency spectrum**, spectre de fréquences ; **frequency tolerance**, tolérance de fréquence ; **hum frequency**, fréquence de ronflement ; **image frequency**, fréquence image ; **limit frequency**, fréquence limite ; **limiting frequency**, fréquence limite ; **pulse frequency modulation (PFM)**, modulation d'impulsions en fréquence ; **pulse repetition frequency (PRF)**, fréquence de récurrence ; **scan frequency**, fréquence de balayage, fréquence de scanage ; **telegraphy voice frequency**, télégraphie à fréquence vocale ; **voice frequency**, fréquence vocale ; **voice frequency output**, sortie de fréquence vocale ; **working frequency**, fréquence de travail.

FRICTION : friction feed, entraînement par friction.

FRONT : front-end computer, ordinateur frontal, machine frontale ; **front-end processor (FEP)**, processeur frontal ; **front feed**, alimentation frontale ; **front loading**, chargement frontal ; **front wave**, onde enveloppe.

FSK : frequency shift keying (FSK), modulation par déplacement de fréquence.

FULL : full adder, additionneur complet, à trois entrées ; **full-duplex**, duplex ; **full-duplex operation**, opération en duplex ; **full page**, pleine page ; **full precision**, pleine précision ; **full precision calculation**, calcul en pleine précision ; **full screen editor**, éditeur pleine page ; **full screen erase**, effacement complet de l'écran ; **full stamp**, impression intégrale ; **full subtracter**, soustracteur à trois entrées ; **full-wave rectifier**, redresseur double alternance ; **parallel full adder**, additionneur parallèle ; **serial full adder**, additionneur série ; **serial full subtracter**, soustracteur série.

FUN : fun, amusement.

FUNCTION : function, fonction ; **algebraic function**, fonction algébrique ; **alignment function**, fonction de référence ; **analytic function generator**, générateur de fonction analytique ; **Boolean function**, fonction booléenne ; **built-in function**, fonction intrinsèque ; **close function**, fonction bouclée ; **continuous function**, fonction continue ; **control function**, fonction ; **data read function**, fonction de lecture des données ; **display function code**, code de fonction d'affichage ; **distributed function**, fonction distribuée ; **explicit function**, fonction explicite ; **function character**, caractère de contrôle ; **function code**, code d'opération ; **function designator**, désignateur de fonction ; **function flowchart**, diagramme logique ; **function generator**, générateur de fonction ; **function hole**, perforation de contrôle ; **function key**, touche de fonction ; **function subprogramme**, sous-programme de service ; **function table**, table de fonctions ; **generating function**, fonction génératrice ; **housekeeping function**, fonction de gestion ; **hyperbolic function**, fonction hyperbolique ; **implicit function**, fonction implicite ; **inhibit function**, fonction de blocage ; **inverse function**, fonction inversée ; **item handling function**, fonction de traitement des articles ; **jump function**, fonction de branchement ; **load function**, fonction de chargement ; **locate function**, fonction de recherche ; **logical function**, fonction logique ; **odd function**, fonction impaire ; **one-valued function**, fonction univalente ; **power function**, fonction exponentielle ; **primary function**, fonction primaire ; **programmed function keyboard**, clavier spécifique ; **recovery function**, fonction de récupération ; **recursive function**, fonction récurrente ; **search**

function, fonction de recherche ; **secondary function**, fonction secondaire ; **set function**, fonction de commande ; **single-line function**, fonction uniligne ; **step function**, fonction en escalier ; **switching function**, fonction logique ; **threshold function**, fonction de seuil ; **transfer function**, fonction de transfert ; **unit function**, fonction unitaire ; **unit step function**, fonction de saut unitaire ; **user function**, fonction de l'utilisateur ; **utility function**, fonction d'usage général ; **variable function generator**, générateur de fonction variable ; **variation of a function**, variation d'une fonction ; **verify function**, fonction de vérification.

FUNCTIONAL : **functional character**, caractère de commande ; **functional design**, étude fonctionnelle, conception fonctionnelle ; **functional diagram**, schéma fonctionnel ; **functional symbol**, symbole fonctionnel ; **functional test**, test fonctionnel ; **functional unit**, unité fonctionnelle.

FUNWARE : funware, ludiciel, programme de jeu.

FURNITURE : system furniture, mobilier informatique.

FUSABLE : fusable read-only memory, mémoire morte fusible.

FUSE : fuse, fusible

G

GAB : gab, encoche.

GAIN : loop gain, gain de boucle ; transmission gain, gain de transmission.

GAME : game, jeu ; business game, jeu d'entreprise ; computerised game, jeu informatisé ; game-oriented, spécialisé pour le jeu ; game paddle, manette de jeu ; game software, ludiciel ; game theory, théorie des jeux ; life game, jeu de la vie ; video arcade game, jeu vidéo de salle.

GAMEWARE : gameware, ludiciel, logiciel de jeu.

GAMING : gaming, jeu ; gaming package, progiciel de jeux d'entreprise.

GANG : gang punch, perforatrice-reproductrice.

GAP * : block gap, espace entre blocs, espace interbloc ; file gap, espace entre fichiers ; gap character, caractère de garnissage ; gap digit, chiffre de service.

ge ; **gap digit**, chiffre de service.

GATE * : alteration gate, porte OU ; alternative denial gate, porte NON-ET ; biconditional gate, circuit NI exclusif, porte NI exclusif ; block gate circuit, circuit bloqueur ; buffer gate, porte tampon ; coincidence gate, circuit d'équivalence, porte d'équivalence ; complement gate, circuit complémentaire, porte complémentaire ; disjunction gate, circuit OU, porte OU ; distance gate, circuit OU exclusif, porte OU exclusif ; equivalence gate, circuit NI exclusif, porte NI exclusif ; except gate, circuit OU exclusif, porte OU exclusif ; exclusive NOR gate, circuit NI exclusif, porte NI exclusif ; exclusive OR gate, circuit de disjonction, porte de disjonction ; exjunction gate, circuit OU exclusif, porte OU exclusif ; gate block, entretoise ; inhibit gate, inhibiteur ; inverse gate, circuit inverseur ; joint denial gate, circuit NON-OU, porte NON-OU ; logic product gate, circuit ET, porte ET ; **logic sum gate**, circuit OU, porte OU ; **modulo-2 sum gate**, porte somme modulo 2.

NOT-IF-THEN gate : circuit d'exclusion, porte d'exclusion ; **one-gate**, circuit OU, porte OU ; **silicon gate**, porte au silicium ; **synchronous gate**, porte synchrone ; **threshold gate**, circuit à seuil, porte à seuil ; **union gate**, circuit OU, porte OU ; **zero match gate**, circuit NON-OU, porte NON-OU, NI.

GATEWAY : gateway, interface, passerelle.

GATHER : gather write, écriture avec regroupement.

GATHERING : gathering, collecte, regroupement ; **data gathering**, collecte de données.

GATING : gating, déclenchement ; **gating pulse**, impulsion de synchronisation ; **receiver gating**, clavier récepteur.

GAUSSIAN : Gaussian noise, bruit gaussien.

GENDER : RS-232 gender changer, changeur de genre RS-232.

GENERAL : general polling, scrutation systématique ; **general programme**, programme général ; **general-purpose computer**, calculateur universel ; **general-purpose interface**, interface universelle ; **general-purpose language**, langage d'usage général ; **general-purpose processor**, processeur à usage général ; **general-purpose register**, registre banalisé ; **general-purpose trunk**, câble universel ; **general register**, registre principal ; **general utility**, utilitaire général.

GENERALISED, GENERALIZED : generalised (US: generalized), généralisé ; generalised macro-processor, macroprocesseur banalisé ; **generalised routine**, routine polyvalente ; **generalised sort**, tri polyvalent.

GENERATE : generate (to), générer ; **generate-and-go**, génération-exécution.

GENERATED : dynamically generated type, type généré dynamiquement ; **generated address**, adresse calculée ; **generated data flow**, flux de données générées ; **generated error**, erreur de précision.

GENERATING : generating function, fonction génératrice ; **generating programme**, programme générateur ; **generating routine**, programme générateur ; **macro-generating**

programme, macro-générateur.

GENERATION : generation, génération ; **address generation**, calcul d'adresse ; **automatic character generation**, génération de caractères automatique ; **clock generation**, générateur de rythme ; **colour generation**, génération de couleurs ; **computer generation**, génération de calculateurs ; **emulator generation**, génération émulée ; **generation data set**, ensemble de données générées ; **generation number**, nombre générateur ; **generation parameter**, paramètre de génération ; **generation programme**, programme de génération ; **label generation**, création de label ; **polygon generation algorithm**, algorithme de production de polygones ; **prime generation**, génération source ; **programme generation**, génération de programme ; **report generation**, génération d'état ; **second generation**, seconde génération ; **second-generation computer**, calculateur de seconde génération ; **son generation**, génération tertiaire ; **space code generation**, génération des caractères espaces ; **system generation**, génération de système ; **test file generation**, génération de fichier de test ; **third-generation computer**, calculateur de troisième génération ; **update generation**, génération des mises à jour.

GENERATOR * : analytic function generator, générateur de fonction analytique ; **bootstrap generator**, générateur de programme d'amorçage ; **character generator**, générateur de caractères ; **clock signal generator**, générateur de signal d'horloge ; **compiler generator**, générateur de compilateurs ; **curve generator**, générateur de courbes ; **field scan generator**, générateur de balayage trame ; **flowchart generator**, traceur d'organigramme ; **function generator**, générateur de fonction ; **harmonic generator**, générateur d'harmonique ; **line scan generator**, générateur de signaux balayage ligne ; **macro-generator**, macro-générateur ; **manual word generator**, élément d'entrée manuelle ; **number generator**, générateur de nombre ; **output routine generator**, générateur de programme de sortie ; **own report generator**, générateur de rapport intégré ; **programme generator**, générateur de programme ; **pulse generator**, générateur d'impulsions ; **random number generator**, générateur de nombres aléatoires ; **report programme generator (RPG)**, générateur de programme d'états ; **sort generator**, indicatif de tri ; **sort/merge generator**, programme de tri et d'interclassement ; **stroke character generator**, générateur vectoriel de caractères ; **test file generator**, générateur de fichier d'essais ; **timing generator**, générateur de signal d'horloge ; **timing pulse generator**, circuit générateur de rythmes ; **variable function generator**, générateur de fonction variable ; **vector generator**, générateur de vecteur ; **video generator**, générateur vidéo.

GENERIC : generic, générique ; **generic name**, nom de génération.

GEOMETRIC : three-dimension geometric modelling, modélisation géométrique tridimensionnelle.

GEOMETRY : analytic geometry, géométrie analytique ; **geometry error**, erreur de géométrie.

GET : get, lecture.

GHOST : ghost, fantôme.

GHOSTING : ghosting character, caractère fantôme.

GIBBERISH : gibberish, charabia ; **gibberish total**, total de contrôle.

GIGA : giga, giga, un milliard.

GIGABIT : gigabit, gigabit, un milliard de bits.

GIGAFLOP : gigaflop, un milliard d'opérations en virgule flottante.

GIGAHERTZ : gigahertz, gigahertz, un milliard de Hertz.

GIGO : garbage in garbage out (GIGO), à mauvaise entrée, mauvaise sortie.

GIVEN : given time, temps déterminé ; **given value**, valeur donnée.

GLARE : anti-glare filter, filtre antireflet ; **glare-free**, antireflet ; **glare shield**, écran antiéblouissant.

GLASS : glass envelope, ampoule de verre ; **hour-glass**, sablier.

GLITCH : glitch, transitoire.

GLITCHING : glitching, distorsion transitoire.

GLOBAL * : global, global ; **global data**, données communes ; **global memory**, mémoire commune ; **global segment**, segment commun ; **global sequence**, séquence commune ; **global variable**, variable absolue.

GLOW : glow, lueur ; **glow screen**, écran protecteur.

GOING : positive-going transition, front

de montée.

GOLFBALL : golfball, boule porte-caractères ; **golfball type writer**, machine à écrire à boule.

GRACEFUL : graceful degradation, dégradation progressive ; **graceful degradation mode**, mode dégradé progressif.

GRADE : grade, qualité ; **grade of service**, rendement d'un réseau ; **high-grade component**, composant de haute qualité ; **telegraph-grade**, classe sous-vocale ; **voice-grade**, de classe vocale ; **voice grade channel**, ligne téléphonique ; **voice grade circuit**, ligne de haute qualité.

GRADER : grader, classeur, trieuse.

GRADING : priority grading, niveau prioritaire.

GRADUAL : gradual process, gradation ; **gradual transition**, transition progressive.

GRAMMAR : grammar, grammaire ; **analysis grammar**, grammaire d'analyse ; **formal grammar**, grammaire formelle ; **grammar engine**, moteur de grammaires ; **grammar rule**, règle de grammaire ; **logical grammar**, grammaire logique.

GRAND : grand total, total global.

GRANDFATHER : grandfather cycle, cycle de conservation ; **grandfather file**, fichier de première génération ; **grandfather tape**, bande de première génération ; **grandfather technique**, technique de sauvegarde de fichiers.

GRAPH : graph, graphe ; **articulation point (graph)**, point d'articulation (graphe) ; **biconnected graph**, graphe biconnexe ; **complete graph**, graphe complet ; **connected graph**, graphe connexe ; **directed graph**, graphe orienté ; **disconnected graph**, graphe non connexe ; **graph (to)**, enregistrer, représenter graphiquement ; **graph plotter**, traceur de courbes ; **graph theory**, théorie des graphes ; **information graph**, diagramme informatique ; **m-graph**, graphe message ; **message graph**, graphe message ; **partial graph**, graphe incomplet ; **pie graph**, diagramme à secteurs, diagramme camembert ; **planar graph**, graphe planaire ; **s-graph**, graphe d'état ; **standard graph**, graphique X-Y ; **state graph**, graphe d'état ; **strongly connected graph**, graphe fortement connexe ; **trivial graph**, graphe à sommet unique ; **undirected graph**, graphe non orienté ; **weakly connected graph**, graphe faiblement connexe.

GRAPHIC : graphic, graphique ; **colour graphics**, graphique en couleur ; **computer graphics**, infographie ; **graphic character**, caractère graphique ; **graphic console**, console graphique ; **graphic data reduction**, conversion numérique de courbe ; **graphic data structure**, arrangement de données graphiques ; **graphic display**, visualisation graphique ; **graphic display adapter**, carte graphique ; **graphic display programme**, programme de graphique ; **graphic display resolution**, résolution de l'affichage graphique ; **graphic display unit**, unité d'affichage graphique ; **graphic form**, sous forme graphique ; **graphic instruction**, commande graphique ; **graphic mode**, mode graphique ; **graphic monitor**, moniteur graphique ; **graphic-oriented display**, écran graphique ; **graphic package**, progiciel graphique ; **graphic panel**, tableau graphique ; **graphic primitive**, élément graphique, primitive graphique ; **graphic processor**, processeur graphique ; **graphic software**, logiciel graphique ; **graphic software package**, progiciel graphique ; **graphic solution**, solution graphique ; **graphic symbol**, symbole graphique ; **graphic tablet**, traceur graphique ; **graphics**, graphique ; **graphics plotter**, table graphique ; **graphics terminal (GT)**, terminal graphique ; **graphics turtle**, tortue graphique ; **interactive computer graphics**, vidéographie conversationnelle ; **interactive graphics**, infographie dialoguée ; **monochrome graphics**, graphique monochrome ; **printer graphics**, caractères imprimables ; **raster graphic image**, mémoire image d'une trame ; **raster graphics**, infographie matricielle ; **three-dimension graphic display**, écran graphique tridimensionnel ; **two-dimensional animation graphics**, graphique animé bidimensionnel ; **vector graphics**, graphique cavalier.

GRAPHICAL : graphical editing, édition graphique ; **graphical interpretation**, interprétation graphique ; **graphical representation**, représentation graphique.

GRASS : grass, bruit de fond.

GRATE : grate, grille.

GRATICULE : graticule, réticule.

GRAUNCH : graunch, erreur.

GRAY : binary-to-Gray code conversion, conversion binaire-code Gray ; **Gray code**, code Gray, code binaire réfléchi ; **Gray code-to-binary conversion**, conversion code Gray-binaire.

GREATER : greater than (GT), plus grand que ' > ' ; **greater than or equal to (GE)**, plus grand que ou égal à ' ⩾ '.

GREEN : Red Green Blue (RGB), Rouge Vert Bleu (RVB).

GREY : grey scale, échelle de gris ; **grey shade**, niveau de gris.

GRID * : grid, grille ; **capture grid**, grille de saisie ; **capture grid making**, constitution du masque de saisie ; **control grid**, grille de commande ; **logic grid**, grille logique.

GRINDER : grinder, rectifieuse.

GRIPPING : gripping device, appareil de préhension.

GROOVE : groove, gorge, rainure.

GROUND : ground, terre ; **balanced to ground**, symétrique par rapport à la terre ; **sink to ground (to)**, mettre à la masse.

GROUNDING : grounding, mise à la terre.

GROUP : group, groupe ; **Abelian group**, groupe abélien ; **closed user group**, groupe fermé d'usagers ; **code group**, groupe de moments ; **group calculate**, calcul de groupe ; **group delay**, délai de groupe ; **group erase**, caractère d'effacement de groupe ; **group mark**, marque de groupe ; **group poll**, lignes groupées ; **group separator (GS)**, séparateur de groupe ; **group theory**, théorie des groupes ; **head group**, groupe en-tête ; **incoming group**, groupe entrant ; **link group**, groupe de liaisons ; **master group**, groupe maître ; **primary group**, groupe primaire ; **process group**, groupe de processus industriels ; **process group management**, gestion de groupes de processus industriels ; **subscriber group**, groupe d'abonnés ; **trunk group**, groupe de lignes ; **twelve-channel group**, groupe primaire ; **user process group**, association d'utilisateurs ; **volume group**, groupe de volumes.

GROUPING : grouping, groupement ; **grouping isolation**, isolation par groupe ; **grouping of records**, groupe d'enregistrements ; **line grouping**, lignes groupées.

GROWING : growing mode, mode de grossissement.

GROWTH : growth, croissance ; **growth capability**, capacité d'extension ; **impulse growth**, montée d'impulsion.

GUARD : guard, garde de mémoire ;

guard band, bande de protection ; **guard bit**, binaire de protection ; **guard memory**, mémoire à surveillance ; **guard signal**, signal de garde ; **guard storage**, mémoire de surveillance ; **memory guard**, garde de mémoire.

GUIDE : guide, guide ; **belt guide**, guide de courroie ; **guide card**, carte guide ; **guide edge**, bord de référence ; **guide margin**, marge de référence ; **paper guide**, guide papier ; **quick reference guide**, aide-mémoire ; **ribbon guide**, guide de ruban ; **tape guide**, guide bande ; user's guide, manuel de l'utilisateur.

GUIDELINES : guidelines, recommandations ; **syntax guidelines**, conventions syntaxiques.

GUIDING : guiding device, dispositif de guidage.

GULCH : silicon gulch, vallée du silicium (Californie).

GULP * : gulp, groupe de multiplets.

GUN : gun, canon ; **light gun**, crayon lumineux, stylet pointeur

H

HACKER : hacker, inconditionnel, fanatique (d'informatique).

HALF : binary half-adder, demi-additionneur binaire ; **half-adder**, demi-additionneur, additionneur à deux entrées ; **half-adjust**, arrondi ; **half-adjust (to)**, arrondir ; **half-duplex channel**, voie semi-duplex ; **half-duplex operation**, en mode semi-duplex ; **half-duplex transmission**, transmission semi-duplex ; **half-intensity**, demi-intensité ; **half-pulse**, demi-impulsion ; **half-size drive**, disquette mi-hauteur ; **half-substractor**, demi-soustracteur ; **half-tint**, demi-teinte ; **half-title**, avant-titre ; **half-tone**, demi-teinte ; **half-wave rectifier**, redresseur simple alternance ; **half-word**, demi-mot.

HALT : halt (to), arrêter, stopper, interrompre ; **breakpoint halt**, arrêt dynamique ; **coded halt**, arrêt programmé ; **dead halt**, arrêt immédiat ; **drop-dead halt**, arrêt définitif ; **end-of-run halt**, arrêt après fin de passage en machine ; **halt code**, code d'arrêt ; **halt indicator**, indicateur d'arrêt ; **halt instruction**, instruction de pause ; **halt name**, nom d'interruption ; **halt name filed**, zone de nom d'interruption ; **halt number**, chiffre d'arrêt ; **halt signal**, signal d'arrêt ; **optional halt instruction**, instruction d'arrêt facultatif.

HAMMER : hammer, marteau ; **hammer bank**, rangée de marteaux ; **hammer block**, bloc de frappe ; **hammer flight time**, durée de vol du marteau d'impression ; **hammer lock**, blocage du marteau ; **hammer module amplifier**, amplificateur de frappe ; **hammer trip**, déclenchement de marteau ; **print hammer**, marteau d'impression.

HAMMING * : Hamming code, code de Hamming ; **Hamming distance**, distance de Hamming.

HAND : hand, main ; **hand calculator**, calculatrice de poche ; **hand code (to)**, coder à la main ; **hand-coded**, programmé manuellement ; **hand coding**, codage manuel ; **hand feed punch**, perforatrice manuelle ; **hand marked document**, document annoté manuellement ; **hand-on training**, travaux pratiques ; **hand operation**, opération manuelle ; **hand pulling**, extraction manuelle ; **hand punch**, perforateur manuel ; **hand-written programme**, programme écrit manuellement ; **hands-off operation**, opération non assistée ; **hands-on exercise**, exercice pratique ; **hands-on operation**, opération assistée ; **hands-on testing**, essai manuel ; **interactive hands-on exercise**, exercice pratique interactif ; **left hand zero**, zéro cadré à gauche ; **right hand (RH)**, à droite ; **right hand zero**, zéro cadré à droite ; **shorthand**, sténographie.

HANDBOOK : system handbook, manuel d'exploitation.

HANDLER : handler, gestionnaire ; **disc handler**, gestionnaire de disque ; **document handler**, gestionnaire de document ; **exception handler**, gestionnaire d'anomalies ; **handler controller**, gestionnaire de commande ; **input/output handler**, sous-programme d'entrée/sortie ; **interrupt handler**, routine d'interruption ; **library handler**, gestionnaire de bibliothèque ; **load module handler**, module-chargeur ; **programme handler**, gestionnaire de programme ; **tape handler**, dérouleur de bande.

HANDLING : handling, prise en charge ; **automatic data handling**, traitement et transmission automatiques données ; **charac-**

ter handling, traitement des caractères ; **data handling**, saisie de données ; **event handling**, traitement d'évènement ; **handling condition**, condition de travail ; **handling specification**, spécification de traitement ; **information handling**, manipulation de l'information ; **interrupt handling**, traitement d'interruption ; **item handling function**, fonction de traitement des articles ; **item handling mode**, mode de traitement des articles ; **library handling**, traitement de bibliothèque ; **list handling**, traitement de liste ; **string handling**, manipulation de chaînes.

HANDSET : handset, combiné téléphonique.

HANDSHAKE : handshake, protocole de transfert ; **handshake interface**, interface avec protocole de transfert ; **handshake message**, message protocolaire.

HANDSHAKING * : handshaking, échange de données avec protocole.

HANG : hang-up, blocage ; **hang-up loop**, boucle infinie.

HARD : hard-centred disc, disque à renforcement central ; **hard clip limit**, limite matérielle ; **hard copy**, copie papier, tirage ; **hard disc**, disque dur ; **hard error**, erreur matérielle ; **hard package**, programme de trace écrite ; **hard sector**, secteur matériel ; **hard-sectored**, sectorisé matériel ; **hard-sectored disc**, disque à sectorisation matérielle ; **hard stop**, arrêt brutal ; **hard wait state**, état d'attente permanent.

HARDCARD : hardcard, disque dur sur carte.

HARDCOPY * : hardcopy, vidéotrace, recopie d'écran ; **hardcopy device**, reprographe ; **hardcopy facility**, possibilité de recopie d'écran.

HARDWARE * : hardware, matériel ; ancillary hardware, matériel auxiliaire ; **compatible hardware**, compatibilité matérielle ; **hardware assignment**, affectation d'unité ; **hardware breakdown**, incident machine ; **hardware check**, vérification de matériel ; **hardware component**, composant matériel ; **hardware configuration**, configuration matérielle ; **hardware divide**, division câblée ; **hardware division**, division câblée ; **hardware environment**, environnement de l'équipement ; **hardware error list**, liste des erreurs machine ; **hardware failure**, incident technique, défaillance ; **hardware interface**, point de jonction machine ; **hardware interrupt**, arrêt machine, interruption interne ; **hardware maintenance**, maintenance du matériel ; **hardware malfunction**, erreur machine ; **hardware module**, module technique ; **hardware monitor**, moniteur câblé ; **hardware multiply**, multiplication câblée ; **hardware name**, nom du matériel ; **hardware operation**, opération matérielle ; **hardware programmable**, programmable par machine ; **hardware programme counter**, compteur d'instructions câblé ; **hardware-programmed**, réalisé par programme machine ; **hardware reliability**, fiabilité du matériel ; **hardware requirements**, dotation de machines ; **hardware resources**, ressources matérielles ; **hardware stack**, pile câblée ; **hardware switch**, interrupteur machine ; **hardware upgrade**, amélioration matérielle ; **mouse hardware**, souris (matériel).

HARDWIRE : hardwire, câblage ; **hardwire (to)**, câbler.

HARDWIRED : hardwired, câblé ; **hardwired controller**, contrôleur câblé ; **hardwired link**, liaison câblée ; **hardwired logic**, logique câblée ; **hardwired programme**, programme câblé.

HARMONIC : harmonic, harmonique ; **harmonic content**, contenu en harmonique ; **harmonic distortion**, distorsion harmonique ; **harmonic generator**, générateur d'harmonique ; **harmonic progression**, suite harmonique.

HARNESS : cable harness, faisceau de câbles.

HARTLEY * : Hartley, Hartley, unité décimale (quantité d'information).

HASH * : hash, charabia ; **hash algorithm**, algorithme de hachage ; **hash coding**, adressage dispersé ; **hash mark**, symbole '#', fagot ; **hash sign**, symbole '#', fagot ; **hash total**, total par tronçon, total mêlé ; **hash total field**, zone du total de contrôle.

HASHED : hashed random file, fichier à accès direct.

HASHING : hashing, hachage ; **hashing algorithm**, algorithme d'accès direct.

HATCHING * : hatching, hachure.

HDB : high-density bipolar (HDB), code bipolaire à densité élevée.

HEAD * : head, tête (magnétique) ; **box-head**, sous-titre en retrait ; **combined magnetic head**, tête de lecture-écriture ; **erase head**, tête d'effacement ; **erasing head**, tête d'effacement ; **fixed head**, tête fixe ; **fixed-head disc**, disque à tête fixe ; **fixed-magnetic head**, tête magnétique fixe ; **flying head**, tête volante ; **head crash**, crash de tête ; **head gap**, entrefer de tête ; **head group**, groupe en-tête ; **head life**, durée de vie de la tête ; **head margin**, espace de haut de page ; **head of a list**, en-tête de liste ; **head-of-form (HOF)**, haut de feuillet ; **head positioner**, positionneur de tête ; **head positioning**, positionnement de la tête de lecture-écriture ; **head positioning time**, temps de positionnement de tête ; **head-select**, sélection de tête ; **head selection switch**, sélecteur de têtes magnétiques ; **head stack**, ensemble de têtes magnétiques ; **head-to-medium separation**, distance entre tête et support de données ; **head travel**, course de tête ; **magnetic head**, tête magnétique ; **moving-head printer**, imprimante à tête mobile ; **playback head**, tête de lecture ; **plotting head**, tête traçante ; **preread head**, tête de prélecture ; **print head**, tête d'impression ; **print head position**, position de la tête d'impression ; **read head**, tête de lecture ; **read/write head**, tête de lecture-écriture ; **reading and recording head**, tête de lecture-écriture ; **reading head**, tête de lecture ; **record head**, tête d'enregistrement ; **recording head**, tête d'écriture ; **scan head**, tête de scaneur ; **write head**, tête d'écriture ; **writing head**, tête d'écriture.

HEADER * : header, en-tête ; **block header**, en-tête de bloc ; **header check**, contrôle du label de bande ; **header flag**, étiquette début de bloc ; **header label**, label d'en-tête ; **header line**, ligne d'en-tête ; **header order**, instruction de début ; **header record**, enregistrement de tête ; **header segment**, segment de début ; **input header label**, label début de bande entrée ; **item header line**, ligne d'en-tête d'article ; **message header**, en-tête de message ; **programme header**, en-tête de programme ; **programme header card**, carte en-tête de programme ; **segment header**, en-tête de segment ; **underlined header**, titre souligné ; **user header label**, label début utilisateur ; **volume header label**, label début de volume.

HEADING : heading, titre, en-tête ; **column heading**, colonne en-tête ; **heading card**, carte de tête ; **heading number location**, lieu de numérotation de haut de page ; **procedure heading**, en-tête de procédure ; **start of head-**

ing, début de bloc ; **start-of-heading character (SOH)**, (caractère de) début d'en-tête.

HEAP : heap, tas, amoncellement ; **heap sort**, tri vertical.

HEAT : heat dissipation, chaleur dissipée ; **heat sink**, radiateur ; **heat transfer**, transfert de chaleur.

HEIGHT : height, hauteur ; **flying height**, distance entre tête et disque ; **slant height**, hauteur d'obliquité.

HELP : help, aide ; **help message**, message d'aide ; **help programme**, programme d'aide ; **help screen**, écran d'aide.

HERMETICALLY : hermetically sealed, clos hermétiquement.

HERTZ * : Hertz (Hz), Hertz (Hz), unité de fréquence.

HESITATING : hesitating, vol de cycle.

. **HESITATION :** hesitation, hésitation.

HETEROGENEOUS : heterogeneous, hétérogène ; **heterogeneous multiplex**, multiplex hétérogène ; **heterogeneous network**, réseau hétérogène ; **heterogeneous system**, système hétérogène.

HEURISTIC * : heuristic, heuristique ; **heuristic approach**, méthode heuristique ; **heuristic method**, méthode heuristique ; **heuristic programme**, programme heuristique ; **heuristic programming**, programmation heuristique ; **heuristic routine**, programme heuristique.

HEX : hex, sexadécimal, hexadécimal ; **hex pad**, clavier hexadécimal.

HEXADECIMAL * : hexadecimal, sexadécimal, hexadécimal ; **binary-to-hexadecimal conversion**, conversion binaire-hexadécimal ; **decimal-to-hexadecimal conversion**, conversion décimal-hexadécimal ; **hexadecimal code**, code hexadécimal ; **hexadecimal digit**, chiffre hexadécimal ; **hexadecimal notation**, notation hexadécimale ; **hexadecimal number**, nombre hexadécimal ; **hexadecimal number system**, système de numération hexadécimal ; **hexadecimal point**, virgule hexadécimale.

HIERARCHICAL : hierarchical network, réseau hiérarchisé.

HIERARCHISED, HIERARCHIZED : hierarchised (US: hierarchized) interrupt, interruption hiérarchisée.

HIERARCHY : hierarchy, hiérarchie ;

data hierarchy, hiérarchie de données ; **hierarchy of computers**, hiérarchie de calculateurs ; **memory hierarchy**, hiérarchie de la mémoire.

HIGH : high address, adresse supérieure ; **high-contrast title**, titre à contraste élevé ; **high-data rate**, transmission à grande vitesse ; **high-density bipolar (HDB)**, code bipolaire à densité élevée ; **high-grade component**, composant de haute qualité ; **high-level amplifier**, amplificateur à gain élevé ; **high-level language**, langage de haut niveau, langage évolué ; **high-level signal**, signal à niveau élevé ; **high/low bias test**, contrôle marginal ; **high/low control**, commande à l'alternat ; **high memory**, haut de mémoire ; **high order**, ordre élevé ; **high-order bit**, binaire de gauche ; **high-order character**, caractère cadre à gauche ; **high-order column**, colonne la plus à gauche ; **high-order digit**, chiffre de poids fort ; **high-order equation**, équation évoluée ; **high-order language**, langage de haut niveau, langage évolué ; **high-order position**, position de poids fort ; **high-order storage position**, bit de poids fort ; **high-order zero printing**, impression des zéros de gauche ; **high-order zeroes**, zéros de gauche ; **high-pass filter**, filtre passe-haut ; **high-performance computer**, ordinateur, calculateur à hautes performances ; **high-performance equipment**, équipement à haute performance ; **high-precedence message**, message à haute priorité ; **high priority**, priorité élevée ; **high punch**, perforation Y, perforation 12 (douze) ; **high resistivity**, à haute résistance ; **high-resolution clock**, compteur horaire de machine ; **high-speed adapter**, adaptateur à gain élevé ; **high-speed bus**, bus rapide ; **high-speed card reader**, lecteur de cartes rapide ; **high-speed carry**, report accéléré, report simultané ; **high-speed channel**, canal rapide ; **high-speed computer**, compteur rapide ; **high-speed data channel**, canal rapide ; **high-speed division**, division rapide ; **high-speed document reader**, lecteur de documents rapide ; **high-speed eject mechanism**, mécanisme d'éjection rapide ; **high-speed feed**, alimentation rapide ; **high-speed line**, ligne à débit élevé ; **high-speed memory**, mémoire rapide ; **high-speed memory block**, bloc de mémoire rapide ; **high-speed multiplication**, multiplication rapide ; **high-speed operation**, opération rapide ; **high-speed paper feed**, transport de papier rapide ; **high-speed printer**, imprimante rapide ; **high-speed printer control**, commande d'imprimante rapide ; **high-speed processor**, calculateur rapide ; **high-speed punch**, perforateur rapide ; **high-speed reader**, lecteur rapide ; **high-speed rewind**, rembobinage rapide ; **high-speed service**, fonction rapide ; **high-speed skip**, tabulation rapide, saut rapide ; **high-speed skip feature**, dispositif de tabulation rapide ; **high-speed stop**, arrêt instantané ; **high-speed storage**, mémoire rapide ; **high-speed tape reader**, lecteur de bande rapide ; **high-storage density**, haute densité d'enregistrement ; **high value**, valeur absolue ; **very high-level language (VHLL)**, langage de très haut niveau.

HIGHER : higher level, niveau plus élevé.

HIGHEST : highest order bit, bit le plus significatif ; **highest priority interrupt line**, ligne à priorité absolue.

HIGHLIGHTING : highlighting, mise en valeur.

HIGHWAY : highway, bus ; **highway circuit**, circuit principal ; **highway width**, largeur de bus.

HINT : hint, conseil ; **hints and tips**, technique de la perche.

HISTOGRAM : histogram, histogramme.

HISTORICAL : historical, historique ; historical data, données fondamentales.

HISTORY : history file, fichier archive ; **item history file**, fichier historique d'articles ; **programme history**, historique de programme.

HIT : hit, frappe, coïncidence ; hit (to), frapper ; **hit-on-the-fly printer**, imprimante à la volée ; **hit-on-the-line**, circuit ouvert ; **light-pen hit**, détection par photostyle.

HOBBY : hobby, passe-temps favori ; hobby computer, ordinateur amateur ; **hobby computing**, informatique amateur ; **hobby market**, marché amateur.

HOBBYIST : hobbyist, amateur, fanatique.

HOF : head-of-form (HOF), haut de feuillet.

HOLD : hold (to), maintenir ; **answer hold**, mise en attente d'un appel ; **call hold**, maintien en communication ; **hold area**, zone des résultats, zone intermédiaire ; **hold circuit**, circuit de maintien ; **hold coil**, enroulement de maintien ; **hold condition**, condition d'arrêt ;

hold facility, possibilité de maintien ; **hold instruction**, instruction de maintien ; **hold mode**, mode de maintien, mode figé, mode gelé ; **hold time**, temps de maintien ; **hold up (to)**, retarder ; **hold wire**, fil de maintien.

HOLDER : copy holder, porte-copie.

HOLDING : holding area, zone des résultats, zone intermédiaire ; **holding circuit**, circuit à maintien ; **holding current**, courant de maintien ; **holding interlock**, blocage de maintien ; **holding relay**, relais de maintien ; **holding time**, temps d'occupation ; **holding winding**, enroulement de maintien ; **holding wire**, fil de maintien.

HOLE : code hole, perforation ; **control hole**, code carte, perforation fonctionnelle ; **designation hole**, code carte, perforation fonctionnelle ; **feed hole**, perforation d'entraînement ; **function hole**, perforation de contrôle ; **hole count check**, contrôle du nombre de perforations ; **hole count error**, erreur de contrôle du nombre de perforations ; **hole pattern**, configuration, combinaison de perforations ; **hole site**, emplacement de perforation ; **hole spacing**, écart entre les perforations ; **hole storage effect**, capacité de diffusion ; **index hole**, trou index ; **inspection hole**, hublot de contrôle, ouverture de révision ; **sprocket hole**, perforation d'entraînement.

HOLISTIC : holistic, holistique ; **holistic mask**, masque holistique.

HOLLERITH * : Hollerith card, carte Hollerith, carte perforée ; **Hollerith code**, code Hollerith, encodage alphanumérique ; **Hollerith-coded card**, carte à code Hollerith ; **Hollerith constant**, matériel à cartes.

HOLLOW : hollow box, cadre vide ; **hollow circle**, cercle vide.

HOLOGRAM : hologram, hologramme.

HOLOGRAPHIC : holographic based system, système holographique ; **holographic medium**, mémoire holographique ; **holographic memory**, mémoire holographique ; **holographic storage**, mémoire holographique.

HOLOGRAPHY : holography, holographie.

HOME * : home address, adresse de piste de rangement ; **home address field**, zone d'adresse piste ; **home address record**, bloc d'adresse de voie ; **home brew**, fait maison ; **home computer**, ordinateur domestique ;

home correction, correction manuelle ; **home data channel**, canal de données local ; **home location**, position initiale ; **home loop**, opération locale ; **home loop operation**, exploitation en mode local ; **home position**, position initiale ; **home record**, enregistrement de tête ; **home register**, registre des données initiales ; **integrated home systems (IHS)**, domotique ; **write home address**, écriture de l'adresse piste.

HOMING : homing, retour en position initiale ; **homing position**, position de repos.

HOMOGENEOUS : homogeneous characters, caractères homogènes ; **homogeneous equation**, équation homogène ; **homogeneous multiplex**, multiplex homogène ; **homogeneous network**, réseau homogène.

HOOK : hook catching, mesurage à l'instant du saut ; **hook-up**, connexion, raccordement ; **hook up (to)**, connecter ; **hook-up machine**, matériel de rechange, matériel complémentaire ; **off-hook**, déconnecté, débranché ; **on-hook**, en ligne, connecté.

HOPPER : card hopper, présentateur de cartes, magasin d'alimentation ; **hopper**, présentateur de cartes, magasin d'alimentation ; **input hopper**, magasin d'alimentation.

HORIZONTAL : horizontal blanking, effacement ligne ; **horizontal clearing**, effacement horizontal ; **horizontal control**, commande longitudinale ; **horizontal deflection**, déviation horizontale, déflexion horizontale ; **horizontal feed**, alimentation horizontale ; **horizontal flyback**, retour ligne ; **horizontal format**, format horizontal ; **horizontal parity**, parité longitudinale ; **horizontal parity bit**, bit de parité longitudinale ; **horizontal parity control**, contrôle de parité longitudinale ; **horizontal pitch**, espacement des caractères ; **horizontal raster count**, définition horizontale de trame ; **horizontal retrace point**, point de retour ligne ; **horizontal skip**, saut horizontal ; **horizontal skip character**, caractère d'espacement horizontal ; **horizontal spacing**, espacement de caractères longitudinal ; **horizontal sweep**, balayage horizontal ; **horizontal synchro**, synchro ligne ; **horizontal tab**, tabulation horizontale ; **horizontal tabulate**, tabulation horizontale ; **horizontal tabulate character**, caratère de tabulation horizontale ; **horizontal tabulation (HT)**, tabulation horizontale.

HOSPITAL : hospital computing, informatique hospitalière.

HOST : host, hôte ; **host computer**, calculateur central ; **host-driven computer**, calculateur esclave ; **host link**, connexion de l'ordinateur principal ; **host machine**, machine hôte ; **host processor**, ordinateur central, calculateur hôte ; **host system**, système hôte.

HOT : hot job, travail urgent ; **hot line**, ligne à grande activité.

HOUR : hour counter, compteur horaire ; **hour-glass**, sablier ; **hour meter**, compteur horaire.

HOUSE : house (to), incorporer, monter, loger ; **house cleaning**, nettoyage ; **in-house software**, logiciel maison ; **software house**, société de service.

HOUSEKEEPING : housekeeping, service ; **housekeeping function**, fonction de gestion ; **housekeeping instruction**, instruction de service ; **housekeeping macro**, macro de service ; **housekeeping operation**, opération d'aménagement ; **housekeeping routine**, routine de service ; **housekeeping run**, exécution de service.

HOUSING : housing, boîtier, armoire.

HOW : know-how, savoir-faire.

HUB * : hub, manchon ; **hub polling**, scrutation par passage de témoin.

HUFFMAN * : Huffman code, code de Huffman ; **Huffman tree**, arbre à valeurs minimales.

HUGE : huge data, grande quantité de données.

HUM : hum, ronflement ; **hum-free**, sans ronflement ; **hum frequency**, fréquence de ronflement.

HUMIDITY : relative humidity, humidité relative.

HUNTING : hunting, rattrapage ; **hunting oscillation**, oscillation pendulaire.

HYBRID : hybrid computer, ordinateur hybride ; **hybrid computer system**, système de traitement hybride ; **hybrid design**, conception mixte ; **hybrid integrated circuit**, circuit semi-intégré ; **hybrid ring**, anneau hybride ; **hybrid system**, système mixte.

HYPERBOLIC : hyperbolic, hyperbolique ; **hyperbolic function**, fonction hyperbolique ; **hyperbolic logarithm**, logarithme hyperbolique, logarithme de base e.

HYPERCHANNEL : hyperchannel, hypercanal.

HYPHEN : hyphen, trait d'union.

HYPHENATE : hyphenate (to), relier par trait d'union.

HYPHENATION : hyphenation, césure ; **hyphenation routine**, programme de césure ; **hyphenation rule**, règle de césure.

HYPHENLESS : hyphenless justification, cadrage des lignes sans coupure de mots.

HYSTERESIS : hysteresis loop, cycle d'hystérésis

I

I : I-field, zone d'information, zone de données.

IC : IC maker, fabricant de circuits intégrés.

IC puller : extracteur de circuit intégré.

IC socket : support de circuit intégré.

ICON * : icon, pictogramme, icône ; **application icon**, icône d'application ; **folder icon**, icône de dossier ; **icon dragging**, déplacement d'icône.

ICONOMETER : iconometer, iconomètre.

ICONOMETRY : iconometry, iconométrie.

IDEAL : ideal switching, commutation idéale ; **ideal transducer**, transducteur typique ; **ideal value**, valeur exemplaire.

IDENTICAL : identical, identique ; identical equation, équation identique.

IDENTIFICATION : file identification, identification de fichier ; **identification block**, bloc d'identification ; **identification burst**, giclée de signaux d'identification ; **identification card**, carte d'identification ; **identification character (ID)**, caractère d'identification ; **identification check**, contrôle d'identification ; **identification code**, code d'identification ; **identification field**, zone d'identification ; **identification field checking**, contrôle de zone d'identification ; **identification number**, numéro d'identification ; **identification of file**, identification de fichier ; **identification register**, registre d'identification ; **job identification**, identification de travail ; **key identification**, identification de code ; **label identification**, désignation d'étiquette ; **programme identification**, identification de programme ; **task identification**, identification de tâche ; **user identification**, identification utilisateur ; **volume identification**, identification de volume.

IDENTIFIER * : identifier, identificateur, identifiant ; **data use identifier**, identificateur d'utilisation de données ; **device identifier**, identificateur de périphérique ; **entity identifier**, identificateur d'entité ; **identifier list**, liste identificatrice ; **identifier record**, bloc identificateur ; **identifier section**, segment identificateur ; **item identifier**, identificateur d'articles ; **job identifier**, identificateur des travaux ; **label identifier**, identificateur de label ; **library identifier**, identificateur de bibliothèque ; **node identifier**, identificateur nodal ; **procedure identifier**, identificateur de procédure ; **reserved identifier**, identificateur fixe ; **variable identifier**, nom de variable.

IDENTIFY : identify (to), identifier.

IDENTIFYING : identifying, identification ; **identifying code**, code indicatif, code d'identification ; **identifying information**, données d'identification ; **identifying label**, étiquette d'identification.

IDENTITY : identity element, circuit d'identité, porte d'identité ; **identity operation**, opération d'identité ; **job identity**, identification des travaux ; **user identity**, identité de l'utilisateur.

IDLE : idle, libre, inactif, inoccupé ; **idle (to)**, tourner à vide ; **idle capacity**, capacité inoccupée ; **idle character**, caractère d'attente ; **idle current**, courant déwatté, courant réactif ; **idle insertion**, insertion de caractère nul ; **idle line**, ligne libre ; **idle mode**, période d'inactivité ; **idle running stroke**, cycle vide ; **idle running time**, cycle vide ; **idle setting**, position inactive ; **idle state**, état de repos, état d'inactivité ; **idle time**, temps d'attente ; **synchronous idle (SYN)**, synchronisation ; **synchronous idle channel**, voie de synchronisation.

IDLING : idling cycle, marche à vide.

IF : IF-AND-ONLY-IF opération, opération SI-ET-SEULEMENT-SI, équivalence logique.

IF-THEN operation : opération SI-ALORS, inclusion, implication logique .

IGNITE : ignite (to), amorcer.

IGNORE : ignore (to), ignorer, omettre, passer outre, sauter ; **ignore character**, caractère d'effacement ; **ignore command**, commande à ignorer ; **ignore instruction**, instruction à ignorer.

IHS : integrated home systems (IHS), domotique.

ILLEGAL : illegal character, caractère invalide ; **illegal code**, code illégal ; **illegal instruction**, invalide instruction ; **illegal operation**, opération illégale.

IMAGE : image (to), représenter, projeter ; **card image**, image de carte ; **card image format**, format image de carte ; **coded image**, image codée ; **coded image space**, zone d'image ; **composite colour image**, image en couleur composée ; **core image**, image mémoire ; **display image**, image ; **dynamic image**, premier plan d'image ; **encoded image**, image codée ; **foreground image**, premier plan d'image ; **image band**, bande de fréquence image ; **image centring**, centrage de caractère ; **image centre**, centre image ; **image contrast**, contraste d'image ; **image database**, base de données image ; **image digitiser**, numériseur d'image ; **image dissector**, dissecteur optique ; **image enable pulse**, impulsion de validation de trame ; **image file**, fichier image ; **image frequency**, fréquence image ; **image impedance**, impédance apparente ; **image of memory**, image mémoire ; **image processing**, traitement d'image ; **image refreshing**, entretien d'image ; **image regeneration**, régénération d'image ; **image response**, réponse image ; **image space**, mémoire image ; **image storage space**, zone d'image ; **image terminal**, terminal virtuel ; **interactive image processing**, traitement d'image interactif ; **memory image**, image mémoire ; **printed image**, image imprimée ; **raster graphic image**, mémoire image d'une trame ; **screen image**, image d'écran ; **static image**, fond d'image, masque d'écran ; **storage image**, image mémoire ; **video display image**, mémoire image de l'affichage vidéo ; **video image**, image vidéo.

IMAGINARY : imaginary, imaginaire ; **imaginary number**, nombre complexe, nombre imaginaire ; **imaginary part**, partie imaginaire ; **imaginary root**, racine imaginaire.

IMAGING : imaging device, imageur ;

imaging system, imageur.

IMBED : imbed (to), sceller, encastrer, réserver.

IMBEDDED, EMBEDDED : imbedded or embedded, incorporé, réservé ; imbedded call, appel intercalé ; imbedded item position, position d'article réservée ; imbedded overflow, débordement intercalaire.

IMMEDIATE : immediate, direct, immédiat ; immediate access, accès direct ; immediate access storage, mémoire à accès direct ; immediate address, opérande immédiat, adresse immédiate ; immediate addressing, adressage immédiat ; immediate answer, réponse immédiate ; immediate data, données directes ; immediate instruction, instruction à opérande directe ; immediate latch, bascule à verrouillage immédiat ; immediate mode, mode interpréteur ; immediate operand, opérande directe ; immediate pickup, excitation instantanée ; immediate processing, traitement sur demande ; immediate skip, avance immédiate.

IMMUNITY : immunity, immunité ; noise immunity, immunité au bruit.

IMPACT : impact, impact ; impact (to), frapper ; impact matrix printer, imprimante matricielle à impact ; impact printer, imprimante à impact ; non impact printer, imprimante sans impact ; point of impact, point d'impact.

IMPEDANCE : image impedance, impédance apparente ; impedance buffer, transformateur d'impédance ; impedance coupling, couplage par impédance ; impedance matching, adaptation par impédance ; impedance matrix, matrice d'impédance ; impedance matching, adaptation d'impédance ; input impedance, impédance d'entrée ; iterative impedance, impédance itérative, impédance caractéristique ; line impedance, impédance de ligne ; terminal impedance, impédance de sortie.

IMPERATIVE : imperative, impératif ; imperative instruction, instruction absolue ; imperative statement, instruction absolue.

IMPINGE : impinge on (to), apparaître sur.

IMPLEMENTATION : implementation, réalisation ; implementation course, mise en place ; implementation phase, phase de mise en oeuvre ; implementation system, système de mise en application ; message implementation, création de messages.

IMPLEMENTOR : implementor, réalisateur ; implementor name, nom de constructeur.

IMPLICATION * : implication, implication, inclusion ; material implication, implication conditionnelle.

IMPLICIT : implicit, implicite ; implicit address, adresse implicite ; implicit address instruction, instruction à adresse implicite ; implicit declaration, déclaration implicite ; implicit function, fonction implicite.

IMPLIED : implied, implicite ; implied address, adresse implicite ; implied addressing, adressage implicite, adressage automatique ; implied association, allocation implicite ; implied attribute, attribut implicite ; implied binary point, virgule binaire implicite ; implied branch, branchement indirect ; implied decimal point, virgule décimale présumée.

IMPLODE : implode (to), condenser, regrouper.

IMPRESSION : impression, impression ; impression control, commande de la profondeur de frappe ; impression cylinder, cylindre de foulage.

IMPRINT : imprint, impression ; imprint (to), imprimer.

IMPROPER : improper character, caractère interdit ; improper fraction, fraction mixte ; improper integral, intégrale indéfinie ; improper routing character, caractère d'acheminement erroné ; improper syntax, syntaxe erronée.

IMPROVED : improved version, version améliorée.

IMPROVEMENT : improvement, amélioration.

IMPROVING : improving factor, taux d'amélioration.

IMPULSE : impulse, impulsion ; impulse counter, compteur d'impulsions ; impulse distortion, distorsion impulsionnelle ; impulse growth, montée d'impulsion ; impulse noise, bruit d'impulsions ; unit impulse, impulsion unitaire.

IN : in file, fichier d'entrée ; in-line, en ligne, connecté ; in-line coding, codage simultané ; in-line data processing, traitement de données simultané ; in-line processing, traitement en ligne ; in-line subroutine, programme en séquence ; in-step, en synchronisme.

INACTIVE : inactive, inactif ; **inactive account**, compte non mouvementé.

INALTERABLE : inalterable value, valeur inaltérable.

INCH : inch, pouce ; **characters per inch (CPI)**, caractères par pouce ; **inch per minute (IPM)**, pouce par minute (PPM) ; **inch per revolution (IPR)**, pouce par tour (PPT) ; **lines per inch (LPI)**, lignes par pouce ; **tracks per inch (TPI)**, pistes par pouce.

INCIDENT : incident vertex, noeud incident.

INCLUDE : include (to), inclure ; **include declarative**, déclaration d'inclusion ; **include statement**, instruction d'inclusion.

INCLUSION : inclusion, inclusion, implication.

INCLUSIVE : (inclusive-) OR element, circuit OU (inclusif), porte OU (inclusif) ; **inclusive NOR operation**, opération NON-OU inclusif ; **inclusive OR**, OU inclusif, disjonction ; **inclusive OR operation**, opération OU inclusif ; **inclusive segment**, segment inclusif.

INCOMING : incoming, entrant ; **incoming call**, appel entrant ; **incoming circuit**, circuit de réception ; **incoming group**, groupe entrant ; **incoming message**, message d'entrée, message en réception ; **incoming traffic**, trafic d'arrivée.

INCOMPLETE : incomplete block, bloc tronqué ; **incomplete induction**, induction imparfaite ; **incomplete programme**, programme tronqué ; **incomplete type**, type incomplet.

INCONNECTOR : inconnector, connecteur d'entrée.

INCORRECT : incorrect, incorrect ; **incorrect length**, longueur erronée ; **incorrect operation**, opération erronée ; **incorrect programme**, programme erroné.

INCREMENT * : increment (to), incrémenter, progresser ; **increment size**, pas, incrément ; **increment value**, valeur incrémentale.

INCREMENTAL : incremental co-ordinate, coordonnée par accroissement ; **incremental compiler**, compilateur incrémentiel ; **incremental computer**, calculateur incrémentiel ; **incremental drive**, entraînement différentiel ; **incremental feed**, avance incrémentielle ; **incremental parameter**, paramètre de progression ; **incremental plotter**, traceur incrémentiel ; **incremental programming**, programma-

tion relative ; **incremental representation**, représentation incrémentielle ; **incremental vector**, vecteur relatif.

INDENT : indent, indentation ; **indent (to)**, faire un alinéa ; **paragraph indent**, indentation de paragraphe.

INDENTATION : indentation, décrochement.

INDENTED : indented line, ligne en alinéa.

INDENTION : indention, décalage.

INDEPENDENCE : independence, indépendance ; **data independence**, autonomie des données ; **independence processing**, traitement autonome ; **programming independence**, indépendance de la programmation.

INDEPENDENT : independent, indépendant ; **code-independent**, mode indépendant du code ; **computer-independent language**, langage indépendant du calculateur ; **device-independent**, indépendant de la machine ; **independent routine**, programme indépendant ; **independent segment**, segment indépendant ; **independent variable**, variable indépendante ; **machine-independent**, indépendant de la machine.

INDEX * : index, pointeur, indice ; **index (to)**, indexer ; **card index system**, fichier répertoire ; **cycle index counter**, compteur de boucle ; **dense index**, index saturé ; **dual index**, index croisé ; **file index**, index de fichier ; **file name index**, indice de nom de fichier ; **fine index**, index détaillé ; **index (in programming)**, indice (de position) ; **index accumulator**, registre d'index ; **index analyser**, analyseur d'index ; **index area**, zone d'indice ; **index array**, zone d'index ; **index block**, bloc d'index ; **index data item**, zone d'articles indexés ; **index entry**, notation d'index ; **index error**, erreur d'indice ; **index field**, champ d'indexation ; **index file**, fichier index ; **index hole**, trou index ; **index indicator**, indice ; **index level**, niveau d'indice ; **index marker**, marqueur d'index, pointeur d'index ; **index name**, nom d'index ; **index of a radical**, exposant de racine ; **index of root**, exposant de racine ; **index part**, partie d'index ; **index point**, point d'index ; **index position indicator**, indicateur de position d'index ; **index random file**, fichier à accès direct indexé ; **index record**, enregistrement de répertoire ; **index register**, registre d'index ; **index scale**, tableau indicateur d'indice ; **index se-**

quential, séquentiel indexé ; **index structure**, structure d'index ; **index table**, table des matières ; **index type**, type d'index ; **index value**, valeur indicielle ; **index word**, mot d'index ; **instruction index**, index d'instruction ; **iteration index**, index d'itération, index de répétition ; **keyword-in-context index**, mot clé dans son contexte ; **library index**, index bibliothécaire ; **permutation index**, index de permutation ; **primary index**, index primaire ; **primary index table**, table d'index majeure ; **secondary index**, index secondaire.

INDEXED : indexed, indexé ; **indexed address**, adresse indexée ; **indexed addressing**, adressage variable ; **indexed data name**, nom de données indexé ; **indexed file**, fichier indexé ; **indexed non-sequential file**, fichier à accès direct indexé ; **indexed organisation**, structure de fichier indexée ; **indexed sequential access**, accès séquentiel indexé ; **indexed sequential file**, fichier séquentiel indexé.

INDEXER : indexer, dresseur d'index.

INDEXING * : indexing, indexation, indexage ; **indexing instruction**, instruction de registre d'index ; **indexing register**, registre de base ; **indexing slot**, fente de détrompage ; **indexing word**, mot d'index ; **word indexing**, indexage par mot clé.

INDICATE : indicate (to), désigner, indiquer, signaler.

INDICATING : code-indicating character, caractère de routage ; **indicating element**, élément d'indication, voyant ; **indicating instrument**, instrument indicateur.

INDICATION : sign indication, indicatif de signe ; **visual indication**, indication optique.

INDICATOR * : indicator, indicateur ; **check indicator**, indicateur de contrôle ; **condition code indicator**, indication de l'état de l'exploitation ; **end-of-file indicator**, marqueur de fin de fichier ; **equal zero indicator**, indicateur de zéro ; **fault indicator**, indicateur d'erreur ; **halt indicator**, indicateur d'arrêt ; **index indicator**, indice ; **index position indicator**, indicateur de position d'index ; **indicator field**, zone de signalisation ; **indicator lamp**, voyant lumineux ; **indicator light**, voyant de signalisation ; **indicator location**, position d'indication ; **indicator panel**, pupitre de signalisation ; **indicator pattern**, profil d'indication ; **indicator register**, registre d'indicateurs ; **indicator word**, mot indicateur ; **input/output indicator**, indicateur entrée/sortie ; **interrupt indicator**, indicateur d'interruption ; **label indicator**, identificateur d'étiquette ; **light indicator**, voyant ; **line indicator**, indicateur de ligne ; **machine check indicator**, indicateur de contrôle automatique ; **margin indicator**, indicateur marginal ; **overflow indicator**, indicateur de dépassement ; **page end indicator**, indicateur de fin page ; **paper-out indicator**, détecteur de fin de papier ; **polarity indicator symbol**, symbole de polarité ; **print position indicator**, indicateur de position d'impression ; **printer indicator**, indicateur d'impression ; **priority indicator**, indicateur de priorité ; **ring indicator**, sonnerie ; **routing indicator**, indicateur de routage ; **sign check indicator**, drapeau de signe ; **stack indicator**, pointeur de pile ; **switch indicator**, drapeau, fanion, sentinelle, jalon ; **visual indicator**, affichage, indication optique ; **voice level indicator**, indicateur de niveau optique ; **zero indicator**, indicateur de zéro.

INDIRECT : indirect, indirect ; **indirect address**, adresse indirecte ; **indirect addressing**, adressage indirect ; **indirect control**, contrôle indirect, commande indirecte ; **indirect instruction**, instruction à adresse indirecte ; **indirect jump**, branchement indirect ; **multilevel indirect addressing**, adressage indirect multiniveau.

INDIRECTION : indirection, adressage indirect.

INDIVIDUAL : individual, individu ; **individual data support**, support individuel d'information ; **individual job card**, carte individuelle ; **individual routine**, programme individuel ; **individual software**, logiciel individuel ; **individual user**, utilisateur unique.

INDUCE : induce (to), induire.

INDUCED : induced failure, panne induite.

INDUCTION : incomplete induction, induction imparfaite ; **mathematical induction**, raisonnement par récurrence.

INDUCTIVE : inductive memory, mémoire inductive.

INDUSTRIAL : industrial data capture, saisie des informations industrielles ; **industrial standard**, norme industrielle ; **industrial terminal**, terminal à usage industriel.

INEFFECTIVE : ineffective time, temps perdu.

INEQUIVALENCE : inequivalence, opération OU exclusif.

INERTIA : inertia, inertie.

INFERENCE : inference engine, moteur d'inférence.

INFINITE : infinite, infini ; infinite line, ligne infinie ; **infinite loading**, charge à capacité illimitée ; **infinite memory**, mémoire infinie ; infinite product, produit infini ; **infinite series**, séries infinies ; **infinite set**, série infinie.

INFIX : infix, infixe ; **infix notation**, notation infixée ; **infix operator**, opérateur infixé.

INFORMATICS : informatics, l'informatique.

INFORMATION * : information, information, données ; **central information file**, fichier principal de données ; **decimal unit of information content**, Hartley, unité décimale (quantité d'information) ; **documentary information retrieval**, recherche documentaire ; **identifying information**, données d'identification ; **information archiving**, archivage des informations ; **information bit content**, contenu d'informations en code binaire ; **information block**, bloc de données ; **information build-up**, structure des informations ; **information carrier**, support de données ; **information channel**, voie de données ; **information character**, caractère d'information ; **information check**, contrôle de message ; **information content**, quantité d'information ; **information density**, densité d'enregistrement ; **information exchange**, échange d'informations ; **information facility**, service informatique ; **information feedback**, contrôle par retour de l'information ; **information feedback checking**, collationnement automatique ; **information field (I-field)**, zone de données ; **information flow**, débit d'information ; **information flow rate**, vitesse de circulation de l'information ; **information flowchart**, graphe d'informations ; **information format**, format de l'information ; **information frame**, trame d'information ; **information graph**, diagramme informatique ; **information handling**, manipulation de l'information ; **information medium**, support d'informations ; **information message**, message d'information ; **information network**, réseau télématique ; **information pool**, groupe d'informations ; **information processing**, traitement de données, de l'information ; **information processing centre**, centre informatique ; **information rate**, entropie moyenne (par caractère) ; **information record**, enregistrement de données ; **information representation**, structure de l'information ; **information retrieval**, recherche de l'information ; **information retrieval system**, système de recherche documentaire ; **information science**, l'informatique ; **information selection**, sélection de l'information ; **information separator (IS)**, séparateur de données ; **information service**, renseignements ; **information signal**, signal d'information, signal de lecture ; **information source**, source de messages, source d'information ; **information storage**, mémorisation des informations ; **information storage/retrieval (ISR)**, stockage/restitution des données ; **information system**, système informatisé ; **information technology**, l'informatique ; **information theory**, théorie de l'information, des communications ; **information track**, voie d'information ; **information transfer phase**, phase de transfert des informations ; **information transmission**, transmission de l'information ; **information volume**, contenu en informations ; **information word**, mot d'information ; **input information**, informations d'entrée, informations à traiter ; **integrated information processing**, traitement intégré des données ; **integrated information system**, système informatique intégré ; **intermediate information**, information intermédiaire ; **item information**, élément d'information ; **joint information content**, quantité d'information conjointe ; **loss of information**, perte d'information ; **mean information content**, entropie, neguentropie ; **measure of information**, mesure de l'information ; **mutual information**, (quantité d') information mutuelle ; **natural unit (of information content)**, unité naturelle (de quantité d'information) ; **process information**, traitement de l'information ; **routing information**, information d'acheminement ; **selection information**, information optionnelle ; **stationary information**, message stationnaire, information stationnaire ; **transmitted information**, (quantité d') information mutuelle ; **unstructured information**, données non structurées, données non groupées ; **useful information**, information utile ; **volatile information**, information altérable.

INFORMATIVE : informative data, données utiles.

INHERENT : inherent storage, mémoire inhérente.

INHERITED : inherited error, erreur héritée, erreur propagée.

INHIBIT * : inhibit (to), inhiber ; inhibit
circuit, circuit inhibiteur ; inhibit code, code
d'inhibition ; inhibit counter, compteur d'inhibition ; inhibit current, courant inhibiteur ; in-
hibit driver, amplificateur de courant d'inhibition ; inhibit function, fonction de blocage ;
inhibit gate, inhibiteur ; inhibit line, circuit
inhibiteur, ligne de blocage ; inhibit pulse,
impulsion d'inhibition ; inhibit simultaneity,
simultanéité de blocage ; inhibit winding, enroulement d'inhibition ; print inhibit, interdiction d'impression ; write inhibit ring, anneau
d'interdiction à l'écriture.

INHIBITING : inhibiting input, entrée
d'inhibition ; inhibiting signal, signal d'interdiction.

INHIBITION : inhibition, inhibition.

INHIBITOR : inhibitor, inhibiteur.

INITIAL : initial, initial ; initial address,
adresse initiale ; initial card, carte d'en-tête ;
initial configuration, configuration initiale ; initial data, données initiales ; initial dummy
block, bloc vierge de départ ; initial entry
point, point d'entrée initial ; initial error, erreur
initiale ; initial failure, défaillance prématurée ;
initial filler, premier caractère de remplissage ;
initial gap, espace initial ; initial initialisation,
initialisation initiale ; initial instruction, instruction initiale ; initial line, ligne de début ; initial
load address, adresse de charge initiale ; initial
loading, chargement initial ; initial location,
première partition ; initial order, instruction de
début ; initial parameter, paramètre initial ;
initial permeability, perméabilité initiale ; initial
point, point d'origine, point de départ ; initial
positioning, positionnement de départ ; initial
programme loader, programme de chargement initial ; initial setup procedure, procédure
d'initialisation du système ; initial state, état
initial ; initial value, valeur initiale, valeur de
base ; write initial, écriture de début de piste.

**INITIALISATION, INITIALIZA-
TION * :** initialisation (US: initialization),
initialisation ; initial initialisation, initialisation
initiale ; initialisation mode, mode d'initialisation ; initialisation programme, programme
d'initialisation ; pre-run initialisation, séquence préalable d'initialisation ; track initialisation, ouverture de piste.

INITIALISE, INITIALIZE * : initialise (to) (US: initialize), initialiser, mettre à la
valeur initiale.

INITIALISER, INITIALIZER : initialiser (US: initializer), programme d'initialisation ; initialiser routine, programme d'initialisation.

INITIALISING, INITIALIZING :
initialising (US: initializing) instruction, instruction d'initialisation.

INITIATE : initiate (to), initialiser, mettre
à la valeur initiale ; initiate statement, instruction de début.

INITIATING : initiating procedure, procédure de lancement.

INITIATION : job initiation, lancement
des travaux ; job step initiation, lancement de
l'étape de travail.

INK : conductive ink, encre conductrice ;
ink density, densité d'encrage ; ink jet printer,
imprimante à jet d'encre ; ink mechanism,
mécanisme encreur ; ink ribbon, ruban encreur ; ink roller, rouleau encreur ; ink smudge,
maculage d'encre ; magnetic ink, encre magnétique.

INKED : inked ribbon, ruban encreur.

INKING : inking, encrage ; inking pad,
tampon encreur.

INLET : inlet, ouverture.

INLINE : inline, mémoire libre, ouvert en
ligne.

INNER : inner face, côté interne ; inner
loop, boucle interne ; inner macro instruction,
macro-instruction interne ; inner plane, couche
interne ; inner product, produit interne, produit
scalaire.

INOPERABLE : inoperable time,
temps d'immobilisation.

INPUT : input, entrée ; input (to), introduire ; console input, introduction par console ;
data input station, poste d'entrée de données ;
digital input, entrée numérique ; field input
parameter, paramètre d'entrée du champ ;
inhibiting input, entrée d'inhibition ; input
area, zone d'entrée ; input block, bloc d'entrée ; input block length, longueur du bloc
d'entrée ; input buffer, mémoire tampon d'entrée ; input buffer storage, mémoire tampon
d'entrée ; input card, carte entrée ; input channel, canal d'introduction ; input circuit, circuit
d'entrée ; input code, code d'introduction ;
input code converter, convertisseur de code

d'introduction ; **input console**, console d'introduction de données ; **input control**, console d'introduction ; **input control device**, organe de commande d'entrée ; **input control programme**, programme de commande d'entrée ; **input control unit**, contrôleur d'entrée ; **input data**, données d'entrée ; **input data block**, bloc d'entrée des données ; **input data translator**, traducteur des données en entrée ; **input deck**, jeu de cartes d'entrée ; **input device**, unité d'entrée, organe d'entrée ; **input disc**, disque d'entrée ; **input disc storage**, disque d'entrée ; **input document**, document source ; **input edit level**, contrôle d'introduction ; **input enclosure**, appendice d'introduction ; **input equipment**, matériel d'entrée, dispositif d'entrée ; **input error**, erreur d'introduction ; **input field**, champ de saisie ; **input file**, fichier d'entrée ; **input form**, bordereau de saisie ; **input format**, format d'entrée ; **input header label**, label début de bande entrée ; **input hopper**, magasin d'alimentation ; **input impedance**, impédance d'entrée ; **input information**, informations d'entrée, informations à traiter ; **input instruction**, instruction d'entrée ; **input instruction code**, code d'instruction mnémonique ; **input item**, article d'entrée ; **input job**, tâche dans une file d'attente ; **input job queue**, file d'attente de travaux en entrée ; **input job stream**, suite des travaux en entrée ; **input keyboard**, clavier d'entrée ; **input latch**, coupleur d'entrée ; **input limit**, limite d'introduction ; **input-limited**, limité par l'entrée ; **input list**, liste d'entrée ; **input magazine**, magasin d'alimentation ; **input master tape**, bande maître d'introduction ; **input medium**, support d'entrée ; **input member**, partie du fichier d'entrée ; **input method**, méthode d'introduction ; **input mode**, mode de saisie ; **input multiplexer**, multiplexeur d'entrée ; **input only**, entrée exclusive ; **input only processing**, traitement exclusif des entrées ; **input operation**, opération d'introduction ; **input/output (I/O)**, entrée/sortie (E/S) ; **input/output area**, zone d'entrée/sortie ; **input/output buffer**, tampon d'entrée/sortie ; **input/output cable**, câble d'entrée/sortie ; **input/output channel**, voie d'entrée/sortie ; **input/output chip**, microplaquette d'entrée/sortie ; **input/output code converter**, convertisseur des codes d'entrée/sortie ; **input/output control**, commande d'entrée/sortie ; **input/output data**, données d'entrée/sortie ; **input/output device**, unité d'entrée/sortie, organe d'entrée/sortie ; **input/output error**, queue d'entrée/sortie ; **input/output exchange**, échange entrée/sortie ; **input/output handler**, sous-programme d'entrée/sortie ; **input/output indicator**, indicateur entrée/sortie ; **input/output instruction**, instruction d'entrée/sortie ; **input/output interrupt**, interruption d'entrée/sortie ; **input/output library**, bibliothèque d'entrées/sorties ; **input/output-limited**, limité par les entrées/sorties ; **input/output list**, liste des entrées/sorties ; **input/output model**, modèle entrée/sortie ; **input/output operation**, opération d'entrée/sortie ; **input/output order**, instruction d'entrée/sortie ; **input/output pool**, lot d'appareils d'entrée/sortie ; **input/output process**, opération d'entrée/sortie ; **input/output programme**, programme de gestion des entrées/sorties ; **input/output queue**, queue d'attente des entrées/sorties ; **input/output referencing**, référence d'entrée/sortie ; **input/output register**, registre d'entrée/sortie ; **input/output routine**, routine d'entrée/sortie ; **input/output section**, section d'assemblage entrée/sortie ; **input/output software routine**, sous-programme de gestion des entrées/sorties ; **input/output statement**, instruction d'entrée/sortie ; **input/output storage**, mémoire d'entrée/sortie ; **input/output support package**, sous-programme d'entrée/sortie ; **input/output switching**, commutation d'entrée/sortie ; **input/output symbol**, symbole d'entrée/sortie ; **input/output synchroniser**, tampon entrée/sortie ; **input/output system**, système de gestion des entrées/sorties ; **input/output trunk**, câble d'entrée/sortie ; **input/output unit**, unité d'entrée/sortie, organe d'entrée/sortie ; **input padding record**, bloc de garnissage en entrée ; **input parameter**, paramètre d'entrée ; **input phase**, phase d'introduction ; **input port**, port d'entrée ; **input procedure**, procédure d'introduction, procédure d'entrée ; **input process**, processus d'introduction, entrée, introduction ; **input programme**, programme d'entrée, programme d'introduction ; **input protection**, protection d'entrée ; **input punched tape**, bande perforée des entrées ; **input quantity**, volume d'entrée ; **input queue**, file d'attente d'entrée ; **input rate**, vitesse d'introduction, vitesse d'entrée ; **input reader**, programme d'entrée, programme d'introduction ; **input record**, bloc d'entrée ; **input record length**, longueur de bloc d'entrée ; **input register**, registre d'entrée ; **input routine**, programme d'entrée, programme d'introduction ; **input section**, section d'entrée ; **input sheet**, document d'entrée ; **input signal**, signal d'entrée ; **input speed**, vitesse d'introduction, vitesse d'entrée ; **input stack**, pile d'entrée ; **input stack tape**, bande d'entrée ; **input stage**, stade d'introduction ; **input state**, état de l'entrée ; **input station**, terminal de saisie ; **input storage**, mémoire d'entrée ; **input stream**, flux de travaux, flot de travaux, file de travaux ; **input synchroniser**, tampon d'entrée ; **input tape**, bande d'entrée perforée ; **input tape file**, fichier bande entrée ; **input terminal**, poste d'introduction, connexion d'entrée ; **input time**, temps d'introduction ; **input unit**, unité d'entrée, organe d'entrée ; **input value**, valeur d'introduction ; **input variable**, variable d'introduction ; **input winding**, enroulement d'entrée ; **input work queue**, file des travaux en entrée ; **job input**, entrée des travaux ; **job input device**, périphérique d'entrée de travaux ; **job input file**, fichier d'entrée des travaux ; **job input queue**, file d'attente des travaux ; **job input stream**, flot d'entrée des travaux ; **job input tape**, bande d'entrée des travaux ; **keyboard input**, introduction par clavier ; **legible input**, entrée lisible ; **logical input**, entrée logique ; **manual input**, entrée manuelle ; **manual input register**, registre d'entrée manuelle ; **numerical input**, entrée numérique ; **on-off input**, entrée tout ou rien ; **parallel input/output**, entrée/sortie parallèle ; **process data input**, entrées des données industrielles ; **programme input**, bande programme ; **random access input/output**, entrée/sortie à accès direct ; **real-time input**, entrée en temps réel ; **secondary input**, entrée secondaire ; **serial input/output**, entrée/sortie séquentielle ; **synchronous input**, entrée synchrone ; **system input file**, fichier d'entrée système ; **tape input**, entrée par bande ; **three-input adder**, additionneur à trois entrées ; **two-input subtractor**, soustracteur à deux entrées ; **unbalanced input**, entrée asymétrique ; **uncoded input**, entrée non codée ; **unipolar input**, entrée dissymétrique ; **unsolicited input**, entrée non sollicitée ; **virtual input/output (VIO)**, entrée/sortie virtuelle ; **visual input control**, contrôle visuel de l'introduction ; **voice input terminal**, terminal vocal ; **word input register**, registre d'entrée mot.

INQUIRE, ENQUIRE : inquire (to) or enquire, interroger, appeler, consulter.

INQUIRER : inquirer, demandeur.

INQUIRY, ENQUIRY : inquiry or enquiry, interrogation ; **inquiry character (ENQ)**, caractère d'interrogation ; **inquiry control**, pilotage des requêtes ; **inquiry display terminal**, terminal d'interrogation ; **inquiry key**, commutateur d'interrogation ; **inquiry mode**, mode d'interrogation ; **inquiry processing**, traitement des demandes ; **inquiry station**, poste d'interrogation ; **inquiry system**, système d'interrogation/réponse ; **inquiry unit**, terminal unité d'interrogation ; **keyboard inquiry**, interrogation au clavier ; **simple inquiry**, interrogation ordinaire.

INSERT : insert, insertion ; **insert (to)**, insérer ; **digit insert**, insertion de chiffres ; **direct insert routine**, sous-programme ouvert ; **insert byte**, multiplet d'insertion ; **insert coding**, codification des insertions ; **insert command**, commande d'insertion ; **insert subroutine**, routine d'insertion.

INSERTED : inserted subroutine, routine insérée.

INSERTION : insertion, insertion ; **idle insertion**, insertion de caractère nul ; **insertion chain sequence**, séquence d'insertion enchaînée ; **insertion character**, caractère de mise en forme ; **insertion loss**, perte d'insertion ; **insertion method sorting**, tri par méthode d'insertion ; **insertion routine**, routine d'insertion ; **insertion sequence**, séquence d'insertion ; **insertion sort**, tri par insertion ; **insertion track**, piste d'insertion ; **sorting by insertion**, tri par interclassement ; **zero insertion**, insertion de zéros ; **zero insertion force (ZIF)**, à force d'insertion nulle.

INSPECTION : inspection area, aire d'examen ; **inspection detail card**, carte de contrôle, fiche de vérification ; **inspection hole**, hublot de contrôle, ouverture de révision ; **inspection test**, contrôle de champ d'essai.

INSTALLATION : installation, installation ; **data terminal installation**, poste de télégestion ; **installation date**, date d'installation ; **installation manual**, manuel d'installation ; **installation mnemonic**, désignation abrégée des équipements ; **installation time**, temps de mise en route.

INSTALLED : installed, installé.

INSTANT : significant instant, instant

significatif.

INSTANTANEOUS : instantaneous access, accès instantané ; **instantaneous companding**, compression instantanée.

INSTRUCTING : self-instructing textbook, manuel d'auto-instruction ; **self-instructing user documentation**, documentation interactive.

INSTRUCTION * : instruction, instruction, commande, ordre ; **call instruction**, instruction d'appel ; **calling instruction**, instruction d'appel ; **character instruction**, commande alphanumérique ; **checkpoint instruction**, instruction de halte, instruction d'arrêt ; **compound instruction**, instruction composée ; **computer-aided instruction (CAI)**, instruction assistée par ordinateur (IAO) ; **computer-based instruction**, enseignement informatisé ; **computer instruction**, instruction machine ; **computer instruction set**, jeu d'instructions du calculateur ; **computer-managed instruction (CMI)**, enseignement informatique interactif ; **conditional instruction**, instruction conditionnelle ; **control transfer instruction**, instruction de branchement ; **decision instruction**, instruction de décision, branchement ; **declarative instruction**, instruction déclarative ; **direct instruction**, instruction à adresse directe ; **discrimination instruction**, instruction de décision ; **display instruction**, commande d'affichage ; **do-nothing instruction**, instruction inopérante ; **editing instruction**, instruction de mise en forme ; **effective instruction**, instruction effective ; **entry instruction**, instruction d'entrée ; **extract instruction**, instruction de balayage ; **fetch instruction**, instruction d'extraction ; **four-address instruction**, instruction à quatre adresses ; **graphic instruction**, commande graphique ; **halt instruction**, instruction de pause ; **hold instruction**, instruction de maintien ; **housekeeping instruction**, instruction de service ; **ignore instruction**, instruction à ignorer ; **illegal instruction**, invalide instruction ; **immediate instruction**, instruction à opérande directe ; **imperative instruction**, instruction absolue ; **implicit address instruction**, instruction à adresse implicite ; **indexing instruction**, instruction de registre d'index ; **indirect instruction**, instruction à adresse indirecte ; **initial instruction**, instruction initiale ; **initialising (US: initializing) instruction**, instruction d'initialisation ; **inner macro-instruc-**

tion, macro-instruction interne ; **input instruction**, instruction d'entrée ; **input instruction code**, code d'instruction mnémonique ; **input/output instruction**, instruction d'entrée/sortie ; **instruction address register**, registre d'adresse d'instruction ; **instruction area**, zone d'instruction ; **instruction array**, séquence d'instructions ; **instruction booklet**, notice de fonctionnement ; **instruction card**, carte d'instructions ; **instruction chain**, chaîne d'instructions ; **instruction character**, caractère de contrôle ; **instruction code**, code des instructions ; **instruction coding**, programmation des instructions ; **instruction complement**, liste des instructions, table des instructions ; **instruction computing unit**, unité de traitement des instructions ; **instruction constant**, instruction inactive ; **instruction counting register**, registre de comptage d'instructions ; **instruction course**, cours de formation ; **instruction cycle**, cycle d'instruction ; **instruction deck**, paquet de cartes d'instructions ; **instruction decoder**, décodeur d'instruction ; **instruction decoding**, décodage de l'instruction ; **instruction element**, élément d'instruction ; **instruction execution**, exécution d'instruction ; **instruction execution time**, temps d'exécution de l'instruction ; **instruction feature**, complément d'instruction ; **instruction fetch**, cycle de recherche d'instruction ; **instruction field**, champ d'instruction ; **instruction flowchart**, organigramme des instructions ; **instruction format**, modèle d'instruction, format d'instruction ; **instruction index**, index d'instruction ; **instruction length**, longueur d'instruction ; **instruction length counter**, compteur de longueur d'instruction ; **instruction list name**, nom de liste d'instructions ; **instruction location counter**, registre d'enchaînement d'instructions ; **instruction manual**, manuel d'instruction ; **instruction modification**, modification d'instruction ; **instruction modifier**, modificateur d'instruction ; **instruction pack**, paquet de cartes d'instructions ; **instruction part**, partie d'instruction ; **instruction processing unit**, unité de traitement des instructions ; **instruction processor**, contrôleur d'instruction ; **instruction register**, registre d'instruction ; **instruction repertoire**, jeu d'instructions ; **instruction retry**, répétition d'instructions ; **instruction sequence**, séquence d'instructions ; **instruction sequence for-**

mat, structure de la séquence d'instructions ; **instruction sequence register**, registre d'enchaînement d'instructions ; **instruction series**, séries d'instructions ; **instruction set**, jeu d'instructions ; **instruction sheet**, feuille programme ; **instruction staticising (US: staticizing)**, prise en charge de l'instruction ; **instruction sticker**, plaque indicatrice ; **instruction storage**, zone d'instruction ; **instruction storage word**, mot d'instruction ; **instruction stream**, flot d'instructions ; **instruction system**, système à base d'instructions ; **instruction tape**, bande des instructions ; **instruction termination**, fin d'instruction ; **instruction time**, temps d'instruction ; **instruction timeout**, délai, temps imparti ; **instruction translation**, traduction d'instruction ; **instruction word**, mot instruction ; **jump instruction**, instruction de saut, instruction de transfert ; **keyword macro instruction**, macro de mot clé ; **layout instruction**, instruction de mise en page ; **linkage instruction**, instruction de chaînage ; **load instruction**, instruction de chargement ; **logic instruction**, instruction logique ; **logical instruction**, instruction logique ; **lookup instruction**, instruction de recherche ; **machine instruction**, instruction machine ; **machine instruction code**, code d'instructions machine ; **machine instruction set**, ensemble d'instructions ; **microprogrammable instruction**, instruction microprogrammable ; **modification instruction**, instruction de modification ; **multi-address instruction**, instruction à plusieurs adresses ; **N-plus-one address instruction**, instruction à N plus une adresses ; **no-address instruction**, instruction sans adresse ; **no-operation instruction (nop)**, instruction ineffective ; **null instruction**, instruction de non opération ; **one-address instruction**, instruction à une adresse ; **one-plus-one address instruction**, instruction à une plus une adresses ; **optional halt instruction**, instruction d'arrêt facultatif ; **optional pause instruction**, commande d'arrêt facultatif ; **optional stop instruction**, instruction d'arrêt optionnel ; **pause instruction**, instruction d'arrêt ; **pop instruction**, instruction de dépilage ; **presumptive instruction**, instruction primitive ; **primary instruction**, instruction élémentaire ; **primitive instruction**, micro-instruction ; **privileged instruction**, instruction privilégiée ; **programmed instruction**, directive programmée ; **pseudo-instruction**, pseudo-instruction ; **push instruction**, instruction d'empilage ; **quasi-instruction**, pseudo-instruction ; **relative instruction**, commande relative ; **repetition instruction**, instruction de répétition ; **restart instruction**, instruction de reprise ; **restricted instruction**, instruction privilégiée ; **return instruction**, instruction de retour ; **scientific instruction**, instruction de calcul en virgule flottante ; **single-address instruction**, instruction à adresse simple ; **skip instruction**, instruction de branchement ; **source instruction**, instruction en code source ; **step-by-step instruction**, instruction pas à pas ; **stop instruction**, instruction d'arrêt ; **stored instruction**, commande mémorisée ; **supervisory instruction**, instruction de contrôle ; **symbolic instruction**, instruction symbolique ; **table lookup instruction**, instruction de recherche ; **three-address instruction**, instruction à trois adresses ; **transfer instruction**, instruction de saut, instruction de transfert ; **transmit instruction**, instruction d'émission ; **two-address instruction**, instruction à deux adresses ; **two-plus-one address instruction**, instruction à deux plus une adresses ; **type instruction**, instruction type ; **unconditional jump instruction**, instruction de saut inconditionnel ; **unconditional transfer instruction**, instruction de transfert inconditionnelle ; **unmodified instruction**, instruction primitive ; **user instruction**, instruction utilisateur ; **variable instruction**, instruction variable ; **waste instruction**, instruction de non opération ; **write instruction**, instruction d'écriture ; **zero address instruction**, instruction sans adresse.

INSTRUCTIONAL : instructional computer, ordinateur d'enseignement ; **instructional computing**, informatique d'enseignement ; **instructional constant**, constante sous forme d'instruction.

INSTRUMENT : indicating instrument, instrument indicateur.

INSULATING : insulating nose, gaine protectrice ; **insulating sleeving**, souplisso.

INSULATION : insulation, isolation ; insulation resistance, résistance d'isolation.

INSULATOR : insulator, isolant.

INTEGER * : integer, nombre entier ; integer attribute, attribut de nombre entier ; **integer-based programme**, programme à base de nombres entiers ; **integer constant**, nombre entier ; **integer divide**, sous-programme de division ; **integer multiply**, sous-programme de multiplication ; **integer number**, entier relatif ; **integer type**, type entier ; **non-negative integer**, entier naturel ; **unsigned integer**, nombre entier non signé ; **unsigned integer format**, format des nombres naturels.

INTEGRAL : integral, intégral, entier ; improper integral, intégrale indéfinie ; **integral boundary**, limite fixe ; **integral calculus**, calcul intégral ; **integral constant**, constante intégrale ; **integral disc**, disque dur ; **integral domain**, domaine d'intégration ; **integral equation**, équation intégrale ; **integral multiple**, multiple entier ; **integral number**, nombre entier ; **integral part**, partie intégrante ; **integral sign**, signe d'intégrale ; **integral value**, valeur intégrale.

INTEGRAND : integrand, expression à intégrer.

INTEGRATED : hybrid integrated circuit, circuit semi-intégré ; **integrated access**, accès intégré ; **integrated adapter**, adaptateur intégré ; **integrated controller**, contrôleur intégré ; **integrated data base**, base de données intégrée ; **integrated data processing (IPL)**, traitement intégré de l'information ; **integrated device**, organe intégré ; **integrated filestore**, mémoire secondaire ; **integrated home systems (IHS)**, domotique ; **integrated information processing**, traitement intégré des données ; **integrated information system**, système informatique intégré ; **integrated modem**, modem intégré ; **integrated system**, système intégré.

INTEGRATION : integration, intégration ; **medium scale integration**, intégration moyenne ; **numerical integration**, intégration numérique ; **vertical integration**, intégration verticale.

INTEGRATOR : integrator, intégrateur ; **inverse integrator**, intégrateur de contre-réaction ; **summing integrator**, intégrateur sommateur.

INTEGRITY : integrity, intégrité ; **data integrity**, sécurité des données ; **integrity violation monitor**, moniteur de cohérence (de données) ; **system integrity**, intégrité du système.

INTELLIGENCE : intelligence, intelligence ; **dispersed intelligence**, intelligence distribuée ; **distributed intelligence**, intelligence distribuée ; **evidence (in artificial intelligence)**, indice (en intelligence artificielle).

INTELLIGENT * : intelligent, intelligent ; **intelligent plotter**, traceur intelligent ; **intelligent terminal**, terminal intelligent.

INTENSITY : half-intensity, demi-intensité ; **intensity**, intensité ; **intensity control**, commande de luminosité.

INTERACTION : on-line interaction, interaction en ligne.

INTERACTIVE * : interactive, conversationnel, en dialogué ; **interactive addresses**, adresses interactives ; **interactive computer graphics**, vidéographie conversationnelle ; **interactive computing**, informatique conversationnelle ; **interactive debugging**, débogage interactif ; **interactive decision making**, aide à la décision conversationnelle ; **interactive graphics**, infographie dialoguée ; **interactive hands-on exercise**, exercice pratique interactif ; **interactive image processing**, traitement d'image interactif ; **interactive mode**, mode dialogué ; **interactive processing**, traitement interactif ; **interactive structural optimisation**, optimisation interactive structurelle ; **interactive system**, système interactif ; **interactive terminal**, terminal de dialogue ; **interactive videography**, vidéographie dialoguée, vidéotex.

INTERBLOCK : interblock, interbloc ; **interblock gap**, espace entre blocs, espace interbloc ; **interblock space**, espace interbloc.

INTERCEPT : intercept, interception ; **intercept (to)**, intercepter, capter ; **intercept point**, point d'intersection.

INTERCHANGE : interchange (to), échanger ; **interchange circuit**, circuit de logique interchange ; **interchange point**, point d'échange ; **modem interchange**, échange modem ; **peripheral interchange programme (PIP)**, gestionnaire de périphérique.

INTERCHANGEABLE : interchangeable connector, connecteur interchangeable ; **interchangeable rom**, mémoire morte interchangeable.

INTERCHANNEL : interchannel, intercanal.

INTERCHARACTER : intercharacter interval, espace entre caractères.

INTERCITY : intercity, interurbain.

INTERCOM * : intercom, interphone.

INTERCOMMUNICATION : intercommunication, communication urbaine.

INTERCONNECT : interconnect

cable, câble d'interconnexion.

INTERCONNECTION : interconnection, interconnexion.

INTERCOUPLE : intercouple (to), coupler, interconnecter.

INTERCYCLE : intercycle, cycle intermédiaire.

INTERFACE : interface, interface de transmission, jonction ; interface (to), interfacer.

EIA interface : interface aux normes américaines ; interface adapter, adaptateur d'interface ; interface card, interface ; interface circuit, circuit de liaison ; interface computer, calculateur frontal ; interface connection, branchement de liaison ; interface control unit, contrôleur ; interface design, concept des interfaces ; interface device, interface ; interface equipment, interface ; interface module, module d'interface, interface ; interface register, registre d'interface ; interface requirements, conditions de liaison ; interface routine, programme d'interfaçage ; interface specifications, normes de liaison ; interface switching unit, unité de connexion ; interface trunk, câble de jonction ; interface unit, interface ; job accounting interface, fonction de comptabilisation des travaux ; man-machine interface, interface homme-machine ; modem interface, interface modem ; multiple interface unit, unité à liaisons multiples ; network interface card, carte d'interface réseau ; peripheral interface, interface de périphérique ; peripheral interface channel, canal d'interface périphérique ; peripheral interface unit (PIU), unité d'interface périphérique ; physical layer interface (ISO), interface de la couche physique (ISO) ; process interface system, interface de commande ; real-time clock interface, interface d'horloge temps réel ; real-time interface, interface de processus ; serial digital interface, interface numérique série ; serial interface, interface série ; serial printer interface, interface d'imprimante série ; standard interface, interface standard ; system interface design, conception d'interface de système ; transmission interface, interface de communication ; video interface, interface vidéo.

INTERFACEABLE : interfaceable, interconnectable.

INTERFACING : interfacing, interfaçe ; interfacing circuitry, circuit de liaison.

INTERFERENCE : interference, interférence ; interference level, niveau des perturbations ; interference prone, sujet aux perturbations ; interference proof, insensible aux perturbations ; intersystem interference, perturbation entre systèmes.

INTERFILE : interfile, interfichier ; interfile (to), interclasser.

INTERFIX * : interfix, interdépendance.

INTERFRAME : interframe, intertrame.

INTERFUSION : interfusion, tri de fusion.

INTERIOR : interior label, étiquette de début.

INTERLACE : interlace (to), imbriquer, enchaîner, entrelacer ; memory interlace, imbrication de mémoire.

INTERLACED : interlaced display, affichage entrelacé ; interlaced mode, mode entrelacé ; interlaced networks, réseaux informatiques imbriqués ; interlaced recording, enregistrement entrelacé ; interlaced scan, balayage entrelacé ; interlaced storage, enregistrement enchaîné ; interlaced storage assignment, allocation de l'enchaînement ; non-interlaced display, affichage non entrelacé ; non-interlaced mode, mode non entrelacé.

INTERLEAF : interleaf, feuille intermédiaire.

INTERLEAVE * : interleave (to), imbriquer, entrelacer ; interleave execution, exécution imbriquée ; interleave factor, facteur d'imbrication.

INTERLEAVED : interleaved addressing, accès imbriqué.

INTERLEAVING : interleaving, imbrication ; interleaving memory, mémoires à cycles imbriqués ; memory interleaving, imbrication mémoire ; multiprocessor interleaving, affectation mémoire multiprocesseur.

INTERLINE : interline, interligne ; interline flicker, papillotement de lignes.

INTERLINING : interlining, interlinéation.

INTERLOCK : interlock, interruption, blocage, verrouillage ; interlock (to), bloquer, verrouiller ; interlock bit, bit de blocage ; interlock circuit, circuit de blocage ; interlock lever, cliquet de verrouillage ; interlock switch, commutateur de verrouillage ; interlock time, temps d'interruption ; **programmed interlock**, blocage programmé.

INTERLUDE : interlude, séquence préliminaire.

INTERMEDIATE : intermediate checking, contrôle intermédiaire ; **intermediate code**, code intermédiaire pseudocodé ; **intermediate data**, résultats intermédiaires ; **intermediate data storage**, mémoire intermédiaire ; **intermediate distribution frame**, distributeur intermédiaire ; **intermediate equipment**, dispositif intermédiaire ; **intermediate information**, information intermédiaire ; **intermediate language**, langage intermédiaire ; **intermediate node**, noeud intermédiaire ; **intermediate product**, produit intermédiaire ; **intermediate programme**, programme de manoeuvre ; **intermediate quantity**, valeur intermédiaire ; **intermediate register**, registre intermédiaire ; **intermediate result**, résultat intermédiaire ; **intermediate result overflow**, dépassement de capacité intermédiaire ; **intermediate status**, état intermédiaire ; **intermediate total**, sous-total.

INTERMITTENT : intermittent error, erreur intermittente ; **intermittent failure**, panne intermittente ; **intermittent fault**, panne intermittente ; **intermittent operation**, exploitation intermittente ; **intermittent trouble**, incident intermittent.

INTERMODULATION : intermodulation, intermodulation ; **intermodulation distortion**, distorsion d'intermodulation ; **intermodulation noise**, bruit d'intermodulation ; **intermodulation products**, produits d'intermodulation.

INTERNAL : internal block, bloc interne ; **internal checking**, contrôle interne ; **internal clock**, synchronisateur, horloge ; **internal code**, code interne ; **internal data processing**, traitement interne des données ; **internal flow**, débit interne des données ; **internal format**, format interne ; **internal interrupt**, interruption interne ; **internal interrupt mode**, mode d'interruption interne ; **internal logic**, logique interne ; **internal memory**, mémoire interne ; **internal memory capacity**, capacité de la mémoire interne ; **internal name**, nom interne ; **internal operation**, opération interne ; **internal plane**, couche interne ; **internal procedure**, procédure interne ; **internal ratio**, rapport interne ; **internal representation**, représentation interne ; **internal resistance**, résistance interne ; **internal sort**, tri interne ; **internal storage**, mémoire interne, mémoire principale ; **internal test routine**, sous-programme de test interne ; **internal timer**, horloge interne, synchronisateur.

INTERNATIONAL : international alphabet, alphabet international ; **international telegraph code**, code international de télégraphie.

INTERPOLATOR : interpolator, interclasseuse.

INTERPRET : interpret (to), interpréter.

INTERPRETATION : interpretation, traduction ; **interpretation of data**, interprétation des données ; **interpretation time**, temps de décodage.

INTERPRETER * : interpreter, interprète, interpréteur ; **interpreter code**, code interpréteur ; **transfer interpreter**, reporteuse.

INTERPRETIVE : interpretive code, code interprétatif ; **interpretive compiler**, compilateur interprétatif ; **interpretive language**, langage interprétatif ; **interpretive programme**, interprète, interprétateur ; **interpretive programming**, programmation interprétative ; **interpretive routine**, programme interprétatif ; **interpretive trace programme**, programme de mise au point.

INTERRECORD : interrecord, interenregistrement ; **interrecord gap**, espace entre enregistrements ; **interrecord sequence field**, zone de tri pour enregistrements enchaînés.

INTERROGATE : interrogate (to), interroger, appeler, consulter ; **interrogate feature**, dispositif d'interrogation, organe de test.

INTERROGATING : interrogating, interrogation, demande d'identification.

INTERROGATION : interrogation register, registre d'interrogation ; **interrogation system**, système d'interrogation.

INTERRUPT : interrupt, interruption ; **interrupt (to)**, débrancher, déconnecter, interrompre ; **internal interrupt**, interruption interne ; **internal interrupt mode**, mode d'interruption interne ; **interrupt address table**, table des adresses d'interruption ; **interrupt block**, bloc interruptible ; **interrupt button**, clé d'interruption ; **interrupt condition**, condition d'interruption ; **interrupt-controlled**, commande par interruption ; **interrupt decoder**, décodeur d'interruption ; **interrupt decoding**, analyse des interruptions ; **interrupt disabling**, désarmement d'interruption ; **interrupt driven**, commande par interruption ; **interrupt enabling**, armement d'interruption ; **interrupt event**, interruption ; **interrupt feature**, dispositif d'interruption ; **interrupt flag**, drapeau d'interruption ; **interrupt handler**, routine d'interruption ; **interrupt handling**, traitement d'interruption ; **interrupt indicator**, indicateur d'interruption ; **interrupt level**, niveau d'interruption ; **interrupt logging**, journal des interruptions ; **interrupt mask**, masque d'interruption ; **interrupt masking**, positionnement de masques d'interruption ; **interrupt mode**, mode d'interruption ; **interrupt pending**, interruption en cours ; **interrupt priority table**, table des priorités d'interruptions ; **interrupt process**, traitement de l'interruption ; **interrupt processing**, traitement d'interruption ; **interrupt request**, demande d'interruption ; **interrupt routine**, programme d'interruption ; **interrupt setting**, armement d'interruption ; **interrupt signal**, signal d'interruption ; **interrupt stacking**, empilage des interruptions ; **interrupt system**, dispositif d'interruption ; **interrupt trap**, détecteur d'interruption ; **master control interrupt**, interruption maîtresse ; **master interrupt**, interruption principale ; **peripheral interrupt**, interruption de périphérique ; **priority interrupt**, interruption prioritaire ; **priority ordered interrupts**, interruptions ordonnées par priorité ; **process interrupt signal**, signal d'interruption de processus ; **standard interrupt**, interruption normale ; **supervisor interrupt**, interruption de supervision ; **system interrupt**, interruption système ; **unconditional programme interrupt**, interruption de programme inconditionnelle ; **vector priority interrupt**, interruption vectorisée prioritaire ; **vectored interrupt**, interruption vectorisée ; **zero count interrupt**, interruption à zéro.

INTERRUPTABLE : interruptable, interruptible.

INTERRUPTION : interruption, interruption ; **interruption rate**, taux d'interruption ; **receive interruption**, interruption de la réception.

INTERSECT : intersect (to), croiser, traverser.

INTERSECTION : intersection, intersection, multiplication logique, circuit ET ; **point of intersection**, point d'intersection.

INTERSPERSE : intersperse (to), intercaler.

INTERSYSTEM : intersystem interference, perturbation entre systèmes.

INTERTASK : intertask, intertâche.

INTERVAL : interval, espace, intervalle ; **intercharacter interval**, espace entre caractères ; **interval limits**, limites d'intervalle ; **interval selector**, sélecteur d'intervalle ; **poll stall interval**, intervalle d'attente en interrogation ; **polling interval**, intervalle entre appels ; **printer interval**, intervalle d'impression ; **refresh interval**, intervalle entre deux rafraîchissements ; **significant interval**, intervalle significatif ; **unit interval**, signal élémentaire.

INTERVENTION : intervention, intervention.

INTERWORD : interword, intermot ; **interword gap**, espace entre mots.

INTRANODAL : intranodal, intranodal.

INTRODUCTION : job introduction, introduction des travaux.

INVALID : invalid, invalide ; **invalid address**, adresse périmée ; **invalid character**, caractère invalide ; **invalid character check**, contrôle de validation ; **invalid code**, code périmé ; **invalid command**, commande erronée ; **invalid frame**, trame invalide ; **invalid key**, touche inopérante ; **invalid key condition**, condition de code erronée ; **invalid reception**, réception erronée ; **invalid type device**, type d'organe incorrect.

INVALIDATE : invalidate (to), invalider.

INVERSE : inverse (to), inverser ; **inverse amplifier**, amplificateur inverseur ; **inverse feedback**, contre-réaction ; **inverse function**, fonction inversée ; **inverse gate**, circuit inverseur ; **inverse integrator**, intégrateur de contre-réaction ; **inverse logarithm**, logarithme inverse ; **inverse video**, vidéo inverse ; **inverse voltage**, tension d'arrêt.

INVERSION : inversion, inversion ; **phase inversion modulation**, modulation par inversion de phase.

INVERTED : inverted background, fond inversé ; **inverted commas**, guillemets ',',' ; **inverted file**, fichier inversé ; **inverted print**, échange au point décimal ; **inverted tree**, arbre inverse.

INVERTER * : inverter, inverseur, changeur de signe.

INVISIBLE : invisible, invisible ; **invis-**

ible refresh, rafraîchissement dynamique.

INVITATION : invitation, invitation ; invitation list, file d'invitations ; invitation to send, invitation à transmettre.

INVOKE : invoke (to), provoquer.

INVOKED : invoked procedure, procédure d'appel ; I/Oinput/output (I/O), entrée/sortie (E/S).

ION : ion, ion ; ion beam, faisceau ionique ; ion spot, tâche ionique ; ion trap, piège à ions.

IPIXEL : Ipixel replication, duplication de point image.

IPM : inch per minute (IPM), pouce par minute (PPM).

IPR : inch per revolution (IPR), pouce par tour (PPT).

IRRATIONAL : irrational fraction, fraction irrationnelle ; irrational number, nombre irrationnel.

IRRELEVANCE : irrelevance, altération, mesure de l'incertitude, dispersion.

IRRETRIEVABLE : irretrievable, inaccessible ; irretrievable data, données inaccessibles.

IS : information separator (IS), séparateur de données.

ISO : application layer (ISO), couche d'application (ISO) ; data link layer (ISO), couche de liaison de données (ISO).

ISO-7-bit code : code ISO à 7 moments.

ISO character : caractère ISO ; network layer (ISO), couche de réseau (ISO) ; physical layer (ISO), couche physique (ISO) ; physical layer interface (ISO), interface de la couche physique (ISO) ; presentation layer (ISO), couche de présentation (ISO) ; session layer (ISO), couche de session (ISO) ; transport layer (ISO), couche de transport (ISO) ; transport software (ISO layer), logiciel de couche de transport.

ISOCHRONOUS : isochronous distortion, distorsion isochrone ; isochronous transmission, transmission isochrone.

ISOLATE : isolate (to), isoler.

ISOLATED : isolated amplifier, amplificateur isolé ; isolated locations, zone de mémoire protégée ; non-isolated amplifier, amplificateur non isolé.

ISOLATION : grouping isolation, isolation par groupe ; isolation test routine (ITR), routine de diagnostic.

ISR : information storage/retrieval (ISR), stockage/restitution des données.

ISSUE : issue, parution ; issue (to), émettre, envoyer, sortir, éditer ; issue card, carte de sortie.

ITALIC : italic typeface, caractère italique.

ITEM * : item, article, structure, élément (de données) ; addition item, article additionnel ; arithmetic item, article de calcul ; binary item, donnée binaire ; data item, article, structure ; elementary item, structure élémentaire ; imbedded item position, position d'article réservée ; index data item, zone d'articles indexés ; input item, article d'entrée ; item card, carte article ; item code, code d'article ; item count, compte d'articles ; item count discrepancy, erreur de comptage d'articles ; item counter, compteur d'articles ; item definition, définition d'article ; item demand, demande d'articles ; item handling function, fonction de traitement des articles ; item handling mode, mode de traitement des articles ; item header line, ligne d'en-tête d'article ; item history file, fichier historique d'articles ; item identifier, identificateur d'articles ; item information, élément d'information ; item key, code de répertoire ; item key area, zone de codification des articles ; item key parameter, paramètre de codage d'article ; item length parameter, paramètre de longueur d'article ; item list, liste d'articles ; item mark, étiquette d'article ; item master file, fichier principal d'articles ; item number, numéro d'article ; item picture, image de la structure ; item position, position d'article ; item sequence, séquence d'articles ; item size, grandeur d'article ; item size computation, calcul de la longueur d'article ; item sort, tri d'articles ; item status character, caractère d'état d'article ; item work area, zone de traitement d'article ; job queue item, article du répertoire des travaux ; multiple item, structure complexe ; numeric item, article numérique ; padding item, article de remplissage ; programme item, élément de programme ; sorted item, article classifié ; terminal item position, dernière position d'article ; variable length item, donnée de longueur variable ; work item, élément de travail.

ITEMISED, ITEMIZED : itemised (US: itemized), par article.

ITERATE : iterate (to), itérer, répéter.

ITERATION : iteration factor, facteur d'itération ; **iteration index**, index d'itération, index de répétition ; **iteration loop**, boucle d'itération.

ITERATIVE * : iterative addition, addition itérative ; **iterative command**, instruction itérative ; **iterative factor**, facteur itératif ; **it-**erative impedance, impédance itérative, impédance caractéristique ; **iterative loop**, boucle d'itération ; **iterative operation**, fonctionnement itératif ; **iterative process**, procédé itératif ; **iterative routine**, routine d'itération.

ITR : isolation test routine (ITR), routine de diagnostic.

IVERSON : Iverson notation, notation Iverson

J

JACK : jack, fiche ; **jack panel**, tableau de connexions ; **jack strip**, barrette de prises, réglette de prises.

JACKET : jacket, enveloppe, gaine.

JAG : jag, dent de scie.

JAGGY : jaggy, (d'aspect) irrégulier.

JAM : card jam, bourrage de cartes ; **card jam detector**, détecteur de bourrage de cartes ; jam, bourrage ; **jam circuit**, circuit d'antibourrage ; **jam sense bar**, barre de butée.

JAR : jar (to), empiler, pousser.

JCL : job control language (JCL), langage de supervision.

JERK : jerk (to), heurter, secouer, taquer.

JES : job entry services (JES), fonction de contrôle des travaux (FCT).

JET : ink jet printer, imprimante à jet d'encre.

JITTER : jitter, sautillement ; **phase jitter**, instabilité de phase.

JOB * : job, travail, exploitation, fonctionnement ; **aborted job**, travail abandonné ; **active job**, tâche active ; **background job**, travail d'arrière-plan, tâche de fond ; **batched job**, travail séquentiel ; **blocked job**, tâche suspendue ; **bypassed job**, travaux annulés ; **end-of-job character (EOJ)**, (caractère de) fin de travail ; **foreground job**, travail de premier plan ; **hot job**, travail urgent ; **individual job card**, carte individuelle ; **input job**, tâche dans une file d'attente ; **input job queue**, file d'attente de travaux en entrée ; **input job stream**, suite des travaux en entrée ; **job account file**, fichier de comptabilisation des travaux ; **job account listing**, liste de comptabilisation des travaux ; **job account log**, journal de comptabilisation des travaux ; **job accounting**, comptabilisation des travaux ; **job accounting file**, fichier de comptabilisation des travaux ; **job accounting interface**, fonction de comptabilisation des travaux ; **job accounting report**, journal de comptabilisation des travaux ; **job accounting system**, système de comptabilité des travaux ; **job analysis**, analyse des tâches ; **job batch**, lot de travaux ; **job card**, carte-paramètre ; **job computer**, calculateur de traitement ; **job control**, contrôle de travaux ; **job control card**, carte de pilotage des travaux ; **job control device**, unité de gestion des travaux ; **job control file**, fichier de gestion des travaux ; **job control language (JCL)**, langage de supervision ; **job control programme**, programme de supervision ; **job control statement**, instruction de contrôle de travaux ; **job control system**, système de gestion des travaux ; **job definition**, définition de travaux ; **job design**, conception des tâches ; **job distribution register**, registre de ventilation des travaux ; **job end**, fin des travaux ; **job entry**, soumission des travaux ; **job entry services (JES)**, fonction de contrôle des travaux (FCT) ; **job order**, bon de commande ; **job-oriented**, spécialisé ; **job-oriented language**, langage spécialisé travaux ; **job-oriented terminal**, terminal spécialisé travaux ; **job output**, sortie des travaux ; **job output device**, périphérique de sortie ; **job output file**, fichier de sortie des résultats ; **job output stream**, flot de sortie des résultats ; **job priority**, priorité des travaux ; **job processing control**, contrôle du traitement des tâches ; **job processing monitor**, moniteur de traitement de tâches ; **job processing system**, système de traitement de travaux ; **job queue**, file d'attente des travaux ; **job queue item**, article du répertoire des travaux ; **job request**, requête de travail ; **job restart**, reprise du travail ; **job run**, passe d'exécution ; **job sche-**

duler, programmateur des travaux ; **job sequencing**, enchaînement des travaux ; **job stack**, file de travaux ; **job stacking**, pile de travaux ; **job start**, début de travail, fin des tâches ; **job statement**, instruction de travail ; **job step**, unité de traitement, étape de travail ; **job step execution**, exécution de l'étape de travail ; **job step initiation**, lancement de l'étape de travail ; **job step restart**, reprise de l'étape de travail ; **job step table**, table des étapes de travail ; **job step termination**, fin d'étape de travail ; **job stream**, flux de travaux, file de travaux ; **job stream file**, fichier des files de travaux ; **job summary record**, bloc de cumul des travaux ; **job suspension**, suspension des travaux ; **job table**, répertoire des travaux, table des travaux ; **job termination**, fin des travaux ; **job translator**, traducteur de travaux ; **kill a job (to)**, interrompre un travail en cours ; **known job**, travail identifié ; **known job table**, répertoire des travaux identifiés ; **latent job**, tâche latente ; **master job**, travail pilote ; **multiple job processing**, traitement multitâche ; **one-shot job**, travail unique ; **preemptive job**, travail prioritaire ; **remote job entry (RJE)**, entrée des travaux à distance ; **single-job stream**, flux de travaux individuels ; **unusual end of job**, fin instantanée du traitement des travaux.

JOG : jog (to), taquer.

JOGGER : jogger, taqueuse.

JOGGING : jogging, taquage.

JOGGLE : joggle (to), battre des cartes, battre.

JOIN : join, union ; **join operation (OR)**, opération OU.

JOINT : joint, ensemble, connexion ; **joint denial element**, circuit NON-OU, porte NON-OU ; **joint denial gate**, circuit NON-OU, porte NON-OU ; **joint denial operation (NOR)**, opération NON-OU, opération NI ; **joint information content**, quantité d'information conjointe.

JOKER : joker, caractère de remplacement.

JORDAN : Eccles-Jordan circuit, bascule Ecclès Jordan.

JOURNAL : journal, journal de bord, consignation ; **collector journal**, fichier des transactions ; **journal teleprinter**, téléimprimeur de contrôle ; **transaction journal**, fichier des transactions.

JOVIAL * : Jovial (language), Jovial (langage).

JOYSTICK * : joystick, manche à balai, manchet.

JUMP * : jump, saut, branchement ; **backward jump**, branchement amont ; **conditional jump**, saut conditionnel ; **exchange jump**, saut avec permutation ; **forward jump**, branchement aval ; **indirect jump**, branchement indirect ; **jump (to)**, faire un saut, brancher, aiguiller ; **jump address**, adresse de renvoi ; **jump function**, fonction de branchement ; **jump instruction**, instruction de saut, instruction de transfert ; **jump label**, symbole de branchement ; **jump level**, niveau de renvoi ; **programme jump**, saut de programme ; **unconditional jump**, branchement inconditionnel ; **unconditional jump instruction**, instruction de saut inconditionnel.

JUMPER : jumper, cavalier ; **jumper wire**, cavalier.

JUMPINESS : jumpiness, instabilité.

JUNCTION : junction, jonction ; **junction box**, boîte de dérivation ; **junction character**, caractère de dérivation ; **junction diode**, diode à jonction ; **junction loss**, perte de liaison ; **junction temperature**, température de jonction ; **junction transistor**, transistor à jonctions.

JUSTIFICATION * : justification, justification ; **hyphenless justification**, cadrage des lignes sans coupure de mots ; **left justification**, justification à gauche ; **right justification**, justification à droite.

JUSTIFIED : justified left, justifié à gauche ; **justified margin**, marge justifiée ; **justified right**, justifié à droite ; **left justified**, justifié à gauche ; **right-justified**, justifié à droite.

JUSTIFY : justify (to), justifier ; **left justify**, justification à gauche ; **left justify (to)**, justifier à gauche ; **right justify**, justification à droite ; **right justify (to)**, justifier à droite

L

LABEL * : label, étiquette, libellé, label ; label (to), référencer, étiqueter ; **beginning-of-file label**, repère de début de fichier ; **data set label**, intitulé de la structure des données ; **disc label check code**, code de vérification de label disque ; **end-of-file label**, repère de fin de fichier ; **end-of-tape label**, repère de fin de bande ; **end-of-volume trailer label**, label de fin de bande ; **ending label**, étiquette de fin ; **entry label**, étiquette d'entrée ; **external label**, étiquette externe ; **file label**, étiquette de fichier ; **header label**, label d'en-tête ; **identifying label**, étiquette d'identification ; **input header label**, label début de bande entrée ; **interior label**, étiquette de début ; **jump label**, symbole de branchement ; **key label**, gravure de touche ; **label checking**, contrôle de désignation ; **label field**, zone d'étiquette ; **label format**, format d'étiquette ; **label generation**, création de label ; **label identification**, désignation d'étiquette ; **label identifier**, identificateur de label ; **label indicator**, identificateur d'étiquette ; **label list**, liste d'étiquettes ; **label parameter**, paramètre repère ; **label processing**, traitement de labels ; **label record**, enregistrement identificateur ; **label track**, piste d'étiquette ; **record label**, enregistrement annonce ; **start label**, étiquette de début ; **start-of-tape label**, repère de début de bande ; **tab label**, étiquette pour imprimante ; **tape label**, étiquette de bande ; **trailer label**, repère de fin ; **user header label**, label début utilisateur ; **user label**, étiquette utilisateur ; **user trailer label**, label fin utilisateur ; **user volume label**, label d'identification utilisateur ; **volume header label**, label début de volume ; **volume label**, label de volume.

LABELLED : labelled, désigné ; **labelled file**, fichier désigné.

LABELLING : labelling, étiquetage ; **key labelling**, désignation de touche.

LACE : lace, grille.

LAG : lag (of time), décalage (de temps) ; **lag response**, décalage (de temps).

LAMINAR : laminar, laminaire.

LAMP : fluorescent lamp, lampe fluorescente ; **indicator lamp**, voyant lumineux ; **warning lamp**, voyant d'alerte.

LAN : local area network (LAN), réseau local.

LAND : land, atterrissage.

LANDING : landing zone, zone d'atterrissage.

LANGUAGE * : language, langage ; **absolute language**, langage machine ; **Ada (language)**, Ada (langage) ; **advanced language**, langage évolué ; **algebraic language**, langage algébrique ; **algebraic-oriented language**, langage spécialisé algébrique ; **algol (language)**, algol (langage) ; **algorithmic language**, langage algorithmique ; **apl (language)**, apl (langage) ; **application-oriented language**, langage orienté vers les applications ; **applicative language**, langage fonctionnel ; **artificial language**, langage artificiel ; **assembly language**, langage assembleur ; **assembly language listing**, liste d'assemblage ; **assembly language programme**, programme d'assemblage ; **author language**, langage d'enseignement ; **basic (language)**, basic (langage) ; **basic assembly language (BAL)**, langage d'assemblage de base ; **basic language**, langage de base ; **basic language machine (BLM)**, machine à langage de base ; **block-structured language**, langage à structure de bloc ; **business language**, langage de gestion ; **C-language**, langage C ; **cobol (language)**, cobol (langage) ; **comal (language)**, comal (langage) ; **command language**, langage de commande ; **commercial language**, langage d'application commerciale ; **common language**, langage commun ; **computer-dependent language**, langage du calculateur ; **computer-independent language**, langage indépendant du calculateur ; **computer language**, langage machine ; **computer-oriented language**, langage lié à l'ordinateur ; **computer-sensitive language**, langage propre au calculateur ; **conceptual language**, langage conceptuel ; **control language**, langage de commande ; **conversational language**, langage de dialogue ; **coral (language)**, coral (langage) ; **data description language (DDL)**, langage de description de données ; **data manipulation language (DML)**, langage de manipulation de données ; **design language**, langage d'analyse ; **end user language, langage de l'utilisateur final ; external language, langage extérieur ; fabricated language, langage artificiel ; formal language, langage formel ; forth (language), forth (language) ; fortran (language), fortran (langage) ; general-purpose language, langage d'usage général ; high-level language, langage de haut niveau ; high-order language, langage de haut niveau, langage évolué ; intermediate language, langage intermédiaire ; interpretive language, langage interprétatif ; job control language (JCL), langage de supervision ; job-oriented language, langage spécialisé travaux ; Jovial (language), Jovial (language) ; language character set, jeu de caractères ; language extension, extension de langage ; language level, niveau de langage ; language processor, processeur de langage ; language statement, instruction de langage ; language translator, traducteur de langages ; lisp (language), lisp (langage) ; list processing language, langage de traitement de liste ; low-level language, langage lié à l'ordinateur ; machine-dependent language, langage dépendant de la machine ; machine language, langage machine ; machine-oriented language, langage adapté à la machine ; macro-assembly language (MAL), langage de macro-assemblage ; mnemonic language, langage mnémonique ; musical language, langage musical ; native assembler language, langage d'assemblage spécifique ; natural language, langage naturel ; object language, langage résultant, langage objet ; original language, langage source ; Pascal (language), Pascal (langage) ; problem-oriented language, langage d'application ; procedural language, langage de procédures ; procedure-oriented language, langage procédural, langage adapté aux procédures ; processing language, langage de traitement ; programme language, langage du programme ; programming language, langage de programmation ; prolog (language), prolog (langage) ; pseudo-language, pseudolangage ; quasi-language, pseudolangage ; query language translator, traducteur de langage d'interrogation ; real-time language, langage temps réel ; reference language, langage de référence ; scientific language, langage scientifique ; snobol (language), snobol (langage) ; source language, langage source ; specification language, langage de spécification ; strat-

ified language, langage stratifié ; symbolic language, langage symbolique ; system design language, langage d'analyse ; tabular language, langage pour table de décision ; target language, langage résultant, langage objet ; threaded language, langage chaîné ; unstratified language, langage non stratifié ; user-oriented language, langage adapté à l'utilisateur ; very high-level language (VHLL), langage de très haut niveau.

LAPTOP : laptop computer, ordinateur portable.

LARGE : large scale system, ordinateur de grande puissance.

LASER : laser, laser ; laser beam recording (LBR), enregistrement par faisceau laser ; laser memory, mémoire à laser ; laser plotter, traceur à laser ; laser printer, imprimante à laser ; laser screen, écran à laser ; laser storage, mémoire à laser.

LAST : last in, dernier entré, premier sorti ; last major transaction, dernier mouvement général ; last translation (LT), dernier mouvement (DM).

LATCH : latch, bascule ; latch (to), verrouiller ; edge-triggered latch, bascule déclenchée par un front ; immediate latch, bascule à verrouillage immédiat ; input latch, coupleur d'entrée ; latch circuit, coupleur.

LATCHED : latched bus, bus verrouillé.

LATCHING : latching circuit, circuit de verrouillage.

LATENCY : latency, latence, temps d'attente ; average latency, temps d'accès moyen ; minimum latency code, code à temps d'exécution minimal ; minimum latency programming, programmation à temps d'exécution minimal.

LATENT : latent defect, vice caché ; latent job, tâche latente.

LATERAL : lateral parity, parité transversale.

LATTICE : lattice, treillis ; lattice network, réseau maillé ; lattice structure, structure en réseau.

LAYER : layer, couche ; application layer (ISO), couche d'application (ISO) ; data link layer (ISO), couche de liaison de données (ISO) ; network layer (ISO), couche de réseau (ISO) ; oxide layer, couche d'oxyde ; physical layer (ISO), couche physique (ISO) ; physical layer interface (ISO), interface de la couche physique (ISO) ; **physical layer protocol**, protocole de la couche physique ; **presentation layer (ISO)**, couche de présentation (ISO) ; **session layer (ISO)**, couche de session (ISO) ; **software layer**, couche de logiciel ; **transport layer (ISO)**, couche de transport (ISO) ; **transport software (ISO layer)**, logiciel de couche de transport ; **winding layer**, nappe d'enroulents.

LAYOUT : layout, implantation, disposition ; **area layout**, implantation de la zone ; **data layout**, format des données ; **file layout**, disposition de fichier, organisation de fichier ; **keyboard layout**, disposition du clavier ; **layout character**, caractère de présentation ; **layout instruction**, instruction de mise en page ; **pinout layout**, brochage ; **record layout**, structure d'enregistrement.

LBN : logical block number (LBN), numéro de bloc logique.

LBR : laser beam recording (LBR), enregistrement par faisceau laser.

LCD : liquid crystal display (LCD), affichage à cristaux liquides.

LEAD : lead, conducteur ; **axial lead**, sortie axiale ; **cordless lead**, cavalier ; **test lead**, ficelle de test ; **vendor lead time**, délai de livraison ; **wire lead**, raccord à fil.

LEADER : leader, amorce de bande magnétique, amorce de début ; **file leader record**, enregistrement d'ouverture de fichier ; **leader record**, enregistrement de tête ; **leader routine**, routine d'amorce ; **magnetic tape leader**, amorce de bande magnétique, amorce de début ; **tape leader**, amorce de bande.

LEADING : leading, interlignage ; **card leading edge**, bord avant de carte ; **leading edge**, bord avant ; **leading zeroes**, zéros de tête ; **tape leading end**, début de bande.

LEAF * : leaf, feuille.

LEAK : leak resistor, résistance de fuite.

LEAPFROG * : leapfrog test, test saute-mouton.

LEARNING : learning, apprentissage, enseignement ; **computer-augmented learning (CAL)**, enseignement automatisé ; **computer-based learning (CBL)**, éducation informatisée ; **learning machine**, machine autodidacte ; **learning model**, modèle de formation ; **learning sequence**, cours ; **machine learning**, apprentissage par machine ; **programmed learning**, enseignement programmé ; **text learning tool**, outil didactique textuel.

LEASED : leased circuit, ligne louée ; **leased line**, ligne louée ; **leased line network**, réseau de lignes spécialisées.

LEASING : leasing equipment, matériel de location.

LEAST : least significant (LS), poids faible ; **least significant bit (LSB)**, binaire de poids faible ; **least significant character**, caractère de plus faible poids ; **least significant digit (LSD)**, chiffre de poids faible.

LEAVE : leave blank (to), laisser en blanc.

LED : led display, affichage électroluminescent ; **led readout**, affichage électroluminescent ; **light-emitting diode (LED)**, diode électroluminescente.

LEDGER : ledger tape, bande journal.

LEFT : justified left, justifié à gauche ; **left adjusted**, cadré à gauche ; **left arrow**, flèche gauche ; **left brace**, accolade gauche '{' ; **left-end bit**, bit de poids fort ; **left hand zero**, zéro cadré à gauche ; **left justification**, justification à gauche ; **left justified**, justifié à gauche ; **left justify**, justification à gauche ; **left justify (to)**, justifier à gauche ; **left margin**, marge de gauche ; **left-most**, extrême gauche ; **left oblique**, barre de fraction '/' ; **left parenthesis**, parenthèse gauche '(' ; **left part**, partie gauche ; **left shift**, décalage à gauche ; **left square bracket '['**, crochet d'ouverture ; **left zero print**, impression des zéros de gauche.

LEG : leg, branche de circuit.

LEGAL : legal, légal.

LEGEND : legend, légende ; **key legend**, marquage de touche.

LEGIBLE : legible input, entrée lisible ; **legible output**, sortie lisible.

LENGTH : average search length, durée moyenne de recherche ; **block length**, longueur de bloc ; **data field length**, longueur de champ des données ; **data word length**, longueur du mot de données ; **double length number**, nombre en double précision ; **double length register**, registre double ; **double length word**, mot double ; **equal length code**, code à moments ; **field length**, longueur de zone ; **fixed-block length**, longueur de bloc fixe ; **fixed-length**, de longueur fixe ; **fixed-length format**, format de longueur fixe ; **fixed-length record**, enregistrement de longueur fixe ; **fixed-point word length**, longueur de mot en virgule fixe ; **fixed-word length**, longueur de mot fixe ;

gap length, grandeur d'espace ; **incorrect length**, longueur erronée ; **input block length**, longueur du bloc d'entrée ; **input record length**, longueur de bloc d'entrée ; **instruction length**, longueur d'instruction ; **instruction length counter**, compteur de longueur d'instruction ; **item length parameter**, paramètre de longueur d'article ; **key length**, longueur du mot clé ; **length attribute**, attribut de longueur ; **length error**, erreur de longueur ; **length record word**, mot de longueur d'article ; **maximum length**, longueur maximale ; **multiple length**, multilongueur ; **multiple length number**, opérande multimot ; **page length setting**, définition de la longueur de page ; **programme length**, longueur de programme ; **quadruple length register**, registre quadruple ; **record length**, longueur d'enregistrement ; **register length**, longueur de registre ; **semi-fixed length record**, enregistrement semi-fixe ; **single-length working**, travail en simple mot ; **string length**, longueur de chaîne ; **triple length register**, registre triple ; **triple length working**, en triple longueur ; **usable line length**, longueur utile de ligne ; **variable block length**, longueur de bloc variable ; **variable length**, longueur variable ; **variable length block**, bloc de longueur variable ; **variable length field**, champ de longueur variable ; **variable length item**, donnée de longueur variable ; **variable length mantissa**, mantisse de longueur variable ; **variable length overflow**, article de longueur variable ; **variable length record**, enregistrement de longueur variable ; **variable length segment**, segment de longueur variable ; **variable record length**, longueur variable d'article ; **variable word length**, longueur de mot variable ; **word length**, longueur de mot.

LESS : less than (LT), plus petit que ' < ' ; less than or equal to (LE), plus petit que ou égal à ' ⩽ ' ; less than sign, signe inférieur à ' < '.

LETTER : letter, lettre ; **accented letter**, lettre accentuée ; **basic letter**, caractère d'identification ; **key letter**, lettre clé ; **letter out (to)**, effacer ; **letter quality**, qualité courrier ; **letter string**, suite de lettres ; **letters shift**, inversion lettres-chiffres ; **letters shift (LTRS)**, commande majuscules-minuscules ; **lower case letter**, lettre minuscule ; **near letter quality (NLQ)**, proche de la qualité courrier ; **upper**

case letter, lettre majuscule.

LEVEL * : level, niveau ; **activity level**, niveau de mouvement ; **addressing level**, niveau d'adressage ; **availability level**, niveau de disponibilité ; **board level diagnostic**, micro-diagnostic ; **clearance level**, niveau d'habilitation ; **carrier noise level**, niveau de bruit de porteuse ; **chip level diagnosis**, diagnostic au niveau du circuit ; **circuit noise level**, niveau de bruit d'un circuit ; **data level**, hiérarchie de données ; **eight-level**, à huit moments ; **elementary level**, niveau élémentaire ; **entry level**, niveau de saisie ; **first-level address**, adresse directe ; **first-level memory**, mémoire de premier niveau ; **high-level amplifier**, amplificateur à gain élevé ; **high-level language**, langage de haut niveau, langage évolué ; **high-level signal**, signal à niveau élevé ; **higher level**, niveau élevé ; **index level**, niveau d'indice ; **input edit level**, contrôle d'introduction ; **interference level**, niveau des perturbations ; **interrupt level**, niveau d'interruption ; **jump level**, niveau de renvoi ; **language level**, niveau de langage ; **level converter**, convertisseur de niveau ; **level number**, numéro de niveau ; **level out (to)**, ajuster horizontalement ; **level regulation**, régulation de niveau ; **library level**, niveau de bibliothèque ; **logic level**, niveau logique ; **low-level language**, langage lié à l'ordinateur ; **N-level**, à N moments ; **N-level code**, code à N moments ; **nesting level**, niveau d'imbrication ; **noise level**, niveau de bruit ; **object-level programme**, programme objet ; **one-level address**, adresse directe ; **one-level addressing**, adressage direct ; **one-level code**, code absolu, code machine ; **one-level subroutine**, sous-programme à un niveau ; **power level**, niveau de puissance ; **process level**, niveau de processus ; **qualification level**, niveau de qualification ; **quantisation level**, niveau de quantification ; **reference level**, niveau de référence ; **relative transmission level**, niveau de transmission relatif ; **release level**, niveau de mise à jour ; **revision level**, niveau de révision ; **second-level address**, adresse à opérande complexe ; **seven-level code**, code à sept positions ; **single-level address**, adresse directe ; **string level access**, niveau d'accès à la chaîne de caractères ; **transmission level**, niveau de transmission ; **trigger level**, niveau de déclenchement ; **two-level addressing**, adressage à deux niveaux ;

two-level password, double mot de passe ; two-level password entry, entrée à double mot de passe ; **two-level storage**, mémoire à deux niveaux ; **two-level subroutine**, sous-programme à deux niveaux ; **very high-level language (VHLL)**, langage de très haut niveau ; **voice level indicator**, indicateur de niveau optique ; **zero-level address**, opérande immédiat, adresse immédiate.

LEVER : interlock lever, cliquet de verrouillage ; **key lever**, levier de touche ; **positioning lever**, levier de positionnement ; **skip lever**, levier de tabulation.

LEXICAL : lexical analysis, analyse lexicale ; **lexical token**, unité lexicale, entité lexicale ; **lexical unit**, unité lexicale, entité lexicale.

LEXICOGRAPHIC : lexicographic, lexicographique.

LEXICOGRAPHICAL : lexicographical order, ordre lexicographique ; **lexicographical power**, puissance lexicographique.

LIBNAME : libname, nom de bibliothèque.

LIBRARIAN : librarian, gestionnaire de bibliothèque ; **file librarian**, gestionnaire de fichier ; **librarian programme**, programme bibliothécaire ; **tape librarian**, bibliothécaire.

LIBRARY * : library, bibliothèque ; **(programme) library**, bibliothèque (de programmes), programmathèque ; **alternate library**, bibliothèque de réserve ; **application library**, bibliothèque d'applications ; **back-up library**, bibliothèque de sauvegarde ; **data library**, bibliothèque de données ; **direct access library**, bibliothèque à accès direct ; **disc library**, bibliothèque de disquettes ; **input/output library**, bibliothèque d'entrées/sorties ; **job library**, bibliothèque des travaux ; **job library update**, mise à jour de la bibliothèque des travaux ; **library area**, zone de bibliothèque ; **library automation**, automatisation de bibliothèque ; **library call**, appel à la bibliothèque ; **library copy tape**, bande bibliothèque ; **library file**, fichier bibliothèque ; **library handler**, gestionnaire de bibliothèque ; **library handling**, traitement de bibliothèque ; **library identifier**, identificateur de bibliothèque ; **library index**, index bibliothécaire ; **library level**, niveau de bibliothèque ; **library maintenance**, maintenance de bibliothèque ; **library name**, nom de bibliothèque ; **library programme**, pro-

gramme de bibliothèque ; **library search**, recherche en bibliothèque ; **library search sequence**, séquence de recherche en bibliothèque ; **library subroutine**, sous-programme de bibliothèque ; **library tape**, bandothèque ; **library track**, piste de référence ; **library unit**, élément de bibliothèque ; **link library**, bibliothèque de liens ; **load library**, bibliothèque de chargeurs ; **load module library**, bibliothèque de modules de chargement ; **macro-library**, bibliothèque de macros ; **master library tape**, bande bibliothèque pilote ; **object library**, bibliothèque objet ; **private library**, bibliothèque utilisateur ; **procedure library**, bibliothèque de procédures ; **source library**, bibliothèque sources ; **source programme library**, bibliothèque de programmes source ; **source statement library**, bibliothèque langage d'origine ; **subroutine library**, bibliothèque de sous-programmes ; **systems library**, bibliothèque des systèmes ; **template library**, bibliothèque d'abaques ; **user library**, bibliothèque des programmes utilisateur.

LICENSE : license, licence ; **software license**, licence d'utilisation du logiciel.

LIFE : acceptable mean life, durée de vie moyenne acceptable ; **extented system life span**, système à vie plus étendue ; **head life**, durée de vie de la tête ; **life cycle**, longévité ; **life expectancy**, durée de vie ; **life game**, jeu de la vie ; **life size**, grandeur nature ; **life test**, essai de longévité ; **mean life**, longévité moyenne ; **shelf life**, durée de conservation ; **usuful life**, durée de vie.

LIFO : lifo list, liste inversée, liste refoulée, pile.

LIFTER : skip lifter, actionneur de saut.

LIGHT : display light, voyant, lampe-témoin ; **indicator light**, voyant de signalisation ; **light button**, élément de menu, touche virtuelle ; **light cell**, point lumineux ; **light-emitting diode (LED)**, diode électroluminescente ; **light gun**, crayon lumineux, stylet pointeur ; **light indicator**, voyant ; **light line**, trait fin ; **light pen**, crayon optique ; **light-pen detection**, détection par photostyle ; **light-pen hit**, détection par photostyle ; **light pencil**, photostyle ; **light source**, source lumineuse ; **light switch**, poussoir lumineux ; **light threshold**, seuil de luminosité ; **light-wave**, onde lumineuse ; **request light**, voyant d'appel.

LIGHTED : lighted display, affichage

lumineux.

LIMIT : limit, limite ; **alphabetic field limit,** limitation de zone alphabétique ; **hard clip limit,** limite matérielle ; **input limit,** limite d'introduction ; **interval limits,** limites d'intervalle ; **limit check,** contrôle de vraisemblance ; **limit frequency,** fréquence limite ; **limit priority,** priorité limitée ; **page limit,** limitation de page ; **soft limit clip,** limite logicielle ; **upper limit,** limite supérieure.

LIMITED : limited, limité ; **band-limited channel,** canal à bande limitée ; **computer-limited,** limité par le calculateur ; **input-limited,** limité par l'entrée ; **input/output-limited,** limité par les entrées/sorties ; **limited ASCII,** sous-ensemble du code ASCII ; **limited private type,** type privé limité ; **output limited,** limité par la sortie ; **peripheral-limited,** limité par le périphérique ; **processor-limited,** limité par le processeur ; **tape-limited,** limité par la bande.

LIMITER * : limiter, limiteur ; **bridge limiter,** limiteur en pont ; **overspeed limiter,** limiteur de survitesse.

LIMITING : limiting frequency, fréquence limite ; **limiting resistor,** résistance de limitation.

LINE * : line, ligne, ligne de transmission ; **access line,** ligne d'accès ; **acoustic delay line,** ligne à retard acoustique ; **active line,** ligne en activité ; **additional line,** poste supplémentaire ; **analogue line driver (ALD),** amplificateur d'attaque de ligne ; **B-line,** registre d'index ; **balanced line,** ligne symétrique ; **blank line,** ligne inutilisée ; **body line,** ligne imprimée ; **bus line,** réseau commun, bus ; **busy line,** ligne occupée ; **centre line,** ligne médiane ; **code line,** ligne de code ; **coding line,** ligne de codage ; **current line,** ligne en cours ; **dashed line,** trait pointillé ; **data transmission line,** ligne de transmission de données ; **dedicated line,** ligne spécialisée ; **delay line,** ligne à retard ; **delay line register,** registre à circulation ; **delay line storage,** mémoire à ligne à retard, mémoire à propagation ; **display line,** ligne de balayage ; **dot-and-dash line,** trait mixte ; **dot matrix line printer,** imprimante matricielle ; **dotted line,** trait en pointillé ; **double line shift register,** registre à décalage double ; **down line,** canal direct ; **down-line loading,** téléchargement ; **dual-in-line package (DIL),** boîtier à double rangée de connexions ; **edit line mode,** édition en mode ligne ; **end-of-line character**

(EOL), (caractère de) fin de ligne ; **even-numbered scan line,** ligne de balayage paire ; **four-line binary code,** code tétradique ; **header line,** ligne d'en-tête ; **high-speed line,** ligne à débit élevé ; **highest priority interrupt line,** ligne à priorité absolue ; **hit-on-the-line,** circuit ouvert ; **hot line,** ligne à grande activité ; **idle line,** ligne libre ; **in-line,** en ligne, connecté ; **in-line coding,** codage simultané ; **in-line data processing,** traitement de données simultané ; **in-line processing,** traitement en ligne ; **in-line subroutine,** programme en séquence ; **indented line,** ligne en alinéa ; **infinite line,** ligne infinie ; **inhibit line,** circuit inhibiteur, ligne de blocage ; **initial line,** ligne de début ; **item header line,** ligne d'en-tête d'article ; **leased line,** ligne louée ; **leased line network,** réseau de lignes spécialisées ; **light line,** trait fin ; **line adapter unit,** unité d'adaptation de ligne ; **line addressing,** adressage de ligne ; **line advance,** saut de ligne ; **line advance order,** commande de saut de ligne ; **line-at-a-time printer,** imprimante ligne par ligne ; **line blanking period,** durée de la suppression ligne ; **line blanking time,** durée de la suppression ligne ; **line buffer,** tampon de ligne ; **line concentrator,** concentrateur de ligne ; **line connector cord,** cordon secteur ; **line control character,** caractère de terminaison ; **line cord,** cordon d'alimentation ; **line current,** courant secteur ; **line deletion character,** caractère d'effacement de ligne ; **line density,** densité de lignes ; **line drawing set,** jeu de caractères semi-graphiques ; **line drawn form,** bordereau formaté ; **line driver,** amplificateur de ligne ; **line feed,** saut de ligne ; **line field,** zone de lignes ; **line grouping,** lignes groupées ; **line impedance,** impédance de ligne ; **line indicator,** indicateur de ligne ; **line load,** charge de ligne ; **line loop,** ligne d'extension ; **line loss,** perte en ligne ; **line noise,** bruit de ligne ; **line number,** numéro de ligne ; **line numbering,** numérotation de lignes ; **line posting,** positionnement de ligne ; **line printer,** imprimante ligne par ligne ; **line printer buffer,** tampon d'imprimante ; **line printing,** impression par ligne ; **line receiver,** coupleur de ligne ; **line scan generator,** générateur de signaux balayage ligne ; **line scan start,** départ de balayage ligne ; **line scanning,** balayage de ligne ; **line section,** tronçon de ligne ; **line selection feature,** dispositif de sélection de ligne ; **line selector,** sélecteur de ligne ; **line** separation, interligne ; **line sequence number**, numéro de ligne ; **line skew**, inclinaison de ligne ; **line skip**, saut de ligne ; **line space**, interligne ; **line space ratchet**, rochet de commande d'interligne ; **line spacing**, interlignage ; **line speed**, vitesse d'impression de lignes ; **line start**, début de ligne ; **line style**, type de ligne ; **line switch**, commutateur de lignes ; **line switching**, commutation de lignes ; **line terminating circuit**, circuit utilisateur ; **line termination**, charge de ligne ; **line termination equipment (LTE)**, équipement de terminaison de ligne ; **line turnaround**, basculement de ligne ; **line-up**, alignement ; **line voltage**, tension secteur ; **line width**, largeur de trait ; **lines of force**, lignes de force ; **lines per inch (LPI)**, lignes par pouce ; **lines per minute (LPM)**, lignes par minute (LPM) ; **main line**, ligne principale ; **mounted on line**, accessible en ligne ; **multipoint line**, circuit multipoint ; **non-switched line**, ligne non commutée ; **null line**, ligne blanche ; **odd-numbered scan line**, ligne de balayage impaire ; **off-line**, autonome, non connecté ; **off-line equipment**, équipement déconnecté ; **off-line mode**, mode autonome ; **off-line operation**, opération autonome ; **off-line processing**, traitement autonome ; **off-line storage**, mémoire autonome ; **on-line**, en ligne, connecté ; **on-line data capture**, saisie en ligne ; **on-line data service**, serveur de données ; **on-line equipment**, équipement en ligne ; **on-line interaction**, interaction en ligne ; **on-line mode**, mode connecté ; **on-line problem solving**, solution en conversationnel ; **on-line processing**, traitement en direct ; **on-line programming**, programmation interactive ; **on-line real-time (OLRT)**, temps réel en ligne ; **on-line reference**, référence accessible directement ; **on-line storage**, mémoire en ligne ; **on-line test system (OLTS)**, système de test en ligne ; **on-line transaction processing**, traitement interactif ; **on-line typewriter**, imprimante en ligne ; **one-dot-line slice**, colonne de points ; **outside line**, ligne extérieure ; **point-to-point line**, liaison point à point, liaison bipoint ; **print line**, ligne d'impression ; **private line**, ligne privée ; **pseudo off-line processing**, traitement en mode pseudodéconnecté ; **scan line**, ligne de balayage ; **shaded line**, trait en grisé ; **side line**, ligne latérale ; **single in-line package (SIP)**, boîtier simple connexion ; **single-line function**, fonction uniligne ; **single-**

wire line, ligne monoconducteur ; **skew line**, ligne oblique ; **slip line**, ligne de synchronisation ; **solid line**, trait plein ; **special line**, secteur spécialisé ; **straight-line coding**, programmation linéaire, séquence sans boucle ; **subscriber line**, ligne d'abonné ; **switched line**, ligne commutée ; **telegraph line**, ligne télégraphique ; **telephone line**, ligne téléphonique ; **terminated line**, ligne adaptée ; **tie line**, ligne louée ; **trailing line**, ligne de fin ; **transmission line**, ligne, ligne de transmission ; **usable line length**, longueur utile de ligne ; **vertical line**, ligne verticale ; **vertical line spacing**, densité de pas verticaux ; **voice line**, ligne téléphonique ; **wideband line**, ligne à bande large ; **writing line**, ligne d'écriture.

LINEAR : linear, linéaire ; **linear addressing**, adressage linéaire ; **linear bounded acceptor**, automate linéaire borné ; **linear circuit network**, circuit linéaire ; **linear code**, code linéaire ; **linear displacement**, décalage linéaire ; **linear list**, liste séquentielle ; **linear mapping**, affectation linéaire ; **linear movement**, mouvement linéaire ; **linear optimisation**, optimisation linéaire ; **linear programming**, programmation linéaire, séquence sans boucle ; **linear search**, recherche séquentielle ; **linear selection**, commande directe ; **non-linear**, non linéaire ; **non-linear distortion**, distorsion non linéaire ; **non-linear programming**, programmation non linéaire.

LINEARITY : linearity, linéarité ; **modulation linearity**, linéarité de modulation.

LINK * : link, liaison, circuit, chaînage, lien ; **link (to)**, lier ; **basic mode link control**, gestion de liaison en mode de base ; **bus link**, liaison par bus ; **communication link**, ligne de communication ; **data link**, liaison de données ; **data link controller**, contrôleur de communication ; **data link escape (DLE)**, échappement à la transmission ; **data link layer (ISO)**, couche de liaison de données (ISO) ; **differential link**, chaînage différentiel ; **directed link**, arc ; **file link**, liaison de fichier ; **hardwired link**, liaison câblée ; **host link**, connexion de l'ordinateur principal ; **link address**, adresse de lien ; **link address field**, champ d'adresse de lien ; **link area**, zone de liaison ; **link bit**, bit de liaison ; **link control code**, code de contrôle de liaison, code de ligne ; **link control protocol**, protocole de transmission ; **link editing**, liaison, édition de liens ; **link group**, groupe de liaisons ; **link**

library, bibliothèque de liens ; link memory, mémoire de couplage ; link name, nom de lien ; link phase, phase de chaînage ; link protocol, procédure de liaison ; loop link, liaison bouclée ; multiplex link encryption, chiffrement de jonction ; multipoint link, liaison multipoint ; supravoice link, liaison supravocale ; telecommunication link, liaison télécoms ; unidirectional link, liaison unidirectionnelle.

LINKAGE * : linkage, liaison, couplage ; base linkage path, branche d'enchaînement de base.

LINKING : linking, liaison, édition de liens ; programme linking, enchaînement de programme ; programme linking code, code d'enchaînement de programme.

LISP * : lisp (language), lisp (langage).

LIST * : list, file d'attente, liste d'attente, liste ; list (to), lister ; access list, liste des habilitations ; formal parameter list, liste de paramètres formels ; free list, liste libre ; hardware error list, liste des erreurs machine ; head of a list, en-tête de liste ; identifier list, liste identificatrice ; input list, liste d'entrée ; input/output list, liste des entrées/sorties ; instruction list name, nom de liste d'instructions ; invitation list, file d'invitations ; item list, liste d'articles ; job list, liste des travaux ; label list, liste d'étiquettes ; lifo list, liste inversée, liste refoulée, pile ; linear list, liste séquentielle ; list address, adresse de liste ; list cycle, cycle d'impression ; list-directed, commande par liste ; list entry, entrée de liste ; list format, format de liste ; list handling, traitement de liste ; list mode, mode d'impression ; list overflow, dépassement de liste ; list pool, zone littérale ; list print, impression de liste ; list processing, traitement de liste ; list processing language, langage de traitement de liste ; list structure, structure de liste ; multilinked list, liste multipointeur ; output list, liste de sortie ; poll select list, liste d'appels ; polling list, liste d'invitations à transmettre ; pushdown list, liste inversée, liste refoulée, pile ; pushup list, liste directe ; queueing list, liste de files d'attente ; reference list, liste de références ; variable queue list, liste d'attente variable ; volume list, liste des volumes ; waiting list, file d'attente, liste d'attente, liste.

LISTEN : listen mode, mode d'attente.

LISTENER : listener, programme d'initialisation.

LISTING * : listing, listing, listage ; assembly language listing, liste d'assemblage ; cross-reference listing, liste de références croisées ; job account listing, liste de comptabilisation des travaux ; job execution listing, listage du déroulement des travaux ; listing form, imprimé en continu ; listing paper, papier pour listages ; machine listing, liste machine ; object listing, liste de programmes objet ; programme listing, listage de programmes ; proof listing, liste de contrôle ; reference listing, listage de références ; source listing, listage source.

LITERACY : literacy, degré de connaissance ; computer literacy, ordinatique.

LITERAL : literal, libellé, littéral ; address constant literal, littéral de constante d'adresse ; enumeration literal, littéral d'énumération ; literal equation, équation littérale ; literal pool, zone littérale ; numeric literal, libellé numérique.

LITERATURE : literature, littérature ; literature search, recherche de documents.

LIVE : live, opérationnel ; live keyboard, clavier interactif ; live keyboard mode, mode clavier interactif ; live running, traitement réel.

LIVEWARE : liveware, personnel informatique.

LOAD : load, charge, chargement ; load (to), charger ; computational load, charge de calcul ; core load, chargement en mémoire ; initial load address, adresse de charge initiale ; line load, charge de ligne ; load-and-go, charger et lancer ; load call, appel de chargement ; load card, carte de charge ; load change, variation de charge ; load code, code de chargement ; load current, courant de charge ; load emulator, émulateur de charge ; load factor, facteur de charge ; load function, fonction de chargement ; load instruction, instruction de chargement ; load library, bibliothèque de chargeurs ; load mode, mode de chargement ; load module, module chargeable ; load module handler, module-chargeur ; load module library, bibliothèque de modules de chargement ; load peak, pointe de charge ; load point, amorce de début, point de charge ; load programme, programme de chargement ; load resistor, résistance de chargement ; load sharing, partage de charges ; load statement, instruction de chargement ; mean load, charge moyenne ; network load analysis, étude de la charge de réseau ; **no load**, sans charge ; **overlay load module**, module de chargement à recouvrement ; **processing load**, charge de traitement ; **programme load file**, fichier chargeur de programme ; **quick load**, chargement rapide ; **reenterable load module**, module réentrant ; **scatter load**, affectation diffuse de la mémoire ; **starting load address**, adresse de début de chargement ; **unit load**, facteur de charge, unité de charge.

LOADER * : loader, programme de chargement, chargeur ; **absolute loader**, chargeur absolu ; **automatic loader**, chargeur automatique ; **binary loader**, chargeur absolu ; **bootstrap loader**, chargeur-amorce, programme-amorce ; **card loader**, chargeur de cartes ; **initial programme loader**, programme de chargement initial ; **key-in loader**, chargeur à lancer par touche ; **key loader**, sous-programme chargeur ; **linkage loader**, éditeur de liens, lieur ; **linking loader**, chargeur-lieur ; **loader buffer**, tampon chargeur ; **loader card**, carte de chargement ; **loader routine**, chargeur ; **programme loader**, chargeur de programme ; **system loader**, programme chargeur.

LOADING : loading, chargement ; **block loading**, chargement de bloc ; **cartridge loading**, chargement par cartouche ; **downline loading**, téléchargement ; **finite loading**, chargement à capacité limitée ; **form loading**, chargement du papier ; **front loading**, chargement frontal ; **infinite loading**, charge à capacité illimitée ; **initial loading**, chargement initial ; **loading cartridge**, chargement de la cartouche ; **loading coil**, bobine de Pupin ; **loading error**, erreur de charge ; **loading operation**, opération de chargement ; **loading procedure**, procédure de chargement ; **loading routine**, programme de chargement ; **loading sequence**, séquence de chargement ; **programme loading**, chargement du programme ; **remote loading**, téléchargement ; **system loading**, chargement du système.

LOCAL * : local, local ; **local area network (LAN)**, réseau local ; **local batch processing**, traitement différé local ; **local connection**, connexion locale ; **local loop**, ligne d'abonné ; **local mode**, mode local ; **local parameter**, paramètre local ; **local station**, terminal local ; **local storage**, mémoire locale ; **local variable**, variable locale.

LOCATE : locate (to), localiser ; **locate**

function, fonction de recherche ; **locate mode**, mode de recherche.

LOCATING : locating, repérage, suivi, trace, dépistage ; **locating dowel**, ergot de centrage ; **locating pin**, broche de centrage.

LOCATION * : location, emplacement de mémoire, position, emplacement ; **bit location**, position binaire ; **footing number location**, lieu de numérotation de bas de page ; **heading number location**, lieu de numérotation de haut de page ; **home location**, position initiale ; **indicator location**, position d'indication ; **initial location**, première partition ; **instruction location counter**, registre d'enchaînement d'instructions ; **isolated locations**, zone de mémoire protégée ; **key location**, emplacement du code ; **location counter**, compteur d'adressage, compteur de position ; **location field**, zone d'adresse ; **location field tag**, étiquette d'adresse ; **location parameter**, paramètre de positionnement ; **lower memory locations**, partie inférieure de la mémoire ; **memory location**, position mémoire ; **nodal location**, point nodal ; **page number location**, lieu de pagination ; **pixel location**, coordonnées de pixel ; **protected location**, emplacement protégé ; **specific addressed location**, position à adresse absolue ; **storage location**, emplacement en mémoire, position en mémoire ; **work location**, zone de manoeuvre.

LOCATOR : locator, repère ; **locator qualification**, identificateur de repère ; **locator qualifier**, identificateur de repère.

LOCK : lock (to), verrouiller ; **hammer lock**, blocage du marteau ; **keyboard lock**, verrouillage du clavier ; **lock code**, mot de passe ; **lock key**, touche de verrouillage ; **lock mode**, mode de blocage ; **lock option**, option de verrouillage ; **lock-out**, verrouillage, blocage ; **memory lock**, blocage de mémoire ; **power lock**, interrupteur de réseau ; **Scroll Lock**, verrouillage du défilement ; **upper case lock**, blocage corbeille basse.

LOCKING : locking, maintien, verrouillage, blocage ; **keyboard locking**, verrouillage du clavier ; **locking clip**, cosse de blocage ; **locking knob**, bouton de verrouillage ; **locking relay**, relais de maintien ; **locking shift character**, caractère de maintien de changement ; **locking type button**, touche autobloquante.

LOCKOUT : lockout, verrouillage, blocage ; **keyboard lockout**, verrouillage du clavier ; **write lockout**, interdiction d'écriture ; **write lockout feature**, dispositif de protection à l'écriture.

LOCKPIN : lockpin, doigt de blocage.

LOCKWORD : lockword, mot de verrouillage.

LOG * : log, journal ; **log (to)**, enregistrer, inscrire, noter ; **audit log**, journal de vérification ; **common log**, logarithme vulgaire ; **job account log**, journal de comptabilisation des travaux ; **log-in**, début de session, ouverture d'une session ; **log-off**, fin de session ; **log-on**, début de session ; **log-out**, fin de session, fermeture d'une session.

LOGARITHM : characteristic (of a logarithm), caractéristique (d'un logarithme) ; hyperbolic logarithm, logarithme hyperbolique, logarithme de base e ; **inverse logarithm**, logarithme inverse ; **logarithm**, logarithme.

LOGGER : data logger, collecteur de données ; logger, enregistreur chronologique.

LOGGING : data logging, recueil chronologique des données ; **error logging**, journal des erreurs ; **failure logging**, journal des pannes ; **interrupt logging**, journal des interruptions ; **logging**, initialisation ; **logging error**, erreur d'acquisition ; **logging facility**, moyen d'acquisition ; **logging out**, fin de session ; **logging procedure**, procédure d'initialisation.

LOGIC * : logic, booléen, logique ; **arithmetic and logic unit (ALU)**, unité arithmétique et logique ; **binary logic**, logique binaire ; Boolean logic, logique booléenne ; **combinational logic**, logique combinatoire ; common logic, logic commune ; **complementary logic**, logique complémentaire ; **computer logic**, logique de calculateur ; **formal logic**, logique formelle ; **hardwired logic**, logique câblée ; **internal logic**, logique interne ; **logic add**, addition logique, OU ; **logic addition**, addition logique ; **logic analysis**, analyse logique ; **logic array**, tableau logique ; **logic card**, carte logique ; **logic chart**, logigramme ; **logic circuit**, circuit logique ; **logic connective**, opérateur logique ; **logic decision**, décision logique ; **logic design**, étude logique, conception logique ; **logic device**, organe logique ; **logic expression**, expression logique ; **logic flowchart**, logigramme ; **logic grid**, grille logique ; **logic instruction**, instruction logique ; **logic level**, niveau logique ; **logic multiply**, multiplication logique ; **logic operation**, opération logique ;

logic operator, opérateur logique ; **logic probe**, sonde logique ; **logic product**, produit logique ; **logic product gate**, circuit ET, porte ET ; **logic proposition**, proposition logique ; **logic sum gate**, circuit OU, porte OU ; **logic symbol**, symbole logique ; **logic variable**, variable logique ; **mathematical logic**, logique symbolique ; **negative logic**, logique négative ; **positive logic**, logique positive ; **programmable array logic (PAL)**, logique à réseau programmable ; **programmed logic**, logique programmée ; **programmed logic array (PLA)**, réseau à logique programmée ; **programmed logic computer**, calculateur à logique programmée ; **random logic**, mémoire à accès direct ; **sequential logic**, logique séquentielle ; **solid logic technology**, technologie état solide ; **symbolic logic**, logique symbolique ; **threshold logic**, logique de seuil ; **twin transistor logic**, logique transistor-transistor ; **wired logic**, logique câblée.

LOGICAL : logical, booléen, logique ; **dyadic logical operation**, opération logique diadique ; **logical add**, union, réunion, opération OU ; **logical addition**, addition logique, OU ; **logical address**, adresse logique ; **logical analyser**, analyseur d'états logiques ; **logical analysis**, analyse logique ; **logical array**, tableau logique ; **logical block number (LBN)**, numéro de bloc logique ; **logical choice**, choix logique ; **logical circuit**, circuit logique ; **logical companion**, test d'identité ; **logical comparison**, comparaison logique ; **logical data set**, groupe logique de données ; **logical decision**, décision logique ; **logical design**, étude logique, conception logique ; **logical device**, organe logique ; **logical diagram**, logigramme ; **logical difference**, différence logique ; **logical driver**, gestionnaire logique ; **logical element**, élément logique ; **logical end**, fin logique ; **logical equation**, équation logique ; **logical expression**, expression logique ; **logical file**, fichier logique ; **logical function**, fonction logique ; **logical grammar**, grammaire logique ; **logical input**, entrée logique ; **logical instruction**, instruction logique ; **logical monitor**, moniteur logique ; **logical multiply**, multiplication logique ; **logical number**, numéro logique ; **logical one or zero**, chiffre '1' ou '0' logique ; **logical operation**, opération logique ; **logical operator**, opérateur logique ; **logical page number (LPN)**, numéro de page logique ; **logical product**, intersection, multiplication logique, circuit ET ; **logical record**, enregistrement logique ; **logical relation**, relation logique ; **logical ring**, anneau logique ; **logical segment**, segment logique ; **logical sense**, détection logique ; **logical shift**, décalage logique ; **logical sum**, somme logique, OU inclusif, disjonction ; **logical symbol**, symbole logique ; **logical system**, système logique ; **logical test**, test booléen ; **logical track**, piste logique ; **logical unit**, unité logique ; **logical value**, valeur logique ; **logical variable**, variable logique.

LOGICIAN : logician, logicien.

LOGIN : login, procédure d'entrée.

LOGISTICS : logistics, la logistique.

LONG : long-form floating point, virgule flottante en multiple précision.

LONGITUDINAL : longitudinal circuit, circuit longitudinal ; **longitudinal direction**, direction longitudinale ; **longitudinal parity**, parité verticale ; **longitudinal redundancy check (LRC)**, contrôle par redondance longitudinale.

LOOK : look, palette de couleurs ; **colour look-up table**, palette de couleurs ; **look-ahead**, anticipation ; **look-up**, consultation (de données) ; **look-up table**, table de recherche.

LOOKAHEAD : carry lookahead, report parallèle.

LOOKUP : lookup instruction, instruction de recherche ; **table lookup**, consultation de table ; **table lookup instruction**, instruction de recherche.

LOOP * : loop, boucle ; **loop (to)**, boucler ; **basic loop**, boucle simple ; **central scanning loop**, boucle centrale de lecture directe ; **closed loop**, boucle fermée ; **closed loop circuit**, circuit en boucle fermée ; **control loop**, boucle de commande ; **do-nothing loop**, boucle d'attente ; **dynamic loop**, boucle dynamique ; **hang-up loop**, boucle infinie ; **home loop**, opération locale ; **home loop operation**, exploitation en mode local ; **hysteresis loop**, cycle d'hystérésis ; **inner loop**, boucle interne ; **iteration loop**, boucle d'itération ; **iterative loop**, boucle d'itération ; **line loop**, ligne d'extension ; **local loop**, ligne d'abonné ; **loop body**, corps de boucle ; **loop checking**, contrôle par retour ; **loop circuit**, circuit bouclé ; **loop construct**, élément de boucle ; **loop gain**, gain de boucle ; **loop link**, liaison bouclée ; **loop network**, réseau en boucle ; **loop operation**, opération de boucle ; **loop stop**, arrêt sur

boucle ; **loop termination**, terminaison de boucle ; **loop testing**, essai de boucle ; **major loop**, boucle principale ; **minor loop**, boucle secondaire ; **nested loop**, boucle imbriquée ; **nesting loop**, boucle d'imbrication ; **open loop**, boucle ouverte ; **open loop control**, commande en boucle ouverte ; **paper tape loop**, bande perforée de test ; **programme loop**, boucle de programme ; **programming loop**, boucle de programme ; **scanning loop**, boucle de scrutation, boucle de scanage ; **self-resetting loop**, boucle autorestaurée ; **self-restoring loop**, boucle autorégénératrice ; **timing loop**, boucle temporelle ; **wait loop**, boucle d'attente.

LOOPED : looped network, réseau bouclé.

LOSS : loss, perte, atténuation ; **absorption loss**, perte par absorption ; **accidental loss**, perte accidentelle ; **bending loss (opto-fibre)**, perte par courbure (fibre optique) ; **connection loss**, perte par connexion ; **external loss time**, temps perdu ; **insertion loss**, perte d'insertion ; **junction loss**, perte de liaison ; **line loss**, perte en ligne ; **loss of information**, perte d'information ; **propagation loss**, perte par propagation ; **scattering loss**, perte par diffusion.

LOST : lost of significance, perte de portée.

LOW : low, peu évolué ; **high/low bias test**, contrôle marginal ; **high/low control**, commande à l'alternat ; **low-level language**, langage lié à l'ordinateur ; **low order**, ordre peu élevé ; **low-order bit**, bit de droite ; **low-order position**, position basse ; **low-pass filter**, filtre passe-bas ; **low-performance equipment**, matériel de faible performance ; **low resistivity**, faible résistivité ; **low resolution**, basse résolution ; **low-speed store**, mémoire lente ; **paper low**, manque de papier.

LOWER : lower bit, bit de rang inférieur ; **lower bound**, borne inférieure ; **lower case (LC)**, lettres minuscules ; **lower case letter**, lettre minuscule ; **lower memory locations**, partie inférieure de la mémoire ; **upper and lower case**, majuscules et minuscules.

LPI : lines per inch (LPI), lignes par pouce.

LPM : lines per minute (LPM), lignes par minute (LPM).

LPN : logical page number (LPN), numéro de page logique.

LRC : longitudinal redundancy check

(LRC), contrôle par redondance longitudinale.

LSB : least significant bit (LSB), binaire de poids faible.

LSD : least significant digit (LSD), chiffre de poids faible.

LSI : LSI memory, mémoire à grande échelle d'intégration.

LSI microprocessor : microprocesseur hautement intégré.

LTE : line termination equipment (LTE), équipement de terminaison de ligne.

LTRS : letters shift (LTRS), commande majuscules-minuscules

M

MACHINE : machine, ordinateur, calculateur ; **accounting machine**, machine comptable ; **adding machine**, machine à additionner ; **auxiliary machine**, machine auxiliaire ; **available machine time**, temps machine disponible ; **basic language machine (BLM)**, machine à langage de base ; **basic machine**, machine de base ; **bookkeeping machine**, machine comptable ; **business machine**, calculateur de bureau ; **byte machine**, machine octale ; **calculating machine**, machine à calculer ; **computer machine**, calculatrice, calculette ; **data processing machine**, ordinateur ; **hook-up machine**, matériel de rechange, matériel complémentaire ; **host machine**, machine hôte ; **learning machine**, machine autodidacte ; **machine address**, adresse absolue, adresse machine ; **machine card**, carte objet ; **machine check**, programme de contrôle de machine ; **machine check indicator**, indicateur de contrôle automatique ; **machine code**, code des instructions ; **machine coding**, codage en langage machine ; **machine cycle**, cycle machine ; **machine-dependent language**, langage dépendant de la machine ; **machine error**, erreur machine ; **machine-independent**, indépendant de la machine ; **machine instruction**, instruction machine ; **machine instruction code**, code d'instructions machine ; **machine instruction set**, ensemble d'instructions ; **machine language**, langage machine ; **machine learning**, apprentissage par machine ; **machine listing**, liste machine ; **machine operation**, opération machine ; **machine operator**, opérateur machine ; **machine-oriented**, orienté machine ; **machine-oriented language**, langage adapté à la machine ; **machine-readable**, exécutable par la machine ; **machine-readable data**, données exploitables par la machine ; **machine requirements**, équipement machine requis ; **machine routine**, sous-programme machine ; **machine routine**, sous-programme machine ; **machine run**, passage en machine ; **machine script**, liste de code machine ; **machine-sensitive**, dépendant de la machine ; **machine subscriber**, abonné automatique ; **machine time**, temps machine ; **machine word**, mot machine ; **machine zero**, origine machine ; **man-machine communication**, communication homme-machine ; **man-machine dialogue**, dialogue homme-machine ; **man-machine interface**, interface homme-machine ; **numerical machine**, machine numérique ; **object machine**, machine d'exécution ; **parallel machine architecture**, architecture à processeurs parallèles ; **sorting machine**, classeur, trieuse ; **source machine**, ordinateur compileur ; **target machine**, machine cible ; **teaching machine**, machine d'enseignement ; **typesetting machine**, machine à composer ; **virtual machine**, machine virtuelle ; **word machine**, machine organisée en mots.

MACHINERY : machinery, machinerie, matériel ; **computing machinery**, matériel de calcul.

MACRO * : macro, macro-instruction ; **declarative macro**, macro déclarative ; **generalised macro-processor**, macroprocesseur banalisé ; **housekeeping macro**, macro de service ; **inner macro instruction**, macro-instruction interne ; **job macro call**, kilobaud ; **keyword macro**, macro de mot clé ; **keyword macro definition**, définition du macro de mot clé ; **keyword macro instruction**, macro de mot clé ; **linkage macro-instruction**, macro-instruction de chaînage ; **macro-assembly**, macro-assemblage ; **macro-assembly language (MAL)**, langage de macro-assemblage ; **macro-assembly programme**, programme macro-assembleur ; **macro-call**, appel macro ; **macro-code**, code macro ; **macro-declaration**, macro-définition, macro-déclaration ;

macro-definition, macro-définition, macro-déclaration ; **macro-element**, macro-élément ; **macro expansion**, développement d'un macro-instruction ; **macro-flowchart**, organigramme de macros ; **macro-generating programme**, macro-générateur ; **macro-generator**, macro-générateur ; **macro-instruction**, macro-instruction ; **macro-library**, bibliothèque de macros ; **macro-programming**, macroprogrammation ; **positional macro**, macro-instruction de positionnement ; **programmer-defined macro**, macro définie par le programmeur ; **seek action macro-call**, macro-appel de recherche.

MAG : mag card, carte magnétique ; **mag tape**, bande magnétique.

MAGAZINE : card magazine, magasin de cartes, magasin d'alimentation ; **input magazine**, magasin d'alimentation ; **magazine**, magasin à cartes.

MAGNET : magnet, électro-aimant ; **platen magnet**, électro-aimant d'impression ; **print magnet**, électro-aimant d'impression.

MAGNETIC : AC magnetic field, champ magnétique alternant ; **balanced magnetic drum**, tambour magnétique équilibré ; **combined magnetic head**, tête de lecture-écriture ; **driving magnetic tape**, entraînement de bande magnétique ; **fixe magnetic head**, tête magnétique fixe ; **magnetic bubble memory**, mémoire à bulles ; **magnetic card**, carte magnétique ; **magnetic card code (MCC)**, code de carte magnétique ; **magnetic card storage**, mémoire à cartes magnétiques ; **magnetic card system**, système à feuillets magnétiques ; **magnetic card unit (MCU)**, unité de cartes magnétiques ; **magnetic cell**, cellule magnétique ; **magnetic character**, caractère magnétique ; **magnetic core**, tore magnétique, tore ; **magnetic core plane**, plan de tores magnétiques ; **magnetic disc**, disque magnétique, disque ; **magnetic disc file**, fichier sur disque magnétique ; **magnetic disc storage**, mémoire à disque magnétique ; **magnetic disc unit**, unité de disque magnétique, unité de disque ; **magnetic drum**, tambour magnétique ; **magnetic drum store**, mémoire à tambour magnétique ; **magnetic drum unit**, unité à tambour magnétique, à tambour ; **magnetic field**, champ magnétique ; **magnetic film**, film magnétique ; **magnetic flux density**, densité de flux magnétique, induction magnétique ; **mag-netic head**, tête magnétique ; **magnetic ink**, encre magnétique ; **magnetic reading**, magnétolecture ; **magnetic recording**, enregistrement magnétique ; **magnetic sheet memory**, mémoire à feuillets magnétiques ; **magnetic spot**, repère magnétique ; **magnetic storage**, mémoire magnétique ; **magnetic store**, mémoire magnétique ; **magnetic support**, support magnétique ; **magnetic tape**, bande magnétique ; **magnetic tape cartridge**, cartouche de bande magnétique ; **magnetic tape cassette**, cassette de bande magnétique, cassette ; **magnetic tape controller**, contrôleur de bande magnétique ; **magnetic tape drive**, (mécanisme d') entraînement de bande magnétique ; **magnetic tape file**, fichier bande magnétique ; **magnetic tape leader**, amorce de bande magnétique, amorce de début ; **magnetic tape mark**, marque de bande magnétique ; **magnetic tape reader**, lecteur de bande magnétique ; **magnetic tape reel**, bobine de bande magnétique ; **magnetic tape trailer**, amorce de fin de bande magnétique, amorce de fin ; **magnetic tape transport**, dérouleur de bande magnétique ; **magnetic tape unit**, unité de bande magnétique, dérouleur de bande ; **magnetic thin film storage**, mémoire à couche mince magnétique ; **magnetic track**, piste magnétique ; **magnetic wire storage**, mémoire à fil magnétique ; **removable magnetic disc**, disque magnétique amovible ; **virgin magnetic tape**, bande magnétique vierge.

MAGNETISATION, MAGNETIZATION : uniform magnetisation (US: magnetization), magnétisation uniforme.

MAGNIFY : magnify (to), magnifier.

MAGNITUDE : magnitude, grandeur ; order of magnitude, ordre de grandeur ; **sign magnitude**, binaire de signe.

MAIL : mail, courrier ; **computer mail**, courrier électronique ; **electronic mail service**, service courrier électronique.

MAILBOX : mailbox, courrier électronique.

MAILING : mailing, publipostage.

MAILPHORE : mailphore, collecteur de messages.

MAIN : AC mains, secteur alternatif ; **main console**, console principale ; **main control unit**, unité principale de commande ; **main dictionary file**, fichier dictionnaire principal ; **main entry point**, point d'entrée principal ;

main file, fichier principal ; **main frame**, unité centrale ; **main frame computer**, unité centrale de traitement ; **main line**, ligne principale ; **main memory**, mémoire principale ; **main memory management**, gestion de mémoire centrale ; **main programme**, programme principal ; **main segment**, segment principal ; **main store**, mémoire interne, mémoire principale ; **main task**, tâche principale ; **main unit**, unité centrale, unité principale.

MAINTAINABILITY : maintainability, maintenabilité.

MAINTAINED : maintained data, données à jour.

MAINTENANCE : corrective maintenance, maintenance corrective ; **data maintenance**, maintenance de données ; **deferred maintenance**, maintenance en service ; **emergency maintenance**, maintenance de premier secours ; **file maintenance**, tenue de fichier ; **hardware maintenance**, maintenance du matériel ; **job maintenance**, maintenance des travaux ; **library maintenance**, maintenance de bibliothèque ; **maintenance cost**, coûts de maintenance ; **maintenance file**, fichier des mouvements ; **maintenance manual**, notice de maintenance ; **maintenance programme**, programme de diagnostic ; **maintenance routine**, programme de maintenance ; **maintenance schedule**, plan de maintenance ; **maintenance work**, travaux de maintenance ; **preventive maintenance**, maintenance préventive ; **programme maintenance**, maintenance de programme ; **remedial maintenance**, maintenance corrective ; **remote maintenance**, télémaintenance ; **scheduled maintenance**, entretien systématique ; **transaction maintenance**, maintenance des mouvements.

MAJOR : first-major transaction, premier mouvement général ; **last major transaction**, dernier mouvement général ; **major defect**, défaut majeur ; **major loop**, boucle principale ; **major position**, position principale ; **major task**, tâche principale.

MAJORITY : majority, majorité ; **majority carrier**, porteur majoritaire.

MAKE : contact make time, temps de contact ; **make-contact**, contact de travail ; **make null (to)**, effacer ; **make-time**, temps de fermeture ; **make-up**, reprise ; **make-up time**, temps de reprise ; **makeshift arrangement**, solution provisoire.

MAKER : maker, fabricant ; **clone maker**, frabricant de clones.

IC maker, fabricant de circuits intégrés.

MAKESHIFT : makeshift arrangement, solution provisoire.

MAKING : capture grid making, constitution du masque de saisie ; **interactive decision making**, aide à la décision conversationnelle.

MAL : macro-assembly language (MAL), langage de macro-assemblage.

MALE : male plug, connecteur mâle.

MALFUNCTION : malfunction, dérangement ; **hardware malfunction**, erreur machine ; **malfunction routine**, programme d'anomalies ; **malfunction time**, durée de défaillance.

MAN : DP man, informaticien ; **man-machine communication**, communication homme-machine ; **man-machine dialogue**, dialogue homme-machine ; **man-machine interface**, interface homme-machine.

MANAGED : computer-managed instruction (CMI), enseignement informatique interactif.

MANAGEMENT : management, gestion ; **catalogue management**, gestion sur catalogue ; **computer-assisted management**, gestion automatisée ; **configuration management**, contrôle de configuration ; **data base management (DBM)**, gestion de base de données ; **data management (GBD)**, gestion de données ; **data management software**, logiciel de gestion de données ; **data storage management**, gestion des supports de données ; **disc space management**, gestion de l'espace disque ; **dynamic memory management**, gestion dynamique de mémoire ; **element management**, gestion d'éléments ; **error management**, gestion des erreurs, traitement des erreurs ; **file management**, gestion de fichiers ; **job management**, gestion des travaux ; **main memory management**, gestion de mémoire centrale ; **management action**, action de gestion ; **memory management**, gestion de mémoire ; **memory management unit (MMU)**, gestionnaire de mémoire ; **overlay management**, gestion de recouvrements ; **process group management**, gestion de groupes de processus industriels ; **programme management**, gestion de programme ; **programmed management**, gestion programmée ; **queue**

management, gestion de file ; **record management**, gestion d'enregistrement ; **resource management**, gestion des ressources ; **system management**, gestion de système ; **tape management system**, système de gestion à bandes ; **transaction management software**, logiciel transactionnel de gestion ; **virtual storage management (VSM)**, gestion de la mémoire virtuelle.

MANAGER : manager, gestionnaire ; **expanded memory manager**, gestionnaire pour mémoire étendue ; **file manager**, gestionnaire de fichier ; **memory allocation manager**, gestionnaire d'attribution mémoire ; **network manager**, administrateur de réseau.

MANCHESTER : Manchester code, code biphase.

MANIPULATE : manipulate (to), manipuler.

MANIPULATED : manipulated variable, variable manipulée.

MANIPULATION : manipulation, manipulation ; **address manipulation**, manipulation d'adresse ; **block manipulation**, manipulation de bloc ; **data manipulation**, manipulation de données ; **data manipulation language (DML)**, langage de manipulation de données ; **string manipulation**, traitement de chaîne.

MANTISSA * : mantissa, mantisse ; **variable length mantissa**, mantisse de longueur variable.

MANUAL : installation manual, manuel d'installation ; **instruction manual**, manuel d'instruction ; **maintenance manual**, notice de maintenance ; **manual answering**, réponse manuelle ; **manual calling**, numérotation manuelle ; **manual control**, commande manuelle ; **manual control box**, commutation manuelle ; **manual input**, entrée manuelle ; **manual input register**, registre d'entrée manuelle ; **manual keyboard entry**, introduction par clavier ; **manual mode**, mode manuel ; **manual operation**, exploitation manuelle ; **manual paper feed**, avance manuelle de papier ; **manual word generator**, élément d'entrée manuelle ; **operator manual**, manuel d'utilisation ; **reference manual**, manuel de référence, documentation ; **run manual**, manuel d'exploitation ; **servicing manual**, manuel d'entretien ; **technical manual**, manuel technique.

MAP * : map, application, carte, mappe ; **bit map**, représentation binaire ; **colour map**, carte des couleurs ; **computer map**, carte infographique ; **computerised map**, carte numérisée ; **Karnaugh map**, table de Karnaugh ; **memory map**, configuration mémoire ; **page map table**, table de topographie mémoire ; **storage map**, carte mémoire ; **store map**, carte mémoire.

MAPPED : mapped, topographié ; **bit-mapped fount**, fonte matricielle ; **bit-mapped style**, fonte matricielle ; **mapped memory**, mémoire organisée.

MAPPING * : mapping, application, mappe, carte ; **address mapping**, conversion d'adresse ; **flaw mapping**, mappe des erreurs ; **linear mapping**, affectation linéaire ; **mapping table**, index, catalogue ; **memory mapping**, topographie mémoire ; **one-to-one mapping**, application bi-univoque ; **volume mapping**, transfert de volumes.

MARGIN : margin, marge ; **bottom margin**, marge de fond de page ; **foot margin**, espace de bas de page ; **guide margin**, marge de référence ; **head margin**, espace de haut de page ; **justified margin**, marge justifiée ; **left margin**, marge de gauche ; **margin adjustment**, positionnement de marge ; **margin indicator**, indicateur marginal ; **margin stop**, margeur ; **ragged margin**, marge irrégulière ; **right margin**, marge droite ; **top margin**, haut de page.

MARGINAL : marginal check, test des marges ; **marginal test**, test des marges.

MARK : mark, marque, marqueur ; **block mark**, marque de bloc ; **end mark**, marque de fin ; **exclamation mark**, point d'exclamation '!' ; **group mark**, marque de groupe ; **hash mark**, symbole ' # ', fagot ; **item mark**, étiquette d'article ; **magnetic tape mark**, marque de bande magnétique ; **mark channel**, piste de marquage ; **mark reader**, lecteur de marques ; **mark scanning**, lecture optique de marques ; **mark sensing**, lecture optique de marques ; **mark/space multiplier unit**, multiplicateur de modulation ; **optical mark reader**, lecteur de marque optique ; **optical mark reading**, lecture optique de marques ; **punctuation mark**, signe de ponctuation ; **question mark**, point d'interrogation '?' ; **quotation marks**, guillemets '""' ; **registration mark**, marque de repérage ; **segment mark**, marque de segment ; **single-closing quotation mark**, apostrophe de fermeture ''' ; **single-opening quotation mark**, apostrophe d'ouverture ''' ; **slash mark**, barre de fraction '/' ; **spot mark**, point de repère ; **tape mark**, repère de bande ; **word mark**, marque de mot.

MARKED : hand **marked document**, document annoté manuellement.

MARKER : marker, marque, marqueur ; **beginning-of-information marker**, marque de début ; **beginning-of-tape marker**, repère de début de bande ; **block marker track**, piste de marquage de bloc ; **end-of-tape marker**, repère de fin de bande ; **index marker**, marqueur d'index, pointeur d'index.

MARKET : hobby **market**, marché amateur.

MASK * : mask, masque, filtre ; **mask (to)**, masquer ; **edit mask**, masque d'édition ; **holistic mask**, masque holistique ; **interrupt mask**, masque d'interruption ; **keyboard mask**, housse de protection du clavier ; **mask bit**, binaire de masquage ; **mask programmable**, programmable par masque ; **mask register**, registre-masque ; **parallel poll mask**, masque de scrutation parallèle ; **peephole mask**, masque perforé ; **print mask**, masque d'impression ; **programme mask**, masque de programme ; **visibility mask**, code d'appel.

MASKED : masked, inactif ; **masked state**, état masqué ; **masked value**, valeur masquée.

MASKING : masking, masquage ; **interrupt masking**, positionnement de masques d'interruption.

MASS : mass data, données de masse ; **mass storage**, mémoire de masse, mémoire de grande capacité ; **mass storage control**, contrôleur de mémoire à disques ; **mass store**, mémoire de grande capacité, mémoire de masse.

MASTER : master, maître ; **active master file**, fichier principal actif ; **disc master**, disque principal ; **input master tape**, bande maître d'introduction ; **item master file**, fichier principal d'articles ; **master card**, carte maîtresse ; **master catalogue**, catalogue principal ; **master clear**, effacement global ; **master clock**, horloge principale, horloge mère ; **master console**, console principale ; **master control interrupt**, interruption maîtresse ; **master data**, données directrices ; **master disc**, disque d'exploitation, disque émetteur ; **master file**, fichier principal ; **master group**, groupe

maître ; **master interrupt**, interruption principale ; **master job**, travail pilote ; **master library tape**, bande bibliothèque pilote ; **master mode**, mode principal ; **master module**, module pilote ; **master processor**, processeur central ; **master programme**, programme pilote ; **master record**, enregistrement principal ; **master routine**, programme principal ; **master scheduler**, programme pilote ; **master/slave system**, système maître/esclave ; **master source module**, module de référence ; **master station**, station principale ; **master system tape**, bande système ; **master tape**, bande pilote ; **master unit**, unité centrale ; **routine master**, programme de référence ; **updated master file**, fichier de mise à jour ; **vendor master file**, fichier source de fournisseur.

MAT : anti-static **mat**, tapis antistatique.

MATCH * : match (to), apparier, adapter (une ligne) ; **match merge**, fusion sélection ; **zero match element**, circuit NON-OU, porte NON-OU, NI ; **zero match gate**, circuit NON-OU, porte NON-OU, NI.

MATCHED : matched, assorti, adapté ; **matched pattern**, structure de comparaison.

MATCHING : matching, assortiment, adaptation ; **impedance matching**, adaptation d'impédance ; **matching error**, erreur d'adaptation ; **matching zone**, indicatif de rapprochement.

MATERIAL : material, document ; **basic material**, matériel de base ; **bill of material**, nomenclature ; **material implication**, implication conditionnelle ; **reference material**, documentation.

MATHEMATICAL : mathematical **check**, contrôle arithmétique ; **mathematical induction**, raisonnement par récurrence ; **mathematical logic**, logique symbolique ; **mathematical programming**, programmation mathématique ; **mathematical term**, expression mathématique.

MATRIX * : matrix, matrice ; **adjacency matrix**, matrice d'incidence ; **Boolean matrix**, matrice booléenne ; **core matrix**, matrice de tores ; **core matrix block**, banc de matrices de tores ; **diode matrix**, matrice de diodes ; **dot matrix**, matrice à points ; **dot matrix display**, affichage par points ; **dot matrix line printer**, imprimante matricielle ; **dot matrix plotter**, traceur par point ; **impact matrix printer**, imprimante matricielle à impact ; **impedance ma-**

trix, matrice d'impédance ; **matrix calculus**, calcul matriciel ; **matrix character**, grille caractère ; **matrix column**, colonne de matrice ; **matrix equation**, équation matricielle ; **matrix notation**, notation matricielle ; **matrix order**, rang de matrice ; **matrix printer**, imprimante par points ; **matrix row**, ligne de matrice ; **matrix storage**, mémoire matricielle ; **matrix table**, table matricielle ; **operand matrix**, matrice opérande ; **semantic matrix**, matrice sémantique ; **thermal matrix printer**, imprimante matricielle thermique ; **transcoding matrix**, matrice de transcodage ; **wire matrix printer**, imprimante à aiguilles.

MAXIMUM : maximum length, longueur maximale ; **maximum sort**, tri par le maximum ; **maximum transfer rate**, vitesse maximale de transfert.

MCC : magnetic card code (MCC), code de carte magnétique.

MCU : magnetic card unit (MCU), unité de cartes magnétiques.

MEAN : mean, moyenne ; **acceptable mean life**, durée de vie moyenne acceptable ; arithmetic mean, moyenne arithmétique ; **mean deviation**, tolérance moyenne ; **mean entropy (per character)**, entropie moyenne (par caractère) ; **mean information content**, entropie, neguentropie ; **mean life**, longévité moyenne ; **mean load**, charge moyenne ; **mean value**, valeur moyenne ; **root mean square (RMS)**, moindre carrés.

MEASURE : measure, mesure, dimension ; **measure of information**, mesure de l'information ; **unit of measure**, unité de mesure.

MEASURING : analogue measuring system, système de mesure analogique.

MECHANICAL : opto-mechanical mouse, souris optomécanique.

MECHANISM : printing mechanism, unité d'impression ; **tape transport mechanism**, entraînement de bande.

MEDIA * : remote media service, service de télétraitement.

MEDIUM : data medium, support d'informations ; **medium scale integration**, intégration moyenne ; **recording medium**, support d'enregistrement ; **storage medium**, support de mémoire ; **transmission medium**, support de transmission ; **virgin medium**, support vierge, support vide.

MEMORY * : memory, mémoire ; **control memory**, mémoire de commande ; **core memory**, mémoire centrale ; **core memory resident**, résidant en mémoire centrale ; **direct memory access (DMA)**, accès direct à la mémoire ; **disc memory**, mémoire à disque ; **display memory**, mémoire d'écran ; **dual port memory**, mémoire à double accès ; **dynamic memory**, mémoire dynamique ; **dynamic memory management**, gestion dynamique de mémoire ; **electrostatic memory**, mémoire électrostatique ; **expanded memory manager**, gestionnaire pour mémoire étendue ; **expanded memory specification (EMS)**, spécification de mémoire étendue ; **external memory**, mémoire externe ; **fast access memory**, mémoire à accès rapide ; **fault control memory**, mémoire de détection d'anomalie ; **first-level memory**, mémoire de premier niveau ; **fixed memory**, mémoire morte, mémoire fixe ; **flexible disc memory**, mémoire à disque souple ; **fusable read-only memory**, mémoire morte fusible ; **global memory**, mémoire commune ; **guard memory**, mémoire à surveillance ; **high memory**, haut de mémoire ; **high-speed memory**, mémoire rapide ; **high-speed memory block**, bloc de mémoire rapide ; **holographic memory**, mémoire holographique ; **image of memory**, image mémoire ; **inductive memory**, mémoire inductive ; **infinite memory**, mémoire infinie ; **interleaving memory**, mémoires à cycles imbriqués ; **internal memory**, mémoire interne ; **internal memory capacity**, capacité de la mémoire interne ; **laser memory**, mémoire à laser ; **link memory**, mémoire de couplage ; **lower memory locations**, partie inférieure de la mémoire ; **magnetic bubble memory**, mémoire à bulles ; **magnetic sheet memory**, mémoire à feuillets magnétiques ; **main memory**, mémoire principale ; **main memory management**, gestion de mémoire centrale ; **mapped memory**, mémoire organisée ; **memory access**, accès mémoire ; **memory access mode**, mode d'accès à la mémoire ; **memory allocation**, attribution de mémoire ; **memory allocation manager**, gestionnaire d'attribution mémoire ; **memory analysis**, analyse de mémoire ; **memory bank**, banc de mémoire ; **memory-based system**, système à base de mémoire ; **memory board**, carte de mémoire ; **memory bus**, bus de mémoire ; **memory capacity**, capacité de mémoire, capacité ; **memory card**, carte de mémoire ; **memory cell**, cellule de mémoire ; **memory chip**, circuit de mémoire ; **memory cleaning**, effacement mémoire ; **memory control**, sélection de mémoire ; **memory control unit**, contrôleur d'accès mémoire ; **memory cycle**, cycle de mémoire ; **memory disc**, disque à mémoire ; **memory dump**, vidage de mémoire ; **memory erasure**, effacement mémoire ; **memory exchange**, échange en mémoire ; **memory file**, fichier mémoire ; **memory guard**, garde de mémoire ; **memory hierarchy**, hiérarchie de la mémoire ; **memory image**, image mémoire ; **memory interlace**, imbrication de mémoire ; **memory interleaving**, imbrication mémoire ; **memory location**, position mémoire ; **memory lock**, blocage de mémoire ; **memory management**, gestion de mémoire ; **memory management unit (MMU)**, gestionnaire de mémoire ; **memory map**, configuration mémoire ; **memory mapping**, topographie mémoire ; **memory module**, module de mémoire ; **memory overlap**, recouvrement de mémoire ; **memory port**, port mémoire ; **memory protection**, protection de mémoire ; **memory random access**, accès aléatoire à la mémoire ; **memory refresh cycle**, cycle de rafraîchissement de mémoire ; **memory register**, registre de mémoire ; **memory space**, espace mémoire ; **memory stack**, pile mémoire ; **memory store**, rangement en mémoire ; **memory test**, test mémoire ; **memory word**, mot mémoire ; **non-erasable memory**, mémoire ineffaçable ; **non-volatile memory**, mémoire permanente ; **pixel memory**, mémoire pixel ; **pixel memory plane**, plan de mémoire image ; **protected memory**, mémoire protégée en écriture ; **quick access memory**, mémoire à accès rapide ; **random access memory (RAM)**, mémoire à accès direct ; **rapid memory**, mémoire rapide ; **read-only memory (ROM)**, mémoire morte, mémoire fixe ; **real memory**, mémoire réelle ; **regenerative memory**, mémoire à rafraîchissement ; **rod memory**, mémoire à tores, mémoire à ferrites ; **scratchpad memory**, mémoire de travail ; **search memory**, mémoire associative ; **semiconductor memory**, mémoire à semi-conducteur ; **sequential memory**, mémoire séquentielle ; **serial access memory**, mémoire à accès séquentiel ; **serial memory**, mémoire séquentielle ; **size memory**, capacité mémoire ; **slow memory**, mémoire lente ; **static memory**, mémoire statique ; **tape**

memory, mémoire à bande magnétique, mémoire à bande ; **thin film memory**, mémoire à couches minces ; **ultrasonic memory**, mémoire acoustique ; **unalterable memory**, mémoire inaltérable ; **uniform accessible memory**, mémoire à accès direct ; **unstable memory**, mémoire instable ; **user memory**, mémoire utilisateur ; **virtual memory**, mémoire virtuelle ; **virtual memory system (VMS)**, système à mémoire virtuelle ; **volatile memory**, mémoire volatile ; **word-organised memory**, mémoire organisée par mots, mémoire à mots ; **word-structured memory**, mémoire à structure de mots ; **working memory section**, mémoire de travail ; **writeable control memory**, mémoire à écriture directe ; **writeable memory**, mémoire active.

MENU : display menu, menu d'écran ; drop-down menu, menu déroulant ; **menu bar**, barre de menu ; **menu-driven**, contrôlé par menu ; **menu-driven application**, programme présenté avec menu ; **menu screen**, affichage menu ; **menu title**, titre de menu ; **pop-up menu**, menu mode fenêtre.

MERGE * : merge, fusion ; merge (to), fusionner ; **match merge**, fusion sélection ; **merge order**, ordre de fusion ; **merge pass**, passe de fusion ; **merge sorting**, tri de fusion ; **optimal merge tree**, organigramme fusion ; **sort/merge generator**, programme de tri et d'interclassement.

MERGING : order (to) by merging, ranger par fusion ; **polyphase merging**, tri polyphasé.

MESH : mesh, maille ; **mesh filter**, filtre maillé ; **programme mesh**, maille de programme.

MESSAGE * : action message, message d'intervention ; **audit message**, message d'état ; **automatic message switching**, commutation automatique de messages ; **block message**, message conférence ; **clear message**, message de libération de ligne ; **completed message**, message achevé ; **control message display**, affichage des messages de commande ; **data message**, message de données ; **end-of-message character (EOM)**, (caractère de) fin de message ; **end of message signal**, signal de fin de message ; **error message**, message d'erreur ; **formal message**, message conditionné ; **fox message**, message de test alphanumérique ; **handshake message**, message protocolaire ; **help message**, message d'aide ; **high-precedence message**, message à haute priorité ; **incoming message**, message d'entrée, message en réception ; **information message**, message d'information ; **message authentification**, authentification de message ; **message block**, bloc de message ; **message control**, gestion de messages ; **message display console**, console message ; **message feedback**, retour d'information ; **message format**, format de message ; **message graph**, graphe message ; **message header**, en-tête de message ; **message implementation**, création de messages ; **message preamble**, en-tête de message ; **message queueing**, gestion de messages ; **message retrieval**, récupération de messages, restitution de messages ; **message routing**, acheminement des messages ; **message sink**, collecteur de messages ; **message source**, source de messages, source d'information ; **message switch**, commutateur de messages ; **message switching**, commutation de messages ; **message switching network**, réseau à commutation de messages ; **message text**, texte de message ; **multiple address message**, message à plusieurs adresses ; **operator message**, message opérateur ; **polling message**, message d'interrogation ; **priority message**, message prioritaire ; **proforma message**, message codifié ; **reply message**, identificateur de réponse ; **start-of-message character (SOM)**, (caractère de) début de message ; **stationary message**, message stationnaire, information stationnaire ; **switched message net**, réseau à commutation de messages ; **unsollicited message**, message non sollicité ; **user message**, message utilisateur ; **waiting message**, message en attente ; **written message**, message écrit.

METACOMPILATION * : metacompilation, métacompilation.

METACOMPILER : metacompiler, métacompilateur.

METAL : metal oxide silicon (MOS), semi-conducteur à oxyde métallique.

METALANGUAGE * : metalanguage, métalangage.

METASTABLE : metastable state, état instable.

METASYMBOL * : metasymbol, métasymbole.

METASYNTACTIC * : metasyn-

tactic variable (foo), variable métasyntaxique (toto).

METAVARIABLE : metavariable, métavariable.

METER : hour meter, compteur horaire ; **usage meter**, compteur de temps utile, compteur horaire.

METHOD : method, méthode, approche ; **access method**, méthode d'accès ; **approved method**, méthode classique ; **approximation method**, méthode des approximations ; **basic access method**, méthode d'accès de base ; **bottom-up method**, approche ascendante, méthode ascendante ; **data access method**, méthode d'accès aux données ; **heuristic method**, méthode heuristique ; **input method**, méthode d'introduction ; **insertion method sorting**, tri par méthode d'insertion ; **method of approach**, méthode d'approche ; **polling method**, méthode d'interrogation ; **programming method**, méthode de programmation ; **queue access method**, méthode d'accès de listes ; **quota method**, processus de recherche de lignes ; **scanning method**, méthode d'exploration, méthode de scanage ; **sequential access method**, méthode à accès séquentiel ; **sorting method**, méthode de tri ; **transmission method**, méthode de transmission ; **virtual access method (VAM)**, méthode à accès virtuel ; **wiring method**, méthode de câblage.

METHODOLOGY : programming methodology, méthodologie de programmation ; **software methodology**, programmétrie ; **topdown methodology**, méthodologie descendante.

MICRO : micro, micro, millionième, micro(-ordinateur).

MICROCIRCUIT : microcircuit, microcircuit.

MICROCODE : microcode, microcode.

MICROCODING : microcoding, microprogrammation ; **microcoding device**, circuit de microprogrammation.

MICROCOMPUTER : microcomputer, micro-ordinateur ; **microcomputer component**, composant de micro-ordinateur ; **microcomputer kit**, ordinateur à assembler.

MICROCONTROLLER : microcontroller, superviseur de micro-ordinateur.

MICRODISK : microdisk, microdisque.

MICRODISKETTE : microdiskette, microdisquette.

MICROELECTRONICS : microelectronics, la micro-électronique.

MICROFARAD : microfarad, microfarad, millinième de farad (capacité).

MICROFICHE : microfiche, fiche sur film.

MICROFILM : microfilm file, fichier de microfilms ; **microfilm printer**, imprimante à microfilm ; **microfilm reader**, lecteur de microfilm ; **microfilm recorder**, enregistreur sur microfilm.

MICROFLOPPY : microfloppy, microdisquette ; **microfloppy disc**, microdisquette.

MICROFLOWCHART : microflowchart, diagramme détaillé.

MICROGRAPHICS : computer micrographics, micrographie informatique.

MICROINSTRUCTION : microinstruction, micro-instruction.

MICROLANGUAGE * : microlanguage, microlangage.

MICROPROCESSOR * : microprocessor, microprocesseur ; **bit slice microprocessor**, microprocesseur en tranches.

LSI **microprocessor**, microprocesseur hautement intégré ; **microprocessor card**, carte microprocesseur ; **microprocessor chip**, puce de microprocesseur ; **microprocessor unit (MPU)**, microprocesseur ; **sliced microprocessor**, microprocesseur en tranches.

MICROPROGRAMMABLE : microprogrammable, microprogrammable ; **microprogrammable computer**, ordinateur microprogrammable ; **microprogrammable instruction**, instruction microprogrammable.

MICROPROGRAMME, MICROPROGRAM : microprogramme (US: microprogram), microprogramme.

MICROPROGRAMMED : microprogrammed operation, opération microprogrammée.

MICROPROGRAMMING : microprogramming, microprogrammation.

MICROSECOND : microsecond, microseconde.

MICROWAVE : microwave diode, diode à micro-ondes.

MIDDLESOFTWARE : middlesoftware, logiciel personnalisé.

MIDDLEWARE : middleware, logiciel

de configuration.

MIGRATION : page migration, transfert de page.

MILLISECOND : millisecond (ms), milliseconde (ms).

MINICOMPUTER : minicomputer, mini-ordinateur.

MINICOMPUTING : minicomputing, mini-informatique.

MINIFLOPPY : minifloppy, minidisquette ; **minifloppy disc**, minidisquette.

MINIMAL : minimal tree, arborescence minimisée.

MINIMUM : minimum access programming, programmation à temps d'accès minimal ; **minimum latency code**, code à temps d'exécution minimal ; **minimum latency programming**, programmation à temps d'exécution minimal ; **minimum working set**, partie active minimale.

MINOR : minor cycle, cycle mineur ; **minor key**, clé secondaire ; **minor loop**, boucle secondaire ; **minor structure**, structure inférieure.

MINORITY : minority carrier, porteur minoritaire.

MINUEND * : minuend, diminuende.

MINUS : minus, moins ; **minus adjustment**, correction négative ; **minus coefficient**, coefficient négatif ; **minus sign**, signe moins '-' ; **minus zone**, zone de signe ; **radix-minus-one complement**, complément restreint, à la base moins un.

MINUTE : inch per minute (IPM), pouce par minute (PPM) ; **lines per minute (LPM)**, lignes par minute (LPM) ; **operations per minute (OPM)**, opérations par minute.

MIRRORING : mirroring, réflexion.

MISALIGNMENT : misalignment, désalignement, biais, inclinaison, obliquité ; **vertical misalignment**, défaut d'alignement.

MISCELLANEOUS : miscellaneous time, temps divers.

MISDIALLING, MISDIALING : misdialling (US: misdialing), erreur de numérotation.

MISENTRY : misentry, entrée erronée.

MISFEED : misfeed, mauvaise alimentation.

MISFILE : misfile, erreur de classement.

MISMATCH : mismatch, désadaptation.

MISPRINT : misprint, erreur d'impression.

MISPUNCHING : mispunching, erreur de perforation.

MISREAD : misread, erreur de lecture.

MISREPRESENTATION : misrepresentation, présentation erronée.

MISSORT : missort, erreur de tri.

MISTAKE : coding mistake, erreur de programmation ; keying mistake, erreur de frappe.

MISTYPE : mistype, erreur de frappe.

MISWRITE : miswrite, erreur d'écriture.

MIXED : mixed-base notation, numération mixte ; mixed-base numeration, numération à base multiple ; mixed number, nombre mixte ; mixed-radix notation, numération multibase ; mixed-radix numeration, numération mixte ; mixed station, station mixte.

MIXER : mixer, mélangeur ; balanced mixer, mélangeur équilibré.

MMU : memory management unit (MMU), gestionnaire de mémoire.

MNEMONIC : mnemonic, mnémonique ; installation mnemonic, désignation abrégée des équipements ; mnemonic code, code mnémonique ; mnemonic designator, indicateur mnémonique ; mnemonic device name, nom mnémotechnique ; mnemonic language, langage mnénonique ; mnemonic symbol, symbole mnémonique ; mnemonics, la mnémotechnie.

MNEMONISE, MNEMONIZE : mnemonise (to) (US: mnemonize), mnémoniser.

MOBILE : mobile terminal desk, poste de travail mobile.

MODE : mode, mode ; access mode, mode d'accès ; alter mode, mode de modification ; analysis mode, mode d'analyse ; answer mode, mode réponse ; append mode, mode de jonction ; auto-servo mode, mode d'asservissement automatique ; automatic mode, mode automatique ; automatic sequential mode, mode itératif ; automatic switch mode, mode de commutation automatique ; automatic underline mode, mode de soulignement automatique ; basic mode, mode de base ; basic mode link control, gestion de liaison en mode de base ; batch mode, mode de traitement par lots ; batch processing mode, mode de traitement par lots ; binary mode, mode binaire ; block mode, mode page ; block multiplex mode, mode bloc multiplex ; boldfacing mode, mode caractère gras ; buffer mode, mode de tampon ; burst mode, mode continu de transfert ; byte mode, transfert par octet ; capture mode, masque de saisie ; character mode, mode caractère ; command mode, mode de commande ; common mode voltage, tension de mode commun ; compatibility mode, mode compatible ; compressed mode, mode compressé ; compute mode, mode de calcul ; consignment mode, mode d'affectation ; contention mode, mode de contention ; control mode, mode de contrôle ; conversational mode, mode dialogué ; crippled mode, mode dégradé ; dedicated mode, mode de traitement isolé ; edit line mode, édition en mode ligne ; edit mode, mode d'édition ; enter mode, mode de saisie ; expanded mode, mode dilaté ; form mode, mode masque ; freeze mode, mode de maintien, mode figé, mode gelé ; graceful degradation mode, mode dégradé progressif ; graphic mode, mode graphique ; growing mode, mode de grossissement ; hold mode, mode de maintien, mode figé, mode gelé ; idle mode, période d'inactivité ; immediate mode, mode interpréteur ; initialisaçtion mode, mode d'initialisation ; input mode, mode de saisie ; inquiry mode, mode d'interrogation ; interactive mode, mode dialogué ; interlaced mode, mode entrelacé ; internal interrupt mode, mode d'interruption interne ; interrupt mode, mode d'interruption ; item handling mode, mode de traitement des articles ; list mode, mode d'impression ; listen mode, mode d'attente ; live keyboard mode, mode clavier interactif ; load mode, mode de chargement ; local mode, mode local ; locate mode, mode de recherche ; lock mode, mode de blocage ; manual mode, mode manuel ; master mode, mode principal ; memory access mode, mode d'accès à la mémoire ; mode change, changement de mode ; mode switch, commutateur de mode ; monitor mode, mode moniteur ; move mode, mode de transfert ; multitasking mode, mode multitâche ; native mode, mode naturel ; non-interlaced mode, mode non interlacé ; normal mode rejection, réjection de mode normal ; normal mode voltage, tension de mode normal ; normal print mode, mode d'impression normal ; **off-line mode**, mode autonome ; **on-line mode**, mode connecté ; **operate mode**, mode opérationnel ; **packet mode**, mode paquet ; **packet mode terminal**, terminal en mode paquet ; **passive mode**, mode passif ; **perforation skip mode**, mode saut de perforation ; **poll mode**, mode d'appel ; **print mode code**, code de mode d'impression ; **privileged mode**, mode prioritaire ; **processing mode**, mode de traitement ; **programmed mode switch**, mode de renvoi multiple ; **protected mode**, mode protégé ; **read/write mode**, mode lecture-écriture ; **reading/writing access mode**, mode lecture-écriture ; **real mode**, mode réel ; **recording mode**, mode d'enregistrement ; **remote mode**, mode télétraitement ; **reset mode**, mode conditions initiales ; **shading mode**, mode d'ombrage ; **shrinking mode**, mode de réduction ; **simplex mode**, mode simplex ; **slave mode**, mode asservi ; **start mode field**, zone du mode de lancement ; **starting mode field**, zone du mode d'amorçage ; **static test mode**, mode de vérification statique ; **store-and-forward mode**, mode différé ; **streaming mode**, mode de transmission ; **substitute mode**, mode de substitution ; **supervisor mode**, mode de supervision ; **transcription mode**, mode de transcription ; **transmission mode**, mode de transmission ; **transmittal mode**, en mode émission ; **transparent text mode**, mode transparent ; **unattended mode**, exploitation non surveillée ; **unbatched mode**, traitement individuel ; **up-in-place mode**, mise à jour par modification ; **update-in-place mode**, mise à jour par modification ; **user mode**, mode utilisateur ; **vector mode display**, visualisation en mode cavalier ; **virtual mode**, mode virtuel ; **write mode**, mode écriture ; **write verify mode**, mode de vérification à l'écriture.

MODEL : model, modèle, gabarit ; **analogue model**, modèle analogique ; **breadboard model**, maquette ; **data model**, structure des données ; **input/output model**, modèle entrée/sortie ; **learning model**, modèle de formation ; **model network**, réseau type ; **model statement**, instruction type.

MODELLING, MODELING : modelling (US: modeling), modélisation ; **conceptual modelling**, modèle expérimental ; **procedure modelling**, modélisation de procédures ; **three-dimension geometric modelling**,

modélisation géométrique tridimensionnelle.

MODEM * : modem, modem, modulateur-démodulateur ; **acoustic modem**, modem acoustique ; **acoustically coupled modem**, modem à couplage acoustique ; **baseband modem**, modem en bande de base ; **built-in modem**, modem incorporé ; **integrated modem**, modem intégré ; **modem interchange**, échange modem ; **modem interface**, interface modem.

MODIFICATION : modification, modification, changement ; **address modification**, modification d'adresse ; **automatic address modification**, modification automatique d'adresse ; **instruction modification**, modification d'instruction ; **modification date**, date de modification ; **modification instruction**, instruction de modification ; **modification programme**, programme de mise à jour ; **modification run**, passage de mise au point.

MODIFIER : modifier, modificateur ; **address modifier**, modificateur d'adresse ; **character modifier**, modificateur d'adresse de caractère ; **instruction modifier**, modificateur d'instruction ; **modifier block**, bloc de modification ; **modifier field**, champ modificateur ; **modifier register**, registre d'index ; **modifier storage**, mémoire d'index.

MODIFY : modify (to), modifier, altérer.

MODULAR : modular (to), modulaire ; **modular concept**, conception modulaire ; **modular multiprocessor**, multiprocesseur modulaire ; **modular organisation**, organisation modulaire ; **modular programme**, programme modulaire ; **modular programming**, programmation modulaire ; **modular system**, système modulaire.

MODULARITY : modularity, modularité.

MODULATE : modulate (to), moduler.

MODULATING : modulating signal, signal de modulation.

MODULATION : modulation, modulation ; **analogue modulation**, modulation analogique ; **angle modulation**, modulation angulaire ; **baseband modulation**, modulation en bande de base ; **biternary modulation**, modulation biternaire ; **cross-modulation**, transmodulation ; **delta modulation**, modulation delta ; **differential modulation**, modulation différentielle ; **digital modulation**, modulation numérique ; **frequency modulation (FM)**, modulation de fréquence ; **modulation factor**, facteur de modulation ; **modulation linearity**, linéarité de modulation ; **modulation rate**, rapidité de modulation ; **modulation speed**, vitesse de modulation ; **multilevel modulation**, modulation à plusieurs niveaux ; **phase inversion modulation**, modulation par inversion de phase ; **phase modulation (PM)**, modulation de phase (MP) ; **pulse amplitude modulation (PAM)**, modulation d'impulsions en amplitude ; **pulse code modulation (PCM)**, modulation par impulsions ; **pulse frequency modulation (PFM)**, modulation d'impulsions en fréquence ; **pulse modulation**, modulation par impulsions ; **pulse position modulation (PPM)**, modulation d'impulsions en position ; **pulse width modulation**, modulation en largeur d'impulsion ; **quadrature amplitude modulation (QAM)**, modulation d'amplitude en quadrature (MAQ) ; **telegraph modulation**, modulation télégraphique ; **two-tone modulation**, modulation par déplacement de fréquence.

MODULE * : module, module ; **analysis module**, module d'analyse ; **computation module**, unité de calcul ; **electronic module**, module électronique ; **hammer module amplifier**, amplificateur de frappe ; **hardware module**, module technique ; **interface module**, module d'interface, interface ; **linked module**, module lié ; **load module**, module chargeable ; **load module handler**, module-chargeur ; **load module library**, bibliothèque de modules de chargement ; **master module**, module pilote ; **master source module**, module de référence ; **memory module**, module de mémoire ; **object module**, module objet ; **object module file**, fichier de modules objet ; **overlay load module**, module de chargement à recouvrement ; **programming module**, module de programme ; **reenterable load module**, module réentrant ; **relocatable module**, module relogeable ; **relocatable object module**, module objet relogeable ; **run module**, module exécutable ; **sort module**, module de tri ; **source module**, module source ; **splitting module**, module de découpage.

MODULO * : modulo-2 sum gate, porte somme modulo 2 ; **modulo-N check**, contrôle modulo N ; **modulo-N counter**, compteur modulo N.

MONADIC : monadic, monadique ; **monadic Boolean operator**, opérateur booléen

monadique ; **monadic operation**, opération monadique, opération unaire ; **monadic operator**, opérateur monadique, opérateur unaire.

MONETARY : monetary symbol, symbole monétaire.

MONITOR * : monitor, moniteur ; **graphic monitor**, moniteur graphique ; **hardware monitor**, moniteur câblé ; **integrity violation monitor**, moniteur de cohérence (de données) ; **job processing monitor**, moniteur de traitement de tâches ; **logical monitor**, moniteur logique.

RGB monitor ; moniteur RVB ; **video monitor**, moniteur vidéo ; **wired monitor**, moniteur câblé.

MORPHEME * : morpheme, morphème.

MOST : most significant digit (MSD), chiffre de poids le plus fort.

MOUSE * : mouse, souris ; **bus mouse adapter**, interface souris de bus ; **click (to) (mouse)**, cliquer (souris) ; **electromechanical mouse**, souris électromécanique ; **mouse button**, bouton de souris ; **mouse driver**, gestionnaire de souris ; **mouse hardware**, souris (matériel) ; **mouse software**, logiciel souris ; **optomechanical mouse**, souris optomécanique ; **parallel mouse**, souris à connexion parallèle ; **parallel mouse adapter**, interface souris parallèle ; **three-button mouse**, souris à trois boutons ; **two-button mouse**, souris à deux boutons ; **universal mouse**, souris universelle.

MOVE : block move, mouvement de bloc ; **move and scan**, transfert et analyse ; **move into (to)**, introduire en mémoire ; **move mode**, mode de transfert.

MOVEMENT : constant movement, mouvement constant ; **linear movement**, mouvement linéaire ; **zone movement**, mouvement de zone.

MOVING : moving-head printer, imprimante à tête mobile.

MPU : microprocessor unit (MPU), microprocesseur.

MSB : most significant bit (MSB), binaire de poids fort.

MSD : most significant digit (MSD), chiffre de poids le plus fort.

MUDDLE : muddle, bourrage.

MULITASK : mulitask, multitâche.

MULTI : multi-access system, système multi-accès ; **multi-address**, multi-adresse ;

multi-address instruction, instruction à plusieurs adresses ; **multi-aperture core**, tore multitrou, tore à plusieurs trous.

MULTICHANNEL : multichannel, multivoie ; **multichannel access**, accès multivoie ; **multichannel protocol**, protocole multivoie.

MULTICHIP : multichip, multicircuit.

MULTICRITERIA : multicriteria search, recherche multicritère.

MULTIDIMENSIONAL : multidimensional array, tableau multidimension.

MULTIDROP : multidrop, multipoint ; multidrop connection, liaison multipoint.

MULTIEXTENT : multiextent file, fichier multidomaine.

MULTIFILE : multifile, multifichier ; multifile processing, traitement multifichier ; multifile sorting, tri multifichier ; multifile tape, bande multifichier.

MULTIFREQUENCY : multifrequency signalling, signalisation multifréquence.

MULTIFUNCTION : multifunction board, carte multifonction.

MULTIJOB : multijob operation, opération multitâche.

MULTIKEYBOARD : multikeyboard, multiclavier ; multikeyboard data capture, saisie multiclavier.

MULTILEVEL : multilevel address, adresse indirecte ; multilevel addressing, adressage indirect ; multilevel indirect addressing, adressage indirect multiniveau ; multilevel modulation, modulation à plusieurs niveaux.

MULTILINE : multiline format, structure multiligne.

MULTILINKED : multilinked list, liste multipointeur.

MULTIMESSAGE : multimessage processing, traitement de plusieurs messages.

MULTINODE : multinode, multinoeud.

MULTIPASS : multipass, multipassage ; multipass sort, tri multipassage.

MULTIPLATTER : multiplatter disc, disque multiplateau.

MULTIPLE : integral multiple, multiple entier ; multiple access, accès multiple ; multiple address message, message à plusieurs adresses ; multiple addressing, multi-adressage ; multiple aperture core, tore multitrou, tore à plusieurs trous ; **multiple closure**, clôture multiple ; **multiple copy printing**, multi-impression ; **multiple interface unit**, unité à liaisons multiples ; **multiple item**, structure complexe ; **multiple job processing**, traitement multitâche ; **multiple length**, multilongueur ; **multiple length number**, opérande multimot ; **multiple precision**, en précision multiple ; **multiple punching**, multiperforation ; **multiple routing**, multiroutage ; **multiple selection criteria**, sélection multicritère.

MULTIPLEX * : multiplex, multiplex ; block multiplex mode, mode bloc multiplex ; heterogeneous multiplex, multiplex hétérogène ; homogeneous multiplex, multiplex homogène ; multiplex baseband, spectre de multiplexage ; multiplex link encryption, chiffrement de jonction ; multiplex operation, multiplexage ; time-division multiplex, commutation temporelle.

MULTIPLEXED : multiplexed operation, opération multiplex.

MULTIPLEXER : multiplexer, multiplexeur ; analogue multiplexer, multiplexeur analogique ; block multiplexer channel, canal multiple par blocs ; byte multiplexer channel, canal multiple par octets ; data multiplexer, multiplexeur de données ; frequency-division multiplexer, multiplexeur fréquentiel ; input multiplexer, multiplexeur d'entrée ; multiplexer channel, canal multiple ; time-division multiplexer, multiplexeur temporel.

MULTIPLEXING : bus multiplexing, multiplexage de bus ; multiplexing, multiplexage ; statistical multiplexing, multiplexeur statistique.

MULTIPLEXOR : communication multiplexor, multiplexeur ; data channel multiplexor, multiplexeur de données ; multiplexor channel, voie multiplex.

MULTIPLICAND * : multiplicand (l-cand), multiplicande.

MULTIPLICATION : multiplication, multiplication ; high-speed multiplication, multiplication rapide ; multiplication time, temps de multiplication.

MULTIPLIER * : multiplier (l-er), multiplicateur ; analogue multiplier, multiplicateur analogique ; electronic multiplier, multiplicateur électronique ; mark/space multiplier unit, multiplicateur de modulation ; multiplier factor, multiplicateur ; multiplier quotient register, registre multiplicateur quotient ; **quarter-squares multiplier**, multiplieur parabolique ; **square multiplier**, multiplicateur quadratique.

MULTIPLY : multiply (to), multiplier ; **hardware multiply**, multiplication câblée ; **integer multiply**, sous-programme de multiplication ; **logic multiply**, multiplication logique ; **logical multiply**, multiplication logique ; **multiply sign**, signe de multiplication 'x' ; **weighted average multiply**, multiplication pondérée.

MULTIPLYING : multiplying punch, perforatrice calculatrice.

MULTIPOINT : multipoint, multipoint, multibroche ; **multipoint connector**, connecteur multibroche ; **multipoint line**, circuit multipoint ; **multipoint link**, liaison multipoint ; **multipoint network**, réseau multipoint.

MULTIPORT : multiport, multiport.

MULTIPRECISION : multiprecision arithmetic, arithmétique multiprécision.

MULTIPROCESSING * : multiprocessing, multitraitement ; **multiprocessing system**, système de multitraitement.

MULTIPROCESSOR * : multiprocessor, multiprocesseur ; **modular multiprocessor**, multiprocesseur modulaire ; **multiprocessor interleaving**, affectation mémoire multiprocesseur.

MULTIPROGRAMMING * : multiprogramming, multiprogrammation.

MULTIRANGE : multirange amplifier, amplificateur multigamme.

MULTIREAD : multiread, lecture multiple ; **multiread feeding**, alimentation multilecture.

MULTIRUNNING : multirunning, multiprogrammation.

MULTISTATION : multistation, multiposte ; **multistation system**, système multiposte, système multiclavier.

MULTITASK : multitask operation, multiprogrammation.

MULTITASKING * : multitasking, multitâche ; **multitasking mode**, mode multitâche ; **multitasking monitor**, moniteur multitâche ; **multitasking printer**, imprimante multitâche.

MULTITHREAD : multithread, multiprogrammation.

MULTITHREADING : multithreading, entrelacement.

MULTITONE : multitone, multivoix, à son multiple ; **multitone circuit**, circuit multivoix, circuit multison.

MULTITURN : multiturn dial, écran d'appel à rotation multiple.

MULTIVIBRATOR * : astable multivibrator, multivibrateur astable.

MUSICAL : musical language, langage musical.

MUTILATED : mutilated, perturbé, mutilé.

MUTINODE : mutinode network, réseau maillé.

MUTUAL : mutual information, (quantité d') information mutuelle

N

N : N-address instruction, instruction à N adresses ; **N-adic Boolean operation**, opération booléenne N-adique ; **N-channel**, canal N ; **N-core-per-bit store**, mémoire à N tores par élément binaire ; **N-key rollover**, mémorisation de n frappes de touche ; **N-level**, à N moments ; **N-level code**, code à N moments ; **N-plus-one address instruction**, instruction à une plus N adresses ; **N-type**, de type N.

NAK : negative acknowledge (NAK), accusé de réception négatif.

NAME : name, nom ; **assignment by name**, assignation, affectation par nom ; **condition name**, symbole condition ; **data name**, nom de données ; **device name**, nom de périphérique ; **field name**, nom de champ ; **file name**, nom de fichier ; **file name extension**, extension de nom de fichier ; **file name index**, indice de nom de fichier ; **generic name**, nom de génération ; **halt name**, nom d'interruption ; **halt name filed**, zone de nom d'interruption ; **hardware name**, nom du matériel ; **implementor name**, nom de constructeur ; **index name**, nom d'index ; **indexed data name**, nom de données indexé ; **instruction list name**, nom de liste d'instructions ; **internal name**, nom interne ; **library name**, nom de bibliothèque ; **link name**, nom de lien ; **mnemonic device name**, nom mnémotechnique ; **name call**, appel nom ; **procedure name**, nom de procédure ;

programme name field, zone de nom de programme ; **qualified data name**, nom de donnée qualifiée ; **qualified name**, nom qualifié ; **symbolic name**, nom symbolique ; **task name**, nom de tâche ; **user name**, nom de l'utilisateur ; **variable name**, nom de variable ; **verb name**, verbe de programmation ; **volume name check**, contrôle du nom de volume.

NAMING : naming, nomination.

NAND :   NAND operation, opération NON-ET, non-conjonction logique.

NAND gate, circuit NON-ET, porte NON-ET.

NANOSECOND : nanosecond, nanoseconde ; **nanosecond circuit**, circuit ultrarapide.

NARROW : narrow pulse, impulsion étroite.

NARROWBAND : narrowband, bande étroite.

NATIVE : native, naturel ; **native assembler language**, langage d'assemblage spécifique ; **native mode**, mode naturel.

NATURAL : natural language, langage naturel ; **natural number**, entier naturel ; **natural unit (of information content)**, unité naturelle (de quantité d'information).

NE : not equal to (NE), différent de …

NEAR : near letter quality (NLQ), proche de la qualité courrier.

NEED : time need, besoin en temps.

NEEDLE : needle, aiguille ; **needle printer**, imprimante à aiguilles ; **sort needle**, aiguille de tri.

NEGATE * : negate (to), rendre négatif.

NEGATION * : negation, négation, NON, inversion logique ; **negation element**, élément de négation, inverseur.

NEGATIVE : negative acknowledge (NAK), accusé de réception négatif ; **negative feedback**, rétroaction convergente ; **negative logic**, logique négative ; **negative surge**, pointe négative ; **non-negative integer**, entier naturel ; **non-negative number**, nombre naturel.

NEGATOR : negator, complémenteur.

NEGENTROPY : negentropy, entropie, neguentropie.

NEITHER : NEITHER-NOR operation, fonction de Pierce.

NEST : nest (to), imbriquer, entrelacer.

NESTED : nested loop, boucle imbriquée ; **nested routine**, routine imbriquée ; nested subroutine, sous-programme imbriqué.

NESTING : nesting, imbrication ; **nesting level**, niveau d'imbrication ; **nesting loop**, boucle d'imbrication.

NET : net, réseau ; **data net**, réseau de données ; **net control station**, station de contrôle de réseaux ; **switched message net**, réseau à commutation de messages ; **switched net**, réseau commuté.

NETWORK * : network, réseau ; **analogue network**, réseau analogique ; **asynchronous network**, réseau asynchrone ; **basic network**, réseau fondamental ; **bus network**, réseau en bus ; **circuit switching network**, réseau à commutation de circuits ; **computer network**, réseau de calculateurs ; **computer network architecture**, architecture de réseau informatisé ; **data network**, réseau de données ; **datacom network**, réseau télématique ; **delay network**, réseau à retard ; **democratic network**, réseau non hiérarchique ; **distributed network**, réseau distribué ; **distributed processing network**, réseau de centralisation de traitement ; **facsimile network**, réseau de facsimilé ; **heterogeneous network**, réseau hétérogène ; **homogeneous network**, réseau homogène ; **hierarchical network**, réseau hiérarchisé ; **information network**, réseau télématique ; **interlaced networks**, réseaux informatiques imbriqués ; **lattice network**, réseau maillé ; **leased line network**, réseau de lignes spécialisées ; **linear circuit network**, cincuit linéaire ; **local area network (LAN)**, réseau local ; **loop network**, réseau en boucle ; **looped network**, réseau bouclé ; **message switching network**, réseau à commutation de messages ; **model network**, réseau type ; **multipoint network**, réseau multipoint ; **multinode network**, réseau maillé ; **network access control**, contrôle d'accès au réseau ; **network analyser**, analyseur de réseaux ; **network control channel**, voie de contrôle du réseau ; **network interface card**, carte d'interface réseau ; **network layer (ISO)**, couche de réseau (ISO) ; **network load analysis**, étude de la charge de réseau ; **network manager**, administrateur de réseau ; **network operating system (NOS)**, système d'exploitation de réseau ; **network processing**, traitement distribué ; **network processor**, processeur de télétraitement ; **network simulator**, simulateur de réseau ; **neural network algorithm**, algorithme de réseaux neuronaux ; **neural networks**, réseaux neuro-naux ; **open network**, réseau ouvert ; **Petri network**, réseau de Pétri ; **public data network**, réseau de télétraitement public ; **ring network**, réseau en anneau ; **single-node network**, réseau hiérarchisé ; **star network**, réseau étoilé ; **starred network**, réseau étoilé ; **switching network**, réseau commuté ; **synchronous data network**, réseau synchrone ; **telecommunication network**, réseau de télécommunications ; **telephone network**, réseau téléphonique ; **teleprocessing network**, réseau de télétraitement ; **telex network**, réseau télex ; **token-passing bus network**, réseau avec bus à jeton ; **token-passing ring network**, réseau avec bus annulaire à jeton ; **tree network**, réseau arborescent.

NETWORKING : networking, gestion de réseau.

NEUTRAL : neutral current, courant du neutre ; **neutral signalling**, signalisation unipolaire ; **neutral transmission**, transmission à signal unipolaire.

NEWLINE : newline, saut de ligne ; **newline character**, caractère de saut de ligne.

NEXUS * : nexus, connexion, raccordement.

NIBBLE : nibble, quartet, multiplet de quatre bits.

NIL : nil pointer, pointeur vide.

NILADIC : niladic, sans opérande.

NINE : casting out nines, preuve par neuf ; **complement on nine**, complément à neuf ; **nines complement**, complément à neuf ; **standing-on-nines carry**, report bloqué à neuf.

NINETY : ninety column card, carte à 90 colonnes.

NL * : new line (NL), saut de ligne.

NLQ : near letter quality (NLQ), proche de la qualité courrier.

NODAL : nodal, nodal ; **nodal location**, point nodal ; **nodal switch**, commutateur nodal.

NODE * : node, noeud, sommet ; **adjacent node**, noeud adjacent ; **ascending node**, noeud ascendant ; **catalogue node**, noeud de catalogue ; **computing node**, noeud de traitement ; **destination node**, noeud de destination ; **endpoint node**, noeud d'extrémité ; **intermediate node**, noeud intermédiaire ; **node identifier**, identificateur nodal ; **node processor**, processeur nodal ; **node status data**,

données d'état nodal ; **node switch**, commutateur nodal ; **single-node network**, réseau hiérarchisé ; **terminal node**, noeud de terminaison.

NOISE * : noise, bruit ; **ambient noise**, bruit d'ambiance ; **background noise**, bruit de fond ; **baseband noise**, bruit en bande de base ; **basic noise**, bruit de fond ; **black noise**, bruit d'impulsions ; **broadband noise**, bruit blanc ; **carrier noise level**, niveau de bruit de porteuse ; **carrier to noise ratio**, rapport porteuse à bruit ; **circuit noise**, bruit de ligne ; **circuit noise level**, niveau de bruit d'un circuit ; **Gaussian noise**, bruit gaussien ; **impulse noise**, bruit d'impulsions ; **intermodulation noise**, bruit d'intermodulation ; **line noise**, bruit de ligne ; **noise field**, champ perturbateur ; **noise figure**, facteur de bruit ; **noise-free**, sans bruit ; **noise immunity**, immunité au bruit ; **noise level**, niveau de bruit ; **noise weighting**, pondération du bruit ; **quantisation noise**, bruit de quantification ; **residual noise**, bruit résiduel ; **unweighted noise**, bruit non pondéré ; **white noise**, bruit blanc.

NOMINAL : nominal bandwidth, largeur de bande nominale ; **nominal throughput**, débit nominal.

NON : indexed non-sequential file, fichier à accès direct indexé ; **non-arithmetic shift**, décalage logique ; **non-ASCII terminal**, terminal non-texte ; **non-centralised (US: non-centralized)**, décentralisé ; **non-centralised operation**, opération décentralisée ; **non-contiguous**, séparé ; **non-dedicated**, non spécialisé ; **non-dedicated circuit**, circuit non spécialisé ; **non-destructive read**, lecture non destructive ; **non-destructive readout**, lecture non destructive ; **non-disjunction**, non-disjonction, NON-OU, NI ; **non-equivalence operation**, disjonction, dilemme, OU exclusif ; **non-erasable memory**, mémoire ineffaçable ; **non-erasable storage**, mémoire ineffaçable ; **non-executable**, non exécutable ; **non-impact printer**, imprimante sans impact ; **non-interlaced display**, affichage non entrelacé ; **non-interlaced mode**, mode non entrelacé ; **non-isolated amplifier**, amplificateur non isolé ; **non-linear**, non linéaire ; **non-linear distortion**, distorsion non linéaire ; **non-linear programming**, programmation non linéaire ; **non-negative integer**, entier naturel ; **non-negative number**, nombre naturel ; **non-printable character**, caractère non imprimable ; **non-recoverable**, irrécupérable ; **non-resident**, non résident ; **non-return-to-zero recording (NRZ)**, enregistrement sans retour à zéro ; **non-reusable**, non réentrant ; **non-switched line**, ligne non commutée ; **non-volatile memory**, mémoire permanente.

NOODLE : noodle, bruit de fond.

NOP : no-operation instruction (nop), instruction ineffective.

NOR : exclusive-NOR opération, opération NI exclusif, NON-OU exclusif ; **inclusive-NOR operation**, opération NI inclusif, NON-OU inclusif ; **joint denial operation (NOR)**, opération NON-OU, opération NI.

NEITHER-NOR operation : fonction de Pierce.

NOR element : porte NI.

NOR gate : circuit NON-OU, porte NON-OU, NI.

NOR opération : opération NI, opération NON-OU, non-disjonction logique.

NORMAL : normal direction flow, sens normal des liaisons ; **normal mode rejection**, réjection de mode normal ; **normal mode voltage**, tension de mode normal ; **normal print mode**, mode d'impression normal.

NORMALISE, NORMALIZE * : normalise (to) (US: normalize), normaliser.

NORMALISED, NORMALIZED : normalised (US: normalized) co-ordinates, coordonnées normées ; **normalised form (floating point)**, forme normalisée.

NOS : network operating system (NOS), système d'exploitation de réseau.

NOSE : insulating nose, gaine protectrice.

NOT : AND-NOT element, circuit ET-OU, porte ET-OU.

AND-NOT gate : circuit ET-OU, porte ET-OU ; call not accepted, appel refusé ; call-not-accepted signal, signal de refus d'appel.

NOT-AND element : circuit NON-ET, porte NON-ET.

NOT-both operation : opération NON-ET.

NOT element : circuit NON, porte NON ; not equal to (NE), différent de ...

NOT gate : circuit NON, porte NON.

NOT-IF-THEN operation : opération NON-SI-ALORS, exclusion logique.

NOT-IF-THEN element : circuit d'exclusion, porte d'exclusion.

NOT-IF-THEN gate : circuit d'exclusion, porte d'exclusion.

NOT operation : opération NON, négation, inversion logique.

NOT-OR element : circuit NON-OU, porte NON-OU, NI.

NOT-OR operation (NOR) : fonction de Pierce.

NOTATION : notation, numération, base ; **binary-coded notation**, notation binaire ; **binary notation**, notation binaire, numération binaire ; **decimal notation**, numération décimale ; **decimalised (US: decimalized) notation**, notation décimalisée ; **excess-sixty four notation**, numération excédent 64 ; **fixed-radix notation**, numération à base fixe ; **hexadecimal notation**, notation hexadécimale ; **infix notation**, notation infixée ; **Iverson notation**, notation Iverson ; **matrix notation**, notation matricielle ; **mixed-base notation**, numération mixte ; **mixed-radix notation**, numération multibase ; **octal notation**, numération octale ; **parenthesis-free notation**, notation polonaise inversée ; **Polish notation**, notation préfixée, notation polonaise ; **polyvalent notation**, notation polyvalente ; **positional notation**, notation pondérée ; **postfix notation**, notation suffixée, notation polonaise inverse ; **prefix notation**, notation préfixée, notation polonaise ; **pure binary notation**, numération binaire ; **quinary notation**, notation biquinaire ; **radix notation**, numération à base ; **reverse Polish notation**, notation suffixée, notation polonaise inverse ; **scientific notation**, notation scientifique ; **suffix notation**, notation polonaise inversée ; **symbolic notation**, notation symbolique.

NOTCH : notch, encoche ; **read/write protection notch**, encoche de protection à l'écriture ; **write-protect notch**, encoche de protection à l'écriture.

NOTCHED : edge-notched card, carte à encoches, à perforations marginales.

NOTE : note (of programme), commentaire ; **application note**, note d'application.

NOTHING : do-nothing instruction, instruction inopérante ; **do-nothing loop**, boucle d'attente.

NOUGHT : nought, zéro ; **nought output**, signal de zéro ; **nought state**, condition zéro.

NPN : NPN transistor, transistor NPN.

NRZ : non-return-to-zero recording

(NRZ), enregistrement sans retour à zéro ;
polar NRZ code, code binaire NRZ.

NUCLEUS : nucleus, noyau, programme de contrôle résident ; **operating system
nucleus**, noyau du système d'exploitation.

NUL : null (character) (NUL), (caractère)
nul.

NULL : null (character) (NUL), (caractère) nul ; **make null (to)**, effacer ; **null device**,
périphérique fictif ; **null drift**, dérive du point
zéro ; **null file**, fichier fantôme ; **null instruction**, instruction de non opération ; **null line**,
ligne blanche ; **null set**, ensemble vide ; **null
string**, chaîne vide ; **null value**, valeur nulle.

NUMBER : number, nombre, numéro ;
author number, numéro de créateur ; **base
number**, nombre de base ; **binary-coded decimal number**, nombre décimal codé en binaire ;
binary number, chiffre binaire ; **binary number
system**, système binaire ; **biquinary number**,
nombre biquinaire ; **bucket number**, numéro
de groupe de blocs ; **call number**, numéro
d'appel ; **channel number**, numéro de poste ;
check number, nombre de contrôle ; **complex
conjugate number**, nombre complexe conjugué ; **complex number**, nombre complexe,
nombre imaginaire ; **crunch numbers (to)**, effectuer des calculs ; **device number**, numéro
de périphérique ; **double length number**, nombre en double précision ; **duodecimal number
system**, numération à base douze ; **floating-
point number**, nombre à virgule flottante ;
footing number location, lieu de numérotation
de bas de page ; **generation number**, nombre
générateur ; **halt number**, chiffre d'arrêt ;
heading number location, lieu de numérotation de haut de page ; **hexadecimal number**,
nombre hexadécimal ; **hexadecimal number
system**, système de numération hexadécimal ;
identification number, numéro d'identification ; **imaginary number**, nombre complexe,
nombre imaginaire ; **integer number**, entier
relatif ; **integral number**, nombre entier ; **irrational number**, nombre irrationnel ; **item
number**, numéro d'article ; **job number**, numéro de travail, numéro de tâche ; **level number**,
numéro de niveau ; **line number**, numéro de
ligne ; **line sequence number**, numéro de ligne ; **logical block number (LBN)**, numéro de
bloc logique ; **logical number**, numéro logique ;
logical page number (LPN), numéro de page
logique ; **mixed number**, nombre mixte ; **multiple length number**, opérande multimot ;
natural number, entier naturel ; **non-negative
number**, nombre naturel ; **number attribute**,
attribut de nombre ; **number base**, base ; **number code**, code de numérotation ; **number
cruncher**, processeur arithmétique ; **number
generator**, générateur de nombre ; **number of
significant conditions**, valence d'une modulation ; **number representation**, numération, base ; **number sign**, symbole '£', fagot ; **number
system**, système de numération ; **number
table**, tableau de nombres ; **odd number**, nombre impair ; **pack number**, numéro de chargeur ; **page number location**, lieu de pagination ; **polyvalent number**, nombre polyvalent ;
prime number, nombre premier ; **prime number division**, division par nombre premier ;
pseudo-random numbers, nombres pseudo-
aléatoires ; **quinary number**, nombre quinaire ;
radix number, base ; **random number**, nombre
au hasard, nombre aléatoire ; **random number
generator**, générateur de nombres aléatoires ;
random number sequence, suite de nombres
aléatoires ; **random number table**, table de
nombres aléatoires ; **rational number**, nombre
rationnel ; **real number**, nombre réel ; **record
number**, numéro d'enregistrement ; **reference
number**, numéro de référence ; **septenary
number**, nombre septénaire ; **sequence number**, numéro de séquence ; **serial number**,
nombre ordinal, ordinal, numéro de série ; **serial number printing**, impression des numéros
d'immatriculation ; **signed number**, nombre
signé ; **statement number**, numéro d'instruction ; **symbolic number**, nombre symbolique ;
tape number, numéro de bande ; **track number**, numéro de piste ; **undefined port number**,
numéro de port indéfini ; **unsigned number**,
nombre non signé ; **volume sequence number**,
numéro consécutif de chargeur ; **winding number**, nombre d'enroulements.

NUMBERED : even-numbered, de parité paire ; **even-numbered scan line**, ligne de
balayage paire ; **numbered**, numéroté, dénombré ; **odd-numbered scan line**, ligne de balayage impaire.

NUMBERING : numbering, numérotation ; **automatic page numbering**, foliotage
automatique ; **line numbering**, numérotation
de lignes ; **numbering strip**, bande de numérotation.

NUMERAL : numeral, nombre, numéral, chiffre ; **binary numeral**, numéral binaire ; **numeral system**, système de numération ; **octal numeral**, nombre octal.

NUMERATION : numeration, numération, base ; **decimal numeration**, numération décimale ; **mixed-base numeration**, numération à base multiple ; **mixed-radix numeration**, numération mixte ; **radix numeration system**, numération à base.

NUMERATOR : numerator, numérateur.

NUMERIC * : numeric, numérique, numérique 1 ; **alphabetic numeric**, alphanumérique ; **numeric character**, chiffre ; **numeric character set**, ensemble des caractères numériques ; **numeric code**, code numérique ; **numeric coding**, programmation en chiffres ; **numeric constant**, constante numérique ; **numeric data**, données numériques ; **numeric digit**, chiffre ; **numeric editing**, impression numérique ; **numeric entry**, entrée numérique ; **numeric item**, article numérique ; **numeric keyboard**, clavier numérique ; **numeric keypad**, clavier numérique ; **numeric literal**, libellé numérique ; **numeric pad**, pavé numérique ; **numeric punch**, perforation des colonnes chiffres ; **numeric quantity**, quantité numérique, valeur numérique ; **numeric set**, ensemble des caractères numériques ; **numeric shift**, décalage numérique ; **numeric test**, test de validité numérique ; **numeric word**, mot numérique.

NUMERICAL : numerical, numérique, numérique 1 ; **numerical analysis**, analyse numérique ; **numerical character**, caractère numérique ; **numerical code**, code numérique ; **numerical computation**, calcul numérique ; **numerical control**, commande numérique ; **numerical data**, données numériques ; **numerical input**, entrée numérique ; **numerical integration**, intégration numérique ; **numerical machine**, machine numérique ; **numerical order**, ordre numérique ; **numerical punch**, perforation numérique ; **numerical quantity**, quantité numérique, valeur numérique ; **numerical representation**, représentation numérique ; **numerical section**, partie numérique ; **numerical sorting**, tri numérique ; **numerical word**, mot numérique

O

OBEY : obey (to), exécuter.
OBJECT * : object code, code objet ; **object coding**, code objet ; **object computer**, calculateur objet ; **object deck**, paquet de cartes objet ; **object language**, langage résultant, langage objet ; **object-level programme**, programme objet ; **object library**, bibliothèque objet ; **object listing**, liste de programmes objet ; **object machine**, machine d'exécution ; **object module**, module objet ; **object module file**, fichier de modules objet ; **object pack**, paquet de cartes objet ; **object phase**, phase d'exécution ; **object programme**, programme machine ; **object run**, passage en machine ; **object time**, temps d'exécution ; **relocatable object module**, module objet relogeable.
OBJECTIVE : design objective, but de la construction.
OBLIQUE : left oblique, barre de fraction '/' ; **oblique plane**, surface oblique.
OBVIATE : obviate (to), supprimer.
OCCUPATION : occupation code, code d'occupation.
OCCUPIED : occupied bandwidth, lar-geur de bande occupée.

OCCURRENCE : entity occurrence, entité spécifique ; **occurrence**, occurrence.
OCTAL * : octal, octal ; **binary-coded octal**, octal codé en binaire ; **decimal-to-octal conversion**, conversion décimal-octal ; **octal base**, base octale ; **octal code**, code octal ; **octal digit**, chiffre octal ; **octal notation**, numération octale ; **octal numeral**, nombre octal.
OCTET : octet (o), octet, multiplet de huit bits.
ODD : odd, impair ; **odd check**, contrôle de parité impaire ; **odd-even check**, contrôle de parité ; **odd figure**, chiffre impair ; **odd function**, fonction impaire ; **odd number**, nombre impair ; **odd-numbered scan line**, ligne de balayage impaire ; **odd parity**, parité impaire ; **odd parity bit**, bit d'imparité ; **odd parity check**, contrôle de parité impaire.
OED : opto-electronic display (OED), affichage optoélectronique.
OFF : cut-off, point de coupure ; **cut-off state**, état bloqué ; **drop-off**, point de raccordement ; **hands-off operation**, opéra-

tion non assistée ; **log-off**, fin de session ; **off-bit**, indicateur ; **off-centring**, décadrage ; **off-hook**, déconnecté, débranché ; **off-line**, autonome, non connecté ; **off-line equipment**, équipement déconnecté ; **off-line mode**, mode autonome ; **off-line operation**, opération autonome ; **off-line processing**, traitement autonome ; **off-line storage**, mémoire autonome ; **off-punch**, perforation hors-cadre ; **off-screen**, hors-écran ; **off-the-shelf**, en stock ; **offset**, décalage, décentrage ; **offset stacker device**, récepteur à décalage de cartes ; **on-off action**, action tout ou rien ; **on-off input**, entrée tout ou rien ; **one-off**, une fois seulement ; **pick-off brush**, balai de lecture ; **power off**, hors-tension ; **power-off sequence**, opération de coupure de courant ; **pseudo off-line processing**, traitement en mode pseudodéconnecté ; **queue off (to)**, retirer de la file ; **roll off (to)**, transférer, déloger ; **round off (to)**, arrondir au plus près ; **round off error**, erreur d'arrondi ; **sign-off**, instruction de fin de travail ; **zero offset**, décalage du zéro.

OFFICE : office, bureau ; **office automation**, bureautique ; **office computer**, ordinateur de bureau ; **office display terminal**, terminal de bureau ; **personal office computer**, ordinateur personnel de bureau.

OFFSET : offset, décalage, décentrage ; **offset stacker device**, récepteur à décalage de cartes ; **zero offset**, décalage du zéro.

OFFSPRING : offspring, membre.

OHM : ohm (Ω), ohm.

OLRT : on-line real-time (OLRT), temps réel en ligne.

OLTS : on-line test system (OLTS), système de test en ligne.

ON : on-bit, indicateur ; **on-board**, sur carte ; **on-demand)**, sur demande ; **on-hook**, en ligne, connecté ; **on-line**, en ligne, connecté ; **on-line data capture**, saisie en ligne ; **on-line data service**, serveur de données ; **on-line equipment**, équipement en ligne ; **on-line interaction**, interaction en ligne ; **on-line mode**, mode connecté ; **on-line problem solving**, solution en conversationnel ; **on-line processing**, traitement en direct ; **on-line programming**, programmation interactive ; **on-line real-time (OLRT)**, temps réel en ligne ; **on-line reference**, référence accessible directement ; **on-line storage**, mémoire en ligne ; **on-line test system (OLTS)**, système de test en ligne ;

on-line transaction processing, traitement interactif ; **on-line typewriter**, imprimante en ligne ; **on-off action**, action tout ou rien ; **on-off input**, entrée tout ou rien ; **on-site**, sur site ; **on-state**, état actif ; **on-state current**, courant direct ; **on-state voltage**, tension directe ; **on-stream**, en exploitation, en service ; **on-the-fly printer**, imprimante à la volée.

ONE : one (unit), un, chiffre '1' ; **binary one**, chiffre binaire '1' ; **complement on one**, complément à un ; **logical one or zero**, chiffre '1' ou '0' logique ; **N-plus-one address instruction**, instruction à N plus une adresses ; **one-address**, à une adresse ; **one-address computer**, ordinateur à une adresse ; **one-address instruction**, instruction à une adresse ; **one-ahead addressing**, adressage à progression automatique ; **one-bit**, binaire unique ; **one-circuit**, circuit OU ; **one-digit adder**, demi-additionneur, additionneur à deux entrées ; **one-digit subtracter**, demi-soustracteur ; **one-dimensional**, linéaire ; **one-dimensional array**, tableau à une dimension, liste linéaire ; **one-dimensional array processor**, processeur vectoriel ; **one-dot-line slice**, colonne de points ; **one-gate**, circuit OU, porte OU ; **one-keyboard data capture**, saisie monoclavier ; **one-level address**, adresse directe ; **one-level addressing**, adressage direct ; **one-level code**, code absolu, code machine ; **one-level subroutine**, sous-programme à un niveau ; **one-off**, une fois seulement ; **one-plus-one address instruction**, instruction à une plus une adresses ; **one-processor unit**, monoprocesseur ; **one-shot**, simple pulse ; **one-shot branch**, branchement unique ; **one-shot circuit**, circuit monostable ; **one-shot job**, travail unique ; **one-shot operation**, opération unique ; **one-state**, état '1' ; **one-step operation**, opération à un seul pas ; **one-to-one mapping**, application bi-univoque ; **one-valued**, univalent ; **one-valued function**, fonction univalente ; **one-way communication**, communication unilatérale ; **one-way trunk**, ligne unilatérale ; **ones complement**, complément à un ; **radix-minus-one complement**, complément restreint, à la base moins un ; **two-plus-one address instruction**, instruction à deux plus une adresses.

ONLY : core only environment, système à mémoire centrale ; **fusable read-only memory**, mémoire morte fusible.

IF-AND-ONLY-IF element : circuit d'équivalence, porte d'équivalence.

IF-AND-ONLY-IF gate : circuit d'équivalence, porte d'équivalence.

IF-AND-ONLY-IF operation : équivalence logique ; **input only**, entrée exclusive ; **input only processing**, traitement exclusif des entrées ; **read-only**, lecture seule ; **read-only memory (ROM)**, mémoire morte, mémoire fixe ; **receive-only (RO)**, réception seule ; **send-only**, transmission seulement ; **transformer read-only storage**, mémoire fixe inductive.

ONOMASTICON * : onomasticon, étiquette onomastique.

OP: no-op, non-opération.

OP-amp : amplificateur opérationnel.

OP-code : code d'opération.

OPEN: open address, adresse ouverte ; **open circuit**, circuit ouvert ; **open circuit resistance**, résistance en circuit ouvert ; **open circuit working**, transmission en circuit ouvert ; **open decision table**, table de décision ouverte ; **open ended**, ouvert ; **open ended programme**, programme ouvert ; **open file**, ouverture de fichier ; **open loop**, boucle ouverte ; **open loop control**, commande en boucle ouverte ; **open network**, réseau ouvert ; **open routine**, sous-programme ouvert ; **open shop**, centre de traitement à accès libre ; **open system**, système ouvert.

OPENING: opening, ouverture ; **opening brace**, accolade gauche '{' ; **opening parenthesis**, parenthèse gauche '(' ; **single-opening quotation mark**, apostrophe d'ouverture '''.

OPERABLE: operable, opérationnel ; operable time, temps d'exploitation.

OPERAND * : operand, opérande ; **address operand**, opérande de l'adresse ; **immediate operand**, opérande directe ; **operand array**, tableau opérande ; **operand channel**, canal opérateur ; **operand field**, champ opérande ; **operand matrix**, matrice opérande ; **operand part**, champ opérande.

OPERATE: operate mode, mode opérationnel.

OPERATED: operated, actionné, exploité ; **key-operated switch**, commutateur à clé ; **keyboard-operated**, commandé par clavier ; **tape-operated**, commande par bande.

OPERATING: basic operating system (BOS), système d'exploitation de base (IBM) ; **disc operating system (DOS)**, système d'exploitation à disque (SED) ; **distributed operating system**, système d'exploitation distribué ; **network operating system (NOS)**, système d'exploitation de réseau ; **operating code field**, zone de code d'opération ; **operating duty**, charge normale ; **operating ratio**, taux d'exploitation ; **operating space**, espace d'affichage, surface utile ; **operating state**, état d'exécution ; **operating station**, console d'exploitation ; **operating status**, état opérationnel ; **operating system (OS)**, système d'exploitation (SE) ; **operating system nucleus**, noyau du système d'exploitation ; **operating time**, durée d'exploitation ; **operating track**, piste de travail ; **tape operating system (TOS)**, système d'exploitation à bande ; **user operating environment**, configuration de l'utilisateur ; **virtual operating system (VOS)**, système d'exploitation virtuel.

OPERATION * : operation, exploitation, opération.

AND operation : opération ET, intersection, conjonction logique ; **binary (arithmetic) operation**, opération (arithmétique) binaire ; **bookkeeping operation**, opération de service ; **Boolean operation**, opération booléenne ; **Boolean operation table**, table d'opération booléenne ; **burst operation**, opération en continu ; **complementary operation**, complémentation ; **concurrent operation**, opération simultanée ; **concurrent peripheral operation**, opération périphérique simultanée ; **consecutive operation**, fonctionnement séquentiel ; **control operation**, fonction, fonction de commande ; **counting operation**, opération de comptage ; **dagger operation**, opération NON-OU ; **declarative operation**, opération déclarative ; **dual operation**, opération jumelée ; **duplex operation**, en mode duplex ; **dyadic logical operation**, opération logique diadique ; **dyadic operation**, opération diadique, opération binaire ; **edit operation**, opération d'édition.

EITHER-OR operation : opération OU inclusif, disjonction logique ; **either-way operation**, semi-duplex ; **equivalence operation**, équivalence logique ; **error-free operation**, opération sans erreur ; **except operation**, exclusion ; **failsafe operation**, fonctionnement à sécurité intégrée ; **full-duplex operation**, opération en duplex ; **half-duplex operation**, en mode semi-duplex ; **hand operation**, opération manuelle ; **hands-off operation**, opération non assistée ; **hands-on operation**, opération assistée ; **hardware operation**, opération matérielle ; **high-speed operation**, opération rapide ; **home loop operation**, exploitation en mode local ; **housekeeping operation**, opération d'aménagement ; **identity operation**, opération d'identité.

IF-AND-ONLY-IF operation : équivalence logique.

IF-THEN operation : opération SI-ALORS, inclusion, implication logique ; **illegal operation**, opération illégale ; **inclusive-NOR operation**, opération NON-OU inclusif ; **inclusive-OR operation**, opération OU inclusif ; **incorrect operation**, opération erronée ; **input operation**, opération d'introduction ; **input/output operation**, opération d'entrée/sortie ; **intermittent operation**, exploitation intermittente ; **internal operation**, opération interne ; **iterative operation**, fonctionnement itératif ; **join operation (OR)**, opération OU ; **joint denial operation (NOR)**, opération NON-OU, opération NI ; **loading operation**, opération de chargement ; **logic operation**, opération logique ; **logical operation**, opération logique ; **loop operation**, opération de boucle ; **machine operation**, opération machine ; **manual operation**, exploitation manuelle ; **microprogrammed operation**, opération microprogrammée ; **monadic operation**, opération monadique, opération unaire ; **multijob operation**, opération multitâche ; **multiplex operation**, multiplexage ; **multiplexed operation**, opération multiplex ; **multitask operation**, multiprogrammation ; **no-operation instruction (nop)**, instruction ineffective ; **non-centralised operation**, opération décentralisée ; **non-equivalence operation**, disjonction, dilemme, OU exclusif ; **off-line operation**, opération autonome ; **one-shot operation**, opération unique ; **one-step operation**, opération à un seul pas ; **operation analysis**, recherche opérationnelle ; **operation centre**, centre de traitement ; **operation code**, code d'opération ; **operation cycle**, cycle opératoire ; **operation part**, partie type d'opération, partie opérateur ; **operation register**, registre d'exploitation ; **operation research (OR)**, recherche opérationnelle ; **operation table**, table de vérité ; **operations per minute (OPM)**, opérations par minute ; **operations per second (OPS)**, opérations par seconde ; **overhead operation**, opération d'aménagement ; **peek-a-**boo operation, opération visuelle ; **polar current operation**, opération en double courant ; **posting operation**, opération de comptabilisation ; **prime operation**, opération de base ; **processing operation**, traitement ; **real-time operation**, opération en temps réel ; **recursive operation**, opération récursive ; **red tape operation**, opération d'entretien ; **repetitive operation**, opération répétitive ; **retrieval operation**, opération de récupération, opération de restitution ; **search operation**, opération de recherche ; **sequential operation**, fonctionnement séquentiel ; **serial operation**, opération séquentielle ; **serial-parallel operation**, opération série-parallèle ; **server operation**, opération de serveur ; **simplex operation**, en alternat ; **single operation**, opération semi-duplex ; **single-step operation**, exécution pas à pas ; **start/stop opération**, opération d'arrêt/marche ; **step-by-step operation**, exécution pas à pas ; **storage operation**, mémorisation ; **store-and-forward operation**, transfert des données mémorisées ; **string operation**, opération sur chaîne ; **synchronous operation**, opération synchrone ; **transfer operation**, opération de transfert ; **unary operation**, opération monadique, opération unaire ; **unattended operation**, opération automatique ; **unbatched operation**, opération individuelle ; **updating operation**, mise à jour ; **utility operation**, opération utilitaire ; **word-oriented operation**, opération exécutée par mots ; **write operation**, opération d'écriture.

OPERATIONAL : operational amplifier, amplificateur opérationnel ; **operational control data**, données de commande opérationnelle.

OPERATOR * : operator, opérateur, opératrice ; **absolute operator**, opérateur exécutable ; **adding operator**, opérateur additionnel ; **arithmetic operator**, opérateur arithmétique ; **binary operator**, opérateur diadique ; **Boolean operator**, opérateur booléen ; **comparaison operator**, opérateur relationnel ; **complementary operator**, opérateur de complémentation ; **console operator**, opérateur ; **dyadic Boolean operator**, opérateur booléen diadique ; **dyadic operator**, opérateur diadique ; **infix operator**, opérateur infixé ; **logic operator**, opérateur logique ; **logical operator**, opérateur logique ; **machine operator**, opérateur machine ; **monadic Boolean operator**, opérateur booléen monadique ; **monadic operator**, opérateur monadique, opérateur unaire ; **operator command**, commande d'exploitation ; **operator console**, console opérateur ; **operator control panel**, pupitre opérateur ; **operator delay**, temps de réponse d'opérateur ; **operator field**, champ opérateur ; **operator manual**, manuel d'utilisation ; **operator message**, message opérateur ; **operator override control**, reprise de contrôle par l'opérateur ; **operator part**, champ opérateur, partie opérateur ; **operator prompting**, sollicitation à l'exploitant ; **procedural operator**, opérateur de procédures ; **relational operator**, opérateur relationnel ; **sequential operator**, opérateur séquentiel ; **serial operator**, opérateur sériel ; **transfer operator**, opérateur de transfert ; **unary operator**, opérateur monadique, opérateur unaire.

OPM : operations per minute (OPM), opérations par minute.

OPPOSITE : opposite page, page ci-contre.

OPS : operations per second (OPS), opérations par seconde.

OPTIC : fibre optic cable, câble à fibres optiques ; **fibre optics**, fibre optique.

OPTICAL : digital optical disc, disque optique numérique ; **optical character**, caractère optique ; **optical character reader**, lecteur optique de caractères ; **optical communications**, communications optiques ; **optical coupler**, coupleur optique ; **optical disc**, disque optique ; **optical encoder**, codeur optique ; **optical fiber characteristics**, caractéristiques des fibres optiques ; **optical mark reader**, lecteur de marque optique ; **optical mark reading**, lecture optique de marques ; **optical reader**, lecteur optique ; **optical scanner**, lecteur optique ; **optical storage**, mémoire optique.

OPTIMAL : optimal addressing, adressage optimal ; **optimal merge tree**, organigramme fusion.

OPTIMISATION, OPTIMIZATION : optimisation (US: optimization), optimisation ; **interactive structural optimisation**, optimisation interactive structurelle ; **linear optimisation**, optimisation linéaire.

OPTIMUM : optimum code, code optimal ; **optimum programming**, programmation optimale ; **optimum tree search**, organigramme de recherche.

OPTION : default option, option par défaut ; **lock option**, option de verrouillage ; **option code**, code optionnel ; **processing option**, option de traitement.

OPTIONAL : optional block skip, saut de bloc facultatif ; **optional halt instruction**, instruction d'arrêt facultatif ; **optional parameter**, paramètre optionnel ; **optional pause instruction**, commande d'arrêt facultatif ; **optional stop instruction**, instruction d'arrêt optionnel ; **optional word**, mot facultatif.

OPTOCOUPLER : optocoupler, coupleur optique.

OPTOELECTRONIC : optoelectronic display (OED), affichage optoélectronique ; **optoelectronics**, l'optoélectronique.

OPTOFIBRE : bending loss (optofibre), perte par courbure (fibre optique).

OPTOMECHANICAL : optomechanical mouse, souris optomécanique.

OR : exclusive-OR operation, opération OU exclusif, non-équivalence logique ; **inclusive-OR opération**, opération OU inclusif, disjonction logique.

NOT-OR operation : fonction de Pierce.

OR operation : opération OU, union, réunion logique.

OR circuit : circuit OU, porte OU.

OR gate : circuit OU, porte OU.

ORDER : order, ordre, instruction, commande ; **alphabetic order**, ordre alphabétique ; **alphabetical order**, ordre ascendant ; **chain order**, instruction d'enchaînement ; **descending order**, ordre décroissant ; **execute order**, instruction d'exécution ; **first order subroutine**, routine de premier ordre ; **header order**, instruction de début ; **high order**, ordre élevé ; **high-order bit**, binaire de gauche ; **high-order character**, caractère cadre à gauche ; **high-order column**, colonne la plus à gauche ; **high-order digit**, chiffre de poids fort ; **high-order equation**, équation évoluée ; **high-order language**, langage de haut niveau, langage évolué ; **high-order position**, position de poids fort ; **high-order storage position**, bit de poids fort ; **high-order zero printing**, impression des zéros de gauche ; **high-order zeroes**, zéros de gauche ; **highest order bit**, bit le plus significatif ; **initial order**, instruction de début ; **input/output order**, instruction d'entrée/sortie ; **job order**, bon de commande ; **lexicographical order**, ordre lexicographique ; **line advance order**, commande de saut de ligne ;

low order, ordre peu élevé ; **low-order bit**, bit de droite ; **low-order position**, position basse ; **matrix order**, rang de matrice ; **merge order**, ordre de fusion ; **numerical order**, ordre numérique ; **order (to) by merging**, ranger par fusion ; **order code**, code d'opérations ; **order of magnitude**, ordre de grandeur ; **order wire**, voie de service.

ORDERED : **ordered tree**, arbre ordonné ; **priority ordered interrupts**, interruptions ordonnées par priorité.

ORDERING : **ordering bias**, écart d'ordre.

ORDINARY : **ordinary binary**, binaire pur.

ORDINATOR : ADP **co-ordinator**, coordinateur informatique.

ORGANISATION, ORGANIZATION : organisation (US: organization), organisation, arrangement ; **data organisation**, organisation des données ; **file organisation**, organisation de fichier ; **indexed organisation**, structure de fichier indexée ; **modular organisation**, organisation modulaire ; **sequential file organisation**, organisation en fichiers séquentiels.

ORGANISED ORGANIZED : organised (US: organized), organisé en, regroupé en ; **bit-organised memory**, mémoire organisée par binaires ; **bus-organised**, topologie de bus ; **word-organised memory**, mémoire organisée par mots, mémoire à mots ; **word-organised storage**, mémoire organisée par mots, mémoire à mots.

ORGANOGRAM : organogram, organigramme.

ORIENTED : **algebraic-oriented language**, langage spécialisé algébrique ; **application-oriented language**, langage orienté vers les applications ; **batch-oriented**, spécialisé au traitement par lots ; **business-oriented computing**, informatique de gestion ; **business-oriented display**, visualisation adaptée à la gestion ; **byte-oriented**, adressable par octet ; **character-oriented**, organisé par caractère ; **computer-oriented language**, langage lié à l'ordinateur ; **file-oriented programming**, programmation adaptée aux fichiers ; **game-oriented**, spécialisé pour le jeu ; **graphic-oriented display**, écran graphique ; **job-oriented**, spécialisé ; **job-oriented language**, langage spécialisé travaux ; **job-oriented terminal**, terminal

spécialisé travaux ; **machine-oriented**, orienté machine ; **machine-oriented language**, langage adapté à la machine ; **oriented**, adapté, spécialisé, orienté ; **problem-oriented language**, langage d'application ; **problem-oriented software**, logiciel de problèmatique ; **procedure-oriented language**, langage procédural, langage adapté aux procédures ; **screen-oriented**, usage de l'écran ; **screen-oriented feature**, particularité utilisant l'écran ; **site-oriented**, orienté système ; **user-oriented language**, langage adapté à l'utilisateur ; **word-oriented**, orienté mot ; **word-oriented computer**, ordinateur organisé par mots ; **word-oriented operation**, opération exécutée par mots.

ORIGIN * : origin, origine ; **origin point**, point d'origine, point de départ ; **programme origin**, origine de programme.

ORIGINAL : **original document**, document source ; **original language**, langage source.

ORIGINATED : originated, d'origine ; **originated station**, station origine.

ORIGINATING : originating, émettrice.

ORIGINATION : origination, originalisation ; **automatic origination**, appel automatique ; **data origination**, transfert de données.

ORIGINATOR : originator, émetteur.

ORTHOGONAL : orthogonal, orthogonal.

OSCILLATING : **oscillating sort**, tri alternatif.

OSCILLATION : **hunting oscillation**, oscillation pendulaire ; **point of oscillation**, point d'oscillation.

OUT : **automatic check-out system**, système de vérification automatique ; **casting out nines**, preuve par neuf ; **copy-out**, transfert en sortie ; **cut-out picture file**, bibliothèque d'images ; **destructive read-out (DRO)**, lecture destructive ; **drop-out**, perte d'information ; **drop-out compensation**, compensation de perte de niveau ; **fan-out**, sortance ; **first in first out (FIFO)**, premier entré premier sorti ; **flop-out**, en décroissant ; **flow-out**, fluence de sortie ; **garbage in garbage out (GIGO)**, à mauvaise entrée, mauvaise sortie ; **key out of sequence**, erreur séquentielle de clé ; **keyboard time-out**, verrouillage temporel de clavier ; **letter out (to)**, effacer ; **level out (to)**, ajuster horizontalement ; **lock-out**, verrouillage, blocage ; **log-out**, fin de session, fermeture d'une session ; **logging out**, fin de session ; **out-of-frame**, hors-gabarit ; **out-of-time**, désynchronisé ; **outside line**, ligne extérieure ; **page out**, transfert de page mémoire ; **paper out**, fin de papier ; **paper-out indicator**, détecteur de fin de papier ; **point out (to)**, signaler ; **read-out (device)**, affichage caractères, visuel à caractères ; **read out (to)**, lire, extraire ; **read-out and reset**, extraction et effacement ; **roll-in/roll-out (RIRO)**, rappel-transfert ; **roll-out**, retrait ; **roll out (to)**, transférer, déloger ; **rub out (to)**, effacer ; **rub-out character**, caractère d'effacement ; **run-out**, bout de ruban ; **shift out (to)**, décaler ; **shift-out character (SO)**, caractère de changement de code spécial ; **short out (to)**, court-circuiter ; **storage read-out**, extraction de mémoire ; **test out (to)**, vérifier ; **time-out**, temporisation ; **two-out-of-five code**, code deux parmi cinq, code quinaire ; **zoom-out**, zoom arrière.

OUTBOUND : outbound, vers la sortie.

OUTCONNECTOR : outconnector, connecteur de sortie.

OUTFEED : outfeed, côté de la sortie.

OUTLAY : outlay, format.

OUTLET : wall outlet, prise murale.

OUTLINE : character outline, contour de caractère ; **outline**, champ caractère.

OUTPUT * : output, sortie, données de sortie ; **adder output**, sortie d'additionneur ; **assembly programme output**, sortie du programme d'assemblage ; **asynchronous output**, sortie asynchrone ; **audio frequency output**, sortie de fréquence audible ; **balanced output**, sortie symétrique ; **buffered input/output**, entrée/sortie tamponnée ; **delayed output**, sortie différée ; **detail output**, sortie individuelle ; **direct output**, sortie directe ; **external output control**, commande de débit externe ; **input/output (I/O)**, entrée/sortie (E/S) ; **input/output area**, zone d'entrée/sortie ; **input/output buffer**, tampon d'entrée/sortie ; **input/output cable**, câble d'entrée/sortie ; **input/output channel**, voie d'entrée/sortie ; **input/output chip**, microplaquette d'entrée/sortie ; **input/output code converter**, convertisseur des codes d'entrée/sortie ; **input/output control**, commande d'entrée/sortie ; **input/output data**, données d'entrée/sortie ; **input/output device**, unité d'entrée/sortie,

organe d'entrée/sortie ; **input/output error**, queue d'entrée/sortie ; **input/output exchange**, échange entrée/sortie ; **input/output handler**, sous-programme d'entrée/sortie ; **input/output indicator**, indicateur entrée/sortie ; **input/output instruction**, instruction d'entrée/sortie ; **input/output interrupt**, interruption d'entrée/sortie ; **input/output library**, bibliothèque d'entrées/sorties ; **input/output-limited**, limité par les entrées/sorties ; **input/output list**, liste des entrées/sorties ; **input/output model**, modèle entrée/sortie ; **input/output operation**, opération d'entrée/sortie ; **input/output order**, instruction d'entrée/sortie ; **input/output pool**, lot d'appareils d'entrée/sortie ; **input/output process**, opération d'entrée/sortie ; **input/output programme**, programme de gestion des entrées/sorties ; **input/output queue**, queue d'attente des entrées/sorties ; **input/output referencing**, référence d'entrée/sortie ; **input/output register**, registre d'entrée/sortie ; **input/output routine**, routine d'entrée/sortie ; **input/output section**, section d'assemblage entrée/sortie ; **input/output software routine**, sous-programme de gestion des entrées/sorties ; **input/output statement**, instruction d'entrée/sortie ; **input/output storage**, mémoire d'entrée/sortie ; **input/output support package**, sous-programme d'entrée/sortie ; **input/output switching**, commutation d'entrée/sortie ; **input/output symbol**, symbole d'entrée/sortie ; **input/output synchroniser**, tampon entrée/sortie ; **input/output system**, système de gestion des entrées/sorties ; **input/output trunk**, câble entrée/sortie ; **input/output unit**, unité d'entrée/sortie, organe d'entrée/sortie ; **job output**, sortie des travaux ; **job output device**, périphérique de sortie ; **job output file**, fichier de sortie des résultats ; **job output stream**, flot de sortie des résultats ; **legible output**, sortie lisible ; **next output block**, prochain bloc à transmettre ; **nought output**, signal de zéro ; **output area**, zone d'extraction ; **output block**, mémoire de sortie ; **output buffer**, tampon de sortie ; **output channel**, voie de sortie ; **output data**, données de sortie ; **output device**, unité de sortie, organe de sortie ; **output equipment**, équipement de sortie ; **output file**, fichier de sortie ; **output limited**, limité par la sortie ; **output list**, liste de sortie ; **output process**, sortie (de traitement) ; **output programme**,

programme de sortie, programme d'extraction ; **output punch**, perforatrice de sortie ; **output routine**, programme de sortie, programme d'extraction ; **output routine generator**, générateur de programme de sortie ; **output unit**, unité de sortie, organe de sortie ; **output work queue**, file d'attente en sortie ; **output writer**, éditeur de sortie ; **parallel input/output**, entrée/sortie parallèle ; **process data output**, sortie des données industrielles ; **random access input/output**, entrée/sortie à accès direct ; **rated output**, sortie nominale ; **readable output**, sortie lisible directement ; **real-time output**, sortie en temps réel ; **select output file**, fichier de vidage sélectif ; **serial digital output**, sortie numérique série ; **serial input/output**, entrée/sortie séquentielle ; **slave output**, sortie asservie ; **status output ready**, sortie validée ; **system output unit**, unité de sortie du système ; **total output**, sortie du résultat ; **unbalanced output**, sortie asymétrique ; **undisturbed output signal**, signal de sortie non perturbé ; **unsolicited output**, sortie non sollicitée ; **variable output speed**, vitesse de sortie variable ; **virtual input/output (VIO)**, entrée/sortie virtuelle ; **voice frequency output**, sortie de fréquence vocale ; **voice output**, sortie vocale ; **voice output buffer**, tampon de sortie vocale ; **voice output unit**, unité de sortie vocale ; **zero output**, sortie zéro.

OUTSIDE : outside line, ligne extérieure.

OUTSORT : outsort, tri de sortie ; **outsort (to)**, extraire par tri.

OUTSTATION : outstation, terminal.

OVERFLOW * : overflow, dépassement, débordement ; **(arithmetic) overflow**, dépassement (de capacité) ; **characteristic overflow**, dépassement supérieur de capacité ; **directory overflow**, dépassement de capacité de répertoire ; **imbedded overflow**, débordement intercalaire ; **intermediate result overflow**, dépassement de capacité intermédiaire ; **list overflow**, dépassement de liste ; **overflow area**, zone de dépassement de capacité ; **overflow indicator**, indicateur de dépassement ; **overflow position**, en position de dépassement ; **page overflow**, dépassement de page ; **record overflow feature**, dispositif de changement de piste ; **short precision overflow**, dépassement de capacité simple précision ; **variable length overflow**, article de longueur variable.

OVERHEAD : overhead, déperdition ; **overhead bit**, bit de service ; **overhead operation**, opération d'aménagement ; **software overhead**, servitude logicielle.

OVERLAP : overlap, simultanéité, recouvrement ; **memory overlap**, recouvrement de mémoire ; **overlap processing**, traitement simultané ; **processing overlap**, débordement de traitement ; **write overlap**, débordement de l'écriture.

OVERLAPPING * : overlapping, simultanéité, recouvrement ; **overlapping seek**, recherche en recouvrement.

OVERLAY * : overlay, recouvrement ; **form overlay**, cadre en surimpression ; **overlay (to)**, recouvrir ; **overlay area**, zone de recouvrement ; **overlay load module**, module de chargement à recouvrement ; **overlay management**, gestion de recouvrements ; **overlay segment**, segment de recouvrement ; **overlay structure**, structure de recouvrement ; **overlay supervisor**, superviseur de recouvrement ; **overlay tree**, recouvrement arborescent ; **user overlay**, débordement des travaux.

OVERLAYING : overlaying, recouvrement ; **automatic overlaying**, recouvrement automatique.

OVERLOAD : overload, surcharge.

OVERPRINTING : overprinting, surimpression.

OVERPUNCH : overpunch, perforation hors-texte.

OVERRIDE : override, correction ; **operator override control**, reprise de contrôle par l'opérateur ; **override bit**, bit de prise de contrôle.

OVERRUN : overrun, engorgement, embouteillage ; **overrun check**, erreur de dépassement.

OVERSHOOT : overshoot, dépassement ; **overshoot factor**, facteur de dépassement.

OVERSPEED : overspeed, survitesse ; **overspeed limiter**, limiteur de survitesse.

OVERWRITE : overwrite, surimpression ; overwrite (to), écrire par dessus, écraser.

OWNER : owner, entité maître, propriétaire.

OXIDE : oxide, oxyde ; metal oxide silicon (MOS), semi-conducteur à oxyde métallique ; oxide coating, couche d'oxyde ; oxide layer, couche d'oxyde ; oxide side, côté oxyde ; oxide thickness, épaisseur d'oxyde

P

P : P-channel, canal P ; P-type, de type P.

PACK * : pack, paquet de cartes, jeu de cartes ; pack (to), condenser, regrouper ; card pack, paquet de cartes, jeu de cartes ; cluster pack, paquet groupé ; disc pack, chargeur multidisque ; flat pack, circuit intégré à broches axiales ; instruction pack, paquet de cartes d'instructions ; object pack, paquet de cartes objet ; pack number, numéro de chargeur ; portable pack, chargeur mobile ; programme pack, module de programme ; source pack, cartes source ; squoze pack, cartes de données condensées.

PACKAGE * : package, progiciel ; accounting package, progiciel comptable ; application package, progiciel d'application ; benchmark package, logiciel de test ; business package, progiciel de gestion ; course package, progiciel didactique ; datacom package, progiciel télématique ; dual-in-line package (DIL), boîtier à double rangée de connexions ; floating-point package, progiciel à virgule flottante ; gaming package, progiciel de jeux d'entreprise ; graphic package, progiciel graphique ; graphic software package, progiciel graphique ; hard package, programme de trace écrite ; input/output support package, sous-programme d'entrée/sortie ; programme package, logiciel ; single in-line package (SIP), boîtier simple connexion ; software package, progiciel ; utility package, logiciel utilitaire.

PACKED : packed decimal, décimal condensé ; signed packed decimal, décimal condensé signé.

PACKET : packet, paquet, tranche (de données) ; packet assembler/disassembler (PAD), assembleur-désassembleur de paquets ; packet assembly, assemblage de paquets ; packet disassembly, désassemblage de paquets ; packet mode, mode paquet ; packet mode terminal, terminal en mode paquet ; packet sequencing, ordonnancement de paquets ; packet switching, commutation de paquets ; packet transmission, transmission de paquets.

PACKING : packing, empaquetage ; file packing, groupement de fichiers ; packing density, densité d'enregistrement ; packing factor, densité de compactage.

PAD : pad, pavé ; pad (to), remplir ; cursor pad, pavé curseur ; diamond-shaped cursor pad, pavé curseur en losange ; digitising pad, numériseur ; hex pad, clavier hexadécimal ; inking pad, tampon encreur ; numeric pad, pavé numérique ; packet assembler/disassembler (PAD), assembleur-désassembleur de paquets ; pressure pad, patin de pression ; touch-pad, bloc à effleurement.

PADDING : padding, remplissage, bourrage ; input padding record, bloc de garnissage en entrée ; padding character, caractère de remplissage ; padding item, article de remplissage ; padding record, enregistrement de remplissage.

PADDLE : paddle, manette ; game paddle, manette de jeu.

PAGE * : page, page ; page (to), paginer ; automatic page numbering, foliotage automatique ; full page, pleine page ; logical page number (LPN), numéro de page logique ; next page, page suivante ; opposite page, page ci-contre ; page-at-a-time printer, imprimante page par page ; page break, changement de page ; page counter, compteur de pages ; page end indicator, indicateur de fin page ; page file, fichier par page ; page fixing, mise en place de page ; page frame, cadre de page ; page in, transfert de page mémoire, présentation ; page length setting, définition de la longueur de page ; page limit, limitation de page ; page map table, table de topographie mémoire ; page migration, transfert de page ; page number location, lieu de pagination ; page out, transfert de page mémoire ; page overflow, dépassement de page ; page printer, imprimante page par page ; **page reader**, lecteur de page ; **page setting**, mise en place de page ; **page skip**, saut de page ; **page slot**, page mémoire ; **page storage**, mémoire paginée ; **page swapping**, échange de pages mémoires ; **page table**, table de pages ; **reserved page**, page restée en mémoire ; **verifying page printer**, téléimprimeur de contrôle ; **zero page addressing**, adressage par page.

PAGING : anticipatory paging, appel de page anticipé ; **demand paging**, pagination sur demande ; **paging device**, dispositif de pagination ; **paging system**, système à mémoire virtuelle ; **paging technique**, technique de pagination.

PAINT : paint, coloriage, illumination de point image ; **paint roller**, rouleau à peinture.

PAINTING : painting, coloriage, illumination de point image.

PAIR : pair, paire ; **bounded pair**, limites ; **cable pair**, câble bifilaire ; **twisted pair**, paire torsadée ; **twisted-pair cable**, câble bifilaire torsadé.

PAL : programmable array logic (PAL), logique à réseau programmable.

PALETTE : colour palette, palette de couleurs.

PAM : pulse amplitude modulation (PAM), modulation d'impulsions en amplitude.

PAN : pan, panoramique.

PANCAKE : pancake, composant plat.

PANEL : panel, panneau ; **computer control panel**, tableau de commande d'ordinateur ; **control panel**, panneau de commande ; **gas panel**, écran à plasma ; **graphic panel**, tableau graphique ; **indicator panel**, pupitre de signalisation ; **jack panel**, tableau de connexions ; **operator control panel**, pupitre opérateur ; **plasma panel**, écran à plasma ; **status panel**, champ des indicateurs d'état ; **touch panel**, écran tactile.

PANNING : panning, translation panoramique.

PAPER : paper, papier ; **carbon paper**, papier carboné ; **drawing paper**, papier à dessin ; **electro-sensitive paper**, papier conducteur ; **fanfold paper**, papier en continu plié ; **fanfolded paper**, papier plié en accordéon ; **high-speed paper feed**, transport de papier rapide ; **listing paper**, papier pour listages ; **manual paper feed**, avance manuelle de papier ; **paper feed**, alimentation papier, avance

papier ; **paper guide**, guide papier ; **paper low**, manque de papier ; **paper out**, fin de papier ; **paper-out indicator**, détecteur de fin de papier ; **paper skip**, saut de papier ; **paper slew**, avance papier ; **paper slewing**, avance papier ; **paper tape**, bande de papier, bande perforée ; **paper tape code**, code de bande perforée ; **paper tape loop**, bande perforée de test ; **paper tape punch**, perforation de bande ; **paper tape punching**, perforation de bande ; **paper tape reader (PTR)**, lecteur de bande perforée ; **paper throw**, saut de papier ; **pin-fed paper**, papier à perforations ; **punched paper tape**, ruban de papier perforé ; **scale-paper**, papier millimétrique ; **thermal paper**, papier thermique ; **thermosensitive paper**, papier thermosensible ; **tracing paper**, papier calque ; **Z-fold paper**, papier paravent ; **zig-zag folded paper**, papier à pliage accordéon, papier paravent.

PARAGRAPH : paragraph, paragraphe ; **paragraph indent**, indentation de paragraphe.

PARALLEL : parallel, parallèle ; **bit parallel**, transfert en parallèle ; **Centronics-type parallel port**, sortie parallèle de type Centronics ; **parallel access**, accès parallèle ; **parallel adder**, additionneur parallèle ; **parallel addition**, addition parallèle ; **parallel allocation**, allocation partagée ; **parallel computer**, ordinateur concurrent ; **parallel conversion**, conversion en parallèle ; **parallel converter**, convertisseur parallèle ; **parallel full adder**, additionneur parallèle ; **parallel input/output**, entrée/sortie parallèle ; **parallel machine architecture**, architecture à processeurs parallèles ; **parallel mouse**, souris à connexion parallèle ; **parallel mouse adapter**, interface souris parallèle ; **parallel poll**, scrutation parallèle ; **parallel poll mask**, masque de scrutation parallèle ; **parallel polling**, scrutation parallèle ; **parallel printing**, impression en parallèle ; **parallel processing**, traitement en parallèle ; **parallel reading**, lecture en parallèle ; **parallel search storage**, mémoire associative ; **parallel transfer**, transfert en parallèle ; **parallel transmission**, transmission en parallèle ; **serial-parallel**, serie-parallèle ; **serial-parallel operation**, opération série-parallèle.

PARAMETER * : parameter, paramètre ; **actual parameter**, paramètre réel, paramètre effectif ; **default parameter**, paramètre par défaut ; **design parameter**, paramètre de conception ; **dynamic parameter**, paramètre dynamique ; **external programme parameter**, paramètre externe ; **field input parameter**, paramètre d'entrée du champ ; **formal parameter**, paramètre formel, paramètre fictif ; **formal parameter list**, liste de paramètres formels ; **generation parameter**, paramètre de génération ; **incremental parameter**, paramètre de progression ; **initial parameter**, paramètre initial ; **input parameter**, paramètre d'entrée ; **item key parameter**, paramètre de codage d'article ; **item length parameter**, paramètre de longueur d'article ; **keyword parameter**, paramètre de mot clé ; **label parameter**, paramètre repère ; **linkage parameter**, paramètre de chaînage ; **local parameter**, paramètre local ; **location parameter**, paramètre de positionnement ; **optional parameter**, paramètre optionnel ; **parameter association**, association de paramètres ; **parameter card**, carte-paramètre ; **parameter substitution**, substitution de paramètres ; **parameter word**, mot-paramètre ; **positional parameter**, paramètre de positionnement ; **preset parameter**, paramètre prédéfini ; **programme parameter**, paramètre de programme ; **release parameter**, paramètre de lancement ; **site parameter**, paramètre système ; **starting parameter**, paramètre d'initialisation ; **symbolic parameter**, paramètre symbolique ; **variable parameter**, paramètre variable ; **variation of parameter**, variation d'un paramètre ; **volume parameter card**, carte de commande de support informatique.

PARAMETERISATION, PARAMETERIZATION : parameterisation (US: parameterization), paramétrage.

PARAMETRIC : parametric, paramétrique ; **parametric programming**, programmation paramétrique.

PARASITIC : parasitic signal, signal parasite.

PARENT : parent type, type parent.

PARENTHESIS : parenthesis, parenthèses '()' ; **left parenthesis**, parenthèse gauche '(' ; **opening parenthesis**, parenthèse gauche '(' ; **parenthesis-free notation**, notation polonaise inversée ; **right parenthesis**, parenthèse droite ')'.

PARENTHESISE, PARENTHESIZE : parenthesise (to) (US: parenthesize), mettre entre parenthèses.

PARITY : parity, parité ; character parity check, vérification de parité par caractère ; **even parity**, parité paire ; **even parity bit**, bit de parité ; **even parity check**, contrôle de parité ; **frame parity**, parité de trame ; **horizontal parity**, parité longitudinale ; **horizontal parity bit**, bit de parité longitudinale ; **horizontal parity control**, contrôle de parité longitudinale ; **lateral parity**, parité transversale ; **longitudinal parity**, parité verticale ; **odd parity**, parité impaire ; **odd parity bit**, bit d'imparité ; **odd parity check**, contrôle de parité impaire ; **parity bit**, binaire de parité ; **parity check**, contrôle de parité ; **parity checking**, contrôle de parité ; **parity error**, erreur de parité ; **parity sum**, somme de parité ; **parity system**, système à contrôle de parité ; **storage parity**, test de parité à la mémorisation ; **vertical parity**, parité verticale ; **vertical parity check**, contrôle de parité verticale.

PARSE : parse (to), analyser.

PARSER : parser, programme d'analyse.

PARSING : parsing, analyse syntaxique.

PART : part, partie ; **address part**, partie d'adresse ; **component part**, composant constitutif, organe constitutif ; **computer parts programming**, programmation des rechanges ; **declarative part**, partie déclarative ; **fixed-point part**, mantisse ; **fractional part**, mantisse ; **imaginary part**, partie imaginaire ; **index part**, partie d'index ; **instruction part**, partie d'instruction ; **integral part**, partie intégrante ; **left part**, partie gauche ; **operand part**, champ opérande ; **operation part**, partie type d'opération, partie opérateur ; **operator part**, champ opérateur, partie opérateur ; **programme part**, segment de programme ; **right part**, partie droite ; **value part**, liste des valeurs ; **variant part**, partie variable.

PARTIAL : partial carry, report partiel ; **partial graph**, graphe incomplet ; **partial screen erase**, effacement partiel de l'écran.

PARTICULAR : particular value, valeur particulière.

PARTITION : partition, partition ; **partition (to)**, segmenter.

PARTITIONED : partitioned data, données cataloguées.

PARTY : called party, abonné demandé ; **calling party**, demandeur ; **third party**, tiers ; **third party equipment**, équipement tiers.

PASCAL * : Pascal (language), Pascal

(langage).

PASS * : pass, passe ; **assembly pass**, passe d'assemblage ; **high-pass filter**, filtre passe-haut ; **low-pass filter**, filtre passe-bas ; **merge pass**, passe de fusion ; **single-pass programme**, programme en passe unique ; **sort pass**, passe de tri ; **sorting pass**, passe de tri.

PASSEWORD : passeword field, zone de mot de passe.

PASSING : passing, exécution, déroulement, passage ; **token-passing bus network**, réseau avec bus à jeton ; **token-passing ring network**, réseau avec bus annulaire à jeton ; **token-passing ring protocol**, protocole d'anneau à jeton ; **token-passing sequence**, séquence de bus à jeton.

PASSIVATED : passivated, passivé.

PASSIVE : passive element, élément passif ; **passive mode**, mode passif ; **passive station**, station neutre.

PASSWORD : password, mot de passe ; **password protection**, protection par mot de passe ; **two-level password**, double mot de passe ; **two-level password entry**, entrée à double mot de passe.

PASTE : cut and paste, coupe et insertion.

PASTING : pasting, collage, raccordement.

PATCH * : patch, modification, changement ; **patch (to)**, corriger ; **patch cord**, cordon de raccordement ; **patch routine**, programme de correction.

RS-232 patch box, configurateur RS-232.

PATCHER : patcher, programme de correction.

PATCHING : patching, collage, raccordement.

PATH : access path, chemin d'accès ; **base linkage path**, branche d'enchaînement de base ; **card path**, chemin de cartes ; **connecting path**, circuit de connexion ; **continuous path control**, contrôle en continu ; **data path**, circulation de données, acheminement de données ; **execution path**, chemin d'exécution ; **flow path**, branche de traitement ; **linkage path**, voie d'enchaînement ; **path attenuation**, atténuation de trajet ; **point-to-point path control**, contrôle point à point ; **read path**, chemin de lecture.

PATHWAY : pathway, voie d'accès.

PATTERN : bit pattern, profil binaire ; **code pattern**, figure de code ; **hole pattern**, configuration, combinaison de perforations ; **indicator pattern**, profil d'indication ; **matched pattern**, structure de comparaison ; **pattern recognition**, reconnaissance des formes ; **structure pattern**, structure de programme.

PAUSE : pause, repos ; **optional pause instruction**, commande d'arrêt facultatif ; **pause instruction**, instruction d'arrêt.

PAWL : safety pawl, levier de sécurité.

PC : personal computer (PC), ordinateur individuel (OI) ; **printed circuit (PC)**, circuit imprimé (CI) ; **progamme counter (PC)**, compteur d'intructions.

PCB : printed circuit board (PCB), carte à circuit imprimé.

PCM : pulse code modulation (PCM), modulation par impulsions.

PCU : peripheral control unit (PCU), unité de contrôle périphérique.

PEAK : load peak, pointe de charge.

PEEK : peek, prélèvement ; **peek (to)**, extraire, prélever ; **peek-a-boo check**, contrôle visuel ; **peek-a-boo operation**, opération visuelle.

PEEPHOLE : peephole, orifice ; **peephole mask**, masque perforé.

PEL : pel, pixel, élément d'image ; **print pel**, point d'impression.

PEN : pen, plume ; **bar code pen**, crayon de code à barres ; **electronic pen**, crayon électronique ; **light pen**, crayon optique ; **light-pen detection**, détection par photostyle ; **light-pen hit**, détection par photostyle ; **pen plotter**, traceur à plumes ; **touch pen**, crayon de touche.

PENCIL : conductive pencil, crayon à mine conductrice ; **light pencil**, photostyle.

PENDING : pending, en attente, mise au repos ; **interrupt pending**, interruption en cours.

PENETRATION : beam-penetration CRT, tube à pénétration ; **penetration CRT**, tube cathodique à pénétration.

PERCENT : percent sign, symbole '%'.

PERFORATED : perforated, perforé ; **perforated tape**, bande perforée.

PERFORATION : perforation skip mode, mode saut de perforation.

PERFORATOR : perforator, perforateur.

PERFORMANCE : concurrent performance, fonctionnement en parallèle **; high-performance computer**, ordinateur, calculateur à hautes performances **; high-performance equipment**, équipement à haute performance **; low-performance equipment**, matériel de faible performance **; performance**, fonctionnement.

PERIOD : basic period clock, rythmeur de base **; debugging period**, période de rodage **; digit period**, période binaire **; evaluation period**, phase d'essai **; line blanking period**, durée de la suppression ligne **; processing period**, cycle de traitement **; quiescent period**, temps de repos **; retention period**, période rétention **; scan period**, durée de balayage, durée de scanage **; storage period**, période de mémorisation **; warm-up period**, période de mise en activité **; word period**, période de mot.

PERIPHERAL * : peripheral, périphérique **; batch peripheral**, périphérique lourd **; concurrent peripheral operation**, opération périphérique simultanée **; conversational peripheral**, périphérique de dialogue **; peripheral allocation table**, table des états périphériques **; peripheral assignment**, affectation de périphérique **; peripheral bound**, limité par le périphérique **; peripheral control unit (PCU)**, unité de contrôle périphérique **; peripheral controller**, contrôleur de périphérique **; peripheral device**, organe périphérique **; peripheral equipment**, organe périphérique **; peripheral interchange programme (PIP)**, gestionnaire de périphérique **; peripheral interface**, interface de périphérique **; peripheral interface channel**, canal d'interface périphérique **; peripheral interface unit (PIU)**, unité d'interface périphérique **; peripheral interrupt**, interruption de périphérique **; peripheral-limited**, limité par le périphérique **; peripheral processor**, processeur auxiliaire **; peripheral transfer**, transfert périphérique **; peripheral type**, type de périphérique **; peripheral unit**, unité périphérique **; slow speed peripheral**, périphérique lent **; standard peripheral**, périphérique classique.

PERMANENT : permanent error, erreur matérielle **; permanent file**, fichier permanent **; permanent storage**, mémoire permanente **; permanent virtual circuit**, circuit virtuel permanent.

PERMEABILITY : initial permeability, perméabilité initiale.

PERMIT : permit, autorisation, permission **; write permit**, autorisation d'écriture.

PERMUTATION : permutation, permutation, échange **; cyclic permutation**, permutation circulaire **; permutation index**, index de permutation.

PERSONAL : personal computer (PC), ordinateur individuel (OI) **; personal office computer**, ordinateur personnel de bureau.

PERSONNEL : computer personnel, personnel informatique **; programming personnel**, personnel de programmation.

PETRI : Petri network, réseau de Pétri.

PFM : pulse frequency modulation (PFM), modulation d'impulsions en fréquence.

PHANTOM : phantom circuit, circuit fantôme.

PHASE : phase, phase **; assembling phase**, phase d'assemblage **; assembly phase**, phase d'assemblage **; compilation phase**, phase de compilation **; compile phase**, phase de compilation **; compiling phase**, phase de compilation **; completion phase**, phase terminale **; data phase**, phase de transfert de données, phase de données **; data transfer phase**, phase de transfert de données, phase de données **; debugging phase**, phase de mise au point **; execute phase**, phase d'exécution **; executing phase**, phase d'exécution **; implementation phase**, phase de mise en oeuvre **; information transfer phase**, phase de transfert des informations **; input phase**, phase d'introduction **; link phase**, phase de chaînage **; object phase**, phase d'exécution **; phase adapter**, adaptateur de phase **; phase angle**, angle de phase **; phase delay**, retard de phase **; phase distortion**, distorsion de phase **; phase encoder**, codeur de phase **; phase encoding**, enregistrement par modulation de phase **; phase equaliser**, compensateur de phase **; phase inversion modulation**, modulation par inversion de phase **; phase jitter**, instabilité de phase **; phase modulation (PM)**, modulation de phase (MP) **; phase shift**, décalage de phase, saut de phase **; phase shift signalling**, modulation par déplacement de phase **; translate phase**, phase de traduction **; translating phase**, phase de traduction **; triple-phase**, triphase **; unbalanced in phase**, déséquilibre de phase.

PHONE : data phone, coupleur téléphonique **; phone**, téléphone **; security phone**, téléphone à mémoire.

PHONEM : phonem, phonème.

PICKUP * : call pickup, interception d'un appel ; **immediate pickup**, excitation instantanée.

PICTORIAL : pictorial data representation, représentation de données image.

PICTURE : picture, image ; **cut-out picture file**, bibliothèque d'images ; **item picture**, image de la structure ; **picture element**, élément d'image ; **self-focused picture tube**, tube autoconvergent.

PIE : pie, camembert ; **pie diagram**, diagramme à secteurs, diagramme camembert ; **pie graph**, diagramme à secteurs, diagramme camembert.

PIGGYBACK : piggyback, superposable.

PIGGYBACKING : piggybacking, superposition.

PILOT : pilot card, carte pilote.

PIN : pin, broche, picot ; **banana pin**, fiche banane ; **locating pin**, broche de centrage ; **pin configuration**, brochage logique ; **pin diagram**, brochage ; **pin-feed paper**, papier à perforations ; **pin feed drum**, tambour d'entraînement à picots ; **pin wheel**, roue à picots ; **punching pin**, poinçon.

PINBOARD : pinboard, tableau de connexions.

PINCUSHION : pincushion, pelote à aiguilles ; **pincushion distortion**, distorsion en coussin ; **pincushion effect**, effet de coussin.

PINFEED : pinfeed, entraînement par ergots ; **pinfeed platen**, rouleau à ergots.

PINOUT : pinout, broche, picot ; **pinout layout**, brochage.

PINPOINT : pinpoint, point identifié.

PINWHEEL : pinwheel, roue à ergots.

PIP : peripheral interchange programme (PIP), gestionnaire de périphérique.

PIPELINE : pipeline, pipeline.

PIRACY : computer piracy, piraterie informatique.

PITCH : pitch, pas, incrément ; **array pitch**, pas de tableau, pas longitudinal ; **character pitch**, jeu de caractères ; **effective pitch**, pas réel ; **feed pitch**, pas d'entraînement ; **horizontal pitch**, espacement des caractères ; **row pitch**, pas longitudinal, espacement des caractères ; **track pitch**, pas transversal, entre-axe des pistes ; **variable character pitch**, espacement variable des caractères ; **vertical pitch**, espacement des lignes.

PIU : peripheral interface unit (PIU), unité d'interface périphérique.

PIXEL * : pixel, pixel, élément d'image ; **bits per pixel**, bits par pixel ; **pixel-based display**, affichage matriciel ; **pixel-by-pixel dump**, vidage pixel par pixel ; **pixel location**, coordonnées de pixel ; **pixel memory**, mémoire pixel ; **pixel memory plane**, plan de mémoire image ; **pixel read/write**, lecture/écriture de point image ; **pixel update time**, temps de rafraîchissement d'un pixel ; **raster pixel addressing**, adressage de point image.

PL : programming language (PL), langage de programmation.

PLA : plasma display, écran à plasma ; **plasma panel**, écran à plasma ; **programmed logic array (PLA)**, réseau à logique programmée.

PLACE : place, place, position ; **digit place**, position binaire ; **up-in-place mode**, mise à jour par modification ; **update-in-place mode**, mise à jour par modification.

PLAIN : plain text, texte en clair ; **plain writing**, écriture en clair.

PLAN : action plan, plan d'action.

PLANAR : planar, planaire ; **planar graph**, graphe planaire.

PLANE : plane, plan ; **bit plane**, plan binaire ; **inner plane**, couche interne ; **internal plane**, couche interne ; **magnetic core plane**, plan de tores magnétiques ; **mother plane**, panneau de connexions ; **oblique plane**, surface oblique ; **pixel memory plane**, plan de mémoire image ; **three-bit plane**, plan triade.

PLANNING : system planning, planification d'un système ; **workload planning**, planification des charges.

PLANT : plant, usine.

PLASMA : plasma display, écran à plasma ; **plasma panel**, écran à plasma.

PLATE : bottom plate, plaque de fond.

PLATED : plated wire storage, mémoire à fil magnétique.

PLATEN : platen, rouleau d'impression ; **pinfeed platen**, rouleau à ergots ; **platen control**, commande du rouleau d'impression ; **platen magnet**, électro-aimant de platen ; **platen shaft**, axe de rouleau.

PLATFORM : document platform, plaque réceptrice de formulaires.

PLATTER : platter, plateau.

PLAY : play, jeu.

PLAYBACK : playback head, tête de lecture.

PLAYER : player, objet-image, joueur, lutin.

PLEX : plex, réseau.

PLOT : plot, tracé.

PLOTTER * : plotter, traceur ; co-ordinate plotter, traceur ; colour plotter, traceur couleur ; curve plotter, traceur de courbes ; data plotter, traceur ; dot matrix plotter, traceur par point ; drum plotter, traceur à tambour ; electrostatic plotter, traceur électrostatique ; flatbed plotter, table traçante, table à tracer ; graph plotter, traceur de courbes ; graphics plotter, table graphique ; incremental plotter, traceur incrémentiel ; intelligent plotter, traceur intelligent ; laser plotter, traceur à laser ; pen plotter, traceur à plumes ; plotter step size, pas de traceur ; raster plotter, traceur par ligne ; X-Y plotter, traceur cartésien.

PLOTTING : plotting, traçage ; automatic plotting, traceur automatique ; plotting board, table traçante, table à tracer ; plotting head, tête traçante ; point plotting, trace point par point.

PLUG : plug, fiche ; female plug, connecteur femelle ; male plug, connecteur mâle ; plug-in type, de type enfichable ; plug-in unit, élément enfichable ; plug-to-plug compatible, parfaitement compatible ; polarised (US: polarized) plug, connecteur avec détrompeur.

PLUGBOARD * : plugboard, tableau de connexions ; plugboard chart, schéma de connexions.

PLUGGABLE : pluggable, enfichable ; pluggable connector, connecteur enfichable.

PLUGGING : plugging, enfichage ; plugging chart, schéma de connexions.

PLUS : N-plus-one address instruction, instruction à N plus une adresses ; one-plus-one address instruction, instruction à une plus une adresses ; plus adjustment, correction plus ; plus sign, signe plus ' + ' ; two-plus-one address instruction, instruction à deux plus une adresses.

PMOS : positive MOS (PMOS), MOS positif.

PN : PN boundary, jonction PN.

PNP : PNP transistor, transistor PNP.

POCKET : drop pocket, case de récep-tion, case de tri ; pocket calculator, calculatri-ce de poche ; reject pocket, case de rebut.

POINT : point, point, virgule (décimale) ; actual decimal point, virgule décimale réelle ; addressable point, position adressable ; arithmetic point, virgule ; articulation point (graph), point d'articulation (graphe) ; assumed decimal point, virgule programmée ; binary point, virgule binaire ; branch point, point de branchement, bifurcation ; clutch point, point d'engagement ; data point, coordonnées de point image ; decimal floating point, virgule décimale ; decimal point alignment, cadrage, positionnement de la virgule décimale ; display point, point adressable ; double precision floating point, virgule flottante en double précision ; encoded point, point adressable ; entry point, point d'entrée, adresse d'entrée ; exit point, point de sortie ; fixed-floating point format, notation à virgule fixe ; fixed point, virgule fixe ; fixed-point arithmetic, arithmétique en virgule fixe ; fixed-point binary, binaire en virgule fixe ; fixed-point calculation, calcul en virgule fixe ; fixed-point division, division à virgule fixe ; fixed-point part, mantisse ; fixed-point representation, numération en virgule fixe ; fixed-point type, type à virgule fixe ; fixed-point word length, longueur de mot en virgule fixe ; floating point, virgule flottante ; floating-point addition, addition en virgule flottante ; floating-point arithmetic, arithmétique à virgule flottante ; floating-point base, base de séparation flottante ; floating-point calculation, calcul en virgule flottante ; floating-point number, nombre à virgule flottante ; floating-point package, progiciel à virgule flottante ; floating-point processor (FPP), processeur en virgule flottante ; floating-point radix, base de séparation flottante ; floating-point register, registre à virgule flottante ; floating-point representation, représentation à virgule flottante ; floating-point routine, programme à virgule flottante ; floating-point type, type à virgule flottante ; hexadecimal point, virgule hexadé-cimale ; horizontal retrace point, point de retour ligne ; implied binary point, virgule binai-re implicite ; implied decimal point, virgule décimale présumée ; in-point, point d'entrée, adresse d'entrée ; index point, point d'index ; initial entry point, point d'entrée initial ; initial point, point d'origine, point de départ ; intercept point, point d'intersection ; interchange point, point d'échange ; **load point**, amorce de début, point de charge ; **long-form floating point**, virgule flottante en multiple précision ; **main entry point**, point d'entrée principal ; **measuring point**, point de mesure ; **monitor point**, point de contrôle ; **normalised form (floating point)**, forme normalisée ; **origin point**, point d'origine, point de départ ; **point of contact**, point de contact ; **point of failure**, lieu de la panne ; **point of impact**, point d'impact ; **point of intersection**, point d'intersection ; **point of oscillation**, point d'oscillation ; **point out (to)**, signaler ; **point plotting**, trace point par point ; **point position**, position de la virgule ; **point setting**, positionnement de la virgule ; **point-to-point**, point à point ; **point-to-point circuit**, circuit point à point ; **point-to-point connection**, liaison point à point, liaison bipoint ; **point-to-point line**, liaison point à point, liaison bipoint ; **point-to-point path control**, contrôle point à point ; **point-to-point transmission**, transmission de point à point ; **points of suspension**, points de suspension '...' ; **primary entry point**, point d'entrée principal ; **print point**, point d'impression ; **radix point**, rang de la virgule ; **reentry point**, point de retour ; **rerun point**, point de reprise ; **rescue point**, point de reprise ; **restart point**, point de reprise ; **secondary entry point**, point d'entrée secondaire ; **single-precision floating point**, virgule flottante simple précision ; **terminal connecting point**, point de connexion ; **test access point**, point test ; **variable point**, virgule ; **variable point représentation**, numération à séparation variable ; **vertical retrace point**, point de retour trame ; **voltage test point**, point de mesure de tension.

POINTER * : pointer, pointeur, flèche ; **dummy pointer**, pseudopointeur ; **forward pointer**, pointeur de déroulement ; **nil pointer**, pointeur vide ; **pointer array**, tableau de pointeurs ; **pointer chain**, chaîne de pointeurs ; **pointer qualifier**, désignateur d'identificateur ; **stack pointer**, pointeur de pile ; **static pointer**, pointeur statique.

POKE : poke, écriture ; **poke (to)**, écrire en mémoire.

POLAR : polar, polaire ; **polar current operation**, opération en double courant ; **polar NRZ code**, code binaire NRZ ; **polar relay**, relais polarisé ; **polar signalling**, signalisation polarisée ; **polar transmission**, transmission

bipolaire.

POLARISATION, POLARIZA-TION : polarisation (US: polarization) diversity, diversité en polarisation.

POLARISED, POLARIZED : polarised (US: polarized) plug, connecteur avec détrompeur.

POLARISING, POLARIZING : polarising (US: polarizing) slot, fente détrompeuse.

POLARITY : polarity indicator symbol, symbole de polarité.

POLISH : Polish notation, notation préfixée, notation polonaise ; **reverse Polish notation**, notation suffixée, notation polonaise inverse.

POLL : poll (to), appeler, interroger ; **group poll**, lignes groupées ; **parallel poll**, scrutation parallèle ; **parallel poll mask**, masque de scrutation parallèle ; **poll address**, adresse d'appel ; **poll mode**, mode d'appel ; **poll select**, requête d'émission ; **poll select list**, liste d'appels ; **poll stall interval**, intervalle d'attente en interrogation.

POLLABLE : pollable, interrogeable.

POLLING * : polling, invitation à transmettre ; **general polling**, scrutation systématique ; **hub polling**, scrutation par passage de témoin ; **parallel polling**, scrutation parallèle ; **polling cycle**, cycle d'interrogation ; **polling interval**, intervalle entre appels ; **polling list**, liste d'invitations à transmettre ; **polling message**, message d'interrogation ; **polling method**, méthode d'interrogation ; **polling routine**, programme de scrutation ; **polling signal**, signal d'appel ; **polling technique**, procédé d'appel sélectif ; **roll-call polling**, scrutation par appel ; **specific polling**, appel sélectif.

POLYGON : polygon, polygone ; **polygon fill**, remplissage de polygones ; **polygon filling algorithm**, algorithme de remplissage de polygones ; **polygon generation algorithm**, algorithme de production de polygones.

POLYMORPHIC : polymorphic system, système polymorphique.

POLYNOMAL : polynomal, polynomial.

POLYNOMIAL : polynomial code, code polynomial.

POLYPHASE : polyphase merging, tri polyphasé ; **polyphase sort**, tri de fusion.

POLYVALENCE : polyvalence, polyvalence.

POLYVALENT : polyvalent notation, notation polyvalente ; **polyvalent number**, nombre polyvalent.

POOL : pool (to), concentrer ; **information pool**, groupe d'informations ; **input/output pool**, lot d'appareils d'entrée/sortie ; **list pool**, zone littérale ; **literal pool**, zone littérale.

POOLED : pooled terminations, circuit concentrateur.

POOLER : pooler, concentrateur.

POOLING : pooling, concentration, groupement, regroupement ; **equipment pooling**, groupement d'équipements.

POP : pop (to), dépiler, extraire ; **pop down (to) (a stack)**, descendre (une pile) ; **pop instruction**, instruction de dépilage ; **pop up (to) (a stack)**, remonter (une pile) ; **pop-up dictionary**, dictionnaire en mode fenêtre ; **pop-up directory**, répertoire mode fenêtre ; **pop-up menu**, menu mode fenêtre ; **pop-up window**, mode fenêtre.

POPULATED : populated board, carte équipée.

PORT * : port, point d'accès, accès, port ; **access port**, point d'accès, port ; **Centronics-type parallel port**, sortie parallèle de type Centronics ; **communication port**, port de communication ; **dual port**, port double ; **dual port controller**, coupleur de périphérique double ; **dual port memory**, mémoire à double accès ; **four-port addressing**, connexion à quatre fils ; **I/O port**, port entrée/sortie ; **input port**, port d'entrée ; **memory port**, port mémoire ; **terminal port**, port de périphérique ; **undefined port number**, numéro de port indéfini.

PORTABILITY * : portability, transportabilité, transférabilité, portabilité.

PORTABLE * : portable pack, chargeur mobile ; **portable programme**, programme portable ; **portable terminal**, terminal portable.

PORTRAY : portray (to), représenter graphiquement.

POSITION : actual position, position réelle ; **angular position transducer**, codeur de rotation ; **bit position**, position du bit ; **code position**, position de perforation ; **digit position**, position binaire ; **high-order position**, position de poids fort ; **high-order storage position**, bit de poids fort ; **home position**, position initiale ; **homing position**, position de repos ;

imbedded item position, position d'article réservée ; **index position indicator**, indicateur de position d'index ; **item position**, position d'article ; **low-order position**, position basse ; **major position**, position principale ; **overflow position**, en position de dépassement ; **point position**, position de la virgule ; **position pulse**, impulsion de positionnement ; **position sensor**, transducteur de positionnement ; **position transducer**, transducteur de positionnement ; **power-of-ten position**, position de la virgule décimale ; **print head position**, position de la tête d'impression ; **print position**, position de l'impression ; **print position indicator**, indicateur de position d'impression ; **printing position**, position d'impression ; **pulse position modulation (PPM)**, modulation d'impulsions en position ; **punch position**, position de perforation ; **punching position**, position de perforation ; **record position**, positionnement d'enregistrement ; **rotational position sensing**, détection de position angulaire ; **sign position**, position du signe ; **sleep position**, position d'attente ; **subscript position**, position d'indice ; **terminal item position**, dernière position d'article ; **write position**, position d'écriture.

POSITIONAL : positional macro, macro-instruction de positionnement ; **positional notation**, notation pondérée ; **positional parameter**, paramètre de positionnement ; **positional representation**, représentation pondérée.

POSITIONER : head positioner, positionneur de tête.

POSITIONING : positioning, positionnement ; **cursor positioning**, positionnement du curseur ; **head positioning**, positionnement de la tête de lecture-écriture ; **head positioning time**, temps de positionnement de tête ; **initial positioning**, positionnement de départ ; **positioning accuracy**, exactitude de positionnement ; **positioning control**, commande de positionnement ; **positioning control system**, positionnement informatisé ; **positioning error**, erreur de positionnement ; **positioning lever**, levier de positionnement ; **positioning stud**, pion de centrage ; **positioning time**, temps de positionnement ; **track-to-track positioning time**, temps de positionnement de piste à piste.

POSITIVE : positive feedback, réaction divergente ; **positive-going transition**, front de montée ; **positive logic**, logique positive ; **posi-**

tive MOS (PMOS), MOS positif.

POST * : post, point de branchement, bifurcation ; **post (to),** inscrire, enregistrer, annoter ; **post-editing,** mise en forme de résultats ; **post-write disturb pulse,** impulsion parasite après écriture ; **postslew,** avance après impression.

POSTAMBLE : postamble, postambule.

POSTED : posted event, évènement inscrit.

POSTFIX : postfix, suffixe ; **postfix notation,** notation suffixée, notation polonaise inverse.

POSTING : line posting, positionnement de ligne ; **posting card,** carte des mouvements ; **posting date,** date de comptabilisation ; **posting operation,** opération de comptabilisation.

POSTLIST : postlist, post-listage.

POSTMORTEM : postmortem, après terminaison ; **postmortem dump,** vidage d'autopsie ; **postmortem examination,** dépistage postmortem ; **postmortem programme,** programme d'autopsie ; **postmortem routine,** programme d'autopsie.

POSTPRINTING : postprinting, postimpression, postmarquage.

POSTPROCESSING : postprocessing, post-traitement, dépouillement.

POSTPROCESSOR : postprocessor, postprocesseur.

POSTSLEW : postslew, avance après impression.

POSTTRAILER : posttrailer, postlabel de fin de bande.

POTENTIAL : potential, potentiel ; **potential distribution,** distribution du potentiel.

POUND : pound sign, signe '£'.

POWER : power, puissance ; **computational power,** puissance de calcul ; **lexicographical power,** puissance lexicographique ; **power converter,** convertisseur de secteur ; **power dip,** défaillance secteur ; **power dissipation,** dissipation de puissance ; **power distribution,** répartition de puissance ; **power-down,** mise hors-tension ; **power-down cycle,** cycle de mise hors-tension ; **power drain,** puissance consommée ; **power factor,** facteur de puissance ; **power failure,** défaillance secteur ; **power filter,** filtre secteur ; **power formula,** formule exponentielle ; **power function,** fonc-

tion exponentielle ; **power level,** niveau de puissance ; **power lock,** interrupteur de réseau ; **power-of-ten position,** position de la virgule décimale ; **power-off,** mise hors-tension ; **power-off sequence,** opération de coupure de courant ; **power-on,** sous tension ; **power-on sequence,** opération de mise sous tension ; **power requirement,** puissance requise ; **power supply,** alimentation ; **power-up,** mise sous tension ; **power up (to),** mettre sous tension ; **processing power,** puissance de traitement.

PPM : pulse position modulation (PPM), modulation d'impulsions en position.

PREAMBLE : message preamble, entête de message ; **preamble,** préambule.

PREASSEMBLY : preassembly, préassemblage.

PRECEDENCE : high-precedence message, message à haute priorité ; **precedence control,** contrôle de priorité ; **precedence rule,** règle de précédence.

PRECHECKING : prechecking, prévérification.

PRECISE : precise stop, arrêt précis.

PRECISION * : precision, précision ; **double precision,** en double précision ; **double precision arithmetic,** arithmétique en double précision ; **double precision floating point,** virgule flottante en double précision ; **double precision variable,** variable en double précision ; **extended precision,** multiple précision ; **full precision,** pleine précision ; **full precision calculation,** calcul en pleine précision ; **multiple precision,** en précision multiple ; **quadruple precision,** quadruple précision ; **short precision,** précision simple ; **short precision overflow,** dépassement de capacité simple précision ; **single precision,** précision simple ; **single-precision floating point,** virgule flottante simple précision ; **single-precision variable,** variable en simple précision.

PRECODE : precode (to), préprogrammer.

PRECOLLATE : precollate (to), préclasser.

PRECOMPILER : precompiler, précompilateur.

PRECOMPILING : precompiling, précompilation.

PREDEFINED : predefined, prédéfini ; predefined shape, forme prédéfinie.

PREDETERMINE : predetermine (to), prédéterminer.

PREDICTION : failure prediction, prévision d'incidents.

PREDIFINED : predifined, incorporé, intrinsèque.

PREEMTIVE : preemtive job, travail prioritaire.

PREFACE : preface card, carte maîtresse.

PREFETCH : prefetch, prélecture.

PREFIX : clearing prefix, préfixe d'effacement ; prefix notation, notation préfixée, notation polonaise.

PREFORMATTING : preformatting, préformatage.

PRELOAD : preload, préchargement ; preload (to), précharger.

PREMAGNETISE, PREMAGNETIZE : premagnetise (to) (US: premagnetize), prémagnétiser.

PREPARATION : preparation, préparation ; advance preparation, préparation préliminaire ; data preparation, mise en forme des données ; file preparation, préparation de fichiers ; report preparation, préparation du rapport ; volume preparation, mise en forme de volume.

PREPARED : prepared, prêt.

PREPASS : prepass, prétraitement.

PREPRINT : preprint, prétirage ; preprint (to), préimprimer.

PREPRINTED : preprinted (to), préimprimé.

PREPRINTING : preprinting, préimpression.

PREPROCESS : preprocess (to), prétraiter.

PREPROCESSING : preprocessing, prétraitement.

PREPROCESSOR : preprocessor, préprocesseur.

PREPROGRAMMED : preprogrammed, préprogrammé.

PREPUNCH : prepunch (to), préperforer.

PREPUNCHED : prepunched, préperforé.

PREREAD : preread, prélecture ; preread head, tête de prélecture.

PRERECORD : prerecord (to), préenregistrer.

PRESENTATION : presentation layer (ISO), couche de présentation (ISO) ; tabular data presentation, présentation de données en table.

PRESET : preset, prépositionnement ; counter preset, prépositionnement d'un compteur ; preset parameter, paramètre prédéfini.

PRESLEW : preslew, avance papier avant impression.

PRESORT : presort, tri préalable ; presort (to), prétrier.

PRESORTING : presorting, préclassement.

PRESS : press (to), appuyer, enfoncer, presser.

PRESSURE : pressure pad, patin de pression ; printing pressure, force d'impression.

PRESTORAGE : prestorage, préstockage.

PRESTORE : prestore (to), préstocker, préenregistrer.

PRESUMPTIVE : presumptive, originale ; presumptive address, adresse de base, adresse base ; presumptive instruction, instruction primitive.

PREVALENT : prevalent, prédominant.

PREVARICATION : prevarication, altération, mesure de l'incertitude, dispersion.

PREVENT : prevent (to), empêcher.

PREVENTIVE : preventive maintenance, maintenance préventive.

PREWIRED : prewired circuit, circuit précâblé.

PRF : pulse repetition frequency (PRF), fréquence de récurrence.

PRIMARY : primary acquisition, saisie à la base ; primary address, attributaire principal ; primary allocation, allocation élémentaire ; primary card, carte primaire ; primary cluster, groupement primaire ; primary data, données d'origine ; primary data acquisition, saisie des données d'origine ; primary data area, zone de données primaires ; primary data block, bloc de données primaires ; primary data extent, zone de données primaires ; primary data record, enregistrement primaire ; primary entry point, point d'entrée principal ; primary failure, défaillance primaire ; primary file, fichier primaire ; primary function, fonction primaire ; **primary group**, groupe primaire ; **primary index**, index primaire ; **primary index table**, table d'index majeure ; **primary instruction**, instruction élémentaire ; **primary key**, clé principale ; **primary key field**, champ clé primaire ; **primary record**, enregistrement principal ; **primary station**, station primaire ; **primary storage**, mémoire principale ; **primary track**, piste principale ; **primary winding**, enroulement primaire.

PRIME : prime, premier ; **prime (to)**, démarrer, lancer, amorcer ; **prime area**, zone principale ; **prime data**, données de base ; **prime generation**, génération source ; **prime number**, nombre premier ; **prime number division**, division par nombre premier ; **prime operation**, opération de base ; **prime track**, piste principale.

PRIMITIVE : graphic primitive, élément graphique, primitive graphique ; **primitive instruction**, micro-instruction.

PRINCIPLE : queueing principle, principe des files d'attente.

PRINT : print, impression ; **print (to)**, imprimer, afficher ; **advanced print features**, attribut d'impression évolué ; **bold print**, caractère gras ; **colour print**, impression couleur ; **file print**, impression de fichier ; **four-colour print**, impression en quadrichromie ; **inverted print**, échange au point décimal ; **left zero print**, impression des zéros de gauche ; **list print**, impression de liste ; **normal print mode**, mode d'impression normal ; **print amplifier**, amplificateur de frappe ; **print anvil**, marteau d'impression ; **print bar**, barre d'impression ; **print barrel**, tambour d'impression ; **print buffer**, tampon d'impression ; **print check**, contrôle d'impression ; **print control**, commande d'impression ; **print control character**, caractère de commande d'impression ; **print density**, densité d'impression ; **print drum**, tambour d'impression ; **print escapement**, déclenchement d'impression ; **print features**, caractéristiques de l'impression ; **print field**, champ d'impression ; **print format**, format d'impression ; **print hammer**, marteau d'impression ; **print head**, tête d'impression ; **print head position**, position de la tête d'impression ; **print inhibit**, interdiction d'impression ; **print line**, ligne d'impression ; **print magnet**, électro-aimant d'impression ; **print mask**, masque d'impression ; **print mode code**, code de mode

d'impression ; **print pel**, point d'impression ; **print point**, point d'impression ; **print position**, position de l'impression ; **print position indicator**, indicateur de position d'impression ; **print restore code**, code de reprise de l'imprimante ; **print roll**, cylindre d'impression ; **print server**, serveur d'impression ; **print span**, amplitude d'impression ; **print speed**, vitesse d'impression ; **print spooler**, spouleur d'imprimante ; **print spooling**, impression en différé ; **print storage**, mémoire d'impression ; **print suppress**, absence de frappe ; **print through**, effet d'empreinte ; **print wheel**, disque d'impression, marguerite ; **print wire**, aiguille d'impression ; **print yoke**, mécanisme d'impression ; **self-test print**, autotest d'impression ; **unjustified print**, impression en drapeau ; **upper case print**, impression avec lettres majuscules.

PRINTABILITY : printability, imprimabilité.

PRINTABLE : printable, imprimable, affichable ; **non-printable character**, caractère non imprimable ; **printable characters**, caractères imprimables.

PRINTED : printed circuit (PC), circuit imprimé ; **printed circuit board (PCB)**, carte à circuit imprimé ; **printed form**, formulaire ; **printed image**, image imprimée ; **printed wire ribbon**, câble plat imprimé.

PRINTER : printer, imprimante ; **backstrike printer**, imprimante à impact ; **band printer**, imprimante à bande ; **bar printer**, imprimante à barre ; **barrel printer**, imprimante à cylindre ; **belt printer**, imprimante à bande ; **chain printer**, imprimante à chaîne ; **character-at-a-time printer**, imprimante caractère par caractère ; **character printer**, imprimante caractère par caractère ; **console printer**, imprimante de commande ; **correspondence quality printer**, imprimante de qualité courrier ; **daisy printer**, imprimante à marguerite ; **daisy wheel printer**, imprimante à marguerite ; **dot matrix line printer**, imprimante matricielle ; **dot printer**, imprimante par points ; **drum printer**, imprimante à tambour ; **electrostatic printer**, imprimante électrostatique ; **electrothermal printer**, imprimante thermo-électrique ; **high-speed printer**, imprimante rapide ; **high-speed printer control**, commande d'imprimante rapide ; **hit-on-the-fly printer**, imprimante à la volée ; **impact matrix printer**, imprimante ma tricielle à impact ; **impact printer**, imprimante à impact ; **ink jet printer**, imprimante à jet d'encre ; **keyboard printer**, imprimante à clavier ; **laser printer**, imprimante à laser ; **line-at-a-time printer**, imprimante ligne par ligne ; **line printer**, imprimante ligne par ligne ; **line printer buffer**, tampon d'imprimante ; **matrix printer**, imprimante par points ; **microfilm printer**, imprimante à microfilm ; **moving-head printer**, imprimante à tête mobile ; **multitasking printer**, imprimante multitâche ; **needle printer**, imprimante à aiguilles ; **non impact printer**, imprimante sans impact ; **on-the-fly printer**, imprimante à la volée ; **page-at-a-time printer**, imprimante page par page ; **page printer**, imprimante page par page ; **printer colour code**, code d'impression des couleurs ; **printer control code**, code de contrôle de l'imprimante ; **printer graphics**, caractères imprimables ; **printer indicator**, indicateur d'impression ; **printer interval**, intervalle d'impression ; **printer stand**, support d'imprimante ; **printer tape**, bande d'impression ; **rack printer**, imprimante à barres de caractères ; **rotating-belt printer**, imprimante à bande ; **serial printer**, imprimante caractère ; **serial printer interface**, interface d'imprimante série ; **stylus printer**, imprimante à aiguilles ; **tape-to-printer programme**, programme d'impression de bande ; **thermal matrix printer**, imprimante matricielle thermique ; **thermal printer**, imprimante thermique ; **thimble printer**, imprimante à tulipe ; **train printer**, imprimante à chaîne ; **type bar printer**, imprimante à barre ; **verifying page printer**, téléimprimeur de contrôle ; **wheel printer**, imprimante à roue ; **wire matrix printer**, imprimante à aiguilles ; **wire printer**, imprimante à aiguilles ; **xerographic printer**, imprimante xérographique.

PRINTING : printing, impression ; **address printing**, impression d'adresses ; **chained printing**, impression en chaîne ; **detail printing**, impression à la carte ; **high-order zero printing**, impression des zéros de gauche ; **line printing**, impression par ligne ; **multiple copy printing**, multi-impression ; **parallel printing**, impression en parallèle ; **printing area**, zone d'impression ; **printing block**, bloc d'impression ; **printing command**, commande d'impression ; **printing cycle**, cycle d'impression ; **printing data**, données d'impression ; **printing data transceiver**, téléimprimeur ; **printing de-**vice, dispositif d'impression ; **printing element**, élément d'impression ; **printing format**, format d'impression ; **printing mechanism**, unité d'impression ; **printing position**, position d'impression ; **printing pressure**, force d'impression ; **printing rate**, vitesse d'impression ; **serial number printing**, impression des numéros de série ; **under-printing**, impression faible ; **validation printing**, impression de validation ; **xerographic printing**, processus d'impression xérographique.

PRINTOUT : printout, imprimé, listage ; **burst printout binder**, reliure pour imprimés détachés ; **printout basket**, réceptacle d'imprimés ; **printout binder**, reliure pour imprimés ; **static printout**, impression différée ; **unburst printout binder**, reliure pour imprimés en continu.

PRINTWHEEL : printwheel, roue porte-caractères, marguerite.

PRIORITY : priority, priorité ; **allocation priority**, priorité d'allocation ; **dispatching priority**, priorité de prise en charge ; **high priority**, priorité élevée ; **highest priority interrupt line**, ligne à priorité absolue ; **interrupt priority table**, table des priorités d'interruptions ; **job priority**, priorité des travaux ; **limit priority**, priorité limitée ; **priority control**, commande prioritaire ; **priority degradation**, révision des priorités ; **priority grading**, niveau prioritaire ; **priority indicator**, indicateur de priorité ; **priority interrupt**, interruption prioritaire ; **priority message**, message prioritaire ; **priority ordered interrupts**, interruptions ordonnées par priorité ; **priority processing**, traitement prioritaire ; **priority rule**, règle de priorité ; **priority selection**, sélection de priorité ; **priority sequencing**, attribution de priorités ; **priority table**, table de priorité ; **vector priority interrupt**, interruption vectorisée prioritaire.

PRIVACY : privacy, confidentialité ; **data privacy**, confidentialité des données.

PRIVATE : limited private type, type privé limité ; **private exchange**, central privé ; **private library**, bibliothèque utilisateur ; **private line**, ligne privée.

PRIVILEGED : privileged instruction, instruction privilégiée ; **privileged mode**, mode prioritaire.

PROBABILITY : queueing probability, probabilité d'attente en file.

PROBABLE : probable configuration,

configuration probable ; **probable deviation**, erreur probable.

PROBE : probe, sonde ; **logic probe**, sonde logique ; **video probe**, sonde vidéo.

PROBLEM : problem, analyse, évaluation ; **check problem**, problème de vérification ; **computerised problem**, évaluation informatique ; **on-line problem solving**, solution en conversationnel ; **problem definition**, définition du problème ; **problem-oriented language**, langage d'application ; **problem-oriented software**, logiciel de problèmatique ; **problem programme**, programme d'évaluation ; **problem solving**, méthode de résolution ; **problem specifications**, cahier des charges ; **problem task**, tâche utilisateur.

PROCEDURAL : procedural language, langage de procédures ; **procedural operator**, opérateur de procédures ; **procedural section**, section de procédure ; **procedural sentence**, phrase de procédure ; **procedural statement**, instruction de procédure.

PROCEDURE * : procedure, procédure ; **aborting procedure**, procédure d'abandon ; **asynchronous procedure**, procédure asynchrone ; **bypass procedure**, procédure de dérivation ; **call control procedure**, procédure de gestion de communication ; **catalogued procedure**, procédure cataloguée ; **control procedure**, procédure de commande, procédure de contrôle ; **dispatching procedure**, mode de répartition ; **encryption-decryption procedure**, procédure d'encryptage-décryptage ; **fallback procedure**, procédure de reprise automatique ; **initial setup procedure**, procédure d'initialisation du système ; **initiating procedure**, procédure de lancement ; **input procedure**, procédure d'introduction, procédure d'entrée ; **internal procedure**, procédure interne ; **invoked procedure**, procédure d'appel ; **loading procedure**, procédure de chargement ; **logging procedure**, procédure d'initialisation ; **procedure chaining**, enchaînement de procédures ; **procedure controller**, programme de commande de procédure ; **procedure definition**, définition des procédures ; **procedure heading**, en-tête de procédure ; **procedure identifier**, identificateur de procédure ; **procedure library**, bibliothèque de procédures ; **procedure modelling**, modélisation de procédures ; **procedure name**, nom de procédure ; **procedure-oriented language**, langage procé-dural, langage adapté aux procédures ; **procedure segment**, segment de procédure ; **procedure statement**, instruction de procédure ; **recovery procedure**, procédure de récupération ; **recursive procedure**, procédure récursive ; **restart procedure**, procédure de relance, routine de reprise ; **use procedure**, procédure d'utilisation.

PROCEED : proceed to select, signal de demande de sélection.

PROCESS * : process, traitement ; **process (to)**, traiter, exécuter ; **adaptive process**, processus adaptatif ; **analogue process computer**, calculateur de processus analogique ; **charge process**, processus de charge ; **chart process**, ordinogramme ; **circular process**, processus récursif ; **computing process**, processus de calcul ; **digital process computer**, calculateur de processus numérique ; **flow process chart**, diagramme de circulation ; **flow process diagram**, diagramme de fluence ; **gradual process**, gradation ; **input/output process**, opération d'entrée/sortie ; **input process**, processus d'introduction, entrée, introduction ; **interrupt process**, traitement de l'interruption ; **iterative process**, procédé itératif ; **output process**, sortie (de traitement) ; **process address space**, adresse de processus ; **process automation**, automatisme industriel ; **process chart**, diagramme des méthodes ; **process control**, commande de processus ; **process control block**, bloc de contrôle de processus ; **process control computer**, ordinateur contrôleur de processus ; **process control equipment**, équipement de commande de processus ; **process control system**, système de contrôle industriel ; **process data**, données industrielles ; **process data input**, entrées des données industrielles ; **process data output**, sortie des données industrielles ; **process dispatcher**, répartiteur de traitement ; **process dispatching**, répartition du traitement ; **process group**, groupe de processus industriels ; **process group management**, gestion de groupes de processus industriels ; **process information**, traitement de l'information ; **process interface system**, interface de commande ; **process interrupt signal**, signal d'interruption de processus ; **process level**, niveau de processus ; **process state**, état d'un processus ; **process suspension**, interruption de processus ; **process switch**, commutateur de processus ;

process synchronisation, synchronisation de processus ; **process time**, temps de traitement ; **search process**, opération de recherche ; **sequential process**, processus séquentiel ; **string process system**, logiciel de traitement de chaîne ; **transput process**, transfert radial, opération d'entrée/sortie ; **user process group**, association d'utilisateurs ; **work-in-process queue**, opération en file d'attente.

PROCESSABILITY : processability, faculté de traitement.

PROCESSED : processed, pris en compte.

PROCESSIBLE : processible, exploitable.

PROCESSING : processing, traitement ; (data processing) **workshop**, atelier (informatique) ; **automatic data processing (ADP)**, traitement automatique de données ; **background processing**, traitement non prioritaire ; **batch processing**, traitement par lots ; **batch processing mode**, mode de traitement par lots ; **bulk information processing**, traitement par lots de données ; **bulk processing**, traitement par lots ; **central processing unit (CPU)**, unité centrale (UC) ; **centralised data processing**, traitement d'informations centralisé ; **commercial data processing**, informatique de gestion ; **computer processing cycle**, cycle de traitement ; **continuous processing**, traitement en temps réel ; **data processing (DP)**, traitement de données, de l'information ; **data processing facility**, centre informatique ; **data processing machine**, ordinateur ; **data processing system**, système informatique, système de traitement ; **data processing technology**, technologie informatique ; **decentralised data processing**, traitement décentralisé ; **deferred processing**, traitement différé ; **demand processing**, traitement immédiat ; **dispersed processing**, traitement distribué ; **distributed data processing**, informatique distribuée ; **distributed processing**, traitement réparti ; **distributed processing network**, réseau de centralisation du traitement ; **electronic data processing (EDP)**, traitement électronique de données ; **file processing**, traitement de fichiers ; **foreground processing**, traitement prioritaire ; **foregrounding processing**, traitement de premier plan ; **image processing**, traitement d'image ; **immediate processing**, traitement sur demande ; **in-line data process-**ing, traitement de données simultané ; **in-line processing**, traitement en ligne ; **independence processing**, traitement autonome ; **information processing**, traitement de données, de l'information ; **information processing centre**, centre informatique ; **input only processing**, traitement exclusif des entrées ; **inquiry processing**, traitement des demandes ; **instruction processing unit**, unité de traitement des instructions ; **integrated data processing (IPL)**, traitement intégré de l'information ; **integrated information processing**, traitement intégré des données ; **interactive image processing**, traitement d'image interactif ; **interactive processing**, traitement interactif ; **internal data processing**, traitement interne des données ; **interrupt processing**, traitement d'interruption ; **job processing control**, contrôle du traitement des tâches ; **job processing monitor**, moniteur de traitement de tâches ; **job processing system**, système de traitement de travaux ; **label processing**, traitement de labels ; **list processing**, traitement de liste ; **list processing language**, langage de traitement de liste ; **local batch processing**, traitement différé local ; **multifile processing**, traitement multifichier ; **multimessage processing**, traitement de plusieurs messages ; **multiple job processing**, traitement multitâche ; **network processing**, traitement distribué ; **off-line processing**, traitement autonome ; **on-line processing**, traitement en direct ; **on-line transaction processing**, traitement interactif ; **overlap processing**, traitement simultané ; **parallel processing**, traitement en parallèle ; **priority processing**, traitement prioritaire ; **processing convention**, règles de traitement ; **processing data**, données à traiter ; **processing language**, langage de traitement ; **processing load**, charge de traitement ; **processing mode**, mode de traitement ; **processing operation**, traitement ; **processing option**, option de traitement ; **processing overlap**, débordement de traitement ; **processing period**, cycle de traitement ; **processing power**, puissance de traitement ; **processing programme**, programme de traitement ; **processing resource**, ressource allouée au traitement ; **processing section**, zone d'exploitation ; **processing specifications**, spécifications de traitement ; **processing speed**, vitesse de traitement ; **processing state**, état de traitement ; **processing station**, poste de traitement ; **processing system**, calculateur ; **processing time**, temps d'exécution ; **processing track**, piste d'enregistrement ; **processing unit**, unité de traitement ; **pseudo off-line processing**, traitement en mode pseudodéconnecté ; **real-time processing**, traitement en temps réel ; **remote batch processing**, télétraitement par lots ; **remote processing**, télétraitement ; **sequential processing**, traitement en séquences ; **serial processing**, traitement séquentiel ; **substitute track processing**, traitement des pistes de réserve ; **tape processing**, opération sur bande ; **transaction processing (TP)**, traitement transactionnel ; **word processor**, processeur de texte ; **word processing (WP)**, traitement de texte ; **work processing**, encours ; **working processing**, opération de traitement.

PROCESSOR * : processor, processeur ; **array processor**, processeur matriciel ; **back-end processor**, ordinateur d'arrière-plan ; **host processor**, ordinateur central, calculateur hôte ; **peripheral processor**, processeur auxiliaire ; **processor bound**, lié au processeur ; **processor channel**, canal processeur ; **processor control statement**, directive de calculateur ; **processor-limited**, limité par le processeur ; **processor state**, état de l'unité centrale ; **processor storage**, mémoire interne, mémoire calcul ; **processor subsystem**, sous-système de traitement ; **processor switch**, commutateur système ; **relational processor**, processeur relationnel ; **service processor**, processeur de service ; **slave processor**, processeur esclave ; **text reader processor**, processeur de lecture de texte ; **two-dimensional array processor**, processeur matriciel ; **word processor**, traitement de texte.

PROCKET : procket, magasin, case ; **procket counter**, compteur de case ; **procket selection**, sélection de case.

PRODUCT : product, produit ; **scalar product**, produit scalaire.

PRODUCTION : production data, données de production ; **production run**, passage opérationnel ; **system production time**, temps de production du système ; **text production**, création de texte.

PRODUCTIVE : productive time, temps d'exécution sans erreurs.

PROFILE : profile, esquisse, profil.

PROFORMA : proforma message, message codifié.

PROGRAMMABILITY : programmability, programmabilité.

PROGRAMMABLE : programmable, programmable ; **programmable array logic (PAL)**, logique à réseau programmable ; **programmable automaton**, automate programmable ; **programmable keyboard**, clavier programmable ; **programmable protected field**, zone protégée programmable ; **programmable terminal**, terminal programmable.

PROGRAMMATICS : programmatics, la programmatique.

PROGRAMME, PROGRAM * : programme, programme ; **(programme) library**, bibliothèque (de programmes), programmathèque ; **assignment programme**, programme d'affectation ; **audit programme**, programme de vérification ; **automatic programme interrupt**, interruption automatique de programme ; **automatic recovery programme**, programme de récupération automatique ; **auxiliary programme**, programme auxiliaire ; **back-up and restore programme**, programme de rappel ; **background programme**, programme non prioritaire ; **benchmark programme**, programme d'évaluation ; **blue ribbon programme**, programme sans mise au point ; **bootstrap programme**, chargeur-amorce, programme-amorce ; **called programme**, programme appelé ; **clock programme**, programme générateur de rythme ; **cold start programme**, programme d'initialisation de système ; **compiling programme**, compilateur ; **computer programme**, programme de calculateur ; **control programme**, programme de commande ; **conversion programme**, conversion de programme ; **cosine programme**, programme de calcul de cosinus ; **cross-programme**, programme portable ; **dedicated programme**, programme spécialisé ; **demo programme**, programme de démonstration ; **dependent programme**, programme associé ; **diagnostic programme**, programme de diagnostic ; **disassembly programme**, désassembleur ; **edit programme**, éditeur ; **executive programme**, superviseur ; **external programme parameter**, paramètre externe ; **foreground programme**, programme prioritaire ; **general programme**, programme général ; **generating programme**, programme générateur ; **generation programme**, programme de génération ; **graphic display programme**, programme de graphique ; **handwritten programme**, programme écrit manuellement ; **hardware programme counter**, compteur d'instructions câblé ; **hardwired programme**, programme câblé ; **help programme**, programme d'aide ; **heuristic programme**, programme heuristique ; **incomplete programme**, programme tronqué ; **incorrect programme**, programme erroné ; **initial programme loader**, programme de chargement initial ; **initialisation programme**, programme d'initialisation ; **input control programme**, programme de commande d'entrée ; **input/output programme**, programme de gestion des entrées/sorties ; **input programme**, programme d'entrée, programme d'introduction ; **integer-based programme**, programme à base de nombres entiers ; **intermediate programme**, programme de manœuvre ; **interpretive programme**, interprète, interprétateur ; **interpretive trace programme**, programme de mise au point ; **job control programme**, programme de supervision ; **librarian programme**, programme bibliothécaire ; **library programme**, programme de bibliothèque ; **linked programme**, programme fermé ; **load programme**, programme de chargement ; **macro-assembly programme**, programme macro-assembleur ; **macro-generating programme**, macro-générateur ; **main programme**, programme principal ; **maintenance programme**, programme de diagnostic ; **master programme**, programme pilote ; **modification programme**, programme de mise à jour ; **modular programme**, programme modulaire ; **monitoring programme**, programme de monitorage, moniteur ; **note (of programme)**, commentaire ; **object-level programme**, programme objet ; **object programme**, programme machine ; **open ended programme**, programme ouvert ; **output programme**, programme de sortie, programme d'extraction ; **peripheral interchange programme (PIP)**, gestionnaire de périphérique ; **portable programme**, programme portable ; **postmortem programme**, programme d'autopsie ; **problem programme**, programme d'évaluation ; **processing programme**, programme de traitement ; **programme-accessible**, accessible par programme ; **programme address counter**, registre d'instruction ; **programme advance**, progression de programme ; **programme analyser**, programme d'analyse ; **programme area**, zone de programme ; **programme backup**, sauvegarde de programme ; **programme bank**, banque de programmes ; **programme board**, tableau de programme câblé ; **programme capacity**, capacité programme ; **programme card**, carte-programme ; **programme card control**, commande à cartes-programme ; **programme chaining**, enchaînement de programme ; **programme change**, changement de programme ; **programme check**, contrôle de programme ; **programme checking**, contrôle de programme ; **programme checkout**, mise au point du programme ; **programme command**, directive, instruction ; **programme compatibility**, portabilité de programme ; **programme compilation**, compilation de programme ; **programme control**, commande de programme ; **programme control unit**, contrôleur de séquence d'instructions ; **programme-controlled**, commandé par programme ; **programme-controlled computer**, calculateur géré par programme ; **programme controller**, contrôleur de séquence d'instructions ; **programme counter**, registre d'instruction ; **programme data**, données de programme ; **programme debugging**, débogage de programme ; **programme deck**, jeu de cartes-programme ; **programme descriptor**, descripteur de programme ; **programme design**, conception de programme ; **programme development**, développement de programme ; **programme director**, directive de programme ; **programme directory**, liste de programmes ; **programme distributor**, distributeur de programmes ; **programme documentation**, documentation du programme ; **programme-driven**, contrôlé par programme ; **programme drum**, tambour programme ; **programme end**, fin de programme ; **programme error**, erreur de programme ; **programme execution**, exécution de programme ; **programme exit**, sortie de programme ; **programme fetch**, appel de programme ; **programme file**, fichier de programmes ; **programme flow**, déroulement du programme ; **programme flowchart**, organigramme du programme ; **programme generation**, génération de programme ; **programme generator**, générateur de programme ; **programme handler**, gestionnaire de programme ; **programme header**, en-tête de programme ; **programme** header card, carte en-tête de programme ; **programme history**, historique de programme ; **programme identification**, identification de programme ; **programme input**, bande programme ; **programme item**, élément de programme ; **programme jump**, saut de programme ; **programme language**, langage du programme ; **programme length**, longueur de programme ; **programme linking**, enchaînement de programme ; **programme linking code**, code d'enchaînement de programme ; **programme listing**, listage de programmes ; **programme load file**, fichier chargeur de programme ; **programme loader**, chargeur de programme ; **programme loading**, chargement du programme ; **programme loop**, boucle de programme ; **programme maintenance**, maintenance de programme ; **programme management**, gestion de programme ; **programme mask**, masque de programme ; **programme mesh**, maille de programme ; **programme name field**, zone de nom de programme ; **programme origin**, origine de programme ; **programme pack**, module de programme ; **programme package**, logiciel ; **programme parameter**, paramètre de programme ; **programme part**, segment de programme ; **programme protection**, protection de programme ; **programme proving**, preuve de programme ; **programme register**, registre de programme ; **programme relocation**, translation de programme ; **programme repeat**, itération de programme ; **programme restart**, reprise de programme ; **programme run**, passe de programme ; **programme scheduling**, planification des programmes ; **programme section**, partie de programme ; **programme sectioning**, segmentation de programme ; **programme segment**, segment de programme ; **programme segmenting**, segmentation de programme ; **programme selection**, sélection de programme ; **programme-sensitive fault**, défaut détecté par programme ; **programme sequence**, séquence d'instructions ; **programme sheet**, feuille de programmation ; **programme skip**, branchement ; **programme specification**, spécification de programme ; **programme stack**, pile dynamique de programme ; **programme start**, lancement de programme ; **programme statement**, instruction de programme ; **programme status word (PSW)**, mot d'état programme ; **programme step**, pas de

programme ; **programme stop**, arrêt de programme ; **programme storage**, mémoire programme ; **programme structure**, structure de programme ; **programme switch**, branchement de programme ; **programme table**, table de programmes ; **programme tape**, bande de programme ; **programme terminaison**, arrêt de programme ; **programme test**, essai de programme ; **programme test time**, temps d'essai de programme ; **programme testing**, essai de programme ; **programme text**, texte de programme ; **programme transcript**, transcription de programme ; **programme translation**, traduction de programme ; **programme tree**, arbre de programme ; **programme unit**, unité de programme ; **programme word**, mot de programme ; **programme worksheet**, feuille de programmation ; **programme write up**, écriture de programme ; **recursive programme**, programme récursif ; **reentrant programme**, programme réentrant ; **relocatable programme**, programme binaire translatable ; **repeat programme**, programme itératif ; **report programme generator (RPG)**, générateur de programme d'états ; **resident control programme**, noyau, programme de contrôle résident ; **resident programme**, programme résident ; **reusable programme**, programme partageable ; **root programme**, programme de base ; **safeguarding programme**, programme de sauvegarde ; **selective trace programme**, programme d'analyse sélective ; **self-triggered programme**, programme à lancement automatique ; **service programme**, programme de service ; **setup programme**, programme d'installation ; **simulation programme**, programme de simulation ; **single-pass programme**, programme en passe unique ; **snapshot programme**, programme d'analyse sélective ; **sort programme**, programme de tri ; **source programme**, programme source ; **source programme library**, bibliothèque de programmes source ; **specification programme**, programme de spécification ; **star programme**, programme sans bogue ; **statistical programme**, programme statistique ; **step-by-step programme**, programme pas à pas ; **stored programme**, programme mémorisé ; **stored-programme computer**, calculateur à programme mémorisé ; **structured programme**, programme structuré ; **supervisory programme**, programme superviseur ; **support programme**, logiciel d'aide à la programmation ; **system programme**, système d'exploitation ; **tape-to-printer programme**, programme d'impression de bande ; **target programme**, programme objet ; **trace programme**, programme d'analyse ; **transient programme**, programme transitoire ; **translating programme**, programme traducteur ; **unconditional programme interrupt**, interruption de programme inconditionnelle ; **unfinished programme**, programme non terminé ; **update analysis programme**, programme de mise à jour ; **update programme**, programme de mise à jour ; **user programme**, programme utilisateur ; **user programme area**, espace mémoire utilisateur ; **user-specific programme**, programme personnalisé ; **utility programme**, programme de servitude ; **verifying programme**, programme de contrôle ; **waiting programme**, programme en attente ; **wired programme**, programme câblé ; **wired programme computer**, calculateur à programme câblé ; **work programme**, plan de travail.

PROGRAMMED : **card-programmed**, programmé par cartes ; **custom-programmed**, programmé sur commande ; **hardware-programmed**, réalisé par programme machine ; **programmed addressing**, adressage programmé ; **programmed call**, appel programmé ; **programmed checking**, contrôle programmé ; **programmed dump**, vidage programmé ; **programmed function keyboard**, clavier spécifique ; **programmed instruction**, directive programmée ; **programmed interlock**, blocage programmé ; **programmed keyboard**, clavier programmé ; **programmed learning**, enseignement programmé ; **programmed logic**, logique programmée ; **programmed logic array (PLA)**, réseau à logique programmée ; **programmed logic computer**, calculateur à logique programmée ; **programmed management**, gestion programmée ; **programmed mode switch**, mode de renvoi multiple.

PROGRAMMER : **programmer**, programmeur ; **auto-programmer**, autoprogrammateur ; **computer programmer**, programmeur ; **programmer analyst**, analyste programmeur ; **programmer-defined macro**, macro définie par le programmeur ; **programmer test utility**, utilitaire de tests pour programmeur ; **programmer unit**, programmateur de mémoire morte ; **prom programmer**, programmateur de mémoire morte.

PROGRAMMETRY : programmetry, programmétrie.

PROGRAMMING * : programming, programmation, codage ; **absolute programming**, programmation en langage-machine ; **application programming**, programmation d'applications ; **audit programming**, programmation de contrôle ; **programming aid**, aide à la programmation, outil de programmation ; **programming analyst**, analyste en programmation ; **programming course**, cours de programmation ; **programming documentation**, dossier de programmation ; **programming error**, erreur de programmation ; **programming flowchart**, diagramme de programmation ; **programming form**, feuille de programmation ; **programming independence**, indépendance de la programmation ; **programming language (PL)**, langage de programmation ; **programming loop**, boucle de programme ; **programming method**, méthode de programmation ; **programming methodology**, méthodologie de programmation ; **programming module**, module de programme ; **programming personnel**, personnel de programmation ; **programming support**, aide à la programmation, outil de programmation ; **programming system**, système de programmation ; **programming time**, temps de programmation ; **programming tip**, astuce de programmation ; **programming tools**, outils de programmation ; **serial programming**, programmation séquentielle ; **structured programming**, programmation structurée ; **symbolic programming**, programmation symbolique ; **transaction programming**, programmation de transactions ; **variable programming**, programmation variable.

PROGRESS : progress, déroulement ; développement ; **recursive progress**, opération récursive.

PROLOG : prolog (language), prolog (langage).

PROM : **prom blaster**, programmateur de mémoire morte ; **prom blower**, programmateur de mémoire morte ; **prom burner**, programmateur de mémoire morte ; **prom programmer**, programmateur de mémoire morte.

PROMPT * : prompt, guide-opérateur, invite ; **prompt (to)**, guider.

PROMPTER : prompter, guide.

PROMPTING : prompting, guidage.

PROMTER : screen displayed promter,

guide de saisie affiché à l'écran.

PRONE : prone, sujet à …

PROOF : proof, preuve ; proof listing, liste de contrôle.

PROPAGATED : propagated carry, report propagé ; propagated error, erreur en chaîne.

PROPAGATION : propagation loss, perte par propagation ; propagation time, temps de propagation.

PROPORTIONAL : proportional band, bande proportionnelle.

PROTECT : protect (to), protéger ; protect code, code de protection ; write-protect, protection à l'écriture ; write-protect notch, encoche de protection à l'écriture.

PROTECTED : programmable protected field, zone protégée programmable ; protected field, zone protégée ; protected file, fichier protégé ; protected location, emplacement protégé ; protected memory, mémoire protégée en écriture ; protected mode, mode protégé.

PROTECTION : protection, protection ; data protection, protection des données ; file protection, protection des fichiers ; input protection, protection d'entrée ; key protection, protection par clé ; memory protection, protection de mémoire ; password protection, protection par mot de passe ; programme protection, protection de programme ; protection digit, binaire de protection ; protection key, clé de protection mémoire ; read/write protection notch, encoche de protection à l'écriture ; read/write protection tab, onglet de protection à l'écriture ; write protection, protection en écriture.

PROTECTOR : surge protector, protection secteur.

PROTOCOL * : protocol, protocole ; centralised routing protocol, protocole de routage centralisé ; distributed protocol, procédure distribuée ; end-to-end protocol, protocole de bout en bout ; link control protocol, protocole de transmission ; link protocol, procédure de liaison ; multichannel protocol, protocole multivoie ; physical layer protocol, protocole de la couche physique ; protocol converter, convertisseur de protocole ; single-channel protocol, protocole univoie ; token-passing ring protocol, protocole d'anneau à jeton.

XMODEM protocol (datalink) : protocole (de transmission) XMODEM.

PROVIDED : user provided routine, sous-programme d'utilisateur.

PROVING : proving, vérification ; programme proving, preuve de programme ; proving time, temps d'essai.

PSEUDO : pseudo-Boolean, pseudo-booléen ; pseudo-code, pseudocode ; pseudo-instruction, pseudo-instruction ; pseudo-language, pseudolangage ; pseudo off-line processing, traitement en mode pseudodéconnecté ; pseudo-random numbers, nombres pseudo-aléatoires ; pseudo-register, pseudoregistre.

PSW : programme status word (PSW), mot d'état programme.

PTR : paper tape reader (PTR), lecteur de bande perforée.

PUBLIC : public data network, réseau de télétraitement public ; public file, fichier public ; public software, logiciel de domaine public.

PUBLISHING : desktop publishing, publication assistée par ordinateur (PAO).

PUCK * : puck, capteur.

PULL * : pull (to), extraire, prélever.

PULLER : IC puller, extracteur de circuit intégré ; puller, extracteur.

PULLING : pulling, extraction, prélèvement ; hand pulling, extraction manuelle.

PULSE : pulse, impulsion ; blanking pulse, impulsion de suppression ; clock pulse, signal d'horloge ; dial pulse, impulsion de numérotation ; double pulse recording, enregistrement en impulsion double ; enable pulse, impulsion de validation ; gating pulse, impulsion de synchronisation ; half-pulse, demi-impulsion ; image enable pulse, impulsion de validation de trame ; inhibit pulse, impulsion d'inhibition ; key pulse, impulsion de touche ; narrow pulse, impulsion étroite ; position pulse, impulsion de positionnement ; post-write disturb pulse, impulsion parasite après écriture ; pulse amplitude modulation (PAM), modulation d'impulsions en amplitude ; pulse code modulation (PCM), modulation par impulsions ; pulse counter, compteur d'impulsions ; pulse duration, durée d'impulsion ; pulse frequency modulation (PFM), modulation d'impulsions en fréquence ; pulse generator, générateur d'impulsions ; pulse modulation, modulation par impulsions ; pulse position modulation (PPM), modulation d'impulsions en position ; **pulse regenerating circuit**, circuit régénérateur d'impulsions ; **pulse regeneration**, régénération d'impulsions ; **pulse repetition frequency (PRF)**, fréquence de récurrence ; **pulse stretcher**, circuit élargisseur ; **pulse string**, train d'impulsions ; **pulse stuffing**, bourrage d'impulsions ; **pulse train**, train d'impulsions ; **pulse width modulation**, modulation en largeur d'impulsion ; **shift pulse**, impulsion de décalage ; **synchronisation pulse**, impulsion de synchronisation ; **timing pulse generator**, circuit générateur de rythmes ; **trigger pulse**, impulsion de déclenchement ; **unblanking pulse**, impulsion de déblocage ; **undirectional pulse**, impulsion unidirectionnelle ; **voltage pulse**, impulsion de tension ; **write pulse**, impulsion d'écriture.

PUNCH : punch, poinçon ; **punch (to)**, perforer ; **automatic punch**, perforateur automatique ; **automatic tape punch**, perforateur de bande automatique ; **badge punch**, perforateur de badge ; **calculating punch**, perforatrice calculatrice ; **card punch**, poinçonneuse ; **card punch unit**, unité de perforation ; **card reproducing punch**, reproductrice de cartes ; **control punch**, code carte, perforation fonctionnelle ; **duplicating punch**, perforatrice-reproductrice ; **eleven punch**, perforation X, perforation 11 (onze) ; **gang punch**, perforatrice-reproductrice ; **hand feed punch**, perforatrice manuelle ; **hand punch**, perforateur manuel ; **high punch**, perforation Y, perforation 12 (douze) ; **high-speed punch**, perforateur rapide ; **key-punch (to)**, perforer manuellement ; **keyboard punch**, perforatrice à clavier ; **multiplying punch**, perforatrice calculatrice ; **numeric punch**, perforation des colonnes chiffres ; **numerical punch**, perforation numérique ; **off-punch**, perforation hors-cadre ; **output punch**, perforatrice de sortie ; **paper tape punch**, perforation de bande ; **punch card**, carte perforée, carte ; **punch column**, colonne de perforation ; **punch position**, position de perforation ; **punch tape**, bande perforée ; **spot punch**, poinçonneuse ; **summary punch**, perforatrice récapitulative ; **tape punch**, perforateur de bande ; **X punch**, perforation X, perforation en rangée 11 (onze) ; **Y punch**, perforation Y, perforation en rangée 12 (douze) ; **zone punch**, perforation hors-texte.

PUNCHED : punched, perforé ; **edge-punched card**, carte à encoches, à perforations marginales ; **input punched tape**, bande perforée des entrées ; **punched card**, carte perforée, carte ; **punched paper tape**, ruban de papier perforé ; **punched tape**, bande perforée.

PUNCHER : puncher, perforatrice ; **slotting puncher**, encocheuse.

PUNCHING : punching, perforation ; **card punching**, perforation de carte ; **card punching rate**, vitesse de perforation ; **multiple punching**, multiperforation ; **paper tape punching**, perforation de bande ; **punching form**, bordereau de perforation ; **punching pin**, poinçon ; **punching position**, position de perforation ; **punching track**, piste de perforation ; **summary punching**, perforation récapitulative ; **zone punching**, perforation hors-texte.

PUNCHLESS : punchless, sans perforation.

PUNCTATION : punctation, ponctuation ; **punctation mark**, signe de ponctuation.

PURE : pure binary, binaire pur ; **pure binary code**, code binaire pur ; **pure binary notation**, numération binaire ; **pure code**, code réentrant.

PURGE : purge, vidage ; **purge (to)**, libérer, vider, effacer ; **purge date**, date de mise à jour.

PURGING : purging, effacement ; **file purging**, effacement de fichiers.

PURIFICATION : data purification, filtrage des données ; **purification**, filtrage.

PURPOSE : all-purpose computer, calculateur universel ; **general-purpose computer**, calculateur universel ; **general-purpose interface**, interface universelle ; **general-purpose language**, langage d'usage général ; **general-purpose processor**, processeur à usage général ; **general-purpose register**, registre banalisé ; **general-purpose trunk**, câble universel ; **special-purpose computer**, calculateur spécialisé.

PUSH : push, mise sur pile ; **push (to)**, pousser ; **push-button**, bouton-poussoir ; **push down stack**, pile inversée ; **push instruction**, instruction d'empilage ; **push-to-talk switch**, commutateur d'alternat ; **push up**, pile ascendante ; **virtual push button**, élément de menu, touche virtuelle.

PUSHDOWN : pushdown list, liste inversée, liste refoulée, pile ; **pushdown queue**, file d'attente inversée ; **pushdown stack**, pile à accès inversé ; **pushdown storage**, pile inversée.

PUSHUP : pushup list, liste directe ; push-up storage, mémoire à liste directe.

PUT * : put, écriture ; put (to), ranger, mémoriser, écrire

Q

Q : Q-test, test numérique.

QAM : quadrature amplitude modulation (QAM), modulation d'amplitude en quadrature (MAQ).

QUAD * : quad, quarte ; quad density, densité quadruple ; quad-word bound, format à mot quadruple.

QUADBIT : quadbit, quartet, multiplet de quatre bits.

QUADRATURE : quadrature amplitude modulation (QAM), modulation d'amplitude en quadrature (MAQ) ; quadrature component, composante réactive.

QUADRUPLE : quadruple length register, registre quadruple ; quadruple precision, quadruple précision ; quadruple register, registre quadruple.

QUALIFICATION : locator qualification, identificateur de repère ; qualification level, niveau de qualification.

QUALIFIED : qualified data name, nom de donnée qualifiée ; qualified name, nom qualifié.

QUALIFIER : qualifier, qualifieur ; locator qualifier, identificateur de repère ; pointer qualifier, désignateur d'identificateur.

QUALITY : correspondence quality printer, imprimante de qualité courrier ; letter quality, qualité courrier ; near letter quality (NLQ), proche de la qualité courrier ; quality code, code d'état ; quality factor, facteur de qualité.

QUANTIFICATION : quantification, quantification.

QUANTIFIER : universal quantifier, quantificateur universel.

QUANTIFY : quantify (to), quantifier.

QUANTISATION, QUANTIZA-TION * : quantisation (US: quantization), quantification ; quantisation level, niveau de quantification ; quantisation noise, bruit de quantification.

QUANTISE, QUANTIZE : quantise (to) (US: quantize), quantifier.

QUANTISER, QUANTIZER : quantiser (US: quantizer), quantificateur.

QUANTISING, QUANTIZING : quantising (US: quantizing), quantification.

QUANTITY * : analogue quantity, quantité analogique ; input quantity, volume d'entrée ; intermediate quantity, valeur intermédiaire ; numeric quantity, quantité numérique ; numerical quantity, quantité numérique, valeur numérique ; physical quantity, grandeur réelle ; radical quantity, radical ; scalar quantity, grandeur scalaire ; unknown quantity, valeur inconnue ; variable quantity, quantité variable ; vector quantity, grandeur vectorielle.

QUANTUM : quantum, tranche de temps ; quantum clock, temps unitaire ; time quantum, unité de temps.

QUARTER : quarter-squares multiplier, multiplieur parabolique.

QUARTET : quartet, quartet, multiplet de quatre bits ; zone quartet, quartet de poids fort.

QUARTZ : quartz crystal, cristal de quartz.

QUENCH : quench (to), atténuer.

QUERY : query, consultation, demande (de données) ; query (to), interroger, consulter, demander ; data query, consultation de données) ; database query, interrogation d'une base de données ; query language translator, traducteur de langage d'interrogation ; query station, poste d'interrogation ; search query, demande de recherche ; user query, demande utilisateur.

QUESCE * : quesce (to), rejeter.

QUESTION : question mark, point d'interrogation '?'.

QUESTIONER : questioner, appelant, demandeur.

QUESTIONNAIRE : application questionnaire, questionnaire d'application.

QUEUE : queue, file d'attente, liste d'attente, liste ; action queue slot, zone d'intercalage ; device queue, file d'attente des périphériques ; entry queue, file d'attente d'entrée ; external queue, file d'attente externe ; input job queue, file d'attente de travaux en entrée ;

input/output queue, queue d'attente des entrées/sorties ; **input queue**, file d'attente d'entrée ; **input work queue**, file des travaux en entrée ; **job input queue**, file d'attente des travaux ; **job queue**, file d'attente des travaux ; **job queue item**, article du répertoire des travaux ; **output work queue**, file d'attente en sortie ; **pushdown queue**, file d'attente inversée ; **queue access method**, méthode d'accès de listes ; **queue discipline**, méthode d'accès avec file d'attente ; **queue management**, gestion de file ; **queue off (to)**, retirer de la file ; **queue slot**, zone d'entrée de file ; **queue time**, temps d'attente en file ; **run queue**, file de travaux, liste de travaux ; **scheduler queue**, file d'attente pilote ; **scheduling queue**, file d'attente d'ordonnancement, liste pilote ; **variable queue list**, liste d'attente variable ; **waiting queue element**, élément de file d'attente ; **waiting queue field**, zone de file d'attente ; **work-in-process queue**, opération en file d'attente.

QUEUED : queued access, accès par file d'attente ; **queued file**, suite de fichiers.

QUEUEING * : queueing, gestion des files d'attente ; **message queueing**, gestion de messages ; **queueing field**, zone de file d'attente ; **queueing list**, liste de files d'attente ; **queueing principle**, principe des files d'attente ; **queueing probability**, probabilité d'attente en file ; **queueing theory**, théorie des files d'attente.

QUICK : quick access memory, mémoire à accès rapide ; **quick-disconnect**, connecteur à attache rapide ; **quick load**, chargement rapide ;

quick reference card, carte aide-mémoire ; **quick reference guide**, aide-mémoire ; **quick sort**, tri par segmentation.

QUIESCE : quiesce (to), s'arrêter doucement.

QUIESCENT : quiescent, muet ; **quiescent period**, temps de repos.

QUIESCING : quiescing, en attente, mise au repos.

QUIET : quiet error, erreur découverte rapidement.

QUIETISED, QUIETIZED : quietised (US: quietized), à bruit affaibli.

QUINARY : quinary, quinaire ; **quinary code**, code deux parmi cinq, code quinaire ; **quinary notation**, notation biquinaire ; **quinary number**, nombre quinaire.

QUINTET : quintet, quintuplet, multiplet de cinq bits.

QUOTA : quota method, processus de recherche de lignes.

QUOTATION : quotation marks, guillemets '« ' ; **single-closing quotation mark**, apostrophe de fermeture ''' ; **single-opening quotation mark**, apostrophe d'ouverture '''.

QUOTED : quoted string, chaîne entre guillemets.

QUOTES : quotes, guillemets '« '.

QUOTIENT : differential quotient, quotient différentiel ; **multiplier quotient register**, registre multiplicateur quotient ; **quotient register**, registre des quotients.

QWERTY * : qwerty keyboard, clavier qwerty

R

RACK : rack, baie, rack ; **card rack**, panier à cartes ; **rack printer**, imprimante à barres de caractères.

RADIAL : radial transfer, transfert radial, opération d'entrée/sortie.

RADICAL : index of a radical, exposant de racine ; **radical quantity**, radical.

RADIX, * : radix, base ; **diminished radix**, complément restreint, à la base moins un ; **fixed-radix notation**, numération à base fixe ; **floating-point radix**, base de séparation flottante ; **mixed-radix notation**, numération multibase ; **mixed-radix numeration**, numération mixte ; **radix complement**, complément à la base ; **radix-minus-one complement**, complément res-

treint, à la base moins un ; **radix notation**, numération à base ; **radix number**, base ; **radix numeration system**, numération à base ; **radix point**, rang de la virgule.

RAGGED : ragged margin, marge irrégulière.

RAM * : dynamic RAM, mémoire dynamique.

RAM disc : disque virtuel.

RAM disc software : logiciel de disque virtuel ; **random access memory (RAM)**, mémoire à accès direct ; **static RAM**, mémoire statique.

RANDOM : hashed random file, fichier à accès direct ; **index random file**, fichier à accès direct indexé ; **memory random access**, accès aléatoire à la mémoire ; **pseudo-random numbers**, nombres pseudo-aléatoires ; **quasi-random access**, accès quasi-instantané ; **random access device**, dispositif à accès direct ; **random access file**, fichier à accès direct ; **random access input/output**, entrée/sortie à accès direct ; **random access memory (RAM)**, mémoire à accès direct ; **random access sort**, tri à accès direct ; **random address**, accès direct ; **random failure**, avarie erratique ; **random file**, fichier à accès séquentiel ; **random logic**, mémoire à accès direct ; **random number**, nombre au hasard, nombre aléatoire ; **random number generator**, générateur de nombres aléatoires ; **random number sequence**, suite de nombres aléatoires ; **random number table**, table de nombres aléatoires ; **random scan**, balayage cavalier ; **random sequence**, séquence aléatoire ; **random variable**, variable aléatoire ; **random walk**, cheminement aléatoire ; **semi-random access**, accès semi-aléatoire.

RANDOMISE, RANDOMIZE : randomise (to) (US: randomize), rendre aléatoire, ranger en mémoire.

RANGE * : range, gamme, capacité, plage ; **address range**, plage d'adresse ; **address range register**, registre d'adresse de base ; **error range**, gamme d'une erreur, plage d'erreur ; **range check**, contrôle par fourchette ; **range of values**, plage des limites ; **working temperature range**, plage de températures de service.

RANK : rank, numéro de niveau ; **rank (to)**, ordonner.

RAPID : rapid memory, mémoire rapide.

RASTER * : raster, trame ; **horizontal raster count**, définition horizontale de trame ; **raster count**, définition de trame ; **raster display**, image ligne par ligne, affichage de trame ; **raster display device**, visu à quadrillage, à balayage de trame ; **raster graphic image**, mémoire image d'une trame ; **raster graphics**, infographie matricielle ; **raster pixel addressing**, adressage de point image ; **raster plotter**, traceur par ligne ; **raster scan**, balayage de trame ; **raster scan CRT**, tube à balayage de trame ; **raster scan display**, affichage à balayage de trame ; **raster scanning**, balayage

récurrent ; **raster type display**, visualisation dite de trame ; **raster unit**, unité de trame.

RATCHET : line space ratchet, rochet de commande d'interligne.

RATE : rate, débit ; **actual data transfer rate**, cadence brute de transfert de données ; **advance feed rate**, bande perforée à alignement frontal ; **average data rate**, débit moyen d'entropie ; **average transinformation rate**, débit effectif ; **baud rate**, vitesse de transmission ; **bit error rate (BER)**, taux d'erreurs binaires ; **bit rate**, débit binaire, vitesse binaire ; **bit transfer rate**, débit binaire, vitesse de transmission binaire ; **block error rate**, taux d'erreurs sur les blocs ; **burst rate**, taux de rafale ; **card punching rate**, vitesse de perforation ; **character error rate**, taux d'erreurs sur les caractères ; **character rate**, débit (en caractères) ; **clock rate**, fréquence d'horloge ; **data rate**, vitesse de transmission de données ; **data transfer rate**, débit de transfert des données ; **display refresh rate**, vitesse de rafraîchissement d'image ; **drawing rate**, vitesse de tracé ; **effective data transfer rate**, cadence utile de transfert de données ; **error rate**, taux des erreurs ; **failure rate**, taux de défaillance ; **feed rate**, vitesse d'entraînement ; **frame rate**, vitesse de trame ; **high-data rate**, transmission à grande vitesse ; **information flow rate**, vitesse de circulation de l'information ; **information rate**, entropie moyenne (par caractère) ; **input rate**, vitesse d'introduction, vitesse d'entrée ; **interruption rate**, taux d'interruption ; **key rate**, vitesse de frappe ; **keying error rate**, taux d'erreurs de frappe ; **maximum transfer rate**, vitesse maximale de transfert ; **modulation rate**, rapidité de modulation ; **printing rate**, vitesse d'impression ; **rate error**, taux d'erreurs ; **reading rate**, vitesse de lecture ; **recurrence rate**, fréquence de récurrence ; **refresh rate**, vitesse de rafraîchissement ; **reject rate**, taux de rebut ; **repetition rate**, vitesse de répétition ; **residual error rate**, taux d'erreurs résiduelles ; **scan rate**, vitesse de balayage, vitesse de scanage ; **sequential rate**, fréquence de récurrence ; **signalling rate**, vitesse de transmission ; **slew rate**, vitesse de balayage ; **transfer rate**, vitesse de transfert ; **write rate**, vitesse d'écriture.

RATED : rated, testé et garanti ; **rated output**, sortie nominale.

RATING : wattage rating, puissance

consommée.

RATIO : ratio, rapport, quotient ; **activity ratio**, taux d'activité ; **brightness ratio**, taux de luminance ; **carrier to noise ratio**, rapport porteuse à bruit ; **constant ratio code**, code à rapport constant ; **file activity ratio**, taux de mouvement de fichier ; **internal ratio**, rapport interne ; **operating ratio**, taux d'exploitation ; **ratio of similitude**, rapport de similitude ; **residual error ratio**, taux d'erreurs résiduelles.

RATIONAL : rational number, nombre rationnel.

RAVEL : ravel, linéarisation.

RAW : raw data, données brutes ; **raw data transfer**, transfert de données brutes ; **raw video**, vidéo brute.

RAY : cathode ray storage, mémoire cathodique ; **cathode ray tube (CRT)**, tube cathodique.

RBE : remote batch entry (RBE), soumission, introduction par lots à distance.

RBT : remote batch terminal (RBT), terminal lourd.

READ * : read, lecture ; **backward read**, lecture arrière ; **check read**, lecture de contrôle ; **data read**, lecture des données ; **data read function**, fonction de lecture des données ; **destructive read**, lecture destructive ; **destructive read-out (DRO)**, lecture destructive ; **direct read after write (DRAW)**, lecture et écriture simultanées ; **early card read**, lecture anticipée de carte ; **fusable read-only memory**, mémoire morte fusible ; **non-destructive read**, lecture non destructive ; **pixel read/write**, lecture/écriture de point image ; **read (to)**, lire, extraire ; **read-after-write**, lecture après écriture ; **read amplifier**, amplificateur de lecture ; **read back check**, contrôle par relecture ; **read block**, bloc de lecture ; **read burst**, lecture par rafale ; **read cycle**, cycle de lecture ; **read cycle time**, temps du cycle de lecture ; **read error**, erreur de lecture ; **read head**, tête de lecture ; **read in (to)**, enregistrer ; **read-only**, lecture seule ; **read-only memory (ROM)**, mémoire morte, mémoire fixe ; **read-out (device)**, affichage caractères, visuel à caractères ; **read out (to)**, lire, extraire ; **read-out and reset**, extraction et effacement ; **read path**, chemin de lecture ; **read screen**, fenêtre de lecture ; **read speed**, vitesse de lecture ; **read station**, poste de lecture ; **read time**, temps de lecture ; **read/write**, lecture-écriture ; **read/write burst**,

lecture/écriture par rafale ; **read/write channel**, canal lecture-écriture ; **read/write head**, tête de lecture-écriture ; **read/write mode**, mode lecture-écriture ; **read/write protection notch**, encoche de protection à l'écriture ; **read/write protection tab**, onglet de protection à l'écriture ; **reverse read**, lecture inverse ; **scatter read**, lecture diffuse ; **screen read**, lecture d'écran ; **storage read-out**, extraction de mémoire ; **transformer read-only storage**, mémoire fixe inductive ; **unrecoverable read error**, erreur de lecture permanente.

READABLE : readable, lisible ; **machine-readable**, exécutable par la machine ; **machine-readable data**, données exploitables par la machine ; **readable output**, sortie lisible directement.

READER : reader, lecteur ; **badge reader**, lecteur de badge ; **card reader**, lecteur de carte ; **character reader**, lecteur de caractère ; **document reader**, lecteur de document ; **fiche reader**, lecteur de microfiche ; **film reader**, lecteur de film ; **high-speed card reader**, lecteur de cartes rapide ; **high-speed document reader**, lecteur de documents rapide ; **high-speed reader**, lecteur rapide ; **high-speed tape reader**, lecteur de bande rapide.

ID card reader, lecteur de cartes d'identification ; **input reader**, programme d'entrée, programme d'introduction ; **magnetic tape reader**, lecteur de bande magnétique ; **mark reader**, lecteur de marques ; **microfilm reader**, lecteur de microfilm ; **optical character reader**, lecteur optique de caractères ; **optical mark reader**, lecteur de marque optique ; **optical reader**, lecteur optique ; **page reader**, lecteur de page ; **paper tape reader (PTR)**, lecteur de bande perforée ; **sorter reader**, trieuse-lieuse ; **tag reader**, lecteur d'étiquettes ; **tape reader**, lecteur de bande ; **text reader processor**, processeur de lecture de texte.

READIBILITY : readibility, lisibilité.

READING : reading, lecture ; **automatic card reading**, lecture automatique de cartes ; **brush reading**, lecture par brosse ; **continuous reading**, lecture en défilement continu ; **direct character reading**, lecture séquentielle de caractères ; **magnetic reading**, magnétolecture ; **optical mark reading**, lecture optique de marques ; **parallel reading**, lecture en parallèle ; **reading and recording head**, tête de lecture-écriture ; **reading cycle time**, temps du cycle de lecture ; **reading error**, erreur de lecture ; **reading head**, tête de lecture ; **reading rate**, vitesse de lecture ; **reading/writing**, lecture-écriture ; **reading/writing access mode**, mode lecture-écriture ; **reverse reading**, lecture inverse ; **verify reading**, lecture de contrôle.

READOUT : readout, lecture ; **digital readout**, affichage numérique ; **led readout**, affichage électroluminescent ; **non-destructive readout**, lecture non destructive ; **readout device**, dispositif d'affichage ; **readout signal**, signal de lecture ; **visual readout**, affichage.

READY : data set ready (DSR), poste de données prêt ; **ready typeout**, indication 'prêt' ; **status output ready**, sortie validée.

REAL : real, réel ; **on-line real-time (OLRT)**, temps réel en ligne ; **real address**, adresse réelle ; **real constant**, constante réelle ; **real device**, dispositif physique ; **real drive**, unité physique ; **real memory**, mémoire réelle ; **real mode**, mode réel ; **real number**, nombre réel ; **real storage**, mémoire réelle ; **real-time (RT)**, temps réel ; **real-time application**, application en temps réel ; **real-time clock**, horloge temps réel ; **real-time clock interface**, interface d'horloge temps réel ; **real-time computer**, calculateur en temps réel ; **real-time control**, commande en temps réel ; **real-time input**, entrée en temps réel ; **real-time interface**, interface de processus ; **real-time language**, langage temps réel ; **real-time monitor**, moniteur temps réel ; **real-time operation**, opération en temps réel ; **real-time output**, sortie en temps réel ; **real-time processing**, traitement en temps réel ; **real-time simulation**, simulation en temps réel ; **real-time system (RTS)**, système temps réel ; **real-time transmission**, transmission en temps réel ; **real type**, type réel.

REALLOCATE : reallocate (to), réaffecter.

REALLOCATION : reallocation, réaffectation.

REALM : realm, zone.

REARRANGE : rearrange (to), réordonner.

REARRANGEMENT : rearrangement, reclassement, réarrangement.

REASONABLENESS : reasonableness check, contrôle de vraisemblance.

REASSEMBLE : reassemble (to), réassembler.

REASSEMBLY : reassembly, réas-

semblage.

REASSIGN : reassign (to), réaffecter.

REASSIGNMENT : reassignment, réaffectation.

REBLAST : reblast (to), reprogrammer une mémoire morte.

REBLASTING : reblasting, reprogrammation (mémoire morte).

REBLOCKED : reblocked, rebloqué ; **reblocked file**, fichier à blocs regroupés.

REBLOCKING : reblocking, reblocage.

REBOOTSTRAP : rebootstrap, réamorçage ; **rebootstrap (to)**, réamorcer, relancer, reprendre, réactiver.

REBUILD : rebuild (to), reconstruire, reconstituer.

REBUILDING : rebuilding, reconstitution, reconstruction.

RECALCULATE : recalculate (to), recalculer.

RECALIBRATE : recalibrate (to), recalibrer.

RECALL : recall, rappel ; **recall (to)**, rappeler, reloger.

RECAPTURE : recapture (to), ressaisir.

RECEIPT : acknowledge receipt (to), accuser réception.

RECEIVE : receive (to), recevoir ; **automatic send/receive (ASR)**, téléimprimeur émetteur-récepteur ; **keyboard send/receive**, émetteur-récepteur à clavier, téléscripteur ; **receive interruption**, interruption de la réception ; **receive-only (RO)**, réception seule.

RECEIVER : receiver, récepteur, collecteur (de données) ; **line receiver**, coupleur de ligne ; **receiver gating**, clavier récepteur ; **receiver/transmitter**, émetteur-récepteur ; **synchronous receiver-transmitter**, émetteur-récepteur synchrone.

RECEIVING : receiving field, champ objet.

RECEPT : recept, réception.

RECEPTION : reception, réception ; **aural reception**, lecture au son ; **invalid reception**, réception erronée.

RECIPROCAL : reciprocal, réciproque.

RECLAIM : reclaim (to), récupérer.

RECLAMATION : reclamation, récupération.

RECODE : recode (to), reprogrammer, recoder.

RECODING : recoding, recodage, reprogrammation.

RECOGNITION : automatic shape recognition, reconnaissance automatique des formes ; **character recognition,** reconnaissance de caractères ; **code recognition,** reconnaissance de code ; **pattern recognition,** reconnaissance des formes ; **recognition time,** temps de reconnaissance ; **speech recognition,** reconnaissance vocale ; **voice recognition,** reconnaissance vocale.

RECOMPILATION : recompilation, recompilation.

RECOMPILE : recompile (to), recompiler.

RECOMPILING : recompiling, recompilation.

RECOMPUTE : recompute (to), recalculer.

RECONDITION : recondition (to), remettre en état.

RECONDITIONING : reconditioning, remise en état.

RECONFIGURABILITY * : reconfigurability, reconfigurabilité.

RECONFIGURATION : reconfiguration, reconfiguration ; **storage reconfiguration,** reconfiguration de mémoire.

RECONFIGURE : reconfigure (to), reconfigurer.

RECONNECT : reconnect (to), reconnecter.

RECONSTITUTE : reconstitute (to), reconstruire, reconstituer.

RECONSTRUCT : reconstruct (to), reconstruire, reconstituer.

RECONSTRUCTION : reconstruction, reconstitution, reconstruction ; **file reconstruction,** reconstruction de fichier.

RECOPIER : recopier, recopieur.

RECORD * : record, enregistrement, article ; **record (to),** enregistrer ; **access record,** article d'accès ; **addition record,** enregistrement additionnel ; **amendment record,** modificatif ; **attribute record,** enregistrement entité ; **block record,** enregistrement de blocs ; **blocked record,** enregistrement bloqué ; **chained record,** enregistrement chaîné ; **change record,** enregistrement mouvement ; **checkpoint record,** enregistrement de reprise ; **data**

record, enregistrement de données ; **defined record,** enregistrement défini ; **deletion record,** enregistrement d'annulation ; **duplicate record,** enregistrement double ; **duplicated record,** copie d'enregistrement ; **empty record,** article vide ; **end-of-record,** fin d'enregistrement ; **entity record,** enregistrement entité ; **file leader record,** enregistrement d'ouverture de fichier ; **fixed-length record,** enregistrement de longueur fixe ; **fixed-size record,** enregistrement de longueur fixe ; **grouping of records,** groupe d'enregistrements ; **header record,** enregistrement de tête ; **home address record,** bloc d'adresse de voie ; **home record,** enregistrement de tête ; **identifier record,** bloc identificateur ; **index record,** enregistrement de répertoire ; **information record,** enregistrement de données ; **input padding record,** bloc de garnissage en entrée ; **input record,** bloc d'entrée ; **input record length,** longueur de bloc d'entrée ; **job summary record,** bloc de cumul des travaux ; **label record,** enregistrement identificateur ; **leader record,** enregistrement de tête ; **length record word,** mot de longueur d'article ; **logical record,** enregistrement logique ; **master record,** enregistrement principal ; **padding record,** enregistrement de remplissage ; **physical record,** enregistrement physique ; **primary data record,** enregistrement primaire ; **primary record,** enregistrement principal ; **record address file,** fichier des adresses d'enregistrements ; **record block,** bloc d'enregistrements ; **record blocking,** groupage d'enregistrements en blocs ; **record card,** fiche signalétique ; **record class,** type d'enregistrement ; **record count,** nombre d'enregistrements ; **record creation,** création d'articles ; **record designator,** numéro de la piste de blocs ; **record format,** format d'enregistrement ; **record gap,** espace entre enregistrements, espace interbloc ; **record head,** tête d'enregistrement ; **record key,** indicatif d'article ; **record label,** enregistrement annonce ; **record layout,** structure d'enregistrement ; **record length,** longueur d'enregistrement ; **record management,** gestion d'enregistrement ; **record number,** numéro d'enregistrement ; **record overflow feature,** dispositif de changement de piste ; **record position,** positionnement d'enregistrement ; **record separator (RS),** séparateur d'article ; **record skip,** saut d'enregistrement ; **record sort,** tri d'enregistrements ; **record type,** classification d'enregistrement ; **record updating**, mise à jour d'articles ; **reference record**, enregistrement de référence ; **semi-fixed length record**, enregistrement semi-fixe ; **spanned record**, enregistrement élongué ; **trailer record**, enregistrement récapitulatif ; **transaction record**, enregistrement des mouvements ; **unformatted record**, enregistrement sans format ; **unit record**, enregistrement unitaire ; **unit record controller**, contrôleur d'unités périphériques ; **unit record device**, dispositif standard d'entrée/sortie ; **unit record equipment**, matériel classique ; **unmatched records**, blocs d'informations discordants ; **unspanned record**, enregistrement sans segment ; **variable format record**, enregistrement à longueur variable ; **variable length record**, enregistrement de longueur variable ; **variable record length**, longueur variable d'article ; **visual record**, enregistrement en texte clair.

RECORDABLE : recordable, enregistrable.

RECORDED : recorded, enregistré.

RECORDER : recorder, enregistreur ; **digital recorder**, enregistreur numérique ; **microfilm recorder**, enregistreur sur microfilm.

RECORDING : recording, enregistrement, article ; **double density recording**, enregistrement en double densité ; **double pulse recording**, enregistrement en impulsion double ; **interlaced recording**, enregistrement entrelacé ; **laser beam recording (LBR)**, enregistrement par faisceau laser ; **magnetic recording**, enregistrement magnétique ; **non-return-to-zero recording (NRZ)**, enregistrement sans retour à zéro ; **reading and recording head**, tête de lecture-écriture ; **recording density**, densité d'enregistrement ; **recording format**, structure d'enregistrement ; **recording head**, tête d'écriture ; **recording medium**, support d'enregistrement ; **recording mode**, mode d'enregistrement ; **recording surface**, surface d'écriture ; **recording track**, piste d'enregistrement ; **surface recording**, enregistrement en surface ; **tape recording density**, densité d'enregistrement de la bande.

RECOVER : recover (to), récupérer.

RECOVERABILITY : recoverability, faculté de récupération.

RECOVERABLE : recoverable, récupérable ; **non-recoverable**, irrécupérable ; **recoverable error**, erreur récupérable.

RECOVERY * : automatic defective track recovery, changement automatique de piste défectueuse ; **automatic recovery programme**, programme de récupération automatique ; **backward recovery**, récupération par retraitement ; **checkpoint recovery**, relance sur point de contrôle ; **data recovery**, correction des données ; **failure recovery**, reprise après avarie.

RECTIFIER : silicon rectifier, redresseur au silicium.

REDUNDANCY : redundancy, redondance ; **cyclic redundancy check (CRC)**, contrôle cyclique par redondance ; **longitudinal redundancy check (LRC)**, contrôle par redondance longitudinale ; **redundancy check**, contrôle par redondance ; **redundancy check bit**, binaire de parité ; **redundancy check character**, caractère de parité ; **redundancy feedback**, détection d'erreurs en émission ; **relative redundancy**, redondance relative ; **transverse redundancy check (TRC)**, contrôle de parité horizontale ; **vertical redundancy check (VCR)**, contrôle de parité verticale.

REDUNDANT : redundant, redondant ; **redundant character**, caractère redondant ; **redundant code**, code redondant.

REEL : reel, bobine ; **magnetic tape reel**, bobine de bande magnétique ; **reel sequence**, numéro d'ordre ; **supply reel**, bobine débitrice ; **tape reel**, bobine.

REELING : reeling, bobinage.

REENABLE : reenable (to), revalider.

REENTER : reenter (to), réintroduire, réentrer, ressaisir.

REENTERABLE : reenterable, réentrant ; **reenterable load module**, module réentrant.

REENTRANCE : reentrance, réentrance.

REENTRANCY : reentrancy, invariance.

REENTRANT * : reentrant, réentrant ; **reentrant programme**, programme réentrant ; **reentrant subroutine**, sous-programme réentrant.

REENTRY : reentry, réentrée ; **reentry point**, point de retour.

REESTABLISH : reestablish (to), rétablir, reconstituer, restaurer.

REFEED : refeed, réalimentation ; **refeed (to)**, réalimenter.

REFERENCE : reference, étiquette, référence, renvoi ; **reference (to)**, indiquer, renvoyer ; **cross-reference listing**, liste de références croisées ; **external reference**, référence extérieure ; **key of reference**, code de référence ; **on-line reference**, référence accessible directement ; **quick reference card**, carte aide-mémoire ; **quick reference guide**, aide-mémoire ; **reference block**, bloc de référence ; **reference edge**, bord de référence ; **reference language**, langage de référence ; **reference level**, niveau de référence ; **reference list**, liste de références ; **reference listing**, listage de références ; **reference manual**, manuel de référence, documentation ; **reference material**, documentation ; **reference number**, numéro de référence ; **reference record**, enregistrement de référence ; **reference voltage**, tension de référence ; **return-to-reference**, retour à zéro ; **subroutine reference**, appel de sous-programme.

REFERENCING : input/output referencing, référence d'entrée/sortie ; **uniform referencing**, référence uniforme.

REFETCHING : refetching, réextraction.

REFILE : refile (to), reclasser, réordonner.

REFILING : refiling, reclassement, réarrangement.

REFILLING : refilling, remplissage.

REFLECTANCE : reflectance, réflectance ; **background reflectance**, réflectance diffuse.

REFLECTED : reflected, réfléchi ; **reflected binary**, binaire réfléchi ; **reflected binary code**, code binaire réfléchi.

REFOLD : refold (to), replier.

REFORMAT : reformat (to), reformater.

REFORMATING : reformating, reformatage.

REFRESH * : refresh, rafraîchissement ; **refresh (to)**, rafraîchir, régénérer ; **continual refresh display**, écran à rafraîchissement continu ; **crt refresh**, rafraîchissement écran ; **display refresh rate**, vitesse de rafraîchissement d'image ; **invisible refresh**, rafraîchissement dynamique ; **memory refresh cycle**, cycle de rafraîchissement de mémoire ; **refresh cycle**, cycle de rafraîchissement ; **refresh interval**, intervalle entre deux rafraîchis-

sements ; **refresh rate**, vitesse de rafraîchissement.

REFRESHING : refreshing, rafraîchissement ; **image refreshing**, entretien d'image.

REGENERATING : pulse regenerating circuit, circuit régénérateur d'impulsions.

REGENERATION : regeneration, régénération ; **image regeneration**, régénération d'image ; **pulse regeneration**, régénération d'impulsions ; **regeneration control**, commande de régénération ; **regeneration speed**, vitesse de rafraîchissement ; **signal regeneration**, régénération de signal.

REGENERATIVE :   regenerative memory, mémoire à rafraîchissement ; **regenerative repeater**, répétiteur régénérateur.

REGION : region, région, zone ; **communication region**, zone d'échange.

REGISTER * : register, registre ; **register (to)**, cadrer ; **accumulator register**, registre accumulateur ; **address range register**, registre d'adresse de base ; **address register**, registre d'adresse ; **addressable register**, registre adressable ; **analogue shift register**, registre à transfert analogique ; **arithmetic register**, registre arithmétique ; **associative register**, registre associatif ; **associative storage register**, registre à mémoire associative ; **autodecrement register**, registre autodécrémental ; **B-register**, registre d'index ; **base address register**, registre d'adresse de base ; **base register**, registre d'adresse ; **calling register**, registre d'appel ; **carry register**, registre de report ; **check register**, registre de contrôle ; **circulating register**, registre en boucle ; **clock register**, registre d'horloge ; **control register**, registre de contrôle, registre d'adresse ; **delay line register**, registre à circulation ; **double length register**, registre double ; **double line shift register**, registre à décalage double ; **double register**, registre double ; **double word register**, registre en double mot ; **dynamic shift register**, registre à décalage dynamique ; **external register**, registre externe ; **fault register**, registre des avaries ; **floating-point register**, registre à virgule flottante ; **general-purpose register**, registre banalisé ; **general register**, registre principal ; **home register**, registre des données initiales ; **identification register**, registre d'identification ; **index register**, registre d'index ; **indexing register**, registre de base ; **indicator register**, registre d'indicateurs ; **in-**

put/output register, registre d'entrée/sortie ; input register, registre d'entrée ; **instruction address register**, registre d'adresse d'instruction ; **instruction counting register**, registre de comptage d'instructions ; **instruction register**, registre d'instruction ; **instruction sequence register**, registre d'enchaînement d'instructions ; **interface register**, registre d'interface ; **intermediate register**, registre intermédiaire ; **interrogation register**, registre d'interrogation ; **job distribution register**, registre de ventilation des travaux ; **manual input register**, registre d'entrée manuelle ; **mask register**, registre-masque ; **memory register**, registre de mémoire ; **modifier register**, registre d'index ; **multiplier quotient register**, registre multiplicateur quotient ; **operation register**, registre d'exploitation ; **programme register**, registre de programme ; **pseudo-register**, pseudoregistre ; **quadruple length register**, registre quadruple ; **quadruple register**, registre quadruple ; **quotient register**, registre des quotients ; **register bank**, groupe de registres ; **register length**, longueur de registre ; **retour-code register**, registre à code retour ; **shift register**, registre à décalage ; **source register**, registre source ; **stack register**, registre de pile ; **static shift register**, registre à décalage statique ; **status register**, registre d'état ; **storage register**, registre de mémoire ; **temporary register**, registre intermédiaire ; **time register**, registre d'horloge ; **timer register**, registre rythmeur ; **transfer register**, registre de transfert ; **triple length register**, registre triple ; **triple register**, unité de trois registres, registre triple ; **utility register**, registre auxiliaire ; **weight register**, registre de pondération ; **word buffer register**, registre tampon de mot ; **word input register**, registre d'entrée mot ; **word register**, registre de mot ; **work register**, registre de travail.

REGISTRATION : card registration, alignement de cartes ; **registration**, alignement de cartes ; **registration check**, contrôle du cadrage des perforations ; **registration mark**, marque de repérage.

REGULATEUR : current regulator, régulateur de courant.

REGULATION : level regulation, régulation de niveau.

REGULATOR : voltage regulator, régulateur de tension.

REINITIALISATION, REINITIAL- **IZATION :** reinitialisation (US: reinitialization), réinitialisation.

REINITIALISE, REINITIALIZE : reinitialise (to) (US: reinitialize), réinitialiser.

REINITIATE : reinitiate (to), réamorcer, relancer, reprendre, réactiver.

REINITIATION : reinitiation, relance.

REJECT : band-reject filter, filtre stopbande ; **reject pocket**, case de rebut ; **reject rate**, taux de rebut.

REJECTION : rejection, rebut ; **normal mode rejection**, réjection de mode normal.

RELATED : related data, données relationnelles.

RELATION : relation, relation ; **control relationship**, interdépendance ; **logical relation**, relation logique ; **relation character**, symbole relationnel ; **relation test**, test relationnel.

RELATIONAL : relational data base, base de données relationnelles ; **relational expression**, expression relationnelle ; **relational operator**, opérateur relationnel ; **relational processor**, processeur relationnel.

RELATIONSHIP : control relationship, interdépendance.

RELATIVE : base relative, relatif à la base ; **relative address**, adresse relative ; **relative co-ordinate**, coordonnée relative ; **relative coding**, code relatif ; **relative command**, commande relative ; **relative data**, données relatives ; **relative error**, erreur relative ; **relative humidity**, humidité relative ; **relative instruction**, commande relative ; **relative redundancy**, redondance relative ; **relative transmission level**, niveau de transmission relatif ; **relative vector**, vecteur relatif ; **self-relative address**, adresse autorelative ; **self-relative addressing**, adressage autorelatif ; **zero relative address**, adresse relative à zéro.

RELAY : holding relay, relais de maintien ; **locking relay**, relais de maintien ; **polar relay**, relais polarisé ; **relay contact**, contact de relais ; **shifting relay**, relais de décalage ; **slow acting relay**, relais temporisé ; **telegraph relay**, relais télégraphique.

RELEASE : release, libération, révision ; **release level**, niveau de mise à jour ; **release parameter**, paramètre de lancement ; **terminal release**, libération du terminal.

RELIABILITY * : reliability, fiabilité estimée ; **circuit reliability**, fiabilité de circuit ; **equipment reliability**, fiabilité ; **hardware reli-**

ability, fiabilité du matériel ; **transmission reliability**, sécurité de transmission.

RELINK : relink (to), réenchaîner.

RELINQUISH : relinquish (to), désaffecter.

RELOAD : reload, rechargement ; reload (to), recharger.

RELOADABLE : reloadable, rechargeable.

RELOADING : reloading, rechargement.

RELOCABILITY : relocability, translatabilité.

RELOCATABLE : relocatable, translatable, relogeable ; **relocatable address**, adresse translatable ; **relocatable deck**, module translatable ; **relocatable file**, fichier translatable ; **relocatable module**, module relogeable ; **relocatable object module**, module objet relogeable ; **relocatable programme**, programme binaire translatable ; **relocatable sequence**, instructions relogeables.

RELOCATE * : relocate (to), translater, traduire.

RELOCATING : relocating, translation ; **self-relocating**, autorelogeable.

RELOCATION : relocation, translation ; **dynamic relocation**, translation dynamique ; **programme relocation**, translation de programme ; **relocation address**, adresse de translation ; **relocation base**, base de translation ; **upward relocation**, tassement.

REMAINDER * : remainder, reste.

REMARK : remark, commentaire.

REMEDIAL : remedial maintenance, maintenance corrective.

REMNANT : remnant amplitude, bruit résiduel.

REMOTE : remote, déporté ; **conversational remote entry**, entrée dialoguée déportée ; **remote access**, accès à distance ; **remote batch**, traitement par lots à distance ; **remote batch entry (RBE)**, soumission, introduction par lots à distance ; **remote batch processing**, télétraitement par lots ; **remote batch terminal (RBT)**, terminal lourd ; **remote computer**, ordinateur déporté ; **remote computing**, traitement déporté ; **remote computing system**, système de télétraitement ; **remote control**, commande à distance, télécommande ; **remote control system**, système de télécommande ; **remote debugging**, mise au point déportée ; **remote device**, périphérique déporté ; **remote job entry (RJE)**, entrée des travaux à distance ; **remote loading**, téléchargement ; **remote maintenance**, télémaintenance ; **remote media service**, service de télétraitement ; **remote mode**, mode télétraitement ; **remote processing**, télétraitement ; **remote station**, poste terminal ; **remote terminal**, terminal déporté ; **remote test**, télétest.

REMOVABLE : removable cartridge, cassette amovible ; **removable magnetic disc**, disque magnétique amovible ; **removable unit**, organe amovible.

RENAME : rename (to), renommer.

RENAMING : renaming, changement de nom.

RENEWAL : renewal, renouvellement, reprise.

REORDER : reorder (to), reclasser, réordonner.

REORDERING : reordering, reclassement, réarrangement.

REORGANISATION, REORGANIZATION : file reorganisation, réorganisation de fichier ; **reorganisation (US: reorganization)**, réorganisation, réarrangement.

REORGANISE, REORGANIZE : reorganise (to) (US: reorganize), réorganiser.

REPACKING : repacking, regroupement.

REPAIR : repair, réparation, entretien ; **awaiting repair time**, délai de réparation ; **repair kit**, nécessaire de réparation ; **repair time**, temps de réparation.

REPATCH : repatch (to), recorriger.

REPATCHING : repatching, nouvelle correction.

REPEAT : programme repeat, itération de programme ; **repeat-action key**, touche répétitrice ; **repeat programme**, programme itératif.

REPEATER : repeater, relais, répétiteur ; **regenerative repeater**, répétiteur régénérateur.

REPERTOIRE * : character repertoire, jeu de caractères ; **instruction repertoire**, jeu d'instructions.

REPETITION : alarm repetition, répétition des signaux d'alerte ; **pulse repetition frequency (PRF)**, fréquence de récurrence ; **repetition instruction**, instruction de répétition ; **repetition rate**, vitesse de répétition.

REPETITIVE : repetitive addressing, adressage répétitif ; **repetitive operation**, opération répétitive.

REPLACE : replace (to), remettre en place.

REPLACING : replacing command, commande de remplacement ; **replacing text**, texte de remplacement.

REPLAY : replay (to), relire.

REPLICATE : replicate (to), copier.

REPLICATION : replication, copie, répétition, duplication ; **pixel replication**, duplication de point image.

REPLY : reply, réponse ; **reply message**, identificateur de réponse.

REPLYING : replying unit, unité interrogée.

REPORT : report, état ; **audit report**, liste de contrôle ; **batch report**, état séquentiel ; **computational report**, rapport informatique ; **error report**, liste des erreurs ; **exception report**, rapport d'anomalies ; **job accounting report**, journal de comptabilisation des travaux ; **job execution report**, compte-rendu de l'exécution des travaux ; **own report generator**, générateur de rapport intégré ; **report file**, fichier des états ; **report format**, format d'état ; **report generation**, génération d'état ; **report preparation**, préparation du rapport ; **report programme generator (RPG)**, générateur de programme d'états ; **report writer**, utilitaire d'éditeur d'états ; **summary report**, compte rendu sommaire ; **test report**, compte-rendu d'essai ; **transaction report**, compte rendu des mouvements.

REPORTING : reporting, sortie d'état, signalisation.

REPRESENTATION : representation, représentation ; **analogue representation**, représentation analogique ; **binary representation**, représentation binaire ; **binary-tree representation**, représentation en arbre binaire ; **coded representation**, représentation codée ; **complement representation**, représentation du complément ; **data representation**, représentation des données ; **digital representation**, représentation numérique ; **discrete representation**, représentation discrète ; **fixed-point representation**, numération en virgule fixe ; **floating-point representation**, représentation à virgule flottante ; **graphical representation**, représentation graphique ; **incremental representation**, représentation incrémentielle ; **information representation**, structure de l'information ; **internal representation**, représentation interne ; **number representation**, numération, base ; **numerical representation**, représentation numérique ; **pictorial data representation**, représentation de données image ; **positional representation**, représentation pondérée ; **variable point représentation**, numération à séparation variable ; **wire frame representation**, représentation fil de fer.

REPRINT : reprint, réimpression, retirage ; **reprint (to)**, réimprimer.

REPROCESS : reprocess, retraitement ; **reprocess (to)**, retraiter.

REPRODUCER : reproducer, reproductrice de cartes ; **tape reproducer**, reproductrice de bandes.

REPRODUCING : card reproducing punch, reproductrice de cartes.

REPROGRAMMABLE : reprogrammable, reprogrammable.

REPROGRAMME : reprogramme (to), reprogrammer, recoder.

REPROGRAMMING : reprogramming, recodage, reprogrammation.

REPROGRAPHIC : reprographic, reprographique ; **reprographics**, la reprographie.

REPUNCH : repunch (to), reperforer.

REPUNCHING : repunching, reperforation.

REQUEST : request, demande, requête, consultation ; **request (to)**, interroger, consulter, demander ; **attention interrupt request**, demande d'interruption ; **break request signal (BRS)**, signal de demande d'interruption ; **capture request**, demande de saisie ; **character request**, demande de caractères ; **clear request**, demande de libération ; **interrupt request**, demande d'interruption ; **job request**, requête de travail ; **keyboard request**, appel par clavier, touche d'appel ; **request light**, voyant d'appel ; **request stack**, pile de requêtes ; **time request**, demande de temps ; **write request**, demande d'écriture.

REQUESTING : requesting, demande, interrogation, consultation ; **requesting unit**, unité interrogatrice.

REQUESTOR : requestor, demandeur.

REQUEUE : requeue (to), remettre en file.

REQUIREMENT : hardware requirements, dotation de machines ; **interface re-quirements**, conditions de liaison ; **machine requirements**, équipement machine requis ; **power requirement**, puissance requise ; **storage requirement**, besoin en mémoire ; **technical requirements**, conditions techniques.

REREAD : reread, relecture ; **reread (to)**, relire.

RERECORD : rerecord (to), réengistrer.

REROUTING : rerouting, réacheminement.

RERUN * : rerun, reprise ; **rerun (to)**, reprendre ; **rerun point**, point de reprise ; **rerun routine**, programme de reprise ; **rerun time**, temps de reprise.

RESCUE : rescue, sauvegarde ; **rescue dump**, vidage de secours ; **rescue point**, point de reprise.

RESEARCH : research, recherche ; **operation research (OR)**, recherche opérationnelle.

RESEQUENCE : resequence (to), reclasser, réordonner.

RESEQUENCING : resequencing, remise en séquence, en ordre.

RESERVATION * : reservation station, station tampon.

RESERVE : reserve, restriction, réserve ; **reserve (to)**, réserver, affecter ; **device reserve**, réserve de périphérique.

RESERVED : reserved field, zone réservée ; **reserved identifier**, identificateur fixe ; **reserved page**, page restée en mémoire.

RESERVOIR : tape reservoir, magasin de bande.

RESET : reset, restauration, remise à zéro ; **reset (to) (a counter)**, remettre à l'état initial (un compteur) ; **automatic reset**, réinitialisation automatique ; **counter reset**, remise à l'état initial d'un compteur ; **cycle reset**, remise à zéro de cycle ; **direct reset**, effacement sans écriture ; **error reset key**, touche de correction ; **read-out and reset**, extraction et effacement ; **reset button**, bouton de remise à zéro ; **reset mode**, mode conditions initiales ; **reset signal**, signal de remise à zéro ; **reset to zero**, restauration, remise à zéro ; **start reset key**, touche de remise à zéro.

RESETTING : resetting, restauration, remise à zéro ; **resetting button**, touche d'annulation ; **self-resetting loop**, boucle autorestaurée ; **time resetting**, remise à l'heure.

RESIDENT * : resident, résidant, résident ; **core memory resident**, résidant en mémoire centrale ; **disc-resident**, résidant sur disque ; **non-resident**, non résidant ; **resident control programme**, noyau, programme de contrôle résident ; **resident programme**, programme résident ; **resident segment**, segment résident ; **resident storage**, mémoire résidente.

RESIDUAL : residual, résiduel ; **residual error**, erreur résiduelle ; **residual error rate**, taux d'erreurs résiduelles ; **residual error ratio**, taux d'erreurs résiduelles ; **residual noise**, bruit résiduel.

RESIDUE : residue, résidu ; **residue check**, contrôle modulo N.

RESILIENCE : resilience, résilience.

RESISTANCE : backward resistance, résistance inverse ; **insulation resistance**, résistance d'isolation ; **internal resistance**, résistance interne ; **open circuit resistance**, résistance en circuit ouvert ; **surge resistance**, résistance aux surtensions.

RESISTIVITY : high resistivity, à haute résistance ; **low resistivity**, faible résistivité.

RESISTOR : resistor, résistance ; **leak resistor**, résistance de fuite ; **limiting resistor**, résistance de limitation ; **load resistor**, résistance de chargement ; **thin film resistor**, résistance à couches minces ; **variable resistor**, résistance variable, potentiomètre.

RESOLUTION * : resolution, résolution ; **digital resolution**, résolution numérique ; **display resolution**, résolution d'écran ; **drawing resolution**, résolution du dessin ; **graphic display resolution**, résolution de l'affichage graphique ; **high-resolution clock**, compteur horaire de machine ; **low resolution**, basse résolution ; **physical resolution**, résolution physique.

RESOLVE : resolve (to), convertir.

RESOLVER : resolver, séparateur.

RESORT : resort (to), retrier.

RESORTING : resorting, reclassement, réarrangement.

RESOURCE * : resource, ressource ; **computer resource allocation**, affectation des ressources calcul ; **computing resources**, ressources informatiques ; **dynamic resource allocation**, attribution dynamique, affectation dynamique ; **hardware resources**, ressources matérielles ; **processing resource**, ressource allouée au traitement ; **resource allocation**, répartition des moyens, affectation de ressources ; **resource class**, type de ressources ; **resource deallocation**, désaffectation des ressources ; **resource management**, gestion des ressources ; **software resources**, ressources logicielles.

RESPONSE : response, réponse ; **image response**, réponse image ; **lag response**, décalage (de temps) ; **response duration**, durée de réponse ; **response frame**, trame réponse ; **response signal**, signal de sortie ; **response time**, temps de réponse ; **transient response**, réponse transitoire ; **voice response**, sortie vocale ; **voice response computer**, ordinateur à réponse vocale ; **voice response unit**, unité de sortie vocale.

RESPOOL : respool (to), rembobiner, rebobiner.

RESTART * : restart, reprise ; **restart (to)**, réamorcer, relancer, reprendre, réactiver ; **auto-restart**, redémarrage automatique ; **automatic restart**, redémarrage automatique ; **checkpoint restart**, reprise à un point de contrôle ; **cold restart**, relance à froid ; **differed restart**, redémarrage manuel ; **dump and restart**, vidage-reprise ; **job restart**, reprise du travail ; **job step restart**, reprise de l'étape de travail ; **programme restart**, reprise de programme ; **restart condition**, condition de reprise ; **restart instruction**, instruction de reprise ; **restart point**, point de reprise ; **restart procedure**, procédure de relance, routine de reprise ; **warm restart**, redémarrage à chaud.

RESTORATION : restoration, rétablissement.

RESTORE : restore, restauration, remise à zéro ; **restore (to)**, rétablir, reconstituer, restaurer ; **back-up and restore programme**, programme de rappel ; **file restore**, restauration de fichier ; **print restore code**, code de reprise de l'imprimante.

RESTORING : self-restoring loop, boucle autorégénératrice.

RESTRICTED : restricted, indisponible ; **restricted instruction**, instruction privilégiée.

RESULT * : result, résultat ; **intermediate result**, résultat intermédiaire ; **intermediate result overflow**, dépassement de capacité intermédiaire ; **side result**, résultat secondaire ; **tabulated result**, résultat tabulé ; **void result**, résultat indéterminé.

RESUME : resume (to), reprendre.

RESUMPTION : resumption, reprise.

RETENTION : retention cycle, cycle de rétention ; **retention period**, période rétention.

RETENTIVITY : retentivity, coercivité.

RETOUR : retour-code register, registre à code retour.

RETRACE : retrace, rafraîchissement ; **horizontal retrace point**, point de retour ligne ; **retrace cycle**, cycle de rafraîchissement ; **retrace time**, durée d'effacement ; **vertical retrace point**, point de retour trame.

RETRIEVABILITY : retrievability, faculté d'accès, de consultation.

RETRIEVAL * : retrieval, restitution, recherche, récupération ; **data retrieval**, restitution de l'information, recherche de l'information ; **document retrieval**, recherche de documents ; **documentary information retrieval**, recherche documentaire ; **false retrieval**, récupération parasite ; **information retrieval**, recherche de l'information ; **information retrieval system**, système de recherche documentaire ; **information storage/retrieval (ISR)**, stockage/restitution des données ; **key retrieval**, recherche par mot clé ; **message retrieval**, restitution de message ; **retrieval code**, code de recherche ; **retrieval operation**, opération de restitution ; **retrieval system**, système de recherche ; **retrieval terminal**, terminal de saisie.

RETRIEVE : retrieve (to), extraire.

RETRIEVING : retrieving, recherche.

RETROFIT * : retrofit, rattrapage, réajustement.

RETRY : retry, tentative ; **instruction retry**, répétition d'instructions.

RETURN : return, retour ; **return (to)**, renvoyer, retourner ; **automatic carriage return**, retour automatique de chariot ; **carriage return (CR)**, retour de chariot ; **exception return**, saut arrière en cas d'anomalie ; **non-return-to-zero recording (NRZ)**, enregistrement sans retour à zéro ; **return address**, adresse de retour ; **return channel**, voie de retour ; **return code**, code retour ; **return instruction**, instruction de retour ; **return-to-reference**, retour à zéro ; **return-to-zero**, retour à zéro.

RETYPE : retype (to), refrapper.

RETYPING : retyping, refrappe.

REUSABLE : reusable, partageable ; non-reusable, non réentrant ; **reusable programme**, programme partageable ; **serially reusable**, réutilisable après exécution.

REVERSE : reverse bias, polarisation inverse ; **reverse channel**, canal retour ; **reverse clipping**, masquage ; **reverse current**, courant inverse ; **reverse Polish notation**, notation suffixée, notation polonaise inverse ; **reverse read**, lecture inverse ; **reverse reading**, lecture inverse ; **reverse scan**, balayage inversé ; **reverse slant 'ç'**, barre oblique inverse, barre de fraction inverse ; **reverse slash 'ç'**, barre oblique inverse, barre de fraction inverse ; **reverse typing**, impression à frappe alternée ; **reverse typing terminal**, imprimante alternante ; **reverse video**, vidéo inverse.

REVERSIBLE : reversible counter, compteur-décompteur ; **reversible flexible disc**, disquette double face.

REVERSING : card reversing device, retourneuse de cartes.

REVERT : revert (to), revenir, retourner.

REVISION : revision, mise à jour ; **revision level**, niveau de révision ; **revision service**, service de modification.

REVOLUTION : inch per revolution (IPR), pouce par tour (PPT).

REWIND : rewind (to), rembobiner, rebobiner ; **high-speed rewind**, rembobinage rapide ; **rewind speed**, vitesse de rembobinage ; **rewind time**, temps de rembobinage.

REWINDING : rewinding, rembobinage.

REWORK : rework (to), reprendre au début.

REWRITE * : rewrite, réécriture ; **rewrite (to)**, réécrire.

REWRITING : rewriting, réécriture.

RGB * : Red Green Blue (RGB), Rouge Vert Bleu (RVB).

RGB monitor ; moniteur RVB.

RIBBON : ribbon, ruban ; **alternate ribbon colour**, couleur de ruban complémentaire ; **blue ribbon programme**, programme sans mise au point ; **carbon ribbon cartridge**, cartouche à ruban de carbone ; **dual ribbon feed**, double avance de ruban encreur ; **ink ribbon**, ruban encreur ; **inked ribbon**, ruban encreur ; **printed wire ribbon**, câble plat imprimé ; **ribbon cable**, câble plat ; **ribbon guide**, guide de ruban ; **strip ribbon**, ruban étroit.

RIGHT : right, droite ; **justified right**, justifié à droite ; **right adjusted**, cádré à droite ; **right angle**, angle droit ; **right arrow**, flèche droite ; **right brace**, accolade droite '}' ; **right-end bit**, binaire de poids faible ; **right hand (RH)**, à droite ; **right hand zero**, zéro cádré à droite ; **right justification**, justification à droite ; **right-justified**, justifié à droite ; **right justify**, justification à droite ; **right justify (to)**, justifier à droite ; **right margin**, marge droite ; **right parenthesis**, parenthèse droite ')' ; **right part**, partie droite ; **right shift**, décalage à droite ; **right square bracket ']'**, crochet de fermeture.

RIGID : rigid disc, disque rigide.

RING * : ring, anneau ; **hybrid ring**, anneau hybride ; **logical ring**, anneau logique ; **ring binder**, classeur à anneaux ; **ring counter**, compteur en anneau ; **ring file**, fichier en anneau ; **ring indicator**, sonnerie ; **ring network**, réseau en anneau ; **ring shift**, décalage circulaire, décalage logique ; **tape ring**, bague d'écriture ; **token-passing ring network**, réseau avec bus annulaire à jeton ; **token-passing ring protocol**, protocole d'anneau à jeton ; **token ring approach**, concept du bus annulaire à jeton ; **write inhibit ring**, anneau d'interdiction à l'écriture.

RINGING : ringing, appel.

RIPPLE : ripple, ondulation résiduelle ; **ripple-carry adder**, additionneur avec report ; **ripple sort**, tri par paires.

RIRO : roll-in/roll-out (RIRO), rappel-transfert.

RISE : rise, montée ; **rise time**, temps de montée.

RISER : riser, jambage supérieur de caractère.

RJE : remote job entry (RJE), entrée des travaux à distance.

RMS : root mean square (RMS), moindre carrés.

ROBOT : computerised robot, robot industriel ; **robot**, robot.

ROBOTICS * : robotics, la robotique.

ROD : rod, barre ; **rod memory**, mémoire à tores, mémoire à ferrites.

ROLL : roll, rouleau ; **continuous roll**, rouleau de papier continu ; **feed roll**, rouleau d'alimentation ; **print roll**, cylindre d'impression ; **roll back (to)**, rembobiner, rebobiner ; **roll-back routine**, programme de reprise ; **roll**

call, interrogation ; **roll-call polling**, scrutation par appel ; **roll-in**, rappel ; **roll in (to)**, rappeler, reloger ; **roll-in/roll-out (RIRO)**, rappel-transfert ; **roll off (to)**, transférer, déloger ; **roll on (to)**, rappeler, reloger ; **roll-out**, retrait ; **roll out (to)**, transférer, déloger.

ROLLBACK * : rollback, reprise au point de contrôle.

ROLLER : roller, rouleau ; **belt roller**, galet ; **feed roller**, rouleau de transport ; **ink roller**, rouleau encreur ; **paint roller**, rouleau à peinture ; **tape roller**, galet d'entraînement de bande.

ROLLING : rolling ball, boule roulante.

ROLLOFF : rolloff, transfert.

ROLLOUT * : rollout, transfert.

ROLLOVER * : rollover, enchaînement de touches ; **key rollover**, tamponnement du clavier ; **N-key rollover**, mémorisation de N frappes de touche.

ROLLUP : rollup, cumul.

ROM * : interchangeable rom, mémoire morte interchangeable ; **read-only memory (ROM)**, mémoire morte, mémoire fixe.

ROOM : clean room, salle blanche ; **computer room**, salle des ordinateurs ; **equipment room**, salle technique.

ROOT : root, racine ; **imaginary root**, racine imaginaire ; **index of root**, exposant de racine ; **root file**, fichier résident ; **root mean square (RMS)**, moindre carrés ; **root programme**, programme de base ; **root segment**, programme de contrôle ; **value of the root**, valeur de la racine.

ROTARY : rotary dial, numéroteur circulaire ; **rotary switch**, commutateur circulaire.

ROTATE : rotate (to), opérer une rotation.

ROTATING : rotating-belt printer, imprimante à bande.

ROTATIONAL : rotational delay, latence, temps d'attente ; **rotational delay time**, délai d'attente ; **rotational position sensing**, détection de position angulaire.

ROUND * : round (to), arrondir ; **round brackets**, parenthèses '( )' ; **round down (to)**, arrondir par défaut ; **round off (to)**, arrondir au plus près ; **round off error**, erreur d'arrondi ; **round up (to)**, arrondir par excès.

ROUNDED : filled rounded box, cadre plein à coins arrondis.

ROUNDING : rounding, arrondi ; **rounding constant**, constante d'arrondi ; **rounding error**, erreur d'arrondi.

ROUTE : route, acheminement, routage ; **alternate route**, acheminement de remplacement ; **automatic route selection**, acheminement automatique ; **route dialling**, numérotation de routage.

ROUTINE * : routine, programme ; **ageing routine**, contrôle de longévité ; **algorithmic routine**, routine algorithmique ; **assembly routine**, routine d'assemblage ; **benchmark routine**, programme de d'évaluation ; **binder routine**, programme de liaison ; **called routine**, routine appelée ; **calling routine**, sous-programme d'appel ; **canned routine**, programme prêt à l'emploi ; **checking routine**, programme de contrôle ; **compiling routine**, programme de compilation ; **complete routine**, programme au point ; **condensing routine**, programme de compression ; **control routine**, superviseur ; **conversion routine**, programme de conversion ; **correction routine**, programme de correction ; **dating routine**, programme horodateur ; **diagnostic routine**, routine de diagnostic ; **direct insert routine**, sous-programme ouvert ; **distribution routine**, sous-programme de ventilation ; **dump routine**, routine de vidage ; **edit routine**, routine d'édition ; **error correction routine**, programme de correction d'erreurs ; **error routine**, routine d'erreur ; **exception routine**, routine des anomalies ; **executive routine**, programme directeur ; **floating-point routine**, programme à virgule flottante ; **generalised routine**, routine polyvalente ; **generating routine**, programme générateur ; **heuristic routine**, programme heuristique ; **housekeeping routine**, routine de service ; **hyphenation routine**, programme de césure ; **independent routine**, programme indépendant ; **individual routine**, programme individuel ; **initialiser routine**, programme d'initialisation ; **input/output routine**, routine d'entrée/sortie ; **input/output software routine**, sous-programme de gestion des entrées/sorties ; **input routine**, programme d'entrée, programme d'introduction ; **insertion routine**, routine d'insertion ; **interface routine**, programme d'interfaçage ; **internal test routine**, sous-programme de test interne ; **interpretive routine**, programme interprétatif ; **interrupt routine**, programme d'interruption ; **isolation test rou-**

tine (ITR), routine de diagnostic ; **iterative routine**, routine d'itération ; **leader routine**, routine d'amorce ; **loader routine**, chargeur ; **loading routine**, programme de chargement ; **machine routine**, sous-programme machine ; **maintenance routine**, programme de maintenance ; **malfunction routine**, programme d'anomalies ; **master routine**, programme principal ; **monitor routine**, sous-programme moniteur ; **nested routine**, routine imbriquée ; **open routine**, sous-programme ouvert ; **output routine**, programme de sortie, programme d'extraction ; **output routine generator**, générateur de programme de sortie ; **patch routine**, programme de correction ; **polling routine**, programme de scrutation ; **postmortem routine**, programme d'autopsie ; **recovery routine**, routine de récupération ; **recursive routine**, routine récursive ; **rerun routine**, programme de reprise ; **roll-back routine**, programme de reprise ; **routine master**, programme de référence ; **secondary routine**, programme auxiliaire ; **self-check routine**, programme autotest ; **service routine**, utilitaire ; **specific routine**, routine spécifique ; **start routine**, routine de lancement ; **static routine**, routine sans paramètre ; **stored routine**, programme mémorisé ; **termination routine**, sous-programme de clôture ; **test routine**, routine d'essai ; **trace routine**, routine de dépistage ; **tracing routine**, programme de contrôle ; **transient routine**, routine transitoire ; **translating routine**, programme traducteur ; **update routine**, sous-programme de mise à jour ; **updating routine**, programme de mise à jour ; **user provided routine**, sous-programme d'utilisateur ; **user written routine**, sous-programme écrit par l'utilisateur ; **utility routine**, programme de servitude, utilitaire ; **utility routine controller**, contrôle du sous-programme utilitaire ; **working routine**, programme de production.

ROUTING * : routing, acheminement, routage ; **adaptive routing**, acheminement adaptatif ; **alternate routing**, acheminement secondaire ; **centralised routing protocol**, protocole de routage centralisé ; **improper routing character**, caractère d'acheminement erroné ; **message routing**, acheminement des messages ; **multiple routing**, multiroutage ; **routing channel**, voie d'acheminement ; **routing indicator**, indicateur de routage ; **routing information**, information d'acheminement ; **semiadap-**

tive routing, routage semi-adaptatif.

ROW * : row, rangée de bande, rangée ; **binary row**, rangée binaire ; **card row**, ligne de carte, ligne ; **matrix row**, ligne de matrice ; **row binary**, binaire en ligne ; **row pitch**, pas longitudinal, espacement des caractères ; **tape row**, rangée de bande, rangée.

RPG * : report programme generator (RPG), générateur de programme d'états.

RS : RS-232 gender changer, changeur de genre RS-232.

RS-232 **interface**, interface RS-232.

RS-232 **patch box**, configurateur RS-232.

RTS : real-time system (RTS), système temps réel.

RUB : rub out (to), effacer ; **rub-out character**, caractère d'effacement.

RUBBER : rubber banding, tracé asservi à un point fixe.

RULE : rule, règle ; **grammar rule**, règle de grammaire ; **hyphenation rule**, règle de césure ; **precedence rule**, règle de précédence ; **priority rule**, règle de priorité ; **slide rule**, règle à calculer.

RUN * : run, exécution, déroulement, passage ; **checkout run**, passage de contrôle, passage de mise au point ; **compilation run**, passe de compilation ; **completion run**, passage final ; **computer run**, passage en machine ; **dry run**, passage d'essai, passe d'essai ; **end-of-run character (EOR)**, (caractère de) fin d'exécution ; **end-of-run halt**, arrêt après fin de passage en machine ; **housekeeping run**, exécution de service ; **job run**, passe d'exécution ; **machine run**, passage en machine ; **modification run**, passage de mise au point ; **object run**, passage en machine ; **pre-run initialisation**, séquence préalable d'initialisation ; **production run**, passage opérationnel ; **programme run**, passe de programme ; **run-around**, parcours, passage ; **run book**, dossier d'exploitation ; **run chart**, ordinogramme d'exploitation ; **run duration**, durée d'exécution ; **run file**, fichier de programmes ; **run manual**, manuel d'exploitation ; **run module**, module exécutable ; **run-out**, bout de ruban ; **run queue**, file de travaux, liste de travaux ; **run stream**, flux de travaux, flot de travaux, file de travaux ; **run-time**, durée d'exploitation ; **run-time monitor**, moniteur d'exploitation ; **run unit**, module de chargement ; **test run**, passage d'essai, passe d'essai ; **updating run**, passe de mise à jour ; **vetting run**, passage de validation.

RUNG : cable rung, plan de trace.

RUNNING : running, exécution, déroulement, passage ; **free-running clock**, horloge arbitraire ; **free-running speed**, vitesse normale

de fonctionnement ; **idle running stroke**, cycle vide ; **idle running time**, cycle vide ; **live running**, traitement réel ; **running diagram**, diagramme de fonctionnement ; **running duration**, durée d'exécution ; **running time**, durée d'exécution

S

S : S-100 bus, bus S-100.

SAFE : safe (to), sauvegarder, sauver, conserver, mémoriser.

SAFEGUARDING : safeguarding programme, programme de sauvegarde.

SAFETY : safety pawl, levier de sécurité.

SALVAGER : salvager, programme de sauvegarde.

SAMPLE * : sample, échantillon ; **sample (to)**, échantillonner ; **sample data**, échantillon.

SAMPLED : sampled data control, contrôle de données par échantillonnage.

SAMPLING : sampling, échantillonnage.

SAPPHIRE : sapphire, saphir ; **silicon on sapphire (SOS)**, technologie silicium sur saphir.

SATELLITE * : satellite, centre annexe ; **communications satellite**, satellite de communications ; **computer satellite**, calculateur annexe ; **satellite communication**, communication par satellite ; **satellite computer**, ordinateur satellite ; **satellite station**, station satellite.

SATURATION : saturation, saturation.

SAVE : save, sauvegarde ; **save (to)**, sauvegarder, sauver, conserver, mémoriser ; **save field**, zone sauvegarde.

SAWTOOTH : sawtooth, dent de scie ; **vertical deflection sawtooth**, dent de scie trame.

SCALAR * : scalar, scalaire ; **scalar arithmetic**, arithmétique scalaire ; **scalar product**, produit scalaire ; **scalar quantity**, grandeur scalaire ; **scalar type**, type scalaire.

SCALE : scale, échelle ; **scale (to)**, réduire ; **decimal scale**, échelle décimale ; **extended time-scale**, facteur temps étendu ; **fast time scale**, facteur temps réduit ; **grey scale**, échelle

de gris ; **index scale**, tableau indicateur d'indice ; **large scale system**, ordinateur de grande puissance ; **medium scale integration**, intégration moyenne ; **medium scale system**, ordinateur de moyenne puissance ; **scale down (to)**, réduire à l'échelle ; **scale drawing**, dessin à l'échelle ; **scale factor**, grandeur d'échelle, échelle ; **scale-paper**, papier millimétrique ; **scale up (to)**, agrandir à l'échelle ; **small scale system**, ordinateur de petite puissance ; **time scale factor**, échelle des temps ; **two-dimensional scale**, échelle bidimensionnelle ; **vernier scale**, vernier.

SCALING * : scaling, changement d'échelle ; **scaling factor**, échelle.

SCAN * : scan, balayage, scrutation, exploration, scanage ; **scan (to)**, scaner (scanner), balayer ; **directed beam scan**, balayage cavalier ; **even-numbered scan line**, ligne de balayage paire ; **field scan generator**, générateur de balayage trame ; **file scan**, balayage de fichier, lecture de fichier ; **flying spot scan**, balayage au vol ; **interlaced scan**, balayage entrelacé ; **line scan generator**, générateur de signaux balayage ligne ; **line scan start**, départ de balayage ligne ; **move and scan**, transfert et analyse ; **odd-numbered scan line**, ligne de balayage impaire ; **random scan**, balayage cavalier ; **raster scan**, balayage de trame ; **raster scan CRT**, tube à balayage de trame ; **raster scan display**, affichage à balayage de trame ; **reverse scan**, balayage inversé ; **scan area**, zone de balayage, zone de scanage ; **scan frequency**, fréquence de balayage, fréquence de scanage ; **scan head**, tête de scaneur ; **scan line**, ligne de balayage ; **scan period**, durée de balayage, durée de scanage ; **scan rate**, vitesse de balayage, vitesse de scanage ; **storage scan**, balayage de la mémoire ; **vector scan**, balayage cavalier.

SCANNER : scanner, scaneur (scanneur), scanographe, scrutateur ; **bar code**

scanner, scaneur de code à barres ; **optical scanner**, lecteur optique ; **scanner channel**, scrutateur de voies ; **visual scanner**, lecteur optique ; **wand scanner**, crayon lecteur.

SCANNING * : scanning, scanage, analyse par balayage ; **central scanning loop**, boucle centrale de lecture directe ; **contact scanning**, balayage par contact ; **electronic scanning**, balayage électronique ; **line scanning**, balayage de ligne ; **mark scanning**, lecture optique de marques ; **raster scanning**, balayage récurrent ; **scanning device**, analyseur, scaneur, scanographe ; **scanning loop**, boucle de scrutation, boucle de scanage ; **scanning method**, méthode d'exploration, méthode de scanage.

SCATTER : scatter, désalignement, biais, inclinaison, obliquité ; **gap scatter**, désalignement, biais, inclinaison, obliquité ; **scatter load**, affectation diffuse de la mémoire ; **scatter read**, lecture diffuse.

SCATTERING : scattering, éclatement, diffusion ; **scattering loss**, perte par diffusion.

SCHEDULE : schedule (to), projeter, organiser, ordonnancer, prévoir ; **maintenance schedule**, plan de maintenance.

SCHEDULED : scheduled maintenance, entretien systématique.

SCHEDULER : job scheduler, programmateur des travaux ; **master scheduler**, programme pilote ; **scheduler queue**, file d'attente pilote.

SCHEDULING : programme scheduling, planification des programmes ; **scheduling queue**, file d'attente d'ordonnancement, liste pilote ; **work scheduling**, planification.

SCHEMA : schema, schéma.

SCHEMATIC : schematic, schéma.

SCHEME : coding scheme, code.

SCIENCE : computer science, l'informatique ; **information science**, l'informatique.

SCIENTIFIC : scientific computer, ordinateur scientifique ; **scientific instruction**, instruction de calcul en virgule flottante ; **scientific language**, langage scientifique ; **scientific notation**, notation scientifique.

SCISSOR * : scissor (to), découper.

SCISSOR : scissoring, détourage, découpage.

SCOPE : scope, cadre, dimension, portée, étendue.

SCRAMBLE * : scramble, brouillage, embrouillage.

SCRAMBLING : scrambling, brouillage, embrouillage.

SCRATCH : scratch, rayure ; **scratch file**, fichier de travail ; **scratch tape**, bande de manoeuvre.

SCRATCHPAD : scratchpad, bloc-notes ; **scratchpad memory**, mémoire de travail.

SCREEN : screen, écran, blindage ; **bottom of screen**, bas d'écran ; **cathode screen**, écran cathodique ; **display screen**, écran de visualisation ; **display screen copier**, recopieur d'affichage écran ; **entry screen**, poste de saisie ; **flat-faced screen**, écran plat ; **flat screen display**, écran plat ; **fluorescent screen**, écran fluorescent ; **full screen editor**, éditeur pleine page ; **full screen erase**, effacement complet de l'écran ; **glow screen**, écran protecteur ; **help screen**, écran d'aide ; **laser screen**, écran à laser ; **menu screen**, affichage menu ; **off-screen**, hors-écran ; **partial screen erase**, effacement partiel de l'écran ; **read screen**, fenêtre de lecture ; **screen area**, surface utile d'écran ; **screen-based**, à base d'écran ; **screen co-ordinate**, coordonnée d'écran ; **screen copy**, recopie d'écran, vidéotrace ; **screen display**, affichage sur écran ; **screen displayed promter**, guide de saisie affiché à l'écran ; **screen down**, écran suivant ; **screen edge convergence**, convergence de bord d'écran ; **screen erasure**, effacement écran ; **screen image**, image d'écran ; **screen-oriented**, usage de l'écran ; **screen-oriented feature**, particularité utilisant l'écran ; **screen read**, lecture d'écran ; **screen up**, écran précédent ; **split screen feature**, segmentation de l'écran ; **top of screen**, haut d'écran, début d'écran ; **touch screen terminal**, terminal à écran tactile ; **touch-sensitive screen**, écran interactif au toucher ; **video screen**, écran vidéo ; **viewing screen**, écran de visualisation.

SCRIPT : script, liste objet ; **machine script**, liste de code machine.

SCROLL * : scroll (to), défiler ; **scroll arrow**, flèche de défilement ; **scroll bar**, barre de défilement ; **Scroll Lock**, verrouillage du défilement.

SCROLLING : scrolling, défilement ; **display scrolling**, défilement d'image.

SCRUTINISE, SCRUTINIZE :

scrutinise (to) (US: scrutinize), examiner, scruter.

SEALED : hermetically sealed, clos hermétiquement.

SEARCH * : search, recherche ; **search (to)**, rechercher ; **average search length**, durée moyenne de recherche ; **binary search**, recherche binaire ; **chaining search**, recherche en chaîne ; **dichotomising (US: dichotomizing) search**, recherche dichotomique ; **disjunctive search**, recherche par mot clé ; **Fibonacci search**, recherche de Fibonacci ; **library search**, recherche en bibliothèque ; **library search sequence**, séquence de recherche en bibliothèque ; **linear search**, recherche séquentielle ; **literature search**, recherche de documents ; **multicriteria search**, recherche multicritère ; **optimum tree search**, organigramme de recherche ; **parallel search storage**, mémoire associative ; **search area**, zone de recherche ; **search card**, carte de recherche ; **search command**, commande de recherche ; **search cycle**, cycle de recherche ; **search function**, fonction de recherche ; **search key**, clé de recherche ; **search memory**, mémoire associative ; **search operation**, opération de recherche ; **search process**, opération de recherche ; **search query**, demande de recherche ; **search time**, temps de recherche ; **search word**, mot de recherche ; **sequential search**, recherche séquentielle ; **table search**, recherche de table ; **tree search**, recherche hiérarchique.

SEARCHING : searching, recherche ; **searching command**, commande de recherche ; **searching storage**, mémoire associative ; **tree searching**, recherche arborescente.

SECOND : second, seconde ; **bits per second (BPS)**, bits par seconde (BPS) ; **cycles per second (cps)**, cycles par seconde (cps) ; **operations per second (OPS)**, opérations par seconde ; **second generation**, seconde génération ; **second-generation computer**, calculateur de seconde génération ; **second-level address**, adresse à opérande complexe ; **second source**, seconde source.

SECONDARY : secondary, suite secondaire ; **secondary address**, attributaire secondaire ; **secondary console**, console auxiliaire ; **secondary dictionary file**, fichier dictionnaire secondaire ; **secondary entry point**, point d'entrée secondaire ; **secondary function**, fonction secondaire ; **secondary index**, index

secondaire ; **secondary input**, entrée secondaire ; **secondary key field**, champ clé secondaire ; **secondary routine**, programme auxiliaire ; **secondary station**, station secondaire ; **secondary store**, mémoire auxiliaire ; **secondary winding**, enroulement secondaire.

SECTION * : section, section, segment ; **section (to)**, segmenter ; **control section**, unité de commande ; **critical section**, section critique ; **declarative section**, accord de procédure ; **identifier section**, segment identificateur ; **input/output section**, section d'assemblage entrée/sortie ; **input section**, section d'entrée ; **line section**, tronçon de ligne ; **numerical section**, partie numérique ; **procedural section**, section de procédure ; **processing section**, zone d'exploitation ; **programme section**, partie de programme ; **working memory section**, mémoire de travail.

SECTIONING : programme sectioning, segmentation de programme.

SECTOR * : sector, secteur ; **disc sector**, secteur de disque ; **hard sector**, secteur matériel ; **sector boundary**, limite de secteur ; **soft sector**, secteur logiciel.

SECTORED : sectored, sectorisé ; **hard-sectored**, sectorisé matériel ; **hard-sectored disc**, disque à sectorisation matérielle ; **soft-sectored**, sectorisé logiciel ; **soft-sectored disc**, disquette à sectorisation logicielle.

SECTORING : diskette sectoring, sectorisation de disque.

SECURITY : security, protection ; **computer security**, sécurité informatique ; **data security**, protection des données ; **file security**, sécurité des fichiers ; **security phone**, téléphone à mémoire ; **transmission security**, sécurité de transmission ; **volume security**, protection de chargeur.

SEED : seed, pseudolignée.

SEEK * : seek, cycle de recherche ; **seek (to)**, rechercher ; **overlapping seek**, recherche en recouvrement ; **seek action macro-call**, macro-appel de recherche ; **seek area**, zone de recherche ; **seek arm**, bras d'accès ; **seek command**, commande d'accès ; **seek time**, temps de recherche ; **track-to-track seek time**, temps d'accès de piste à piste.

SEGMENT * : segment, segment, section, segment ; **base segment**, segment de contrôle ; **code segment**, segment de code ; **data segment**, segment de données ; **detectable seg-**

ment, segment détectable ; **global segment**, segment commun ; **header segment**, segment de début ; **inclusive segment**, segment inclusif ; **independent segment**, segment indépendant ; **logical segment**, segment logique ; **main segment**, segment principal ; **overlay segment**, segment de recouvrement ; **physical segment**, segment physique ; **procedure segment**, segment de procédure ; **programme segment**, segment de programme ; **resident segment**, segment résident ; **root segment**, programme de contrôle ; **segment (to)**, segmenter ; **segment decoder**, décodeur de segment ; **segment descriptor**, descripteur de segment ; **segment header**, en-tête de segment ; **segment mark**, marque de segment ; **segment table**, table des segments ; **segment table word**, mot de table de segments ; **unpaged segment**, segment non paginé ; **variable length segment**, segment de longueur variable.

SEGMENTATION : segmentation, segmentation.

SEGMENTED : segmented, segmenté.

SEGMENTING : programme segmenting, segmentation de programme.

SEIZING : seizing, saisie.

SELECT : select (to), choisir ; **headselect**, sélection de tête ; **poll select**, requête d'émission ; **poll select list**, liste d'appels ; **proceed to select**, signal de demande de sélection ; **select code**, code de sélection ; **select output file**, fichier de vidage sélectif.

SELECTION : selection, extraction ; **automatic route selection**, acheminement automatique ; **automatic selection**, sélection automatique ; **computer selection**, sélection de machine ; **digit selection**, sélection de chiffres ; **evidence table selection**, table d'indices de sélection ; **head selection switch**, sélecteur de têtes magnétiques ; **information selection**, sélection de l'information ; **key selection**, sélection au clavier ; **keyboard selection**, sélection par clavier ; **line selection feature**, dispositif de sélection de ligne ; **linear selection**, commande directe ; **multiple selection criteria**, sélection multicritère ; **priority selection**, sélection de priorité ; **procket selection**, sélection de case ; **programme selection**, sélection de programme ; **selection information**, information optionnelle ; **selection sort**, tri de sélec-

tion ; **unit selection**, sélection d'unité ; **word selection**, sélection de mot.

SELECTIVE : selective calling, appel sélectif ; **selective dump**, vidage sélectif ; **selective erasure**, effacement sélectif ; **selective trace programme**, programme d'analyse sélective.

SELECTOR : selector, sélecteur ; **interval selector**, sélecteur d'intervalle ; **line selector**, sélecteur de ligne ; **voltage selector**, sélecteur de tension.

SELF : self-adapting computer, ordinateur auto-adaptatif ; **self-check routine**, programme autotest ; **self-checking code**, code détecteur d'erreurs ; **self-complementing**, autocomplémenteur ; **self-complementing code**, code autocomplémenteur ; **self-converging tube**, tube autoconvergent ; **self-correcting code**, code autocorrecteur ; **self-documenting**, autodocumentaire ; **self-focused picture tube**, tube autoconvergent ; **self-instructing textbook**, manuel d'auto-instruction ; **self-instructing user documentation**, documentation interactive ; **self-relative address**, adresse autorelative ; **self-relative addressing**, adressage autorelatif ; **self-relocating**, autorelogeable ; **self-resetting loop**, boucle autorestaurée ; **self-restoring loop**, boucle autorégénératrice ; **self-test**, autotest ; **self-test print**, autotest d'impression ; **self-triggered programme**, programme à lancement automatique.

SEMANTEME : semanteme, sémantème.

SEMANTIC * : semantic, sémantique ; **algebraic semantics**, sémantique algébrique ; **semantic analysis**, analyse sémantique ; **semantic differential**, méthode sémantique ; **semantic error**, erreur sémantique ; **semantic matrix**, matrice sémantique ; **semantics**, la sémantique.

SEMAPHORE : semaphore, sémaphore.

SEMIADAPTIVE : semiadaptive routing, routage semi-adaptatif.

SEMICOMPILED : semicompiled, semi-compilé.

SEMICONDUCTOR : semiconductor, semi-conducteur ; **semiconductor memory**, mémoire à semi-conducteur.

SEMIRANDOM : semirandom access, accès semi-aléatoire.

SENARY : senary, senaire.

SEND : send (to), envoyer, émettre ; **automatic send/receive (ASR),** téléimprimeur émetteur-récepteur ; **clear to send (CTS),** prêt à transmettre ; **clear-to-send delay,** temps de retournement ; **invitation to send,** invitation à transmettre ; **keyboard send/receive,** émetteur-récepteur à clavier, téléscripteur ; **send-only,** transmission seulement.

SENSE : sense, détection logique ; **carrier sense,** détection de porteuse, écoute de porteuse ; **jam sense bar,** barre de butée ; **logical sense,** détection logique ; **sense signal,** signal de lecture.

SENSING : sensing, lecture par exploration ; **mark sensing,** lecture optique de marques ; **pre-sensing,** préexploration ; **rotational position sensing,** détection de position angulaire ; **sensing device,** organe de lecture ; **sensing element,** organe de lecture ; **sensing station,** poste de lecture.

SENSITIVE : sensitive, sensible ; **computer-sensitive language,** langage propre au calculateur ; **data-sensitive error,** erreur détectable par les données ; **data-sensitive fault,** défaut détecté par les données ; **electro-sensitive paper,** papier conducteur ; **machine-sensitive,** dépendant de la machine ; **programme-sensitive fault,** défaut détecté par programme ; **sensitive file,** fichier important ; **touch-sensitive,** à effleurement ; **touch-sensitive screen,** écran interactif au toucher.

SENSOR : sensor, capteur ; **channel sensor,** poste de lecture ; **position sensor,** transducteur de positionnement.

SENTENCE : procedural sentence, phrase de procédure.

SENTINAL : sentinal, drapeau, fanion, sentinelle, jalon.

SEPARATE : separate compilation, compilation séparée.

SEPARATING : separating character, caractère séparateur.

SEPARATION : head-to-medium separation, distance entre tête et support de données ; **line separation,** interligne ; **separation symbol,** symbole de séparation.

SEPARATOR : separator, séparateur ; batch separator, séparateur de lot ; **field separator,** délimiteur de champ ; **file separator (FS),** séparateur de fichier ; **file separator character,** caractère séparateur de fichier ; **group separator (GS),** séparateur de groupe ; **information separator (IS),** séparateur de données ; **record separator (RS),** séparateur d'article ; **unit separator (US),** séparateur de sous-article ; **word separator,** séparateur de mot.

SEPTENARY : septenary, septénaire ; septenary number, nombre septénaire.

SEPTET : septet, septet, multiplet de sept bits.

SEQUENCE * : sequence, séquence, ordre d'interclassement ; **sequence (to),** classer, trier, ordonner ; **ascending sequence,** ordre ascendant ; **binary sequence,** séquence binaire ; **called sequence,** routine appelée ; **calling sequence,** séquence d'appel ; **coding sequence,** séquence de programmation ; **collating sequence,** ordre d'interclassement ; **collation sequence,** séquence de fusionnement ; **control sequence,** séquence d'exécution ; **ending sequence,** séquence de fin ; **escape sequence,** séquence d'échappement ; **execution sequence,** séquence d'exécution ; **global sequence,** séquence commune ; **insertion chain sequence,** séquence d'insertion enchaînée ; **insertion sequence,** séquence d'insertion ; **instruction sequence,** séquence d'instructions ; **instruction sequence format,** structure de la séquence d'instructions ; **instruction sequence register,** registre d'enchaînement d'instructions ; **interrecord sequence field,** zone de tri pour enregistrements enchaînés ; **item sequence,** séquence d'articles ; **key out of sequence,** erreur séquentielle de clé ; **learning sequence,** cours ; **library search sequence,** séquence de recherche en bibliothèque ; **line sequence number,** numéro de ligne ; **linking sequence,** séquence d'enchaînement ; **loading sequence,** séquence de chargement ; **power-off sequence,** opération de coupure de courant ; **power-on sequence,** opération de mise sous tension ; **programme sequence,** séquence d'instructions ; **random number sequence,** suite de nombres aléatoires ; **random sequence,** séquence aléatoire ; **recursively-defined sequence,** suite récurrente ; **reel sequence,** numéro d'ordre ; **relocatable sequence,** instructions relogeables ; **sequence access,** accès séquentiel ; **sequence chart,** organigramme séquentiel ; **sequence check,** contrôle de séquence ; **sequence counter,** compteur séquentiel ; **sequence error,** erreur de séquence ; **sequence number,** numéro de séquence ; **starting séquence,** séquence de lancement ; **statement sequence**, séquence d'instructions ; **token-passing sequence**, séquence de bus à jeton ; **volume sequence check**, contrôle sequentiel de volume ; **volume sequence number**, numéro consécutif de chargeur ; **work sequence**, séquence de travail.

SEQUENCED : key-sequenced file, fichier à codes classifiés.

SEQUENCER * : sequencer, séquenceur.

SEQUENCING : sequencing, mise en séquence ; **block sequencing**, séquencement de blocs ; **job sequencing**, enchaînement des travaux ; **packet sequencing**, ordonnancement de paquets ; **priority sequencing**, attribution de priorités ; **sequencing circuit**, circuit de séquence ; **sequencing key**, clé de tri.

SEQUENTIAL * : sequential, séquentiel, en série ; **auto-sequential operation**, fonctionnement itératif ; **automatic sequential mode**, mode itératif ; **index sequential**, séquentiel indexé ; **indexed non-sequential file**, fichier à accès direct indexé ; **indexed sequential access**, accès séquentiel indexé ; **indexed sequential file**, fichier séquentiel indexé ; **key sequential access**, accès séquentiel par clé ; **sequential access**, accès séquentiel ; **sequential access method**, méthode à accès séquentiel ; **sequential circuit**, circuit séquentiel ; **sequential computer**, ordinateur séquentiel ; **sequential data**, données séquentielles ; **sequential data file**, fichier à données séquentielles ; **sequential data structure**, structure séquentielle ; **sequential file organisation**, organisation en fichiers séquentiels ; **sequential logic**, logique séquentielle ; **sequential memory**, mémoire séquentielle ; **sequential operation**, fonctionnement séquentiel ; **sequential operator**, opérateur séquentiel ; **sequential process**, processus séquentiel ; **sequential processing**, traitement en séquences ; **sequential rate**, fréquence de récurrence ; **sequential search**, recherche séquentielle ; **sequential storage**, mémoire à accès séquentiel.

SERIAL * : direct serial file, fichier séquentiel direct ; **serial access**, accès séquentiel ; **serial access device**, organe à accès série ; **serial access memory**, mémoire à accès séquentiel ; **serial adder**, additionneur série ; **serial addition**, addition série, addition sérielle ; **serial by bit**, séquentiel bit par bit ; **serial by character**, séquentiel caractère par caractère ;

serial computer, calculateur sériel ; **serial digital interface**, interface numérique série ; **serial digital output**, sortie numérique série ; **serial full adder**, additionneur série ; **serial full subtracter**, soustracteur série ; **serial I/O (SIO)**, circuit sériel d'entrée/sortie ; **serial input/output**, entrée/sortie séquentielle ; **serial interface**, interface série ; **serial memory**, mémoire séquentielle ; **serial mouse**, souris à connexion série ; **serial number**, nombre ordinal, ordinal, numéro de série ; **serial number printing**, impression des numéros d'immatriculation ; **serial operation**, opération séquentielle ; **serial operator**, opérateur sériel ; **serial-parallel**, serie-parallèle ; **serial-parallel operation**, opération série-parallèle ; **serial printer**, imprimante caractère ; **serial printer interface**, interface d'imprimante série ; **serial processing**, traitement séquentiel ; **serial programming**, programmation séquentielle ; **serial storage**, mémoire séquentielle ; **serial subtracter**, soustracteur série ; **serial transfer**, transfert sériel ; **serial transmission**, transmission série ; **serial work flow**, déroulement séquentiel des travaux.

SERIALISATION, SERIALIZATION : serialisation (US: serialization), sérialisation, mise en série.

SERIALISE, SERIALIZE : serialise (to) (US: serialize), sérialiser.

SERIALISER, SERIALIZER : serialiser (US: serializer), convertisseur série-parallèle, sérialiseur.

SERIALLY : serially reusable, réutilisable après exécution.

SERIES : infinite series, séries infinies ; **instruction series**, séries d'instructions ; **series connected**, connecté en série ; **V-series**, interfaces et protocoles de la série V (V.24, V.75, etc) ; **X-series**, interfaces et protocoles de la série X (X.25, X.400, etc).

SERRATE : serrate (to), denteler, strier.

SERVER * : server, serveur ; **communication server**, serveur de communication ; **file server**, serveur de fichiers ; **print server**, serveur d'impression ; **server operation**, opération de serveur.

SERVICE : service, service ; **change service**, service des modifications ; **courier service**, messagerie privée ; **data communication service**, service de transmission de données ; **datagram service**, service de datagrammes ; **electronic mail service**, service courrier électronique ; **grade of service**, rendement d'un réseau ; **high-speed service**, fonction rapide ; **information service**, renseignements ; **job entry services (JES)**, fonction de contrôle des travaux (FCT) ; **on-line data service**, serveur de données ; **remote media service**, service de télétraitement ; **revision service**, service de modification ; **service aids**, indications pratiques ; **service bit**, bit de service ; **service call**, appel pour intervention ; **service processor**, processeur de service ; **service programme**, programme de service ; **service routine**, utilitaire ; **software support service**, maintenance du logiciel ; **updating service**, service de mise à jour ; **user class of service**, catégorie d'usagers ; **video service**, transmission d'image.

SERVICING : servicing, entretien courant ; **servicing manual**, manuel d'entretien.

SERVO : auto-servo mode, mode d'asservissement automatique ; **servo-controlled system**, système asservi ; **servo system**, système asservi.

SERVOMECHANISM : servomechanism, asservissement.

SESSION * : session, session ; **session layer (ISO)**, couche de session (ISO) ; **utility session**, phase d'exploitation du programme utilitaire.

SET * : set, ensemble, jeu ; **set (to) (a counter)**, charger (un compteur) ; **set (to) (of a variable)**, fixer (une variable) ; **alphanumeric character set**, jeu de caractères alphanumériques ; **alternate character set**, jeu de caractères secondaires ; **basic instruction set**, jeu d'instructions de base ; **call set-up**, branchement de ligne ; **character set**, police de caractères ; **code set**, jeu de représentations ; **coded character set**, jeu de caractères codés ; **computer instruction set**, jeu d'instructions du calculateur ; **data set**, ensemble de données ; **data set definition**, définition de la structure des données ; **data set label**, intitulé de la structure des données ; **data set ready (DSR)**, poste de données prêt ; **deck set-up**, arrangement de cartes ; **empty set**, ensemble vide ; **file set**, ensemble de fichiers ; **generation data set**, ensemble de données générées ; **infinite set**, série infinie ; **instruction set**, jeu d'instructions ; **key set**, zone de touches ; **language character set**, jeu de caractères ; **line drawing set**, jeu de caractères semi-graphiques ; **logical**

data set, groupe logique de données ; **machine instruction set**, ensemble d'instructions ; **member (of a set)**, élément (d'un ensemble) ; **minimum working set**, partie active minimale ; **null set**, ensemble vide ; **numeric character set**, ensemble des caractères numériques ; **numeric set**, ensemble des caractères numériques ; **set function**, fonction de commande ; **set-up**, mise en station ; **set up (to)**, établir ; **set-up diagram**, schéma d'implantation, schéma de montage ; **set-up time**, temps de mise en route ; **twin set**, ensemble coordonné ; **universal character set**, ensemble des caractères universels ; **universal set**, ensemble universel ; **volume set**, ensemble de bandes.

SETTABILITY : settability, précision d'affichage.

SETTING : setting, mise à '1' ; **display setting**, format d'écran ; **idle setting**, position inactive ; **interrupt setting**, armement d'interruption ; **page length setting**, définition de la longueur de page ; **page setting**, mise en place de page ; **point setting**, positionnement de la virgule ; **setting time**, temps de basculement ; **zero setting**, mise à zéro.

SETTLE : settle (to), se stabiliser.

SETTLING : settling, ajustement, réglage ; **settling time**, temps d'établissement.

SETUP : initial setup procedure, procédure d'initialisation du système ; **setup programme**, programme d'installation.

SEVEN : seven-bit byte, septet, multiplet de sept bits ; **seven-level code**, code à sept positions, code à sept moments.

SEXADECIMAL : sexadecimal sexadécimal, hexadécimal.

SEXTET : sextet, sextet, multiplet de six bits.

SHADE : grey shade, niveau de gris shade, ombre.

SHADED : shaded line, trait en grisé.

SHADING : shading, dégradé ; **shading mode**, mode d'ombrage ; **surface shading**, ombrage de surfaces.

SHADOW : shadow, ombre portée.

SHAFT : drive shaft, arbre de commande ; **platen shaft**, axe de rouleau.

SHAKE : end shake, jeu en bout.

SHANNON * : Shannon, Shannon, unité binaire (quantité d'information).

SHAPE : shape, forme ; **automatic shape recognition**, reconnaissance automatique des formes ; **brush shape**, forme du trait ; **predefined shape**, forme prédéfinie.

SHAPED : barrel-shaped distortion, distorsion en forme de tonneau.

SHAPING : shaping, mise en forme ; signal shaping, mise en forme de signal.

SHARE : share (to), partager ; time share, partage du temps.

SHAREABLE : shareable, partageable.

SHARED : shared access, accès partagé ; shared facilities, ressources communes ; shared file, fichier partagé ; shared file system, système à fichiers communs ; shared storage, mémoire partagée ; shared variable, variable commune ; shared virtual area, zone virtuelle partagée ; time-shared system, système en temps partagé.

SHARING : sharing, partage ; load sharing, partage de charges ; time sharing, temps partagé, partage de temps ; time-sharing system, système en temps partagé.

SHEET : sheet, feuille ; input sheet, document d'entrée ; instruction sheet, feuille programme ; magnetic sheet memory, mémoire à feuillets magnétiques ; programme sheet, feuille de programmation ; sheet feeding, alimentation feuille à feuille ; single-sheet feed, alimentation feuille à feuille ; specification sheet, fiche de spécification.

SHELF : off-the-shelf, en stock ; shelf life, durée de conservation.

SHIELD : shield, blindage ; glare shield, écran anti-éblouissant.

SHIELDING : shielding, masquage.

SHIFT * : shift, décalage, déplacement ; shift (to), décaler ; frequency shift, saut de fréquence ; frequency shift keying (FSK), modulation par déplacement de fréquence ; frequency shift signal, déviation de fréquence du signal ; frequency shift signalling, modulation par déplacement de fréquence ; left shift, décalage à gauche ; letters shift, inversion lettres-chiffres ; letters shift (LTRS), commande majuscules-minuscules ; locking shift character, caractère de maintien de changement ; logical shift, décalage logique ; non-arithmetic shift, décalage logique ; numeric shift, décalage numérique ; phase shift, décalage de phase, saut de phase ; phase shift signalling, modulation par déplacement de phase ; right shift, décalage à droite ; ring shift, décalage circulaire, décalage logique ; shift accumula-

tor, accumulateur à décalage ; **shift bit**, binaire de décalage ; **shift-in character (SI)**, caractère de commande de code normal ; **shift key**, touche préfixe ; **shift out (to)**, décaler ; **shift-out character (SO)**, caractère de changement de code spécial ; **shift pulse**, impulsion de décalage ; **shift register**, registre à décalage ; **static shift register**, registre à décalage statique ; **upper shift character**, majuscule.

SHIFTED : shifted binary, binaire décalé.

SHIFTING : shifting, décalage, déplacement ; shifting relay, relais de décalage.

SHOOT : trouble shoot, dépannage.

SHOOTING : trouble shooting, localisation des pannes ; trouble shooting flowchart, arbre de dépannage.

SHOP : shop, atelier ; open shop, centre de traitement à accès libre.

SHORT : short-circuit, court-circuit ; short-hand, sténographie ; short out (to), court-circuiter ; short precision, précision simple ; short precision overflow, dépassement de capacité simple précision ; short table, table abrégée ; short word, demi-mot.

SHORTCOMINGS : shortcomings, défauts, points faibles.

SHOT : one-shot, simple pulse ; oneshot branch, branchement unique ; one-shot circuit, circuit monostable ; one-shot job, travail unique ; one-shot operation, opération unique ; single-shot circuit, circuit monostable.

SHRINKING : shrinking mode, mode de réduction.

SHUTDOWN : slow shutdown, arrêt temporisé ; system shutdown, arrêt du système.

SIDE : side, côté ; oxide side, côté oxyde ; side conflict, conflit secondaire ; side effect, effet secondaire, effet oblique, effet de bord ; side line, ligne latérale ; side result, résultat secondaire.

SIDEBAND * : sideband, bande latérale ; single-sideband transmission, transmission en bande latérale unique.

SIDED : single-sided diskette, disquette utilisable en simple face ; double-sided diskette, disquette utilisable en double face.

SIFTING : sifting, insertion ; sifting sort, tri par permutation.

SIGHT : sight check, vérification visuelle.

SIGN * : sign, signe.

'AT sign : signe '@' ; dollar sign, signe '$' ; hash sign, signe '#', fagot ; integral sign, signe d'intégrale ; less than sign, signe inférieur à '<' ; minus sign, signe moins '-' ; multiply sign, signe de multiplication 'x' ; number sign, signe '#', fagot ; percent sign, signe '%' ; plus sign, signe plus '+' ; pound sign, signe '£' ; sign binary digit, élément de signe ; sign bit, binaire de signe ; sign changer, inverseur de signe ; sign character, caractère de signe ; sign check indicator, drapeau de signe ; sign digit, binaire de signe ; sign extension, répétition de signe ; sign field, champ du signe ; sign flag, drapeau de signe ; sign indication, indicatif de signe ; sign magnitude, binaire de signe ; sign-off, instruction de fin de travail ; sign-on, instruction de début de travail ; sign position, position du signe.

SIGNAL * : signal, signal ; signal (to), signaler ; basic signal, signal de base ; binary signal, signal binaire ; blanking signal, signal de suppression de spot ; break request signal (BRS), signal de demande d'interruption ; break signal, caractère d'arrêt ; breakdown signal, signal d'interruption ; bright-up signal, signal d'allumage écran ; busy signal, signal d'occupation ; call-accepted signal, signal d'acceptation d'appel ; call-not-accepted signal, signal de refus d'appel ; carrier signal, signal porteur ; carry complete signal, signal de report complet ; clear forward signal, signal indicatif de prise de ligne ; clearing signal, signal de libération ; clock signal, signal d'horloge ; clock signal generator, générateur de signal d'horloge ; coded signal, signal codé ; data signal, signal de données ; digital signal, signal numérique ; disabling signal, signal inhibiteur ; enabling signal, signal de validation, signal d'autorisation ; end of message signal, signal de fin de message ; erase signal, signal d'effacement, impulsion d'effacement ; external signal, signal externe ; frequency shift signal, déviation de fréquence du signal ; guard signal, signal de garde ; halt signal, signal d'arrêt ; high-level signal, signal à niveau élevé ; information signal, signal d'information, signal de lecture ; inhibiting signal, signal d'interdiction ; input signal, signal d'entrée ; interrupt signal, signal d'interruption ; modulating signal, signal de modulation ; parasitic signal,

signal parasite ; polling signal, signal d'appel ; process interrupt signal, signal d'interruption de processus ; readout signal, signal de lecture ; reset signal, signal de remise à zéro ; response signal, signal de sortie ; sense signal, signal de lecture ; signal distance, distance de Hamming ; signal element, élément de signal ; signal formation, mis en forme de signaux ; signal regeneration, régénération de signal ; signal shaping, mise en forme de signal ; signal source, source de signaux ; signal standardisation, normalisation de signal ; signal strength, force du signal ; signal transformation, mise en forme de signal ; start signal, signal de début ; stop signal, signal d'arrêt ; timing signal, signal de synchronisation ; unblanking signal, impulsion de déblocage ; undisturbed output signal, signal de sortie non perturbé ; useful signal, signal utile ; video signal, signal vidéo ; visual/audible signal, visual signal, signal optique.

SIGNALLING, SIGNALING * : signalling, signalisation ; baseband signalling, transmission en bande de base ; bipolar signalling, signalisation bipolaire ; digital signalling, signalisation numérique ; unipolar signalling, signalisation unipolaire.

SIGNIFICANT : most significant digit (MSD), chiffre de poids le plus fort ; significant instant, instant significatif ; significant interval, intervalle significatif.

SILICON * : silicon, silicium ; metal oxide silicon (MOS), semi-conducteur à oxyde métallique ; silicon chip, pastille de silicium, puce ; silicon diode, diode au silicium ; silicon gate, porte au silicium ; silicon gulch, vallée du silicium (Californie) ; silicon on sapphire (SOS), technologie silicium sur saphir ; silicon rectifier, redresseur au silicium ; silicon valley, vallée du silicium (Californie).

SIMILITUDE : ratio of similitude, rapport de similitude.

SIMPLE : simple buffering, tamponnement simple ; simple inquiry, interrogation ordinaire.

SIMPLEX * : simplex, liaison unidirectionnelle ; simplex circuit, circuit simplex ; simplex communications, communications en simplex ; simplex mode, mode simplex ; simplex operation, en alternat ; simplex transmission, transmission simplex.

SIMULATE : simulate (to), simuler.

SIMULATION * : simulation, simulation ; **real-time simulation**, simulation en temps réel ; **simulation education**, éducation par simulation ; **simulation programme**, programme de simulation.

SIMULATOR * : simulator, simulateur ; **flight simulator**, simulateur de vol ; **network simulator**, simulateur de réseau.

SIMULTANEITY : simultaneity, simultanéité ; **inhibit simultaneity**, simultanéité de blocage.

SIMULTANEOUS : simultaneous access, accès simultané ; **simultaneous carry**, report accéléré, report simultané ; **simultaneous computer**, ordinateur simultané ; **simultaneous throughput**, exploitation simultanée ; **simultaneous transmission**, transmission simultanée ; **two-way simultaneous communication**, communication bilatérale simultanée.

SINE : sine wave, onde sinusoïdale.

SINGLE : single address, adresse unique ; **single-address code**, code à simple adresse ; **single-address instruction**, instruction à adresse simple ; **single-aperture core**, tore magnétique à trou unique ; **single-board computer**, ordinateur monocarte ; **single buffering**, tamponnement simple ; **single channel**, simple canal ; **single-channel access**, accès monovoie ; **single-channel protocol**, protocole univoie ; **single-chip system**, système à circuit unique ; **single-closing quotation mark**, apostrophe de fermeture ''' ; **single-current signalling**, signalisation simple courant ; **single-current transmission**, transmission simple courant ; **single-deck tape**, déroulement monobobine ; **single-in-line package (SIP)**, boîtier simple connexion ; **single-job stream**, flux de travaux individuels ; **single-length working**, travail en simple mot ; **single-level address**, adresse directe ; **single-line function**, fonction uniligne ; **single-node network**, réseau hiérarchisé ; **single-opening quotation mark**, apostrophe d'ouverture ''' ; **single operation**, opération semi-duplex ; **single-pass programme**, programme en passe unique ; **single precision**, précision simple ; **single-precision floating point**, virgule flottante simple précision ; **single-precision variable**, variable en simple précision ; **single-sheet feed**, alimentation feuille à feuille ; **single-shot circuit**, circuit monostable ; **single-sideband transmission**, transmission

en bande latérale unique ; **single-sided diskette**, disquette utilisable en simple face ; **single space**, simple interligne ; **single-station system**, système monoposte ; **single step**, pas à pas ; **single-step operation**, exécution pas à pas ; **single-stroke**, coup unique ; **single-stroke command**, contrôle monotouche ; **single-stroke control key**, commande monotouche ; **single-user access**, accès mono-utilisateur ; **single-volume file**, fichier monopile ; **single way**, liaison unidirectionnelle ; **single-wire line**, ligne monoconducteur.

SINK * : sink, collecteur, puits, récepteur ; **data sink**, collecteur de données, puits de données, récepteur de données ; **heat sink**, radiateur ; **message sink**, collecteur de messages ; **sink to ground (to)**, mettre à la masse.

SIO : serial I/O (SIO), circuit sériel d'entrée/sortie.

SIP : single-in-line package (SIP), boîtier simple connexion.

SITE : hole site, emplacement de perforation ; **on site**, sur site ; **site-oriented**, orienté système ; **site parameter**, paramètre système.

SIX : six-bit byte, sextet, multiplet de six bits.

SIXTY : excess-sixty four notation, numération excédent 64.

SIZE : address size, grandeur de l'adresse ; **adjustable size aggregate**, agrégat de taille ajustable ; **assumed size aggregate**, agrégat de taille implicite ; **batch size**, grandeur de lot ; **block size**, longueur de bloc ; **character size**, taille de caractère ; **core size**, capacité de la mémoire centrale ; **data word size**, longueur de mot ; **default size value**, longueur inplicite ; **file size**, taille de fichier ; **fixed-size record**, enregistrement de longueur fixe ; **half-size drive**, disquette mi-hauteur ; **increment size**, pas, incrément ; **item size**, grandeur d'article ; **item size computation**, calcul de la longueur d'article ; **life size**, grandeur nature ; **plotter step size**, pas de traceur ; **size memory**, capacité mémoire ; **word size**, longueur de mot ; **word size emitter**, générateur de longueur de mot ; **working size**, taille de la zone de travail.

SIZED : under-sized, sous-dimensionné ; **over-sized**, surdimensionné.

SKELETAL : skeletal code, code paramétré ; **skeletal coding**, programmation paramétrée.

SKETCH : sketch, ébauche, dessin ; etch-a-sketch technique, technique d'aide au dessin.

SKEW : skew, désalignement, biais, inclinaison, obliquité, travers ; skew (to), se mettre en travers ; line skew, inclinaison de ligne ; skew character, caractère mal interprété ; skew effect, effet de biais ; skew failure, mal aligné ; skew line, ligne oblique ; tape skew, travers de bande.

SKIP * : skip, saut ; skip (to), sauter ; block skip, fonction de saut de bloc ; high-speed skip, tabulation rapide, saut rapide ; high-speed skip feature, dispositif de tabulation rapide ; horizontal skip, saut horizontal ; horizontal skip character, caractère d'espacement horizontal ; immediate skip, avance immédiate ; line skip, saut de ligne ; optional block skip, saut de bloc facultatif ; page skip, saut de page ; paper skip, saut de papier ; perforation skip mode, mode saut de perforation ; programme skip, branchement ; record skip, saut d'enregistrement ; skip bar, barre de saut ; skip cancellation, suppression de saut ; skip code, code de saut ; skip control, commande de saut ; skip distance, distance de saut ; skip flag, fanion de saut ; skip instruction, instruction de branchement ; skip lever, levier de tabulation ; skip lifter, actionneur de saut ; skip start, début de tabulation ; skip stop, fin de tabulation ; tape skip, saut de bande.

SKIPPED : skipped, omis, sauté.

SLACK : slack, marge ; slack byte, multiplet de remplissage ; slack storage, mémoire inutilisée.

SLANT : slant, oblique ; reverse slant 'ç', barre oblique inverse, barre de fraction inverse ; slant height, hauteur d'obliquité.

SLASH : slash, barre de fraction '/' ; reverse slash 'ç', barre oblique inverse, barre de fraction inverse ; slash mark, barre de fraction '/'.

SLAVE : slave, esclave ; slave (to), asservir ; master/slave system, système maître/esclave ; slave application, application en mode asservi ; slave clock, rythmeur asservi ; slave computer, calculateur asservi ; slave disc, disque asservi ; slave file, fichier secondaire ; slave flip-flop, bascule asservie ; slave mode, mode asservi ; slave output, sortie asservie ; slave processor, processeur escla-

ve ; slave station, station asservie ; slave unit, unité asservie.

SLEEP : sleep position, position d'attente.

SLEEVING : insulating sleeving, souplisso.

SLEW : slew, saut ; paper slew, avance papier ; slew character, caractère de saut ; slew rate, vitesse de balayage.

SLEWING : slewing, avance ; paper slewing, avance papier.

SLICE : slice, tranche ; bit slice microprocessor, microprocesseur en tranches ; bit slice processor, processeur en tranches ; one-dot-line slice, colonne de points ; time slice, tranche de temps.

SLICED : sliced microprocessor, microprocesseur en tranches.

SLICING : slicing, mise en tranche ; frequency slicing, division de fréquence ; time slicing, temps partagé, partage de temps ; time slicing environment, exploitation par découpage du temps.

SLIDE : slide (to), coulisser ; slide chart, aide-mémoire ; slide-in unit, tiroir ; slide rule, règle à calculer ; stacker slide, presse-cartes.

SLIDER : drag slider, réglette de déplacement.

SLIDING : sliding carriage, chariot glissant ; sliding chart, table coulissante.

SLIP : slip, glissement, saut ; chaining slip, glissement d'enchaînage ; digit slip, perte d'élément binaire ; slip line, ligne de synchronisation ; vertical slip, défilement vertical.

SLIPPAGE : slippage, glissement, saut.

SLIT : slit (to), couper.

SLITTER : slitter, couteau.

SLIVER : sliver, espace mémoire de 32 mots.

SLOPE : curve slope, montée de courbe ; slope, pente ; slope angle, angle de phase.

SLOT : slot, fente, logement ; slot (to), placer, insérer ; action queue slot, zone d'intercalage ; backplane slot, ouverture arrière ; I/O slot, logement d'entrée/sortie ; indexing slot, fente de détrompage ; page slot, page mémoire ; polarising (US: polarizing) slot, fente détrompeuse ; queue slot, zone d'entrée de file ; time slot, tranche de temps.

SLOTTING : slotting puncher, encocheuse.

SLOW : slow access storage, mémoire

lente ; slow acting relay, relais temporisé ;
slow death, mort lente ; slow device, périphérique lent ; slow down (to), ralentir ; slow
memory, mémoire lente ; slow shutdown,
arrêt temporisé ; slow speed peripheral, périphérique lent.

SLOWDOWN : system slowdown,
ralentissement du système.

SMALL : small scale system, ordinateur
de petite puissance.

SMART : smart, intelligent ; smart card,
carte à mémoire ; smart terminal, terminal
intelligent.

SMEARING : smearing, maculage.

SMOOTH : smooth (to), lisser.

SMOOTHING : smoothing, lissage ;
smoothing algorithm, algorithme de lissage.

SMUDGE : smudge, maculage ; ink
smudge, maculage d'encre.

SNAPSHOT : snapshot debug, débogage sélectif dynamique ; snapshot dump,
vidage dynamique sélectif ; snapshot programme, programme d'analyse sélective.

SNEAK : sneak current, courant de fuite.

SNOBOL * : snobol (language), snobol
(langage).

SOB : start-of-block character (SOB),
(caractère de) début de bloc.

SOCKET : chip socket, support de circuit intégré.

IC socket : support de circuit intégré ; wall
socket, prise murale.

SOFT : soft, logiciel ; soft copy, image
sur écran, image vidéo ; soft error, erreur
logicielle ; soft-fail, arrêt gracieux après avarie ;
soft key, touche de fonction ; soft limit clip,
limite logicielle ; soft sector, secteur logiciel ;
soft-sectored, sectorisé logiciel ; soft-sectored disc, disquette à sectorisation logicielle.

SOFTNESS : softness, dégradation
progressive.

SOFTWARE * : software, logiciel ;
application software, logiciel de problématique ; bundled software, logiciel livré avec le
matériel ; canned software, logiciel classique ;
common software, logiciel classique ; communication software, logiciel de communications ; compatible software, compatibilité logicielle ; course software, logiciel didactique,
didactitiel ; cross-software, programme de développement ; custom software, logiciel personnalisé ; data management software, logi-

ciel de gestion de données ; driving software,
logiciel de commande ; game software, ludiciel ; graphic software, logiciel graphique ;
graphic software package, progiciel graphique ; in-house software, logiciel maison ; individual software, logiciel individuel ; input/out-
put software routine, sous-programme de
gestion des entrées/sorties ; linker software,
logiciel d'édition de liens ; mouse software,
logiciel souris ; problem-oriented software,
logiciel de problématique ; public software,
logiciel de domaine public.

RAM disc software ; logiciel de disque
virtuel ; software adaptation, adaptation du
logiciel ; software analysis, la programmatique ; software broker, courtier en logiciel ;
software compatibility, compatibilité logicielle ; software configuration, configuration logicielle ; software design, conception logicielle ;
software development, développement de logiciel ; software document, documentation de
logiciel ; software engineering, génie logiciel ;
software error, erreur logicielle ; software
firm, société de logiciel ; software flexibility,
souplesse du logiciel ; software house, société
de service ; software layer, couche de logiciel ;
software license, licence d'utilisation du logiciel ; software methodology, programmétrie ;
software monitor, moniteur logiciel ; software
overhead, servitude logicielle ; software package, progiciel ; software resources, ressources logicielles ; software stack, pile logicielle ;
software support service, maintenance du
logiciel ; software tool, outil logiciel ; system
software, logiciel d'exploitation ; transaction
management software, logiciel transactionnel
de gestion ; transport software (ISO layer),
logiciel de couche de transport ; user software,
logiciel de l'utilisateur ; vendor software, logiciel du constructeur ; video entertainment
software, logiciel de distraction vidéo.

SOH : start-of-heading character (SOH),
(caractère de) début d'en-tête.

SOLDER : solder strap, pont.

SOLID : solid line, trait plein ; solid logic
technology, technologie état solide ; solid
state (SS), état solide ; solid state cartridge,
cartouche programme ; solid state device,
élément à l'état solide.

SOLUTION : solution, solution ; graphic solution, solution graphique.

SOLVING : solving, résolution ; on-line

problem solving, solution en conversationnel ; **problem solving**, méthode de résolution.

SOM : start-of-message character (SOM), (caractère de) début de message.

SON : father-son technique, technique de duplication ; **son generation**, génération tertiaire.

SORT * : sort, tri ; **sort (to)**, trier ; **alphanumeric sort**, tri alphanumérique ; **ascending sort**, tri ascendant ; **backward sort**, tri descendant ; **binary sort**, tri binaire ; **block sort**, tri par bloc ; **bubble sort**, tri par permutation ; **cascade sort**, tri en cascade ; **collating sort**, tri par interclassement ; **comparative sort**, tri par comparaison ; **core sort**, tri en mémoire centrale ; **descending sort**, tri par ordre décroissant ; **external sort**, tri de fusionnement ; **fine sort**, tri fin ; **forward sort**, tri ascendant ; **generalised sort**, tri polyvalent ; **heap sort**, tri vertical ; **insertion sort**, tri par insertion ; **internal sort**, tri interne ; **item sort**, tri d'articles ; **key sort**, tri interne ; **maximum sort**, tri par le maximum ; **multipass sort**, tri multipassage ; **oscillating sort**, tri alternatif ; **polyphase sort**, tri de fusion ; **quick sort**, tri par segmentation ; **random access sort**, tri à accès direct ; **record sort**, tri d'enregistrements ; **ripple sort**, tri par paires ; **selection sort**, tri de sélection ; **sifting sort**, tri par permutation ; **sort facility**, dispositif de tri ; **sort generator**, indicatif de tri ; **sort key**, clé de tri ; **sort/merge generator**, programme de tri et d'interclassement ; **sort module**, module de tri ; **sort needle**, aiguille de tri ; **sort pass**, passe de tri ; **sort programme**, programme de tri ; **tape sort**, tri sur bande ; **tree sort**, tri arborescent.

SORTED : sorted item, article classifié.

SORTER * : sorter, programme de tri ; **card sorter**, classeur, trieuse ; **counting sorter**, trieuse-compteuse ; **document sorter**, trieuse de documents ; **sorter reader**, trieuse-lieuse.

SORTING : alphabetical sorting, classement alphabétique ; **card sorting**, tri de cartes ; **insertion method sorting**, tri par méthode d'insertion ; **merge sorting**, tri de fusion ; **multifile sorting**, tri multifichier ; **numerical sorting**, tri numérique ; **sorting**, tri ; **sorting algorithm**, algorithme de tri ; **sorting by insertion**, tri par interclassement ; **sorting key**, clé de tri ; **sorting machine**, classeur, trieuse ; **sorting method**, méthode de tri ; **sorting pass**, passe de tri ; **string sorting**, tri de chaînes.

SOS : silicon on sapphire (SOS), technologie silicium sur saphir.

SOUND : beep sound, signal sonore bref.

SOURCE * : source, (d') origine, source ; **data source**, source de données, émetteur de données ; **information source**, source de messages, source d'information ; **light source**, source lumineuse ; **master source module**, module de référence ; **message source**, source de messages, source d'information ; **second source**, seconde source ; **signal source**, source de signaux ; **source address**, adresse émettrice ; **source code**, code source ; **source computer**, calculateur de base ; **source data**, données de base ; **source deck**, cartes-programme source ; **source document**, document de base ; **source file**, fichier source ; **source instruction**, instruction en code source ; **source language**, langage source ; **source library**, bibliothèque sources ; **source listing**, listage source ; **source machine**, ordinateur compileur ; **source module**, module source ; **source pack**, cartes source ; **source programme**, programme source ; **source programme library**, bibliothèque de programmes source ; **source register**, registre source ; **source statement**, instruction source ; **source statement library**, bibliothèque langage d'origine ; **voltage source**, source de tension.

SPACE : space (SP), espace ; **address space**, espace d'adressage ; **coded image space**, zone d'image ; **disc space**, espace disque ; **disc space management**, gestion de l'espace disque ; **display space**, espace d'affichage, surface utile ; **double space**, double interligne ; **free space**, espace adressable ; **image space**, mémoire image ; **image storage space**, zone d'image ; **interblock space**, espace interbloc ; **line space**, interligne ; **line space ratchet**, rochet de commande d'interligne ; **mark/space multiplier unit**, multiplicateur de modulation ; **memory space**, espace mémoire ; **operating space**, espace d'affichage, surface utile ; **process address space**, adresse de processus ; **single space**, simple interligne ; **space code generation**, génération des caractères espaces ; **space-division switching**, commutation spatiale ; **space suppression**, suppression d'espaces ; **trailing spaces**, espaces suiveurs ; **user address space**, espace mémoire de l'utilisateur ; **white space**, espace blanc ; **word space**, espace mot ; **working space**, espace de travail.

SPACING : spacing, espace, écart ; channel spacing, écart intervoie, distance intercanal ; **character spacing**, espacement entre caractères ; **column spacing**, écart intercolonne ; **hole spacing**, écart entre les perforations ; **horizontal spacing**, espacement de caractères longitudinal ; **line spacing**, interlignage ; **spacing bit**, bit d'espacement ; **vertical line spacing**, densité de pas verticaux ; **vertical spacing**, pas vertical.

SPADE : terminal spade, cosse ouverte.

SPAN * : span, plage, étendue ; **error span**, étendue d'une erreur ; **extented system life span**, système à vie plus étendue ; **print span**, amplitude d'impression.

SPANNED : spanned file, fichier étendu ; **spanned record**, enregistrement élongué.

SPANNING : spanning tree, arbre.

SPARSE : sparse, incomplet ; **sparse array**, tableau incomplet.

SPECIAL : special character, caractère spécial ; **special communication**, liaison spécialisée ; **special line**, secteur spécialisé ; **special-purpose computer**, calculateur spécialisé ; **special version**, version personnalisée.

SPECIFIC : specific address, adresse spécifique ; **specific addressed location**, position à adresse absolue ; **specific addressing**, adressage absolu ; **specific code**, code objet ; **specific coding**, code absolu, code machine ; **specific polling**, appel sélectif ; **specific routine**, routine spécifique ; **user-specific**, spécifique à l'utilisateur ; **user-specific programme**, programme personnalisé.

SPECIFICATION : specification, spécification ; **expanded memory specification (EMS)**, spécification de mémoire étendue ; **field specification**, spécification de zone ; **file specification**, caractéristiques de fichier ; **handling specification**, spécification de traitement ; **interface specifications**, normes de liaison ; **problem specifications**, cahier des charges ; **processing specifications**, spécifications de traitement ; **programme specification**, spécification de programme ; **specification file**, fichier de spécifications ; **specification language**, langage de spécification ; **specification programme**, programme de spécification ; **specification sheet**, fiche de spécification.

SPECIFIER : specifier, identificateur.

SPECTRUM : frequency spectrum, spectre de fréquences.

SPEECH : speech channel, canal vocal ; **speech chip**, puce de reproduction vocale ; **speech recognition**, reconnaissance vocale ; **speech synthesis**, synthèse de la parole ; **speech synthesiser**, synthétiseur de parole.

SPEED : speed, vitesse ; **arithmetic speed**, vitesse de calcul ; **calculating speed**, vitesse de calcul ; **computing speed**, vitesse de calcul ; **conversion speed**, vitesse de conversion ; **drum speed**, vitesse du tambour ; **flutter speed**, vitesse de flottement ; **flying speed**, vitesse de rotation optimale ; **form feed speed**, vitesse de l'avance ligne ; **free-running speed**, vitesse normale de fonctionnement ; **high-speed adapter**, adaptateur à gain élevé ; **high-speed bus**, bus rapide ; **high-speed card reader**, lecteur de cartes rapide ; **high-speed carry**, report accéléré, report simultané ; **high-speed channel**, canal rapide ; **high-speed computer**, compteur rapide ; **high-speed data channel**, canal rapide ; **high-speed division**, division rapide ; **high-speed document reader**, lecteur de documents rapide ; **high-speed eject mechanism**, mécanisme d'éjection rapide ; **high-speed feed**, alimentation rapide ; **high-speed line**, ligne à débit élevé ; **high-speed memory**, mémoire rapide ; **high-speed memory block**, bloc de mémoire rapide ; **high-speed multiplication**, multiplication rapide ; **high-speed operation**, opération rapide ; **high-speed paper feed**, transport de papier rapide ; **high-speed printer**, imprimante rapide ; **high-speed printer control**, commande d'imprimante rapide ; **high-speed processor**, calculateur rapide ; **high-speed punch**, perforateur rapide ; **high-speed reader**, lecteur rapide ; **high-speed rewind**, rembobinage rapide ; **high-speed service**, fonction rapide ; **high-speed skip**, tabulation rapide, saut rapide ; **high-speed skip feature**, dispositif de tabulation rapide ; **high-speed stop**, arrêt instantané ; **high-speed storage**, mémoire rapide ; **high-speed tape reader**, lecteur de bande rapide ; **input speed**, vitesse d'introduction, vitesse d'entrée ; **key speed**, vitesse de manipulation ; **keying speed**, vitesse de frappe ; **line speed**, vitesse d'impression de lignes ; **low-speed store**, mémoire lente ; **medium speed**, vitesse moyenne ; **modulation**

speed, vitesse de modulation ; **print speed**, vitesse d'impression ; **processing speed**, vitesse de traitement ; **read speed**, vitesse de lecture ; **regeneration speed**, vitesse de rafraîchissement ; **rewind speed**, vitesse de rembobinage ; **signalling speed**, vitesse de signalisation ; **slow speed peripheral**, périphérique lent ; **speed card**, carte d'accélération ; **speed up (to)**, accélérer ; **tape speed**, vitesse de bande ; **transmission speed**, vitesse de transmission ; **variable output speed**, vitesse de sortie variable ; **variable speed drive**, entraînement à vitesse variable ; **writing speed**, vitesse d'écriture.

SPELLING : spelling, orthographe.

SPINWRITER : spinwriter, imprimante à boule tournante.

SPLIT : split, double appel ; **column split**, séparateur de colonnes ; **split screen feature**, segmentation de l'écran.

SPLITTING : splitting, éclatement ; **splitting module**, module de découpage.

SPOOFING * : spoofing, duperie, tromperie.

SPOOL : spool, mandrin ; **tape spool**, mandrin.

SPOOLER : spooler, gestionnaire de traitement différé, spouleur ; **print spooler**, spouleur d'imprimante ; **tape spooler**, dévidoir de bande.

SPOOLING * : spooling, spouling ; **print spooling**, impression en différé.

SPORADIC : sporadic fault, panne intermittente.

SPOT : action spot, impact du spot ; **burned spot**, claquage ; **end-of-file spot**, marqueur de fin de fichier ; **flying spot scan**, balayage au vol ; **ion spot**, tâche ionique ; **magnetic spot**, repère magnétique ; **spot check**, contrôle par sondage ; **spot mark**, point de repère ; **spot punch**, poinçonneuse.

SPRAY : anti-static spray, enduit antistatique ; **anti-static spray can**, bombe aérosol antistatique.

SPREAD : spread, altération, mesure de l'incertitude, dispersion ; **spreadsheet**, tableur.

SPREADSHEET : electronic spreadsheet, tableur électronique ; **spreadsheet**, tableur.

SPRITE : sprite, objet-image, joueur, lutin.

SPROCKET : sprocket bit, impulsion

de rythme ; **sprocket hole**, perforation d'entraînement ; **sprocket track**, pas d'entraînement.

SPURIOUS * : spurious, parasite, interférence.

SQEEZOUT : sqeezout, maculage.

SQUARE : Chi square test, test des carrés de Chi ; **left square bracket '['**, crochet d'ouverture ; **quarter-squares multiplier**, multiplieur parabolique ; **right square bracket ']'**, crochet de fermeture ; **root mean square (RMS)**, moindre carrés ; **square multiplier**, multiplicateur quadratique ; **square ware**, onde carrée.

SQUOZE : squoze pack, cartes de données condensées.

STABILISER, STABILIZER : voltage stabiliser (US: stabilizer), stabilisateur de tension.

STABILITY : stability, stabilité ; **clock stability**, stabilité d'horloge ; **computational stability**, stabilité des calculs.

STABLE : stable state, état stable.

STACK * : stack, pile ; **stack (to)**, empiler ; **bottom of the stack address**, adresse du bas de la pile ; **hardware stack**, pile câblée ; **head stack**, ensemble de têtes magnétiques ; **input stack**, pile d'entrée ; **input stack tape**, bande d'entrée ; **job stack**, file de travaux ; **memory stack**, pile mémoire ; **pop down (to) (a stack)**, descendre (une pile) ; **pop up (to) (a stack)**, remonter (une pile) ; **programme stack**, pile dynamique de programme ; **push down stack**, pile inversée ; **pushdown stack**, pile à accès inversé ; **request stack**, pile de requêtes ; **software stack**, pile logicielle ; **stack indicator**, pointeur de pile ; **stack pointer**, pointeur de pile ; **stack register**, registre de pile ; **storage stack**, pile de mémoire ; **work stack**, pile de travaux.

STACKABLE : stackable, empilable.

STACKED : stacked bar chart, histogramme à barres empilées.

STACKER * : stacker, réceptacle ; **card stacker**, récepteur de cartes, magasin de réception ; **offset stacker device**, récepteur à décalage de cartes ; **stacker slide**, presse-cartes.

STACKING : stacking, mise en pile ; **interrupt stacking**, empilage des interruptions ; **job stacking**, pile de travaux.

STAGE : stage, phase ; **compilation stage**, état de compilation ; **input stage**, stade d'introduction.

STAGING : staging, transfert ; **demand staging**, transfert immédiat.

STAIR : stair step, marche d'escalier ; **stair-stepping**, effet de marches d'escalier.

STALL : poll stall interval, intervalle d'attente en interrogation.

STAMP : full stamp, impression intégrale.

STAND : printer stand, support d'imprimante ; **stand-alone**, autonome, non connecté ; **stand-alone capability**, possibilité d'autonomie ; **stand-alone design station**, poste de conception autonome ; **stand-alone system**, système autonome ; **stand-by**, attente ; **stand-by condition**, condition d'attente ; **stand-by equipment**, matériel en réserve ; **standstill**, temps d'arrêt.

STANDARD : standard, standard, norme ; **industrial standard**, norme industrielle ; **Kansas city standard**, format pour cassette ; **standard design**, conception standard ; **standard deviation**, déviation standard ; **standard duration**, écart type ; **standard form**, forme normalisée ; **standard graph**, graphique X-Y ; **standard interface**, interface standard ; **standard interrupt**, interruption normale ; **standard peripheral**, périphérique classique ; **standard test tone**, signal d'essai standard ; **standard type**, type standard.

STANDARDISATION, STANDARDIZATION : signal standardisation, normalisation de signal ; **standardisation (US: standardization)**, normalisation.

STANDARDISE, STANDARDIZE : standardise (to) (US: standardize), normaliser.

STANDBY : standby, en attente, au repos, en réserve ; **standby time**, temps d'attente.

STANDING : standing-on-nines carry, report bloqué à neuf.

STANDSTILL : standstill, temps d'arrêt.

STAR : star, étoile ; **star character**, astérisque ; **star network**, réseau étoilé ; **star programme**, programme sans bogue.

STARRED : starred, étoilé ; **starred architecture**, architecture en étoile ; **starred network**, réseau étoilé.

START : start, départ, démarrage, amorçage, lancement ; **start (to)**, démarrer, lancer,

amorcer ; **cold start**, lancement à froid ; **cold start programme**, programme d'initialisation de système ; **job start**, début de travail, fin des tâches ; **line scan start**, départ de balayage ligne ; **line start**, début de ligne ; **programme start**, lancement de programme ; **skip start**, début de tabulation ; **start bar**, interrupteur marche ; **start bit**, binaire d'amorçage ; **start element**, signal de départ ; **start label**, étiquette de début ; **start mode field**, zone du mode de lancement ; **start-of-block character (SOB)**, (caractère de) début de bloc ; **start of heading**, début de bloc ; **start-of-heading character (SOH)**, (caractère de) début d'en-tête ; **start-of-message character (SOM)**, (caractère de) début de message ; **start-of-tape label**, repère de début de bande ; **start of text**, début de texte ; **start-of-text character (STX)**, (caractère de) début de texte ; **start-over**, reprise ; **start over (to)**, reprendre au début ; **start reset key**, touche de remise à zéro ; **start routine**, routine de lancement ; **start signal**, signal de début ; **start/stop character**, caractère d'arrêt/marche ; **start/stop opération**, opération d'arrêt/marche ; **start/stop system**, système arythmique ; **start/stop tansmission**, transmission asynchrone, transmission arythmique ; **start time**, moment du début ; **start-up**, départ, démarrage, amorçage, lancement ; **transmitter start code**, code de lancement de transmission ; **warm start**, démarrage à chaud.

STARTING : starting, départ, démarrage, amorçage, lancement ; **starting address**, adresse de début ; **starting load address**, adresse de début de chargement ; **starting mode field**, zone du mode d'amorçage ; **starting parameter**, paramètre d'initialisation ; **starting séquence**, séquence de lancement ; **starting value**, valeur d'initialisation.

STARTUP : startup, mise en route.

STATE : state, état ; **access state**, état d'accès ; **armed state**, état armé ; **configuration state**, état de configuration ; **control state**, mode contrôle caractère ; **cut-off state**, état bloqué ; **hard wait state**, état d'attente permanent ; **idle state**, état de repos, état d'inactivité ; **initial state**, état initial ; **input state**, état de l'entrée ; **masked state**, état masqué ; **metastable state**, état instable ; **monitor state**, état moniteur ; **nought state**, condition zéro ; **on-state**, état actif ; **on-state current**, courant direct ; **on-state voltage**, tension directe ; **one-state**, état '1' ; **operating state**, état d'exécution ; **process state**, état d'un processus ; **processing state**, état de traitement ; **processor state**, état de l'unité centrale ; **solid state (SS)**, état solide ; **solid state cartridge**, cartouche programme ; **solid state device**, élément à l'état solide ; **stable state**, état stable ; **state diagram**, diagramme de situation ; **state graph**, graphe d'état ; **transient state**, état transitoire ; **two-state variable**, variable bistable ; **unstable state**, état instable ; **wait state**, cycle d'attente ; **waiting state**, état d'attente ; **zero state**, état zéro.

STATEMENT : statement, instruction ; **arithmetic statement**, instruction arithmétique ; **arithmetical statement**, instruction arithmétique ; **assembly control statement**, instruction de contrôle d'assemblage ; **assignment statement**, instruction d'affectation ; **clear statement**, instruction d'effacement ; **command statement**, instruction de commande ; **compiler control statement**, directive de compilateur ; **compound statement**, instruction composée ; **conditional statement**, instruction conditionnelle ; **control statement**, instruction de contrôle ; **declarative statement**, instruction déclarative ; **delivery statement**, instruction d'extraction ; **dummy statement**, instruction factice ; **enter statement**, instruction d'introduction ; **execute statement**, instruction d'exécution ; **imperative statement**, instruction absolue ; **include statement**, instruction d'inclusion ; **initiate statement**, instruction de début ; **input/output statement**, instruction d'entrée/sortie ; **job control statement**, instruction de contrôle de travaux ; **job statement**, instruction de travail ; **language statement**, instruction de langage ; **load statement**, instruction de chargement ; **model statement**, instruction type ; **procedural statement**, instruction de procédure ; **procedure statement**, instruction de procédure ; **processor control statement**, directive de calculateur ; **programme statement**, instruction de programme ; **source statement**, instruction source ; **source statement library**, bibliothèque langage d'origine ; **statement number**, numéro d'instruction ; **statement sequence**, séquence d'instructions ; **trace statement**, instruction de pistage ; **unconditional statement**, instruction inconditionnelle ; **undefined statement**, instruction indéfinie ; **unformatted write statement**, instruction d'écriture non formatée ; **unstring statement**, instruction de dégroupage ; **use statement**, instruction d'utilisation ; **variable allocation statement**, instruction d'affectation de variable ; **writing statement**, instruction d'écriture.

STATIC : anti-static mat, tapis antistatique ; **anti-static spray**, enduit antistatique ; **anti-static spray can**, bombe aérosol antistatique ; **static allocation**, allocation statique ; **static attribute**, attribut fixe ; **static buffering**, tamponnement statique ; **static circuit**, circuit statique ; **static dump**, vidage statique ; **static error**, erreur statique ; **static image**, fond d'image, masque d'écran ; **static memory**, mémoire statique ; **static pointer**, pointeur statique ; **static printout**, impression différée ; **static RAM**, mémoire statique ; **static routine**, routine sans paramètre ; **static shift register**, registre à décalage statique ; **static storage**, mémoire statique ; **static subroutine**, sous-programme statique ; **static test mode**, mode de vérification statique ; **static variable**, variable statique.

STATICISER, STATICIZER : staticiser (US: staticizer), convertisseur série-parallèle.

STATICISING, STATICIZING : instruction staticising (US: staticizing), prise en charge de l'instruction.

STATION : station, station, centre, poste ; **accepting station**, station réceptrice ; **auxiliary station**, terminal secondaire ; **balanced station**, station mixte ; **central station**, poste central ; **configurable station**, station configurable ; **control station**, station de commande, station pilote ; **data collection station**, poste de saisie ; **data input station**, poste d'entrée de données ; **data station**, station de données ; **earth station**, station terrestre ; **enquiry station**, terminal transactionnel ; **input station**, terminal de saisie ; **inquiry station**, poste d'interrogation ; **local station**, terminal local ; **master station**, station principale ; **mixed station**, station mixte ; **net control station**, station de contrôle de réseaux ; **operating station**, console d'exploitation ; **originated station**, station origine ; **passive station**, station neutre ; **primary station**, station primaire ; **processing station**, poste de traitement ; **query station**, poste d'interrogation ; **read station**, poste de lecture ; **remote station**, poste terminal ; reservation station, station tampon ; **satellite station**, station satellite ; **secondary station**, station secondaire ; **sensing station**, poste de lecture ; **single-station system**, système monoposte ; **slave station**, station asservie ; **stand-alone design station**, poste de conception autonome ; **tape station**, unité à bande ; **tributary station**, station subordonnée, station tributaire ; **wait station**, poste d'attente ; **way station**, station intermédiaire.

STATIONARY : stationary information, message stationnaire, information stationnaire ; **stationary message**, message stationnaire, information stationnaire.

STATIONERY : stationery, papeterie ; **continuous stationery**, papier en continu.

STATISTICAL : statistical, statistique ; **statistical analysis**, analyse statistique ; **statistical control**, contrôle statistique ; **statistical multiplexing**, multiplexeur statistique ; **statistical programme**, programme statistique.

STATUS : status, état ; **channel status table**, table d'états des canaux ; **channel status word**, mot d'état de canal ; **computer status**, état machine ; **control status word (CSW)**, mot d'état de contrôle ; **current status**, état en cours ; **device status word**, mot d'état de périphérique ; **I/O status**, état d'entrée/sortie ; **intermediate status**, état intermédiaire ; **item status character**, caractère d'état d'article ; **node status data**, données d'état nodal ; **operating status**, état opérationnel ; **programme status word (PSW)**, mot d'état programme ; **status bit**, binaire d'état ; **status character**, caractère d'état ; **status code**, code d'état ; **status diagram**, diagramme d'état ; **status flip-flop**, bistable d'état ; **status output ready**, sortie validée ; **status panel**, champ des indicateurs d'état ; **status register**, registre d'état ; **status word**, mot d'état ; **transaction status control**, contrôle d'état des mouvements.

STEALING : cycle stealing, vol de cycle.

STEM : key stem, tige de touche.

STEP * : step, étape ; **in-step**, en synchronisme ; **job step**, unité de traitement, étape de travail ; **job step execution**, exécution de l'étape de travail ; **job step initiation**, lancement de l'étape de travail ; **job step restart**, reprise de l'étape de travail ; **job step table**, table des étapes de travail ; **job step termination**, fin d'étape de travail ; **one-step operation**, opération à un seul pas ; **plotter step size**, pas de traceur ; **programme step**, pas de programme ; **single step**, pas à pas ; **single-step operation**, exécution pas à pas ; **stair step**, marche d'escalier ; **step-by-step instruction**, instruction pas à pas ; **step-by-step operation**, exécution pas à pas ; **step-by-step programme**, programme pas à pas ; **step change**, variation discrète ; **step counter**, compteur séquentiel ; **step function**, fonction en escalier ; **unit step**, saut unitaire ; **unit step function**, fonction de saut unitaire.

STEPPED : stepped addressing, adressage progressif.

STEPPING : stepping, progression ; **stair-stepping**, effet de marches d'escalier ; **stepping motor**, moteur pas à pas ; **stepping switch**, commutateur pas à pas.

STICK : stick, manche ; **control stick**, manche.

STICKER : instruction sticker, plaque indicatrice.

STOBE : stobe, impulsion.

STOCHASTIC : stochastic, stochastique.

STOCK : stock card, fiche d'inventaire de stock.

STOCKER : stocker, case de fusion.

STOP : stop, arrêt, stop, interruption ; **stop (to)**, arrêter, stopper, interrompre ; **automatic stop**, arrêt automatique, stop ; **coded stop**, arrêt programmé ; **conditional stop**, arrêt conditionnel ; **dynamic stop**, arrêt programmé, arrêt dynamique ; **form stop**, arrêt de fin de papier ; **hard stop**, arrêt brutal ; **high-speed stop**, arrêt instantané ; **loop stop**, arrêt sur boucle ; **margin stop**, margeur ; **optional stop instruction**, instruction d'arrêt optionnel ; **precise stop**, arrêt précis ; **programme stop**, arrêt de programme ; **skip stop**, fin de tabulation ; **start/stop character**, caractère d'arrêt/marche ; **start/stop opération**, opération d'arrêt/marche ; **start/stop system**, système arythmique ; **start/stop tansmission**, transmission asynchrone, transmission arythmique ; **stop bit**, binaire d'arrêt ; **stop code**, code d'arrêt ; **stop element**, signal d'arrêt ; **stop instruction**, instruction d'arrêt ; **stop signal**, signal d'arrêt ; **stop time**, temps d'arrêt ; **unconditional stop**, arrêt inconditionnel.

STORABLE : storable, mémorisable, enregistrable.

STORAGE * : storage (device), mémoire ; **actual storage**, mémoire physique ; **apparent storage**, mémoire apparente ; **associative storage register**, registre à mémoire associative ; **automatic storage allocation**, attribution automatique de mémoire ; **auxiliary storage**, mémoire auxiliaire ; **bubble storage**, mémoire à bulles ; **bulk core storage**, mémoire de masse ; **bulk storage**, mémoire de grande capacité, mémoire de masse ; **capacitor storage**, mémoire à condensateur ; **capacity storage**, mémoire capacitive ; **cathode ray storage**, mémoire cathodique ; **circulating storage**, mémoire cyclique ; **common storage**, mémoire commune ; **common storage area**, zone de mémoire commune ; **computer storage**, mémoire d'ordinateur ; **content address storage**, mémoire associative ; **content-addressable storage**, mémoire associative ; **content-addressed storage**, mémoire adressable par contenu ; **core storage**, mémoire à tores, mémoire à ferrites ; **cyclic storage**, mémoire circulaire ; **data storage**, mémorisation de données ; **data storage management**, gestion des supports de données ; **dead storage**, mémoire fixe ; **delay line storage**, mémoire à ligne à retard, mémoire à propagation ; **destruction storage**, mémoire à lecture destructive ; **direct access storage**, mémoire à accès direct, mémoire à accès aléatoire ; **disc storage**, mémoire à disque ; **disc storage drive**, mécanisme d'entraînement de disque ; **drum storage**, mémoire à tambour ; **dynamic storage**, mémoire dynamique ; **dynamic storage allocation**, allocation dynamique de mémoire ; **electrostatic storage**, mémoire électrostatique ; **electrostatic storage tube**, tube à mémoire électrostatique ; **erasable storage**, mémoire effaçable ; **exchangeable disc storage (EDS)**, mémoire à disques amovibles ; **external storage**, mémoire externe ; **fast access storage**, mémoire rapide ; **ferromagnetic storage**, mémoire ferromagnétique ; **file storage**, archivage de fichier ; **fixed-disc storage**, mémoire à disque dur ; **frame storage**, mémoire de trame ; **guard storage**, mémoire de surveillance ; **high-order storage position**, bit de poids fort ; **high-speed storage**, mémoire rapide ; **high-storage density**, haute densité d'enregistrement ; **hole storage effect**, capacité de diffusion ; **holographic storage**, mémoire holographique ; **image storage space**, zone d'image ; **immediate access storage**, mémoire à accès direct ; **information storage**, mémorisation des informations ; **information storage/retrieval (ISR)**, stockage/restitution des données ; **inherent storage**, mémoire inhérente ; **input buffer storage**, mémoire tampon d'entrée ; **input disc storage**, disque d'entrée ; **input/output storage**, mémoire d'entrée/sortie ; **input storage**, mémoire d'entrée ; **instruction storage**, zone d'instruction ; **instruction storage word**, mot d'instruction ; **interlaced storage**, enregistrement enchaîné ; **interlaced storage assignment**, allocation de l'enchaînement ; **intermediate data storage**, mémoire intermédiaire ; **internal storage**, mémoire interne, mémoire principale ; **key storage area**, zone de mémoire des codes ; **laser storage**, mémoire à laser ; **local storage**, mémoire locale ; **magnetic card storage**, mémoire à cartes magnétiques ; **magnetic disc storage**, mémoire à disque magnétique ; **magnetic storage**, mémoire magnétique ; **magnetic thin film storage**, mémoire à couche mince magnétique ; **magnetic wire storage**, mémoire à fil magnétique ; **mass storage**, mémoire de masse, mémoire de grande capacité ; **mass storage control**, contrôleur de mémoire à disques ; **matrix storage**, mémoire matricielle ; **modifier storage**, mémoire d'index ; **monolithic storage**, mémoire monolithique ; **N-core-per-bit storage**, mémoire à N tores par élément binaire ; **non-erasable storage**, mémoire ineffaçable ; **off-line storage**, mémoire autonome ; **on-line storage**, mémoire en ligne ; **optical storage**, mémoire optique ; **page storage**, mémoire paginée ; **parallel search storage**, mémoire associative ; **permanent storage**, mémoire permanente ; **plated wire storage**, mémoire à fil magnétique ; **primary storage**, mémoire principale ; **print storage**, mémoire d'impression ; **processor storage**, mémoire interne, mémoire calcul ; **programme storage**, mémoire programme ; **pushdown storage**, pile inversée ; **pushup storage**, mémoire à liste directe ; **real storage**, mémoire réelle ; **resident storage**, mémoire résidante ; **searching storage**, mémoire associative ; **sequential storage**, mémoire à accès séquentiel ; **serial storage**, mémoire séquentielle ; **shared storage**, mémoire partagée ; **slack storage**, mémoire inutilisée ; **slow ac-**

cess storage, mémoire lente ; **static storage**, mémoire statique ; **storage address**, adresse d'implantation ; **storage allocation**, attribution de mémoire ; **storage area**, zone de mémoire ; **storage battery**, batterie rechargeable ; **storage block**, zone de mémoire ; **storage capacity**, capacité de mémoire, capacité ; **storage cell**, cellule de mémoire ; **storage circuit**, circuit de mémorisation ; **storage class**, catégorie de rangement ; **storage cycle**, cycle de mémorisation ; **storage density**, densité de mémorisation ; **storage display**, visu à mémoire ; **storage dump**, vidage de mémoire ; **storage dumping**, transfert de mémoire ; **storage economy**, rationalité de mémorisation ; **storage entry**, entrée en mémoire ; **storage fragmentation**, fragmentation mémoire ; **storage image**, image mémoire ; **storage key**, clé de protection mémoire ; **storage location**, emplacement en mémoire, position en mémoire ; **storage map**, carte mémoire ; **storage medium**, support de mémoire ; **storage operation**, mémorisation ; **storage parity**, test de parité à la mémorisation ; **storage period**, période de mémorisation ; **storage read-out**, extraction de mémoire ; **storage reconfiguration**, reconfiguration de mémoire ; **storage register**, registre de mémoire ; **storage requirement**, besoin en mémoire ; **storage scan**, balayage de la mémoire ; **storage stack**, pile de mémoire ; **storage unit**, unité de mémoire ; **storage volatility**, volatilité de mémoire ; **tape storage**, mémoire à bande magnétique, mémoire à bande ; **temporary storage**, mémoire de transit ; **thin film storage**, mémoire à couches minces ; **transformer read-only storage**, mémoire fixe inductive ; **two-level storage**, mémoire à deux niveaux ; **virtual storage**, mémoire virtuelle ; **virtual storage management (VSM)**, gestion de la mémoire virtuelle ; **volatile dynamic storage**, mémoire dynamique volatile ; **volatile storage**, mémoire non rémanente ; **wire storage**, mémoire câblée ; **word-organised storage**, mémoire organisée par mots, mémoire à mots ; **working storage**, zone de mémoire de travail, mémoire de travail.

STORE : store, mémoire ; **store (to)**, mémoriser ; **acoustic store**, mémoire acoustique ; **actual store**, mémoire réelle ; **associative store**, mémoire associative ; **auxiliary store**, mémoire externe ; **B-store**, registre d'index ; **backing store**, mémoire de sauvegarde,

mémoire auxiliaire ; **beam store**, mémoire à faisceau électronique ; **buffer store**, mémoire tampon ; **bulk store**, mémoire de grande capacité, mémoire de masse ; **capacitor store**, mémoire à condensateur ; **capacity store**, mémoire capacitive ; **co-ordinate store**, mémoire matricielle ; **computer store**, magasin informatique ; **core store**, mémoire à tores, mémoire à ferrites ; **cryogenic store**, mémoire cryogénique, mémoire supraconductive ; **cyclic store**, mémoire circulaire ; **direct store transfer**, accès mémoire direct ; **disc store**, mémoire à disque ; **drum store**, mémoire à tambour ; **erasable store**, mémoire effaçable ; **extension store**, mémoire auxiliaire ; **file store**, fichier système ; **fixed store**, mémoire morte, mémoire fixe ; **low-speed store**, mémoire lente ; **magnetic drum store**, mémoire à tambour magnétique ; **magnetic store**, mémoire magnétique ; **main store**, mémoire interne, mémoire principale ; **mass store**, mémoire de grande capacité, mémoire de masse ; **memory store**, rangement en mémoire ; **N-core-per bit store**, mémoire à N tores par élément binaire ; **secondary store**, mémoire auxiliaire ; **store and forward**, mémorisation et restitution ; **store-and-forward mode**, mode différé ; **store-and-forward operation**, transfert des données mémorisées ; **store element**, élément de mémoire ; **store map**, carte mémoire.

STORED : stored, mémorisé ; **stored instruction**, commande mémorisée ; **stored programme**, programme mémorisé ; **stored-programme computer**, calculateur à programme mémorisé ; **stored routine**, programme mémorisé.

STRAIGHT : straight binary, binaire pur ; **straight-line coding**, programmation linéaire, séquence sans boucle.

STRAIN : visual strain, fatigue visuelle.

STRAP : strap, connexion courte ; **solder strap**, pont ; **wire strap**, pont.

STRATIFIED : stratified language, langage stratifié.

STREAM : stream, suite, flot, flux ; **bit stream**, flot binaire ; **data stream**, flot de données ; **input job stream**, suite des travaux en entrée ; **input stream**, flux de travaux, flot de travaux, file de travaux ; **instruction stream**, flot d'instructions ; **job input stream**, flot d'entrée des travaux ; **job output stream**, flot de sortie des résultats ; **job stream**, flux de travaux, flot de travaux, file de travaux ; **job stream file**, fichier des files de travaux ; **on stream**, en exploitation, en service ; **run stream**, flux de travaux, flot de travaux ; **single-job stream**, flux de travaux individuels ; **stream access**, accès série.

STREAMER : streamer, dérouleur de bande, dévideur ; **data streamer**, dérouleur en continu.

STREAMING : streaming mode, mode de transmission.

STRENGTH : signal strength, force du signal.

STRETCHER : pulse stretcher, circuit élargisseur.

STRIKE : strike, frappe ; **back-strike printer**, imprimante à impact.

STRIKEOUT : strikeout (to), barrer, rayer.

STRING * : string, chaîne ; **null string**, chaîne vide ; **pulse string**, train d'impulsions ; **quoted string**, chaîne entre guillemets ; **string array**, tableau de caractères ; **string break**, fin de chaîne ; **string handling**, manipulation de chaînes ; **string length**, longueur de chaîne ; **string level access**, niveau d'accès à la chaîne de caractères ; **string manipulation**, traitement de chaîne ; **string operation**, opération sur chaîne ; **string process system**, logiciel de traitement de chaîne ; **string sorting**, tri de chaînes ; **symbol character string**, chaîne de caractères symboles ; **symbol string**, chaîne de symboles ; **unit string**, chaîne unitaire.

STRIP : numbering strip, bande de numérotation ; **strip ribbon**, ruban étroit ; **terminal strip**, bande à bornes.

STROKE : stroke, frappe, élément de caractère, vecteur ; **single-stroke**, coup unique ; **single-stroke command**, contrôle monotouche ; **single-stroke control key**, commande monotouche ; **stroke character generator**, générateur vectoriel de caractères ; **stroke device**, lecteur de courbe ; **stroke edge**, bord de segment ; **stroke width**, largeur d'un segment ; **thick stroke**, plein ; **thin stroke**, caractère délié.

STRONGLY : strongly connected graph, graphe fortement connexe.

STRUCTURE : structure, article, structure ; **index structure**, structure d'index ; **lattice structure**, structure en réseau ; **list structure**, structure de liste ; **minor structure**, structure inférieure ; **overlay structure**, structure de recouvrement ; **programme structure**, structure de programme ; **sequential data structure**, structure séquentielle ; **structure flowchart**, diagramme de structure ; **structure pattern**, structure de programme ; **structure variable**, variable structurée ; **tree structure**, arborescence ; **word structure**, structure de mot.

STRUCTURED : block-structured language, langage à structure de bloc ; **structured file**, fichier structuré ; **structured programme**, programme structuré ; **structured programming**, programmation structurée ; **structured type**, type structuré ; **word-structured memory**, mémoire à structure de mots.

STUBCARD : stubcard, carte à talon.

STUD : positioning stud, pion de centrage.

STUDY : feasibility study, étude de faisabilité.

STUFFING : stuffing, bourrage ; **card stuffing**, bourrage de cartes ; **pulse stuffing**, bourrage d'impulsions ; **stuffing character**, caractère de bourrage.

STX : start-of-text character (STX), (caractère de) début de texte.

STYLE : alternate type style, police de caractères secondaire ; **bit-mapped style**, fonte matricielle ; **line style**, type de ligne.

STYLUS : stylus, stylet, crayon lumineux, pointeur ; **electronic stylus**, crayon optique ; **stylus printer**, imprimante à aiguilles.

SUBCATALOGUE, SUBCATALOG : subcatalogue (US: subcatalog), souscatalogue, sous-répertoire.

SUBCELL : subcell, sous-matrice ; **character subcell**, sous-matrice du caractère.

SUBCHANNEL : subchannel, souscanal.

SUBDIRECTORY : subdirectory, sous-répertoire.

SUBFIELD : subfield, sous-zone.

SUBFILE : subfile, sous-fichier.

SUBHEADING : subheading, sous-titre.

SUBINDEX : subindex, sous-indice.

SUBITEM : subitem, sous-élément.

SUBLIST : sublist, sous-liste.

SUBNET : subnet, sous-réseau.

SUBPROGRAMME, SUBPROGRAM * : subprogramme (US: subprogram), sous-programme ; **function subpro-gramme**, sous-programme de service.

SUBROUTINE * : subroutine, sous-programme ; **begin subroutine**, amorçage de sous-programme ; **closed subroutine**, sous-programme fermé ; **display subroutine**, routine d'écran ; **division subroutine**, programme de division ; **editing subroutine**, routine d'édition ; **first-order subroutine**, routine de premier ordre ; **in-line subroutine**, programme en séquence ; **insert subroutine**, routine d'insertion ; **inserted subroutine**, routine insérée ; **library subroutine**, sous-programme de bibliothèque ; **linked subroutine**, routine liée ; **nested subroutine**, sous-programme imbriqué ; **one-level subroutine**, sous-programme à un niveau ; **reentrant subroutine**, sous-programme réentrant ; **static subroutine**, sous-programme statique ; **subroutine call**, appel d'une routine ; **subroutine library**, bibliothèque de sous-programmes ; **subroutine reference**, appel de sous-programme ; **subroutine table**, table de routines ; **two-level subroutine**, sous-programme à deux niveaux.

SUBROUTINISE, SUBROUTIN-IZE : subroutinise (to) (US: subroutinize), faire des sous-programmes.

SUBSCREEN : subscreen, partie d'écran.

SUBSCRIBED : subscribed variable, variable indicée.

SUBSCRIBER : subscriber, abonné ; **machine subscriber**, abonné automatique ; **subscriber group**, groupe d'abonnés ; **subscriber line**, ligne d'abonné.

SUBSCRIPT : subscript, indice inférieur ; **array subscript**, indice de tableau ; **subscript position**, position d'indice.

SUBSCRIPTING : subscripting, indiçage.

SUBSEGMENT : subsegment, sous-segment.

SUBSET : subset, sous-ensemble ; **character subset**, sous-ensemble de caractères.

SUBSTATION : substation, sous-station.

SUBSTITUTE : substitute character (SUB), caractère de substitution ; **substitute mode**, mode de substitution ; **substitute track processing**, traitement des pistes de réserve.

SUBSTITUTION : keyboard substi-tution, modification de clavier ; **parameter substitution**, substitution de paramètres.

SUBSTRATE : substrate, substrat.

SUBSTRING : substring, sous-chaîne.

SUBSYSTEM : subsystem, sous-système ; **processor subsystem**, sous-système de traitement.

SUBTASK : subtask, sous-tâche.

SUBTITLE : subtitle, sous-titre.

SUBTOTAL : subtotal, sous-total.

SUBTRACT : subtract (to), soustraire ; **add-subtract time**, temps d'addition ou de soustraction ; **floating subtract**, soustraction flottante.

SUBTRACTER : subtracter, soustracteur ; **adder-subtracter**, additionneur-soustracteur ; **full subtracter**, soustracteur à trois entrées ; **one-digit subtracter**, demi-soustracteur ; **serial full subtracter**, soustracteur série ; **serial subtracter**, soustracteur série.

SUBTRACTION : subtraction, soustraction.

SUBTRACTOR : two-input subtrac-tor, soustracteur à deux entrées.

SUBTRAHEND * : subtrahend, diminueur.

SUBTYPE : subtype, sous-type.

SUBUNIT : subunit, sous-unité.

SUCCESSIVE : successive, successif ; **successive digits**, chiffres successifs.

SUFFIX : suffix notation, notation polonaise inversée.

SUITE * : suite, suite, flot, flux.

SUM : sum, somme, total ; **logic sum gate**, circuit OU, porte OU ; **logical sum**, somme logique, OU inclusif, disjonction ; **modulo-2 sum gate**, porte somme modulo 2 ; **parity sum**, somme de parité ; **sum check**, contrôle par sommation ; **vector sum**, somme géométrique, produit vectoriel ; **video sum**, somme vidéo ; **weighted sum**, somme pondérée.

SUMMARY : summary, résumé ; **job summary record**, bloc de cumul des travaux ; **summary card**, carte récapitulatrice ; **summary punch**, perforatrice récapitulative ; **summary punching**, perforation récapitulative ; **summary report**, compte rendu sommaire.

SUMMATION : summation, addition, total.

SUMMER : summer, additionneur analogique, sommateur.

SUMMING : summing, sommation ;

summing integrator, intégrateur sommateur.

SUPERCHIP : superchip, superpuce.

SUPERCOMPUTER : supercomputer, supercalculateur.

SUPERMINI : supermini, supermini.

SUPERSCRIPT : superscript, indice supérieur.

SUPERVISION : supervision, supervision ; **backward supervision**, compte-rendu de transmission ; **forward supervision**, commande d'action.

SUPERVISOR : supervisor, superviseur, moniteur ; **overlay supervisor**, superviseur de recouvrement ; **supervisor call**, appel du superviseur ; **supervisor interrupt**, interruption de supervision ; **supervisor mode**, mode de supervision ; **systems supervisor**, superviseur de systèmes.

SUPERVISORY : supervisory channel, canal de surveillance ; **supervisory device**, organe de supervision ; **supervisory instruction**, instruction de contrôle ; **supervisory programme**, programme superviseur ; **supervisory system**, système superviseur.

SUPPLY : supply, alimentation ; **power supply**, alimentation ; **supply reel**, bobine débitrice.

SUPPORT : support, support, aide, outil ; **support (to)**, aider, assister ; **individual data support**, support individuel d'information ; **input/output support package**, sous-programme d'entrée/sortie ; **magnetic support**, support magnétique ; **programming support**, aide à la programmation, outil de programmation ; **software support service**, maintenance du logiciel ; **support chip**, circuit annexe ; **support programme**, logiciel d'aide à la programmation ; **support system**, système d'aide à la programmation.

SUPPRESS : print suppress, absence de frappe.

SUPPRESSED : suppressed carrier, onde porteuse supprimée.

SUPPRESSION : suppression, suppression ; **space suppression**, suppression d'espaces ; **zero suppression**, suppression des zéros.

SUPPRESSOR : echo suppressor, suppresseur d'écho.

SUPRAVOICE : supravoice link, liaison supravocale.

SURFACE : surface, surface ; **display surface**, surface d'affichage, surface de visualisation ; **recording surface**, surface d'écriture ; **surface recording**, enregistrement en surface ; **surface shading**, ombrage de surfaces.

SURGE : negative surge, pointe négative ; **surge protector**, protection secteur ; **surge resistance**, résistance aux surtensions ; **surge withstand capability**, résistance aux surtensions ; **voltage surge**, surtension.

SUSPEND : suspend (to), interrompre, suspendre ; **de-suspend (to)**, reprendre.

SUSPENSE : suspense file, fichier en instance.

SUSPENSION : job suspension, suspension des travaux ; **points of suspension**, points de suspension '...' ; **process suspension**, interruption de processus.

SWAP : swap (to), permuter, échanger ; **swap time**, temps de transfert ; **volume swap**, remplacement de chargeur, échange de chargeur.

SWAPPING : swapping, permutation, échange ; **board swapping**, remplacement de carte ; **buffer swapping**, échange de tampons ; **page swapping**, échange de pages mémoires ; **volume swapping**, remplacement de chargeur.

SWEEP : sweep, balayage, scrutation, exploration ; **breakthrough sweep efficiency**, rendement de balayage ; **horizontal sweep**, balayage horizontal ; **vertical sweep**, balayage de trame.

SWITCH * : switch, commutateur ; **switch (to)**, commuter, basculer ; **alteration switch**, inverseur ; **automatic switch mode**, mode de commutation automatique ; **channel switch**, sélecteur de canal ; **console switch**, commutateur d'option console ; **electronic switch**, commutateur électronique ; **hardware switch**, interrupteur machine ; **head selection switch**, sélecteur de têtes magnétiques ; **interlock switch**, commutateur de verrouillage ; **key-operated switch**, commutateur à clé ; **key switch**, manipulateur ; **light switch**, poussoir lumineux ; **line switch**, commutateur de lignes ; **message switch**, commutateur de messages ; **mode switch**, commutateur de mode ; **nodal switch**, commutateur nodal ; **node switch**, commutateur nodal ; **process switch**, commutateur de processus ; **processor switch**, commutateur système ; **programme switch**, branchement de programme ; **pro-**

grammed mode switch, mode de renvoi multiple ; **push-to-talk switch**, commutateur d'alternat ; **rotary switch**, commutateur circulaire ; **stepping switch**, commutateur pas à pas ; **switch board**, standard téléphonique ; **switch designator**, désignateur d'aiguillage ; **switch indicator**, drapeau, fanion, sentinelle, jalon ; **switch unit**, unité de commutation ; **toggle switch**, commutateur à bascule ; **trunk switch**, commutateur de jonction ; **voltage adapter switch**, sélecteur de tension.

SWITCHED : circuit switched connection, liaison commutée ; **non-switched line**, ligne non commutée ; **switched circuit**, circuit commuté ; **switched line**, ligne commutée ; **switched message net**, réseau à commutation de messages ; **switched net**, réseau commuté ; **switched virtual circuit**, circuit virtuel commuté.

SWITCHING : switching, commutation ; **automatic message switching**, commutation automatique de messages ; **automatic switching centre**, centre de commutation automatique ; **bank switching**, commutation de bancs ; **circuit switching**, commutation de circuits ; **circuit switching network**, réseau à commutation de circuits ; **data switching centre**, centre de commutation de données ; **data switching exchange (DSE)**, centre de commutation de données ; **dial switching**, sélection par cadran numérique ; **digital switching**, commutation numérique ; **ideal switching**, commutation idéale ; **input/output switching**, commutation d'entrée/sortie ; **interface switching unit**, unité de connexion ; **line switching**, commutation de lignes ; **message switching**, commutation de messages ; **message switching network**, réseau à commutation de messages ; **packet switching**, commutation de paquets ; **space-division switching**, commutation spatiale ; **switching command**, information de commutation ; **switching control character**, caractère de commande de commutation ; **switching element**, élément logique ; **switching function**, fonction logique ; **switching network**, réseau commuté ; **switching theory**, théorie de la commutation ; **switching time**, temps de commutation ; **switching unit addressing**, adressage aiguilleur ; **tandem switching centre**, centre de transit ; **time-division switching**, commutation temporelle ; **unit switching**, bas-

cule de dérouleur ; **volume switching**, changement de volume.

SWITCHOVER : switchover, commutateur automatique.

SYLLABLE : syllable, syllabe ; **value call syllable**, partie d'instruction.

SYMBOL : symbol, symbole ; **abstract symbol**, symbole abstrait ; **aiming symbol**, champ de visée ; **annotation symbol**, symbole de commentaire ; **breakpoint symbol**, symbole d'interruption, symbole de renvoi ; **check symbol**, chiffre de contrôle ; **decision symbol**, symbole de branchement ; **entry symbol**, symbole de lancement ; **external symbol**, symbole externe ; **flowchart symbol**, symbole d'organigramme ; **functional symbol**, symbole fonctionnel ; **graphic symbol**, symbole graphique ; **input/output symbol**, symbole d'entrée/sortie ; **linkage symbol**, adresse de lien ; **logic symbol**, symbole logique ; **logical symbol**, symbole logique ; **mnemonic symbol**, symbole mnémonique ; **monetary symbol**, symbole monétaire ; **polarity indicator symbol**, symbole de polarité ; **separation symbol**, symbole de séparation ; **symbol character**, caractère symbole ; **symbol character string**, chaîne de caractères symboles ; **symbol code**, code symbolique ; **symbol string**, chaîne de symboles ; **symbol table**, table de symboles ; **terminal symbol**, symbole de terminaison, charge ; **terminating symbol**, marque de fin ; **undefined symbol**, symbole non défini.

SYMBOLIC : symbolic address, adresse symbolique ; **symbolic addressing**, adressage symbolique ; **symbolic assembler**, assembleur symbolique ; **symbolic assembly system**, système à assemblage symbolique ; **symbolic code**, code symbolique ; **symbolic coding**, codage symbolique ; **symbolic debugger**, programme symbolique de débogage ; **symbolic editor**, éditeur symbolique ; **symbolic instruction**, instruction symbolique ; **symbolic key**, code symbolique ; **symbolic language**, langage symbolique ; **symbolic logic**, logique symbolique ; **symbolic name**, nom symbolique ; **symbolic notation**, notation symbolique ; **symbolic number**, nombre symbolique ; **symbolic parameter**, paramètre symbolique ; **symbolic programming**, programmation symbolique ; **symbolic unit address**, adresse symbolique de l'unité.

SYMMETRIC : symmetric binary

channel, voie binaire symétrique ; **symmetric difference**, opération OU exclusif.

SYN : synchronous idle (SYN), synchronisation.

SYNC : sync character, caractère de synchronisation.

SYNCHRO : horizontal synchro, synchro ligne ; **vertical synchro**, synchro image.

SYNCHRONISATION : process synchronisation, synchronisation de processus ; **synchronisation (US: synchronization)**, synchronisation, synchro ; **synchronisation pulse**, impulsion de synchronisation.

SYNCHRONISED, SYNCHRONIZED : ; synchronised (US: synchronized), synchronisé.

SYNCHRONISER, SYNCHRONIZER : synchroniser (US: synchronizer), contrôleur d'entrée/sortie (CES), coupleur ; **input/output synchroniser**, tampon entrée/sortie ; **input synchroniser**, tampon d'entrée ; **tape synchroniser**, synchronisateur d'unité à bande.

SYNCHRONISATION, SYNCHRONIZATION : synchronisation (US: synchronization), synchronisation, synchro.

SYNCHRONOUS * : synchronous, synchrone ; **synchronous clock**, horloge synchrone ; **synchronous communication**, transmission synchrone ; **synchronous computer**, calculateur synchrone ; **synchronous controller**, contrôleur synchrone ; **synchronous coupler**, coupleur synchrone ; **synchronous data network**, réseau synchrone ; **synchronous data transmission**, transmission de données synchrone ; **synchronous execution**, exécution synchrone ; **synchronous gate**, porte synchrone ; **synchronous idle (SYN)**, synchronisation ; **synchronous idle channel**, voie de synchronisation ; **synchronous input**, entrée synchrone ; **synchronous operation**, opération synchrone ; **synchronous receiver-transmitter**, émetteur-récepteur synchrone ; **synchronous system**, système synchrone ; **synchronous transfer**, transfert synchrone ; **synchronous working**, fonctionnement synchrone.

SYNONYM : synonym, synonyme.

SYNTACTIC : syntactic analysis, analyse syntaxique ; **syntactic compatibility**, compatibilité syntaxique.

SYNTACTICAL : syntactical analy-

sis, analyse syntaxique ; **syntactical error**, erreur syntaxique.

SYNTAX * : syntax, syntaxe ; **command syntax**, syntaxe de commande ; **improper syntax**, syntaxe erronée ; **syntax directed compiler**, compilateur syntaxique ; **syntax guidelines**, conventions syntaxiques ; **syntax transducer**, traducteur de syntaxe.

SYNTHESIS : speech synthesis, synthèse de la parole ; **synthesis**, synthèse.

SYNTHETIC : synthetic address, adresse calculée, adresse générée.

SYNTHESISER, SYNTHESIZER : synthetiser (US: synthetizer), synthétiseur ; **speech synthesiser**, synthétiseur de parole ; **voice synthesiser**, synthétiseur de voix.

SYSGEN * : sysgen, génération de système ; **sysgen (to)**, générer un système.

SYSIN : sysin, opération d'entrée.

SYSOUT : sysout, opération de sortie.

SYSTEM * : system, système ; **adaptive control system**, système autocommandé ; **adaptive system**, système adaptatif ; **addressing system**, système d'adressage ; **analogue carrier system**, système à porteuse analogique ; **analogue measuring system**, système de mesure analogique ; **assembly system**, système d'assemblage ; **automatic check-out system**, système de vérification automatique ; **automatic control system**, système de régulation automatique ; **automatic programming system**, système de programmation automatique ; **basic operating system (BOS)**, système d'exploitation de base (IBM) ; **binary-coded decimal system**, système décimal codé en binaire ; **binary number system**, système binaire ; **bus system**, réseau commun, bus ; **card index system**, fichier répertoire ; **card system**, système à carte ; **carrier system**, système à onde porteuse ; **checkout system**, équipement de contrôle ; **clock system**, système d'horloge ; **closed system**, système fermé ; **coding system**, syntaxe d'un langage ; **command system**, système de commande ; **communication system**, système de communications ; **comparing system**, système de comparaison ; **computer system**, système informatique, système de traitement ; **control system**, système de contrôle ; **controlled system**, système à régler ; **conversational system**, système interactif ; **data communication system**, système de transmission de données ; **data processing system**, système informatique, système de traitement ; **decimal system**, système décimal ; **digital carrier system**, système à porteuse numérique ; **disc operating system (DOS)**, système d'exploitation à disque (SED) ; **disc system**, système à disque ; **distributed operating system**, système d'exploitation distribué ; **dual drive system**, système à double disquette ; **dual processor system**, système biprocesseur ; **dual system**, système en tandem ; **duodecimal number system**, numération à base douze ; **duplex computer system**, système à double calculateur ; **duplex system**, système duplex ; **enquiry system**, système transactionnel ; **error-correcting system**, système à correction d'erreurs ; **error detecting system**, système à détection d'erreurs ; **error detection system**, système à détection d'erreurs ; **expert system**, système expert ; **extented life span**, système à vie plus étendue ; **failsoft system**, système à dégradation contrôlée ; **fallback system**, système à reprise ; **fault-tolerant system**, système à tolérance de pannes ; **feed system**, circuit d'alimentation ; **filing system**, système à fichiers ; **heterogeneous system**, système hétérogène ; **hexadecimal number system**, système de numération hexadécimal ; **holographic based system**, système holographique ; **host system**, système hôte ; **hybrid computer system**, système de traitement hybride ; **hybrid system**, système mixte ; **imaging system**, imageur ; **implementation system**, système de mise en application ; **information retrieval system**, système de recherche documentaire ; **information system**, système informatisé ; **input/output system**, système de gestion des entrées/sorties ; **inquiry system**, système d'interrogation/réponse ; **instruction system**, système à base d'instructions ; **integrated home systems (IHS)**, domotique ; **integrated information system**, système informatique intégré ; **integrated system**, système intégré ; **interactive system**, système interactif ; **interrogation system**, système d'interrogation ; **interrupt system**, dispositif d'interruption ; **job accounting system**, système de comptabilité des travaux ; **job control system**, système de gestion des travaux ; **job entry system**, système de soumission des travaux ; **job processing system**, système de traitement de travaux ; **large scale system**, ordinateur de

grande puissance ; **logical system**, système logique ; **magnetic card system**, système à feuillets magnétiques ; **master/slave system**, système maître/esclave ; **master system tape**, bande système ; **medium scale system**, ordinateur de moyenne puissance ; **memory-based system**, système à base de mémoire ; **modular system**, système modulaire ; **monitor system**, système moniteur ; **multi-access system**, système multi-accès ; **multiprocessing system**, système de multitraitement ; **multistation system**, système multiposte, système multiclavier ; **network operating system (NOS)**, système d'exploitation de réseau ; **number system**, système de numération ; **numeral system**, système de numération ; **on-line test system (OLTS)**, système de test en ligne ; **open system**, système ouvert ; **operating system (OS)**, système d'exploitation (SE) ; **operating system nucleus**, noyau du système d'exploitation ; **paging system**, système à mémoire virtuelle ; **parity system**, système à contrôle de parité ; **polymorphic system**, système polymorphique ; **positioning control system**, positionnement informatisé ; **process control system**, système de contrôle industriel ; **process interface system**, interface de commande ; **processing system**, calculateur ; **programming system**, système de programmation ; **radix numeration system**, numération à base ; **realtime system (RTS)**, système temps réel ; **remote computing system**, système de télétraitement ; **remote control system**, système de télécommande ; **retrieval system**, système de recherche ; **servo-controlled system**, système asservi ; **servo system**, système asservi ; **shared file system**, système à fichiers communs ; **single-chip system**, système à circuit unique ; **single-station system**, système monoposte ; **small scale system**, ordinateur de petite puissance ; **stand-alone system**, système autonome ; **start/stop system**, système arythmique ; **string process system**, logiciel de traitement de chaîne ; **supervisory system**, système superviseur ; **support system**, système d'aide à la programmation ; **symbolic assembly system**, système à assemblage symbolique ; **synchronous system**, système synchrone ; **system abort**, abandon système, arrêt système ; **system activity**, activité du système ; **system availability**, disponibilité du système ; **system capacity**, possibilités du système ; **system chart**, organigramme de système ; **system check**, contrôle du système ; **system console**, console principale ; **system controller**, contrôleur du système ; **system crash**, arrêt brutal du système ; **system design language**, langage d'analyse ; **system disc**, disque système ; **system distribution disc**, disque système ; **system flowchart**, organigramme de système ; **system furniture**, mobilier informatique ; **system generation**, génération de système ; **system handbook**, manuel d'exploitation ; **system input file**, fichier d'entrée système ; **system integrity**, intégrité du système ; **system interface design**, conception d'interface de système ; **system interrupt**, interruption système ; **system loader**, programme chargeur ; **system loading**, chargement du système ; **system management**, gestion de système ; **system output unit**, unité de sortie du système ; **system planning**, planification d'un système ; **system production time**, temps de production du système ; **system programme**, système d'exploitation ; **system shutdown**, arrêt du système ; **system slowdown**, ralentissement du système ; **system software**, logiciel d'exploitation ; **system task**, tache maître ; **system test time**, temps d'essai du système ; **system testing**, essais du système

me ; **system workload**, charge d'exploitation ; **systems analysis**, étude de systèmes ; **systems analyst**, analyste en systèmes ; **systems approach**, approche des systèmes ; **systems compatibility**, compatibilité des systèmes ; **systems definition**, définition de systèmes ; **systems design**, conception de systèmes ; **systems library**, bibliothèque des systèmes ; **systems supervisor**, superviseur de systèmes ; **tape cassette drive system**, système à cassette ; **tape management system**, système de gestion à bandes ; **tape operating system** (TOS), système d'exploitation à bande ; **tape take-up system**, dispositif d'entraînement de bande ; **telecommunication system**, système de télécommunications ; **time-shared system**, système en temps partagé ; **time-sharing system**, système en temps partagé ; **transmitting system**, système émetteur ; **turn key system**, système clé en main ; **turnaround system**, système réversible ; **two-wire system**, système à voies bifilaires ; **utility system**, système de programmes utilitaires ; **virtual computing system**, machine virtuelle ; **virtual memory system** (VMS), système à mémoire virtuelle ; **virtual operating system** (VOS), système d'exploitation virtuel ; **Winchester disc system**, système à disque dur

T

TAB : tab, étiquette, onglet, languette ; **tab (to)**, tabuler ; **horizontal tab**, tabulation horizontale ; **read/write protection tab**, onglet de protection à l'écriture ; **tab character**, caractère de tabulation ; **tab control code**, code de contrôle de tabulation ; **tab format**, format d'étiquette ; **tab label**, étiquette pour imprimante ; **tabulator key (TAB)**, touche de tabulation.
TABLE * : table, table ; **addition table**, table d'addition ; **Boolean operation table**, table d'opération booléenne ; **channel status table**, table d'états des canaux ; **character assignment table**, table d'allocation de caractères ; **colour look-up table**, palette de couleurs ; **configuration table**, table de configuration ; **conversion table**, table de conversion ; **crossreference table**, table des renvois ; **decision table**, table de décision ; **evidence table selection**, table d'indices de sélection ; **execution time table**, table de temps d'exécution ;

function table, table de fonctions ; **index table**, table des matières ; **interrupt address table**, table des adresses d'interruption ; **interrupt priority table**, table des priorités d'interruptions ; **job step table**, table des étapes de travail ; **job table**, répertoire des travaux, table des travaux ; **known job table**, répertoire des travaux identifiés ; **look-up table**, table de recherche ; **mapping table**, index, catalogue ; **matrix table**, table matricielle ; **number table**, tableau de nombres ; **open decision table**, table de décision ouverte ; **operation table**, table de vérité ; **page map table**, table de topographie mémoire ; **page table**, table de pages ; **peripheral allocation table**, table des états périphériques ; **primary index table**, table d'index majeure ; **priority table**, table de priorité ; **programme table**, table de programmes ; **random number table**, table de nombres aléatoires ; **segment table**, table des segments ;

segment table word, mot de table de segments ; short table, table abrégée ; subroutine table, table de routines ; symbol table, table de symboles ; table block, subdivision de table ; table entry, entrée de table ; table lookup, consultation de table ; table lookup instruction, instruction de recherche ; table search, recherche de table ; transfer table, table de transfert ; truth table, table de vérité.

TABLET * : tablet, tablette ; digitising tablet, table à numériser ; graphic tablet, traceur graphique.

TABULAR : tabular, tabulaire ; tabular data presentation, présentation de données en table ; tabular language, langage pour table de décision.

TABULATE : tabulate (to), tabuler ; horizontal tabulate, tabulation horizontale ; horizontal tabulate character, caratère de tabulation horizontale.

TABULATED : tabulated result, résultat tabulé.

TABULATING : tabulating, tabulation ; tabulating equipment, tabulatrice.

TABULATION : tabulation, tabulation ; horizontal tabulation (HT), tabulation horizontale ; tabulation block format, format de bloc tabulaire ; tabulation character, caractère de tabulation ; tabulation facility, dispositif de tabulation ; vertical tabulation (VT), tabulation verticale.

TABULATOR : tabulator, tabulatrice ; tabulator key (TAB), touche de tabulation.

TACTILE : tactile keyboard, clavier tactile.

TAG : tag, étiquette, référence, renvoi ; tag (to), référencer, étiqueter ; location field tag, étiquette d'adresse ; tag reader, lecteur d'étiquettes.

TAGGING : tagging, étiquetage.

TAIL * : tail, queue, fin.

TAILORING : tailoring, adaptation.

TAKE : tape take-up system, dispositif d'entraînement de bande.

TAKEDOWN : takedown, préparation ; takedown time, temps de préparation.

TALK : push-to-talk switch, commutateur d'alternat.

TALKER : talker, émetteur.

TALKING : talking computer, calculateur parlant.

TALLY : tally, bande de caisse.

TANDEM : tandem data circuit, circuit de données en tandem ; tandem switching centre, centre de transit.

TANSMISSION : start/stop tansmission, transmission asynchrone, transmission arythmique.

TAPE : tape, bande ; amendment tape, bande des modifications ; audio tape, bande audio, bande audiofréquence ; automatic tape punch, perforateur de bande automatique ; backing tape, bande de sauvegarde ; beginning-of-tape (BOT), marqueur de début de bande ; beginning-of-tape marker, repère de début de bande ; blank tape, bande vierge, bande vide ; bootstrap tape, bande-amorce ; calibration tape, bande d'étalonnage ; card-to-tape, carte-à-bande ; card-to-tape converter, convertisseur cartes-bandes ; carriage control tape, bande pilote ; cartridge (tape), cartouche ; centre-feed tape, bande papier ; certified tape, bande certifiée ; chadded tape, bande perforée ; chadless tape, bande perforée sans détachement de confettis ; change tape, bande des mouvements ; continuation tape, bande suivante ; control tape, bande de vérification ; conversion tape, bande de conversion ; drill tape, bande de perçage ; driving magnetic tape, entraînement de bande magnétique ; empty tape, bande vierge, bande vide ; end-of-tape character, caractère de fin de bande ; end-of-tape label, repère de fin de bande ; end-of-tape marker, repère de fin de bande ; endless tape, bande sans fin ; error tape, bande des erreurs ; format tape, bande pilote ; grandfather tape, bande de première génération ; high-speed tape reader, lecteur de bande rapide ; input master tape, bande maître d'introduction ; input punched tape, bande perforée des entrées ; input stack tape, bande d'entrée ; input tape, bande d'entrée perforée ; input tape file, fichier bande entrée ; instruction tape, bande des instructions ; job input tape, bande d'entrée des travaux ; ledger tape, bande journal ; library tape, bande bibliothèque ; library tape, bandothèque ; mag tape, bande magnétique ; magnetic tape, bande magnétique ; magnetic tape cartridge, cartouche de bande magnétique ; magnetic tape cassette, cassette de bande magnétique, cassette ; magnetic tape controller, contrôleur de bande magnétique ; magnetic tape drive, (mécanisme d') entraînement de bande magnétique ; **magnetic tape file**, fichier bande magnétique ; **magnetic tape leader**, amorce de bande magnétique, amorce de début ; **magnetic tape mark**, marque de bande magnétique ; **magnetic tape reader**, lecteur de bande magnétique ; **magnetic tape reel**, bobine de bande magnétique ; **magnetic tape trailer**, amorce de fin de bande magnétique, amorce de fin ; **magnetic tape transport**, dérouleur de bande magnétique ; **magnetic tape unit**, unité de bande magnétique, dérouleur de bande ; **master library tape**, bande bibliothèque pilote ; **master system tape**, bande système ; **master tape**, bande pilote ; **multifile tape**, bande multifichier ; **paper tape**, bande de papier, bande perforée ; **paper tape code**, code de bande perforée ; **paper tape loop**, bande perforée de test ; **paper tape punch**, perforation de bande ; **paper tape punching**, perforation de bande ; **paper tape reader (PTR)**, lecteur de bande perforée ; **perforated tape**, bande perforée ; **printer tape**, bande d'impression ; **programme tape**, bande de programme ; **punch tape**, bande perforée ; **punched paper tape**, ruban de papier perforé ; **punched tape**, bande perforée ; **red tape operation**, opération d'entretien ; **scratch tape**, bande de manœuvre ; **single-deck tape**, déroulement monobobine ; **start-of-tape label**, repère de début de bande ; **tape (to)**, enregistrer sur bande ; **tape cartridge**, cartouche à bande ; **tape cartridge drive**, unité d'entraînement de cartouche ; **tape cassette drive system**, système à cassette ; **tape comparator**, comparateur de bande ; **tape-controlled carriage**, chariot à bande pilote ; **tape deck**, dérouleur de bande magnétique ; **tape drive**, (mécanisme d') entraînement de bande magnétique ; **tape dump**, vidage de la bande ; **tape erasure**, effacement de bande ; **tape feed**, entraînement de bande ; **tape file**, fichier sur bande ; **tape guide**, guide bande ; **tape handler**, dérouleur de bande ; **tape input**, entrée par bande ; **tape label**, étiquette de bande ; **tape leader**, amorce de bande ; **tape leading end**, début de bande ; **tape librarian**, bibliothécaire ; **tape-limited**, limité par la bande ; **tape management system**, système de gestion à bandes ; **tape mark**, repère de bande ; **tape memory**, mémoire à bande magnétique, mémoire à bande ; **tape number**, numéro de bande ; **tape-operated**, commande par bande ; **tape operating system (TOS)**, système d'ex-

ploitation à bande ; **tape processing**, opération sur bande ; **tape punch**, perforateur de bande ; **tape reader**, lecteur de bande ; **tape recording density**, densité d'enregistrement de la bande ; **tape reel**, bobine ; **tape reproducer**, reproductrice de bandes ; **tape reservoir**, magasin de bande ; **tape ring**, bague d'écriture ; **tape roller**, galet d'entraînement de bande ; **tape row**, rangée de bande, rangée ; **tape skew**, travers de bande ; **tape skip**, saut de bande ; **tape sort**, tri sur bande ; **tape speed**, vitesse de bande ; **tape spool**, mandrin ; **tape spooler**, dévidoir de bande ; **tape station**, unité à bande ; **tape storage**, mémoire à bande magnétique, mémoire à bande ; **tape synchroniser**, synchronisateur d'unité à bande ; **tape take-up system**, dispositif d'entraînement de bande ; **tape-to-printer programme**, programme d'impression de bande ; **tape track**, piste de bande ; **tape transport**, unité de bande magnétique, dérouleur de bande ; **tape transport mechanism**, entraînement de bande ; **tape unit**, unité de bande magnétique, dérouleur de bande ; **tape verifier**, vérificateur de bande ; **tape winder**, enrouleur de bande ; **ticker tape**, bande perforée ; **unilateral tape card**, carte à bande perforée unilatérale ; **unpunched tape**, bande vierge ; **updating tape**, bande de mise à jour ; **utility tape**, bande de programmes utilitaires ; **video tape**, bande vidéo ; **virgin magnetic tape**, bande magnétique vierge ; **virgin tape**, bande vierge, bande vide ; **work tape**, bande de travail.

TAPPING : tapping, dérivation.

TARGET : target computer, calculateur d'exécution ; **target language**, langage résultant, langage objet ; **target machine**, machine cible ; **target programme**, programme objet.

TASK * : task, tâche ; **dependent task**, tâche dépendante ; **foreground task**, tâche de premier plan ; **main task**, tâche principale ; **major task**, tâche principale ; **problem task**, tâche utilisateur ; **system task**, tache maître ; **task identification**, identification de tâche ; **task name**, nom de tâche ; **user task**, tâche utilisateur ; **waiting task**, tâche en attente.

TASKING : tasking, allocation des tâches.

TEACHING : teaching aid, moyens d'enseignement ; **teaching machine**, machine d'enseignement.

TEACHWARE : teachware, logiciel didactique, didactitiel.

TEAR : wear and tear, usé par utilisation.

TEARING : tearing, déchirement horizontal.

TECHNICAL : technical manual, manuel technique ; technical requirements, conditions techniques.

TECHNIQUE : technique, technique ; buffering technique, technique de tamponnement ; compiling technique, technique de compilation ; encryption technique, technique d'encryptage ; etch-a-sketch technique, technique d'aide au dessin ; father-son technique, technique de duplication ; grandfather technique, technique de sauvegarde de fichiers ; in-circuit emulation technique, technique d'émulation sur circuit ; paging technique, technique de pagination ; polling technique, procédé d'appel sélectif.

TECHNOLOGY : technology, technologie ; advanced technology, technologie d'avant-garde ; bipolar device technology, technologie transistor ; data processing technology, technologie informatique ; information technology, l'informatique ; solid logic technology, technologie état solide ; Winchester technology disc, disque de technologie Winchester.

TELECENTRE, TELECENTER : telecentre (US: telecenter), centre de télétraitement.

TELECOMMUNICATION : telecommunication link, liaison télécoms ; telecommunication network, réseau de télécommunications ; telecommunication system, système de télécommunications ; telecommunications, télécommunications.

TELECONFERENCE : teleconference, téléconférence.

TELECOPIER : telecopier, télécopieur.

TELECOPY : telecopy (to), télécopier.

TELEDUMP : teledump, télévidage.

TELEFAX : telefax, télécopie, fac-similé.

TELEGRAPH : telegraph, télégraphe ; international telegraph code, code international de télégraphie ; telegraph code, code Morse ; telegraph-grade, classe sous-vocale ; telegraph key, manipulateur ; telegraph line, ligne télégraphique ; telegraph modulation, modulation télégraphique ; telegraph relay, relais télégraphique ; two-tone telegraph, télégra-

phie en double tonalité.

TELEGRAPHY : telegraphy, télégraphie ; telegraphy communication, communication télégraphique ; telegraphy voice frequency, télégraphie à fréquence vocale.

TELEINFORMATICS * : teleinformatics, la téléinformatique.

TELELOAD : teleload, téléchargement ; teleload (to), télécharger.

TELEMANAGEMENT : telemanagement, télégestion.

TELEMATICS : telematics, téléécriture, la télématique.

TELEPHONE : telephone, téléphone ; telephone call, appel téléphonique ; telephone connection, liaison téléphonique ; telephone dial, cadran téléphonique ; telephone exchange, réseau téléphonique ; telephone line, ligne téléphonique ; telephone network, réseau téléphonique ; visual telephone, visiophone.

TELEPHONY : telephony, téléphonie.

TELEPRINTER : teleprinter, téléimprimeur ; journal teleprinter, téléimprimeur de contrôle.

TELEPROCESSING * : teleprocessing (TP), télétraitement ; teleprocessing monitor, moniteur de télétraitement ; teleprocessing network, réseau de télétraitement ; teleprocessing terminal, terminal de télétraitement.

TELESOFTWARE : telesoftware (TSW), logiciel de télétexte.

TELETEX : teletex, télétex.

TELETEXT * : teletext, télétexte, vidéographie interactive, dialoguée.

TELETYPE : Teletype (TTY), téléscripteur, télétype ; teletype exchange (telex), communication télex.

TELETYPEWRITER : teletypewriter, téléscripteur.

TELEVISION : television monitor, moniteur télévision.

TELEWRITER : telewriter, téléscripteur.

TELEWRITING : telewriting, téléécriture, la télématique.

TELEX : telex, télex ; teletype exchange (telex), communication télex ; telex network, réseau télex.

TELLBACK : tellback, compte-rendu de transmission.

TEMPERATURE : temperature, température ; **ambient temperature**, température ambiante ; **junction temperature**, température de jonction ; **temperature dissipation**, échange thermique ; **working temperature range**, plage de températures de service.

TEMPLATE * : template, modèle, gabarit ; **flowchart template**, organigraphe ; **keyboard template**, aide de clavier ; **template flowchart**, modèle d'organigramme ; **template library**, bibliothèque d'abaques.

TEMPORARY : temporary file, fichier temporaire ; **temporary register**, registre intermédiaire ; **temporary storage**, mémoire de transit.

TEN : complement on ten, complément à dix ; **power-of-ten position**, position de la virgule décimale ; **tens complement**, complément à dix.

TENSION : flash (tension), amorçage ; **tension arm**, bras de tension.

TERM : term, terme ; **absolute term**, terme absolu ; **bracketed term**, terme délimité ; **mathematical term**, expression mathématique ; **unknown term**, valeur inconnue, inconnue.

TERMINAISON : programme terminaison, arrêt de programme.

TERMINAL * : terminal, terminal, cosse.

ASCII terminal, terminal texte ; **batch terminal**, terminal de traitement par lots ; **booking terminal**, poste de réservation, terminal de réservation ; **central terminal**, centre terminal ; **clustered terminal**, terminal de grappe ; **connection terminal**, borne de raccordement ; **conversational terminal**, terminal de dialogue ; **counter terminal**, terminal de guichet ; **data terminal**, terminal de données ; **data terminal equipment (DTE)**, terminal de données (ETTD) ; **data terminal installation**, poste de télégestion ; **display terminal**, poste d'affichage ; **dormant terminal**, terminal inactif ; **dumb terminal**, terminal de bas niveau ; **entry terminal**, poste de saisie ; **facsimile terminal**, télécopieur ; **graphics terminal (GT)**, terminal graphique ; **image terminal**, terminal virtuel ; **industrial terminal**, terminal à usage industriel ; **input terminal**, poste d'introduction, connexion d'entrée ; **inquiry display terminal**, terminal d'interrogation ; **intelligent terminal**, terminal intelligent ; **interactive terminal**, terminal de dialogue ; **job-oriented terminal**, terminal spécialisé travaux ; **keyboard display terminal**, terminal d'affichage à clavier ; **keyboard terminal**, terminal à clavier ; **mobile terminal desk**, poste de travail mobile ; **non-ASCII terminal**, terminal non-texte ; **office display terminal**, terminal de bureau ; **packet mode terminal**, terminal en mode paquet ; **portable terminal**, terminal portable ; **programmable terminal**, terminal programmable ; **remote batch terminal (RBT)**, terminal lourd ; **remote terminal**, terminal déporté ; **retrieval terminal**, terminal de saisie ; **reverse typing terminal**, imprimante alternante ; **smart terminal**, terminal intelligent ; **teleprocessing terminal**, terminal de télétraitement ; **terminal address**, adresse de terminal ; **terminal allocation**, allocation des terminaux ; **terminal connecting point**, point de connexion ; **terminal connector**, connecteur ; **terminal equipment**, équipement de terminaison ; **terminal impedance**, impédance de sortie ; **terminal item position**, dernière position d'article ; **terminal node**, noeud de terminaison ; **terminal port**, port de périphérique ; **terminal release**, libération du terminal ; **terminal spade**, cosse ouverte ; **terminal strip**, bande à bornes ; **terminal symbol**, symbole de terminaison, charge ; **terminal user**, opérateur console ; **touch screen terminal**, terminal à écran tactile ; **transaction terminal**, terminal de transactions ; **unconnected terminal**, poste non connecté ; **universal terminal**, terminal universel ; **user terminal**, terminal utilisateur ; **video data terminal**, poste vidéo, terminal vidéo ; **video terminal**, terminal vidéo ; **virtual terminal**, terminal virtuel ; **visual display terminal (VDT)**, console de visualisation ; **vocal terminal**, terminal vocal ; **voice input terminal**, terminal vocal.

TERMINATED : terminated line, ligne adaptée.

TERMINATING : terminating, terminaison ; **abnormal terminating**, fin anormale ; **line terminating circuit**, circuit utilisateur ; **terminating decimal**, fraction décimale de faible poids ; **terminating symbol**, marque de fin.

TERMINATION : termination, terminaison ; **abnormal termination**, arrêt anormal ; **termination routine**, sous-programme de clôture.

TERMINATOR : terminator, symbole de terminaison, charge.

TERNARY : ternary, tertiaire.

TEST : test, essai, test, contrôle ; **functional test**, test fonctionnel ; **go-no-go test**, test par tout ou rien ; **high/low bias test**, contrôle marginal ; **inspection test**, contrôle de champ d'essai ; **internal test routine**, sous-programme de test interne ; **isolation test routine (ITR)**, routine de diagnostic ; **leapfrog test**, test saute-mouton ; **life test**, essai de longévité ; **logical test**, test booléen ; **marginal test**, test des marges ; **memory test**, test mémoire ; **numeric test**, test de validité numérique ; **on-line test system (OLTS)**, système de test en ligne ; **pre-test**, test préalable ; **programme test**, essai de programme ; **programme test time**, temps d'essai de programme ; **programmer test utility**, utilitaire de tests pour programmeur ; **relation test**, test relationnel ; **remote test**, télétest ; **self-test**, autotest ; **self-test print**, autotest d'impression ; **standard test tone**, signal d'essai standard ; **static test mode**, mode de vérification statique ; **system test time**, temps d'essai du système ; **test access point**, point test ; **test alphabetic**, test de validité alphabétique ; **test bed**, banc de test ; **test board**, carte d'essai ; **test console**, console d'essai ; **test data**, données d'essai ; **test equipment**, équipement de test ; **test field**, zone d'essai ; **test file generation**, génération de fichier de test ; **test file generator**, générateur de fichier d'essais ; **test lead**, ficelle de test ; **test out (to)**, vérifier ; **test report**, compte-rendu d'essai ; **test routine**, routine d'essai ; **test run**, passage d'essai, passe d'essai ; **test translator**, programme de test d'assembleur ; **validity test**, contrôle de validité ; **vibration test**, essai aux vibrations, essai aux chocs ; **voltage test point**, point de mesure de tension.

TESTING : testing, essai, contrôle ; **bias testing**, test des marges ; **hands-on testing**, essai manuel ; **in-circuit testing**, test intégré ; **loop testing**, essai de boucle ; **programme testing**, essai de programme ; **system testing**, essais du système.

TEXT * : text, texte ; **end-of-text character (ETX)**, (caractère de) fin de texte ; **flow-chart text**, légende d'organigramme ; **message text**, texte de message ; **plain text**, texte en clair ; **programme text**, texte de programme ; **replacing text**, texte de remplacement ; **start of text**, début de texte ; **start-of-text character (STX)**, (caractère de) début de texte ; **text aligning**, cadrage textuel ; **text card**, carte texte ; **text editing**, édition de texte ; **text editor**, éditeur de texte ; **text formatter**, formateur de texte ; **text learning tool**, outil didactique textuel ; **text production**, création de texte ; **text reader processor**, processeur de lecture de texte ; **transparent text mode**, mode transparent.

TEXTBOOK : textbook, manuel didactique ; **self-instructing textbook**, manuel d'auto-instruction.

THEORY : theory, théorie ; **automata theory**, théorie des automates ; **communications theory**, théorie de l'information, des communications ; **game theory**, théorie des jeux ; **graph theory**, théorie des graphes ; **group theory**, théorie des groupes ; **information theory**, théorie de l'information, des communications ; **queueing theory**, théorie des files d'attente ; **switching theory**, théorie de la commutation.

THERMAL : thermal converter, convertisseur thermique ; **thermal matrix printer**, imprimante matricielle thermique ; **thermal paper**, papier thermique ; **thermal printer**, imprimante thermique.

THERMOSENSITIVE : thermosensitive paper, papier thermosensible.

THICK : thick film, couche épaisse ; **thick stroke**, plein.

THICKNESS : oxide thickness, épaisseur d'oxyde.

THIMBLE : thimble printer, imprimante à tulipe.

THIN : magnetic thin film storage, mémoire à couche mince magnétique ; **thin film**, couche mince ; **thin film memory**, mémoire à couches minces ; **thin film resistor**, résistance à couches minces ; **thin film storage**, mémoire à couches minces ; **thin stroke**, caractère délié.

THIRD : third-generation computer, calculateur de troisième génération ; **third party**, tiers ; **third party equipment**, équipement tiers.

THREADED : threaded file, fichier chaîné ; **threaded language**, langage chaîné.

THREE : excess-three code (XS3), code excédent trois ; **three-address**, à trois adresses ; **three-address computer**, calculateur à trois adresses ; **three-address instruction**, instruction à trois adresses ; **three-bit byte**, triplet, multiplet de trois bits ; **three-bit plane**, plan triade ; **three-button mouse**, souris à trois boutons ; **three-dimension geometric modelling**, modélisation géométrique tridimensionnelle ; **three-dimension graphic display**, écran graphique tridimensionnel ; **three-dimension transformation**, transformation tridimentionnelle ; **three-dimensional animation**, animation tridimensionnelle ; **three-dimensional array**, tableau tridimensionnel ; **three-input adder**, additionneur à trois entrées.

THRESHOLD : threshold, seuil ; **light threshold**, seuil de luminosité ; **threshold condition**, condition de seuil ; **threshold element**, circuit à seuil, porte à seuil ; **threshold function**, fonction de seuil ; **threshold gate**, circuit à seuil, porte à seuil ; **threshold logic**, logique de seuil ; **threshold value**, valeur de seuil.

THROAT : card throat, magasin de réception filière.

THROUGH : print through, effet d'empreinte.

THROUGHPUT * : throughput, débit, capacité de traitement, flot ; **nominal throughput**, débit nominal ; **simultaneous throughput**, exploitation simultanée ; **useful throughput**, débit utile.

THROW : paper throw, saut de papier ; **throw-away character**, caractère de garnissage.

THUMBWHEEL : thumbwheel, roue codeuse.

TICK : tick, battement, impulsion ; **clock tick**, impulsion d'horloge.

TICKER : ticker, téléscripteur ; **ticker tape**, bande perforée.

TIDYING : file tidying, réorganisation de fichier.

TIE : tie line, ligne louée.

TILED : tiled windows, fenêtres à recouvrement.

TILT : tilt, mise en travers.

TILTABLE : tiltable, inclinable.

TIME : time, temps ; **acceleration time**, temps d'accélération ; **access time**, temps de cycle ; **action time**, temps d'occupation ; **actual time**, temps effectif ; **add-subtract time**, temps d'addition ou de soustraction ; **add time**, temps d'addition ; **assembly time**, durée d'assemblage ; **available machine time**, temps machine disponible ; **available time**, temps disponible ; **average access time**, temps moyen d'accès ; **average operation**

time, temps moyen d'opération ; **awaiting repair time**, délai de réparation ; **backup time**, temps de sauvegarde ; **batch operation time**, temps d'exécution ; **calculating time**, temps de calcul ; **carry time**, temps de report ; **character-at-a-time check**, contrôle caractère par caractère ; **character-at-a-time printer**, imprimante caractère par caractère ; **compilation time**, temps de compilation ; **compiling time**, durée de compilation ; **connect time**, temps de branchement ; **contact make time**, temps de contact ; **cycle time**, temps de cycle ; **dead time**, temps mort ; **decay time**, temps de descente ; **deceleration time**, temps de décélération ; **delay time**, temps de propagation ; **digit time**, période binaire ; **down time**, durée hors-opération, temps d'indisponibilité ; **elapsed time**, temps écoulé ; **entry time**, temps d'entrée ; **execution time**, temps d'exécution ; **execution time table**, table de temps d'exécution ; **extended time-scale**, facteur temps étendu ; **external loss time**, temps perdu ; **fast time scale**, facteur temps réduit ; **fault time**, temps de défaillance ; **fault tracing time**, temps de recherche d'erreur ; **given time**, temps déterminé ; **hammer flight time**, durée de vol du marteau d'impression ; **head positioning time**, temps de positionnement de tête ; **hold time**, temps de maintien ; **holding time**, temps d'occupation ; **idle running time**, cycle vide ; **idle time**, temps d'attente ; **ineffective time**, temps perdu ; **inoperable time**, temps d'immobilisation ; **input time**, temps d'introduction ; **installation time**, temps de mise en route ; **instruction execution time**, temps d'exécution de l'instruction ; **instruction time**, temps d'instruction ; **interlock time**, temps d'interruption ; **interpretation time**, temps de décodage ; **keyboard time-out**, verrouillage temporel de clavier ; **lag (of time)**, décalage (de temps) ; **line-at-a-time printer**, imprimante ligne par ligne ; **line blanking time**, durée de la suppression ligne ; **machine time**, temps machine ; **make-time**, temps de fermeture ; **make-up time**, temps de reprise ; **malfunction time**, durée de défaillance ; **miscellaneous time**, temps divers ; **multiplication time**, temps de multiplication ; **object time**, temps d'exécution ; **on-line real-time (OLRT)**, temps réel en ligne ; **operable time**, temps d'exploitation ; **operating time**, durée d'exploitation ; **out-of-time**, désynchronisé ; **page-at-**

a-time printer, imprimante page par page ; **pick time**, temps d'excitation ; **pixel update time**, temps de rafraîchissement d'un pixel ; **positioning time**, temps de positionnement ; **pre-execution time**, temps de chargement ; **process time**, temps de traitement ; **processing time**, temps d'exécution ; **productive time**, temps d'exécution sans erreurs ; **programme test time**, temps d'essai de programme ; **programming time**, temps de programmation ; **propagation time**, temps de propagation ; **proving time**, temps d'essai ; **queue time**, temps d'attente en file ; **read cycle time**, temps du cycle de lecture ; **read time**, temps de lecture ; **reading cycle time**, temps du cycle de lecture ; **real-time (RT)**, temps réel ; **real-time application**, application en temps réel ; **real-time clock**, horloge temps réel ; **real-time clock interface**, interface d'horloge temps réel ; **real-time computer**, calculateur en temps réel ; **real-time control**, commande en temps réel ; **real-time input**, entrée en temps réel ; **real-time interface**, interface de processus ; **real-time language**, langage temps réel ; **real-time monitor**, moniteur temps réel ; **real-time operation**, opération en temps réel ; **real-time output**, sortie en temps réel ; **real-time processing**, traitement en temps réel ; **real-time simulation**, simulation en temps réel ; **real-time system (RTS)**, système temps réel ; **real-time transmission**, transmission en temps réel ; **recognition time**, temps de reconnaissance ; **recovery time**, temps de recouvrement ; **repair time**, temps de réparation ; **rerun time**, temps de reprise ; **response time**, temps de réponse ; **retrace time**, durée d'effacement ; **rewind time**, temps de rembobinage ; **rise time**, temps de montée ; **rotational delay time**, délai d'attente ; **run-time**, durée d'exploitation ; **run-time monitor**, moniteur d'exploitation ; **running time**, durée d'exécution ; **search time**, temps de recherche ; **seek time**, temps de recherche ; **set-up time**, temps de mise en route ; **setting time**, temps de basculement ; **settling time**, temps d'établissement ; **standby time**, temps d'attente ; **start time**, moment du début ; **stop time**, temps d'arrêt ; **swap time**, temps de transfert ; **switching time**, temps de commutation ; **system production time**, temps de production du système ; **system test time**, temps d'essai du système ; **takedown time**, temps de préparation ; **time-derived channel**, voie dérivée en temps ; **time division**, partage du temps ; **time-division multiplex**, commutation temporelle ; **time-division multiplexer**, multiplexeur temporel ; **time-division switching**, commutation temporelle ; **time frame**, trame temporelle ; **time need**, besoin en temps ; **time-out**, temporisation ; **time quantum**, unité de temps ; **time register**, registre d'horloge ; **time request**, demande de temps ; **time resetting**, remise à l'heure ; **time scale factor**, échelle des temps ; **time share**, partage du temps ; **time-shared system**, système en temps partagé ; **time sharing**, temps partagé, partage de temps ; **time-sharing system**, système en temps partagé ; **time slice**, tranche de temps ; **time slicing**, temps partagé, partage de temps ; **time slicing environment**, exploitation par découpage du temps ; **time slot**, tranche de temps ; **track-to-track positioning time**, temps de positionnement de piste à piste ; **track-to-track seek time**, temps d'accès de piste à piste ; **transfer time**, temps de transfert ; **translating time**, temps de traduction ; **turnaround time**, temps de retournement ; **unattended time**, temps de repos ; **unused time**, temps inutilisé ; **up-time**, temps d'exploitation, temps d'utilisation ; **up time**, temps opérationnel ; **variable access time**, temps d'accès variable ; **vendor lead time**, délai de livraison ; **waiting time**, latence, temps d'attente ; **waiting time distribution**, ventilation des temps d'attente ; **word time**, temps de transfert d'un mot ; **write cycle time**, temps du cycle d'écriture ; **write time**, temps d'écriture ; **writing cycle time**, temps du cycle d'écriture.

TIMED : timed-entry call, appel d'entrée temporisé.

TIMEOUT : instruction timeout, délai, temps imparti.

TIMER : timer, registre d'horloge ; **internal timer**, horloge interne, synchronisateur ; **timer register**, registre rythmeur.

TIMING : timing, synchronisation ; **timing chart**, chronogramme ; **timing error**, erreur temporelle ; **timing generator**, générateur de signal d'horloge ; **timing loop**, boucle temporelle ; **timing pulse generator**, circuit générateur de rythmes ; **timing signal**, signal de synchronisation ; **transmitter bit timing**, rythme d'émission.

TINT : half-tint, demi-teinte.

TINY : tiny basic, BASIC simplifié.

TIP : tip, astuce, truc ; **hints and tips,** technique de la perche ; **programming tip,** astuce de programmation.

TITLE : title, titre ; **half-title,** avant-titre ; **high-contrast title,** titre à contraste élevé ; **menu title,** titre de menu ; **title block,** cartouche, titre.

TOF : top-of-form (TOF), haut de page.

TOGGLE : toggle, bascule ; **toggle (to),** basculer ; **toggle switch,** commutateur à bascule.

TOKEN * : token, jeton ; **lexical token,** unité lexicale, entité lexicale ; **token bus approach,** concept de bus à jeton ; **token-passing bus network,** réseau avec bus à jeton ; **token-passing ring network,** réseau avec bus annulaire à jeton ; **token-passing ring protocol,** protocole d'anneau à jeton ; **token-passing sequence,** séquence de bus à jeton ; **token ring approach,** concept du bus annulaire à jeton.

TOLERANCE : tolerance, tolérance ; **frequency tolerance,** tolérance de fréquence.

TOLERANT : fault-tolerant system, système à tolérance de pannes.

TOLL : toll call, appel interurbain ; **toll circuit,** réseau interurbain.

TONE : tone, tonalité, signal, note ; **answer tone,** tonalité de réponse ; **busy tone,** tonalité d'occupation ; **dial tone,** tonalité d'appel ; **go-ahead tone,** tonalité d'invitation à transmettre ; **half-tone,** demi-teinte ; **signalling tone,** tonalité de signalisation ; **standard test tone,** signal d'essai standard ; **tone dialling,** numéroteur à boutons-poussoir ; **two-tone keying,** télégraphie en double tonalité ; **two-tone modulation,** modulation par déplacement de fréquence ; **two-tone telegraph,** télégraphie en double tonalité.

TOOL : tool, support, aide, outil ; **alignment tool,** outil d'alignement ; **automatic programming tool (APT),** programme de commande automatique ; **desktop tools,** outils de bureau ; **development tool kit,** kit de programmes de développement ; **programming tools,** outils de programmation ; **software tool,** outil logiciel ; **text learning tool,** outil didactique textuel ; **tool kit,** trousse d'outillage ; **wire-wrap tool,** tortillonneur.

TOP : top cover, couvercle ; **top margin,** haut de page ; **top-of-form (TOF),** haut de page ; **top of screen,** haut d'écran, début d'écran.

TOPDOWN : topdown analysis, analyse descendante ; **topdown approach,** approche descendante ; **topdown methodology,** méthodologie descendante.

TOPOLOGY : topology, topologie ; **bus topology,** topologie de bus ; **distributed bus topology,** topologie en bus distribué.

TOS : tape operating system (TOS), système d'exploitation à bande.

TOTAL : batch total, total par groupe ; **check total,** total de contrôle ; **control total,** total de contrôle ; **gibberish total,** total de contrôle ; **grand total,** total global ; **hash total,** total par tronçon, total mêlé ; **hash total field,** zone du total de contrôle ; **intermediate total,** sous-total ; **total device,** totalisateur ; **total output,** sortie du résultat.

TOUCH : key touch force, force de frappe ; **touch-control,** touche à effleurement ; **touch-pad,** bloc à effleurement ; **touch panel,** écran tactile ; **touch pen,** crayon de touche ; **touch screen terminal,** terminal à écran tactile ; **touch-sensitive,** à effleurement ; **touch-sensitive screen,** écran interactif au toucher.

TPI : tracks per inch (TPI), pistes par pouce.

TRACE : trace, trace ; **trace (to),** suivre à la trace ; **interpretive trace programme,** programme de mise au point ; **selective trace programme,** programme d'analyse sélective ; **trace-back,** trace inverse ; **trace programme,** programme d'analyse ; **trace routine,** routine de dépistage ; **trace statement,** instruction de pistage.

TRACING : tracing, repérage, suivi, trace, dépistage ; **curve tracing,** représentation d'une courbe ; **fault tracing time,** temps de recherche d'erreur ; **tracing paper,** papier calque ; **tracing routine,** programme de contrôle ; **trouble-tracing,** recherche des pannes.

TRACK * : track, piste (magnétique) ; **track (to),** dépister ; **absolute track address,** adresse de piste absolue ; **address track,** piste d'adresse ; **alternate track,** piste secondaire ; **alternate track address,** adresse de piste de réserve ; **automatic defective track recovery,** changement automatique de piste défectueuse ; **block marker track,** piste de marquage de bloc ; **card track,** piste de carte ; **clock track,** piste de synchronisation ; **control track,** piste de commande ; **defective track**, piste dégradée, voie erronée, piste défectueuse ; **drum track**, piste de tambour ; **ejection track**, piste d'éjection ; **feed track**, pas d'entraînement ; **information track**, voie d'information ; **insertion track**, piste d'insertion ; **label track**, piste d'étiquette ; **library track**, piste de référence ; **logical track**, piste logique ; **magnetic track**, piste magnétique ; **operating track**, piste de travail ; **primary track**, piste principale ; **prime track**, piste principale ; **processing track**, piste d'enregistrement ; **punching track**, piste de perforation ; **recording track**, piste d'enregistrement ; **sprocket track**, pas d'entraînement ; **substitute track processing**, traitement des pistes de réserve ; **tape track**, piste de bande ; **track address**, adresse de piste ; **track density**, densité de pistes ; **track initialisation**, ouverture de piste ; **track number**, numéro de piste ; **track pitch**, pas transversal, entre-axe des pistes ; **track-to-track positioning time**, temps de positionnement de piste à piste ; **track-to-track seek time**, temps d'accès de piste à piste ; **track width**, largeur de piste ; **tracks per inch (TPI)**, pistes par pouce ; **unassigned track**, piste non affectée ; **unused track**, voie inutilisée ; **working track**, piste de travail.

TRACKBALL * : trackball, boule roulante.

TRACKER : tracker ball, boule roulante.

TRACTOR : tractor, rouleau d'entraînement ; **form tractor**, tracteur de papier.

TRAFFIC : traffic, trafic ; **incoming traffic**, trafic d'arrivée.

TRAIL : trail, piste ; **audit trail**, piste de contrôle.

TRAILER : trailer, amorce de fin de bande magnétique, amorce de fin ; **end-of-volume trailer label**, label de fin de bande ; **magnetic tape trailer**, amorce de fin de bande magnétique, amorce de fin ; **trailer flag**, étiquette queue de bande ; **trailer label**, repère de fin ; **trailer record**, enregistrement récapitulatif ; **user trailer label**, label fin utilisateur.

TRAILING : card trailing edge, bord arrière de carte ; **trailing blanks**, blancs de fin de mot ; **trailing end**, fin de bande ; **trailing line**, ligne de fin ; **trailing spaces**, espaces suiveurs ; **trailing zeroes**, zéros suiveurs.

TRAIN : pulse train, train d'impulsions ; **train printer**, imprimante à chaîne.

TRAINING : training, formation ; **hands-on training**, travaux pratiques.

TRANSACTION * : transaction, transaction, mouvement ; **first-major transaction**, premier mouvement général ; **first-transaction**, premier mouvement ; **last major transaction**, dernier mouvement général ; **on-line transaction processing**, traitement interactif ; **recovery transaction**, mouvement de récupération ; **transaction code**, codification de saisie ; **transaction context acquisition**, acquisition du contexte mouvement ; **transaction data**, données de mouvement ; **transaction file**, fichier de détail ; **transaction journal**, fichier des transactions ; **transaction maintenance**, maintenance des mouvements ; **transaction management software**, logiciel transactionnel de gestion ; **transaction processing (TP)**, traitement transactionnel ; **transaction programming**, programmation de transactions ; **transaction record**, enregistrement des mouvements ; **transaction report**, compte rendu des mouvements ; **transaction status control**, contrôle d'état des mouvements ; **transaction terminal**, terminal de transactions.

TRANSCEIVER : transceiver, émetteur-récepteur ; **card transceiver**, émetteur-récepteur à cartes ; **printing data transceiver**, téléimprimeur.

TRANSCODE : transcode (to), transcoder.

TRANSCODER : transcoder, transcodeur, convertisseur de code.

TRANSCODING : transcoding, transcodage ; **transcoding matrix**, matrice de transcodage.

TRANSCRIBE : transcribe (to), transcrire.

TRANSCRIBER : transcriber, transcripteur.

TRANSCRIPT : programme transcript, transcription de programme.

TRANSCRIPTION : transcription, transcription ; **medium transcription**, conversion de support ; **transcription mode**, mode de transcription.

TRANSDUCER : transducer, transducteur ; **angular position transducer**, codeur de rotation ; **ideal transducer**, transducteur typique ; **position transducer**, transducteur de positionnement ; **syntax transducer**, traducteur de syntaxe.

TRANSFER : transfer, saut, transfert; branchement; **transfer (to)**, transférer, déloger; **actual data transfer rate**, cadence brute de transfert de données; **actual transfer**, transfert réel; **asynchronous transfer**, transfert asynchrone; **binary transfer**, transfert binaire; **bit transfer**, transfert sériel; **bit transfer rate**, débit binaire, vitesse de transmission binaire; **blind transfer**, transfert immédiat; **block transfer**, transfert de bloc; **conditional transfer**, branchement conditionnel; **control transfer**, branchement; **control transfer instruction**, instruction de branchement; **data transfer phase**, phase de transfert de données, phase de données; **data transfer rate**, débit de transfert des données; **direct store transfer**, accès mémoire direct; **effective data transfer rate**, cadence utile de transfert de données; **heat transfer**, transfert de chaleur; **information transfer phase**, phase de transfert des informations; **maximum transfer rate**, vitesse maximale de transfert; **parallel transfer**, transfert en parallèle; **peripheral transfer**, transfert périphérique; **radial transfer**, transfert radial, opération d'entrée/sortie; **raw data transfer**, transfert de données brutes; **serial transfer**, transfert sériel; **synchronous transfer**, transfert synchrone; **transfer address**, adresse de transfert; **transfer card**, carte de transfert; **transfer channel**, canal de transfert; **transfer check**, contrôle de transfert; **transfer command**, commande de transfert; **transfer control**, commande de transfert; **transfer function**, fonction de transfert; **transfer instruction**, instruction de saut, instruction de transfert; **transfer interpreter**, reporteuse; **transfer operation**, opération de transfert; **transfer operator**, opérateur de transfert; **transfer rate**, vitesse de transfert; **transfer register**, registre de transfert; **transfer table**, table de transfert; **transfer time**, temps de transfert; **transfer unit**, unité de transfert; **transfer vector**, vecteur de transfert; **unconditional control transfer**, saut inconditionnel; **unconditional transfer**, branchement inconditionnel; **unconditional transfer instruction**, instruction de transfert inconditionnelle; **word transfer**, transfert de mot.

TRANSFORMATION * : transformation, transformation; **concatenated transformation**, composition de transformations; **signal transformation**, mise en forme de signal; **three-dimension transformation**, transformation tridimentionnelle; **viewing transformation**, transformation fenêtre-clôture; **window transformation**, transformation fenêtre-clôture.

TRANSFORMER : balanced transformer, transformateur d'équilibrage; **transformer read-only storage**, mémoire fixe inductive; **voltage transformer**, transformateur de tension.

TRANSIENT : transient, transitoire; circuit transient, bruit d'impulsions; **transient area**, zone transitoire; **transient error**, erreur transitoire; **transient programme**, programme transitoire; **transient response**, réponse transitoire; **transient routine**, routine transitoire; **transient state**, état transitoire.

TRANSINFORMATION : transinformation, transinformation; **average transinformation rate**, débit effectif.

TRANSISTOR : transistor, transistor; bipolar transistor, transistor bipolaire; **junction transistor**, transistor à jonctions.

NPN transistor : transistor NPN.

PNP transistor : transistor PNP; **twin transistor logic**, logique transistor-transistor; **unipolar transistor**, transistor unipolaire.

TRANSISTORISED, TRANSISTORIZED : transistorised (US: transistorized), transistorisé.

TRANSIT : transit error, erreur négligeable.

TRANSITION : transition, transition, mutation; **flux transition**, transition de flux; **gradual transition**, transition progressive; **positive-going transition**, front de montée; **transition aid**, moyens transitoires.

TRANSLATE * : translate (to), translater, traduire; **translate duration**, temps de traduction; **translate phase**, phase de traduction; **two-dimensional translate**, translation bidimensionnelle.

TRANSLATER : translater, translateur.

TRANSLATING : translating phase, phase de traduction; **translating programme**, programme traducteur; **translating routine**, programme traducteur; **translating time**, temps de traduction.

TRANSLATION : translation, traduction ; **address translation**, translation d'adresse ; **algorithm translation**, traduction algorithmique ; **alphabet translation**, traduction alphabétique ; **dynamic address translation (DAT)**, traduction dynamique d'adresse ; **formula translation**, traduction d'une formule ; **instruction translation**, traduction d'instruction ; **last translation (LT)**, dernier mouvement (DM) ; **mechanical translation**, traduction machine ; **programme translation**, traduction de programme.

TRANSLATOR : translator, traducteur ; **address translator**, traducteur d'adresse ; **code translator**, transcodeur, convertisseur de code ; **data translator**, convertisseur de données, convertisseur de code ; **input data translator**, traducteur des données en entrée ; **job translator**, traducteur de travaux ; **language translator**, traducteur de langages ; **query language translator**, traducteur de langage d'interrogation ; **test translator**, programme de test d'assembleur.

TRANSLITERATE : transliterate **(to)**, transcrire.

TRANSLITERATION : transliteration, conversion.

TRANSMISSION : transmission, transmission, communication ; **anisochronous transmission**, transmission anisochrone ; **asynchronous data transmission**, transmission asynchrone de données ; **asynchronous transmission**, transmission asynchrone, transmission arythmique ; **automatic transmission**, émission automatique ; **baseband transmission**, transmission en bande de base ; **bipolar transmission**, transmission en signaux alternés ; **block transmission**, transmission par blocs ; **burst transmission**, transmission par rafales ; **data transmission**, transmission de données, de l'information ; **data transmission channel**, voie de transmission (de données) ; **data transmission line**, ligne de transmission de données ; **double current transmission**, transmission en double courant ; **double sideband transmission**, transmission en double bande ; **duplex transmission**, transmission en duplex ; **end-of-transmission block (ETB)**, fin de bloc de transmission ; **end-of-transmission character (EOT)**, (caractère de) fin de transmission ; **error transmission**, erreur de transmission ; **half-duplex transmission**, transmission semi-duplex ; **information transmission**,

transmission de l'information ; **isochronous transmission**, transmission isochrone ; **neutral transmission**, transmission à signal unipolaire ; **packet transmission**, transmission de paquets ; **parallel transmission**, transmission en parallèle ; **point-to-point transmission**, transmission de point à point ; **polar transmission**, transmission bipolaire ; **real-time transmission**, transmission en temps réel ; **relative transmission level**, niveau de transmission relatif ; **serial transmission**, transmission série ; **simplex transmission**, transmission simplex ; **simultaneous transmission**, transmission simultanée ; **single-current transmission**, transmission simple courant ; **single-sideband transmission**, transmission en bande latérale unique ; **synchronous data transmission**, transmission de données synchrone ; **transmission block**, bloc de transmission ; **transmission control (TC)**, (fonction de) commande de transmission ; **transmission equipment**, matériel de transmission ; **transmission frame**, trame de transmission ; **transmission gain**, gain de transmission ; **transmission interface**, interface de communication ; **transmission level**, niveau de transmission ; **transmission line**, ligne, ligne de transmission ; **transmission medium**, support de transmission ; **white transmission**, transmission en blanc.

TRANSMIT : wait before transmit, attente avant transfert.

TRANSPARENT * : transparent, transparent.

TRANSPUTER * : transputer, transputeur.

TRAP : wave trap, circuit éliminateur.

TRAPPING : error trapping, recherche d'erreur, trappage d'erreur.

TRAY : tray, bac à confettis ; **chip tray**, bac à confettis.

TRC : transverse redundancy check (TRC), contrôle de parité horizontale.

TREE : tree, arbre, arborescence ; **binary tree**, arbre binaire ; **binary-tree representation**, représentation en arbre binaire ; **decision tree**, branchement multiple ; **directed tree**, arborescence ; **free tree**, arbre ; **Huffman tree**, arbre à valeurs minimales ; **inverted tree**, arbre inverse ; **minimal tree**, arborescence minimisée ; **optimal merge tree**, organigramme fusion ; **optimum tree search**, organigramme de recherche ; **ordered tree**, arbre ordonné ;

overlay tree, recouvrement arborescent ; **programme tree**, arbre de programme ; **spanning tree**, arbre ; **tree diagram**, diagramme structurel hiérarchique ; **tree network**, réseau arborescent ; **tree search**, recherche hiérarchique ; **tree searching**, recherche arborescente ; **tree sort**, tri arborescent ; **tree structure**, arborescence ; **tree traversal**, traversée d'un arbre ; **tree walking**, traversée d'un arbre ; **unordered tree**, arbre non ordonné.

TRIAD : triad, triade.

TRIAL : trial, essai, test, évaluation.

TRIBIT : tribit, triplet, multiplet de trois bits.

TRIBUTARY : tributary, tributaire ; tributary station, station subordonnée, station tributaire.

TRIGGER : trigger, dispositif à déclenchement, déclencheur ; **trigger circuit**, dispositif à déclenchement, déclencheur ; **trigger level**, niveau de déclenchement ; **trigger pulse**, impulsion de déclenchement.

TRIGGERED : edge-triggered latch, bascule déclenchée par un front ; **self-triggered programme**, programme à lancement automatique.

TRIGGERING : triggering, déclenchement ; **false triggering**, déclenchement parasite.

TRIM : trim (to), couper.

TRIMMING : trimming, ajustage, coupure.

TRIP : hammer trip, déclenchement de marteau.

TRIPLE : triple length register, registre triple ; **triple length working**, en triple longueur ; **triple-phase**, triphase ; **triple register**, unité de trois registres, registre triple.

TRIPLET : triplet, triplet, multiplet de trois bits.

TRIPROCESSOR : triprocessor, triprocesseur.

TRISTATE : tristate, tristable ; **tristate buffer**, circuit tampon tristable ; **tristate bus**, bus tristable.

TRIVIAL : trivial graph, graphe à sommet unique.

TROLLEY : binder trolley, chariot classeur.

TROUBLE : trouble, incident, panne ; intermittent trouble, incident intermittent ; trouble shoot, dépannage ; trouble shooting, localisation des pannes ; **trouble shooting flowchart**, arbre de dépannage ; **trouble-tracing**, recherche des pannes.

TRUE : true, vrai ; **true complement**, complément à la base ; **true value**, valeur réelle.

TRUNCATE : truncate (to), couper, tronquer, interrompre.

TRUNCATED : truncated, tronqué, coupé.

TRUNCATION * : truncation, troncature ; **truncation error**, erreur de troncature.

TRUNK * : trunk, voie, ligne, jonction ; common trunk, bus commun ; **general-purpose trunk**, câble universel ; **input/output trunk**, câble entrée/sortie ; **interface trunk**, câble de jonction ; **one-way trunk**, ligne unilatérale ; **trunk circuit**, tronc de circuit ; **trunk group**, groupe de lignes ; **trunk switch**, commutateur de jonction.

TRUSTED : trusted, de confiance.

TRUTH : truth table, table de vérité ; truth value, valeur vraie.

TSW : telesoftware (TSW), logiciel de télétexte.

TTL : TTL compatible, compatible TTL.

TTY : Teletype (TTY), téléscripteur, télétype.

TUBE : cathode ray tube (CRT), tube cathodique ; **display tube**, tube écran ; **electron tube**, tube électronique ; **electrostatic storage tube**, tube à mémoire électrostatique ; self-converging tube, tube autoconvergent ; self-focused picture tube, tube autoconvergent ; **vacuum tube**, tube à vide.

TUNE : tune, accord.

TURNAROUND : turnaround, retournement ; line turnaround, basculement de ligne ; **turnaround system**, système réversible ; turnaround time, temps de retournement.

TURNKEY : turnkey system, système clé en main.

TURTLE : graphics turtle, tortue graphique.

TUTORIAL : tutorial display, terminal éducatif.

TWELVE : twelve-channel group, groupe primaire.

TWIN : twin, paire structurelle ; twin check, contrôle par duplication ; **twin control**, double commande ; **twin set**, ensemble coordonné ; **twin transistor logic**, logique transisto r-transistor.

TWISTED : twisted, torsadé ; **twisted pair**, paire torsadée ; **twisted-pair cable**, câble bifilaire torsadé.

TWIX : twix, télex.

TWO : complement on two, complément à deux ; **divide-by-two counter**, compteur diviseur par deux ; **two-address**, à deux adresses ; **two-address instruction**, instruction à deux adresses ; **two-bit byte**, duet, multiplet de deux bits, doublet ; **two-button mouse**, souris à deux boutons ; **two-condition**, bivalent ; **two-dimensional animation graphics**, graphique animé bidimensionnel ; **two-dimensional array**, tableau bidimensionnel ; **two-dimensional array processor**, processeur matriciel ; **two-dimensional scale**, échelle bidimensionnelle ; **two-dimensional translate**, translation bidimensionnelle ; **two-fold**, en double ; **two-input subtractor**, soustracteur à deux entrées ; **two-level addressing**, adressage à deux niveaux ; **two-level password**, double mot de passe ; **two-level password entry**, entrée à double mot de passe ; **two-level storage**, mémoire à deux niveaux ; **two-level subroutine**, sous-programme à deux niveaux ; **two-out-of-five code**, code deux parmi cinq, code quinaire ; **two-plus-one address instruction**, instruction à deux plus une adresses ; **two-state variable**, variable bistable ; **two-tone keying**, télégraphie en double tonalité ; **two-tone modulation**, modulation par déplacement de fréquence ; **two-tone telegraph**, télégraphie en double tonalité ; **two-valued variable**, variable binaire ; **two-way alternate communication**, communication bilatérale à l'alternat. ; **two-way communication**, communication bilatérale ; **two-way simultaneous communication**, communication bilatérale simultanée ; **two-wire channel**, voie bifilaire ; **two-wire circuit**, circuit deux fils ; **two-wire system**, système à voies bifilaires ; **twos complement**, complément à deux.

TYPAMATIC : typamatic key, touche à répétition.

TYPE : type, type, type (caractère) ; **access type**, type d'accès ; **alternate type style**, police de caractères secondaire ; **automatic typesetting**, composition automatique ; **base type**, type de base ; **bold faced type**, caractère gras ; **Boolean type**, type booléen, type logique ; **Centronics-type parallel port**, sortie pa-

rallèle de type Centronics ; **character string type**, type chaîne de caractères ; **composite type**, type composé ; **computerised typesetting**, composition informatisée ; **data type**, type de données ; **derived type**, type dérivé ; **discrete type**, type discret ; **dynamically generated type**, type généré dynamiquement ; **encapsulated type**, type encapsulé ; **entity type**, classe d'entité ; **enumeration type**, type d'énumération ; **fixed-point type**, type à virgule fixe ; **float type**, type flottant ; **floating-point type**, type à virgule flottante ; **golfball type writer**, machine à écrire à boule ; **incomplete type**, type incomplet ; **index type**, type d'index ; **integer type**, type entier ; **invalid type device**, type d'organe incorrect ; **limited private type**, type privé limité ; **locking type button**, touche autobloquante ; **N-type**, de type N ; **P-type**, de type P ; **parent type**, type parent ; **peripheral type**, type de périphérique ; **plug-in type**, de type enfichable ; **raster type display**, visualisation dite de trame ; **real type**, type réel ; **record type**, classification d'enregistrement ; **scalar type**, type scalaire ; **standard type**, type standard ; **structured type**, type structuré ; **type array**, ensemble de caractères ; **type association**, affectation du type ; **type bar**, barre d'impression ; **type bar printer**, imprimante à barre ; **type drum**, tambour porte-caractères ; **type fount**, fonte ; **type instruction**, instruction type ; **type wheel**, disque d'impression, marguerite ; **typesetting**, composition ; **typesetting machine**, machine à composer ; **undefined type**, type indéfini ; **variable type**, type de variable ; **volume type**, type de volume.

TYPEFACE : typeface, style de caractère ; **italic typeface**, caractère italique.

TYPEOUT : typeout, imprimé de sortie ; **error typeout**, sortie sur erreur ; **ready typeout**, indication 'prêt' ; **user console typeout**, message utilisateur.

TYPESETTING : typesetting, composition ; **automatic typesetting**, composition automatique ; **computerised typesetting**, composition informatisée ; **typesetting machine**, machine à composer.

TYPEWRITER : typewriter, machine à écrire ; **console typewriter**, télétype terminal ; **on-line typewriter**, imprimante en ligne.

TYPICAL : typical configuration, dispositif type ; **typical data**, informations typiques.

TYPING : typing, frappe, écriture ; **bidirectional typing**, impression bidirectionnelle ; **electronic typing**, traitement de texte ; **reverse typing**, impression à frappe alternée ; **reverse typing terminal**, imprimante alternante

U

ULTIMATE : ultimate consumer, consommateur final.

ULTRASONIC : ultrasonic cell, cellule ultrasonore ; **ultrasonic memory**, mémoire acoustique.

ULTRAVIOLET : ultraviolet erasing, effacement par ultraviolet (mémoire morte).

UMBRELLA : umbrella, réseau en étoile.

UNACKNOWLEDGED : unacknowledged, sans accusé de réception.

UNALIGNED : unaligned, non aligné.

UNALLOCATED : unallocated, non affecté, disponible.

UNALLOTTED : unallotted, non affecté, disponible.

UNALTERABLE : unalterable, immuable, inaltérable ; **unalterable memory**, mémoire inaltérable.

UNALTERED : unaltered, inchangé.

UNARY : unary, unaire, monadique ; **unary operation**, opération monadique, opération unaire ; **unary operator**, opérateur monadique, opérateur unaire.

UNASSIGNED : unassigned, non affecté, disponible ; **unassigned device**, unité non affectée ; **unassigned extent**, partition réservée ; **unassigned track**, piste non affectée.

UNATTENDED : unattended mode, exploitation non surveillée ; **unattended operation**, opération automatique ; **unattended time**, temps de repos.

UNAUTOMATED : unautomated, non automatisé.

UNAVAILABILITY : unavailability, indisponibilité.

UNBALANCED : unbalanced, déséquilibré ; **unbalanced error**, erreur de discordance ; **unbalanced in phase**, déséquilibre de phase ; **unbalanced input**, entrée asymétrique ; **unbalanced output**, sortie asymétrique.

UNBANNERED : unbannered, sans drapeau.

UNBATCHED : unbatched mode, traitement individuel ; **unbatched operation**, opération individuelle.

UNBIASED : unbiased, non polarisé.

UNBLANKED : unblanked beam, faisceau visible ; **unblanked vector**, vecteur visible.

UNBLANKING : unblanking pulse, impulsion de déblocage ; **unblanking signal**, impulsion de déblocage.

UNBLOCK : unblock (to), dégrouper.

UNBLOCKED : unblocked, débloqué, dégroupé ; **unblocked file**, fichier dégroupé.

UNBLOCKING : unblocking, dégroupage, dégroupement.

UNBUFFERED : unbuffered, non tamponné.

UNBUNDLE : unbundle (to), dégrouper.

UNBUNDLED : unbundled, décompacté.

UNBUNDLING : unbundling, dégroupage, dégroupement.

UNBURST : unburst printout binder, reliure pour imprimés en continu.

UNCKECKED : unckecked conversion, conversion non vérifiée.

UNCLASSIFIED : unclassified file, fichier en vrac.

UNCODED : uncoded, non codé ; **uncoded input**, entrée non codée.

UNCOMMITTED : uncommitted, disponible.

UNCOMPRESSED : uncompressed, non condensé.

UNCONDITIONAL : branch unconditional (BRU), branchement sans condition ; **unconditional branch**, branchement inconditionnel ; **unconditional control transfer**, saut inconditionnel ; **unconditional jump**, branchement inconditionnel ; **unconditional jump instruction**, instruction de saut inconditionnel ; **unconditional programme interrupt**, interruption de programme inconditionnelle ; **unconditional statement**, instruction inconditionnelle ; **unconditional stop**, arrêt inconditionnel ; un-

conditional transfer, branchement inconditionnel ; **unconditional transfer instruction**, instruction de transfert inconditionnelle.

UNCONFIGURED : unconfigured, non configuré.

UNCONNECTED : unconnected terminal, poste non connecté.

UNCORRECTABLE : uncorrectable error, erreur incorrigible.

UNCORRUPTED : uncorrupted, correct, valide, non altéré.

UNCOVERABLE : uncoverable device error, erreur de matériel irréparable.

UNDEBUGGED : undebugged, non débogué.

UNDECIPHERABLE : undecipherable, indéchiffrable.

UNDEDICATED : undedicated, non spécialisé.

UNDEFINED : undefined, indéfini ; undefined address, adresse indéfinie ; undefined error, erreur non définie ; undefined file, fichier indéfini ; undefined key, touche non attribuée ; undefined port number, numéro de port indéfini ; undefined statement, instruction indéfinie ; undefined symbol, symbole non défini ; undefined type, type indéfini ; undefined variable, variable indéfinie.

UNDERCOUPLING : undercoupling, couplage lâche.

UNDERFLOW * : underflow, soupassement, réduction ; (arithmetic) underflow, soupassement, dépassement inférieur dc capacité ; characteristic underflow, dépassement inférieur de capacité.

UNDERLINE : underline (to), souligner ; automatic underline mode, mode de soulignement automatique.

UNDERLINED : underlined header, titre souligné.

UNDERLINING : underlining, soulignement, souligné.

UNDERPUNCH : underpunch, perforations de 1 à 9.

UNDERSCORE : underscore, blanc souligné ; underscore (to), souligner ; underscore character, caractère de soulignement.

UNDERSCORING : underscoring, soulignement, souligné.

UNDERSHOOT : undershoot, retombée sous le niveau normal.

UNDERSIDE : underside view, vue de dessous.

UNDETERMINED : undetermined coefficient, coefficient indéterminé ; undetermined format, format indéterminé ; undetermined value, valeur indéterminée.

UNDIRECTED : undirected graph, graphe non orienté.

UNDIRECTIONAL : undirectional pulse, impulsion unidirectionnelle.

UNDISTURBED : undisturbed output signal, signal de sortie non perturbé ; undisturbed zero, signal de sortie zéro sans perturbation.

UNDOCUMENTED : undocumented, non documenté.

UNENCAPSULATED : unencapsulated, non encapsulé.

UNERASED : unerased, non effacé.

UNEXPECTED : unexpected error, erreur inattendue.

UNFILLED : unfilled-in field, champ non renseigné, champ vide.

UNFINISHED : unfinished programme, programme non terminé.

UNFITTED : unfitted data, données erronées.

UNFORMATTED : unformatted, non formaté ; unformatted disc, disque non formaté ; unformatted display, affichage non formaté ; unformatted record, enregistrement sans format ; unformatted write statement, instruction d'écriture non formatée.

UNGROUNDED : ungrounded, non mis à la terre.

UNIBUS : unibus, unibus, bus.

UNIDIRECTIONAL : unidirectional element, élément à sens unique ; unidirectional link, liaison unidirectionnelle ; unidirectional working, exploitation unidirectionnelle.

UNIFIED : unified architecture, architecture unifiée.

UNIFORM : uniform accessible memory, mémoire à accès direct ; uniform convergence, convergence homogène ; uniform magnetisation, magnétisation uniforme ; uniform referencing, référence uniforme.

UNILATERAL : unilateral, unilatéral ; unilateral tape card, carte à bande perforée unilatérale.

UNILAYER : unilayer, couche unique.

UNINDEXED : unindexed, non indexé.

UNINITIALISED, UNINITIAL-

IZED : uninitialised (US: uninitialized), non initialisé.

UNION : union, réunion ; **union element**, circuit OU, porte OU ; **union gate**, circuit OU, porte OU.

UNIPOLAR : unipolar code, code tout ou rien ; **unipolar input**, entrée dissymétrique ; **unipolar signalling**, signalisation unipolaire ; **unipolar transistor**, transistor unipolaire.

UNIPROCESSEUR : uniprocesseur, monoprocesseur.

UNIPROCESSING : uniprocessing, monotraitement.

UNIPROGRAMMING : uniprogramming, monoprogrammation.

UNIQUINESS : file uniquiness, unicité des fichiers ; **uniquiness**, unicité.

UNIT * : unit, unité, élément, organe ; **accessory unit**, équipement annexe ; **add-on unit**, élément additionnel ; **analogue display unit**, traceur de courbe analogique ; **ancillary unit**, unité auxiliaire ; **answerback unit**, dispositif de réponse ; **arithmetic and logic unit (ALU)**, unité arithmétique et logique ; **arithmetic unit**, unité arithmétique ; **assembly unit**, unité d'assemblage ; **automatic call unit**, dispositif d'appel automatique ; **automatic dialling unit (ADU)**, numéroteur automatique ; **basic display unit (BDU)**, unité de visualisation de base ; **binary unit**, unité binaire, binaire, logon, bit ; **binary unit of information content**, Shannon, unité binaire (quantité d'information) ; **calculating unit**, unité de calcul ; **card punch unit**, unité de perforation ; **central processing unit (CPU)**, unité centrale (UC) ; **communication control unit**, contrôleur de communication ; **comparing unit**, comparateur ; **compilation unit**, unité de compilation ; **computer unit**, organe de calcul ; **control unit**, unité de commande ; **data adapter unit**, interface de communication ; **data display unit**, terminal de données ; **data unit**, module de données ; **decimal unit of information content**, Hartley, unité décimale (quantité d'information) ; **derived unit**, unité dérivée ; **disc unit**, unité de disque magnétique, unité de disque ; **display control unit**, unité de contrôle de visualisation ; **display unit**, console de visualisation ; **drum unit**, unité à tambour magnétique, à tambour ; **functional unit**, unité fonctionnelle ; **graphic display unit**, unité d'affichage graphique ; **input control unit**, contrôleur d'entrée ; **input/output unit**, unité d'entrée/sortie, organe d'entrée/sortie ; **input unit**, unité d'entrée, organe d'entrée ; **inquiry unit**, terminal unité d'interrogation ; **instruction computing unit**, unité de traitement des instructions ; **instruction processing unit**, unité de traitement des instructions ; **interface control unit**, contrôleur ; **interface switching unit**, unité de connexion ; **interface unit**, interface ; **lexical unit**, unité lexicale, entité lexicale ; **library unit**, élément de bibliothèque ; **line adapter unit**, unité d'adaptation de ligne ; **logical unit**, unité logique ; **magnetic card unit (MCU)**, unité de cartes magnétiques ; **magnetic disc unit**, unité de disque magnétique, unité de disque ; **magnetic drum unit**, unité à tambour magnétique, à tambour ; **magnetic tape unit**, unité de bande magnétique, dérouleur de bande ; **main control unit**, unité principale de commande ; **main unit**, unité centrale, unité principale ; **mark/space multiplier unit**, multiplicateur de modulation ; **master unit**, unité centrale ; **memory control unit**, contrôleur d'accès mémoire ; **memory management unit (MMU)**, gestionnaire de mémoire ; **microprocessor unit (MPU)**, microprocesseur ; **multiple interface unit**, unité à liaisons multiples ; **natural unit (of information content)**, unité naturelle (de quantité d'information) ; **one (unit)**, un, chiffre '1' ; **one-processor unit**, monoprocesseur ; **output unit**, unité de sortie, organe de sortie ; **peripheral control unit (PCU)**, unité de contrôle périphérique ; **peripheral interface unit (PIU)**, unité d'interface périphérique ; **peripheral unit**, unité périphérique ; **plug-in unit**, élément enfichable ; **processing unit**, unité de traitement ; **programme control unit**, contrôleur de séquence d'instructions ; **programme unit**, unité de programme ; **programmer unit**, programmateur de mémoire morte ; **raster unit**, unité de trame ; **removable unit**, organe amovible ; **replying unit**, unité interrogée ; **requesting unit**, unité interrogatrice ; **run unit**, module de chargement ; **slave unit**, unité asservie ; **slide-in unit**, tiroir ; **storage unit**, unité de mémoire ; **switch unit**, unité de commutation ; **switching unit addressing**, adressage aiguilleur ; **symbolic unit address**, adresse symbolique de l'unité ; **system output unit**, unité de sortie du système ; **tape unit**, unité de bande magnétique, dérouleur de bande ; **transfer unit**, unité de transfert ; **unit control**

word, mot de contrôle d'unité ; **unit counter**, compteur des unités ; **unit distance code**, code signaux à espacement unitaire ; **unit element**, élément unitaire ; **unit function**, fonction unitaire ; **unit impulse**, impulsion unitaire ; **unit interval**, signal élémentaire ; **unit load**, facteur de charge, unité de charge ; **unit of allocation**, unité d'affectation ; **unit of measure**, unité de mesure ; **unit record**, enregistrement unitaire ; **unit record controller**, contrôleur d'unités périphériques ; **unit record device**, dispositif standard d'entrée/sortie ; **unit record equipment**, matériel classique ; **unit selection**, sélection d'unité ; **unit separator (US)**, séparateur de sous-article ; **unit step**, saut unitaire ; **unit step function**, fonction de saut unitaire ; **unit string**, chaîne unitaire ; **unit switching**, bascule de dérouleur ; **unit value**, valeur unitaire ; **unit vector**, vecteur unitaire ; **universal control unit**, contrôleur universel ; **verifying unit**, bloc partiel ; **video display unit (VDU)**, unité à affichage vidéo ; **virtual unit**, unité virtuelle ; **visual display unit**, terminal de visualisation ; **vocal unit**, unité à réponse vocale ; **voice output unit**, unité de sortie vocale ; **voice response unit**, unité de sortie vocale ; **work unit**, poste de saisie.

UNITY : unity element, élément unique.

UNIVERSAL : universal bar, barre universelle ; **universal character set**, ensemble des caractères universels ; **universal control unit**, contrôleur universel ; **universal decimal classification**, classification décimale universelle ; **universal diode**, diode universelle ; **universal element**, élément universel ; **universal mouse**, souris universelle ; **universal quantifier**, quantificateur universel ; **universal set**, ensemble universel ; **universal terminal**, terminal universel.

UNIVOCAL : univocal, univoque.

UNJUSTIFIED : unjustified, non cadré ; **unjustified print**, impression en drapeau.

UNKNOWN : unknown quantity, valeur inconnue ; **unknown term**, valeur inconnue, inconnue.

UNLABELLED : unlabelled, sans étiquette ; **unlabelled block**, bloc sans référence ; **unlabelled common**, partition inconnue ; **unlabelled compound**, instruction groupe non référencée ; **unlabelled file**, fichier sans label.

UNLATCHED : unlatched, déverrouillé.

UNLEAD : unlead (to), enlever les interlignes.

UNLEADED : unleaded, sans interligne.

UNLOAD : unload (to), décharger ; **unload file**, fichier de clôture.

UNLOADED : unloaded, non chargé.

UNLOADING : unloading, mémorisation du contenu d'un accumulateur.

UNLOCK : unlock key, touche de déverrouillage.

UNMARK : unmark (to), effacer une marque.

UNMARKED : unmarked, non immatriculé, non marqué.

UNMASK : unmask (to), démasquer.

UNMASKED : unmasked value, valeur sans masque.

UNMATCHED : unmatched records, blocs d'informations discordants.

UNMODIFIED : unmodified instruction, instruction primitive.

UNNOTCHED : unnotched, sans encoche.

UNNUMBERED : unnumbered, non numéroté.

UNORDERED : unordered tree, arbre non ordonné.

UNPACK * : unpack (to), décondenser, étendre.

UNPACKED : unpacked, non condensé ; **unpacked decimal**, décimal non condensé ; **unpacked format**, sous forme éclatée.

UNPACKING : unpacking, dégroupage, dégroupement.

UNPAGED : unpaged segment, segment non paginé.

UNPERFORATED : unperforated, non perforé.

UNPONCTUATED : unponctuated, sans ponctuation.

UNPOPULATED : unpopulated board, carte démunie de composants.

UNPORTABLE : unportable, non portable.

UNPRINTABLE : unprintable, non imprimable ; **unprintable character**, caractère non imprimable.

UNPRINTED : unprinted, non imprimé.

UNPROCESSED : unprocessed, inexploité, non traité.

UNPROGRAMMABLE : unprogrammable, improgrammable.

UNPROGRAMMED : unprogrammed, non programmé.

UNPROTECTED : unprotected, non protégé ; **unprotected data field**, zone de données non protégée ; **unprotected field**, champ non protégé ; **unprotected file**, fichier non protégé.

UNPUNCHED : unpunched, non perforé ; **unpunched tape**, bande vierge.

UNREADABLE : unreadable, illisible.

UNRECOVERABLE : unrecoverable, non réparable ; **unrecoverable error**, erreur incorrigible ; **unrecoverable read error**, erreur de lecture permanente.

UNREEL : unreel (to), dérouler, débobiner.

UNRELATED : unrelated, sans relation.

UNRELEASED : unreleased, non disponible.

UNRENEWED : unrenewed, non renouvelé.

UNRESOLVED : unresolved, non résolu.

UNROUNDED : unrounded, non arrondi.

UNSCALED : unscaled, non cadré.

UNSCHEDULED : unscheduled, non planifié.

UNSCREENED : unscreened, sans écran, non blindé.

UNSEGMENTED : unsegmented, non segmenté.

UNSHADED : unshaded drawing, dessin sans ombres.

UNSHIFTED : unshifted, non décalé.

UNSIGNED : unsigned, non signé ; **unsigned integer**, nombre entier non signé ; **unsigned integer format**, format des nombres naturels ; **unsigned number**, nombre non signé.

UNSOLDER : unsolder (to), dessouder.

UNSOLICITED : unsolicited input, entrée non sollicitée ; **unsolicited output**, sortie non sollicitée.

UNSOLLICITED : unsollicited message, message non sollicité.

UNSORTED : unsorted, non ordonné, non trié.

UNSPANNED : unspanned record,

enregistrement sans segment.

UNSTABLE : unstable, instable ; **unstable memory**, mémoire instable ; **unstable state**, état instable.

UNSTACK : unstack (to), désempiler.

UNSTRATIFIED : unstratified language, langage non stratifié.

UNSTRING : unstring (to), déconcaténer ; **unstring statement**, instruction de dégroupage.

UNSTRUCTURED : unstructured file, fichier non structuré ; **unstructured information**, données non structurées, données non groupées.

UNSUBSCRIPTED : unsubscripted, non indicé.

UNTESTED : untested, non testé, non contrôlé.

UNTRANSFERABLE : untransferable, intransférable.

UNTRANSLATABLE : untranslatable, intraduisible.

UNTRUNCATED : untruncated, non tronqué, entier.

UNUSED : unused time, temps inutilisé ; **unused track**, voie inutilisée.

UNUSUAL : unusual end, fin instantanée ; **unusual end of job**, fin instantanée du traitement des travaux.

UNWEIGHTED : unweighted noise, bruit non pondéré.

UNWIND * : unwind (to), dérouler, débobiner.

UNWORKED : unworked, inexploité, non traité.

UNWOUND : unwound, débobiné.

UNZONED : unzoned, sans limite.

UPDATE * : update, mise à jour ; **update (to)**, mettre à jour, actualiser ; **job library update**, mise à jour de la bibliothèque des travaux ; **pixel update time**, temps de rafraîchissement d'un pixel ; **update analysis programme**, programme de mise à jour ; **update card**, carte de mise à jour ; **update file**, fichier des mouvements ; **update generation**, génération des mises à jour ; **update-in-place mode**, mise à jour par modification ; **update programme**, programme de mise à jour ; **update routine**, sous-programme de mise à jour.

UPDATED : updated master file, fichier de mise à jour.

UPDATING : updating, mise à jour ;

record updating, mise à jour d'articles ; **updating operation**, mise à jour ; **updating routine**, programme de mise à jour ; **updating run**, passe de mise à jour ; **updating service**, service de mise à jour ; **updating tape**, bande de mise à jour.

UPGRADABLE : upgradable, extensible.

UPGRADE : upgrade, extension ; **upgrade (to)**, améliorer la qualité ; **hardware upgrade**, amélioration matérielle.

UPLINK : uplink, voie montante (satellite).

UPPER : upper and lower case, majuscules et minuscules ; **upper bit**, binaire de rang supérieur ; **upper bound**, limite supérieure ; **upper brush**, brosse supérieure ; **upper case (UC)**, lettres majuscules ; **upper case character**, lettre majuscule, majuscule ; **upper case letter**, lettre majuscule ; **upper case lock**, blocage corbeille basse ; **upper case print**, impression avec lettres majuscules ; **upper curtate**, partie haute ; **upper limit**, limite supérieure ; **upper shift character**, majuscule.

UPSHIFT : upshift, passage en majuscules ; **upshift (to)**, passer en majuscules.

UPSHOT : upshot, issue conclusion.

UPSWING : upswing, redressement, accroissement rapide.

UPTIME : uptime, temps de fonctionnement.

UPTREND : uptrend, tendance croissante.

UPWARD : compacting upward, tassement ; **upward compatibility**, compatibilité vers le haut ; **upward compatible**, à compatibilité ascendante ; **upward relocation**, tassement.

USABLE : usable line length, longueur utile de ligne.

USAGE : usage bit, bit d'accès ; **usage clause**, indication d'usage ; **usage meter**, compteur de temps utile, compteur horaire.

USE : use (to), appliquer, utiliser, employer ; **data use identifier**, identificateur d'utilisation de données ; **end-use device**, périphérique destinataire ; **use bit**, drapeau, fanion, sentinelle, jalon ; **use declarative**, déclaration d'utilisation ; **use procedure**, procédure d'utilisation ; **use statement**, instruction d'utilisation.

USED : used equipment, matériel d'oc-

casion ; **used up**, usagé.

USEFUL : useful information, information utile ; **useful signal**, signal utile ; **useful throughput**, débit utile.

USER : user, utilisateur ; **closed user group**, groupe fermé d'usagers ; **common user**, usager ordinaire ; **end user**, utilisateur final ; **end user language**, langage de l'utilisateur final ; **individual user**, utilisateur unique ; **self-instructing user documentation**, documentation interactive ; **single-user access**, accès mono-utilisateur ; **terminal user**, opérateur console ; **user address space**, espace mémoire de l'utilisateur ; **user area**, zone de l'utilisateur ; **user attribute file**, fichier du personnel utilisateur ; **user call**, appel de l'utilisateur ; **user class of service**, catégorie d'usagers ; **user code**, code utilisateur ; **user configuration**, configuration de l'utilisateur ; **user console**, console utilisateur ; **user console typeout**, message utilisateur ; **user-defined**, défini par l'utilisateur ; **user-defined word**, mot défini par l'utilisateur ; **user-dependent**, dépendant de l'utilisateur ; **user-oriented language**, langage adapté à l'utilisateur ; **user's guide**, manuel de l'utilisateur ; **user-specific**, spécifique à l'utilisateur ; **user-specific programme**, programme personnalisé ; **user terminal**, terminal utilisateur ; **user-to-user connection**, liaison point à point ; **user trailer label**, label fin utilisateur ; **user volume label**, label d'identification utilisateur ; **user written routine**, sous-programme écrit par l'utilisateur.

USHER : usher (to), annoncer, introduire en mémoire.

USUFUL : usuful life, durée de vie.

UTILITY : utility, utilitaire ; **general utility**, utilitaire général ; **programmer test utility**, utilitaire de tests pour programmeur ; **utility command**, directive utilitaire ; **utility function**, fonction d'usage général ; **utility operation**, opération utilitaire ; **utility package**, logiciel utilitaire ; **utility programme**, programme de servitude ; **utility register**, registre auxiliaire ; **utility routine**, programme de servitude, utilitaire ; **utility routine controller**, contrôle du sous-programme utilitaire ; **utility session**, phase d'exploitation du programme utilitaire ;

utility system, système de programmes utilitaires ; **utility tape**, bande de programmes utilitaires

V

V.24 interface : ; interface V.24-series, interfaces et protocoles de la serie V (V.24, V.75, etc) .

VACANCY : vacancy, espace vide.

VACATE : vacate (to), libérer, vider, effacer.

VACUUM : vacuum, vide ; **vacuum blower**, ventilateur de dépression ; **vacuum chamber**, chambre à dépression ; **vacuum tube**, tube à vide.

VALID : valid, correct, valide, non altéré ; **valid digit**, chiffre valable.

VALIDATE : validate (to), valider.

VALIDATION : validation, validation ; **cross-validation**, contre-vérification ; **data validation**, validation des données ; **validation printing**, impression de validation.

VALIDITY : validity, validité ; **data validity**, validité des données ; **validity check**, test de validité ; **validity check error**, erreur de vraisemblance ; **validity checking**, contrôle de vraisemblance ; **validity error**, erreur de validité ; **validity test**, contrôle de validité.

VALLEY : valley, creux ; **silicon valley**, vallée du silicium (Californie).

VALUATION : valuation, estimation ; **valuation constant**, constante d'évaluation.

VALUE : value, valeur ; **absolute value**, valeur absolue ; **access value**, valeur d'accès ; **actual value**, valeur réelle ; **binary equivalent value**, valeur équivalente binaire ; **Boolean value**, valeur booléenne ; **code value**, combinaison de code ; **correcting value**, valeur de réglage ; **count value**, valeur du compteur ; **critical value**, valeur critique ; **default size value**, longueur inplicite ; **driven value**, valeur explicite ; **effective value**, valeur effective ; **face value**, valeur nominale ; **factor value**, valeur de facteur ; **given value**, valeur donnée ; **high value**, valeur absolue ; **ideal value**, valeur exemplaire ; **inalterable value**, valeur inaltérable ; **increment value**, valeur incrémentale ; **index value**, valeur indicielle ; **initial value**, valeur initiale, valeur de base ; **input value**, valeur d'introduction ; **integral value**, valeur intégrale ; **key value field**, zone de valeur de clé ; **logical value**, valeur logique ; **masked value**, valeur masquée ; **mean value**, valeur moyenne ; **null value**, valeur nulle ; **particular value**, valeur particulière ; **range of values**, plage des limites ; **starting value**, valeur d'initialisation ; **threshold value**, valeur de seuil ; **true value**, valeur réelle ; **truth value**, valeur vraie ; **undetermined value**, valeur indéterminée ; **unit value**, valeur unitaire ; **unmasked value**, valeur sans masque ; **value analysis**, analyse valorisée ; **value area**, zone des valeurs ; **value assignment**, assignation de valeur ; **value attribute**, attribut de valeur ; **value call syllable**, partie d'instruction ; **value clause**, indication de valeur ; **value distribution**, ventilation des valeurs ; **value of the root**, valeur de la racine ; **value part**, liste des valeurs.

VALUED : one-valued, univalent ; **one-valued function**, fonction univalente ; **two-valued variable**, variable binaire.

VALVE : valve, tube à vide.

VAM : virtual access method (VAM), méthode à accès virtuel.

VARIABLE * : variable, variable ; actuating variable, variable d'excitation, variable de commande ; **area variable**, variable de zone ; **array variable**, variable de tableau ; **basic variable**, variable fondamentale ; **binary variable**, variable binaire ; **Boolean variable**, variable booléenne ; **capture variable**, variable de saisie ; **character variable**, variable caractère ; **conditional variable**, variable conditionnelle ; **control variable**, variable de commande, variable de°bouclage ; **controlled variable**, variable contrôlée ; **dependent variable**, variable dépendante ; **dimensioned variable**, variable de tableau ; **double precision variable**, variable en double précision ; **global variable**, variable absolue ; **independent variable**, variable indépendante ; **input variable**, variable d'introduction ; **local variable**, variable locale ; **logic variable**, variable logique ; **logical variable**, variable logique ; **manipulated variable**, variable manipulée ; **metasyntactic variable (foo)**, variable métasyntaxique (toto) ; **random variable**, variable aléatoire ; **set (to) (of a variable)**, fixer (une variable) ; **shared variable**, variable commune ; **single-precision variable**, variable en simple précision ; **static variable**, variable statique ; **structure variable**, variable structurée ; **subscribed variable**, variable indicée ; **two-state variable**, variable bistable ; **two-valued variable**, variable binaire ; **undefined variable**, variable indéfinie ; **variable access**, accès variable ; **variable access time**, temps d'accès variable ; **variable address**, adresse indexée ; **variable allocation statement**, instruction d'affectation de variable ; **variable block format**, format de bloc de variables ; **variable block length**, longueur de bloc variable ; **variable character pitch**, espacement variable des caractères ; **variable clock**, rythmeur réglable ; **variable connector**, symbole de renvoi multiple ; **variable cycle duration**, temps de cycle variable ; **variable data**, données variables ; **variable declaration**, déclaration de variable ; **variable delay**, retard variable ; **variable field**, champ variable ; **variable file**, fichier des variables ; **variable format**, format variable ; **variable format record**, enregistrement à longueur variable ; **variable function generator**, générateur de fonction variable ; **variable identifier**, nom de variable ; **variable instruction**, instruction variable ; **variable length**, longueur variable ; **variable length block**, bloc de longueur variable ; **variable length field**, champ de longueur variable ; **variable length item**, donnée de longueur variable ; **variable length mantissa**, mantisse de longueur variable ; **variable length overflow**, article de longueur variable ; **variable length record**, enregistrement de longueur variable ; **variable length segment**, segment de longueur variable ; **variable name**, nom de variable ; **variable output speed**, vitesse de sortie variable ; **variable parameter**, paramètre variable ; **variable point**, virgule ; **variable point représentation**, numération à séparation variable ; **variable programming**, programmation variable ; **variable quantity**, quantité variable ; **variable queue list**, liste d'attente variable ; **variable record length**, longueur variable d'article ; **variable resistor**, résistance variable, potentiomètre ; **variable speed drive**, entraînement à vitesse variable ; **variable type**, type de variable ; **variable word**, mot de variable ;

variable word length, longueur de mot variable ; **voltage variable capacitance**, capacitance commandée par tension.

VARIANCE : **analysis of variance**, analyse de la variance ; **variance coefficient**, variante ; **volume variance**, système de traitement de texte.

VARIANT : **variant part**, partie variable.

VARIATION : **variation**, variation ; **variation of a function**, variation d'une fonction ; **variation of parameter**, variation d'un paramètre ; **voltage variation**, variation de tension.

VCR : **vertical redundancy check (VCR)**, contrôle de parité verticale.

VDT : **visual display terminal (VDT)**, console de visualisation.

VDU : **video display unit (VDU)**, unité à affichage vidéo.

VECTOR * : **vector**, vecteur ; **absolute vector**, vecteur absolu ; **error vector**, vecteur d'erreur ; **incremental vector**, vecteur relatif ; **relative vector**, vecteur relatif ; **transfer vector**, vecteur de transfert ; **unblanked vector**, vecteur visible ; **unit vector**, vecteur unitaire ; **vector addition**, addition vectorielle ; **vector analysis**, analyse vectorielle ; **vector-based display**, affichage cavalier ; **vector clothing**, habillage vectoriel ; **vector computer**, calculateur vectoriel ; **vector diagram**, diagramme vectoriel ; **vector generator**, générateur de vecteur ; **vector graphics**, graphique cavalier ; **vector mode display**, visualisation en mode cavalier ; **vector priority interrupt**, interruption vectorisée prioritaire ; **vector quantity**, grandeur vectorielle ; **vector scan**, balayage cavalier ; **vector sum**, somme géométrique, produit vectoriel.

VECTORED : **vectored interrupt**, interruption vectorisée.

VECTORIAL : **vectorial**, vectoriel ; **vectorial computer**, ordinateur vectoriel.

VELOCITY : **velocity**, rapidité, vitesse.

VENDOR : **vendor lead time**, délai de livraison ; **vendor master file**, fichier source de fournisseur ; **vendor software**, logiciel du constructeur.

VENN * : **Venn diagram**, diagramme de Venn.

VENT : **vent**, ouverture.

VENTILATE : **ventilate (to)**, ventiler.

VENTILATION : **ventilation**, aération.

VERB : verb, verbe ; **verb name**, verbe de programmation.

VERBATIM : verbatim, mot pour mot.

VERGE : verge, bord, marge.

VERIFICATION : key verification, contrôle de clé ; **verification**, comparaison de données, vérification ; **verification channel**, voie d'acquittement ; **write verification**, contrôle d'écriture.

VERIFIER : verifier, vérificatrice ; **card verifier**, vérificatrice ; **key verifier**, vérificatrice à clavier ; **tape verifier**, vérificateur de bande.

VERIFY * : verify (to), vérifier ; **verify bit**, bit de vérification ; **verify command**, instruction de vérification d'écriture ; **verify function**, fonction de vérification ; **verify reading**, lecture de contrôle ; **write verify mode**, mode de vérification à l'écriture.

VERIFYING : verifying, vérification ; **card verifying**, vérification de carte ; **verifying device**, dispositif de contrôle ; **verifying page printer**, téléimprimeur de contrôle ; **verifying programme**, programme de contrôle ; **verifying unit**, bloc partiel.

VERNIER : vernier drive, engrenage à grand rapport de réduction ; **vernier knob**, bague de réglage précis ; **vernier scale**, vernier ; **vertical vernier**, réglage précis vertical.

VERSATILITY : versatility, souplesse d'emploi.

VERSION : beef-up version, version améliorée ; **downgraded version**, version réduite ; **file version**, version de fichier ; **improved version**, version améliorée ; **special version**, version personnalisée.

VERSUS : versus (vs), en fonction.

VERTEX : vertex, noeud, sommet ; **adjacent vertex**, sommet adjacent, noeud adjacent ; **cut vertex**, point d'articulation (graphe) ; **incident vertex**, noeud incident.

VERTICAL : vertical arrow, flèche verticale ; **vertical blanking**, effacement trame ; **vertical deflection**, déviation verticale ; **vertical deflection sawtooth**, dent de scie trame ; **vertical feed**, entraînement vertical ; **vertical form control (VFC)**, contrôle vertical du papier ; **vertical format**, format vertical ; **vertical format control**, commande de la mise en page verticale ; **vertical integration**, intégration verticale ; **vertical line**, ligne verticale ; **vertical line spacing**, densité de pas verticaux ; **vertical misalignment**, défaut d'alignement ; **vertical parity**, parité verticale ; **vertical parity check**, contrôle de parité verticale ; **vertical pitch**, espacement des lignes ; **vertical redundancy check (VCR)**, contrôle de parité verticale ; **vertical retrace point**, point de retour trame ; **vertical slip**, défilement vertical ; **vertical spacing**, pas vertical ; **vertical sweep**, balayage de trame ; **vertical synchro**, synchro image ; **vertical tabulation (VT)**, tabulation verticale ; **vertical vernier**, réglage précis vertical ; **vertical wires**, fils verticaux.

VET : vet (to), valider ; **data vet**, validation des données.

VETTING : vetting, validation ; **vetting run**, passage de validation.

VFC : vertical form control (VFC), contrôle vertical du papier.

VHLL : very high-level language (VHLL), langage de très haut niveau.

VIABILITY : viability, fiabilité.

VIBRATION : vibration test, essai aux vibrations, essai aux chocs.

VIBRATOR : vibrator, ondulateur.

VIDEO : video, vidéo ; **composite video display**, moniteur composite ; **inverse video**, vidéo inverse ; **raw video**, vidéo brute ; **reverse video**, vidéo inverse ; **video amplifier**, amplificateur vidéo ; **video arcade game**, jeu vidéo de salle ; **video bandwidth**, largeur de bande vidéo ; **video buffer**, mémoire vidéo ; **video chip**, contrôleur d'écran vidéo ; **video clamp**, alignement vidéo ; **video colour copier**, copieur vidéo couleur ; **video data terminal**, poste vidéo, terminal vidéo ; **video device**, écran de visualisation ; **video digitiser**, numériseur vidéo ; **video display image**, mémoire image de l'affichage vidéo ; **video display unit (VDU)**, unité à affichage vidéo ; **video entertainment software**, logiciel de distraction vidéo ; **video generator**, générateur vidéo ; **video image**, image vidéo ; **video interface**, interface vidéo ; **video monitor**, moniteur vidéo ; **video probe**, sonde vidéo ; **video screen**, écran vidéo ; **video service**, transmission d'image ; **video signal**, signal vidéo ; **video sum**, somme vidéo ; **video tape**, bande vidéo ; **video terminal**, terminal vidéo.

VIDEOFREQUENCY : videofrequency, vidéofréquence.

VIDEOGRAPHICS : videographics, la vidéographie.

VIDEOGRAPHY : broadcast video-

graphy, vidéographie diffusée ; **interactive videography**, vidéographie dialoguée, vidéotex.

VIDEOTEX * : videotex, vidéotex, vidéographie interactive.

VIDEOTEXT * : videotext, vidéotexte, télétexte.

VIEW : underside view, vue de dessous ; view (to), visualiser.

VIEWABLE : viewable data, données visualisables.

VIEWDATA : viewdata, vidéographie dialoguée, vidéotex.

VIEWER : viewer, observateur.

VIEWING : viewing, visualisation ; viewing screen, écran de visualisation ; viewing transformation, transformation fenêtre-clôture ; viewing window, fenêtre de visée.

VIEWPOINT : viewpoint, point d'observation.

VIEWPORT * : viewport, fenêtre.

VIO : virtual input/output (VIO), entrée/sortie virtuelle.

VIOLATION : integrity violation monitor, moniteur de cohérence (de données).

VIRGIN : virgin magnetic tape, bande magnétique vierge ; virgin medium, support vierge, support vide ; virgin tape, bande vierge, bande vide.

VIRTUAL : virtual, virtuel ; permanent virtual circuit, circuit virtuel permanent ; shared virtual area, zone virtuelle partagée ; switched virtual circuit, circuit virtuel commuté ; virtual access method (VAM), méthode à accès virtuel ; virtual address, adresse virtuelle ; virtual addressing, adressage virtuel ; virtual call facility, service de communication virtuelle ; virtual circuit, circuit virtuel ; virtual communication, communication virtuelle ; virtual computer, calculateur virtuel ; virtual computing system, machine virtuelle ; virtual connection, circuit virtuel ; virtual device, périphérique virtuel ; virtual disc, disque virtuel ; virtual drive, disque virtuel ; virtual file, fichier virtuel ; virtual input/output (VIO), entrée/sortie virtuelle ; virtual machine, machine virtuelle ; virtual memory, mémoire virtuelle ; virtual memory system (VMS), système à mémoire virtuelle ; virtual mode, mode virtuel ; virtual operating system (VOS), système d'exploitation virtuel ; virtual push button, élément de menu, touche virtuelle ; virtual storage, mémoire virtuelle ; virtual storage management

(VSM), gestion de la mémoire virtuelle ; **virtual terminal**, terminal virtuel ; **virtual unit**, unité virtuelle.

VIRTUALLY : virtually flicker-free, pratiquement sans papillotement.

VISIBILITY : visibility code, code d'appel ; visibility key, code d'appel ; visibility mask, code d'appel.

VISUAL : visual/audible signal, signal opto-acoustique ; visual check, contrôle visuel ; visual display, visualisation ; visual display device, unité d'affichage ; visual display terminal (VDT), console de visualisation ; visual display unit, terminal de visualisation ; visual indication, indication optique ; visual indicator, affichage, indication optique ; visual input control, contrôle visuel de l'introduction ; visual readout, affichage ; visual record, enregistrement en texte clair ; visual scanner, lecteur optique ; visual signal, signal optique ; visual strain, fatigue visuelle ; visual telephone, visiophone.

VISUALISE, VISUALIZE : visualise (to) (US: visualize), visualiser.

VITAL : vital data, informations essentielles ; vital datum, donnée essentielle.

VMS : virtual memory system (VMS), système à mémoire virtuelle.

VOCABULARY : vocabulary, vocabulaire.

VOCAL : vocal terminal, terminal vocal ; vocal unit, unité à réponse vocale.

VOCODER : vocoder, vocodeur.

VODER : voder, synthétiseur vocal.

VOICE : voice, voix ; dalek voice, voix robotique ; data above voice (DAV), données supravocales ; telegraphy voice frequency, télégraphie à fréquence vocale ; voice-actuated device, dispositif d'activation vocal ; voice band, bande téléphonique ; voice channel, voie téléphonique ; voice coil, positionneur linéaire ; voice communication, liaison téléphonique ; voice frequency, fréquence vocale ; voice frequency output, sortie de fréquence vocale ; voice-grade, de classe vocale ; voice grade channel, ligne téléphonique ; voice grade circuit, ligne de haute qualité ; voice input terminal, terminal vocal ; voice level indicator, indicateur de niveau optique ; voice line, ligne téléphonique ; voice output, sortie vocale ; voice output buffer, tampon de sortie vocale ; voice output unit, unité de sortie vocale ; **voice recognition**, reconnaissance vocale ; **voice response**, sortie vocale ; **voice response computer**, ordinateur à réponse vocale ; **voice response unit**, unité de sortie vocale ; **voice synthesiser**, synthétiseur de voix.

VOID : void, défaut d'encrage ; **void result**, résultat indéterminé.

VOLATILE : volatile, volatil, effaçable ; **non-volatile memory**, mémoire permanente ; **volatile dynamic storage**, mémoire dynamique volatile ; **volatile file**, fichier très actif ; **volatile information**, information altérable ; **volatile memory**, mémoire volatile ; **volatile storage**, mémoire non rémanente.

VOLATILITY * : volatility, volatilité ; **storage volatility**, volatilité de mémoire.

VOLTAGE : voltage, tension ; **common mode voltage**, tension de mode commun ; **inverse voltage**, tension d'arrêt ; **line voltage**, tension secteur ; **normal mode voltage**, tension de mode normal ; **on-state voltage**, tension directe ; **reference voltage**, tension de référence ; **voltage adapter switch**, sélecteur de tension ; **voltage amplification**, amplification en tension ; **voltage amplifier**, amplificateur de tension ; **voltage breakdown**, défaillance du réseau, défaillance du secteur ; **voltage change**, variation de tension ; **voltage control**, régulation de tension ; **voltage-current characteristic**, caractéristique de la tension ; **voltage-dependent**, dépendant de la tension ; **voltage divider**, pont diviseur ; **voltage doubling**, doublage de tension ; **voltage drop**, chute de tension ; **voltage pulse**, impulsion de tension ; **voltage regulator**, régulateur de tension ; **voltage selector**, sélecteur de tension ; **voltage source**, source de tension ; **voltage stabiliser** (US: **stabilizer**), stabilisateur de tension ; **voltage surge**, surtension ; **voltage test point**, point de mesure de tension ; **voltage transformer**, transformateur de tension ; **voltage**

variable capacitance, capacitance commandée par tension ; **voltage variation**, variation de tension ; **voltage waveform**, forme de la tension.

VOLUME : volume, volume, fichier ; **end-of-volume trailer label**, label de fin de bande ; **information volume**, contenu en informations ; **single-volume file**, fichier monopile ; **user volume label**, label d'identification utilisateur ; **volume catalogue**, catalogue de volumes ; **volume cleanup**, effacement de volume ; **volume control**, réglage de l'intensité, régleur de l'intensité ; **volume directory**, répertoire de chargeurs ; **volume displacement card**, carte de décalage de volume ; **volume exclusive control**, contrôle des supports de données ; **volume group**, groupe de volumes ; **volume header label**, label début de volume ; **volume identification**, identification de volume ; **volume label**, label de volume ; **volume list**, liste des volumes ; **volume mapping**, transfert de volumes ; **volume name check**, contrôle du nom de volume ; **volume of data**, volume de données ; **volume parameter card**, carte de commande de support informatique ; **volume preparation**, mise en forme de volume ; **volume security**, protection de chargeur ; **volume sequence check**, contrôle séquentiel de volume ; **volume sequence number**, numéro consécutif de chargeur ; **volume set**, ensemble de bandes ; **volume swap**, remplacement de chargeur, échange de chargeur ; **volume swapping**, remplacement de chargeur ; **volume switching**, changement de volume ; **volume type**, type de volume ; **volume variance**, système de traitement de texte.

VOS : virtual operating system (VOS), système d'exploitation virtuel.

VOWEL : vowel, voyelle.

VSM : virtual storage management (VSM), gestion de la mémoire virtuelle.

VULGAR : vulgar fraction, fraction vulgaire

W

WAD : wad, liasse.

WAFER : wafer, galette, tranche.

WAIR : wair call, appel de mise en attente.

WAIT : wait, attente ; **hard wait state**,

état d'attente permanent ; **I/O wait**, attente aux entrées/sorties ; **wait action**, fonction d'attente ; **wait before transmit**, attente avant transfert ; **wait condition**, état d'attente ; **wait cycle**, cycle d'attente ; **wait loop**, boucle d'attente ; **wait state**, cycle d'attente ; **wait station**, poste d'attente.

WAITING : waiting, attente ; **waiting cycle**, cycle d'attente ; **waiting list**, file d'attente, liste d'attente, liste ; **waiting message**, message en attente ; **waiting programme**, programme en attente ; **waiting queue element**, élément de file d'attente ; **waiting queue field**, zone de file d'attente ; **waiting state**, état d'attente ; **waiting task**, tâche en attente ; waiting time, latence, temps d'attente ; **waiting time distribution**, ventilation des temps d'attente.

WAIVE : waive (to), abandonner.

WALK : random walk, cheminement aléatoire ; **walk down**, perte cumulative.

WALKING : tree walking, traversée d'un arbre.

WALL : wall outlet, prise murale ; **wall socket**, prise murale.

WAND * : wand, lecteur, détecteur ; **wand scanner**, crayon lecteur.

WARE : square ware, onde carrée.

WARM : warm boot, redémarrage à chaud ; **warm restart**, redémarrage à chaud ; **warm start**, démarrage à chaud ; **warm-up period**, période de mise en activité.

WARNING : warning, avertissement ; **warning bell**, signal d'alerte ; **warning diagnostic**, diagnostic d'alerte ; **warning flag**, drapeau d'alerte ; **warning lamp**, voyant d'alerte.

WASTE : waste instruction, instruction de non opération.

WATCH : watch dog, contrôleur de séquence.

WATTAGE : wattage rating, puissance consommée.

WAVE : wave, onde ; **carriage wave**, onde porteuse ; **carrier wave**, onde porteuse ; **front wave**, onde enveloppe ; **full-wave rectifier**, redresseur double alternance ; **half-wave rectifier**, redresseur simple alternance ; **keying wave**, onde manipulée ; **light-wave**, onde lumineuse ; **sine wave**, onde sinusoïdale ; **wave equation**, équation d'onde ; **wave trap**, circuit éliminateur.

WAVEFORM : waveform, forme d'onde ; **voltage waveform**, forme de la tension.

WAY : way, direction ; **both-way communication**, mode bidirectionnel simultané ; **either-way communication**, bidirectionnel à l'alternat ; **either-way operation**, semi-duplex ;

one-way **communication**, communication unilatérale ; **one-way trunk**, ligne unilatérale ; **single way**, liaison unidirectionnelle ; **two-way alternate communication**, communication bilatérale à l'alternat. ; **two-way communication**, communication bilatérale ; **two-way simultaneous communication**, communication bilatérale simultanée ; **way circuit**, ligne bus ; **way factor**, facteur de voie ; **way station**, station intermédiaire.

WEAK : weak convergence, convergence pauvre.

WEAKEN : weaken (to), affaiblir.

WEAKLY : weakly connected graph, graphe faiblement connexe.

WEAR : wear, usure ; **wear and tear**, usé par utilisation ; **wear compensator**, compensateur d'usure.

WEAROUT : wearout failure, défaillance par usure.

WEARPROOF : wearproof, résistant à l'usure.

WEB : web, papier en rouleau ; **web width**, largeur papier.

WEDGE : wedge, clavette.

WEIGHT : weight, poids ; **binary weight**, poids binaire ; **card weight**, presse-cartes ; **weight register**, registre de pondération.

WEIGHTED : weighted, pondéré ; **weighted average divide**, division pondérée ; **weighted average multiply**, multiplication pondérée ; **weighted binary**, binaire pondéré ; **weighted code**, code pondéré ; **weighted sum**, somme pondérée.

WEIGHTING : weighting, pondération ; **noise weighting**, pondération du bruit ; **weighting factor**, facteur de pondération ; **weighting fonction**, fonction de pondération.

WHEEL : wheel, roue ; **adding wheel**, machine de Pascal ; **character wheel**, roue à caractères ; **code wheel**, roue codeuse ; **counter wheel**, roue compteuse ; **daisy wheel**, disque d'impression, marguerite ; **daisy wheel printer**, imprimante à marguerite ; **pin wheel**, roue à picots ; **print wheel**, disque d'impression, marguerite ; **type wheel**, disque d'impression, marguerite ; **wheel printer**, imprimante à roue.

WHITE : white noise, bruit blanc ; **white space**, espace blanc ; **white transmission**, transmission en blanc.

WIDEBAND : wideband, bande large ; wideband channel, canal à large bande ; wideband circuit, circuit à large bande ; wideband line, ligne à bande large.

WIDTH : channel width, largeur de canal ; gap width, largeur d'entrefer ; highway width, largeur de bus ; line width, largeur de trait ; pulse width modulation, modulation en largeur d'impulsion ; stroke width, largeur d'un segment ; track width, largeur de piste ; web width, largeur papier.

WILDCARD : wildcard, caractère de remplacement.

WINCHESTER * : Winchester disc, disque Winchester ; Winchester disc system, système à disque dur ; Winchester technology disc, disque de technologie Winchester.

WINDER : tape winder, enrouleur de bande.

WINDING : holding winding, enroulement de maintien ; inhibit winding, enroulement d'inhibition ; input winding, enroulement d'entrée ; primary winding, enroulement primaire ; secondary winding, enroulement secondaire ; winding direction, sens d'enroulement ; winding layer, nappe d'enroulements ; winding number, nombre d'enroulements ; write winding, enroulement d'écriture.

WINDOW : window, fenêtre ; pop-up window, mode fenêtre ; tiled windows, fenêtres à recouvrement ; viewing window, fenêtre de visée ; window clipping, détourage hors-fenêtre ; window transformation, transformation fenêtre-clôture.

WINDOWING * : windowing, fenêtrage, mise en page.

WIRE : wire, fil ; wire (to), câbler ; four-wire channel, voie trétrafilaire ; hold wire, fil de maintien ; holding wire, fil de maintien ; jumper wire, cavalier ; magnetic wire storage, mémoire à fil magnétique ; order wire, voie de service ; plated wire storage, mémoire à fil magnétique ; print wire, aiguille d'impression ; printed wire ribbon, câble plat imprimé ; single-wire line, ligne monoconducteur ; two-wire channel, voie bifilaire ; two-wire circuit, circuit deux fils ; two-wire system, système à voies bifilaires ; vertical wires, fils verticaux ; wire channel, passage de fils ; wire contact, contact à fil ; wire frame, image fil de fer ; wire frame representation, représentation fil de fer ; wire lead, raccord à fil ; wire matrix printer, imprimante à aiguilles ; wire printer, imprimante à aiguilles ; wire storage, mémoire câblée ; wire strap, pont ; wire-wrap, connexion enroulée, câblage ; wire-wrap tool, tortillonneur.

WIRED : wired, câblé ; wired AND, circuit ET câblé ; wired circuit, circuit câblé ; wired communication, liaison câblée ; wired-in, câblé ; wired-in check, contrôle câblé ; wired logic, logique câblée ; wired monitor, moniteur câblé ; wired OR, circuit OU câblé ; wired programme, programme câblé ; wired programme computer, calculateur à programme câblé.

WIRING : wiring, câblage ; back-to-back wiring, court-circuit ; wiring board, tableau de connexions ; wiring diagram, plan de câblage ; wiring error, erreur de câblage ; wiring method, méthode de câblage.

WITHSTAND : surge withstand capability, résistance aux surtensions.

WORD * : word, mot ; binary word, mot binaire ; channel address word (CAW), mot d'adresse de canal ; channel command word, mot de commande canal ; channel status word, mot d'état de canal ; check word, mot de contrôle ; computer word, mot machine ; control status word (CSW), mot d'état de contrôle ; control word, mot de commande ; data word, mot de données ; data word length, longueur du mot de données ; data word size, longueur de mot ; device status word, mot d'état de périphérique ; double length word, mot double ; double word, mot double ; double word register, registre en double mot ; empty word, mot vide ; fixed-point word length, longueur de mot en virgule fixe ; fixed word, mot de longueur fixe ; fixed-word length, longueur de mot fixe ; half-word, demi-mot ; index word, mot d'index ; indexing word, mot d'index ; indicator word, mot indicateur ; information word, mot d'information ; instruction storage word, mot d'instruction ; instruction word, mot instruction ; length record word, mot de longueur d'article ; machine word, mot machine ; manual word generator, élément d'entrée manuelle ; memory word, mot mémoire ; numeric word, mot numérique ; numerical word, mot numérique ; optional word, mot facultatif ; parameter word, mot-paramètre ; programme status word (PSW), mot d'état programme ; **programme word**, mot de programme ; **quad-word bound**, format à mot quadruple ; **search word**, mot de recherche ; **segment table word**, mot de table de segments ; **short word**, demi-mot ; **status word**, mot d'état ; **unit control word**, mot de contrôle d'unité ; **user-defined word**, mot défini par l'utilisateur ; **variable word**, mot de variable ; **variable word length**, longueur de mot variable ; **word address**, adresse de mot ; **word address format**, format d'adresse ; **word alignment**, alignement par mot ; **word boundary**, frontière de mot ; **word buffer register**, registre tampon de mot ; **word capacity**, capacité exprimée en mots ; **word delimiter**, sentinelle de mot ; **word format**, structure de mot ; **word indexing**, indexage par mot clé ; **word input register**, registre d'entrée en mot ; **word length**, longueur de mot ; **word machine**, machine organisée en mots ; **word mark**, marque de mot ; **word-organised memory**, mémoire organisée par mots, mémoire à mots ; **word-organised storage**, mémoire organisée par mots, mémoire à mots ; **word-oriented**, orienté mot ; **word-oriented computer**, ordinateur organisé par mots ; **word-oriented operation**, opération exécutée par mots ; **word period**, periode de mot ; **word processing (WP)**, traitement de texte ; **word processor**, processeur de texte ; **word register**, registre de mot ; **word selection**, sélection de mot ; **word separator**, séparateur de mot ; **word size**, longueur de mot ; **word size emitter**, générateur de longueur de mot ; **word space**, espace mot ; **word structure**, structure de mot ; **word-structured memory**, mémoire à structure de mots ; **word time**, temps de transfert d'un mot ; **word transfer**, transfert de mot ; **word-wrap**, mise à ligne des mots.

WORK : work, travail ; **diacritical work**, caractère diacritique ; **electronic worksheet**, bloc-notes électronique ; **input work queue**, file des travaux en entrée ; **item work area**, zone de traitement d'article ; **maintenance work**, travaux de maintenance ; **output work queue**, file d'attente en sortie ; **programme worksheet**, feuille de programmation ; **serial work flow**, déroulement séquentiel des travaux ; **work area**, zone de travail ; **work cycle**, séquence de travail ; **work disc**, disque de travail ; **work file**, fichier de travail ; **work flow**, déroulement du travail ; **work-in-process**

queue, opération en file d'attente ; **work item**, élément de travail ; **work location**, zone de manoeuvre ; **work processing**, en-cours ; **work programme**, plan de travail ; **work register**, registre de travail ; **work scheduling**, planification ; **work sequence**, séquence de travail ; **work stack**, pile de travaux ; **work tape**, bande de travail ; **work unit**, poste de saisie ; **worksheet**, feuille de travail.

WORKING : working, travail, exploitation, fonctionnement ; **asynchronous working**, régime asynchrone ; **minimum working set**, partie active minimale ; **open circuit working**, transmission en circuit ouvert ; **single-length working**, travail en simple mot ; **synchronous working**, fonctionnement synchrone ; **triple length working**, en triple longueur ; **unidirectional working**, exploitation unidirectionnelle ; **working area**, zone de travail ; **working cycle**, cycle de travail ; **working diagram**, diagramme de fonctionnement ; **working environment**, environnement d'exploitation ; **working file**, fichier de travail ; **working frequency**, fréquence de travail ; **working memory section**, mémoire de travail ; **working processing**, opération de traitement ; **working routine**, programme de production ; **working size**, taille de la zone de travail ; **working space**, espace de travail ; **working storage**, zone de mémoire de travail, mémoire de travail ; **working temperature range**, plage de températures de service ; **working track**, piste de travail ; **working zone**, zone de travail.

WORKLOAD : workload, charge du système ; **system workload**, charge d'exploitation ; **workload planning**, planification des charges.

WORKSHEET : worksheet, feuille de travail ; **electronic worksheet**, bloc-notes électronique ; **programme worksheet**, feuille de programmation.

WORKSHOP : workshop, atelier ; **(data processing) workshop**, atelier (informatique).

WORKSPACE * : workspace, mémoire disponible.

WORKSTATION : workstation, poste de travail.

WORLD : world co-ordinate, coordonnée universelle.

WOW : wow, pleurage.

WRAP : cursor wrap, saut de ligne curseur ; **wire-wrap**, connexion enroulée, câblage ; **wire-wrap tool**, tortillonneur ; **word-wrap**, mise à ligne des mots.

WRAPAROUND * : wraparound, lacet.

WRECK : wreck, bourrage ; **card wreck**, bourrage de cartes.

WRINKLE : wrinkle, pli.

WRITE * : write, écriture ; **write (to)**, écrire ; **direct read after write (DRAW)**, lecture et écriture simultanées ; **disc write protect**, protection à l'écriture ; **gather write**, écriture avec regroupement ; **pixel read/write**, lecture/écriture de point image ; **post-write disturb pulse**, impulsion parasite après écriture ; **programme write up**, écriture de programme ; **read-after-write**, lecture après écriture ; **read/write**, lecture-écriture ; **read/write burst**, lecture/écriture par rafale ; **read/write channel**, canal lecture-écriture ; **read/write head**, tête de lecture-écriture ; **read/write mode**, mode lecture-écriture ; **read/write protection notch**, encoche de protection à l'écriture ; **read/write protection tab**, onglet de protection à l'écriture ; **unformatted write statement**, instruction d'écriture non formatée ; **write action**, opération d'écriture, fonction d'écriture ; **write address**, adresse d'écriture ; **write amplifier**, amplificateur d'écriture ; **write burst**, écriture en rafale ; **write command**, commande d'écriture ; **write current**, courant d'écriture ; **write cycle**, cycle d'écriture ; **write cycle time**, temps du cycle d'écriture ; **write disc check**, contrôle à l'écriture ; **write enable**, autorisation d'écriture ; **write error**, erreur à l'écriture ; **write head**, tête d'écriture ; **write home address**, écriture de l'adresse piste ; **write inhibit ring**, anneau d'interdiction à l'écriture ; **write initial**, écriture de début de piste ; **write instruction**, instruction d'écriture ; **write lock-out**, interdiction d'écriture ; **write lockout feature**, dispositif de protection à l'écriture ; **write mode**, mode écriture ; **write operation**, opération d'écriture ; **write overlap**, débordement de l'écriture ; **write position**, position d'écriture ; **write premit**, autorisation d'écriture ; **write-protect**, protection à l'écriture ; **write-protect notch**, encoche de protection à l'écriture ; **write protection**, protection en écriture ; **write pulse**, impulsion d'écriture ; **write rate**, vitesse d'écriture ; **write request**, demande d'écriture ; **write time**, temps d'écriture ; **write verification**, contrôle d'écriture ; **write verify mode**, mode de vérification à l'écriture ; **write winding**, enroulement d'écriture.

WRITEABLE : writeable control memory, mémoire à écriture directe ; **writeable memory**, mémoire active.

WRITER : writer, machine à écrire ; **golfball type writer**, machine à écrire à boule ; **output writer**, éditeur de sortie ; **report writer**, utilitaire d'éditeur d'états.

WRITING : writing, écriture ; **demand writing**, écriture immédiate ; **plain writing**, écriture en clair ; **reading/writing**, lecture-écriture ; **reading/writing access mode**, mode lecture-écriture ; **writing current**, courant d'écriture ; **writing cycle time**, temps du cycle d'écriture ; **writing density**, densité d'écriture ; **writing head**, tête d'écriture ; **writing line**, ligne d'écriture ; **writing speed**, vitesse d'écriture ; **writing statement**, instruction d'écriture.

WRITTEN : hand-written programme, programme écrit manuellement ; **user written routine**, sous-programme écrit par l'utilisateur ; **written message**, message écrit.

WYE : wye connection, montage en étoile.

WYSIWYG : wysiwyg, tel vu tel imprimé, vu-imprimé

X

X-ON/X-OFF : caractères de commande de périphérique (DC) **X-punch**, perforation X, perforation en ligne 11 (onze) ; **X-series**, interfaces et protocoles de la série X (X.25, X.400, etc) ; **X-ray**, rayon X ; **X-tal**, cristal ; **X-tal diode**, diode à cristal ; **X-Y plotter**, traceur X-Y.

XEROGRAPHIC : xerographic

printer, imprimante xérographique ; **xerographic printing**, processus d'impression xérographique.

XEROGRAPHY : xerography, xérographie.

XFER : xfer, transfert.

XFORMER : xformer, transformateur.

XMODEM : XMODEM protocol (datalink), protocole (de transmission) XMODEM.

XS3 : excess-three code (XS3), code

excédent trois.

XTAL : xtal diode, diode à cristal

Y

Y-punch : perforation Y, perforation en ligne 12 (douze)X-Y plotter, traceur X-Y.

YIELD * : yield, production, rendement,

fléchissement ; chip yield, taux de puces bonnes.

YOKE : yoke, déflecteur ; print yoke, mécanisme d'impression.

Z

ZAG : zig-zag folded paper, papier à pliage accordéon, papier paravent.

ZAP * : zap (to), effacer.

ZERO * : zero, zéro ; absolute zero, zéro absolu ; binary zero, chiffre binaire '0' ; branch on zero, branchement à zéro ; equal zero indicator, indicateur de zéro ; floating zero, zéro flottant ; high-order zero printing, impression des zéros de gauche ; high-order zeroes, zéros de gauche ; leading zeroes, zéros de tête ; left hand zero, zéro cadré à gauche ; left zero print, impression des zéros de gauche ; logical one or zero, chiffre '1' ou '0' logique ; machine zero, origine machine ; non-return-to-zero recording (NRZ), enregistrement sans retour à zéro ; reset to zero, restauration, remise à zéro ; return-to-zero, retour à zéro ; right hand zero, zéro cadré à droite ; trailing zeroes, zéros suiveurs ; undisturbed zero, signal de sortie zéro sans perturbation ; zero access addition, addition immédiate ; zero address, sans adresse ; zero address instruction, instruction sans adresse ; zero binary, binaire zéro ; zero bit, binaire de zéro ; zero blanking, suppression des zéros ; zero complement, complément à zéro ; zero condition, état zéro ; zero count interrupt, interruption à zéro ; zero-crossing, coupure du zéro ; zero deletion, suppression des zéros ; zero elimination, élimination des zéros ; zero fill (to), garnir de zéros ; zero flag, indicateur de zéro ; zero indicator, indicateur de zéro ; zero insertion, insertion de zéros ; zero insertion force

(ZIF), à force d'insertion nulle ; zero-level address, opérande immédiat, adresse immédiate ; zero match element, circuit NON-OU, porte NON-OU, NI ; zero match gate, circuit NON-OU, porte NON-OU, NI ; zero offset, décalage du zéro ; zero output, sortie zéro ; zero page addressing, adressage par page ; zero relative address, adresse relative à zéro ; zero setting, mise à zéro ; zero state, état zéro ; zero suppression, suppression des zéros.

ZEROISE, ZEROIZE * : zeroise (to) (US: zeroize), garnir de zéros.

ZIF : zero insertion force (ZIF), à force d'insertion nulle.

ZIG : zig-zag folded paper, papier à pliage accordéon, papier paravent.

ZONE * : zone, zone, région, champ ; blanking zone, zone de blocage ; clear zone, zone vide ; dead zone, zone inactive ; landing zone, zone d'atterrissage ; matching zone, indicatif de rapprochement ; minus zone, zone de signe ; working zone, zone de travail ; zone bit, binaire complémentaire ; zone digit, perforation hors-texte ; zone movement, mouvement de zone ; zone punch, perforation hors-texte ; zone punching, perforation hors-texte ; zone quartet, quartet de poids fort.

ZONED : zoned decimal, décimal.

ZOOM : zoom, zoom ; zoom-in, zoom avant ; zoom-out, zoom arrière.

ZOOMING : zooming, variation d'échelle

III. Sigles usuels anglais

ABC, Automatic Bandwidth Control. Atanasoff-Berry Computer
ABM, Automatic Batch Mixing
ABO, Advanced Byte Oriented
ABS, Air Bearing Surface
AC, Automatic Computer. Alternating Current
ACA, Adjacent Channel Attenuation
ACC, ACCumulator
ACD, Automatic Call Distributor
ACE, Automatic Computing Engine
ACI, Asynchronous Communications Interface
ACIA, Asynchronous Communications Interface Adapter
ACK, ACKnowledge
ACM, Association for Computing Machinery
ACR, Access Control Register
ACTS, Automatic Computer Telex Service
ACU, Automatic Calling Unit
AD, Average Deviation
ADA, Automatic Data Acquisitions
ADC, Analog-to-Digital Converter. Analog Digital Converter
ADCCP, Advanced Data Communications Control Procedure
ADDAR, Automatic Digital Data Acquisition and Recording
ADL, Applications Development Language
ADLC, Advanced Data Link Control
ADONIS, Automatic Digital ON-line Instrumentation System
ADOS, Advanced Disk Operating System
ADP, Automatic Data Processing
ADPC, Automatic Data Processing Center
ADPCM, Adaptive Differential Pulse-Code Modulation
ADPE, Automatic Data Processing Equipment
ADPS, Automatic Data Processing System. Automatic Display and Plotting Systems
ADR, Analog-to-Digit Recorder
ADS, Address Data Strobe
ADT, Application-Dedicated Terminal. Active Disc Table
ADX, Automatic Data Exchange
AED, Algol Extended for Design
AEG, Active Element Group
AF, Audio Frequency
AFC, Automatic Frequency Control
AFG, Analog Function Generator
AFIPS, American Federation of Information Processing Societies
AFL, Abstract Family of Languages
AGC, Automatic Gain Control
AHPL, A Hardware Programming Language
AI, Artificial Intelligence
AIG, Address Indicating Groups
ALC, Automatic Level Control
ALE, Address Latch Element. Address Latch Enable

ALGOL, ALGOrithmic Language
ALSTTL, Advanced Low-power Schottky TTL
ALT, ALTernate
ALU, Arithmetic and Logic Unit
AM, Amplitude Modulation
AMC, Automatic Message Counting. Automatic Modulation Control
AMD, Advanced Micro Devices (California)
AME, Amplitude Modulation Equivalent
AMI, Alternate Mark Inversion
AMP,AMPS, AMPere, AMPereS
AMR, Automatic Message Registering
AM-DSB, Amplitude Modulation, Double SideBand
AM-SSB, Amplitude Modulation, Single SideBand
AN, AlphaNumeric
ANACOM, ANAlog COMputer
ANATRON, ANAlog TRANslator
ANI, Automatic Number Identification
ANS, Artificial Neural Systems
ANSI, American National Standards Institute
ANT, ANTenna
AO, Amplifier Output
AOC, Automatic Output Control
AOS, Add-Or-Subtract
APA, All Point Addressable
APC, Automatic Phase Control. Adaptative Predictive Coding
APD, Angular Position Digitiser
API, Application Programme Interface
APL, A Program Language
APOTA, Automatic POsitioning Telemetering Antenna
APP, Auxiliary Power Plant
APPC, Advanced Program to Program Communications
APRXLY, APRoXimateLY (computer language)
APSE, Ada Programming Support Environment
APT, Automatic Picture Transmission. Automatically Programmed Tools
APTS, Automatic Picture Transmission System
APUHS, Automatic Program Unit, High Speed
APULS, Automatic Program Unit, Low Speed
AQ, Any Quantity
AQL, Acceptable Quality Level
ARAM, Analog Random Access Memory
ARC, Automatic Ratio Control. Automatic Remote Control. Automatic Relay Calculator
ARL, Acceptable Reliability Level
ARM, Automated Route Management
ARMA, Auto Regressive Moving Average
ARPA, Advanced Research Projects Agency
ARPANET, Advanced Research Projects

Agency Network

ARQ, Automatic Request for Repetition

ARRL, Advanced Run-Length Limited

ART, Automatic Reporting Telephone

ARU, Audio Response Unit

AS, Add-Subtract

ASC, Automatic Selectivity Control. Automatic Synchronised Control

ASCC, Automatic Sequence-Controlled Calculator

ASCII, American Standard Code for Information Interchange

ASD, Automatic Synchronized Discriminator

ASIC, Application-Specific Integrated Circuit

ASK, Amplitude Shift Keying

ASLIB, Association of Special Libraries and Information Bureau

ASLT, Advanced Solid Logic Technology

ASN, Average Sample Number

ASP, Automatic Servo Plotter. Automatic Switching Panel

ASR, Automatic Send Receive

ASV, Automatic Self-Verification

AT, Automating Ticketing. Action Time

AT & T, American Telephone & Telegraph co

ATDM, Asynchronous Time-Division Multiplexing

ATE, Automatic Test Equipment

ATL, Automated Tape Library

ATS, Automatic Test System. Administrative Terminal System (IBM)

ATU, Autonomous Transfer Unit

AU, Arithmetic Unit

AUTODIN, AUTOmatic DIgital Network

AUTOPIC, Automatic Personal Identification Code

AUTOVON, AUTOmatic VOice Network

AVD, Alternate Voice Data

AVE, Automatic Volume Expansion

AVL, AVailable. Adel'son-Vel'skii and Landis

AVR, Automatic Volume Recognition

AWG, American Wire Gauge

AWGN, Additive White Gaussian Noise

A-O AMPL, And-Or AMPLifier

A/D, Analogue to Digital

A/M, Auto-Manual

A/N, AlphaNumeric

BA, Binary Add

BAC, Binary Asymmetric Channel

BACE, Basic Automatic Checkout Equipment

BADC, Binary Asymmetric Dependent Channel

BAM, Bidirectional Associative Memory

BAP, Band Amplitude Product

BAR, Buffer Address Register

BASIC, Beginners All-purpose Symbolic Instruction Code

BBC, Block Check Character

BBD, Bucket Brigade Device

BBLT, Bus BLock Transfer

BBM, Break Before Make

BC, Binary Code

BC, Broadcast Control

BCC, Block Check Character

BCD, Binary-Coded Decimal

BCDIC, Binary-Coded Decimal Information Code

BCD/B, Binary-Coded Decimal/Binary

BCD/Q, Binary-Coded Decimal/Quaternary

BCFSK, Binary Code Frequency Shift Keying

BCH, Bose-Chaudhuri-Hocquenghem

BCI, Binary-Coded Information. BroadCast Interference. Bit Count Integrity

BCO, Binary-Coded Octal

BCRT, Bright Cathode Ray Tube

BCS, British Computer Society

BCW, Buffer Control Word

BDC, Binary Decimal Counter. Buffered Data Channel

BDD, Binary-to-Decimal Decoder

BDH, Bearing, Distance and Heading

BDN, Bell Data Network

BDU, Basic Display Unit

BE, Band Elimination

BEAMOS, BEam Accessed MOS

BEL, BELl

BER, Binary Error Rate. Bit Error Rate

BERT, Bit Error Rate Tester

BEX, Broadside EXchange

BFG, Binary Frequency Generator

BFO, Beat Frequency Oscillator

BI, Blanking Input

BIDEC, BInary-to-DECimal

BIM, Beginning of Information Marker

BIOS, Basic Input/Output System

BIPCO, Built-In-Place COmponents

BISAM, Basic Indexed Sequential Access Method

BISYNC, BInary SYNchronous Communications

BIT, BInary digiT. BIT-oriented protocol. Built-In Test

BITN, Bilateral ITerative Network

BIVAR, BIVARiant function generator

BIX, Binary Information eXchange

BKSP, BacKSPace

BL, BLanking

BLER, BLock Error Rate

BLF, Bubble Lattice File

BLK, BLocK

BLNK, BLaNK

BLU, Basic Logic Unit

BM, Buffer Module

BN, Binary Number system

BNF, Backus Normal Forum Backus Naur Form

BNG, Branch No Group

BO, Beat Oscillator

BOI, Branch Output Interrupt

BORAM, Block Oriented Random Access Memory

BOS, Basic Operating System

BOT, Beginning Of Tape. Beginning Of Transfer

BP, BandPass

BPF, BandPass Filter
BPI, Bits Per Inch
BPMM, Bits Per MilliMeter
BPO, British Post Office
BPS, Bits Per Second
BPSK, Binary Phase Shift Keying
BR, Break Request
BRC, BRanch Conditional
BRIL, BRILlance
BRM, Binary Rate Multiplier
BRS, Break Request Signal
BRU, BRanch Unconditional
BS, British Standard. Binary Subtract. Back Space
BSAM, Basic Sequential Access Method
BSC, Basic message Switching Centre. Binary Synchronous Communications. Binary Symetric Channel
BSD, Berkeley System Distribution
BSDC, Binary Symmetric Dependent Channel
BSI, Branch and Store Instruction. British Standard Institute
BSIC, Binary Symmetric Independent Channel
BST, Beam Switching Tube
BSY, BuSY
BT, British Telecom
BTAM, Basic Terminal Access Method
BTDL, Basic Transient Diode Logic
BTSP, BooTStraP
BTST, Busy Tone STart lead
BUF, BUFfer
BUIC, Back-Up Interceptor Control
BW, BandWidth
BWR, BandWidth Ratio

C, Compute. Computer. Computing. Control. degrees Celcius. Capacitance. Combination
C and C, Command and Control
C2, Command and Control
C3, Command , Control and Communications
C3I, Command, Control, Communications and Information
CA, Cancel
CAD, Computer-Aided Design
CAD/CAM, Computer-Aided Design/Computer-Aided Manufacturing
CAF, Content-Addressable Filestore
CAFS, Content Addressable File Storage
CAI, Computer Analog Input. Computer-Aided Instruction. Computer-Aided design
CAI/OP, Computer Analog Input/OutPut
CAL, Computer-Assisted Learning
CAM, Central Address Memory. Content Addressable Memory. Checkout and Automatic Monitoring. Computer-Aided Manufacturing
CAMA, Centralised Automatic Message Accounting
CAMAC, Computer-Automated Measurement And Control
CAMP, Computer-Aided Mask Preparation
CAN, CANcel
CAR, Contents of Address Register
CARAM, Content Addressable Random Access Memory

CARR, CARRiage. CARRier
CAS, Column Address Strobe
CAT, Capacity-Activated Transducer. Computer-Aided Testing
CATT, Controlled Avalanche Transit Time
CATV, CAble TeleVision. Community Antenna TeleVision
CAV, Constant Angular Velocity
CAW, Channel Address Word
CBI, Compound Batch Identification
CBL, Computer-Based Learning
CBLT, Character BLock Transfer
CBW, Constant BandWidth
CBX, Computerised Branch eXchange
CC, Central Control. Closed Circuit. Concurrent Concession. CalCulator. Connecting Circuit. Carriage Control
CCD, Charge Coupled Device. Complementary Coded Decimal
CCH, Connections per Circuit Hour
CCITT, Consultative Committee on International Telephone and Telegraph
CCP, Character Controlled Protocol
CCR, Central Control Room
CCS, Continuous Commercial Service. hundred Call seCondS
CCT, CirCuiT
CCU, Central Control Unit. Communications Control Unit
CCW, CounterClockWise. Channel Command Word
CC&S, Central Computer and Sequencer
CD, Check Digit. Clock Driver. Carrier Detect. Compact Disc
CDC, Code Directing Character. Control Data Corporation (Minneapolis)
CDCE, Central Data Conversion Equipment
CDF, Combined Distribution Frame
CDH, Command and Data Handling
CDI, Collector Diffused Isolation
CDK, Channel Data checK
CDL, Computer Description Language
CDP, Checkout Data Processor. Communication Data Processor
CDT, Control Data Terminal
CDU, Central Display Unit
CDV, Check Digit Verification
CDV-ROM, Compact Disc Video ROM
CD-ROM, Compact Disc Read-Only Memory
CD-WO, Compact Disc Write Once
CE, Channel End. Customer Engineering
CEP, Circular Error Probability
CEPT, Conference of European Posts and Telecommunications
CF, Central File. Conversation Factor. Count Forward
CGA, Color Graphics Adapter (IBM)
CGB, Convert Gray-to-Binary
CHAL, CHALlenge
CHAPSE, CHILL/Ada Programming Support Environment
CHAR, CHARacter
CHG, CHanGe
CHK, CHecK

CHKPT, CHecKPoinT
CHMOS, Complementary High-speed Metal Oxide
CHNL, CHanNeL
CHPS, CHaracters Per Second
CHRG, CHaRGe
CHS, CHaracters
CI, Call Indicator. Circuit Interrupter. Cut In
CIA, Communications Interface Adapter
CICS, Customer Information Control System
CIF, Central Index File. Central Integration Facility
CIM, Computer Input from Microfilm
CIO, Central Input/Output multiplexer
CIR, CIRcuit. Current Instruction Register
CIRC, Cross-Interleaved Read-salomon Code
CIS-COBOL, Compact Interactive Standard COBOL
CIT, Call-In-Time
CIU, Computer Interface Unit
CK, ChecK
CK DIG, ChecK DIGit
CKO, ChecKing Operator
CL, Central Line. CLass. Conversion Loss. Clear. Current Loop
CLA, Communication Line Adapter
CLAT, Communication Line Adapter for Teletypewriter
CLC, Communications Link Controller
CLCS, Current Logic, Current Switching
CLD, CaLleD line
CLG, CaLlinG line
CLK, CLocK
CLP, Constraint Logic Programming
CLR, Computer Language Recorder
CLT, Communication Line Terminal. Computer Language Translator
CLU, Central Logic Unit. Circuit LineUp
CLV, Constant Linear Velocity
CM, CentiMeter. Communication Multiplexer. Control Mark
CMC, Communicating Mag Card. Communications Mode Control
CMCT, ComMuniCaTe
CMD, ComManD
CMF, Cross Modulation Factor
CMI, Computer-Managed Instruction
CML, Current Mode Logic
CMLT, CoMpLeTe
CMOS, Complementary Metal Oxide Semiconductor
CMP, CoMPutational
CMPLX, CoMPleX
CMPT, CoMPuTer
CMR, Common Mode Rejection. Communications Moon Relay
CMRR, Command Mode Rejection Ratio. Common Mode Rejection Ratio
CMS, Conversational Monitor System
CMV, Common Mode Voltage
CMY, Cyan Magenta Yellow
CNC, Computerised Numerical Control
CNCT, ConNeCT
CND, CoNDition

CNE, Compare Numerical Equal
CNF, Conjunctive Normal Form
CNL, Circuit Net Loss
CNP, Communications Network Processor
CNR, Carrier-to-Noise power Ratio
CNS, Communications Network Simulator
CNT, CouNTer
CNTRL, CeNTRaL
CNU, Compare Numeric Unequal
CNVT, CoNVerT
CO, ChangeOver. Close-Open
COAM, Customer Owned And Maintained
COAX, COAXial. COAXial cable
COB, Complementary Off-set Binary
COBOL, COmmon Business Oriented Language
CODASYL, COnference on DAta SYstems Languages
CODEC, COder-DECoder
CODIC, COmputer-DIrected Communications
COED, Computer-Operated Electronics Display
COGO, COordinate GeoMetry programme
COHO, COHerent Oscillator
COL, Computer-Oriented Language
COLT, Computerized On-Line Testing
COM, Computer Output Microfilm
COMAL, COMmon Algorithmic Language
COML, COMmercial Language
COMM, COMMunication
COMMCEN, COMMunications CENtre
COMMSWITCH, COMMunications failure detecting and SWITCHing equipment
COMMZ, COMMunications Zone
COMPOOL, COMmunications POOL
COMSEC, COMmunications SECurity
CONC, CONCentrated
CONS, Carrier-Operated Noise Suppression. CONSole
CONST, CONSTant
CONT, CONTinue. CONTinuous. CONTrol
COP, Computer Optimization Package
COPE, Communications-Oriented Processing Equipment
COR, CORrect
CORR, CORRespondent
COSMON, Component Open/Short MONitor
CO/NO, Current Operator-Next Operator
CP, Clock Phase. Clock Pulse. Control Panel. Control Point. Central Processor. Card Punch
CPC, Computer Process Control
CPD, Charge Priming Device
CPDD, Command Post Digital Display
CPE, Central Processing Element. Central Programmer and Evaluator
CPFF, Cost Plus Fixed Fee
CPI, Characters Per Inch
CPIF, Cost Plus Incentive Fee
CPL, Combined Programming Language
CPLD, CouPLeD
CPLMT, ComPLeMenT
CPM, Cards Per Minute. Control Program Monitor. Critical Path Method

CPO, Code Practice Oscillator

CPR, Cam Plate Readout

CPS, Central Processing System. Characters Per Second. Cycles Per Sec

CPTY, CaPaciTY

CPU, Central Processing Unit

CPY, CoPY

CP/M, Control Programme/Microcomputer

CR, Carriage Return. Command Register

CRC, Carriage Return Contact. Control and Reporting Centre. Cyclic Redundancy Check

CRJE, Conversational Remote Job Entry

CRMR, Continuous Reading Meter Relay

CRO, Cathode Ray Oscillograph

CROM, Control Read-Only Memory

CRS, Command Retrieval System

CRT, Cathode Ray Tube

CRTOG, CaRTOGraphy

CRTU, Combined Receiving and Transmitting Unit

CRYPTO, CRYPTOgraph. CRYPTOgraphic

CRYPTONET, CRYPTO-communication NETwork

CS, Channel Status. Check Sorter. Control Set. Control Signal

CSA, Computer Services Association (London)

CSB, Complementary Straight Binary

CSC, Circuit Switching Centre

CSD, Constant Speed Drive

CSE, Control Systems Engineering

CSECT, Control SECTion

CSL, Computer Sensitive Language. Computer and Simulation Language

CSMA, Carrier Sense Multiple Access

CSMA/CD, Carrier Sense Multiple Access/Collision Detection

CSO, Chained Sequential Operation

CSSB, Compatible Single SideBand

CST, Channel Status Table

CSU, Circuit Switching Unit. Cumulative SUm

CSW, Channel Status Word

CT, CounT. CounTer. Current Transformer

CTC, Complementary Two's Complement. ConTaCt. Counter Timer Circuit

CTCA, Channel and Traffic Control Agency

CTF, Contrast Transfer Function

CTL, Complementary Transistor Logic

CTL PL, ConTroL PaneL

CTP, Central Transfer Point

CTRL, ConTRoL

CTS, Clear To Send

CTT, Central Truck Terminals

CTU, Centigrade Thermal Unit. Central Terminal Unit

CT/N, Counter,N stages

CU, Control Unit

CUR, CURrent. Complex Utility Routine

CV, Common Version. Continuously Variable. ConVerter

CVD-ROM, Compact Video Disc ROM

CVSD, Continuously Variable Slope Delta

CVSN, ConVerSioN

CVT, Current Value Table

CVU, Constant Voltage Unit

CW, Calls Waiting. Continuous Wave. Clock Wise

CWA, Current Word Address

CWP, Communicating Word Processor

CWV, Continuous Wave Video

CX, Control eXchange

CY, Case copY

CYBORG, CYBernetic ORGanism

C/I, Carrier-to-Interference ratio

C/M, Communications Multiplexer

C/N, Carrier-to-Noise

D, Density. Digit. Digital. Diode. Display. Drum

DA, Data Acquisition. Data Available. Decimal Add

DAA, Data Access Arrangement

DAC, Data Acquisition and Control system. Digital Arithmetic Centre

DAC, Digital-to-Analogue Converter

DADS, Dynamic Allocation/Deallocation System

DAGC, Delayed Automatic Gain Control

DAME, Data Acquisition and Monitoring Equipment for computers

DARPA, Defense Advanced Research Projects Agency

DART, Data Analysis Recording Tape

DAS, Data Acquisition System. Digital Attenuator System

DASD, Direct Access Storage Device

DATACOM, DATA COMmunications

DAV, DAta Valid

DB, DeciBel

DBA, Data Base Administrator

DBD, Data Base Diagnostics

DBMS, Data Base Management System

DBTG, Data Base Task Group

DC, Data Channel. Data Collection. Direct Current. Device Control

DCA, Document Content Architecture

DCB, Define Control Block. Device Control Block

DCBD, Define Control Block Dummy

DCCU, Data Communications Control Unit

DCD, Data Carrier Detect

DCE, Data Circuit terminating Equipment. Data Communication Equipment

DCG, Definite Clause Grammar

DCI, Data Communications Interrogate

DCM, Discrete Channel with Memory

DCMT, DeCreMeNT. DoCuMeNT

DCPS, Digitally-Controlled Power Source

DCPSK, Differentially Coherent Phase Shift Keying

DCR, Data Conversion Receiver. Digital Conversion Receiver

DCTL, Direct-Coupled Transistor Logic

DCU, Digital Counting Unit. Decimal Counting Unit. Data Control Unit

DCUTL, Direct-Coupled Unipolar Transistor Logic

DCW, Data Communication Write

DCWV, Direct Current Working Volts

DD, Decimal Divide. Digital Display. Double Diffused. Drum Demand

DD NAME, Data Definition NAME

DDA, Digital Differential Analyser

DDAS, Digital Data Acquisition System

DDC, Data Distribution Center. Digital Data Converter

DDC, Direct Digital Control

DDCE, Digital Data Conversion Equipment

DDCMP, Digital Data Communications Message Protocol

DDCMP, Digital Data Communication Message Protocol

DDD, Direct Distance Dialling

DDE, Direct Data Entry

DDG, Digital Display Generator

DDL, Document Description Language

DDM, Distributed Data Manager

DDP, Digital Data Processor. Distributed Data Processing

DDS, Data Display Scope

DDT, Digital Data Transmitter. Dynamic Debugging Technique

DE, Decision Element. Device End. Digital Element. Display Element

DEC, DECimal. Direct Energy Conversion. Digital Equipment Corporation

DECR, DECRement

DED, Double Error Detection

DEDS, Dual Exchangeable Disc Storage

DEFT, Dynamic Error Free Transmission

DEL, DELay. DELete

DELETE, DELETion of name file from tapE

DEM, DEModulator

DEMOD, DEMODulator

DEMUX, DEMUltipleX

DENS, DENSity

DEPSK, Differential Encoded Phase Shift Keying

DES, Digital Expansion System. Differential Equation Solver. Data Encryption Standard

DETAB, DEcision TABles

DETAB-X, DEcision TABles, eXperimental

DEU, Data Exchange Unit

DF, Degrees of Freedom. Describing Function. Direction Finder. Direct Flow

DFA, Digital Fault Analysis

DFC, Disk File Check. Disc File Controller. Data Flow Control

DFCU, Disc File Control Unit

DFG, Diode Function Generator. Discrete Frequency Generator

DFR, Disk File Read

DFSK, Double Frequency Shift Keying

DFSU, Disk File Storage Unit

DFT, Discrete Fourier Theorem

DFW, Disk File Write

DG, Differential Generator. Diode Gate. Double Groove. Data General

DGNL, DiaGoNaL

DGT, DiGiT

DHE, Data Handling Equipment

DI, Digital Input

DIA, Document Interchange Architecture

DIC, Data Input Clerk

DIF, Device Input Format

DIGICOM, DIGItal COMmunication system

DIGRM, DIG/Record Mark

DIGRMGM, DIG/Record Mark Group Mark

DIIC, Dielectrically Isolated Integrated Circuit

DIL, Dual-In-Line

DILIC, Dual In-Line pin Integrated Circuit

DIMS, Distributed Intelligence Microcomputer Science

DIN, Deutsche Industry Norm

DIOB, Digital Input/Output Buffer

DIP, Dual Inline Package

DIS, Draft International Standard

DISC, DISconnect Command

DIV, DIVide/DIVider

DL, Data Link. Delay Line. Diode Logic. Distributed Lab

DLC, Data Link Control

DLCC, Data Link Control Chip

DLE, Data Link Escape

DLI, Display Line Interpreter

DLT, Data Loop Transceiver

DLYD, DeLaYeD

DM, Decimal Multiply. Data Module. Delay Modulation

DMA, Direct Memory Access

DMC, Digital MicroCircuit. Discrete Memoryless Channel

DMCL, Device Media Control Language

DMD, Data Module Drive

DME, Distance-Measuring Equipment. Direct Machine Environment

DMED, Digital Message Entry Device

DMF, Data Migration Facility

DMI, Dot Matrix Impact

DML, Data Manipulation Language

DMM, Digital MultiMeter

DMOS, Discrete Metal Oxide Silicon

DMS, Dynamic Mapping System. Database Management System

DMSS, Data Multiplex SubSystem

DMUX, DeMUltipleX

DN, Decimal Number system

DO, Digital Output. Design Objective

DOC, Data Optimising Computer. Direct Operating Cost

DOD, Direct Outward Dialling

DOF, Degree Of Freedom

DOS, Disc Operating System

DOS/VS, Disc Operating System/Virtual Storage

DO/IT, Digital Output/Input Translator

DP, Data Processing

DPC, Data Processing Centre

DPCM, Differential Pulse-Code Modulation

DPD, Data Processing Division

DPDT, Double-Pole Double-Throw

DPE, Data Processing Equipment. Digital Production Effects

DPE, Desktop Publishing Editor

DPG, Data Processing Group. Digital Pattern Generator

DPL, Descriptor Privilege Level

DPM, Digital Panel Meter. Data Processing Manager

DPMA, Data Processing Management Association

DPS, Data Processing System

DPSK, Differential Phase Shift Keying

DPSS, Data Processing SubSystem

DPST, Double-Pole Single-Throw

DPX, Data PleX

DQM, Data Quality Monitor

DR, Data Recorder. Digital Resolver. Direct Record

DRAM, Dynamic Read-Only Memory

DRCS, Dynamically Redefinable Character Sets

DRDW, Direct Read During Write

DRI, Data Reduction Interpreter

DRM, Digital RadioMeters

DRO, Destructive ReadOut. Digital ReadOut

DRT, Diode Recovery Tester

DRV, Data Recovery Vehicle

DS, Decimal Subtract. Define Symbol. Device Selector. Data Set

DSA, Define Symbol Address. Dial Service Assistance. Distributed Systems Architecture

DSB, Double SideBand

DSE, Data Storage Equipment. Data Switching Exchange

DSGN, DeSiGNation

DSL, Data base SubLanguage

DSR, Digital Stepping Recorder. Data Set Ready

DSTE, Data Subscriber Terminal Equipment

DSU, Data Synchronisation Unit. Device switching Unit. Disc Storage Unit

DSV, Digital Sum Value

DSW, Data Status Word. Device Status Word

DT, Data Transmission. Digital Technique

DTE, Data Terminal Equipment

DTG, Data Time Group

DTL, Diode Transistor Logic

DTM, Ddelay Timer Multiplier

DTMS, Dual-Tone Multifrequency Signalling

DTO, Dollar Trade-off

DTP, Directory Tape Processor

DTR, Daily Transaction Reporting. Digital Telemetering Register. Data Terminal Ready

DTS, Data Transmission System

DTTU, Data Transmission Terminal Unit

DUP, DUPlication

DUV, Data Under Voice

DVM, Digital VoltMeter

DVST, Direct Viewing Storage Tube

DW, Data Word buffer

DX, DupleX. DupleX repeater

DXC, Data eXchange Control

D/R, Direct or Reverse

E BAM, Electron Beam-Access Memory

EA, Effective Address

EAL, Electromagnetic Amplifying Lens

EAM, Electronic Accounting Machine

EAROM, Electrically Alterable Read-Only Memory

EAS, Extended Area Service

EAX, Electronic Automatic eXchange

EBCDIC, Expanded Binary-Coded Decimal Interchange Code

EBI, Equivalent Background Input

EBNF, Extended Bachus Normal Form

EBPA, Electron Beam Parametric Amplifier

EBR, Electron Beam Recording

EC, Electronic Conductivity. Engineering Changes. Error Correcting

ECB, Event Control Block

ECC, Error-Checking and Correction. Error-Correcting Code

ECD, ElectroChromic Display. Error Correcting Decoder

ECDC, ElectroChemical Diffused-Collector transistor

ECF, Expanded Connectivity Facilities

ECL, Emitter-Coupled Logic. Equipment Component List

ECLO, Emitter-Coupled Logic Operator

ECM, Electronic CounterMeasures

ECMA, European Computer Manufacturers'Association

ECME, Electronic CounterMeasures Equipment

ECN, Engineering Change Notice

ECO, Electronic Contact Operate

ECOM, Electronic Computer-Originated Mail

ECP, Engineering Change Proposed

ECS, Extended Core Storage

ECSA, European Computer Services Association

ECTL, Emitter-Coupled Transistor Logic

ECX, Electronically Controlled telephone eXchange

ED, Electrical Differential. Electronic Differential

EDA, Exploration Data Analysis

EDAC, Error Detection And Correction

EDCW, External Device Control Word

EDD, Envelope Delay Distortion

EDGE, Electronic Data Gathering Equipment

EDHE, Experimental Data Handling Equipment

EDI, Electron Diffraction Instrument

EDM, Electrical Discharge Machining. Electro-Discharge Machine

EDP, Electronic Data Processing

EDPC, Electronic Data Processing Centre

EDPE, Electronic Data Processing Equipment

EDPM, Electronic Data Processing Machine

EDPS, Electronic Data Processing System

EDS, Exchangeable Disc Storage

EDU, Electronic Display Unit

EDVAC, Electronic Discrete Variable Automatic Computer

EE, External Environment

EEHLAPI, Entry Emulation High level Language Application Interface

EEI, Essential Elements of Information

EEPROM, Electrically Erasable Programmable Read-Only Memory

EEROM, Electrically Erasable Read-Only

Memory
EFF, EFFective
EFL, Emitter Follower Logic
EFM, Eight-to-Fourteen Modulation
EFPH, Equivalent Full Power Hours
EFT, Electronic Funds Transfer
EFTS, Electronic Funds Transfer System
EGA, Enhanced Graphics Adapter (IBM)
EHF, Extremely High Frequency
EHV, Extra High Voltage
EIA, Electronic Industries Association
EIN, European Informatics Network
EIS, End Interruption Sequence
EIT, Engineer-In-Training
EKW, Electrical KiloWatts
ELD, Edge-Lighted Display
ELEM, ELEMent
ELF, Extremely Low Frequency
ELSEC, ELectonic SECurity
ELT, ElecTrometer
EM, Electro-Magnetic. Electro-Mechanical. Electro-Microscopic. End of Medium
EMAS, Edinburgh Multi-Access Success
EMC, Electro-Magnetic Compatibility
EMI, Electro-Magnetic Interference
EML, Equipment Modification List
EMM, Expanded Memory Manager
EMP, Electro-Mechanical Power
EMR, Executive Management Responsibility
EMS, Electronic Management System. Electronic Medical System. Extended Memory System
EMT, Electrical Metallic Tubing
ENIAC, Electronic Numerical Integrator And Calculator
ENQ, ENQuiry character
ENT, ENTry
EO, Executive Order
EOA, End Of Address
EOB, End Of Block
EOC, End Of Conversion
EOD, End Of Document
EOE, Errors and Omissions Excepted
EOF, End Of File
EOJ, End Of Job
EOL, End Of Line
EOM, End Of Message
EOP, End OutPut
EOQ, Economic Order Quantity
EOR, End Of Run
EOS, Electro-Optical System
EOT, End Of Transmission. End Of Tape
EP, End of Programme. Etched Plate. Extreme Pressure
EPBX, Electronic Private Branch eXchange
EPC, Easy Processing Channel. Electronic Programme Control. Edge-Punched Card
EPOS, Electronic Point Of Sale
EPROM, Electrically Programmable Read-Only Memory
EPU, Electical Power Unit
EQ, EQualizer. EQual to
EQP, EQuiPment
EQPMT, EQuiPMenT
EQU, EQUate

ER, ERror
ERA, Electronic Reading Automation
EROM, Erasable ROM
ERP, Error Recovery Procedure
ERR, ERRor
ERX, Electronic Remote switching
ES, Electromagnetic Storage
ESC, ESCape
ESG, Electronic Sweep Generator
ESI, Externally Specified Indexing
ESP, Electro-Sensitive Programming
ESR, Effective Signal Radiated. Electronic Scanning Radar
ESS, Electronic Switching System
ESSU, Electronic Selective Switching Unit
EST, ESTimate
ETA, Estimated Time of Arrival
ETB, End-of-Transmission Block
ETD, Estimated Time of Departure
ETIM, Elapsed TIMe
ETL, Etching by Transmitted Light
ETX, End of TeXt
EVFU, Electronic Vertical Format Unit
EX, EXclusive OR. EXecute. EXperimental
EXAM, EXAMine
EXCH, EXCHange
EXCLU, EXCLUsive
EXCP, EXCePt
EXD, EXternal Device
EXEC, EXECute. EXECutive
EXNOR, EXclusive NOR
EXTND, EXTeNdeD data transfer
EXTSN, EXTenSioN
EZ, Equal Zero
E-BEAM, Electron BEam-Accessed semiconductor Memory

F, Farad. Feedback. Filter. Fixed. Frequency. degrees Fahrenheit
FA, Final Address register
FACD, Foreign Area Customer Dialing
FACE, Field Alterable Control Element
FAM, Fast Access Memory
FAR, Failure Analysis Report
FAX, Facsimile
FBC, Fully Buffer Channel
FBR, Fast Burst Reactor
FCC, Federal Communications Commission
FCCA, Forestry, Conservation, and Communications association
FCDR, Failure Cause Data Report
FCS, Frame Check Sequence
FC&A, Frequency Control and Analysis
FDC, Floppy Disk Controller
FDM, Frequency Division Multiplex
FE, Field Engineer
FET, Field Effect Transistor
FF, Flip-Flop
FG, Function Generator
FI, Field Intensity. Fixed Interval. Flow Indicator
FIFO, First in, first out. Floating Input, Floating Output
FIG, FIGure

FLBIN, FLoating point BINary
FLD, FieLD
FLDEC, Floating point DECimal
FLF, FLip-Flop
FLG, FLaG
FM, Feedback Mechanism. FerriteMental. Frequency Modulation
FME, Frequency Measuring Equipment
FMEVA, Floating point MEans and VAriance
FMFB, Frquency Modulation with FeedBack
FMT, ForMaT
FOPT, Fibre Optic Photo Transfer
FORTRAN, FORmula TRANSlator (IBM)
FPLA, Field Programmable Logic Area
FPM, Feet Per Minute
FPS, Foot-Pound-Second
FPU, Floating-Point Unit
FS, Floating Sign
FSD, Full Scale Deflexion
FSK, Frequency Shift Keying
FSR, Feedback Shift Register
FTC, Frequency Time Control
FTM, Frequency Time Modulation
FTS, Federal Telecommunications System
FUN, FUNction
FUR, FailURe
FXBIN, decimal to FiXed BINary translation

G, Giga
GA, General Arrangement. Go-Ahead signals
GAT, Graphical Art Terminal
GBP, Gain Bandwidth Product
GCA, Ground-Controlled Approach
GCD, Greatest Common Divisor
GCR, Group Code Recording
GCT, Greenwich Civil Time
GD, Gate Driver. Grown Diffused
GDDM, Graphical Data Display Manager
GDF, Group Distribution France
GDO, Grip-Dip Oscillator
GDS, Graphic Data System
GDT, Global Descriptor Table
GE, Greater than or Equal to
GF, Galois Field
GIGO, Garbage In, Garbage Out
GINO, Graphical INput Output
GKS, Graphical Kennel System
GLOBECOM, GLOBal COMmunications
GMT, Greenwich Mean Time
GND, GrouND
GOC, Graphic Options Controller
GOR, General Operational Requirement
GP, General-Purpose
GPAC, General-Purpose Analogue Computer
GPC, General-Purpose Computer. General Peripheral Controller
GPDC, General-Purpose Digital Computer
GPIB, General-Purpose Interface Bus
GPI/O, General-Purpose Input/Output
GPL, General-Purpose Loader
GPSS, General-Purpose Systems Simulator
GPT, General-Purpose Terminal
GRP, GRouP
GS, Group Separator

GSI, Grand Scale Integration
GT, Game Theory
GT, Greater Than. Graphic Terminal
G/A, Ground to Air
G/G, Ground to Ground

H, Halt. Hardware
HA, Half Add. Half Adder
HASP, Houston Automatic Spooling Program
HC, Handling Capacity
HD, High Density
HDDR, High Density Digital Recording
HDDS, High Density Data System
HDG, HeaDinG
HDI, Head-Disc Interference
HDLC, High level Data Link Control
HDR, HeaDeR
HDS, HunDredS
HDX, Half-DupleX
HEM, Hybrid Electro-Magnet wave
HF, High Frequency
HFDF, High Frequency Distribution Frame
HGC, Hercules Graphics Card
HI, HIgh
HICC, Hercules In-Color Card
HINIL, HIgh Noise Immunity Logic
HLD, HoLD
HLL, High Level Language
HLLAPI, High-Level Language APlication Interface
HLS, High Level Scheduler
HLSE, High Level, Single Ended
HLT, HaLt
HMOS, High density or High speed MOS
HMOS-E, High-speed Metal Oxid Silicon-Erasable
HO, High Order
HOF, Head Of Form
HP, High Pass filter. High Position. Hewlett Packard
HPF, Highest PossIble Frequency. Highest Priority First
HPIB, Hewlett Packard Interface Bus
HR, High Reduction
HS, Half Subtracter. HandSet
HSAC, High Speed Analogue Computer
HSDA, High Speed Data Acquisition
HSI, Human System Interface
HSM, High Speed Memory
HSP, High Speed Printers
HSR, High Speed Reader
HT, Horizontal Tabulate
HTL, High Threshold Logic
HTTL, High power Transistor-Transistor Logic
HV, High Voltage
HVPS, High Voltage Power Supply
HYCOTRAN, HYbrid COmputer TRANslator
Hz, Hertz

I, Indicating. Indicator. Industrial
I2L, Integrated Injection Logic

IA, Indirect Addressing. Initial Appearance. Interchange Address. International Alphabet

IAL, International Algebraic Language

IAS, Inmediate Access Store

IAW, In Accordance With

IA-1, International Alphabet number 1

IA-2, International Alphabet number 2

IA-5, International Alphabet number 5

IBG, InterBlock Gap

IBI, Intergovernment Bureau for Informatics (Rome)

IBM, International Business Machines

IC, Input Circuit. Instruction Counter. Integrated Circuit

ICA, International Computer Association

ICC, International Computer Centre

ICE, Input Checking Equipment

ICF, InterCommunication Flip-Flop

ICL, InComing Line. International Computer Ltd

ICS, IBM Cabling System

ICW, Interrupted Continuous Wave

IC/T, Integrated Computer/Telemetry

ID, IDentification. Indicating Device. Information Distributor

IDA, Interconnect Device Arrangement

IDCMA, Independent Data Communications Manufacturing Association

IDENT, IDENTify

IDF, Integrated Data File. Intermediate Distribution Frame

IDI, Improved Data Interchange

IDMS, Integrated Database Management System

IDP, Industrial Data Processing. Integrated Data Processing

IDS, Input Data Strobe

IEEE, Institute of Electrical and Electronics Engineers

IF, Intermediate Frequency. Information Collector

IFE, Intelligent Front End

IFIP, International Federation for Information Processing

IFN, InFormatioN

IFR, Internal Function Register

IFRU, InterFerence Rejection Unit

IGFET, Insulated Gate Field Effect Transistor

IH, Interrupt Handler

IHF, Inhibit Halt Flip-flop

IIA, Industrial Interface Adapter

IKBS, Intelligent Knowledge Based System

IL, Intermediate Language

ILD, Injection Laser Diode

ILE, Interface Latch Element

ILF, Infra low Frequency

ILI, In LImits

ILR, Instruction Location Register

ILS, Instrument Landing System

ILSW, Interrupt Level Status Word

IM, InstruMentation

IMC, Image Motion Compensation

IMD, IMmeDiate

IMIS, Integrated Management Information System

IMP, Interface Message Processor

IN, INput

INCH, INtegrated CHopper

INCLD, INCLuDe

INCR, INCRease. INCRement

IND, INDicators

INFO, INFOrmation

INIT, INITiate

INQ, INQuire

INS, International Navigation System

INSTLN, INSTaLlatioN

INSTR, INSTRument

INSTRB, INput STRoBe

INT, INTerphone. INTerrogate. INTerrupt. INTerruption. INTersection. INTerrupt

INTCON, INTernational CONnection

INTCP, INTerCePt

INTEC, INTErferenCe

INTEL, INTELligence

INTG, INTeGrated

INV, INVerter

IO, Interpretive Operation. Input/Output

IOB, Input/Output Buffer

IOC, Input/Output Converter. Input/Output Controller

IOCC, Input/Output Control Command. Input/Output Control Centre

IOCS, Input/Output Control System

IOM, Input/Output Multiplexor

IOO, Input/Output Operation

IOP, Input/Output Processor

IOPS, Input/Output Programming System

IOQ, Input/Output Queue

IOR, Input/Output Register. Inclusive-OR

IOREQ, Input/Output REQuest

IOT, Input/Output Transfer

IOTA, Information Overload Testing Apparatus

IOU, Immediate Operation Use

IP, Identification of Position. Identification Point. Internet Protocol

IPA, Intermediate Power Amplifier

IPB, Illustrated Parts Breakdown

IPC, Industrial Process Control. Information Processing Centre. Independent Control Point

IPD, Insertion Phase Delay

IPE, Interpret Parity Error

IPI, Intelligent Printer Interface

IPL, Initial Programme Load

IPM, Impulses Per Minute. Incidental Phase Modulation

IPN, Inspection Progress Notifications

IPOT, Inductive POTential divider

IPS, Inches Per Second

IPS, Instructions Per Second

IPSE, Integrated Project Support Environment

IPSS, International Packet Switched Service

IR, Information Retrieval

IRG, Inter Record Gap

IRIG, Inter Range Instrumentation Group

IRP, Initial Receiving Point

IS, Interval Signal

ISA, Interrupt Storage Area

ISAM, Indexed Sequential Access Method
ISDN, Integrated Services Digital Network
ISI, Internally Specified Index
ISL, Integrated Schottky Logic
ISM, Industrial, Scientific and Medical equipment. Integrated Sander Machine
ISO, Individual System Operation. International Standardization Organization
ISR, Information Storage and Retrieval
ISR, Interrupt Service Routine
IS&D, Integrate Sample and Dump
IT, Input Translator. Item Transfer. Information Technology
ITA, International Telegraph Alphabet
ITL, Intermediate Text Language
ITNL, InTerNaL
ITR, Isolation Test Routine
ITS, Invitation To Send
ITT, International Telephone & Telegraph Co
ITU, International Telecommunications Union (Geneva)
IV, InVerter
IW, Index Word
IWM, Integrated Woz Machine
I-R, Interrogator-Responder
I/O, Input/Output
I/OM, Input/Output Multiplexer
I&C, Installation and Checkout

J, Joule
JA, Jump Address
JANET, Joint Academic NETwork
JCL, Job Control Language
JCTN, JunCTioN
JDC, Job Description Card
JFET, Junction FET
JGN, Junction Gate Number
JIS, Japanese Industrial Standard
JOC, Joint Operations Centre
JOSS, Johnniac Open-Shop System
JOVIAL, Jules Own Version of International Algorithmic Language
JPW, Job Processing Word

KAPSE, Kernel Ada Programming Support Environment
KB, KeyBoard. KiloByte
KCC, Keyboard Common Contact
KCS, Kilo Characters per Second
KDS, Key Display System
KHz, KiloHertz
KIPS, Kilo Instructions Per Second
KISS, Keep It Simple Sir
KMS, Keysort Multiple Selectors
KP, Key Pulsing
KPC, Keyboard Priority Controller
KPR, Kodak Photo Resist
KSR, Keyboard Send/Receive
KTR, Keyboard Typing Reperforator
KWIC, KeyWord In Context
KY, KeYing device

L, Label. Large. Left. Level. Lift. Listening. Load. Looper. Low
LA, Link Allotter
LAC, Load ACcumulator
LAM, Load Accumulator with Magnitude
LAMA, Local Automatic Message Accounting
LAN, Local Area Network
LAP, Link Access Protocol
LAPB, Link Access Procedure Balanced
LARCT, LAst Radio ConTact
LB, Line Buffer
LBA, Linear-Bounded Automaton
LBL, LaBeL
LBN, Logical Bucket Number
LBR, Laser Beam Recording
LC, Level Control. Line Connector. Link Circuit. Load Cell. Last Card. Lower Case
LCB, Line Control Block
LCD, Liquid Crystal Display
LCDTL, Load-Compensated Diode-Transistor Logic
LCGN, Logical Channel Group Number
LCL, LoCaL
LCM, Least Common Multiple
LCN, Logical Channel Number
LCS, Large Core Storage. Liquid Crystal Shutters
LCZR, LoCaliZeR
LD, Linear Decision. Logic Driver. Long Distance
LDA, Logical Device Address
LDDS, Low Density Data System
LDE, Linear Differential Equations
LDRI, Low Data Rate Input
LDRT, Low Data Rate inpuT
LDT, Local Descriptor Table
LDX, Long Distance Xerography
LE, Leading Edge. Less than or Equal to
LEAS, Lower Echelon Automatic Switchboard
LED, Light Emitting Diode
LEM, Language Expansion Module
LENN, Low Entry Networking Node (IBM)
LET, Logical Equipment Table
LF, Line Feed. Line Finder. Low Frequency
LFQ, Light Foot Quantiser
LFU, Least Frequently Used
LG, Line Generator
LGA, Laser Graphics Adaptor
LGN, Line Gate Number
LGTH, LenGTH
LH, Left-Handed
LIBR, LIBRary
LIC, Linear Integrated Circuit
LIFO, Last In, First Out
LIM, LIMit
LINAC, LINear ACcelerator
LISP, LIST Processor
LL, Loudness Level. Low Level
LLC, Logical Link Control
LLCOF, Land Lines COmmunications Facilities

LLL, Low Level Logic. Low Level Language
LMF, Low and Medium Frequency
LMLR, Load Memory Lockout Register
LMT, LiMiT
LO, Local Oscillator. Low Order. LOw
LOC, LOCation
LOCAL, LOad on CALl
LOG, LOGarithm. LOGical
LOGANDS, LOGical commANDS
LOGRAM, LOGical proGRAMme
LOS, LOss of Signal
LOT, Lexical ObjecT
LP, Linear Programming. Low Pass. Low Pressure
LPC, Linear Power Controller. Linear Predictive Coding
LPI, Lines Per Inch
LPM, Lines Per Minute
LPS, Lines Per Second
LR, Level Recorder. Line Relay. Low Reduction
LRC, Longitudinal Redundancy Check
LRD, Long Range Data
LRG, Long RanGe
LRIM, Long Range Input Monitor
LRS, Long Range Search
LRU, Last Recently Used, Least Recently Used
LS, Laser System. Level Switch
LSB, Least Significant Bit
LSD, Least Significant Digit
LSI, Large Scale Integration
LSTTL, Low-power Schottky Transistor-Transistor Logic
LT, Logic Theory. Less Than
LTC, Line Traffic Coordination
LTE, Line Terminating Equipment
LTM, Long Term Memory
LTR, LeTteR
LTRS, LeTteRs Shift
LTTL, Low/power Transistor-Transistor Logic
LTU, Line Termination Unit
LU, Logical Unit
LUB, Least Upper Bound
LUN, Logical Unit Number
LV, Low Voltage
LVCD, Least Voltage Coincidence Detection
LWD, Larger Word
LWR, LoWeR
LYR, LaYeR
L/H, Low-to-High

M, Magnetic. Medium. Mega. Meter. Milli. Mobile. Monitor. 1000
M2FM, Modified Modified Frequency Modulation
MA, Memory Address
MAC, MultiAccess Computer
MACRO, MACROinstruction
MAD, MultiAperture Device
MADT, MicroAlloy Diffused-base Transistor
MAG, MAGnetic. MAGnetron
MAGCARD, MAGnetic CARD
MANOP, MANual of OPeration

MAP, Macro Arithmetic Processor. Message Acceptance Pulse
MAR, Memory Address Register
MARC, MAchine-Readable Cataloging
MARS, Memory Address Register Storage
MARTEC, MARtin Thin film Electronic Circuit
MAT, MicroAlloy Transistor
MAX, MAXimum
MB, Memory Buffer. Make Break. MegaByte
MBB, Make Before Break
MBM, magnetic Bubble Memory
MBR, Memory Buffer Register
MBR-E, Memory Buffer Register, Even
MBR-O, Memory Buffer Register, Odd
MC, Master Control
MCA, Micro Channel Architecture (IBM)
MCC, Main Communications Centre. Multi-Component Circuits. Maintenance Control Circuit
MCGA, MultiColor Graphics Array (IBM)
MCM, Monte-Carlo Method
MCP, Master control Programme
MCR, Master Control Routine
MCS, Master Control System
MCU, Microprogram Control Unit
MCW, Modulated Continuous Wave
MCX, Minimum Cost estimating
MD, Message Data. Motor Drive
MDA, Monochrome Display Adapter
MDF, Main Distribution Frame
MDR, Memory Data Register. Multichannel Data Recorder. Marked Document Reader
MDS, Malfunction Detection Sytem. Minimum Discernable Signal
MDS, Microprocessor Development System
MDT, Mean Down Time
ME, MEchanical Efficiency. Microelectronic. Molecular Electronics
MEM, MEMory
MEMISTOR, Memory ResISTOR STORage device
MER, Minimum Energy Requirement
MEW, Microwave Early Warning
MEX, Military EXchange
MF, MultiFrequency signalling
MFC, MicroFunctional Circuit
MFKP, MultiFrequency Key Pulsing
MFLOP, MegaFLOP
MFM, Modified Frequency Modulation
MFR, ManuFactuRer. MultiFrequency Receiver
MFRS, Million Flux Reversals per Second
MFS, Magnetic tape Field Search
MFSK, Multiple Frequency Shift Keying
MFT, Multiprogramming Fixed Tasks
MHz, MegaHertz
MIC, Microwave Integrated Circuit
MICR, Magnetic Ink Character Recognition
MIDAC, Michigan Digital Automatic Computer
MIL, MILitary
MIL-STD, MILitary STandarD
MIMD, Multiple Instruction stream, Multiple Data stream

MIN-MC, MIN Material Condition
MIPS, Million Instructions Per Second
MIR, Memory Information Register
MIS, Management Information Systems
MISD, Multiple Instruction stream, Single Data stream
MIT, Master Instruction Tape
MK, Manual clocK
ML, Machine Language
MLA, Microprocessor Language Assembler
MLB, MultiLayer Board
MLE, Maximum Likelihood Estimate. Microprocessor Language Editor
MLI, Marker Light Indicator
MLPWB, MultiLayer Printed Wiring Board
MLR, Memory Lockout Register. MuLtiply and Round
MLTY, MiLiTarY
MLY, MuLtiplY
MM, Main Memory. Master Monitor. Memory Multiplexor or Multiplexer
MMA, Multiple Module Access. Maximum-Minimun Algorithm
MMD, Moving Map Display
MMDS, Martin Marietta Data Systems
MMF, Magneto Motive Force
MMI, Man-Machine Interface
MMU, Memory Management Unit
MN, MaNual
MNOS, Metal Nitride Oxide Silicon
MNTR, MoNiToR
MO, Master Oscillator
MOB, Movable Object Block
MOC, Master Operational Controller
MOD, MODel. MODulation. MODification
MODEM, MODulator-DEModulator
MOD/DEMOD, MODulator/DEMODulator
MOE, Measure Of Effectiveness
MOHLL, Machine-Oriented High Level Language
MOL, Machine-Oriented Language
MON, MONitor
MONOS, MONitor Out of Service
MOPA, Master Oscillator Power Amplifier
MOPB, Manually Operated Plotting Board
MOS, Management Operating System. Metal Oxide Semiconductor
MOSFET, Metal Oxide Silicon Field Effect Transistor
MP, Maintenance Point. Mathematical Programming. Mechanical Part
MPG, Microwave Pulse Generator
MPL, MultiPLe
MPS, MicroProcessor System
MPU, MicroProcessing Unit
MPX, MultiPleX
MPY, MultiPlY
MQ, Multiplier Quotient register
MR, Map Reference. Memory Register
MRG, Medium RanGe
MRKD, MaRKeD
MRO, Maintenance, Repair and Operating
MS, Mean Square. Memory System
MSB, Most Significant Bit

MSD, Most Significant Digit. Modem Sharing Device
MSG, MeSsaGe
MSG/WTG, MeSsaGe WaiTinG
MSI, Medium Scale Integration
MSK, MaSK
MSS, Mass Storage System
MSW, Machine Status Word
MS-DOS, MicroSoft Disk Operating System
MT, Machine Translations. Magnetic Tape. Multiple Transfer
MTA, Message Transfer Agent
MTAC, Mathematical Tables and other Aids to Computation
MTBE, Mean Time Between Errors
MTBF, Mean Time Between Failures
MTBI, MeanTime Between Incident
MTC, Magnetic Tape Cassette
MTCU, Magnetic Tape Control Unit
MTF, Modulation Transfer Function
MTL, Merge Transistor Logic
MTRS, Mean Time to Restore Service
MTS, Michigan Terminal System
MTT, Magnetic Tape Terminal
MTTF, Mean Time To Failure
MTTR, Mean Time To Repair
MTU, Multiplex and Terminal Unit
MTU, Manchester Terminal Unit. Magnetic Tape Unit
MU, Machine Unit
MUF, Maximum Usable Frequency
MUL, MULtiply
MUX, MUtipleX. MUltipleXor
MUX-ARO, MUltipleX Automatic erROr correction
MV, Mean Value. Measured Value
MVS, Multiprogramming with a Variable number of proceSses
MVT, Multiprogramming with a Variable number of Tasks
MW, Manual Word. MegaWatt
MWI, Message Waiting Indicator
MXR, Mask indeX Register
M-D, Modulation-Demodulation
M-O, Magneto-Optic

N, Number of turns. Nano. No. Number of bits
NA, Not Assigned. Numerical Aperture
NAG, Numeral Algorithm Group (Oxford)
NAK, Negative AcKnowledge
NAPLPS, North American Presentation-Level Protocol Syntax
NAU, Network-Addressable Unit
NAU, Network Addressable Unit
NB, Narrow Band
NBA, Narrow Band Allocation
NBCD, Natural Binary-Coded Decimal
NBFM, Narrow Band Frequency Modulation
NBH, Network Busy Hour
NC, No Connection. Noise Criterion. Normally Closed. Numeric Control
NCC, National Computer Conference
NCP, Network Control Programme

ND, No Detect
NDE, Nonlinear Differential Equations
NDR, Non-Destructive Read
NDRO, NonDestructive ReadOut
NDT, NonDestructive Testing
NE, Not Equal to
NEC, National Electrical Code. Nippon Electric Co (Tokyo)
NEG, NEGative
NES, Not Elsewhere Specified
NF, Noise Figure
NFB, Negative FeedBack
NFQ, Night FreQuency
NIB, NonInterference Basis
NIC, Not In Contact
NICEM, National Information Center for Educational Media (USA)
NIFTP, Network Independent File Transfer Protocol
NIPO, Negative Input, Positive Output
NIR, Next Instruction Register
NL, New line
NLQ, Near Letter Quality
NLR, Noise Load Ratio
NLS, No-Load Speed
NM, Not Measured
NME, Noise Measuring Equipment
NMI, Nautical Miles
NMOS, N-channel Metal Oxide Semiconductor
NMP, Network Manager Program (IBM)
NMPS, Nautical Miles Per Second
NMR, Normal Mode Rejection
NO, Normally Open
NOHP, Not Otherwise Herein Provided
NOIBN, Not Otherwise Indexed By Name
NOLOT, Non-Lexical ObjecT
NOP, No OPeration
NORAC, NO RAdio Contacts
NORDO, NO RaDiO
NOS, Not Otherwise Specified
NP, Net Proceeds
NPEF, New Product Evaluation Form
NPR, Noise Power Ratio
NP/L, New Program Language
NR, Noise Ratio. NumbeR
NRM, NoRMalise
NRZ, NonReturn-to-Zero
NRZI, NonReturn-to-zero-Inverted
NRZ-C, NonReturn-to-Zero-Change
NRZ-M, NonReturn-to-Zero-Mark
NS, NoN Specified. NanoSecond
NSC, Noise Suppression Circuit
NSE, Nth SEquential
NSEC, NanoSECond
NSP, Network Service Protocol. NonStandard Part approval
NSV, Nonautomatic Self-Verification
NT, No Transmission. Numbering Transmitter
NTI, Noise Transmission Impairment
NTSC, National Television Systems Committee
NUI, Network User Identification
NUL, NULl

NV, Non Volatile
NVM, Non-Volatile Memory
NVT, Network Virtual Terminal
NWH, Normal Working Hours
N/C, Numerical Control

OAP, Orthogonal Array Processor
OC, OCcurs. Operating Characteristics. Outlet Contact
OCC, Operations Control Centre
OCL, Operator Control Language. Operation Control Language
OCLC, On-line Computer Library Center (USA)
OCP, Output Control Pulses
OCR, Optical Character Recognition
OCT, OCTal
OD, Optical Disc
ODA, Office Document Architecture
ODD, Operator Distance Dialling. Optical Disc Drive
ODS, Output Data Strobe
OEM, Original Equipment Manufacturer
OF, Operational Fixed
OG, Or Gate
OIC, Officer In Charge
OL, OverLap
OLC, Outgoing Line Circuit
OLI, Out of LImits
OLRT, On-Line Real Time
OM, Operations Maintenance
OMR, Optical Mark Recognition
ONMS, Open Network Management Structure (IBM)
OOP, Object-Oriented Programming
OOPS, Off-line Operating Simulator
OP, OPeration
OPAC, On-line Public-Access Catalog (USA)
OPERG, OPERatinG
OPM, Operator Programming Method. Operations Per Minute
OPN, OPeN
OPND, OPeraND
OPS, Operation Per Second. OPeratorS. OPerationS
OPT, OPTimum
OPTS, OPeraTionS
OPTUL, Optical Pulse Transmitter Using Laser
OR, Operations Research
ORD, Optical Rotary Dispersion
ORG, ORiGin
ORI, Operational Readiness Inspection
OROM, Optical Read Only Memory
OS, Odd Symmetric. Operating System
OSI, Open System Interconnection
OSI/RM, Open System Interconnection/Reference Model
OS/2, Operating System 2 (IBM)
OS/VS, Operating System/Virtual Storage
OT, OverTime
OTC, One-Time Carbon
OTU, Operational Training Unit

OVFLO, OVerFLOw
OVLP, OVerLaP
OWLL, One-Way Linked List
O/A, On Application
O/C, Open-Circuit
O/L, Operations/Logistics
O/R, On Request
O&C, Operations and Checkout

P, Pencil tube. Plug. Portable. Power. Punch
PA, Power Amplifier. Public Address. Pulse Amplifier
PABX, Private Automatic Branch eXchange
PAD, Packet Assembler/Disassembler
PAL, Phase Alternation Line
PAM, Pulse Amplitude Modulation
PAR, PARameter. Positive Acknowledge and Retransmission
PARA, PARAgraph
PAS, Program Address Storage
PAT, Peripheral Allocation Table
PATN, PATterN
PAX, Private Automatic eXchange
PB, Peripheral Buffer. Phonetically Balanced
PBI, Process Branch Indicator
PBP, Push Bottom Panel
PBX, Private Branch eXchange
PC, PhotoConductor. Picture. Programme Counter. Pulse Controller. Personal Computer. Printed Circuit
PCB, Printed Circuit Board
PCC, Programme-Controlled Computer
PCK, Processor Controlled Keying
PCL, Printed Circuit Lamp. Printer Command Language (HP)
PCM, Pulse Code Modulation. Plug Compatible Manufacturer. Punched Card Machine
PCO, Procuring Contrast Offer
PCQ, Production Control Quantometer
PCR, Programme Control Register
PCS, Planning Control Sheet. Punch Card System. Programme Counter Store. Plastic Coated Silicon
PCT, Portable Camera Transmitter
PCTE, Portable Common Tool Environment
PCU, Peripheral Control Unit
PD, PaiD. Potential Difference. Projected Display. Pulse Driver
PDA, Probability Distribution Analyser. Push Down Automaton
PDC, Parallel Data Controller
PDD, Programmable Data Distributor
PDF, Probability Density Function. Probability Distribution Function
PDI, Picture Description Instruction
PDL, Programme Design Language
PDM, Pulse Duration Modulation
PDN, Public Data Network
PDQ, Programmed Data Quantiser
PDR, Preliminary Data Report
PDT, Physical Device Table
PDX, Private Digital eXchange
PE, Phase Encoding. Processing Element. Parity Error

PEC, Photoelectric Cell
PEL, Picture ELement
PEM, Photo-Electro-Magnetic
PEP, Peak Envelope Power
PERCOS, PERformance COding System
PERT, Program Evaluation and Review Technique
PES, PhotoElectric Scanning
PET, Position Event Time. Physical Equipment Table. Personal Electronic Transaction
PF, Page Formatter. Power Factor
PFM, Pulse Frequency Modulation
PFR, Programmed Film Reader system. Pulse FRequency
PFT, Paper, Flat Tape
PG, Pulse Generator
PGA, Professional Graphics Adapter (IBM)
PGC, Professional Graphics Controller (IBM)
PGR, Precision Graphic Recorder
PGT, Pattern Generator Table
PH, PHase. Packet Header
PHT, PHotoTube
PI, Programmed Instruction. Performance Index
PIA, Peripheral Interface Adapter
PIC, Priority Interrupt Controller
PIE, Parallel Interface Element. Plug-In Electronics
PILOT, Programmed Inquiry Learning Or Teaching
PIN, Personal Identification Number. Police Information Network
PINO, Positive Input, Negative Output
PIO, Precision Iterative Operation. Parallel Input/Output
PIP, Programmable Integrated Processor
PIPO, Parallel In, Parallel Out
PISO, Paralell In, Serial Out
PISW, Process Interrupt Status Word
PK, PeaK. PacK
PLA, Programmable Logic Array
PLAN, Programming LAnguage Nineteen hundred
PLL, Phase Lock Loop
PLM, Pulse Length Modulation
PLO, Phase-Locked Oscillator
PL/1, Programming Language No.1
PM, Phase Modulation. Permanent Magnet
PMD, Post Mortem Dump
PMOS, P-channel Metal Oxide Semiconductor
PO, Post office
POC, Process Operator Console
POF, Point Of Failure
POL, Problem-Oriented Language. Procedure-Oriented Language
POLY, POLYethylene
POM, Print-Out Microfilm
PORT, Photo-Optical Recorder Tracker
POS, Point Of Sale. POSitive
POST, POSTing. Power-On Self Test
PP, Pilote Punch
PPI, Programmable Peripheral Interface

PPM, Pulse Position Modulation
PPS, Parallel Processing System. Page Printing System
PPSN, Present PoSitioN. Public Packet Switching Network
PPSS, Public Packet Switched Service
PR, PRint
PRA, PRint Alphamerically
PRBS, Pseudo-Random Binary Sequence
PRD, Paper tape ReaD. PRinter Dump
PRES, PRESsure
PRF, Pulse Repetition Frequency
PRI, PRImary
PRL, Periodical Requirements
PRM, PaRaMeter
PRN, PRint Numerically
PRO, PRint Octal
PROG, PROGram. PROGramme
PROGR, PROGRammer
PROM, Programmable Read-Only Memory
PRP, Pseudo-Random Pulse
PRR, Pulse Repetition Rate
PRS, Pattern Recognition System
PRT, PRinTer. Production Run Tape. Programme Reference Table
PRTY, PRioriTY
PRV, Peak Reverse Voltage
PRW, Percent Rated Wattage
PR-1, Print Register 1
PS, Parity Switch. Planning and Scheduling. Power Supply
PSAR, Programmable Synchronous/Asynchronous Receiver
PSAT, Programmable Synchronous/Asynchronous Transmitter
PSD, Power Spectral Density
PSDN, Packet-Switched Data Network
PSE, PleaSE
PSK, Phase Shift-Keyed
PSL/PSA, Problem Statement Language/Problem Statement Analyser
PSN, Public-Switched Network
PSR, Processor State Register. Programme Support Representative
PSS, Personal Signalling System. Packet-Switched Stream
PSTN, Public-Switched Telephone Network
PSU, Power Supply Unit
PSW, Programme Status Word. Processor Status Word
PS/2, Personal System 2 (IBM)
PT, Page Table. Paper tape. Point Location. Positional Tolerancing
PTE, Peculiar Test Equipment
PTF, Programme Temporary Fix
PTIME, Polynominal TIME
PTM, Pulse Time Modulation
PTP, Point-To-Point. Paper Tape Punch
PTR, Paper Tape Reader
PTT, Program Test Tape. Push To Talk. Post, Telephone and Telegraph
PU, PickUp, Physical Unit
PUMA, Programmable Universal MAnipulator
PUP, Peripheral Unit Processor

PUT, Programmable Unijunction Transistor
PVC, Permanent Virtual Circuit
PVR, Precision Voltage Reference
PW, Pulse Width
PWC, Pulse Width-Coded
PWD, Pulse Width Discriminator
PWE, Pulse Width Encoder
PWM, Pulse Width Modulation
P-C, Pulse Counter. Processor Controller
P-P, Peak-to-Peak
P-S, Pressure-Sensitive
P-TAPE, Paper TAPE
P/S, Point of Shipment

Q, Quantity of electricity
Q signal, Radio communications signals
QA, Quality Assurance
QAM, Quaternary Amplitude Modulation
QC, Quantum CounT. Quality Control
QDC, Quick Dependable Communications
QF, Quality Factor
QL, Query Language
QMI, Qualification Maintainability Inspection
QMQB, Quick-Make, Quick-Break
QNT, QuaNTiser
QPSK, Quadrature Phase Shift Keying
QR, Quick Reaction
QRA, Quality Reliability Assurance
QT, Queuing Theory
QUAD, QUADrant
QUERY, QUEstion/ReplY

R, Read. Reset. Reluctance. Reverse. Right. Conversion Ratio
RA, RAtional Number
RAD, Rapid Access Disc
RADAR, RAdio Detection And Ranging
RADAS, Random Acess methoD
RADAT, RAdio DAta Transmission system
RALU, Register Arithmetic Logic Unit
RAM, Random Access Memory
RAMAC, Random Access Method of Accounting and Control
RAMPS, Resource Allocation in Multi-Project Scheduling
RAN, Read-Around-Numbers
RAPPI, Random Access Plan Position Indicator
RATT, RAdio TeleTypewriter
RB, Read Backward. Read Buffer
RBDE, Radar Bright Display Equipment
RBI, Ripple Blanking Input
RBO, Ripple Blanking Output
RBT, Remote Batch Terminal
RC, Read and Compute. Reader Code. Regional Centre
RCA, Radio Corporation of America
RCC, Read Channel Continue. Reader Common Contact
RCD, ReCorD
RCE, Rapid Circuit Etch
RCF, ReCall Finder

RCI, Read Channel Initialise

RCO, Remote Control Oscillator. Representative Calculating Operation

RCP, Reseau à Commutation par Paquet

RCR, Reader Control Relay

RCS, Rearward Communications System

RCV, ReCeiVe

RCVR, ReCeiVeR

RD, ReaD. Research and Development. Receive Data

RD CHK, ReaD CHecK

RDBL, ReaDaBLe

RDF, Radio Direction Finding (or Finder)

RDO, Radio reaDOut

RDR, RaDaR

RDT, Remote Data Transmitter

RDT&E, Research, Development, Test, and Evaluation

RDY, ReaDY

RE, REal number

RECOMP, RECOMPlement

REC-M, REcord Mark

RED, REDucing

REF, REFerence

REG, REGister

REJ, REJect

REL, Rate of Energy Loss

REM, REMark. REcognition Memory. Remote ENable

REP, REPeat

REPERF, REPERForator

REP-OP, REPetitive OPeration

REQ, REQuest. REQuire

RET, RETurn

RETN, RETaiN

REW, REWind

RE +, Positive REal number

RF, Radio Frequency. Read Forward. Reserve Free

RFC, Radio Frequency Choke

RFD, Ready For Data

RFI, Radio Frequency Interference

RFP, Request For Proposal

RFQ, Request For Quote

RFR, Reject Failure Rate

RG, RanGe. ReGister. Reset Gate. Reverse Gate

RGBI, Red Green Blue Intensity

RGE, RanGE

RG-N, ReGister N-stages

RH, Report Heading

RHEO, RHEOstat

RI, Radio Influence. Radio Interference. Read In. Realiability Index. Ring Indicator

RIC, Read-In Counter

RIF, Reliability Improvement Factor

RIFI, Radio Interference Field Intensity

RIM, Read In Mode. Resource Interface Module

RIP, Real-time Interrupt Process

RIRO, Roll-In, Roll-Out

RISC, Restricted Instruction Set Computer

RJE, Remote Job Entry

RL, Relay Logic. Return Loss

RLD, Relocation Dictionary

RM, Record Mark

RMC, Rod Memory Computer

RMDR, ReMainDeR

RMI, Radio Magnetic Indicator

RMM, Read Mostly Memory

RMS, Root Mean Square

RMSE, Root Mean Square Error

RMT, ReMoTe

RMV, ReMoVe

RMW, Read-Modify-Write

RNG, Radio raNGe

RNV, Radio Noise Voltage

RO, Read Only. Read Out. Receive Only

ROI, Return On Investment

ROM, Read-Only Memory

ROMON, Receiving-Only MONitor

ROM-OD, ROM Optical Disc

ROPP, Receive-Only Page Printer

ROS, Read-Only Storage

ROT, Rate Of Turn

ROTR, Receiving-Only Typing Reperforator

ROTR S/P, Receiving-Only Typing Reperforator Series-to-Parallel

RP, Reception Poor. Recommended Practice. Record Processor. RePeater

RPC, Remote Position Control. Remote Procedure Call

RPG, Report Programme Generator

RPL, Running Programme Language. Remote Programme Load

RPM, Revolutions Per Minute

RPMI, Revolutions Per Minute Indicator

RPN, Reverse Polish Notation

RPQ, Request for Price Quotation

RPRT, RePoRT

RPS, Revolutions Per Second. Rotational Position Sensing

RPT, RePeaT

RR, Repetition Rate or Recurrence Rate. Running Reverse

RRL, Run-Length Limited

RS, Record Separator character. Remote Station. ReSet key. Reed-Salomon

RSA, Remote Station Alarm

RSL, Receive Signal Level

RSR, ReStoRe

RSS, Range Safety System

RST, Readability, Strength, Tone

RSV, ReSerVe

RS&I, Rules, Standard, and Instructions

RT, Ratio Transformer unit. Research and Technology. Reperforator-Transmitter

RTA, Reliability Test Assembly

RTC, Reader Tape Contact. Real-Time Clock

RTE, Real-Time Executive. RouTE

RTL, Resistor-Transistor Logic

RTP, Remote Transfer Point

RTS, Ready to send. Real-Time System

RTTY, Radio TeleTYpewriter communications

RTU, Remote Terminal Unit

RUSDIC, RUSsian DICtionary

RVA, Recorded Voice Announcement

RWC, Read, Write, and Compare. Read, Write, Continue

RWI, Read-Write Initialise

RX, Receive

RY, RelaY

RZ, Return-to-Zero

RZ(NP), Return-to-Zero (Non-Polarised)

RZ(P), Return-to-Zero (Polarised)

R/W, Read/Write

R&D, Research & Development

S, Secret. Spool. Small. Switch. Solid

SA, Successive Approximation. Systems Analyst

SAA, System Application Architecture (IBM)

SAB, System Advisory Board

SABE, Society for Automation in Business Education

SAC, Store and clear ACcumulator. Store Access Control

SACO, Select Address and Contact Operate

SAD, Serial Analogue Delay

SADT, Structured Analysis and Design Technique

SAID, Speech Auto-Instruction Device

SATCOM, SATellite COMmunications

SBC, Single-Board Computer

SBS, Satellite Business System

SBT, Surface Barrier Transistor

SC, Stop-Continue register. Supervisory Control. Shift Control Counter. SemiConductor

SCA, Selectivity Clear Accumulator

SCC, Storage Connecting Circuit

SCD, SCreweD

SCDSB, Suppressed Carrier Double SideBand

SCE, Single Cycle Execute

SCHDL, SCHeDuLe

SCHDLR, SCHeDuLeR

SCL, Static Complementary Logic. System Control Language

SCN, SCaN

SCR, Scanning Control Register

SCS, Single Channel Simplex

SCSI, Small Computer System Interface

SCT, Subroutine Call Table

SCTL, Short Circuit Transmission Line

SD, Sample Delay

SDA, Source Data Automation. Share Distribution Agency

SDC, Signal Data Converter

SDI, Source Data Information. Selective Dissemination of Information

SDLC, Synchronous Data Link Control

SDS, Share Data Set

SDV, Slowed-Down Video

SE, SEt

SEC, SECond. Single Error Correction

SECAM, Système Electronique Couleur Avec Mémoire

SECO, SEquential COntrol

SECT, SECTion

SEG, SEGment

SEL, SELect

SEN, SENse

SEQ, SEQuence

SERDES, SERialiser/DESerialiser

SF, Safety Factor. Shift Forward. Single Frequency

SG, Scanning Gate. Symbol Generator. Set Gate. Screen Grid

SGDF, SuperGroup Distribution Frame

SGL, SiGnaL

SGN, Scan Gate Number

SHF, Super High Frequency

SI, Sample Interval. Screen-grid Input. Shift-In

SIC, Semiconductor Integrated Circuits

SID, Swift Interface Device

SIE, Single Instruction Execute

SIG, SIG. SIGnificant

SIL, Speech Interference Level

SIM, SIMulated approach

SIMD, Single Instruction, Multiple Data stream

SIMEON., SIMplifiEd cONtrol

SIMM, Single In-line Memory Module

SIO, Start Input/Output

SIP, Short Irregular Pulses

SIPO, Serial In Parallel Out

SISD, Single Instruction, Single Data stream

SISO, Serial In, Serial Out

SIT-REP, SITuation REPort

SKL, SKip Lister

SKP, SKip line Printer

SLC, Shift Left and Count instructions. Straight Line Capacity

SLD, SoLiD

SLG, SeLectinG

SLI, Suppress Lengh Indication

SLN, SeLectioN

SLR, Storage Limits Register

SLRAP, Standard Low frequency Range APproach

SLRN, SeLect Read Numerically

SLSI, Super Large Scale Integration

SLT, SeLecT. Solid Logical Technology

SM, Storage Mark. Storage Module

SMD, Storage Module Drive

SML, Symbolic Machine Language

SMP, SaMPler

SMX, SubMultipleXer unit

SN, SigN

SNA, Systems Network Architecture

SNI, Sequence Number Indicator

SNO, Serial Number

SNOBOL, StriNg-Oriented symBOLique language

SNR, Signal-to-Noise Ratio

SO, Shift-Out. Send-Only. Serial Output

SOA, State Of the Art

SOC, Set Override Clear

SOH, Start Of Heading

SOLN, SOLutioN

SOM, Start Of Message

SOP, Standard Operating Procedure. Sum Of Products

SOS, Silicon On Sapphire
SP, Shift Pulses. Square Punch
SPARC, Systems Planning And Requirements Committee
SPCL, SPeCiaL
SPE, Stored Programme Element
SPEC, SPECification
SPKR, SPeaKeR
SPL, Sound Pressure Level
SPS, Symbolic Programming System
SPX, SimPleX
SP/GR, SPecific GRavity
SQA, Software Quality Assurance
SQC, Statistical Quality Control
SQT, SQuare rooTer
SR, Shift Register. Shift Reverse. Sorter-Reader. Speed Regulator
SRAM, Static RAM
SRC, SouRCe
SRCH, SeaRCH
SRPI, Server Requester Programming Interface
SRQ, Service ReQuest
SS, Solid State. Signal Selector. Statistical Standard. Start-Stop
SSB, Single SideBand
SSCP, System Service Control Point
SSDA, Synchronous Serial Data Adapter
SSI, Small Scale Integration
SSL, Shift and SeLect
SSOU-1, SyStem Output Unit 1 (remote computing system, IBM)
SSR, Solid State Relay
ST, Segment Tabled. Standard Time. STart. STore
STAT MUX, STATistical MUltipleXor
STC, Standard Transmission Code
STD, STandarD. Subscriber Trunk Dialling
STE, System Timing Element
STG, STartinG. SToraGe
STGE, SToraGE
STL, Standard Telegraph Level
STM, STateMent
STMGR, STation ManaGeR
STN, STatioN
STOR, STORe
STR, SToRe. STRobe
STS, Static Test Stand
STX, Start of TeXt
SUB, SUBtract. SUBstitute. SUBroutine
SUP, SUPpressor
SURGE, Sorting, Updating, Report, GEnerating
SVC, SerViCe
SVC, SuperVisor Call instruction
SW, Short Wave. SWitch. SoftWare
SWD, Smaller WorD
SWIFT, Society for Worldwide Interbank Financies Telecommunication
SWR, Standing Wave Ratio
SWS, Shift Word Substituting
SY, SYnchronised
SYLK, SYmbolic LinK format
SYM, SYMmetrical. SYsteM. SYNchronising,

SYNchronous
SYNC, SYNChronise
SYNCH, SYNCHronising, SYNCHronous
SYS, SYStem
SYSGEN, SYStem GENeration
SYSLIB, SYStem LIBrary
SYSOUT, SYStem OUTput
SZ, SiZe
S-P, Systems and Procedures
S/C, Short Circuit
S/F, Store-and-Forward
S/H, Sample and Hold
S/I, Signal-to-Intermodulation Ratio
S/N, Signal-to-Noise
S/O, Send-Only
S/OFF, Sign OFF
S/ON, Sign ON
S/R, SubRoutine
S/W, SoftWare

T, Temperature
TAB, TABulate
TAC, Transistorised Automatic Control
TADIL, TActical Digital Information Link
TADS, Tactical Automatic Digital Switching
TAS, Telephone Answering Service. Terminal Address Selector
TASC, Terminal Area Sequence and Control
TASI, Time Assignement Speech Interpolation
TC, Time to Computation. Transistorised Carrier
TC1, True/Complement 1
TCAM, TeleCommunications Access Method
TCB, Task Control Block
TCC, Television Control Centre. Traffic Control Centre
TCE, Total Composite Error
TCF, Technical Control Facility
TCM, Terminal-to-Computer Multiplexer
TCM, Thermal Conduction Module
TCO, Trunk CutOff
TCP, Transmission Control Protocol
TCP/IP, Transmission Control Protocol/Internet Protocol
TCU, Terminal Control Unit. Transmission Control Unit. Teletypewriter Control Unit
TCW, Time Code Word
TCWG, TeleCommunications Working Group
TD, Time Delay. Transmitter Distributor. Transmit Data
TDDL, Time-Division Data Link
TDF, Two Degrees of Freedom
TDG, Test Data Generator
TDM, Time-Division Multiplex
TDMA, Time-Division Multiple Access
TDP, Traffic Data Processor. TeleData Processing
TDS, Time-Division Switching. Transaction-Driven System
TDTL, Tunnel Diode Transistor Logic
TE, Tranverse Electric
TED, Trunk Encryption Device

TEDS, Twin Exchangeable Disc Storage
TELCO, TELephone COmpany
TELEX, automatic TELetypewriter EXchange service
TELNET, TELetype NETwork
TELRY, TELegraph ReplY
TES, Time-Encoded Speech
TEX, TEleX
TFE, Telemetry Front End
TFT, Thin Film Technology. Thin Film Transistor
TFZ, TransFer Zone
TGM, Trunk Group Multiplexer
THF, Tremendously High Frequency
THR, THRoughput
TI, Texas Instruments. Table Indicator
TIP, Terminal Interface Processor
TL, Time Limit. Transmission Level. Transmission Line
TLP, Transmission Level Point
TLR, Toll Line Release
TLU, Table Look-Up
TLZ, Transfer on Less than Zero
TM, magnetic Tape Module. Technical Manual. Transverse Magnetic. Turing Machine
TMP, TeMPerature
TMPRLY, TeMPoRariLY
TMT, TransMiT
TNF, Transfer on No overFlow
TNZ, Transfer on Non-Zero
TOC, Television Operating Centre
TOD, Technical Objective Documents. Time Of Day
TODS, Test-Oriented Disc System
TOE, Total-Operating Expense
TOPTS, Test-Oriented Paper Tape System
TOS, Tape-Operating System. Top Of Stack
TP, Transaction Processing. Test Point
TPI, Tracks Per Inch
TPM, Tape Preventive Maintenance
TPR, Telescopic Photograph Recorder
TPS, Terminals Per Station. Transaction Processing System
TR, Transmit & Receiving. TRansmitter
TRAN, TRANsmit
TRC, Transerve Redundancy Check
TRF, Tuned Radio Frequency
TRIB, Transfer Rate of Information Bits
TRL, Transistor Resistor Logic
TRML, TeRMinaL
TRN, TRaNsfer
TRNMP, Token Ring Network Manager Programme
TRON, Real Time Operating Nucleus
TRP, Tv Remote Pickup
TRR, Teaching and Research Reactor
TRU, Transmit-Receive Unit
TSAC, Title, Subtitle, And Caption
TSC, Transmitter Start Code
TSF, Ten-Statement Fortran
TSL, Three-State Logic
TSMT, TranSMiT
TSR, Terminate-and-Stay Resident
TSS, Time-Sharing System

TSW, TeleSoftWare
TT, TeleTypewriter
TTD, Temporary Text Delay
TTL, Transistor-Transistor Logic
TTMS, Telephoto Transmission Measuring Set
TTS, TeleTypeSetter
TTY, TeleTYpewriter equipment or terminal
TU, Tape Unit. Timing Unit. Transmission Unit
TVI, TeleVision Interference
TWAIT, Terminal WAIT
TWLL, Two-Way Linked List
TWX, TeletypeWriter eXchange service
TWX, Teletype Writer eXchange service
TX, Transmit, Transmitter
TYPOUT, TYPewriter OUTput routine
T-M, Time and Materials
T&D, Transmission and Distribution

U, Unit. Unclassified. Up
UA, User Agent
UART, Universal Asynchronous Receiver Tranmitter
UBC, Universal Buffer Controller
UC, Upper Case
UCI, User Class Identifier
UCK, Unit ChecK
UCL, Upper Confidence Level
UCSD, University of California, San Diego
UDC, Universal Decimal Classification
UEX, Unit EXception
UFN, Until Further Notice
UHF, Ultra High Frequency
UHR, Ultra High Reduction
UI, User Interface
UL, Underwriters Laboratories Inc
ULA, Uncommitted Logic Array
ULC, Upper and Lower Case
UMLS, Unified Medical Language Systems
UOV, Units Of Variance
UPC, Universal Product Code
UPC-E, Universal Product Code, Europe
UPS, Uninterruptible Power Supply
URCLK, Universal Receiver CLocK
URS, Uniform Reporting System
US, Unit Separator
USART, Universal Synchronous/Asynchronous Receiver Transmitter
USASCII, USA Standard Code for Information Interchange
UT, Universal Time
UTC, Coordinated Universal Time
UTPA, Unshielded TWIST Pair Adapter
UV, UltraViolet

VA, VALue. Value Analysis. Video Amplifier. Volt-Amperes
VAB, Voice Answer Back
VAC, Victor Analog Computer. Video Amplifier Chain. Voltage Alternating Current
VAM, Virtual Acces Method
VAN, Value-Added Network

VAR, VARiable. VHF Visual Aural Range
VC, Video Correlator. Voltage Comparator. Virtual Call
VCD, Variable Capacitance Diode
VCI, Virtual Circuit Interface
VCR, Video Cassette Recorder
VCS, Video Computer System
VDC, Voltage Direct Current
VDE, Voice Data Entry
VDG, Video Display Generator
VDI, Virtual Device Interface
VDISK, Virtual DISK (IBM)
VDP, Video Display Processor
VDT, Video Display Terminal
VDU, Visual Display Unit
VER, VERsion. VERify
VERA, VErsatile Reactor Assembly. Vision Electronic Recording Apparatus
VF, Voice Frequency. Video Frequency
VFC, Voltage-to-Frequency Converter
VFCT, Voice Frequency Carrier Telegraph
VFO, Variable Frequency Oscillator
VFS, Virtual File Systems
VFT, Voice Frequency carrier Telegraph terminal
VFTG, Voice Frequency TeleGraph
VFU, Vertical Format Unit
VGA, Variable Gain Amplifier. Video Graphics Array (IBM)
VGU, Video Generation Unit
VHF, Very High Frequency
VHO, Very High Output
VHP, Very High Performance
VHR, Very High Reduction
VHSIC, Very High Speed Integrated Circuit
VIA, Versatile Interface Adaptive
VIAS, Voice Interference Analysis Set
VIDAT, VIsual DAta acquisiTion
VIG, Video Integrating Group
VILP, Victor Impedance Locus Plotter
VIPS, Voice Interruption Priority System
VIS, Visual Instrumentation Subsystem
VLCS, Voltage-Logic, Current-Switching
VLF, Very Low Frequency
VLSI, Very Large Scale Integration
VLVS, Voltage-Logic, Voltage-Switching
VM, Virtual Machine. Virtual Memory
VMOS, V-groove Metal Oxide Silicon
VM/CMS, Virtual Machine/Conversational Monitor System
VO, Verbal Output
VOC, Variable Output Circuit
VOCODER, Voice-Operated CODER
VODACOM, VOice DAta COMmunications
VODAS, VOice-operateD Anti-Sing
VODER, Voice Operation DEmonstratoR
VOGAD, VOice-operated Gain Ajusting Device
VOH, Verification Off-Hook
VOL, VOLume
VOS, Voice-Operated Switch
VR, Voltage Regulator
VRAM, Video Random Access Memory
VRC, Vertical Redundancy Check. Visible Record Computer
VRC/LRC, VeRtiCal/Longitudinal Redundancy Check
VRR, Visual Radio Range
VS, Virtual Storage
VSAM, Virtual Sequential Access Method
VSB, Vestigial SideBand
VSCF, Variable Speed Constant Frequency
VSI, Virtual Storage Interrupt
VSN, Volume Serial Number
VSWR, Voltage Standing Wave Ratio
VT, Vertical Tabulate
VTAM, Vortex TelecommunicAtion Method. Virtual Telecommunications Access Method. Virtual Communications Access Method (IBM)
VTOC, Volume Table Of Contents
VTR, Video Tape Recorder
VU, Volume Unit. Voice Unit
V-V, Verification and Validation. Velocity and Volume

W, Write. Watts
WAC, Write Address Counter
WACK, Wait before transmit affirmative ACKnowledge
WADS, Wide Area Data Service
WAN, Wide Area Network
WATS, Wide Area Telephone Service
WC, Word Count. Write and Compute
WCF, White Cathode Follower
WCR, Word Control Register
WCS, Writable Control Store
WE, Write Enable
WF, Write Forward
WIP, Work In Progress
WL, WaveLength
WM, Word Mark
WMRA, Write Many Read Always
WMRM, Write Many, Read Many
WO, Write Out
WORM, Write Once Read Mostly
WP, Write Permit. Word Processing
WPM, Words Per Minute
WPR, Write Permit Ring
WP/AS, Word Processing/Administrative Support
WP/OS, Word Processing/Office System
WR CHK, WRite CHecK
WS, Working Storage
WSI, Wafer Scale Integration
WTS, Word Terminal Synchronous
WYSIWIG, What You See Is What You Get

X, Horizontal Deflection on crt
XA, Transmission adapter
XIC, Transmission Interface Converter
XIO, eXecutive Intput/Output
XMT, TransMiT
XMTR, TransMiTteR
XOR, eXclusive OR
XPN, eXternal Priority Number
XREP, auXiliary REPort

XS, eXtra Strong
XS3, eXcesS 3
XTAL, CrysTAL
X-off, Transmitter off
X-on, Transmitter on

Y, Vertical deflection on crt
YACC, Yet Another Compiler-Compiler

YR, YeaR

ZA, Zero and Add
ZD, Zero Defect
ZFB, Signals Fading Badly
ZFN, Zero-order Fixed aperture Non-redundant sample
ZICR, Zero Index Carrier Return
ZIF, Zero Insertion Force

DEFINITIONS DE MOTS-CLES

abacus, abaque, boulier
1. Compteur antique à boules.
2. Ensemble de courbes normalisées prédéfinies qui, par simple lecture donne, le résultat d'opérations compliquées.

abort, abandon
Arrêt prématuré de l'exécution d'un programme suite à l'apparition d'erreurs, de pannes ou de phénomènes imprévisibles ne pouvant pas être corrigés sur le champ.

abscissa, abscisse
L'une des coordonnées cartésiennes par lesquelles on définit la position d'un point d'une courbe plane. L'axe des abscisses est horizontal et perpendiculaire à l'axe des ordonnées.

absolute, absolu
Ce qui existe indépendamment de toute condition, rapporté à des points de repère fixes ou réels (adresse), qui n'a pas de signe (nombre),qui ne nécessite pas de traduction pour être exécutable (code).

abstract, résumé, abstrait
1. Forme condensée ou résumée d'un document.
2. Sans désignation d'objet particulier (nombre), sans indication de signification.

acceptor, accepteur, automate
1. Elément impur qui augmente le nombre de trous dans un cristal semiconducteur.
2. Qualificatif d'un automate (automate accepteur) ou tout simplement automate.

access, accès
1. Opération de repérage d'un emplacement fini de mémoire, afin d'y effectuer une lecture ou une écriture sur le champ.
2. Possibilité de connexion à un calculateur. L'accès peut être direct ou différé.

accumulator, accumulateur
Registre et circuiterie numérique associés, de l'unité arithmétique d'un calculateur, dans lesquels peuvent être effectuées des opérations arithmétiques et logiques.

accuracy, exactitude
1) Qualité de ce qui est exempt d'erreur.
2) Evaluation qualitative de l'importance d'une erreur, une évaluation satisfaisante correspondant à une erreur faible.
3) Mesure quantitative de l'importance des erreurs, exprimée de préférence en fonction de l'erreur relative, de façon que la valeur de cette mesure croisse lorsque les valeurs des erreurs décroissent.

activity, activité
Action d'utiliser un fichier d'information, soit par modification de celui-ci, soit en s'y référant. Le niveau d'activité d'un fichier est donc une indication de la fréquence d'utilisation.

Ada, Ada
Langage de programmation évolué, destiné à des applications en temps réel.

addend, cumulateur
Un des opérandes utilisés pour effectuer une opération d'addition. Le cumulateur est un nombre qui, ajouté à un autre nombre appelé cumulande, donne un résultat appelé somme.

adder, additionneur
Elément capable d'effectuer la fonction d'addition en utilisant des signaux numériques.

addition, addition
Opération arithmétique qui donne la somme de deux opérandes - le cumulateur et le cumulande.

address, adresse
1. Emplacement où est emmagasinée l'information dans un système de traitement de données.
2. Destination assignée à un message dans un système de communications.

algol, algol
Langage de programmation évolué à structure dite « libre de contexte ».

algorithm, algorithme
Série d'instructions ou de pas de procédure, destinés à résoudre un problème spécifique.

algorithmic, algorithmique
Appartenant à une méthode de résolution de problèmes suivant un algorithme prédéterminé.

aliasing, effet de denteure
Sur une visu graphique de type de télévision, effet de marches d'escalier dû au fait du manque de résolution pour reproduire les diagonales ou les cercles.

alphanumeric, alphanumérique
Ensemble des caractères alphabétiques, numériques et symboles.

amplify (to), amplifier
Augmenter l'amplitude d'un signal.

analogue, analogique
Se dit d'une grandeur dont la valeur varie de façon continue par opposition à une variation numérique.

analyser, analyseur
Instrument de mesure connectable au niveau d'un système, d'une carte ou d'un composant, et capable de visualiser et de quantifier les phénomènes temporels relatifs au fonctionnement de ces éléments.

ANSI, Institut national américain de normalisation.

antialiasing, linéarisation
Sur une visu graphique de type balayage télévision, procédé logiciel qui linéarise les diagonales ou les lignes courbes.

apl, apl
Langage de programmation évolué, conçu par Iverson, utilisé pour la programmation algorithmique interactive.

architecture, architecture
Terme favori des fabricants d'ordinateurs utilisé par eux pour décrire les interrelations entre les différents éléments composant un système infor-

matique.

argument, argument
Elément d'une variable entrant dans le calcul d'une fonction, ou nécessaire à l'exécution d'une routine. L'argument peut être la valeur de la variable, ou son adresse en mémoire.

ASCII, ASCII Code américain standard pour les échanges d'information. Code de caractères utilisé pour représenter les données dans la plupart des ordinateurs.

assembler, assembleur
Programme qui accepte un langage source sous forme de mnémonique et le convertit en code objet exécutable.

assign (to), assigner
1. Réserver une partie d'un système informatique à des fins spécifiques.
2. Attribuer une valeur à une variable.

asynchronous, asynchrone
Qui n'est pas synchronisé avec le processeur central.

attribute, attribut
Dans une base de données, un champ qui contient une information relatif à une entité.

augend, cumulande
Un des opérandes utilisés en addition. La quantité à laquelle une autre quantité (cumulande) est ajoutée pour donner la somme. Le cumulateur est habituellement remplacé par la somme.

augmenter, incrément, décrément
Quantité ajoutée à une autre afin de l'amener à une valeur requise. Lorsque cette quantité est positive, c'est un incrément, lorsqu'elle est négative, c'est un décrément.

authentification, authentification
Mesure de sécurité destinée à protéger un système de communications contre les transmissions frauduleuses.

automate (to), automatiser
Transformer un processus ou une installation pour les rendre automatiques.

automatic, automatique
Qui, dans des conditions déterminées, fonctionne ou se déroule sans intervention humaine.

automation, automatisation
Réalisation d'un processus par des moyens automatiques. Ensemble des conceptions, développements et applications des méthodes et techniques, pour fabriquer des machines auto-contrôlées.

availability, disponibilité
Propriété d'un système exprimant la continuité opérationnelle du service.

azerty, azerty
Se dit du clavier français où les touches de la rangée supérieure des lettres commencent par les lettres A,Z,E,R,T,Y, par opposition au clavier américain QWERTY.

backtracking, recherche inverse
Traiter une liste (ex. noms et adresses) en sens inverse. Effectuer un tri descendant.

backup, de secours
Qualifie les procédures et les matériels destinés

à être utilisés dans certains cas d'anomalie de fonctionnement.

band, bande
Gamme de fréquences du spectre, comprise entre deux fréquences limites.

bandwith, largeur de bande
Différence de fréquence entre la plus haute et la plus basse fréquence dans une bande.

base, base
1. Synonyme de radix.
2. Electrode d'un transistor à jonction, située entre deux couches semiconductrices inversement dopées: le collecteur et l'émetteur.

baseband, bande de base
Transmission d'un signal de données dans sa bande de fréquences d'origine, sans qu'il subisse de modulation.

batch, lot
Groupe de transactions enchaînées, destiné à être traité en un seul passage sur ordinateur.

baud, baud
Unité de vitesse de modulation. Un baud correspond à la vitesse d'un signal élémentaire par seconde.

Baudot, Baudot
Code de communication télégraphique à cinq moments, utilisé pour les transmissions téléscripteur et télex.

bead, module de programme
Petit module de programme, écrit pour effectuer une fonction spécifique. Ces modules écrits et testés séparément, peuvent être mis bout à bout et testés en groupe.

benchmark, évaluation
Tâche d'évaluation imposée à un système matériel ou logiciel, afin d'en mesurer les performances.

bias, polarisation
1. Gamme d'erreurs de valeur moyenne différente de zéro.
2. Valeur moyenne de tension ou de courant moyen, maintenue entre une électrode de contrôle et une électrode commune d'un transistor

binary, binaire
Propriété caractéristique impliquant deux possibilités. Dans un système de notation binaire, seuls les chiffres '1' et '0' sont utilisés.

bipolar, bipolaire
signal numérique qui peut prendre des valeurs positives ou négatives.

bit, binaire
Plus petit élément de codage d'information. Sa représentation est binaire, c'est-à-dire traduite par des '1' ou des '0. Les binaires sont généralement groupés par multiplet.

blank, blanc
1. Partie d'un médium de données dans laquelle aucune information n'est enregistrée.
2. Caractère 'espace'.

blip, signal erratique
Signal erratique sur un écran de visualisation.

block, bloc
Groupe identifié d'éléments binaires, sur lequel on peut, par exemple, appliquer une procédure de

codage en vue du contrôle d'erreur.

blocking, groupage
Création de blocs à partir d'enregistrements individuels.

board, carte
Support en verre époxi imprimé, sur lequel sont disposés les composants électroniques d'un calculateur.

bootstrap, amorce
Programme servant à démarrer l'ordinateur; généralement résidant en ROM, il initialise les entrées-sorties et charge le système d'exploitation.

box, boîte, symbole
Symbole (souvent un rectangle) utilisé pour représenter une unité logique d'un système ou programme dans un ordinogramme ou schéma synoptique.

branch, branche
Dans un réseau de données, parcours entre deux noeuds reliés directement.

break, interruption
Action d'interrompre une séquence de programme ou de transmission.

buffer, mémoire tampon
Mémoire destinée à compenser les différentes vitesses de transmission de données entre un élément transmetteur et un élément récepteur. Mémoire temporaire entre le processeur central et un périphérique.

bug, bogue
Défaut ou mauvais fonctionnement d'un ordinateur, programme ou système.

burst, rafale
Séquence de signaux considérés comme une unité en accord avec un critère de mesure spécifique.

bus, bus
Ensemble de conducteurs, utilisé pour transmettre des signaux de données. Bus de données ou bus d'adresses.

byte, multiplet
Groupe de binaires. Ce terme est couramment utilisé pour désigner un multiplet de huit bits (octet).

cad, conception assistée
Dessin de conception à l'aide d'un ordinateur.

cae, ingénierie assistée
Interface matérielle et logicielle ayant des possibilités graphiques et d'analyse mathématique.

cai, enseignement assisté
Utilisation d'ordinateurs pour l'enseignement individuel ou collectif.

calculator, ordinateur, calculateur
Appareil convenant particulièrement à l'exécution d'opérations arithmétiques, mais nécessitant une intervention humaine pour modifier un éventuel programme rangé en mémoire, et pour lancer toute opération ou suite d'opérations.

call, appel
1. Manière d'appeler un programme ou une routine.
2. Tentative réussie ou non en vue d'atteindre un abonné (téléphone).

card, carte
Rectangle de carton dont les dimensions et l'épaisseur sont standard et qui se prête à la perforation de trous en combinaisons intelligibles pour un lecteur de cartes.

carrier, onde porteuse
Onde modulable par l'information à transmettre sur un système de communications.

carry, retenue
Débordement d'une colonne numérique après une opération d'addition. Lorsqu'une somme de deux chiffres excède la base de numération, le chiffre débordant le chiffre le plus significatif est appelé - retenue.

catalogue, catalogue
Liste d'objets (fichiers, éléments, noms de programmes ou utilisateur) utilisés et traités dans un système, arrangés dans un ordre qui permet une localisation aisée.

Centronics, Centronics
Fabricant américain d'imprimantes, connu par son interface parallèle tendant à se généraliser et devenir standard.

chaining, chaînage
Quand on utilise une technique d'accès aléatoire, il se peut que l'on forme l'adresse d'un fichier ne contenant pas l'article que l'on cherche. La recherche de son emplacement en mémoire donne alors l'adresse d'un autre fichier où l'élément cherché pourrait se trouver. Cette seconde adresse peut ne pas contenir non plus l'élément, mais peut renvoyer le calculateur à une 3ème adresse; et ainsi de suite.

channel, voie
Support physique sur lequel des données peuvent être transmises ou stockées.

character, caractère
Une lettre, un chiffre ou un autre symbole utilisés dans l'organisation, le contrôle ou la représentation de données.

characteristic, caractéristique
Partie entière, positive ou négative, de la représentation d'un logarithme.

check, vérification
Procédure permettant de déterminer la justesse d'une opération.

checkpoint, point de vérification
Endroit dans un programme ou une vérification, où l'enregistrement de données pouvant servir à un redémarrage, est exécuté.

checksum, somme de contrôle
Somme générée des chiffres élémentaires d'un nombre et utilisée à des fins de contrôle

chopper, hacheur
Dispositif interrompant un courant ou un rayon de lumière pour produire un signal pulsé.

class, classe
Description d'un ou plusieurs objets similaires

clear, annuler
1) Dégager
2) Vider (compteurs)
3) Clair, net, dégagé, propre.

clipping, écrétage
Action qui limite automatiquement la valeur instantanée du signal de sortie à une valeur maximale prédéterminée.

clock, horloge

Source de référence pour la synchronisation des informations destinées à une machine ou un système.

cluster, grappe
1. Groupe de mécanismes d'entraînement de support magnétique.
2. Groupe d'enregistrements relationnels dans un système de base de données.

cobol, cobol
Langage évolué orienté vers les problèmes commerciaux.

code, code
Système de transformation agrée, ou ensemble de règles sans ambiguïté permettant de convertir des informations ou des données d'une forme dans une autre.

coding, codage
Ecriture des instructions d'un programme.

collator, interclasseuse
Machine ou dispositif permettant d'interclasser deux jeux de cartes préalablement mis dans la même séquence.

column, colonne
Arrangement vertical de caractères ou autres symboles.
Une carte 80 colonnes par exemple, peut contenir 80 caractères codifiés sous forme de combinaisons de perforations.

compaction, compactage
Utilisation d'une des techniques disponibles de réduction de données, pour obtenir une meilleure utilisation de l'espace mémoire.

compandor, compresseur-expanseur
Le compresseur est utilisé pour réduire la gamme dynamique d'un signal analogique, normalement avant le traitement ou la transmission du signal. L'expanseur rétablit la gamme dynamique.

compare (to), comparer
Examiner deux articles en vue de déterminer leur grandeur relative, leur position relative dans une suite, ou l'identité de certaines de leurs caractéristiques.

compatibility, compatibilité
Qualité que doit posséder un équipement, pour lui permettre de travailler avec un autre équipement ou de remplacer un autre équipement.

compiler, compilateur
programme de traduction qui convertit les instructions d'un langage évolué en code objet exécutable.

computer, ordinateur, calculateur
Unité fonctionnelle programmable se composant d'une ou de plusieurs unités centrales associées et de périphériques, commandée par des programmes rangés en mémoire interne et capable d'effectuer des calculs importants, comportant de nombreuses opérations arithmétiques ou logiques, sans intervention humaine en cours d'exécution.

computerisation, informatisation
Automatisation au moyen d'ordinateurs.

computerise (to), informatiser
Automatiser au moyen d'ordinateurs.

computron, calcutron
Particule atomique mythique que porte l'unité de quantité de traitement ou d'information, un peu comme l'électron porte une quantité de charge électrique. Si votre ordinateur est trop lent, c'est parce qu'il est un peu faible en calcutrons.

concentrator, concentrateur
un équipement de groupement d'un certain nombre d'abonnés (téléphone) pour connexion à un commutateur à travers un moyen commun de communication.

configuration, configuration
Structure d'un système de traitement ou de communications.

connective, connectif
Symbole écrit entre deux opérandes et spécifiant l'opération à effectuer.

connector, connecteur, connectif
Dans un organigramme, symbole utilisé pour représenter la convergence de plusieurs chemins de traitement.

console, console, pupitre
Elément d'un ordinateur servant aux communications entre l'opérateur et la machine.

contention, contention
Conflit d'utilisation d'une même ressource de système. En communications, lorsque deux ou plusieurs unités d'émission essaient de transmettre en même temps.

conversational, conversationnel
Dit d'une méthode d'opération par laquelle l'utilisateur à sa console est en communication directe avec l'ordinateur et capable d'obtenir une réponse immédiate à ses messages d'entrée (dialogue).

core, tore
Petit anneau magnétisable avec deux états de polarisation, qui peut de ce fait mémoriser un chiffre binaire.

corruption, altération
Mutilation de code ou de données, causée par une avarie matérielle ou logicielle.

counter, compteur
Dispositif tel que registre ou zone de mémoire, servant à retenir le nombre de fois qu'un évènement s'est produit.

cpu, unité centrale
Partie principale d'un ordinateur comprenant les circuits qui contrôlent l'interprétation et l'exécution des instructions.

crosshairs, réticule
Curseur ou intersection de deux lignes perpendiculaires sur une image graphique qui indique les coordonnées d'un point.

crosstalk, diaphonie
Phénomène dans lequel un signal, transmis sur un circuit ou une voie d'un système de transmission, peut être détecté dans un autre circuit ou une autre voie.

cue, appel
Instruction contenant une clé pour initialiser l'entrée d'une routine fermée.

cycle, cycle
1) Intervalle de temps pendant lequel un nombre déterminé d'évènements ou phénomènes est accompli.

2) N'importe quel groupe d'opérations, répété régulièrement dans la même séquence.

damping, amortissement
Réduction d'amplitude et de fréquence d'une oscillation ou d'une onde.

data, données
Représentation d'une information sous une forme conventionnelle destinée à faciliter son traitement.

deblocking, dégroupage
Procédé d'extraction d'enregistrements à partir d'un bloc de données, de manière à traiter chaque record individuellement.

debug (to), déboguer
Détecter, localiser et supprimer les fautes dans un programme.

debugging, débogage
Processus de test d'un programme avec correction des fautes.

deck, jeu, paquet
Paquet de cartes perforées.

declarative, déclaration
Ligne de code d'un programme source, spécifiant au compilateur le format, la longueur et la nature des éléments de données et constantes utilisés comme opérandes dans le programme.

decoder, decodeur
Dispositif destiné à modifier les données d'un format codé à un autre.

decrement, décrément
Quantité par laquelle la grandeur d'une variable est réduite.

default, défaut
1. Défaut.
2. Synonyme d'option par défaut.

delete (to), effacer
1. Enlever ou éliminer un article, un enregistrement ou un groupe d'enregistrements d'un fichier.
2. Effacer un programme de la mémoire.

delimiter, séparateur
Caractère marqueur utilisé pour délimiter les extrémités d'une chaîne de caractères.

demodulation, démodulation
Processus dans lequel une onde résultant d'une modulation antérieure est utilisée pour obtenir une onde ayant essentiellement les mêmes caractéristiques que l'onde modulante initiale.

density, densité
Nombre de bits mesuré par unité de longueur, dans un canal linéaire d'un support d'enregistrement.

descriptor, descripteur
Elément significatif d'information, présent dans un enregistrement et suffisamment descriptif pour permettre à cet enregistrement d'être classé, trié et retrouvé.

despatch (to), distribuer
Allouer le temps d'un processeur central à des tâches spécifiques.

dialling, numérotation
Elaboration du numéro d'annuaire.

digit, chiffre, binaire, numérique
Caractère qui représente un entier plus petit que la base d'un système de numérotation, position de caractère dans un nombre qui peut représenter une telle valeur.

digital, numérique
Qualifie des données composées de chiffres.

dipulse, impulsion bipolaire
Variante d'un signal binaire où une impulsion est transmise sous forme de valeur +1 pour une moitié du cycle et de valeur -1 pour l'autre moitié correspondant aux valeurs +1 et 0 à l'entrée.

director, contrôleur
Programme de contrôle, faisant généralement partie d'un système d'exploitation et supervisant les attributions de ressource dans un système.

directory, annuaire
Attribution de symboles alphanumériques pour identifier de façon unique chaque fichier dans le cas d'un système de traitement, d'un abonné dans le cas d'un système de communications.

disarm (to), désactiver
Rendre inactive une interruption, par opposition à armer.

discrete, discret
Qualifie des données composées d'éléments distincts ou séparés tels que des caractères, ou des grandeurs physiques prenant des valeurs identifiables séparément les unes des autres.

diskette, disquette
Disque magnétique souple, de dimensions et de capacité réduites.

displacement, déplacement
Elément d'adresse relatif à une base.

display, visu
Appareil permettant la présentation visuelle et non permanente d'informations.

distortion, distorsion
Déformation subie par le signal dans un système de transmission.

diversity, diversité
Méthode de communication par laquelle, pour réduire les effets de détérioration du signal du fait du milieu de transmission, un signal unique est extrait d'une combinaison de signaux contenant la même information.

dividend, dividende
Opérande d'une division. Le dividende est divisé par le diviseur pour obtenir le quotient et le reste.

divider, diviseur
Elément qui effectue l'opération arithmétique de division, et donne en sortie le quotient de deux variables d'entrée, le dividende et le diviseur.

divisor, diviseur
Opérande d'une opération de division. Le diviseur divise le dividende pour donner le quotient et le reste.

donor, donneur
Elément introduit en quantité infinitésimale comme impureté dans un matériau semiconducteur.

dopant, dopeur
Impureté chimique ajoutée à un matériau semiconducteur pour changer ses caractéristiques électriques.

doublet, doublet
Multiplet constitué de deux éléments binaires.

drive, disquette
Dispositif mécanique qui entraîne un support d'en-

registrement magnétique d'information.

driver, gestionnaire
Programme qui contrôle une unité périphérique connectée en ligne.

drum, tambour
Mémoire magnétique externe, constituée par un cylindre tournant à vitesse constante.

dump, vidage
Copie du contenu d'une zone de mémoire, permettant une visualisation ou une sauvegarde des données.

duplex, duplex
Méthode de communication entre deux terminaux, par laquelle chacun peut transmettre à l'autre simultanément.

dwell, durée programmée
Retard programmé de durée variable.

echo, écho
Graphisme, curseur ou chaîne de caractères qui donne une réplique à l'opérateur.

edge, arête, bord
Bord supérieur ou inférieur d'une carte perforée.

edit (to), éditer
Préparer des données en vue de traitement. Le processus d'édition peut impliquer la validation, l'effacement, la conversion de format ou de code.

edp (informatics), informatique
Science du traitement rationnel, notamment par machines automatiques, de l'information considérée comme le support des connaissances humaines et des communications, dans le domaine technique, économique et social.

effective, réel
En terme de microprocesseur, ce mot signifie 'réel' par opposition à 'virtuel' (ex. adresse réelle).

emulate (to), émuler
Utiliser un ordinateur avec des données ou des instructions préparées pour un calculateur de type différent, nécessitant généralement un logiciel spécial pour simuler l'ordinateur original.

emulation, émulation
Imitation de tout ou partie d'un système par un autre, de sorte que le système imitateur prenne en compte les mêmes données, exécute les mêmes programmes et produise les mêmes résultats que le système imité.

encode (to), coder
Appliquer les règles d'un code, représentant sous une forme numérique les caractères ou les symboles des données.

endpoint, fin
Fin d'un segment de droite exprimé par les coordonnées x, y, z.

entry, entrée
1. Adresse de la première instruction d'un programme ou d'une routine.
2. Elément d'information, soit d'entrée soit de sortie, d'une liste ou d'une table.

envelope, enveloppe
Ensemble des bits supplémentaires qui accompagnent systématiquement les blocs, trames ou paquets, sur une liaison ou un réseau de transmission de données.

environment, environnement

Dans un contexte informatique, mot qui évoque la combinaison d'un ordinateur et de son système d'exploitation.

equaliser, égaliseur
Dispositif permettant de compenser la distorsion subie par un signal.

erase (to), effacer
Remplacer l'information stockée sur un support mémoire par un code uniforme de données nulles.

Erlang, Erlang
Unité de débit de trafic. le débit est égal à l'unité si le nombre moyen des appels (téléphone) par unité de temps est égal à un.

error, erreur
Ecart entre une valeur ou une condition calculée, observée ou mesurée, et la valeur ou la condition vraie, prescrite ou théorique correspondante.

event, évènement
1. Fait qui affecte un article, un fichier, une donnée, une transaction.
2. En analyse, un fait qui termine une activité et en commence une autre.

exclusion, exclusion
Opération booléenne diadique dont le résultat a la valeur booléenne 1 si et seulement si le premier opérande a la valeur booléenne 1.

execute (to), exécuter
Effectuer les opérations spécifiées par un programme, une routine, une instruction.

exit, sortie
Instruction finale d'une routine ou d'un sous-programme, provoquant le retour au programme principal.

exponent, exposant
Puissance à laquelle une quantité est élevée.

extract, extraire
1) Choisir, parmi un ensemble de données, celles répondant à certains critères.
2) Remplacer le contenu d'une partie d'un mot avec le contenu de la partie correspondante d'un autre mot, suivant un modèle de contrôle.

failure, panne
Discontinuité causée par une défaillance ou un mauvais fonctionnement d'un matériel ou d'un logiciel.

fault, faute
Etat anormal d'un élément, causé par des conditions physiques particulières: par exemple un faux contact dans un circuit.

fetch, prélèvement
Localisation et prélèvement d'éléments d'information.

field, champ
Zone logique à l'intérieur d'un enregistrement, d'un code opération, d'une adresse.

file, fichier
Collection organisée d'enregistrements relationnels.

fill, coloriage
Coloriage ou ombrage d'une surface d'écran délimitée par un ensemble de segments de droite.

filler, caractère
Caractère utilisé pour remplir un temps ou un espace, lorsqu'un bloc de longueur fixe est insuffi-

samment rempli.

filter, filtre
Dispositif permettant de laisser passer ou de rejeter des parties bien définies du spectre de fréquences.

firmware, logiciel en ROM Logiciel contenu généralement en mémoire morte.

flag, drapeau
1. Caractère utilisé pour signaler l'apparition d'une condition ou d'un évènement.
2. Elément d'information employé comme indicateur .

float (to), flotter
Ajouter l'origine à toutes les adresses relatives d'un programme, pour déterminer la quantité de mémoire occupée par le programme.

flowchart, organigramme
Représentation graphique pour la définition, l'analyse ou la solution d'un problème, dans laquelle des symboles sont utilisés pour représenter des opérations, des données, les chemins à suivre, les unités utilisées etc...

flowline, ligne de liaison
Ligne représentant un chemin entre les symboles d'un organigramme pour indiquer un transfert de données ou de commande.

flutter, pleurage
Variation récurrente de vitesse, à relativement basse fréquence, observable sur un certain disque en mouvement.

format, format
1. Arrangement d'éléments binaires ou de caractères dans un même groupe, sous forme de mot, message ou langage.
2. Forme, taille, ou présentation d'un document.

fortran, fortran
Langage évolué orienté vers la programmation scientifique.

fragmentation, fractionnement
Technique de gestion statique de la mémoire en multiprogrammation.

frame, cadre, section
Zone d'enregistrement d'une position constituant une section en largeur sur une bande magnétique ou une bande papier.

framing, trame
Répartition du signal d'information en entités distinctes par l'inclusion périodique de signaux particuliers.
Il s'agit de l'insertion d'éléments binaires pour identifier les blocs, messages, etc.

gap, intervalle
Intervalle indispensable localisé entre les blocs d'enregistrement sur une bande magnétique, pour permettre les arrêts et les redémarrages entre les lectures ou les écritures.

gate, porte
Circuit pourvu d'un seul signal de sortie, sous la dépendance de signaux d'entrée passés ou présents.

generator, générateur
Programme qui génère la codification d'un problème.
exemple: Report Program Generator.

global, global
Relatif à un élément qui appartient entièrement à l'environnement considéré. Une variable globale est celle qui peut être accessible et modifiable de n'importe quel point du programme (voir local).

grid, grille
Intersections de lignes uniformément espacées dans deux ou trois dimensions, permettant de guider l'opérateur dans l'élaboration d'un graphique.

gulp, groupe de binaires
Petit groupe de binaires constitué de plusieurs multiplets et traité comme un tout unitaire.

Hamming, Hamming
Inventeur du code de détection et de contrôle d'erreur, utilisé en transmission de données. Ce code est capable d'être corrigé automatiquement par le terminal récepteur.

handshake, protocole
Protocole de communications précédant une transmission, dans laquelle un signal est requis, reçu et accepté.

hardcopy, tirage
Document graphique résultant du transfert sur un support permanent d'une image présentée sur un visu.

hardware, matériel
Ensemble des éléments physiques employés pour le traitement de données.

Hartley, Hartley
Unité d'information basée sur une puissance de dix. (ex. la quantité d'information qui peut être dérivée de l'occurrence d'un évènement aléatoire et de dix évènements équiprobables.)

hash, charabia
Insignifiants ou indésirés, éléments d'information présents en mémoire ou sur un médium magnétique.

hatching, hachure
Remplissage d'une zone d'écran avec des segments de droite espacés régulièrement.

head, tête
Dispositif exécutant la lecture, l'écriture ou l'effacement de données sur un support de mémorisation (bandes, tambours, disques, cartes perforées...).

header, en-tête
Portion de message qui contient les informations nécessaires pour l'acheminement (ex. adresse, priorité, classification).

Hertz, Hertz
Unité de mesure de fréquence égale à un cycle par seconde.

heuristic, heuristique
Relatif à une méthode explicative de résolution de problèmes, basée sur des évaluations successives d'essais ou d'erreurs pour aboutir au résultat final. Par opposition à 'algorithmique'.

hexadecimal, hexadécimal
Système de numérotation à base 16.

holistic, réplique
Relatif à la copie mémorisée d'une information destinée à valider une donnée d'entrée (ex. mémorisation d'un répertoire ASCII, seuls les caractères

identiques seront acceptés à l'entrée.)

Hollerith, Hollerith
Relatif à un type particulier de code ou carte perforée utilisant 12 rangs par colonne et généralement 80 colonnes par carte.

home, repos
1. Position de départ du curseur sur un écran, habituellement le coin supérieur gauche.
2. position de repos d'une tête de lecture de disque magnétique.

hub, moyeu
Le trou central d'une bobine de bande ou de disque magnétique.

Huffman, Huffman
Inventeur du code dans lequel, aux caractères de grande fréquence d'apparition, sont associés moins de symboles qu'à ceux de moindre fréquence.

icon, graphisme, icône
Symbole graphique représentant un article de menu.

identifier, identificateur
Etiquette identifiant un fichier ou une zone particulière de mémoire.

implication, inclusion
Opération booléenne diadique dont le résultat a la valeur booléenne 0 si et seulement si le premier opérande a la valeur booléenne 0 et le second la valeur booléenne 1.

increment, incrément
Quantité dont on augmente la valeur d'une variable à chaque phase de l'exécution d'un programme. Termes dérivés: incrémenter, incrémentiel, décrément.

index, index
1. Partie d'un champ de données indiquant le type d'information effectivement enregistrée dans ce champ.
2. Nombre identificateur ou expression indiquant le rang d'un élément dans un tableau.

indexing, indexation
Opération consistant à ajouter le contenu d'un registre d'index à la partie adresse d'une instruction.

indicator, indicateur
Dispositif ou signal qui peut être positionné selon une condition spécifique, ou le résultat d'une opération ou d'un évènement.

information, information
Elément de connaissance susceptible d'être représenté à l'aide de conventions, pour être conservé, traité ou communiqué.

inhibit (to), inhiber
interdire à un signal de se manifester ou à une opération spécifique d'être effectuée.

initialisation, initialisation
Processus mis en action au début d'un programme vérifiant que tous les indicateurs et les constantes sont dans les conditions prédéterminées.

initialise, initialiser
Remettre les compteurs, les interrupteurs et les positions de mémoire dans un état initial, soit physiquement, soit par exéxution d'une routine d'initialisation.

input, entrée
1. Données ou instructions transférées en mémoire par l'intermédiaire d'une unité périphérique.
2. Signaux appliqués aux circuits pour effectuer un tel transfert.

instruction, instruction
Consigne exprimée dans un langage de programmation.

integer, entier
Nombre entier, un nombre qui ne contient pas de composante fractionnaire. Zéro est un nombre entier.

intelligent, intelligent
Qualifie un appareil ou une unité fonctionnelle entièrement ou partiellement commandés par au moins un processeur faisant partie de l'appareil.

interactive, interactif
Qualifie les matériels, les programmes ou les conditions d'exploitation qui permettent des actions réciproques en mode dialogué avec des utilisateurs, ou en temps réel avec des appareils.

intercom, interphone
Equipement téléphonique permettant au personnel de communiquer à l'intérieur d'un même bâtiment, enceinte ou organisme.

interface, interface
Jonction entre deux matériels ou logiciels, leur permettant d'échanger des informations par l'adoption de règles communes, physiques ou logiques.

interfix, interdépendance
Technique utilisée dans les systèmes de base de données pour décrire sans ambiguïté les relations entre les mots clés des différents enregistrements, afin que seul l'élément recherché soit unique.

interleave (to), entrelacer
Organiser les différentes composantes d'une séquence de choses ou d'évènements, de façon à ce qu'elles alternent avec d'autres séquences,-chacune gardant son identité propre.

interpreter, interpréteur
Programme qui traduit des instructions pseudo-codées en instructions de code machine au fur et à mesure du déroulement du programme (ex. langage BASIC).

interrupt, interruption
Arrêt momentané de la séquence d'un programme, provoqué extérieurement, le contrôle est passé à une routine, après termina ison de celle-ci le contrôle est redonné au programme principal.

inverter, inverseur
Elément logique avec un signal binaire d'entrée, effectuant la fonction logique de négation.

item, article
1) Article (d'un compte, d'une énumération).
2) Point, détail (d'un texte).
3) Elément, information élémentaire.

iterative, itératif
Relatif à un simple cycle qui effectue répétivement une série d'opérations jusqu'à vérification d'une condition spécifique

job, travail
Unité de travail organisée pour être traitée par un

ordinateur.

Jovial, Jovial

Sigle pour - Jules'Own Version of IAL - la propre version de Jules du langage algébrique international, développé par la firme américaine SDC (Système Development Corporation).

joystick, manchet

Dispositif d'entrée graphique qui positionne le curseur, localise, prélève ou initialise le changement d'un élément d'image à l'aide d'un levier de contrôle.

jump, saut, branchement

Instruction ou signal qui, conditionnellement ou inconditionnellement, spécifie la position de l'instruction suivante à exécuter et force le calculateur à aller vers cette instruction. Un saut est en général utilisé pour changer la séquence normale des instructions.

justification, justification

Changement de la position des mots d'un texte, arrangés pour impression à fin de régularisation de la marge de droite ou de gauche ou des deux à la fois.

Kansas city standard, norme Kansas city

Norme de lecture et d'écriture de données sur cassette.

Karnaugh, Karnaugh

En logique, méthode de représentation tabulaire d'une expression logique facilitant la simplification de cette expression.

Katakana, Katakana

Police de caractères utilisée dans un ou deux alphabets phonétiques japonais (Hiragana, Kanji).

key, clé

1. Digit ou groupe de binaires destiné à identifier un enregistrement. La clé peut être un code ne faisant pas nécessairement partie de l'enregistrement.

2. Touche marquée du clavier générant un caractère.

keypunch, perforatrice

Unité périphérique permettant de perforer; les trous représentant des données dans les cartes.

label, étiquette

Caractère ou groupe de caractères destiné à identifier un enregistrement ou un module de données, faisant généralement partie des données qu'il identifie.

language, langage

Jeu défini de combinaisons de caractères ou de symboles, gouverné par des règles reconnues. Les ordinateurs opèrent en code objet obtenu par compilation de langage source de haut niveau.

leaf, feuille

Dernier noeud d'une arborescence.

leapfrog, saute-mouton

Relatif à un programme qui effectue des tests sur les données mémorisées. Le programme saute d'une zone de mémoire à une autre jusqu'à ce que toute la mémoire ait été vérifiée.

level, niveau

Degré de subordination dans une hiérarchie.

library, bibliothèque

Ensemble de sous-programmes non exécutables,

référencés et indépendants, réunis en un seul fichier et prêts à être appelés par un assembleur, un compilateur ou un éditeur de liens.

limiter, limiteur

Dispositif destiné à supprimer la partie de l'amplitude d'un signal qui dépasse une valeur déterminée.

line, ligne

Désigne une ligne d'impression ou encore une ligne téléphonique ou télégraphique.

link, liaison

Terme général indiquant l'existence de moyens de transmission entre deux points.

linkage, liaison, couplage

En programmation, opération qui connecte deux routines codifiées séparément.

lisp, lisp

Langage de programmation de haut niveau, largement utilisé dans la recherche sur l'intelligence artificielle.

list (to), lister

1. Produire un document en continu à l'aide d'une imprimante d'ordinateur.

2. Présenter des données ou des instructions.

listing, listage

1. Document en continu produit par une imprimante d'ordinateur.

2. Action de lister.

loader, chargeur

Programme appartenant au système d'exploitation, qui place un programme exécutable à son adresse réelle, pour y être exécuté.

local, local

Relatif à un élément ou à une variable, utilisé uniquement dans une partie définie d'un programme. Par opposition à 'globale'.

location, emplacement

Place à laquelle un élément d'information peut être stocké. Un emplacement est habituellement désigné par la partie adresse d'un mot d'instruction.

log (to), enregistrer

Enregistrer des évènements par ordre chronologique.

logic, logique

1. La science relative à la pensée et au raisonnement.

2. Traitement mathématique de la logique formelle (booléenne) et son application à l'interconnexion de circuits.

loop, boucle

Technique de codification dans laquelle une séquence d'instructions est répétée un certain nombre de fois avec ou sans modification de certaines données.

macro, macro

Simple instruction équivalente à une séquence d'instructions spécifiques en un autre langage, généralement de plus bas niveau. La traduction est effectuée par assembleur ou compilateur.

mantissa, mantisse

En représentation en virgule flottante, nombre formé des binaires les plus significatifs du nombre à représenter.

map, mappe
1. Liste produite par un compilateur, reliant le nom des données à leur adresse spécifique.
2. Moyen pour transformer les adresses virtuelles en adresses absolues.

mapping, mappage, application
Transformation d'une image d'un système de coordonnées à un autre.

mask, masque
Arrangement de caractères ou de binaires destiné à spécifier sur quelle partie d'un autre arrangement de bits ou de mots on doit effectuer une opération. Synonyme de filtre.

match (to), apparier
1. Effectuer une opération d'équivalence.
2. Comparer les clés de deux enregistrements, afin d'en sélecter un pour un futur traitement, ou de rejeter un enregistrement incorrect.

matrix, matrice
Tableau de coefficients x,y et z qui permet de calculer une transformation géométrique.

media, média
Pluriel de medium. Le matériau, ou configuration, sur lequel les informations sont enregistrées (ex. ruban de papier, bande magnétique, carte perforée, disque magnétique.)

memory, mémoire
Organe qui permet l'enregistrement, la conservation et la restitution de données.

merge, fusion
Opération effectuée sur deux, ou plusieurs groupes d'enregistrements triés pour créer un simple groupe ou fichier.

message, message
Information préparée sous une forme qui se prête à son acheminement par un moyen de transmission.

metacompilation, métacompilation
Processus d'utilisation de plusieurs compilateurs pour compiler d'autres compilateurs et utiliser le produit résultant pour compiler des programmes pour exécution.

metalanguage, métalangage
Langage artificiel utilisé pour définir un autre langage.

metasymbol, métasymbole
Symbole dans un métalangage.

microlanguage, microlangage
Langage de microprogrammation.

microprocessor, microprocesseur
Processeur miniaturisé dont tous les éléments sont, en principe, rassemblés en un seul circuit intégré.

microprogramme, microprogramme
Dans un processeur, chaque instruction est interprétée et exécutée sous le contrôle d'un microprogramme formé de micro-instructions, dont chacune commande une phase de l'exécution de l'instruction.

minuend, diminuende
Un des opérandes utilisés en sous-traction, quantité de laquelle une autre quantité (diminueur) est soustraite.

modem, modem
Modulateur-démodulateur. Dispositif qui permet la transmission de données sur le réseau téléphonique.

module, module
Partie de programme qui effectue une tâche spécifique et qui peut être testée séparément.

modulo, modulo
Opération mathématique dont le résultat est le reste après qu'un nombre spécifié ait été divisé. (ex. 19 modulo 4 = 3).

monitor, moniteur
1. Matériel ou logiciel qui examine l'état d'un système pour déceler le moindre écart aux conditions opérationnelles prescrites.
2. Ecran de visualisation.

morpheme, morphème
Elément linguistique significatif qui indique des relations entre des mots ou des idées.

mouse, souris
Dispositif manuel d'entrée utilisé pour positionner le curseur sur un écran graphique.

multiplex, multiplex
Possibilité de transmission permettant à deux ou plusieurs messages d'être transmis simultanément.

multiplicand, multiplicande
Un des facteurs utilisés dans une opération de multiplication, quantité qui est multpliée par une autre appelée 'multiplicateur'.

multiplier, multiplicateur
1. Dispositif qui génère un produit par addition du multiplicande et selon la valeur du multiplicateur.
2. Un des facteurs utilisé en multiplication, ce nombre multiplie le multiplicande.

multiprocessing, multitraitement
Mode de fonctionnement d'un ordinateur selon lequel plusieurs processeurs ayant accès à des mémoires communes peuvent opérer en parallèle sur des programmes différents. (voir multiprogrammation).

multiprocessor, multiprocesseur
Ordinateur ayant plusieurs processeurs centraux.

multiprogramming, multiprogrammation
Technique d'exploitation permettant l'exécution imbriquée de plusieurs programmes menés de front (voir multitraitement).

multitasking, multitâche
Exécution en alternance de deux ou plusieurs tâches, habituellement sous un programme de contrôle. Les tâches pouvant être des programmes de bibliothèque ou des programmes utilisateurs.

multivibrator, multivibrateur
Circuit électronique a deux états, passant séquentiellement d'un état à l'autre.

negate (to), inverser
Effectuer une opération de négation.

negation, negation
Opération booléenne monadique dont le résultat a une valeur booléenne opposée à celle de l'opérande.

network, réseau
Ensemble de systèmes informatiques interconnectés par des lignes de transmission de données.

nexus, connexion

Point d'un système où s'opère une jonction de connexions.

NL (new line), saut de ligne
Code qui oblige la position d'écriture (curseur s'il s'agit d'une visu ou tête d'impression dans le cas d'une imprimante) à terminer la ligne courante et d'en commencer une nouvelle.

node, noeud
Dans un réseau de données, point où une ou plusieurs stations mettent en communication des lignes de transmission de données.

noise, bruit
Le bruit est un son indésirable. Par extension, c'est une perturbation inattendue dans une bande de fréquences, telles des fréquences non désirées dans une voie ou éléments de transmission.

normalise (to), normaliser
En programmation utilisant la numération en virgule flottante, ajuster la partie fixe du nombre de façon que cette dernière soit dans les limites de la zone prédéterminée.

numeric, numérique
Qualifie des données composées de nombres.

object, objet
1. Relatif au langage directement exécutable par l'ordinateur.
2. Ensemble d'informations et description de son utilisation.

octal, octal
Système de numération à base 8.

onomasticon, liste d'étiquettes
Liste de noms en clair utilisés comme une table pour expliciter les titres, les étiquettes symboliques à partir des mots-clés.

operand, opérande
Donnée, quantité ou valeur, entrant dans une opération arithmétique ou logique.

operation, opération
1. Action d'une fonction, d'une instruction de langage.
2. Manipulation sur un calculateur.

operator, opérateur
1) Représente l'action à exécuter sur des opérandes.
2) Personne qui manoeuvre l'ordinateur.

origin, origine
1. Début de programme.
2. Intersection zéro des axes x, y et z desquels sont calculés tous les points d'un graphique.

output, sortie
Information transférée de la mémoire vers les périphériques tels que l'imprimante, l'écran de visualisation ou une unité de disque.

overflow, débordement
Génération, comme résultat d'une opération arithmétique, d'une quantité qui dépasse la capacité de position résultat.

overlapping, recouvrement
Technique permettant le recouvrement du travail des unités d'entrée/sortie avec le traitement proprement dit.

overlay, recouvrement
Technique de programmation qui permet, pour de longs programmes, d'utiliser la même zone de mémoire par des parties différentes de programme.

pack (to), comprimer
Compresser des données en profitant de leurs caractéristiques. Par exemple: mettre 3 caractères dans un seul mot, chacun se trouvant dans un mot différent.

package, progiciel
Ensemble complet et documenté de programmes, conçu pour être fourni à plusieurs utilisateurs, en vue d'une même application ou d'une même fonction.

packet, paquet
Groupe de binaires capable d'être transmis sur un réseau de transmission de données comme une simple entité.

page, page
Subdivision de la mémoire correspondant à un nombre d'octets standard.

parameter, paramètre
Variable à laquelle on assigne une valeur constante déterminée pour chaque cas particulier,et qui, éventuellement, identifie ce cas.

Pascal, Pascal
1. Langage de programmation évolué basé sur des algorithmes structurés .
2. Blaise Pascal (1623-1662), inventeur de la première machine à calculer mécanique (1647).

pass, passe
Simple exécution d'une boucle.

patch, modification
Correction apportée à une routine ou un programme. Fournie en général en code objet et entrée par la console de l'opérateur.

peripheral, périphérique
Elément d'un système informatique opéré sous le contrôle du processeur central, imprimante, écran de visualisation, unité de disque, etc.

pickup, capteur
1. Capteur de signal analogique.
2. Interférence provenant d'un circuit externe.

pixel, pixel
Plus petit élément homogène constitutif d'une image écran, représenté par un point, avec une couleur ou un niveau de brillance spécifique.

plotter, table traçante
Dispositif traceur contrôlé par ordinateur, qui reproduit l'image d'un écran sur un support papier ou sur surface électrostatique.

plugboard, panneau de connexion
Panneau pouvant être câblé manuellement au moyen de fiches s'insérant dans des trous. Synonyme de 'control panel'.

pointer, pointeur
Registre ou groupe de mots mémoire contenant l'adresse de données.

polling, appel
Dans un circuit multipoint, méthode d'appels sélectifs pour recevoir une transmission unique ou localiser un canal libre, afin d'éviter la contention lorsque plusieurs terminaux partagent le même canal.

port, point d'accès

Circuit d'ordinateur à travers lequel des données peuvent entrer ou sortir en vue de leur exploitation ou de leur traitement.

portability, portabilité

Aptitude d'un programme à être utilisé sur des systèmes informatiques de types différents.

portable, portable

Un programme est portable lorsqu'il peut être utilisé sur un système différent que sur celui où il a été conçu.

post (to), mettre à jour

Mettre à jour un enregistrement.

precision, précision

Mesure de l'aptitude à distinguer des valeurs très voisines.

procedure, procédure

Fonction intégrée, exécutée comme une routine, faisant partie de la syntaxe d'un langage de haut niveau.

process, processus

Ensemble d'instructions exécutées en séquence, sans possibilité de simultanéité.

processor, processeur

1. Organe destiné, dans un ordinateur ou une autre machine, à interpréter et exécuter des instructions.

2. Par analogie, ensemble de programmes permettant d'exécuter sur un ordinateur des programmes écrits dans un certain langage.

programme, programme

Ensemble algorithmique d'instructions écrites dans un langage donné, compréhensible par le calculateur et permettant de résoudre un problème posé.

programming, programmation

Ensemble des tâches qui permettent d'effectuer la transformation de la solution d'un problème en programmes exécutables par une machine.

prompt, guide-opérateur

Message fourni par le système d'exploitation, appelant l'opérateur à prendre une action.

protocol, protocole

Liste de conventions gouvernant le format de messages échangés entre deux ou plusieurs systèmes informatiques.

puck, capteur

Dispositif manuel avec réticule pour entrer des coordonnées graphiques.

pull (to), dépiler

Extraire un élément d'une pile (synonyme de 'to pop').

push (to), empiler

Mettre un élément sur une pile

put (to), empiler

Mettre un élément sur une pile (synonyme de 'to push').

quad, quarte

Ensemble de quatre conducteurs séparés et isolés, disposés de manière à former deux paires (transmission).

quantisation, quantification

Procédé de conversion de la valeur exacte d'échantillons d'un signal analogique en leurs plus proches équivalents, parmi une infinité de valeurs discrètes, afin de permettre un codage numérique.

quantity, quantité

1. Nombre réel positif ou négatif employé comme donnée.

2. Constante, variable, fonction ou expression.

quesce (to), arrêter, rejeter

Écarter de nouvelles tâches dans un système à multiprogrammation, mais en continuant d'effectuer celles déjà en cours. Arrêter en douceur.

queueing, étude des files

Étude de situations impliquant des files d'attente (ex. évaluation du temps et de la longueur d'une file d'individus attendant pour entrer à une séance, au REX par exemple).

quinary, quinaire

Système numérique de base mixte dans lequel chaque chiffre décimal N est représenté par 2 chiffres A B, où N = 5A + B, et où A = 0 ou 1 et B = 0, 1, 2, 3, ou 4 (ex. 12 en quinaire représente 7 en décimal).

quintet, quintet

Multiplet constitué de cinq binaires.

qwerty, qwerty

Se dit du clavier traditionnel américain où les touches de la rangée supérieure des lettres qui commencent par les lettres Q, W, E, R, T, Y, par opposition au clavier français AZERTY.

radix, base

Base d'un système de numérisation.

ram, mémoire accès direct

Mémoire vive remplie de données et de programmes.

range, gamme

Différence entre la plus élevée et la plus faible valeur d'une fonction ou d'une quantité.

raster, trame

En graphique électronique et télévision, configuration prédéterminée de lignes, qui procure une couverture uniforme de l'espace écran.

read (to), lire

Interroger une position mémoire sans en changer le contenu. Transférer des données d'une zone mémoire à une autre.

reconfigurability, reconfiguration

Changement des éléments d'un système et interconnexion des nouveaux composants.

record, enregistrement

Unité de traitement représentant une transaction ou une partie de transaction et constituée d'un groupe de champs connexes.

recovery, restauration

Restauration d'un système après avarie. Les procédures de restauration sont utilisées pour isoler les erreurs.

reentrant, réentrant

Se dit d'un programme, d'une routine, qui a la qualité d'être inaltérable pendant sa phase d'exécution, imbriquée et auto-appelable.

refresh, rafraîchissement

1. Signal envoyé à une cellule de mémoire dynamique pour lui permettre de maintenir son contenu.

2. Sur un visu, technique d'excitation périodique de la couche de phosphore du tube cathodique.

register, registre

Mémoire d'un ou plusieurs mots, utilisée pour des opérations arithmétiques, logiques ou de transfert et pouvant faire partie de l'unité de calcul et de commande.

reliability, fiabilité
Capacité d'une chose à répondre à une fonction désirée, sous des conditions données, pour un laps de temps donné.

relocate (to), reloger
Déplacer une routine d'une zone de mémoire à une autre, en modifiant les adresses afin que la routine puisse être exécutée depuis la nouvelle place.

remainder, reste
Partie du résultat obtenu d'une division, qui reste lorsque le dividende a été divisé par le diviseur pour donner le quotient.

repertoire, jeu d'instructions
Jeu d'opérations qui peut être représenté par un code d'opérations. Jeu d'intructions capables d'être exécutées par un ordinateur.

rerun, reprise
Répétition d'une exécution de programme à cause d'une correction, d'une interruption, d'un mauvais départ.

reservation, réservation
Méthode d'allocation des ressources, anticipée par rapport à leur utilisation.

résident, résidant
Existant en mémoire en permanence. Une routine non-résidante doit être appelée en mémoire avant d'être exécutée.

resilience, résilience
Faculté d'un système à être opérationnel malgré une avarie d'un de ses éléments. Possibilité de fonctionnement en mode dégradé.

resolution, résolution
Intervalle entre lequel deux valeurs pratiquement égales peuvent être discernées. Finesse des détails d'un modèle reproduit en deux ou trois dimensions.

resource, ressource
Unité qui, dans une configuration de système donnée, peut être allouée séparément.

restart, redémarrage
Refaire l'exécution d'une routine en utilisant des données enregistrées lors d'un point de vérification (checkpoint).

result, résultat
Elément engendré par une opération.

retrieval, récupération
Processus de recherche pour sélectionner et extraire des données contenues dans un fichier ou des fichiers.

retrofit (to), modifier
Changer une routine ou un système existant, pour mettre à jour une modification à un élément existant, et effectuer les changements correspondants dans les routines ou systèmes associés.

rewrite (to), réécrire
Régénérer l'information dans les zones de mémoire où le processus de lecture de données a conduit à son altération.

RGB, RVB Couleur décrite en termes de ses niveaux d'intensité de rouge, bleu et vert.

ring, anneau
1. Anneau
2. Liste chaînée dans laquelle le pointeur du dernier article pointe vers le premier article.

robotics, robotique
Ensemble des études et des techniques de conception et de mise en oeuvre des robots effectuant des tâches déterminées en s'adaptant à leur environnement.

rollback, reprise
Procédé pour retourner à un point de contrôle lors d'une reprise de procédure.

rollout, transfert
Transfert de tout ou d'une partie du contenu d'une zone mémoire vers une mémoire de masse.

rollover, enchaînement
Mécanisme d'encodage clavier permettant d'enfoncer simultanément un certain nombre de touches sans provoquer d'erreur.

ROM, ROM Mémoire permanente qui comprend les instructions de base faisant fonctionner l'ordinateur.

round (to), arrondir
Supprimer un ou plusieurs des chiffres de plus faible poids dans une représentation pondérée, et ajuster la partie conservée selon une règle donnée.

routine, routine
Programme ou sous-programme d'emploi général destiné à une fonction bien définie et répétée.

routing, acheminement
Affectation d'un chemin de communication par lequel un message
ou un appel téléphonique peut atteindre sa destination.

row, rangée
Arrangement horizontal de caractères ou autres expressions.

RPG, générateur d'états
Programme automatique qui génère des programmes d'édition d'états à partir d'un fichier décrivant les données d'entrée et le format des états de sortie.

run, exécution
Exécution complète d'un programme contenant une ou plusieurs routines; exécution pendant laquelle aucune intervention manuelle n'est normalement requise.

sample, échantillon
En statistiques, une partie de la population.

satellite, satellite
1. Relatif à un système informatique ou processeur, auxiliaire du système principal.
2. Objet spatial décrivant une orbite fermée autour d'une planète ou d'un autre satellite.

scalar, scalaire
Grandeur caractérisée par une valeur unique.

scaling, mise à l'échelle
Changement des dimensions des coordonnées d'un graphique par multiplication ou division.

scan (to), balayer

Examiner en séquence chaque article dans une liste, chaque enregistrement dans un fichier, chaque point d'un écran, chaque entrée ou sortie d'un canal de communications.

scanning, scanage
En télévision ou transmission d'image, processus d'analyse ou de synthèse successive selon une méthode prédéterminée des densités de lumière des éléments constitutifs de l'image.

scissor (to), découper
Enlever des éléments d'un écran graphique.

scramble, brouillage
Codage transformant un signal binaire quelconque en un signal binaire pseudo-aléatoire. Employé en téléphonie.

scroll (to), défiler
Déplacer ligne par ligne, de haut en bas ou inversement, le contenu d'un écran.

search, recherche
Processus d'identification d'un enregistrement avant récupération.

section, segment
Synonyme de 'segment'.

sector, secteur
1. Blocs de données consécutives sur une piste de disque.
2. Ensemble de données transférées simultanément entre la mémoire centrale et une unité de disque, ou inversement.

seek, recherche
Mouvement mécanique employé pour introduire un enregistrement dans une file à accès aléatoire. Ce peut être par exemple, la mise en route d'un mécanisme à bras et tête de lecture, nécessaire pour mettre une instruction de lecture à même de lire les données en une certaine zone de la file.

segment, segment
Division d'une routine, capable d'être mémorisée et exécutée avec d'autres segments, au moyen d'instructions de branchement appropriées.

semantic, sémantique
Appartenant aux relations entre les symboles et ce qu'ils représentent.

sequence, séquence
Groupe d'articles ou d'éléments, disposés dans un ordre défini et selon des clés identifiables.

sequencer, séquenceur
Module d'un processeur en tranches détenant la prochaine adresse du microprogramme.

sequential, séquentiel
S'applique à des évènements se produisant l'un après l'autre en séquence avec peu où pas de recouvrement l'un avec l'autre.

serial, (en) série
Relatif à des données ou instructions, stockées ou transmises séquentiellement, en séquence.

server, serveur
Organisme exploitant un système informatique permettant à un demandeur la consultation et l'utilisation directes d'une ou plusieurs banques de données.

session, session
Période de temps durant laquelle un utilisateur engage un dialogue avec un système en temps partagé.

set, ensemble
1. Collection d'articles relationnels.
2. Placer un élément de mémoire dans un état spécifique (ex. mettre un bit d'un registre à la valeur '1').

Shannon, Shannon
Unité de quantité d'information correspondant à l'apparition d'un symbole émis par une source. Synonyme de 'bit'.

shift, décalage
Opération de mouvement des éléments d'un ensemble ordonné d'unités (bits, caractères, chiffres) d'une ou plusieurs positions vers la gauche ou vers la droite.

sideband, bande latérale
Energie spectrale résultant d'un processus de modulation et reportée de part et d'autre de la porteuse.

sign, signe
Indicateur qui distingue les quantités positives des quantités négatives.

signal, signal
Grandeur, fonction du temps, caractérisant un phénomène physique et porteur d'information.

signalling, signalisation
Fonction qui englobe l'alimentation, le contrôle d'interprétation et les instructions de supervision nécessaires pour établir ou couper une ligne de transmission.

silicon, silicium
Métalloïde semiconducteur qui, lorsqu'il est mélangé au fer ou l'acier montre des propriétés magnétiques. Il est utilisé dans la technologie des semiconducteurs à oxyde métallique (MOS).

simplex, simplex
Capable de transmission dans un seul sens, par opposition à 'duplex'.

simulation, simulation
Représentation de caractéristiques du comportement d'un système physique ou abstrait par un autre système.

simulator, simulateur
Dispositif ou programme permettant de simuler une situation et de voir les effets de différents changements appliqués à cette situation.

sink, radiateur, récepteur
1. Radiateur de circuit intégré.
2. Dispositif de réception de signaux de données, de contrôle ou autres, en provenance d'un système de transmission.

skip (to), sauter
Passer au-dessus d'une ou plusieurs instructions, sauter en séquence à une autre instruction.

snobol, snobol
Langage de programmation conçu spécialement pour manipuler les chaînes de caractères. Utilisé en intelligence artificielle, conception de compilateur, etc.

software, logiciel
Ensemble des programmes, procédés et règles, et éventuellement de la documentation, relatifs au fonctionnement d'un ensemble de traitement de données.

sort, tri, trier
Arranger un ensemble de données suivant certaines règles.

sorter, trieuse
Matériel servant à trier des données.

source, source
1. Origine.
2. Dispositif qui génère des signaux de données, de contrôle ou autre, à destination de récepteurs de signaux.

span, plage
Différence entre la valeur la plus élevée et la valeur la plus faible dans une gamme de valeurs.

spoofing, duperie, tromperie
Tentative délibérée appliquée à une machine informatique pour lui faire faire une action incorrecte.

spooling, traitement différé
Utilisation d'une mémoire de masse pour sauvegarder temporairement les données d'entrée-sortie pour traitement différé, afin que les opérations périphériques affectent au minimum le traitement principal.

sprite, image-objet
Elément graphique, utilisé comme entité, dont les attributs (forme, grandeur, couleur, vitesse) sont programmables par l'utilisateur (motif graphique programmable).

spurious, parasite
Toute réponse, autre que celle désirée, d'un transducteur ou appareil électrique, est une interférence ou parasite.

stack, pile
Zone de mémoire réservée pour le stockage temporaire de données, la gestion des sous-programmes et des interruptions. Une pile fonctionne suivant le principe: dernier entré, premier sorti, (lifo).

stacker, magasin de réception
Dispositif permettant de recevoir les cartes traitées par une unité.

step, étape
Synonyme d'instruction.

step, pas, étape
Constitue une opération dans une routine, une étape dans un programme.

storage, mémoire
Dispositif dans lequel les informations peuvent être enregistrées et lues.

store (to), enregistrer, charger
Transférer des données en un lieu où elles pourront être reprises intactes ultérieurement.

string, chaîne
1. Suite d'articles arrangés suivant un ordre prédéterminé.
2. Tout groupe de caractères consécutifs présents en mémoire.

subprogramme, sous-programme
Suite ordonnée d'instructions qui assure une fonction prédéterminée et d'emploi fréquent.

subroutine, sous-routine
Partie d'une routine constituée d'un ensemble d'instructions pouvant être exécutées en différents endroits de cette routine.

subtracter, soustracteur
Dispositif destiné à effectuer une opération de soustraction en utilisant des signaux numériques.

subtrahend, diminueur
En soustraction, le diminueur est soustrait du diminuende pour donner la différence.

suite, suite
Un nombre de programmes exécutés successivement pour effectuer un travail de traitement déterminé.

switch, commutateur
Dispositif ou technique de programmation permettant une sélection.

synchronous, synchrone
Qualifie plusieurs processus utilisant comme référence la réalisation d'évènements spécifiques communs aux processus.

syntax, syntaxe
Règles grammaticales qui régissent la structure d'un langage, en particulier les règles pour former les instructions dans un langage source.

sysgen, génération
Processus de génération d'un système d'exploitation dans l'environnement utilisateur.

system, système
Ensemble de méthodes, procédures ou techniques, organisé comme un tout en vue d'exécuter des tâches complexes sur un ordinateur et ses périphériques associés.

table, table
Ensemble de données dans lequel chaque article est identifié d'une manière unique par une étiquette, sa position relative par rapport à d'autres articles ou par tout autre moyen.

tablet, tablette
Tablette à numériser, dispositif d'entrée de coordonnées graphiques qui génère les données à partir d'un crayon lumineux ou d'une souris.

tail, queue
Indicateur indiquant la fin d'une liste.

task, tâche
Programme ou partie de programme considéré comme simple unité de travail dans un environnement multiprocesseur ou de multiprogrammation.

teleinformatics, téléinformatique
Exploitation automatisée de systèmes utilisant des réseaux de télécommunication.

telematics, télématique
Ensemble des services de nature ou d'origine informatique pouvant être fournis à travers un réseau de télécommunications.

teleprocessing, télétraitement
Traitement par combinaisons d'ordinateurs et moyens de télécommunication. L'interconnexion de moyens déportés à un ordinateur central.

teletext, télétexte
Communication entre un utilisateur et un ordinateur central, la liaison s'effectue en simplex, elle est diffusée sur les canaux de télévision en même temps que les programmes normaux.

template, gabarit
Plaquette utilisée par le programmeur, contenant tous les symboles nécessaires au dessin d'un organigramme.

terminal, terminal

Appareil permettant l'accès à distance à un système informatique.

text, texte

Partie de l'information d'un message, exclusive des caractères ou bits nécessaires à la transmission du message.

throughput, capacité

Vitesse de productivité d'une machine, système ou procédure, mesurée comme unité d'information et appropriée au processus en considération.

token, jeton

En réseau local, le droit à émettre ou jeton qui circule sur le bus. Une station ne peut émettre un message que si elle a reçu le jeton. Si elle n'a rien à transmettre, le jeton est passé à la suivante.

track, piste

Portion d'un support d'enregistrement accessible par une tête de lecture/écriture.

trackball, boule roulante

Dispositif en forme de boule, mécaniquement monté avec deux degrés de liberté, contrôlant la position du curseur et fournissant les coordonnées des points à analyser.

transaction, transaction

1. Evènement qui résulte d'une génération ou d'une modification d'un enregistrement.
2. Echanges entre un terminal et un processeur central.

transformation, transformation

Modification géométrique d'une image d'écran telle qu'un changement d'échelle, une translation ou une rotation.

translate (to), traduire

Changer les données d'une expression d'une forme à une autre sans en affecter la valeur ou la signification.

transparent, transparent

Relatif à un processus ou un moyen de transfert qui ne modifie pas l'information transférée.

transputer, transputeur

Calculateur intégré traitant les informations en parallèle, par opposition à des microprocesseurs, ordinateurs et super-ordinateurs, dits « classiques », travaillant à la chaîne ou bit par bit.

truncation, troncature

Mise à l'écart des binaires les moins significatifs d'un nombre, sacrifiant ainsi sa précision, pour simplifier ou pour obtenir une vitesse de calcul plus grande.

trunk, jonction

Canal de transmission entre deux points qui sont des centres de commutation et, ou des points de distribution individuels.

underflow, soupassement

Dans une opération arithmétique, résultat dont la valeur absolue est trop petite pour être représentée dans la gamme du système de numération employé.

unit, unité

1) Dispositif ayant une fonction spécifique.
2) Elément de base.

unpack (to), décompacter

Recouvrer une information originale de son format compacté.

unwind (to), débobiner

1. Débobiner
2. Montrer explicitement toutes les instructions utilisées pendant l'exécution d'une boucle.

update (to), mettre à jour

Sur un fichier, procéder à des transactions telles que: modifier, ajouter ou supprimer des enregistrements selon une procédure adéquate.

variable, variable

Tout symbole ou caractère supposé avoir différentes valeurs durant l'exécution d'un passage sur ordinateur.

vector, vecteur

Quantité qui a un sens et une grandeur, une structure qui permet une localisation au moyen de simple indice ou index.

Venn (diagram), Venn (diagramme de)

En analyse informatique, diagramme dans lequel les états sont représentés par des régions dessinées sur une surface.

verify (to), vérifier

Contrôler l'exactitude d'un enregistrement en le comparant avec une seconde opération exécutée sur le même enregistrement.

videotex, vidéographie

Ce terme couvre deux développements technologiques, vidéographie dialoguée (viewdata) et télétexte (teletext).

videotext, vidéotexte

Visualisation d'un matériau textuel sur une console ou un écran de télévision.

viewdata, vidéographie

En communications, service d'information interactif utilisant une liaison téléphonique entre un utilisateur et ordinateur hôte.

viewport, fenêtre

Fenêtre spécifique sur la surface d'un écran qui marque les limites géométriques d'une représentation graphique.

volatility, volatilité

Faculté de perdre le contenu d'une mémoire en cas de coupure d'alimentation.

wand, lecteur

Lecteur en forme de crayon ou de baguette utilisé en reconnaissance optique de caractères (code à barres).

Winchester, Winchester

A l'origine, nom de code d'IBM pour une série de produits de disque dur. Le terme est maintenant généralisé pour nommer un disque dur de haute densité et non amovible.

windowing, fenêtrage

Procédé de limitation bidimensionnelle d'une image graphique.

word, mot

Groupe de caractères représentant une unité d'information, une entité. Chaque mot est traité comme instruction par l'unité de contrôle et comme quantité par l'unité arithmétique et logique.

workspace, mémoire de travail

Zone de mémoire utilisée pour un stockage temporaire de données durant le traitement.

wraparound, enroulement

Sur un terminal de visualisation, opération qui

consiste à écrire les caractères dépassant la longueur d'une ligne écran au début de la ligne suivante, en incorporant automatiquement un 'CR'.

write (to), écrire

Enregistrer des données. Traduire des données. Copier des données d'une zone mémoire à une autre. Vider un espace mémoire sur un disque.

yield, rendement

Pourcentage d'articles utilisables dans un lot de production.

yoke, déflexion

1. Bobines de déviation d'un tube cathodique.
2. Groupe de têtes de lecture-écriture solidaires, donc capables d'être déplacées ensemble.

zap (to), effacer

Effacer une mémoire reprogrammable, par opposition à brûler (to blow).

zero, zéro

1. Rien
2. Le numéral '0'.
3. La condition de code reconnue par le calculateur comme étant zéro.

zeroise (to), remettre à zéro

1. Mettre un registre à sa position de zéro.
2. Remplacer le contenu d'une zone mémoire par des binaires zéro.

zone, zone

1. Partie d'une carte perforée destinée à être perforée.
2. Partie de mémoire centrale allouée pour une fonction prédéterminée.